天

Borderless

下

天下，在乎正义和你

天
Borderless
下

法学新经典

民法总则新论

王利明 著

法律出版社 LAW PRESS · CHINA
北京

图书在版编目（CIP）数据

民法总则新论 / 王利明著. -- 北京：法律出版社，2023
（法学新经典）
ISBN 978-7-5197-7603-9

Ⅰ. ①民… Ⅱ. ①王… Ⅲ. ①民法－总则－研究－中国 Ⅳ. ①D923.14

中国国家版本馆CIP数据核字（2023）第032435号

民法总则新论
MINFA ZONGZE XINLUN

作　　者：王利明
策划编辑：屈　瑶
责任编辑：屈　瑶
装帧设计：贾丹丹
出版发行：法律出版社
编辑统筹：学术・对外出版分社
责任校对：王晓萍
责任印制：陶　松
经　　销：新华书店
开　　本：710毫米×1000毫米　1/16
印　　张：47.75
字　　数：787千
版　　本：2023年5月第1版
印　　次：2023年5月第1次印刷
印　　刷：天津嘉恒印务有限公司
书　　号：ISBN 978-7-5197-7603-9
定　　价：189.00元

销售电话：010-83938349　客服电话：010-83938350　咨询电话：010-63939796
地　　址：北京市丰台区莲花池西里7号(100073)
网　　址：www.lawpress.com.cn
投稿邮箱：info@lawpress.com.cn
举报盗版邮箱：jbwq@lawpress.com.cn
凡购买本社图书，如有印装错误，我社负责退换。电话：010-83938349

作者简介

王利明 湖北仙桃人，中国人民大学一级教授、长江学者特聘教授。曾任第九、十、十一届全国人大代表，第九届全国人大财经委员会委员，第十、十一届法律委员会委员，中国法学会副会长、中国民法学研究会会长，国务院学位委员会法学学科评议组成员兼召集人。曾获“第一届十大杰出青年法学家”“中国有突出贡献的博士学位获得者”等荣誉称号。代表作品有《民法总则研究》、《民法典体系研究》、《人格权法研究》、《物权法研究》（上、下卷）、《合同法研究》（第1~4卷）、《侵权责任法研究》（上、下卷）、《法学方法论》、《民商法研究》（第1~10卷）等，论著曾多次获得国家和省部级奖励。

序　言

一、民法总则的功能

法典化就是体系化，民法体系化的重要标志之一就是民法总则的确立。“总则编的设置，是潘德克顿法学的产物”，①早在18世纪，德国注释法学家在对《学说汇纂》进行系统整理的基础上，就已经提出了总则的理论构想。例如，达贝罗（C. C. Dabelow）和胡果（G. Hugo）在1800年前后就已经提出了总则的理念，但并没有形成关于总则的系统思想。一般认为，19世纪初，德国学者海瑟（Arnold Heisse）在其1807年出版的《普通法体系概论》一书中最早阐述了民法总则的体系。② 但最终完成总则体系构建的是德国学者萨维尼，他从法律关系的共同因素出发，从各种具体的民事法律关系中抽象出了具有普遍性的法律规范，形成了民法总则。③ 在《德国民法典》制定过程中，以温德沙伊德等为代表的潘德克顿学派积极主张设立总则，这最终导致1896年的《德国民法典》规定了总则编。该编以潘德克顿学说为基础，具体规定了人、物、法律行为、期间、消灭时效、权利的行使、担保等制度，这也是《德国民法典》的一大特色。

我国《民法典》借鉴《德国民法典》的立法经验，设立了独立的总则编。民法总则是通过“提取公因式”（vor die

---

① 谢怀栻：《大陆法国家民法典研究》，载易继明主编：《私法》第1辑第1卷，北京大学出版社2001年版。

② 参见陈华彬：《潘德克吞体系的形成与发展》，载《上海师范大学学报（哲学社会科学版）》2007年第4期。

③ See Wclhelm, Walter, Zurjuristischen Methodenlehre im 19, Jahrbundert, 19580, Frankfurt/m. S. 22.

Klammer zu ziehen)的方式所确立的民法的一般性规则,它是民法典中最基础、最通用、最抽象的部分,可以普遍适用于各个民商事单行法律。总则包含“民法典所赖以立足的抽象原则的阐述”,①是对民法典分则全部内容的抽象和概括。在民法典中,总则的功能主要体现为以下几个方面:

一是规则的体系性。总则将民事权利的主体、客体,民事权利的体系、行使、变动、保护等一般规则提炼和抽象出来,形成了较为完备的规则体系。总则促进了一个由具有内在逻辑联系的制度和规范所构成的、由具有内在一致性的价值所组合成的体系结构的形成。总则将民法的共同性规则抽象出来,从而与单行法相区别。民法总则提供了民商法各个部分共同适用的基本规则,具有统领整个民商事立法的功能,这也为民商合一的立法体制奠定了基础。我国虽然一直在立法中采用民商合一原则,但在《民法典》颁行前,此种立法理念并没有真正得到落实,《民法典》的颁布使民商合一从理论转化为现实。

二是价值的融贯性。总则编的设置实现了《民法典》价值的融贯性。单行法思维是一种并立的、割裂的思维,《民法典》实施后,应从并立思维向融贯思维转化。融贯思维则主要是指价值的融贯,由于《民法典》价值的体系性,庞大的民法典规则最终形成了有机的整体。这就要求将整个民法看作基于一定的价值而形成的整体,将《民法典》的价值贯穿整个民商法部门。融贯思维要求以《民法典》价值为重要指引,这体现在《民法典》的解释与适用、漏洞填补、配套立法等诸多方面。总则编借助抽象的原则和具体的制度,为民事主体提供了广泛的私法自治空间,并充分弘扬了人文关怀的精神。总则编在多项制度和规则中弘扬了社会主义核心价值观。《民法典》第1条开宗明义地宣告,以弘扬社会主义核心价值观为立法目的。《民法典》倡导自由、平等、公正、法治等价值理念,并确认了诚实信用原则、公序良俗原则等基本原则,这些规定都强化了全社会诚实守信、崇法尚德、互助互爱、和谐和睦的优良风气。除上述民法基本原则的规定外,总则编中关于主体平等的规定、法律行为中关于意思自治的规定等具体的制度也弘扬了民法的平等、自由等精神。

三是规则的基础性。总则是民商事法律体系中最基本的规则。总则作为民法典的奠基部分,统领整个民商事立法,因而构成民法典中最基础、最通用,同时也是最抽象的部分。如果说《民法典》是社会主义法律体系的基

---

① Travaux de la Commission de Réforme du Code Civil, Année 1945 – 1946, Paris, Librairie du Recueil Sirey, p. 55.

础性法律，那么总则编则是“基础中的基础”，具有“压舱石”的作用，因而全面深入理解、把握好博大精深的《民法典》，必须从总则编着手。

四是规则的概括性。总则编所确立的关于民法的基本原则与基本规则都是解释《民法典》各分编规则的基础。在《民法典》其他各编对某个具体问题没有规定的时候，必须通过总则编中的基本原则、制度加以弥补，从而发挥填补法律漏洞与法律空白的作用。此外，总则编中规则的抽象性与普遍适用性也为法律的发展留下了空间。从这个意义上说，总则编是民法规范的生长之源。

二、我国《民法典》总则编的特色

在我国，自党的十八届四中全会决议提出编纂民法典的任务后，立法机关确定了“两步走”的方针，第一步是制定民法总则。2017 年 3 月 15 日，我国立法机关正式通过了《民法总则》，这在中国民事立法史上具有里程碑式的意义。我国《民法总则》是在《民法通则》的基础上形成的，《民法通则》虽然同时包含了总则与分则的内容，但其主要是总则的内容。因此，《民法总则》的颁布也可以说是我国民事立法经验的总结，具有历史的联系性。第二步是进行民法典各分编的编纂工作。我国立法机关于 2020 年 5 月 28 日颁布《民法典》，《民法总则》的内容成为《民法典》总则编。虽然在整个《民法典》的条文结构上，物权编、合同编的内容占了一半以上，总则编仅有 204 条，但是，总则编是《民法典》的总纲，纲举目张，整个民商事立法都应当在民法总则的统辖下具体展开。我国《民法典》总则编的特色主要表现在：

第一，内在价值的多元性。《民法典》秉持私法自治原则，将个人视为具有理性的人，尊重其依法自主地在行为能力范围内为安排自己事务所形成的法律关系，赋予民事主体广泛的行为自由，并使当事人之间的合法约定能够具有优先于任意法适用的效力。除私法自治外，总则编同时注重人文关怀价值，把“关心人、培养人、发展人、使人之为人”作为立法的重要使命，强化了人的自由和人格尊严的维护。《民法典》总则编倡导自由、平等、公正、法治等价值理念，并确认了诚实信用原则、公序良俗原则等基本原则，弘扬了社会主义核心价值观。“维护人性和人格尊严的价值追求是指引权利秩序建构的基石。”①《民法典》总则编所秉持的价值虽然具有多元性，但各项价值之间是融贯的，且各项价值之间存在一定的层次性。例如，就人格尊严价值与私法自治价值的关系而言，保护人格尊严是实现私法自治的前提，在

---

① Joseph W. Singer, *Something Important in Humanity*, 37 Harv. C. R. – C. L. L. Rev. 103 (2002).

二者发生冲突时，应当优先维护个人的人格尊严。

第二，以民事权利为中心构建外在体系。与《德国民法典》以法律行为为中心构建总则体系不同[①]，我国《民法典》总则编将民事权利作为外在体系构建的主线，总则编实际上就是民事权利主体、客体，民事权利的行使、保护等共同规则的提炼，民事主体其实就是权利主体，法律行为是民事权利发生变动的原因，代理制度发生于权利行使的过程中，时效则是对民事权利行使的限制。总则编第五章专门规定了民事权利体系，并保持了民事权利体系的开放性。这一体系不仅在组合和搭配上具有逻辑性、系统性，而且保持了民事权益保护体系的开放性。同时，总则编第五章在列举各项民事权益时，还构建了民事权益位阶。可见，民事权利作为一条红线，贯穿《民法典》总则编的始终，这既增加了《民法典》的科学性和内在逻辑性，也更加全面地展现了《民法典》的权利法性质。

第三，构建了较为完备的主体制度。我国《民法典》总则编确认了各类主体的法律地位，尤其是将社会组织区分为营利法人与非营利法人，其中又包括了各类组织，打破了传统的民事主体二分法，承认了非法人组织的民事主体地位。在主体的类型方面形成了有效的制度供给。任何法人和非法人组织设立者都可以从中找到最适合自己的组织模式，从而依据民法的规定设立不同的组织，承担不同的义务，享有不同的权利。总则编通过完善营利法人制度，进一步促进了现代企业制度和法人治理结构的完善，并在目的层面对以公益为目的的法人和非法人组织进行限制，如禁止其向其成员分配利润，这也有利于更好地发挥社团的社会治理功能。《民法典》在调整社会组织体方面，通过承认社会组织的主体资格，发挥其能动性与对社会组织的有效监管并举，从而更好地发挥其在国家治理中的作用。

第四，充分彰显了人文关怀精神。《民法典》总则编强化了对未成年人、精神障碍者等弱势群体的保护，强化了对胎儿利益的保护，规定成年监护等制度，强化了对个人人身权的保护。同时，总则编还注重鼓励见义勇为行为，强化对英雄烈士等人格利益的保护，这些都彰显了人文关怀精神。可见，总则编不仅注重维护交易安全和秩序，而且注重对人的关爱和保护，形成了从物质到精神、从出生前到死亡后的完整的权益保护机制。

第五，赋予了民事主体广泛的行为自由。梅迪库斯指出："私法自治给

---

① 关于《德国民法典》总则主要以法律行为为中心构建，参见 Hans Hattenhauer, Grundbegriffe des Bürgerlichen Rechts, 2. Aufl., C. H. Beck, 2000, S. 68。

个人提供一种受法律保护的自由,使个人获得自主决定的可能性。”①我国《民法典》对民事法律行为制度采用负面清单管理模式,依据《民法典》第153条的规定,在法律禁止的范围之外,民事主体均享有广泛的行为自由,这些行为自由是通过法律行为的方式实现的。《民法典》总则编区分了法律行为和代理,区分了单方法律行为、双方法律行为、共同法律行为,承认各类主体共同行为、决议行为的效力,确立了各类主体组织有效运转的规则。总则编在设立公司、合伙、独资企业等现代企业制度方面充分贯彻私法自治原则,鼓励当事人依法创设各类企业,并依法保护其合法权益。

第六,具有鲜明的实践性特点。总则编包含了诸多可以被称为“中国元素”的法律制度,有力地回应了实践的需求。例如,总则编在主体制度中确定了营利法人与非营利法人的分类,构建了特别法人制度与非法人组织制度;在监护制度中,构建了“家庭监护为主体、社会监护作为补充、国家监护为兜底”的监护体系,强化了对被监护人的全方位、全过程的保护。此外,为适应互联网、高科技时代个人信息、网络虚拟财产和数据的保护需求,总则编还首次对个人信息、数据保护等问题作出了规定。

总之,《民法典》总则编实现了价值的融贯、体系的完整和规则的齐备,充分体现了科学性、逻辑性和价值的引领性。

三、民法总则的学习方法

就民法学习而言,民法总则是民法中的一般性规则,体现了民法学知识的精髓,是具体民事法律制度展开的基础。研习民法总则的意义主要体现在:一是有助于深刻领悟民法的基本理念、价值、原则。总则的设立对弘扬民法的基本精神和理念具有重要作用,总则就是要借助抽象的原则来宣示民法的基本理念。尤其应当看到,总则可以借助抽象的一般原则为民事主体提供广泛的私法自治的空间。只有通过对民法总则的研究,才能对《民法典》各编中具体制度的设计及运用具有更深切的掌握和领会,才不至于停留在表面,甚至错误地理解、运用这些制度。二是有助于整体把握民法的体系框架。总则编的设置增强了《民法典》的体系性。民法总则是对民法各项制度和规范的高度抽象与概括,是无数民法学者分析研究后“提取公因式”的产物,而《民法典》的其他各编则是总则编中民事法律关系的具体展开。因此,研究总则能够有效地掌握民法的体系,从宏观上把握民法的全貌。三是有助于培养和训练良好的法律思维方法。总则的体系构成本身有助于培养

---

① [德]迪特尔·梅迪库斯:《德国民法总论》,邵建东译,法律出版社2000年版,第143页。

法律人归纳演绎、抽象思考的能力。[①] 同时,它也便于运用演绎式教学方法,从一般到具体,循序渐进地传授民法知识。四是有助于弥补法律漏洞,促进民法的发展。在《民法典》分编以及单行法没有就相关问题作出规定时,可能需要援引民法总则的一般规定,尤其是在存在法律漏洞时,更需要通过运用民法基本原则等方法填补法律漏洞,这在某种程度上也促进了民法的发展。五是有助于认知民法中最基本的范畴,如人、物、权利义务以及民事法律行为。在成文法的民法传统中,依据民法概念抽象程度的不同,出现了概念之间的分层,如民事法律行为可进一步分为单方民事法律行为、双方民事法律行为和共同民事法律行为,这种概念的分层性是民法体系得以形成的基础和前提。同时,也只有借助民法体系,才能比较准确地把握民法概念的内涵和概念之间的一致性。

总分结构符合从一般到特殊、从抽象到具体的思维模式,这实际上是符合认识论的一般理论的。[②] 但是,总则的规定大多比较原则和抽象,缺乏具体的适用性和可操作性,尤其是抽象化的规定如果脱离了实际的社会生活,可能会成为游离于社会生活的"空中楼阁"。[③] 诚如德国学者梅迪库斯所言,无论先一般后特殊的规范原则多么简单明了,民法典对该原则的复杂贯彻都增加了其在适用上的困难。《德国民法典》作为一部在结构安排上颇具匠心的法典,并不适合非专业人士阅读理解。[④] 所以,学习民法总则必须要结合《民法典》的各项具体制度,认真研习,才能准确地把握民法的真谛。同时,总则的学习必须要与分则结合起来,仅了解总则的制度,可能不会举一反三,从而导致只知抽象概念、不知如何运用的后果。而分则是对总则的具体化和修改,因此,在总则的学习中,要注意总则与分则之间的协调性、《民法典》总则编与单行法之间的统一性,做到"目光在总分之间反复流转"。

民法总则的内容博大精深,本书中的缺点、错误在所难免,敬请广大读者批评指正。

---

① 参见王泽鉴:《民法总则》,中国政法大学出版社 2001 年版,第 26 页。

② 参见李中原:《潘得克吞体系的解释、完善与中国民法典体系的建构》,载吴汉东主编:《私法研究》(第 2 卷),中国政法大学出版社 2002 年版。

③ 参见王泽鉴:《民法总则》,中国政法大学出版社 2001 年版,第 26 页。

④ 参见[德]迪特尔·梅迪库斯:《德国民法总论》,邵建东译,法律出版社 2000 年版,第 35 页。

缩略语

1.《总则编解释》:《最高人民法院关于适用〈中华人民共和国民法典〉总则编若干问题的解释》,2022 年 3 月 1 日起施行。

2.《时间效力的若干规定》:《最高人民法院关于适用〈中华人民共和国民法典〉时间效力的若干规定》,2021 年 1 月 1 日起施行。

3.《诉讼时效司法解释》:《最高人民法院关于审理民事案件适用诉讼时效制度若干问题的规定》,2008 年 8 月 21 日发布,2020 年 12 月 23 日修正。

4.《引用法律规定》:《最高人民法院关于裁判文书引用法律、法规等规范性法律文件的规定》,2009 年 11 月 4 日起施行。

5.《实施民法典纪要》:《全国法院贯彻实施民法典工作会议纪要》,2021 年 4 月 6 日发布实施。

6.《九民会议纪要》:《全国法院民商事审判工作会议纪要》,2019 年 11 月 8 日发布。

7.《正当防卫指导意见》:《最高人民法院　最高人民检察院　公安部关于依法适用正当防卫制度的指导意见》,2020 年 8 月 28 日印发。

8.《继承编解释》:《最高人民法院关于适用〈中华人民共和国民法典〉继承编的解释(一)》,2021 年 1 月 1 日起施行。

9.《民事诉讼法司法解释》:《最高人民法院关于适用〈中华人民共和国民事诉讼法〉的解释》,2022 年 4 月 10 日起施行。

目　录

第一编

基本理论

第一章　民法概述

第一节　民法的概念

一、民法的语源

民法作为调整平等主体之间的人身关系与财产关系的法律,在各国法律体系中都占据着重要地位。民法也被称为私法,从而与公法对应。民法的许多规则对公法也产生了重大影响。①

“民法”一词最早见于《尚书·孔氏传》。② 在《尚书·汤诰》篇中有“咎单作明居”一语,“孔氏传”对该句所作的注释是:“咎单,臣名,主土地之官,作《明居民法》一篇,亡。”东汉经学家马融对此再作解释:“明居民之法也。”③在清末立法时,民政部奏文中称:“民法之称,见于尚书孔传。”这足以说明《尚书·孔氏传》中所提及的“民法”一词应为我国民法的辞源。不过,此处所指的“民法”一词,并非近代意义上的“民法”。至于古代法律典籍中出现的“民事”一词也与现代民法中的“民事”一词具有极大的差异。

据许多学者考证,私法意义上的“民法”一词出现于明治时代的日本,中文“民法”一词由日文转译而来,而日文中“民法”一词究竟是译自法语还是荷兰语,目前仍有争

---

① 法国著名的比较法学者达维德说:“由于历史原因,这些法首先是为了规定公民间的关系而制定的,法的其他部门只是从‘民法’的原则出发,较迟较不完备地发展起来的,民法曾长期是法学的主要基础。”[法]勒内·达维德:《当代主要法律体系》,漆竹生译,上海译文出版社1984年版,第25页。

② 参见陈嘉梁:《“民法”一词探源》,载《法学研究》1986年第1期。所谓《尚书·孔氏传》,经明清学者考证,系魏晋人伪托西汉经学家孔安国对《尚书》经文的注释。

③ 参见陈嘉梁:《“民法”一词探源》,载《法学研究》1986年第1期。

议。[①] 20 世纪初叶,上海南洋公学译书馆将《日本法规大全》(日本明治三十四年即 1901 年第三版)译成中文,其第三类法规为“民法”。光绪三十二年(1906 年)修订法律馆参照南洋公学译本翻译完成《新日本法规大全》,对系统化的私法法典亦采用“民法”之称谓。[②] 清末变法时,修律大臣沈家本聘请日本学者松冈义正等人起草大清民律草案,借鉴“民法”一词,结合“唐律”“明律”“清律”的传统称呼,自创“民律”一词。不过在此之前,沈家本、伍廷芳等人呈皇帝的奏折中就已使用了“民法”一词。此后清末、民初民法典草案皆称“民律”草案。1926 年,北洋政府曾起草一部民法草案。1929 年,南京国民政府参照清末民律草案重新制定了民法草案,颁布了《中华民国民法》总则编,从而在法律上正式使用了“民法”的称谓。

近代一些大陆法系国家所使用的“民法”一词(法文为“droit civil”,英文为“civil law”,德语为“bürgerliches Recht”,荷兰语则为“Burgerlyk Regt”)皆由市民法(ius civile)转译而来。同时,因格劳秀斯编著国际法时以万民法(ius gentium)称之,故西方学者大都认为,罗马法的万民法为国际法的语源而市民法则为民法的语源。[③] 在罗马法中,“市民法”是对罗马市民适用的法律总称,与“万民法”相对应。市民法适用于罗马公民之间的关系,万民法主要适用于罗马公民与外国人之间的关系。不过,这一分类未被罗马法贯彻始终。公元 212 年,卡拉卡拉(Caracalla)大帝颁布一项法律规定,全部帝国臣民均得适用市民法。[④] 公元 6 世纪,东罗马帝国皇帝优士丁尼(Justinianus,483—565)主持编纂《民法大全》(Corpus Juris civilis),并宣告罗马帝国对其境内的所有居民皆赋予市民权,导致市民法与万民法的融合。《民法大全》以“民法”形式集罗马法之大成[⑤],且罗马法在发展过程中,始终以“市民法”的形式体现。中世纪时期,市民法与教会法是相

---

① 在日本,关于“民法”一词,有人认为,是箕作麟祥于明治初年自法语转译而来;也有人认为,是津田真道在庆应四年(1868 年)由荷兰语翻译而来,箕作麟祥不过是袭用津田真道的译法。穗积陈重指出:“‘民法’一语,自箕作麟祥博士以其翻译法语‘droit civil’以来,开始被普遍使用,所以我们原以为这是箕作博士始创的译语。但是当就此问题请教箕作博士时,博士解释说,这是采用了津田先生《泰西国法论》所载录之单词,不是自己的发明。于是又去请教津田先生,先生回答说,这个单词是他作为荷兰语‘Burgerlyk Regt’的译语而新创的。”参见[日]穗积陈重:《法窗夜话》,河山书房。转引自叶孝信主编:《中国民法史》,上海人民出版社 1993 年版,第 2 页。

② 参见张生:《民国初期民法的近代化》,中国政法大学出版社 2002 年版,第 4 页。

③ 参见[德]迪特尔·梅迪库斯:《德国民法总论》,邵建东译,法律出版社 2000 年版,第 15 页。

④ 参见朱庆育:《民法总论》(第 2 版),北京大学出版社 2016 年版,第 3 页。

⑤ 参见江平、米健:《论民法传统与当代中国法律》(上),载《政法论坛》1993 年第 2 期。

对应的。罗马法复兴之后,"市民法"一词曾为罗马法的总称,西方学者称之为私法,其对欧洲法律的发展产生了重大影响。"ius civile"的称谓也为许多国家所继受,如法语"droitcivil"、意大利语"diritto civile"、德语"Zivilrecht"都来自"ius civile"。[①] 法国大革命之后,市民被理解为公民,因而民法被认为是适用于全体公民的法律。近代以来,学者一般将罗马法的影响称为"民法传统",由于大陆法常常以民法典为标志,因此大陆法系也被称为民法法系。

二、我国民法的概念

我国《民法典》第2条从民法的调整对象和任务的角度,给民法下了一个定义,即民法是调整平等主体的自然人、法人和非法人组织之间的人身关系和财产关系的法律规范的总和。这一定义科学地揭示了我国民法所调整的社会关系的范围和任务,明确地划定了民法与其他法律部门的界限,解决了长期以来有关民法定义的争论。归纳起来,《民法典》第2条对民法的界定具有以下意义:

1. 确立了我国民法统一调整社会主义市场交易关系的基本法地位。依据《民法典》第2条,我国民法统一调整平等主体之间的财产关系,而平等主体之间的财产关系实质上就是指财产归属关系与交易关系。无论何类民事主体,只要以平等的民事主体的身份从事交易,就应当遵循民法的规范,并受民法的调整。

2. 突出了对人的尊重,体现了以人为本的理念。1986年《民法通则》第2条曾将人身关系置于财产关系之后;但《民法典》第2条则将人身关系调整至财产关系之前,这突出强调了对民事主体人身权利的保护。由此也表明,民法也应当以人为中心,以促成人的全面发展和实现对人的终极关怀为目标。民法不仅是财产法、交易法,也应当是关爱人、保护人、爱护人、尊重人的法。

3. 界定了《民法典》的体系。《民法典》分则就是由调整人身关系和调整财产关系的具体法律构建起来的,《民法典》第2条关于民法调整对象的规定奠定了《民法典》分则体系的基础,保障了《民法典》分则与总则的协调一致。具体而言,人身关系主要分为两大类,即人格关系和身份关系。其中,人格关系表现为人格权关系,身份关系表现为婚姻、继承等关系中的人身关系,分别受《民法典》人格权编、婚姻家庭编、继承编调整。财产关系在

---

① 参见朱庆育:《民法总论》(第2版),北京大学出版社2016年版,第3页。

分则中受物权编、合同编等调整。

4. 确立了我国的民商合一的立法模式。在《民法典》体系中，商法是作为民法的特别法而存在的，并未与民法相分离而独立存在。《民法典》并未根据是不是商人的标准来区分普通民事主体和商事主体，或者根据主体实施的行为是不是商行为而规定不同的法律规则。《民法典》采取了民商合一体制。这不仅符合现代民事立法的趋向，也消除了民商分离所产生的法律冲突的弊端。

三、形式意义上的民法和实质意义上的民法

（一）形式意义上的民法

形式意义上的民法主要指民法典。民法典是指按照一定的体系结构将各项基本的民事法律规则与制度加以系统编纂而形成的规范性文件。民法典的重要特点首先表现在它是体系化、系统化的产物，满足了形式理性的要求，属于民事法律中最高形式的成文法。

民法的法典化最早追溯至古罗马法。在罗马的法典编纂方面，最有成效、影响最深远的是东罗马帝国皇帝查士丁尼的《国法大全》，即《查士丁尼法典》《学说汇纂》《法学阶梯》《新律》。自 19 世纪法典化运动以来，大陆法系各国大都制定了民法典，比较有代表性的法典是 1804 年《法国民法典》，该法典以罗马法为蓝本，巧妙地运用法律形式把刚刚形成的资本主义社会的经济规则直接译成法的语言，从而“成为世界各地编纂一切新法典时当作基础来使用的法典”①。1900 年《德国民法典》是潘德克顿学派理论成果的结晶，体现了法典逻辑性和科学性的要求。正是在这个意义上，该法典常常被称为“科学法”。就逻辑体系而言，《德国民法典》构建了完整的近代民法体系。② 因而，其被认为代表了 19 世纪法典化的最高成就。《德国民法典》曾与《法国民法典》共同被称为“欧洲民法双璧”，对大陆法系民法影响甚大。1912 年《瑞士民法典》及晚近颁布的 1992 年《荷兰民法典》等也都各具特色，在大陆法系颇具影响。可见，自 19 世纪法典化运动以来，大陆法系各国基本上都制定了民法典，这也是大陆法系国家法律体系的主要标志。因此，“不管在哪里，民法典都往往被当作整个法律制度的核心”③。

---

① 韦建桦主编：《马克思恩格斯文集》（第 10 卷），人民出版社 2009 年版，第 598 页。

② 参见［德］K. 茨威格特、［德］H. 克茨：《比较法总论》，潘汉典等译，法律出版社 2003 年版，第 220 页。

③ ［美］艾伦·沃森：《民法法系的演变及形成》，李静冰、姚新华译，中国政法大学出版社 1992 年版，第 191 页。

我国《民法典》是新中国成立以来第一部以“典”命名的法律。中文中的许多法律概念都是“舶来品”，如权利、义务、宪法、民法等，但是法典化中“典”的概念，的确是我国固有的用语。“典”的含义也是相对固定的，其一般包含如下含义：一是典则、典范，即可以作为典范的重要书籍。《书・五子之歌》其四曰：“明明我祖，万邦之君。有典有则，贻厥子孙。”汉代王符《潜夫论・赞学》有云：“是故索物于夜室者，莫良于火；索道于当世者，莫良于典。典者，经也，先圣之所制。”南朝刘勰曾在《文心雕龙・原道》中曰：“玄圣创典，素王述训。”二是典籍。典籍，多指记载被尊为准则或规范的古人教训、古代规章制度等的书。《玉篇・丌部》云：“典，经籍也。”《说文・丌部》云：“典，五帝之书也，从册在丌上，尊阁之也。”清代俞正燮《癸巳存稿》卷一云：“典者，尊藏之册。”孔传曰：“典谓经籍。”《论衡・自纪篇》云：“尧舜之典，伍伯不肯观；孔墨之籍，季孟不肯读。”在日常生活中，对那些有指导和规范作用的常备工具书也称“典”，如字典、辞典。由此可见，在中国古代，所谓“典”，通常有“典则”“典范”“典籍”等含义，因此，凡是入典之律，均被认为具有一定的基础性、典范性。

在我国《民法典》通过之后，习近平总书记指出：“民法典在中国特色社会主义法律体系中具有重要地位，是一部固根本、稳预期、利长远的基础性法律。”①这揭示了《民法典》在中国特色社会主义法律体系中的基础性地位，也回答了称为“典”的原因。相对于单行法而言，民法典是基础性的法律，凡是入典之规则，就成为基础性法律的组成部分。我国《民法典》作为基础性的法律的特点主要在于：

第一，《民法典》是私法的基本法。我国民事法律制度建设一直秉持“民商合一”的传统，在《民法典》之外还有大量的单行法，包括商事特别法。整个民事立法就在《民法典》的统率下，构成一个完整的体系。可以说，《民法典》是我国民事法律的集大成者。在我国，民商事法律体系由《民法典》与大量的法典之外的民商事单行法组成，《民法典》与这些单行法之间是主干和分支的关系，《民法典》作为主干为各单行法提供基础，而其他单行法作为分支，其生长不能脱离主干。诚如苏永钦教授所说，单行法与民法典的关系，犹如行星围绕恒星运转一般。② 大陆法系国家主张的法典中心主义，其实也旨在确认民法典在民事实体法中的中心地位。因而，我国《民法典》颁布实施后，法律人要树立以《民法典》为中心的实体法适用的理念。《民法

---

① 习近平：《论坚持全面依法治国》，中央文献出版社 2020 年版，第 278 页。

② 参见苏永钦：《现代民法典的体系定位与建构规则》，载《交大法学》2010 年第 1 卷。

典》作为基本法律，是私法的核心，是整个民商事法律的基础。《民法典》既是民法的主要法源，又是弥补单行法规定不足、填补单行法规则漏洞的来源，还是使单行法制度规则体系融贯的基础。

第二，《民法典》是市场经济的基本法。《民法典》所确立的私权保护和市场交易规则是社会主义市场经济的基本规则。《民法典》包括民事活动平等、自愿、公平、诚信等基本原则，关于私法自治和保障人格尊严等基本价值的规定，既是市场经济的基本准则，也是市场主体的基本行为准则。同时，《民法典》所确立的有关物权、合同、担保等法律制度，也旨在维护交易安全和秩序，为市场经济的发展提供基本的法律框架和制度保障。《民法典》确立了民事主体的财产权利受到法律平等保护的基本理念，同时在总则编和合同编中对民事法律行为和合同规则作出了明确规定，这些规则共同确立了私权保护和市场交易的基本规则。《民法典》构建了完整的私权体系，也为国家治理确立了基本规则。在行政执法和司法中，要摒弃重刑轻民的观念，多用善用民事方式遏制违法行为，平等保护各类民事主体的合法权益，让企业家专心创业、放心投资、安心经营。①

第三，《民法典》是社会生活的百科全书。《民法典》与每个人的生活息息相关。一个人从出生到死亡，均受到《民法典》的调整。每个人网上购物、搭乘交通工具、购买生活用品、在餐馆用餐等，都是在订立合同，并与《民法典》打交道。习近平总书记指出："民法典调整规范自然人、法人等民事主体之间的人身关系和财产关系，这是社会生活和经济生活中最普通、最常见的社会关系和经济关系，涉及经济社会生活方方面面，同人民群众生产生活密不可分，同各行各业发展息息相关。"②可见，《民法典》是规范社会生活的基本规则。

第四，《民法典》是行政执法应当遵循的基本规范。现代法治的核心理念是"规范公权，保障私权"。《民法典》确立了完善的私权保障体系，有利于规范行政执法行为。各级政府要以保证《民法典》有效实施为重要抓手推进法治政府建设，把《民法典》作为行政决策、行政管理、行政监督的重要标尺。行政机关在行使行政权的过程中，不得以侵害为《民法典》所确认的各项私权为代价，必须尊重和保护老百姓的财产权（如不得非法查封、扣押）、人格权、人身权，否则，即便行政机关行使职权的行为符合程序，但如果因此不当造成民事主体私权的损害，该行为也不再具有合法性。行政机关在实

① 参见2021年最高人民法院《实施民法典纪要》第19条。

② 习近平：《论坚持全面依法治国》，中央文献出版社2020年版，第279页。

施行政行为，对公民依据《民法典》享有的权利进行限制时，应当具有法定职权，严格遵守法定程序。

第五，《民法典》规定了基本的民事裁判规则。《民法典》确立了解决民事纠纷的基本规则，明确了法律适用的基本准则，为法官正确处理民事关系、解决民事纠纷提供了基本准则。① 如前所述，在单行法时代，面对纷繁复杂的单行法，法官时常陷入找法和用法的困境之中，尤其是当多个单行法规范都可以适用于某一法律关系时。例如，一个简单的网购商品质量纠纷，从网上已公布的案例所援引的裁判规则来看，就包括《消费者权益保护法》、《产品质量法》、《合同法》、《侵权责任法》以及相关的司法解释等。这种状况实际上成为法官适用法律的一大难题，也极大地妨碍了司法裁判的统一性。在《民法典》颁布之后，作为基础性法律的《民法典》将成为处理民事纠纷的主要法律依据。从比较法上来看，有的国家的民法典专门对此进行了规定。② 大陆法国家主张的法典中心主义，其实也旨在确认民法典在民事实体法中的中心地位。因而，我国《民法典》颁布实施后，要树立以《民法典》为中心的实体法适用的理念，③此种理念至少包含如下含义：一是《民法典》是民法的主要渊源，即《民法典》在解决民商事纠纷中处于法源的核心地位。二是《民法典》是裁判民事纠纷的主要依据。在不具备特别法优先于一般法等正当理由的情形下，裁判者首先应当从《民法典》各编中找法用法，而不应当在庞杂的单行法中寻找裁判依据。三是《民法典》不仅具有资讯集中的功能，而且具有一种导航功能，即引导法律人正确找法用法。法典化的功能之一是可以快速实现体系定位，有助于体系观法、体系找法、体系释法、体系用法。正如苏永钦教授所指出的，这种体系定位大量减少了找法过程中搜寻、比较、权衡、记录成本，其效益十分宏大。④

（二）实质意义上的民法

实质意义上的民法，是指所有调整民事关系的法律规范的总称，包括《民法典》和其他民事法律、法规等规范性文件中所包含的民事法律规范。除《民法典》之外，我国还有两百多部单行法律，其中大量的都是民事法律。比较典型的民事法律如《著作权法》《商标法》《专利法》等，这些法律

---

① 参见 2021 年最高人民法院《实施民法典纪要》第 20 条。

② 例如，《瑞士民法典》第 1 条明确规定："(1) 凡依本法文字或释义有相应规定的任何法律问题，一律适用本法；(2) 无法从本文得出相应规定时，法官应依据习惯法裁判；如无习惯法时，依据自己如作为立法者应提出的规则裁判。"

③ 参见 2021 年最高人民法院《实施民法典纪要》第 20 条。

④ 参见苏永钦：《现代民法典的体系定位与建构规则》，载《交大法学》2010 年第 1 卷。

虽然没有入典,但仍然是我国民法的重要组成部分。在我国实行民商合一的立法体制下,一些商事特别法如《公司法》《保险法》《票据法》等,同样是我国民法的重要组成部分。此外,一些法律虽然形式上是管理性质的法律,但其中也包含了大量的民事法律规范,如《产品质量法》《土地管理法》《城市房地产管理法》等,这些法律所包含的民法规范也是我国实质意义上民法的组成部分。除法律之外,我国还颁行了大量的行政法规、司法解释,其中不少都是民事法律规范。它们都是实质意义上民法的组成部分。

实质意义上的民法的特点在于:一方面,它是调整平等民事主体关系的法律规范,而并不注重外在的形式。尽管形式意义上的民法是最高形式的成文法,但毕竟无法涵盖全部的民事法律关系,还存在大量的置于其他法律、法规中的民法规范。另一方面,实质意义上的民法不限于法律、法规,还包括大量的其他规范性文件和司法解释。所以,实质意义上的民法在法源上意义更为宽泛。正是由于该原因,实质意义上的民法也被称为广义的民法。

需要指出,实质意义上的民法与形式意义上的民法并不是对立的,而是相辅相成的。一方面,由于《民法典》是私法的基本法,因此,形式意义上的民法(《民法典》)可以连接整个实质意义上的民法。也就是说,在《民法典》统率下,我国的民事立法将构成一个完整的、具有逻辑性的、协调一致的体系。另一方面,仅靠形式意义上的民法调整纷繁复杂的民事关系是不够的,还需要借助大量的实质意义上的民法规范调整各种民事关系,但这些规范应当以《民法典》的规范为基础,不得与《民法典》的基本规则和制度相冲突。当然,在这一前提下,如果其他法律对民事关系的调整有特别规定,原则上应当适用该特别规定。

四、民法与民法学

所谓民法学,是指以民事法律规范及其发展规律为主要研究对象的学科。民法既可以从立法层面理解,也可以从学科层面理解。从立法层面来看,民法是调整平等主体之间法律关系的总和,其既包括《民法典》的规范,也包括民事单行法以及其他立法中的民法规范。而民法学则是研究民法本身的学问。自罗马法以来,民法学就已经构建了具有自身内在逻辑体系的学科,形成了不同的法学流派,而且随着时代的发展,民法学也在不断发展。例如,就民法学的基本价值理念而言,传统民法以私法自治为基本理念,现代民法虽然也秉持私法自治的价值理念,但也日益强调人文关怀的价值,而且在私法自治与人格尊严、人文关怀等价值理念发生冲突时，民法学在价值判断上往往倾向于保护后者。

整体而言，民法和民法学的关系，本质上是一个立法与法学之间的关系，两者相辅相成，不可分离。一方面，民法是民法学产生的基础和前提，民法学的发展不可能脱离民法而独立存在。民法学作为研究民法的学问，首先要以民法规范为研究对象。进入《民法典》时代后，需要实现研究范式的转变，这就是说，应当以《民法典》的体例安排为依据构建民法学理论体系，以《民法典》的主线特征为准绳增进民法学体系的逻辑性，以《民法典》的内容特征作为民法学的研究重心，以《民法典》的人文关怀等价值构建民法学价值体系，以《民法典》的时代特征为基础引领民法学研究的未来发展，不断推动中国民法学的发展、繁荣，形成中国自主的民法学知识体系，为全面推进依法治国提供强有力的理论支撑。另一方面，民法学的发展也可以反作用于民法。民法学通过研究民事法律规范的解释与适用，可以促进民法规范的完善；尤其是民法学对民法发展规律的研究，可以促进民法体系、制度、规则的完善。民法也应当以民法学的发展为基础，从民法学中汲取营养，以民法学的发展为先导，不断促进民事立法的发展和完善。

民法学虽然要以立法为基础，但又不完全等同于立法，其有自身相对独立的发展规律。因为民法学本身不是对民法规范的简单注释，其具有独特的概念和理论体系、逻辑体系，将民法学简单等同于注释法学，反而会阻滞民法学的发展。一方面，不同国家因其历史传统、经济文化和社会制度的不同，民法学的内容和体系也会存在一定差异。在体系构建上，自清末变法以来，我国民法全面借鉴了大陆法系国家特别是德国的民法，许多民法的制度和术语均来自欧陆国家。我国民法学需要充分汲取人类法治文明的成果，认真借鉴包括德国民法在内的两大法系的先进经验，绝不能关起门来自说自话，不能完全照搬照抄、简单复制某些国家的民法理论，也不能将某国民法理论作为解释我国《民法典》的依据，更不能将其作为阐释我国《民法典》相关规则科学性、合理性的标准。另一方面，中国民法学应当随着《民法典》的编纂而不断深化和发展。市场经济的发展和改革开放的深化，尤其是互联网、大数据、高科技的发展，对民事立法提出了许多新要求，我国民法学也应该积极回应时代和实践的需要，接受新挑战、解决新问题，不断满足社会主义市场经济建设和运行的法治需求，不断创新、发展与繁荣中国民法学，形成中国自主的民法学的知识体系，为全面推进依法治国提供强有力的理论支撑。

第二节 民法的调整对象

一、民法调整对象概述

民法的调整对象就是民法规范所调整的各种社会关系。研究民法调整对象的意义主要表现在如下两方面：一方面，有助于正确地划分法律部门，区分民法与其他部门法，并在此基础上构建合理的民事法律体系。因为每一个法律部门都有其特定的调整对象与适用范围，正是因为调整对象的不同才形成了特定的法域，并在此基础上构建了整个法律体系。尽管各国的法律体系各具特点，但整体上大多以调整对象或调整方法为标准划分各个法律部门，我国法律体系的构建也不例外。民法之所以能够成为我国最重要的法律部门之一，首先是因为它具有特定的调整对象。另一方面，特定的调整对象决定了特定的调整方法。正是由于民法调整对象是平等主体之间的关系，因此决定了其主要通过任意法规范赋予当事人以私法自治的权利（主要是通过法律行为），并以此种方式调整平等主体之间的社会关系。此外，研究民法调整对象还有助于使法院明确民事案件的管辖权限，有利于针对不同的调整对象适用不同的程序，以及在司法系统内部进行科学分工。例如，平等主体之间的纠纷属于民事纠纷，而非平等主体之间的纠纷则属于其他性质的案件，不同的案件应由法院内部不同的法庭来审理。

（一）我国民法调整对象的特点

依据我国《民法典》第 2 条的规定，我国民法调整平等主体之间的人身关系和财产关系。由此可见，民法调整的社会关系的最本质特点在于其平等性，这是民法区别于其他法律部门的根本特点。所谓平等主体，是指主体以平等的身份介入具体的社会关系，而不是在一般意义上判断主体间的平等性。例如，国家机关和公民虽然在一般意义上不是平等关系，但只要其相互间发生交易关系，各个主体都是以平等的身份出现的。平等是指在财产关系和人身关系中当事人的地位平等，并不涉及在政治关系中当事人的地位平等问题。还需要指出的是，近代以来，民法以抽象人格为基础，强调形式平等。拉德布鲁赫认为，民法典并不考虑农民、手工业者、制造业者、企业家、劳动者等之间的区别。私法中的人就是作为被抽象了的各种人力、财力等个人而存在的。[①] 之所以如此，是因为近代民法认定人与人之间具有“平

---

① 参见［日］星野英一：《私法中的人》，王闯译，中国法制出版社 2004 年版，第 34～35 页；［德］拉德布鲁赫：《法学导论》，米健译，中国大百科全书出版社 1997 年版，第 66 页。

等性”和“互换性”的特点。[1] 在此背景下，民法以调整平等主体之间的人身关系和财产关系为对象，原则上不考虑主体在年龄、性别、种族、经济实力、知识水平等各个方面的差异，一概承认其地位平等。此种模式对当代民法也产生了重大影响。

然而，形式平等并不必然意味着实质平等。每个人不仅应该享有基本权利，而且应该是平等的权利，才能构建一个和谐的社会。[2] 但近几十年来，由于社会经济的变化以及科学技术等的发展，对于弱势群体的关爱也提上了民法的议程，民法也逐渐由关注“抽象人”到关注“具体人”，许多学者认为，民法“旨在提高市场弱者地位，增强其实现自己意思能力的做法，则更接近于私法的本质”[3]。这也促进了民法的新发展。我国《民法典》秉持人文关怀精神，充分彰显了关爱人、爱护人、保护人的理念，强化了对弱势群体的保护。可以说，在形式平等之下，也注重维护实质平等。

在我国民法中，平等性主要表现在：第一，当事人参与法律关系时，其地位是平等的，任何一方都不具有凌驾或优越于另一方的法律地位。正是法律地位的平等，决定了当事人必须平等协商，一方不得对另一方发出强制性的命令或指示。第二，适用规则的平等。任何民事主体参与民事活动都要平等地受到民事法律的拘束，不享有法外的特权，不能凌驾于法律之上，即“法律面前人人平等”。第三，权利保护的平等。在任何一方的权利受到侵害之后，都应当平等地受到民法的保护和救济。

民法主要调整平等主体间的社会关系，但有些民事关系不一定是纯粹的平等关系。一方面，在身份法领域，当事人之间的关系可能不完全是平等的，如父母子女之间的亲权关系、监护人与被监护人之间的监护关系等就不完全是平等的。另一方面，随着现代民法对实质正义的强化，在形式平等之外，民法已开始强调对消费者、劳动者等弱势群体的保护，以实现形式平等与实质平等、机会平等与结果平等之间的平衡。[4] 还应当看到，尽管在征收关系中，国家行使征收权本身所产生的不是平等主体之间的关系，但基于征收所产生的补偿关系可以理解为平等主体之间的关系，因此，我国《民法典》第 243 条也规定了征收制度。

（二）人身关系置于财产关系之前

与《民法通则》第 2 条规定相比，《民法典》第 2 条将民法的调整对象从

① 参见梁慧星主编：《从近代民法到现代民法》，中国法制出版社 2000 年版，第 169～170 页。
② 参见王海明：《平等新论》，载《中国社会科学》1998 年第 5 期。
③ ［德］迪特尔·梅迪库斯：《德国民法总论》，邵建东译，法律出版社 2000 年版，第 362 页。
④ 参见梁慧星主编：《从近代民法到现代民法》，中国法制出版社 2000 年版，第 169～170 页。

“财产关系和人身关系”调整为“人身关系和财产关系”，强调了对人身关系的重视，更加彰显了人文关怀的价值。

第一，克服“重物轻人”的体系缺陷。由于《德国民法典》主要是反映20世纪初的工业社会需求的，因此，其以调整财产关系为重心，从而服务于交易和财富的创造。[①] 从内容上看，《德国民法典》的重心是调整财产关系和交易关系，忽略了对人格权的保护，整个民法典中关于人格权的规则仅寥寥数条，存在明显的“重物轻人”的体系缺陷。因此，在《德国民法典》颁布后不久，德国学者索姆巴特（Werner Sombart，1863—1941）就提出，《德国民法典》存在“重财轻人”的偏向。[②] 正如德国著名民法学家梅迪库斯所指出的，《德国民法典》的体系“是按照从事商业贸易的资产阶级的需求来设计构思的，它所体现的资产阶层所特有的‘重财轻人’正出自于此。这种重财轻人的特色使关于人的法律地位和法律关系的法大大退缩于财产法之后”[③]。此种看法不无道理。此种以交易为中心的“重物轻人”的民法典，符合20世纪初工业社会的需要，但逐渐与当今社会的发展脱节。事实上，不少德国学者也已开始对其民法典进行反思，认为《德国民法典》对人格权的规定明显不足。[④] 例如，梅迪库斯认为，“法律对自然人的规范过于简单，因此没有涉及一些重要的人格权”[⑤]。一百多年来社会的发展对法律的发展也提出了更高的要求，人文精神和人权保护应在民法中得到充分体现。而以《德国民法典》为代表的传统民法典对人格权制度并没有过多地关注，有关侵权行为的规定也较为单薄，这些都表明，这种以交易为中心、重财轻人的立法模式在当今社会亟须得到修正。

第二，与财产关系相比较，人身关系更直接、更充分地彰显了人格尊严和人身自由的价值，因此该条更凸显了对人身关系的重视，体现了对人格尊严和人身自由价值的优先保护。人文关怀优先于私法自治。传统民法主要以私法自治为核心价值，注重形式上的平等，德国学者梅施麦克甚至将私法自治称为私法体系的“恒星”，永放光芒。[⑥] 而现代民法则在兼顾形式平等

① MüKoBGB/Säcker，9. Aufl. 2021，Einleitung zum BGB，Rn. 36 f，42.

② 参见［德］迪特尔·施瓦布：《民法导论》，郑冲译，法律出版社2006年版，第42页。

③ ［德］迪特尔·梅迪库斯：《德国民法总论》，邵建东译，法律出版社2000年版，第24页。

④ 参见陈云生、刘淑珍：《现代民法对公民人格权保护的基本情况及其发展趋势》，载《国外法学》1982年第6期。

⑤ ［德］迪特尔·梅迪库斯：《德国民法总论》，邵建东译，法律出版社2000年版，第24页。

⑥ 参见李非：《富与德：亚当·斯密的无形之手：市场社会的架构》，天津人民出版社2001年版，第165页。

的基础上，注重实质的平等，这是因为近代以来，社会结构的平等性和互换性逐步丧失，因而立法在给予私法自治必要限制的同时，强化了对人格尊严的维护。换言之，这两者在总体上呈现此消彼长的关系。这一转化过程和发展趋势体现了对人文关怀的强化，人文关怀要求应当尊重人、爱护人、关爱人，强调对人格尊严的维护和对弱势群体的保护。人文关怀价值构成对私法自治的限制，在这两种价值发生冲突时，应优先实现人文关怀的理念。① 例如，我国《民法典》第993条对人格权的合理使用，仅允许民事主体将自己的姓名、名称、肖像等许可他人使用，但不允许对物质性人格权进行合理使用。这也体现了康德所说的"人是目的不是工具"的理念。②

第三，在21世纪互联网、高科技的时代，强化对人的保护成为民法典的核心任务。针对现代科学技术发展对个人隐私等人格权带来的现实威胁，美国学者弗劳姆金（Froomkin）提出了"零隐权"的概念，认为各种高科技、互联网的发明在给人类带来巨大福祉的同时，也有一个共同的副作用，即对人们的隐私权保护带来了巨大威胁。③ 因此，随着互联网、高科技、大数据的发展，对于人格尊严的保护比以往任何时刻都更为重要。私法更加强调人格尊严的保护，在人格尊严与财产保护发生冲突时，人格尊严应当优先受到保护。④ 例如，在大数据时代，数据处理者应当充分尊重信息主体的个人信息权益，在数据处理者和信息主体各自行使权益并发生冲突时，如果缺乏法律对冲突解决进行明确规定，就有必要依据权利位阶理论，基于人格尊严优先的原则，优先保护信息主体的权利。因为个人信息所彰显的人格尊严要优先于数据财产利益受到保护。

二、民法调整的两类基本的社会关系

（一）民法调整平等主体之间的人身关系

1. 民法调整平等主体之间的人身关系的类型

所谓人身关系，是指没有直接的财产内容但具有人身属性的社会关系。有人认为，"Persoenliche Eigenschaft"可以简译为"人身"，而我国民法理论所言之"人身关系"，原本仅指"身份关系"，后来有学者理解为包含所谓"人

---

① Vgl. Paulus/Zenker, Grenzen der Privatautonomie, JuS 2001, 1, 4 f.

② 参见［德］伊曼努尔·康德：《道德形而上学原理》，苗力田译，上海人民出版社2012年版，第40页。

③ See A. Michael Froomkin, *Cyberspace and Privacy: A New legal Paradigm? The Death of Privacy?*, 52 Stan. L. Rev. 1461, 2000.

④ See Paul Bernal, *Internet Privacy Rights: Rights to Protect Autonomy*, Cambridge University Press 2014, p. 14.

格关系”[1]。其实,我国民法中的身份关系具有特定的含义,不包括人格关系。民法调整平等主体之间的人身关系,这种平等指的是法律地位的平等,而不是指具体的生活事实中的平等,如父母与未成年子女之间的关系在生活上存在管教与被管教的关系,但在民法中两者的法律地位是平等的。

所谓人身关系是基于一定的人格和身份产生的,因此,人身关系包括以下两类:

第一,基于自然人、法人和非法人组织的人格产生的人身关系。这些关系在民法上表现为自然人和法人的人格权,包括自然人的生命权、身体权、健康权、姓名权、肖像权、名誉权、荣誉权、隐私权、婚姻自主权等权利,以及法人、非法人组织的名称权、名誉权、荣誉权。此外,凡是属于《民法典》第109条所规定的自然人的人身自由、人格尊严范畴的人格权益,都属于因人格而产生的人身关系。

第二,基于自然人和法人的一定的身份产生的人身关系。对于什么是“身份”,学理上有不同的看法。有人认为:“身份是自然人在团体或者社会体系所形成的稳定关系中所处的地位。”[2]也有学者认为,身份仅指亲属法中的身份利益。还有一些学者根本否认现代民法中存在身份关系。笔者认为,可以将身份界定为民事主体在特定的社会关系中所具有的地位,具体包括:一是在亲属关系中的地位,这类关系在民法上表现为自然人的身份权,包括夫妻之间、父母子女之间、有扶养关系的祖父母与孙子女或外祖父母与外孙子女之间依法相互享有的身份权,因监护关系产生的监护权等。二是基于知识产权获得的地位,如自然人或法人通过智力创作活动取得著作、专利、商标而享有的人身权,以及自然人享有的在发现权和发明权中的人身权。[3] 三是在其他社会关系中产生的身份权,如荣誉权等。身份关系是人们基于彼此间的身份而形成的相互关系。

这两类关系在法律上分别表现为人格权和身份权。人身关系并不是人与人之间的等价交换关系,也不是人们为了追求一定的经济利益和物质需要而形成的社会关系。当然,人身关系也可能体现出一定的利益并和财产关系发生一定的联系。

民法调整的人身关系的范围是十分宽泛的。长期以来,由于受苏联民

---

① 徐国栋:《“人身关系”流变考》(上),载《法学》2002年第6期。

② 张俊浩主编:《民法学原理》,中国政法大学出版社1997年版,第5页。

③ 参见韦之:《知识产权论》,知识产权出版社2002年版,第22页;杨立新:《人身权法论》(修订版),人民法院出版社2002年版,第896~901页。

法理论的影响，我国民法理论一直认为民法调整的人身关系与财产关系具有十分密切的联系，认为民法调整的人身关系就是“与财产关系相关的人身关系”①。应当承认，从总体上看，人身关系与财产关系有着紧密的联系，但是，这并不是说民法调整的每一种人身关系都要与财产关系发生联系，人身关系本身是复杂的、形式多样的。

民法对人身关系的保护，并不限于与财产关系有关的人身关系。凡是根据立法者利益的需要，不管是否与财产关系发生联系，都可以由民法作出规定，而没有必要把人身关系限定在“与财产关系有关”的范围内。从我国民法调整的范围来看，许多人身关系与财产关系联系密切，但也有许多人身关系与财产关系没有密切联系。即使承认人身关系与财产关系有密切联系，但人身关系本身并不具有财产性，不能以有无财产性来决定其是否属于民法的调整范围。

2. 民法调整的人身关系的特点

第一，主要具有非财产性。按照传统观点，人身关系主要体现为主体的精神利益和道德上的利益，并不具有财产利益的属性，这也是其与财产关系的重要区别。人身关系本身不以财产为客体，也不以财产为内容，人身关系本质上不能用金钱加以度量、评价，此种关系受到侵害时也无法采取等价补偿的方式进行救济，而主要采用的是一种精神上的抚慰和对加害人的惩戒，以及对加害行为的排除等方式。② 但随着经济社会的发展，许多人格权益也包含了经济价值，例如，个人可以通过许可他人利用其姓名权、肖像权等权利而获得经济利益。这一变化也对侵害人身权益的民事责任产生了一定的影响，即行为人在侵害他人人身权益时，受害人既有权请求其承担精神损害赔偿责任，也有权请求行为人承担财产损害赔偿责任。因此，民法所调整的人身关系主要具有非财产性，但在一些情形下，此种人身关系也具有一定的财产属性。

第二，专属性。人身关系中所体现的利益与人身是很难分离的，财产权利一般可以自由流通，但人身权利具有人身专属性，很难完全进入流通领域。也就是说，人身权作为一种整体性的权利是不能转让的。③ 当然，随着经济社会的发展，部分人身权益的人身专属性也有了一定的减弱，即权利人可以许可他人利用其人身权益。一些人格权（如肖像和隐私权等）的权能不

---

① 寇志新：《民法总论》，中国政法大学出版社2000年版，第32页。

② 参见杨立新：《人身权法论》（修订版），人民法院出版社2002年版，第63页。

③ 参见张俊浩主编：《民法学原理》，中国政法大学出版社1997年版，第138页。

再像生命、健康、自由等权利那样,具有强烈的专属性和固有性,而是可以与主体依法发生适当的分离。在有的国家,个人人格标志中的经济价值也具有可流转性,如美国法上的公开权即属于财产权,能够进入流通领域。

第三,一些人格关系具有固有性。人格关系中的利益大多是民事主体必备的利益,而且这些人格利益是民事主体与生俱来的。例如,生命、健康是民事主体与生俱来、终身享有的,否则,民事主体就很难享有人格独立与自由,甚至难以作为主体而存在。当然,身份关系不一定具有固有性,其以一定的社会关系为基础,在特定的社会关系产生之前,民事主体并不享有相关的身份权。①

民法对人身关系的调整贯彻人本主义,维护个人的人身自由和人格尊严。因此,我国《民法典》第2条在规定民法的调整对象时,将人身关系置于财产关系之前,这也体现了对人身关系的重视。一方面,民法应当强化对人格利益的保护。与古代、中世纪法律注重人身支配关系不同,现代民法更加注重对个人人身利益特别是人格利益的保护,最高目标是服务于人格尊严的维护和人的发展。民法对人格利益的保护是其他法律手段无法替代的。例如,在侵害人格权的情况下,民法主要采用损害赔偿的方法对受害人提供救济,这是其他的法律所不具备的责任形式。另一方面,民法应当强化对身份关系的保护。身份关系主要是亲属关系,而亲属关系从根本上讲是私人间的私生活关系,因此,由以私法自治为其主要调整方法的民法来调整身份关系是非常合适的。② 民法调整人身关系,彰显了民法所具有的关爱人、爱护人、保护人的基本理念。当然,民法对人身关系的调整具有特殊性,不能把某些调整交易关系的民法原则适用于人身关系,也不能把一些有关市场经济活动的法律规范适用于人身关系领域。

(二)民法调整平等主体之间的财产关系

1. 民法调整平等主体之间的财产关系的内容

所谓财产关系,是指人们在产品的生产、分配、交换和消费过程中形成的具有经济内容的关系。财产关系是以社会生产关系为基础的,涉及生产和再生产的各个环节,包括各类性质不同的关系。依据我国《民法典》第2条的规定,民法所调整的财产关系只是发生在平等的民事主体之间的财产关系。其特点在于:

---

① 参见陈民:《论人格权》,载《法律评论》1962年第8期。

② 参见宋豫主编:《国家干预与家庭自治:现代家庭立法发展方向研究》,河南人民出版社2011年版,第11页。

(1)主体平等。平等性包括两个方面:一方面,是指民事主体在从事各种交易行为以及行使财产权利、利用和取得财产等方面,彼此之间在法律地位上是平等的。无论双方的经济实力如何悬殊,都不允许任何一方将自己的意志强加于人。另一方面,民事主体在从事各种交易活动时,都应当遵循公平、自愿等原则,彼此间的关系应当是平等的、互利的,当其财产利益受到损害时,应当得到同等价值的补偿。民法调整的财产关系大多应贯彻等价有偿的原则,至于当事人依法自愿形成的赠与、借用、无偿保管等民事关系,虽然不符合等价有偿原则,也是法律所允许的。

(2)平等主体间的财产关系,包括财产归属关系和财产流转关系。财产归属关系是指财产所有人和其他权利人因占有、使用、收益、处分财产而发生的社会关系。财产流转关系是指因财产的交换而发生的社会关系。财产归属关系往往是发生财产流转关系的前提条件,财产流转关系通常又是实现财产所有关系的方法。这两种财产关系,又称为横向财产关系,都应该由我国民法调整。这是由我国社会主义市场的统一性以及民法对市场经济关系进行统一调整所决定的。

(3)民法调整的财产关系的重心是交易关系。所谓交易,是指独立的、平等的市场主体就其所有的财产或利益进行的交换。在民法上,交易的表现形式多种多样,其常见的形式是合同,其特殊形式是侵权损害赔偿和不当得利返还等。从民法调整对象的性质来看,所谓平等主体之间的财产关系,主要指交易关系,交易关系也就是典型的平等主体之间的财产关系。

2. 平等主体之间的财产关系的特征

民法调整的财产关系的首要特点在于,它是一种平等主体之间的财产关系。与身份关系相比较,该财产关系还具有下列特点:

(1)财产关系是一种以经济利益的计算为核心的关系。民事主体作为合理的人能够从自身利益出发设定、变更或终止财产关系,最终实现其个人利益的最大化。而身份关系不同,尽管有些身份关系与财产关系有密切的联系,但整体来看,它并不主要是一种经济上的利害关系。①

(2)财产关系充分体现了主体的自由意志。主体享有对其财产的处分权,并有权依其意志移转财产所有权权能。财产关系的产生、变更和消灭体现了法律给予主体充分的自由空间,国家尽量不予干预。但在身份关系中,当事人的意思自由要受到一定的限制。例如,法律对结婚、离婚、收养都进

① 参见谢怀栻:《外国民商法精要》,法律出版社2014年版,第138~139页。

行了比较严格的限制；亲属法上许多权利，如监护权、亲权等，都具有专属性，不得抛弃和转让。尤其在现代社会，为了保护婚姻家庭关系中的弱者的利益，法律逐渐加强了对婚姻家庭关系的干预，因此婚姻家庭法具有私法公法化的趋势。[①]

（3）财产关系具有很强的变动性。在市场经济社会，资源往往通过流转才能实现合理配置，进而充分实现物尽其用，因此，财产关系总是处于变动之中。而身份关系则具有极大的稳定性，通常不会发生变动[②]，也不宜发生变动，其具有很强的人身专属性。

（4）救济方式不同。财产关系遭受侵害时主要通过损害赔偿等财产性的救济方法对受害人提供保护；而亲属、婚姻等身份关系在受侵害时较多使用非财产救济手段。当然，依据《民法典》第1182条的规定，在人身权益遭受侵害的情形下，受害人也有权主张侵权损害赔偿责任。

三、财产关系与人身关系的联系性

按照传统观点，财产关系与人身关系是截然分离的，而在现代社会，二者已经出现相互交织、难以完全分离的现象，这具体表现在：一是数据权益的产生。虽然数据具有明显的财产权属性，但不能据此将数据界定为纯粹的财产权益，因为数据中可能包含一定的个人信息，因此，数据权益的内容具有复合性。在绝大多数情形下，数据权益和个人信息权益是难以分离的，也正是因为数据往往是个人信息的集合，欧盟《通用数据保护条例》（GDPR）通过数据保护形式来保护个人信息，这就体现了数据与个人信息的紧密联系。二是人格利益许可使用制度的发展。人格利益虽然是人格权益的客体，但其也可以成为许可使用的对象，从而也涉及合同法等财产法规则的适用问题。三是财产法领域也涉及对个人的人格尊严的保护。一方面，我国《民法典》合同编对承租人的优先承租权、优先购买权作出了规定，其目的即在于保护承租人的居住利益，维护其人格尊严。另一方面，物权编中建筑物区分所有权、居住权等制度，也都强调对个人人格尊严的保护。此外，《民法典》侵权责任编还新增了“人格物”的保护规则，规定了侵害人格物的精神损害赔偿规则。因此，即便是财产法问题，也可能需要贯彻人文关怀的理念，强化对人格尊严的维护。当然，由于财产关系与人身关系存在性质区别，也不能简单地将适用于财产关系的规则适用于人身关系。

---

① 参见夏吟兰：《论婚姻家庭法在民法典体系中的相对独立性》，载《法学论坛》2014年第4期。

② 参见谢怀栻：《外国民商法精要》，法律出版社2014年版，第138～139页。

第三节　民法的性质

一、民法是私法

大陆法系国家和地区的许多学者从学理上界定民法的定义时，大多从公法与私法分离与对立的角度展开，如拉伦茨在《德国民法通论》中开宗明义地指出，“民法是私法的一部分”，“私法是整个法律制度中的一个组成部分”①。我国台湾地区学者也大多持有相同的看法。公法和私法的区分最初由罗马法学家乌尔比安提出，并为《学说汇纂》所采纳。但长期以来，关于公法和私法的分类标准极不统一。主要形成了三种不同的观点：

一是利益说，即根据法律保护的利益涉及的是公共利益还是私人利益区分公法和私法。此种标准为乌尔比安首倡。乌尔比安指出，公法是关于罗马国家的法律，私法是关于个人利益的法律。② 这种学说曾经是公私法划分的重要标准，但自20世纪以来，随着国家干预经济的发展和福利国家概念的流行，公共利益与私人利益往往很难区分，此种分类已经走向衰落。例如，基础设施建设、政府采购等不仅涉及公共利益，而且也涉及私人利益。就民法的功能而言，其不仅保护个人利益，往往同时也保护公共利益。例如，私法保护交易安全的利益，保护社会秩序和市场经济的利益。反过来说，虽然公法通常涉及公共利益，但也并不是仅关系公共利益，它同样也适当地照顾个人利益③，如行政管理也涉及对相对人利益的保护。

二是隶属说，也称为“意思说”。此种观点为德国学者拉邦德倡导，他认为应根据调整对象是隶属关系还是平等关系来区分公法与私法，公法的根本特征在于调整隶属关系，私法的根本特征在于调整平等关系。④ 此说长期为学界通说，也为我国《民法通则》第2条所借鉴。但完全以隶属关系还是平等关系来区分公法和私法也有一定缺陷。在民法调整的身份法领域，也存在一定的隶属关系，例如，父母在其行使监护权尤其是教育权的范围内，也可以要求未成年子女承担义务。⑤ 此外，在公法领域中，也出现了越来越多的平等关系，如政府采购契约、行政契约等。所以，近来也有德国学者认

---

① [德]卡尔·拉伦茨：《德国民法通论》(上册)，王晓晔等译，法律出版社2003年版，第3页。

② 参见[意]彼德罗·彭梵得：《罗马法教科书》，黄风译，中国政法大学出版社1992年版，第9页。

③ 参见[德]卡尔·拉伦茨：《德国民法通论》(上册)，王晓晔等译，法律出版社2003年版，第4~5页。

④ 参见[德]迪特尔·梅迪库斯：《德国民法总论》，邵建东译，法律出版社2000年版，第11页。

⑤ 参见[德]迪特尔·梅迪库斯：《德国民法总论》，邵建东译，法律出版社2000年版，第11页。

为,私法是调整社会中单个平等成员间关系的法,而公法则一般是调整具有隶属性的成员之间关系的法。当然,这一标准也并非绝对,私法也可能调整隶属关系,公法也可能调整平等关系。即使法律调整的关系包括公权力主体,也不意味着此法律一定是公法,仅在该法律调整对象恰好是公权力主体履行其职能时,才属于公法,反之则可能属于私法。某一生活事实可能同时受到公法和私法的调整,例如,私法中法律行为的效力(有效或者无效)可能会取决于公法上的行为,或者导致公法上的结果。①

三是主体说。该说为德国学者耶律内克所倡导,并得到日本学者美浓部达吉的赞同。此种观点认为,应当以参与法律关系的各个主体为标准来区分公法和私法,如果这些主体中有一个是公权主体,即法律关系中有一方是国家或国家授予公权的组织,则构成公法关系。正如拉伦茨指出的:"私法是整个法律制度中的一个组成部分,它以个人与个人之间的平等和自决(私法自治)为基础,规定个人与个人之间的关系。与私法相对,公法是法律制度中的另外一个部分,它规定国家同其他被赋予公权的团体相互之间、它们同它们的成员之间的关系以及这些团体的组织结构。"②该学说为现代公法和私法区分的通说。③ 但这种分类也有一定缺陷。例如,在现代社会,国家参与民事活动,该种行为的性质应如何界定?虽然其是以民事主体的身份参与民事活动的,但仍然行使一定的公权力。再如,我国国家土地管理机构出让土地使用权,其既是作为民事主体,也履行一定监管职能。因此,完全根据主体说区分公法和私法也会遇到一些困难。

公法和私法的分类标准直到现代仍然是一个争论的话题,英国学者哈勒曾于 1904 年举出 17 种标准,瑞士学者荷林嘉于 1904 年举出 17 种,法国学者华尔兹也于 1928 年举出 12 种。可以说,迄今为止,公法和私法的划分标准仍然是一个值得研究的课题。特别是 20 世纪以来,由于国家干预经济的加强,传统的私法中渗进了公法的因素,出现了私法公法化的现象,公法中的义务介入私法领域中,对民事权利构成了一定的限制。据此,许多学者认为,公法和私法发生了部分的融合,不应当再区分所谓的公法和私法,民法即私法的观点已难成立。④

笔者认为,各种分类标准都是相对合理的,不可能存在一种绝对的划分

---

① Brox/Walker, Allgemeiner Teil des BGB, 32. Aufl., Carl Heymanns Verlag, 2008, Rn. 10, S. 8.

② [德]卡尔·拉伦茨:《德国民法通论》(上册),王晓晔等译,法律出版社 2003 年版,第 3 页。

③ 参见[德]迪特尔·梅迪库斯:《德国民法总论》,邵建东译,法律出版社 2000 年版,第 12 页。

④ 参见陈卫佐:《德国民法总论》,法律出版社 2007 年版,第 12 页。

标准,但仍然应当将社会关系的性质和主体的性质结合起来,作为区分公法和私法的标准。从原则上说,凡是平等主体之间的财产关系和人身关系都属于私法关系,而具有等级和隶属性质的关系属于公法关系;私法关系的参与主体都是平等主体,国家介入也是作为特殊的民事主体来参与的,而公法关系中必然有一方是公权主体,其参与社会关系也仍然要行使公权力。采取这样一种分类可以对私法与公法作出区分。民法作为私法的组成部分,主要调整私法关系。

在我国,区分公法和私法的意义是重大的。长期以来,我国一直否认公法、私法的划分,认为在社会主义公有制下,国家广泛参与社会生活,经济关系和人身关系都有国家干预的色彩,导致在实践中过分强调国家利益和国家干预,淡化了私人利益和私人自主调整。此种否认公法、私法分类的观点显然既不符合我国社会主义市场经济的实际,也不利于社会主义民主政治的完善。区分公法、私法的意义主要体现在以下方面:

1. 作为私法的民法以保障私权为己任。现代法治的精神是"规范公权、保障私权",其重心在于对私权的全面确认和充分保障,而确认与保护权利必须依赖于民法功能的充分发挥。如果说公法要以规范公权为己任,而作为私法的民法,则必然要以保障私权为其目标。当然,保障私权也可以明确公权行使的边界,因为依法行政的基本要求就是行政机关不得非法侵害个人所享有的各项民事权利。事实上,公权与私权并非尖锐的对立关系,公权来自私权的让渡,并为私权的保护提供坚强的后盾,可以说,公权力的设立目标就是保障私权。① 但同时,私权也确定了公权行使的界限,这就是说,公权力的行使不得为损害公民的私权为代价,否则就逾越了公权行使的界限,公权的行使也就失去了其正当性。因此,通过民法对公民进行赋权,在一定程度上也有利于规范公权。

2. 由于民法是私法,因此,要贯彻私法自治原则,赋予民事主体广泛的行为自由,并使当事人之间的合法约定能够具有优先于任意法适用的效力。按照私法自治原则,民事主体有权在法定的范围内根据自己的意志从事民事活动,通过民事法律行为构建其法律关系。在市场经济条件下"尽可能地赋予当事人行为自由是市场经济和意思自治的共同要求"②。民事关系特别是合同关系越发达、越普遍,意味着交易越活跃、市场经济越具有活力,社

---

① 参见汪习根主编:《发展、人权与法治研究——法治国家、法治政府与法治社会一体化建设研究》,武汉大学出版社 2014 年版,第 268 页。

② 江平、张礼洪:《市场经济和意思自治》,载《法学研究》1993 年第 6 期。

会财富才能在不断增加的交易中得到增长。私法不仅给每个人提供了必要的发展其人格的可能性，而且由私法赋予的决策自由往往对主体更为有利。[①] 由于民事纠纷主要产生私法上的后果，此种后果主要体现为一方请求另一方承担责任。

3. 在公法领域中，公共权力必须法定，“法无授权不可为”（All is prohibited unless permissible），没有国家法律的明确授权，公权力机关就不得任意从事行为。而在私法领域，奉行私法自治的理念，法无禁止即可为（All is permissible unless prohibited），其赋予了当事人广泛的自由。这两项原则也符合“规范公权、保障私权”的法治理念。当然，在主体制度方面和侵权责任法领域也极少采用“法不明文禁止则为允许”的规则，这一规则主要适用于债法领域。

4. 有助于正确认定法律责任的性质。出现社会纠纷以后，如果涉及私法关系，产生的就是私法上的后果，即当事人之间的责任；如果涉及公法关系，则产生个人对国家如何负责的问题。[②] 私法规范的是民事法律关系，而公法主要规范行政法律关系。私法强调对公民、法人的合法民事权利的保护，充分尊重民事主体在法定的范围内所享有的行为自由，尊重民事主体依法对自己的民事权利和利益所作出的处分[③]，而公法则更注重对民事关系的干预和对社会经济生活的管理。

5. 从民法的角度来看，区分公法和私法也有助于明确民法规范的基本属性。明确民法为私法，就是要根据社会经济生活的需要来妥当设置法律规范。民法规范尤其是合同法规范中，主要是任意性规范，强行性规范主要发挥着划定民事主体意思活动界限的功能，原则上不对民事活动进行积极干预，但是在涉及财产制度的物权法和伦理性浓厚的亲属法中，强行性规范扮演着重要角色。在民法中，原则上当事人有约定时依约定，无约定时则依法律规定，当事人的约定要优先于法律的任意性规定而适用。我国民事立法中要尽量减少对民事活动的不合理的限制，国家应当尊重公民在私人生活领域中的意思自由。明确民法为私法，也需要在民法中尤其是在合同法中尽量减少强行性规范，努力扩大任意性规范的数量。对民事关系进行限制和干预的规则应由公法而不是由民法予以规定。

---

① 参见［德］迪特尔·梅迪库斯：《德国民法总论》，邵建东译，法律出版社2000年版，第14页。

② 参见谢怀栻：《外国民商法精要》，法律出版社2014年版，第51～52页。

③ 参见梁慧星：《民法总论》，法律出版社1996年版，第29页。

最后需要指出的是，民法只是私法最主要的部分，不完全等同于私法。或者说，民法是私法的核心部分①，除民法外，民事诉讼法、国际私法等也应当属于私法的组成部分。

二、民法是市场经济的基本法

民法是市场经济的基本法。从民法的历史沿革上看，民法始终是与商品经济或市场经济的发展紧密联系在一起的。在古罗马时期，正是由于出现了较为发达的简单商品经济，罗马法才得以孕育、产生和完善。欧洲中世纪后期，资本主义商品生产和交换在封建的自然经济的空隙中产生和发展，导致了罗马法的复兴。1804 年《法国民法典》以罗马法为蓝本，巧妙地运用法律形式把刚刚形成的资本主义社会的经济规则直接翻译成法的语言，从而“成为世界各地编纂法典时当作基础来使用的法典”②。19 世纪末期，由于市场经济的发展，产生了资本主义成熟时期的法典代表——《德国民法典》。

从民法的内容来看，民法调整的财产关系实际上主要就是财产归属关系和财产流通关系。在市场经济条件下，财产归属关系是财产交易的前提，而交易最终向财产的归属转换。马克思在描述商品交换过程时指出：“商品不能自己到市场去，不能自己去交换。因此，我们必须找寻它的监护人，商品所有者。”“为了使这些物作为商品彼此发生关系……每一方只有通过双方共同一致的意志行为，才能让渡自己的商品，占有别人的商品。可见，他们必须彼此承认对方是私有者。”③这就表明商品关系的形成必须具备三个条件：一是必须要有独立的商品“监护人”（所有者）；二是必须要商品交换者对商品享有所有权；三是必须要商品交换者意思表示一致。这就是在交换过程中形成的商品关系的内在要求。与此相适应，形成了以调整财产所有和财产交换为目的，由民事主体、物权、债和合同等制度组成的具有内在联系的民法体系。

1. 主体制度。作为民法主体的当事人，大多是财产和其他权益的享有者、在交易关系中的交换者。这类主体的特征就在于他们的独立性，即意志独立、财产独立、责任自负。马克思在提及商品关系时所强调的“独立资格”“独立的商品所有者”等即指这一类主体。我国民事主体制度就是这些独立

---

① 参见［德］卡尔·拉伦茨：《德国民法通论》（上册），王晓晔等译，法律出版社 2003 年版，第 8 页。

② 《马克思恩格斯选集》（第 4 卷），人民出版社 2012 年版，第 611 页。

③ 《马克思恩格斯全集》（第 23 卷），人民出版社 1972 年版，第 102 页。

的主体(自然人或法人)所必备的权利能力和行为能力等方面的规定,是商品关系的当事人在法律上的反映。民事主体制度包括自然人、法人、非法人组织等制度,这些制度的适用范围是十分广泛的。任何组织和个人,无论其在行政法律关系、劳动法律关系中的身份如何,也无论其所有制形式和经济实力如何,其从事市场经济活动的主体资格皆由民法主体制度所确认,其合法权益受民法保护。

2. 物权制度。所有权和其他物权制度是规范财产(动产和不动产)的所有和使用关系的基本制度。民法典所规定的所有权制度是直接反映所有制关系的,但也和交易关系有内在的联系。产权的初始界定是交易的前提,也是降低交易费用的重要条件。交易就其本质而言主要是所有权的让渡。所有权是商品生产和交换的前提,也是商品生产和交换的结果。所有权在生产领域中的使用消费就是商品生产,在流通领域中的运动就是商品交换,商品生产者从事生产和交换的前提条件,就是要确认其对劳动工具和劳动对象的占有、使用、收益和处分的权利,保障他们在交换中的财产所有权的正常转移。民法的其他物权如建设用地使用权、抵押权等既是市场经济赖以形成的重要基础和前提条件,也是市场经济的产物。

3. 债和合同制度。债和合同是财产交易在法律上的体现,是商品流通领域中最一般的、普遍的法律规范。民法典所规定的民事法律行为制度、债和合同制度大多是规范交易行为的,债的一般规则是规范交易过程、维护交易秩序的基本规则,而各类合同制度也是保护正常交换的具体规则。典型的买卖活动是反映商品到货币、货币到商品的转化的法律形式,不过财产交换过程并不只是纯粹的买卖,还包括劳务的交换(诸如加工、承揽、劳动服务)、信贷、租赁、技术转让等合同形式以及票据的流转、财产的抵押、资金的偿付等债的形式。它们都是单个的交换,都要求表现为债的单元,并受到民法债权制度的确认和保护。债权制度的设立给商品交换带来了巨大的方便,使它超出了地域的、时间的和个人的限制,从而有力地推动了财产的流转。

4. 客体制度。民法所确认的权利客体,也是适应交易的需要而产生和发展的。日本著名民法学家我妻荣认为,所有权制度变化的一个重要特点表现在物权关系和客体的结合。如不动产与附随不动产的权利成为一体,集合物作为单一的物权客体;构成一个企业的许多物的权利关系和事实关系结合而成为企业的财产,并能够作为一个物权的客体来看待。[①] 权利和

---

① 参见[日]我妻荣:《物权法》,岩波书店1995年版,第2页。

物结合共同构成法律上的集合物并成为所有权的客体和某项交易的对象，表明交易的对象日益丰富以及对物的利用效率也不断提高。所有权客体的变化还表现在有价证券的产生与发展方面。在农业社会中，土地和其他不动产在经济生活中居于最重要的地位，随着商品经济的发展，动产逐渐显得重要。如果说在1804年《法国民法典》中，财产的客体主要是土地、房屋等，那么在1900年《德国民法典》中，有价证券已经成为财产的重要的客体，有价证券被视为新的动产。[①] 有价证券形式上是债权，但又具有所有权属性。特别是对无记名证券来说，谁依法占有无记名证券，谁就成为该证券所记载的财产的所有人。有价证券的出现，改变了近代以来西方社会财产的概念，它使财产易于保管、隐藏、使用和转让，极大地促进了市场经济的发展。

民法是市场经济的基本法，这就意味着市场经济的建立和完善离不开民法的支持，同时，民法制度也应当按照市场经济的内在要求来构建，并符合市场经济的运行规律。如果要确认我国的经济是平等、等价和自由竞争、由市场引导生产要素自由流转和组合的市场经济，那么就应当充分贯彻意思自治、诚实信用、鼓励交易、公平正义等价值理念，尽量减少国家对经济生活的干预，加强对民事主体权利的保障。所以，市场经济的成熟在很大程度上是以民商事规则的成熟为标志的。与此相适应，形成了以调整财产所有和财产交换为目的，由民事主体、物权、债和合同等制度组成的具有内在联系的民法体系。民法就是按照市场经济的内在要求来构建的，符合市场经济的基本运行规律。

由于民法是市场经济的基本法，我国实行民商合一的立法体例，因此，市场主体从事各种活动应当遵循民法的基本规则，我国《民法典》所确认的意思自治、合同自由、诚实守信等价值理念将成为市场经济的基本准则。《民法典》所确认的平等保护财产权、人身权等原则、规则也激活了市场主体的活力，维护了交易安全和秩序，保障了市场经济的正常运转。《民法典》还构建了完善的合同制度、担保制度，这既是市场交易的基本准则也是市场经济有序发展的根本保障。

三、民法是权利法

作为市场经济发展的产物，现代法治的观念是与权利联系在一起的。法治是人类文明的成果和千百年来社会政治组织经验的体现，具有特定的

---

① 参见［苏］弗莱西茨：《为垄断资本服务的资产阶级民法》，郭寿康译，中国人民大学出版社1956年版，第10页。

内涵,即公民在法律面前一律平等,公民的权利得到充分的保护,法律成为社会全体成员一切行为的规范和标准。现代法治的精神是“规范公权、保障私权”,其重心在于对私权的全面确认和充分保障,而确认与保护权利必须依赖于民法功能的充分发挥。“法律即为客观的权利,权利即为主观的法律”①,民法最基本的职能在于对民事权利的确认和保护,“民法是作为权利的体系而被构建的”②。

从历史上看,民法就是要保障私权,从而发挥对抗公权力干预的作用。在民法的发展历史上,无论是在义务本位时期还是权利本位、社会本位时期,民法都强调对私权的充分保护。无论古罗马法、19 世纪的法国民法如何主张个人本位,现代民法又如何倡导团体本位,也无论在不同历史时期,不同所有制的社会的民法所保障的权利在性质上存在何种区别,各个社会的民法都坚持了一个最基本的共性:民法以权利为核心。换言之,民法就是一部权利法。在社会经济生活中,重视民法则权利观念勃兴,贬低民法则权利观念淡薄。几千年来法律的发展史已充分证明了这一点。

我国《民法典》以民事权利的确认与保护为核心,其立法宗旨就是“保护民事主体的合法权益”,故其是权利法,是私权保障的宣言书,其核心功能是确认和保障私权。私权的保障彰显了人民的根本利益,是确保人民群众享受美好生活的前提和基础,更是促进人民群众追求美好生活的动力。因此,《民法典》通过保障民权实现人民的福祉,确保人民的美好幸福生活,为法治社会奠定基础。民事权利的保护既是《民法典》的出发点也是其落脚点。我国《民法典》在民事权利保障方面具有如下特点:

第一,与德国法以法律行为为主线不同③,我国《民法典》是以民事权益为中心展开的。我国《民法典》的体系构建是围绕民事权利这根主线而展开的,在体系安排上,《民法典》各分编先列举物权、债权、人格权,婚姻家庭中的权利以及继承权,最后以侵权责任编结束和兜底,其体系构建整体上坚持了从权利到救济的思路。

第二,我国《民法典》所保护的民事权益范围具有开放性,其不仅构建了完整的民事权利体系,而且还保护各种新型的利益,扩张了民事权益的保护范围,适应了社会生活发展的需要。《民法典》第 113 条规定保护“权利”而

---

① 李模:《民法总则之理论与实用》,台北,1992 年自版发行,第 23 页。

② [日]大村敦志:《民法总论》,江溯、张立艳译,北京大学出版社 2004 年版,第 34 页。

③ 关于《德国民法典》总则主要以法律行为为中心构建,参见 Hans Hattenhauer, Grundbegriffe des Bürgerlichen Rechts, 2. Aufl., C. H. Beck, 2000, S. 68。

非“权益”的表述，目的就在于扩张保护范围，通过开放性来与时俱进、适应社会生活发展的需要。

第三，《民法典》提供了较为完整的救济措施和损害预防手段。在总则编中，《民法典》第 179 条规定了 11 种责任承担方式，用各种责任形式保护民事权利。在侵权责任编中，《民法典》第 1167 条确认了预防性的责任承担方式。除此之外，又在侵权责任编第二章“损害赔偿”中全面规定了损害赔偿责任，其中包括侵害财产权和人身权的损害赔偿责任，损害赔偿又具体包括财产损害赔偿、精神损害赔偿以及惩罚性赔偿。除侵权责任编外，《民法典》还在物权编、人格权编中规定了独特的物权请求权、人格权请求权，这就形成了绝对权请求权与侵权责任编中的损害赔偿请求权的有效衔接。此外，鉴于现代社会互联网侵权的特殊性，《民法典》还在人格权编中规定了更正权、删除权以及禁令等制度，对人格权提供有效的救济，并预防损害的发生，这就形成了权利保护与损害预防功能的有效衔接。

民法保护民事主体各项权利的功能，集中体现了法律的基本价值。明确民法是权利法，不仅有助于明确民法的性质和功能，而且要求在当前的民事立法中贯彻以民事权利为中心构建私法体系的思想，为我国社会主义市民社会的发育和市场经济的完善提供制度支撑。同时，通过权利法的构建，有助于民法的独立发展和自我实现，鼓励公民为权利而斗争，从而有效地制约公共权力的滥用，促成市民社会和政治国家的良性互动；进一步通过对各种权利的确认，形成新型的人际关系和社会秩序。

四、民法是人法

21 世纪是权利的世纪，是弘扬人格尊严和维护人的价值的世纪。当今世界，尊重与保护人权已经成为国际社会的共识，并成为当代法律关注的重点，对人的尊重和保护被提升到前所未有的高度。西方一些法学家也力主民法典应当充分体现对人的保护。例如，《法国民法典》起草人波塔利斯提出“法为人而立，非人为法而生”(les lois sont faites pour les Hommes et non les Hommes pour les lois)，这个著名论断被奉为民法的经典内涵，用来诠释民法的本质。再如，日本学者田中耕太郎指出：私法的基本概念是人(person)。这种精神用孟德斯鸠的话来说，就是“在民法的慈母般的眼里，每个个人就是整个国家”①。但是，传统的民法典确实存在“重物轻人”的体系缺陷。而《民法典》充分反映人文关怀的时代精神，全面彰显人文关怀精

① ［法］孟德斯鸠：《论法的精神》(下册)，张雁深译，台北，台湾商务印书馆 1997 年版，第 190 页。

神,成为充分关心人、爱护人、保障人的尊严的法律。我国民法之所以是人法,主要表现在:

第一,《民法典》是人民人身和财产安全的重要保障。“人民的安全,乃是至高无上的法律。”[①]在新时代,人民的物质生活条件得到极大改善,在全面建成小康社会的基础上,更高的安全感越发成为人民的迫切需求。一方面,《民法典》广泛确认了各类主体的财产权,以满足人们的物质生活需要,在人格权编强化了个人的生命、身体、健康等各项人身权益的保护,有力维护了个人的人身安全。另一方面,《民法典》通过完善征收征用、禁止非法限制个人行为自由等制度,防止公权力对私权的不当侵害,使每个人生活在安全的环境中,享受安宁的生活,免于一切非法的强制和恐惧。故而,《民法典》是人民美好幸福生活的根本保障。

第二,强化了对个人人格尊严的保护,人格权法之所以独立成编,主要目的就是要落实宪法关于维护个人人格尊严的原则。人格权编规定各项具体人格权,都是为了维护个人的人格尊严。同时,人格权编规定一般人格权,以人格尊严作为认定人格利益的标准,主要也是为了维护个人的人格尊严。在进入新时代以后,我国已经成为世界第二大经济体,人民物质生活条件得到了极大改善,全面建成小康社会的愿景已经实现,人民群众有了更高水平的精神生活追求,希望过上更有尊严、更体面的生活。正因如此,“保护人格权、维护人格尊严,是我国法治建设的重要任务”[②],这也成为《民法典》将人格权独立成编的重要原因。尤其在21世纪这一科技和信息爆炸的时代,科学技术的迅速发展给人类带来了巨大的福祉,极大地改变了人类的生产和生活方式,甚至改变了人类社会的组织方式。但科学技术一旦被滥用,反过来也可能损害个人的隐私、个人信息、生命健康等,从而损害人类的福祉。各种高科技的发明已经使人类无处藏身,如何强化对隐私权等人格权益的保护,成为现代法律制度所面临的最严峻的挑战。[③] 因此,《民法典》全面保护人格权,维护人格尊严。

第三,《民法典》在维护形式正义的前提下,也注重对弱势群体的关怀,强化了对妇女、儿童、消费者等弱势群体的保护,以维护实质正义。一是《民法典》合同编确认了强制缔约、对格式条款的规制等一系列规则,也是考虑

---

① [美]E. 博登海默:《法理学:法律哲学与法律方法》,邓正来译,中国政法大学出版社1999年版,第293页。

② 沈春耀:《关于民法典各分编(草案)修改情况和民法典(草案)编纂情况的汇报》,载《人民日报》2018年8月28日。

③ 参见徐明:《大数据时代的隐私危机及其侵权法应对》,载《中国法学》2017年第1期。

了相关主体缔约能力的不足,体现出对消费者的倾斜保护。二是强化对未成年人的保护。我国《民法典》充分体现未成年人利益最大化原则。例如,在监护制度中,监护人履行监护职责必须遵守被监护人利益最大化原则。再如,《民法典》在规定收养的条件时,要求收养人不得有犯罪记录等。此外,在婚姻家庭和继承关系中,《民法典》也注重保护胎儿、未成年人的利益。三是在调整婚姻家庭关系时,《民法典》注重对相关主体人格权的保护。例如,依据《民法典》的规定,夫妻在婚姻家庭中地位平等,夫妻在人格上以及权利义务上平等,夫妻双方应当互相尊重对方的人格独立,任何一方不得只享有权利而不负担义务,也不得非法侵害甚至剥夺对方的权利。再如,《民法典》第1056条规定:“夫妻双方都有各自使用自己姓名的权利。”第1057条规定:“夫妻双方都有参加生产、工作、学习和社会活动的自由,一方不得对另一方加以限制或者干涉。”上述规定对夫妻双方的姓名权和人身自由权提供了平等保护。

总之,进入《民法典》时代的民法不仅仅是财产法、交易法,也应当是关爱人、保护人、爱护人、尊重人的民法,我们的民法学也应当以人为中心,以促成“人”的全面发展和实现对“人”的终极关怀为目标。如此,才能回归民法的本位。

五、民法主要是实体法

按照法律规定的内容不同,可将法律分为实体法与程序法。实体法一般是指规定主要权利和义务(或职权和职责)的法律,程序法一般是指规定保证权利和义务得以实施的程序的法律。[①] 一般认为,民法是实体法,民事诉讼法是程序法。从我国《民法典》的内容来看,其也主要是实体法规范。当然,《民法典》作为实体法,既是行为规范又是裁判规则。《民法典》主要是行为规范,但也不限于行为规范,例如,民法关于权利能力的规定等就不是行为规范。《民法典》作为行为规范主要具有两个方面的功能:一是确立交易规则;二是确立生活规则。一方面,《民法典》作为交易规则,为交易当事人从事各种交易行为提供明确的行为规则,使其明确自由行为的范围、逾越法定范围的后果和责任,从而对其行为后果产生合理预期。另一方面,《民法典》作为社会生活的规则,它是人们长期以来生活习惯的总结,确立了人与人正常交往关系的规范,是社会公共道德和善良风俗的反映。按照民法的规则行为,有助于建立人与人正常和睦的生活关系,维护社会生活的和

---

① 参见沈宗灵主编:《法理学》(第2版),高等教育出版社1994年版,第332页。

谐与稳定。

《民法典》也是司法机关正确处理民事纠纷所要依循的基本准则。民法属于行为规范，对于此种规定如不遵守，而因此发生民事纠纷，当事人向法院诉请裁判，此时法院应以民法为其裁判之准绳。①《民法典》为司法裁判提供了一套基本的体系、框架、规范和术语，力求通过法律的制定使整个司法过程都处于法律的严格控制之下。此外，《民法典》也对法官行使的自由裁量权作出了必要的限制。在民法中，裁判规范也可以分为两类：一类是具体的裁判规则，例如《民法典》第 50 条关于在何种情形下人民法院可以撤销死亡宣告的规定；另一类是授予法官自由裁量权的基本规则和一般条款。在现代社会，法官不得以法无明文规定而拒绝裁判民事案件，也不得以法律规定不明确而拒绝援引法律条文。就民事案件的裁判而言，法官所应依据的基本规则就是《民法典》。

第四节　民事法律规范的分类

一、完全法条和不完全法条

所谓完全法条，是指已经兼备构成要件与法律效力两个要素，并将该法律效力连接于该构成要件的单一法条。② 其基本结构是“如果……那么”，即表明如果存在某种构成要件，则会产生特定的法律效果。③ 例如，《民法典》第 1165 条第 1 款规定：“行为人因过错侵害他人民事权益造成损害的，应当承担侵权责任。”尽管该条非常简略，但是其确立了过错侵权的一般构成要件和法律后果，所以属于完全法条，可以直接作为裁判依据。一般来说，如果一个法条已经是一个完全法条，法官可以直接援引其作为裁判依据。完全法条的特征如下：一是兼备假设（构成要件）和法律效果，所谓兼备构成要件和法律效果，是指该法条明确了其适用的要件，并明确了相应的法律后果。二是可以独立作为请求权基础。因为完全法条包含了构成要件和法律效果，所以其可以独立成为请求权基础。而不完全法条必须与其他法条结合才能成为请求权基础。三是完全法条是司法中的裁判依据。正是因为完全法条包含构成要件和法律效果，所以法官可以直接援引其作为裁判依据。从这个意义上说，完全法条属于裁判规范而不是单纯的行为规范。

---

① 参见郑玉波：《民法总则》，中国政法大学出版社 2003 年版，第 15 页。

② 参见黄茂荣：《法学方法与现代民法》，法律出版社 2007 年版，第 159 页。

③ 参见朱庆育：《民法总论》（第 2 版），北京大学出版社 2016 年版，第 46 页。

所谓不完全法条，是指不完全具备构成要件或者法律效力规定的法条。[①] 从立法技术层面看，立法者不可能将所有法条规定为完全法条，为立法的简洁性考虑，有必要规定不完全法条。数个不完全法条相互组合也可以形成完全法条。[②] 所以，不完全法条的存在是立法技术的要求。如果某一个法条必须与其他法条组合在一起形成完全法条，在此情况下，有必要将若干法条结合起来，共同作为裁判的大前提。

从法律适用来看，完全法条可以直接作为裁判依据，而不完全法条必须与其他条文结合才能适用。然而，应当注意的是，法律规范的要件（T）通常由多数的要件特征（M）组成。不完全法条的结合运用，必须符合所有的要件特征，才能发生该法律规范所定的法律效果。以公式表示如下：

$$T = M1 + M2 + M3 \rightarrow R$$

$$S = M1 + M2 + M3$$

$$S \rightarrow R$$

不完全法条的结合运用，并与事实要件相吻合，得出裁判结论。此种模式也是三段论推论中的一种类型。[③] 例如，《民法典》第 1226 条规定了医疗机构及其医务人员侵害患者隐私权的责任，但是该条并没有明确其归责原则。因此，该条应当结合《民法典》第 1165 条第 1 款来适用，即明确其归责原则是过错责任原则。

二、不完全法条的分类

（一）参照适用条款

1. 参照适用条款的概念和法律特征

参照适用又称为准用，它是指法律明确规定特定法律规范可以参照适用本不属于该条规范调整范围的其他情形。在性质上参照适用属于法定类推，是就准用者与被准用者的构成要件，从规范功能及体系关联上进行比较观察，以认定在何种程度应对被准用者赋予相当的法律效果。[④] 长期以来，由于我国实行单行法立法模式，各单行法之间相互独立、彼此隔离，从而导致参照适用条款的功能严重受限、难以发挥。《民法典》的颁布和民法体系化的形成，为发挥参照适用条款的功能提供了基础和便利。据统计，《民法

① 参见黄茂荣：《法学方法与现代民法》，法律出版社 2007 年版，第 159 页。

② 参见黄茂荣：《法学方法与现代民法》，法律出版社 2007 年版，第 162 页。

③ 参见王泽鉴：《民法思维》，北京大学出版社 2009 年版，第 158 页。

④ 参见王泽鉴：《民法学说与判例研究》（第 7 册），北京大学出版社 2009 年版，第 208 页以下。

典》中共有 28 个条文使用了“参照适用”的表述，这也可以说是《民法典》立法技术上的一个重大举措。

参照适用条款的法律特征主要表现在：

第一，参照适用是一种立法技术。参照适用作为一种立法技术，其具有独特的功能：一是条文节约功能。法贵简洁。拉伦茨指出：“指示参照是立法技术上避免烦琐重复的手段。同样，立法时通过拟制技术也可以达到与指示参照同样的效果。”①运用参照适用这一立法技术，可以避免对类似事项作出重复规定，从而可以极大地节约法律条文。二是规范储存的功能。由单行法进入法典化时代，借助参照适用条款，可形成强大的规范储存的功能。例如，《民法典》第 468 条规定非因合同产生的债权债务关系可以参照适用合同编通则的有关规定。这实际上极大地增加了有关债权债务的规范。三是增进体系功能。借助《民法典》与单行法之间、《民法典》各编之间、《民法典》各编内的各项制度之间法律规定的相互参照，进一步增强民法的体系性，也会充分发挥法典的体系化功能。四是查漏补缺的功能。“法典不可能没有缝隙。”②借助于参照适用条款，可以针对大量的法律没有规定的空白领域，进行参照适用，弥补法律漏洞。而通过适用参照适用条款，也可以有效发现法律规定的不足，并通过法律解释等方法弥补法律规定的缺陷。由于参照适用条款具有上述功能，其不仅丰富了《民法典》的规则，也为《民法典》规则的解释适用提供了重要的依据，甚至为今后法典化形式的立法提供了有益的参考。当然，只有准确适用参照适用规范，才能实现此类条款的上述功能。

第二，参照适用是一种法定的“类推”，也有学者将其称为“授权式类推适用”③。在参照适用的情形下，法官也需要在被参照适用的规范中继续寻找裁判依据。因此，参照适用条款的适用存在继续找法的问题。从我国《民法典》的规定来看，针对大多数参照适用条款，具体如何选择法律的适用，法律规定并不具体、明确。例如，《民法典》第 960 条、第 966 条均规定，“参照适用委托合同的有关规定”，只是明确了参照适用的方向，但是，究竟委托合同章哪些规则可得参照适用则是不明确的，还需要法官寻找具体的裁判规则。参照适用就是根据法律的规定（准用规定），对有关 A 的规定进行修

---

① ［德］卡尔·拉伦茨：《法学方法论》，黄家镇译，商务印书馆 2020 年版，第 333 页。

② Hans Hattenhauer, *Einführung*, in Allgemeines Landrecht für die Preußischen Staaten von 1794, at 1,21.

③ 张弓长：《〈民法典〉中的“参照适用”》，载《清华法学》2020 年第 4 期。

正,适用于 B。参照适用就意味着,只要被参照的事项依据其性质可以适用相关的法律规范,就应当予以适用。

第三,在参照适用中,由于立法者已经作出了明确的适用指引,因而裁判者并不需要确定漏洞是否存在,同时也不必寻找作为大前提的规范。裁判者的任务主要是确定特定的法律关系与被参照适用的规范是否具有相似性。在参照适用中,立法者并未对适用对象和被适用对象的关系作同一化处理,参照适用的规范所调整的法律关系与待适用案件事实法律关系具有相似性但并非完全相同。因此,在参照适用的情形下,裁判者还需要对构成要件相似性进行判断,裁判者仍然有权判断法律关系是否具有相似性,哪些规范可以参照适用、哪些规范不可以参照适用。例如,《民法典》第 467 条第 1 款规定:"本法或者其他法律没有明文规定的合同,适用本编通则的规定,并可以参照适用本编或者其他法律最相类似合同的规定。"据此,在不能适用合同编通则的规定时,依照该条规定可以适用合同编分则的规定,但在确定参照适用合同编分则规定时,需要由裁判者判断争议的合同案件与合同编分则规定的哪一类典型合同最相类似,从而才能适用该类合同的相关规则。

2. 参照适用与类推适用

参照适用不同于类推适用,虽然广义的类推包括了参照适用(准用)和狭义的类推,但参照适用(准用)是法律明确规定的"类推",而狭义的类推是指未被法律规定,而根据事物的本质的相似性,由法官通过运用一定的解释方法填补漏洞而类推适用其他规则。所谓类推适用,是指在对特定的案件缺乏法律规定时,裁判者比照援引与该案件类似的法律规定,将法律的明文规定适用于法律没有规定但与明文规定类似的情形。[①] 简单地说,类推适用是指"对于法律无直接规定之事项,而择其关于类似事项之规定,以为适用"[②]。尽管参照适用与类推存在上述相似性,但二者属于不同的法律方法,存在本质区别,表现在:

第一,性质不同。参照适用主要是立法技术问题,在参照适用的情形下,并不需要法官采用一定的法律技术进行解释法律并填补法律漏洞。从裁判者裁量权的角度而言,在有参照适用条款时,应当认为存在法律规范,而不构成法律漏洞,因此一般情形下仍然要适用参照条款所指向的规范。因而不应考虑"要不要"参照,而应考虑"如何"参照的问题。即便最终不参

---

① 参见黄茂荣:《法学方法与现代民法》,法律出版社 2007 年版,第 492 页。

② 郑玉波:《民法总则》,台北,三民书局 1984 年版,第 21 页。

照适用,也需要对此负担论证说理的义务。而类推适用属于广义的法律解释的方法。在进行类推适用时,裁判者需要通过解释的方法确定漏洞的存在,进而通过类推适用的方式填补漏洞。因此类推适用是典型的漏洞填补手段,是在通过解释的方式续造法律。

第二,是否法定化不同。参照适用和类推适用的本质区别在于是否法定化,即是否存在法定授权。参照适用作为法定的类推适用,是立法者已经对拟调整的对象作出了明确的指示,要求参照适用特定的规范。换言之,在参照适用的情形下,法律没有规定的事实包含需要法律适用者作出决断的利益关系(Interessenlage),这一利益关系与法律已经规定的一项利益关系非常相似,以至于立法者如果预料到这种情形,也会就上述法律没有规定的事实作相应规定。[①] 而类推适用则恰恰发生于欠缺明文规定的情形,即在有法律漏洞的情况下,解释者依其能动性而采取的法律解释技术,此时是否进行类推适用,类推适用的对象以及产生的法律效果等,都具有较大的不确定性。在类推适用的场合,行为模式、被准用的法条以及法律后果的规定均不明确,裁判者的裁量空间较大、论证负担显然更重。[②]

第三,是否存在法律漏洞不同。如前所述,参照适用是指立法者从节省篇幅、防止就类似事项作出重复规定出发所采用的一种立法技术。在参照适用的情况下,法律已经明确规定了特定条款适用于特定情形,而没有将被准用的情形作详细的规范。因此,对参照适用的对象而言,立法者正是考虑了可能存在的规则漏洞,所以才通过这样的立法技术预先作出了填补规则漏洞的决断,这与填补法律漏洞的情形不同。在参照适用中,由于立法者已经作出了明确的适用指引,裁判者的任务主要是确定特定的法律关系与被参照适用的规范是否具有相似性。例如,《民法典》第467条第1款规定:"本法或者其他法律没有明文规定的合同,适用本编通则的规定,并可以参照适用本编或者其他法律最相类似合同的规定。"因此,在不能适用合同编通则的规定时,依照该条规定可以适用合同编分则的规定,但在确定参照适用合同编分则规定时,需要由裁判者判断争议的合同案件与合同编分则规定的哪一类典型合同最相类似,从而才能适用该类合同的相关规则。而类推以存在法律漏洞为前提,即立法者对应予规整的对象没有提供相应的法律规则。[③] 类推作为一种法律漏洞填补方法,要求裁判者在缺乏相关裁判规

---

① Rüthers/Fischer/Birk, Rechtstheorie, 10. Aufl., C. H. Beck, 2018, Rn. 889.

② 参见刘风景:《准用性法条设置的理据与方法》,载《法商研究》2015年第5期。

③ 参见王雷:《论身份关系协议对民法典合同编的参照适用》,载《法学家》2020年第1期。

范时,寻求类似法律关系中的规范,进行漏洞填补。[①]

第四,立法者是否已经替裁判者作出判断不同。在参照适用之中,立法者已经代替裁判者作出了一定的判断,因而以立法的形式直接规定了具有相似性的法律关系可以适用同样的规则。在参照适用的情况下,不需要裁判者对法律关系是否类似或是否存在法律漏洞进行判断,立法者已经在立法中作出了明确的判断。[②] 因此,裁判者的自由裁量权较小,裁判者只需要对参照适用的法律关系与被参照适用的法律关系的相似性等进行考量。但在类推的情形下,已经存在法律漏洞,但立法者并没有替裁判者作出判断。也就是说,类推适用作为一种漏洞填补的方式,需要法律适用者论证事物之间的相似性,即类推根据的存在。也就是说,法律适用者承担的是积极的论证负担,裁判者需要对是否存在漏洞以及法律关系的相似性作出识别和判断,因此裁判者的自由裁量权较大,其享有判断待决案件的事实与特定法条中构成要件之间是否具有类似性的权力。但是在参照适用的情形下,法律直接规定了 A 与 B 的类似,B 可以参照适用 A 的规范,即以立法的形式直接规定了具有相似性的法律关系可以适用同样的规则,从而避免了裁判者过多的自由裁量。

从某种意义上来说,参照适用与类推适用之间实际上是一种此消彼长的关系,参照适用规范越多,类推适用的余地就越小,就越意味着立法者代替裁判者进行了法律适用的判断。由于《民法典》大量采用了参照适用条款,所以类推适用的余地就越来越小,在此种情形下,法官必须依据法律的相关规定适用参照适用条款,而因为漏洞已经不存在,因此不能通过类推适用填补漏洞。

3. “参照适用”不同于“适用”

所谓适用,是指法律明确规定,在某一法律关系中适用该法的其他规定。两者的区别在于:一方面,参照适用是一种法定的“类推”,也有学者将其称为“授权式类推适用”[③]。在参照适用的情形下,法官也需要在被参照适用的规范中继续寻找裁判依据,因而存在继续找法的问题。适用并非一种类推,而是直接地适用,不需要法官继续寻找可供适用的具体的裁判规范。例如,《民法典》第 21 条规定:“不能辨认自己行为的成年人为无民事行为能力人,由其法定代理人代理实施民事法律行为。八周岁以上的未成

---

① Rüthers/Fischer/Birk, Rechtstheorie, 10. Aufl., C. H. Beck, 2018, Rn. 888.

② 郑玉波:《法学绪论》,台北,三民书局 2008 年版,第 77 ~ 78 页。

③ 张弓长:《〈民法典〉中的“参照适用”》,载《清华法学》2020 年第 4 期。

年人不能辨认自己行为的,适用前款规定。”从该条第 2 款规定来看,对于 8 周岁以上的未成年人不能辨认自己行为的,则可以直接适用本条第 1 款的规定,并不需要找法。从司法三段论角度看,凡是规定直接适用某个条款时,该条款已经成为大前提,当然,如果适用条款本身是概括式的,则法官在适用相关的规则时还需要进一步找法。另一方面,在直接适用的情形下,需要适用的规范所调整的法律关系与待适用的案件事实法律关系是同一的或具有从属性的。在直接适用的情形下,法律通常采取的是直接适用某具体规范,这表明法律已经将已有的具体规范直接适用到法律未作规定的待决案件中。直接适用就表明无须裁判者再论证适用对象和被适用对象之间的相同性和不同性,立法者已经针对两者之间的相似性作出了法律上的评价,将其作同一化处理,此时便产生了直接适用相关的法律规范,该规范的适用无须裁判者对此进行论证。而在参照适用的情形下,裁判者还需要进行相似性的判断,这其实就是对构成要件相似性的判断。

(二)引致规范

引致规范又称为转介条款,它是指不具有独立的规范内涵,只是在裁判中把适用的规则引致《民法典》其他部分或者其他法律的规范。据统计,《民法典》中共有 59 个条款属于引致条款。在《民法典》中,引致规范的功能具体表现为:一是导航功能,即指引裁判者寻找适用的规范。例如,通过查找《民法典》的规则,发现特别法规范的适用功能。因此,借助《民法典》的引致条款可以寻找相应的特别法,形成《民法典》与单行法的有效互动。二是桥梁功能,即通过引致规范沟通《民法典》各编之间以及《民法典》与单行法之间的相互关系,形成《民法典》各编及《民法典》与单行法之间的互动。在适用引致规范时,需要先将引致规范予以列明,进而将其所指向的适用规范一并找出,二者共同形成裁判案件的完整规范。

《民法典》引致条款主要涉及《民法典》与其他法律、行政法规适用关系,具体可以分为三种类型:一是引致单行法。例如,《民法典》第 104 条规定,非法人组织的财产不足以清偿债务的,其出资人或者设立人承担无限责任。法律另有规定的,依照其规定。“法律另有规定的,依照其规定”意味着要引致《民法典》之外的单行法。二是内部引致。例如,《民法典》第 115 条规定,物包括不动产和动产。法律规定权利作为物权客体的,依照其规定。该条实际上是要引致《民法典》内部的相关规定。三是引致法律、行政法规。例如,《民法典》第 100 条规定:“城镇农村的合作经济组织依法取得法人资格。法律、行政法规对城镇农村的合作经济组织有规定的,依照其规定。”该条允许法律、行政法规优先适用,有特别规定则不能优先。

(三)说明性规范

说明性规范主要是对构成要件或法律效果进行说明的规范。说明性规范要么对构成要件进行描述,要么对法律效果进行说明,但其并不直接同时包括构成要件与法律效果两种要素,不能单独作为裁判依据[①],而必须与其他规范相结合。因此,其在性质上属于不完全规范。说明性规范又具体可以分为描述规范、限制性规范以及补充规范。描述规范是指对其他规范中的概念或类型进行详细描述的规范,最为典型的是对合同、民事法律行为等基本概念的描述。限制性规范是指对法律规范的适用条件、适用范围或者法律效果等进行限制的规范。补充规范是指旨在明确含混不清或具有多重含义的意思表示,以避免法律行为被宣告无效的条款。[②]

(四)推定规范

推定规范,是指依据一定的事实或行为推定当事人的意思,但是当事人可以通过相反的意思予以排除适用的规范。在当事人的意思欠缺时,法律可以通过法律规则直接对当事人的意思进行推定。例如,《民法典》第 638 条规定:"试用买卖的买受人在试用期内可以购买标的物,也可以拒绝购买。试用期限届满,买受人对是否购买标的物未作表示的,视为购买。试用买卖的买受人在试用期内已经支付部分价款或者对标的物实施出卖、出租、设立担保物权等行为的,视为同意购买。"推定规范与拟制规范不同,拟制要使不同的构成要件产生同样的法律效果,但是法律作出拟制性规定时,并不允许当事人排除其适用,而对于推定规范而言,当事人可以排除其适用。

(五)拟制规范

所谓拟制,是指对不同构成要件的事实明知其存在区别,而仍然规定具有相同的法律效果。拟制也能够产生参照的效果,因此也称为"隐蔽参照"。[③] 例如,《民法典》第 18 条第 2 款规定:"十六周岁以上的未成年人,以自己的劳动收入为主要生活来源的,视为完全民事行为能力人。"此处所说的"视为"属于拟制,即"即是"。拟制规范是将两种完全不同的事实,在明知其存在区别的情形下,仍然认为其可以发生相同的法律效果。由于拟制规范只是强调了不同的事实可以发生相同的法律效果,但是具体的法律效

---

① 参见朱庆育:《民法总论》(第 2 版),北京大学出版社 2016 年版,第 47 页。
② 参见朱庆育:《民法总论》(第 2 版),北京大学出版社 2016 年版,第 49 页。
③ 参见朱庆育:《民法总论》(第 2 版),北京大学出版社 2016 年版,第 50 页。

果为何,还是需要结合拟制对象的规范来判断。因此,其是否属于不完全法条,要具体判断。例如,《民法典》第 16 条第 1 句规定:“涉及遗产继承、接受赠与等胎儿利益保护的,胎儿视为具有民事权利能力。”由于该条已经具备了构成要件和法律效果,因此,可以成为完全法条。但也有一些拟制规范不具备构成要件和法律效果(如《民法典》第 18 条第 2 款),而不能成为完全法条。

拟制规范的特点在于:第一,拟制规范是将两种完全不同的事实依据法律规定,使其产生相同的法律效果。例如,将 16 周岁以上、以自己的劳动收入为主要生活来源的未成年人与完全民事行为能力人等同,实际上未成年人与完全民事行为能力人并非完全相同,但通过拟制规范,立法者将其同等对待,使 16 周岁以上的未成年人也获得了完全民事行为能力。第二,拟制规范必须属于法律规范,拟制只能由立法者作出评价。第三,立法者真正追求的是将两种不同的构成要件适用相同的法律效果。拟制规范并不意味着立法者认为拟制与被拟制的对象在事实上是一致的,而是立法者希望这两种不同事实可以获得相同的法律效果。① 第四,拟制规范中作出的拟制是不可以推翻的。即使当事人举证证明拟制与被拟制的对象存在区别,也不能推翻此种拟制。因为立法者设置拟制规范的目的正在于忽略此种区别。在这一点上,拟制规范不同于推定规范和参照规范。

拟制规范与参照规范也极为类似,二者都是一种立法技术手段,而且都能达到避免条文重复、简洁立法的目的。但是两者存在明显的区别:一方面,是否允许裁判者作出评价不同。在参照适用的情形下,裁判者需要对相似性进行论证,但在拟制的规范中,并不需要裁判者进行相似性的论证。另一方面,拟制规范多为对作为构成要件的事实的拟制,而参照适用则主要是对法律效果的参照适用,虽然最终都落脚到法律效果,但是条文所针对的对象并不相同。

三、任意性规范与强制性规范

法律规范可以分为任意性规范和强制性规范。所谓任意性规范,是指当事人可以自由选择是否适用的规范,基于私法自治之理念,即使与规范所规定的效果不同也不会产生相应的法律效果。换言之,任意性规范是指当事人可以通过协议加以改变的规定。任意性规范通常以“可以”做什么来表示,它不要求当事人必须执行,而只是提供了行为的一种标准。依据《民法

---

① 参见[德]卡尔·拉伦茨:《法学方法论》,黄家镇译,商务印书馆 2020 年版,第 333 页。

典》第 143 条的规定,只有违反法律、行政法规的强制性规范时,民事法律行为才无效,民事法律行为违反法律、行政法规的任意性规范并不当然导致该民事法律行为无效。法律的任意性规定只是为当事人提供了一种示范性或建议性的规定,对此种规定,当事人完全可以通过其相互间的约定加以改变或排斥。

所谓强制性规范,是指违反法律强行规定或者禁止规定而产生相应法律效果的规范。强制性规范在《民法典》中主要包括以下几种:形式要件的规范、限制合同自由的规范、对权利能力的规定、涉及监护的制度、为当事人直接设置义务的规范、权利归属的规范等。强制性规范通常以“必须”“不得”等词语表示,它要求当事人必须严格遵守而不得通过其协商加以改变。强制性规范又可以区分为效力性强制性规范和管理性强制性规范。有关其区分标准和效力问题,本书将在下文进行探讨。

任意性规范调整与强行法的有机结合是我国《民法典》调整社会关系的特点。民法的私法自治价值主要是通过任意性规范而发挥作用的,而强制性规范主要发挥着划定民事主体意思活动界限的功能。民法中大多是任意性规范,只是在特殊情形下才会设置强制性规范。在国家治理中,任意性规范也能够发挥其激发市场主体活力、鼓励交易和财富创造的作用,其中最为典型的是合同法规范。由于合同法在很大程度上可以说是交易法,所以,合同法要借助大量的任意性规范进行调整,以充分尊重当事人的意志。合同法以鼓励交易(promoting trade)为目标,只要当事人所缔结的合同不违反法律和政策,法律就承认其效力。据此,“合同法是备用的安全阀”①,在当事人不能通过合同有效安排其事务时,任意性规范就可以有效规范当事人的交易行为。为充分发挥民法的意思自治的功能,我国民事立法中要尽量减少对民事活动的不合理的限制,以充分尊重民事主体在私人生活领域中的意思自由。现代法出现了从强制法(compulsory law)向任意法(negotiated law)发展的趋势,这实际上也是契约精神的体现。② 尽管如此,在涉及财产制度的物权法和伦理性浓厚的亲属法中,强制性规范依然扮演着重要角色。

四、行为规范和裁判规范

所谓行为规范,是指调整对象指向受规范之人的行为,要求受规范之人趋向于这些规范所规定的内容而行为。民法上的行为规范主要调整如下两

---

① [美]希尔曼:《合同法的丰富性:当代合同法理论的分析与批判》,郑云瑞译,北京大学出版社 2005 年版,第 270 页。

② 参见[日]星野英一:《私法中的人》,王闯译,中国法制出版社 2004 年版,第 5 ~ 8 页。

方面的内容:一是为交易当事人从事各种交易行为提供明确的行为规则。此类行为规范主要发挥交易规则的功能,使交易当事人对其行为后果产生合理预期,这就能从制度上保障市场经济的良性运转,从而有利于市场经济秩序的建立。二是作为社会生活的规则。它是人们长期以来生活习惯的总结,确立了人与人交往正常关系的规范,是社会公共道德和善良风俗的反映。此类行为规范有助于建立人与人之间正常和睦的生活关系,维护社会生活的和谐与稳定。

所谓裁判规范,是指调整对象指向法律上裁判纠纷之人或者裁判机关,要求他们依这些规范所规定的内容为标准进行裁判。在民法中,裁判规范也可以分为两类:一是具体的裁判规则;二是授予法官自由裁量权的基本规则和一般条款。在现代社会,法官不得以法无明文规定而拒绝接受对民事案件的裁判,也不得以法律规定不明确而拒绝援引法律条文。《民法典》的颁布为法官依法裁判民商事纠纷提供了基本的裁判依据。

五、主要规范、辅助规范和防御规范

依据请求权基础的"请求与抗辩"结构,民事规范可以区分为以下三类:一是主要规范,它是指构成独立的请求权基础的规范。例如,《民法典》第1165条第1款规定:"行为人因过错侵害他人民事权益造成损害的,应当承担侵权责任。"该规则可以作为独立的请求权基础,其在性质上即属于主要规范。许多民法规范都属于主要规范。二是辅助规范,它是指对主要规范进行说明或者构成辅助规范要件的规范。例如,《民法典》第1186条规定:"受害人和行为人对损害的发生都没有过错的,依照法律的规定由双方分担损失。"本条中规定了"依照法律"四字,即在依据公平责任规则确定当事人的责任时,除依据本条规定外,还需要援引其他具体的法律规则,因此,该规则在性质上应当属于辅助规范。三是防御规范,它是指旨在限制或排除其他法律规范发生效果的规范,其又可以被分为主要规范的防御性规范、辅助规范的防御规范和防御规范的防御规范。[①] 例如,《民法典》第525条规定:"当事人互负债务,没有先后履行顺序的,应当同时履行。一方在对方履行之前有权拒绝其履行请求。一方在对方履行债务不符合约定时,有权拒绝其相应的履行请求。"该条规定了同时履行抗辩权规则,其在性质上即属于防御规范。

---

① 参见吴香香:《请求权基础思维及其对手》,载《南京大学学报(哲学·人文科学·社会科学)》2020年第2期。

第五节　民法典的体系

一、大陆法系国家经典的民法典体系

民法典体系包括形式体系[又称为外在体系(Ausere Systematik)]和价值体系[又称为内在体系(Innere Systematik)]两方面。① 形式体系是指民法典的各编以及各编的制度、规则体系。价值体系是指贯穿于民法典的基本价值,包括民法的价值、原则等内容。大陆法系国家的民法典历来以私法自治为价值体系展开。②

就形式体系(外在体系)而言,从世界范围来看,大陆法系国家有两种具有代表性的民法典体系。

1. 罗马式。它是由罗马法学家盖尤斯(Gaius)在其《法学阶梯》(Institutiones)一书中提出的,优帝编制法律时采用了这种形式,将民法分为人法、物法和诉讼法。这种三编制的编纂体系被《法国民法典》接受。《法国民法典》剔除了其中诉讼法的内容,并把物法分为财产及对所有权的各种限制和取得财产的各种方法,从而明确规定了人法、财产法、财产权取得法三编。瑞士、比利时、意大利等欧洲大陆国家民法采纳此种模式。③ 但近几十年来,法国率先突破了自己的三编制体系,为适应金融担保的需要,单设了担保一编。

2. 德国式。它是罗马法大全中的《学说汇纂》所采用的体例,该体系是潘德克顿(Pandekten System)学派在注释罗马法特别是在对《学说汇纂》的解释的基础上形成的。该体系把民法典分为五编:总则、债法、物权、亲属、继承。其通过"提取公因式"的方式规定了总则,规定民法共同的制度和规则,在民事权利中区分了物权和债权,把继承单列一编,从而形成了较为完整、明晰的体系。大陆法系许多国家与地区都接受了德国式民法典体系,如日本、泰国、韩国、葡萄牙、希腊、俄罗斯等国家以及我国台湾地区、澳门特别行政区。不过,日本在继受德国式民法典体系时采纳了萨克逊式体例,将物

---

① Vgl. Franz Bydlinski, System und Prinzipien des Privatrechts, Springer Verlag, Wien/New York,1996,S. 48ff.

② 意思自治与私法自治基本上是同义语,但两者有一定的区别。意思自治与私法自治的关系表现在:前者是后者的重要组成部分,但不完全等同。因为私法自治是私法领域中的最基本原则,而私法既包括民法、商法等实体法,也包括民事诉讼法、仲裁法等程序法。而意思自治是民事实体法中的基本原则,所以意思自治应当包括在私法自治的内容之中。

③ 参见郑玉波:《民法总则》,中国政法大学出版社 2003 年版,第 40 页。

权置于债权之前。①

应当看到,最近几十年来制定的民法典,如《荷兰民法典》《魁北克民法典》等,都采取了与德、法民法典有所不同的体例安排。总体来说,民法典体系虽然反映了民法的发展规律,但也要根据本国的法律传统、现实需求进行相应的发展变化,不存在一成不变、普遍适用于各国的民法典体系。比如,《荷兰民法典》就根据其海运发展的现实需要而单设运输一编,而《魁北克民法典》出于保障债权的需要而单独设立了"优先权和抵押权"一编。

虽然两大体系对大陆法系各国民法典的影响很大,但由于五编制的最突出特征在于通过"提取公因式"的方法抽象出了总则,减少了重复的规定或定义②,避免了立法中的"叠床架屋",因此大陆法系许多国家与地区都接受了德国式民法典体系。在我国,自清末变法以来,对德国民法的继受成为我国民事立法与理论研究的主流。民国时期的民法典更是深受《德国民法典》的影响,如梅仲协先生就曾指出:"现行民法采德国立法例者十之六七,瑞士立法例十之三四,而法日苏联之成规,亦尝撷一二。"③

作为世界上最新的民法典,我国《民法典》固然借鉴了其他民法典的成功经验和做法,但更注重回应社会现实需求和体现时代发展特色,产生了不少亮点。其中,最令人瞩目的是民法典体系的创新,即在系统总结我国立法和司法实践经验的基础上,我国《民法典》采用的是七编制体例。我国《民法典》将总则置于各编之首,统领分编;将物权、合同、人格权、婚姻家庭、继承五编并列,用以完整保护民事主体的各项权利;将侵权责任编置于最后,作为民事权利救济规范的集合。这种体系创新使我国民法典不同于世界上其他任何一部民法典,是我国民法典对世界范围内民事立法作出的重大贡献,也是我国民法典屹立于世界民法典之林的牢固基础。

二、我国民法典的形式体系

(一)民法典的制度体系

我国《民法典》采取了七编制体例,即由总则、物权、合同、人格权、婚姻家庭、继承、侵权责任7编构成。具体而言:

1.总则编。《民法典》总则编分为10章,具体包括"基本规定""自然人""法人""非法人组织""民事权利""民事法律行为""代理""民事责任"

---

① 参见郑玉波:《民法总则》,中国政法大学出版社2003年版,第40页。

② 参见[德]哈里·韦斯特曼:《德国民法基本概念》,张定军等译,中国人民大学出版社2013年版,第10页。

③ 梅仲协:《民法要义》,中国政法大学出版社1998年版,"序言"。

“诉讼时效”“期间计算”。总则编作为《民法典》的奠基部分,主要包括普遍适用于民商法各个部分的基本规则,它统领整个民商事立法,因而构成《民法典》中最基础、最通用同时也是最抽象的部分。《民法典》总则编以《民法通则》为基础,确立私法主体的平等地位,注重保障自然人的人格尊严,弘扬私法自治,强化私权保障理念。《民法典》之所以被称为“民事权利的宣言书”,正是因为总则编确立了完整的权利保障体系,并在各分编得以充分展开。《民法典》总则编所广泛确认的人格权、物权、债权、知识产权、亲属权、继承权等权利,为各分编的制定提供了依据,决定着《民法典》的体系安排。

2. 物权编。依据《民法典》第 205 条,物权编是调整有关因物的归属和利用而产生的民事关系的有关规范。该编共计 258 条,分为通则、所有权、用益物权、担保物权和占有 5 个分编。我国物权编的体系包括如下内容:一是通则。所谓通则,是指物权的一般规则和共同规则。二是所有权制度。物权编第二分编规定了所有权,在所有权一编中,包括一般规定、国家所有权和集体所有权、私人所有权、业主的建筑物区分所有权、相邻关系、共有、所有权取得的特别规定。三是用益物权制度。《民法典》物权编的第三分编规定了用益物权。在用益物权一编中,规定了一般规定、土地承包经营权、建设用地使用权、宅基地使用权、居住权、地役权。此外,还规定了海域使用权、探矿权、采矿权、取水权和养殖捕捞权等准用益物权。四是担保物权制度。《民法典》物权编第四分编规定了担保物权。在该编中,规定了一般规定、抵押权、质权、留置权。担保物权设定的主要目的是担保债权的实现,尤其是合同之债的履行。五是占有制度。《民法典》物权编第五分编规定了占有制度。我国物权编以专章的形式(第五分编第二十章)对占有作出规定,对于保护财产既存关系、维护财产秩序具有重要意义。

3. 合同编。合同编是调整有关合同的订立、履行、保全等法律关系的规范。该编共计 526 条,占《民法典》中超过 1/3 的篇幅,其内容分为通则、典型合同和准合同 3 个分编:第一分编为通则,通则是关于合同的一般规则,或者说是所有典型合同共同适用的规则,也就是合同法的总则,其主要规范合同的订立、合同的效力,以及合同的履行、保全、变更和转让、终止、违约责任等问题。此外,该分编中还包括有关债的规则。第二分编为典型合同,所谓典型合同,也就是有名合同,合同编一共规定了 19 种典型合同,包括买卖合同,供用电、水、气、热力合同,赠与合同,借款合同,保证合同,租赁合同,融资租赁合同,保理合同,承揽合同,建设工程合同,运输合同,技术合同,保管合同,仓储合同,委托合同,物业服务合同,行纪合同,中介合同,合伙合同。第三分编是准合同。在该分编中,规定了无因管理、不当得利制度。严格地说，这些内容都属于传统债法的内容，本不应当规定在合同编，但由于我国《民法典》没有设置独立的债法总则，而合同编在一定程度上又发挥了债法总则的功能，所以将这些法定之债的内容作为准合同规定在合同编之中。

4. 人格权编。人格权编共计 51 条，其内容分为 6 章，即一般规定，生命权、身体权和健康权，姓名权和名称权，肖像权，名誉权和荣誉权，隐私权和个人信息保护。该体系由人格权编总则与分则两部分构成：一是总则。它是关于人格权基本规则的规定，集中在第一章“一般规定”中。人格权编总则是关于人格权的一般规定，确立了人格权一般性、共通性的法律规则。二是分则，它是关于具体人格权的规定。从第二章至第六章就是具体人格权的特殊规则。《民法典》人格权编从第二章至第六章都是对具体人格权的详细规定，具体人格权是按照物质性人格权和精神性人格权具体展开的。人格权编通过总分结构的设计安排，构建了人格权制度的完整体系。

5. 婚姻家庭编。婚姻家庭编是调整婚姻关系和家庭关系的法律规范的总和。婚姻家庭编是在《婚姻法》《收养法》的基础上经过修改、补充而形成的，共分为 5 章，具体包括一般规定、结婚、家庭关系、离婚、收养，共计 79 条。该编的特点在于：以婚姻关系为核心调整婚姻关系，同时也调整家庭关系，注重树立优良家风，弘扬家庭美德，重视家庭文明建设，保持了中华民族传统的尊老爱幼、家庭和谐等优良传统美德。该编既注重保护家庭成员的权利，也注重家庭成员义务的履行和保障。

6. 继承编。继承编主要调整因为财产继承而产生的民事关系。该编一共分为 4 章，即一般规定、法定继承、遗嘱继承和遗赠、遗产的处理，共计 45 条。该编的特点在于：一方面，为落实宪法关于保护继承权的规定，该编强化了对私有财产的延续性保护，全面保障继承权。遗产的概念较以往更为抽象、概括，保持了遗产范围的开放性，更有利于财产权的保护。另一方面，该编注重弘扬社会主义核心价值观，维护家庭成员的和睦、和谐，鼓励家庭成员之间的相互扶助。在遗产分配中，不限于血缘关系，也注重家庭成员之间的相互扶养。该编不仅强调继承权的男女平等，而且也强调家庭成员之间的平等，同一顺序的继承人，原则上是平等的。此外，该编尊重遗嘱自由，强化对遗嘱自由原则的保障和贯彻，取消了公证遗嘱的绝对效力，增加了打印和录像遗嘱两种遗嘱形式。

7. 侵权责任编。《民法典》侵权责任编共分为 10 章，总计 95 条，该编按照“总则 + 分则”的模式来构建其自身的体系。总体来说，我国《民法典》侵权责任编的分则体系是按照如下两条线索构建的：一是归责原则的特殊性，即适用过错推定责任的侵权行为（如物件致人损害责任）、适用严格责任的侵权行为（如产品责任、环境污染责任、高度危险责任以及饲养动物损害责任）。二是责任主体的特殊性。侵权责任编第三章所包括的各类侵权行为，具有责任主体的特殊性，表现在“侵权行为实施主体和侵权责任承担主体的分离”。在这些侵权类型中，当某一行为人实施侵权行为之后，非致害行为实施者需要对他人行为承担责任，就产生了所谓的替代责任或转承责任（vicarious liability）。

我国《民法典》七编制的模式既借鉴了大陆法系国家民法典的经验，又为了回应当代中国的实践需要和时代需要而进行了体例上的创新，主要表现在：一是以民事权利为中心构建体系，即由物权、合同债权、人格权、婚姻家庭中的权利（亲属权）、继承权以及对权利进行保护的法律即侵权责任编构成。这表明我们的民法本质上是一部权利法，《民法典》分编通过全面保障民事权利，全面体现和贯彻了法治的价值。与五编制相比，七编制的权利体系更完整，既全面囊括了物权、债权、婚姻家庭中的权利（亲属权）和继承权，还对人格权进行了体系化的规范。二是体系的重大创新。这些创新体现在将人格权法和侵权责任法独立成编，并以合同编通则发挥债法总则的功能，形成了七编制的体例安排。我国《民法典》虽然借鉴了德国法的物债二分体系，但又没有采纳独立的债法体系，而以合同编通则发挥债法总则功能，这既保持了合同法体系的完整性，又能够使债法继续发挥作用。三是《民法典》的体系是以从权利到救济的逻辑体系展开的。在七编制下，首先确认了各项基本的民事权利，最后规定了对受侵害的权利进行救济的侵权责任编。因此，我国《民法典》的整体框架思路是从“确权”到“救济”，始终以权利为中心来构建民法体系。

在单行法时代，由于没有颁布《民法典》，我们难以建立一个真正的法典体系。虽然学者在研究民法的过程中大多采用了体系的方法，但是由于缺乏立法依据，学界难以对民法学理论体系化达成共识。所谓“一千个读者，就有一千个哈姆雷特”，每位学者都可能对民法体系的构建具有自己的看法，但在《民法典》颁布后，其体例安排为构建统一的民法学理论体系提供了立法依据。

（二）民法典的总分结构及其适用

所谓总分结构（lex generalis/lex specialis），是指按照提取公因式的方法（vor die Klammer ziehen 或 vor die Klammer setzen），区分共通性规则与特殊规则，将共通性规则集中起来作为总则或一般规定，将特殊规则集中起来编为分则或作为特别规则加以规定。总分结构应当包括两个方面的内容：

一是内部的总分结构，即在《民法典》体系内部，按照先一般、后特殊的编纂方式，将一般性的规定即总则置于各编之首。此类结构涉及总则和分则之间的关系、一般规定和特别规定的关系、基本原则和具体制度的关系等。一般依“总则—分则”的模式来构建民法典的体系。二是外部的总分结构，即《民法典》与单行法之间应当形成一般法和特别法之间的关系。在《民法典》与单行法之间形成总分结构关系，在立法技术上就更为科学合理，而且能够防止出现法律相互之间的冲突和矛盾。在这一点上，它相对于单行法而言具有明显的优越性。由于《民法典》体系构建不仅要从《民法典》的内部着手，而且应该考虑《民法典》与其他法律的关系，所以应注意协调好《民法典》与单行法的关系，[①]因此，通过总分结构的构建，可以将内部关系和外部关系进一步体系化，从而构建民法的体系。

总分结构是潘德克顿学派在解释罗马法时所创立的，也是潘德克顿体系的重要特点。[②] 按照潘德克顿模式的思路，采用提取公因式的方法，将共同的部分放在前面，而将个别事项放在后面。民法典的总分结构最早由《德国民法典》所采纳。我国《民法典》借鉴这一立法经验，也是按照总则结构构建《民法典》的体系，《民法典》的总则编设置了《民法典》的一般规定，即总则，而《民法典》第二编至第七编则是《民法典》的分则。在总分结构的基础上，形成了完整的民法典的逻辑体系。

总分结构形成了从一般到个别的系统构建，符合人类从抽象到具体的思维模式，它也是逻辑的演绎方法。但《民法典》总则具有其特殊性，即总则不仅包括概括性、抽象性很强的规定，可发挥统率性和指导性功能，同时又存在大量具体的规定，如民事法律行为、代理、时效等规定，可以直接适用于具体的民事关系。[③] 为了解决总分结构的法律适用问题，《总则编解释》第1条第1款规定：“民法典第二编至第七编对民事关系有规定的，人民法院直接适用该规定；民法典第二编至第七编没有规定的，适用民法典第一编的规定，但是根据其性质不能适用的除外。”该条规定实际上强调了如下几层含义：

第一，《民法典》的分则规定应优先于总则规定而适用。《民法典》总则编的规范是对《民法典》分则规范的抽象和概括，属于《民法典》的一般

---

① 参见马俊驹主编：《民法典探索与展望》，中国民主法制出版社2005年版，第61页。

② 参见［日］松尾弘：《民法的体系》（第4版），庆应义塾大学出版社2005年版，第13页。

③ 参见贺荣主编：《最高人民法院民法典总则编司法解释理解与适用》，人民法院出版社2022年版，第60页。

规定。与《民法典》总则编的规定相比,《民法典》分则的规定更为具体,其属于《民法典》的特别规定,按照特别法优先于一般法的法律适用规则,如果《民法典》各分编对民事关系有特别规定的,则首先应当适用该特别规定。但关于《民法典》与单行法之间的关系,不能绝对适用特别法优先于普通法的规则,而要根据单行法规定是否属于对《民法典》的"细化"规定而确定。

第二,《民法典》分则没有作出规定时,则适用总则的规定。如果《民法典》分则没有对相关的民事关系作出规定,则应当适用《民法典》总则编的一般规定予以调整。例如,合同编中缺乏合同效力的认定规则,因此,在认定合同效力时,应当适用总则编中民事法律行为的规则。从这一意义上说,在法律适用层面,《民法典》总则编的规定属于《民法典》各分编的兜底性规定。

第三,注重规则本身的性质。《总则编解释》第 1 条第 1 款规定,在适用上述总分结构的规则时,必须注意到"根据其性质不能适用的除外"。这就是说,如果总则的一些规则依据性质不能直接适用于特定的民事法律关系,则无法直接适用总则的相关规定调整特定的民事关系。例如,对基于欺诈而缔结的婚姻关系而言,无法直接依据总则编民事法律行为效力瑕疵的规则进行调整。

三、民法典的价值体系

《民法典》的价值体系是指各单个法律制度之间的基本价值的内在联系,它是立法者在立法时所秉持的基本价值理念和原则,也是《民法典》颁布实施之后,在适用和解释时必须遵守的准则。从价值体系来看,如前所述,我国《民法典》不仅贯彻了私法自治的理念,而且突出了对人的保护,彰显了以人为本的价值理念,采纳了多元价值体系。

(一)私法自治

私法自治又称意思自治,是指私法主体依法享有在法定范围内的广泛的行为自由,其可以根据自己的意志产生、变更、消灭民事法律关系。在私法的范畴内,当事人有权自由决定其行为,确定参与市民生活的交往方式,而不受任何非法的干涉。[①] 民法通过私法自治"给个人提供一种受法律保护的自由,使个人获得自主决定的可能性。这是私法自治的优越性所在"[②]。民事主体依据法律规定的范围自主从事民事行为,无须国家的介

---

① 参见苏号朋:《民法文化:一个初步的理论解析》,载《比较法研究》1997 年第 3 期。

② [德]迪特尔・梅迪库斯:《德国民法总论》,邵建东译,法律出版社 2000 年版,第 143 页。

入。同时,《民法典》充分尊重私人自治的空间,使人们对自己的行为结果具有可预测性,这就有利于充分调动个人从事民事活动、创造社会财富的潜能,为个人的全面发展提供有利的制度保障和社会空间。同时,通过采纳贯彻私法自治的"负面清单模式",能有效提升治理能力和促进治理体系的现代化。

私法自治是民法的精髓,民法是私法,毫无疑问应当以私法自治为价值理念。《德国民法典》以法律行为为中心,而私法自治乃是实现法律行为的工具,德国学者海因·科茨等指出:"私法最重要的特点莫过于个人自治或其自我发展的权利。契约自由为一般行为自由的组成部分……是一种灵活的工具,它不断进行自我调节,以适应新的目标。它也是自由经济不可或缺的一个特征。它使私人企业成为可能,并鼓励人们负责任地建立经济关系。因此,契约自由在整个私法领域具有重要的核心地位。"①私法自治表现为契约自由、所有权行使自由、遗嘱自由、婚姻自由等。《德国民法典》以合同和所有权为中心,以私法自治为基本理念,其颁行充分动员了社会经济资源,促进了德国工业化的进一步发展,使德国成为欧洲的工业强国。② 私法自治是民法的精髓,因此,德国学者梅施麦克就将私法自治称为私法体系的"恒星",永放光芒。③

我国《民法典》第5条确认了自愿原则,赋予了民事主体依法享有在法定范围内广泛的行为自由。从民法总则的内容来看,私法自治贯穿于民法总则制度的始终,具体而言:

一是以私法自治的理念为基础构建民事主体制度。《民法典》的主体制度贯彻了私法自治原则,全面落实了负面清单的基本要求,保障了主体的行为自由。负面清单模式符合"法不禁止即自由"的法治理念,也是私法自治的集中体现。负面清单模式强调市场主体的准入自由,这也是法律对市场进行规制的出发点,如果政府拟对准入自由加以限制,必须要有法律依据并提供充分、合法的理由。在法定的准入限制之外,市场主体可以进入。在贯彻私法自治时,若不借助负面清单管理模式并将其具体落实,则私法自治可能只停留在理念层面而缺乏现实可操作性。在主体制度中,进一步贯彻私

---

① [德]罗伯特·霍恩、[德]海因·科茨、[德]汉斯·G.莱塞:《德国民商法导论》,楚建译,中国大百科全书出版社1996年版,第90页。

② 参见吴治繁:《论民法典的民族性》,载《法制与社会发展》2013年第5期。

③ 参见李非:《富与德——亚当·斯密的无形之手:市场社会的架构》,天津人民出版社2001年版,第165页。

法自治、章程自治、社团规约自治，充分发挥主体依法自主决定的功能。[①]

二是法律行为是实现私法自治的工具。《民法典》总则编进一步完善了法律行为制度，其中贯彻了私法自治原则，在法律行为概念中增加了意思表示的内涵，增设了意思表示的相关规定，等等，在不同程度上落实了私法自治原则，尊重了交易当事人的自主自愿。

三是代理制度是私法自治的扩张手段。当事人受自身的经验、能力所限，有时难以通过自己的行为实现其所追求的法律效果。为此，《民法典》规定了代理制度，从而为当事人实现更为广泛的私法自治提供了有效的保障。在法定代理之中，法律为使民事行为能力欠缺的主体更好地参与民事活动，规定了法定代理人制度，以弥补其意思能力的不足。[②] 而在意定代理中，当事人可以通过代理权的授予，交由他人从事自己不能或不易从事的法律行为。因此，代理制度极大地扩张了当事人从事民事法律行为的范围，也使其不再受到时空、经验或能力的限制。

四是民事权利是私法自治的保障。民事权利虽然是由法律规定的，但是权利的产生、变动和消灭则可能是以当事人的意思为基础的。关于权利的产生、变动和消灭，法律应尊重当事人的私法自治。[③] 权利人在法律允许的范围内，依法行使权利的行为都可以受到法律的保护。

五是时效制度是对私法自治的限制。诉讼时效制度旨在敦促当事人及时行使权利，因而构成了对权利人私法自治的限制。但是从另一角度而言，诉讼时效制度避免法律关系长期处于不稳定的状态，因此有利于保护相对人的私法自治。

我国《民法典》并非以私法自治作为单一的价值。一方面，法律行为并非实现私法自治的唯一手段。我国《民法典》扩大了私法自治的表现形式。私法自治的实现并不仅局限于法律行为制度之中，还包括人们在自己的权利领域里保障人身自由、自由发展人格、维护人格尊严，这些内容是法律行为制度本身不能涵盖的。另一方面，虽然我国《民法典》同样贯彻私法自治理念，但我国《民法典》更为突出的价值特征是人文关怀。我国民法以“关心人、培养人、发展人、使人之为人”作为立法的基本使命，必然要反映人的全面发展。因此，《民法典》也将安全、自由、平等等基本价值贯彻在法典的

---

① 参见[德]迪特尔·梅迪库斯：《德国民法总论》，邵建东译，法律出版社 2000 年版，第 143 页。

② 参见王泽鉴：《民法总则》，北京大学出版社 2009 年版，第 414 ~ 415 页。

③ 参见王泽鉴：《民法总则》，北京大学出版社 2009 年版，第 92 页。

内容之中。对人的自由和尊严的充分保障以及对弱势群体的关爱,构成了民法人文关怀的核心内容。但《民法典》对人的关怀不是纯父爱主义式(Paternatism)的关爱,我国立法并非把个人对自己生活的一切安排都交由法律来决定。相反,我国《民法典》将个人视为具有理性的人,个人可以依法自主地在其行为能力范围内决定自己的事务。

(二)人文关怀

所谓人文关怀,是指对人的自由和尊严的充分保障以及对社会弱势群体的特殊关爱。人文关怀强调对人的保护,应将其视为民法的价值基础。①笔者认为,"人的保护"本身并不是目的,而只是实现人文关怀的手段,其最终目的是使人的自由及尊严得以实现。此处的"人",不仅是单个的人,而且也是伦理人,其尊严应得到尊重,基本的人格利益应得到保护。人文关怀的基本内容体现为对人格尊严的维护、对人身自由的保障和对弱势群体的关爱。之所以要强调《民法典》的人文关怀价值,主要是基于如下原因:

第一,坚持人文关怀价值,准确把握和理解《民法典》的精髓。在现代民法中,人文关怀日益成为民法的核心价值。现代民法就是一部人法,在孟德斯鸠看来,"在民法慈母般的眼中,每一个个人都是整个国家"。我国《民法典》所贯彻的七编制通过人格权编和侵权责任编的独立设置,突出了人的主体地位,凸显了《民法典》的人文关怀,真正体现了"一切权利均因人而设立"②(homium causa omne ius constitutum est);有效防止人的客体化,使"大写的人"在立法中得以体现。③

第二,人文关怀是解释《民法典》的价值基础。民法所具有的人文关怀的特征是其区别于其他部门法的重要特色。整部《民法典》都贯穿着人文关怀的价值理念,民法的终极价值是对人的关怀,民法的最高目标就是服务于人格的尊严和人格的发展。

第三,人文关怀在与私法自治发生冲突时,应当优先于私法自治。人文关怀价值构成对私法自治的限制。我国《民法典》确认了在人格尊严与私法自治发生冲突时,人格尊严优先于私法自治的原则。例如,《民法典》第1006条第1款规定:"完全民事行为能力人有权依法自主决定无偿捐献其人体细胞、人体组织、人体器官、遗体。任何组织或者个人不得强迫、欺骗、

---

① 参见薛军:《人的保护:中国民法典编撰的价值基础》,载《中国社会科学》2006年第4期。

② [意]彼德罗·彭梵得:《罗马法教科书》,黄风译,中国政法大学出版社1992年版,第29页。

③ 参见[日]星野英一:《现代民法基本问题》,段匡、杨永庄译,上海三联书店2012年版,第437页。

利诱其捐献。”人体捐赠是自然人对其身体利益依法作出的决定。法律之所以鼓励个人作出此种决定,是因为此种无偿捐赠行为有利于及时救助他人,有利于促进医疗进步和医学发展,并最终有利于社会公共利益的实现。该条虽然对人体捐赠规则作出了规定,但并不意味着承认了个人对自己的身体依法享有完全的处分权,在涉及人格尊严时,权利人并不享有处分的自由。《民法典》第 1007 条第 1 款规定:“禁止以任何形式买卖人体细胞、人体组织、人体器官、遗体。”这实际是要严禁细胞、组织和器官成为交易的对象,体现了身体完整的权利优先于私法自治。

人文关怀指导《民法典》编纂的理念,贯穿《民法典》编纂的始终,也充分保障了人民群众对美好幸福生活的追求。进入新时代后,广大人民群众不仅对物质文化生活提出了更高的要求,对精神生活的要求也日益增长,正因如此,“保护人格权、维护人格尊严,是我国法治建设的重要任务”①,这也是《民法典》将人格权独立成编的重要原因。从《民法典》人格权编的规定来看,无论是一般人格权还是具体人格权,均体现了强化人格尊严保护的理念。由于《民法典》彰显了人文关怀价值,它通篇闪耀着大写的“人”的光芒,它尊重人民的意愿,反映人民的需求,谋求人民的福祉,符合人民的利益,为实现人民美好幸福生活提供了重要的法律保障。

(三)私法自治与人格尊严价值之间的关系

在解释和适用《民法典》时,也应当以《民法典》的融贯性作为重要的出发点。当法律适用者发现根据《民法典》的规则解决纠纷存在争议时,其所提出的最佳建构性解释的方案应当是在最大限度上契合《民法典》的内在体系和外在体系,从而实现《民法典》的融贯性。② 就价值融贯而言,需要处理好不同价值之间的关系。也就是说,任何一个单独的价值都不是孤立的,必须与其他价值相互连接和配合,各种价值之间应当相辅相成、共同配合,形成一种“价值之网”,从而实现法秩序内部的价值融贯。③

应当看到,人格尊严与私法自治价值之间具有密切关系。一方面,人格尊严保护是实现私法自治的前提保障。人格尊严存在于“人作为‘承担自我责任的人格’而得以获取的承认之中”④。人格尊严的保护是主体之所以成为主体的必然要求。没有人格尊严的保护,以法律关系展开的私法自治就

---

① 沈春耀:《关于民法典各分编(草案)修改情况和民法典(草案)编纂情况的汇报》,载《人民日报》2018 年 8 月 28 日。

② 参见[美]罗纳德·德沃金:《法律帝国》,许杨勇译,上海三联书店 2016 年版,第 178 页。

③ See Dworkin, *Justice in Robes*, Harvard University Press, 2006, p. 169.

④ 林来梵:《从宪法规范到规范宪法》,商务印书馆 2017 年版,第 184 页。

失去主体这一要素。另一方面,私法自治的目的在于人格尊严的实现。私法自治通过赋予当事人其意图发生的法律效果的方式,实现了当事人为自己创设法律关系的效果。而这种法律关系一旦被创设,所有当事人就应当遵守,私法自治所产生的设权效果实际上产生了类似造法的效果。[①] 当事人在其依据私法自治而创设的法律关系中,实现自身的利益,这其中就包含了人格尊严的丰满与完善。

但是,应当看到,在二者发生冲突时,应当优先维护个人的人格尊严,由于未经干预的私法自治总是以实现个人利益为目的,因此,法律对私法自治有必要进行干涉,以避免由此可能产生的不利后果,而人格尊严往往成为私法自治范围的边界。正如康德所说,“人是目的不是手段”,所以优先保护人的权益就是优先保护人的主体性和目的性。例如,就个人信息保护而言,当信息主体行使权利时,必然会对数据财产权利产生重大影响,这就形成了两种权利的相互冲突现象。此时,就应当根据权利位阶理论,优先保护个人信息权益,优先维护人格尊严。再如,《民法典》第 1019 条第 2 款规定肖像权与著作权发生冲突时优先保护肖像权,正是体现了这一优先规则。

《民法典》贯彻了人文关怀价值,维护人性和人格尊严,也是指引民事权利秩序建构的基石。[②] 作为规范秩序构成要素的具体规则,其解释适用也应当实现《民法典》价值理念的融贯性。[③] 进一步而言,要完整地贯彻人文关怀价值,就必须在《民法典》具体规则的适用中自觉接受人格尊严价值的指导作用。例如,在人格权与其他民事权益发生冲突时,应确立人格权价值的高阶性和保护的优先性,这也是落实《宪法》第 38 条维护人格尊严的要求。故而,在《民法典》中,与人格尊严的关联越强,其受到的保护就越优先。

第六节　民法与商法

一、商法的概念及历史发展

商法又称商事法,其可分为形式意义上的商法和实质意义上的商法。形式上的商法专指在民法典之外的商法典以及公司、保险、破产、票据、海

---

① 参见[德]维尔纳·弗卢梅:《法律行为论》,迟颖译,法律出版社 2013 年版,第 6 页。

② See Joseph W. Singer, *Something Important in Humanity*, 37 Harv. C. R. – C. L. L. Rev. 103 (2002).

③ 参见雷磊:《融贯性与法律体系的建构——兼论当代中国法律体系的融贯化》,载《法学家》2012 年第 2 期。

商、证券、信托等单行法；实质上的商法是指一切有关商事的法则。从各国的商事法的规定来看，商事法所称的“商”，绝不限于经济学上所理解的以营利为目的的各种商品交换行为，除直接媒介商品交换的“固有商”以外，还包括辅助商品交换的行为（如运输，保管，居间、行纪等，称为“辅助商”）。[①] 此外，一些特殊的商品交换行为以及与商品交换行为有关的活动（如信托、信贷、承揽、加工、出版等），甚至一些非单纯以营利为目的的活动（如广告宣传、影院的经营等）都可以称为“商”。总之，法律上的“商”或商事法规范的范围是十分广泛的。

近代的商法是在11世纪前后，随着欧洲商业的兴起而发展起来的。在这个时期，欧洲一些商业发达的城市都云集着一批专司买卖的商人，他们组成了商人基尔特（merchant guild）的团体，独立地订立自治规约和处理商人的纠纷，在此基础上逐渐形成了商人习惯法。11世纪至14世纪，商人习惯法和一些商事法庭的判例已由商人编集成书。13世纪出现的一个著名的商事法典，即《却奥内隆法典》，主要收集了商人团体处理商事纠纷的判例。1673年，法国国王路易十四以国王的名义颁布了第一部商事法，即《陆上商事条例》，共计112条，其中包括公司、票据、破产等内容。1881年，法国又公布了《海事条例》，类似于现在的海商法。

从19世纪开始，商法开始在大多数大陆法系国家作为一个独立的法律部门出现，并已开始法典化。在这以前，1734年的瑞士法典和1794年的波兰基本法虽然包括了商法的内容，但并不是商法典。1804年拿破仑制定了《法国民法典》，并于1807年制定了《法国商法典》，这两个法典的制定标志着民商分立体系的形成。随后，1829年的《西班牙商法典》、1833年的《葡萄牙商法典》、1838年的《荷兰商法典》、1850年的《比利时商法典》、1865年和1883年的意大利两个商法典和1900年的《德国商法典》相继问世。目前，有四十多个国家有自己独立的商法典。

然而，随着市场经济的发展，商业职能与生产职能逐步密切结合，导致商人企业化，生产者亦成为商人，商人的特殊利益逐步消失，这一变化大大动摇了民商分立的经济基础。同时，因为民商分立始终缺乏科学的、容易操作的标准，导致法官适用法律遇到障碍。为了提高立法的科学性，便于司法适用，近代和当代许多国家和地区开始推行民商法的统一。在19世纪，德国学者哥德施密特（Goldschmidt）注意到了“民法的商法化”现象，认为民法与商法的分界线是不断变化的。1894年，德国学者里赛尔（Jakob Riesser）

---

① 参见张国健：《商事法论》，台北，三民书局1980年版，第10页。

在其所著的《德国民法草案关于商法的理论及其影响》一书中,正式提出了“民法的商法化”的观点,并得到日本许多学者的附和。同时,在民商分立的国家,掀起了一股民商合一的热潮,也称为要求“私法统一化”的运动。学者中比较有代表性的是意大利学者维域蒂、德国学者典尔伯、法国学者塔赖、荷兰学者莫伦格拉夫、巴西学者泰克西雷尔・弗雷塔等。学者普遍认为,民商合一是进步的趋势,特别是对于避免民事法院和商事法院在司法管辖上的争议,是十分必要的。南京国民政府在制定“民法典”时也曾提出“民商划一提案审查报告”,把民商合一的理论根据概括为 8 条,颇有说服力。① 同时还应指出,随着目前经济全球化的发展,许多国家为消除外贸障碍使商品和货币交易更简便易行,也都要求法律集约化,使民法和商法统一起来。可见,民商合一正是适应经济发展需要而形成的世界潮流。民商合一适应了社会经济发展的需要,反映了社会化大生产的要求,因而具有一定的进步意义。所以,近代和当代许多国家、地区开始推行民商法的统一。

中华人民共和国成立以来,法律体系中不存在商法部门。改革开放以来,随着我国市场经济的发展,立法机关制定了《公司法》《保险法》《企业破产法》《证券法》《海商法》等一系列重要的属于传统商法范畴的法律。按照民商合一体制,这些法律属于商事特别法,但仍然是我国民事法律体系的重要组成部分。民法和这些商事法之间是普通法与特别法的关系,因为有民法的指导,商事法才有所依归。确切地说,所谓商事法也是民事法,只有坚持民商合一,才能使我国民事立法体系系统化,保证我国法律体系的和谐统一。

二、民商合一与民商分立

关于民法与商法的关系,历来存在民商合一和民商分立的观点。所谓民商合一,是指不区分民法和商法,而将民事法律规范统一适用于各种民商事关系。在形式上,民商合一通常是指不制定独立的商法典,而将民事规范广泛适用于调整所有平等主体之间的法律关系。所谓的民商分立,意味着严格区分民法与商法,在民法典之外还要制定一部单独的商法典。民商分立的体制最早起源于法国,法国于 1804 年制定了民法典,在 1807 年又颁布了商法典,从而开创了民商分立的先河。在 19 世纪末和 20 世纪初,德国分

---

①　这 8 条理由是:(1)因历史关系,认为应订民商统一法典也。(2)因社会之进步,认为应订民商统一法典也。(3)因世界交通,认为应订统一法典也。(4)因各国立法趋势,认为应订民商统一法典也。(5)因人民平等,认为应订民商统一法典也。(6)因编订标准,认为应订民商统一法典也。(7)因编订体例,认为应订民商统一法典也。(8)因商法与民法之关系,认为应订民商统一法典也。参见张国健:《商事法论》,台北,三民书局 1980 年版,第 512 ~ 514 页。

别制定了民法典和商法典。还有相当多的大陆法系国家在立法时采纳了民商分立的立法体例。然而,到了 20 世纪初,瑞士制定了民法典,于 1912 年施行,在其民法典中包括了公司法、商业登记法等商法的内容,从而实现了民商合一的立法体例。[①] 需要指出的是,民商分立和民商合一这两种体例各有优劣,但从各国近几十年来所颁行的立法来看,大多采纳民商合一的立法体例。[②]

我国《民法典》在编纂时,就明确采纳了民商合一的体例。[③] 民商合一体例并不一定追求法典意义上的合一,其核心在于强调以民事规则统一适用于所有民商事关系,统辖商事特别法。我国《民法典》的编纂坚持民商合一的体制,即从《民法典》总则到分则,再到商事特别法,形成一个完整的民商合一的内在逻辑体系。具体而言:

首先,从立法目的来看,“我国民事法律制度建设一直秉持‘民商合一’的传统,把许多商事法律规范纳入民法之中。编纂民法典,进一步完善我国民商事领域基本法律制度和行为规则,为各类民商事活动提供基本遵循”[④]。我国《民法典》的编纂坚持民商合一的立法理念,形成了在《民法典》统率下,由各个民商事单行法所组成的完整的私法规范体系,这种做法符合我国的立法传统,也有利于降低法律适用成本,保障法律规则的准确理解和适用。《民法典》与各个商事法律构成了一个有机的整体,二者之间是普通法与特别法之间的关系。也就是说,在出现商事纠纷后,首先应当适用商事特别法,如果无法适用商事特别法,则适用《民法典》的规则。

其次,《民法典》中的总则编采纳民商合一体制。《民法典》的总则编对《民法典》的各组成部分及商法规范进行了高度抽象,诸如平等原则、自愿原

---

① 参见谢怀栻:《外国民商法精要》,法律出版社 2014 年版,第 57 ~ 58 页。

② 例如,从 1865 年起,加拿大的魁北克省在其民法典中对某些商事内容作了规定,放弃了在民法典之外再制定商法典。1881 年,瑞士制定出一部债法典,这部法典既有民事的又有商事的规范。荷兰从 1934 年起实现了民法与商法实质上的统一,规定商法典的条款适用于所有的人,并适用于一切行为。1942 年,意大利在一部民法典内对民法与商法的内容都作了规定。巴西已开始按照瑞士的模式改革私法体系,促进民商合一。最近十几年来所颁布的民法典基本也都采用的是民商合一的体制,如《俄罗斯联邦民法典》等。可以说,民商合一的立法体例是现代市场经济条件下民商事立法的一个总的发展趋势。

③ 参见李建国:《关于〈中华人民共和国民法总则(草案)〉的说明》(2017 年 3 月 8 日在第十二届全国人民代表大会第五次会议上的讲话)。

④ 王晨:《关于〈中华人民共和国民法典(草案)〉的说明》(2020 年 5 月 22 日在第十三届全国人民代表大会第三次会议上的讲话)。

则、诚实信用原则、公平原则和等价有偿原则等，均应无一例外地适用于商事活动。就具体规则而言，一方面，《民法典》的总则编没有区分商人和非商人，而是规定了自然人、法人、非法人组织，实际上既包括民事主体又包括商事主体。自然人包括商自然人，法人包括营利法人，非法人组织则包括个人独资企业、合伙企业。另一方面，《民法典》总则编没有采用商行为的概念，民事法律行为包含共同行为、决议行为、双方法律行为、单方法律行为，从而可以涵盖各类商行为（如公司决议行为、制定章程的行为等）。至于商主体从事的商事活动，也完全可以依据民事法律行为的一般规则认定其成立和效力。还应看到，民商分立的主要特征就是区分了民事代理和商事代理。我国《民法典》总则编没有区分民事代理和商事代理，而是规定了统一的代理制度，相应的代理规范可以适用于各种法律关系之中。此外，《民法典》总则编还构建了统一的诉讼时效制度。我国《民法典》总则编中的诉讼时效制度适用于所有民商事领域，未区分民法中的时效与商法中的时效，因此，其属于统一的时效制度。

我国《民法典》之所以采纳民商合一的立法体例，主要是基于如下原因：一方面，此种立法体例符合我国的法制传统和习惯。自清末变法以来，我国历来采纳民商合一的立法体制。中华人民共和国成立以来，特别是改革开放以后，我国虽先后制定了一系列商事特别法，但 1986 年颁行的《民法通则》第 2 条明确规定："中华人民共和国民法调整平等主体的公民之间、法人之间、公民和法人之间的财产关系和人身关系。"依据该条规定，我国民法统一调整平等主体之间的财产关系，其采纳的就是民商合一体例。此后颁布的《合同法》《物权法》《侵权责任法》等，都采纳了民商合一的立法体制。[①]《民法典》正是在总结上述历史经验的基础上，选择了民商合一的立法体制。[②] 此种立法体例也适应了市场经济发展的需要，反映了社会化大生产的要求。另一方面，此种立法体例有利于促进民事立法的科学性。民商分立的立法模式将调整平等主体关系的法律规则人为地区分为两套规则，这就难免导致民法与商法内容的矛盾和重叠，无疑会增加法律适用上的困难。同样的一种交易行为，因交易当事人的身份和交易的动机不同而适用不同

① 例如，《合同法》总则可以普遍适用于各种民事和商事合同，《合同法》分则也统一调整各类合同关系，规定了借款合同、建筑工程合同、融资租赁合同、仓储合同、运输合同、行纪合同等商事合同，而没有作出民事合同和商事合同的区分。《物权法》也根据民商合一体制确立了具有商事性质的担保制度如商事留置权、应收账款质押等。

② 参见李建国：《关于〈中华人民共和国民法总则（草案）〉的说明》（2017 年 3 月 8 日在第十二届全国人民代表大会第五次会议上的讲话）。

的法律规则,显然是不妥当的。而且民商分立的立法体例形成了民法和商法两套不同的法律规则和制度,但如何区分商人和非商人、商事行为和民事行为、商事代理和民事代理、商法上的时效与民法上的时效等,历来是法律适用中的一大难题。因此,如果在民法总则之外制定独立的商法总则,会影响法官准确适用法律,徒增司法成本。在民法典之外制定单独的商事通则,单独规定法律行为、代理等制度,就会形成两套制度,这也会给法官适用法律带来不必要的麻烦。[①] 此外,民商合一符合民法的发展趋势。在现代市场经济社会,主要的问题不在于解决商人与非商人的对立问题,而在于解决生产者与消费者的对立、劳资双方的对立等矛盾。所以,民商分立的意义正在减弱。相反,一些特殊的法律如保护消费者的法律、对劳动者提供保护的社会法的重要性日益凸显,几十年来,一些国家颁布的《民法典》大多采取民商合一体制,这也是现代法律发展的一个重要趋势。

三、商事关系的特殊性

我国虽然实行民商合一的立法体例,但在《民法典》之外,也有一些调整商事关系的单行法,如《公司法》《证券法》《保险法》等。这些商事关系可以看作特殊的民事关系,与一般民事关系存在一定的区别,[②]具体而言:

第一,主体不同。一般民事关系的主体是所有平等的自然人、法人和非法人组织[③],而商事关系的主体则是专门从事商事交易的商事主体。[④] 由于民事主体通常不是专门从事市场交易的商事主体,不像商事主体一样有更强的能力获取信息,并能对参与交易的可能后果作出判断从而作出理性的决策,因此,在其意思表示存在瑕疵时(如因受到欺诈、胁迫而作出意思表示),需要对其提供必要的救济。据此,有学者主张,在适用违约金调整规则时,如果双方当事人均是商事主体,则应当以不调整为原则,以调整为例外。也有人认为,由于商事主体通常被认为是理性的交易主体,在适用重大误解规则、欺诈等意思表示瑕疵规则时,应当更加慎重。这些观点也不无道理。

第二,法律适用规则不同。一般民事关系受到《民法典》的调整,《总则编解释》第1条第2款规定:“就同一民事关系,其他民事法律的规定属于对民法

---

① 参见王玫黎:《通则上的民商合一与各商事单行法独立并行——中国商事立法模式的选择》,载《政治与法律》2006年第3期。

② 参见[德]C. W. 卡纳里斯:《德国商法》,杨继译,法律出版社2006年版,第8~9页。

③ 参见黄薇主编:《中华人民共和国民法典总则编释义》,法律出版社2020年版,第17~18页。

④ 参见陈本寒主编:《商法新论》(第2版),武汉大学出版社2014年版,第62页。

典相应规定的细化的,应当适用该民事法律的规定。民法典规定适用其他法律的,适用该法律的规定。”而商事关系除受《民法典》调整外,还受到《公司法》《保险法》《票据法》等单行法的调整,因为单行法的规定属于对《民法典》相应规定的细化规定。对于商事关系而言,单行法有规定的,优先适用单行法,单行法没有具体规定的,则适用《民法典》的具体制度与基本原则。①

第三,调整依据不同。与一般的民事关系不同,商事关系除受到法律调整外,还受到商事习惯、商业惯例等的调整。商事习惯是在长期的商业交易中形成的众所周知、恒定的行业行为或做法,这些习惯成为调整商事关系的重要依据②,我国《民法典》中的“交易习惯”就属于商事习惯。③ 而民事关系的调整虽然也涉及习惯的运用,但此类习惯是人们在长期的社会交往中形成的社会习惯,其不同于基于交易实践而形成的商事习惯。④

第四,效力瑕疵的认定不同。对一般民事关系而言,如果一方当事人受到胁迫,应当依据民事法律行为的效力规则认定其效力。而对商事关系而言,由于商事主体都是专门从事商事交易的组织体,通常难以适用胁迫等民事法律行为效力瑕疵规则。⑤

第五,对信赖利益的保护程度不同。法律在调整民事关系时虽然也注重对当事人信赖利益的保护,如在解释意思表示时,需要兼顾相对人的理解能力,考虑意思表示所用词句的通常理解。《民法典》对信赖利益的保护主要体现在交易领域中,如合同解释规则、善意取得制度、公示公信原则等。但法律在调整商事关系时,更注重外观主义,强调对交易当事人合理信赖的保护。⑥

需要指出的是,虽然商事关系具有特殊性,但由于在我国实行民商合一,因此,商事关系也应当受到《民法典》的调整。

第七节　民法与其他法律部门的关系

一、民法和宪法

(一)民法和宪法的关系

宪法是国家根本大法,是社会主义法律体系的基础。宪法与民法虽然

---

① 参见刘俊海:《论公司法与民法典的良性互动关系》,载《法学论坛》2021 年第 2 期。

② 参见[法]伊夫·居荣:《法国商法》,罗结珍、赵海峰译,法律出版社 2004 年版,第 25 页。

③ 参见汪洋:《私法多元法源的观念、历史与中国实践　〈民法总则〉第 10 条的理论构造及司法适用》,载《中外法学》2018 年第 1 期。

④ 参见郑玉波:《民法总则》,中国政法大学出版社 2003 年版,第 20 ~ 22 页。

⑤ 参见崔建远:《民事合同与商事合同之辨》,载《政法论坛》2022 年第 1 期。

⑥ 参见叶林:《商行为的性质》,载《清华法学》2008 年第 4 期。

是两个不同的法律部门，但两者之间也存在密切的联系，作为国家根本法的宪法，是民法的制定依据，尤其是宪法关于公民基本权利的规定是民事权利的上位法依据。因此，我国《民法典》在第 1 条开宗明义地规定“根据宪法，制定本法”，这一规定表明宪法作为国家的根本大法，对于民法的解释、适用也具有重要的指导意义。在我国，虽然宪法尚不具有可司法性，法官也不能直接援引宪法裁判民事案件，但在司法实践中，法官仍然可以以宪法规范作为价值指导，适用民法裁判规则，并对民法规范进行合宪性解释，也可以援引宪法作为论证依据。此外，《民法典》规范的价值和效力源于宪法规定。[①]这就是宪法学者所说的“法源法定”。在《民法典》编纂过程中，相关规则的设计应当立足于宪法文本，遵守宪法的规定。[②] 例如，《宪法》关于保障人权、维护人格尊严和人身自由的规定就是《民法典》人格权编制定的价值基础。我国《宪法》第 5 条第 3 款规定：“一切法律、行政法规和地方性法规都不得同宪法相抵触。”这也表明，民法典的制定必须符合宪法的原则和精神。此外，民法作为重要的法律部门，其具有贯彻宪法规则与原则的作用。例如，民法通过保护民事主体的各项人格权益，有利于落实宪法关于人格尊严保护的规定，进一步丰富和发展宪法的规则，并且为宪法的合宪性审查提供具体的参考标准。

但作为两个不同的法律部门，民法和宪法也存在较大的区别。

第一，地位不同。宪法是国家的根本大法，是治国安邦的总章程，具有最高的法律效力，而民法必须依据宪法并为贯彻宪法而制定。从这个意义上说，宪法是民法的依据和来源。

第二，性质不同。宪法本质上是公法，民法属于私法。宪法主要规制国家机关的行为，而民法主要规范私主体的行为。[③] 宪法要规定国家的基本制度，如规定国家基本经济制度、公民的基本权利、规范国家机构的设置、国家机关的权力和义务。而民法则主要调整平等民事主体之间的关系，与个人的权利和利益直接相关。

第三，调整对象和调整方法不同。宪法主要调整国家和公民之间的关系，而民法则调整平等主体之间的人身关系和财产关系。并非所有宪法上的权利都可以转化为民事权利，也并非所有的民法问题都涉及宪法，因为宪

---

① 参见韩大元：《由〈物权法（草案）〉的争论想到的若干宪法问题》，载《法学》2006 年第 3 期。

② 参见叶海波：《“根据宪法，制定本法”的规范内涵》，载《法学家》2013 年第 5 期。

③ 参见赵万一：《从民法与宪法关系的视角谈我国民法典制订的基本理念和制度架构》，载《中国法学》2006 年第 1 期。

法基本权利大多是公法上的权利，而《民法典》所保护的权利仅限于私权，而不包括所有的公法上的权利。

第四，义务的性质不同。宪法义务虽然对公民具有约束力，但宪法所设定的许多义务主要是针对国家的，并不能直接规制公民的行为，而是要求国家机关制定相关的法律法规，为公民的行为规范提供法律依据。基于宪法的规定，相应的国家机关有义务依据宪法所规定的基本权利制定具体的法律法规，在部门法的层面对主体的基本权利提供充分保护。而民法所设定的义务主要是针对民事主体，每个民事主体都应当遵守。基于这一原因，民事义务与宪法所规定的义务并不完全相同。

第五，涉及的范围不同。宪法的调整范围涉及多个法律部门，并不仅仅局限于民法。一方面，宪法所确定的权利并不仅仅涉及民事领域，部分宪法规定的基本权利也无法都转化为民事权利。一般而言，只有那些体现了特定主体的私益、具有私法上可救济性的权利，才有必要具体化为民事权利。例如，宪法所确认的公民所享有的宗教信仰自由就应当通过行政法予以保障，无法转化为民事权利。再如，宪法确认的公民享有的劳动的权利，就主要应当通过社会法予以保障。另一方面，宪法确认的权利需要多个部门法共同予以保障，而不能仅靠民法保护。例如，在国家公权力机关违法行使权力侵害公民依据宪法所享有的财产权和人身权时，需要通过行政诉讼法和国家赔偿法的规定给予保护。再如，如何防止个人数据信息被泄露，如何保护公民的通信秘密，除民法典保护之外，还需要通过制定公法予以规范和保障。

(二)根据宪法制定《民法典》

《民法典》第1条在立法目的中明确规定“根据宪法，制定本法”。这就表明，我国《民法典》以宪法为上位法依据，《民法典》的规范实际上是宪法的具体化。《民法典》在立法目的中作出此种规定，对于维护整个法律体系的和谐、保障《民法典》的编纂符合宪法的精神等，都具有重要的现实意义，具体而言：

第一，彰显宪法的根本法地位，维护法律体系的和谐统一。“根据宪法，制定本法”，一方面表明宪法具有最高的法律效力，民法典的规范不得与宪法的规定相抵触。在我国，宪法是国家的根本大法，是治国安邦的总章程，是保障国家统一、民族团结、经济发展、社会进步和长治久安的法律基础。我国社会主义法律体系是以宪法为核心构建的完整体系，它在宪法的指引下形成了规则的体系和价值的体系。我国是一个集中统一的社会主义国家，法制不统一，就不能依法维护国家统一、政治安定、社会稳定。

因此，必须保障宪法的实施，维护宪法的权威。另一方面，它表明《民法典》规范的价值和效力源于宪法规定。[①] 这就是宪法学者所说的“法源法定”。在《民法典》编纂过程中，相关规则的设计应当立足于宪法文本，遵守宪法的规定。[②] 我国《宪法》第 5 条第 3 款规定：“一切法律、行政法规和地方性法规都不得同宪法相抵触。”这也表明，《民法典》的制定必须符合宪法的原则和精神。

第二，实现对民法规范的合宪性控制，使《民法典》符合宪法的精神。民法典的基本体系和根本制度应当以宪法为基础，符合宪法的基本精神和价值取向。例如，民法典关于基本经济制度的规定应当以宪法所确认的基本经济制度为基础，民法典有关民事权利的规则也应当符合宪法关于公民基本权利的规定。与宪法规范相比，民法规范虽然具有一定的特殊性，但其仍然是宪法所确立的一国法律秩序和法律体系的重要组成部分，其基本精神和价值理念也应当符合宪法的精神。[③]

第三，通过合宪性解释方法，准确解释民法规则。宪法可以为民法典规范的解释与适用提供指引，即在民法典规范存在多种解释时，裁判者可以运用合宪性解释的方法进行解释选择，从而使民法典规范的适用符合宪法的精神和价值。斯蒙德教授（Rudolf Smend）曾指出，宪法具有统一性，宪法代表了一种统一的价值，在这些价值之下促使民族的团结和统一。[④] 在我国审判实践中，合宪性解释具有进行合宪性控制的功能，进而起到保障宪法的实施、维护宪法的根本法地位的作用。因此，在法律的解释结论可能违反宪法时，法官就应当对其进行合宪性控制，从而使宪法得到贯彻和落实。在《民法典》中明确写入“根据宪法，制定本法”，可以为法官运用合宪性解释方法解释民法规则提供依据。

第四，保障宪法的实施。在我国，由于宪法规范不具有可司法性，无法直接作为裁判依据，所以，有必要通过部门法将宪法的原则、规范予以具体化，这也是我国宪法实施的重要方式。同时，宪法是国家的根本大法，其虽然规定了国家的政治经济体制和公民的基本权利，但其规定大多是抽象原则，难以直接适用于具体的经济社会生活事实。而《民法典》则可以通过设置具体的规则，具体落实宪法的规定。例如，《民法典》物权编对各项物权进

---

① 参见韩大元：《由〈物权法（草案）〉的争论想到的若干宪法问题》，载《法学》2006 年第 3 期。

② 参见叶海波：《“根据宪法，制定本法”的规范内涵》，载《法学家》2013 年第 5 期。

③ 参见薛军：《两种市场观念与两种民法模式——“社会主义市场经济”的民事立法政策内涵之分析》，载《法制与社会发展》2008 年第 5 期。

④ Stein. Staatsrecht, 8th ed., Tübingen, J. C. B. Morh (Paul Siebeck), 1982, p. 50 – 251.

行保护，有利于具体落实宪法保护私人合法财产的精神。再如，《民法典》人格权编确认个人所享有的各项人格权，也是为了具体落实宪法关于维护公民人身自由和人格尊严的规定。从这一意义上说，民法在效力层级上以宪法为依据，也有利于民法典具体落实宪法的精神和具体规则。

二、民法和行政法

行政法就是国家通过各级行政机关管理国家政治、文化、教育、劳动人事、卫生等事务的法律规范的总和，是国家发挥其组织、指挥、监督和管理职能的法律形式。行政法是我国法律体系中的一个重要部门。行政法上的“行政”指的是国家的行政，但何为国家的行政，却是众说不一。目前有国家意志执行说、排除说、国家目的实现说、司法对立概念说、机关形态说以及政府事务组织管理说等诸学说。[①] 我国学者一般认为，行政是指国家行政机关等行政主体依法对国家公共事务的决策、组织、管理和调控，实际上采取了前述的政府事务组织管理说，这也与马克思关于“行政”的论述一致。马克思指出：“行政是国家的组织活动。”[②]这就正确地揭示了行政活动的性质，说明它最直接地体现着国家职能的行使。

行政法是调整行政关系、规范和控制行政权的法律规范的总称。[③] 近代意义上的行政法是工业革命时期西方国家强化其政府职能的产物，也是规范公权、保障依法行政的必然结果。在采公私法划分的国家中，行政法属于典型的公法，与作为私法的民法在理论上是完全不同的。一方面，自 20 世纪后半期以来，为了解决市场失灵等问题，行政法越来越介入民事关系中，对财产、合同等进行必要的干预。例如，通过反垄断、反不正当竞争等方式，对合同的订立进行干预。政府为了行使行政权的方便，也常常通过订立行政契约的方式来行使行政权，从而有必要适用民法的相关规范。另一方面，民法也大量借助行政法的规范来解释合同、规范财产权的行使等，从而规范民事活动。例如，行政法上的规定可能成为侵权法上作为义务的产生原因或注意义务的认定标准，也可能成为合同义务的来源。需要指出的是，行政法与私法的结合导致了一些特殊法律部门的产生，如劳动法、消费者法、医疗法等。尤其是现代社会因对某一领域进行综合法律调整的需要，产生了体育法、艺术法、航空法、药品法、食品卫生法、网络法等领域法（field of law）。这些法律也称为行业法，其内容主要是民法和行政法规范的结合。

---

① 参见胡锦光等：《行政法专题研究》，中国人民大学出版社 1998 年版，第 2 ~ 4 页。
② 《马克思恩格斯全集》（第 1 卷），人民出版社 1956 年版，第 479 页。
③ 参见姜明安：《行政法》，北京大学出版社 2017 年版，第 29 页。

尽管民法与行政法之间存在一定的交叉和融合,但两者之间存在明显的区别。从本质上来说,行政法属于公法的范畴,民法属于私法的范畴。两者存在如下几个方面的区别:

第一,调整对象不同。行政法所调整的行政关系与民法所调整的一定范围的人身关系和财产关系是不同的,行政关系主要是根据国家意志产生的,国家对各个领域的组织、指挥、监督和管理都体现了国家权力的运用,而民事关系主要是基于民事主体的自主自愿而产生的。行政关系往往具有隶属性,体现的是命令与服从的关系,而民事关系则是平等主体间的关系,遵循平等、自愿、等价有偿的原则。在行政关系中,必有一方是国家行政管理机关。任何行政关系都是在国家行政管理活动中产生的,有时行政关系的双方都是国家行政机关,有时是以国家行政机关为一方,以其他国家机关、企事业单位和社会团体,以及公民为另一方。而民事关系的主体主要是自然人和法人,国家只是在例外的情况下(如发行国库券、发行国债等)才成为民事主体。

第二,规范目的不同。行政法具有控制公权力、规范公权力行使的作用,其产生就是为了保障行政机关依法行政。行政权是组织社会生活、维护社会秩序、保障人民财产和人身安全的权力,一旦被滥用就可能侵害人民的权利、危害社会秩序。因此,必须通过行政法对其进行控制。[①] 而民法是保障私权的法,它通过确认保障自然人、法人等的财产权和人身权,来维护自然人、法人的合法权益,鼓励人们从事广泛的民事行为,促进社会经济的发展。如果说法治的核心是规范公权和保障私权的话,这两项职能是分别由公法(如行政法)和民法来实现的。

由行政法规范的行政权力和民法所保护的民事权利的性质不同:一方面,行政机关所享有的行政权力是由国家授予的,直接体现着国家的意志和利益,行政权往往与行政机关的职责密切联系,并且与特定的主体不可分离。它既不能任意抛弃,也不能随便转让,更不能作为权益继承。而民事权利一般是与权利人本身的意志和利益相联系的,大多数民事权利可以依法由权利人抛弃、转让和继承。另一方面,从行政权行使的目的上看,其通常服务于公共利益的实现,而民事权利主要体现的是民事主体的私人利益。行政权必须依法行使,因为行政机关只有依法行使行政权才能履行其职责。行政权的行使必须要符合法律、法规的授权和法定的程序,行政机关不行使其权力将构成不作为,应依法承担责任。但民事权利的行使主要体现的是

---

① 参见姜明安:《行政法》,北京大学出版社 2017 年版,第 37 页。

权利人个人的意志,权利人依法可以行使也可以不行使权利,其不行使权利一般不应承担任何责任。此外,行政权本身具有国家强制性。当行政相对人不履行法定义务,妨碍国家行政机关行使行政权时,行政机关可依据其权力强制义务人履行义务。而在民事关系中,当义务人不履行义务时,权利人一般只能通过民事诉讼的程序请求司法机关处理和解决纠纷,促使义务人履行义务。

第三,规范的性质不同。行政法大多是一些程序性的规定,因为对于行政机关而言,"法无授权不可为"。因而,行政法主要是通过行政组织法来控制行政权的权源,通过行政程序法规范行政权行使的方式。[①] 但民法规范主要是实体规范,民法以规定民事主体的实体权利义务为主要内容。民法规范大体上可以区分为行为规则和裁判规则。通过规定实体权利义务关系,以规定相关的构成要件以及法律后果的方式,民事法律规范可以提高民事主体的行为预期,从而为其提供行为指引。

第四,调整方法不同。民法具有任意性,由于民法以意思自治为原则,采"法不禁止皆可为"的精神,所以民法中的大多数规范,特别是债和合同法规范体现了较强的任意性特点,当事人的意思可在合法的前提下优先于任意法而适用。因此,法律行为制度允许当事人通过意定主义的方式来调整自己的行为。而行政法具有强制性,行政法多为强行法,一般不允许当事人通过协商来改变法律的规定。

三、民法和经济法

根据一些学者的看法,"经济法"这一概念是由德国人莱特(Ritter)于1906年在《世界经济年鉴》中提出的。[②] 近几十年来的研究结果表明,法国空想共产主义者摩莱里和德萨米早在此151年前和63年前就分别在《自然法典》(1755年)和《公有法典》(1843年)中使用过经济法的概念。20世纪30年代,适应第一次世界大战后的战时经济需要,德国产生了一系列统制经济的法规,德国学者海德曼(Hedemann)、努斯包姆(Nussbaum)、克诺特(Knott)、卡斯克尔(Kaskel)等提出了所谓经济法为独立的法律部门的主张,并在柏林大学、柏林商学院相继设置了"经济法讲座"。根据多数德国学者的看法,经济法有成为特别法域(Sonderrechtsgebiet)的趋势。当经济法理论兴起后,很快就传入日本、法国等大陆法系国家。

在20世纪20年代末30年代初,苏联著名法学家斯图契卡首先表述了

---

① 参见姜明安:《行政法》,北京大学出版社2017年版,第37页。

② 参见施启扬、苏俊雄:《法律与经济发展》,台北,1974年自版发行,第10页。

与民法并存的经济法(经济行政法)的观点,他把国家采用行政手段管理生产和产品分配的法规统称为经济行政法。在20世纪50年代末期,苏联以B. B. 拉普捷夫和B. K. 马穆托夫为代表的现代经济法学派提出了"纵横统一"的经济法观点,认为经济法作为一个独立的法律部门调整纵向和横向统一的经济关系,调整在统一的国家所有制、统一的计划和经济核算关系基础之上的计划组织因素和财产因素结合的经济关系。[①] 我国在1979年开始出现经济法概念,经济法学也蓬勃兴起。迄今为止,我国法学界对经济法的调整对象和调整范围问题存在不同的见解,主要有以下几种观点:[②]

一是纵横统一的经济法观点。这一观点认为,我国经济法调整纵向和横向统一的经济关系。经济法的调整范围是:国家和经济组织之间的经济管理关系、经济组织之间的经济关系和经济组织内部的经济关系。

二是综合经济法观点。这一观点认为,经济法调整的并非特定的经济关系,而是在经济活动中发生的性质不同的具体经济关系。经济法只是对各种经济关系的综合调整,而不是一个独立的法律部门。经济法主要包括经济行政法、经济民法、劳动法以及刑法等部门法中涉及经济内容的规范,其调整方法也是综合性的。

三是计划经济法观点。这一观点认为,经济法并不调整全部的纵向经济关系,而只是调整社会主义计划经济中的各种经济关系。

四是学科经济法观点。这一观点认为,经济法并没有自己特殊的调整对象和调整方法,不是一个独立的法律部门,而只是一门学科。经济法作为一门学科的任务,就是要研究、运用各个法律部门的手段,综合调整社会主义经济关系,以避免法律部门在调整经济关系过程中的不协调现象。

笔者认为,"经济法"一词具有双重含义:一是指调整经济关系的所有经济法律规范,在这个意义上使用的经济法概念通常又称为经济立法。二是指调整特定的经济关系的法律部门,即作为独立的法律部门的经济法。在这个意义上所说的经济法,就是国家行政权力作用于经济领域,国家行政机关对国民经济实行组织、管理、监督、调节的法律规范的总称,它主要调整纵向的、具有行政隶属特征的经济管理关系。从这个意义上说,经济法也称为经济行政法。[③] 经济法和民法在调整对象上的主要区别在于:

---

① 参见[苏]马穆托夫:《调整经济关系的各种法律主张》,载《苏维埃国家与法》1979年第5期。

② 参见王家福等:《中国经济法诸论》,法律出版社1987年版,第15页以下。

③ 有关经济行政法的观点,参见梁慧星、王利明:《经济法的理论问题》,中国政法大学出版社1986年版,第70页。

第一,经济法调整的经济管理关系是国家在管理经济活动中所产生的关系,其内容包括计划、组织、调节、监督等多方面。由于这种关系主要发生在有隶属关系的上下级之间,所以也称为纵向的关系。而民法的调整对象主要是发生在平等主体之间的人身关系和财产关系,民法不仅调整经济关系也调整非经济关系,民法调整的社会关系的主要特点在于其平等性。

第二,经济法调整的经济管理关系是按指令和服从原则建立起来的行政隶属关系,所以经济法规范大多是强行性规范,违反该规范所产生的责任大多是行政责任。而民法的调整对象是民事主体之间在平等协商基础上建立起来的平等关系,故民法以任意性规范为主,违反民法的规定主要产生民事责任,由此决定了经济法主要采取指令和服从的调整方法,而民法主要采取意思自治的调整方法。

第三,经济法调整的经济管理关系是以全社会需要为宗旨的关系。它主要协调的是市场主体的利益和国家利益、社会公共利益的冲突,其目的在于维持良好的市场秩序,实现特定的公共政策。而民法主要协调民事主体之间的关系,目的在于保护单个民事主体的合法权益。在经济领域中许多涉及财产内容的管理关系,诸如征收能源交通重点建设基金、征收奖金税和建筑税等关系,表现了国家强制地、无偿地取得财政收入,这些关系所体现的是宏观效益,当事人之间不存在相对利益。而民法调整的交换关系,是各个当事人为了实现各自的所有权和他物权,满足他们之间的不同需要和利益,并在平等自愿的基础上发生的关系。各种交换关系更多地体现了交易当事人的利益。由此决定了我国民法旨在确认和保护民事主体在交换中的合法权益,以促进我国市场经济的发展。

四、民法和社会法

社会法是调整由个人基本生活权利保障而衍生的相关社会关系的法律规范的总称。社会法是近几十年发展起来的、跨越公法和私法的法律部门,其内容主要包括劳动法、社会保障法、社会救助法等法律。社会法以保护社会大众和弱势群体为宗旨,在缓和社会矛盾、维护社会稳定方面发挥着重要的作用。民法与社会法之间具有密切联系:一方面,二者都强调对弱势群体的保护。随着民法人文关怀精神的彰显,民法与社会法一样,都强调对社会弱势群体的保护。另一方面,二者在功能上具有一定的互补性。社会法强调对人的保障,注重维护社会稳定,民法尤其是侵权责任法则注重对受害人的救济,在民法无法为受害人提供充分的救济时,社会法可以对受害人提供补充性的保护。

社会法和民法的主要区别在于：

第一，从法律性质上说，民法是私法，以维护民事主体的私人利益为主要目标。尽管现代民法已经从个人本位向社会本位演进，为了维护社会公共利益也加强了对私人关系的干预，但民法维护的主要还是私人利益。而社会法作为以维护社会公共利益为其主要目标的法律，在性质上并不是私法，它的目的在于建立较为完备的社会保障制度，维护社会全体成员的共同福利，谋求社会大众共同福利的增进，因此其兼具公法与私法的双重性质。

第二，民法以私法自治为原则，表现出较强的任意法的特性；而社会法主要是强行法，它不允许当事人之间自由设立权利义务。例如，就社会保险而言，尽管存在自愿险，但更多的是法定的强制险。当然，社会法中也有自治的内容，如劳动合同中部分内容也允许当事人自由约定。

第三，功能不同。民法注重维护形式正义，而社会法则注重维护实质正义。社会法体现的是一种分配正义，即通过利益的合理分配，保障弱势群体的合法权益，实现社会的实质正义，进而有效维护社会的和谐。社会法不以平等主体之间社会关系为起点，而以实质平等的价值理念构建社会法的规则体系，尤其是注重保护弱势群体的权益；而民法调整的是平等主体之间的关系，其注重形式上的平等，以实现矫正正义为主要目的。[①] 由于市场机制不能完全解决对弱者的保护、对人们生老病死的保障，所以，需要通过社会法来保障人们的基本生存问题，协调劳资纠纷，从而有助于维护社会的和谐稳定。而民法对利益的分配，是通过民事主体的自主决定来进行的。此外，民法的许多规则，如债与合同、物权制度、知识产权制度等，都具有创造财富的功能，而社会法主要具有满足社会成员的基本生活需要的财富分配功能。

第四，社会法以保护公民的生存权为目标，即实现社会保障的根本目的就是使公民获得基本的生存条件。而民法不仅要保护民事主体的生存权，还要保护民事主体参与市民生活所应当享有的各种权利。[②]

五、民法与民事诉讼法

民事诉讼法是用来调整当事人、法院及其他诉讼参与人之间实施诉讼活动以及由此形成的诉讼关系的法律规范的总称。马克思曾经指出："审判程序和法二者之间的联系如此密切，就像植物的外形和植物的联系，动物的外形和血肉的联系一样。审判程序和法律应该具有同样的精神，因为审判

---

① 参见郑尚元：《社会法的定位和未来》，载《中国法学》2003 年第 5 期。

② 参见林嘉：《社会保障法的理念、实践与创新》，中国人民大学出版社 2002 年版，第 23 页。

程序是法律的生命形式,因而也是法律的内部生命的表现。”①可见,民法和民事诉讼法是相互依赖、密不可分的。一方面,民法所规定的实体规则在很大程度上决定了民事诉讼法的规则设计。例如,就侵权责任而言,民事诉讼法所规定的举证责任分配规则应当以《民法典》侵权责任编的规定为基础。另一方面,民事诉讼法可以从程序上起到对民事权利的全面保障作用,为民事权利提供了规则化、体系化的程序保护规则。法谚云,“救济走在权利之前”,民事权利的实现需要民事诉讼的保障,如果诉讼程序的设置无法保障民事权利的实现,那么实体法中的权利也就变成无源之水、无本之木,也难以真正实现。

当然,作为不同的法律部门,民法和民事诉讼法也存在如下区别:

第一,性质不同。民事诉讼法是程序法,旨在规范民事主体实现其民事权利的民事诉讼程序②,而民法是实体法,旨在规范民事主体之间实体的民事权利义务关系。实体法和程序法虽然紧密联系,但基本内容和基本原则都各自不同。与此相应,民法属于私法,而民事诉讼法属于公法,因为后者以规范国家司法权的行使作为其重要内容。

第二,调整对象不同。民法调整民事主体之间的人身关系和财产关系,而民事诉讼法调整民事诉讼活动和诉讼关系,以诉讼程序和诉讼关系为规范对象,以公正、适当解决纠纷为目的。民法主要调整实体权利义务关系,而民事诉讼法主要规范当事人、法院和诉讼关系人实施的民事诉讼法律关系。③ 民法主要是任意法,以当事人意思自治为原则;而民事诉讼法为强行法,采纳程序法定主义。

第三,从立法目的来说,民法主要考量实体正义,民法中的正义除具体的法律规范内容外,还需要综合考虑社会、历史、经济等多种因素,通过价值衡量对当事人直接的权利义务进行分配才能实现。民事诉讼法虽也以保护民法上的实体权利为目的,但其所追求的是程序正义,其以诉讼规则为准则,以法律事实为依据。④ 当然,这并不是说两者是截然对立的。一方面,法官在追求程序正义的同时,在裁判时也需要考量多种社会因素,即将实体法中的实质正义纳入裁判的考量。另一方面,程序正义是通向实质正义的必经之路,程序正义是看得见的正义,只有充分维护程序正义才能真正实现当

---

① 《马克思恩格斯全集》(第 1 卷),人民出版社 1956 年版,第 178 页。

② 参见肖建国:《民事诉讼程序价值论》,中国人民大学出版社 2000 年版,第 51 页。

③ 参见张卫平:《民事诉讼法学方法论》,载《法商研究》2016 年第 2 期。

④ 参见肖建国:《民事诉讼程序价值论》,中国人民大学出版社 2000 年版,第 365 页。

事人权利的平等保护。

第八节　民法的渊源

民法的渊源是指民事法律规范借以表现的形式，它主要表现在各国家机关根据其权限所制定的各种规范性文件之中。关于法律渊源的内涵可以从几个方面来理解：一是从立法意义上理解，即法律规范产生的原因。凡是能够成为法律规范或者能够成为法律规范产生的根据的，都可以成为法律的渊源。二是从司法上来看，凡是成为裁判依据的规则，无论其是否为法律规范，只要能够作为法官判案的依据都应当成为民法的渊源。三是从行为规则来看，只有不仅能够作为裁判规则而且能够成为行为规范的规则才能成为民法的渊源。例如，交易习惯等可以作为法院审理合同案件、解决合同纠纷的依据，但不宜作为行为规则使用，因此不应当成为民法的渊源。从民法的角度来看，在我国能够作为法律渊源的规范包括：法律、行政法规、地方性法规、行政规章、国际条约、习惯。

一、宪法

宪法是国家的根本法，由全国人民代表大会制定，并具有最高的法律效力。毫无疑问，宪法作为国家的根本大法，理应成为民法的渊源，宪法中关于社会主义建设的方针和路线的规定、关于财产所有制和所有权的规定、关于公民基本权利和义务的规定等，都是调整民事关系的重要法律规范。按照凯尔森的“规范效力层级理论”，宪法规范是最高效力层级的规范，任何其他规范都是从宪法规范中引导出来的。[①] 因此，在效力层级上，民法以宪法为依据。《民法典》第 1 条规定：“为了保护民事主体的合法权益，调整民事关系，维护社会和经济秩序，适应中国特色社会主义发展要求，弘扬社会主义核心价值观，根据宪法，制定本法。”此种规定对于维护整个法律体系的和谐、保障民法典的编纂符合宪法的精神等，都具有重要的现实意义。

但是，宪法规范能否在裁判中引用，一直存在争议：一是肯定说。此种观点认为，宪法具有最高效力，是民法制定的依据，宪法中的相关规定是调整民事关系的重要法律规范。[②] 二是否定说。此种观点认为，应当将渊源理解为可以作为裁判基准的法律规范，由于宪法不能成为裁判规范，应当将宪

---

① 参见［奥］汉斯·凯尔森：《纯粹法学说》（第 2 版），雷磊译，法律出版社 2021 年版，第 279 页。

② 参见魏振瀛主编：《民法》（第 4 版），北京大学出版社、高等教育出版社 2010 年版，第 14 页。

法排除在民法渊源之外。[1] 学界曾经就宪法的司法化问题发生过争议，2009年最高人民法院发布的《引用法律规定》第4条规定："民事裁判文书应当引用法律、法律解释或者司法解释。对于应当适用的行政法规、地方性法规或者自治条例和单行条例，可以直接引用。"从该条规定来看，并没有将宪法列入民事裁判文书可以引用的范围之列。因此，依据该规定，法官在裁判民事案件中，不得直接援引宪法裁判案件，但这并不意味着裁判文书不能援引宪法。一方面，宪法可以作为裁判中说理论证的重要依据。也就是说，宪法虽然不能直接作为民事裁判依据，但其仍然是法院在司法裁判中的说理依据。另一方面，法官在裁判过程中，如果因适用法律出现复数解释，在此情况下就应当以宪法的原则、价值和规则为依据，确定文本的含义，得出与宪法相一致的法律解释结论。通过合宪性解释来确定法律文本含义时，通常采取选择或排除的方式。这就是说，如果某个解释结论符合宪法，就应当选择其作为解释结论；如果所作的解释结论违反了宪法，就应当予以排除。通过这种方式，文本的含义能够与宪法保持一致。从这个意义上来说，宪法也是民法的渊源。

二、民事法律

民事法律是由全国人民代表大会及其常委会制定和颁布的民事立法文件，是我国民法的主要表现形式。民事法律主要由两部分组成。

第一，民法典。《民法典》由总则编、物权编、合同编、人格权编、婚姻家庭编、继承编以及侵权责任编构成。《民法典》是私法的基本法，正是在《民法典》的统率下，我国民商事法律才形成了一个有机的整体。在《民法典》颁布以后，按照法不溯及既往的原则，原则上法律不应当具有溯及力，只有在例外情形下才能溯及既往。依据《立法法》第104条的规定："法律、行政法规、地方性法规、自治条例和单行条例、规章不溯及既往，但为了更好地保护公民、法人和其他组织的权利和利益而作的特别规定除外。"因此，在特殊情形下，为了更好地保护民事主体的合法权益，确有必要使法律溯及既往。例如，在《民法典》实施前成立的合同，如果适用当时的法律规定应当被确认无效，但按照《民法典》的规定属于有效的，那么此类案件从鼓励交易、保护当事人合法权益的角度出发，应当确认其有效。再如，为了保护业主的合法权益，过去的法律法规没有规定而《民法典》有新的规定的，并且更有利于保护业主利益的，则应当适用《民法典》的规定。

---

[1] 梁慧星：《民法总论》（第2版），法律出版社2007年版，第26页以下；龙卫球：《民法总论》，中国法制出版社2001年版，第38页以下；马俊驹、余延满：《民法原论》（第3版），法律出版社2007年版，第29页。

第二,民事单行法。就民事单行法而言,我国已制定了公司法、保险法、海商法、票据法、证券法、著作权法、专利法以及商标法等法律。上述法律都是民事法律的重要组成部分,也是裁判中应当依循的基本规则,法官可以直接援引这些法律裁判案件。

在没有正当且合法的理由时,法官裁判民事案件,应当主要以《民法典》为裁判依据。《民法典》第 11 条规定:"其他法律对民事关系有特别规定的,依照其规定。"该条规定是《民法典》对其与单行法之间关系的直接表达,必须准确理解。从字面上看,可以把《民法典》第 11 条理解为,只要其他法律与《民法典》规定不一致,就要适用其他法律的规定,但这种理解显然值得商榷。事实上,《民法典》第 11 条在性质上属于引致性规范,它在承认民商事单行法效力的基础上,把《民法典》与单行法有机联系起来,构成共同调整民事关系的法律整体。除非单行法的规定"属于对民法典相应规定的细化的"(《总则编解释》第 1 条),否则应当适用《民法典》的规定。

三、行政法规

国务院作为最高国家行政机关,它可以根据宪法、法律和全国人民代表大会常务委员会的授权,制定、批准和发布法规、决定和命令,其中有关民事的法规、决定和命令,是民法的重要表现形式,其效力仅次于宪法和民事法律。国务院依照宪法和组织法发布的决定和命令,具有规范性内容的,也是法律渊源。[①] 例如,2007 年 2 月 6 日国务院颁布的《商业特许经营管理条例》,2011 年 1 月 21 日国务院颁布的《国有土地上房屋征收与补偿条例》等都是重要的民法的渊源。

严格地说,国务院制定的行政法规与其发布的行政决定和命令,在法律效力上是有区别的。《立法法》对行政法规专门作出了规定,《立法法》第 72 条第 1 款、第 2 款规定:"国务院根据宪法和法律,制定行政法规。行政法规可以就下列事项作出规定:(一)为执行法律的规定需要制定行政法规的事项;(二)宪法第八十九条规定的国务院行政管理职权的事项。"国务院制定规则的权限包括两个方面:一是制定行政法规。根据《行政法规制定程序条例》,行政法规一般称"条例",也可以称为"规定""办法",行政法规在性质上属于"法律命令",而决定和命令属于"行政命令",它是为执行法律而制定的。它包括狭义的行政法规(在名称上通常称为"条例""规章"等)与授权立法(在名称上通常称为"暂行条例""暂行规定"等)。二是制定决定和

---

① 参见孙国华、朱景文主编:《法理学》,中国人民大学出版社 1999 年版,第 261 页。

命令。以"法律命令"出现的行政法规,可以直接要求一般人遵守服从,而"行政命令"只对其所指示的下级机关有其效力,故前者中有关民事的部分可作为民法的渊源,而后者则不可作为民法的渊源。

四、行政规章

根据《立法法》的规定,行政规章是指国务院各部委以及各省、自治区、直辖市的人民政府和省、自治区的人民政府所在地的市以及设区市的人民政府根据宪法、法律和行政法规等制定和发布的规范性文件。一些行政规章也包含调整民事关系的内容,其也可能成为民事裁判的依据。关于行政规章在司法裁判中的运用,《引用法律规定》第4条并没有将其规定为民事裁判可以直接引用的裁判规范,但从该司法解释第6条的规定来看,对行政规章而言,法官"根据审理案件的需要,经审查认定为合法有效的,可以作为裁判说理的依据"。从该条规定来看,在民事裁判中,行政规章并不能直接作为裁判依据,而需要经过法院的审查认定。当然,在特殊情况下,如果法律对行政规章的适用作出了明确规定,则其也可以成为民事裁判的依据。

五、司法解释

司法解释是最高人民检察院和最高人民法院依法作出的属于审判、检察工作中具体应用法律的解释。《立法法》第119条第1款第1句规定:"最高人民法院、最高人民检察院作出的属于审判、检察工作中具体应用法律的解释,应当主要针对具体的法律条文,并符合立法的目的、原则和原意。"第2款规定:"最高人民法院、最高人民检察院作出的属于审判、检察工作中具体应用法律的解释,应当自公布之日起三十日内报全国人民代表大会常务委员会备案。"这就确立了司法解释的法律渊源地位。

从法理的角度来看,司法解释并不属于法律体系的组成部分,因为最高人民法院并不是享有立法权的机关。但在我国,最高人民法院作出了大量的司法解释文件,包括系统意见文件和个案批复文件,这些解释不仅被当作普通司法解释看待,而且具有法律渊源的地位,在实践中已经被作为裁判依据援用。[①] 司法解释已经成为我国各级审判机关在处理案件中的裁判规则,并被当事人和法院直接援引。所以司法解释事实上已经成为法律渊源。一般认为,司法解释具有双重属性,它既具有准立法的性质,也具有法律解释的属性。从功能上看,司法解释的重要功能是要统一法律适用,合理限制法官的自由裁量权,从而对各级人民法院的审判工作起到指导作用。司法解

---

① 参见龙卫球:《民法总论》,中国法制出版社2001年版,第39页。

释在准确解释法律、填补法律漏洞中也发挥着重要作用。

需要探讨的是,关于指导性案例是否属于法律渊源。2010年11月26日最高人民法院发布了《关于案例指导工作的规定》,从而建立了案例指导制度。所谓指导性案例,是指由最高人民法院确定并发布的对全国法院审判、执行工作具有指导作用的案例。[①] 指导性案例制度对于保障裁判的统一、规范法官自由裁量、保障法律的准确适用等都具有十分重要的意义。指导性案例都是针对个案中典型案例作出,因此其和司法解释相比,具有较强的针对性和具体性。尤其是指导性案例都是实践中出现的典型案例,而且该案例得以公布,乃是经过了审理法院和上级法院甚至最高人民法院的层层遴选,其判决书的理论水平较高,说理较为充分,审判质量较高。因此,这类案例的公布,有助于提升司法机关法官判决书的说理水平。指导性案例与司法解释不同,其不具有法律约束力,不能作为裁判依据援引,只能作为裁判的参考。从这个意义上说,指导性案例制度并不等同于判例法制度,也不能照搬判例法国家普遍采纳的遵循先例的原则。根据《关于案例指导工作的规定》第7条的规定,指导性案例的效力是"各级人民法院审判类似案件时应当参照",这是对指导性案例的一种准确定位。参照的含义首先意味着,在没有充分且正当的理由时,法官对于同类案件应当参照指导性案例作出裁判。但指导性案例并不是法律渊源,不能直接作为裁判依据,只可以在判决书说理部分加以使用。从这个意义上讲,指导性案例可以成为说理的理由。

六、地方性法规或者自治条例和单行条例

地方性法规,是指地方各级人民代表大会及其常务委员会在宪法、法律规定的权限内所制定、发布的决议、命令、法规等规范性法律文件。地方性法规虽然在效力范围上具有从属性,且在适用范围上具有地域局限性,但地方性法规是地方国家权力机关依据宪法的授权而制定的法规,同样具有法的效力,其中调整民事关系的内容属于民法的渊源。

自治条例和单行条例也可以成为民法的渊源。所谓自治条例,是指民族自治地方的人民代表大会依据宪法和法律,结合当地民族自治地区特点所制定的、管理自治地方事务的综合性法规。所谓单行条例,是指民族自治地方的人民代表大会在宪法和法律所规定的自治权范围内,结合民族地区

---

① 《关于案例指导工作的规定》第2条规定:"本规定所称指导性案例,是指裁判已经发生法律效力,并符合以下条件的案例:(一)社会广泛关注的;(二)法律规定比较原则的;(三)具有典型性的;(四)疑难复杂或者新类型的;(五)其他具有指导作用的案例。"

的特点,就某方面具体问题所制定的法规。《引用法律规定》第4条规定:“民事裁判文书应当引用法律、法律解释或者司法解释。对于应当适用的行政法规、地方性法规或者自治条例和单行条例,可以直接引用。”依据这一规定,自治条例和单行条例也可以成为民事裁判的依据,可以成为民法的渊源。

需要指出的是,行政规章和地方性法规虽然可以成为民法渊源,但其不能直接作为判断合同效力的依据。在我国司法实践中,人民法院确认合同无效,应以全国人大及其常委会制定的法律和国务院制定的行政法规为依据,而不得以地方性法规、行政规章为依据。

七、国际条约和国际惯例

(一)国际条约

国际条约是两个或两个以上的国家就政治、经济、贸易、军事、法律、文化等方面的问题确定其相互权利义务关系的协议。国际条约的名称包括条约、公约、协定、和约、盟约、换文、宣言、声明、公报等。国际条约虽然不属于国内法的范畴,但我国政府与外国签订的或者我国加入的国际条约,对我国国内的国家机关、企事业单位、社会团体和公民也具有与国内法一样的约束力。从这个意义上讲,我国签订或加入的国际条约也是我国法的渊源之一。[①] 但如果该条约中我国作出了保留的声明,则保留的条款不得适用。例如,我国已经参加了《联合国国际货物销售合同公约》,但是对于公约的下列条款作了保留:(1)第一章第1条第(1)款第(b)项,关于国际私法规则导致适用某一缔约国的法律的规定。(2)第二章第11条以及与第11条内容有关的规定,即关于合同以及合同的修改、终止、要约和承诺可以书面形式以外的任何形式作出的规定。

一个国家所参加的国际条约是否能够具有国内法的效力,对此有三种不同的观点:一是纳入说,即认为国际条约直接具有国内法的效力,不需要经过立法程序即可在国内直接适用;二是转化说,即认为国际条约必须首先通过立法程序被纳入国内法,成为国内法的组成部分才能适用;三是折中说,即认为应当根据不同情况,确定国际条约是否可以直接发生国内法的效力,或者必须经过国内立法机关的特别程序才能适用。关于国际条约是否可以直接适用的问题,应当根据具体情况具体分析。从我国已经加入的国际条约来看,在处理涉外法律关系时,有一些国际条约可以直接适用。例

① 参见孙国华、朱景文主编:《法理学》,中国人民大学出版社1999年版,第263页。

如,对涉外合同关系而言,我国参加的《联合国国际货物销售合同公约》,无须立法程序的转化即可直接适用。但也有一些国际条约[如《与贸易有关的知识产权协定》(TRIPs)],必须首先转化为国内法才可以适用。一般而言,对于当事人在合同中援引尚未对中华人民共和国生效的国际条约的,人民法院可以根据该国际条约的内容确定当事人之间的权利义务,但违反中华人民共和国社会公共利益或中华人民共和国法律、行政法规强制性规定的除外。[①]

(二)国际惯例

国际惯例也称为国际习惯,分为两类:一类为属于法律范畴的国际惯例,具有法律效力;另一类为属于非法律范畴的国际惯例,不具有法律效力。[②] 外交文件上所用的"惯例"一词可能既包括具有法律拘束力的习惯,即狭义的"惯例",也包括尚未具有法律拘束力的"惯例",即《国际法院规约》第38条所指的"惯例"。[③] 按照《国际法院规约》第38条,国际惯例是指"作为惯例之证明而经接受为法律者"。因此,国际惯例主要是指前一种类型。一般而言,对于我国缔结或者参加的国际条约,如果其与我国民事法律的规定不同,除我国声明保留的条款外,应适用国际条约的规定。从这个意义上说,我国签订或加入的国际条约以及国际惯例也可以成为我国民法的渊源。

应当指出的是,国际条约优先于国内法而适用的效力,主要是针对涉外民事关系而言的,而国内的民事关系原则上仍受国内法调整,不应当盲目地扩张国际条约的适用范围。国际惯例的适用只限于中国法律和中国缔结或者参加的国际条约没有规定的情况。国际惯例只有在不违背我国法律规定的前提下才可适用。

八、习惯

(一)习惯可以成为民法渊源

所谓习惯,是指在某区域范围内,基于长期的生产生活实践而为社会公众所知悉并普遍遵守的生活和交易习惯。《总则编解释》第2条第1款规定:"在一定地域、行业范围内长期为一般人从事民事活动时普遍遵守的民间习俗、惯常做法等,可以认定为民法典第十条规定的习惯。"这就是说习惯具有如下特点:第一,习惯具有恒久性。习惯是人们长期生活经验的总结,

---

① 参见《最高人民法院关于适用〈中华人民共和国涉外民事关系法律适用法〉若干问题的解释(一)》第7条。

② 参见黄进主编:《国际私法》,法律出版社1999年版,第82页。

③ 参见王铁崖主编:《国际法》,法律出版社1995年版,第13~14页。

它既是人与人正常交往关系的规范，也是生产生活实践中的一种惯行。第二，习惯具有惯常性。此种惯行得到了人们的普遍遵守，尤其是对一些习惯而言，其效力在长期的历史发展过程中已经得到了社会公众的认可，长期约束人们的行为。第三，习惯具有自发形成性，是人们长期在生活实践、交易中所形成的民间习俗、惯常做法等，因此也被称为“活的法”。

习惯包括民间习俗、惯常做法。所谓民间习俗，主要是指生活习惯，即人们在长期的社会生活中形成的习惯。所谓惯常做法，主要是指交易习惯，即交易当事人在当时、当地或者某一行业、某一类交易关系中，所普遍采纳的，且不违反公序良俗的惯常做法。我国是幅员辽阔的多民族国家，在少数民族聚居的地区，生活习惯在民法渊源中具有一定的意义。例如，1951 年最高人民法院西南分院《关于赘婿要求继承岳父母财产问题的批复》中指出：“如当地有习惯，而不违反政策精神者，则可酌情处理。”我国司法实践历来承认习惯可以成为民法渊源。《民法典》第 10 条承认了习惯的民法渊源地位。

在适用习惯的过程中，需要区分对当事人意思的解释与对法律规则的解释。例如，实践中，当事人进行系列交易所形成的交易习惯可以成为解释当事人意思的依据，此种情形属于对当事人意思的解释，而不是对法律规则的解释。以习惯作为意思表示解释的依据时，习惯并不是作为裁判依据，而是作为意思表示解释的标准。例如，买卖双方签订了一份买卖黄沙的合同，双方约定购买 20 车黄沙。后来交货时，黄沙价格上涨，出卖人便用“130”的小货车交付，买受人则提出应当用“东风”大卡车交付，双方对于合同中约定的“车”的结算单位产生争议。那么这个“车”究竟是大卡车还是小货车，一旦起了纠纷，就需要去作出解释，如果存在相关的习惯，就可以将其用于解释当事人的意思表示。

承认习惯的民法渊源地位，有利于发挥习惯这一自发秩序在国家和社会治理中的作用。习惯是自下而上自发形成的，因而具有极其旺盛的生命力。习惯是人们长期生活经验的总结，它既是人们交往关系的规范，也是人们生产生活中的一种惯行。尤其是经过长期的历史发展，一些习惯已经得到了社会公众的认可，长期约束人们的行为，因此其也被称为“活的法”。因此，我国《民法典》第 10 条规定：“处理民事纠纷，应当依照法律；法律没有规定的，可以适用习惯，但是不得违背公序良俗。”这就充分肯定了作为自发秩序的习惯在国家治理中的功能。

（二）习惯作为民法渊源的条件

《民法典》第 10 条规定：“处理民事纠纷，应当依照法律；法律没有规定的，可以适用习惯，但是不得违背公序良俗。”当然，习惯要成为民法渊源并成为裁判的依据，其必须经过“合法性”判断，必须符合如下条件：

第一，不违反法律的强制性规定。无论是作为具体裁判规则的习惯，还是用于填补法律漏洞的习惯，都应当与其他法律渊源之间保持一致性，而且其内容都不得违反法律的强制性规定。违反法律强制性规定的习惯不能作为漏洞填补的依据。例如，按照有的地方的习俗，“拜师学艺期间，马踩车压，生病死亡，师傅概不负责”①。此类习惯显然与我国现行法中雇主应当对雇员在执行工作任务中遭受的人身伤害承担赔偿责任且当事人不能约定免除人身伤害的赔偿责任的法律规则之间存在冲突，不得作为民法的渊源。

第二，不违反公序良俗。《总则编解释》第 2 条第 3 款规定：“适用习惯，不得违背社会主义核心价值观，不得违背公序良俗。”这就意味着，习惯上升为习惯法时，要接受合法性检验，只有那些符合社会主义核心价值观和公序良俗的习惯，才有可能被适用。具体而言，一方面，习惯不得违背社会主义核心价值观。例如，根据有些地方的习惯，“外嫁女”不享有继承权，这显然是违背男女平等的价值观的。另一方面，习惯也不得违背公序良俗，因为“公序良俗”中公共秩序和公共道德是其核心文义，其在内涵上是由社会公共秩序、生活秩序以及社会全体成员所普遍认可的道德准则所构成，它是中华民族传统美德的重要体现，也是维护社会安定有序的基础，只有符合公序良俗原则和国家整个法治精神的习惯，才可以被承认为习惯法。② 因此，法官在适用这些习惯时，应当通过法律规定和“公序良俗”对其内容和效力进行审查。③

（三）习惯的证明

《总则编解释》第 2 条第 2 款规定：“当事人主张适用习惯的，应当就习惯及其具体内容提供相应证据；必要时，人民法院可以依职权查明。”这就确定了适用习惯的证明规则。依据这一规定，一方面，主张适用习惯的当事人须证明存在习惯及其具体内容。因为是否存在习惯以及习惯的内容如何等，本身既是法律适用问题也是事实问题，因此，当事人应当对习惯的存在及其内容承担举证责任。另一方面，人民法院可以依据职权查明。在当事人主张适用相关的生活习惯或惯常做法时，因其非成文的属性，难以确定其

---

① 汤建国、高其才主编：《习惯在民事审判中的运用》，人民法院出版社 2008 年版，第 288 页。

② 参见汤建国、高其才主编：《习惯在民事审判中的运用》，人民法院出版社 2008 年版，第 60 页。

③ 参见广东省高级人民法院民一庭、中山大学法学院：《民间习惯在我国审判中运用的调查报告》，载《法律适用》2008 年第 5 期。

具体内容,或者双方当事人所证明的习惯存在矛盾,导致难以确定习惯的内容的,法院可以依据职权查明是否存在习惯或者查明习惯的具体内容。

(四)习惯的适用

依据《民法典》第10条的规定,处理民事纠纷采纳“有法律依法律,无法律依习惯”的规则。也就是说,在存在具体法律规则时,应当优先适用该具体的法律规则,而不能直接适用习惯法;此处所说的“法律”是指具体的法律规则,而不包括法律的基本原则。只有在无法找到具体法律规则时,才能适用习惯处理民事纠纷。在此需要讨论习惯与法律基本原则适用的先后顺序。笔者认为,习惯应优先于法律基本原则而适用。一方面,习惯作为民法渊源较之于民法基本原则,更为具体,可以直接运用到个案。而基本原则具有高度的概括性和抽象性,可以普遍适用于各种民事案件,所以,如果基本原则优先于习惯而适用,习惯作为民法渊源就失去了适用的空间。另一方面,习惯,特别是当事人之间的交易习惯,能够体现当事人的真实意愿,优先适用习惯可以更好地尊重当事人的私法自治。而且习惯的内容相对具体,可以有效限制法官的自由裁量权,如果优先适用民法基本原则,则会赋予法官过大的自由裁量权。

第九节　民法的适用

一、民法的适用范围

民法的适用范围,是指民事法律法规在何时、何地、对何人发生法律效力。民法的适用范围,实际上就是民法的效力范围。正确了解民事法律规范的适用范围,是准确适用民事法律规范的重要条件。从内容上看,民法的适用范围包括时间上的适用范围、空间上的适用范围和对人的适用范围。

(一)民法在时间上的适用范围

民法在时间上的适用范围,是指民事法律规范在时间上所具有的法律效力。其具体包括两个方面:民法的生效和民法的失效。民事法律规范开始生效的时间通常有以下两种情况:一是自民事法律颁布之日起生效;二是民事法律通过并颁布以后经过一段时间再开始生效。一般来说,民法的效力自实施之日发生,至废止之日停止。当然,法律规范何时开始实施可以由法律规范本身规定,也可以由制定法律的机关以命令或决议的方式予以规定。关于我国《民法典》的适用时间,该法第1260条规定,“本法自2021年1月1日起施行”,采纳的就是第二种做法。如果立法对法律规范效力的停止时期不加规定,应认为法律一直有效,直至法律明文废止或修改时才停止生效。也有少数法律规范在公布之时即规定了停止生效的日期。

民事法律规范对其实施前发生的民事关系有无溯及既往的效力，是民法在时间效力上的一个重要问题。所谓溯及力，是指具有溯及力的法律把过去的法律事实的后果纳入它的管辖范围并因此影响这些后果。[①] 法律是否溯及既往，是指新的法律颁布实施后，对它生效之前发生的事件和行为是否适用。如果适用，即具有溯及力；如果不适用，即不具有溯及力。[②] 一般的原则是新法没有溯及既往的效力，即在通常情况下，新公布实施的民事法规只适用于该法规生效后所发生的民事关系。法律不得溯及既往的根据在于：一方面，在法律尚未公布之前，人们只能按照旧的法律实施行为，而依据旧的法律所作出的任何行为都是合法的。如果在新的法律颁布以后，新的法律产生推翻人们依据旧的法律所实施的行为的效力，就会打破人们对依据法律而行为的后果的预期。另一方面，在法治社会，法的可预期性是法治的重要内容，因为人们确信依据现行的法律去行为便会依法产生其预期的效果，那么人们就会严格地遵循法律。但如果人们依法行为不能依法产生预期的效果，甚至在未来因为法律溯及既往将使其承担一定的法律责任，那么人们就不会按照现行法律去行为，甚至会故意违反法律，从而对法律秩序的形成造成妨碍。所以，法律不溯及既往的原则，其宗旨在于提醒人们遵守法律，尤其在民事关系领域，如果采取溯及既往的原则，就会使已经形成的社会关系被推翻，也不利于保护公民、法人的合法权利。如果人们按照现行的法律去行为，由此形成的各种法律关系却被未来的法律所否定，也不利于社会关系的稳定和保障法律的权威性。[③]

当然，法律不溯及既往不是绝对的，在某些情况下，民事法规也可以作出有溯及力的规定，但须以有明文规定为限。最高人民法院发布了《时间效力的若干规定》，明确了“法不溯及既往”的基本原则及其例外规则。《时间效力的若干规定》在第 1 条就开宗明义重申了法不溯及既往的基本原则，即对于《民法典》施行前发生的法律事实引起的民事纠纷案件，《民法典》原则上不具有溯及力。在《时间效力的若干规定》中也按照《立法法》的精神和规定确立了例外情形的溯及适用规则。

1. 有利溯及适用的标准。从比较法来看，《德国民法典》的一般适用规

---

① Savigny, System des heutigen römischen Rechts, Bd. 8, Charleston, S. C: Nabu Press, 2010, § 385.

② 参见公丕祥主编：《法理学》，复旦大学出版社 2002 年版，第 384 页。

③ 参见高鸿钧：《现代法治的困境及其出路》，载《法学研究》2003 年第 2 期。

则,按照《民法典施行法》(EGBGB)第1条,就是不溯及既往。其只适用于发生、消灭或者变更在1900年1月1日以后的法律关系。[①] 但从保护相对人的利益,尤其是保护弱势相对人的利益来看[②],我国《时间效力的若干规定》依据《立法法》,结合审判实际作了进一步细化解释,确立了有利溯及适用规则,作为判断有利溯及的标准。具体而言包括下面几个标准:第一,有利于保护民事主体合法权益的标准。该标准是《立法法》明确规定的例外有溯及力的情形。由于民事法律通常涉及双方乃至多方当事人的权益,因此《时间效力的若干规定》将《立法法》上的"为了更好地保护公民、法人和其他组织的权利和利益而作的特别规定",具体化为"有利于保护民事主体合法权益"的标准。从司法实践而言,这更有利于保护民事主体的合法权益,至少包括了对全体当事人都有利的情况以及对一方更加有利且不损害另一方权益的情况,这也符合《民法典》作为保障民事权利的基本法的宗旨。第二,"有利于维护社会和经济秩序"的标准。维护社会和经济秩序是《民法典》第1条确立的立法目的之一。它不仅符合《民法典》的立法目的,而且能够涵盖鼓励交易、维护交易秩序等具体判断因素,因此可以作为有利溯及的重要判断标准。第三,有利于弘扬社会主义核心价值观的标准。《时间效力的若干规定》对于《民法典》中更有利于弘扬社会主义核心价值观的相关规定,采取溯及适用规则,不仅符合《民法典》的立法目的和立法宗旨,而且能够达到更好的法律效果、政治效果和社会效果。

2. 新增规定溯及适用规则。新增规定的溯及适用在学理上是法不溯及既往的重要例外情形,也是在长期审判实践和一系列司法解释基础上发展而来的溯及适用的类型。在理论上,新增规定的溯及适用也被称为"空白溯及",即让新法溯及适用于旧法的空白之处。在原来法律没有规定时,填补法律漏洞。[③] 由于《民法典》充分彰显了中国特色、实践特色、时代特色,相较于合同法、物权法等原有民事立法有很多的新增规定。基于"空白溯及"的原理,《民法典》中的这些新增规定很多都是可以溯及适用的。当然,如果新增规定能够溯及,法官需要判断的是是否存在空白,而不必判断该规则是否有利于保护当事人的权益。是否有利的判断给法官很大的自由裁量权,因此应当慎重地赋予法官进行有利溯及的适用。

同时,新增规定溯及适用的规则也不能绝对化,而应具体分析。如果一

---

① Vgl. MüKoBGB/Säcker EGBGB Art. 1 Rn. 1.

② Vgl. Heinrich Dörner/Ansgar Staudinger, SchRModG, Einführung zum SchRModG, Rn. 188 f.

③ Vgl. Heinrich Dörner/Ansgar Staudinger, SchRModG, Einführung zum SchRModG, Rn. 188 f.

些新增规定采取溯及适用的做法,会破坏当事人的合理预期,有悖《民法典》“保护民事主体的合法权益”的立法目的,就不能溯及适用。因此,为了进一步明确新增规定的溯及适用标准、便于司法审判,《时间效力的若干规定》第3条明确了新增规定不能溯及适用的情形,即排除明显减损当事人合法权益、增加当事人法定义务或者背离当事人合理预期的新增规定的溯及适用。

3.“既判力”优于溯及力规则。溯及既往必须是尚未终审的案件,如果是已经终审、产生既判力的裁判,即便是当事人对此提起了再审,亦应按照既判力优于溯及力的原则,不能让《民法典》溯及既往。这是因为已经审结的案件产生了既判力。如果由于《民法典》的新规定就要重新再审理,则势必会在一定程度上动摇法的安定性和生效裁判的权威性、公信力。因此,《时间效力的若干规定》第5条明确了裁判的既判力优先于溯及力的原则,即不得以判决的个案解释不同于《民法典》的规定为由推翻已经生效的判决。而且如果承认《民法典》的溯及力优于既判力,可能会引起大量的生效裁决被推翻,从而给司法裁决的权威性带来负面影响。因此,《时间效力的若干规定》明确和强调将既判力优于溯及力的理念作为一般规定。

(二)民法在空间上的适用范围

民法在空间上的适用范围,是指民事法律规范在地域上所具有的效力。任何国家都是根据主权、领土完整和法制统一的原则,来确定各种法律、法规的空间效力范围的。关于空间效力,一般可以分为域内效力和域外效力。《民法典》第12条规定:“中华人民共和国领域内的民事活动,适用中华人民共和国法律。法律另有规定的,依照其规定。”该条对我国民事法律在空间上的适用范围作出了规定。

所谓域内效力,是指一国的法律效力可以及于该国管辖的全部领域。就民事领域而言,我国民事法律规范的效力及于我国主权管辖的全部领域,但在确定某一个具体民事法律法规的效力时,由于制定、颁布民事法规的机关不同,民事法规适用的空间范围也不相同,这大体上有两种情况:第一,凡属全国人民代表大会及其常务委员会,国务院及其所属各委、部、局、署、办等中央机关制定并颁布的民事法规,适用于中华人民共和国的领土、领空、领海,以及根据国际法、国际惯例应当视为我国领域的一切领域,如我国驻外使馆,我国航行或停泊于我国境外的船舶、飞机等。第二,凡属地方各级立法机关根据各自的权限所颁布的民事法规,只在各该立法机关管辖区域内发生效力。

需要指出的是,依据《民法典》第12条的规定,在我国领域范围内从事民事活动,原则上需要适用我国的法律,但在法律另有规定时,可能需要适用其他法律。《涉外民事关系法律适用法》第 2 条规定:“涉外民事关系适用的法律,依照本法确定。其他法律对涉外民事关系法律适用另有特别规定的,依照其规定。本法和其他法律对涉外民事关系法律适用没有规定的,适用与该涉外民事关系有最密切联系的法律。”依据这一规定,对于在我国领域内发生的涉外民事关系,在法律有特别规定的情形下,也可能适用外国法。

所谓域外效力,是指法律在其制定国管辖领域以外的效力。[①] 在现代社会,法律一般不能当然产生域外效力,但是随着国际交往的发展,为保护国家和公民、法人的利益,也可以在例外情况下具有域外效力。例如,《海洋环境保护法》第 2 条第 3 款规定:“在中华人民共和国管辖海域以外,造成中华人民共和国管辖海域污染的,也适用本法。”

(三)民法对人的适用范围

民法对人的适用范围,是指民事法律规范对于哪些人具有法律效力。关于一国法律的对人效力,存在两种不同的理论:一是属人主义,即无论其处于国内或国外,只要该人具有本国国籍、属本国国民即适用本国的法律。[②] 二是属地主义,即以领土主权为原则、以地域为标准,确定法律对人的拘束力。凡是居住在本国领土之内的人,无论其国籍属于本国还是外国,均受本国法律的管辖。[③] 从《民法典》第 12 条规定来看,其对属地主义作出了规定,但没有对属人主义作出规定。笔者认为,民法应当为属人主义预留空间。

民法对人的适用范围主要有以下三种不同的情况:第一,我国民法对居住在中国境内的中国公民或设立在中国境内的中国法人,具有法律效力。换言之,中国公民、中国法人在中国领域内一律适用中国法律。第二,我国民法对居留在我国境内的外国人、无国籍人和经我国政府准许设立在中国境内的外国法人,原则上具有法律效力。第三,居留在外国的我国公民,原则上应适用所在国的民法,而不适用我国民法;但是,依照我国民法的特别规定和我国缔结或参加的国际条约、双边协定以及我国认可的国际惯例,应当适用我国民法的,仍然适用我国民法。

---

① 参见公丕祥主编:《法理学》,复旦大学出版社 2002 年版,第 383 页。

② 参见张文显:《法理学》,高等教育出版社 2007 年版,第 106 页。

③ 参见郑玉波:《民法总则》,中国政法大学出版社 2003 年版,第 27 页。

二、民法适用的基本原则

法的适用，有广义和狭义之分。广义的法的适用是指运用法律规范调整社会关系，①它包括法的遵守和司法适用。而狭义的法的适用，仅指司法适用，即法院和仲裁机构依据法定职权和法定程序行使司法权、运用法律处理具体案件的专门活动。② 本书采广义的法的适用的概念。由于民法法源的多元化，民法的适用应当遵循一定的原则，以便准确适用法律。具体说来，民法的适用应当遵循以下基本原则：

（一）基础性法律优先于一般性法律

所谓基础性法律，是指调整基本社会关系的法律。其规范公民的基本权利义务，涉及国家政治、经济以及社会生活的基本问题，关系国家和社会具有全局性、长远性、普遍性的社会关系。在民商事领域，基础性法律就是《民法典》。习近平总书记指出："民法典在中国特色社会主义法律体系中具有重要地位，是一部固根本、稳预期、利长远的基础性法律。"③这就精辟地揭示了《民法典》在中国特色社会主义法律体系中作为基础性法律的地位。所谓一般性法律，是指除《民法典》之外的其他单行民商事法律，如《公司法》《保险法》《企业破产法》《票据法》《证券法》等。

基础性法律和一般性法律相比较，两者之间不存在效力等级的关系，并非上位法和下位法的关系。因为从立法机构来看，两者都是由全国人大或者其常委会制定的，不存在效力高低的差异。而且，两者都是规定具有普遍性的事项，普遍适用于所有地域。从这个意义上说，它们都属于同一层次的立法。但是，从法律适用的层面来看，两者之间是存在差别的。从民事的角度来看，法官在裁判任何一个民事案件时，首先应当援引基础性法律为依据。只有基础性法律没有规定时，才能援引其他法律。这就是说，《民法典》是整个民商事法律的基础，因此，《民法典》既是民法的主要法源，又是弥补单行法规定不足、填补单行法规则漏洞的来源，还是使单行法制度规则体系融贯的基础。由于《民法典》是基础性法律，也是解决民事纠纷的基本实体法依据，如果《民法典》中有规定，原则上应当直接适用《民法典》的规定。因此，应树立以《民法典》为中心的民事实体法律适用理念。④《民法典》是民法的主要渊源，在解决民商事纠纷中处于法源的核心地位。从这个意义

① 参见梁慧星：《民法总论》（第 2 版），法律出版社 2007 年版，第 274 页。

② 参见孙国华主编：《法理学》，法律出版社 1999 年版，第 315 页。

③ 习近平：《论坚持全面依法治国》，中央文献出版社 2020 年版，第 278 页。

④ 参见 2021 年最高人民法院《实施民法典纪要》第 20 条。

上看,基础性法律优先于一般性法律。

一般认为,《民法典》与单行法是一般法与特别法的关系,但如此理解过于简单。依据《民法典》第11条的规定,"其他法律对民事关系有特别规定的,依照其规定",从字面含义上看,似乎凡是特别法有规定的都要适用特别法。笔者认为,此类理解并不妥当,因为《民法典》的许多规定已经修改了单行法的规则,此时,应当按照"新法优先于旧法"的原则,适用《民法典》的规定而不是单行法的规定。例如,《民法典》第1053条第1款规定:"一方患有重大疾病的,应当在结婚登记前如实告知另一方;不如实告知的,另一方可以向人民法院请求撤销婚姻。"该规定已经修改了《母婴保健法》关于强制性婚检的相关规定,因此,从解释上而言只能适用《民法典》的规定,而不应适用单行法的规定。《民法典》第11条在很大程度上发挥着引致性规范的功能,其在承认民商事单行法效力的基础上,把《民法典》与单行法有机联系起来,使二者共同构成调整民事关系的法律整体。

为了解决《民法典》与单行法在适用中的关系问题,《总则编解释》第1条第2款规定:"就同一民事关系,其他民事法律的规定属于对民法典相应规定的细化的,应当适用该民事法律的规定。民法典规定适用其他法律的,适用该法律的规定。"该规定包括如下几层含义:

第一,在《民法典》与民商事单行法之间存在矛盾的情况下,应当适用《民法典》的规定,除非单行法的规定"属于对民法典相应规定的细化的"。此种做法有利于维护《民法典》与单行法之间的和谐关系,避免出现法律适用的障碍。《民法典》的基础性地位意味着其是调整所有民商事法律关系的基本法,在确定调整民事关系的法律依据时,必须首先从《民法典》中寻找裁判依据。当然,针对某种情形,《民法典》没有规定而单行法作出了规定时,应当适用单行法的规定。

第二,如果单行法属于《民法典》规定的具体细化,则应当适用单行法的规定。所谓"具体细化",是指与《民法典》规定相比较,单行法的规定更加具体明确,具有更强的针对性,但并不存在与《民法典》不一致现象。例如,《个人信息保护法》关于个人信息保护的过错推定原则是《民法典》第1165条关于过错推定原则的具体化规定。[①] 再如,相对于《民法典》营利法人的规定,《公司法》关于公司的规则就属于具体细化的规定。这也意味着,在单行法的规定与《民法典》的规定有冲突时,原则上应当适用《民法典》,以体

---

① 参见贺荣主编:《最高人民法院民法典总则编司法解释理解与适用》,人民法院出版社2022年版,第63页。

现《民法典》的基础性法律地位，只有在单行法的规定“属于对民法典相应规定的细化的”，才能优先适用单行法的规定。

第三，如果《民法典》中明确规定相关的民事关系适用单行法的规定，则应当适用该单行法的规则。例如，《民法典》第1208条规定：“机动车发生交通事故造成损害的，依照道路交通安全法律和本法的有关规定承担赔偿责任。”依据该条规定，交通事故责任的承担需要适用《道路交通安全法》的相关规定。

第四，在单行法的规定存在法律漏洞时，应发挥《民法典》“补充法”的功能[①]，以填补法律漏洞。例如，在股权转让合同中，如果被转让的股权已经被质押，公司法对此并未规定，此时，可以参照适用《民法典》买卖合同中关于权利瑕疵的规则予以补充。

第五，《民法典》对于单行法具有兜底适用的功能。确有必要依据特别法优先于普通法的规则从单行法中找法，又难以从单行法中寻找法律依据时，要回到《民法典》中找法。

（二）上位法优先于下位法

所谓上位法优先于下位法原则，是指在效力较高的规范性法律文件与效力较低的规范性法律文件相冲突的情况下，应当适用效力较高的规范性法律文件。法谚有云：“上位法优于下位法。”（Lex superior derogat legi inferiori.）该原则主要适用于位阶具有高低之分的规范。上位法和下位法的界定，主要是从三个方面来确定的：第一，从法源或法律的位阶来看，如果一个较低的规范源于一个较高的规范，或者一个较低的规范是根据一个较高的规范而制定的，则前者可称为下位法，后者可称为上位法。第二，从制定机关来看，如果将数个法律、法规和规范性文件相比较，某个规范性文件的制定机关的地位高于另一个规范性文件的制定机关，那么处于高位阶的机关制定的规范性文件在效力上称为上位法，反之则称为下位法。第三，从立法等级效力来看，某一个位阶高的法律的效力优于位阶低的法律的效力，则前者被称为上位法，后者被称为下位法。

上位法优先于下位法原则在我国的具体表现形式是：第一，《宪法》具有最高的效力。我国《立法法》第98条规定：“宪法具有最高的法律效力，一切法律、行政法规、地方性法规、自治条例和单行条例、规章都不得同宪法相抵触。”第二，法律的效力低于《宪法》但高于其他任何法规和规范性文件。

---

① 参见唐晓晴编著：《民法一般论题与〈澳门民法典〉总则》，社会科学文献出版社2014年版，第35～36页。

《立法法》第99条第1款规定:"法律的效力高于行政法规、地方性法规、规章。"第三,行政法规的效力高于地方性法规、规章。国务院制定的行政法规的效力高于各个部委和地方政府制定的规章,以及享有立法权的地方人民代表大会及其常委会制定的地方性法规。第四,地方性法规的效力高于地方政府制定的规章。《立法法》第100条规定:"地方性法规的效力高于本级和下级地方政府规章。省、自治区的人民政府制定的规章的效力高于本行政区域内的设区的市、自治州的人民政府制定的规章。"

在民法的适用中,法官首先应当努力寻找上位法,如果上位法与下位法之间有冲突,那么应当优先适用上位法。但是,如果上位法规定的原则较为抽象,下位法的规定对上位法作了补充和细化,两者之间又不发生冲突和矛盾,则可以同时适用上位法和下位法。

(三)新法优先于旧法

法谚有云:"后法优于前法。"(Lex posterior derogat legi priori.)这就是新法优先于旧法的原则,即同一事项已有新法公布施行时,旧法当然废止。[①]新法与旧法之间的关系问题,既是判断法律效力的规则,也是法律适用与体系解释相联系的一项规则。因为新法是指颁布时间较晚的法律规范,而旧法是指颁布时间较早的法律规范。从体系上解释,立法者是希望通过新的法律来代替旧的法律。法律解释就是要探求立法者的真意,而颁布时间较晚的法律规范就更符合立法者的真意,后制定的法律将被认定为优先于先制定的法。因此,在法律适用中,新法应当优先适用。当然,这里所说的"新法"和"旧法"应当是处于同一层级的法律,如果两部法律处于不同的层级,就不能简单地运用新法优先于旧法的规则。我国《立法法》第103条也规定:"同一机关制定的法律、行政法规、地方性法规、自治条例和单行条例、规章……新的规定与旧的规定不一致的,适用新的规定。"该原则主要适用于同一位阶的规范之间,也就是说,是针对两个具有相同法律位阶的法律时所适用的规则。[②]

新法优先于旧法原则适用于两种情况:一是如果新法颁布后,旧法已经被废止,则自然应当适用新法;二是新法颁布以后,旧法没有被废止,则旧法继续有效,但如果两部法律所涉及的内容相同或相似,则应当适用新法。

就《民法典》与单行法之间的关系而言,如果《民法典》的规则修改了单行法的规则,则按照新法优于旧法的规则,应当适用《民法典》的规则。例

---

① 参见郑玉波:《法谚(一)》,台北,三民书局1984年版,第8页。

② 参见郑玉波:《民法总则》,中国政法大学出版社2003年版,第27页。

如,《民法典》新增了侵害知识产权的惩罚性赔偿规则,在一定程度上修改了知识产权法的规则。再如,《民法典》侵权责任编关于环境污染和生态破坏责任的规则也修改了《环境保护法》的相关规则,按照新法优先于旧法的规则,应当优先适用《民法典》的规则。关于各个民事单行法之间的关系,可能涉及新法与旧法之间的关系问题,虽然它们属于同一效力位阶,但新颁布的法律可能会修改原来旧有的法律,按照新法优于旧法的原则,应当适用新法的规则。

(四)特别法优先于普通法

在法理上,根据法律的适用范围有无限制,法律可以分为普通法和特别法。民事普通法,是指适用于全国领域、规定一般事项,并且无适用的时间限制的民事法律。民事特别法,是指适用于特定区域、规定特定的事项,或在适用时间上有限制的民事法律。普通法与特别法之区别,通常采用三个标准:第一,以法律适用的地域为标准。第二,以法律适用的人为标准,如针对所有主体适用的法律相对于针对特定主体适用的法律(合伙企业法、个人独资企业法等),前者为普通法,后者为特别法。第三,以法律规定事项为标准。[①] 适用于本国一切地域的法律为普通法,适用于特定地域的法律为特别法;适用于一切民事主体的规定为普通法,适用于特殊主体的规定为特别法[②];关于一般事项之法律为普通法,关于特别事项之法律为特别法。[③] 在具有相同等级效力的法律之间,特别法应当优先于普通法而适用。这也就是法谚所说的:“特别法优于普通法。”(Lex specialis derogate legi generali.)

如前所述,有关《民法典》与单行法之间的关系较为复杂,并非简单的普通法和特别法的关系。首先是基础性法律与一般性法律的关系,要坚持基础性法律优先于一般性法律的事由规则,在此基础上,特别法优先于普通法具体体现在如下几个方面:

1. 在不同的法律之间,民事特别法优先于民事普通法而适用。例如,有关公司法人的设立,应当先适用《公司法》的规定,在《公司法》没有规定时才适用《民法典》关于法人制度的规定。《民法典》第 11 条规定:“其他法律对民事关系有特别规定的,依照其规定。”这就明确了特别法优先于普通法的原则。但是,《民法典》第 11 条规定容易产生一个误解,即只要单行法规定与《民法典》规定不同的,都应当适用单行法的规定,如此,将使《民法典》

---

① 参见史尚宽:《民法总论》,中国政法大学出版社 2000 年版,第 12 页。

② 参见梁慧星:《民法总论》,法律出版社 1996 年版,第 274 ~ 275 页。

③ 参见史尚宽:《民法总论》,中国政法大学出版社 2000 年版,第 16 页。

作为基础性法律的地位被完全架空。依据《总则编解释》第 1 条第 2 款规定，就同一民事关系，其他民事法律的规定属于对《民法典》相应规定的细化的，应当适用该民事法律的规定。因此，只有在单行民商事法律的规定属于对《民法典》规定的具体细化规定的，才应当适用。其他民事法律的规定与《民法典》规定不一致时，应当适用《民法典》的规定。[①]

2. 在《民法典》内部，毫无疑问，总则编的规定在整个《民法典》中具有统率性、抽象概括性等特点，其许多规定都具有普通适用性。例如，总则编关于民法的基本原则、民事权利能力和行为能力等规定。当然，总则编又存在大量具体的规定，如民事法律行为、代理、时效等规定，可以直接适用于具体的民事关系[②]。关于总则和分则之间的关系，如果两者规定的是同一事项，原则上分则的规定应当优先于总则的规定。当然，如果分则没有具体规定的，则应当适用总则编的规定。例如，合同编并没有规定合同无效的规则，在此情形下，应当适用总则编关于法律行为的规定。

3. 同一个条款中同时包含了一般规则和特别规则时，特别规则要优先于一般规则适用。就两个法条来说，如果前一个法条必须具备 N 个构成要素，而后一个法条必须具备 M 个构成要素，如果 N 个要素完全包含于 M 个构成要素之中，则前者为一般法，后者为特别法。[③] 例如，法律行为的一般生效要件是意思表示真实、行为人具有相应的行为能力、不违反法律和社会公共利益，但对具体的法律行为而言，仅仅具备这些要素并不一定使法律行为生效。我国《民法典》不少条款相互之间体现了这一特点。例如，《民法典》第 18 条第 1 款规定："成年人为完全民事行为能力人，可以独立实施民事法律行为。"这一款系一般规定，应为民事普通法。第 18 条第 2 款规定："十六周岁以上的未成年人，以自己的劳动收入为主要生活来源的，视为完全民事行为能力人。"这一款系特殊规定，应为民事特别法。

4. 例外规定优先于原则规定的适用，就是指对于特定事项，如果有例外规定，就应当适用例外规定而排除原则规定的适用。

还要指出的是，就特别法和普通法的关系而言，如果普通法已经修改了特别法，则不应当适用特别法优先于一般法的规则，而应当适用新法优先于旧法的规则。

---

① 参见贺荣主编：《最高人民法院民法典总则编司法解释理解与适用》，人民法院出版社 2022 年版，第 60 页。

② 参见贺荣主编：《最高人民法院民法典总则编司法解释理解与适用》，人民法院出版社 2022 年版，第 60 页。

③ 参见黄茂荣：《法学方法与现代民法》，中国政法大学出版社 2001 年版，第 172 页。

（五）强行法优先于任意法

如前所述，法律规范大体可分为任意性规范和强制性规范两种。所谓任意性规范，是指当事人可以通过约定排除其适用的规范。《民法典》合同编中的规定大多是任意性规定。所谓强制性规范，是指当事人不能通过其约定加以改变的规范。按照拉伦茨的看法，强制性规范包括：一是规定私法自治以及私法自治行使的要件的规范，如行为能力、意思表示生效的要件以及合法的行为类型（限于对行为类型有强制规定的情况）；二是保障交易稳定、保护第三人之信赖的规范；三是为避免产生严重的不公平后果或为满足社会要求而对私法自治予以限制的规范。[①] 作为私法规范，民法规范大量表现为任意性规范。但是，随着国家对私法自治干预的强化，强制性规范也不断增加。

在我国《民法典》中，强制性规范包括如下几类：一是规定私法自治以及私法自治行使的要件的规范，如行为能力、意思表示生效的要件以及合法的行为类型（限于对行为类型有强制规定的情况）；二是保障交易稳定、保护第三人之信赖的规范；三是为避免产生严重的不公平后果或为满足社会要求而对私法自治予以限制的规范。[②] 在我国《民法典》中，也存在一些效力性强制性规定，在民法中，强制性规范通常以"应当""必须"等术语来表现，而任意性规范常常以"可以"或"当事人另有约定的除外"等表现。但在特殊情况下，法律规定"应当"的，也未必是强制性规范，而法律规定"可以"的，也未必是任意性规范。强制性规范和任意性规范的区分，也应当通过探究立法目的、考察比较法等方式加以明确。

所谓强行法优先于任意法，主要是指对某一事项，强行法已经作出规定的，法官可以直接援引强行法的规定对案件作出裁判，而不必再援引任意性规范。但如果强行法、任意法分别规定了不同的事项，则不存在两种规范冲突的问题，也自然不存在何者优先的问题。对某一事项，如果强行法已经作出规定的，任意法不得再发挥作用，因为法律就某事项设置强制性规范，意在实现特定的立法目的时，当事人就不得通过约定予以变更，法官应直接援引强行法的规定对案件作出裁判。

（六）法律文本优先于法律解释

法律文本是法律的书面条文的表现形式，而法律解释是对法律条文的

---

① 参见［德］卡尔·拉伦茨：《德国民法通论》（上册），王晓晔等译，法律出版社2003年版，第31页。

② 参见［德］卡尔·拉伦茨：《德国民法通论》（上册），王晓晔等译，法律出版社2003年版，第42页。

含义所作的解释,这种解释包括立法解释与司法解释。所谓立法解释,是指立法机关依据其立法权对成文法进行的有权解释,其在本质上是一种立法活动。所谓司法解释,是指司法机关在具体适用法律过程中对法律规范的内容和含义所作的解答和说明,它属于有权解释的一种。[①] 2007 年,最高人民法院制定了《关于司法解释工作的规定》(2021 年修正),其第 5 条规定:"最高人民法院发布的司法解释,具有法律效力。"虽然此处所说的"法律效力"具有不同的理解,但是毫无疑问,在审判工作中,法官除依据法律之外,还应当遵循司法解释。在审判实践中,各级法院都可以援引司法解释裁判案件。

一般来说,法律解释与法律文本的含义是不冲突的,因为法律文本只有通过解释才能得以适用。但是在特殊情况下,如果法律解释与法律文本的含义完全不符,或者数个解释机关的解释彼此之间相互冲突,仍然应当以法律文本为准。[②] 因此,法官在援引司法解释时,必须坚持司法解释不应当与法律文本存在冲突的规则。如果两者发生冲突,应当以法律文本为准,司法解释无僭越立法权进行实际立法的权力。当然,在法律适用中出现法律漏洞,需要法官填补漏洞,法官可以通过习惯法、类推适用、目的性扩张等方式填补法律漏洞,确定待决案件中的大前提。[③]

---

① 参见最高人民法院:《中国司法解释发展之回顾》,载《人民司法》1988 年第 3 期。

② 参见张文显主编:《法理学》,法律出版社 1997 年版,第 89 页。

③ 参见王泽鉴:《民法总则》,中国政法大学出版社 2001 年版,第 64 页。

第二章　民法的历史发展

第一节　民法起源于罗马法

罗马法，顾名思义，就是指罗马奴隶制国家施行的法律。它通常是指自罗马起源起至查士丁尼止的罗马法律。[①]古罗马时期，在自然经济的土壤上，简单商品经济得到了充分发展，从而产生了古罗马调整私人财产关系的发达的私法。在罗马的法典编纂方面，最有成效、影响最深远的是东罗马帝国皇帝查士丁尼的《国法大全》，即《查士丁尼法典》《学说汇纂》《法学阶梯》《新律》。

罗马法对人类社会的重大影响就是耶林所说的“罗马法的精神”。罗马法的精神主要包括自然法精神、私法精神和理性精神，三者影响了人们的法律意识和法律研究方法，并且激发了当代人的主体意识、权利意识与责任观念。中世纪文艺复兴是以个人主义、人文主义为内容而展开的，因为在传播罗马法过程中，罗马法所确立的权利观念，即自由民在法律面前平等，以及财产权观念、契约自由、遗嘱自由等观念，促进了人的思想的解放。人文主义重点在于打破中世纪所存在的君权神授所带来的强制与压迫，实现权利、自由，促进个性发展，而这些恰好也是罗马法所倡导的理念[②]。罗马法在欧洲的复兴和传播，促进了各种世俗法的发展，培育了法治文明和法治精神，推动了法律人共同体的产生。可以说，罗马法的复兴为人文主义的复兴提供了思想的启蒙，并极大地促进了西方法治文明的发展。

从体系和内容来看，现代民法典的体系思想起源于罗

---

① 参见[意]朱塞佩·格罗索：《罗马法史》，黄风译，中国政法大学出版社1994年版，第4页。

② 参见程波：《西方法律思想史——法治源流》，中国传媒大学出版社2005年版，第148页。

马法。例如,盖尤斯所提出的人法、物法和诉讼法三编制为《法国民法典》所采纳,而优士丁尼的《学说汇纂》体系则为《德国民法典》所继受,并最终形成了潘德克顿的五编制体系。大陆法系民法的许多制度(如人格制度、住所制度、时效制度、无因管理制度、不当得利制度、遗嘱继承制度、特留份制度等)都源于罗马法。

从主体制度来看,罗马法上的"Persona"一词与现代意义上主体概念存在差异,最初仅指自然人,自然人指的是法律意义上的人和生物意义上的人。作为权利主体的人,在享有一定的资格后才能具有人格。后来演化成法律上的人格,与"Caput"一词相近,奴隶及未成年人等不具独立人格。[①]在古罗马时期,罗马法学家就已经注意到,除自然人外还存在另一类主体,即社团(Universitas)。"Universitas"是罗马法中团体概念的总称,有时仅用于公共团体法人,即现代西方学者所称的公法人,不是私法上具有独立的法律人格的主体,至共和国末期,开始承认国家和地方政府具有独立的人格。[②]而针对从事经济活动一类的团体,罗马法学家常用"societas"或"collegia"一词。[③] 社团(collegin)在很早已出现,但它们具有公法特点,后来裁判官法逐渐承认其具有私权能力。[④] 依《十二表法》第8表第27条,只要社团不违法就可设立。依奥古斯都时期的《尤利娅法》(Lex Julia),所有社团均须由社员大会通过章程或经元老院许可设立。[⑤] 可见罗马法已经初步形成了民事主体制度。

从物权制度来看,物权和债权分类源于罗马法。物权、债权最早起源于罗马法上的对人之诉(actio in personam)和对物之诉(actio in rem)。根据盖尤斯《法学阶梯》第4编,"诉讼有几种,较为正确的看法是两种:对物之诉和对人之诉"[⑥]。罗马法曾确认了所有权(dominium)、役权(servitutes)、永佃权(emphyteusis)、地上权(superficies)、抵押权(hypotheca)、质权(pignus)等物权形式,并创设了与对人之诉相对应的对物之诉,以对上述权利进行保护。在古罗马时期,曾经出现了一些表达财

① 参见丘汉平:《罗马法》,中国方正出版社2004年版,第158页。

② 参见周枏:《罗马法原论》(上册),商务印书馆2001年版,第290~291页。

③ 参见丘汉平:《罗马法》,中国方正出版社2004年版,第159页。

④ 参见[德]马克斯·卡泽尔、[德]罗尔夫·克努特尔:《罗马私法》,田士永译,法律出版社2018年版,第193页。

⑤ 参见[德]马克斯·卡泽尔、[德]罗尔夫·克努特尔:《罗马私法》,田士永译,法律出版社2018年版,第194页。

⑥ [古罗马]盖尤斯:《法学阶梯》,黄风译,中国政法大学出版社1996年版,第288页。

产概念的词,如“familia”“pecunia”“mancipium”“manus”“partia”“potestas”等。罗马共和国晚期出现了“所有权”一词[①],以后又发展出另一个所有权的概念“proprietas”[②],并对后世产生了重大影响。中世纪注释法学家在解释罗马法时,从对物之诉和对人之诉中引申出了“物权”和“债权”的概念,并将物权的两种形式即完全物权(Plena in re potestas)和他物权(iura in re aliena)用“物权”(iura in re)这个词来概括[③],形成了大陆法中的物权概念。

从债权法来看,在罗马法中,债(obligatio)被称为“法锁”,用来拘束债权人和债务人。[④] 这一概念最初源于私犯(ex delicto)的概念。[⑤] 罗马法中的合同之债最初是来自“nexum”[⑥](以人身偿债的契约)。盖尤斯曾经提出除合同或侵权外还存在第三类形态,这三类形态实际上是“准契约”“准不法行为”[⑦]。而查士丁尼在制定《法学总论》时,正是借鉴了盖尤斯的三分法,而将债分为四类,即契约(ex contractu)、准契约(quasi ex contractu)、私犯(ex delicto)和准私犯(quasi ex delicto)[⑧],从而形成了债的基本分类,在此基础上构建了债的基本规则,并为大陆法国家民法所广泛采纳。

至13世纪,罗马法复兴运动在欧洲兴起,罗马私法中的重要制度以及人格独立、主体平等和私权观念等理念,对大陆法国家后来的立法产生了重大影响。德国著名法学家耶林在其著名的《罗马法精神》中说:“罗马帝国曾经三次征服世界,第一次以武力,第二次以宗教(天主教),第三次以法律,武力因罗马帝国的灭亡而消失,宗教随着人民思想觉悟的提高、科学的发展而缩小了影响,唯有法律征服世界是最为持久的征服。”[⑨]恩格斯曾经这样评价罗马法,说罗马法是“商品生产者社会的第一个世界性法律”。[⑩] 可以

---

① 参见陈晓敏:《大陆法系所有权模式历史变迁研究》,中国社会科学出版社2016年版,第12页。

② Gyorgy Diosdi, *Ownership in Ancient and Preclassical Roman Law*, Akodomiai Kiado, Budapast, 1970, p. 133 – 135.

③ See Peter Stein, *Roman Law in European History*, Cambridge University Press, 2012, at 82.

④ “Obligatio”可以追溯至西塞罗,其词根是“lig”,本意是拘束的意思。See R. Zimmermann, *The Law of Obligations*, Clarendon Paperbacks, 1990, p. 1.

⑤ See R. Zimmermann, *The Law of Obligations*, Clarendon Paperbacks, 1990, p. 5.

⑥ R. Zimmermann, *The Law of Obligations*, Clarendon Paperbacks, 1990, p. 5.

⑦ Radin, Max, *Roman Law of Quasi-Contract*, The Virginia Law Review, Vol. 23, Issue 3, p. 243.

⑧ 参见[古罗马]查士丁尼:《法学总论》,张企泰译,商务印书馆1993年版,第159页。

⑨ 周枏:《罗马法原论》(上册),商务印书馆1994年版,第11页。

⑩ 《马克思恩格斯选集》(第4卷),人民出版社1956年版,第248页。

说罗马法是现代民法的“源头”。

第二节　近代民法及其特点

近代民法是指经过17、18世纪的发展，于19世纪经欧洲各国编纂民法典而获得定型化的一整套民法概念、制度、原则、理论和思想的体系，在范围上包括德、法、瑞、奥、日本等大陆法系民法，也包括英美法系民法。[①] 近代民法的主要特点表现在抽象的人格平等、无限制私有权原则、契约自由、过错责任原则以及注重维护形式正义等方面。

一、抽象的人格平等

近代民法承认人格的平等，这是一种形式上的平等。近代的社会变革，使法律从身份的法、等级的法发展到平等的法、财产的法。独立、自由的个人只服从于国家，而不再依附于各种领主或封臣。梅因指出：“我们可以说，直到现在，进步的社会的发展过程就是由身份到契约的过程。”法国《人权宣言》第1条就指出，人人生而平等。法国大革命后废除了封建社会的身份束缚，使个人获得了身份的自由。人们之间的关系完全按照契约设定，其他生产资料之上所形成的人身依附关系、基于土地的人身依附关系、领主与隶农之间的隶属关系、主人与奴仆之间的身份关系、师傅与徒弟之间基于手工业的关系都被废除，取而代之的是各种契约关系。[②]《德国民法典》确立了权利能力的概念，并在第1条明确规定，“人的权利能力始于出生完成之时”，这实际上是确立了权利能力享有的平等性。

由此可见，在近代民法典中，人作为抽象掉了种种能力的个人，是以平等的自由意思行动的主体被对待。当然，这种处理只注重形式上的正义，而忽视了人与人之间实际上的不平等，未注重实质的正义。[③] 所谓形式正义，就是注重抽象的法律地位的平等、自由，而不考虑因当事人的现实地位差异而造成的实质上的不平等。18世纪至19世纪的理性哲学认为，自由意志可以自然导向正义和公正，古典的合同法理论认为，“契约即公正”[④]，也就是说，合同自由可以自然导向合同正义，人们按照自己的意愿自主地进行交

---

① 参见梁慧星：《从近代民法到现代民法——二十世纪民法回顾》，载《中外法学》1997年第2期。

② 参见[日]我妻荣：《债权在近代法中的优越地位》，王书江等译，中国大百科全书出版社1999年版，第9页。

③ 参见[日]星野英一：《私法中的人》，王闯译，载梁慧星主编：《民商法论丛》(第8卷)，法律出版社1997年版。

④ 尹田编著：《法国现代合同法》，法律出版社1995年版，第20页。

换,这种关系对于双方都是公正的,对于社会也是有利的。所以,18 世纪至 19 世纪的近代民法在合同法中十分强调形式正义而非实质正义。至于订约当事人实际上是否存在平等,一方是否利用了自己的优势或者对方的急需等与对方订约,或者履行合同时是否因一定的情势变化而使合同的履行显失公平,等等,均不予考虑。① 之所以如此,是因为近代民法认定人与人之间具有"平等性"和"互换性"的特点。② 在此背景下,民法以调整平等主体之间的财产关系和人身关系为对象,原则上不考虑各个主体在年龄、性别、种族、经济实力、知识水平等各个方面的差异,一概承认其地位平等。拉德布鲁赫有一句名言:"民法典并不考虑农民、手工业者、制造业者、企业家、劳动者等之间的区别。私法中的人就是作为被抽象了的各种人力、财力等的抽象的个人而存在的。"③这就概括了抽象人格平等的特点。

二、无限制私有权原则

绝对私有权原则又称为无限制私有权原则,它是指私人对其财产享有绝对的、排他的、自由处分的权利。④ 按照 18 世纪流行的自然法学说,人生来便具有不可改变、不可让渡和不可分割的权利,这些权利就是自由和财产的安全,而"财产自由"和"契约自由"则是个人自由的必然结果。1789 年法国《人权宣言》第 17 条明确宣告,"私有财产是神圣不可侵犯的权利,任何人的这种权利都不得剥夺"。这实际上是将财产权确认为每个人所享有的基本人权。这一原则在 1804 年《法国民法典》中也得到了贯彻,该法第 544 条"所有权是对于物有绝对无限制地使用、收益及处分的权利"的规定,就是对这一原则的准确表述。依据该法第 552 条规定,"土地所有权包含该地上空和地下的所有权"。因此,所有权不仅可以上及天空、下及地心,而且法律不能对所有权的内容进行实质性的限制,从而形成了一种绝对私有权的观念。此外,该法第 545 条规定:"非因公益使用之原因并且事先给予公道补充,任何人均不受强迫让与其所有权。"《德国民法典》虽然没有明确确认无限制私有权原则,但其通篇贯彻了保护私有财产权的基本精神。应当看到,无限制私有权原则确认个人对其私有财产享有绝对的、不受限制的所有权,有力地瓦解了封建土地制度,促进了土地资源的自由流转和有效利用,有利

---

① 参见[日]星野英一:《私法中的人》,王闯译,中国法制出版社 2004 年版,第 34 ~ 35 页。

② 参见梁慧星主编:《从近代民法到现代民法》,中国法制出版社 2000 年版,第 169 ~ 170 页。

③ [德]拉德布鲁赫:《法学导论》,米健、朱林译,中国大百科全书出版社 1997 年版,第 66 页。

④ 参见[德]马克斯·韦伯:《论经济与社会中的法律》,张乃根译,中国大百科全书出版社 1998 年版,第 100 页。

于维护资本主义的基本经济制度。[①] 该原则有效维护了个人的财产自由，有力地促进了市场经济的发展。

三、契约自由

契约自由主要是指契约必须经由当事人自由订立、当事人的意志必须彼此一致才能生效，当事人的合意还可以优先于任意性规定而适用。《法国民法典》第 1134 条规定："依法成立的契约，在缔结契约的当事人间有相当于法律的效力。"该法典虽然规定了契约违反公共秩序和善良风俗无效，但是公共秩序和善良风俗的条款只是在例外的情况下才适用。《德国民法典》在法律行为、债和契约中都充分贯彻了"私法自治"和"契约自由"原则。"私法自治"是法律行为的原则[②]，而"契约自由"是私法自治原则的具体体现。

契约自由原则在法律上的出现始于近代民法。从 15 世纪开始，资本主义生产关系逐渐形成，对封建的身份关系和等级观念造成了剧烈的冲击，个人亦逐渐从封建的、地域的、专制的直接羁绊下解脱出来而成为自由、平等的商品生产者，这就实现了梅因所说的"从身份到契约的运动"，从而使契约自由的观念得到了广泛的传播。从 17 世纪以来，私有权的自由和契约自由一直被哲学家和法学家认为是个人自由的重要内容。以亚当·斯密为代表的自由主义经济思想，以及 18 世纪至 19 世纪的理性哲学，都促进了契约自由的发展。根据理性哲学，人生而平等自由，追求幸福和取得财产是个人不可剥夺的天赋人权。每个人都有自己的意志自由，这种意志自由是个人行为的基础，个人必须在自己自由的选择下按照自己的意志承担义务、接受约束。法律的职责就是赋予当事人在其合意中表达的自由意志以法律效力。对这种自由的限制则是越少越好。[③] 正是在这种自由意志的理论基础上，契约成为自由意志的产物。因此，尊重当事人的意思成为近代合同法的首要原则。

德国学者海因·科茨曾指出："契约自由在整个私法领域具有重要的核心地位。"[④]契约自由反映了市场经济最本质的要求和市场主体的基本诉

---

① 参见[美]哈罗德·J. 伯尔曼：《法律与革命》，高鸿钧等译，中国大百科全书出版社 1993 年版，第 381 页。

② 参见[德]卡尔·拉伦茨：《德国民法通论》(上册)，王晓晔等译，法律出版社 2003 年版，第 3 页。

③ 参见[德]黑格尔：《法哲学原理》，范扬、张企泰译，商务印书馆 1961 年版，第 80 页。

④ [德]罗伯特·霍恩、[德]海因·科茨、[德]汉斯·G. 莱塞：《德国民商法导论》，楚建译，中国大百科全书出版社 1996 年版，第 90 页。

求,也是保障市场经济秩序健康发展的需要。市场经济与契约自由具有不可分割的关系,通过贯彻合同自由原则,鼓励市场主体从事广泛交易活动,才能促进社会财富的有效增长,促进市场经济发展。正如梅迪库斯所指出的,民法通过“私法自治给个人提供一种受法律保护的自由,使个人获得自主决定的可能性。这是私法自治的优越性所在”①。

四、过错责任原则

过错责任原则也称为自己责任原则,它是指以过错作为归责的依据,并以过错作为确定责任和责任范围的基础。古代法采取结果责任,1804 年《法国民法典》第 1382 条规定:“任何行为使他人受损害时,因自己的过失而致行为发生之人,对该他人负赔偿责任。”该条在民法典中首次确立了过错责任原则,并先后为大陆法系各国的民法典所沿袭。该条款可以广泛适用于各种侵权行为,形成了损害赔偿的一般原则。正如该民法典起草人塔里伯在解释民法时所指出的:“这一条款广泛包括了所有类型的损害,并要求对损害作出赔偿。”②“损害如果产生要求赔偿的权利,那么此种损害定是过错和不谨慎的结果。”③

1900 年《德国民法典》也采纳了过失责任原则,但《德国民法典》并没有仿照《法国民法典》采取单一的过错责任原则,而采取了有限多重原则。依据该法第 823 条第 1 款规定:“因故意或过失不法侵害他人的生命、身体、健康、自由、所有权或其他权利者,负向他人赔偿因此所生损害的义务。”因此,对绝对权的不法侵害采取过错责任原则。这一规定将“过错”和“违法性”作为两个不同的概念区别开来,对其他国家的侵权法产生了影响。④ 该法典除规定了对绝对权利的不法侵害责任(第 823 条第 1 款)外,还规定了违反保护他人的法律的责任(第 823 条第 2 款)、故意违背善良风俗和损害于他人的责任(第 826 条),以补充过失责任的不足。⑤

从结果责任向过错责任的演化过程,也是法律文明发展的重要标志。

---

① [德]迪特尔·梅迪库斯:《德国民法总论》,邵建东译,法律出版社 2000 年版,第 143 页。

② Jean Limpens, International Encyclopedia of Comparative Law, Vol. 4, Torts, Chapter 2, Liability for One's Own Act, J. C. B. Mohr(Paul Siebeck, Tübingen), 1975, p. 14.

③ André Tunc, International Encyclopedia of Comparative Law, Vol. 4, Torts, Chapter 1, Introduction, J. C. B. Mohr (Paul Siebeck, Tübingen), 1975, p. 71 – 72.

④ 参见程啸:《侵权法中“违法性”概念的产生原因》,载《法律科学(西北政法大学学报)》2004 年第 1 期。

⑤ See B. S. Markesinis, *A Comparative Introduction to the German Law of Torts*, 3rd ed., Clarendon Press, Oxford, 1994, p. 35.

正如德国学者耶林所言："使人负损害赔偿责任的不是因为有损害而是因为有过失，其道理就如同化学上的原则——使蜡烛燃烧的不是光而是氧——一样的浅显明白。"近代民法确立过错责任原则具有重要的意义：一方面，其有利于维护个人的行为自由。个人对自己过失造成的损害应当承担责任，既是符合逻辑的，也是一种正义的要求。因为个人在从事各种工业活动时经常会给他人带来损害，若使每个人都对其在任何情况下所致的损害负责，就必然使个人动辄得咎，行为自由受到限制，自由竞争受到妨碍。① 而按照过错责任原则，一个人只有在有过失的情况下才对其造成的损害负责；如果个人已尽其注意义务，即使造成对他人的损害，也可以被免除责任，从而可以维护行为自由。② 过错责任强调和尊重个人的行为自由，使人们在从事各种工业活动时，不必对其在任何情况下造成的损害都负责，而只是对因其过错造成的损害负责，从而保护了自由竞争，促进了资本主义经济的发展。可以说，过错责任的宗旨主要在于保障个人自由。③ 另一方面，过错责任也具有教育、惩罚的功能④，因为过错责任的成立需要行为人主观上具有过错，即意味着行为人做错了事。此时，科以行为人承担民事责任也体现了对行为人过错行为的一种惩罚。过错责任通过对行为标准的确定，为人们的一定的行为自由提供了明确的范围，人们只对有过错的行为负责，在不受法律和道德非难的范围内享有广泛的行为自由。⑤

第三节 现代民法及其特点

现代民法的演进发生于19世纪末20世纪初。北川善太郎教授认为，现代民法与近代民法并无本质上的差别，其是在近代民法的法律结构基础之上，对近代民法的原理、原则进行修正、发展的结果，是近代民法在20世

---

① See Mauro Bussani, Anthony J. Sebok, *Comparative Tort Law: Global Perspectives*, Edward Elgar Publishing, 2015, p. 204.

② 参见[德]马克西米利安·福克斯：《侵权行为法》（第5版），齐晓琨译，法律出版社2006年版，第4页。

③ 参见[德]埃尔温·多伊奇、[德]汉斯-于尔根·阿伦斯：《德国侵权法：侵权行为、损害赔偿及痛苦抚慰金》（第6版），叶名怡、温大军译，中国人民大学出版社2022年版，第5页。

④ See André Tunc, International Encyclopedia of Comparative Law, Vol. 4, Torts, Chapter 1, Introduction, J. C. B. Mohr (Paul Siebeck, Tübingen), 1975, p. 61.

⑤ See R. L. Rabin, *The Historical Development of the Fault Principle: A Reinterpretation*, 15 Ga. L. Rev. 925 (1981).

纪的发展与修正。[①] 现代民法主要具有以下特征。

一、对所有权的限制

在自由资本主义时期,以绝对的、不受限制的私有权为原则,其虽然对自由资本主义经济的发展起过推动作用,但是绝对所有权观念不利于发挥所有权的社会作用,加剧了个人利益与社会利益之间的冲突,阻碍了生产的社会化和大规模的经济建设,甚至可能导致所有权的滥用,从而造成资源的浪费和低效率的利用。因此,“自由的保障并非绝对的,相反,个人在行使其所有权时应当顾及社会共同利益”。[②] 因此,19 世纪末期以来,社会的所有权观念日益发达。例如,德国著名法学家基尔克曾经对罗马法的财产绝对排他支配提出批评,他认为,所有权并非独立于外在世界而存在,其行使应当受到法律秩序的限制,以符合财产性质和目的。因此,所有权中也都含有义务,权利在道德上的界限应当成为法律所规定的义务。[③] 社会所有权观念认为,法律保障所有权旨在发挥物的效用,使物达到充分利用并增进社会的公共福利。所以,所有权的行使应当顾及社会公共利益,不允许个人滥用权利,损害他人和公共利益。[④] 从维护社会公共利益出发,应对所有权作适当的限制。[⑤]

受所有权社会化思想的影响,近代以来,各国开始强调所有权的行使应兼顾他人或社会利益,甚至所有人须负一定的社会义务,从而使所有权的绝对性受到限制。[⑥] 从大陆法系民法的立法看,对所有权的限制主要表现在如下几个方面:第一,对土地所有权的客体范围和效力范围的限制。1804 年《法国民法典》第 552 条规定:“土地所有权包含该地上空和地下的所有权。”这一规定将土地所有人对土地的权利无限延伸,对国家和社会公共利益构成了妨害。鉴于此,《德国民法典》第 905 条对所有权作出了限制。同时,各国还通过颁行航空法、矿业法、水利资源法等单行法的方式对所有权进行限制。第二,基于生态环境保护的限制。例如,有的国家法律规定,禁止权利人长期闲置城市土地,其目的也在于促进土地资源的有效利用,以

---

① 参见[日]北川善太郎:《关于最近之未来的法律模型》,李薇译,载梁慧星主编:《民商法论丛》(第 6 卷),法律出版社 1997 年版。

② [德]曼弗雷德·沃尔夫:《物权法》,吴越、李大雪译,法律出版社 2002 年版,第 11 页。

③ See Gottfried Dietze, *In Defense of Property*, The Johns Hopkins Press, 1971, p. 102.

④ 参见[日]末弘严太郎:《物权法》(上),有斐阁 1917 年版,第 8 页。转引自[日]加藤雅信等编:《民法学说百年史:日本民法施行 100 年纪念》,牟宪魁等译,商务印书馆 2017 年版,第 347 页。

⑤ 参见施启扬:《民法总则》(修订第八版),中国法制出版社 2010 年版,第 19 页。

⑥ 参见梁慧星主编:《中国物权法研究》,法律出版社 1998 年版,第 5 页。

有效应对人口膨胀所带来的资源、环境压力。[①] 第三,基于相邻关系的限制。各国法律大都规定土地所有人应当为相邻的不动产所有人和使用人提供必要的便利,并要求其容忍来自他人的轻微的妨害。这实际上是对所有权进行了某种限制。对所有权毫无限制的使用与处分将会破坏有序的人类共同生活。为了保持各所有人和平相处(Nebeneinanderleben),便形成了相邻权制度。[②] 第四,公共利益对于私权利用的限制。这主要表现在基于公共利益对私人所有权进行征收。第五,权利滥用的禁止。在近代法典化时期,尚不存在所有权滥用的概念,任何人行使其所有权都被认为是合法的、正当的行为。但是,后来各国又逐渐承认了“禁止权利滥用”的规则。

上述对所有权的各种限制大都属于私法上的限制,尽管此种限制并未改变私人所有权的归属,但无疑使所有权在内容和行使方式上都受到法律的诸多限制。这些限制常常被西方学者称为“所有权的社会化”“变主观的所有权为社会的功能”[③]。此种变化表明,所有权已不再是罗马法中所称的绝对的不受限制的所有权,而是受限制的、相对的所有权;所有权理论并非以个人主义为本位,而是以社会为本位。

二、对契约自由的限制

自20世纪以来,由于资本主义自由竞争不断走向垄断,西方社会发生了世界性的危机,凯恩斯主义的经济政策应运而生。凯恩斯主义的基本观点是,承认资本主义制度存在失业、分配不均等缺陷,认为自由主义的经济理论和经济政策是产生危机的原因,主张政府应加强对经济生活的干预。第二次世界大战以后,一些主要资本主义国家在其经济政策中相继采纳了凯恩斯主义,从而扩大了政府职能,加强了对经济的全面干预。在法律领域,契约自由原则因国家干预经济的加强而受到越来越多的限制,因此,对契约自由的限制成为20世纪以来合同法发展的一个重要趋向。[④]

概括而言,对契约自由的限制主要体现在如下几方面:第一,意思主义

---

① 参见石佳友:《物权法中环境保护之考量》,载《法学》2008年第3期。

② 参见[德]鲍尔、[德]施蒂尔纳:《德国物权法》(上册),张双根译,法律出版社2004年版,第5页。

③ [苏]弗莱西茨:《为垄断资本服务的资产阶级民法》,郭寿康译,中国人民大学出版社1956年版,第9页。

④ 参见胡代光:《凯恩斯主义的发展和演变》,清华大学出版社2004年版,第20页。但也有学者认为,合同自由随着社会经济的发展并未减少反而增加了。参见许德风:《合同自由与分配正义》,载《中外法学》2020年第4期。

的衰落。19 世纪大陆法系合同法深受德国理性主义哲学的影响,采纳的是意思主义理论。《德国民法典》就采取了表示主义,该法第 157 条规定,“契约的解释,应当遵守诚实和信用的原则,并考虑交易上的安全”。此外,大陆法系各国还普遍赋予法官极大的自由裁量权,对契约自由进行干预。① 第二,对合同缔结的强制。古典的合同理论认为,契约自由意味着不得给当事人强加任何订立合同的义务,无论是在立法中还是在司法中,都不得给当事人强加此种义务,否则是违背契约自由原则的。② 而现代合同理论已经改变了这种看法,强制缔约义务成为现代合同法发展的一个重要趋势。③ 强制缔约又称为契约缔结之强制或强制性合同,是指在若干特殊之情形下,个人或企业负有应相对人之请求,与其订立合同的义务,即对相对人之要约,非有正当理由不得拒绝承诺。第三,对于合同形式的必要限制。现代合同法重视交易的简捷和迅速,但同时也重视交易的秩序和安全,这就需要对合同的形式作出一些特定的要求,以督促人们正确、谨慎地缔约。尤其是许多涉及国家利益和社会公共利益的合同,法律需要通过形式要件的特别要求对这些利益进行特殊保护。此外,现代合同法基于保护消费者和弱者的利益,也对某些合同提出了书面形式的要求。有些学者将此种现象称为“形式主义的复兴”④(renaissance de formalisme)。第四,默示条款的产生。英美合同法认为,除双方曾明示的条款外,契约内容亦可能自其已有之内容衍生出其他条款,或经习惯、或经法律、或经法院之推论而成,此即所谓默示条款。默示条款可分为事实上的默示条款、法定的默示条款和习惯上的默示条款。⑤ 默示条款是英美合同法自 19 世纪末期以来发展的一项制度,该制度突破了法官不得为当事人订立合同的原则,通过法官行使自由裁量权将大量的当事人约定之外的义务引入合同关系之中,从而达到平衡当事人之间的权利义务的目的,在一定程度上限制了契约自由、维护了合同正义。

对契约自由的限制,导致现代合同法提出了合同正义的概念。当代合同法在保障自由价值的同时,“也注重伸张社会正义和公平,以求得当事人

---

① See E. Allan, Farnsworth, *Contracts*。2nd ed., Little Brown & Co. Law & Business, 1990, p. 464.

② See Friedrich Kessler, Edith Fine, *Culpa in Contrahendo*, *Bargaining in Good Faith*, *and Freedom of Contract*:*A Comparative Study*, 77 Harvard Law Rev. 1964, p. 409.

③ See Donald F. Turner, *The Definition of Agreement Under the Sherman Act*:*Conscious Parallelism and Refusals to Deal*, 75 Harvard Law Rev. 1962, p. 655, 689.

④ [德]海因·克茨:《欧洲合同法》(上卷),周忠海等译,法律出版社 2001 年版,第 114 页。

⑤ 参见杨桢:《英美契约法论》,北京大学出版社 1997 年版,第 286 页。

之间以及当事人与社会利益之间的平衡"[①]。甚至可以说,"在现代福利国家中,契约自由应为'契约公正'所取代"[②]。如果交易双方存在的不对等现象越严重、双方之间越失衡,则法官越可能以合同存在不道德或不利于公共政策等理由来将其否定。[③] 通过限制合同自由,维护处于弱势地位一方的利益,有利于维护市场交易的公平,例如,《欧洲合同法原则》(Principles of European Contract Law)规定,当事人可以自由地订立合同和决定合同的内容,但须遵守诚实信用和公平交易以及体现该原则内容的强制性的规则。[④] 笔者认为,在现代社会,合同正义是对契约自由原则的必要限制,其有利于保障缔约当事人在平等自愿的基础上缔约和履约,并保障合同的内容体现公平、诚实信用的要求。

三、归责原则多元化与多元化的社会救济机制的形成和发展

随着20世纪以来社会生活的变化,人类社会已进入风险社会,风险无处不在、事故频出不穷。工业化和市场化发展在大力推动人类文明进程的同时,也给我们带来了生产事故、核辐射、环境污染和生态破坏等各种人为危害,这些危害有时又与各种自然灾难相结合,给人们的人身和财产安全带来始料不及的威胁与破坏。在这样的背景下,人身和财产损害的救济问题日益成为当今社会关注的焦点。

各个法律普遍强化了对受害人的救济,主要表现在:在继续采纳过错责任原则的前提下,归责原则理论本身呈现出从单一过错归责理论向多元归责理论演化的过程。[⑤] 具体表现在:第一,严格责任的产生和发展。所谓严格责任,是指行为人的行为造成对他人的损害,无论该行为人是否具有过错,如不存在法定的免责事由,都应当承担侵权责任。[⑥] 现代社会危险事故与危险责任大量发生,许多合法经营活动存在高风险性,一些损害事故的发生仍然在所难免。以过错归责为基础的传统侵权法难以为受害人提供及时有效的救济,因此,有必要采用严格责任。所以在两大法系中,严格责任的适用范围都出现了不断扩张的发展趋势,其主要适用于高度危险、环境污

---

① 王晨:《日本契约法的现状与课题》,载《外国法评译》1995年第2期。

② [德]海因·克茨:《欧洲合同法》(上卷),周忠海等译,法律出版社2001年版,第15页。

③ 参见[德]海因·克茨:《欧洲合同法》(上卷),周忠海等译,法律出版社2001年版,第183页。

④ 参见《欧洲合同法原则》第1.102条。

⑤ 参见邱聪智:《庞德民事归责理论之评介——以法理学与民法学接合之观点为中心》,载《台大法学论丛》第11卷第2期。

⑥ 参见李仁玉:《比较侵权法》,北京大学出版社1996年版,第152~153页。

染、产品责任等领域。[①] 第二，过错推定原则。过错推定也称过失推定，它是指行为人因过错侵害他人民事权益，依据法律的规定，推定行为人具有过错，如行为人不能证明自己没有过错则应当承担侵权责任。为了减轻受害人的举证负担，使受害人的损害得到补救，采取了举证责任倒置的方式，以强化受害人的救济。[②] 从现代社会危险活动急剧增加、事故损害大量增长的现实出发，各国法律均采取了过错推定和类似于过错推定的措施。过错推定原则适用于日益增加的侵权责任类型，如工作物致害责任、雇主责任等。[③] 第三，公平责任的产生和发展。公平责任是基于衡平理念而产生的责任。从公平分担损失、充分救济受害人的需要出发，许多国家的判例学说中广泛产生了一种根据当事人的分担能力来分配损失的做法，法官根据当事人的经济能力而使有财产但不一定有过错的行为人承担责任，从而对不幸的受害人提供救济。因为公平责任的承担主要考虑当事人双方的财产状况[④]，这也有利于缓解社会贫富差异而造成的社会问题。

在现代社会，多元化的社会救济机制在某些领域已经形成，如事故损害赔偿领域。多元化的社会救济机制的形成首先是以侵权法功能的转变为先导，在此基础上逐渐形成了侵权损害赔偿、责任保险、社会救助三种救济机制并存的多元化受害人救济机制。具体而言：第一，侵权法的救济功能不断加强，已经逐渐成为当代侵权法的主要功能。侵权法主要是救济法。[⑤] 第二，责任保险成为侵权损害赔偿之外的一种重要的受害人救济途径。除过失侵权外，责任保险的适用范围十分宽泛，在发达国家已经渗透到社会生活的许多领域。[⑥] 第三，社会救助制度在救助受害人方面发挥着日益重要的作用。在责任保险制度发展的同时，随着社会化国家与福利国家的发展，受"从摇篮到坟墓"的福利国家理论的影响，社会救助制度也在不断发展，其在很大程度上弥补了侵权责任法在填补损害方面的不足。[⑦] 当然，由于社会、

---

① 参见谢哲胜：《民法基础理论体系与立法》，载王利明、郭明瑞、潘维大主编：《中国民法典基本理论问题研究》，人民法院出版社 2004 年版，第 59 页以下。

② 参见程啸：《侵权行为法总论》，中国人民大学出版社 2008 年版，第 367 页。

③ 参见［日］星野英一：《民法典中的侵权行为法体系展望》，渠涛译，载《法学家》2009 年第 2 期。

④ Kötz/Wagner, Deliktsrecht, 9. Aufl., Neuwied/Kriftel 2001, S. 130.

⑤ Peter Cane Searching for United States Tort Law in the Antipodes, 38 Pepp. L. Rev. Iss. 2 (2011) 257, 262.

⑥ See André Tunc, International Encyclopedia of Comparative Law, Vol. 4, Torts, Chapter 1, Introduction, J. C. B. Mohr (Paul Siebeck, Tübingen), 1974, p. 51.

⑦ 参见林嘉：《社会保险对侵权救济的影响及其发展》，载《中国法学》2005 年第 3 期。

经济、文化等状况不同,各国多元化的社会救济机制各不相同。

四、人格权的产生和发展

在大陆法系国家,虽然人格权并没有独立成编,但各国立法和司法实践都逐步强化了对人格权的保护,尤其是进入20世纪以来,人格权制度逐步勃兴、迅速发展,这种现象产生的主要原因在于:一方面,两次人类社会的世界大战,尤其是第二次世界大战,对世界各国人民造成了极大的伤害,战争带来的生灵涂炭使战后世界各国人民权利意识与法治观念逐步觉醒,社会越来越强调对个人平等、人格尊严不受侵犯以及人身自由的保护,这也极大促进了20世纪中叶的世界范围内人权运动的迅猛发展,从而促进了人格权观念的普及。另一方面,20世纪是互联网、高科技时代,现代网络通信技术、计算机技术、生物工程技术等高科技的发展对自然经济状态下产生的罗马法以及风车水磨时代的19世纪民商法的挑战无疑是革命性的。在现代社会,现代科技的发展更加凸显了人格权益保护的重要性。这极大地促进了侵犯隐私权和泄露个人信息的精神损害赔偿制度的发展。

自20世纪以来,各国民法典也大大增加了人格权保护的规定,并且普遍强调通过积极确权的模式保护人格权。具体体现为如下几个方面:

一是人格权保护的范围不断宽泛,具体人格权不断增多。如前所述,《德国民法典》中仅规定了姓名、身体、健康和自由等具体人格权,但近几十年来,判例和学说逐渐承认了名誉权、肖像权、隐私权、尊重私人领域的权利和尊重个人感情的权利等①,尽管其中一些权利是在一般人格权的解释下产生的,但名誉和隐私等权利逐渐成为独立的具体人格权。② 甚至在普通法国家,也通过一些成文法确认了对隐私权的保护。

二是从物质性人格权到精神性人格权的发展。最初一些国家的判例和立法主要承认对生命、健康等基于自然属性而产生的物质性人格权进行保护,之后逐渐地认可了基于社会属性而产生的精神性人格权,加强了对人的社会属性的关注,所以,有关名誉、肖像、隐私等人格权在人格权体系中的地位日益凸显。例如,在美国,自20世纪以来,隐私权制度迅速发展,其涵盖了个人生活的方方面面,也包括了有关生活安宁、私生活秘密、私人空间、通信自由、姓名、肖像、个人信息等各种人格利益,甚至包括了对个人生活的自主决定,其不仅是一项私法上的权利,而且也成为一种宪法上的基本权利

---

① 参见施启扬:《从个别人格权到一般人格权》,载《台大法学论丛》1974年第1期。

② See Basil S. Marksinis, *Protecting Privacy*, Oxford University Press, 1999, p. 36 – 37.

(constitutional privacy)。[①]

三是一些新类型的人格权不断涌现。现代社会进入了互联网、大数据时代,科学技术发展日新月异,这也使许多新型人格利益不断涌现。例如,随着大数据技术的发展,个人信息逐渐成为一项新型的人格利益。又如,在现代社会,随着影视技术、声控技术、网络技术等高科技的发展,声音的利用方式越来越多样化,声音的用途越来越广泛。声音的独特性具有替代指纹等其他个人特有标志的功能,并且越来越成为一种重要的人格标志。与此同时,复制、传播、模仿个人声音的方式方法越来越多,声音一旦被仿冒,就可能侵害个人的人格利益,也可能造成其他财产损害,这就有必要强化对声音利益的保护。[②] 正因如此,一些国家的民法典(如《秘鲁新民法典》第15条)明确规定了声音权。

五、交易规则的一体化趋势

近几十年来,对民法影响最为深远的乃是经济的全球化。20世纪以后,世界市场的格局逐步形成,经济趋同化快速发展,作为交易共同规则的合同法以及有关保险、票据等方面的规则日益国际化,两大法系的相应规则正逐渐融合,交易规则一体化的趋势日益明显,具体而言:

第一,两大法系规则的相互渗透和相互借鉴。经济全球化在相当程度上要求推进私法规则的统一和协调。在现代市场经济条件下,交易越来越需要规则的统一性,这样才能减少因制度的不统一而产生的交易成本,降低交易费用,这就要求合同法在世界范围内逐渐统一。两大法系的传统合同规则存在诸多差异,但是为了适应市场经济全球化的发展,其具体规则相互融合、相互接近,甚至正在走向统一。尤其是第二次世界大战以来,世界经济一体化发展趋势日益凸显,多个国际性组织(如联合国国际贸易法委员会)和地区性组织都主导和推动了合同法规则的统一。也有一些关于合同法的示范法问世,并被不少国家所采纳。在合同法方面,有关国际公约和示范法,如1980年《联合国国际货物销售合同公约》、1994年《国际商事合同通则》、1996年《欧洲合同法原则》等,促进了两大法系在合同法的许多规则方面的趋同。

第二,合同法呈现国际化的趋势。"到了20世纪,特别是在欧洲,人们

---

① See Richard G. Turkington & Anita L. Allen, *Privacy*, 2nd ed., West Group, 2002, p. 24.

② 参见李林启:《论发展着的人格权》,载《湖南科技大学学报(社会科学版)》2012年第2期;马俊驹、刘卉:《论法律人格内涵的变迁和人格权的发展——从民法中的人出发》,载《法学评论》2002年第1期。

关注的焦点转向支持私法的更新和国际化。这是由于在起草新的法律条文时考虑吸收外国成果的意向不断增强所造成的。此外,在私法的许多领域,法律的统一以及协调已经开始(值得注意的是:统一发生于协调的前面)。”[①]近几十年来,合同法的国际化已成为法律发展的重要趋向,调整国际贸易的合同公约,如1980年《联合国国际货物销售合同公约》的制定,“熔”两大法系的合同法规则于一“炉”,初步实现了合同法具体规则的统一。1994年,国际统一私法协会组织制定了《国际商事合同通则》,其尽可能地兼容了不同文化背景和不同法系的一些通用的法律原则,同时还总结和吸收了国际商事活动中广为适用的惯例和规则,其适用范围比《联合国国际货物销售合同公约》更为广泛。《国际商事合同通则》的制定更表明了合同法的国际化是完全可能的。

第三,商事习惯的产生和发展。在商事合同领域出现了一种自治趋势,“产生国际商业自治法的原因看来是:许多传统的国内法制度之间存在着差异,它们不适应现代国际贸易市场上变化了的环境”。[②] 例如,关于不可抗力的概念,各国法律制度各不相同,有的解释比较宽泛而有的解释相对比较严格,因而在《欧洲经济委员会共同条件》中采用了独立于各国定义的不可抗力的概念。[③] 这本身是法律全球化的一部分。随着交易实践的发展,一些交易习惯、惯例已成为合同法渊源,在解释合同、填补合同漏洞方面发挥着越来越重要的作用。

第四,软法在国际商事交易中发挥着日益重要的作用。软法是相对于具有国家强制力保证实施的“法”而言的。随着经济全球化的发展,作为法律全球化进程的结果的各种“示范法”“原则”“标准法”等非强制性文件,对于国际商事交易也产生了重要影响。例如,国际统一私法协会1994年制定的《国际商事合同通则》,以及欧洲合同法委员会制定的《欧洲合同法原则》。这些文件不具有强制约束力,但是具有相当程度的示范和导向作用,因此被称为所谓的“软法”[④]。

---

① [德]克雷斯蒂安·冯·巴尔:《欧洲比较侵权行为法》(上卷),张新宝译,法律出版社2001年版,第451页。

② [英]施米托夫:《国际贸易法文选》,赵秀文译,中国大百科全书出版社1993年版,第217页。

③ 参见[英]施米托夫:《国际贸易法文选》,赵秀文译,中国大百科全书出版社1993年版,第220页。

④ 罗豪才、宋功德:《软法亦法》,法律出版社2009年版,第314页。

第四节　我国民法的历史发展

一、中国古代和近代民法

中国古代所形成的中华法系自成一体，但中国古代的民法并不发达，虽然有一些民法规范，但并没有形成近代意义上的体系化的民法制度。整体而言，中国古代民法主要具有如下特点：一是诸法合一，民刑不分。由于中国古代诸法合一，且以刑为主，大量民事关系由刑法调整。《云梦睡虎秦简》中就有大量的关于民事的规定。从其中一些规定可以看出，对于毁损财物的行为，我国古代法律通常给予行为人刑事处罚。至于侵害人身的行为，通常都作为犯罪处理，而极少作为民事侵权行为处理。[①] 光绪三十三年（1907年）五月，民政部在奏章中称："中国律例，民刑不分……历代律文户婚诸条，实近民法。"二是礼法不分，大量的民事关系，由礼调整。在中国古代，因受儒家思想影响，礼法不分，大量民事关系依靠礼的规范调整，这也是我国古代民事立法的特点。例如，汉代董仲舒就提出了"春秋决狱"的做法，以儒家经典论著作为案件裁判依据。[②] 三是注重制裁性和惩罚性，不注重补偿性。例如，《宋刑统·厩库》规定："诸故杀官、私马牛者，徒一年半。赃重及杀余畜产若伤者，计减价准盗论，各偿所减价，价不减者笞三十。其误杀伤者不坐，但偿其减价。"就损害赔偿而言，中国古代立法并不注重对损害的填补，而更侧重于强调对行为人的惩罚和制裁，有的立法中甚至有加倍赔偿等惩罚性措施，这都体现了古代法的制裁性和惩罚性。

鸦片战争后，列强打开中国大门，逐步破坏了我国自给自足自然经济的基础，刺激了长期以来缓慢地在封建社会发展的商品经济的生长。腐败的清政府为形势所迫，于20世纪初实行法制变革，民法开始传入中国。1902年4月6日，光绪皇帝下诏，"参酌各国法律，改订律例"，并指派沈家本、伍廷芳为修律大臣。次年，设立修订法律馆，专门从事法规编纂工作。1907年，光绪皇帝指定沈家本等主持民、刑等法典的编纂。至修律开始，打破了

---

① 例如，《秦简·法律答问》中就对斗殴造成的打破嘴唇的定罪量刑，通过比附援引的方法适用打人造成青肿或破伤的规定。（"或与人斗，决人唇，论何也？比疻痏。"）参见叶孝信主编：《中国民法史》，上海人民出版社1993年版，第287页。

② 在某个案例中，董仲舒援引《春秋》对"父为子隐"的描述进行了解释。他说："《诗》云：'螟蛉有子，蜾蠃负之。'《春秋》之义，'父为子隐'。甲宜匿之。"认为养父子之间的关系也可以比照亲父子之间的关系，而适用父为子隐的规则。参见陈重业辑注：《古代判词三百篇》，上海古籍出版社2009年版，第2页。

延续两千多年的"民刑不分、诸法合体"的传统法典编纂体例。[①] 1911 年 8 月,即宣统三年,完成了第一次民律草案。该草案分为五编,即第一编总则,第二编债权,第三编物权,第四编亲属法,第五编继承法,共计 33 章,1569 条。从该草案来看,基本照搬了《德国民法典》的五编制体系。在此期间,1909 年也完成了《大清商律草案》的编订,该草案包括总则、商行为、公司法、海船法、票据法等,共 1008 条。但上述两部法典还没有来得及颁布实施,清王朝就被推翻了。

辛亥革命以后,国民政府的修订法律馆在北京开始了民律草案的起草工作。民国元年(1912 年)3 月,北洋政府司法部曾提请大总统咨由参议院同意援用《大清民律草案》,但遭否决。[②] 后北洋政府决定起草民法典。北洋政府期间,从 1915 年编成《亲属编草案》起,至 1926 年才完成了民法典草案各编的编制工作。1925 年,草案完成,史称第二次民律草案。该草案基本上是按照第一次草案修订而成,对总则、物权两编修改较少,债权编则改为债编。后由于南北战事爆发,北洋政府内部矛盾深重,国会解散,该法典草案没有正式作为法典颁布实施。但北洋政府曾经下令,《大清民律草案》中的总则编、债编由司法部正式参照采用,而物权编、亲属编、继承编由各级法院作为条理予以援用。

南京国民政府成立以后,于 1928 年设立了立法院,开始编纂各法典。1929 年 5 月 23 日《中华民国民法》总则编颁布,同年 10 月 10 日施行;1929 年 11 月 22 日颁布债编,1930 年 5 月 5 日施行;1929 年 11 月 30 日颁布物权编,次年 5 月 5 日施行;1930 年 12 月 26 日公布亲属编和继承编,1931 年 5 月 5 日施行。南京国民政府时期的《中华民国民法》是以《大清民律草案》和北洋政府制定的《中华民国民律草案》为基础制定的,抄袭了德国、瑞士、日本等国民法的许多条文,尤其是大量照搬《德国民法典》。正如梅仲协先生所指出的:"现行民法(指旧中国民法)采德国立法例者十之六七,瑞士立法例十之三四,而法日苏联之成规,亦尝撷一二。"[③]这一时期的《中华民国民法》采取了民商合一的立法体制,一些商事规则被纳入民法典中,对不宜纳入民法典的,另订单行法,如《公司法》《票据法》《海商法》《保险法》等,并没有制定一部商法典。该民法典是南京国民政府"六法"的重要内容。

---

① 参见张晋藩主编:《中国民法通史》,福建人民出版社 2003 年版,第 2 页。

② 参见张晋藩主编:《中国民法通史》,福建人民出版社 2003 年版,第 1148 页。

③ 梅仲协:《民法要义》,中国政法大学出版社 1998 年版,"序言"第 2 页。

二、新中国民事立法的发展

中华人民共和国成立以后，废除了"六法全书"。立法机关为适应社会需要，早在1950年就颁行了《婚姻法》，后来先后于1954年、1962年、1979年和2001年四次启动民法典制定工作，但都因各种原因而中断。

1978年12月，中共十一届三中全会作出了把全党全国的工作重点从以阶级斗争为纲转移到社会主义现代化建设上来的战略决策，确定了发扬社会主义民主，健全社会主义法制的任务目标。随着改革开放政策的实施，社会主义市场经济体制逐步建立，我国民事立法也出现了前所未有的发展契机。从改革开放四十多年的民法发展历程来看，基本上可以分为四个阶段：

第一个阶段：从改革开放开始至《民法通则》的颁布。在党的十一届三中全会精神指引下，党领导人民进行了一系列重大立法工作。按照"以经济建设为中心"和"建设有中国特色的社会主义"的指导思想和方针，立法机关先后制定了一系列重要的民事、经济法律，为改革开放和社会主义现代化建设提供了坚实的法律保障。例如，1979年颁布了《中外合资经营企业法》，1980年颁布了《婚姻法》，1981年颁布了《经济合同法》，1982年颁布了《商标法》，1984年颁布了《专利法》，1985年颁布了《涉外经济合同法》《继承法》，1986年颁布了《土地管理法》，1986年颁布了《企业破产法》（试行）、《外资企业法》。在这个阶段最有标志性的法律是1986年4月12日正式通过的《民法通则》，这是我国第一部调整民事关系的基本法律，其颁布是我国民事立法发展史上的一个新的里程碑。《民法通则》为改革开放与市场经济的发展提供了民事法律的基本框架，确定了民法的基本内容、原则以及基本制度。该法第一次以基本法律的形式明确规定了公民和法人的民事主体地位，并采取列举的方法全面规定了公民和法人所享有的财产所有权和与财产所有权有关的财产权、债权、知识产权和人身权，全面宣示公民、法人所享有的民事权利，这在中外民事立法史上是少见的。① 《民法通则》以基本法的形式宣示了对公民人身权利的保护，第一次在法律上确认公民依法享有的各项人格权，突出了对人的尊重，体现了以人为本的理念，也充分体现了现代民法所贯彻的人文主义精神。该法第一次在法律上规定了系统、完整的民事责任制度，为民事权利的保护确立了基本规则。《民法通则》的诞生标志着我国民事立法进入了完善化、系统化阶段，为我国民法典的问世奠定了基础、开辟了道路。

---

① 参见张新宝：《中国民法和民法学的现状与展望》，载《法学评论》2011年第3期。

第二个阶段:从《民法通则》的颁布至《合同法》的颁布。随着改革开放的深化和市场经济的发展,我国陆续制定了一系列规范市场活动的民事基本法。例如,1987 年颁布了《技术合同法》、1988 年颁布了《中外合作经营企业法》、1990 年颁布了《著作权法》、1991 年颁布了《收养法》、1993 年颁布了《公司法》、1995 年颁布了《担保法》《保险法》《票据法》、1996 年颁布了《乡镇企业法》《拍卖法》、1998 年颁布了《证券法》。尤其具有标志性的民事立法是 1999 年的《合同法》,该法将《经济合同法》《涉外经济合同法》《技术合同法》统一,结束了我国合同立法"三足鼎立"所形成的相互重复、不协调的局面,实现了合同法律尤其是合同法总则的统一化和体系化,这在完善市场经济的法律体系方面迈出了重要一步。《合同法》的内容充分反映了社会主义统一市场的需求,摒弃了反映计划经济体制本质特征的经济合同概念,充分体现了当事人的意思自治原则。该法从现代市场经济的本质需要出发,要求当事人在交易的各个环节中都必须遵循作为商业的基本道德的诚实信用和契约严守原则,为建立信用经济奠定了基础。《合同法》确立了统一的交易规则,鼓励交易,便利交易,也有力地保障了市场经济的发展。《合同法》完善了合同成立、效力、违约责任等制度,贯彻了合同严守原则,从而有力地维护了市场经济的良好秩序。

第三个阶段:从《合同法》到《物权法》《侵权责任法》的颁布。自 1999 年以来,《合同法》颁布后,我国又先后制定了一系列的民事法律。例如,2003 年颁布了《农村土地承包法》。在这一阶段,2007 年颁行的《物权法》在我国民事立法史上具有里程碑意义,该法的制定历时 13 年,经过 8 次审议,创下了法律草案审议之最。《物权法》全面规定了所有权、用益物权、担保物权制度,并对国家所有权、集体所有权和私人的财产所有权设置了比较完备和明确的法律规范,构建了产权制度的基本框架,从而有力地维护了社会主义基本经济制度。《物权法》确立了市场经济的基本法律制度,通过确认各类物权为市场交易确立了法律前提,为市场的正常运行奠定了法律基础。《物权法》确定了平等保护原则,对于各类财产所有权进行一体对待、平等保护,以维护市场主体的平等地位和基本财产权利。《物权法》以民事基本法的形式对各类物权予以确认,并规定了各类物权的取得方法,确立了各类物权的确认、发生争议的保护制度,完善了财产保护制度,从而极大地鼓励了亿万群众爱护财产、创造财富,进而促进了社会财富的增长。《物权法》通过确立善意取得、公示公信原则、登记制度等一系列制度和规则,有力地维护了交易秩序和交易安全。《物权法》规定了征收、征用的基本条件和程序,以及补偿的基本原则,通过确立建筑物区分所有权制度,确认住宅建设用地使用权自动续期规则,保护每个老百姓的财产所有权,为构建和谐社会奠定了重要基础。

2009 年颁行的《侵权责任法》也是我国民事立法史上具有标志性的事件。该法是一部系统、全面保护人格权、物权、知识产权等民事权益的法律,《侵权责任法》作为私权保障法,是通过对受到侵害的民事权益提供救济的方法来保障私权的,也正是通过保障私权来奠定法治的基础。《侵权责任法》的颁布标志着我国侵权法与传统债法的成功分离,且构建了具有中国特色、符合时代特征的侵权责任法内在体系。《侵权责任法》通过构建科学合理的多元归责原则体系,既对私权利形成了更加周密的保护,又为《侵权责任法》未来的发展留下了足够的空间。《侵权责任法》通过构建多元化的责任形式,为私权利提供了全方位的、充分的救济。现代社会风险无处不在,在这样的背景下,人身和财产损害的救济问题日益成为当今社会关注的焦点。《侵权责任法》针对现代社会普遍存在的产品责任、环境污染责任、高度危险责任等作出了全面、系统的规定。同时,还对人民群众非常关注的侵权责任(如医疗损害责任、缺陷产品召回、医疗器械缺陷)等,作出了明确规定。这些都表明《侵权责任法》适应了我国社会在新的历史时期的特殊需求,为《民法典》的颁行奠定了基础。

第四个阶段:《民法典》编纂的启动与《民法典》的颁布。我国自 1949 年以来,曾多次编纂民法典,但都因各种原因而中断。2014 年党的十八届四中全会决定提出,要“加强重点领域立法”,特别是“加强市场法律制度建设,编纂民法典”。自此之后,立法机关正式重启了《民法典》编纂工作。2016 年 6 月 27 日,全国人大常委会决定按“两步走”的工作安排进行《民法典》编纂,即先制定《民法典》总则编,后制定《民法典》各分编。[①] 第一步是《民法总则》颁布,实质性地推进了我国《民法典》的编纂进程。2017 年 3 月 15 日,《民法总则》由中华人民共和国第十二届全国人民代表大会第五次会议通过,自 2017 年 10 月 1 日起施行。[②]《民法总则》采取“提取公因式”的方式,确立了民商事所共同遵循的基本规则,完善了民事主体、民事权利、民事法律行为、代理、民事责任、时效等制度,极大地推进了我国民事立法体系化进程。该法确立了普遍适用于各个民事立法的基本制度和规则,消除了各个民事立法相互之间的冲突和矛盾,也使民事立法体系更加和谐一致。

---

① 参见李建国:《关于〈中华人民共和国民法总则(草案)〉的说明》,载新华网,http://www.xinhuanet.com/2017-03/09/c_129504877.htm。

② 《民法典》生效后,该法已废止。

《民法总则》的颁行极大地推进了我国《民法典》的编纂进程，它是《民法典》的总纲，纲举目张，整个民商事立法都应当在《民法总则》的统辖下具体展开。第二步是《民法典》的颁布。在《民法总则》颁布后，《民法典》各分编的编纂工作全面展开。2019 年 12 月 16 日，全文共计 1260 条的《民法典(草案)》对外公布，向全社会征求意见。2020 年 5 月 28 日，最终通过了中华人民共和国成立以来的第一部民法典。《民法典》第 1260 条规定："本法自 2021 年 1 月 1 日起施行。《中华人民共和国婚姻法》、《中华人民共和国继承法》、《中华人民共和国民法通则》、《中华人民共和国收养法》、《中华人民共和国担保法》、《中华人民共和国合同法》、《中华人民共和国物权法》、《中华人民共和国侵权责任法》、《中华人民共和国民法总则》同时废止。"

在《民法典》颁布后，立法机关按照习近平总书记要"加强同民法典相关联、相配套的法律法规制度建设"的要求，着手制定相关配套法律，于 2021 年颁行了《个人信息保护法》，并于同年 11 月 1 日正式实施。最高人民法院为保障《民法典》的实施，废止、修改了一大批司法解释。因为在《民法典》实施后，《民法通则》《合同法》《物权法》等 9 部民事法律被废止，而围绕上述 9 部法律曾经颁布了大量的司法解释，在上述法律被废止后，这些司法解释也应当相应予以清理。同时，最高人民法院已经开展了相关司法解释的制定工作，并指导各高级法院清理规范性文件，确保《民法典》统一正确实施。

总之，中国民事立法用短短四十多年的时间走过了西方数百年的道路，不仅构建了市场经济的法律体系，而且构建了民事权利的基本体系。民事立法伴随改革开放进程而发展和成长，同时也为改革开放和社会主义现代化建设发挥着保驾护航的作用。目前，我国已经进入《民法典》时代，基本的民事法律制度已经建立。当然，《民法典》颁布实施并不意味着一劳永逸地解决了民事法治建设的所有问题，仍然有许多问题需要在实践中检验、探索，还需要不断配套、补充、细化。因此，在《民法典》颁布后，《民法典》也需要适应社会的发展需要而与时俱进，不断完善。

第三章　民法的基本原则

第一节　民法基本原则概述

一、基本原则的概念和特征

“原则”一词源于拉丁文“*Principium*”，有“开始、起源、基础、原则、原理、要素”等含义。[①] 民法的基本原则是民法的主旨和基本准则，它是制定、解释、执行和研究民法的出发点，民法的基本原则贯穿整个民法制度和规范，它是民法本质和特征的集中体现，是高度抽象的、最一般的民事行为规范和价值判断标准。民法基本原则在法律中也常常表述为一种价值和理念，贯穿于民法的各个部分。

《民法典》总则编对各项民法基本原则作出了规定，将《民法典》的平等、等价、公平、诚实守信等价值通过基本原则确认下来，彰显了我国《民法典》的重要特色。纵观世界各国民法典，较少有国家在法典中直接对民法基本原则进行具体列举。我国《民法典》之所以对这些民法基本原则以立法的形式加以确认，一方面是因为立法经验的总结。列举民法基本原则的制度模式，是结合三十多年来民事法律实践确立的，是对于既有民事立法及司法经验的总结。[②] 自《民法通则》以来，我国民事立法对基本原则进行法定化，《合同法》《物权法》也都确定了在该法律领域内的原则，这些立法经验也为《民法典》编纂中对民法基本原则进行规定提供了基础。另一方面，将基本原则在《民法典》中进行确认，避免了在基本原则识别上的争论，这为当事人从事民事活动提供了基本的行为准则，也便于指引法官进行裁判，在

---

① 参见徐国栋：《民法基本原则解释》，中国政法大学出版社 1992 年版，第 7 页。

② 参见韩世远：《民法基本原则：体系结构、规范功能与应用发展》，载《吉林大学社会科学学报》2017 年第 6 期。

缺乏具体规则时为法官提供裁判的依据。此外,将《民法典》的平等、等价、公平、诚实守信等价值通过基本原则确认下来,也反映了民法发展趋势,例如,权利行使要遵守诚实守信、公序良俗、绿色原则等限制,就是当代民法发展的重要趋势。①

第一,价值上的统领性。民法基本原则是通过"提取公因式"的方法,将民法的基本价值予以抽象概括而形成的,表达了民法的基本价值取向,是高度抽象的、最一般的民事行为规范和价值判断准则。② 总则编关于基本原则的确认弘扬了社会主义核心价值观。《民法典》第 1 条开宗明义地宣告,以弘扬社会主义核心价值观为立法目的。《民法典》通过规定基本原则,倡导自由、平等、公正、法治等价值理念,强化全社会诚实守信、崇法尚德、互助互爱、和谐和睦的意识。基本原则所包括的平等、公平、正义、诚实信用等价值贯穿于民法的始终,可以在最大限度上实现私法的内在可理解性,从而使《民法典》在最大限度上形成具有价值融贯的体系。③ 基本原则构成了民法价值体系的主线。在具体规则的解释中,基本原则也因其价值统领性而成为解释的依据,甚至在出现漏洞时,可以依据基本原则进行漏洞的填补。

第二,基础性。基本原则所确立的是民法最基本的精神和价值,具有适用广泛性和相对稳定性。基础性主要表现在:一是基本原则是普遍适用于《民法典》各编的原则,因而其有别于各编所确立的原则。例如,物权编中的物权法定原则,婚姻家庭编中的婚姻自由原则等,都只适用于《民法典》某一编,而民法基本原则却普遍适用于《民法典》各编。二是民法基本原则所反映的是人类社会基本的价值理念,而这来自社会生活的长期共识,因而民法基本原则在一定时期内总是具有相对稳定的特征。三是基本原则体现了特定法律制度的一般原则和精神,构成了相关法律制度的基础,为具体规则的设立与阐释提供了参照。基本原则主要确立特定的价值基础,从而为其他制度提供了构建与发展的起点。拉伦茨将类型归属表述为一种价值导向的思考程序,这也说明了这些条款的基础性。④

---

① 参见方新军:《内在体系外显与民法典体系融贯性的实现 对〈民法总则〉基本原则规定的评论》,载《中外法学》2017 年第 3 期。

② 参见王轶:《论民法诸项基本原则及其关系》,载《杭州师范大学学报(社会科学版)》2013 年第 3 期。

③ 参见方新军:《内在体系外显与民法典体系融贯性的实现 对〈民法总则〉基本原则规定的评论》,载《中外法学》2017 年第 3 期。

④ 参见闫军:《概念与类型法律思维之比较》,载《广西政法管理干部学院学报》2009 年第 2 期。

第三，指导性。法律原则的基本特点在于："它不预先设定任何确定的、具体的事实状态，没有规定具体的权利和义务，更没有规定确定的法律后果。但是，它指导和协调着全部社会关系或某一领域的社会关系的法律调整机制。"[①]基本原则的指导性体现在两个方面：一是价值的指导性。例如，法官进行目的解释需要借助基本原则，寻求立法目的，准确解释法律。二是规则的指导性。通常，在适用法律原则之前，必须先适用具体的规则，即便存在法律漏洞，也应当先通过类推的方式适用有关的具体规则，只有在不能使用具体规则时才能适用法律的基本原则。[②] 但是，如果具体规则不清晰、表述模糊，甚至规则相互之间出现矛盾现象，就需要通过援引基本原则以准确解释具体规则。

第四，抽象概括性。民法基本原则与具体规则不同，其只是确立了民法所应当遵循的一贯价值，对民事主体从事民事活动的最基本的规则作出了高度概括。民法基本原则弘扬了法律的基本价值，彰显了立法理念和立法目的，揭示了隐藏于法律条文之中的立法意图，有利于增强人们对《民法典》的价值认同。[③] 在司法实践中，法官在裁判具体的民事案件时，一般不能直接援引基本原则作为请求权基础，法官也不能直接援引民法基本原则进行裁判。因为在有具体规则的情况下，具体规则应当优先适用，但在具体规则缺失时，出现法律漏洞，法官也可以依据民法基本原则进行漏洞填补。在法律有特别规定时，基本原则也可能具体化为具体的法律规则，从而可以直接适用于具体的案件。例如，在侵权纠纷中，法官可以依据公序良俗原则确定侵权责任法所保护的法益的范围，对可受到侵权责任法保护的权益作出适当的限制，防止诉讼泛滥、维护个人行为自由。[④] 从这个意义上说，基本原则是民法发展的"活水之源"。

第五，强行性。民法的基本原则是民事主体进行民事活动的基本准则。民事主体从事民事活动，不仅要遵循具体的民法规范，还要遵循民法的基本原则。[⑤] 这些原则同样对民事主体科以义务。例如，合同中的附随义务就

---

① ［美］迈克尔·D. 贝勒斯：《法律的原则——一个规范的分析》，张文显等译，中国大百科全书出版社1996年版，第468页。

② Bamberger/Roth/Wendtland, § 138, Rn. 4.

③ 参见赵万一：《民法基本原则：民法总则中如何准确表达?》，载《中国政法大学学报》2016年第6期。

④ 参见白飞鹏、李红：《私法原则、规则的二元结构与法益的侵权法保护》，载《现代法学》2002年第2期。

⑤ 参见王轶：《论民法诸项基本原则及其关系》，载《杭州师范大学学报（社会科学版）》2013年第3期。

是依据诚实信用原则而产生的。《民法典》中诸如诚实信用、公序良俗等基本原则，都起到了对民事主体行为加以限制的作用。作为行为规范，当事人不得通过其协议对民法原则加以排除适用，因而其具有强行性的特征。

《民法典》总则编第一章所确认的基本原则主要包括民事权益受法律保护、平等、自愿、公平、诚实信用、公序良俗、绿色原则，这些原则相互之间具有内在的密切联系。民事权益受法律保护是民法典的立法宗旨，也是民法的首要原则。平等原则是民法的基础原则，构成了自愿原则的逻辑前提。自愿原则是民法最重要、最有代表性的原则，是民法基本理念的体现。在交易领域内，公平原则是对意思自治原则的有益补充。诚实信用原则和公序良俗原则构成了对自愿原则的必要限制，力图实现不同民事主体之间自由的和谐共存。绿色原则是保护生态环境的原则，也是对自愿原则的必要限制，意在谋求人与自然的和谐共生关系。[①]

二、基本原则与一般条款

无论是诚实信用还是公序良俗，它们既是基本原则，又是不确定概念，无法通过定义的方式确定其内涵，因此在具体适用中必须要对概念进行类型化，从而使法官在适用中能够寻找到更为确定的标准。基本原则与一般条款关系密切。

一般条款具体包括两种类型：一是具有基本原则性质的一般条款，此类条款是指在性质上具有双重属性，既可以作为一般条款又承担基本原则功能的条款。其中最典型的是诚实信用原则。诚实信用原则是民法的基本原则，同时又作为“帝王条款”，其内容极为抽象，在适用具体案件时，必须经过具体化才能进行适用。[②] 公序良俗也是具有基本原则意义的一般条款。二是作为具体裁判规则的一般条款，大量的一般条款主要存在于具体规则之中。虽然其须经过具体化方能使用，但较之于基本原则更为具体，调整范围也有所限定。例如，《民法典》第 1165 条第 1 款规定的作为过错责任原则的一般条款，其并不适用于某一种具体案件，而是调整某一类的案件类型。在民法各个具体部分中，学者通常所说的一般条款可以作为具体裁判依据的一般条款。区分这两种类型的一般条款的主要意义在于，针对具有基本原则性质的一般条款，应当区分其不同的性质确定其在法律解释中不同的功能。如果是作为一般条款适用，应通过具体化的方式进行适用，但作为基本

---

① 参见王利明主编：《民法》（第 8 版）（上册），中国人民大学出版社 2020 年版，第 50 页。

② 参见杨仁寿：《法学方法论》，台北，三民书局 1986 年版，第 172 ~ 173 页。

原则,则只能通过填补漏洞的方式适用,而作为具体裁判规则的一般条款则不存在此种情况。

从比较法上来看,某些法律原则性条款可以作为一般条款。此类条款在性质上具有双重性,其既是一般条款,又是基本原则。但大量的一般条款都是作为具体规则的一般条款。虽然一般条款与法律原则具有类似性,但不能说一般条款就是法律原则的简单表现,或者将两者完全等同。具体来说,二者之间存在如下区别:

第一,性质不同。法律原则是指不能为个别或具体的法律规则所涵盖的,贯穿于整个法律之中的法律的基本价值与精神。在国外,法律原则大多源于判例与学说的总结,并不直接以独立条文的形式规定在法律之中。而在我国,立法中首先都集中规定基本原则,为法官的审判活动提供基本的指导。从我国的立法规定来看,与法律原则不同的是,一方面,一般条款本质上都是法律规则,通常是由立法机关制定的,可导致确定的法律后果的行为规则,适用于较为具体的事项。[①] 法律原则主要是价值的宣示,它表达了一般的法律思想,如个人责任原则、尊重人性尊严的原则等。但是,法律原则并不包括构成要件和法律后果,难以直接适用于具体案件之中。另一方面,法律原则体现了整个法律的价值和精神。相对于一般条款而言,其具有更高的价值位阶和更高的抽象性程度。而一般条款虽然也宣示了价值,但同时包含了构成要件和法律后果。例如,《民法典》第1186条规定:"受害人和行为人对损害的发生都没有过错的,依照法律的规定由双方分担损失。"显然,在该条中,就预设了特定情况下的法律后果。所以,一般在谈及法律原则时,并不是从法律规则意义上谈的,而是从规则之外的具有普遍指导意义的原则上谈的,而一般条款仍然具有规则的意义。

第二,功能不同。一般条款作为法律规则,是裁判性规范,为诉争中的司法裁判提供了直接依据和准则,法官在确定案件事实之后,通常可以直接根据三段论的推理方式得出裁判结果。而法律原则通常并不能作为裁判的直接依据,其更多是对立法、司法、执法和守法提供基础性的指导。即便其在司法裁判结论的演绎中具有指导意义,但裁判结论仍然是通过适用一般条款和具体规定等法律规则得出来的。

第三,法律层次不同。从相对应的概念来看,一般条款是与具体列举相对应的,而法律原则是与法律规则相对应的。与法律原则相比,一般条款仍然对其所包含的众多不特定的个案设置了特定的权利义务关系和法律后

---

① 参见薛波主编:《元照英美法词典》,法律出版社2003年版,第1211页。

果。一般条款与个案式具体列举的结合通常有两种模式。在一种模式下，一般条款在先，具体列举在后。具体列举的作用在于以一定的方式局部地突出一般条款的范围。在另一种模式下，一般条款在具体列举之后，对于弥补个案式列举的不足具有重要作用。例如，《民法典》第1186条关于公平责任一般条款的规定，在适用中要与侵权责任编关于公平补偿的具体规定相结合。而法律原则是与法律规则相对应的概念，其并不直接涉及当事人的权利义务关系，通常不与具体的条款直接对应。

第四，法律适用上的不同。由于一般条款与基本原则相比较更加具体，因此在有一般条款的情况下，应当先引用该一般条款，而不能直接引用法律原则。正如日本著名民法学家我妻荣指出的："一般条款也叫作概括条款，通常是指把法律上的要件制定为抽象的、一般规定的条款，其具体的适用听任法官，具有灵活性，在根据社会情况变化可追求妥当性这一点上，是有特点的。"[①]由于一般条款仍然规定了特定的构成要件，对某类社会关系具有直接的调整功能，如果某社会关系并没有个案式的具体规定予以规范，则通常可以归入某一般条款所规范的范畴，可以通过适用一般条款得出法律结论。与此不同的是，法律原则的意义在于对立法、司法和执法提供指导思想，一般不能直接适用于个案。即使是因为填补漏洞的需要，援引基本原则时，也必须以穷尽了所有的填补漏洞的方法为前提。

三、基本原则的适用

民法的基本原则是民事主体从事民事活动和司法机关从事司法活动所应当遵循的基本准则[②]，但是，法律原则毕竟不同于具体规则，因为原则具有一般性，而规则具有具体性。[③] 法官在裁判案件中，如果具有具体规则，通常只能援引具体的规则来作出判决，而不能直接援引抽象的原则，否则就属于"向一般条款逃逸"。所谓"向一般条款逃逸"，是指在存在法律具体规定的情况下，法官不援引具体法律规定，而直接援引抽象的一般条款或法律原则来作出裁判。在适用法律中应当禁止"向一般条款逃逸"，因为此种做法不能保证法律的准确适用。既然法律已经规定了具体的规则，在法律就某事项作出具体规定时，表明立法对该事项已经做了更为精细的安排，此时，法

---

①　[日]我妻荣编：《新法律学辞典》，董璠舆等译，中国政法大学出版社1991年版，第25页。

②　参见李建国：《关于〈中华人民共和国民法总则(草案)〉的说明》(2017年3月8日在第十二届全国人民代表大会第五次会议上的讲话)。

③　参见[美]迈克尔·D.贝勒斯：《法律的原则——一个规范的分析》，张文显等译，中国大百科全书出版社1996年版，第13页。

官直接援引基本原则裁判,本身就违背了立法的目的;而且法官援引的规定越具体、与案件联系越紧密,对于法官的自由裁量的限制就越多,案件的裁判就越精确。在存在具体的法律规则的情形下,如果法官按照一般条款进行裁判,将有违立法目的,会赋予法官较大的自由裁量权,影响法律秩序的稳定。还要看到,“向一般条款逃逸”也会导致裁判的不统一,影响法律的准确适用,甚至使具体的法律规则虚化。因为基本原则的内涵十分宽泛,较为抽象,几乎可以适用于各类纠纷。在司法裁判过程中,法官如果抛开具体规定而直接援引法律原则裁判,就难以保障法官依法、公正地作出裁判,难以有效地限制法官的自由裁量权。所以,应当严格限制法官在裁判中援引基本原则。

依据法律和相关司法解释,法官在裁判中援引基本原则应当注意如下几点。

第一,《民法典》及其他法律对民事关系没有具体规定的,可以遵循《民法典》关于基本原则的规定。如前所述,法官在裁判民事案件时,有具体规则必须适用具体规则,而不能适用基本原则。《总则编解释》第1条第3款规定:“民法典及其他法律对民事关系没有具体规定的,可以遵循民法典关于基本原则的规定。”据此,《民法典》及其他法律对民事关系没有具体规定的,可以遵循《民法典》关于基本原则的规定。该条使用“可以遵循”一词,采取了柔化表述的思路,主要考虑是,即使没有具体规则,也并非当然适用基本原则。[①] 因为:一方面,如果没有具体规定时,应当采用各种法律解释方法对具体规则进行解释,不能直接适用基本原则的规定,如果能够通过类推适用的方法,就不宜直接适用基本原则,毕竟基本原则的规定过于概括抽象。另一方面,在没有具体规则时可以适用习惯,也不必然适用基本原则。[②] 因此,《总则编解释》第1条第3款规定“可以遵循”,表明是否要遵循基本原则还要依据具体情形来判断。

第二,基本原则可以与具体的规则结合起来适用。绝大多数基本原则不能直接作为裁判依据,因为在司法三段论中,作为案件裁判大前提的法律规范应当包含构成要件和法律效果两个部分,但基本原则本身既不包含具体的构成要件,也不包含具体的法律效果,通常难以作为案件裁判的大前提

---

① 参见贺荣主编:《最高人民法院民法典总则编司法解释理解与适用》,人民法院出版社2022年版,第64页。

② 参见王利明:《我国民法典重大疑难问题之研究》(第2版),法律出版社2016年版,第127~130页。

予以适用。所以，有学者认为，自愿、公平原则不具有裁判规范的性质[①]，此种观点不无道理。但由于基本原则体现了立法的价值和精神，所以，基本原则可以和具体的规则结合起来，用于解释具体规则适用的合理性。例如，在确定合同效力时，公序良俗原则和违反公序良俗无效的规则可以结合适用。但应当指出的是，在同时适用基本原则与具体规则的情况下，基本原则不能直接作为裁判依据，其只能作为裁判说理的依据，法官裁判只应援引具体的法律规则。

第三，在法律规定不明确时，基本原则可以用于提供解释指引。基本原则展现了立法者的价值判断，与立法目的基本契合，能够为法官裁判案件提供具体的价值指引。因此，在具体的法律规则存在两种或者两种以上合理的解释时，基本原则可以为法官进行解释的选择提供价值指引。

第四，在存在法律漏洞时，基本原则可以用于填补法律漏洞。《总则编解释》第 1 条第 3 款规定："民法典及其他法律对民事关系没有具体规定的，可以遵循民法典关于基本原则的规定。"如果《民法典》及其他法律对相关的民事关系没有具体规定，则应当认定构成法律漏洞，依据该规定，应当运用《民法典》的基本原则填补法律漏洞。当然，在运用民法基本原则填补法律漏洞时，只有当目的性扩张、目的性限缩或类推等方法难以适用时，才能运用法律原则填补法律漏洞。如果上述方法可以适用，则应当适用上述方法填补法律漏洞，因为法律原则具有很强的包容性与概括性，应当作为适用顺序靠后的法律漏洞填补方法。正是因为基本原则可以用于填补法律漏洞，因此，法官可以运用基本原则创设新的具体规则，从而推动民法的发展。例如，情势变更规则就是从诚实信用原则之中演化出来的。[②] 各国早期合同法中都没有缔约过失责任，但近几十年来，各国法院通过创造性的判例，基于诚实信用原则承认缔约过失责任，填补了合同法体系上的漏洞。大陆法系普遍认为，将由多数针对不同的构成要件赋予相同效果的法律规定得出"一般法律原则"，该原则在评价上也同样可以适用到法律并未规整的案件事实上。[③]

---

① 参见梁慧星：《民法总则讲义》（修订版），法律出版社 2021 年版，第 12 页。

② 参见［德］魏德士：《法理学》，丁晓春、吴越译，法律出版社 2005 年版，第 354 页。

③ 参见［德］卡尔·拉伦茨：《法学方法论》，陈爱娥译，商务印书馆 2003 年版，第 260 页。

第二节　民事权益受法律保护原则

一、民事权益受法律保护原则的内涵

《民法典》第 3 条规定："民事主体的人身权利、财产权利以及其他合法权益受法律保护，任何组织或者个人不得侵犯。"该条确立了民事权益受法律保护的原则。从《民法典》基本原则的排序来看，民事权益受法律保护的原则在各项原则之首位，表明了其重要性，这也符合《民法典》的立法宗旨。《民法典》第 1 条开宗明义地宣告，保护民事权益是制定《民法典》的首要目的。

从我国《民法典》的规定来看，民事权利受法律保护原则包括如下内涵。

第一，民法是权利法。一方面，《民法典》被称为民事权利宣言书。另一方面，《民法典》的体系就是权利体系。"民法是作为权利的体系而被构建的"[①]，《民法典》总则编提纲挈领，通过抽象民事领域的共通性规范，构建了民事权利体系，并为分则各编的展开奠定了基础。在总则编中，民事主体制度实际上确认了权利的归属；法律行为与代理制度实际上规范了主体行使权利的行为和方式；诉讼时效制度实际上是权利行使的期限规则。而《民法典》分则完全是以权利为主线展开的，以总则编所确认的物权、合同债权、人格权、婚姻家庭中的权利、继承权的确认和保护为内容，分别形成了物权编、合同编、人格权编、婚姻家庭编、继承编，并以侵权责任编对权利的救济作为《民法典》的结尾。《民法典》系统、全面地确认和保护各项民事权利，构建民事权利体系，弘扬私法自治，强化对人格尊严价值的保障。因此，对权利的保护是整个民法的中心任务。

第二，民法不仅保护权利，而且保护利益。也就是说，无论是权利还是利益，都受到法律保护。我国《民法典》第 3 条采用"其他合法权益"这一表述，这就意味着，无论是权利还是利益，都受到法律保护。这为将来对新型民事权益提供保护预留了空间，保持了总则编的开放性。从我国《民法典》的规定来看，其多个条款都使用了"权益"的表述，如《民法典》第 126 条规定："民事主体享有法律规定的其他民事权利和利益。"依据该条规定，无论是权利还是利益，都受到法律保护。这不仅与保护民事权益的基本原则相对应，也保持了民法保护权益范围的开放性。任何组织和个人都不得非法侵害他人的合法权益，也不得非法干预权利人行使权利。例如，任何人不得

---

① [日]大村敦志：《民法总论》，江溯、张立艳译，北京大学出版社 2004 年版，第 34 页。

非法查封、扣押、没收公民的合法财产。

第三,对新型民事权益进行保护。在民事权益受法律保护原则的指导下,我国《民法典》强化了对新型民事权益的保护,体现了当代中国的时代特征,回应了当今社会的现实需求。例如,该法首次正式确认隐私权,有利于强化对隐私的保护。又如,针对互联网和大数据等技术发展带来的侵害个人信息现象,《民法典》规定了个人信息的保护规则,维护个人的人格尊严,将有力地遏制各种"人肉搜索"、非法侵入他人网络账户、贩卖个人信息、网络电信诈骗等现象。

第四,在民事权益受到侵害时,民法主要通过民事责任对权利人进行救济。在权利人的权利受到侵犯时,权利人可以依法请求有关行政机关给予保护,也可以诉请人民法院或仲裁机构予以判决或仲裁。

民事权益受法律保护是民法最重要的原则,之所以要将该原则作为民法的首要原则,乃是因为民法是权利法,民法典被称为民事权利宣言书,正如英国学者彼得·斯坦所指出的:"权利的存在和得到保护的程度,只有诉诸民法和刑法的一般规则才能得到保障。"①

二、民事权益受法律保护原则的功能

第一,体系建构功能。近代民法典的体系,就是权利体系。② "民法是作为权利的体系而被构建的"③,《民法典》体系是以私权为"中心轴"而展开的,其所规定的民事主体(自然人、法人、非法人组织)是民事权利的享有者和民事义务的承担者,各项民事权利是私权完整的内容和结构,民事法律行为是行使私权而从事的行为,而民事责任既是因侵害私权而产生的法律后果,也是保障私权实现的强有力手段。在构建了完整的民事权利体系之后,《民法典》总则编为分则的制定也奠定了基础,因为《民法典》分则实际上是按照物权、合同债权、亲属权、继承权、人格权以及因侵害民事权利而产生的侵权责任等内容展开的。《民法典》将系统、全面地确认和保护各项民事权利,构建民事权利体系,弘扬私法自治,强化对人格尊严价值的保障。因此,对权利的保护是整个民法的中心任务。

第二,价值导向功能。在处理任何民事纠纷时,法官首先要考虑保护当事人的合法权益,这也是民事权益受法律保护原则的重要功能。由于《民法

---

① [英]彼得·斯坦、[英]约翰·香德:《西方社会的法律价值》,王献平译,中国人民公安大学出版社1990年版,第41页。

② 参见[日]松尾弘:《民法的体系》,庆应义塾大学出版社2005年版,第15页。

③ [日]大村敦志:《民法总论》,江溯、张立艳译,北京大学出版社2004年版,第34页。

典》开宗明义地将保障民事权益作为其立法目的,因此法官援引《民法典》规则裁判,最终也是为了保障民事权益。在行政执法中,公权力的行使不得以损害公民的民事权益为代价,不得减损公民的民事权益,是否真正做到依法行政,应当以保障民事权益的程度作为重要的评判标准。因此,《民法典》确认的民事权益也是依法行政的基本遵循。

第三,法律解释功能。法无解释不得适用,民事法律都需要解释,但在解释时,要以《民法典》的规范和价值为依据,民法的许多规则都是基于充分保障私权的原则而产生的,如禁止权利滥用、基本权利对第三人的效力等。所以,法官在解释法律规则时,经常要以民事权益受法律保护原则为基本依循。尤其是在出现多种解释方案时,要以民事权益受法律保护原则作为解释选择的标准和依据。

三、民事权益受法律保护原则在民法中的体现

我国立法历来重视对个人的人身和财产权益进行保护。① 在总结上述立法经验的基础上,《民法典》第 3 条对民事主体合法权益受法律保护的原则作出了规定,而且从该条所处的位置来看,其仅次于“立法目的”和“调整对象”,应当属于最为重要的民法基本原则。

《民法典》总则编继续采纳《民法通则》的经验,专设“民事权利”一章,集中地确认和宣示自然人、法人与非法人组织所享有的各项民事权利,充分地彰显民法对私权予以保障的功能。《民法典》在全面保障私权方面呈现出许多亮点,在民事权利保护方面不仅充分体现了时代性,而且保持了民事权益保护范围的开放性。也正因如此,《民法典》也被称为“民事权利的宣言书”。

我国民法全面确认和保护民事权益,不仅表现在《民法典》系统、全面地规定了民事主体所享有的各项人身、财产权益,而且还体现在如下几个方面:

第一,构建了体系化的民事权利保护机制。《民法典》总则编在确认民事权益的基础上,规定了体系化的民事责任制度和民事责任的承担方式,奠定了民事权益保障的基础。《民法典》分则则规定了物权请求权、违约责任、人格权请求权、继承请求权以及侵害民事权利的侵权责任等,并在此基础上

---

① 例如,《民法通则》第 5 条规定:“公民、法人的合法的民事权益受法律保护,任何组织和个人不得侵犯。”《侵权责任法》第 2 条规定:“侵害民事权益,应当依照本法承担侵权责任。本法所称民事权益,包括生命权、健康权、姓名权、名誉权、荣誉权、肖像权、隐私权、婚姻自主权、监护权、所有权、用益物权、担保物权、著作权、专利权、商标专用权、发现权、股权、继承权等人身、财产权益。”

形成了完整的制度体系。全面保护民事权利,有利于保障最广大群众的根本利益,保护人民群众对美好生活的向往,充分实现人民的福祉,促进个人的全面发展。在广大人民群众物质生活条件得到极大改善、个人财产不断增加的情况下,对财产安全和人格尊严的保护显得更为重要。《民法典》强化对个人财产和人身权益的保护,也有利于保护个人的人格尊严。《民法典》分则将在《民法典》立法理念和制度的指引下,细化规定民事权利的保护规则。

第二,规范了民事权利的行使。"自由止于权利",权利的不当行使会侵害他人的权利,因此,对民事权利的保障还要求妥当规范民事权利的行使规则。《民法典》规定了禁止权利滥用、义务必须履行以及自愿原则,因此,民事主体在自由行使其民事权利的同时,也应当尊重他人的权利,如果滥用权利造成他人损害,则行为人应当依法承担责任。规范民事权利的行使规则可以明确划定权利人权利行使的边界,这实际上也是民事权利有效实现的重要前提和基础。《民法典》的物权编、合同编等也对物权、合同债权的行使规则作出了更为细化的规定。

第三,全面维护个人的行为自由。马克思说"法典就是人民自由的圣经",并强调,"法律不是压制自由的措施,正如重力定律不是阻止运动的措施一样"①。保障私权一方面需要通过民法全面确认个人所享有的各项人身权益和财产权益,而且应当系统规定私权救济机制,全面保障私权。另一方面,保障私权还意味着要尊重个人的"私法自治",其本质上是尊重个人的自由和自主,即充分发挥个人在现代社会治理中的作用。与公权力"法无明文规定不可为"相反,私权的行使是"法无禁止即可为",即只要是法律没有明文规定禁止个人进入的领域,按照私法自治原则,个人均有权进入。这既有利于节约国家治理成本,也有利于增加社会活力,激发主体的创造力。

第三节　平 等 原 则

一、平等原则的概念和意义

所谓平等原则,是指民事主体在法律地位上是平等的,其合法权益应当受到法律平等保护。我国《民法典》第 4 条规定:"民事主体在民事活动中的法律地位一律平等。"民事主体地位平等原则是我国民法将平等主体之间的财产关系和人身关系作为其调整对象的必然体现。民法的平等原则集中

---

① 《马克思恩格斯全集》(第 1 卷),人民出版社 1956 年版,第 71 页。

反映了民法所调整的社会关系的本质特征,也是全部民事法律制度的基础。

从比较法上来看,由于平等原则通常是在宪法中规定的,因而,有的国家的民法典并没有直接对平等原则作出规定,但也有国家在民法典中对平等原则作出了规定。例如,《法国民法典》第 8 条规定:“所有法国人均享有民事权利。”该条实际上确立了民法的平等原则。有的国家的民法典并没有明确规定平等原则,但相关规则也被解释为平等原则。例如《德国民法典》第 1 条规定:“人的权利能力始于出生完成之时。”该条虽然规定的是自然人权利能力开始的时间,但其宣示了一切自然人从出生之时起即具有权利能力,因此,一般认为,其也在法律上确认了权利能力一律平等的重要原则。[①]我国立法历来将平等原则作为一项重要的民法基本原则。[②]《民法典》第 4 条在总结我国立法经验的基础上,再次规定了平等原则。《民法典》第 113 条确立了财产权受法律平等保护原则。《民法典》第 207 条也规定了物权的平等保护原则。以上规定均将平等原则作为重要的基本原则,这也是从民法调整对象出发所产生的一项基本原则。《民法典》采纳该原则的主要意义在于:

第一,集中体现了民法的调整对象和调整方法的特点,表现了民法的基本价值理念。因为民法的调整对象是平等主体之间的财产关系和人身关系,所以必须运用平等原则来确定民法调整社会关系的方法和特点,以及在发生了民事违法行为以后的责任方式。

第二,充分反映了市场经济的本质要求,并构建了市场经济秩序的基础。平等原则在《民法典》中又表现为平等保护原则,这是市场主体的最重要的期盼。在市场经济社会,参与市场的各个主体作为合理的人,为了实现其利益的最大化,就不可避免地存在利益的冲突与矛盾,而且在单个主体利益与社会公共利益之间又存在冲突和矛盾,为此必须明确各类市场主体的平等地位。[③] 因为交易天然地要求交易双方的地位是平等的,在利益上是等价的,否则就不可能产生公平的竞争,从而也不可能形成有序的市场经济秩序。

第三,体现了现代法治的基本精神,有助于建设社会主义政治文明。现代法治社会以贯彻“平等原则”为特征,而公民在法律面前平等,具体体现为民法所确认的主体的平等地位和责任自负原则、造成损害应根据损益相当

---

① 参见《德国民法典》,陈卫佐译注,法律出版社 2010 年版,第 5 页。

② 例如,《民法通则》第 3 条规定:“当事人在民事活动中的地位平等。”

③ 参见魏振瀛、钱强波:《市场经济与民法观念》,载《中外法学》1994 年第 5 期。

的准则进行赔偿的原则、对公民和法人的合法权益平等保护的原则等。平等原则最本质的内涵就是人格的平等,它是对封建等级制度的否定,也是对宗法制度下人与人的依附关系的否定。平等原则构建了市场经济的基础,在政治层面上也是最为根本的原则,正是在平等的基础上才产生了近现代社会的各项民主制度。切实遵循民法的平等原则,才能够真正消除封建残余和特权思想,建立社会主义政治文明。

第四,有利于强化对财产的平等保护,促进社会财富的增长。平等原则不仅强调对公有财产的保护,而且要求将对个人财产所有权的保护置于相当重要的位置。对国内财产进行一体化保护,有利于实现“有恒产者有恒心”所体现的一种利益期待,鼓励人们创造社会财富,满足社会投资的需求,实现社会财富的增长和经济的繁荣。

二、平等原则的内容

平等原则主要包括如下内容:

第一,人格的平等。人格平等就是在法律上不分尊卑贵贱、财富多寡、种族差异、性别差异,而一律认为人与人的抽象人格是平等的。我国《民法典》第 14 条明确规定:“自然人的民事权利能力一律平等。”民事权利能力与生俱来,为自然人终身享有,并且自然人的民事权利能力在范围上是平等的。除法律特别规定的以外,任何单位和个人不得限制和剥夺自然人的民事权利能力。

第二,在具体的法律关系中当事人的法律地位平等。尤其是在合同关系中,无论参与合同关系的当事人在事实上是否具有隶属关系或不平等的地位,在合同关系中当事人都是完全平等的。例如,在实践中,有关 BOT 协议、PPP 协议等的性质,以及建设用地使用权出让合同是否属于民事合同,存在一定争议。笔者认为,政府有关部门与相对人订立协议时,当事人的地位是平等的,其订立此种协议必须遵循市场规则和法则。平等原则还表现在民事主体在民事法律关系的产生、变更和消灭上,必须平等协商,任何一方当事人不得将自己的意志强加给另一方当事人。

第三,对各类民事主体的平等对待,包括强势意义上的平等对待和弱势意义上的平等对待。所谓强势意义上的平等对待,是指尽可能避免对人进行分类,以此对各类群体给予平等待遇,而弱势意义上的平等对待,是指针对不同情况的区别对待。[①] 在法律上,这意味着凡被法律视为相同的人,都

---

① 参见郑成良:《法律之内的正义》,法律出版社 2002 年版,第 40 页。

应当以法律所确定的方式来对待。[①] 例如,合同法既确定了合同自由原则,又兼顾合同正义,而合同正义的实现就建立在弱势意义上的平等对待的基础上。

第四,对各类民事主体的合法权益的平等保护。无论民事主体在所有制、经济实力等方面存在何种差异,当其权利受到侵害时,法律都给予平等保护。《民法典》第 113 条、第 207 条都规定了平等保护原则,这是平等原则的具体体现。就民事权利保护而言,任何民事主体都不能比其他主体享有更多的特权,即便公有财产依据宪法"神圣不可侵犯",但在民法中也应与私人财产受到同等的保护。从损害的角度看,应当按照实际损害给予救济,而不能因人而异。此外,在民法上,民事主体地位的平等性决定了在民事责任方式上应当贯彻损失填补原则,以弥补受害人的损失为宗旨,除法律有特别规定外,一般不能对加害人的行为施以类似于公法上的惩罚性措施。当然,在追究了民事责任以后,并不影响违法者所应承担的其他公法上的责任,这两种责任并行不悖。

应该指出,民事主体在法律地位上的平等,不等于在实际的民事法律关系中每个当事人所享有的具体的民事权利和承担的民事义务都是一样的。在具体的民事法律关系中,各个当事人根据法律和自身的意志享有不同的权利和义务。

第四节　自 愿 原 则

一、自愿原则的概念

自愿原则也称为意思自治或私法自治原则,是指民事主体依法享有在法定范围内广泛的行为自由,并可以根据自己的意志产生、变更、消灭民事法律关系。自愿原则具体体现为合同自由、婚姻自由、家庭自治、遗嘱自由等民法的具体规则。从比较法上看,各国都十分重视保障个人的意思自治。例如,《法国民法典》第 1134 条规定:"依法订立的契约在当事人之间具有相当于法律的效力。"该条最直接地体现了私法自治的精神。在我国《民法典》中,该原则被称为"自愿原则",该法第 5 条规定:"民事主体从事民事活动,应当遵循自愿原则,按照自己的意思设立、变更、终止民事法律关系。"尽管在民法的各部分(身份法和财产法、物权法和债权法)中的强度不同,但自愿自治原则作为民法的一项基本原则,贯彻于整个民法之中,体现了民法最

---

① 参见[美]博登海默:《法理学——法哲学及其方法》,邓正来、姬敬武译,华夏出版社 1987 年版,第 281 页。

基本的精神。该原则在民法中的重要作用和地位表现在：

第一，该原则奠定了民法作为社会基本法的地位。公法的重要特点表现在规范的强制性方面，私法的重要特点表现在规范的任意性上，私法的任意性即主要体现在自愿原则上。[①] 我国《民法典》在价值体系上以私法自治和人文关怀作为其基本的价值理念，私法自治贯彻于《民法典》各分编之中。当然，私法自治必须在法律规定范围内，不得违反法律规定。

第二，该原则最直接地反映了市场经济的本质需要。一方面，市场经济条件下"尽可能地赋予当事人行为自由是市场经济和意思自治的共同要求"[②]。正是因为私法充分体现了自愿原则，才能赋予市场主体享有在法定范围内广泛的行为自由，并能依据自身的意志从事各种交易和创造财富的行为。另一方面，优化配置有限的资源是市场经济发展的基本要求，而通过意思自治在市场中分配资源是市场经济的基本运作规律。

第三，该原则是推进国家治理体系和治理能力现代化的重要方式。从国家治理体系层面来看，贯彻私法自治理念最为重要的是要实行负面清单管理模式。所谓负面清单（negative list），是指仅列举法律法规禁止的事项，法律没有明确禁止的事项都属于法律允许的事项。与负面清单管理模式相对应的是正面清单管理模式，即主要采用法律上列举的模式，人们只能在法律规定范围内行为。负面清单模式落实了"法无禁止即自由"这一私法自治的基本原则，因此是一种激发主体活力、促进社会财富创造的法律机制。每个民事主体作为一个理性的人，都是自己利益的最佳判断者，法律赋予其广泛的行为自由，他们可以在法定的范围内自主地安排好自己的事务。《民法典》充分尊重私人自治的空间，能够充分调动个人从事民事活动、创造社会财富的潜能。

二、自愿原则的内容

自愿原则的内涵主要体现在如下几方面：

1. 赋予民事主体在法律规定范围内广泛的行为自由

自愿原则的实质就是允许当事人在法律规定的范围内，自主决定自己的事务，自由从事各种民事行为，最充分地实现自己的利益。具体而言：第一，民事主体有权依法从事某种民事活动和不从事某种民事活动。也就是说，在民事领域，除法律另有规定外，当事人是否从事某种行为或不行为，是否行使某种权利或不行使某种权利，完全应当由当事人自由安排。第二，民

---

① 参见苏永钦：《走入新世纪的私法自治》，中国政法大学出版社 2002 年版，第 154 页。

② 江平、张礼洪：《市场经济和意思自治》，载《法学研究》1993 年第 6 期。

事主体有权选择其行为的内容和相对人。当事人可以通过平等协商为自己设定权利和承担义务,当客观情况发生变化以后,可以依法变更权利和义务的内容。当事人之间的协议一经合法成立就具有法律效力,并可以改变民法的任意性规定。第三,民事主体有权选择其行为的方式。民事主体从事法律行为,有权对口头形式、书面形式、公证等方式作出选择。但法律、法规要求采取某种特殊的形式的,必须采取该形式。第四,民事主体有权选择补救方式。通常情况下,受害人能够选择对自己最为有利的方式要求不法行为人承担责任,即便受害人选择不适当,除非他受到了不正当的影响,否则也应当由该受害人自己负担不利的后果。例如,《民法典》第186条规定:"因当事人一方的违约行为,损害对方人身权益、财产权益的,受损害方有权选择请求其承担违约责任或者侵权责任。"

2. 允许民事主体通过法律行为调整他们之间的关系

自愿原则的重要意义就在于,允许主体在从事民事行为尤其是从事民事法律行为时,通过其自己的意志产生、变更和消灭民事法律关系。这就是民法中的任意性调整方法。该方法的特点在于,它并不确立具体的行为准则,而只是划定了一个界限和范围,要求民事主体在该范围之内自主行为。

3. 允许民事主体依法处分和利用其民事权益

尊重民事主体依据自己的意愿行使民事权利的自由,是私法自治的重要内容。私法自治既是民法调整市场经济关系的必然反映,也是民法作为市民社会的法律的本质要求。私法自治的本质是尊重个人的自由和自主,尊重民事主体合法行使民事权利的自由,充分发挥个人在现代社会治理中的作用。只要不违反法律、行政法规的规定以及公序良俗,民事主体即享有广泛的行使民事权利的自由,可以自由地转让其财产,订立合同,大胆投资,勇于创新。如此才能有效激发市场主体的活力与创造力,推进社会财富的创造与增长。

财产权可以由民事主体依法转让,自不待言,即使就人格权而言,依据我国《民法典》人格权编的规定,权利人对其享有的有关姓名、名称、肖像、个人信息等人格利益,可以自己利用,也可以许可他人利用。权利人有权依法自主决定无偿捐献其人体细胞、人体组织、人体器官,也有权依法决定是否参与人体临床试验等,这些都在一定程度上体现了私法自治。对当事人依法作出的相关决定,法律应当予以尊重。

三、对自愿原则的限制

任何意思自治都不是绝对的自由,而是相对的、有限制的自由。19世纪由于个人主义思潮的盛行,私法自治原则曾经被绝对化,但自 20 世纪以来,随着垄断的加强,国家加强了对经济领域的干预,以私法自治为核心的民法的三大原则都受到了不同程度的限制,尤其是对合同自由的限制表现得尤为突出。民事主体所享有的意思自治不得违背法律和公序良俗,如果当事人的意思自治和人格尊严价值发生冲突,则应当优先维护人格尊严的价值。例如,《民法典》第 993 条规定:“民事主体可以将自己的姓名、名称、肖像等许可他人使用,但是依照法律规定或者根据其性质不得许可的除外。”该条对可许可使用的人格利益的范围进行了一定的限制,限制了民事主体在人格利益许可使用方面的意思自治,目的也在于维护人格尊严等价值。

第五节 公平原则

一、公平原则的概念和功能

所谓公平原则,是指民事主体应本着公平、正义的观念实施民事行为,司法机关应根据公平的观念处理民事纠纷,民事立法也应该充分体现公平的理念。在罗马法中,就有一项重要规则,即“无论何人均不得基于他人的损害而受有利益”(iure naturae aequum est neminem cum alterius derimento et iniuria fieri locupletiorem)①,这实际上体现的也是公平原则。从比较法上看,有的国家对公平原则作出了规定,例如,《瑞士民法典》第 4 条规定:“依本法所作的裁判,或判断具体状况,或认定重要原因是否存在时,法官应根据法理公平裁判。”我国民法历来将公平原则作为基本原则。我国《民法典》第 6 条规定:“民事主体从事民事活动,应当遵循公平原则,合理确定各方的权利和义务。”这就在法律上明确确认了公平原则。

民事活动应当遵循公平原则,即应将公平原则确定为一项基本原则。其功能主要表现为:

第一,确立行为准则功能。公平原则本身是民事活动的一项基本原则。民事主体在从事民事活动的过程中,应当按照公平的观念正当行使权利和履行义务。例如,在合同订立后,应当从顾及对方当事人利益的角度出发,进行充分的准备。在权利的行使过程中,要充分顾及他人的利益,不得滥用权利。

第二,结果评价功能。在交易过程中,公平原则也常常成为评价交易结

---

① D. 50,17,206.

果的重要标准。例如，虽然当事人订立合同时是自主自愿的，但在合同订立后，出现了当事人订立合同时无法预料的情况，使合同的继续履行对当事人显失公平，此时，当事人可以重新谈判，或者要求法院变更或者解除合同。又如，《民法典》第151条规定："一方利用对方处于危困状态、缺乏判断能力等情形，致使民事法律行为成立时显失公平的，受损害方有权请求人民法院或者仲裁机构予以撤销。"该规则的适用的条件之一是交易结果显失公平。

第三，价值导向功能。在处理任何民事纠纷时，法官首先要考虑是否公平，这也是评价民事活动的重要标准。同样，在行政执法中，有关机关在处理民事纠纷时也需要考虑处理结果是否公平合理，不能使当事人之间的权利义务关系完全失衡。

第四，法律解释功能。公平原则是法官适用民法应当遵循的重要理念。民法充分体现了公平正义的要求，这是民法最基本的价值理念。法官应当依据社会的一般公平正义观念进行司法活动。不过，正是因为公平原则过于抽象，所以它只能作为一种理念，而不能替代具体的民法规则。例如，在调整违约金、确定损害赔偿数额时，均需要以公平原则为基本的依循。

公平原则体现了现代法治的精神，古罗马法学家凯尔苏斯（Celsus）曾言："法乃公正善良之术。"（Jus est ars boni et aequi）自此以后，公平正义成为法律固有的属性。公平正义是一切法律所追求的价值，是法律的精髓和灵魂。正义体现了某种秩序的内在要求，是构建普遍性秩序的内在需要。换言之，法律作为行为规范，以调整社会关系为目的，必然以公平正义作为其基本价值。当然，公平概念的内涵是动态的、发展的。随着时代的发展，人们对公平的认识也会产生相应的变化。所以，公平内涵的确定应当紧密结合社会历史发展潮流。

二、公平原则在我国《民法典》中的具体体现

公平原则要求将公平的理念贯彻整个民事法律制度的设计，并以此为标准配置当事人之间的权利、义务。我国《民法典》不仅确认了公平原则是民法的基本原则，而且多个条款都反映了公平原则的基本要求。

（一）《民法典》总则编的相关规定

《民法典》不仅在第6条明确确认了公平原则，而且在《民法典》总则编的多个条款中都体现了这一原则。一是在法律行为中，《民法典》禁止欺诈、胁迫、乘人之危导致显失公平等行为，在此情形下，赋予一方撤销该行为的权利。二是在代理中，禁止自己代理、双方代理等行为，其目的也在于维护

公平原则。三是在民事责任中,《民法典》第183条规定了见义勇为的公平补偿责任,该条规定:“因保护他人民事权益使自己受到损害的,由侵权人承担民事责任,受益人可以给予适当补偿。没有侵权人、侵权人逃逸或者无力承担民事责任,受害人请求补偿的,受益人应当给予适当补偿。”该条确认了侵权责任中的公平责任,这实际上是公平原则的具体化。

（二）物权编的相关规定

公平原则在物权编中具体体现为:一是在征收中,应当按照公平原则给予被征收人补偿。《民法典》第117条规定:“为了公共利益的需要,依照法律规定的权限和程序征收、征用不动产或者动产的,应当给予公平、合理的补偿。”二是在添附制度中的运用。所谓添附,是指不同所有人的物结合在一起,形成不可分离的物或具有新质的物。添附发生后,需要根据添附规则确定财产的归属,这时就需要具体适用公平原则。《民法典》第322条明确规定,在添附的情况下,“法律没有规定的,按照充分发挥物的效用以及保护无过错当事人的原则确定。因一方当事人的过错或者确定物的归属造成另一方当事人损害的,应当给予赔偿或者补偿”。这就是说,添附的处理也要体现公平原则。三是在相邻关系中的运用。在相邻关系中,一方应当容忍另一方不动产所有人或使用人权利的必要延伸,为其行使权利提供必要的便利。其存在的基础实际上是公平原则。《民法典》第288条规定:“不动产的相邻权利人应当按照有利生产、方便生活、团结互助、公平合理的原则,正确处理相邻关系。”

（三）合同编的相关规定

公平原则在合同编中运用得最为广泛,因为我国合同法不仅重视交易的形式平等,也注重交易的实质平等,即在一定程度上注重维护交易结果的平等。合同编中公平原则具体表现在如下几个方面:一是关于格式条款的规制。《民法典》第496条第2款规定:“采用格式条款订立合同的,提供格式条款的一方应当遵循公平原则确定当事人之间的权利和义务,并采取合理的方式提示对方注意免除或者减轻其责任等与对方有重大利害关系的条款,按照对方的要求,对该条款予以说明。提供格式条款的一方未履行提示或者说明义务,致使对方没有注意或者理解与其有重大利害关系的条款的,对方可以主张该条款不成为合同的内容。”格式条款存在效力瑕疵的各种情形实际上都在一定程度上违反了公平原则。二是情势变更原则。所谓情势变更,是指在合同有效成立后、合同履行期间,因为合同的基础条件发生了当事人订约时难以预见的重大变化,致使合同不能履行或者履行结果显失公平，根据诚实信用原则，当事人可以请求变更或解除合同的制度。[①] 在合同订立后，确有可能因当事人在订约时无法预见的客观情况的变化导致合同不能履行或履行过于艰难，而当事人对于情势变更的发生又没有过错，在此情况下，强迫当事人继续履行合同或承担违约责任，确实有悖于公平原则。《民法典》第533条对情势变更规则作出了规定。三是同时履行抗辩权规则。《民法典》第525条规定："当事人互负债务，没有先后履行顺序的，应当同时履行。一方在对方履行之前有权拒绝其履行请求。一方在对方履行债务不符合约定时，有权拒绝其相应的履行请求。"该条规定也体现了公平原则。

（四）在侵权责任编中的运用

公平原则在侵权责任编中也得到了大量应用，具体体现为：一是公平责任，它又称衡平责任，是指当事人双方在对损害造成均无过错的情况下，由人民法院根据公平的观念，在考虑当事人的财产状况及其他情况的基础下，责令加害人对受害人的财产损失给予适当补偿。《民法典》第1186条规定："受害人和行为人对损害的发生都没有过错的，依照法律的规定由双方分担损失。"这就规定了公平责任。二是特定情形下的公平补偿规则。侵权责任编中有多个规则涉及补偿，这些补偿规则都是根据公平原则进行适当补偿。例如，《民法典》第1192条第2款第1句规定："提供劳务期间，因第三人的行为造成提供劳务一方损害的，提供劳务一方有权请求第三人承担侵权责任，也有权请求接受劳务一方给予补偿。"又如，在高楼抛物致人损害的情形下，依据《民法典》第1254条规定，由可能加害的建筑物使用人给予补偿，这种补偿制度也是基于公平原则予以确定的。三是对见义勇为的受害人的公平补偿制度。《民法典》第183条规定："因保护他人民事权益使自己受到损害的，由侵权人承担民事责任，受益人可以给予适当补偿。没有侵权人、侵权人逃逸或者无力承担民事责任，受害人请求补偿的，受益人应当给予适当补偿。"

公平原则作为一种基本的价值，应当体现在司法活动中。公平原则也是一项重要的司法原则，既适用于合同责任，也适用于侵权行为责任。公平原则作为一项"弹性"很强的原则，给予司法人员一定的自由裁量权，使他们能够针对案件的具体情况，公平合理地处理民事纠纷。

---

① 参见梁慧星：《中国民法经济法诸问题》，法律出版社1991年版，第200页。

第六节 诚实信用原则

一、诚信原则的历史发展

在民法中,诚信原则是一项重要的原则,该原则常常被称为民法特别是债法中的最高指导原则或称为“帝王规则”(könig Lehrnorm),“君临”法域。[①]《民法典》第7条规定:“民事主体从事民事活动,应当遵循诚信原则,秉持诚实,恪守承诺。”这就在法律上确认了诚信原则。

诚实信用原则起源于罗马法。在罗马法中,诚信被称为“善意”[②](bona fides),具有法律原则的功能。[③] 一些学者认为,诚实信用原则起源于罗马法的“一般恶意抗辩”(cexceptio doli generalis)。根据裁判官法,当事人因误信有债的原因而承认的债务实际上并不存在时,可以提出诈欺抗辩,以拒绝履行。同时依市民法规定,当事人如因错误而履行该项债务时,得提起“不当得利之诉”[④](condictio indebiti)。其对于法律关系内容的控制、填补以及合同条款的解释都能够发挥作用。[⑤] 罗马法中权利行使自由(Ouiiure utitus nemini farit inicuriam)的原则,包括行使权利不得含有加害意思(Animus Vicno nocendi)及应善意衡平(Konum acquum)进行诉讼程序的内容[⑥],其中就包括了诚信的思想。在罗马法的诚信契约中,债务人不仅要依照契约条款,更重要的是要依照其内心的诚实观念完成契约所规定的给付。欧洲中世纪的教会法也规定,个人一旦作出允诺便应当履行。根据教会法,谎言、伪证和虚假的誓言都是“言语上的罪过”,不遵守其话语和承诺者应当受到惩罚,违背誓言的行为构成一种不法状态,应当受到法律的制裁。[⑦] 1804年《法国民法典》第1134条规定,契约应依诚信方法(dc bonnefoi)履行。1863年《萨克逊民法典》第158条规定:“契约之履行,除依特约、法规外,应遵守诚信。依诚实人之所应为者为之。”

从诚信原则发展历程来看,其经历了几个发展阶段:一是诚实信用原则

---

① 参见王泽鉴:《民法学说与判例研究》(第1册),台北,1979年自版发行,第330页。

② 例如,罗马法中有所谓善意第三人、善意占有和取得及守信履约,还有善意行为、善意诉讼等概念。

③ Roth/Schubert, Münchener Kommentar zum BGB, § 242, Rn. 17.

④ 何孝元:《诚实信用原则与衡平法》,台北,三民书局1977年版,第14页。

⑤ Roth/Schubert, Münchener Kommentar zum BGB, § 242, Rn. 17.

⑥ 参见林诚二:《民法理论与问题研究》,中国政法大学出版社2000年版,第5页。

⑦ 1234年,教皇格里高利九世发布了敕令,其中一条敕令写道:和平必得维持,愿协议必得遵守(pax servetur, pacta custodiantur)。这一原则后来逐渐在世俗的法庭中得到适用。

主要适用于合同关系的阶段。《法国民法典》中的诚信原则仅适用于合同法。二是诚实信用原则主要适用于债之关系的阶段。自1861年《巴伐利亚王国民法典草案》和1866年《德累斯顿草案》(Dresdener Entwurf)开始,诚信原则已经被视为一项债法的基本原则[①],并最终在《德国民法典》第242条中获得确认,并适用于债之关系。三是至20世纪,西方国家日益借助于诚信原则解释法律和契约,诚信原则的适用范围突破了债之关系而扩展到民法各个法域,包括物权法、亲属法、继承法,任何人在行使权利、履行义务时都应当依诚实信用原则为之,因而被称为民法中的"帝王规则"。1907年《瑞士民法典》最早突破了诚信原则仅适用于债法的德国法模式,而将其作为民法的一项基本原则加以规定。该法典第2条规定:"任何人都必须诚实信用地行使其权利,并履行其义务。"《日本民法典》第1条规定:"(1)私权必须适合公共福祉。(2)权利行使及义务履行必须遵守信义,以诚实为之。(3)权利不许滥用。"诚信原则对于缓和西方社会的各种矛盾、维护社会的稳定,起到了重要作用。可以说,自20世纪以来,诚信原则在民法中得以普遍运用,是民法发展的重要标志。四是20世纪以来,特别是近几十年来,诚信原则并不仅是私法的原则,也对公法产生了重大影响,即诚信原则逐步被吸收为公法的基本原则。[②]

从比较法上来看,诚信原则不仅是普遍适用于民法的重要原则,同时,它也是法官解释民法的重要依据。在我国,诚信原则是民法中重要的基本原则,应适用于民法的整个领域,民事主体行使任何民事权利、履行任何民事义务,都应当遵守这一原则。诚信原则不仅是适用于债和合同法的重要准则,而且广泛适用于物权法等领域。

守诚信、重允诺是中华民族优秀传统文化的重要组成部分,也是社会主义核心价值观的重要组成部分,是维护市场经济的基础。我国《民法典》从维护社会主义核心价值观和市场秩序出发,必然要求民事主体从事民事活动时诚实守信,恪守承诺。我国《民法典》以诚实信用为原则具有如下意义:一方面,其弘扬了社会主义核心价值观中的诚信价值,确立了最基本的商业精神和最低限度的商业道德。无论是主观诚信还是客观诚信,都具有保护弱者的功能。[③] 只有树立全社会诚实守信的道德观念,才能建立诚信社会,

---

① Roth/Schubert, Münchener Kommentar zum BGB, § 242, Rn. 18.

② 参见徐国栋:《诚信原则理论之反思》,载《清华法学》2012年第4期。

③ 参见徐国栋:《民法基本原则解释:诚信原则的历史、实务、法理研究》(再造版),北京大学出版社2013年版,第86页。

维护正常的生活秩序和经济秩序,并为法治的推行奠定良好的基础。另一方面,其是维护正常的市场秩序的前提和基础。市场经济本质上是诚信经济,民法始终以诚信原则为帝王原则,这一原则不仅适用于交易领域,而且适用于所有民事领域。市场经济的有序运行要求建立保护产权、严守契约、统一市场、平等交换、公平竞争、有效监管的法律制度。市场经济应当是诚信经济,只有当事人之间订立的合同能够得到履行,才能保证交易的有序进行。诚实信用原则是基本的商业道德,也是信用经济的基础。只有强化人们诚实守信的观念,才能建立诚信社会,维护正常的经济秩序和生活秩序,保障社会安定有序。①

诚然,诚信原则是对伦理观念的法律确认,但这并不是说诚信原则只是一项道德原则。诚信原则将道德规范确认为法律原则以后,已成为法律上一项重要的原则。在法律上,诚信原则属于强行性规范,当事人不得以其协议加以排除和规避。

二、秉持诚实、恪守承诺

秉持诚实,是指当事人要真实、真诚,在合同订立中,要如实披露相关订约信息,告知相关真实情况,不坑蒙拐骗,不欺诈他人。在权利的行使中,也要秉持诚信,不得滥用权利。“诚者自然,信是用力,诚是理,信是心,诚是天道,信是人道,诚是以命言,信是以性言,诚是以道言,信是以德言。”(《性理大全·诚篇》)为人诚实是我国传统文化的重要组成部分,我国商业习惯也历来将诚实守信、童叟无欺作为重要的商业道德。《民法典》所确立的诚信原则首先就要求民事主体在民事活动中依诚信而为,同时,《民法典》在相关制度中也进一步具体化了诚信原则。例如,《民法典》第146条第1款规定:“行为人与相对人以虚假的意思表示实施的民事法律行为无效。”第149条规定,第三人实施欺诈行为使一方在违背真实意思的情况下实施的民事法律行为,对方知道或者应当知道的,则受欺诈方有权请求撤销。上述两个规则都是新增加的,表明该法进一步要求行为人实施民事法律行为时要秉持诚实。

恪守承诺就是指严守契约和允诺。严守合同(Pacta sunt servanda)、信守允诺(Solus consensus obligat)曾被认为是自然法的基本规则,也是基本的商业道德。中国古代历来就有“民有私约如律令”的说法。古时商鞅立木为信、季布一诺千金,曾被传为佳话。古人历来提倡“君子一言,驷马难追”,

---

① 参见石宏:《合同编的重大发展和创新》,载《中国法学》2020年第4期。

“言必行,行必果”,儒学曾将“信”与“仁、义、礼、智”并列为“五常”,使其成为具有普遍意义的最基本的社会道德规范之一。守诚信、重允诺是中华民族优秀传统文化的重要组成部分。我国《民法典》从维护社会主义核心价值观和市场秩序出发,必然要求民事主体从事民事活动时诚实守信,恪守承诺。《民法典》第 119 条规定:“依法成立的合同,对当事人具有法律约束力。”依据这一规定,当事人在订立合同后,只要合同合法有效,就应当严格按照合同履行,非依法律规定和当事人约定,不得擅自变更或者解除合同。合同就是当事人之间的法律,其对当事人应当具有严格的拘束力。一方在向对方作出单方允诺之后,也应当严格遵守允诺,不得随意违背允诺损害对方的信赖利益。严守契约不仅在市场经济社会的建设中意义重大,也是构建法治社会的重要基础,还是维护社会和谐有序的条件。

三、诚信原则的功能

(一)确立行为规则的功能

诚信原则不仅是一项抽象的法律原则,而且依据该原则可以产生各种具体的民事义务,这主要表现在:一是要求民事主体正当行使民事权利,禁止滥用权利造成对他人的损害。二是忍受轻微妨害的义务,对于来自邻人轻微的妨害,应当忍受。三是以正当的方式履行义务,在合同对义务的履行没有作出明确规定的情形下,应当根据诚信原则履行义务。四是情势变更原则。在合同订立后履行完毕以前,发生了情势变更导致当事人利益失衡时,如果符合法律规定的条件,应允许当事人变更或解除合同。五是附随义务的产生。合同履行过程中,当事人应当依据诚信原则承担通知、协助、保密、忠实、告知、保护等附随义务。六是禁止从违法行为中获利原则,即任何人不得从违法行为中获取不正当利益。诚信原则在民法中所派生的具体规则不限于此,从今后的发展趋势来看,必然会从诚信原则中产生出更多的民法规则。诚信原则不仅适用于财产法领域,也广泛适用于对人身关系的调整之中。

(二)填补法律和合同漏洞的功能

在适用法律的过程中,如果出现法律的漏洞,法官可以运用诚信原则对法律的漏洞作出填补。也就是说,诚实信用原则的一大功能在于法的续造。同时,诚信原则也可以适用于填补合同漏洞。填补合同漏洞具体表现在:第一,合同的内容存在遗漏,即在合同中并没有对某个或某些必要条款作出规定。例如,合同中缺少对质量条款的约定的,可以依诚信原则填补漏洞。第二,合同中的约定不明确,或者约定前后矛盾的,可以依诚信原则加以完善。

（三）衡平的功能

诚信原则要求平衡当事人之间的各种利益冲突和矛盾。许多学者认为，诚信原则是一项重要的衡平法。这就是说，法官在处理民事纠纷过程中，可以根据诚实信用原则，对当事人之间的利益冲突进行妥当的衡量，以确定其利益取舍和排序。平等主体之间的交易关系，都是各个交易主体因追求各不相同的经济利益而产生的，而各方当事人之间的利益常常会发生各种冲突或矛盾，这就需要借助诚信原则来加以平衡。① 例如，一方交货在量上轻微不足且未致对方明显损害，则可以使出卖人承担支付违约金等责任，但不应导致合同的解除，否则对出卖人是不公平的。诚信原则不仅要平衡当事人之间的利益，而且要求平衡当事人的利益与社会利益之间的冲突与矛盾，即要求当事人在从事民事活动中，要充分尊重他人和社会的利益，不得滥用权利，损害国家、集体和第三人的利益。

（四）解释的功能

诚信原则可以作为法官解释民法规则的重要指导。② 诚信原则要求在法律与合同缺乏规定或约定不明确时，司法审判人员应依据诚信、公平的观念，准确解释法律和合同。具体来说，一方面，在适用法律方面，诚信原则要求司法审判人员能够依据诚信、公平的观念正确解释法律、适用法律，弥补法律规定的不足。可见，诚信原则实际上给予了司法审判人员一定的自由裁量权，使其能够依据诚信、公平等观念适用法律，正确处理民事纠纷。另一方面，诚信原则也是司法审判人员在解释合同时所应遵循的一项原则。

确定行为规则、衡平利益的冲突、为解释法律和合同确定准则，是诚信原则所具有的三项基本的功能。这些功能都是基于诚信原则，体现了伦理道德的观念或正义的现实要求，从而在适用中能产生特殊的作用。

第七节　符合法律和公序良俗原则

一、合法原则

合法原则，是各国法律普遍确认的基本原则。从狭义上讲，合法是指所有民事法律行为都不得违反法律的强制性规定。而广义上说，合法还包括民事法律行为不得违反公序良俗。《民法典》第 8 条规定："民事主体从事

---

① 参见[德]迪特尔·梅迪库斯：《德国债法总论》，杜景林、卢谌译，法律出版社 2004 年版，第 123 页。

② 参见何孝元：《诚实信用原则与衡平法》，台北，三民书局 1977 年版，第 6 页。

民事活动，不得违反法律，不得违背公序良俗。"因为该条就公序良俗作出了特别的规定，所以，此处所说的合法原则是从狭义上理解的。《民法典》第8条将合法原则表述为"不得违反法律"，但其应当仅被理解为不得违反法律的强制性规定。

当然，在评价民事法律行为的效力时，要求当事人不仅要遵守私法，也要遵守公法，当事人不仅要考虑私法中的强制性规定，还应当考虑公法中的强制性规定，这实际上为公法进入私法提供了通道，而且有利于保持公法评价和私法评价的一致性。例如，走私、贩毒行为在刑法上是犯罪行为，而当事人订立的走私、贩毒合同，也因为违反了刑法上的强制性规定而归于无效，这就可以使法秩序内部保持统一。

二、公序良俗原则

（一）公序良俗原则的概念和内涵

公序良俗，是由"公共秩序"和"善良风俗"两个概念构成的。公序良俗的概念同样起源于罗马法。按照罗马法学家的看法，所谓公序，即国家的安全、人民的根本利益；良俗即人民的一般道德准则，这两个概念的含义非常广泛，而且是随着社会的发展而不断变化的。例如，优士丁尼的《学说汇纂》就认为，订立合同约定终身不结婚或者必须结婚、必须信奉某种宗教或者不信奉某种宗教、限制宗教和遗嘱自由等的行为，以及以赌博为标的的行为等都属于违反公序良俗而无效的行为。[①]《法国民法典》将公共秩序和善良风俗统称为公序良俗。[②]《德国民法典》仅规定了善良风俗，而没有采纳公共秩序的概念。[③] 依据《德国民法典》第138条第1款，违反善良风俗的法律行为无效。《日本民法典》第90条、《瑞士债法典》第20条也采用了类似的表述。由此可见，公序良俗原则在交易关系中，主要起到的是防止交易损害公共利益和公共道德的把关作用。

依据《民法典》第8条的规定，民事主体从事民事活动，不得违背公序良俗。如前所述，从广义上理解，违法也包括违背公序良俗。《民法典》第153条第2款也规定："违背公序良俗的民事法律行为无效。"例如，当事人订立的斡旋行贿等合同，都应当被认定为违反公序良俗而无效。我国民法所规定的公序良俗原则，不仅适用于财产关系，也适用于人身关系。它是社会主

---

① 参见周枏：《罗马法原论》（下册），商务印书馆1994年版，第599页。

② 《法国民法典》第6条规定："个人不得以特别约定违反有关公共秩序和善良风俗的法律。"《日本民法典》第90条也采纳了这种规定。

③ 参见《德国民法典》第138条、第826条。

义核心价值观的体现，与《民法典》第 1 条所确立的“弘扬社会主义核心价值观”的目的是一致的，对于维护社会伦理、维护社会秩序，都具有重要意义。

公序良俗，是由“公共秩序”和“善良风俗”两个概念构成的，两者联系密切，相辅相成。[①] 具体而言：

第一，公共秩序。所谓公序就是指公共秩序，它主要包括社会公共秩序和生活秩序。公共秩序是指现存社会的秩序[②]，或者说，是“社会之存在及其发展所必要之一般秩序”[③]。对公共秩序的维护，在法律上大都有明确的规定，因此，危害社会公共秩序的行为通常也就是违反法律的强制性规定的行为。如果合同内容损害社会公共秩序、违反现行法律规定，如走私军火、买卖枪支和毒品、以从事犯罪或帮助犯罪行为作为内容的合同等，应当以违反了法律或行政法规的强制性规定为由宣告合同无效。但有时法律规定并不可能涵盖无余，因此，需要借助公共秩序的概念实现对法律的有效补充。因此，凡是订立的合同会危害国家公共安全和秩序，即使没有违反具体的法律规定，也应当被宣告无效。例如，购买“洋垃圾”合同，即使现行法律没有明确作出禁止性规定，也应当认为是无效的。可见，有关禁止危害公共秩序的规定，实际上有助于弥补法律的强制性规定的不足。但是，应该看到，当前我国正处于一个社会转型的阶段，各个主体为了追求利益的最大化，难免会与他人的利益或者社会利益发生冲突。这就需要借助民法规范协调社会公共利益和民事主体的利益，避免片面强调某一方面的利益而漠视另一方面的利益的现象。而通过“公共秩序”这一概念的引入，就可以妥当协调社会公共利益和民事主体的私人利益。

第二，善良风俗。它是指由社会全体成员所普遍认许、遵循的道德准则。善良风俗的含义又包含两个方面：一是指社会所普遍承认的伦理道德，如救死扶伤、助人为乐、见义勇为等。二是指某个区域社会所普遍存在的风俗习惯，如婚礼不得撞丧。善良风俗本身就是社会生活中的一些基本规矩，而且，许多地方将善良风俗转化为乡规民约，使之成为“软法”，构成社会自治的重要内容。在善良风俗中，有许多道德规则已经表现为法律的强行规定，如不得遗弃老人等。我国民法提倡家庭生活中互相帮助、和睦团结，禁

---

① 参见王泽鉴：《民法总则》，北京大学出版社 2009 年版，第 278 页。

② 参见［德］卡尔·拉伦茨：《德国民法通论》（上册），王晓晔等译，法律出版社 2003 年版，第 598 页。

③ 史尚宽：《民法总论》，中国政法大学出版社 2000 年版，第 334 页。

止遗弃、虐待老人和未成年人,禁止订立违反道德的遗嘱,禁止有伤风化、违背伦理的行为,提倡尊重人的人格尊严,切实保护自然人的人格权,等等。在财产关系中,我国民法要求人们本着“团结互助,公平合理”的精神建立睦邻关系,提倡拾金不昧的良风美俗,确认因维护他人利益而蒙受损失者有权获得补偿,这些都是从正面倡导社会公德的做法。善良风俗条款可以弥补法律规定的不足。因此《民法典》第153条第2款规定:“违背公序良俗的民事法律行为无效。”

(二)公序良俗原则的功能

一是具有调节性的功能。公序良俗原则可以协调个人利益与社会公共利益、国家利益之间的冲突,维护正常的社会经济和生活秩序。“公序良俗的调整机能由确保社会正义和伦理秩序向调节当事人之间的利益关系、确保市场交易的公正性转变,从而使法院不仅从行为本身,而且结合行为的有关情势综合判断其是否具有反公序良俗性。”①也就是说,这一原则实际上赋予了法官一定的自由裁量权,从而使其能够有效地调整各种利益冲突,具体表现在:一方面,如果民事主体因为追求利益的最大化所从事的行为与社会公共利益发生冲突和矛盾,而法律又缺乏具体明确的规定,此时,法官应当借助于善良风俗条款维护社会公共利益。另一方面,一些法律法规所确定的强行法规则可能过于僵化,缺乏弹性,对私法自治限制过度,在适用中具有明显的不合理性,此时法官可以考虑援用公序良俗原则,调和个人利益与社会公共利益的冲突。

二是弥补强行法规范的不足。公序良俗作为一个弹性条款,之所以要在法律上予以确认,其根本原因在于,强行法不能穷尽社会生活的全部,其适用范围不能涵盖各种民事活动。民事活动纷繁复杂,强行法不可能对其一一作出规定,还需要通过在法律上设立公序良俗条款,对民事行为提供更为全面的规则,并对其效力作出评价。例如,尽管民法中许多条款反映了道德规则,但民法也不可能将道德规范全部摄入其中,由于民事活动无论是交易活动还是一般的社会生活,大多离不开道德的评价和规制,违反了社会所普遍接受的道德准则,不仅可能会给当事人造成损害,也会造成对社会秩序的妨害,这就需要采用公序良俗的原则,作为调整民事活动的重要方式。② 公序良俗本身不是强行法,但它是沟通强行法与道德规范的桥

---

① 李双元、温世扬主编:《比较民法学》,武汉大学出版社1998年版,第70页。

② 参见[德]迪特尔·梅迪库斯:《德国民法总论》,邵建东译,法律出版社2000年版,第511页。

梁,为法律引入道德规范提供了媒介。公序良俗原则也有利于避免法律的僵化,能够促进强行性法律规范与道德的有机协调,维护社会经济生活秩序的和谐稳定。

三是对私法自治合理限制。以公序良俗限制私法自治的范围,是罗马法历来公认的原则。事实上,民法对意思自治的限制也在不断加强,这种限制除表现为引入强行法规则外,还表现为在法律上确立公序良俗原则。这一原则更直接地体现在法律行为制度中,在实践中,符合公序良俗原则是法律行为生效的一个重要的条件。公序良俗原则与自愿原则关系密切。在现代社会,虽然私法自治原则可以成为社会治理的重要方式,但私法自治也可能被滥用而对社会经济生活造成妨碍,因此,需要借助于公序良俗原则对私法自治原则进行必要的限制,这尤其体现在伦理生活领域。例如,借助公序良俗原则可否定当事人所订立的损害伦理道德、危害社会公共利益的合同的效力。[①] 在我国,尽管为了促进市场经济的发展需要借助自愿原则不断扩大民事主体意思自治的范围,允许其在民事活动领域依法享有广泛的行为自由,但也需要借助公序良俗原则对民事主体的行为进行必要的限制。例如,为了保护个人的人格尊严,应当对有偿代孕行为进行必要的控制,以防止将人的身体作为商品进行交易的现象。公序良俗原则就是要强调民事主体进行民事活动时必须遵循社会所普遍认同的道德,从而建立稳定的社会秩序,使社会有序发展。因此,在一定程度上,公序良俗原则对自愿原则作出了限制和干预,从而保障人们自主自愿行为时能够符合法律的价值和目的。

(三)公序良俗原则与诚信原则的区别

公序良俗原则与诚实信用原则一样,都要反映一个社会主流的价值观和道德观,并通过这一原则的引入以发挥填补法律漏洞、弥补法律不足的功能。我国《民法典》在规定两项基本原则时,并没有界定二者不同的适用范围。二者主要存在如下区别:

一是适用范围不同。诚实信用原则虽然适用范围较为广泛,但当事人依据诚实信用原则所负担的义务本质上是一种较高的注意义务,其一般适用于当事人之间存在一定的关联关系的情形,而善良风俗则一般适用于当事人之间不存在特别关联的情形。[②] 也就是说,一般情况下,如果当事人之

① 参见[德]迪特尔·梅迪库斯:《德国民法总论》,邵建东译,法律出版社2000年版,第516页。

② 参见于飞:《公序良俗原则与诚实信用原则的区分》,载《中国社会科学》2015年第11期。

间不存在特殊的关联，则应适用善良风俗原则，而不宜适用诚信原则。此外，在诚信原则适用的情形下，一方通常对另一方作出了一定的允诺，因此依据诚信原则，当事人应当按照自己作出的允诺履行义务，言而有信。[①] 这种允诺既可能是一方对另一方作出允诺，也可能是双方互相作出允诺。甚至在一方对另一方作出允诺后，如果没有订立正式的书面文本，在特别情形下，法律也规定依据诚信原则当事人应当遵循允诺。[②] 但是在适用善良风俗原则的情形下，当事人之间通常并不要求存在允诺关系，只要从事某种民事活动，就应当遵守善良风俗原则，因为善良风俗是个人从事民事行为的底线性要求。

二是功能不同。诚信原则经常适用于填补法律漏洞和合同漏洞，主要是要求当事人以善意的方式行事。在合同法中，诚信原则是合同解释的重要原则。[③] 也正是因为这一原因，诚信原则常常成为填补法律漏洞的基本依据。[④] 正是因为这一原因，在诚信原则的基础上产生了许多新的规则，如合同正义原则、禁止暴利原则、禁止滥用权利原则、缔约过失责任规则、当事人应承担附随义务原则。而公序良俗原则的功能主要是认定法律行为的效力。依据《民法典》的规定，违背公序良俗的后果将导致法律行为无效。但诚信原则主要不是用于判断法律行为效力的，违反诚实信用原则也不当然地导致法律行为无效。而公序良俗原则主要发挥一种维护行为底线的功能，通常难以成为合同漏洞填补的依据。在司法实践中，法官也很少以公序良俗原则为基础解释出新的规则和制度。

三是调整民事行为的方式不同。诚信原则一般通过设定行为人积极行为义务（如附随义务）的方式，调整人们的行为，即通过科以相对人按照诚信原则行为的义务，要求当事人严格遵守诚信义务，从而有效规范其社会生活。当事人违反诚信义务，将产生相应的法律责任。但是，在民法中，一般不以诚信原则作为评价民事法律行为效力的标准。当然，诚信原则在解释

---

① 参见石宏主编：《中华人民共和国民法总则条文说明、立法理由及相关规定》，北京大学出版社 2017 年版，第 18 页。

② 最高人民法院《关于审理商品房买卖合同纠纷案件适用法律若干问题的解释》第 3 条规定："商品房的销售广告和宣传资料为要约邀请，但是出卖人就商品房开发规划范围内的房屋及相关设施所作的说明和允诺具体确定，并对商品房买卖合同的订立以及房屋价格的确定有重大影响的，构成要约。该说明和允诺即使未载入商品房买卖合同，亦应当为合同内容，当事人违反的，应当承担违约责任。"

③ Muriel Fabre-Magnan, *Droit des obligations*, 1 – *Contrats et engagement unilatéral*, PUF, 2016, p. 96 – 99.

④ Roth/Schubert, Münchener Kommentar zum BGB, § 242, Rn. 23.

相关规则、判断行为的效力时,也可以发挥一种指引功能。而公序良俗原则一般通过禁止行为人从事某种行为的方式,实现对个人行为的调整。公序良俗是对行为人行为的一种底线要求,行为人的行为一旦违反公序良俗原则,则应当直接对其作出否定性评价,如果是民事法律行为,则应当直接认定其无效。因此,《民法典》第 143 条规定民事法律行为有效要件之一是"不违反法律、行政法规的强制性规定,不违背公序良俗"。《民法典》第 153 条第 2 款规定:"违背公序良俗的民事法律行为无效。"

四是目的不同。诚实信用原则主要是为了保护对方当事人的利益。因此,诚实信用原则往往赋予一方当事人要求另一方当事人为特定行为的权利,如合同当事人可以基于此原则要求对方履行附随义务。违反诚实信用原则,对方可以要求其继续履行义务或承担相应的法律责任。而公序良俗原则往往侧重于维护公共利益、公共安全、公共道德,通常不是仅仅保护一方当事人的特定民事权益。违背公序良俗原则,也称为背俗行为,涉及对普遍公共利益、社会风俗的违反,会导致法律行为被宣告无效[①],对方通常不能要求一方继续履行义务或承担相应的法律责任。

五是与公共利益的关联性不同。诚实信用原则一般是对当事人之间行为的要求,一方当事人违反诚信原则,通常也只是损害对方当事人的利益,而大都不会损害社会公共利益。而当事人违反公序良俗原则的行为虽未必损害对方当事人的利益,但一定会危及社会公共秩序和公共利益。公共秩序包含对国家最为重要的社会制度与秩序;善良风俗的范围要相对狭窄,一般是指特定社会良好的道德与观念。[②] 作为交易当事人的行为标准而言,通常情况下,诚实信用的要求显然高于公序良俗的要求。正因为如此,诚实信用原则更容易被违反,而善良风俗则旨在划定行为人行为的底线,违反善良风俗会直接导致行为的无效。[③]

(四)公序良俗原则的适用

公序良俗原则作为民法的基本原则,其原则上不能直接作为法官裁判的依据。换言之,法官在裁判案件的过程中,如果有具体的法律规则可以援引,则应当适用该具体的规则,而不能直接适用公序良俗原则。例如,《民法典》第 153 条第 2 款规定:"违背公序良俗的民事法律行为无效。"该条在性

---

① 参见于飞:《公序良俗原则与诚实信用原则的区分》,载《中国社会科学》2015 年第 11 期。

② Muriel Fabre-Magnan, Droit des obligations, 1 – *Contrats et engagement unilatéral*, PUF, 2016, p. 77 – 79.

③ 参见于飞:《公序良俗原则与诚实信用原则的区分》,载《中国社会科学》2015 年第 11 期。

质上即属于具体的法律规则，其不同于公序良俗原则。因此，在民事法律行为违反公序良俗的情形下，应当依据《民法典》第153条第2款认定其无效，而不能直接依据公序良俗原则认定该民事法律行为的效力。

关于公序良俗原则的适用，应当注意如下几个问题：

第一，要区分法律和道德的关系。良俗虽然主要指公共道德，但这并不意味着所有的公共道德都能纳入法律调整范围，法律也不能把所有的道德纳入调整范围。尽管民法中许多条款反映了很多道德规则，但民法也不可能将道德全部摄入其中。正如曾世雄教授所指出的："作为或不作为脱序，而强行法又苦无强制或禁止之规定可用时，公序良俗之规定，方始发生补充之功能。……但公序良俗并非当然适用，惟在法律明文揭示适用下，始见功能，因而其为法源之特质已被法律规定吸收，因致常被忽略。"①尤其是在适用《民法典》第153条第2款规定时，如果当事人所实施的民事法律行为只是违反一般的道德，并不当然会导致该民事法律行为无效。因此，在认定违背道德的行为是否违背公序良俗时，应综合考量行为的性质、行为的后果、损害的法益等因素，从严予以准确适用。

第二，要区分公序和政策的概念。政策是指导法律制定的依据，但政策本身不是法律，有些政策已经上升为法律，但大量的政策并没有上升为法律。在适用公序良俗原则时，应当看到，公序一般体现的是公共利益，而政策往往也体现了公共利益，因此，二者很容易发生混淆。《九民会议纪要》第31条规定："违反规章一般情况下不影响合同效力，但该规章的内容涉及金融安全、市场秩序、国家宏观政策等公序良俗的，应当认定合同无效。人民法院在认定规章是否涉及公序良俗时，要在考察规范对象基础上，兼顾监管强度、交易安全保护以及社会影响等方面进行慎重考量，并在裁判文书中进行充分说理。"虽然该条将特殊情形下违反公共政策的行为认定为违背公序良俗，但其只是针对特殊情形所作出的规定，大量的违反政策的行为并不能被纳入其中，也不能因此认定民事行为无效。因此，应当区分政策与公序，不能将二者等同。

第三，应当平衡公序良俗与私法自治的关系。公序良俗是限制私法自治的原因，法律之所以需要确认公序良俗这一弹性条款，根本原因在于，法律为了实现对社会秩序的控制，需要对民事活动设定禁止性规范，但民事活动纷繁复杂，强行法不可能对其一一作出规定，还需要在法律上设立抽象的弹性条款，从而为民事行为提供更为全面的规则，并对其效力作出评价。公

① 曾世雄：《民法总则之现在与未来》，中国政法大学出版社2001年版，第28页。

序良俗条款就是其中的典型情形，当然，公序良俗条款对私法自治的限制不能过度，尤其是不能把违反生活道德的行为都认定为违背公序良俗。从这一意义上来说，在通过公序良俗条款评价民事法律行为的效力进而对私法自治进行限制时，法官需要进行更为充分的说理论证。①

第八节　绿色原则

一、绿色原则的概念

所谓绿色原则，是指民事活动应当遵循节约资源、保护生态环境的原则。《民法典》第9条规定："民事主体从事民事活动，应当有利于节约资源、保护生态环境。"这就从基本原则的层面，提出了生态环境保护的要求。

从比较法上看，传统民法注重调整财产关系，而忽略了对环境的保护。我国《民法通则》中并没有关于环境保护的原则和规则，保护环境主要是通过《环境保护法》等法律实现的。《民法典》第9条规定："民事主体从事民事活动，应当有利于节约资源、保护生态环境。"这就从基本原则层面提出了生态环境保护的要求。将绿色原则作为一项民法基本原则进行规定，表明保护生态环境并不仅仅适用于侵权，而应当贯彻适用于整个民法，其将直接影响《民法典》各分编制度、规则的设计、理解与适用。《民法典》第132条规定："民事主体不得滥用民事权利损害国家利益、社会公共利益或者他人合法权益。"该条所规定的禁止权利滥用规则与绿色原则相配合，能够直接起到保障民事主体正当行使民事权利、维护生态和环境的作用。绿色原则的提出，表明民法应当在尊重民法逻辑自洽的前提下，在基本精神和理念上顺应生态规律，为资源保护和生态文明建设预留充分的空间。②

《民法典》对绿色原则作出规定，是我国民事立法的一大进步，从世界范围来看，没有哪个国家或地区的民法典把绿色原则规定为基本原则，我国是首个在民法典中规定绿色原则的国家。绿色原则的提出，是我国《民法典》时代性的体现，反映出因为资源环境日益恶化而强化对生态环境保护的现实需要。这也表明，我国《民法典》的绿色原则在尊重民法逻辑自洽的前提下，为资源保护和生态文明建设确定了基本精神和理念，《民法典》第9条采取了"应当有利于"的表述，表明其是一个义务性规定而非赋权性规定，这为

---

① 参见郑显文：《公序良俗原则在中国近代民法转型中的价值》，载《法学》2017年第11期。

② 参见王旭光：《环境权益的民法表达——基于民法典编纂"绿色化"的思考》，载《人民法治》2016年第3期。

各类民事主体从事民事活动施加了环境保护义务。[①] 在我国当前，良好的生态环境是美好幸福生活的重要组成部分，是最普惠的民生福祉。但我们现在面临严重的生态危机，工业发展导致环境被严重破坏。我国是世界上最大的发展中国家，为了发展经济，我们必须利用各种资源，但同时又面临资源严重紧缺、生态严重恶化的危机，大气污染、黑臭水体、垃圾围城等成为民生之患，这就要求我们必须更重视资源的有效利用，并防止生态环境进一步恶化。《民法典》直面这一问题，在全世界范围内首次把绿色原则规定为民法基本原则，从而为维护生态环境、为人民群众创造良好生产生活环境提供了制度保障。

二、绿色原则的内涵

（一）保护环境和生态

保护环境生态不仅是《环境保护法》等法律的重要任务，也是《民法典》的重要立法目的，我国《民法典》将其作为一项基本原则进行规定，而且贯穿于《民法典》的始终。例如，《民法典》合同编中规定，"当事人在履行合同过程中，应当避免浪费资源、污染环境和破坏生态"（《民法典》第 509 条第 3 款）。侵权责任编专章规定了环境污染和生态破坏责任，明确了生态修复的法律责任，增加了惩罚性赔偿，规定了公益诉讼（《民法典》第 1235 条）。这些都有利于进一步强化对于生态环境的保护。

（二）节约资源

现代社会，资源的有限性与人类不断增长的需求和市场的发展形成了尖锐的冲突和矛盾。绿色原则要求人们的生产、生活等活动要与资源、环境相协调，要实现人与自然的和谐相处，节约资源。《民法典》第 346 条规定，设立建设用地使用权，应当符合节约资源、保护生态环境的要求。《民法典》还规定了债权债务终止后的旧物回收等义务（第 558 条），以及应当采取足以保护标的物且有利于节约资源、保护生态环境的包装方式的义务（第 619 条）。这些规定都有助于实现在民事活动中节约资源的目的。

（三）物尽其用

物尽其用就是指有效率地利用资源、节约资源。物尽其用并不是说竭泽而渔、滥用地力、无度开发，将物的价值不合理地全部用尽。恰恰相反，物尽其用的含义是将各种可用之物予以有效利用。一是要有效率地利用物的使用价值，例如通过在财产上设立各种用益物权，来获得更多的使用价值。

---

① 参见竺效主编：《绿色原则规范解释实案释法》，中国人民大学出版社 2022 年版，第 3 页。

二是通过鼓励担保,充分利用物的交换价值。充分发挥物的使用价值和交换价值,体现了充分利用资源、节约资源的理念。

我国民法确认和保护产权本身也是为了有效利用资源,因为只有产权界定明晰,才能更好地发挥资源的经济效用。我国民法上的其他一些制度也都在一定程度上体现了节约资源、保护环境的理念。物权编、合同编强调物的利用和处分要节约资源、保护环境,禁止滥用权利污染环境。例如,《民法典》第 346 条规定:“设立建设用地使用权,应当符合节约资源、保护生态环境的要求,遵守法律、行政法规关于土地用途的规定,不得损害已经设立的用益物权。”

三、绿色原则的适用

绿色原则是我国《民法典》积极回应现代社会问题的体现,也是我国传统法律文化的传承。《民法典》在民法基本原则部分对绿色原则作出了规定,表明其对整个《民法典》的规则解释和适用均具有重要的指导意义。但在适用该原则时,首先要考虑是否存在具体规则。因为该原则在《民法典》中体现为许多规则,包括业主负有的节约资源、保护生态环境义务(第 286 条第 1 款),用益物权人负有节约资源、保护生态环境的义务(第 326 条),设立建设用地使用权应当符合节约资源、保护生态环境的要求(第 346 条),当事人在履行合同过程中,应当避免浪费资源、污染环境和破坏生态(第 509 条),债权债务中止后的旧物回收义务(第 558 条),出卖人负有采取有利于节约资源、保护生态环境的包装方式的义务(第 619 条),出卖人对标的物的回收义务(第 625 条)。如果有具体规则,就不能直接适用绿色原则。

具体而言,绿色原则具有如下几个方面的功能:

(一)确立价值导向的功能

绿色原则为法律规则的制定和适用确立了一种价值导向,也就是说,无论是立法还是司法都应当注重生态环境的保护问题,考虑社会的可持续发展。传统民法以个人权利保护为中心,强调对个人权利的确认与保护,而没有对个人权利的行使设置过多的限制。但现代民法不仅要体现权利本位的理念,而且要规范权利行使行为,以更好地兼顾私人权利的保护与社会公共利益的保护。《民法典》对绿色原则作出规定,实际上也体现了这一价值理念的转变,这也为立法适应将来社会发展预留了很大的空间。例如,关于生物多样性的保护、动物特殊地位的确立等,我国现行立法并没有作出特别规定,将来可以借助绿色原则设计相关的法律规则。

（二）对财产权利行使作出必要限制的功能

绿色原则也对财产权利的行使设置了一定的限制，即权利人在行使财产权利时，应当考虑个人利益与社会利益的平衡。传统民法以个人利益为中心，而生态环境体现的是公共利益，所以，保护生态环境其实在一定程度上是对个人利益的一种限制，在一定程度上可以说是《民法典》社会化的重要体现。[①] 例如，就物权的行使与抛弃而言，应当尽量做到物的有效率利用，要尽量节约资源、保护生态环境。

一般而言，权利人有权按照自己的意愿行使物权，他人不得非法干涉，但按照绿色原则，民事主体从事民事活动时，应当有利于节约资源、保护生态环境，这实际上是对权利人行使权利作出了一定的限制。在立法上，《民法典》物权编将绿色原则具体化为权利人行使其物权的具体规则，从而督促权利人以更有利于生态环境保护的方式行使其物权，这也反映了所有权的社会化现象。当然，即便法律没有要求权利人在行使物权时兼顾生态环境保护，法官也应当从具体案件出发，在考虑生态环境保护的基础上，确定权利人行使权利的具体规则。

（三）为民事主体设定法定义务的功能

我国《民法典》贯彻了绿色原则，特别是在物权编、侵权责任编中，相关的规则设计切实贯彻绿色原则，为民事主体设定了节约资源、保护生态环境的义务。例如，在不动产权利行使方面，应当科以不动产权利人节约资源、保护生态环境的义务，土地承包经营权人不得采用污染土地的方式利用土地等。[②] 虽然民事主体在行为时应当遵循绿色原则，但由于绿色原则在性质上属于民法基本原则，一般不能直接作为裁判依据，因而，即便民事主体违反了绿色原则，仍应当依据具体的法律规则判断其是否需要承担民事责任，而不宜直接依据绿色原则加以认定。当然，在法律适用过程中，绿色原则可以指导相关规则的解释与适用。

绿色原则与禁止权利滥用原则也有一定的内在逻辑联系，二者之间有一定的交叉。《民法典》第 132 条对禁止权利滥用原则作出了规定，即“民事主体不得滥用民事权利损害国家利益、社会公共利益或者他人合法权益”。绿色原则实际上为确立保护环境和维护生态的义务提供了依据，生态环境是一种公共物品，节约资源、保护生态环境可以看作公共利益，所以，民事主体在从事民事活动中，应当负有消极的、不得侵害生态环境的义务。如

---

① 参见陈甦主编：《民法总则评注》（上册），法律出版社 2017 年版，第 68 页。

② 参见《民法典》第 326 条、第 346 条。

果权利人以破坏生态环境的方式行使权利，即便没有造成其他权利人的损害，也应当认定其行为损害社会公共利益，从而构成权利滥用行为。

（四）解释合同的功能

绿色原则也可以指导合同的解释活动。例如，在当事人就标的物包装条款发生争议的情形下，应当按照有利于节约资源、保护生态环境的原则对其进行解释。严格来说，对环境的保护就是保护公共利益，因而，在涉及危害环境和生态利益的情况下，民法上的公序良俗原则具有可适用的价值。法官在合同解释中，涉及合同是否违反公序良俗时，其实就要考虑合同的履行是否会损害生态环境，如果合同的履行确实有可能损害生态环境，则可能被认定为违背公序良俗，依据《民法典》第 153 条第 2 款可以宣告合同无效。当然，这并不是说，违反环境保护法律的合同都应一概被宣告无效，法官以此为依据认定合同无效，应当尽到充分论证的义务。

第四章　民事法律关系概述

第一节　民事法律关系的一般原理

一、民事法律关系的概念和特征

在社会生活中，“人非遗世而孤立，而是具有社会性，共营社会及经济生活”。[①] 各类主体为了满足自身的需要，必须进行社会交往，进而相互之间会发生各种社会关系。为了使社会关系形成安定、和平、有序的状态，人与人之间形成正常的交往关系，法律需要对各种社会关系进行规范。法律关系是法律规范在调整人们之间的社会关系过程中所形成的一种特殊的社会关系，即法律上的权利义务关系。[②] 民事法律关系是由民法规范调整的社会关系，也就是由民法确认和保护的社会关系。民事法律关系不同于其他法律关系的特点在于以下几个方面。

1. 民事法律关系是民法所调整的社会关系在法律上的表现

人们在社会生活中会形成各种社会关系，各种社会关系分别由不同的法律部门调整，由此形成了不同的法律关系。而民法在调整平等主体之间的人身关系和财产关系的过程中，形成了民事法律关系，并使原来的社会关系的内容表现为法律上的权利义务关系。

民事法律关系是民法调整的结果。民事法律关系与现实生活中存在的由民法所调整的社会关系并不是两个关系，而是一个关系。法律调整社会关系只是赋予当事人权利和义务，使之成为权利义务关系。不能把民事法律关系理

---

① 王泽鉴：《民法总则》，北京大学出版社 2009 年版，第 37 页。

② 参见郑玉波：《民法总则》，中国政法大学出版社 2003 年版，第 94 页。

解为一种独立于民法的调整对象以外的社会关系。①

2. 民事法律关系是人与人之间的权利义务关系

萨维尼认为,法律关系是"通过法律规则确定的人(Person)与人之间的关系(Beziehung)"②。拉伦茨认为,法律关系是"人与人之间的法律纽带"③,民事法律关系也不例外。民事法律关系作为一种权利义务关系,实质上是发生在民事主体之间的社会关系。即使是人格权关系,也是人与人之间的关系。民事法律关系虽然在许多情况下要与物发生直接的联系,但是它并不是人与物、人与自然界的关系,而是通过物所发生的人与人之间的关系。④ 在大陆法系国家,学者普遍接受了物权关系作为一种法律关系乃是一种以一定的权利义务为内容的社会关系的观点。在英美法系国家,莱克斯通最早给财产权下了一个经典的定义,认为财产权是指人们进行主张或行使的,对世上的外在物进行单独地、任意地支配的权利,这种权利完全排除任何他人。⑤ 这种定义强调权利人可以单独地、随意地处置财产,由此形成了财产权是一种对物的权利的印象。但是 20 世纪初,美国学者霍菲尔德恰恰认为,财产权并非对物权,而是人与人之间的法律关系,而且是由一系列复杂权利(请求权)、特权、权力和豁免构成的集合。总之,明确民事法律关系为人与人之间的关系对于正确适用民法具有重要意义。

3. 民事法律关系具有平等性

民法调整社会关系的特点首先在于其平等性,民事法律关系就是平等主体之间的人身关系和财产关系在法律上的表现。在这种关系中,当事人在法律地位上是平等的,而且许多法律关系中当事人的权利、义务具有对等性和相应性,一方的权利即是另一方的义务,一方的义务即是另一方的权利。

4. 民事法律关系具有一定程度的任意性

民事法律关系以实现私法自治为主要目的,民事法律关系的特征也应该体现私法自治的要求。民事主体参与的各种社会关系大多体现其私人利

---

① 参见孙国华主编:《法理学教程》,中国人民大学出版社 1994 年版,第 463 ~ 466 页。

② Savigny, System des heutigen römischen Rechts, Bd. 1, s. 331. 拉伦茨也指出,法律关系是"人与人之间的法律纽带"。转引自[德]迪特尔·梅迪库斯:《德国民法总论》,邵建东译,法律出版社 2000 年版,第 51 页。

③ [德]迪特尔·梅迪库斯:《德国民法总论》,邵建东译,法律出版社 2000 年版,第 122 页。

④ 参见彭万林主编:《民法学》(修订版),中国政法大学出版社 1997 年版,第 224 页。

⑤ W. Blackstone, Commentaries (1765) 2. 转引自 Kenneth J. Vandevelde, *The New Property of the Nineteenth Century: The Development of the Modern Concept of Property*, 29 Buff. L. Rev. 325 – 368 (1980), p. 331。

益，法律赋予民事主体较大的自治权，因此民事法律关系具有较强的任意性。表现在：第一，发生上的任意性，即许多民事法律关系由当事人意思自治的方法产生；第二，变更上的任意性，即许多民事法律关系允许当事人协商变更；第三，消灭上的任意性，即许多民事法律关系允许当事人通过意思自治的方法消灭；第四，内容上的任意性，民事法律关系的内容大多系由当事人意思决定，当事人的约定优先于法律规定，只要不违反国家强行性法律和公序良俗，当事人可以依法协商自由确定其权利义务内容。必须看到，尽管民事法律关系作为一种特殊的社会关系，具有一定程度的任意性，但民事法律关系是按照民法规范形成的社会关系，而民法不过是国家意志的反映。所以，民事法律关系是按照国家意志建立起来的关系。只有在当事人的行为符合民法中体现的国家意志时，国家才能确认并保护当事人建立起来的民事法律关系，并用国家强制力保证民事法律关系中的权利义务内容的实现。

"法无禁止即自由。"在我国市场经济条件下，交易的发展和财产的增长都要求市场主体在经济活动中保持高度的能动性和活力，法律应为市场主体提供广阔的自治空间，政府对经济活动的干预应限制在合理的范围内，因此，市场经济对法律提出了尽可能赋予当事人行为自由的要求。这一点在民法中表现尤为突出和明显，这就决定了民事法律关系具有较强的任意性。所以在民事立法过程中，应当更多地运用任意性调整方法，采"负面清单模式"规范民事行为，赋予民事主体更多的自主权，不能沿袭旧有的国家过分干预经济生活的传统，不当限制或否定当事人的意思自治。

二、民事法律关系在民法体系构建中的意义

民事法律关系在民法体系构建中具有如下意义：

第一，民事法律关系是整个民法逻辑体系展开与构建的基础。一般认为，萨维尼最早系统提出以法律关系构建整个民法的体系，其代表作《当代罗马法体系》就详细探讨了法律关系，在此基础上，依据五编制分别讨论具体的民法制度。[①] 萨维尼认为，在论述具体的法律制度时，必然涉及各项制度的本质内容，如法律关系主体的性质（特别是权利能力的性质），法律关系的产生和消灭，对法律关系的保护以及由此而产生的变更。[②] 萨维尼的名著《当代罗马法体系》是一个"大的总则"，主要围绕法律关系而展开。潘德克顿学派一个最伟大的贡献就在于，以法律关系的要素作为构建民法总则体

① Savigny, System des heutigen römischen Rechts, Bd. Ⅰ, Berlin, 1840, I331 f. 7.

② Savigny, System des heutigen römischen Rechts, Bd. Ⅰ, S. 390.

系的骨架。具体来说，在总则中根据法律关系的要素确立了主体、行为、客体制度，然后在分则中确立法律关系的内容。该内容主要是民事权利，具体包括债权、物权、亲属权、继承权，当总则中确立的主体、行为、客体与分则中的权利结合在一起时，就构成了一个完整的法律关系。[①] 例如，总则中的主体、行为、客体与物权制度结合在一起，就构成完整的物权法律关系。由于法律关系的各种要素都已具备，从而形成完整的法律关系，这种构架模式体现了潘德克顿体系的严谨性和科学性。我国《民法典》以民事法律关系为民法典体系构建的骨架，整合原有的零散的民事法规，建立了逻辑清晰、结构严密、体系完整的民事权利体系。

第二，民事法律关系理论对整个民法学的建立和发展具有重要意义。“法书万卷，法典千条，头绪纷繁，莫可究诘，然一言以蔽之，其所研究和所规定者，不外法律关系而已。”[②]民法学作为以民法为研究对象的学科，不是孤立地研究个别的民法规范，而是从整体着眼，将民法体系作为研究的对象，而法律关系正是贯穿始终的一根红线，它将民事主体、客体、行为、各种民事权利等诸要素整合为一体，形成清晰的脉络。民法学作为具有自身特点与体系的独立学科，其研究体系与论述方式的展开，也是建立在民事法律关系各项要素的基础上的。民法学在一定意义上就是民事法律关系之学。

第三，从方法论上看，民事法律关系是指导理论研究人员与司法实务工作者解决实践问题的基本思维模式与思考方法。司法审判人员在处理民事纠纷时，都需要将当事人置放在具体的民事法律关系中，分析该具体法律关系的主体、客体以及当事人的权利义务关系，把握权利的产生、变更、消灭，这样才能公正裁判，正确地解决各种民事纠纷。例如，在解决某个纠纷时，首先需要判断所涉及的是侵权法律关系还是违约法律关系，如果是合同关系，那么究竟是一个合同关系还是两个合同关系，该合同关系的内容、性质究竟为何，是否发生了变更、转让等。这就是正确审理民事案件所应当遵循的基本思路。

第二节　民事法律关系的要素

一、民事法律关系的要素概述

民事法律关系的要素是指构成民事法律关系的必要因素。任何民事法

---

① 参见［德］罗伯特·霍恩等：《德国民商法导论》，楚建译，中国大百科全书出版社 1996 年版，第 70～71 页。

② 郑玉波：《民法总则》，中国政法大学出版社 2003 年版，第 95 页。

律关系都由几项要素构成,要素发生变化,具体的民事法律关系就会随之而变化。

关于民事法律关系的要素,民法学界有三种观点:一是三要素说,即认为民事法律关系的要素包括主体、客体和内容。二是四要素说,即认为民事法律关系的要素包括主体、客体、内容和责任。三是五要素说,即认为民事法律关系的要素除主体、客体和内容外,还应当包括民事权利、义务的变动以及变动的原因。所谓变动的原因实际上就是法律事实,而变动本身就是指法律事实所产生的法律效果。

笔者认为,民事法律关系要素仅限于三个要素,即主体、客体和内容,这是任何法律关系都应具备的,民事法律关系也不例外。而五要素说将法律事实包含在法律关系当中,这是值得商榷的。法律事实本身指的就是社会生活中能引起法律关系产生、变更、消灭这一后果的事实。民事法律关系都是不断变动的,考察任何一种民事法律关系都应当了解其变动的原因及变动的效果,这就意味着必须查找一定的法律事实。但是法律事实毕竟是外在于法律关系的,它是将抽象的法律规范与具体的法律关系加以连接的中间点,是使客观的权利变为主观的权利的媒介,但它本身并不是法律关系的要素。只有在考察法律事实之后才能明确其引发了何种法律关系,而在明确了该种法律关系之后已经无须再考察法律事实了。

那么,民事责任能否作为法律关系的一个要素呢?笔者认为,民事责任在性质上是违反民事义务的法律后果,因此责任是法律关系遭到破坏、违反而产生的新的法律关系。例如,合同法律关系被违反后就产生了违约责任,而违约责任本身就是一种法律关系。同理,因侵权行为而引发的侵权责任就是侵权法律关系。所以,民事责任本身就是法律关系的一种,是原有的法律关系的变异形态,而非法律关系的要素。

二、民事法律关系的具体要素

民事法律关系包括主体、内容和客体三个要素。

(一)民事法律关系的主体

民事法律关系的主体,简称民事主体,是指参加民事法律关系,享有民事权利并承担民事义务的人。在我国,民事主体包括自然人、法人和非法人组织,国家在一些场合也是民事法律关系的特殊主体。任何个人和组织要成为民事主体,必须由法律赋予其主体资格。

在具体民事法律关系中,一般都要有双方或多方当事人参加。在参加民事法律关系的当事人中,享有权利的一方是权利主体,承担义务的一方是义务主体。在某些民事法律关系中，一方只享有权利，而另一方只承担义务。而在大多数民事法律关系中，双方当事人都既享有权利，又承担义务。

民事法律关系的每一方主体既可以是单一的也可以是多数的。例如，在债权关系中，债权人和债务人每一方都既可以是一个人，也可以是多个人。在相对法律关系中，每一方主体都是特定的，而在绝对法律关系中，承担义务一方是不特定的任何人。

（二）民事法律关系的内容

民事法律关系的内容，是指民事主体所享有的权利和承担的义务。任何个人和组织作为民事主体，参与民事法律关系，必然要享有民事权利和承担民事义务。

民事权利，是指由国家强制力予以保障的类型化的民事主体所享有的利益，这种法律之力和特定利益的结合则构成权利。民法是权利法，各种民事权利的共同因素包括：权利主体、权利客体、权利变动的原因、权利的救济、权利的时间因素。[①] 我国《民法典》系统、全面地确认了民事主体所享有的各项民事权利，并规定了民事权利行使的原则与限制，以及因侵害民事权利所应当承担的民事责任等，从而确定了民事法律关系的基本内容。

民事义务，是指义务人为满足权利人的要求而为一定的行为或不为一定的行为的法律负担。它具体包括：(1) 义务人必须依据法律的规定或合同的约定，为一定的行为或不为一定的行为，以便满足权利人的要求。(2) 义务体现为一种负担，义务通常以满足权利人的需要为目的，而并非以满足义务人自身需要为目的。(3) 义务具有强制性。民事义务是一种受到国家强制力约束的法律义务，如果义务人不履行其义务，将依法承担法律责任。民事义务和民事权利一样，也是由国家法律确认的，它规定了义务主体的行为范围，即义务人必须这样做或那样做，违反义务将转化为法律上的责任。

在民事法律关系中，权利和义务是相互对立、相互联系在一起的。《民法典》第 131 条规定："民事主体行使权利时，应当履行法律规定的和当事人约定的义务。"该条对义务必须履行原则作出了规定。在通常情况下，权利和义务都是一致的，权利的内容要通过相应的义务表现，而义务的内容则由相应的权利限定，离开了民事义务就无所谓民事权利。当事人一方享有权利，必然有另一方负有相应的义务，并且权利和义务往往是同时产生、变更和消灭的。因此，民事权利和民事义务是从不同的角度表现民事法律关系

---

① 参见杨代雄：《私权一般理论与民法典总则的体系构造——德国民法典总则的学理基础及其对我国的立法启示》，载《法学研究》2007 年第 1 期。

的内容的。

（三）民事法律关系的客体

民事法律关系的客体，是指民事权利和民事义务所指向的对象。如果没有客体，民事权利和民事义务就无法确定，更不能在当事人之间分配权利、义务。

关于民事法律关系的客体，理论界有不同的看法。有人认为客体是物，也有人认为客体是物和行为。笔者认为，关于民事法律关系的客体，应当区分不同的民事法律关系确定：就物权法律关系而言，其客体应为物；就知识产权法律关系而言，其客体应为智力成果；就债权法律关系而言，单纯的物和行为一样，都不能作为债权法律关系的要素，只有把它们结合起来即结合成"体现一定物质利益的行为"[①]，才能成为债权法律关系的客体。如买卖关系中的客体是交付买卖标的物的行为，运输关系中的客体是安全、及时送达运输标的物的行为。

三、民事义务及其分类

（一）民事义务的概念

民法以权利为本位，并以保障私权为宗旨，正如一枚硬币的两面，没有无权利的义务，也没有无义务的权利，权利和义务是相辅相成的。所谓民事义务，是指义务人依据法律规定和合同的约定，应当为一定行为或者不为一定行为。民事义务的特点表现在：一是具有强制性。民事权利可以行使也可以不行使，但义务人必须依据法律规定或者约定履行义务，我国《民法典》第 176 条规定："民事主体依照法律规定或者按照当事人约定，履行民事义务，承担民事责任。"因此，义务人必须依据法律的规定或合同的约定，为一定的行为或不为一定的行为，以便满足权利人的要求。二是义务体现为一种负担，义务通常以满足权利人的需要为目的，而并非以满足义务人自身需要为目的；民事权利都会给权利人带来一定的利益，但是民事义务则会给民事主体带来一定的负担。三是受到国家强制力约束。义务人违反义务，权利人有权请求其承担民事责任。民事责任有力地保障义务的履行。由于民事责任从性质上说就是当事人违反民事义务所产生的后果，所以民事义务也是民事责任的前提和基础，只有在违反民事义务的情况下，才会产生民事责任。

依照我国《民法典》的规定，民事义务既可以依据法律规定产生，也可以

---

① 佟柔主编：《民法原理》，法律出版社 1983 年版，第 33 页。

依据当事人的约定产生，还可以依据诚信原则而确立各项附随义务，如保密、通知、协作、保护等义务。

（二）民事义务的分类

1. 法定义务与约定义务

所谓法定义务，是指法律、行政法规等规定当事人所应当承担的义务。法定义务是法律、行政法规所规定的，而非当事人所约定的义务。所谓约定义务，是指当事人经协商所确定的义务，主要表现为合同义务。合同本质上就是当事人通过自由协商，决定其相互间的权利义务关系，并根据其意志调整他们相互间的关系。只要当事人协商的条款不违背法律的禁止性规定、社会公共利益和公共道德，法律即承认其效力。只有在当事人没有约定或约定不明确的情况下，才应当适用法律的规定。虽然在实践中，义务主要是基于当事人之间的合同产生的，但是在现代合同法中，义务来源已经多样化，依据法律和诚信原则的规定也可以产生义务。

讨论法律、行政法规等为合同当事人所设立的义务时，必须区分两种规范：一是法律的强行性规定。它要求当事人无条件地绝对遵守，不允许当事人按自行协议排除其适用，当事人的协议违反法律规定的无效。二是法律的任意性规定。法律的任意性规定只是为当事人提供一种示范性或建议性的规定，对此种规定，当事人完全可以通过其相互间的约定加以改变或排斥任意性规范的适用，但这并不意味着任意性规范绝对不能成为合同的内容。例如，《民法典》第 224 条规定："动产物权的设立和转让，自交付时发生效力，但是法律另有规定的除外。"这就意味着，如果当事人没有就标的物所有权的移转达成特别的约定，就应当适用动产所有权自标的物交付时起转移的规定，而该项规则也自动成为合同的内容，并可成为合同义务。

2. 基本义务与附随义务

所谓基本义务，是指当事人依据法律规定或者合同约定所负担的主要义务。例如，买卖合同中，卖方所负担的交付标的物的义务，买方负担的支付价款的义务，即为基本义务。基本义务是义务人所负担的主要义务，其通常直接决定当事人之间法律关系的性质。例如，如果当事人之间的合同关系名义上为买卖合同，但如果一方当事人并不负担给付价款的义务，则应当将该合同关系界定为赠与合同关系。

所谓附随义务，是指合同当事人依据诚实信用原则所产生的，根据合同的性质、目的和交易习惯所应当承担的通知、协助、保密等义务。我国《民法典》第 509 条第 2 款规定："当事人应当遵循诚信原则，根据合同的性质、目的和交易习惯履行通知、协助、保密等义务。"这是对附随义务在法律上的准确概括。附随义务的特点表现在：一是附随义务不是由当事人在合同中明确约定的义务，而是依据诚实信用原则产生的，是诚实信用原则的具体体现。此种义务具有强行性，当事人不得通过约定排除诚实信用义务的承担，违反此种义务将构成违约。二是附随义务是附随于主给付义务的，主给付义务确定以后，附随义务才能随之而存在，附随义务本身不能独立于主给付义务而存在。在通常情况下，附随义务并不是以给付为内容的，而是在维持、保护给付义务的发生、履行以及消灭的全部过程中所形成的义务。三是附随义务的内容是任何合同都应当具备的，但在不同的合同中，义务内容也不完全相同。尤其应当看到，与主给付义务不同的是，附随义务不是当事人在合同中事先确定的，也不是在合同成立时起便已经确定的，其内容将随着合同关系的发展而不断变化。四是附随义务是不能独立诉请履行的，与基本义务不同，附随义务并不存在独立诉请履行的问题。权利人只能在附随义务人违反附随义务后请求其承担责任，而不能直接请求其履行通知、协助、保密等附随义务。

3. 继续性义务与非继续性义务

所谓继续性义务，是指义务并非一次履行即可以终止，而是持续实现的义务。在许多民事关系中，义务都是一次性清结的，但也有一些义务是持续履行的。继续性义务的履行具有其特殊性，即当事人需要在一定的时间段内不间断地作出履行。例如，在房屋租赁合同中，出租人需要将房屋移转给承租人，供承租人持续地使用。

非继续性义务是指给付内容一次行为即可完成的给付义务。[①] 在区分继续性义务与非继续性义务时，主要应当考察义务人的给付总额在债的关系成立时是否确定，同时，还应当考察义务的履行在时间上是否具有持续性。如果某一给付义务的总额在一开始并不确定，需要随着时间的延续才能逐步确定，则其应当属于继续性义务。例如，供用电、水、气、热力都不是一次性完成的，而是持续性的，因而供用电、水、气、热力的合同属于继续性合同。此外，继续性义务在履行时间上具有持续性。

继续性义务与非继续性义务的区别主要体现在如下几个方面：

第一，债的履行是否有时间上的持续性不同。虽然在个别情形下，非继续性义务的履行也可能有时间上的持续性，如分期付款中付款义务人的义务，但大多数非继续性义务是一次性履行的，并不具有时间上的持续性。如买卖合同大多是一次履行完毕的。而对继续性义务而言，债的履行通常都

---

① 参见江平主编：《民法学》（第 2 版），中国政法大学出版社 2007 年版，第 453 页。

有时间上的持续性。如在租赁合同中，出租人需要将租赁物交付承租人，并由其持续性地使用。继续性义务的履行一般都有时间上的持续性，这也是其与非继续性义务的重要区别。

第二，给付义务总额在债的关系成立时是否确定不同。对继续性义务而言，给付义务的总额在给付义务成立时并不确定，而是随着时间的延续不断变化的，即随着时间的经过而不断产生新的权利义务。而对非继续性义务而言，给付义务的总额在一开始即已确定，即便义务的履行有一定的时间延续，给付义务总额也不会因此发生变化。因此，对于都有持续时间的继续性义务与非继续性义务而言，区分二者的关键在于给付义务总额是否随时间的变化而变化。[①]

第三，在当事人之间是否存在信赖利益的持续保护不同。在继续性义务中往往存在当事人信赖利益的持续保护问题，即债权人往往是基于对给付义务人履行能力的信赖等原因而与其成立债的关系。同时，债权人信赖给付义务人能够按照债的要求持续地履行义务。[②] 例如，甲与乙订立按照市场价格持续供应某一货物的合同，则甲无须在每次交易前就该货物的价格与乙再次进行协商，为保护甲的此种信赖利益，在该货物的市场价格发生变动时，乙应当及时对甲作出通知。而非继续性义务则不存在信赖利益的持续保护问题。

4. 真正义务与不真正的义务

对于真正义务与不真正义务的分类主要是依据违反后果不同而作出的分类。所谓真正义务，是指依据合同约定、法律规定和诚信原则所产生的一般的合同义务，违反此种义务将承担相应的民事责任。真正的义务是关涉他人利益的义务，因此违反此种义务将产生法律责任。例如，违反不得损害他人义务的应承担损害赔偿责任。[③] 不真正义务，是指针对自身的照顾等义务，对于该义务，相对人通常不得请求履行，违反该义务也不产生法律责任，而仅仅使义务人自己承受不利后果的义务。[④] 所谓不真正义务条款，是指义务人违反该义务并不一定产生法律责任，而仅使其负担遭受权利的减损或一定限制的条款。其典型形态是合同中的减损义务，例如，《民法典》第 591 条第 1 款规定："当事人一方违约后，对方应当采取适当措施防止损失的扩

---

① 参见王泽鉴：《债法原理》（第 2 版），北京大学出版社 2013 年版，第 156 页。

② 参见［德］迪特尔·梅迪库斯：《德国债法总论》，杜景林、卢谌译，法律出版社 2004 年版，第 13 页。

③ 参见李永军：《民法总则》，中国法制出版社 2018 年版，第 498 页。

④ 参见王泽鉴：《债法原理》（第 2 版），北京大学出版社 2013 年版，第 88 页。

大；没有采取适当措施致使损失扩大的，不得就扩大的损失请求赔偿。”违反该义务与一般义务的违反不同，只是导致非违约方可以主张的损害受到减损和限制。

不真正义务也不仅仅适用于合同领域，其在民法的其他领域中也存在。例如，《民法典》第1010条第2款规定：“机关、企业、学校等单位应当采取合理的预防、受理投诉、调查处置等措施，防止和制止利用职权、从属关系等实施性骚扰。”该条实际上也确立了不真正义务，在发生了性骚扰行为之后，不能仅仅因为机关、企业、学校等单位没有采取合理的预防、受理投诉、调查处置等措施，而要求机关、企业、学校等直接承担性骚扰的侵权责任，而仍然应当由行为人为自己的行为负责，除非是因为这些单位对于性骚扰的发生具有过错，否则不应当由这些单位承担责任。

第三节　民事法律事实

一、民事法律事实的概念和意义

民事法律事实，是指依法能够引起民事法律关系产生、变更或消灭的客观现象。民事法律规范本身并不能在当事人之间引起民事上的权利义务关系，而只是表明民事主体享有权利和承担义务的可能性。但是，法律可以根据特定立法目的的需要，规定一些事实条件，在发生这些事实以后，就使民事法律关系产生、变更和消灭，这些由法律规定的、能够产生一定法律后果的事实，就是法律事实。

关于民事法律事实的性质有如下几种观点：一是构成要件说。此种观点将法律事实等同于完全的法律规定中的构成要件。例如，梅仲协先生认为：“某种特定事实，发生某种特定效果者，吾人称之为法律内容；当事人所完成之法律关系及其他事故，谓之法律事实。”[①]按照此种观点，需要根据法律规定来认定某一事实是否为民事法律事实。二是因果关系说。此种观点认为，民事法律事实是法律现象发生的原因，其引发民事权利的产生、变更或消灭。[②] 三是法律所规范的事实说。此种观点认为，民事法律事实为民法所调整的生活事实，如果某一生活事实不受民法调整，则非民事法律事实。如王伯琦先生认为：“社会各种事物，有为法律规范所支配者，有为其他规范，如道德、礼仪、宗教等规范所支配者。为法律规范所支配之事物，即为法

---

① 梅仲协：《民法要义》，台北，1970年自版发行，第1～2页。

② 参见何孝元：《民法总则》，台北，1960年自版发行，第101页；郑玉波：《民法总则》，台北，三民书局1979年版，第207页。

律适用之对象,称之谓法律事实。”[①]

上述各种观点都不无道理,都从不同的角度对法律事实作出了解释。笔者认为,将法律事实等同于法律要件是不妥当的。法律规范是层出不穷的,而法律要件作为规范确定的内容也是纷繁复杂的。在法律上将各种引起法律关系变动的法律事实归纳整理为事件、行为之类的法律事实,目的不在于确定规范构成要件,而在于揭示法律现象产生的原因。所以,笔者赞成第三种学说。法律事实是法律现象产生的原因,是依法能够引起民事法律关系产生、变更和消灭的客观现象。法律事实的特点在于以下几个方面:

1. 它是一种客观存在的社会生活中出现的事实,而不是当事人主观的内心意思。法律事实都是外在于主观意思而存在的客观事实,如自然现象等,就行为而言,必须是表露于外的事实。例如,当事人希望缔结合同关系就必须通过要约、承诺将其内心意思表露于外,单纯的内心意思无法产生法律效果,只有表露于外能被客观认知的意思,才能被法律所评价,并产生一定的法律后果。不论当事人的意思如何,法律事实都是外在于主观意思而存在的客观事实。[②]

2. 法律事实必须能够引起一定的法律后果。社会生活中出现的事实并非都与法律规定有关,也都能产生一定的法律效果。例如,亲戚朋友相聚交谈、邻里之间相互串门等,不可能产生法律意义。凡是能够产生一定的法律意义、具有一定的法律价值的事实,都可以成为法律事实。法律事实不仅可能引起当事人预期的特定的法律效果,也可能引起当事人预期之外的其他法律后果。例如,当事人订立的合同符合法律的强行性规范且不违反社会公共利益时,就能够产生合同法律关系。如果该合同是无效合同,此时虽然不引起当事人预期的法律后果,但仍产生诸如返还财产、赔偿损失等法律关系。法律事实出现时,产生如下法律后果:

第一,引起民事法律关系的产生。例如,签订了买卖合同,买方有请求卖方交付出卖物的权利和支付价款的义务,卖方有请求买方支付货款的权利和向买方交付出卖物的义务。只有通过法律事实,才能使民事法律所规定的权利义务转化为当事人实际享有的权利和承担的义务。

第二,引起民事法律关系的变更。因法律事实的出现而导致民事法律关系的变更通常包括:主体变更(权利主体或义务主体发生变化)、内容变更

---

① 王伯琦编著:《民法总则》,台北,1963 年自版发行,第 119 页;史尚宽:《民法总论》,台北,1975 年自版发行,第 266 页。

② 参见江平主编:《民法学》(第 2 版),中国政法大学出版社 2007 年版,第 142～143 页。

(主体享有的民事权利和承担的民事义务在范围和性质上发生变化)和客体变更(客体发生变化)。例如,由于法人的合并和分立,债的关系中的主体发生变更。

第三,引起民事法律关系消灭,使主体之间的权利义务不再存在。例如,因物质资料被消费,该物的所有权关系消灭;债务的清偿使债的关系消灭。

法律事实与法律后果之间可能具有一定的因果联系,也可能不具有直接的因果联系。某个法律后果的发生也可能是多种法律事实相互作用的结果,所以,法律事实与法律结果之间的联系是复杂的。我国台湾地区学者黄茂荣认为,法律事实与一定的法律后果间属于三段论的逻辑推论关系,因为二者间并不是一一对应关系,此观点可值赞同。①

3. 法律事实能否引起一定的法律后果或者引起何种特定的法律后果,最终都取决于法律的规定。社会生活中的各种事实,有的是由法律规范的,有的是由道德、宗教等规范的,只有为法律规范支配的事实才是法律事实。

法律事实与法律适用中所考虑的法律事实并不相同,在法官解决纠纷时,首先要确定一定的法律事实,这种事实是当事人通过一定的证据加以证明从而在特定程序的空间中向法官展现出来的具体事实,它可能与客观上的事实相符合,也可能不符合。民事法律事实并非对客观生活事实的简单复制,而是对客观生活事实进行法律评价之后的结果。例如,双方当事人签订合同这个事实属于法律事实,能够引起合同法律关系的产生,而在法律适用中展现在法官面前的事实则可能包括什么人在什么时间、什么地点签订什么合同等一系列内容。

二、民事法律事实的分类

根据客观事实是否与人的意志有关,可以将法律事实分为事件和行为两大类。

事件,又称为自然事实,是指与人的意志无关,能够引起民事法律后果的客观现象。例如,人的死亡使继承人取得继承遗产的权利,物的灭失引起所有权关系的消灭等。关于行政或司法行为究竟是事件还是行为,值得探讨。民事法律行为是依据意思表示中的效果意思发生法律后果,而行政行为和司法行为并非民事法律行为本身,只对民事法律行为予以确认(如司法判决确认、行政确认),或者对民事法律行为的法律后果予以控制(如行政许

① 参见黄茂荣:《法学方法与现代民法》,法律出版社2007年版,第201页。

可)。行政行为和司法行为,其可能独立于民事法律行为,也可能旨在强化民事法律行为的效果(如赋予强制执行力),或者作为民事法律行为的生效要件(如合同批准行为、结婚登记),或者作为民事法律行为履行的条件(如合同履行的许可),或者是民事权利变动的条件(如不动产登记行为),或者是其本身能够引起民事后果(如形成判决)。因此,应当将行政行为和司法行为作为事件。

行为,是指人的有意识的活动。行为可以分为以下几种类型:

1. 民事法律行为,是指行为人旨在确立、变更、终止民事权利义务关系的行为。有的民事法律行为符合法律的要求,能够达到当事人预期的目的,称为有效的民事法律行为;有的民事法律行为不符合法律的要求,不能达到当事人预期的目的,发生与当事人的意志相悖的法律后果,称为无效的民事法律行为。民事法律行为是最主要的民事法律事实。

2. 事实行为,是指行为人实施一定的行为时在主观上并没有产生、变更或消灭某一民事法律关系的意思,但由于法律的规定,同样会引起一定的民事法律后果的行为。事实行为有合法的也有不合法的。从事智力创造活动,拾得遗失物、漂流物等属于合法的事实行为;侵害国家、集体的财产或他人的人身、财产则是不合法的事实行为。

民事法律关系的产生、变更和消灭,有时只以一个法律事实为根据,有时需要以两个或两个以上的法律事实的相互结合为根据。例如,遗嘱继承法律关系,就需要立遗嘱的行为和遗嘱人死亡这两个法律事实才能够发生。这种引起民事法律关系产生、变更或消灭的两个以上的法律事实的总和,称为民事法律关系的事实构成。要求事实构成的民事法律关系,只有在事实构成具备的情况下,才能引起民事法律关系的产生、变更和消灭。

第四节　民事权利的客体

一、民事权利客体的概念与特征

民事法律关系的客体,是指民事权利义务共同指向的对象。根据概念法学的体系思想,应将作为法律规定对象的构成要件分离出若干要素,并将这些要素一般化,形成类别概念,借着不同层次的类型化形成不同抽象程度的概念,并因此构成体系。[①] 客体概念的真正形成可以说是概念法学发展的产物,对民法理论也产生了重要影响。无论是民事权利还是民事义务都必

---

① 参见[德]卡尔·拉伦茨:《法学方法论》,陈爱娥译,台北,五南图书出版公司 1992 年版,第 356 页。

须指向一定的客体,必须在一定的客体之上才能形成某种法律关系,进而在当事人之间分配权利义务。所以,没有法律关系的客体,主体活动也就变得漫无目的,权利和义务就成为无法体现、无法落实、毫无意义的概念。关于民事法律关系的客体,有狭义与广义之分,狭义上的客体是指在法律上可以支配的对象,人是权利的主体而非权利的客体。[①] 广义上的客体,是指凡是能够作为权利义务所指向对象的一切人和物。例如,物权的客体是物,而债权的客体则可指向特定人。[②] 本书采狭义上的客体说。

关于法律关系的客体与标的是否同一,学理上有不同的观点:一种观点认为,法律关系的客体也就是标的。另一种观点认为,客体不同于标的,客体是指法律关系中权利义务所指向的对象,而标的则是指法律关系的内容。持后一观点的学者认为:"法律行为之标的者,系当事人依法律行为所表示企图实现之社会生活关系,亦可谓法律行为所要完成的事项。"[③]还有人认为,标的仅指权利指向的对象。[④] 笔者认为,法律关系的客体与标的是同一的,但是它们并不完全等同于法律关系的内容。因为法律关系的内容指的就是权利义务,而客体是权利义务所指向的对象,如果将标的等同于法律关系的内容,则在逻辑上是混乱的,尽管客体要体现主体的一定利益,但不能完全等同于权利。据此,笔者认为,法律关系的客体指的是权利义务的对象,借助客体可以实现民事主体达致的目标。

民事法律关系的客体具有如下特征:

第一,客体既是权利指向的对象也是义务指向的对象。从《民法总则》的规定来看,民事权利客体首先是民事权利的指向对象,但由于权利义务是相对应的,因此,从义务人的角度来看,民事权利客体也是其义务指向的对象。

第二,民事法律关系的客体必须根据不同的法律关系分别确定。虽然对于民事法律关系的客体在学理上可以归纳为物、行为、智力成果等几类,但是考察任何一个法律关系的客体都必须要结合具体的法律关系情况分别加以判定。民事法律关系的客体不是划一的,但都必须能满足社会成员的利益需要。

第三,人本身不能成为权利客体,只能是以和人身相关的利益为客体。

---

① 参见王泽鉴:《民法总则》,北京大学出版社 2009 年版,第 195 页。

② 参见史尚宽:《民法总论》,中国政法大学出版社 2000 年版,第 221 页。

③ 洪逊欣:《中国民法总则》,台北,1992 年自版发行,第 200 页。

④ 参见龙卫球:《民法总论》(第 2 版),中国法制出版社 2002 年版,第 127 页。

在现代社会,人是不能作为权利客体而成为他人权利的支配对象的。民法中的人身权也不是以人身为客体,而是以人格利益为客体。[①] 至于债权的客体,只是以特定人的行为为客体,也就是债务人所负有的为或不为一定行为的义务,而并非以债务人为客体。

任何法律关系都必须具备主体、客体、内容三要素,但是却不一定都需要有标的物。因为一方面,像债权关系以及一些特殊的物权关系,如权利质权等,并不是以特定的物为对象,所以,客体与标的物是不同的。另一方面,在具体的法律关系中,标的和标的物也是不同的。例如,债权关系中,客体是行为,标的物可能是债务人向债权人交付的物,债务人的行为只是标的而非标的物。在任何合同关系中都要求有债务人的行为,即存在标的,但不一定要有标的物。

二、民事权利客体的主要类型

(一)物

1.物的概念和特征

民法上的物,是民事权利的客体,它是指存在于人身之外、能够满足人们的需要,为人力所支配和控制的客体。民法上的物不同于哲学上的物,并不是一切客观存在的物体都是民事权利的客体,在纷繁复杂的各种物之中,只有符合一定的条件的物才能成为民事权利的客体。这些条件主要包括:

(1)必须存在于人身之外。作为民事权利的客体,不是人本身。在现代社会,废除奴隶制之后,人都是主体而不是客体,人本身也不是支配的对象。[②] 附属于人体的各个器官和组织等,在与人体发生分离之前,本身不能成为物权的客体。我国法律严格禁止买卖人体细胞、人体组织、人体器官,这些物即使与人体相分离,也体现了一定的人格属性,只能由权利人无偿捐献而不能非法转让。至于尸体,其虽可以成为民法上的物,但因其体现了一定的人格利益,因此法律严格禁止买卖尸体。

(2)必须能够满足人们的现实需要。民法上的物都具有一定的使用价值和交换价值,并且能够让人们获得一定的利益,满足人类一定的生产生活需要。例如,直接占有某项财产并从中获取利益,或者在某个财产之上设立担保而获取一定的交换价值。各种物因为其功能和用途不同而能够满足人们的不同需要。还有一些具有人身意义的特定物,如珍贵的照片、家传的珍宝、家书等,也是民法上的物,因其体现了一定的人格属性,如果对其进行了

---

① 参见王泽鉴:《民法总则》,北京大学出版社 2009 年版,第 196 页。

② 参见王泽鉴:《民法总则》,北京大学出版社 2009 年版,第 198 页。

损害,则可能会产生精神损害赔偿。

(3)必须能够为人力所支配。如果无法为人力所支配或者控制,就无法有效确定权利归属和范围,自然也无法成为物权的客体。例如,空气、云彩、天体等,无法为人所控制和支配,谈论其归属和利用关系是没有意义的,因而它们都不能成为物权的客体。①

(4)主要是有体物。有体物是指具有一定的物质形体,能够为人们所感觉到的物,即有形的、可触觉并可支配的物。计算机程序本身因为缺乏有体性而不是物,但它们因储存于数据载体中,获得可以感觉的形式时,也可以成为物。② 无体物指除对有体物的权利以外的其他权利和利益,如对股票、票据、债券等的权利,都可以被称为无形财产,数据、网络虚拟财产也是无体物。有体物包括除权利以外的一切物质实体,不仅包括占有一定空间的有形物(各种固体、液体和气体),还包括具有支配性的电、热、声、光等自然力或能。我国《民法典》物权编主要调整因有体物产生的财产归属和利用关系,因无体物产生的归属和利用关系主要由知识产权法等法律调整。无形财产在法律规定的情形下可以成为民事法律关系的客体,如知识产权的客体就是无体物。

2. 物的分类

(1)动产和不动产

所谓不动产,是指依照其物理性质不能移动或者移动将严重损害其经济价值的有体物,包括土地、房屋、林木等。所谓动产,是指不动产之外的、在性质上能够移动,并且移动不损害其经济价值的物,如电视机、书本等。有体物可以分为动产和不动产。动产和不动产概念的区别主要表现在:第一,是否可以移动。动产通常可以移动,而不动产则不能移动。当然在现代社会,随着科技的发展,房屋也可以移动,但是这毕竟属于例外现象,而且耗资巨大。第二,移动是否在经济上合理。房屋等土地附着物也可能是能够移动的,但一旦移动耗资巨大,而动产通常可以移动,即使是沉重的机器设备也可以移动,且较之于不动产,其移动耗资不大。第三,是否附着于土地。不动产除土地外,其他财产如房屋、林木等都是附着于土地的,通常在空间上不可移动,若发生移动将影响它的经济价值。而动产通常

---

① 参见[日]我妻荣:《我妻荣民法讲义Ⅰ:新订民法总则》,于敏译,中国法制出版社 2008 年版,第 190 页。

② 参见[德]鲍尔、[德]施蒂尔纳:《德国物权法》(上册),张双根译,法律出版社 2004 年版,第 22 页。

并不附着于土地。①

尽管动产和不动产在某些方面应适用共同的规则，但也要看到，动产和不动产适用的仍然是两种不同的规则。例如，在我国，土地属于国家和集体组织所有，个人不能对土地享有所有权。此外，从权利的取得方式来看，动产取得的一些方式如先占、添附等，一般不适用于不动产。又如，二者的物权公示的方法不同。从公示方法来看，动产所有权移转以交付为要件，而不动产所有权移转以登记为要件。

(2)主物和从物

主物和从物通常表示的是两个物之间的相互依存关系。所谓从物，是指不作为主物的组成部分，为了发挥主物的经济效用而与主物同属一人的物。可见，从物具有如下特点：第一，从物并不是主物的组成部分，具有独立性。也就是说，从物并未丧失其独立存在的价值，假如某物已构成他物的组成部分，如房屋的墙壁和门窗等，则不是从物。第二，从物是为发挥主物的效用而存在的。② 也就是说，从物的存在是为了辅助主物，与主物处于某一特定的空间关系中，它是为了增加主物的价值。如钟表与表链，若无表链，钟表的价值就会减损。第三，从物必须与主物同属于一人。这是因为只有在从物与主物同属一人的情况下才能适用从物的所有权随主物的所有权移转而移转的规则。③ 如果二物不属于一人，则不适用从物随主物的移转而移转的规则，否则可能损害第三人的利益。

尽管从物在物质的外观上是独立的，其与主物一样都是独立的物权客体，但由于两者是结合在一起的，这种结合并不是创造了一种独立的物。二者结合的方式是主物对从物的支配作用，从物只是起到辅助主物的作用。依据《民法典》第320条的规定，如果当事人没有特别约定，主物转让的，则从物随主物转让。

(3)单一物和集合物

所谓单一物，是指在形态上能够单独地、个别存在的物。物权的客体主要是单一物。但在社会生活中，一物与他物结合是经常发生的。如果一物与他物结合时各自未丧失其经济上的独立性，即成为一个集合物。从法律上看，所谓集合物，是指各个物并不丧失其独立存在的价值，但它们因相互

---

① 参见[日]我妻荣：《我妻荣民法讲义Ⅰ：新订民法总则》，于敏译，中国法制出版社2008年版，第197～198页。

② 参见王泽鉴：《民法总则》，北京大学出版社2009年版，第210页。

③ 参见王泽鉴：《民法总则》，北京大学出版社2009年版，第210页。

结合而成为具有独立价值的物。集合物分为两种类型：一是事实上的集合物，如商店里的全部商品、工厂里的机械设备。二是法律上的集合物。法律上的集合物是指权利和物的结合，又称为财产，包括营业财产、企业财产、破产财产、共同继承财产、合伙财产、夫妻共同财产、失踪人的财产等。

区分单一物和集合物的意义在于，物权的客体主要是单一物，只有在法律有特别规定的情况下，集合物才可以作为物权的客体。例如，《民法典》第396条规定："企业、个体工商户、农业生产经营者可以将现有的以及将有的生产设备、原材料、半成品、产品抵押，债务人不履行到期债务或者发生当事人约定的实现抵押权的情形，债权人有权就抵押财产确定时的动产优先受偿。"这就承认了可以以集合物作为担保。

(4)原物和孳息

所谓原物，是指产生孳息的物。孳息就是指原物所产生的收益，其上位概念为收益。也就是说，原物是指孳息所从出之物。孳息是指财产上产生的收益。孳息分为两种：一是天然孳息，是指原物因自然规律而产生的，或者按物的用法而收获的物，如母鸡生蛋、树上结果。[①] 天然孳息可以是自然的也可以是人工的(如从羊身上剪下的羊毛等)。但是人工产生的物必须是没有对出产物进行改造加工的，如将牛乳制成乳酪就不再是天然孳息。一般认为，天然孳息，如果实、桑叶等在未与原物分离之前，与原物密切结合在一起，应为非独立物，不能单独成为物权的客体。《民法典》第321条第1款规定："天然孳息，由所有权人取得；既有所有权人又有用益物权人的，由用益物权人取得。当事人另有约定的，按照其约定。"二是法定孳息，是指根据法律的规定，由法律关系所产生的收益，如出租房屋的租金、借贷的利息。法定孳息是由他人使用原物而产生的。自己利用财产所得到的收益以及劳务报酬等，不是法定孳息。《民法典》第321条第2款规定："法定孳息，当事人有约定的，按照约定取得；没有约定或者约定不明确的，按照交易习惯取得。"

(二)货币和有价证券

货币是一般等价物，也是特殊的种类物。货币的占有推定为所有。货币是具有强制流通性的铸币或纸币。从法律上来看，货币是一种特殊的动产，其特殊性表现在：货币是一种特殊的种类物，在交易上可以互相替换。货币的占有与所有是同一的，简称为"所有和占有一致原则"。这一规则具体体现为：一是货币占有的取得就视为货币所有权的取得，货币占有的丧失

① 参见王泽鉴：《民法总则》，北京大学出版社2009年版，第213页。

即视为货币所有权的丧失。二是货币一旦交付,将会发生所有权的移转。即使是接受无行为能力人交付的货币,货币所有权也发生移转。因此,以货币作为借贷、保管等合同的标的,一旦一方向另一方交付货币,则发生货币所有权的移转。三是货币在发生占有移转以后,货币的所有权人只能请求对方返还一定数额的欠款,而不能够根据物权请求权要求占有人返还原物或返还对原物的占有,也不能要求恢复原状。

有价证券也是民事权利的客体。所谓有价证券,是指表示一定的权利,权利人行使权利必须持有证券,原则上不得离开证券而行使权利的一种权利凭证。有价证券的概念最初由德国学者布伦纳(Brunner)于 19 世纪提出。有价证券通常为权利凭证,它既可以作为物权的客体,也可以作为债权的标的。我国《民法典》第 125 条规定:"民事主体依法享有股权和其他投资性权利。"该条对股票、债券、票据等有价证券作出了规定。虽然有价证券主要是通过证券法、票据法等法律来调整的,但有价证券的转让、设定、担保等要适用《民法典》的相关规定。

(三)人格利益和身份利益

1. 人格利益

人格利益是指主要满足个人的精神需要、体现个人的人格尊严、专属于民事主体的利益。依照《民法典》的规定,人格利益可以分为具体人格利益和一般人格利益。

具体人格利益,它通常是具体人格权的客体。从我国《民法典》的规定来看,具体人格权又可以分为两大类:一是自然人的人格权。《民法典》第 110 条第 1 款规定:"自然人享有生命权、身体权、健康权、姓名权、肖像权、名誉权、荣誉权、隐私权、婚姻自主权等权利。"该条系统、全面地确认和保护了自然人所享有的各项具体人格权,适应了时代的发展和人民群众对人格尊严保护的强烈需求。我国《民法典》人格权编将该条所规定的各项具体人格权作了具体展开。二是法人和非法人组织的人格权。《民法典》第 110 条第 2 款规定:"法人、非法人组织享有名称权、名誉权和荣誉权。"该条虽然确认了法人、非法人组织的三项具体人格权,但采取了封闭列举的方式。由此表明,与自然人相比,法人所享有的人格权类型较为固定,其仅享有法律规定的三项人格权。

一般人格利益是相对于具体人格权而言的,是由自然人享有的,以人格尊严、人身自由为内容的,具有高度概括性和权利集合性特点的权利。随着社会的发展和司法保护的加强,人格利益的保护范围也在不断扩展,一般人格利益就是对人格利益的兜底保护条款。《民法典》第 109 条规定:"自然人的人身自由、人格尊严受法律保护。”该条在法律上确认了一般人格权，形成了对人格权进行保护的兜底条款，这既保持了人格权体系的开放性，为新型人格利益保护预留了空间，也为法官提供了裁判依据。从该规定来看，一般人格权仅适用于自然人而不适用于法人。从其体现的价值内容来看，包括两个方面：一是人身自由。人身自由不仅包括人身自由权，还包括精神的自由、个人依法享有的自主决定的权利。从这一意义上说，人身自由在性质上又属于一般人格权的范畴。二是人格尊严。人格尊严是指每个人作为人所应有的社会地位，以及应受到的他人和社会的最基本的尊重，是人作为社会关系主体的基本前提。人在社会中生存，不仅要维持生命，而且要有尊严地生活。

2. 身份利益

身份利益一般是指因自然人之间的身份关系以及因知识产权而获得的利益。与人格利益的固有性不同，身份利益并不具有固有性，其以一定的社会关系为基础，主要是指基于一定的婚姻关系和家庭关系等身份所取得的利益。此种身份利益以一定的身份关系存续为前提，一旦这种身份关系消灭，则相关的身份利益也将不复存在。因自然人之间身份关系所产生的身份利益主要包括因婚姻关系和家庭关系而产生的身份利益，其主要包括夫妻之间、父母子女之间、有扶养关系的祖父母与孙子女或外祖父母与外孙子女之间依法相互享有的身份权，以及因监护关系产生的监护权等。对此，《民法典》第 112 条规定：“自然人因婚姻家庭关系等产生的人身权利受法律保护。”

人格利益与身份利益的区别主要表现在：第一，其是不是基于一定的身份关系而产生的。人格利益一般不需要当事人之间存在一定的身份关系，而身份利益则需要当事人之间存在一定的身份关系；人格利益大多具有固有性，而身份利益的取得以一定的社会关系为基础，并不具有固有性。第二，人格利益是不可放弃的，身份利益在某些情形下是可以放弃的。例如，著作权中的署名权可以由作者放弃。第三，人格利益与个人人格的关联度较高，而身份利益与个人人格的关联度并不高。第四，人格利益可以部分商业化利用，而身份利益无法积极利用。

（四）无形财产

财产包括有形财产和无形财产。有形财产是指作为有体物的动产和不动产。而所谓无形财产，主要是指除有体物以外的其他权利和利益，如对股票、债券、智力成果、数据等的权利，其不能为人们所触觉且不占用一定的空间。[①] 无形财产是与有形财产相对应的概念,有形财产主要是指有体物。传统上,民事权利的客体主要是有体物,但随着社会生活的发展和科技的进步,无形财产逐渐发展,并且在社会生活中的价值也越来越重要。例如,知识产权、商业秘密、商号、商誉、计算机软件、空间权、经营特许以及客户信息、经营网络等都成为社会中重要的无形财产。有价证券所代表的权利具有十分重要的价值。尤其是人类社会已经进入了一个互联网、大数据时代,计算机软件、数据、网络的虚拟财产等,已经成为重要的财产。具体而言,无形财产主要包括如下几种类型:

1. 作品、发明、实用新型、外观设计、商标等智力成果

智力成果主要是知识产权的客体,智力成果是脑力劳动的产物或结果。有的智力成果需要有物质表现形式,有的不需要物质表现形式。由于21世纪是知识经济的时代,因而,智力成果是现代社会中最重要的无形财产。我国《民法典》对知识产权保护作出了规定,该法第123条规定:"民事主体依法享有知识产权。知识产权是权利人依法就下列客体享有的专有的权利:(一)作品;(二)发明、实用新型、外观设计;(三)商标;(四)地理标志;(五)商业秘密;(六)集成电路布图设计;(七)植物新品种;(八)法律规定的其他客体。"这就将作品、发明、实用新型、外观设计、商标等智力成果内容列入《民法典》的保护范围。但应当看到,随着人工智能等技术的发展,也对传统的知识产权造成了冲击。例如,人工智能创作的诗歌、音乐等是否可以成为著作权法保护的作品?有观点主张,对于人工智能生成的内容,只要由机器人独立完成,即构成受著作权法保护的作品,至于其用途、价值和社会评价则在所不问。但机器人并不能像自然人作者或法人作者那样去行使权利。相比于网络虚拟财产,人工智能创作的作品的特殊之处在于,其"作者"乃是人工智能而非民事主体,这也对传统的著作权规则提出了挑战。[②]

2. 数据、网络虚拟财产

数据、网络虚拟财产也是重要的民事权利的客体。《民法典》第127条规定:"法律对数据、网络虚拟财产的保护有规定的,依照其规定。"该条在"民事权利"一章中对数据、网络虚拟财产的保护作出了规定,表明数据、网络虚拟财产具有民事权益属性,应受到民法保护,这就适应了互联网、大数据时代的要求。在司法实践中,已经出现了电子游戏装备、QQ号码归属等

---

① 参见郑玉波:《民法总则》,中国政法大学出版社2003年版,第265页。

② 参见吴汉东:《人工智能时代的制度安排与法律规制》,载《法律科学(西北政法大学学报)》2017年第5期。

纠纷。[①] 早在2003年北京市朝阳区人民法院就公开审理了“红月案”，该案被称为国内“首例虚拟财产案”[②]。在司法实践中，已经承认虚拟艺术作品(NFT)可以成为买卖合同的标的。例如，杭州互联网法院在国内首个NFT数字作品侵权纠纷案的裁判理由中指出：“NFT交易实质上是‘数字商品’所有权移转，并呈现一定的投资和收藏价值属性……NFT数字作品持有人对其所享有的权利包括排他性占有、使用、处分、收益等。”[③]这一观点似乎表明，持有人对NFT数字作品享有完整的所有权。但是，数据权益因为常常包含了个人信息，不是单纯的财产权，难以通过合同债权或物权进行保护，而网络虚拟财产虽然是财产权，但其究竟是物权还是债权仍然需要进一步探讨。

3. 电、热、声、光等自然力

无形财产还包括电、热、声、光等自然力或“能”(energies)。[④] 电、天然气等无形物在交易上是可以作为交易对象的，从交易观念出发，它可以作为物而对待，许多国家民法典明确规定电力等自然力为可以支配的物。[⑤]《民法典》第115条规定：“物包括不动产和动产。法律规定权利作为物权客体的，依照其规定。”从该规定来看，民法所调整的物主要是有体物，但如果法律规定电、热、声、光等作为物权客体的，则其也可以成为物权的客体。

(五)行为

债权的客体是行为。法律上所指的行为，是指人的有意识的活动。行为在民事法律关系中是另一类重要客体。例如，债权本质上是特定人之间请求为一定行为或不为一定行为的关系，所以债权的客体都是行为。这种行为就表现为债务人所应当作出的行为或不行为。

当然，在债权中也涉及物，如买卖中有标的物。但是债权的客体直接指

---

① 例如，在“李某晨诉北极冰公司案”中，游戏玩家李某晨因为游戏道具被盗，遂以游戏运营商侵害其私人财产为由诉至法院。法院认为：“关于丢失装备的价值，虽然虚拟装备是无形的，且存在于特殊的网络游戏环境中，但并不影响虚拟物品作为无形财产的一种，获得法律上的适当评价和救济。玩家参与游戏需支付费用，可获得游戏时间和装备的游戏卡均需以货币购买，这些事实均反映出作为游戏主要产品之一的虚拟装备具有价值含量。”参见北京市第二中级人民法院民事判决书，(2004)二中民终字第2877号。

② 在该案中，原告游戏账号中的所有虚拟物品不翼而飞，原告要求被告游戏运营商恢复原状，由此引发诉讼。《首例虚拟财产案宣判》，载新浪网，https://news.sina.com.cn/c/2003-12-19/11061380671s.shtml。

③ 杭州互联网法院民事判决书，(2022)浙0192民初1008号。

④ 参见李双元、温世扬主编：《比较民法学》，武汉大学出版社1998年版，第247页。

⑤ 参见陈华彬：《民法学原理：物权法原理》，国家行政学院出版社1998年版，第53页。

向的是债务人的行为,间接涉及物。任何债的关系中的债务人的给付行为都不可或缺,间接涉及物只是一部分而不是全部的债的关系。而且即便债权涉及物,物也不是债权的客体。例如,在买卖合同中,债权人只能请求债务人交付标的物,而不能直接支配标的物。

第二编

民事主体

第五章　民事主体的基本原理

第一节　民事主体的概念和要件

一、民事主体的概念和特征

民事主体，也称为人格(personne，person)，它是指依照法律规定能够参与民事法律关系，享受民事权利和承担民事义务的人。"人格"(personality)一词源于拉丁语"*persona*"(人格)，"*persona*"原指戏剧中的假面具，最初在希腊的戏剧中使用，后来被罗马的演员所采用。传说一个有名的罗马演员为遮掩他的不幸的斜眼，使用了假面具，并称为"*persona*"。[①] 在罗马法学家的表述中，"*persona*"有多种含义，诸如"声望和尊严""自由民""享有法律地位的任何人"。[②] 在现代民法理论上，"人格"一词在不同的场合下使用至少具有二重含义：第一，是指具有独立的法律地位的个人和组织。自然人是指依自然规律出生的、具有血肉之躯的人格；法人则是相对于自然人而言的，由法律拟制的人格。第二，是指作为民事主体的必备条件的民事权利能力。正如黑格尔所指出的："人格一般包含着权利能力，并且构成抽象的从而是形式的法的概念。"[③]民事权利能力是充当民事主体即作为民法上的人所必须具备的法律资格。凡具有民事权利能力的人，即可成为民事法律关系的主体，享有民事权利和承担民事义务。从这个意义上理解，人格与权

---

① 也有一些语言学家认为"人格"是从希腊语直接派生的，但古希腊法律中没有人格这一概念，在古希腊的拉丁语中，这个词也被称为教堂的代表，在英吉利萨克森语中也称为"persona"。

② 参见陈仲庚、张雨新编著：《人格心理学》，辽宁人民出版社1986年版，第31页。

③ [德]黑格尔：《法哲学原理》，范扬、张企泰译，商务印书馆1982年版，第46页。

利能力的概念是一致的。

在民法上之所以要研究民事主体,是因为民事主体是民事权利义务的承担者,涉及民事权利义务的归属问题。民事主体是权利的承担者,也是民法所规范的权利的归属者,所以也称为权利主体。[①] 在民事法律关系中,先有民事主体,才能具体展开民事权利义务。民事主体是国家所确认的享有权利的资格,也是承担义务的基础,因为民事主体是权利和义务的承担者,没有民事主体就无法确定权利义务的归属。甚至可以说,民事主体是权利义务存在的目的,因为说到底,"一切权利均因人而设立"[②]。权利最终是为了满足主体的意志和利益,主体不存在,权利义务也将不复存在。所以,从逻辑体系上考虑,民法首先应当从主体出发,先有主体后才有权利义务的设定。民法对社会关系的调整必须从对主体的规范着手,并以主体为基础,才能确定各种民事权利和义务。所以,民事主体制度在民法总则中居于核心地位。在具体的法律关系中,主体因所参与的法律关系的不同而可能具有不同的身份,所以民法上出现的所有人、债务人、债权人、继承人等都是对民事主体的具体表述。民法上有关主体的规定统称为"人法"或主体制度。大陆法系国家民法主要将民事主体限于自然人和法人两大类,而依据我国《民法典》的规定,民事主体包括自然人、法人和非法人组织。民事主体既可以是自然人,也可以是法人或者非法人组织;自然人以人的身份而当然取得权利能力即主体资格,而法人和非法人组织只有在符合法律规定的条件时才能成为民事主体。

民事主体主要具有如下特征:

第一,民事主体具有独立的人格,能够以自己的名义从事民事活动。对于自然人来说,其都可以以自己的名义从事民事活动,只不过,未成年人和精神病人需要法定代理人的代理。对于社会组织来说,其作为主体应当能够以独立的名义参与法律关系,取得权利、承担义务,并以自己的名义到法院起诉应诉。通常社会组织作为主体必须要有自己的字号或名称。事实上,并非所有的组织都可以以自己的名义从事民事活动。例如,法人的分支机构、法人内部的各个部门就不能以自己的名义行为,而只能以法人的名义行为。民事主体意味着独立的法律人格,可以以自己的名义在法律范围内

---

① 参见[日]星野英一:《私法中的人》,王闯译,载梁慧星主编:《民商法论丛》(第8卷),法律出版社1997年版。

② 参见[意]彼德罗·彭梵得:《罗马法教科书》,黄风译,中国政法大学出版社1992年版,第29页。

独立自主地进行各项民事活动,不受他人非法干涉和限制。也就是说,主体的法律地位不依赖于他人而独立存在。民事主体制度也充分体现了民法的价值和精神,尤其是自由和平等的价值。自然人和组织被认可为民事主体,就意味着其可以自由从事民事活动,这是自由价值的体现。

第二,民事主体具有自己独立的意志。具有独立的意志是认定民事主体的重要基础。就自然人而言,只要其脱离母体而成为独立的人,便具有了独立性。此种独立性主要表现为独立的意志。虽然未成年人尚不具有独立的意思能力和行为能力,需要其法定代理人的辅助才可以完成法律行为,但这种行为能力上的限制并不否认其意志上的独立性。而就成为民事主体的组织体而言,其能够自己或者通过他人形成独立的意思,这是其具有独立性的基础。社会组织要作为一个主体从事各种交易活动,必须能够独立地形成与表达自己的意志,而这种意志与其成员的意志应当区分开来,为此,应当设置自己的意思形成机构。

第三,民事主体具有独立的人格,这也使其能够成为权利义务的归属。一方面,民事主体可以成为民事权利的归属,即民事主体可以以自己独立的行为或者借助他人行为取得民事权利,并成为该民事权利的归属主体。另一方面,民事主体可以成为民事义务的归属,即民事主体在以自己的名义从事民事活动时,可以对其他民事主体负担义务,民事主体独立负担义务也是独立民事主体的一种体现。

第四,民事主体能够独立承担责任。对于自然人来说,都应当以其责任财产为基础,对他人独立承担民事责任。而对于法人而言,其既然具有独立的财产,也应当能够相对独立地承担民事责任。从《民法典》第 60 条的规定来看,其明确了"以其全部财产独立承担民事责任"。但《民法典》承认非法人组织的主体地位,并没有将独立承担责任作为社会组织成为民事主体的要件。有学者认为,能否独立承担民事责任是法人与非法人组织的根本区别。[①] 此种观点也不无道理。从本质上看,某一社会组织能否独立承担民事责任,是立法者综合权衡"交易效率"与"交易安全"的结果,而不是该社会组织取得民事主体资格的条件。[②] 某一社会组织如果没有独立财产,则无法以自己的名义享有权利、承担义务,如果其独立财产不足以承担责任,法律出于维护交易安全的需要,可对其成员科以责任。因此,从这一意义上讲,

---

① 参见郭明瑞:《民法总则中非法人组织的制度设计》,载《法学家》2016 年第 5 期。

② 参见马俊驹、曹治国:《守成与创新——对制定我国民法典的几点看法》,载《法律科学(西北政法学院学报)》2003 年第 5 期。

某一社会组织要成为民事主体，其应当具有独立的财产，但并不当然需要其能够独立承担民事责任。

民事主体是民法的基础概念和构造性概念，即任何一个民法体系均包含民事主体这一概念。这是因为民法调整的是平等主体之间的人身关系和财产关系，这些人身关系和财产关系均发生于人与人之间，而非人与物之间或者物与物之间。因此，民法体系必须定义何为“民事主体”，进而才可能调整民事主体之间的法律关系。但是，能够发生平等主体之间法律关系的主体类型是广泛的，因而法律需要设定一定的标准，才能够辨别某一社会实体能否独立地享有民事权利并承担民事义务。因此，民法通常不会对“民事主体”作出直接界定，而是借助“权利能力”这一概念确定“民事主体”的范围。

二、民事权利能力是成为民事主体的资格

民事主体的独立人格是法律确认的，即只有法律确认相关主体具有民事权利能力，其才能成为民事主体。所谓民事权利能力，是指享有权利和承担义务的能力（资格），也即成为权利主体和义务主体的资格。[①] 民事权利能力在罗马法中称为“人格”，虽然罗马法上并未产生权利能力的概念，但是却已经产生了权利能力制度的雏形。在罗马法时期，并不是所有的自然人都有主体资格，一个人能否成为权利主体取决于其身份，即该自然人是否享有自由、是否具有市民身份、是否因家庭出身处于他人权利支配之下。自由人身份、市民身份和家庭身份是影响人格的三个要素。[②] 因此，家子、妇女、其他亲属、外邦人、奴隶都不具有完全的主体资格。在封建社会，农奴对封建主的人身依附关系，同样限制了农奴法律上的主体地位。

罗马法上这种人与人之间不平等的观念在启蒙时代受到批评。在中世纪后期，伴随资本主义生产方式的发展，市民社会的壮大，文艺复兴和启蒙思想的洗礼，以及“天赋人权”“人生而平等”等思想的冲击，对人的解放的呼声逐渐高涨。在18世纪，自然法倡导人人平等的理念，因此，所有的自然人都平等地享有民事权利能力。[③] 在这一背景下，自然法时代的法典编纂都接受了这一立场。[④]《法国民法典》第8条开创性地规定，“一

---

① Brox/Walker, Allgemeiner Teil des BGB, München, 2012, Rn. 226.

② 参见[德]马克斯·卡泽尔、[德]罗尔夫·克努特尔：《罗马私法》，田士永译，法律出版社2018年版，第159页。

③ Staudinger/Kannowski (2018) Vorbem zu §1 Rn. 2.

④ Staudinger/Kannowski (2018) Vorbem zu §1 Rn. 2.

切法国人均享有民事权利”，从而宣告自然人无差别地具有民事权利能力。《奥地利普通民法典》在第18条确立了“任何人都有权取得权利”的立场。19世纪中期，萨维尼在其名著《当代罗马法体系》中，区分了权利能力与行为能力的概念。[①] 在蔡勒(Zeiller)和萨维尼的影响下，“人人皆有民事权利能力”成为私法理论中的基本原则，进而，自然人、人、权利和义务的承担者具有相同含义：任何自然人，也只有自然人才具有权利能力。[②]《德国民法典》也采纳了权利能力的概念，并将其视为法律意义上的人的本质属性。权利能力，首先是指人能成为权利的主体的能力。[③] 任何社会组织要成为权利主体，必须在民法中被赋予承受法律关系的资格。唯具有主体资格者，才可以成为权利主体或法律关系的主体。《德国民法典》将“权利能力”视为法律意义上的人(自然人和法人)的本质属性，人是法律义务的承担者、对非法行为的责任者；作为法律意义上的人的相对概念是物。[④] 法律承认自然人和某个组织体具有民事权利能力，其才能够取得民事主体资格。在法律秩序之下，人只有拥有权利能力才能够享有权利、承担义务，才能够参与相应的社会关系，才能够成为法律关系的主体。[⑤]

之所以将权利能力作为认定民事主体资格的标准，主要理由在于：

第一，权利能力(Rechtsfähigkeit)是对人作为法律主体参与法律交往，享有权利和承担义务的认可。作为人格(Persönlichkeit)的人不能如奴隶一样异化成为权利的客体。而法治国(Rechtsstaat)则以权利能力为前提，因为在法治国中，其生活关系应当通过对权利和义务的配置来规范，而权利能力又是享有权利和承担义务的前提，只有拥有权利能力，才能参与社会生活，成为法律关系的主体。[⑥] 任何社会组织要成为权利主体，必须在民法中被赋予承受法律关系的资格。

第二，权利能力制度担负着人格维护的功能。“如果在人的人格丝毫也得不到保护时，权利能力便完全不存在。”[⑦]人格尊严要求将人视为主体，这

① 参见张俊浩主编：《民法学原理》，中国政法大学出版社2000年版，第77页。

② HKK/Duve, BGB §§1-14, Rn. 8.

③ 参见[德]卡尔·拉伦茨：《德国民法通论》(上册)，王晓晔等译，法律出版社2003年版，第36页。

④ 参见王水明：《拉伦茨的“德国民法观”》，载《人民法院报》2016年7月8日，第7版。

⑤ Larenz/Wolf, Allgemeiner Teil des Bürgerlichen Rechts, 9. Aufl., München, 2004, §5, Rn. 1.

⑥ Larenz/Wolf, Allgemeiner Teil des Bürgerlichen Rechts, 9. Aufl., München, 2004, §5, Rn. 2.

⑦ [法]埃利希：《权利能力论》。转引自[日]星野英一：《私法中的人》，王闯译，中国法制出版社2004年版，第27页。

就要求人为权利所保护，自己来决定自己的权利，并且通过义务明确与他人的边界。康德认为："没有理性的东西只具有一种相对的价值，只能作为手段，因此叫作'物'；而有理性的生灵叫作'人'，因为人依其本质即为目的本身，不能仅仅作为手段来使用。"作为人格的人不能如奴隶一样异化成为权利的客体。[①] 从这一意义上说，权利能力制度不仅具有确认主体资格的作用，也具有人格保护的功能。

第三，权利能力是主体独立从事民事活动的前提。民事主体制度的目的在于赋予一定的组织体从事民事交往活动，独立享有权利、承担义务的资格，而一定的组织体只有具有独立的名义才能够作为独立的主体从事交往活动。民事交往同样以主体具有独立意志为前提，否则将无法形成一定的社会关系。而只有具有权利能力，组织体才具有独立的意志。

民事主体是一切民事权利义务发生的基础，因而在整个民法制度中是最为基础和前提性的问题，而科学技术的发展正在给这一制度不断提出崭新的问题。随着人工智能技术的发展，自然人与 AI 之间的界限越来越模糊，机器人等通过深度学习可能具有独立的意识，能够创作独立的作品，但是其能否成为主体成为亟待回应的问题。当然，在现阶段，人工智能并不存在自身意思形成的机制[②]，同时，人工智能也不具有成为民事权利义务关系的归属的能力，更不具有独立承担民事责任的能力，因此，其难以成为民事主体。此外，随着医学和生命科学技术的发展，自然人权利能力的始期和终期开始变得模糊。[③] 而克隆技术、基因技术和干细胞技术的不断发展，使器官培育甚至复制人类成为可能。可见，现代科学技术的发展给民事主体制度带来了巨大的挑战，民事主体制度如何回应这些新技术带来的难题成为当务之急。

三、自然人权利能力和法人、非法人组织权利能力的区别

我国《民法典》规定了自然人、法人、非法人组织都具有民事权利能力。这三类民事主体的权利能力存在一定的共性。一方面，这三类主体在取得民事权利能力后，都具有享有权利、承担义务的资格。另一方面，这三类主体在取得民事主体资格之后，也都可以以自己的名义对外从事民事活动。

---

① Larenz/Wolf, Allgemeiner Teil des Bürgerlichen Rechts, 9. Aufl., München, 2004, § 5, Rn. 2.

② See Byron Reese, *The Fourth Age: Smart Robots, Conscious Computers, and the Future of Humanity*, Atria Books, 2018, p. 81 – 82.

③ 参见[日]河上正二：《民法学入门》，[日]王冷然、郭延辉译，北京大学出版社 2019 年版，第 58 页。

当然,自然人权利能力与法人、非法人组织的权利能力也存在一定的区别,具体而言:

第一,是否具有平等性不同。自然人的民事权利能力具有平等性,自然人自出生时起,即取得民事权利能力,换言之,自然人民事权利能力的取得和享有具有平等性。在现代社会中,毫无疑问每个自然人(生物人)均具有民事权利能力。而对法人和非法人组织而言,其权利能力的取得条件存在一定的区别,并不具有平等性。

第二,取得民事权利能力的条件不同。对自然人而言,其自出生之日起即具有民事权利能力,当然,法律为了强化对胎儿利益的保护,在继承、接受赠与等特定情形下,也将胎儿视为具有民事权利能力。而对法人、非法人组织而言,其取得民事权利能力需要具备法律规定的条件,且不存在拟制取得权利能力等问题。

第三,权利能力的范围不同。自然人的民事权利能力范围具有平等性,可以依法取得各类民事权利。而法人、非法人组织的权利能力范围则需要依据法律规定予以确定,法人、非法人组织的类型不同,其权利能力的范围也会存在一定的区别。

当然,需要指出的是,非法人组织的权利能力认定问题具有一定的特殊性。依据《民法典》第102条第1款的规定,非法人组织是不具有法人资格,但是能够依法以自己的名义从事民事活动的组织。根据《民法典》这一规定,非法人组织并不当然具备民事权利能力,因此需要进一步分析,非法人组织在何种情况下具有民事权利能力,可以作为民事主体。在该条规定中,非法人组织是否可以以自己的名义从事民事活动,需要"依法"判断,即实证法规定一些组织可以以自己的名义从事民事活动的,它们将因此取得民事权利能力,可以作为民事主体。这也意味着,非法人组织是否具有权利能力,还需要依据具体情形予以判断,即法律并没有泛泛承认非法人组织具有权利能力。例如,依据《民法典》第103条第1款的规定,非法人组织应当依照法律的规定登记。这一条款要求非法人组织必须以登记为前提条件,而某个组织是否可以登记,这取决于与这个组织有关的单行法、行政法规或者部门规章是否规定了这个组织的登记能力。这也表明,某个组织是否取得权利能力从而成为民事主体,也取决于现行法的规定。

第二节 《民法典》主体制度的创新

一、扩张了民事主体的范围

《民法典》确认了三类民事主体，即自然人、法人和非法人组织，从比较法上看，这一模式是很有特色的。多数国家的民法典中只规定自然人与法人两类民事主体，《德国民法典》《瑞士民法典》《日本民法典》均属此类。我国《民法典》确认了各类主体的法律地位，尤其是将社会组织区分为营利法人与非营利法人，其中又包括了各类组织，同时打破了传统的民事主体二分法，承认了非法人组织的民事主体地位，这就在民事主体类型方面形成了有效的制度供给。任何法人和非法人组织设立者都可以从中找到最适合自己的组织模式，从而依据民法的规定设立不同的组织并承担不同的义务、享有不同的权利。此外，《民法典》还确认了国家机关法人的民事主体资格，使国家机关可以以平等的民事主体身份广泛参与民事法律关系，与其他民事主体订立有关 PPP 协议、BOT 协议、政府采购协议、国有土地使用权出让协议以及国有自然资源使用权出让协议等。与单向度的行政管理方式相比，引入民事机制、通过订立协议的方式，能够更好地尊重相对人的意愿，缓和行政管理方式的严苛性，从而更好地实现国家治理目标。

此外，《民法典》物权编承认了国家所有权，确认法律规定专属于国家所有的不动产和动产，任何组织或者个人不能取得所有权（第 242 条），实际上即承认了国家作为所有权的主体。国家作为民事主体可以以自己的名义并以国库的财产为基础，与其他民事主体之间发生民事关系。当然，《民法典》在主体制度中并没有明确承认国家的主体地位。我国《民法典》第 97 条承认了机关法人的民事主体地位，其虽然是国家机关，但与国家作为民事主体是不同的。依据《民法典》总则编的规定，机关法人在性质上属于特别法人，是特殊的民事主体，其主体地位应当与国家相区分。

二、进一步强化了人文关怀理念

《民法典》注重对人的关爱和保护，形成了从物质到精神、从出生前到死亡后的完整的权益保护机制。《民法典》总则编宣示对未成年人、精神障碍者等弱势群体的特殊保护，强化对胎儿利益的保护，规定成年监护等制度，强化对人身权的保护等，都彰显了人文关怀的理念。例如，就监护制度而言，依据《民法典》的规定，监护人在履行监护职责时，应当按照最有利于被监护人的原则履行监护职责。依据《民法典》第 35 条，所谓最有利于被监护人，是指监护人要根据被监护人的实际情况来行使监护职责，充分地维护被监护人的财产、人身和其他利益。如果监护人实施严重损害被监护人身心健康、怠于履行监护职责等行为,人民法院根据有关个人或者组织的申请,可以撤销其监护人资格,安排必要的临时监护措施,并按照最有利于被监护人的原则依法指定监护人。这些都体现了人文关怀的价值理念。

三、进一步增强了民事主体的自治能力

民事主体制度是由自然人、法人与非法人组织所构成的制度体系。《民法典》承认各类主体共同行为、决议行为的效力,确立了各类主体组织有效运转的规则。在设立公司、合伙、独资企业等现代企业制度方面充分贯彻私法自治原则,鼓励当事人依法创设各类企业,并依法保护其合法权益。承认社会组织一定程度的自治功能也是形成社会治理的有效途径,社会组织体的章程、协议等规范同道德、习惯一样,也是自下而上形成的国家治理手段。承认社会组织的能动性,可以使这些规范被有效运用于国家治理。例如,企业的社会责任要求企业增进人类的福祉[①],并在保证就业、环境保护、财富积累、控制垄断等治理中扮演重要的角色[②],这在一定程度上也可以实现国家治理功能。

在主体制度方面,《民法典》承认社会组织的能动性与对社会组织的有效监管并举。我国《民法典》将具有民事主体资格的社会组织区分为法人和非法人组织,并将法人分为营利法人和非营利法人,确立了社团制度的基础性规范,以供市场参与者选择和使用。在此基础上,社团等社会组织实现社会治理功能,离不开民法的有效规制。例如,要求非法人组织在设立时应当登记,这就增进了必要的监管。

四、促进了现代企业制度和法人治理结构的完善

在现代社会,公司、合伙、独资企业都是现代企业的典型形态,在现代市场经济社会中发挥着越来越重要的作用。[③] 现代企业制度要求产权清晰、权职明确、政企分开、管理科学,其中最为关键的是治理结构完善。《民法典》在法人治理结构的完善方面主要表现在:一方面,就营利法人而言,我国主体设立的方式从以许可主义为主逐步转为以准则主义为主[④],虽然放宽了对主体设立的限制,但是仍然要求设立主体必须满足法律所要求的条件。《民

---

① 参见卢代富:《国外企业社会责任界说述评》,载《现代法学》2001 年第 3 期。

② 参见杨春方:《企业社会责任驱动机制研究——理论、实证与对策》,中山大学出版社 2015 年版,第 111 ~ 112 页。

③ 参见魏振瀛主编:《民法》(第 4 版),北京大学出版社、高等教育出版社 2010 年版,第 102 页。

④ 参见蔡立东:《公司制度生长的历史逻辑》,载《当代法学》2004 年第 6 期。

法典》总则编通过完善营利法人制度的章程，以及权力机构、执行机构、监督机构等应当遵循的规则，进一步促进了法人治理结构的完善。另一方面，在非营利法人制度方面也作出了重大完善。例如，《民法典》通过规定以公益为目的的法人和非法人组织不能分配利润，剩余财产也不应当分配给投资人，在目的层面对社团进行了一定程度的限制，也有利于更好地发挥社团的社会治理功能。

五、沟通了《民法典》与商事特别法的关系

民事主体制度沟通了《民法典》与《公司法》《合伙企业法》等商事特别法的关系，共同组成了完整的主体制度，如果商事特别法是《民法典》的具体规定，则在《民法典》与商事特别法不一致时，应当适用商事特别法规定；如果《民法典》已修改了商事特别法的规定，则应当适用《民法典》规定。社团等社会组织在运行中也要受到公司法、证券法等法律的约束；在社团终止时，要受到破产法等法律制度的调整。这些法律制度与民法的基本规范紧密配合，均在肯定社团作为民事主体的地位、充分发挥其能动性的基础上，对其进行有效的监督管理，以确保社会治理功能的实现。

第六章　自然人

第一节　自然人的民事权利能力

一、自然人的概念

所谓自然人,是指依自然规律产生,具有五官百骸,区别于其他动物的人。自然人既是一个法律概念,又是一个生物学意义上的概念。只要是生物学上的人,都能够成为自然人。当然,在古代社会,生物学意义上的人并不一定是民事主体。例如,罗马法中,取得权利主体的人必须取得自由民的身份,且必须是市民。奴隶虽然是自然人,但并非主体。近代民法对自然人的民事主体资格都普遍地无条件地予以承认。只要是生物学意义上的人,一经出生完成,都自动享有权利能力,成为民事主体。1804 年《法国民法典》没有规定法人制度,1900 年《德国民法典》则在普遍承认自然人的主体资格的同时,也承认了法人的主体资格。因此,在民事权利主体制度中,同时使用了“自然人”和“法人”两个概念。

我国《民法通则》第二章规定了自然人的法律地位,但该章标题为“公民(自然人)”,而《民法典》修改了这一表述,明确以“自然人”作为章名,并且将自然人的民事权利能力、民事行为能力、宣告失踪、宣告死亡等规则都规定在该章中,具有重要意义。笔者认为,与《民法通则》的规定相比,《民法典》采用“自然人”的表述更为科学。一方面,“自然人”概念更符合民法的私法特点。公民是公法领域中主体的称谓,它是指具有一国国籍的自然人。而在私法领域中,主体采用“自然人”的表述。另一方面,“自然人”概念更有利于彰显民事权利能力平等的理念。采用“自然人”的概念,进一步强调了各个自然人,不分国籍,在权利能力上一律平等,从而为权利能力的平等奠定了基础。[1] 自然人不仅包括本国公民,还包括外国公民和无国籍人。如果在民法中仍然使用公民的概念,则将使我国公民之外的自然人难以获得民法赋予的民事主体资格,从而不能保护这些自然人的民事权利。

二、自然人民事权利能力的概念和特征

自然人的民事权利能力是自然人依法享有民事权利和承担民事义务的资格,它是每个自然人平等地享有民事权利、承担民事义务的可能性。任何个人或者社会组织要成为权利主体,必须在民法中被赋予承受法律关系的资格。唯具有主体资格者,才可以成为权利主体或法律关系的主体。从总体上看,自然人民事权利能力主要具有如下特点。

1. 具有平等性。自然人的权利能力最突出地表现了平等性的特点。我国《民法典》第 14 条规定:“自然人的民事权利能力一律平等。”自然人的民事权利能力一律平等,这既是社会主义法治基本原则的具体体现,也是民法调整私法关系的本质要求。它意味着任何自然人,不分性别、民族、出身、职业、职务、文化程度、宗教信仰、政治面貌、财产状况,其民事法律地位一律平等,都可以享有法律所规定的民事权利和承担法律所规定的义务。《民法典》第 12 条规定:“中华人民共和国领域内的民事活动,适用中华人民共和国法律。法律另有规定的,依照其规定。”因此,外国人和无国籍人在中国领域内从事民事活动和中国公民一样,享有平等的民事权利能力。但是,给予外国人的这种待遇通常是以该外国人所属国家对等地给予我国公民国民待遇为前提的。

权利能力概念的产生最精确地表达了自然人之间的平等性,但这种平等只是一种抽象的地位或资格的平等,并非指在具体的法律关系当中当事人之间的具体权利义务上的平等。在例外的情况下,某些主体的权利能力应有所限制,如受破产宣告的人、筹备中的法人、未经许可的外国法人等,有学者将其能力称为相对权利能力。

2. 具有普遍性。在近现代世界各国民法中都承认外国人和无国籍人具有民事权利能力。因为如果不承认其具有民事权利能力,则可能影响人们的基本交往。另外,如果外国人和无国籍人不具有民事权利能力,则这些人的生命、健康、身体、财产等基本人权就不能得到保护,这显然有违人权保障的理念。

---

① 参见杨震:《民法总则“自然人”立法研究》,载《法学家》2016 年第 5 期。

3. 具有不可剥夺性。自然人的权利能力始于出生，终于死亡。一个自然人可能因刑事犯罪而被限制自由，但不能因此而剥夺其民事权利能力。自然人的民事权利能力和民事行为能力除依法律规定并经法定程序加以限制和剥夺外，任何人不得限制或剥夺。

4. 具有不可转让和抛弃性。权利能力既是主体的基础，也是主体的前提条件，它与主体资格是不可分离的。因此，无权利能力之人不可能成为权利主体，也不能从事任何社会经济活动，所以，权利能力是不能够被抛弃或者与主体相分离的。自然人的民事权利能力具有与自然人的人身不可分离和不可转让的属性，个人也不得抛弃其权利能力。[①]

5. 在内容上具有广泛性。自然人的民事权利能力的内容，是指自然人可以享有的各种民事权利的范围。在我国，自然人的民事权利能力具有平等性，在内容上具有广泛性，因而其能够依法享有各种人身权利和财产权利。

民事权利能力的概念是私法文明发展的结晶。从罗马法上不平等的法律人格到近代权利能力一律平等，从法律人格可以被减损、剥夺到近代对权利能力的同等保护，是一个巨大的历史进步。《民法典》确立权利能力制度本身就是对先进的私法文化的继受。我国存在几千年的封建专制主义传统，封建社会缺乏人格平等的基本理念，现实生活中特权观念、等级观念和不尊重人格平等的现象依然零星存在，因而需要在法律上确认并宣示人格平等的理念。这也是法律面前人人平等原则的体现。此外，权利能力制度是主体制度的重要内容，缺乏该概念，民事主体制度从逻辑体系上将无法构建。权利能力和行为能力是民事主体制度的两大支柱，权利能力是主体参与社会活动的资格，是民事主体享有权利和承担义务的基本条件，而行为能力是主体通过自己的行为取得权利的资格。

（一）民事权利能力与权利

民事权利能力是国家通过法律确认的民事主体享有民事权利和承担民事义务的资格，它是民事主体享有权利和承担义务的基础。权利能力和权利的概念经常容易混淆。应该看到，这两者之间存在密切联系：一方面，权利能力是权利享有的基础；另一方面，权利能力的平等性也有利于实现权利取得的平等。但是两者之间存在明显的区别，表现在：

第一，民事权利能力是享有权利、承担义务的资格，是一种法律上的可能性。只有具有这种资格的人才能实际享有民事权利和承担民事义务，平

---

① 参见王泽鉴：《民法总则》，北京大学出版社 2009 年版，第 111 页。

等地参与民事法律关系；而民事权利是民事主体已经实际享有的现实权利，民事权利都是以一定的实际利益为内容的。

第二，民事权利能力包括享有民事权利的能力以及承担民事义务的能力。民法中能够享有权利的人，也即能够承担义务的人，现代民法中没有只能享有权利不能承担义务的人，也没有只能承担义务不能享有权利的人。因此，任何民事主体，既可以享有权利，也必须负担义务。当然，在某个具体法律关系中，某人可能只享有权利，而另一人只承担义务。民事权利只涉及享有的权利，而不包括民事义务。①

第三，民事权利能力是由国家通过法律直接赋予的，归根结底决定于社会的物质生活条件。在不同的社会，法律所规定的权利能力是不同的，而具体的权利都是民事主体在参与具体的法律关系的情形下才能享有②，权利的范围不仅取决于社会经济生活条件和法律的规定，有时还取决于一个人的财产状况和其所参与的民事法律关系。

第四，在存续期间上，自然人的权利能力始于出生、终于死亡，伴随民事主体的存续过程。权利是权利主体在其存续过程中介入具体的法律关系而取得的，其存续与否由特定法律事实决定。

第五，民事权利能力是享有权利、负担义务的前提，是作为主体资格的基本条件，所以，其与民事主体有着不可分割的联系，它既不能转让，也不得放弃，本人不得自行处分。而民事权利除了法律另有规定或依其性质或依当事人约定不得处分外，可以自行处分。

（二）民事权利能力与民事诉讼上的当事人能力

所谓当事人能力，又称诉讼权利能力，是指能够成为诉讼当事人的资格，只有具有当事人能力才能成为诉讼当事人。③ 此种能力是由民事诉讼法所确定的能力。《民事诉讼法》第51条第1款规定："公民、法人和其他组织可以作为民事诉讼的当事人。"这就确认了公民、法人和其他组织具有当事人能力。民事权利能力和诉讼权利能力，也具有密切的联系。

一般来说，具有民事权利能力一定具有诉讼权利能力，但不具有民事权利能力也未必就不具有诉讼权利能力，主要原因在于，实体法上的社团是否具有权利能力或主体资格，往往取决于其是否拥有独立的财产，能否独立承担责任，而对于一些不具有独立财产和独立责任的法人分支机构，在程序法

① 参见佟柔主编：《中国民法》，法律出版社1986年版，第67页。

② 参见佟柔主编：《中国民法》，法律出版社1986年版，第67页。

③ 参见江伟主编：《民事诉讼法学》，复旦大学出版社2002年版，第176页。

上为了简化诉讼,可以赋予这些组织诉讼法上的主体资格。同时,在许多诉讼中,如确认之诉和形成之诉,本身和责任没有必然联系,所以不能承担独立责任的社会组织完全可以具有诉讼上的权利能力,却不具有民事上的权利能力。例如,法人的分支机构在民法上可能并不具有民事权利能力,却可能成为诉讼主体,即具有诉讼权利能力。至于其能否独立承担责任,则是执行中的问题,也可以在判决中确定。从这一意义上说,具有当事人能力或诉讼主体资格的主体范围更广。①

三、自然人民事权利能力的开始

(一)自然人的民事权利能力始于出生

自然人的民事权利能力是自然人享有民事权利、承担民事义务的资格,是自然人的法律人格的要素,它具有与自然人的人身不可分割和不可转让的属性。因此,自然人的民事权利能力是自然人终生享有的。荀子说,"生,人之始也;死,人之终也;终始俱善,人道毕矣"(《荀子·礼论》)。人一旦出生,就应当成为一个民事权利主体,就必须享有民事权利能力。

大多数国家规定自然人的民事权利能力自出生开始。《德国民法典》第1条就规定:"人的权利能力自出生完成时开始。"《日本民法典》第1条规定:"私权的享有从出生开始。"我国《民法典》第13条规定:"自然人从出生时起到死亡时止,具有民事权利能力,依法享有民事权利,承担民事义务。"据此,自然人的民事权利能力自出生开始。而人自出生要生存,就须具有民事权利能力,依法享有民事权利、承担民事义务。因此,新生婴儿同其他自然人一样,依法享有财产权和人身权,受法律的保护。

何为出生?出生在性质上属于民事法律事实中的事件。根据郑玉波先生的观点,其应具备的要件为"出"与"生",两者缺一不可。"所谓'出'者,乃由母体分离是。所谓'生'者,乃保持其生命而出是(否则谓之死产),至保持命之久暂,亦非所问。"②笔者认为,出生应当具备如下条件:第一,必须与母体相分离。自然人的权利能力自出生开始,出生就是脱离母体成为独立的有生命的人。第二,必须活着出生。即使只有片刻的生命,也应当肯定其具有权利能力。医学上通常以胎儿出生时有呼吸行为作为生存的证明。如果胎儿出生时是死体的,则不能将其认定为法律意义上的出生。③

出生既然决定着民事权利能力的产生,是一个重要的法律事实,正确地

---

① 参见《民事诉讼法司法解释》第52条。

② 郑玉波:《民法总则》,中国政法大学出版社2003年版,第101页。

③ 参见黄立:《民法总则》,台北,三民书局1994年版,第71页。

确定出生的时间也就具有重要意义。关于出生的时间,学说主要有三种:

一是阵痛说。阵痛说认为妊妇开始阵痛,就意味着胎儿出生。但在阵痛之后,胎儿未必就随之出生,出生后的胎儿也未必就是活体,因此,阵痛较之于出生显然太早。

二是露出说。此说又分为两种,即一部露出说和全部露出说。一部露出说认为胎儿一部分脱离母体即为出生完成。全部露出说认为胎儿全部脱离母体之时为完成出生。此种学说只是说明胎儿出生的事实已经完成,但胎儿出生后究竟为死体还是活体,依此说则难以确定。

三是独立呼吸说。独立呼吸说认为胎儿全部脱离母体且在分离之际有呼吸行为为完成出生,胎儿是否继续生存,则不必考虑。① 因为胎儿在尚未与母体分离之前,其呼吸是通过母体进行的,脱离母体之后才能以其自己的肺独立呼吸,由此表明胎儿不仅出生,而且已经存活。此种学说较之于前两种更为妥当,因此,独立呼吸说为目前学界通说。②

笔者认为,应当以独立呼吸作为判断出生时间的标准。因为通常情况下,如果胎儿已经独立呼吸,就意味着其已经与母体相分离,成为一个独立的生命体。在某些情况下,即便没有全部露出也可能独立呼吸,此时也应当承认其已经成为一个独立的生命体。《民法典》第 15 条规定:"自然人的出生时间和死亡时间,以出生证明、死亡证明记载的时间为准;没有出生证明、死亡证明的,以户籍登记或者其他有效身份登记记载的时间为准。有其他证据足以推翻以上记载时间的,以该证据证明的时间为准。"依据这一规定,自然人的出生时间一般以出生证明记载的时间为准,如果没有出生证明的,或者出生证明没有详细记载自然人出生时间的,则应以户籍登记或者其他有效身份登记记载的时间(如个人居民身份证件记载的时间)为准。当然,如果有其他证据足以推翻上述记载时间,则应当以该证据所证明的时间作为自然人的出生时间和死亡时间。

一般来说,自然人的民事权利能力与年龄和健康状况无关。但是,对于某些领域的权利能力,法律特别规定只有达到一定年龄才能具有。如我国《民法典》第 1047 条规定:结婚年龄,男不得早于 22 周岁,女不得早于 20 周岁。也就是说,公民只有达到这个年龄才有结婚的权利能力。

(二)关于胎儿利益的保护

自然人权利能力始于出生,由于胎儿的利益也是需要保护的,所以法律

---

① 参见龙卫球:《民法总论》,中国法制出版社 2001 年版,第 197~198 页。

② 参见龙卫球:《民法总论》,中国法制出版社 2001 年版,第 197~198 页。

上需要有专门的制度对此作出规制。胎儿是指处于母体胎盘中的、尚未与母体分离的生命体，是生命体发育的存在形态。胎儿虽然尚未出生，但其利益也应当受到保护。《民法典》第 16 条规定："涉及遗产继承、接受赠与等胎儿利益保护的，胎儿视为具有民事权利能力。但是，胎儿娩出时为死体的，其民事权利能力自始不存在。"依据该条规定，胎儿并不是民事主体，但其利益仍然受到法律保护。

1. 胎儿不是民事主体

依据我国《民法典》第 13 条的规定，民事权利能力始于出生，因此，胎儿不享有民事权利能力，并不是民事主体。胎儿本身不具有权利能力，法律不能为了保护胎儿的某种特殊的利益，而改变权利能力制度，赋予胎儿权利主体的资格。主要理由是：第一，权利能力的取得必须始于出生，没有出生就不可能作为一个独立存在的生物体享有权利能力。胎儿在没有出生之前完全依附于母体，不可能作为区别于母体的一个独立的生物体而存在，所以不能成为具有民事权利能力的主体。第二，享有权利能力的主体必须是一个活着的主体。胎儿在出生以前不是一个完整的自然人，其是否存活还是一个疑问，也就不能确定其是否作为权利主体存在。第三，如果胎儿具有权利能力，那么胎儿的权利能力的起始期限也难以确定。

胎儿虽然不是民事主体，不能享有与出生后的人完全一样的权利，但胎儿作为一种独立的生命存在形式，且带有发展为人的人性尊严，也具有生命尊严，应当成为私法上有关权利主体制度的重要内容。[①] 胎儿利益保护条款鲜明地体现了尊重生命以及彰显生命平等的法治基本理念。[②] 正如王泽鉴教授所指出的："任何人对生命法益均享有权利。故得主张不受任何妨害或阻碍。任何对人类自然成长之妨碍或剥夺皆构成对生命法益之侵害，所谓对健康之侵害，即系对生命发展过程之妨碍。"[③]因此，自人的生命伊始，《民法典》即承认其独特的法律地位，保护其独立法益。

2. 胎儿利益应当受到保护时可视为具有民事权利能力

胎儿虽然不是民事主体，但其利益仍然应当受到法律保护。从《民法典》第 16 条的规定来看，在涉及胎儿利益保护时，法律将胎儿"视为"具有民事权利能力。这就是说，胎儿本身并不是民事主体，只是在其利益需要受

---

① 参见王泽鉴：《民法总则》，北京大学出版社 2009 年版，第 112 页。

② 参见朱晓峰：《民法典编纂视野下胎儿利益的民法规范——兼评五部民法典建议稿胎儿利益保护条款》，载《法学评论》2016 年第 1 期。

③ 王泽鉴：《民法学说与判例研究》（重排合订本），北京大学出版社 2015 年版，第 606 页。

到法律保护的情形下,可视为具有民事权利能力,适用民事主体的相关规则对其进行保护。所谓“视为”,亦即“即是”。“视为”规定在性质上是一种拟制规定,它是指对不同构成要件的事实明知其存在区别,而仍然规定具有相同的法律效果。该条规定是与《民法典》第13条关于“自然人从出生时起到死亡时止,具有民事权利能力,依法享有民事权利,承担民事义务”的规定相对应的。胎儿虽然没有出生,不具有民事权利能力,但又需要在特殊情形下对其利益予以保护,因此,通过“视为”的规定,赋予其特殊的民事主体地位。

3. 胎儿利益保护范围

比较法上关于胎儿利益保护,采取两种方式:一是概括规定的方式,即在法律上并不具体列举胎儿利益受到保护的范围和类型,而是采取总体保护的方式概括规定胎儿所享有的一切权益。[①] 例如,《瑞士民法典》第31条规定:“子女,只要其出生时尚生存,出生前即具有权利能力。”二是具体列举规定的方式,即法律原则上并不承认胎儿的民事权利能力,只是在涉及遗产继承、接受赠与等胎儿利益时,特别规定予以保护。法国、德国、日本等国家民法典采纳了此种方式。[②]

我国《民法典》第16条兼采上述两种方式,即一方面具体规定了遗产继承、接受赠与,另一方面又用“等”字概括规定了胎儿所享有的各项权益。依据《民法典》第16条的规定,胎儿受到法律保护的利益范围如下:一是遗产继承利益。我国《民法典》第1155条规定:“遗产分割时,应当保留胎儿的继承份额。胎儿娩出时是死体的,保留的份额按照法定继承办理。”此即对胎儿继承时的特留份利益作出了规定。当然,从《民法典》第16条的规定来看,在涉及遗产继承时,胎儿视为具有民事权利能力,这实际上扩大了胎儿在遗产继承中的利益范围,其不再限于特留份利益。二是接受赠与。这就是说,在胎儿出生前,如果有人对其作出赠与,则该项赠与有效,胎儿可以保有该赠与利益。三是其他利益。《民法典》第16条在规定胎儿所享有的民事权利的范围时,采用了“涉及遗产继承、接受赠与等”这一表述,表明胎儿所享有的利益并不限于上述两项。例如,在胎儿未出生之前,其健康遭受侵害,也可以在其出生后独立提出损害赔偿的请求。

4. 胎儿利益保护的条件是娩出时为活体

关于胎儿视为具有民事权利能力应从何时开始计算,存在两种观点:一

---

① 参见郑玉波:《民法总则》,中国政法大学出版社2003年版,第104页。

② 参见郑玉波:《民法总则》,中国政法大学出版社2003年版,第104页。

种观点认为,胎儿在出生前即具有民事权利能力。如果胎儿娩出时为死体,则溯及地丧失民事权利能力。另一种观点认为,胎儿在出生前并未取得民事权利能力,如果胎儿娩出时为活体,则溯及地享有民事权利能力。[①] 依据《民法典》第16条的规定,"胎儿娩出时为死体的,其民事权利能力自始不存在"。该条更接近于前一种观点,也就是说,在胎儿出生前,可以通过民事权利能力的相关规则对其进行保护。该条所规定的"娩出"是指胎儿从母体内产出,与"出生"这一表述相比,"娩出"这一表述更符合医学标准,也更加规范。也就是说,胎儿自母亲怀孕时就应当被视为具有民事权利能力,不必要等到其出生以后才能行使继承权等权利,如此有利于更加周延地保护胎儿利益。如果胎儿娩出时是死体的,则视为胎儿自始不具有民事权利能力,胎儿在娩出前因继承、接受赠与等原因所取得的利益也自始不享有。如果胎儿在出生前已经获得了相关的给付,则在胎儿娩出时为死体的情形下,其获得该给付的目的将自始不存在,据此将产生恢复原状等效力。例如,《继承编解释》第31条第2款规定:"为胎儿保留的遗产份额,如胎儿出生后死亡的,由其继承人继承;如胎儿娩出时是死体的,由被继承人的继承人继承。"又如,胎儿在接受赠与后,如果娩出时为死体的,则该赠与无效,应当将该财产返还赠与人。

5. 关于父母在胎儿娩出前可否作为法定代理人主张相应权利

关于胎儿何时取得民事权利能力存在两种学说:一是法定解除条件说。此种观点认为,即使胎儿尚未出生也可以被视为具有与已出生的人同等的法律地位,即具有民事权利能力;当然,如果胎儿出生时为死体的,则其已经取得的权利能力便溯及地消灭,自始不存在。按照法定解除条件说,既然胎儿可以被视为具有与已出生的人同等的法律地位,那么胎儿在出生前遭受损害的,其法定代理人可以代为行使相关的权利。[②] 二是法定停止条件说。此种观点认为,胎儿在出生前并不具有民事权利能力,只有在其出生时为非死体时,其才在法律上开始取得民事权利能力,并应当对其利益予以保护。[③] 按照此种观点,由于胎儿在出生前并不具有民事权利能力,其并不具有接受赠与、主张损害赔偿的资格。因此,胎儿在出生前遭受损害的,其父母也不得以其法定代理人的身份提出请求。区分这两种理论的一个重要意义在于,胎儿出生前,其父母能否作为胎儿的法定代理人主张权利。按照法定解

---

① 参见王泽鉴:《民法总则》,北京大学出版社2009年版,第113页。

② 参见王泽鉴:《民法总则》,北京大学出版社2009年版,第115页。

③ 参见陈聪富:《民法总则》,台北,元照出版有限公司2016年版,第51页。

除条件说,由于胎儿在出生前具有民事权利能力,胎儿的父母可以以胎儿法定代理人的身份主张损害赔偿、遗产继承、接受赠与等。按照法定停止条件说,由于胎儿在出生前并非民事主体,因此,胎儿的父母不能以胎儿法定代理人的身份主张权利,如不得主张接受赠与、请求损害赔偿等。前者显然更有利于保护胎儿利益。

我国《民法典》第 16 条承认了胎儿在尚未出生时,涉及遗产继承、接受赠与等胎儿利益的应当受到保护。① 但该条并没有明确规定父母在胎儿娩出前可否作为法定代理人主张相应权利。据此,《总则编解释》第 4 条规定:"涉及遗产继承、接受赠与等胎儿利益保护,父母在胎儿娩出前作为法定代理人主张相应权利的,人民法院依法予以支持。"该条为胎儿利益保护作出了更为细化的规定。依据起草者的解释,涉及胎儿的人身损害赔偿,应当倡导胎儿出生后起诉,避免因为在胎儿娩出后为死体而发生执行回转。但从保护胎儿利益的现实需要出发,《总则编解释》第 4 条明确承认胎儿的父母可以以其法定代理人的身份行使相关权利,如代理胎儿接受赠与,在胎儿利益遭受侵害时代为主张侵权责任等。② 这与《民法典》的立场保持了一致,并对胎儿的利益提供了更加周延的保护。

结合《民法典》与《总则编解释》的上述规定可见,关于胎儿利益的保护我国法律规定采取了接近于法定解除条件说的立场。但需要指出的是,我国上述规定的立场与法定解除条件说也存在一定的区别,因为按照法定解除条件说的立场,胎儿具有民事权利能力,属于民事主体,而按照我国《民法典》的规定,胎儿在出生前只是针对涉及遗产继承、接受赠与等胎儿利益保护,将胎儿视为具有民事权利能力,而不是说其已经真正具有民事权利能力。从这一意义上说,胎儿并非民事主体,这与法定解除条件说的立场存在一定的区别。

四、自然人民事权利能力的终止

(一)自然人的权利能力终于死亡

自然人死亡以后自然不能继续成为权利、义务的享有者和承担者,其权利能力当然消灭。我国《民法典》第 13 条规定:"自然人从出生时起到死亡时止,具有民事权利能力,依法享有民事权利,承担民事义务。"据此,自然人的权利能力因死亡而终止。也就是说,死亡之后,自然人不能再作为民事主

---

① 参见黄薇主编:《中华人民共和国民法典释义》(上),法律出版社 2020 年版,第 38~39 页。

② 参见贺荣主编:《最高人民法院民法典总则编司法解释理解与适用》,人民法院出版社 2022 年版,第 116 页。

体享有民事权利、承担民事义务。

死亡是一种自然事件，也是引起法律关系变动的重要的法律事实，与民事权利能力的终止联系在一起。自然人的民事权利能力既然为自然人终生享有，则只能在自然人死亡时终止。死亡包括生理死亡和宣告死亡。生理死亡也称为自然死亡，是指自然人生命的自然终结。至于死亡的原因（如病故、因意外事故致死），对主体的资格的丧失并无影响。自然人死亡以后应当由医院和有关部门开具死亡证明书，自然死亡的时间一般应以死亡证明书上记载的时间为准。然而，死亡毕竟是一个事实问题，如果死亡证明书中记载的时间与公民死亡的真实时间有出入，则应以事实为准。

自然人死亡以后不应当作为民事主体享受权利并承担义务，但是法律在例外情况下需要对个人死亡后的某些利益进行保护。《民法典》第 994 条规定："死者的姓名、肖像、名誉、荣誉、隐私、遗体等受到侵害的，其配偶、子女、父母有权依法请求行为人承担民事责任；死者没有配偶、子女且父母已经死亡的，其他近亲属有权依法请求行为人承担民事责任。"该条对死者人格利益的保护规则作出了规定。依据本条规定，死者的姓名、肖像、名誉、荣誉、隐私、遗体等人格利益受到法律保护，但该条规定没有将死者人格利益规定为人格权，而是将其作为一种人格利益加以保护。

（二）生理死亡的时间认定

生理死亡的时间直接关系民事主体是否存在、原权利义务是否变更、继承是否开始等，这就需要准确判断生理死亡的时间，因此，其在民法上具有一定的法律意义。关于自然死亡的时间，主要有三种学说，即心脏跳动停止说、呼吸停止说、脑死亡说。所谓脑死亡，指以脑干或脑干以上中枢神经系统永久性地丧失功能为参照系而宣布死亡的标准。德国以脑死亡为通说，但也有德国学者认为，为了防止出现"死而复生"、财产因为被继承而丧失的情况，应以生命迹象的最后消失时间为准。①

笔者认为，关于死亡时间的认定，应当按照医学标准来确定，生理死亡的判断标准应该与医疗技术的发展相适应。传统观点所持的心脏死亡说等具有一定的合理性，但是随着医学科技的发展，病人的心跳、呼吸、血压等生命体征都可以通过一系列药物和先进设备加以逆转或长期维持。在此情况下，还不能直接认定病人已经死亡。但是如果脑干发生结构性损伤破坏，无论采取何种医疗手段最终必然导致心脏死亡。因此，与心脏死亡相比，脑死

① 参见朱庆育：《民法总论》（第 2 版），北京大学出版社 2016 年版，第 389 页。

亡显得更为科学、标准更可靠。[①] 目前大多数医学专家主张脑电波消失说比较科学，其在临床中也逐渐被采纳，因此，采纳这一观点认定死亡时间有一定的道理。

如何具体确定生理死亡的时间，需要有一定的证据证明。我国《民法典》第15条对生理死亡时间的证明规则作出了规定，该条规定："自然人的出生时间和死亡时间，以出生证明、死亡证明记载的时间为准；没有出生证明、死亡证明的，以户籍登记或者其他有效身份登记记载的时间为准。有其他证据足以推翻以上记载时间的，以该证据证明的时间为准。"依据该条规定，首先，应按照死亡证明所记载的时间确定自然人的生理死亡时间；其次，如果没有死亡证明，则以户籍登记或者其他有效身份登记记载的时间为自然人的生理死亡时间。当然，死亡毕竟是一个事实问题，如果死亡证明书中记载的时间与自然人死亡的真实时间有出入，则应以事实为准。

在特殊情形下，如果数人在同一事件中死亡的，可能难以确定每个人的死亡时间顺序，这可能带来继承法上的难题。在司法实践中，一般认为，相互有继承关系的几个人在同一事件中死亡，不能确定死亡先后时间的，推定没有继承人的人先死亡。死亡人各自都有继承人的，如几个死亡人辈分不同，推定长辈先死亡；几个死亡人辈分相同，推定同时死亡，彼此不发生继承，由他们各自的继承人分别继承。

第二节　自然人的民事行为能力

一、自然人的民事行为能力的概念和特点

自然人的民事行为能力，是指自然人能够以自己的行为行使民事权利和设定民事义务，并且能够对自己的违法行为承担民事责任。简言之，即自然人可以独立进行民事活动的能力或资格。行为能力来源于德语(Geschäftsfähigkeit)，其是指有效实施法律行为的能力，即依据当事人意志而发生法律效果的能力。私法自治允许每个人按照自己的意愿从事法律行为。但是，只有当行为人具有最低程度的理解与判断能力，能够理解其意思

---

① 我国医学界自20世纪80年代开始讨论建立"脑死亡"标准，目前，世界上已有八十余个国家和地区承认了脑死亡标准。中华医学会组织了全国内科、神经内科、神经外科、法学、伦理学等有关专家进行深入讨论，起草的中国脑死亡诊断标准初稿已完成，正在广泛征求各方意见，进行修改和完善。参见《中国判定首例"脑死亡"武汉同济医院临床应用》，载中国新闻网，http://www.chinanews.com.cn/n/2003-04-11/26/293429.html。

表示的后果时，才能发生相应的法律效果，这就需要具有行为能力。① 民事行为能力的特点在于：

1. 它是独立进行民事活动的能力。人们对自己的行为后果并不是都能认识清楚的，如果许可一切人都可独立地进行活动，势必会对一些缺乏判断能力的人不利，也不利于其进行公平的交易。因此，法律规定，不具备认识能力的人的行为是无效的，不能发生当事人所追求的法律后果。

2. 它以意思能力为基础。自然人的民事行为能力是自然人对自己的行为后果承担责任，使自己的行为发生法律效力的能力。因此，一个人要具备承担自己行为后果的能力，首先应具备认识这种行为的能力，即要以意思能力为基础。从比较法来看，无论是瑞士还是德国，民事行为能力都是以意思能力为前提的。在我国，《民法典》虽然没有明确规定意思能力的概念，但笔者认为，如果将意思能力理解为认识和判断自己行为的能力，那么行为能力应当包括意思能力，或者说应当以意思能力为基础。民事行为能力以人的认识能力为根据，而人的认识能力与人的年龄和健康状况有密切联系。一个人只有达到一定的年龄且有健全的智力，对客观事物才具有判断力。

3. 它具有法定性。自然人的民事行为能力与人的认识能力有关，但它不是以自然人个人的意思为标准的，也不是“天赋”的，而是由国家法律赋予的。所以除法律规定的情况和依法定程序外，任何人不得剥夺和限制自然人的民事行为能力。

民法规定自然人的民事行为能力的原因在于：一是保护无行为能力人和限制行为能力人的利益。行为能力欠缺，意味着欠缺独立行为的能力，因此其在交易中容易受到损害。所以，法律有必要规定一个标准，使那些不具有或欠缺意思能力的人不能自由行为，即不能通过自己的积极活动去设定权利义务关系，产生其预期的法律效果，从而保护那些行为能力欠缺的人的利益。如果无行为能力人或限制行为能力人与他人发生交易行为，第三人并不知交易的相对人为无行为能力人或限制行为能力人，其主观上是善意的、无过失的，但仍不能当然使交易行为有效，因为在民法上对无行为能力人的利益的保护超过了对善意第三人的信赖利益的保护。② 二是保护交易的安全和秩序。行为能力制度的设立首先在于保护欠缺行为能力人的利益，其次才是保护交易安全、保障社会经济秩序的稳定。如果任何人都可以

---

① Vgl. Brox/Walker，Allgemeiner Teil des BGB，34. Aufl.，2010，Rn. 259.

② 参见［日］山本敬三：《民法讲义Ⅰ·总则》，解亘译，北京大学出版社2004年版，第29页。

以其无意思能力而主张交易无效,对交易安全的保护是不利的,所以,对行为能力应规定严格而明确的标准。总之,法律正是根据公民的个人利益和社会利益的需要来规定自然人的民事行为能力的。自然人的民事行为能力与民事权利能力并不一致,有民事权利能力并不一定就具备民事行为能力,但有民事行为能力必然有民事权利能力。

二、行为能力与意思能力的关系

行为能力与意思能力具有密切联系。理解行为能力与意思能力的密切联系和区别,对于适用《民法典》主体制度和法律行为制度具有重要意义。行为能力(die Geschäftsfähigkeit)是指有效地实施法律行为的能力,通常包括理解能力(Einsichtsfähigkeit)与判断能力(Urteilsfähigkeit)。[①] 而意思能力(Willensfähigkeit)是指理性的意思形成的能力(Willensbildungsfähigkeit)。[②] 拉伦茨认为"自由决定意志",法律只承认具备一定最低程度判断力的人具有行为能力。[③] 私法自治使民事主体可以按照自己的意愿实施法律行为,这只有建立在民事主体可以理解其作出的法律行为意义上的意思表示,才具有意义。因此,行为能力要以意思能力为基础。但在德国,意思能力的概念已经不再被经常提及,因为广义的行为能力基本上取代了意思能力。而在瑞士法中,意思能力是行为能力的组成部分,也就是理性的认识能力。[④]

自然人的意思能力是行为能力的基础。一个人只有具备自然意思能力,其才能以自己的意志控制和支配其实施的行为。据此,当一个婴儿根据生理上的非条件反射抓住某物时,婴儿不具有自然意思能力;当一个人失去知觉摔倒砸坏东西时,其也不具有自然意思能力。[⑤] 自然意思能力与行为能力联系密切,具有完全或者限制民事行为能力的民事主体,通常情况下也具有自然意思能力。但二者也可能分离。一方面,并非所有完全民事行为能力人在任何时刻都具有意思能力。例如,一个完全民事行为能力人失去知觉摔倒砸坏某物时,他并不具有意思能力。另一方面,无民事行为能力的民

---

① Brox/Walker, 2017, Rn. 259.

② Medicus/Peterson, Allgemeiner Teil des BGB, 2016, Rn. 535; MüKoBGB/Spickhoff, 9. Aufl. 2021, BGB §104 Rn. 33; Staudinger/Klumpp (2021) Vorbem zu §§104 ff., Rn. 8.

③ 参见[德]卡尔·拉伦茨:《德国民法通论》(上册),王晓晔等译,法律出版社2003年版,第133页。

④ 参见[瑞]贝蒂娜·许莉蔓-高朴、[瑞]耶尔格·施密特:《瑞士民法:基本原则与人法》(第2版),纪海龙译,中国政法大学出版社2015年版,第210页。

⑤ Wolf/Neuner, Allgemeiner Teil des Bürgerlichen Rechts, 11. Aufl. C. H. Beck, §12 Rn. 1, S. 129.

事主体,也可能具有自然意思能力。例如,一个 5 岁孩童创作一幅画时,其具有自然意思能力,可以据此取得著作权。对于事实行为而言,虽然并不要求行为人具有行为能力,但是仍然要求当事人具有自然意思能力。①

我国《民法典》没有使用"意思能力"或者"广义的行为能力"的概念,而是采用民事行为能力的概念。《民法典》第 18 条至第 21 条分别定义了完全民事行为能力、限制民事行为能力和无民事行为能力三种概念。这种分类既考虑了年龄也考虑了智力状态等因素。《民法典》之所以以年龄为标准划分完全、限制和无民事行为能力,而不是判断当事人是否具有实质的意思能力,主要是出于保障交易安全的考虑。因为某人是否具备成熟的意思能力,他人往往很难进行实质判断;即使在交易时判断正确,他人也很难事后举证证明某人在交易时已经具备成熟的意思能力。况且,每个人在什么年纪逐渐形成成熟的意思能力,也存在很大的差异性。倘若根据意思能力的有无或者成熟与否判断人们实施的法律行为是否有效,或者将意思能力等同于民事行为能力,将会严重影响交易安全。

但是《民法典》在法律行为效力的判断上,并非完全不考虑意思能力,意思能力对民事行为能力的影响具体表现为:

一方面,限制行为能力人实施的法律行为是否有效,可能受到该行为人的意思能力的影响。《总则编解释》第 5 条规定:"限制民事行为能力人实施的民事法律行为是否与其年龄、智力、精神健康状况相适应,人民法院可以从行为与本人生活相关联的程度,本人的智力、精神健康状况能否理解其行为并预见相应的后果,以及标的、数量、价款或者报酬等方面认定。"这就是说,对于限制民事行为能力人是否有能力实施某种民事法律行为,要考虑从行为与本人生活相关联的程度,本人的智力、精神健康状况能否理解其行为并预见相应的后果,以及标的、数量、价款或者报酬等方面认定。对于具体的交易行为要具体判断。②

另一方面,对于完全行为能力人而言,一般来说,其具有完全的意思能力,也具有完全的行为能力。但在特殊情况下,意思能力会与行为能力发生分离,完全行为能力人也可能会因为缺失意思能力而影响其实施的法律行为。例如,有学者认为,在完全民事行为能力人欠缺意思能力时,可以适用最高人民法院《关于贯彻执行〈中华人民共和国民法通则〉若干问题的意见

---

① 参见王泽鉴:《民法物权 2:用益物权 · 占有》,中国政法大学出版社 2001 年版,第 242 页。

② 参见贺荣主编:《最高人民法院民法典总则编司法解释理解与适用》,人民法院出版社 2022 年版,第 129 页。

(试行)》(已失效)第67条第2款的规定,对于行为人在神志不清状态下实施的民事行为认定为无效。[①]

三、民事行为能力和民事权利能力

具备了民事主体资格,要实际地参与民事活动,还必须要有民事行为能力。民事行为能力,就是法律所认定的形成意思的能力[②],即主体能够独立地以自己的行为取得权利、承担义务的资格。主体能否独立认识和判断自己行为的性质和后果并对自己的行为作出选择,从而具备形成意思的能力,通常是由法律确认的。

民事权利能力和民事行为能力是主体制度中的两项重要内容。没有民事权利能力,就失去了主体资格,也就不可能具有行为能力。但是仅有权利能力而没有行为能力,也不能通过自己的行为去享有权利和承担义务。具体来说,二者的区别表现在:

第一,民事权利能力是成为民事主体的资格,而民事行为能力是能够以自己的行为从事民事活动的资格[③],换言之,后者是法律认定的意思能力。有权利能力的人,如果不具备法定的意思能力,就没有行为能力。但反过来说,任何具备行为能力的人,都具有民事权利能力。

第二,民事权利能力具有普遍性,而民事行为能力不具有普遍性。任何人都具有权利能力,权利能力不需要特别认定,更不需要通过某种程序来认定。而对自然人来说,在何种情况下具有行为能力,首先,要达到一定的标准。其次,对于一些受健康等因素影响欠缺足够的意思能力的人的行为能力的认定,要经过特殊的程序。对于自然人来说,权利能力都是平等的,但行为能力却可能因人而异。

第三,民事权利能力是不受限制和剥夺的,而民事行为能力却可以依据法律规定的原因和程序作出限制。例如,精神病人可以被认定为限制民事行为能力人或无民事行为能力人。

第四,民事行为能力以意思能力的存在为基础,而民事权利能力不以意思能力的存在为基础,不受年龄、精神状况和身体条件的限制。

四、自然人的行为能力和责任能力

所谓责任能力,又称为不法行为能力或过失责任能力,是指对自己的过

---

① 参见常鹏翱:《意思能力、行为能力与意思自治》,载《法学》2019年第3期。

② 参见[德]迪特尔·梅迪库斯:《德国民法总论》,邵建东译,法律出版社2000年版,第409页。

③ 参见余能斌、马俊驹主编:《现代民法学》,武汉大学出版社1995年版,第83页。

失行为能够承担责任的能力。[①] 责任能力包括侵权责任能力、违约责任能力和其他责任能力。[②] 由于侵权责任能力在侵权法中最为重要,所以各国对侵权责任能力都有明确规定[③],而对于违约责任能力则规定准用侵权责任能力之规定。[④] 我国《民法典》第 1188 条第 1 款规定:“无民事行为能力人、限制民事行为能力人造成他人损害的,由监护人承担侵权责任。监护人尽到监护职责的,可以减轻其侵权责任。”可见,我国对于责任能力的规定仅仅限于侵权责任能力。

笔者认为,责任能力虽与行为能力有着密切的联系,但也不完全等同于行为能力。凡是具有民事行为能力者,均具有民事责任能力。[⑤] 从意思能力的角度来看,责任能力也要求有意思能力。但是民事行为能力和民事责任能力又有区别。主要表现在:

第一,制度宗旨不同。行为能力是为了保障行为人按照自己的意思来参与民事活动,责任能力是为了追究侵权责任。就侵权责任而言,传统民法以意思能力作为判断责任的前提,要求必须有过错,但在现代民法中,为了对受害人遭受的损害给予充分的补救,在分配责任的时候,不仅要考虑过错,还要考虑对受损人的补偿。这就要突破意思能力的局限,使行为能力和责任能力分开。侵权责任中的公平原则更是注重行为人是否具有责任财产,如果有财产则应当承担责任。所以财产也成为责任能力的基础,只要有财产就认为其有一定的责任能力。

第二,认定基础不同。行为能力实际上是以理性的判断能力为基础的,而责任能力是以对不法行为的识别能力为基础的。因此,行为能力的判断标准显然要高于责任能力的判断标准。

第三,判断标准不同。行为能力的判断标准是由法律统一规定的,即由年龄和智力状况来进行判断,是可以适用于所有人的判断标准。而对责任能力的判断,则采取的是个别判断的办法,即要根据每个具体不法行为人的意思能力和财产等分别进行判断。[⑥]

---

① 参见[德]卡尔·拉伦茨:《德国民法通论》(上册),王晓晔等译,法律出版社 2003 年版,第 156 页。

② 参见龙卫球:《民法总论》(第 2 版),中国法制出版社 2002 年版,第 266 页。

③ 参见《德国民法典》第 827 条、第 828 条、第 829 条、第 832 条;《日本民法典》第 712 条、第 713 条。

④ 参见《德国民法典》第 276 条。

⑤ 参见梁慧星:《民法总论》(第 4 版),法律出版社 2011 年版,第 68 页。

⑥ 参见郑玉波:《民法总则》,台北,三民书局 1998 年版,第 89 页。

第四，法律地位不同。行为能力是法律行为制度中的重要内容，其涉及意思表示和法律行为的效力判断，是否具有相应的行为能力是法律行为生效的前提。而责任能力是民事责任承担的前提，在违约责任和侵权责任及其他责任的承担中都是责任要件。

五、民事行为能力的划分

（一）完全民事行为能力

所谓完全民事行为能力，是指自然人能以其自己的行为独立享有民事权利、承担民事义务的资格。《民法典》第 17 条规定："十八周岁以上的自然人为成年人。不满十八周岁的自然人为未成年人。"第 18 条第 1 款规定："成年人为完全民事行为能力人，可以独立实施民事法律行为。"依据上述规定，18 周岁以上的自然人为完全民事行为能力人。《民法典》作出此种规定是合理的：一方面，根据我国《宪法》规定，年满 18 周岁的公民享有选举权和被选举权，且在社会生活交往中，一般认为 18 周岁的人为成年人，已经具有相当的社会经验和知识，能够独立地生活和就业，因此，年满 18 周岁的人应为完全行为能力人。另一方面，对 18 周岁以上的自然人而言，其已经成年，具有相当的社会经验和知识，对外界各种情况已经有了自己独立的判断能力，可以独立实施各种民事法律行为，有必要规定其为完全民事行为能力人。

《民法典》第 18 条第 2 款规定："十六周岁以上的未成年人，以自己的劳动收入为主要生活来源的，视为完全民事行为能力人。"所谓"以自己的劳动收入为主要生活来源"，包括两个方面：第一，具有一定的劳动收入，即依靠自己的劳动获得了一定的收入，如工资、奖金等。这种收入应当是固定的，而不是临时的、不确定的。第二，其劳动收入构成主要生活来源。也就是说，其劳动收入能够维持其生活，不需要借助其他人的经济上的资助也可以维持与当地群众相当的一般生活水平。① 此处所说的"视为"属于法律上不可推翻的推定。"视为"，亦即"即是"。我国《民法典》作出上述规定的主要原因在于，法律上对于自然人是否具有行为能力的规定，是对所有的自然人的民事行为能力的一般规定，但每个自然人的情况并非完全相同，是否具有完全民事行为能力，其情况也可能是有差别的，因此法律上有必要设定例外规定。《劳动法》第 15 条规定，16 周岁以上的自然人就享有劳动权。因此，16 周岁以上的公民能够参加劳动，并可能有一定的收入，完全否定其具有

---

① 参见柳经纬主编：《民法总论》（三版），厦门大学出版社 2000 年版，第 85 页。

完全民事行为能力也不一定妥当。所以,我国《民法典》第 18 条第 2 款规定,以自己的劳动收入为主要生活来源的 16 周岁以上的未成年人,可以视为完全民事行为能力人。

(二)限制民事行为能力

限制民事行为能力,又称为不完全民事行为能力,是指自然人部分独立或者在一定范围内具有民事行为能力。依据《民法典》的规定,限制民事行为能力人有两种:

一是 8 周岁以上的未成年人。《民法典》第 19 条规定:"八周岁以上的未成年人为限制民事行为能力人,实施民事法律行为由其法定代理人代理或者经其法定代理人同意、追认;但是,可以独立实施纯获利益的民事法律行为或者与其年龄、智力相适应的民事法律行为。"该条将限制民事行为能力人的年龄下限从《民法通则》规定的 10 周岁降低为 8 周岁,降低的主要原因在于,随着经济社会的发展和人们生活教育水平的提高,未成年人的生理、心理成熟程度和认知能力较以往有了一定的提高,适当降低限制民事行为能力人的年龄下限,有利于其从事与其年龄、智力状况相适应的民事活动。这也是尊重未成年人自主意识的体现,有利于保护其合法权益。①

二是不能完全辨认自己行为的成年人。一些成年人(如精神病人)也可能因精神、智力障碍而不能完全辨认自己行为的内容与法律后果,不能独立实施一些民事活动,其也应当属于限制民事行为能力人。对此,《民法典》第 22 条规定:"不能完全辨认自己行为的成年人为限制民事行为能力人,实施民事法律行为由其法定代理人代理或者经其法定代理人同意、追认;但是,可以独立实施纯获利益的民事法律行为或者与其智力、精神健康状况相适应的民事法律行为。"

对于限制民事行为能力人来说,法律只允许其独立从事纯获利益的民事法律行为及与其智力、精神健康状况相适应的民事法律行为。关于如何认定限制民事行为能力人从事的行为是否与其年龄、智力、精神健康状况相适应,《总则编解释》第 5 条规定:"限制民事行为能力人实施的民事法律行为是否与其年龄、智力、精神健康状况相适应,人民法院可以从行为与本人生活相关联的程度,本人的智力、精神健康状况能否理解其行为并预见相应的后果,以及标的、数量、价款或者报酬等方面认定。"依据该规定,在判断相关行为是否与限制民事行为能力人的年龄、智力、精神健康状况相适应时,需要在具体的交易中确定。因此,对于"相适应"的判断,不存在抽象的、一

① 参见李适时主编:《中华人民共和国民法总则释义》,法律出版社 2017 年版,第 57 页。

般的标准，而应当依据具体的交易情形进行判断。

依据《总则编解释》第5条，在判断是否“相适应”时，要从行为与本人生活相关联的程度，本人的智力、精神健康状况能否理解其行为并预见相应的后果，以及标的、数量、价款或者报酬等方面认定。限制民事行为能力人包括未成年人和成年人两类，这两类限制民事行为能力人的认定标准存在一定区别，对此主要采用了如下标准：一是年龄标准，此种标准主要适用于未成年人。依据《民法典》的规定，8周岁至18周岁的未成年人，一般都属于限制民事行为能力人。二是智力、精神健康状况标准，此种标准特别适用于成年人。对成年人而言，认定其是否属于限制民事行为能力人，需要考虑其智力、精神健康状况，判断其是否具备理解其行为性质和后果的能力，如果其完全不具备此种能力，则可能被认定为无民事行为能力人。对于不能完全辨认自己行为的成年精神病人，虽然已经成年，由于其精神失常，缺乏正确的认识能力和判断能力，不能完全理解自己的行为后果，因此，只能实施一些与其精神健康状况相适应的民事活动，其他民事活动应当由其监护人代理实施。对未成年人而言，主要依据年龄判断其智力和能力，但也需要结合其智力和精神健康状况判断其是否可以实施某种行为。对未成年人而言，其可以独立实施与其年龄、智力状况相适应的民事法律行为。因为从8周岁至18周岁跨度有10年，17周岁的未成年人与8周岁的未成年人的认知状况是不同的，即便是同一年龄的未成年人，其智力状况也有一定的差别，应当区别对待。如果对方当事人对一方欠缺民事行为能力提出抗辩，应当对此承担举证责任。① 限制民事行为能力人依法不能独立实施的民事法律行为，应当由其法定代理人代理实施。对此，《民法典》第23条规定：“无民事行为能力人、限制民事行为能力人的监护人是其法定代理人。”依据该条规定，限制民事行为能力人的监护人为其法定代理人，限制民事行为能力人依法不能独立实施的民事法律行为，应当由其监护人代理实施，否则应当属于效力待定的民事法律行为。

（三）无民事行为能力

所谓无民事行为能力，是指自然人无独立从事民事活动的资格，也就是说，不具有以自己的行为取得民事权利和承担民事义务的资格。在我国，无民事行为能力人包括两类：一是不满8周岁的未成年人。对此，《民法典》第20条规定：“不满八周岁的未成年人为无民事行为能力人，由其法定代理人

① 参见贺荣主编：《最高人民法院民法典总则编司法解释理解与适用》，人民法院出版社2022年版，第131页。

代理实施民事法律行为。”二是不能辨认自己行为的人。对此,《民法典》第21条第1款规定:“不能辨认自己行为的成年人为无民事行为能力人,由其法定代理人代理实施民事法律行为。”依据该条规定,如果成年人因为智力、精神状况等原因而无法辨认自己的行为,则应当属于无民事行为能力人。《民法典》第21条第2款规定:“八周岁以上的未成年人不能辨认自己行为的,适用前款规定。”因此,8周岁以上的未成年人,如果其不能辨认自己的行为,则也应当属于无民事行为能力人。对于不能辨认自己行为的自然人而言,从保护其利益出发,法律规定其为无民事行为能力人是十分必要的。

依据《民法典》第20条与第21条的规定,对无民事行为能力人而言,其不能独立实施任何民事法律行为,而必须由其法定代理人代理实施。因此,无民事行为能力人所实施的民事法律行为都是无效的。笔者认为,无民事行为能力人通常不能辨认和理解自己的行为,因此不能独立实施民事法律行为,但在特殊情形下,无民事行为能力人可以实施如下两类行为:一是纯获利益的行为,如接受赠与、奖励等。对此类行为,也必须从严解释,即只能对未成年人有利而不能给其增加任何负担,这些行为应当予以允许。二是日常生活必需的细小的行为。无民事行为能力人也可能会从事一些日常生活所必需的行为,如乘坐公交车和地铁、购买早点或零食。如果这些行为所涉金钱数额不大,且与其年龄和智力相符合的,其可以实施。允许无民事行为能力人实施上述行为,有利于保护无民事行为能力人的利益,同时,也有利于维护交易安全。

六、自然人民事行为能力的宣告

(一)申请认定自然人为无民事行为能力人或限制民事行为能力人

在自然人因智力、精神健康状况等原因而不能辨认或者不能完全辨认自己的行为时,相关主体有权申请人民法院认定该自然人为无民事行为能力人或者限制民事行为能力人。《民法典》第24条第1款规定:“不能辨认或者不能完全辨认自己行为的成年人,其利害关系人或者有关组织,可以向人民法院申请认定该成年人为无民事行为能力人或者限制民事行为能力人。”依据该条规定,申请认定自然人为无民事行为能力人或限制民事行为能力人需要具备如下条件:

第一,被认定人为不能辨认或者不能完全辨认自己行为的成年人。从该条规定来看,其仅适用于成年人,未成年人为无民事行为能力人或者限制民事行为能力人不需要人民法院的认定,而可以直接依据其年龄来判断。同时,被认定人应当是不能辨识或者不能完全辨识其行为的自然人,即该自然人因为智力发育不成熟,或者因为精神健康状况方面的原因,其辨识能力不足。从比较法上看,有的国家设置了禁治产制度,适用于醉酒、服用麻醉品等情形的人①,但我国并不存在禁治产制度,无民事行为能力人或者限制民事行为能力人的认定仅适用于不能辨认或者不能完全辨认自己行为的人。

第二,必须经利害关系人或者有关组织申请。认定自然人为无民事行为能力人或限制民事行为能力人必须依据利害关系人或者有关组织申请,法院不能依职权主动认定。所谓利害关系人,是指与被申请宣告的人有利害关系的人,如精神病人的配偶、父母、成年子女以及其他亲属等。法院不得主动进行宣告。所谓有关组织,依据《民法典》第 24 条第 3 款的规定,具体包括:居民委员会、村民委员会、学校、医疗机构、妇女联合会、残疾人联合会、依法设立的老年人组织、民政部门等。

第三,须经人民法院认定。行为能力的认定涉及个人的行为自由,也涉及交易安全,因此,任何人不得单方认定他人为无民事行为能力人或者限制民事行为能力人,而必须由人民法院予以认定。人民法院在认定某一自然人为无民事行为能力人或限制民事行为能力人时,必须确定其辨识能力的状况,进行具体认定。

(二)民事行为能力的全部和部分恢复

《民法典》第 24 条第 2 款规定:“被人民法院认定为无民事行为能力人或者限制民事行为能力人的,经本人、利害关系人或者有关组织申请,人民法院可以根据其智力、精神健康恢复的状况,认定该成年人恢复为限制民事行为能力人或者完全民事行为能力人。”该条对民事行为能力的全部或者部分恢复作出了规定,依据该条规定,民事行为能力的全部和部分恢复应当具备如下条件:

第一,必须针对被人民法院认定为无民事行为能力人或者限制民事行为能力人的成年人。一方面,如果不是被人民法院认定为无民事行为能力人或者限制民事行为能力人,则不能适用该条所规定的民事行为能力的恢复规则。另一方面,从该条规定来看,其仅适用于成年人民事行为能力的恢复,如果未成年人因为年龄增长而取得限制民事行为能力或者完全民事行为能力,则不需要通过该条所规定的程序取得相应的民事行为能力。

第二,必须经本人、利害关系人或者有关组织申请。依据该条规定,人

---

① 由于禁治产宣告具有法律歧视、过度管制特点,饱受批评,因此,德国已于 1992 年 1 月 1 日起施行的《关于修订监护法和保佐法的法律》中将这一制度予以废除。参见朱庆育:《民法总论》(第 2 版),北京大学出版社 2016 年版,第 246 页。

民法院不能依职权主动宣告某自然人恢复相应的民事行为能力,其必须经申请才能作出相应的认定。请求恢复民事行为能力的申请人包括本人、利害关系人或者有关组织。具体来说:一是本人。民事行为能力的恢复关系本人的切身利益,因此,与认定自然人为无民事行为能力人或限制民事行为能力人的申请不同,被认定恢复相应民事行为能力的自然人本人也可以提出相应的申请。二是利害关系人。此处所说的利害关系人主要是指该自然人的近亲属、债权人等。[①] 三是有关组织。依据《民法典》第 24 条第 3 款的规定,可以提出申请的"有关组织"具体包括:居民委员会、村民委员会、学校、医疗机构、妇女联合会、残疾人联合会、依法设立的老年人组织、民政部门等。

第三,根据成年人的智力、精神健康恢复的状况决定是否恢复。人民法院在认定是否有必要全部或者部分恢复某人的民事行为能力时,主要是考虑其智力、精神健康恢复状况。如果法院在考虑其智力、精神健康状况后认为其已经能够完全辨识自己的行为,则应当认定其已恢复完全民事行为能力;如果该自然人只恢复到部分辨识自己的行为,则应当认定其为限制民事行为能力人。在必要时,可能需要医院提供相关的诊断证明,以确定其智力、精神健康恢复状况。

需要指出的是,该条所规定的民事行为能力的恢复包括两种情形,即恢复为限制民事行为能力人或者完全民事行为能力人。这就是说,民事行为能力的恢复并不意味着一概恢复为完全民事行为能力人,而是由人民法院根据该自然人的智力、精神健康恢复的情况,具体认定其恢复为限制民事行为能力人或者完全民事行为能力人。

七、自然人民事行为能力的终止

自然人民事行为能力的终止是指民事行为能力的消灭。自然人的民事行为能力因一定的法律事实而取得,也因一定的法律事实而终止。《民法典》第 13 条规定:"自然人从出生时起到死亡时止,具有民事权利能力,依法享有民事权利,承担民事义务。"因此,自然人的主体资格因死亡而终止,自然人死亡后,其民事行为能力也因此终止。死亡是自然人民事行为能力终止的法律事实。因为自然人一旦死亡,其民事权利能力终止,其就不再是民事权利主体,因而也就不可能再从事民事活动。当然,自然人民事行为能力的终止应当是基于自然死亡,在宣告死亡的情形下,如果某自然人仍然处于

---

① 参见石宏主编:《中华人民共和国民法总则条文说明、立法理由及相关规定》,北京大学出版社 2017 年版,第 53 页。

生存状态，则其民事行为能力并不因此终止。

自然人因智力、精神健康状况而被宣告为无民事行为能力人，并非意味着其民事行为能力终止。在此应当区分民事行为能力的中止与民事行为能力的终止的概念：民事行为能力的中止是自然人民事行为能力的一时丧失，而终止则是永远的消灭。自然人因智力、精神健康状况被宣告为无民事行为能力人时，其民事行为能力一时丧失；在其恢复健康时，可以重新获得行为能力。

关于民事行为能力终止的时间，有学者认为，对于自然死亡的自然人来说，民事行为能力的终止应当从其死亡前神志不清时起确定。笔者认为，这种看法是不妥当的，因为自然人神志不清达到何种程度才能被认为是不能辨认自己的行为后果，可能需要借助医院的医疗结论或者其他证据加以判断；而且从《民法典》第 24 条的规定来看，无民事行为能力的认定有一定的程序要求，即需由利害关系人或者有关组织申请，由人民法院认定，不宜仅因自然人神志不清而直接认定其丧失民事行为能力。

第三节　监护的基本理论

一、监护的概念与特征

所谓监护，是指民法上所规定的对于无民事行为能力人和限制民事行为能力人的人身、财产及其他合法权益进行监督、保护的一项制度。[①] 履行监督、保护义务的人，称为监护人；被监督、保护的人，称为被监护人。从各国立法来看，为对未成年人及无民事行为能力或者限制民事行为能力的成年人进行监督和保护，设立亲权、监护、保护、保佐、辅保等制度，这些制度在内容上各有侧重，不尽相同。我国立法没有作此种区分，对于无行为能力人和限制行为能力人的监督和保护统一采用监护制度。不过，在我国《民法典》中，监护包括两个方面：一是未成年人的监护制度，即专门针对未达到法定成年年龄的人所设立的监督和保护制度；二是成年人的监护制度，其中包括了对无民事行为能力、限制民事行为能力的成年人的法定监护与意定监护。这两种监护是根据被监护对象的不同而作出的区分，表明两者在监护人的确定等方面存在一定的区别。

监护制度的设立，主要是为了保护无行为能力人和限制行为能力人的合法权益，尤其是要保护未成年人和精神病人等弱势群体的人身财产等权

---

① 参见佟柔主编：《中国民法》，法律出版社 1990 年版，第 75 页。

益。同时也为了保护交易第三人的合法权益,从而维护社会秩序的稳定、保护交易的安全。监护从其本质上讲,就是对缺乏行为能力人的监督、照顾和辅助制度。法律设立监护制度:一是对被监护人的行为能力予以弥补。因为不具有完全民事行为能力的自然人,不能进行或不能独立进行民事活动,这就难以满足其物质和精神生活的需求;而通过监护制度,由监护人代为或协助其进行民事活动,就能够满足被监护人的物质和精神需求,有效地保护其合法权益。《民法典》之所以在总则编而不是在婚姻家庭编中规定监护制定,是因为监护保障无行为能力人和限制行为能力人的权益,弥补民事行为能力的不足。① 二是通过监护人的设立,可以对被监护人的人身和财产等合法利益予以保护和照顾,避免其受到其他人的侵害;保护儿童和老人等的合法权益。在家庭关系中,儿童、老人等属于弱势群体,应当受到民法的特别保护。家庭对于未成年人心理和身体的健康发展至关重要,在一段时期内,由于经济成分和经济利益多样化等方面的原因,未成年人监护制度存在一定缺失,导致未成年人群体利益与其他群体利益之间的矛盾加剧,出现了诸如家长强迫儿童辍学的现象。有研究显示,家庭监护方式不当、监护能力不高,是未成年人犯罪的重要成因。② 因此,保护未成年人的合法利益,完善监护制度对未成年人的保护,是《民法典》构建和谐家庭的重要组成部分。《民法典》还完善了成年监护制度,规定了遗嘱监护制度、意定监护制度、临时监护人制度以及监护人的撤销制度,以强化对老年人的保护,从而有效应对老龄化社会的现实需要。③ 三是对被监护人进行监督和管束,防止其实施违法行为,对他人和社会造成损害。四是由监护人作为法定代理人代理被监护人从事民事法律行为,从而保护相对人的合法权益,维护交易安全。

二、关于监护制度的体例安排

监护制度是总则编的重要内容,但在《民法典》编纂中,关于监护制度是否应当规定在总则编,存在争议。对于监护制度应当规定于总则编抑或婚姻家庭编,在《民法典》编纂过程中曾有两种截然不同的观点。第一种观点认为,监护制度与婚姻家庭关系联系紧密,应当在婚姻家庭编中加以规定。第二种观点认为,监护制度解决的是自然人的行为能力问题,因而应当在总

---

①　参见黄薇主编:《中华人民共和国民法典总则编解读》,中国法制出版社 2020 年版,第 78 页。

②　参见林艳琴:《国家治理视域下未成年人家庭监护缺失的预防与干预》,载《国家行政学院学报》2018 年第 4 期。

③　参见李适时主编:《中华人民共和国民法总则释义》,法律出版社 2017 年版,第 97 页。

则编中予以规定。[①] 最终《民法典》采纳了将监护制度置于总则编的做法，笔者赞同此种体例，理由主要在于：一方面，此种安排符合我国既有立法习惯。《民法通则》曾对监护制度进行了规定，其与权利能力、行为能力、宣告失踪、宣告死亡等制度一并作为公民（自然人）一章的重要内容。因此，《民法典》将监护制度在总则编进行规定与这一立法习惯一脉相承，在立法上具有稳定性。[②] 另一方面，监护制度与行为能力制度密切联系，是自然人制度不可或缺的部分。现代监护制度旨在对行为能力不足的主体进行有益补充，以实现最大程度上保护被监护人的目的。相较于罗马法，监护成为辅助行为能力欠缺者参与社会交往的手段，而非家庭视角下家长权的延伸。因此，将监护制度置于总则编，规定在自然人的民事权利能力制度中，具有逻辑合理性，更有利于实现保护被监护人的目的。[③] 还应当看到，虽然父母是未成年子女的法定监护人，但在我国监护制度中，监护不仅仅包括家庭监护，还包括了国家监护、社会监护。监护主体不仅限于被监护人的亲属，还可能是公益社会组织等，可见监护也逐渐由家庭领域向公共领域发展，[④]此种监护显然不是婚姻家庭编所能包含的。

三、监护体系

《民法典》总则编构设了家庭监护为基础，社会监护为保障，国家监护为补充的监护体系，为弱势群体构设了周密的法律保障体系，强化了对被监护人的保护。[⑤] 一是以家庭监护为主体。在《民法典》中，家庭监护是确认监护的基本原则，由于家庭是与被监护人联系最为紧密的社会单位，其应当在被监护人的保护中发挥主要作用。二是以社会监护为补充。依据《民法典》第 27 条、第 28 条的规定，除被监护人的父母、配偶、子女、祖父母、外祖父母、兄、姐等近亲属外，其他愿意担任监护人的个人或者组织也可以担任监护人，但是须经被监护人住所地的居民委员会、村民委员会或者民政部门同意。这就扩大了监护人的范围，使社会监护可以发挥补充家庭监护的作用。三是以国家监护为兜底。《民法典》第 32 条更是直接体现了这种兜底保护

---

① 参见黄薇主编：《中华人民共和国民法典总则编释义》，法律出版社 2020 年版，第 71 页。

② 参见黄薇主编：《中华人民共和国民法典总则编解读》，中国法制出版社 2020 年版，第 72 页。

③ 参见黄薇主编：《中华人民共和国民法典总则编解读》，中国法制出版社 2020 年版，第 74 页。

④ 参见［德］迪特尔·施瓦布：《德国家庭法》，王葆莳译，法律出版社 2010 年版，第 444 页。

⑤ 参见李建国：《关于〈中华人民共和国民法总则（草案）〉的说明》（2017 年 3 月 8 日在第十二届全国人民代表大会第五次会议上的讲话）。

的立法精神。依据该条规定,如果没有依法具有监护资格的人的,监护人由民政部门担任,也可以由具备履行监护职责条件的被监护人住所地的居民委员会、村民委员会担任。这一规则将民政部门作为承担兜底性监护职责的主体。[①] 这就能够吸纳各方面的力量共同完成监护职责,加强对未成年人、精神病人等弱势群体的法律保护。

四、监护的性质

(一)监护本质上是一种职责

关于监护的法律性质,学者历来有不同的观点,主要分为如下几种学说。

1. 权利说。此种观点认为,监护是一种权利。持此种观点的学者把监护统称为监护权,但这种权利主要是身份权[②],并认为只有从性质上把监护权视为权利,才能使监护人正确、主动地行使权利,并实现监护的目的。

2. 权利义务一体说。此种观点认为:首先,监护在本质上仍然是一种权利,但是要以履行一定的义务为前提和目的,监护是指“对于那些由于年龄或者精神健康原因而不能自我保护的人给予监护和保护的、由民法所赋予的必要的权利和义务”[③]。其次,按照法律规定,监护关系的设立不应附带任何条件,监护人不能基于自身利益考虑而决定是否履行其监护之责,只要监护人不履行其监护之责,就要承担相应的责任。

3. 职责说。此种观点认为,监护并不是一种权利,而是一种职责,监护的内容在于保护被监护人的身体和财产,而不是对人的支配的权利。罗马法中就把监护视为一种公职,而不是权利。我国民法设立监护制度,纯粹是为保护被监护人的利益,绝对不允许监护人借监护谋取自身利益。[④]

上述各种观点,都不无道理,但笔者认为,监护在性质上主要不是一种权利。《民法典》第 34 条第 2 款规定:“监护人依法履行监护职责产生的权利,受法律保护。”虽然此处使用了“权利”这一表述,但其并不完全是权利。一方面,任何权利都以一定的实有利益为基础,权利都要体现权利人的利益,而监护制度的着眼点在于保护被监护人的合法权益。由于监护人并不是从监护中获得利益,其主要是为了对被监护人进行照顾和保护,主要体现

---

① 参见黄薇主编:《中华人民共和国民法典总则编解读》,中国法制出版社 2020 年版,第 97 页。

② 参见李由义主编:《民法学》,北京大学出版社 1988 年版,第 573 ~ 574 页。

③ 龙卫球:《民法总论》(第 2 版),中国法制出版社 2002 年版,第 276 页。

④ 参见张素丽:《未成年人监护制度的完善》,载《人民论坛》2016 年第 8 期。

为义务,因而,一般认为,其属于职责而非权利。[①] 另一方面,如果说监护是一种权利,那么监护人就可以因监护而取得相应的利益,甚至借监护而谋求自身利益(如为了自己的利益不正当地处分被监护人的财产),这显然违背了监护制度的目的。

依照我国《民法典》的规定,监护在性质上是一种职责。我国《民法典》多个条款都将监护表述为一种职责,而非权利。例如,《民法典》第 34 条第 1 款规定:“监护人的职责是代理被监护人实施民事法律行为,保护被监护人的人身权利、财产权利以及其他合法权益等。”从该条规定来看,监护的主要内容是代理被监护人实施民事法律行为,保护被监护人的权益。可见,《民法典》采纳了职责说。[②] 其原因主要在于:一方面,这反映了一种理念的变化,即在理念上不再将监护作为一种权利,而是要求监护人负担监护职责,从而实现被监护人利益的最大化。从整体上看,我国监护制度注重监护人所负有的职责以及对职责的正确履行。任何人作为监护人首先应意识到其对被监护人和社会负有的责任,而不能根据自己的意志和利益推卸或不适当地履行此种职责。另一方面,监护在本质上并不是一种权利,而是一种职责,监护人既享有职权(权利),又负有一定的义务。[③] 甚至可以说,承认监护人享有监护职权的根本目的也是保障监护人更好地履行其监护职责。

由于监护人需要对被监护人承担监督、管理等职责,因此,不论是自然人还是有关组织担任监护人,都应当具备一定的监护能力,以保障监护人能够有效履行其监护职责。如何认定监护人的监护能力,《总则编解释》第 6 条区分了自然人的监护能力和组织的监护能力,分别作出规定,该条规定:“人民法院认定自然人的监护能力,应当根据其年龄、身心健康状况、经济条件等因素确定;认定有关组织的监护能力,应当根据其资质、信用、财产状况等因素确定。”从该条规定来看,自然人和组织的监护能力的共同之处在于以被监护人最大利益为着眼点,区别在于根据两者的性质不同而作出不同判断标准。具体而言:一是对自然人监护能力的判断。在判断自然人的监护能力时,既要考虑其年龄、身心健康因素,也需要考虑其经济能力,以保障

---

① 参见黄薇主编:《中华人民共和国民法典总则编解读》,中国法制出版社 2020 年版,第 96 页。

② 参见黄薇主编:《中华人民共和国民法典总则编解读》,中国法制出版社 2020 年版,第 102 页。

③ 参见王竹青:《论未成年人国家监护的立法构建——兼论民法典婚姻家庭编监护部分的制度设计》,载《河北法学》2017 年第 5 期。

其能够有效履行监护职责。当然,除了上述因素外,该条采用“等因素”的表述,表明还需要考虑其他因素,如监护人与被监护人在生活上的联系状况、监护人的品行等因素。这些因素也可以作为人民法院指定监护时贯彻“最有利于被监护人”原则的考量因素。二是对组织的监护能力的判断。依据该规定,在判断有关组织的监护能力时,则需要综合考虑其资质、信用、财产状况等因素。因为组织是否具有监护能力,不涉及自然人的身心健康的认定,主要涉及对该组织经济能力的判断。

(二)监护与亲权的关系

关于监护权和亲权的关系,学理上存有不同的观点。一种观点认为,监护权应当包含于亲权之中,属于亲权的组成部分;另一种观点则认为二者相互独立,并不存在包含关系。严格来讲,我国《民法典》婚姻家庭编并没有明确规定亲权的概念,而只是规定了父母子女关系。就学界和司法实务中所采用的亲权概念而言,主要是指父母基于身份关系而对未成年子女所享有和承担的抚养、教养等权利义务的集合。[①] 其中人身方面的亲权可分为保护权、教育权和惩戒权,财产方面的亲权可分为财产管理权、使用收益权、处分权和财产上的代理权、同意权。[②] 应当看到,亲权与监护权二者确实有密切联系。在家庭监护中,广义上的监护可能包括了父母对于未成年子女的教养与保护,因而与亲权重合,而且二者都是具有身份性质的权利。而且就性质上而言,无论是亲权还是监护权,其都体现为权利和义务两个面向。从比较法来看,监护产生的原因之一是弥补“亲权”的缺失。[③] 但是,监护不同于亲权,因为一方面,虽然我国现行立法中没有对亲权的概念作出明确规定,但两种权利的产生不同。亲权基于父母子女关系而产生,其内容由法律进行规定。但是,监护权则可能基于意定而产生,甚至在意定监护中,被监护人可以依据自身的意思将不同事项的监护权交由不同的监护人。另一方面,传统上属于亲权的一些规定,被置于监护部分进行了规定。例如,《民法典》第 26 条就规定:“父母对未成年子女负有抚养、教育和保护的义务。成年子女对父母负有赡养、扶助和保护的义务。”但是,监护关系的成立不以监护人与被监护人之间存在亲权关系为前提,即便不存在亲权关系,当事人之间也可能因为协议、法院指定等而成立监护关系。还要看到,二者适用的法律规定不同。亲权作为一项产生于婚姻家庭关系中的权利,应当由婚姻家

① 参见史尚宽:《亲属法论》,中国政法大学出版社 2000 年版,第 656 页。

② 史尚宽:《亲属法论》,台北,1980 年自版发行,第 622 页。

③ 参见曹诗权:《未成年人监护制度研究》,中国政法大学出版社 2004 年版,第 233 ~ 235 页。

庭编进行调整。而监护作为对行为能力欠缺者的补充则应当在总则编进行规定。而且在立法上,二者遵循完全不同的立法理念。①

五、监护的分类

依据被监护人的不同,监护可以分为未成年人监护和成年监护。

(一)未成年人监护

所谓未成年人监护,是指以未成年人为被监护人的监护。依据《民法典》第 27 条的规定,未成年人监护的监护人首先是该未成年人的父母,父母对未成年子女的监护因子女出生的法律事实而发生,除因死亡或按法定程序予以剥夺外,任何人不得加以剥夺或限制。在未成年人父母可以担任监护人的情形下,应当由其父母担任监护人,因为由父母担任监护人最有利于保护未成年人的利益,也最有利于未成年人成长,而且父母一般也会以最有利于子女的方式履行监护职责。父母作为未成年子女的法定监护人,以子女出生这一法律事实为发生原因,一直延续到子女年满 18 周岁。依据《民法典》第 1111 条第 2 款的规定,"养子女与生父母以及其他近亲属间的权利义务关系,因收养关系的成立而消除"。因此,未成年人被他人收养后,收养人即应为其法定监护人。在父母离婚后,抚养子女的一方应是未成年子女的监护人。在抚养子女的一方不履行监护职责时,另一方可以请求法院撤销原来的裁判,由自己来担任监护人。

依据《民法典》第 27 条第 2 款的规定,在未成年人的父母已经死亡或者没有监护能力的情形下,可以由其他人或者组织担任监护人。该条将《民法通则》第 17 条规定的"关系密切的其他亲属、朋友"修改为"个人",进一步扩大了监护人的范围。② 如果未成年人的父母已经死亡,或者没有监护能力(如丧失民事行为能力,或者被撤销监护人资格),则应当按照如下顺序确定未成年人的监护人:一是祖父母、外祖父母;二是成年的兄、姐;三是其他愿意担任监护人的个人或者组织,但是须经未成年人住所地的居民委员会、村民委员会或者民政部门同意。上述主体担任未成年人的监护人时,应当按照先后顺序确定,而且已确定的监护人应当具有监护能力。可以说,此种规定符合我国的社会习惯。在法律上规定监护的顺序有利于解决实践中存在的因监护发生的各种纠纷,并且有利于明确监护人。

此外,依据《民法典》第 32 条的规定,如果没有依法具有监护资格的人,则由民政部门担任监护人,也可以由具备履行监护职责条件的被监护人住

---

① 参见夏吟兰:《民法典未成年人监护立法体例辩思》,载《法学家》2018 年第 4 期。

② 参见黄薇主编:《中华人民共和国民法典释义》(上),法律出版社 2020 年版,第 82 页。

所地的居民委员会、村民委员会担任监护人。这实际上是对《民法典》第 27 条规定的补充，也体现了以家庭监护为基础，社会监护为保障，国家监护为补充的理念。未成年人的监护人也可以通过法院指定来确定。《民法典》第 31 条第 1 款规定：对监护人的确定有争议的，由被监护人住所地的居民委员会、村民委员会或者民政部门指定监护人，有关当事人对指定不服的，可以向人民法院申请指定监护人；有关当事人也可以直接向人民法院申请指定监护人。

需要探讨的是，《民法典》是否规定了委托监护制度？有一种观点认为，在《民法典》相关条文中事实上承认了委托监护。例如，《民法典》第 36 条第 1 款规定："监护人有下列情形之一的，人民法院根据有关个人或者组织的申请，撤销其监护人资格……（二）怠于履行监护职责，或者无法履行监护职责且拒绝将监护职责部分或者全部委托给他人，导致被监护人处于危困状态……"其中出现了"委托"二字，表明《民法典》也承认了委托监护。另外，在侵权责任编相关条文中也出现了委托监护职责的表述。① 法律上有必要设置委托监护，这有利于保护未成年人的利益；特别是广大农村留守儿童无人照看，规定委托监护制度有利于保护未成年人的利益。笔者认为，我国《民法典》并没有规定委托监护制度，因为从《民法典》的上述规定来看，其只是规定了监护人将其监护职责委托给他人的法律后果，而没有从正面规定委托监护制度及其具体规则。同时，虽然委托他人承担一定的监护职责在实践中也是常见的，但受托人只是基于委托合同帮助监护人履行一定的监护职责，《民法典》对其作出规定并不意味着已经承认了委托监护制度。《总则编解释》第 13 条规定："监护人因患病、外出务工等原因在一定期限内不能完全履行监护职责，将全部或者部分监护职责委托给他人，当事人主张受托人因此成为监护人的，人民法院不予支持。"依据该规定，监护人资格具有人身专属性，不得随意移转，如果允许监护人通过合同移转监护人资格，将不利于保护被监护人的利益，监护制度的目的也难以实现。因此，虽然监护人可以委托他人履行监护职责，但监护人的资格并没有因此移转，监护人的监护资格也不丧失。② 监护人与受托人之间的法律关系在性质上应当是委托合同关系，在被监护人造成他人损害时，监护人仍然应当依法承担

---

① 《民法典》第 1189 条规定："无民事行为能力人、限制民事行为能力人造成他人损害，监护人将监护职责委托给他人的，监护人应当承担侵权责任；受托人有过错的，承担相应的责任。"

② 参见贺荣主编：《最高人民法院民法典总则编司法解释理解与适用》，人民法院出版社 2022 年版，第 233 页。

监护人责任。

(二)成年监护

成年监护,是指依据法律规定和约定对无民事行为能力或者限制民事行为能力的成年人所实施的监护。从《民法典》的规定来看,成年监护包括两种:一是法定监护,即依据法律规定对无民事行为能力或限制民事行为能力的成年人所进行的监护,监护人的范围、顺序以及监护人的设定等都是依法进行的。《民法典》第 28 条对成年监护的法定监护人作出了规定,即成年监护的第一顺序监护人为配偶,第二顺序监护人是父母、子女,第三顺序监护人是其他近亲属,第四顺序监护人为其他愿意担任监护人的个人或组织。二是意定监护,即按照具有完全民事行为能力的成年人与有关个人或组织之间的约定所形成的成年监护。关于成年意定人监护,《民法典》第 33 条规定:"具有完全民事行为能力的成年人,可以与其近亲属、其他愿意担任监护人的个人或者组织事先协商,以书面形式确定自己的监护人,在自己丧失或者部分丧失民事行为能力时,由该监护人履行监护职责。"

我国《民法典》使用多个条款对成年监护制度作出了规定,并强化了对被监护人的成年人权益的保护,突出了对其个人意愿的尊重。规定成年监护具有如下重要意义:第一,有利于保护老年人的合法权益,适应老龄社会的发展需要。① 通常,老年人对外界情况的判断能力和认知能力下降,对外界的风险常常难以作出清晰的判断,这也使其人身权益和财产权益极易遭受侵害。例如,在实践中,老年人常常成为电信诈骗的受害人。第二,符合国际上的发展趋势。随着老龄社会的到来,各国开始重视老年监护制度,即为不能完全处理自身事务的老年人设置监护人,从而对其进行照护和管理的一项民事法律制度。② 从比较法上看,各国目前主要依靠老年康复协议和老年监护协议等方式推进老年监护制度。我国成年监护立法的重构需要以法律发展趋势为背景,贯彻尊重自我决定权理念,增设意定监护制度③,成年监护应当尽量保障其正常生活,监护人的作用主要是一种辅助作用,而不是纯粹地对被监护人的人身、财产权益进行管理。第三,弥补了现行立法的不足。我国《民法通则》仅对未成年人以及患有精神疾病的成年人的监护问题作出了规定,而没有对成年监护制度作出一般规定,《民法典》适应我国老龄

---

① 参见黄薇主编:《中华人民共和国民法典总则编解读》,中国法制出版社 2020 年版,第 99 页。

② 参见康娜:《我国老年人监护制度探究》,载《法商研究》2006 年第 4 期。

③ 参见陈苇、李欣:《私法自治、国家义务与社会责任——成年监护制度的立法趋势与中国启示》,载《学术界》2012 年第 1 期。

社会的发展需要,对成年监护制度作出规定,弥补了《民法通则》规定的不足,完善了我国的监护制度体系。

未成年人监护和成年监护构成了我国《民法典》总则编上的监护制度,但二者也存在一定区别,主要在于:

第一,被监护人不同。未成年人监护的被监护人是未成年人,而成年监护的被监护人是成年人。被监护人不同,监护人的监护职责也会存在一定的差异。

第二,监护职责不同。关于未成年人监护中监护人的监护职责,《民法典》第35条第2款规定:"未成年人的监护人履行监护职责,在作出与被监护人利益有关的决定时,应当根据被监护人的年龄和智力状况,尊重被监护人的真实意愿。"而关于成年监护中监护人的监护职责,《民法典》第35条第3款规定:"成年人的监护人履行监护职责,应当最大程度地尊重被监护人的真实意愿,保障并协助被监护人实施与其智力、精神健康状况相适应的民事法律行为。对被监护人有能力独立处理的事务,监护人不得干涉。"从上述规定可以看出,在未成年人监护中,监护人对被监护人能够独立处理的事务,应当尊重被监护人的真实意愿。而在成年监护中,监护人应当最大限度地尊重被监护人的真实意愿,且监护人应当协助被监护人实施与其智力、精神健康状况相适应的民事法律行为;在被监护人处理其有能力独立处理的事务时,监护人不得干涉。最大限度地尊重被监护人的真实意愿是成年监护中监护人履行其职责的基本原则。①

第三,在成年监护中,监护人的职责主要是协助被监护人处理事务;而在未成年人监护中,监护人的职责则更多地体现为监督和照管。

第四,法定监护人的顺序不同。关于未成年人监护中法定监护人的顺序,《民法典》第27条规定:"父母是未成年子女的监护人。未成年人的父母已经死亡或者没有监护能力的,由下列有监护能力的人按顺序担任监护人:(一)祖父母、外祖父母;(二)兄、姐;(三)其他愿意担任监护人的个人或者组织,但是须经未成年人住所地的居民委员会、村民委员会或者民政部门同意。"关于成年监护中法定监护人的范围,《民法典》第28条规定:"无民事行为能力或者限制民事行为能力的成年人,由下列有监护能力的人按顺序担任监护人:(一)配偶;(二)父母、子女;(三)其他近亲属;(四)其他愿意担任监护人的个人或者组织,但是须经被监护人住所地的居民委员会、村民委员会或者民政部门同意。"可见,两种监护中法定监护人的顺序存在一

---

① 参见黄薇主编:《中华人民共和国民法典释义》(上),法律出版社2020年版,第107页。

定差别。

第五,是否允许意定监护不同。对未成年人监护而言,为保护未成年人的利益,不允许当事人进行意定监护;而依据《民法典》第33条的规定,成年监护可以进行意定监护。

第四节 监护的设定、履行与终止

一、监护的设定

我国《民法典》构建监护制度的基本思路,是要构建以家庭监护为基础,社会监护为保障,以国家监护为补充的监护制度。从《民法典》第32条的规定来看,"没有依法具有监护资格的人的,监护人由民政部门担任,也可以由具备履行监护职责条件的被监护人住所地的居民委员会、村民委员会担任"。可见,在没有监护人的情形下,由民政部门或者具备履行监护职责条件的被监护人住所地的居民委员会、村民委员会担任监护人,形成了国家治理和社会治理的良性互动。关于监护的设立,从我国《民法典》的规定来看,其主要规定了法定监护、意定监护、遗嘱监护和指定监护几种方式。

(一)法定监护

1. 法定监护的概念和特征

所谓法定监护,是指监护人由法律直接规定的监护。关于法定监护的类型,我国《民法通则》仅规定了未成年人的法定监护,《民法典》在此基础上对成年人的法定监护作出了规定。法定监护具有如下特征:

一是监护人范围具有法定性。《民法典》第27条、第28条分别对未成年人和成年人的法定监护人作出了规定,可以看出,无论是未成年人的法定监护,还是成年人的法定监护,监护人的范围都是法定的。

二是监护人具有法定的顺序。与其他类型的监护不同,在法定监护中,各个具有监护资格的人在担任监护人时,存在一定的顺序限制,即只有当顺序在前的人无法担任监护人时,顺序在后的人才能担任监护人。在实践中,确实存在不少监护争议,如争当监护人或者相互推诿,如果没有法定的顺序,则法院对此类纠纷就缺乏解决的依据。

三是监护的对象具有特定性。从《民法典》的规定来看,法定监护的被监护人具有特定性,即限于未成年人、无民事行为能力或者限制民事行为能力的成年人。由于未成年人、无民事行为能力或者限制民事行为能力的成年人的认知能力较弱,因而,在法定监护中,监护人的监护职责主要是对被监护人进行监管和照顾;而在成年意定监护中,监护人的职责更多的是对被监护人从事民事活动进行协助。

2. 法定监护的监护人范围

(1) 未成年人法定监护人的范围

《民法典》第 27 条规定："父母是未成年子女的监护人。未成年人的父母已经死亡或者没有监护能力的，由下列有监护能力的人按顺序担任监护人：(一)祖父母、外祖父母；(二)兄、姐；(三)其他愿意担任监护人的个人或者组织，但是须经未成年人住所地的居民委员会、村民委员会或者民政部门同意。"该条对未成年人的法定监护人范围作出了规定。依据该条规定，未成年人的法定监护人包括：

第一，未成年人的父母。在未成年人父母能够担任监护人的情形下，首先由父母担任未成年人的法定监护人。因为在一般情况下，父母能够在最大限度内实现子女的利益，由其作为第一顺序的法定监护人有利于保护未成年人的利益；同时，由父母担任第一顺序的监护人，也能够为未成年人提供更好的成长环境，更能够实现监护制度的目的。父母作为未成年子女的法定监护人，以子女出生这一法律事实为发生原因，一直延续到子女年满 18 周岁。亲子血缘关系和子女未成年状态是这一监护关系设立和存在的自然基础。在此意义上，可以说父母是未成年子女与生俱来的、当然的监护人，法律只不过加以确认而已。父母是子女的第一顺序监护人，父母对未成年子女的监护因子女出生的法律事实而发生，除因死亡或按法定程序予以剥夺外，任何人不得加以剥夺或限制。

关于担任未成年人监护人的父母的范围，我国《民法典》第 1111 条第 1 款规定："自收养关系成立之日起，养父母与养子女间的权利义务关系，适用本法关于父母子女关系的规定；养子女与养父母的近亲属间的权利义务关系，适用本法关于子女与父母的近亲属关系的规定。"因此，作为未成年人监护人的"父母"除该未成年人的生父母外，还包括养父母和有抚养关系的继父母。同时，应当指出的是，在收养关系成立的情形下，应当由养父母担任未成年人的监护人，与养父母相比，生父母并不享有担任未成年人监护人的优先权。

第二，其他近亲属及个人或组织。如果未成年人的父母已经死亡或者没有监护能力，则依据《民法典》第 27 条的规定，由下列有监护能力的人按顺序担任监护人：一是祖父母、外祖父母；二是兄、姐；三是其他愿意担任监护人的个人或者组织，但是须经未成年人住所地的居民委员会、村民委员会或者民政部门同意。从《民法典》第 27 条的规定来看，上述主体在担任未成年人的监护人时，应当按照法律规定的顺序进行。如果未成年人祖父母、外祖父母、兄、姐以外的个人或组织愿意担任未成年人的监护人，其在担任监护人时应当经该未成年人住所地的居民委员会、村民委员会或者民政部门同意，以避免上述人或组织担任监护人不适当造成对未成年人的侵害。

此外，在未成年人法定监护中，《民法典》改变了《民法通则》的规定，不再将单位作为未成年人的监护人，因为在社会主义市场经济条件下，单位与职工之间是劳动合同关系，就业人员具有很强的流动性，单位缺乏履行监护职责的意愿，也不具有担任监护人的能力。《民法典》第 27 条所规定的“组织”主要是指社会公益组织，因为随着我国公益事业的发展，有监护意愿和能力的社会组织增多，由公益组织担任未成年人的监护人可以作为家庭监护的有益补充。

(2)成年人法定监护人的范围

《民法典》第 28 条规定：“无民事行为能力或者限制民事行为能力的成年人，由下列有监护能力的人按顺序担任监护人：(一)配偶；(二)父母、子女；(三)其他近亲属；(四)其他愿意担任监护人的个人或者组织，但是须经被监护人住所地的居民委员会、村民委员会或者民政部门同意。”因此，成年人法定监护的范围如下：

一是配偶。与未成年人法定监护不同，在成年人法定监护中，第一顺序的监护人是被监护人的配偶而不是其父母。法律之所以作出此种规定，主要是因为配偶与被监护人长期生活在一起，与其关系更为密切，被监护人的配偶对其生活习惯也更为熟悉，且双方有相互扶养的义务，[①]由其作为第一顺序的监护人更为合理，更有利于被监护人的权益保护。配偶关系因婚姻的合法成立而生效。我国以夫妻进行结婚登记、取得结婚证的时间为配偶关系开始时间。当然，一旦一方死亡或者双方离婚，则配偶关系也随之终止。

二是父母、子女。在成年人的配偶无法担任监护人时，由成年人的父母或者子女担任。成年人的父母或者子女具有监护能力的，应当在成年人配偶不能担任监护人时担任监护人，履行监护职责。

三是其他近亲属。依据《民法典》第 1045 条的规定，近亲属包括配偶、父母、子女、兄弟姐妹、祖父母、外祖父母、孙子女、外孙子女。但《民法典》第 28 条所规定的“其他近亲属”应当指除被监护人的配偶和父母、子女以外的近亲属。

---

① 参见黄薇主编：《中华人民共和国民法典总则编解读》，中国法制出版社 2020 年版，第 79 页。

四是其他愿意担任监护人的个人或者组织,但是须经被监护人住所地的居民委员会、村民委员会或者民政部门同意。从该条规定来看,其并没有对能够担任成年人法定监护人的范围进行严格限制,任何个人和组织都可以担任成年人的法定监护人,但其担任成年人的法定监护人应当具备如下条件:①愿意担任。②应当取得被监护人住所地的居民委员会、村民委员会或者民政部门同意。防止因为监护人设置不当,侵害被监护人的利益。③具有担任监护人的能力。

3. 通过协议确定监护人

《民法典》第 30 条规定,依法具有监护资格的人之间可以协议确定监护人。协议确定监护人应当尊重被监护人的真实意愿。从该规定来看,通过协议确定监护人只能在具有法定监护资格的主体之间产生,因此,其也属于法定监护。通过协议确定监护人是《民法典》新增的规则,也是《民法典》的重要亮点。

协议监护的生效必须符合以下几个条件:

第一,协议监护确定的监护人必须是父母以外的人,并且不能通过协议将父母排除在监护人的范围之外。《总则编解释》第 8 条第 1 款规定:"未成年人的父母与其他依法具有监护资格的人订立协议,约定免除具有监护能力的父母的监护职责的,人民法院不予支持。协议约定在未成年人的父母丧失监护能力时由该具有监护资格的人担任监护人的,人民法院依法予以支持。"依据该规定,父母是未成年人当然的监护人,其监护职责是由法律明确规定的,不能通过协议免除其监护职责。因此,如果未成年人的父母具有监护能力,则其不得通过协议约定由其他具有监护资格的人担任未成年人的监护人,否则该协议无效。此种规定有利于为未成年人提供良好的家庭成长环境,并督促未成年人的父母履行其监护职责。当然,依据上述规定,未成年人的父母可以与其他具有监护资格的人约定,在其丧失监护能力时,由其他具有监护资格的人担任未成年人的监护人。

第二,必须是在依法具有监护资格的人中确定监护人。《总则编解释》第 8 条第 2 款规定:"依法具有监护资格的人之间依据民法典第三十条的规定,约定由民法典第二十七条第二款、第二十八条规定的不同顺序的人共同担任监护人,或者由顺序在后的人担任监护人的,人民法院依法予以支持。"该规定包含两层意思:一是可以通过协商由依法具有监护资格的人共同担任监护人。《民法典》第 27 条规定了祖父母、外祖父母、兄姐、其他愿意担任监护人的个人或者组织;《民法典》第 28 条针对无民事行为能力和限制民事行为能力的成年人的监护规定了配偶、父母、子女、其他近亲属以及其他愿意担任监护人的个人或者组织。虽然上述两个条款都规定了监护人的不同顺序,但依据《总则编解释》第 8 条第 2 款,可以不考虑其顺序,由上述个人或者组织共同担任监护人。例如,在父母有多个子女,或者未成年人有多个兄姐时,究竟由何人担任监护人,可以协商确定,而不必考虑监护人的顺序。二是通过协议也可以确定顺序在后的人担任监护人。如果完全按照法定监护顺序确定监护人,则可能完全忽略了被监护人与监护人的情感关联、生活上的关联等,可能不利于监护人履行监护职责,也不利于保护被监护人。因此,本条规定通过协议确定监护人时,可以由顺序在后的人担任监护人。

第三,要尊重被监护人的真实意愿。具有监护资格的数人在进行协商确定时,要考虑被监护人的真实意愿。也就是说,通常在协商时应当征求被监护人的意见。[①] 需要指出的是,该条规定的依法具有监护资格的人之间可以协议确定监护人,仍然属于法定监护的一种,而非意定监护。虽然协议确定监护人也可以适用于未成年人监护,但该协议只能在依法具有监护资格的人之间订立,因此其应当属于法定监护的范畴。

(二)意定监护

1. 意定监护的概念和特征

所谓意定监护,依据《民法典》第 33 条的规定,是指具有完全民事行为能力的成年人可以与其近亲属、其他愿意担任监护人的个人或者组织事先协商,以书面形式确定自己的监护人,在其丧失或者部分丧失民事行为能力时,由该监护人履行监护职责的监护。《民法典》第 33 条关于意定监护的规定源自《老年人权益保障法》。该法第 26 条第 1 款规定:"具备完全民事行为能力的老年人,可以在近亲属或者其他与自己关系密切、愿意承担监护责任的个人、组织中协商确定自己的监护人。监护人在老年人丧失或者部分丧失民事行为能力时,依法承担监护责任。"当然,《民法典》也在《老年人权益保障法》的基础上,对其做了进一步完善,如强调书面形式等,以防止发生争议。

从《民法典》第 33 条的规定来看,意定监护具有如下特征:

第一,仅适用于具有完全民事行为能力的成年人。从该条规定来看,只有成年人才能通过协议确定自己的监护人。同时,只有具有完全民事行为能力的成年人才能通过协议确定自己的监护人,因为完全民事行为能力人具有辨认自己行为后果的能力,所以,法律上允许其通过协议确定监护人,

---

① 参见王利明主编:《〈中华人民共和国民法总则〉条文释义》,人民法院出版社 2017 年版,第 74 页。

安排自己的事务,规划好自己的生活。如果成年人是无民事行为能力人或限制民事行为能力人,则无法通过协议确定自己的监护人。①

第二,监护人的范围较为广泛,不限于法定监护人,也不受法定监护人顺序的限制。从《民法典》第33条的规定来看,意定监护的监护人范围并不限于法定监护人,设定意定监护的成年人的近亲属、其他愿意担任监护人的个人或者组织都可以成为其监护人,这也赋予了成年人较大的选择监护人的自由。

第三,需要采用书面形式。《民法典》第33条要求当事人设定意定监护必须采用书面形式。由于意定监护的内容直接关系被监护人的重大权益,而且在设定监护的成年人丧失或者部分丧失民事行为能力时,监护人才开始履行监护职责,此时可能因为距离协议订立时间较为久远,或者因为设定监护的成年人民事行为能力欠缺等原因,使准确确定协议的内容较为困难。因此,为准确确定意定监护协议的内容,减少可能发生的争议,《民法典》要求设定意定监护必须采用书面形式。

第四,在设定意定监护的成年人丧失或者部分丧失民事行为能力时,监护人才开始履行监护职责。也就是说,当事人订立协议与监护人履行监护职责之间有一定的时间间隔。当事人在订立意定监护协议时,设定意定监护的成年人仍属于完全民事行为能力人,并不需要他人的监护,只有在其丧失或者部分丧失民事行为能力时,协议所设定的监护人才开始履行监护职责。这就是说,只有在监护设定人丧失或者部分丧失民事行为能力时,监护人才开始履行监护职责,因为在其未完全或者部分丧失民事行为能力时,在客观上并不需要被监护。②

意定监护本身就是私法自治原则的体现,因而,其能够更好地尊重当事人的意愿:一方面,成年监护中的法定监护主要是对精神病人的监护,而成年人在其丧失行为能力之前,可以根据自己的意愿,选择适当的人作为其未来的监护人,这也是私法自治原则的重要体现。而且与指定监护相比,允许成年人通过协议设定监护人,也能够更好地尊重其意愿。另一方面,在意定监护中,当事人在选择监护人时,既不受法定监护人范围的限制,也不受监护顺序的限制,更不需要其住所地的居民委员会、村民委员会的同意,这就

---

① 参见石宏主编:《中华人民共和国民法总则条文说明、立法理由及相关规定》,北京大学出版社2017年版,第74页。

② 参见石宏主编:《中华人民共和国民法总则条文说明、立法理由及相关规定》,北京大学出版社2017年版,第69页。

能够最大限度地尊重当事人的意愿。

在此需要讨论的是，如果成年人通过协议约定了意定监护，则在其丧失民事行为能力时，应当适用意定监护还是法定监护？之所以会产生意定监护与法定监护之间适用上的交叉和冲突，很重要的原因在于，我国《民法典》所规定的成年意定监护是与民事行为能力制度挂钩的。依据《民法典》第33条的规定，成年意定监护的监护人是在该成年人丧失或者部分丧失民事行为能力时才开始履行监护职责的，这实际上是将成年意定监护与民事行为能力制度联系在一起，这可能会影响成年人意定监护制度功能的发挥。笔者认为，按照私法自治原则，应当肯定意定监护的优先效力，如此也可以更尊重成年人自己的意愿，[①]而且在此情形下，如果认定法定监护优先，则可能导致意定监护失去适用余地。

2. 意定监护的解除

就意定监护的解除而言，首先，任何具有完全民事行为能力的一方对意定监护享有任意解除权。意定监护协议在性质上类似于委托协议，建立在具有人身信任关系的基础上，一旦此种信任关系丧失，则意定监护的基础也将丧失。因此，为充分尊重双方当事人的意愿，只有作为意定监护一方当事人的成年人具有完全或者一定的民事行为能力时，其才可以主张解除监护协议，对方也可以主张任意解除。《总则编解释》第11条第1款第1句规定："具有完全民事行为能力的成年人与他人依据民法典第三十三条的规定订立书面协议事先确定自己的监护人后，协议的任何一方在该成年人丧失或者部分丧失民事行为能力前请求解除协议的，人民法院依法予以支持。"依据该规则，在完全民事行为能力人丧失或者部分丧失民事行为能力之前，双方当事人均享有任意解除监护协议的权利。

其次，如果被监护人已经丧失或者部分丧失民事行为能力，无正当理由不得行使任意解除权。当然，《总则编解释》第11条第1款第2句规定："该成年人丧失或者部分丧失民事行为能力后，协议确定的监护人无正当理由请求解除协议的，人民法院不予支持。"这就是说，如果作为被监护人的成年人已经丧失或者部分丧失了民事行为能力，则作为监护人的另一方当事人就不再享有任意解除监护协议的权利。因为此时另一方当事人已经成为监护人，应当按照约定履行监护职责，如果允许其任意解除合同，则可能不利于保护被监护人。

---

① 参见黄薇主编：《中华人民共和国民法典总则编解读》，中国法制出版社2020年版，第95页。

最后,协议确定的监护人具有正当理由可以请求解除协议。《总则编解释》第 11 条第 1 款并没有绝对禁止监护人解除监护协议,如果其具有正当理由(如其不再具备履行监护职责的能力等),则有权请求解除监护协议。

3. 意定监护人资格的撤销

我国《民法典》第 36 条第 1 款对监护人实施严重损害被监护人身心健康的行为等符合法定撤销监护人资格的情形作出规定。该规定也适用于意定监护。依据《总则编解释》第 11 条第 2 款规定:"该成年人丧失或者部分丧失民事行为能力后,协议确定的监护人有民法典第三十六条第一款规定的情形之一,该条第二款规定的有关个人、组织申请撤销其监护人资格的,人民法院依法予以支持。"因此,在成年人丧失或者部分丧失民事行为能力之后,有关当事人可以依法申请撤销监护人的监护资格,但在成年人丧失或者部分丧失民事行为能力之前,另一方当事人尚未成为监护人,不存在撤销监护人的问题。如果该成年人认为另一方当事人不宜担任其监护人,则其可以行使任意解除权,解除监护协议。

(三)遗嘱监护

1. 遗嘱监护的概念和特征

遗嘱监护,是指被监护人的父母在担任监护人期间,通过遗嘱的方式为被监护人指定监护人的监护制度。我国《民法典》第 29 条规定:"被监护人的父母担任监护人的,可以通过遗嘱指定监护人。"该条对遗嘱监护制度作出了规定。遗嘱监护是《民法典》新增规定,也是总则编的亮点。该条在借鉴比较法上的经验的基础上,规定未成年人的父母在死亡前指定对子女成长或利益维护最有利的监护人,也有利于贯彻我国监护制度中的被监护人利益最大化原则,强化保护被监护人特别是未成年人利益。依据该条规定,遗嘱监护具有如下特征。

第一,能够设定遗嘱监护的是被监护人的父母。我国监护制度的基本原则之一,是要实现未成年人利益的最大化,而父母在设定遗嘱监护时,能够从最有利于保护子女利益的角度出发,实现子女利益的最大化。从比较法上来看,各国都允许父母通过遗嘱指定监护人。当然,如果被监护人的父母都是监护人的,则父母一方不得通过设定遗嘱的方式排除另一方的监护人资格,因为父母都是第一顺位的法定监护人,任何一方不得通过设定遗嘱的方式排除另一方的监护人资格。

第二,遗嘱监护既适用于未成年人监护,也适用于成年监护。遗嘱的方式通常适用于在父母去世前,父母因担忧被监护人没有合适的监护人会遭受人身财产损害,所以通过遗嘱的方式为被监护人指定监护人。这一制度主要适用于未成年人监护，但也可以适用于成年监护。

第三，被监护人父母在设定遗嘱监护时必须具有监护人资格。如果该父母已经被取消监护资格，则不能通过遗嘱指定监护人。

尽管该条并没有提到，在设定遗嘱监护时需要实现被监护人利益的最大化，但此处实际上推定，由父母通过遗嘱指定监护人最有利于实现被监护人利益最大化的目的。

在遗嘱监护的情形下，所指定的监护人不受《民法典》第 27 条、第 28 条关于监护人范围以及顺序的限制。从《民法典》第 29 条的规定来看，其只是规定被监护人的父母可以通过遗嘱为被监护人指定监护人，而没有对被指定的监护人的范围作出限制。可见，被指定的监护人的范围并不受法定监护顺序的限制。

2. 遗嘱监护的生效

（1）遗嘱监护以遗嘱人的死亡作为生效要件。遗嘱作为一种死因法律行为，其生效应以遗嘱人死亡为条件，也就是说，只有在设定遗嘱的人死亡后，遗嘱监护才能生效。

（2）遗嘱监护的生效需要被指定的人同意担任监护人。《民法典》第 29 条的规定较为原则，《总则编解释》第 7 条通过总结实践经验，确立了被监护人的父母通过遗嘱指定监护人在以下情形中的规则：

一是父母双方共同通过遗嘱指定监护人。《总则编解释》第 7 条第 1 款规定："担任监护人的被监护人父母通过遗嘱指定监护人，遗嘱生效时被指定的人不同意担任监护人的，人民法院应当适用民法典第二十七条、第二十八条的规定确定监护人。"依据该规定，被监护人的父母可以共同通过遗嘱指定监护人，该遗嘱的生效以父母的死亡为前提。当然，被监护人的父母通过遗嘱指定监护人也应当考虑被指定人的意愿，如果其不愿意担任监护人，则父母双方的指定无法发生效力。此时，需要按照法定监护的一般规则确定监护人，即依据《民法典》第 27 条、第 28 条的规定，分别确定未成年人和成年人的法定监护人。

二是父母中一方通过遗嘱指定监护人。从实践来看，如果父母一方通过遗嘱指定监护人，而另一方并未指定监护人，但在遗嘱生效时，另一方仍然可能具有监护能力，此时，究竟应当由死亡一方指定的人担任监护人还是父母另一方担任监护人，存在争议。对此，《总则编解释》第 7 条第 2 款规定："未成年人由父母担任监护人，父母中的一方通过遗嘱指定监护人，另一方在遗嘱生效时有监护能力，有关当事人对监护人的确定有争议的，人民法院应当适用民法典第二十七条第一款的规定确定监护人。"而依据《民法典》第 27 条第 1 款规定,“父母是未成年子女的监护人”,因此,在上述情形下,应当由仍具有监护能力的父母一方担任监护人。

三是父母双方分别通过遗嘱指定监护人,但所指定的监护人不一致,且父母双方同时死亡,如何确定监护人,存在争议。笔者认为,在父母均指定监护人且父母同时死亡的情形下,法院应当在父母双方指定的监护人中确定监护人。在确定监护人时,应当尊重被监护人的真实意愿,并按照最有利于被监护人的原则具体确定监护人。在此情形下,如果被指定的监护人不同意担任监护人,则需要按照法定监护的一般规则确定监护人。

(四)指定监护

1. 指定监护的概念和类型

《民法典》第 31 条第 1 款规定:“对监护人的确定有争议的,由被监护人住所地的居民委员会、村民委员会或者民政部门指定监护人,有关当事人对指定不服的,可以向人民法院申请指定监护人;有关当事人也可以直接向人民法院申请指定监护人。”该条规定了指定监护制度,依据这一规定,指定监护包括两种类型。

第一,由被监护人住所地的居民委员会、村民委员会或者民政部门指定监护人。《民法典》第 27 条、第 28 条虽然规定了监护人的顺序,但同一顺序的当事人可能会对监护人资格产生争议,如对当事人担任监护人的资格等发生争议,或者相关当事人因不愿担任监护人而发生争议。依据《民法典》第 31 条第 1 款的规定,当事人就监护人的确定发生争议的,则由被监护人住所地的居民委员会、村民委员会或者民政部门指定监护人,如果当事人对该指定不服,则可以向人民法院申请指定监护人。

第二,由人民法院指定监护人。从该条规定来看,由人民法院指定监护人包括两种情形:一是当事人对被监护人住所地的居民委员会、村民委员会或者民政部门指定的监护人不服的,可以由人民法院依据有关当事人的申请指定监护人;二是人民法院也可以直接依据有关当事人的申请指定监护人,而不需要经过被监护人住所地的居民委员会、村民委员会或者民政部门指定监护人这一阶段。可见,与《民法通则》规定相比,《民法典》实际上是扩大了法院在指定监护人方面的权力。

2. 监护人的指定

《民法典》第 31 条第 2 款规定:“居民委员会、村民委员会、民政部门或者人民法院应当尊重被监护人的真实意愿,按照最有利于被监护人的原则在依法具有监护资格的人中指定监护人。”因而居民委员会、村民委员会、民政部门或者人民法院在指定监护人时,应当尊重被监护人的真实意愿,按照最有利于被监护人的原则,在依法具有监护资格的人中指定监护人。

但是,如何判断指定监护人是否符合《民法典》的上述规定?《总则编解释》第9条第1款规定,人民法院依据《民法典》第31条第2款、第36条第1款的规定指定监护人时,应当尊重被监护人的真实意愿,按照最有利于被监护人的原则指定。该条款还规定了指定监护人应当参考以下因素:一是与被监护人生活、情感联系的密切程度。通常来看,如果被指定的人与被监护人长期共同生活,二者具有较为密切的情感联系,则由其担任监护人更符合被监护人的意愿,也可以为被监护人提供更为稳定的生活环境。[①] 二是依法具有监护资格的人的监护顺序。《民法典》第27条、第28条分别确定了未成年人和无民事行为能力成年人、限制民事行为能力成年人的监护人的顺序,该顺序的确定本身就考虑了被监护人的意愿和利益最大化原则,也符合社会公众的一般认知。[②] 因此,在指定监护人时也应当考虑法律规定的监护顺序。三是是否有不利于履行监护职责的违法犯罪等情形。指定监护人时需要考虑被指定的人能否为被监护人提供安全、稳定的生活环境。如果被指定人具有违法、犯罪等情形(如殴打未成年人、吸毒、赌博等),则不利于未成年人的健康成长,不利于保护被监护人的利益,因此不能担任监护人。四是依法具有监护资格的人的监护能力、意愿、品行等。具有监护资格的人的监护能力、品行等,是认定其能够履行监护职责的重要因素。例如,长期酗酒不利于履行其监护职责。同时,在指定相关主体担任监护人时,也应当考虑其意愿。当然,上述因素只是一些参考因素,法院在指定监护人时应当对上述因素进行综合判断。[③]

指定的监护人通常是一人,因为如果监护人为多人,就可能导致数人之间互相推诿监护职责,产生各种矛盾,反而不利于保护被监护人。但社会生活纷繁复杂,严格要求监护人只能为一人,也可能因为该人监护能力有限,不能有效履行监护职责,而需要他人配合。因此,《总则编解释》第9条第2款规定:"人民法院依法指定的监护人一般应当是一人,由数人共同担任监护人更有利于保护被监护人利益的,也可以是数人。"据此,人民法院指定监护时一般应当是一人,如数人共同监护更有利于被监护人,也可以指定

---

① 参见贺荣主编:《最高人民法院民法典总则编司法解释理解与适用》,人民法院出版社2022年版,第174页。

② 参见贺荣主编:《最高人民法院民法典总则编司法解释理解与适用》,人民法院出版社2022年版,第175页。

③ 参见石宏主编:《中华人民共和国民法总则条文说明、立法理由及相关规定》,北京大学出版社2017年版,第69页。

数人。

在指定监护人之前，被监护人的人身、财产等权益可能处于无人照管的状态。例如，某个老人因为没有子女，其配偶也无法担任监护人，在申请居民委员会、村民委员会、民政部门或者人民法院指定监护人之前，该老人处于无人监护的状态，其人身、财产权益随时可能遭受他人侵害。此时，就有必要由相关主体担任临时监护人。《民法典》第 31 条第 3 款规定："依照本条第一款规定指定监护人前，被监护人的人身权利、财产权利以及其他合法权益处于无人保护状态的，由被监护人住所地的居民委员会、村民委员会、法律规定的有关组织或者民政部门担任临时监护人。"这就是说，出现上述情形时，可以由被监护人住所地的居民委员会、村民委员会、法律规定的有关组织或者民政部门担任临时监护人，这些主体也应当履行监护职责。

在指定监护人的情形下，监护人一旦确定，就不得随意变更。对此，《民法典》第 31 条第 4 款规定："监护人被指定后，不得擅自变更；擅自变更的，不免除被指定的监护人的责任。"依据该条规定，在指定监护人后，因相关主体擅自变更监护人而使被监护人遭受损害的，监护人应当承担不履行监护职责的责任。

3. 指定监护争议的处理

在指定监护人之后，也可能对指定的监护人发生争议，毕竟对监护人的指定关系被监护人的合法权益的维护，以及未成年人的健康成长等，因此，法律上需要对争议的解决确定必要的程序。据此，《总则编解释》第 10 条第 1 款规定："有关当事人不服居民委员会、村民委员会或者民政部门的指定，在接到指定通知之日起三十日内向人民法院申请指定监护人的，人民法院经审理认为指定并无不当，依法裁定驳回申请；认为指定不当，依法判决撤销指定并另行指定监护人。"该条针对指定监护人争议的程序作出了规定。此处所说的对指定监护不服的当事人，既可以是被指定担任监护人的当事人，也可以是被指定担任监护人的人之外的其他具有监护资格的人。① 同时，从该条规定来看，其仅适用于对居民委员会、村民委员会或者民政部门指定监护人不服的情形，而不包括由法院指定监护人的情形。法院在受理争议之后，如果认定指定并无不当，则驳回当事人的申请；如果认定指定监护不当，则应当通过判决撤销指定，并依法另行指定监护人。

有关当事人应当在法定期限内提出申请，如果没有在法定期限内提出

① 参见贺荣主编：《最高人民法院民法典总则编司法解释理解与适用》，人民法院出版社 2022 年版，第 191 页。

申请,将产生何种效力?对此,《总则编解释》第10条第2款规定:“有关当事人在接到指定通知之日起三十日后提出申请的,人民法院应当按照变更监护关系处理。”依据该条规定,如果当事人未在接到指定通知之日起30日内提出申请,则对监护人的指定将产生法律效力。此时法院应当将其视为变更监护关系的申请,如果符合法律规定的变更监护关系的条件,则依法判决变更监护关系。

二、监护人的职责及其履行

(一)监护人监护职责的内容

《民法典》第34条采用的是“监护人的职责”这一表述,因此,在监护关系中,监护人负担的是监护职责,其应当是权利与义务的结合。《民法典》第26条第1款规定:“父母对未成年子女负有抚养、教育和保护的义务。”第34条第1款、第2款、第3款规定:“监护人的职责是代理被监护人实施民事法律行为,保护被监护人的人身权利、财产权利以及其他合法权益等。监护人依法履行监护职责产生的权利,受法律保护。监护人不履行监护职责或者侵害被监护人合法权益的,应当承担法律责任。”依据上述规定,监护人的监护职责包括如下内容:

一是代理被监护人实施民事法律行为。《民法典》第23条规定:“无民事行为能力人、限制民事行为能力人的监护人是其法定代理人。”依据该条规定,在法定监护中,监护人是被监护人的法定代理人,代理被监护人实施民事法律行为。在意定监护中,监护人是在被监护人丧失或者部分丧失民事行为能力时才开始履行监护职责,监护人也需要代理被监护人实施部分民事法律行为。监护制度的首要目的在于弥补被监护人行为能力的不足,监护人作为被监护人的法定代理人,可以以被监护人的名义进行民事活动,为被监护人取得和行使权利、设定和履行义务。

二是保护被监护人的人身权利、财产权利以及其他合法权益。监护制度的重要目的是对被监护人进行照管,因此,保护被监护人的人身、财产及其他合法权益也是监护人监护职责的重要内容。监护人要保护被监护人的人身、财产不受侵害,在被监护人的人身、财产和其他合法权益受到非法侵害时,监护人作为法定代理人,有权代理被监护人请求法院给予保护,代为参加整个诉讼活动。[①]《民法典》第34条第3款规定:“监护人不履行监护职责或者侵害被监护人合法权益的,应当承担法律责任。”该条所规定的“法

---

① 参见杨立新:《人身权法论》(修订版),人民法院出版社2002年版,第938页。

律责任"一般是指侵权责任,但在意定监护中,监护人不履行监护职责也可能构成违约。

三是教育被监护人。对未成年人监护来说,监护人的职责主要是保护、教育和关心未成年人,约束未成年人的行为,防止其实施侵害国家财产、集体财产或他人人身、财产的不法行为。依据《民法典》第1068条的规定,父母有教育、保护未成年子女的权利和义务。所谓抚养、教育,是指教导和养育子女,使其身心健康发育。我国为加强对未成年人的保护和教育,先后制订了《义务教育法》《未成年人保护法》等法律和法规,这些规定也是确定父母对未成年子女的人身监护职责的重要依据。

四是监督和管教被监护人。未成年人由于年龄尚小,常常不能对自己的行为作出正确的判断,这就需要对其管教和约束。所以,监护人对被监护人尽到管教约束的责任不仅有利于被监护人,而且有利于他人和社会。如果监护人没有尽到管教和约束被监护人的责任,致使被监护人实施侵害国家财产、集体财产或他人人身、财产的不法行为,监护人应当依法承担民事责任。

五是紧急情况下对被监护人的临时生活照料。在紧急情况下,监护人可能因为客观原因无法履行监护职责,对此,《民法典》第34条第4款规定:"因发生突发事件等紧急情况,监护人暂时无法履行监护职责,被监护人的生活处于无人照料状态的,被监护人住所地的居民委员会、村民委员会或者民政部门应当为被监护人安排必要的临时生活照料措施。"《民法典》对紧急情况下被监护人的临时生活照料规则作出规定,彰显了我国民事立法以人民为中心的理念。需要指出的是,临时生活照料与临时监护不同,前者只是涉及对日常生活的照顾,对于一些涉及被监护人的重大权利义务等问题,是临时生活照料人解决不了的。①

（二）监护人监护职责的履行

《民法典》第34条第2款规定,监护人依法履行监护职责产生的权利受法律保护。也就是说,监护人在依据法律规定或者约定履行监护职责时,任何个人或组织不得进行非法干涉。依据《民法典》第35条的规定,监护人履行监护职责应当遵循如下原则:

1. 按照最有利于被监护人的原则履行监护职责

监护制度设立的主要目的是对被监护人进行保护和照顾,因此,监护人

① 参见黄薇主编:《中华人民共和国民法典总则编解读》,中国法制出版社2020年版,第104页。

在履行监护职责时,应当按照最有利于被监护人的原则履行监护职责。比较法上普遍采纳了这一原则。[①] 我国签署了联合国《儿童权利公约》,其中明确了儿童利益最大化的原则,规定“各国应最大限度地确保儿童的生存与发展”(第6条)。依据《民法典》第35条所谓最有利于被监护人原则,监护人要根据被监护人的实际情况来行使监护职责,充分地维护被监护人的财产、人身和其他利益。[②] 例如,被监护人有财产的,监护人应努力使被监护人的财产保值、增值,而不遭受损害;被监护人生病的,则监护人应当及时将其送医救治;被监护人处于受教育阶段的,则监护人应当使被监护人尽量获得好的教育。在判断监护人履行监护职责是否最有利于被监护人时,应当结合监护事项的特点、对被监护人利益的影响、监护人的监护能力等多种因素加以判断。

2. 不得擅自处分被监护人的财产

监护人在履行职责时,应当遵循被监护人利益最大化原则。《民法典》第35条第1款规定:“监护人应当按照最有利于被监护人的原则履行监护职责。监护人除为维护被监护人利益外,不得处分被监护人的财产。”依据该规定,监护人对于被监护人的财产,应当遵循如下原则:

第一,非必要不处分的原则。这就意味着,监护人原则上不得任意处分被监护人的财产,除非该处分是维护监护人利益所必须。监护人不得为自身利益或他人利益而处分被监护人的财产。在为维护被监护人利益而必须处分财产时,监护人无须取得被监护人同意即可自行处分财产。

第二,维护被监护人利益的原则。对于监护人的行为是否构成与被监护人利益相反的行为,日本学说上有形式基准说和实质基准说两种观点。前者认为,从监护人行为的外观来看,与被监护人的利益相冲突的即构成利益相反行为;而后者则认为,还需要考虑监护人是否具有为自己利益的动机。[③] 笔者认为,对于监护人的处分财产行为是否出于维护被监护人利益,应当依据社会一般观念进行判断。因为《民法典》第35条第1款的目的在于保护被监护人,即便监护人没有为自己利益的动机,其行为也可能不利于维护被监护人利益,此时不能仅仅因为监护人欠缺为自己利益的动机,就认

---

① 参见陈苇、李欣:《私法自治、国家义务与社会责任——成年监护制度的立法趋势与中国启示》,载《学术界》2012年第1期。

② 参见石宏主编:《中华人民共和国民法总则条文说明、立法理由及相关规定》,北京大学出版社2017年版,第77页。

③ 参见解亘:《论监护关系中不当财产管理行为的救济——兼论“利益相反”之概念的必要性》,载《比较法研究》2017年第1期。

为其行为符合被监护人利益。

一般认为,此处所说的被监护人利益不限于财产利益,应当包括所有被监护人的希望与福祉。[①] 具体而言:一是要直接考虑是否有利于增加被监护人的利益。例如,为了给未成年人治病而变卖登记在未成年人名下的房产,或者为了送孩子出国而转让他人送给孩子的钢琴等,均属于维护被监护人利益的处分。在这些情形中,被监护人的身体健康和未来发展的利益因为财产的处分而获得了增进,因而应当认为符合被监护人的利益。因此,对于有利于被监护人人身健康和全面发展的医疗、教育等必要支出而言,其都可能属于"维护被监护人利益"的必要行为,不能仅以经济利益作为判断"维护被监护人利益"的唯一标准。二是要考虑监护人的身份。在对未成年人的监护中,如果未成年人的监护人是该未成年人的父母,按照一般社会观念,父母一般都会为子女利益考虑,其处分财产的行为通常有利于维护被监护人的利益。因此,对于"维护被监护人利益"的认定标准可以适当降低。但是对于其他监护人而言,则应当严格认定处分是否为被监护人的利益而作出,以及是否具有增进被监护人利益的作用。三是要考虑被监护人财产的来源。如果被监护人的相关财产是由监护人赠与的,则监护人处分该财产的限制应当更小,而对于他人赠与的财产则对监护人处分的限制应当更大。

第三,不得利用被监护人的财产为自己牟利的原则。监护人在履行监护职责时,一般只是对被监护人的财产进行管理、维护,而不能利用被监护人的财产为自己牟利。如果处分财产的行为只是为了监护人自身的利益,也可能表明监护人的处分行为不是"维护被监护人利益",而是为了维护自己的利益。

关于"非为被监护人利益"的处分被监护人财产的行为的效力问题,存在多种观点。一是无效说,此种观点认为监护人"非为被监护人利益"处分被监护人财产的行为因为其违反了法律的强制性规定,应当被认定为无效。[②] 这一观点认为,《民法典》第 35 条第 1 款在性质上属于效力性强制性规范,违反该规定将导致法律行为的无效。二是效力待定说,这一观点认为,监护人处分财产的行为构成无权代理,如果被代理人是未成年人,那么

---

① 参见李霞:《成年监护制度研究——以人权的视角》,中国政法大学出版社 2012 年版,第 85 页。

② 参见广东省高级人民法院民事裁定书,(2018)粤民申 7499 号。

其成年后可以追认该法律行为的效力。[①] 因此,该法律行为因代理权的欠缺而效力待定。三是具体区分说。此种观点认为,应当具体区分不同情形而确定此类行为的效力。例如,王泽鉴先生认为应从兼顾未成年人之保护以及维护交易安全的角度出发,根据处分行为的性质确定父母"非为子女利益"的财产处分行为的效力,如果该种行为是无偿行为,则行为无效,而如果该行为是有偿的,则行为有效。笔者认为,这些观点都不无道理,相较而言,具体区分说兼顾了被监护人的利益和交易安全的维护。要综合考量财产的来源、监护主体(如监护人是否为父母)、行为目的(处分行为是否与被监护人的生活具有密切关系)以及行为是否有偿而具体确定。例如,当父母非为未成年子女利益无偿处分其财产时,因相对人取得利益并未支付对价,即使该处分行为无效,也不会对相对人产生太大的不利影响,此时法律应侧重保护未成年人的利益,认定父母的处分行为无效;当父母非为未成年子女利益而有偿处分其财产时,由于相对人支付对价后才取得利益,若仍认为该处分行为无效,则势必给相对人带来不利,此时法律应侧重保护交易安全,认定处分行为有效。

3. 尊重被监护人的意愿

我国《民法典》秉持人文关怀的理念,从关爱、保护被监护人考虑,要求监护人在履行监护职责时,应当尽可能尊重被监护人的意愿。《民法典》在尊重被监护人的意愿方面,又区分未成年人监护和成年监护,分别作出了规定。具体来说,应从以下两方面考虑:

第一,尊重未成年人的意愿。传统的监护制度主要将未成年人作为一种被管理的对象,而忽视对其意志和意愿的尊重。监护制度改革的一个重要发展趋势是,在未成年人年龄、智力限度内,尊重其意志和意愿,而不是仅仅将其作为被管理的对象;监护人在履行监护职责时,应当尊重被监护人的自主决定权,因为对未成年人而言,随着年龄和心智水平的提高,其独立人格和认识也在不断成熟,此时,不应当仅将未成年人定位为被监管的对象,而应当尽可能地尊重其真实意愿。[②] 我国《民法典》未成年人监护制度也体现了这一发展趋势,依据该法第 35 条第 2 款的规定,监护人在作出与被监护人利益有关的决定时,应当根据被监护人的年龄和智力状况,尊重被监护人的真实意愿。在未成年人监护中,未成年人毕竟心智发育不全,判断能力不足,其所作出的判断可能并不是最佳判断,监护人不能完全按照未成年人

---

① 参见史尚宽:《亲属法论》,中国政法大学出版社 2000 年版,第 676 页。

② 参见陈甦主编:《民法总则评注》(上册),法律出版社 2017 年版,第 257 ~ 259 页。

的意愿行为。

第二,尊重作为被监护人的成年人意愿。依据《民法典》第35条第3款的规定,成年人的监护人履行监护职责,应当最大程度地尊重被监护人的真实意愿,保障并协助被监护人实施与其智力、精神健康状况相适应的民事法律行为。由于成年人相对于未成年人而言认知能力和判断能力更强,《民法典》要求监护人必须最大限度地尊重被监护人的真实意愿。所谓最大程度,是指监护人应当尽可能地尊重被监护人的意愿,由被监护人作出决定,在作出决定时,监护人只是起到一种保障并协助的作用。[①] 例如,城市中许多老人都有自己的房屋,但老年人愿意以房养老,或者愿意将房屋以多少价格出售,或者将房屋长期出租等,这些事务究竟应当如何处置,监护人应当尽可能听取老年人的意愿。如果老年人有能力独立处理这些事务,就应当由其独立决定,监护人主要起到一种保障与协助的作用。如果被监护人能够独立作出决定,则监护人只宜提供意见供被监护人参考,最终还是由被监护人独立作出决定。

当然,监护职责原则上应当由监护人自己履行,但在法律明确规定的情形中,监护人可以将监护职责全部或部分通过委托合同委托给他人履行。《总则编解释》第13条规定:"监护人因患病、外出务工等原因在一定期限内不能完全履行监护职责,将全部或者部分监护职责委托给他人,当事人主张受托人因此成为监护人的,人民法院不予支持。"依据该规定,监护人将其监护职责委托给他人需要具备如下条件:一是委托原因具有特殊性,即监护人只有因患病、外出务工等原因在一定期限内不能完全履行监护职责的,才能将其监护职责委托给他人,否则其不能任意委托监护职责。二是只能在一定期限内委托,不能无期限长期委托。换言之,一旦监护人不能履行监护职责的情况消失,其就应当立即履行监护职责。需要指出的是,监护人将其监护职责委托给他人并不导致监护人资格的变更,即在委托之后,监护人的资格并没有发生变化,受托人并不因接受委托而成为监护人,而只是监护职责受托人。该规定与《民法典》的相关规定是一致的。例如,《民法典》第1189条对此种情形下的侵权责任也作出了规定:"无民事行为能力人、限制民事行为能力人造成他人损害,监护人将监护职责委托给他人的,监护人应当承担侵权责任;受托人有过错的,承担相应的责任。"依据该规定,在监护职责委托的情形下,如果被监护人造成他人损害,仍应当

---

① 参见石宏主编:《中华人民共和国民法总则条文说明、立法理由及相关规定》,北京大学出版社2017年版,第76页。

由监护人承担监护责任，当然，受托人有过错的，也应当根据其过错程度承担相应的责任。

三、监护的变更与终止

（一）监护的变更

所谓监护的变更，是指监护关系设立后确有法定事由，可以依据法定程序变更监护人。《民法典》中并没有规定监护人的变更，但司法解释规定了两种变更的情形。

一是符合法定终止监护的条件。《民法典》第39条规定了监护关系终止的各种情形，终止之后自然会发生变更，在此情形下，必须为被监护人另行指定监护人。当然，必须由人民法院依据民事诉讼法特别程序指定监护人。《总则编解释》第12条第1款规定："监护人、其他依法具有监护资格的人之间就监护人是否有民法典第三十九条第一款第二项、第四项规定的应当终止监护关系的情形发生争议，申请变更监护人的，人民法院应当依法受理。经审理认为理由成立的，人民法院依法予以支持。"依据该规定，如果出现了被监护人取得或者恢复完全民事行为能力、监护人丧失监护能力以及人民法院认定终止监护关系的其他情形，则需要依法终止监护关系。但如果就这些事项是否存在并应当终止监护关系产生争议，以及在终止监护关系后就如何变更监护人发生争议，人民法院对此应当依法审理；如认为确定符合上述法定的条件，就应当及时终止监护关系。在终止监护关系的同时，也应当依法为被监护人指定新的监护人。

二是具有监护资格的人之间协议变更监护关系。从实践来看，在指定监护人之后，监护人也可能因为各种原因而与其他具有监护资格的人之间达成变更监护人的协议。如果当事人协议发生争议，则由人民法院按照最有利于被监护人的原则确定监护人。对此，《总则编解释》第12条第2款规定："被依法指定的监护人与其他具有监护资格的人之间协议变更监护人的，人民法院应当尊重被监护人的真实意愿，按照最有利于被监护人的原则作出裁判。"

（二）监护的终止

监护因一定的事实而发生，也因一定的法律事实而终止。监护设立的根据不同，终止的原因也不相同。《民法典》第39条第1款规定："有下列情形之一的，监护关系终止：（一）被监护人取得或者恢复完全民事行为能力；（二）监护人丧失监护能力；（三）被监护人或者监护人死亡；（四）人民法院认定监护关系终止的其他情形。"依据这一规定，监护主要因下列原因而终止。

1. 被监护人取得或者恢复完全民事行为能力

对于未成年人的监护，自被监护人成年之日起，监护即终止。成年是一个法律事实，受监护的未成年人一旦年满 18 周岁就成为成年人，具有完全民事行为能力，可以独立地进行民事活动。此时，监护当然终止。如果被监护人是精神病人，当其痊愈以后，经本人或利害关系人申请，由人民法院撤销对其作出的监护的裁决，才能导致监护关系终止。如果被监护人是因其他原因导致失去全部或部分民事行为能力的成年人，则当其恢复完全民事行为能力时，监护关系终止。

2. 监护人丧失监护能力

监护关系的成立以监护人具有行为能力为条件。监护人如果在履行职责过程中丧失民事行为能力，也就根本不可能履行监护职责，从而自然应当导致监护关系终止。例如，监护人在履行职责过程中突然患病陷入昏迷而丧失民事行为能力，则无法继续担任监护人。

3. 被监护人或者监护人死亡

监护关系是由双方当事人即监护人与被监护人共同构成的，任何一方死亡都将导致监护关系的终止。如果被监护人死亡，则监护关系就不必存在；如果监护人死亡，则无人履行监护职责，监护关系自然也应当终止。

4. 人民法院认定监护关系终止的其他情形

如果存在人民法院认定监护关系终止的其他情形，则监护关系也应当终止。例如，在监护人不依法履行其监护职责，或者滥用监护人资格损害被监护人利益时，人民法院可以根据有关个人或者组织的申请，在查明事实后，撤销监护人的监护资格，从而导致监护关系终止。此外，如果有关当事人有正当理由，也可以向法院申请变更监护人，该申请若得到法院许可，也可导致原监护关系终止。

监护人在一般情况下不得抛弃其监护资格，也不得要求辞去监护资格，但如果确有正当理由使其不能履行监护职责，可以向指定机关提出申请，请求辞去监护资格。一般来说，辞去监护资格仅适用于指定监护的情况，而不能适用于法定监护。

《民法典》第 39 条第 2 款规定："监护关系终止后，被监护人仍然需要监护的，应当依法另行确定监护人。"虽然出现了上述原因导致监护关系终止，但在某些情况下，被监护人仍然需要监护。例如，监护人死亡后，被监护人仍未成年，仍然需要有人监护，此时就应当依照《民法典》的相关规定重新确定监护人。由人民法院撤销监护人资格的，在撤销的同时，法院也应当依法重新指定监护人。

四、监护人资格的撤销和恢复

(一)撤销条件

所谓撤销监护资格,是指监护人在履行职责期间,从事了严重侵害被监护人权益的行为,被取消其监护资格的行为。法律之所以规定撤销监护人资格制度,主要是为了保护被监护人的合法权益,对监护人进行监督。在监护关系设定后,监护人因各种原因已经无法或者未能履行职责,从保护被监护人利益角度考虑,有必要规定监护资格撤销制度。[①] 例如,在“乐平市民政局申请撤销罗某监护人资格案”中,法院认为,在被监护人父亲去世,三名被监护人处于无人照看、生活危困的状况下,被申请人知情后仍怠于履行监护职责,导致三名未成年人流离失所,其行为已严重侵害了三名被监护人的合法权益。监护人怠于履行监护职责导致被监护人处于危困状态,人民法院根据乐平市民政局的申请,依法撤销了罗某的监护人资格,由乐平市民政局担任监护人[②]。《民法典》第36条第1款规定了撤销监护人资格的条件,包括如下几种:

第一,实施严重损害被监护人身心健康的行为。监护制度的本意,是实现对被监护人的照管、保护,如果监护人对被监护人实施了严重损害其身心健康的行为,就构成撤销的事由。例如,监护人对被监护人实施性侵害,对被监护人进行暴力殴打、虐待等行为,都会严重损害被监护人的身心健康。此处所说的严重侵害,是针对被监护人的人身权益而不是针对财产的侵害,而且侵害行为必须达到造成严重损害后果的程度。

第二,怠于履行监护职责,或者无法履行监护职责并且拒绝将监护职责部分或者全部委托给他人,导致被监护人处于危困状态。具体而言,又可分为如下几种:一是怠于履行监护职责,导致被监护人处于危困状态的。监护人本应尽到对被监护人利益最大化的保护职责,但监护人不作为,怠于履行监护职责,会导致对被监护人的重大损害。[③] 例如,监护人明知被监护人挨饿受冻,而拒绝提供食物和衣物,使被监护人处于可能饿死冻死的危急状态,则可能导致其监护资格的撤销。二是无法履行监护职责且拒绝将监护职责部分或者全部委托给他人。如果监护人因各种原因而无法履行监护职

① 参见黄薇主编:《中华人民共和国民法典释义》(上),法律出版社2020年版,第104页。

② 《最高人民法院发布第二批人民法院贯彻实施民法典典型案例》,载中国法院网,https://www.chinacourt.org,最后访问日期:2023年1月15日。

③ 参见李适时主编:《中华人民共和国民法总则释义》,法律出版社2017年版,第108页。

责,例如,监护人因吸毒、赌博、身患重病等原因而无法履行监护职责,在此情形下,监护人应当尽快将监护职责委托给他人行使。如果监护人及时将监护职责委托给他人行使,则并不会导致自身的监护资格被撤销。只有当监护人自己无法履行监护职责,并且拒绝将监护职责部分或者全部委托给他人时,才应导致监护资格的撤销。三是导致被监护人处于危困状态。监护人怠于履行监护职责,或者无法履行监护职责并且拒绝将监护职责部分或者全部委托给他人,如果因此导致被监护人的权益受到重大损害、被监护人处于危困状态,则会发生监护人监护资格被撤销的情形。此处所说的被监护人处于危困状态,是指被监护人的人身权益受到重大威胁或侵害。例如,被监护人处于挨饿、受冻状态,或者居住在危楼之中,极不安全。在此情形下,就会导致监护人监护资格的撤销。

第三,实施严重侵害被监护人合法权益的其他行为。该规定是一个兜底条款,只要出现了其他严重侵害被监护人合法权益的行为,都可能导致监护人监护资格的撤销。例如,监护人恶意侵占被监护人的财产,导致被监护人合法的财产权益受损。

(二)指定临时监护人

监护人资格被撤销之后,如果没有及时指定新的监护人,则被监护人就处于无人监护的状态,对其十分不利。如被监护人的人身、财产都处于无人监护的状态,极易遭受第三人的侵害。因此,依据《民法典》第 36 条第 1 款的规定,人民法院根据有关个人或者组织的申请,在撤销监护人资格以后,应当为被监护人安排必要的临时监护措施。所谓临时监护措施,就是为了在短期内起到保护被监护人权益的作用而采取的一些监护措施。例如,将被监护人安置在医院、看护所等场所,委托医院负责看护等。在采取这些措施的同时,人民法院也应当按照最有利于被监护人的原则依法指定临时监护人。

(三)申请撤销的主体

并非任何人都有权申请撤销监护人的监护资格。只有了解被监护人的情形,能够为其提供照顾、保护等措施的人,或者与被监护人有一定利害关系的人,才能作为主体申请撤销监护资格。关于申请撤销监护资格的主体,《民法典》第 36 条第 2 款规定:“本条规定的有关个人、组织包括:其他依法具有监护资格的人,居民委员会、村民委员会、学校、医疗机构、妇女联合会、残疾人联合会、未成年人保护组织、依法设立的老年人组织、民政部门等。”在这些机构中,居民委员会、村民委员会都是群众性的自治组织,有义务办理一些公益性的事业,防止被监护人的利益受到侵害。至于学校、医疗机构、妇女联合会、残疾人联合会、未成年人保护组织、依法设立的老年人组织、民政部门等机构，也都与被监护人的成长、生活相关，对被监护人负有照顾、保护等义务。需要指出的是，该条还使用了“等”字，表明列举的这些机构并不是完全列举，并不局限于这些机构。这一规定作为兜底性的规定，尽量扩大了有权申请撤销监护资格的主体范围。

此外，《民法典》第 36 条第 3 款还规定：“前款规定的个人和民政部门以外的组织未及时向人民法院申请撤销监护人资格的，民政部门应当向人民法院申请。”这就规定了民政部门在其他个人或组织均未及时提起撤销申请时的申请义务。民政部门作为政府的职能部门，负有保护未成年人的义务，其本身就应当承担一定的社会救助义务，这样规定可以防止出现无人申请的情况。我国是以家庭监护为基础，以社会监护为保障，以国家监护为补充的监护制度，这一规定实际上也强化了国家在监护中的义务。因此，在相关主体未向人民法院申请撤销监护人的情形下，民政部门负有提出申请的义务。

（四）抚养费、赡养费、扶养费的支付

《民法典》第 37 条规定：“依法负担被监护人抚养费、赡养费、扶养费的父母、子女、配偶等，被人民法院撤销监护人资格后，应当继续履行负担的义务。”监护资格与扶养义务是不同的。抚养、赡养、扶养是法定的义务，是基于血缘等关系而确立的，这些义务不因监护关系的终止而终止。依《民法典》婚姻家庭编规定，法定扶养关系有如下几种：一是父母对未成年子女有抚养的义务。二是夫妻之间的相互扶养义务，即依据《民法典》第 1059 条的规定，夫妻有相互扶养的义务。三是依据《民法典》第 1067 条的规定，成年子女对父母负有赡养的义务。上述义务都是法定的义务，不因监护关系的撤销而终止，即便监护资格被撤销上述义务仍然应当履行。

（五）监护资格的恢复

某人的监护资格被撤销后，并不意味着其永远丧失了监护资格，监护资格在一定条件下也可以恢复。《民法典》第 38 条规定：“被监护人的父母或者子女被人民法院撤销监护人资格后，除对被监护人实施故意犯罪的外，确有悔改表现的，经其申请，人民法院可以在尊重被监护人真实意愿的前提下，视情况恢复其监护人资格，人民法院指定的监护人与被监护人的监护关系同时终止。”依据这一规定，监护资格的恢复必须具备如下几个条件：

第一，被撤销监护资格的人确有悔改表现。该条规定仅适用于被撤销监护资格的自然人，主要包括两类人：一是被监护人的父母；二是被监护人的子女。如果这些人确有悔改的表现，则人民法院可以考虑恢复监护人的监护资格。当然，监护人不能仅有悔改意愿，还必须有悔改的行为。监护人是否有悔改的表现，应当由人民法院根据具体情形予以判断。①

第二，由被撤销监护资格的人提出申请。监护资格的恢复应当按照法定程序进行，监护人监护资格的恢复应当由监护人提出申请，即愿意继续担任监护人。因此，即便监护人有悔改表现，且被监护人愿意恢复监护关系，该监护关系也不能当然恢复，而必须由人民法院依据法定程序予以恢复。

第三，被监护人愿意恢复。监护人监护资格的恢复应当尊重被监护人的意愿，这也有利于保障被监护人的健康成长。因此，在监护资格被撤销后，即便监护人确有悔改表现，但如果被监护人不愿意恢复其监护人资格，则人民法院仍然不能恢复其监护资格。

第四，不存在对被监护人实施故意犯罪的情形。监护人能否履行职责，涉及被监护人权利保障问题，尤其是对未成年人而言，关系其未来能否健康成长。如果监护人曾经实施过性侵害、严重虐待未成年人等故意犯罪行为，就有可能导致其恢复监护人身份后，实施侵害被监护人权益的行为。因此，恢复监护人的资格时，要考虑其是否实施过故意犯罪行为。②

依据《民法典》第 38 条的规定，出现上述情况后，人民法院要视情况恢复其监护人资格。所谓“视情况”，就是要对监护人能否恢复监护人资格进行全面考察，依据具体情况判断其能否恢复监护人资格。毕竟监护关系涉及被监护人的利益，关系被监护人的健康成长，事关重大，因此人民法院需要对监护人能否恢复监护人资格进行全面评估。

第五节 宣告失踪

一、宣告失踪的概念

所谓宣告失踪，是指自然人离开自己的住所下落不明达到法定的期限，经利害关系人申请，人民法院依照法定程序宣告其为失踪人的一项制度。改革开放以后，我国人口流动性日益增强，跨地区、跨国的人口流动日益普遍，人口的大规模流动、经济和社会生活的日益复杂等，都可能带来人员失踪事件。自然人一旦失踪，将对其既有的财产关系产生重大影响，其财产将处于无人照管的状态，而且其债权人和债务人也难以主张权利或者履行义

---

① 参见李适时主编：《中华人民共和国民法总则释义》，法律出版社 2017 年版，第 113 页。

② 依据 2014 年最高人民法院、最高人民检察院、公安部、民政部《关于依法处理监护人侵害未成年人权益行为若干问题的意见》第 40 条第 2 款的规定，监护人具有下列情形之一的，一般不得判决恢复其监护人资格：(1)性侵害、出卖未成年人的；(2)虐待、遗弃未成年人 6 个月以上、多次遗弃未成年人，并且造成重伤以上严重后果的；(3)因监护侵害行为被判处 5 年有期徒刑以上刑罚的。

务，这可能影响经济秩序的稳定，对多方当事人的利益产生影响。

宣告失踪的目的是通过人民法院确认自然人失踪的事实，并设置财产代管人管理失踪人的财产，及时了结其债权债务关系，以保护失踪人和利害关系人的利益，从而维护社会经济秩序的稳定。从比较法上看，许多国家的立法都对宣告失踪制度作出了规定。[①] 我国《民法典》也在《民法通则》规定的基础上，于第 40 条规定："自然人下落不明满二年的，利害关系人可以向人民法院申请宣告该自然人为失踪人。"这就对宣告失踪制度作出了规定。

二、宣告失踪的条件

宣告失踪应当符合法定的条件，依据《民法典》第 40 条、第 41 条的规定，宣告失踪应当具备如下条件。

第一，必须有自然人下落不明满 2 年的事实。依据《民法典》第 40 条的规定，宣告失踪要求自然人必须下落不明满 2 年。一般认为，所谓下落不明，是指自然人离开最后居所和住所后没有音讯的状况，这种状况须持续、不间断地存在。[②] 如果自然人离开居所和住所后仍然有音讯，只是因为通信等方面的原因无法联系到，并不属于下落不明。

关于下落不明的起算点，《民法典》第 41 条规定："自然人下落不明的时间从其失去音讯之日起计算。战争期间下落不明的，下落不明的时间自战争结束之日或者有关机关确定的下落不明之日起计算。"依据该条规定，自然人下落不明的时间起算点并不是其离开住所或者居所的时间，而是其失去音讯的时间。如果自然人是在战争期间下落不明的，则其下落不明的时间应自战争结束之日起计算；如果有关机关确定了自然人下落不明的时间，则其下落不明的时间自该机关确定的时间起算。

第二，必须由利害关系人向人民法院提出申请。依据《民法典》第 40 条的规定，宣告失踪需要由利害关系人申请。由于宣告失踪仅涉及当事人之间的私人事务，一般不涉及社会公共利益，因而，法院不能依据职权进行失踪宣告，宣告失踪必须由失踪人的利害关系人提出申请。关于利害关系人的范围，《民法典》并没有作出规定。依据《总则编解释》第 14 条，申请宣告失踪的利害关系人的范围如下：一是被申请人的近亲属；二是依据《民法典》第 1128 条、第 1129 条规定对被申请人有继承权的亲属；三是债权人、债务人、合伙人等与被申请人有民事权利义务关系的民事主体，但是不申请宣告失踪不影响其权利行使、义务履行的除外。其中，第 14 条第 3 项作出此种

---

① 参见《法国民法典》第 112 条、《意大利民法典》第 49 条。

② 参见柳经纬主编：《民法总论》（三版），厦门大学出版社 2000 年版，第 94～95 页。

规定的主要原因在于，在某些情形下，即便具有上述经济上的利害关系，也并不需要申请宣告失踪。例如，在主张债权时，可以通过缺席判决、公告送达等方式实现其权利，而不当然需要通过申请宣告债务人失踪的方式实现。一旦宣告债务人失踪，还需要设置财产代管人等，这可能对债务人的利益产生较大影响。该项在列举利害关系人的范围时采用了"等"字的表述，保持了其范围的开放性，也适应了社会生活发展的需要。

上述利害关系人可以单独申请也可以同时申请，而且其申请并没有顺序限制，即便这些利害关系人就是否宣告失踪发生冲突，只要符合受理的条件，法院就应当受理。①

第三，必须经过法院依据法定程序宣告。宣告失踪只能由人民法院作出，其他任何机关和个人无权作出宣告失踪的决定。人民法院在收到宣告失踪的申请以后，应当依据《民事诉讼法》规定的特别审理程序发出寻找失踪人的公告，公告期满以后仍没有该自然人的音讯时，人民法院才能宣告该自然人为失踪人。

三、宣告失踪的法律后果

在自然人被宣告失踪后，其民事主体资格依然存在，其仍然可以实施各种民事行为。因此，宣告失踪并不产生消灭婚姻关系的效力，也不会导致失踪人的财产被他人继承。依据《民法典》的规定，宣告失踪的法律后果是为失踪人设置财产代管人。

（一）财产代管人的设置

财产代管人是为失踪人管理财产的人。自然人在被宣告失踪后，有必要为其设置财产代管人，因为在自然人下落不明的情形下，其财产无人照管，可能遭受毁损、灭失，这就有必要设置财产代管人为其管理财产。同时，设置财产代管人也有利于及时了解失踪人的相关权利义务关系，从而维护社会经济秩序的稳定。②

依据《民法典》第42条的规定：首先，失踪人的财产应当由其配偶、成年子女、父母或者其他愿意担任财产代管人的人代管。这是因为这些人与失踪人存在密切关系，由其代管财产更符合失踪人的利益。该条并没有对上述主体担任财产代管人的人数和顺序作出规定，因此，可以由上述人中的一人或者数人担任失踪人的财产代管人，而且上述主体在担任财产代管人方面并没有顺序上的限制。其次，如果失踪人没有上述人担任财产代管人，或

---

① 参见柳经纬主编：《民法总论》（三版），厦门大学出版社2000年版，第95页。

② 参见李浩：《民事诉讼法学》，法律出版社2011年版，第432～433页。

上述主体对担任失踪人的财产代管人有一定的争议,或者上述主体均无代管能力的,由人民法院指定财产代管人。从该条规定来看,其并没有对法院指定的财产代管人的范围进行限定,因此,人民法院可依具体情况确定合适的财产代管人。此时法院应当考虑失踪人利益的最大化。

(二)财产代管人的地位

关于财产代管人的地位,存在两种不同的观点:一是代理人说。此种观点认为,财产代管人有与法定代理人同等的法律地位,如德国的通说认为,失踪人的财产保佐人(Abwesenheitspfleger)属于失踪人的法定代理人(gesetzlicher Vertreter)。[①] 其照管失踪人的全部或者一部分财产,同时一个保佐人也可以同时管理数个人的财产。[②] 二是管理人说。此种观点认为,财产代管人只是普通管理人的一种,在本质上和一般的财产管理人没有区别。

笔者认为,代管人既是管理人,又属于法定代理人。失踪人财产代管人的职责主要是对失踪人的财产进行管理,但其在履行管理职责时,也需要代理失踪人实施一定的民事法律行为。如在法律以及法院授权的范围内有权代理失踪人从事一定的民事行为,即以失踪人的财产代其清偿债权债务,也有权代理其接受债权。由于此种代理是基于法律规定而产生的,因此,其在性质上是一种法定代理,而且是法院所指定的代理。财产代管人虽然是失踪人的代理人,但是它和一般代理人也存在差异。财产代管人只能在法律和法院授权的范围内代理失踪人从事必要的民事活动。财产代管人通常不能从事与失踪人的债务清偿和债权追索无关的活动。[③]

当然,由于失踪人的代管人从事的仍然是一种无偿的代管行为,所以,财产代管人仅因自己的故意或重大过失造成失踪人的财产损害时,才应当承担赔偿责任。对于一般的过失造成的损害不应当承担损害赔偿责任。

(三)财产代管人的职责

财产代管人兼具法定代理人和保管人的身份。一方面,财产代管人具备法定代理人身份,其代理是依法产生的,但其不能全权代理失踪人从事各种民事活动,而只能在法律授权范围内,从事与失踪人的财产管理、债务清偿、债权催收相关的活动。[④] 另一方面,财产代管人又是失踪人的财产保管

① MüKoBGB/Schwab, § 1911, Rn. 19.

② MüKoBGB/Schwab, § 1911, Rn. 17.

③ 参见杨立新主编:《中华人民共和国民法总则要义与案例解读》,中国法制出版社 2017 年版,第 175 页。

④ 参见贺荣主编:《最高人民法院民法典总则编司法解释理解与适用》,人民法院出版社 2022 年版,第 251 页。

人。依据《民法典》第43条的规定，财产代管人的职责包括如下内容：

1. 妥善管理失踪人的财产。《民法典》第43条第1款规定："财产代管人应当妥善管理失踪人的财产，维护其财产权益。"财产代管人管理失踪人财产要尽到善良管理人的注意义务，其管理行为主要体现为一种消极的管理行为，如履行失踪人的债务、接受失踪人债务人的履行义务等，一般不得积极利用失踪人的财产。当然，在特殊情形下，为了保护失踪人的利益，财产代管人也需要对失踪人的财产进行积极处分，如为防止失踪人的房屋倒塌，应当允许财产代管人请人代为修缮。同时，依据该条规定，财产代管人应当妥善管理失踪人的财产，且在管理失踪人的财产时应当尽到善良管理人的管理义务。如果在管理中造成失踪人的财产损失，依据《民法典》第43条第3款的规定，财产代管人只有因故意或者重大过失造成失踪人财产损失时，才需要承担赔偿责任，财产代管人在因一般过失造成失踪人财产损失时，并不需要承担赔偿责任。

2. 清偿失踪人的债务，并追索其债权。代管人的另一项主要职责是代理失踪人履行债务和接受履行。一是代管人有权从失踪人的财产中支付税款、债务和其他应当支付的费用（如赡养费、抚养费等）。关于财产代管人履行管理职责的费用，《民法典》第43条第2款规定："失踪人所欠税款、债务和应付的其他费用，由财产代管人从失踪人的财产中支付。"依据该条规定，财产代管人缴纳失踪人所欠税款、清偿债务以及所支出的其他费用，应当从失踪人的财产中支付。二是代管人应当尽力追索失踪人的债权，代失踪人接受债权。但是代管人在诉讼中的地位究竟是代理人还是当事人，在理论和实务中一直存在争议。对此，《总则编解释》第15条第1款规定："失踪人的财产代管人向失踪人的债务人请求偿还债务的，人民法院应当将财产代管人列为原告。"据此，代管人可以直接以原告的身份向债务人主张债权。

如果债权人向失踪人主张债权，依据《总则编解释》第15条第2款第1句规定："债权人提起诉讼，请求失踪人的财产代管人支付失踪人所欠的债务和其他费用的，人民法院应当将财产代管人列为被告。"依据该规定，代管人应当被列为被告，如此，有利于解决责任的承担，尤其是可通过执行制度保护失踪人的债权人利益，维护交易安全。[①]《总则编解释》第15条第2款第2句规定："经审理认为债权人的诉讼请求成立的，人民法院应当判决财产代管人从失踪人的财产中支付失踪人所欠的债务和其他费用。"依据该规

---

① 参见贺荣主编：《最高人民法院民法典总则编司法解释理解与适用》，人民法院出版社2022年版，第250页。

定，在债权人向失踪人主张债权的情形下，如果其请求权成立，则应当以失踪人的财产履行债务并支付其他费用。当然，该条并没有对财产代管人的报酬请求权作出规定，因此，财产代管人原则上只能请求失踪人偿还履行财产代管职责所支出的必要费用，而不能请求失踪人支付管理报酬。如果财产代管人怠于主张债权或者怠于接受履行造成失踪人财产损失，财产代管人应当承担赔偿责任。

（四）财产代管人的变更

在自然人失踪期间，财产代管人可能因为丧失民事行为能力等原因而无法履行财产代管职责。此时，就有必要变更财产代管人。依据《民法典》第44条的规定，财产代管人的变更主要包括如下情形：

一是失踪人的利害关系人申请变更财产代管人。《民法典》第44条第1款规定："财产代管人不履行代管职责、侵害失踪人财产权益或者丧失代管能力的，失踪人的利害关系人可以向人民法院申请变更财产代管人。"依据该规定，在财产代管人不履行代管职责、侵害失踪人财产权益或者丧失代管能力的情形下，为失踪人设置财产代管人的目的将难以实现，此时，失踪人的利害关系人有权向人民法院申请变更财产代管人。

二是财产代管人申请变更财产代管人。《民法典》第44条第2款规定："财产代管人有正当理由的，可以向人民法院申请变更财产代管人。"依据该规定，如果财产代管人有正当理由，其也可以申请变更财产代管人。例如，财产代管人因为年龄、健康状况等原因难以有效履行财产代管职责，可能导致失踪人遭受损失的，此时，应当允许其向人民法院申请变更财产代管人。

在人民法院变更失踪人的财产代管人后，为保障新的财产代管人有效履行代管职责，同时为了明确当事人之间的权利义务关系，减少纠纷，原财产代管人应当及时将失踪人的有关财产移转给新的财产代管人，并且及时向新的财产代管人报告其担任财产代管人期间的代管情况。对此，《民法典》第44条第3款规定："人民法院变更财产代管人的，变更后的财产代管人有权请求原财产代管人及时移交有关财产并报告财产代管情况。"

四、失踪宣告的撤销

（一）撤销失踪宣告的条件

自然人在被宣告失踪后，如果又重新出现，则其有权申请撤销失踪宣告，也可由利害关系人申请撤销。关于失踪宣告的撤销，《民法典》第45条第1款规定："失踪人重新出现，经本人或者利害关系人申请，人民法院应当撤销失踪宣告。"依据该规定，撤销失踪宣告应当符合如下条件：

1. 失踪人重新出现。依据该条规定,失踪人重新出现是撤销失踪宣告的必要条件。当然,失踪人重新出现并不限于失踪人回到原住所或者居住地,如果确知其下落也应当属于"失踪人重新出现"。

2. 经本人或者利害关系人申请。撤销失踪宣告需要被宣告失踪人本人或者其利害关系人向人民法院提出申请。从该条规定来看,失踪人本人或者其利害关系人在申请撤销失踪宣告方面并没有顺序限制,在失踪人重新出现后,利害关系人中的一人或者数人都可向人民法院申请撤销失踪宣告。

3. 由人民法院撤销。失踪宣告的撤销应当由人民法院作出,申言之,撤销失踪宣告的申请应当向作出失踪宣告的人民法院提出。关于撤销失踪宣告的程序,《民事诉讼法》第 193 条进一步详细规定了撤销失踪宣告的法定程序:"被宣告失踪、宣告死亡的公民重新出现,经本人或者利害关系人申请,人民法院应当作出新判决,撤销原判决。"

(二)撤销失踪宣告的法律后果

失踪宣告一旦撤销,即产生如下法律效力:

一是财产代管关系终止。财产代管人是在自然人失踪期间代其管理财产,一旦失踪宣告被撤销,相应的财产代管关系也应当终止。当然,依据《民法典》第 45 条第 2 款的规定,在失踪人重新出现的情形下,财产代管人即应当负有相应的移转财产和报告义务。此时,应当认定财产代管关系已经终止。

二是财产代管人的移交财产和报告义务。《民法典》第 45 条第 2 款规定:"失踪人重新出现,有权请求财产代管人及时移交有关财产并报告财产代管情况。"依据该条规定,一旦失踪人重新出现,就有权请求财产代管人移交有关财产,并有权请求财产代管人报告代管其财产期间的相关情况。

第六节 宣告死亡

一、宣告死亡的概念

所谓宣告死亡,是指自然人下落不明达到法定期限,经利害关系人申请,人民法院经过法定程序在法律上推定失踪人死亡的一项制度。自然人长期下落不明可能导致相关的财产关系和人身关系长期处于不确定状态,这有可能影响经济秩序和社会秩序。通过宣告死亡制度,可以及时了结下落不明人与他人的财产关系和人身关系,从而维护正常的经济秩序和社会秩序。

与自然死亡类似,宣告死亡虽然也可以了结被宣告死亡人相关的财产关系和人身关系,但宣告死亡不同于自然死亡:一方面,自然死亡将终局性地了结该自然人的财产关系和人身关系，不存在恢复的可能；而宣告死亡虽然也可以了结被宣告死亡人的财产关系和人身关系，但该民事法律关系存在恢复的可能，即一旦死亡宣告被撤销，相关的财产关系和人身关系即可能恢复。另一方面，自然死亡将消灭该死亡自然人的民事主体资格；而宣告死亡毕竟属于对下落不明人死亡的一种推定，在该自然人仍然生存的情形下，其民事权利能力和民事行为能力并不受影响。[①] 因此，自然人被宣告死亡后，其如果仍然处于生存状态，就可以实施民事法律行为，依法取得民事权利，负担民事义务。

宣告死亡和宣告失踪的联系十分密切。在多数情况下，应先宣告失踪，而后宣告死亡。但宣告失踪并非宣告死亡的必经程序，在未宣告失踪的情形下，利害关系人也可以依法申请宣告死亡。对此，《实施民法典纪要》规定，宣告失踪不是宣告死亡的必经程序，利害关系人可以不经申请宣告失踪而直接申请宣告死亡。

二、宣告死亡的条件

《民法典》第46条规定："自然人有下列情形之一的，利害关系人可以向人民法院申请宣告该自然人死亡：(一)下落不明满四年；(二)因意外事件，下落不明满二年。因意外事件下落不明，经有关机关证明该自然人不可能生存的，申请宣告死亡不受二年时间的限制。"该条对宣告死亡的条件作出了规定，依据该条规定，宣告死亡必须具备以下条件。

第一，自然人下落不明达到法定期限。如前所述，下落不明是指自然人离开最后居所和住所后没有音讯的状况。在宣告死亡的情形下，自然人的下落不明主要是指生死不明，如果确知某人仍然活着，只是没有和家人联系或者不知道其确切地址，不能认为其生死不明。

依据《民法典》第46条第1款的规定，在申请宣告死亡的情形下，自然人下落不明达到法定期限可以分为如下两种情形：一是下落不明满4年。可见，与宣告失踪相比，在宣告死亡的情形下，自然人下落不明的时间应当更长，因为在宣告失踪的情况下，只是发生了被宣告失踪人的财产代管和债权债务了结的后果，但宣告死亡以后还会发生继承的开始、身份关系解除等。因此，宣告死亡的条件应当比宣告失踪严格，下落不明的时间应当比宣告失踪时所要求的时间长。[②] 需要指出的是，依据《总则编解释》第17条规定："自然人在战争期间下落不明的，利害关系人申请宣告死亡的期间适用

---

① 参见王泽鉴：《民法总则》，北京大学出版社2009年版，第118页。

② 参见李适时主编：《中华人民共和国民法总则释义》，法律出版社2017年版，第129页。

民法典第四十六条第一款第一项的规定,自战争结束之日或者有关机关确定的下落不明之日起计算。”也就是说,如果自然人是在战争期间下落不明,则利害关系人申请宣告死亡的期间也是4年,但该4年自战争结束之日或者有关机关确定的下落不明之日起计算。二是在自然人因意外事件下落不明时,其下落不明需要满2年。由于自然人在因意外事件下落不明的情形下生存的可能性相对较小,所以,宣告其死亡时对其下落不明的时间要求也相对较短。此外,依据《民法典》第46条第2款的规定,在自然人因意外事件下落不明的情形下,有关机关证明该自然人不可能生存的,申请宣告该自然人死亡不受2年时间的限制,即在此情形下,其利害关系人可随即申请宣告该自然人死亡。例如,发生沉船事故后,相关部门进行了紧急搜救,证实乘客已不可能生存,此时,其利害关系人可以立即申请宣告该人死亡,而不受2年期限的限制。

第二,必须要由利害关系人提出申请。依据《民法典》第46条的规定,宣告死亡需要由利害关系人向人民法院提出申请。此处所说的利害关系人,是与被宣告死亡法律后果具有利害关系的人。《民法典》第46条虽然规定了利害关系人可以向人民法院申请宣告死亡,但并没有规定利害关系人的范围和申请的顺序,因而在实践中也产生了争议。如果没有顺序的限制,就会出现此类情形,即父母要求宣告死亡,但配偶并不希望宣告死亡,如果满足父母的请求,就会干涉配偶的婚姻自主。《民法典》没有对各利害关系人申请宣告死亡的顺序作出规定。这对当事人的利益尤其是对被宣告死亡人的近亲属利益影响巨大,因此,有必要对此作出细化规定。《总则编解释》第16条确定了申请宣告死亡的利害关系人的范围及其申请顺序,具体而言:

第一顺序的利害关系人是指被申请人的配偶、父母、子女,以及依据《民法典》第1129条规定对被申请人有继承权的亲属。因为宣告死亡对这些人的利益特别是身份利益影响重大,而且宣告死亡之后主要涉及继承人利益问题,所以应当由这些人作为请求宣告死亡的第一顺序利害关系人。另外,《民法典》第1129条规定:“丧偶儿媳对公婆,丧偶女婿对岳父母,尽了主要赡养义务的,作为第一顺序继承人。”据此,对公婆或者岳父母尽了主要赡养义务的丧偶儿媳、丧偶女婿,也是第一顺序的利害关系人。

第二顺序的利害关系人是指被宣告死亡人的其他近亲属,以及依据《民法典》第1128条规定,对被申请人有继承权的亲属应当认定为《民法典》第46条规定的利害关系人。这些利害关系人在申请宣告死亡时,须具备下列情形之一:一是被申请人的配偶、父母、子女均已死亡或者下落不明的;二是不申请宣告死亡不能保护其相应合法权益的。

申请宣告死亡的利害关系人主要是上述两类主体，其他主体原则上并不属于申请宣告死亡的利害关系人。当然，在例外情形下，被宣告死亡人的债权人等主体也可以依法申请宣告死亡。对此，《总则编解释》第16条第3款规定："被申请人的债权人、债务人、合伙人等民事主体不能认定为民法典第四十六条规定的利害关系人，但是不申请宣告死亡不能保护其相应合法权益的除外。"依据该规定，除被宣告死亡人的近亲属等主体外，被申请人的债权人、债务人、合伙人等主体只有在例外情形下才能提出宣告死亡的申请。某些情形下，宣告债务人死亡可能对债务人、债权人与合伙人的合法利益产生较大影响。因此，这些主体如果能证明不申请宣告死亡不能保护其合法权益时，也可以申请宣告死亡。

《民法典》第47条规定："对同一自然人，有的利害关系人申请宣告死亡，有的利害关系人申请宣告失踪，符合本法规定的宣告死亡条件的，人民法院应当宣告死亡。"依据该条规定，如果对同一自然人，有的利害关系人申请宣告其死亡，有的申请宣告其失踪，如果该自然人符合宣告死亡的条件，则人民法院应当宣告该自然人死亡。法律之所以作出此种规定，是因为宣告死亡不仅能够解决失踪人的财产关系，而且能够解决失踪人的人身关系，与宣告失踪相比，其效力范围更为广泛，能够终局性地解决失踪人的权利义务关系。[①] 可见，宣告死亡的法律效力要强于宣告失踪，在不同利害关系人同时申请宣告失踪与宣告死亡的情形下，如果符合宣告死亡的条件，人民法院作出死亡宣告有利于更好地解决当事人之间的纠纷。[②] 依据《实施民法典纪要》的规定，为了平衡各方当事人的利益，配偶、父母、子女以外的其他利害关系人申请宣告死亡的，人民法院审查后认为申请人通过申请宣告失踪足以保护其权利，且其申请宣告死亡违背《民法典》第132条关于不得滥用民事权利的规定的，不予支持。这实际上是对配偶、父母、子女之外的利害关系人申请宣告死亡的条件进行了必要的限制。

第三，必须要由人民法院作出宣告。依据《民法典》第46条第1款的规定，死亡宣告应当由人民法院作出。人民法院在受理宣告死亡的申请后，应当按照《民事诉讼法》规定的特别审理程序发出寻找下落不明人的公告，公告期届满没有其音讯的，人民法院才能作出死亡宣告。

---

① 参见黄薇主编：《中华人民共和国民法典总则编解读》，中国法制出版社2020年版，第140页。

② 参见李适时主编：《中华人民共和国民法总则释义》，法律出版社2017年版，第132页。

三、宣告死亡时间的认定

在宣告死亡的情形下,自然人死亡时间的认定对于确定相关的权利义务关系具有重要意义。被宣告死亡是人民法院基于利害关系人的申请,依据法定程序推定下落不明的自然人死亡的一种法律制度。作出这种推定首先就是要确定死亡的具体时间,如果死亡的时间不确定,则不利于准确认定相关的权利义务关系。例如,自然人死亡时间的认定,对于死亡赔偿金的计算、养老金的领取、抚恤金的领取、继承开始时间的确定,甚至婚姻关系的终止时间等,均具有重要意义。

关于宣告死亡情形下自然人死亡时间的认定,《民法典》第 48 条规定:"被宣告死亡的人,人民法院宣告死亡的判决作出之日视为其死亡的日期;因意外事件下落不明宣告死亡的,意外事件发生之日视为其死亡的日期。"该条将宣告死亡情形下自然人的死亡时间区分为两种情形。

一是一般情形下被宣告死亡时死亡时间的认定。依据该条规定,一般情形下,在自然人被宣告死亡时,人民法院宣告死亡的判决作出之日视为其死亡时间。这就明确了宣告死亡情形下自然人的死亡时间,也为妥当解决被宣告死亡人既有的人身关系和财产关系确定了准确的时间点。

二是因意外事件被宣告死亡时死亡时间的认定。依据该条规定,在因意外事件导致自然人下落不明,该自然人被宣告死亡的,该意外事件发生的日期将视为该自然人的死亡日期。例如,马航 MH370 航班事故属于众所周知的意外事故,该事故发生后相关人员生死未卜。此时,如果依法作出死亡宣告,则相关人员的宣告死亡时间应当是该事故发生的日期。

四、宣告死亡的法律后果

(一)宣告死亡的效力及于一切人

自然人一旦被宣告死亡,将产生消灭其既有财产关系和人身关系的效力,该效力不仅及于申请人,而且及于其他任何人。[①]

(二)宣告死亡并不当然消灭被宣告死亡人的民事主体资格

宣告死亡的目的在于终结被宣告死亡人原有的财产关系和人身关系,其不同于自然死亡,只是对下落不明的自然人死亡的一种推定,不能完全等同于自然死亡。可见,宣告死亡并非为了绝对地消灭或剥夺被宣告死亡人的主体资格,而在于结束被宣告死亡人既有的民事法律关系。[②] 自然人在被

---

① 参见施启扬:《民法总则》(修订第八版),中国法制出版社 2010 年版,第 79 页。

② 参见王泽鉴:《民法总则》,北京大学出版社 2009 年版,第 111 页。

宣告死亡后仍然可能生存,并且也必然会从事一些民事活动,产生一些新的民事法律关系。如果被宣告死亡的失踪人被认为完全没有权利能力,则其从事任何行为都是无效的,这显然不符合一般人的观念认知。被宣告死亡的自然人完全没有权利能力还可以自行向法院申请撤销对他的死亡宣告,即实施有效的诉讼行为,这在民法上是无法解释的。[1] 因此,依据《民法典》第 49 条的规定,在被宣告死亡后,自然人仍然生存的,则其主体资格并不受影响,其在被宣告死亡后所实施的民事法律行为的效力也不受影响。

(三)财产关系的变动

自然人被宣告死亡后,将对其财产关系产生一定的影响。如前所述,宣告死亡将产生消灭自然人原有的人身关系和财产关系的效力,因此,自然人一旦被宣告死亡,其财产将作为遗产由其继承人继承。同时,被宣告死亡的自然人的债权人也有权请求该自然人的继承人清偿债务。

(四)婚姻关系的消灭

自然人一旦被宣告死亡,其婚姻关系将消灭。对此,《民法典》第 51 条第 1 句规定:"被宣告死亡的人的婚姻关系,自死亡宣告之日起消除。"依据该规定,自然人一旦被宣告死亡,其婚姻关系将自死亡宣告之日起消灭。宣告死亡制度的主要功能是了结被宣告死亡人原有的人身和财产关系,因此,死亡宣告一旦作出,被宣告死亡人的婚姻关系即应当消灭。

五、死亡宣告的撤销

(一)死亡宣告撤销的条件

宣告死亡毕竟是一种法律上的死亡推定,该推定是可以被推翻的[2],自然人被宣告死亡后,其客观上仍然可能处于生存状态,在确知该自然人仍然生存时,其本人或者利害关系人即有权申请撤销之前的死亡宣告。对此,《民法典》第 50 条规定:"被宣告死亡的人重新出现,经本人或者利害关系人申请,人民法院应当撤销死亡宣告。"依据该条规定,死亡宣告的撤销应当具备如下条件。

一是被宣告死亡的人重新出现。被宣告死亡的人重新出现包括的情形很多,例如,该自然人回到原住所或者居住地,或者有人确知其下落,或者虽然难以确定其下落但确定其仍然处于生存状态。只要出现了能够确定被宣告死亡人仍然生存、否定其已经死亡的情形,就可以认定属于该条所规定的"重新出现"。

---

① 参见柳经纬主编:《民法总论》(三版),厦门大学出版社 2000 年版,第 97 页。

② 参见史尚宽:《民法总论》,中国政法大学出版社 2000 年版,第 97 页。

二是必须经本人或者利害关系人申请。被宣告死亡人重新出现,并不意味着其原有的人身、财产关系就当然恢复,而必须要经过本人和利害关系人申请,由人民法院做出新的判决,撤销原有的死亡宣告。毕竟,死亡宣告的判决具有既判力,而且已经产生了相应的法律后果,所以,要推翻该判决也必须经过法定的程序。[①] 这就是说,撤销死亡宣告需要被宣告死亡人或者利害关系人提出申请。当然,从《民法典》第 50 条的规定来看,其并没有对申请撤销死亡宣告的利害关系人的顺序和人数进行限制,因此,只要被宣告死亡的人重新出现,任何一个利害关系人都可以申请撤销死亡宣告。

三是由人民法院做出撤销宣告。《民事诉讼法》在特别程序中对撤销死亡宣告作出了规定,该法第 193 条规定:"被宣告失踪、宣告死亡的公民重新出现,经本人或者利害关系人申请,人民法院应当作出新判决,撤销原判决。"

(二)死亡宣告撤销的法律后果

1. 财产关系应当恢复

死亡宣告的撤销将产生财产关系恢复的效果。对此,《民法典》第 53 条第 1 款规定:"被撤销死亡宣告的人有权请求依照本法第六编取得其财产的民事主体返还财产;无法返还的,应当给予适当补偿。"依据该条规定,一旦自然人的死亡宣告被撤销,其继承人应当向其返还自己依照继承法所取得的财产,原则上应当返还原物。由于宣告死亡只是对死亡的一种推定,被宣告死亡的自然人仍然可能生存,在被宣告死亡的自然人重新出现后,对其死亡的推定将被推翻,相关当事人通过继承所取得的财产应当返还给被宣告死亡的人。同时,继承人取得遗产是无偿的,科以其返还义务也不会不当加重其负担。

当然,由于继承人对宣告死亡的发生并无过错,且属于合法取得财产,在其取得财产后,有权将财产使用、消费,因而,在死亡宣告被撤销后,如果其所继承的财产无法返还(如财产已经毁损、灭失),其并不需要承担赔偿责任,而只需要给予适当补偿。[②] 所谓适当补偿,主要是结合返还义务人取得的财产价值、返还能力以及获得的利益考虑。

2. 婚姻关系的恢复

《民法典》第 51 条规定:"……死亡宣告被撤销的,婚姻关系自撤销死亡宣告之日起自行恢复。但是,其配偶再婚或者向婚姻登记机关书面声明

---

① 参见李适时主编:《中华人民共和国民法总则释义》,法律出版社 2017 年版,第 137 页。

② 参见李适时主编:《中华人民共和国民法总则释义》,法律出版社 2017 年版,第 141 页。

不愿意恢复的除外。”依据该条规定，被宣告死亡人的婚姻关系原则上应当自行恢复，但在例外情形下，其婚姻关系不能自行恢复。依据该条规定，该例外情形包括如下两种：一是其配偶已经再婚。因为在死亡宣告后，被宣告死亡人的婚姻关系已经消灭，其配偶可以再婚，该婚姻也受到法律保护。在此情形下，即便死亡宣告被撤销，被宣告死亡人的婚姻关系也不能当然恢复，这也有利于维持婚姻家庭关系的稳定。如果配偶再婚，即使再婚后又离婚或再婚后新配偶死亡，其与被宣告死亡的配偶之间的婚姻关系也不得自动恢复。二是其配偶向婚姻登记机关书面声明不愿意恢复。也就是说，如果被宣告死亡人的配偶不愿意恢复婚姻关系，则其有权向婚姻登记机关声明不愿恢复婚姻关系。该条要求当事人必须作出书面声明，主要是为了避免发生争议。法律作出此种规定有利于保护当事人的婚姻自由。[①] 从该条规定来看，其并没有对被宣告死亡人的配偶作出书面声明的时间作出限定，因此，被宣告死亡人的配偶作出书面声明的时间既可以在死亡宣告被撤销前，也可以在死亡宣告被撤销后。

3. 对收养关系的影响

《民法典》第 52 条规定：“被宣告死亡的人在被宣告死亡期间，其子女被他人依法收养的，在死亡宣告被撤销后，不得以未经本人同意为由主张收养行为无效。”宣告死亡具有消灭自然人既有人身关系的效力，因此，自然人一旦被宣告死亡，如果符合收养的条件，其子女就可以被他人收养，依法产生的收养关系受法律保护，非因法律规定的原因，不得擅自解除或者被宣告无效。为了维护合法收养关系的效力，保持收养关系的稳定性，即便死亡宣告被撤销，被宣告死亡人也不得以其未同意收养为由主张收养关系无效。

4. 利害关系人隐瞒真实情况的责任

如果相关利害关系人隐瞒真实情况，导致他人被宣告死亡的，则在死亡宣告被撤销后，其应当承担责任。《民法典》第 53 条第 2 款规定：“利害关系人隐瞒真实情况，致使他人被宣告死亡而取得其财产的，除应当返还财产外，还应当对由此造成的损失承担赔偿责任。”依据这一规定，利害关系人隐瞒真实情况的责任的构成要件是：一方面，利害关系人明知或者应当知道失踪人并未死亡，但故意隐瞒这一事实，从而导致失踪人被错误地宣告死亡。[②] 另一方面，由于利害关系人隐瞒真实情况，导致他人被宣告死亡的，也就是

---

① 参见石宏主编：《中华人民共和国民法总则条文说明、立法理由及相关规定》，北京大学出版社 2017 年版，第 106 ~ 107 页。

② 参见陈甦主编：《民法总则评注》（上册），法律出版社 2017 年版，第 368 ~ 369 页。

说，某人被宣告死亡与利害关系人隐瞒真实情况具有因果关系。

利害关系人应当承担两种责任：一是返还财产。如果利害关系人因为宣告死亡而取得被宣告死亡人财产，则应当返还财产。取得财产的原因可能是继承也可能是其他原因。返还原则上应当返还原物，如果原物不存在，应当作出适当的补偿。如果因此导致被宣告死亡人的其他损失，该利害关系人应当予以赔偿。二是赔偿损失。在利害关系人隐瞒真实情况的情形下，其取得相关财产具有一定的过错，因此，其既需要向被宣告死亡人返还因此所取得的全部财产，也应当赔偿损失。[①] 此处的赔偿责任不同于该条第1款所规定的补偿责任，其应当坚持完全赔偿原则。因此，在死亡宣告被撤销后，其除了应返还因此所取得的财产外，如果被宣告死亡人还有其他损失，则该利害关系人仍然应当予以赔偿全部损失。

第七节　个体工商户和农村承包经营户

一、"两户"制度

在我国，"两户"是个体工商户和农村承包经营户的简称。在改革开放之前，自然人从事经营活动受到严格限制。为了扩大自然人从事经营（包括工商业经营和农业经营）的自由，我国《民法典》在总则编第二章第四节规定了个体工商户和农村承包经营户。可以说，"两户"是我国经济体制改革成果的制度化表现。

个体工商户是自然人从事工商业经营的法律形式，是自然人成为市场经济主体、参与工商业经营活动的重要途径。这一制度设计推动了市场经济的发展。我国已登记的个体工商户在经济生活中发挥着十分重要的作用。在法律上规定个体工商户的法律地位，不仅有助于解决就业问题，而且也有利于推动"大众创业、万众创新"。农村承包经营户有两亿三千多户，并且成为我国家庭承包经营为基础、统分结合的农村经济制度的重要载体。[②]《民法典》要巩固改革成果，并且要进一步推进改革，因此，继续规定了"两户"制度。

关于个体工商户、农村承包经营户能否成为独立的民事主体，学理上存在不同的看法。有观点认为，《民法典》将"两户"规定在自然人之中，表明

---

① 参见黄薇主编：《中华人民共和国民法典总则编解读》，中国法制出版社2020年版，第142页。

② 参见石宏主编：《中华人民共和国民法总则条文说明、立法理由及相关规定》，北京大学出版社2017年版，第111页。

其没有与自然人的主体资格完全发生分离。但是,这并不意味着,“户”本身不是民事主体。笔者认为,我国《民法典》规定“两户”制度,认可了家庭可以参与民事活动,认可了其民事主体地位。家庭是社会最基本的细胞,从广义上说,也是一种社会组织。从历史发展上看,家庭逐渐从家族中分离出来,演变为以父母子女为核心的小家庭,并在组织社会生活中发挥重要的功能,其中就包括了生产、分配、消费等经济功能。① 据《汉书·食货志》记载,秦律已经规定了户籍制度,并将父亲规定为户主,对家庭财产享有支配权。② 据学者考证,宋代的民间商业活动大多都是以家庭为单位而进行的,工商业经营活动在宋代的家庭生活中占有重要地位。③ 在古代,家庭是小农经济的主体,能够以自己的名义参与各种经济活动④,虽然现代社会重视突出个人的独立人格,但家庭仍然可以作为独立的民事主体。尤其是从我国实践来看,个体工商户本身是可以登记的,类似于国外的商自然人。而承包经营户历来都是以户为单位从事生产经营活动,所以,法律上规定“两户”也是对现实的认可,且有利于调整家庭参与民事交往的行为。当然,《民法典》在“自然人”一章中规定“两户”,表明其在广义上仍属于自然人的范畴。

二、个体工商户

(一)个人工商户的概念和特征

《民法典》第54条规定:“自然人从事工商业经营,经依法登记,为个体工商户……”据此可见,个体工商户,是指经过依法登记,从事工商业经营的自然人。关于个体工商户的性质,理论上存在不同观点。从《民法典》的规定来看,其将个体工商户规定在“自然人”一章中,表明个体工商户在性质上仍然属于从事工商业经营活动的自然人,而不应当属于非法人组织。当然,自然人一旦以个体工商户的名义从事工商业经营活动,就成为民事主体。个体工商户的特征主要在于:

第一,它是民事主体的一种类型。虽然个体工商户是在“自然人”部分规定的,但是,它与自然人不完全相同。个体工商户可以是一个自然人,也可以是数个自然人。依据《个体工商户条例》(已失效)第2条的规定,“有

---

① 参见肖立梅:《家庭的民事主体地位研究》,载《河北法学》2009年第3期。

② 参见张晋藩主编:《中国法制史》,群众出版社1994年版,第207页。

③ 参见田欣:《宋代商人家庭的经营活动研究述评》,载《廊坊师范学院学报(社会科学版)》2008年第4期。

④ 参见曹贤信、李苏芃:《家庭成为民事主体的理论证成与法律协调》,载《中华女子学院学报》2017年第1期。

经营能力"的自然人可以申请成为个体工商户,因而作为个体工商户的自然人应当具备经营能力,参与市场经济活动。但个体工商户又不是一个组织体,即使是家庭经营,家庭也并非组织。

第二,它有自己的经营范围。个体工商户主要从事工商业经营活动,只不过其经营活动是有一定的范围限制的。在我国,《个体工商户条例》(已失效)等要求个体工商户明确其经营范围。该经营范围也决定了个体工商户的权利能力和行为能力范围。依据《个体工商户条例》(已失效)的规定,个体工商户的经营范围应当依法办理登记。

第三,它必须依法办理登记。自然人要成为个体工商户,不需要出资,但必须依法进行登记。在这一点上,它与法人和非法人组织的设立是不同的。法律要求个体工商户必须依法登记,是为了有效规范和监管个体工商户的经营活动,保障其正常合法经营。法律也不要求其必须具有字号和名称。依据《民法典》第 54 条的规定,个体工商户可以起字号,这是个体工商户依法享有的权利。

依据《个体工商户条例》(已失效)第 4 条的规定,自然人在办理个体工商户登记时,并不需要登记机关的批准,只要不属于法律、行政法规禁止进入的行业,登记机关都应当办理登记,这就极大地保障了个人的经营自由。[①] 依据《民法通则》第 26 条的规定,公民只有在法律允许的范围内,依法经核准登记,从事工商业经营的,才属于个体工商户,而从《民法典》第 54 条的规定来看,其删除了《民法通则》中"在法律允许的范围内"的表述,体现了对当事人私法自治的尊重[②],也体现了对自然人经营自由的保障。

(二)个体工商户的债务承担

依据《民法典》第 56 条第 1 款的规定,"个体工商户的债务,个人经营的,以个人财产承担;家庭经营的,以家庭财产承担;无法区分的,以家庭财产承担"。可见该规定采取了区别处理的模式:

一是个人经营的个体工商户,其债务以个人财产承担。从登记的角度来看,这些个体工商户会明确登记为"个人经营"。因为在个人经营的情况下,个体工商户和经营者是同一个主体,由于个体工商户并没有独立的财产,因此,应当以经营者个人财产承担债务。

---

① 《个体工商户条例》(已失效)第 4 条规定:"国家对个体工商户实行市场平等准入、公平待遇的原则。申请办理个体工商户登记,申请登记的经营范围不属于法律、行政法规禁止进入的行业的,登记机关应当依法予以登记。"

② 参见杨震:《民法总则"自然人"立法研究》,载《法学家》2016 年第 5 期。

二是家庭经营的个体工商户，以家庭财产承担债务。在办理登记时，个体工商户可以被明确地登记为“家庭经营”。家庭经营个体工商户的，以家庭财产承担。不过，从实践来看，有些个体工商户虽然登记为“个人经营”，但其他家庭成员也参与到经营之中，从而形成事实上的家庭经营。这里所说的家庭财产，包括了从事经营的各个家庭成员的个人财产和共同财产。因为在家庭经营的情况下，家庭成员的个人财产也要投入到家庭经营之中，因而个体工商户的财产无法与家庭财产区分开来。法律上要求用家庭财产承担债务，有利于强化对债权人的保护。

三是无法区分个人经营还是家庭经营的，以家庭财产承担债务。在有些情况下，个体工商户究竟是个人经营还是家庭经营难以区分。例如，虽然登记为“个人经营”，但是其家庭成员也参与了经营活动。为了解决此时的债务承担问题，也为了强化对债权人的保护，我国《民法典》第 56 条第 1 款规定，“无法区分的，以家庭财产承担”。

《个体工商户条例》第 12 条规定：“个体工商户不再从事经营活动的，应当到登记机关办理注销登记。”但是，法律上并没有要求其注销登记之前要进行清算，这是因为个体工商户的财产与经营者的财产并没有区分开来，而且，经营者要承担无限责任，因此并无清算的必要。

三、农村承包经营户

（一）农村承包经营户的概念

《民法典》第 55 条规定：“农村集体经济组织的成员，依法取得农村土地承包经营权，从事家庭承包经营的，为农村承包经营户。”据此，所谓农村承包经营户，是指依法取得农村土地承包经营权，从事家庭承包经营的农户。农村承包经营户是我国 20 世纪 70 年代末农村经济体制改革的产物，至今仍然是最为重要的农村集体经济的经营形式。[①] 我国《宪法》第 8 条第 1 款第 1 句规定：“农村集体经济组织实行家庭承包经营为基础、统分结合的双层经营体制。”因此，明确农村承包经营户的法律地位，保障其合法权益，是落实宪法确立的基本经济制度的要求。

比较而言，农村承包经营户与个体工商户的区别在于：

第一，农村承包经营户是以“户”为单位从事家庭承包经营的。户本身不是组织体，而是基于血缘、婚姻等关系组成的。而个体工商户并非都是以“户”为单位从事经营，其可以是个人经营也可以是家庭经营，在经营方式上

---

① 参见苏号朋：《民法总论》，法律出版社 2006 年版，第 131 页。

是比较灵活的。从我国农村改革的趋势来看,虽然逐步允许专业大户、家庭农场、专业合作社、农业企业取得农村土地承包经营权,但农村承包经营户仍然是重要的农村集体经济的经营形式。

第二,农村承包经营户需要依法取得农村土地承包经营权。依据《民法典》第55条的规定,农村承包经营户可以取得农村土地承包经营权,土地承包经营权是指权利人依法对其承包经营的耕地、林地、草地等享有占有、使用和收益的权利。依据《民法典》物权编的规定,该权利在性质上属于独立的用益物权。① 农村承包经营户可以将该权利流转,也可以利用该权利进行融资,而且在该权利被征收的情况下,权利人还有权获得征收补偿,这就更有利于保护农村承包经营户的权利。

第三,农村承包经营户从事的是土地承包经营。个体工商户从事的是工商业经营,还必须经过登记取得营业执照,而农村承包经营户主要从事的是农业生产,不需要取得营业执照。土地承包经营权人有权从事耕作、养殖等以农业为目的的生产活动。他们在土地上进行耕种,通过劳动取得一定的产品,并取得对该产品的所有权,其可以自己使用该产品,也可以做其他处分。土地承包经营权人有权在流转合同到期后按照同等条件优先续租承包土地②,在土地被征收的情况下,可以获得合理补偿。

第四,农村承包经营户并不以登记为前提,只要依法取得了农村土地承包经营权,就应当认定其主体资格。有学者认为,农村承包经营户与个体工商户、个人独资企业一样,属于商自然人。③ 笔者认为,农村承包经营户与个体工商户之间仍然存在一定的区别,个人工商户更类似于商自然人,农村承包经营户则不同。这主要是因为个体工商户必须依法办理登记,但法律并不要求农村承包经营户必须办理登记。个体工商户可以起字号,该字号可作为名称权予以保护,而农村承包经营户并不享有起字号的权利。另外,农村承包经营户是从事农业经营,因此,其所从事的并非商事活动。

(二)农村承包经营户的债务承担

考虑农村承包经营户是以“户”为单位进行农业经营活动的,因此,其债务也应当由“户”来承担。依据《民法典》第56条第2款的规定,农村承包经营户的债务,以从事农村土地承包经营的农户财产承担。这里所说的“农

① 参见杨震:《民法总则“自然人”立法研究》,载《法学家》2016年第5期。

② 参见中共中央办公厅、国务院办公厅《关于完善农村土地所有权承包权经营权分置办法的意见》。

③ 参见赵旭东主编:《商法学》(第2版),高等教育出版社2007年版,第31页。

户财产”包括该户内成员的个人财产和共同财产。例如,夫妻二人组成农村承包经营户,在债务承担时,责任财产既包括其夫妻的个人财产也包括其夫妻共同财产。当然,此处所说的“农户财产”,仅是指农户自身的财产,而不能包括农村集体经济组织的财产。例如,农地的所有权归集体所有,所以不能作为农户财产。农户只能以其对农地享有的土地承包经营权对其债务负责。

《民法典》第 56 条第 2 款规定,事实上由农户部分成员经营的,以该部分成员的财产承担。这也体现了权利义务相一致的原则。所谓“事实上由农户部分成员经营”,是指虽然以农户的名义签订了土地承包经营合同,但是,实际上仅农户内的部分成员从事了农业生产经营。此时,应当根据实际情况认定相关农业仅由部分成员经营,债务也应当仅由参与经营的成员承担。而对于那些没有参与经营的家庭成员,在法律上就不能再要求其承担民事责任。例如,因考上大学、参军等原因,农户中的一些成员已经不再从事农业经营,要求这些成员也对农户的债务负责是不合理的。

第八节　自然人的身份证明和住所

一、自然人的身份证明

在我国,自然人的身份证明是居民身份证。依据《居民身份证法》第 3 条的规定,身份证是证明公民真实身份的凭证,每个公民都有一个身份号码,身份号码是国家为每个公民编制的唯一的、终身不变的身份代码,由公安机关按照公民身份号码国家标准编制。公民自年满 16 周岁之日起 3 个月内,应当向常住户口所在地申请居民身份证;未满 16 周岁的公民,可自愿申请领取居民身份证。公民从事有关活动,需要证明身份的,有权使用居民身份证,有关单位及其工作人员不得拒绝。但是在特殊情况下,公民有义务出示身份证以证明自己的身份,例如,人民警察依法执行公务,需要查验居民的身份证的,我国公民有义务配合。根据《居民身份证法》,任何组织和个人不得扣押居民身份证,公安机关和人民警察对因制作、发放、查验、扣押居民身份证而知悉的个人信息,应当予以保密。

二、自然人的住所

(一)自然人的住所概述

住所是指自然人长期居住生活的地点。在社会生活中,每个人的活动总是存在于一定的空间,其从事一定的民事活动和开展社会生活,总是在一定的场所内。例如,工作场所、营业活动的场所、居住的场所、财产所在地等,这些场所可能各不相同。住所是自然人参与的各种法律关系集中发生的中心地域,这就需要在法律上确定自然人的住所。①

在各国法律中,认定住所的标准不一,主要存在三种观点:一是主观说,此种观点认为住所应当以当事人长期居住的意思来决定。德国学者丘特尔曼指出:“住所为以久住的意思而居住之地。”此种观点为《瑞士民法典》所采纳,其第23条第1项规定:“人之住所,为以久住之意思而居住之处所。”二是客观说,此种观点认为应当以客观上实际长期居住的地点为住所。住所为生活的中心地,如《日本民法典》第21条规定,以个人生活所在地为其住所。《德国民法典》第7条规定:“持续居住于一地的人,即在该地设立其住所”,这实际上也采用了客观说。三是折中说,即将当事人长期居住的意思与客观上长期居住的事实结合起来加以考察以确定住所。

《民法典》第25条规定:“自然人以户籍登记或者其他有效身份登记记载的居所为住所;经常居所与住所不一致的,经常居所视为住所。”该条对自然人的住所确定规则作出了规定。法律上确定住所的意义主要在于:

1. 确定自然人的民事主体状态。如宣告失踪、宣告死亡,都以自然人离开住所地下落不明为前提。

2. 决定债务的清偿地。《民法典》第511条规定,当事人履行地点约定不明确,依照本法第510条的规定仍不能确定的,适用下列规定:履行地点不明确,给付货币的,在接受货币一方所在地履行;交付不动产的,在不动产所在地履行;其他标的,在履行义务一方所在地履行。

3. 决定婚姻登记的管辖地点。例如,我国《婚姻登记条例》规定,依申请人住所管辖婚姻登记。又如,《民法典》第31条规定,对监护人的确定有争议的,由被监护人住所地的居民委员会、村民委员会或者民政部门指定监护人。

4. 在涉外民事关系中确定法律适用的准据法。如《涉外民事关系法律适用法》第31条规定:“法定继承,适用被继承人死亡时经常居所地法律,但不动产法定继承,适用不动产所在地法律。”

5. 决定诉讼管辖法院和司法文书送达地。

在民法上,住所分为三类:一是法定住所,即由法律直接规定的住所。我国现行立法对于法定住所没有明确规定,但一般认为,如果无行为能力人

---

① 参见王泽鉴:《民法总则》,北京大学出版社2009年版,第144页。

及限制行为能力人与监护人共同生活,应当以其监护人的住所为住所。[①] 夫妻在尚未离婚以前,夫妻一方可以以另一方的住所为其住所,但当事人另外选定住所的除外。二是意定住所,也称为任意住所。对于是否允许当事人根据自己的意志确定住所,我国现行立法没有规定。笔者认为,对此应当允许当事人选择。三是拟制住所,即由法律规定在特殊情况下将居所认定为住所。所谓居所,即自然人居住的住处。如果自然人离开住所后长期在某居所居住,则可能将该居所认定为其住所。

(二)自然人住所的认定规则

1. 自然人以户籍登记或者其他有效身份登记记载的居所为住所

户籍登记是公安机关按照国家户籍管理的相关规定,对公民的身份信息进行记载的制度。依据相关法律法规的规定,公民应当在经常居住地的公安机关进行户籍登记。"其他有效身份登记"主要是指身份证、居住证和外国人的有效居留证件。[②] 因为在我国,随着城镇化的发展,农村进城打工或从事各种经商等活动的人越来越多,这些人可能并没有取得当地的户籍但是取得了相关的居住资格。另外,随着我国对外交往的增多,外国人来华工作、居住的现象也越来越普遍,这些外国人并没有在我国进行户籍登记,其有效的居留证件也可以作为认定其住所的依据。

2. 经常居所与住所不一致的,经常居所视为住所

《民法典》第25条规定:"……经常居所与住所不一致的,经常居所视为住所。"依据该规定,如果自然人的经常居所与住所不一致,则将其经常居所视为住所。法律之所以作出此种规定,是因为法律规定住所的主要目的是确定与自然人具有最密切联系的法律关系发生地和纠纷解决地[③],在自然人的经常居所与住所不一致的情况下,将该居所视为其住所更有利于实现住所法律规则的目的。

(三)自然人的居所

所谓居所,是指自然人为了某种特定目的而临时居住的场所。居所和住所的区别在于,是否有长期居住的意思。如果有长期居住的意思就是住所,只有暂时居住的意思就是居所。例如,因临时培训而在某宾馆居住,就属于居所;因住院治疗而临时居住在医院,也属于居所。但住所和居所之间

---

① 参见魏振瀛主编:《民法》(第7版),北京大学出版社、高等教育出版社2017年版,第69页。

② 参见李适时主编:《中华人民共和国民法总则释义》,法律出版社2017年版,第74页。

③ 参见石宏主编:《中华人民共和国民法总则条文说明、立法理由及相关规定》,北京大学出版社2017年版,第56~57页。

也可能发生转换,通常认为,如果在住所无法查明的情况下,就要以居所代替住所。如果自然人的住所不能确定,则应当以其经常居住地为其住所。如果当事人有几个住所,则应当以与产生纠纷的民事关系最密切的住所为住所。[①]

居所在法律上的意义主要在于:在比较法上,有的国家认为,居所对于决定管辖、票据的发行、准据法的运用等都具有意义。但是,在我国,居所的主要意义在于,在无法确定住所时以居所作为住所。

---

① 参见魏振瀛主编:《民法》(第7版),北京大学出版社、高等教育出版社2017年版,第69页。

第七章 法 人

第一节 法人概述

一、法人的概念

法人(juristische Personen,Legal Person),是相对于自然人而言的一类民事权利主体。法律上的人与通常所称的人的概念不同,其不限于自然人,还包括法人和非法人组织。早在古罗马时期,罗马法学家就已经注意到除自然人之外还存在另一类主体,即社团(Universitas)。“Universitas”是罗马法中团体概念的总称,有时仅用于公共团体法人,即现代西方学者所称的公法人。而针对从事经济活动一类的团体,罗马法学家常用“societas”或“collegia”一词[①]。但是,罗马法学家并没有提出明确的法人概念。在大陆法系各国,1784 年《普鲁士普通邦法》最早采纳了法人的概念,1900 年《德国民法典》承认了法人是一类独立的民事主体[②],但《德国民法典》并没有给法人下一个明确的定义。我国《民法典》第 57 条规定:“法人是具有民事权利能力和民事行为能力,依法独立享有民事权利和承担民事义务的组织。”这就在法律上确认了法人是独立的民事主体,这一规定揭示了法人的民事主体性和法人的基本特征,具体表现在:

1. 独立的名义。所谓独立的名义,是指法人能够以自己的名义独立地享有权利、承担义务,并能在法院起诉、应诉。独立的名义也表明法人应当具有民事权利能力和民事行为能力。《民法典》第 58 条第 2 款第 1 句规定:“法人应当有自己的名称、组织机构、住所、财产或者经费。”法人具有民事权利能力和民事行为能力,表明法人是由民法所规

---

① 参见丘汉平:《罗马法》,朱俊勘校,中国方正出版社 2004 年版,第 159 页。

② 参见史尚宽:《民法总论》,中国政法大学出版社 2000 年版,第 120 页。

定的主体(人)。法人是社会组织在法律上拥有的地位。应当指出,社会组织的概念并不等于团体的概念。广义的团体除了多数人的组织以外,还包括一定财产的集合体,狭义的团体仅指多数人的集合。它独立于自然人而存在,所以,法人的成员的死亡、退出,不影响法人的存续。法人所享有的权利也不同于自然人享有的权利。任何人和法人交易时,是和一个组织体交易,而不是和自然人交易。法人具有组织上的统一性,从而极大地降低了交易费用。

2. 独立的财产。所谓独立的财产,是指法人所具有的独立于其投资人以及法人的成员的财产。《民法典》第 58 条第 2 款第 1 句规定:"法人应当有自己的名称、组织机构、住所、财产或者经费。"因此,无论是营利法人还是非营利法人,都应该有自己的财产或经费。法人具有独立的财产,是法人能够参与民事活动、享有民事权利并承担民事义务的基础,也是法人独立承担民事责任的重要保障。法人具有独立的财产也决定了其责任的独立性以及法人成员的有限责任。法人独立的财产区别于法人成员的财产,法人财产的独立性越明确,就越能够防止法人成员及设立人侵害法人的财产。[①] 由于法人的财产与出资人的财产分开,所以,在法人内部要实行所有权与经营权分离,建立健全的组织结构。

3. 健全的组织机构。《民法典》第 58 条第 2 款规定,法人应当有自己的组织机构。法人的组织机构是对内管理法人的事务、对外代表法人从事民事活动的机构的总称。法人的团体意志总是通过一定的组织机构才能形成,并且只有通过一定的组织机构才能具体实现。当然,营利法人和非营利法人的组织机构是各不相同的。例如,营利法人应当具有权力机构、执行机构和监督机构,实行决策、执行、监督机构相互独立、权责分明、相互制衡的机制。其他类型的法人也应当具有自己的意思形成和执行机构。

4. 独立的责任。《民法典》第 60 条规定:"法人以其全部财产独立承担民事责任。"因此,所谓独立的责任,是指法人以自己的全部财产对自己的债务承担责任,法人的成员及设立人仅以其出资或认缴的出资为限对法人债务承担责任。[②] 既然法人能够享有权利,就应对自己违反民事义务的行为后果承担责任。除法律另有规定外(如无限责任公司),法人的设立人和法人的成员对法人的债务不负责任。从民事主体制度的发展趋势来看,其早期强调团体的主体地位,即团体只要有权利能力和行为能力,便承认其法人地

---

① 参见郑玉波:《民法总则》,中国政法大学出版社 2003 年版,第 176 页。

② 参见江平主编:《民法学》(第 2 版),中国政法大学出版社 2007 年版,第 87 页。

位,并没有从责任角度来塑造法人制度。但实际上,法人成员承担有限责任才是法人的典型形式,在此种法人组织形式下,其成员的有限责任是法律赋予法人这种团体所享有的一种特权,也是区分法人和非法人组织的重要特征。

《民法典》中“法人”一章是总则编最具有创新性的地方,该章有如下几个特点:一是从中国实际出发,尤其是从中国改革开放的实践出发,体现了鲜明的中国元素,如创造性地规定了法人的分类以及特别法人制度。二是依据现代企业制度构建了营利法人的治理体系,同时,对非营利法人的内部管理制度做了进一步完善。三是体现了民商合一的原则。该章规定也吸收了商法的特殊规定,尽可能地涵盖商事特别法如《公司法》等,在《公司法》等特别商法未规定的情形下,适用本章规定。四是通过设置引致条款,有效地衔接了《民法典》与特别法的关系。从法律适用的层面来看,特别法有规定的,应当优先适用特别法的规则;特别法没有规定的,适用《民法典》的规则。

二、法人的性质

所谓法人的性质,是指法人作为民事主体的原因,换言之,根据什么原因,法人才能够享有权利、承担义务。关于法人的性质,主要有三种不同的观点。

一是“拟制说”,此种观点认为,法人只是观念上的无形的权利主体,是法律针对人和财产的集合而拟制的人格。法人不具有意思属性,因此法人本身是无行为能力的,法人参与民事活动必须由自然人来代理。法人机构的行为并不是法人自己的行为,而是为法人从事行为的法人机构的自己的行为,但是作为拟制的结果,其法律后果归属于法人。①

二是“否认说”。此种观点认为,法人本身没有独立的人格,而是为了一定的目的而存在的财产,即“目的财产”(Zweckvermögen)。法人的财产,并不属于法人本身所有,而属于管理其财产的自然人,只有管理法人财产的自然人,才是法律上所称的法人。也有人认为,法人仅仅是形式上的权利、义务的主体,而实际上的权利、义务的归属者,只是享有法人财产利益的多数个人。

三是“实在说”。此种观点认为,法人并不是法律的虚构,也并非没有团体意识和利益,而是一种客观存在的主体。②

---

① 参见龙卫球:《民法总论》,中国法制出版社 2001 年版,第 362 页。

② 参见王泽鉴:《民法总则》,北京大学出版社 2009 年版,第 151 页。

笔者认为，探讨法人的本质，应当考虑其在经济社会中的实际作用。“一言以蔽之曰，法人能担当社会作用，而具有社会价值，法律有赋予其人格之必要。”[①]承认法人主体地位，有利于方便社会组织参与交易，降低交易费用；在法律上承认有限责任制度，有利于鼓励交易和刺激投资，实现所有权和经营权的分离，有效促进社会经济的发展。我国法律承认法人和自然人一样是独立的民事主体，具有民事权利能力和行为能力等，这实际上是采纳了“实在说”。但实在说也有一定的缺点，主要是没有全面考虑法人和自然人的区别。另外，该说将法人机构的行为等同于法人的行为，可能导致法人机构所从事的任何越权行为，甚至明显违反法人意志的对法人的侵权行为，都要由法人负责，这不利于保护法人的利益。所以，在例外情况下可以吸收拟制说的合理之处。例如，法律应对法人机构违反法人意志损害法人利益的行为进行规制，而不应当一概由法人承受相关的不利后果。

三、《民法典》与《公司法》等特别法的关系

就《民法典》总则编法人制度与《公司法》的适用关系而言，《九民会议纪要》第 3 条第 1 句规定：“民法总则与公司法的关系，是一般法与商事特别法的关系。”可以说，我国《民法典》对于营利法人的规定主要是以公司为考察对象，在总结《民法通则》和《公司法》等立法经验的基础之上加以确立的，[②]二者的精神大体一致。《民法典》与《公司法》等特别法的关系，总体上说是一般法与特别法的关系，根据《民法典》第 11 条有关“其他法律对民事关系有特别规定的，依照其规定”的规定，在确定有关公司等纠纷的法律适用时，如果《公司法》是对《民法典》法人制度的细化制定，则应当优先适用《公司法》等特别法的规定。

但必须注意的是，《民法典》有关营利法人的规则在对公司法进行吸收的基础之上，也进行了必要的创新，因而并非对公司法规则的简单重复，二者并不完全一致。所以，在法律适用方面，不能一概认为《公司法》优先于《民法典》总则编，而必须关注几种例外的情形，这些例外的情形主要包括以下几个方面：

第一，《民法典》在商事特别法规定基础上增加了新内容的，应当适用《民法典》的规定。例如，《民法典》第 85 条规定：“营利法人的权力机构、执行机构作出决议的会议召集程序、表决方式违反法律、行政法规、法人章程，或者决议内容违反法人章程的，营利法人的出资人可以请求人民法院撤销

---

① 郑玉波：《民法总则》，中国政法大学出版社 2003 年版，第 173 页。
② 参见黄薇主编：《中华人民共和国民法典总则编释义》，法律出版社 2020 年版，第 142 页。

该决议。但是,营利法人依据该决议与善意相对人形成的民事法律关系不受影响。”虽然《公司法》第22条第2款就公司决议的撤销问题曾经进行了规定,但《民法典》第85条在该条基础上增加了关于决议撤销不影响善意相对人的规则。又如,《民法典》第75条第2款规定:“设立人为设立法人以自己的名义从事民事活动产生的民事责任,第三人有权选择请求法人或者设立人承担。”该条规定也是《民法典》相较于《公司法》新增的内容,此时,由于《民法典》的规则在《公司法》中并未涉及,因此也应当适用《民法典》的规定。

第二,就同一事项,《民法典》编纂时有意修正《公司法》有关条款的,应当依据新法优于旧法的原则,适用《民法典》总则编的规定。例如,《公司法》第32条第3款规定:“公司应当将股东的姓名或者名称向公司登记机关登记;登记事项发生变更的,应当办理变更登记。未经登记或者变更登记的,不得对抗第三人。”而《民法典》第65条规定:“法人的实际情况与登记的事项不一致的,不得对抗善意相对人。”在该条中,《民法典》把“不得对抗第三人”修正为“不得对抗善意相对人”。显然,立法者明确将相对人的范围限定于善意的相对人,旨在保护信赖登记的善意相对人。[①] 可以认为,该条事实上属于立法者有意变更了《公司法》的规则,在此种情况下,应当适用新法优先于旧法的规则,而不应适用特别法优先于一般法的规则。

第三,对于不受《公司法》等商事单行法调整的商事主体,应当适用《民法典》总则编的规定。例如,《民法典》第83条第2款规定:“营利法人的出资人不得滥用法人独立地位和出资人有限责任损害法人债权人的利益;滥用法人独立地位和出资人有限责任,逃避债务,严重损害法人债权人的利益的,应当对法人债务承担连带责任。”该条作为关于“揭开法人面纱”的规定,虽然《公司法》中也有相应的规则,但是本条规则可以普遍适用于各种营利法人。[②] 对于不是依据《公司法》成立的其他企业法人,《公司法》的相关规则就不能适用,此时只能适用《民法典》总则编的规定。

总之,在民商合一体制下,应当如何理解《民法典》与《公司法》等单行法的关系,是准确适用《民法典》和单行法所亟须解决的问题。

第二节 法人的民事权利能力和民事行为能力

《民法典》第59条规定:“法人的民事权利能力和民事行为能力,从法人成立时产生,到法人终止时消灭。”这就在法律上确认了法人的民事权利

---

① 参见黄薇主编:《中华人民共和国民法典总则编释义》,法律出版社2020年版,第162页。

② 参见黄薇主编:《中华人民共和国民法典总则编释义》,法律出版社2020年版,第189页。

能力和民事行为能力与法人资格同时产生、同时消灭的规则。

一、法人的民事权利能力

(一)法人的民事权利能力的概念

所谓法人的民事权利能力,是指法人作为民事权利主体,享有民事权利并承担民事义务的资格。就其本质而言,法人是"法律赋予权利能力的、由人与财产以法律所规定的方式组成的组织"[①]。此处所说的权利能力是民事权利能力,即法人在参与市场经济活动时所应当享有的能力,而不包括法人在行政关系中享有权利(力)和承担义务的资格。从这个意义上说,法人的权利能力通常是与民事活动联系在一起的,而不涉及政治国家的生活。[②]法人的民事权利能力都是法律赋予的,是法人作为民事主体应当具备的法律上的资格。[③]

尽管法人和自然人一样具有民事权利能力,但是法人的民事权利能力毕竟不同于自然人的民事权利能力。法人的民事权利能力,是特殊的民事权利能力,这种特殊性具体表现在:

1. 法人不享有与自然人的人身不可分离的权利。法人是一个社会组织体,某些与自然人的人身不可分离的人身权(如生命权、健康权等)不能由法人享有,以性别、年龄、身份及亲属关系等为前提的权利、义务,也不能由法人享有和承担。但是,法人可以享有名称权、荣誉权、名誉权。

2. 法人的民事权利能力依法受法律、行政法规的限制。[④] 法人只能在法律或行政命令的范围内,具有享有权利和承担义务的能力。因法律法规规定不同,各种法人享有的能力也不相同,例如,我国《民法典》第399条规定:"下列财产不得抵押:……(三)学校、幼儿园、医疗机构等为公益目的成立的非营利法人的教育设施、医疗卫生设施和其他公益设施……"这是对学校、幼儿园、医疗机构等为公益目的成立的非营利法人等关于财产权行使的民事权利能力的限制。

3. 法人的权利能力受其章程和目的的限制。[⑤] 这就是说,一方面,法人的权利能力要受到其设立人的意志的约束,其设立人在设立法人时确立的

---

① Raiser, Der Begriff der juristischen Person, AcP 199, 104, 105.

② 参见江平主编:《法人制度论》,中国政法大学出版社1994年版,第22页。

③ 参见黄薇主编:《中华人民共和国民法典总则编解读》,中国法制出版社2020年版,第176页。

④ 参见史尚宽:《民法总论》,中国政法大学出版社2000年版,第153页。

⑤ 参见史尚宽:《民法总论》,中国政法大学出版社2000年版,第154页。

目的范围也直接决定了法人的能力范围。另一方面,法人的权利能力应当在其章程等文件中加以确定。

(二)法人的民事权利能力的开始和终止

《民法典》第59条规定:"法人的民事权利能力和民事行为能力,从法人成立时产生,到法人终止时消灭。"这一规则包括如下内容:

1. 法人的民事权利能力从法人成立时产生。具体来说,依据《民法典》第78条的规定,营利法人从办理完毕核准登记手续,并依法领取营业执照之日起才能享有民事权利能力。事业单位法人和社会团体法人不需要办理法人登记的,从成立之日起,具有民事权利能力;依法需要办理法人登记的,从办理完毕核准登记手续之日起,具有民事权利能力。

2. 法人的民事权利能力从法人终止时消灭,法人因依法被撤销、解散、依法宣告破产或其他原因而终止以后,其民事主体资格原则上就不复存在。但是,依照《民法典》的相关规定,法人在依法进行清算的阶段,其权利能力仍然是存在的,但是仅限于清算范围内的活动。

二、法人的民事行为能力

(一)法人的民事行为能力的概念

所谓法人的民事行为能力,是指法人作为民事权利主体,以自己的行为享有民事权利并承担民事义务的资格。法人的民事行为能力是法人以自己的意思独立进行民事活动,取得权利并承担义务的资格。法人是否像自然人那样具有民事行为能力?由于对法人的本质有不同的看法,对此也有两种不同的观点。

1. 代理说。代理说是"法人拟制说"的延续,此说认为法人既然是法律拟制的,当然无意思能力,而无意思能力则无行为能力。公司董事的行为,只是董事本身的行为,根据民法上代理的规定,其法律行为的效果应归属于法人。①

2. 机关说。机关说是"法人实在说"的延续,此说认为法人有团体意志或组织意志,董事只是法人的机关,并不是其代理人。董事在职务上的行为,是法人本身的行为,所以,法人有行为能力,不过以其机关的行为作为自己的行为。②

---

① 参见[德]博伊庭:《德国公司法中的代表理论》,邵建东译,载梁慧星主编:《民商法论丛》(第13卷),法律出版社2000年版。

② 参见[德]博伊庭:《德国公司法中的代表理论》,邵建东译,载梁慧星主编:《民商法论丛》(第13卷),法律出版社2000年版。

《民法典》第59条规定："法人的民事权利能力和民事行为能力，从法人成立时产生，到法人终止时消灭。"可见，我国《民法典》采纳的是法人实在说，基于实在说而采纳的是机关说，而不是代理说。这就意味着首先必须承认法人具有自身的独立意志。

法人和自然人一样，也享有民事行为能力，但是，法人的民事行为能力与自然人的民事行为能力相比是不同的，表现在：

第一，法人的民事行为能力和其民事权利能力在时间上是一致的。法人的民事行为能力始于法人成立、终于法人消灭，在法人存续期间始终存在，所以，法人的民事权利能力和民事行为能力同时发生、同时消灭。而自然人的民事行为能力受其年龄、健康状况等因素的影响，其有权利能力时不一定也有行为能力。

第二，法人的民事行为能力和其民事权利能力在范围上是一致的。也就是说，法人能够以自己的行为取得权利和承担义务的范围，不能超出它们的民事权利能力所限定的范围。①

第三，法人的民事行为能力是以其不同于单个自然人意思的团体意思为前提的。法人作为一个统一的组织体，有自己的内部机构，能够产生并实现自己的意思，从而决定了法人具有民事行为能力。法人的民事行为能力是通过法人的机关来实现的。

（二）关于目的范围对法人的能力限制的法律效力

法人的目的范围，也称为业务范围，在企业中称为经营范围。关于目的范围对法人的能力限制的法律效力，学者存在如下几种不同的观点。

1. 权利能力限制说。此种学说认为，法人的目的范围对于法人活动的限制，是对于法人权利能力的限制。我国学者大多采纳此种观点。②

2. 行为能力限制说。此种学说认为，法人的权利能力仅受其性质及法律、法规的限制，因此，法人的目的范围属于对其行为能力而不是对其权利能力的限制。近年来我国一些学者认为，从保护交易安全出发，对法人经营范围的限制是对法人行为能力的限制。③

---

① 参见魏振瀛主编：《民法》（第4版），北京大学出版社、高等教育出版社2010年版，第82页。

② 参见刘定华、屈茂辉主编：《民法学》（第2版），湖南人民出版社、湖南大学出版社2001年版，第123页。

③ "营利性私法法人像自然人那样享有普遍的、不受限制的权利能力。法人章程关于经营范围的规定，只是对法人行为能力或权利义务之现实归属的限制。"参见朱广新：《法定代表人的越权代表行为》，载《中外法学》2012年第3期。

3. 代表权限制说。此种学说认为，法人的目的，不过是划定法人机关的对外代表权的范围而已。依此说，法人的目的外的行为属于超越代表权的行为，应为无效，但有存在依代理的法理予以追认的可能性。[①]

4. 内部责任说。此种学说认为，法人的目的，不过是决定法人机关在法人内部的责任而已。所以，法人的目的外行为，当然应为有效。[②]

以上四种观点都不无道理。笔者认为，代表权限制说未能揭示出目的范围对法人能力的限制。因为法人的目的范围并不是法定代表人代表权限的内容，法人的目的范围是法律法规以及法人的章程、性质等决定的法人的能力范围。但是代表权的范围主要是法人对其法定代表人权限的确定和限制。法人的经营活动可以通过法定代表人来实现，也可以通过法人的机关委托代理人来从事。所以，将经营范围视为对法定代表人的代表权的限制是不妥当的。至于内部责任说，也值得商榷。因为目的范围并不是法人内部责任的确定，而实际上主要是为了维护交易安全，也就是说是为了解决法人与第三人之间的关系，其着眼点在于确定法人和第三人之间的关系。

笔者认为，可以根据情况，采纳权利能力和行为能力限制的学说来解释目的范围对法人的能力限制问题。对法人的能力限制的法律效力，必须要区分目的范围而确定对不同类型的法人的限制。对于机关法人而言，其主要职能是在法律法规授权的范围内行使国家公权力，发挥国家机关的管理职能，其从事民事活动只能受到其目的范围的限制。如果其超出目的范围，从事以营利为目的的生产经营活动，显然，已经超出了其权利能力和行为能力的范围。对于营利法人而言，其经营范围不应当是对其权利能力的限制，而应当是对其行为能力的限制。因为一方面，为适应市场经济的内在需要，应当赋予营利法人广泛的从事投资和交易的自由。另一方面，营利法人在从事经营活动时，将与第三人进行民事交往，如果以营利法人的经营范围作为对法人权利能力的限制，从而导致许多民事行为无效，将不利于保护第三人的信赖利益和维护交易安全。尤其应当看到，从各国发展来看，对营利法人的经营范围的限制呈越来越宽松的趋势。[③]

在我国，从发展社会主义市场经济的需要出发，应当逐渐放宽对营利法人的经营范围的限制，即使营利法人从事了超越经营范围的行为，也不能简单地认定为无效。我国《公司法》第 12 条也允许公司通过修改公司章程改

---

① 参见梁慧星：《民法总论》（第 4 版），法律出版社 2011 年版，第 128 页。

② 参见［日］北川善太郎：《民法总则》，有斐阁 1993 年版，第 71 页。

③ 参见史尚宽：《民法总论》，中国政法大学出版社 2000 年版，第 154 页。

变经营范围,但公司的经营范围属于法律、行政法规规定须经批准的项目的,应当依法经过批准。《民法典》第 505 条规定:“当事人超越经营范围订立的合同的效力,应当依照本法第一编第六章第三节和本编的有关规定确定,不得仅以超越经营范围确认合同无效。”这实际上确认了如下规则,即不得以超越经营范围为由否定合同的效力。当然,对该条规定也不能从反面进行解释,即认为超越经营范围的合同都是有效的,毕竟对于一些特殊行业,如银行业、保险业等国家限制经营、特许经营的行业,经营范围的确定十分重要,未经批准,不得擅自从事这些经营业务;当事人不得从事超越经营范围的行为,否则,将构成对法律、行政法规的强制性规定的违反。对于违反国家限制经营、特许经营以及法律、行政法规禁止经营的规定而超越经营范围的,因为已不仅是保护第三人利益和维护交易安全的问题,还涉及国家对经济的法律规制和社会公共秩序的维护问题,因此作为例外,这种超越特殊行业的经营范围的合同应当认定为无效。

三、法人的侵权行为能力

与法人的民事行为能力相联系的是法人的侵权行为能力。所谓侵权行为能力是指承担因侵权行为所致的损害赔偿责任的能力,因此,也称为责任能力。法人是否具备侵权行为能力?对此,有两种不同的观点。

1. 否定说。主张“拟制说”的学者认为,法人没有侵权行为能力,因为侵权行为以故意、过失为前提,而法人既然无意思能力,就不能从事侵权行为。[①]

2. 肯定说。此种观点认为,法人有侵权行为能力,但是为什么具有这种能力,学者之间的看法不尽相同。有人认为法人有意思能力,即有故意或过失,所以可以实施侵权行为。[②] 有人认为,法人的机关代表法人实施的行为,就是法人本身的行为,法人对于其机关的行为负责的根据就在于法人未尽到对其选任和监督的注意义务。[③] 还有人认为,法人对其机关的行为负责,并不是因为法人本身的过失,不过是法律为维护公众交易的安全,规定了一种特别的责任。[④]

当代各国民法大多肯定了法人有侵权行为能力。例如,1900 年《德国民法典》第 31 条规定,“董事,董事之一人,或依社团章程所选任之其他代理

---

① 参见史尚宽:《民法总论》,中国政法大学出版社 2000 年版,第 160 页。

② 参见李模:《民法总则之理论与实用》,台北,1982 年自版发行,第 66 页。

③ 参见杨立新:《侵权法论》(上册),吉林人民出版社 1998 年版,第 395 页。

④ 参见[德]克雷斯蒂安·冯·巴尔:《欧洲比较侵权行为法》(下卷),焦美华译,法律出版社 2001 年版,第 255 页。

人,于执行属于其权限之事务时,因应负损害赔偿义务之行为,所加于第三人之损害,由社团负其责”。第二次世界大战以来,随着无过失责任的发展,法人的侵权行为责任范围正在逐渐扩大,而对于法人是否具有侵权行为能力的疑问也已逐步减少了。

《民法典》第 62 条第 1 款规定:“法定代表人因执行职务造成他人损害的,由法人承担民事责任。”据此,法定代表人的行为视为法人的行为,这就从法律上明确肯定了法人具有侵权行为能力。《民法典》侵权责任编关于用工责任、产品责任、环境污染责任、高度危险责任、建筑物所有人或管理人的责任等规定,实际上也肯定了法人具有侵权行为能力。承认法人具有侵权行为能力的意义主要表现在:一是确认了法人能够以团体的名义,对因其行为产生的侵害他人财产和人身的行为承担侵权责任,应当以法人的独立财产对此负责。二是对法定代表人和法人机关成员在执行职务过程中造成他人损害的,应当视为法人的行为,由法人对该行为负责。三是在雇佣关系和劳动关系中,法人对其工作人员执行职务的行为造成他人的损害,应当承担侵权责任。

第三节 法人的分类

一、公法人和私法人

大陆法系的民事立法和理论将法人分为公法人和私法人,但根据什么标准分类,各种观点颇不相同。一种观点认为,应以目的事业的公私为标准,或以是否对国家负有实现其职能的义务为标准。① 另一种观点认为,应以法人设立的法律根据为标准进行分类。依公法设立的法人为公法人,如市、县等;依私法设立的法人为私法人,如公司、企业等。② 显然,这种分类是西方学者把法律分为公、私法的产物。还有一种观点认为,应当以是否具有统治权力为标准,公法人可拥有公共权力方面的权力并担任公共当局的专有职务,而私法人并不是拥有公共权力的机构。③ 这种分类的意义在于受理公法人或私法人的争议的机关不同,两者适用的法律也不一样④。不过,在

---

① 参见[日]四宫和夫:《日本民法总则》,唐晖等译,台北,五南图书出版公司 1995 年版,第 85 页。

② 参见[德]卡尔·拉伦茨:《德国民法通论》(上册),王晓晔等译,法律出版社 2003 年版,第 179 页。

③ 参见[葡]平托:《民法总论》,澳门大学法学院、澳门法律翻译办公室 1999 年版,第 152 页。

④ 参见王泽鉴:《民法总则》,北京大学出版社 2009 年版,第 152 页。

西方国家,公法和私法的分类标准存在争议,因此公法人和私法人的区分标准也不是很明确。这些分类标准都不无道理,本书倾向于采纳综合的标准,即通过考察其设立的法律依据、事业目的等进行综合判断。

我国《民法典》将法人分为营利法人、非营利法人以及特别法人,其中,特别法人包括了机关法人等公法人,可见,《民法典》仍然采取了公法人与私法人相区分的做法。公法人和私法人的区别主要表现在:

第一,二者的设立目的不同。公法人是依据公法设立的,其目的在于实现特定的公共目的;私法人通常是为非公共目的而设立的,其设立也不是为了履行公共行政职能,而主要是为了实现民事主体的利益。

第二,在成立条件上,公法人应该以特许主义为原则,以有关机关的批准或者法律规定为条件;而私法人一般采取准则主义,只要符合法定的条件,就可以设立,其一般也不享有公共职权。

第三,是否享有公权力不同。公法人依法享有国家公权力,并为实现特定的公共目的而行使,特别是在涉及行政强制执行的事项上,法律之所以将执法权力授予专门的行政执法部门来行使,是因为行政强制要对相对人的人身、财产和行为采取强制性措施,包括查封、扣押、划拨财产、销毁和处罚等措施。这些措施直接关涉公民的基本人身财产权利保障问题,涉及公共利益,因而必须要由公权力机关来行使;因此,《行政强制法》在第 17 条第 1 款明确规定,行政强制措施权不得委托。而私法人并不享有公法赋予的强制权力。①

二、营利法人、非营利法人

根据社团法人成立的目的,可以将其分为营利法人和非营利法人。我国《民法典》采纳了营利法人和非营利法人的分类,依据《民法典》第 76 条第 1 款的规定,所谓营利法人,是指以取得利润并分配给股东等出资人为目的成立的法人。营利法人主要包括有限责任公司、股份有限公司和其他企业法人以及登记为营利法人的民办学校等。依据《民法典》第 87 条第 1 款的规定,所谓非营利法人,是指为公益目的或者其他非营利目的成立,不向出资人、设立人或者会员分配所取得利润的法人。非营利法人主要包括事业单位、社会团体、基金会等。从理论上看,非营利法人可以再分为公益法人和非公益法人:公益法人是专门以社会公益为目的的法人,如慈善机构、福利院等。非公益法人也可以称为中间法人,是指不以营利为目的,也不以

---

① See Dieter Medicus, Allgemeiner Teil des BGB, 10. Aufl., 2010, Rn. 1092;朱庆育:《民法总论》(第 2 版),北京大学出版社 2016 年版,第 427 页。

公益为目的的法人,如同学会、同乡会等。[①]

关于非营利法人和营利法人的区分标准,存在不同观点:第一,单一标准说。此种观点认为,应当以是否向出资人、设立人或者会员分配利润作为区分营利法人和非营利法人的标准。按照两大法系的普遍做法,“非营利性”并非禁止获得利润,而是限制分配所获得的利润。[②] 第二,双重标准说。此种观点认为,区分非营利法人与营利法人应当采用如下两个标准:一是成立目的是否为公益目的或者其他非营利目的;二是是否向出资人、设立人或者会员分配所取得的利润。[③] 笔者认为,采用双重标准更有利于区分营利法人和非营利法人。营利法人和非营利法人都是私法人,二者都是独立的民事主体,依据相关法律法规的规定,其设立大多需要依法办理登记。但二者也存在一定的区别,具体而言:

第一,设立的依据不同。比较法上,营利法人的设立通常要依据特别法而设立,而非营利法人一般要依据民法的规则设立。但在我国,无论是营利法人还是非营利法人,其设立首先要依据特别法的规定,特别法没有规定的,则适用《民法典》的规定。关于营利法人的设立,我国已经颁布了《公司法》《中外合资经营企业法》等,这些法律为营利法人的设立提供了法律依据。关于非营利法人的设立,我国也颁行了相关的法律法规,如《慈善法》《事业单位登记管理暂行条例》等。依据相关法律的规定,营利法人的设立一般采取准则主义,并不需要特别的许可。但非营利法人中,如捐助法人、宗教场所法人等,其设立既需要依法登记,也需要批准设立。

第二,是否追求公益目的不同。营利法人要以取得利润并分配给股东等出资人为目的,通过从事广泛的经营活动追求利润的最大化。所谓“营利”,顾名思义,指的是谋求利润。[④] 从《民法典》第 87 条等的文义来看,非营利法人主要是为公益目的或者其他非营利目的成立,而不是为了营利。从非营利法人的目的来看,绝大多数非营利法人都是为了公益目的而设立的,例如,慈善组织、基金会、红十字会、医院、学校等。有关法律法规对此也作出了规定。例如,《基金会管理条例》第 2 条规定:“本条例所称基金会,是指利用自然人、法人或者其他组织捐赠的财产,以从事公益事业为目的,按照本条例的规定成立的非营利性法人。”当然,也有一些非营利法人是基

---

① 参见洪逊欣:《中国民法总则》,台北,三民书局 1992 年版,第 131 页。

② 参见税兵:《非营利法人解释》,载《法学研究》2007 年第 5 期。

③ 参见陈甦主编:《民法总则评注》(上册),法律出版社 2017 年版,第 634 ~ 635 页。

④ 参见李适时主编:《中华人民共和国民法总则释义》,法律出版社 2017 年版,第 259 页。

于互助互益等目的成立的，如商会、行业协会等，主要向其成员或会员提供服务，但无论是何种形态，它们从事活动都不是为了营利，不是为了赚取利润[①]。虽然一些非营利法人也可能从事一些经营活动，例如，有的事业单位将其剩余的房屋出租，或者从事一些有偿咨询活动等，但这些并不是主要的活动，其主要不是从事经营活动。在司法实践中，也经常以是否追求公益目的作为区分标准。例如，在“长乐自来水公司与工行五四支行借款担保纠纷案”中，法院认为，“自来水公司领取的是企业法人执照，属于以营利为目的的企业法人，其经营活动虽具有一定的公共服务性质，但不属于以公益为目的的事业单位”。[②]

第三，是否分配利润不同。在我国，某些非企业法人，如出版社、医院在传统理论上属于公益法人，但在现实中广泛实施经营和营利行为，在政策放宽的情况下，大量的私立学校、私立医院、体育俱乐部、报业集团等也要从事一些经营活动，所以，单纯从营利本身而言，无法明确区分营利法人与非营利法人，因而，我国《民法典》采取了另一种分类方法，即以是否向成员分配利润作为区分标准。如果利润分配给出资人或者法人成员，则应当属于营利法人；但如果利润归属于法人，用于实现法人的目的，则属于非营利法人。[③]

依据《民法典》第76条的规定，营利法人是以取得利润并分配给股东等出资人为目的成立的，其从事广泛的经营活动，应当将所获得的利润在其出资人或者成员之间进行分配。但依据《民法典》第87条的规定，非营利法人不向出资人、设立人或者会员分配所取得的利润。非营利法人主要从事非营利活动，一般谈不上分配利润的问题。非营利法人均不得分配利润，这是由其成立目的所决定的。[④] 当然，实践中确实存在一些法人，如民办医院、民办学校、出版社等，虽然是基于公益目的设立，其也要获取一定的利润，但并未分配给其成员，而是用于公益目的或者其他非营利目的，其是否属于非营利法人？一般认为，如果这些法人通过经营活动取得了一定的收益，但并没有将该收益予以分配，而是用于公益或者其他目的，则该法人在性质上应当

---

① 参见石宏主编：《中华人民共和国民法总则条文说明、立法理由及相关规定》，北京大学出版社2017年版，第196页。

② 参见《最高人民法院公报》2005年第9期。

③ 参见李适时主编：《中华人民共和国民法总则释义》，法律出版社2017年版，第230页。

④ 参见石宏主编：《中华人民共和国民法总则条文说明、立法理由及相关规定》，北京大学出版社2017年版，第196页。

是非营利法人。[①] 从《民法典》第 87 条等的文义来看，非营利法人与营利法人的区别很大程度上在于是否向出资人、设立人或者会员分配所取得的利润，如果法人将利润分配给出资人、设立人或者会员，则应当属于营利法人；但如果利润归属于法人，用于实现法人的目的，则属于非营利法人。[②]

第四，法人终止后剩余财产的分配不同。对营利法人而言，在法人终止后，如果有剩余财产，一般要返还给出资人、设立人或法人的成员。但对非营利法人而言，其终止后财产有剩余的，则要区分是为公益目的设立的法人，还是为非公益目的设立的法人，依据《民法典》第 95 条的规定，如果是为公益目的设立的法人，在其终止后，不得向出资人、设立人或者会员分配剩余财产。但是为非公益目的设立的法人，在其终止后，其剩余财产则可以分配给其成员。

三、社团法人和财团法人

私法人又可以分为社团法人和财团法人，但是社团法人和财团法人的分类也没有统一的标准，基本上存在三种观点。第一种观点认为，由具有共同目的人的集合而成立的法人为社团，由具有一定目的的财产的集合而成立的法人为财团。[③] 第二种观点认为，根据社员意思而构成法律关系的法人为社团，根据捐助行为者的意思而构成法律关系的法人为财团。第三种观点认为，社团是以一定组织的社员为其成立条件的法人，如公司、企业等，而财团是以捐助行为为其成立条件的法人，如基金会、寺庙等。[④] 大多数西方学者倾向于第三种观点。从比较法上来看，社团法人和财团法人的区别有如下几点：

第一，成立的基础不同。社团法人必须有社员，社员是其成立的基础；而财团法人以财产为基础，如基金会等。[⑤] 财团法人虽然也有管理人，但管理人员的变更不影响财团法人的存在。[⑥] 财团法人制度使该一定财产之集合成为独立主体，而使其管理具有永续性。[⑦]

第二，目的不同。社团法人的设立可以为了营利，也可以为了公益。前者称为营利社团法人，后者称为公益社团法人。而财团法人的设立则只能

---

① 参见陈甦主编：《民法总则评注》(上册)，法律出版社 2017 年版，第 635 页。
② 参见李适时主编：《中华人民共和国民法总则释义》，法律出版社 2017 年版，第 230 页。
③ 参见施启扬：《民法总则》，台北，三民书局 1996 年版，第 116 页。
④ 参见何孝元：《民法总则》，台北，三民书局 1953 年版，第 53 页。
⑤ 参见王泽鉴：《民法总则》，北京大学出版社 2009 年版，第 152 页。
⑥ 参见江平主编：《法人制度论》，中国政法大学出版社 1994 年版，第 45 页。
⑦ 参见郑玉波：《民法总则》，中国政法大学出版社 2003 年版，第 176 页。

为了公益或非营利目的。财团法人因享有税收优惠等法律优遇,其不得以营利为目的。当然,各国立法对于财团法人是否必须以公益为目的,抑或仅以非营利为目的即为已足,态度不一。[①]

第三,设立程序不同。社团法人的设立采取准则主义,一般符合法定条件即可,大多不需要经过行政机关的批准。而财团法人的设立一般采许可主义,通常要经过主管机关的许可。当然,无论是社团法人还是财团法人,其设立都需要登记。另外,社团法人要由若干设立人共同设立,一般认为,社团法人的设立行为属于共同行为。[②] 财团法人由设立人以捐助行为(Stiftungsgeschäft)设立。[③]

第四,设立人的地位不同。社团法人在设立以后,其设立人将取得社员资格,如公司股东享有股东权,并能够行使自益权和共益权。而财团法人在设立以后,其设立人便与法人脱离关系,因为财团法人没有成员,其设立人不作为法人成员,也不直接参与或决定法人事务,而且其设立人也并不当然成为财团法人的管理人员。

第五,组织机构不同。社团法人的组织架构的形成遵循分权理念,分为意思形成机构、执行机关和监督机关。而财团法人通常要依据其设立人意旨成立,由于其设立人并非其成员,因此不存在所谓社员大会的组织机构[④]。

从我国《民法典》的规定来看,其并未采纳社团法人与财团法人的分类方法,但这并不意味着我国不存在财团法人。例如,我国《民法典》所规定的捐助法人实际上就属于财团法人。

四、普通法人和特别法人

我国《民法典》总则编第三章第四节专门规定了特别法人,据此,法人可以分为普通法人和特别法人。从我国《民法典》的规定来看,这两类法人都是由《民法典》确认的,两者的区别主要表现在:

第一,是否属于营利法人、非营利法人不同。特别法人无法归入营利法人与非营利法人的范畴。正是因为这一原因,《民法典》以专节的行为对其作出了规定。而普通法人则可以归入营利法人和非营利法人之中。

第二,特别法人的类型是封闭的,而营利法人、非营利法人的类型范围是开放的。从《民法典》的规定来看,其对营利法人与非营利法人类型的列

---

① 参见朱庆育:《民法总论》(第 2 版),北京大学出版社 2016 年版,第 431 页。

② Brox/Walker, Allgemeiner Teil des BGB, 34. Aufl., 2010, Rn. 732.

③ 参见朱庆育:《民法总论》(第 2 版),北京大学出版社 2016 年版,第 430 页。

④ 参见朱庆育:《民法总论》(第 2 版),北京大学出版社 2016 年版,第 430 页。

举,都采取了不完全列举的方式,只是列举了其典型形式,实践中出现的新的形式,可以依据其性质将其归入营利法人与非营利法人的范畴。[①] 而《民法典》对特别法人的列举采用了封闭式列举的方式。

第三,特别法人规则适用具有特殊性。由于特别法人与营利法人、非营利法人的性质存在重要区别,因而,《民法典》在规定特别法人时,并没有规定其可以参照适用营利法人与非营利法人的规则。当然,其可以适用法人的一般规则。

特别法人在法律上具有特殊的意义,实际上起到了连接公法和私法的作用,其中农村合作经济组织既具有营利法人的特点也具有非营利法人的特点。由于特别法人具有上述公法与私法的连接作用,因此,对特别法人进行了封闭式列举。

第四节　法人的设立、变更与终止

一、法人的设立

(一)依法成立

《民法典》第 58 条第 1 款规定:“法人应当依法成立。”社会组织要成为法人,不能自行设立,而必须要依据法律法规的规定设立,法人之所以要依法设立,一方面是因为法人具有民事权利能力,能够独立参加民事活动,因此,社会组织要成为民事主体,必须符合法律规定的条件。另一方面是因为法人成员对法人的债务承担有限责任,有限责任可以被理解为法人与债权人之间的特殊交易安排。因此,如果允许法人任意设立,则可能增加对合法主体的识别成本,影响交易安全。法人依法成立后,便可以以法人的名义对外从事民事活动,享有民事权利和承担民事义务,同时可以以法人的名义在法院起诉和应诉。

从法人制度的发展来看,各国立法关于法人的成立共有五种不同的方式:第一,自由设立主义,又称放任主义,即法人的设立不必具备何种形式,只要具备法人的实质,政府即予以承认。第二,特许主义,又称立法特许主义,即专门颁布某项法律而成立某个法人组织。第三,核准主义,又称许可主义、行政许可主义,即法人的设立必须经过行政机关的许可。第四,准则主义,即只要符合国家规定的设立标准,不必经过行政机关的许可,仅需向登记主管机关办理登记,法人即可成立。此种方式又称为登记主义。第五,

---

① 参见石宏主编:《中华人民共和国民法总则条文说明、立法理由及相关规定》,北京大学出版社 2017 年版,第 226 页。

强制主义，即国家在一定范围内强制设立法人。① 在 18 世纪至 19 世纪初的自由资本主义时期，各国法律较为普遍地采取了法人自由设立主义。至垄断资本主义时期以后，除《瑞士民法典》第 60 条仍然对非营利法人采取自由设立主义以外，各国法律都放弃了这种方式，主要采取了许可主义和准则主义的设立方式，在特殊情况下，对于某些特殊的企业法人的设立，也采取了强制主义和特许主义。我国《民法典》第 58 条只是笼统地规定法人应当依法成立，而没有区分不同的法人类型而分别规定其设立条件。

依法成立在内容上包括如下两个方面：一方面是指成立程序合法。我国法律对于设立程序，采取准则主义和核准主义两类。例如，公司的设立原则上采取准则主义，但对捐助法人、宗教活动场所法人等的设立，采核准主义。《民法典》第 58 条第 3 款规定："设立法人，法律、行政法规规定须经有关机关批准的，依照其规定。"根据法律规定不需要进行登记的国家机关等组织，也必须依法取得有关机关的批准，才能依法取得法人资格。另一方面是指法人的成立条件合法。法人的成立条件合法包括法人的目的、宗旨合法，符合国家和社会公共利益的要求。法人有符合法律规定的财产、经费、组织机构等。组织的合法性还包括组织机构、经营范围、经营方式等内容的合法。

（二）法人的设立应当符合法定的条件

法人必须依法设立，意味着社会组织要成为法人，必须符合法律法规规定的条件。《民法典》第 58 条第 2 款规定："法人应当有自己的名称、组织机构、住所、财产或者经费。法人成立的具体条件和程序，依照法律、行政法规的规定。"依据这一规定，法人的设立应当具备如下条件：

第一，具有自己的名称。法人的名称是某一法人区别于其他法人的标志，法人对于已经登记注册的名称享有专用权。依据《民法典》第 1013 条的规定，法人享有名称权，有权依法决定、使用、变更、转让或者许可他人使用自己的名称。

第二，具有组织机构。法人的组织机构是对内管理法人的事务、对外代表法人从事民事活动的机构总称。一般来说，法人的类型不同，其所要求的组织机构也不完全相同。对于营利法人来说，其组织机构主要包括：一是决策机构，即形成法人的意志、决定法人的重大事务的机构，如股东大会，职工代表大会等。二是执行机构，即负责贯彻执行决策机关的决议、指示，具体

---

① 以上几种观点请参见郑玉波：《民法总则》，中国政法大学出版社 2003 年版，第 178 页；史尚宽：《民法总论》，中国政法大学出版社 2000 年版，第 151 页。

管理法人的日常业务活动的机构,如董事会、理事会、厂长、经理等。三是监督机构,即对法人的执行机构的活动进行监督的机构,如监事会等。

第三,具有住所。法人和自然人一样,也应当有自己的住所。法律要求法人有自己的住所,这有利于国家对法人的监督和管理,同时也便于其债务的履行和诉讼的管辖。

第四,有必要的财产或者经费。任何法人都要有必要的财产和经费,这既是法人能够独立地享有民事权利和承担民事义务的物质基础,也是其能够独立地承担民事责任的财产保障。所谓"有必要的财产或者经费",是指法人要有自己的独立财产。不同的法人因其承担的社会职能、目的范围不同,在为实现其目的和维持其存在而从事的各种民事活动中所要求的独立财产亦各不相同。

法人成立的具体条件和程序,依照法律、行政法规的规定。我国许多法律和法规对各种类型的法人的设立程序都有特别规定,如《公司法》对公司的成立设置了明确的程序。根据法律规定需要依法登记的企业法人、社会团体法人等,必须履行登记手续,才能取得法人的资格。

二、法人设立的程序

(一)设立行为

营利法人在设立时,常常由发起人从事设立行为。发起人之间订立法人设立协议的行为在性质上是共同行为,可以准用合伙协议的规定,在完成特定行为后(如公司名称预先核准等),可转化为设立中的法人。非营利法人的设立也要有设立行为。由于非营利法人的类型太多,设立行为多种多样,有的通过决定设立,有的通过共同行为设立,情形各不相同。

在大陆法系国家,大多规定发起人要参与订立章程,并在章程上签名,以及必须认购公司股份,所以发起人在公司成立后就是法人的成员。例如,《德国股份公司法》第 29 条规定,公司以发起人认缴全部股份而告成立。而英美成文法中并未界定相同的发起人的概念,且未强行规定发起人必须认购股份,因此从事筹划设立公司、从事公司设立行为的人不一定是公司成立时认购股份并在章程上签章的人:前者被认为是发起人,而后者被称为公司创办人。① 我国《民法典》并没有区分发起人和创办人,但《公司法》区分了设立人和发起人。《民法典》第 79 条规定:"设立营利法人应当依法制定法

---

① See Paul L. Davies, *Gower's Principles of Modern Company Law*, 6th edition, Sweet & Maxwell, 1997, p. 131.

人章程。”由此可见,对营利法人而言,发起人在设立法人时也应当依法制定法人章程,一般而言,在法人成立后,发起人即成为营利法人的成员,但发起人在特定情况下,也须对发起过程中的行为,包括欺诈、胁迫等违法行为,承担相应的责任。但是对于非营利法人,法律并没有要求必须订立章程。

(二)登记

在我国,法人大都必须经过登记方能取得法人资格。例如,营利法人均须办理登记(《民法典》第77条,《公司法》第6条、第7条、第12条、第13条等)。事业单位法人和社会团体法人,除法律规定不需要登记的外,均须办理登记。财团法人的设立(如基金会),必须要订立章程,而且要经过登记才能设立。当然,并非所有的法人都需要登记,例如,许多事业单位法人的设立就不需要办理登记手续。

登记的重要功能在于公示,即向社会公开法人的信息,以便利第三人查询知悉,从而保障交易安全。据此,《民法典》第66条规定:“登记机关应当依法及时公示法人登记的有关信息。”依据这一规定,登记机关应当“依法”公示,即公示本身要符合法律规定。“公示”就是对外公开,允许第三人查询。所谓“及时”,就是指在法律规定的期限内将有关信息对外公开。在营利法人登记制度改革中,应更多地减少审批权限,加强监管,而通过公示来公开法人的信息,可发挥有效监管的作用。法人登记事项经过公示以后,可以产生两种效力:一是公示后可以产生对抗力。法人的登记事项在进行登记之前,第三人很难知悉,因此,相关事项不得对抗善意第三人,而在经过登记公示后,该登记的内容即可产生对抗善意第三人的效力。二是公信力,即对经过登记公示的事项而言,即便登记的事项发生错误,对信赖该登记事项的第三人也予以保护。[①] 公示法人登记信息,也有利于交易相对人对法人的交易资格和交易能力进行准确判断,从而维护交易安全。凡是法律规定要公开的信息,都可以通过登记及时公示。从类型上看,法人的登记可以区分为营利法人登记与非营利法人登记。

一是营利法人的登记。《民法典》第77条规定:“营利法人经依法登记成立。”依据该条规定,营利法人的设立必须要办理登记,这一方面有助于将其章程等事项向社会公示,从而维护交易安全;另一方面也有助于政府对其行为进行必要的监管。从比较法上看,关于营利法人的设立多采准则主义,

---

① 参见黄薇主编:《中华人民共和国民法典总则编解读》,中国法制出版社2020年版,第196页。

即只要符合法律规定的条件,就可以设立。[①] 在我国,法律法规为鼓励人们进行市场经营,鼓励投资创业,就营利法人的设立原则上采取准则主义,即只要符合法律规定的条件,就可以设立。当然,就一些特殊的行业或领域,基于特定的法律政策考虑,也采取核准主义。[②]《民法典》第 78 条第 1 句规定:“依法设立的营利法人,由登记机关发给营利法人营业执照。”因此,对于营利法人来说,其办理登记之后,应当取得营业执照,营业执照签发日期为营利法人的成立日期。从该条规定来看,营业执照是营利法人取得法人资格的证明,而非取得法人资格的条件。进一步而言,营利法人被吊销营业执照后,营利法人无权继续开展经营活动,但其主体资格仍然存在。依据《民法典》第 69 条的规定,营利法人依法被吊销营业执照的,将产生法人解散的效力,但法人出现解散事由后,法人资格仍然存续,依据《民法典》第 72 条第 3 款的规定,“清算结束并完成法人注销登记时,法人终止;依法不需要办理法人登记的,清算结束时,法人终止”,因此,营业执照被吊销并不会导致法人资格终止。

二是非营利法人的登记。从比较法上来看,财团法人的设立原则是指在设立法人时,是否需要履行特定的手续以及履行何种手续。从历史上看,大致有自由设立主义、特许设立主义、许可设立主义、准则主义、强制设立主义等设立原则。[③] 在我国,非营利法人必须要具备法人的条件才能设立。《民法典》第 58 条对法人的设立条件作出了规定,如应当有自己的名称、组织机构、住所等,非法人组织的设立也应当具备该条所规定的条件。非营利法人大多需要依法登记设立,例如,《民法典》第 88 条对事业单位法人的设立作出了规定,依据该条规定,事业单位法人的设立一般都需要进行登记。该法第 90 条规定了社会团体法人的设立,从该条规定来看,社会团体法人的设立一般也需要进行登记。该法第 92 条规定了捐助法人和宗教活动场所法人可以依法登记设立。从这个意义上说,我国就非营利法人总体上采许可设立主义。当然,如果法律规定不需要办理登记的,其设立也可以不进行登记。

法人登记包括设立登记、变更登记和消灭登记。根据《民法典》的规定,我国民法对法人的设立登记采取登记要件主义。[④] 关于变更登记和消灭登

---

① 参见王泽鉴:《民法总则》,北京大学出版社 2009 年版,第 154 页。

② 参见石宏主编:《中华人民共和国民法总则条文说明、立法理由及相关规定》,北京大学出版社 2017 年版,第 176 页。

③ 参见马俊驹、余延满:《民法原论》(第 2 版),法律出版社 2005 年版,第 120 页。

④ 参见《民法典》第 77 条、第 88 条、第 90 条。

记的效力,我国《公司法》在第五章作了明确规定。依据《民法典》第 64 条的规定:“法人存续期间登记事项发生变化的,应当依法向登记机关申请变更登记。”据此,在法人存续期间,如果登记事项发生了变化,法人应当依据法律规定办理变更登记。例如,法人章程对于公司对外担保的限制发生变化,如原来要求超过 1000 万元的对外担保需要经过董事会同意,后来改为超过 1000 万元的对外担保需要经过股东大会同意,此种变化就应当进行变更登记。就法人的变更登记而言,比较法上一般都认为,应当采对抗主义。[①]根据《民法典》第 65 条的规定,可以认为在我国变更登记采取了登记对抗主义。

我国《民法典》第 65 条规定:“法人的实际情况与登记的事项不一致的,不得对抗善意相对人。”所谓“法人的实际情况与登记的事项不一致”,主要包括两种情形:一方面,在设立时法人未如实申报登记,从而导致法人登记事项与法人的实际情况不一致。另一方面,法人在存续过程中事项发生变更,但没有及时办理变更登记,或者所办理的变更登记与法人的实际情况不一致。[②] 如果法人的登记事项与实际情形不一致,很可能影响交易安全和交易秩序,此时,应当由法人承受相应的不利后果。该条中所规定的“不得对抗”应当包含如下两方面含义:一是法人的相关事项变更后,即便法人相关事项的变更没有进行变更登记,相关事项的变更仍然可以生效[③];二是善意相对人因为信赖登记而实施相关的民事活动时,其效力受到法律保护,法人不得主张按照法人实际情况认定相关行为的效力。所谓“善意”,是指相对人不知道或者不应当知道法人登记事项与实际情况不一致。所谓相对人,是指与法人发生某种法律关系的人。如果法人在从事民事活动时已经将其实际情况向相对人作出了明确告知,则相对人就不属于善意相对人[④]。据此,只要相对人是善意的,法人没有办理变更登记而导致实际情况与登记事项不一致,就不能对抗善意相对人。例如,法人的法定代表人发生变更后未及时办理登记,则法人原法定代表人以法人名义所实施的行为,法人仍须

① 参见[德]汉斯·布洛克斯、[德]沃尔夫·迪特里希·瓦尔克:《德国民法总论》,张艳译,中国人民大学出版社 2012 年版,第 444 页;郑玉波:《民法总则》,中国政法大学出版社 2003 年版,第 217 页。

② 参见李适时主编:《中华人民共和国民法总则释义》,法律出版社 2017 年版,第 186 页。

③ 参见[德]汉斯·布洛克斯、[德]沃尔夫·迪特里希·瓦尔克:《德国民法总论》,张艳译,中国人民大学出版社 2012 年版,第 444 页。

④ 参见黄薇主编:《中华人民共和国民法典总则编解读》,中国法制出版社 2020 年版,第 195 页。

承受其法律后果。从比较法上看,各国普遍认为,法人登记事项与实际情况不一致时,为保护善意第三人、维护交易安全,应当由法人承受相应的法律后果。[①]

三、法人的住所

住所是民事主体从事民事活动、产生民事法律关系的主要场所。法人和自然人一样,也应当有自己的住所。确定法人住所的主要意义在于:一是确定诉讼管辖地。法人的住所所在地就是法人所在地,因此,法人的起诉与应诉地点应当依据其住所确定。二是确定法律文书的送达地。法律文书的送达地点,应当依法人的住所予以确定。三是确定债务履行地。例如,我国《合同法》规定了债务履行地点的确定规则,如果法人的住所不确定,也就无法明确债务履行地。

从比较法上来看,确定法人住所主要采取如下三种标准:一是以管理中心地为法人的住所;二是以法人营业中心地为法人的住所;三是以法人章程所规定的住所地为法人的住所,如果章程没有规定,则以管理中心地为法人的住所[②]。我国《民法典》第 63 条规定:"法人以其主要办事机构所在地为住所。依法需要办理法人登记的,应当将主要办事机构所在地登记为住所。"据此,法人住所的确定要依据如下规则:

第一,法人以其主要办事机构所在地为住所。法人可能有多个活动场所或办事机构,但是,法人的住所只能有一个。在法人不需要办理登记的情况下,就应当以其主要办事机构所在地为住所。例如,事业单位法人不需要办理登记,因此,就直接以其主要办事机构所在地为住所。

第二,依法需要办理法人登记的,应当将主要办事机构所在地登记为住所。在法人需要办理登记的情况下,登记的住所有可能与主要办事机构所在地不一致,例如,公司主要办事机构在北京,但公司成立时是在上海登记的。在此情形下,法律要求应当更改登记,将其主要办事机构所在地登记为住所。

四、法人的合并与分立

在法人合并、分立的情形下,也可以产生新的法人或者使法人资格消灭,从这个意义上也可以将法人的合并与分立理解为法人设立的形式。所

---

① 参见《德国民法典》第 68 条、《意大利民法典》第 34 条。

② 参见黄薇主编:《中华人民共和国民法典总则编解读》,中国法制出版社 2020 年版,第 187 ~ 188 页。

谓法人的合并,是指两个或两个以上的法人合并为一个新的法人,或者一个或多个法人归并到一个现存的法人中。其中,第一种情形称为“新设合并”或者“创设合并”,对此种法人的合并而言,原有的法人消灭,产生新的法人。第二种情形称为“吸收合并”或者“存续合并”[①]。对此种法人合并而言,被合并的法人的主体资格消灭,而存续的法人的主体资格仍然存在,只是被合并的法人的加入使其在主体资格上发生变更。《民法典》第67条第1款规定:“法人合并的,其权利和义务由合并后的法人享有和承担。”这是因为在合并的情形中,原有的法人被新法人所吸收,所以,权利义务关系应当由合并后的法人承担,以免影响债权人的利益。

所谓法人的分立,是指一个法人分成两个或两个以上的法人,或将现有的一个或几个法人分出一部分组成一个新的法人。法人的分立有两种情况:一是派生分立,它是指原法人仍然存在,但是,从原法人中分立出新的法人。二是新设分立,它是指原法人分立为两个或两个以上的法人,原法人因新法人设立而消灭。也就是说,被分立的企业的主体资格消灭,而产生几个新的企业,如果新的企业具备法人条件,则将依法成立几个新法人。[②] 在分立以后,被分立的法人有可能消灭。《民法典》第67条第2款规定:“法人分立的,其权利和义务由分立后的法人享有连带债权,承担连带债务,但是债权人和债务人另有约定的除外。”就法人分立而言,无论采取何种形式,原则上由分立后的各个法人享有连带债权、承担连带债务。

五、设立中的法人

(一)设立中的法人的概念和特征

所谓设立中的法人,是指从设立法人开始至法人成立之前的组织。例如,筹备中的公司。从性质上看,设立中的法人不同于合伙组织,因为设立人之间并没有订立合伙协议,而且设立中的法人在设立期间所享有的权利和所承担的义务,都要转移给设立后的法人,其自身也不独立享有和承担此债权债务。所以,设立中的法人是一个具有相对民事权利能力的特殊团体。设立中的法人具有如下特征:

第一,它是主要从事设立行为的组织。设立中的法人不同于筹备前的法人,所谓筹备前的法人,是指发起人开始筹备成立某个法人组织,但还没有成立筹备机构从事实际的设立行为,此时的组织体称为筹备前的法人。

---

① 朱庆育:《民法总论》(第2版),北京大学出版社2016年版,第434页。

② 参见黄薇主编:《中华人民共和国民法典总则编解读》,中国法制出版社2020年版,第200页。

而设立中的法人主要从事设立行为，它要实际地从事设立行为。为了设立法人，它也要从事一些民事行为，如借款、举债、购买必要的建筑材料等，从而发生一定的债权债务关系，因此有必要在法律上承认设立中的法人。

第二，它的民事权利能力和民事行为能力受到严格限制。关于设立中的法人，德国法传统上认为其不具有法人资格，而将其视为参与设立的行为人所成立的合伙，准用关于合伙关系的规定，在学理上则将其称为无权利能力的社团。[①] 笔者认为，设立中的法人不能以法人的名义从事民事活动，其虽然有一定的民事权利能力和民事行为能力，但其权利能力的范围仅限于从事必要的设立行为，凡是超出设立目的范围的民事行为都不得实施。关于设立人的责任，应当依照法律的规定、设立法人的协议以及根据行为的性质等来加以认定。根据这一原因，有学者认为，设立中的法人应当具有拟制的权利能力或者相对的权利能力。[②] 尽管设立中的法人具有特殊的权利能力，但因其是为了将来法人的成立而存在的，所以将来法人如果不能够有效地成立，其权利能力要溯及既往地消灭，由筹建人和设立人承担法律后果。[③] 对此，《民法典》第 75 条第 1 款规定："……法人未成立的，其法律后果由设立人承受，设立人为二人以上的，享有连带债权，承担连带债务。"

第三，它与成立后的法人具有同一性。关于设立中的法人与成立后的法人的关系，有几种不同的观点：一是分离说。此种观点认为，设立中的法人与成立后的法人是两个不同的主体。设立中的法人的行为应当由行为人自己承担责任。设立中的法人不得将设立期间的债务转嫁给成立后的法人，设立中取得的不动产如果未经办理过户手续，也不得转移给成立后的法人。[④] 二是同一体说。此种观点认为，应当将设立中的法人与成立后的法人视为同一体，设立中的法人所形成的各种法律关系，都应当直接移转给成立后的法人，即法人成立前所享有的财产权利及形成的债权债务关系都应由成立后的法人享有和承担。[⑤] 德国早期的学说采分离说，后来又采取了同一

---

① 参见黄立：《民法总则》，中国政法大学出版社 2002 年版，第 141 页。

② 参见黄立：《民法总则》，中国政法大学出版社 2002 年版，第 67 页。

③ 参见魏振瀛主编：《民法》（第 4 版），北京大学出版社、高等教育出版社 2010 年版，第 116 页。

④ 参见龙卫球：《民法总论》（第 2 版），中国法制出版社 2002 年版，第 405 页；黄立：《民法总则》，中国政法大学出版社 2002 年版，第 142 ~ 150 页。

⑤ 参见［德］迪特尔·梅迪库斯：《德国民法总论》，邵建东译，法律出版社 2000 年版，第 823 页。

体说，但近几十年来，德国法采纳了有限同一体说，此种观点认为，设立中的法人虽然与成立后的法人同为一体，但其权利能力受到一定的限制。①

《民法典》第75条第1款规定："设立人为设立法人从事的民事活动，其法律后果由法人承受……"这就表明，我国《民法典》采用的是同一体说。设立中的法人之所以与成立后的法人具有同一性，一方面是因为，设立中的法人是成立后的法人的前期阶段，从设立到设立完成是法人成立的过程。"学说上，有将筹备中之法人与已登记设立之法人譬喻为花蕊与花朵，蛹与蝴蝶，胎儿与孩童，以相呼应。"②另一方面是因为，设立中所形成的权利义务关系都要移转给成立后的法人，而不可能由设立人来承担。例如，公司的筹建是为了公司的成立而从事的各种民事行为，所以，其在设立中所发生的债权债务关系，应当由成立后的法人承担。还要看到，如果将其作为一个与成立后的法人分离的主体对待，这样法人对设立前和成立后的债权债务要分别处理，在操作上也很困难。因为在法人成立后，设立中的法人已不复存在，所以也无法由其继续承担责任。

（二）设立人的责任

《民法典》第75条第1款规定："设立人为设立法人从事的民事活动，其法律后果由法人承受；法人未成立的，其法律后果由设立人承受，设立人为二人以上的，享有连带债权，承担连带债务。"据此可见，我国《民法典》采同一体说，即只要法人成功设立，设立人为设立法人从事的民事活动，其法律后果由法人承受。该条实际上确立了三项规则：第一，如果法人设立成功，就应当由法人承受法律后果。第二，法人未成立的，其法律后果由设立人承受。在法人未成功设立的情形下，毕竟设立是设立人发起的，而且是为了设立人的利益，因此，应由其承受法人未成立的法律后果。第三，设立人为二人以上的，享有连带债权、承担连带债务。在法人未设立的情形下，如果设立人是两个人以上的，就形成了多数人之债，由多个设立人承担连带债务、享有连带债权。

在设立法人的过程中，设立人为了设立法人而实施的民事活动，可能以该设立中法人的名义进行，也可能以设立人自己的名义进行。如果设立人以自己的名义实施民事活动，则构成间接代理。《民法典》第75条第2款规定："设立人为设立法人以自己的名义从事民事活动产生的民事责任，第三人有权选择请求法人或者设立人承担。"可见，该条实际上是按照间接代理

---

① 参见龙卫球：《民法总论》，中国法制出版社2001年版，第390～391页。

② 曾世雄：《民法总则之现在与未来》，中国政法大学出版社2001年版，第103页。

的规则,允许第三人选择请求法人或设立人承担法律后果。但是,该条必须符合如下要件:

第一,设立人实施民事活动必须是以设立法人为目的。依据该条规定,设立人从事民事活动必须以“设立法人”为目的,如果设立人在法人设立过程中为自己利益而行为,即便设立人以设立中的法人的名义活动,其法律后果原则上也不应当由设立后的法人承担。[①] 可见,该条规定对设立人的行为目的采取了实质判断标准,即必须区分设立人行为的目的,并据此判断设立后的法人是否需要承受设立人行为的法律后果。

第二,设立人必须是以自己的名义从事民事活动,而不是以设立中法人的名义。[②] 从《民法典》第 75 条第 2 款的规定来看,设立人必须以自己名义行为,才能适用本款规定。例如,在设立法人过程中,需要购买设备,设立人以自己的名义与商场签订合同,此时将难以认定是设立人自己的行为,还是法人的行为。如果设立人并未以自己的名义行为,而是以设立中法人的名义行为,则无法适用该款规定。

第三,因设立人实施民事活动而产生了民事责任。从《民法典》第 75 条第 2 款的规定来看,设立人必须在从事民事活动时产生了民事责任,才有可能适用该款规定。从该款规定来看,其仅使用“民事责任”这一表述,而没有限定其责任性质,因此,其既可以是违约责任,也可以是侵权责任。从该款规定来看,其并没有要求相对人必须知道设立人与设立中法人之间的关系,因此,不论相对人对设立人与设立中法人之间的关系是否知情,都可以适用该款规定。[③]

在符合上述条件时,允许第三人选择请求法人或设立人承担法律责任。如果选择请求法人承担责任,则设立人将不再承担责任。

六、法人的终止

(一)法人终止的原因

法人的终止,亦即法人的消灭,是指法人丧失民事主体资格,不再具有民事权利能力与行为能力的一种状态。[④] 依据《民法典》第 68 条第 1 款的规定,法人的终止主要包括以下几种情形。

1. 法人解散。依据《民法典》第 69 条的规定,法人解散的主要原因包

① 参见李适时主编:《中华人民共和国民法总则释义》,法律出版社 2017 年版,第 229 页。

② 参见李适时主编:《中华人民共和国民法总则释义》,法律出版社 2017 年版,第 229 页。

③ 参见陈甦主编:《民法总则评注》(上册),法律出版社 2017 年版,第 505 页。

④ 参见江平主编:《法人制度论》,中国政法大学出版社 1994 年版,第 154 页。

括:一是法人章程规定的存续期间届满或者法人章程规定的其他解散事由出现。例如,有些项目公司的法人章程规定,项目结束以后半年内解散。又如,法人章程规定,设立法人的目的已经实现或者确定无法实现时解散。二是法人的权力机构作出决议解散。如果法人是营利法人,其权力机构有权决定解散,这是法人成员共同意志的体现。例如,经全体股东大会决定,解散法人,或经出资人全体会议决定歇业。如果法人章程规定不许通过决议解散法人,而全体成员共同决定解散,则应当视为对原章程进行了修改。三是因法人合并或者分立需要解散。法人分立、合并的主体不限于营利法人,但主要是营利法人。所谓分立,是指一个法人分成两个或两个以上的法人,或将现有的一个或几个法人分出一部分组成一个新的法人。在分立以后,被分立的法人有可能消灭。所谓合并,是指两个或两个以上的法人合并为一个新的法人,或者一个或多个法人归并到一个现存的法人中去,或是将某个法人分成若干部分,并入其他现存的法人中。在第一种情况下,原有的法人消灭,产生新的法人;在第二种情况下,被合并的法人的主体资格消灭,而存续的法人主体资格仍然存在,只是在主体资格上发生变更。[①] 四是法人依法被吊销营业执照、登记证书,被责令关闭或者被撤销。法人被责令关闭或者被撤销,主要是指法人在存续期间内,违反有关法律的强制性规定,例如,利用法人名义从事走私、贩毒等违法犯罪行为,依法被有权机关责令关闭或撤销。社会团体法人从事法律所禁止的活动时,民政机关或者其他有权机关也可以依法对其予以取缔。依该条规定,法人因吊销营业执照就应当解散。笔者认为,此种规定值得商榷。因为吊销营业执照,法人只是暂时不能营业,并不当然需要解散。如果法人经过整改重新取得了营业执照,则仍可继续存在。五是法律规定的其他情形。我国有关的法律法规就一些具体类型的法人,规定了解散事由。例如,依据《基金会管理条例》第 16 条的规定,如果基金会“无法按照章程规定的宗旨继续从事公益活动的”,则应当向登记管理机关申请注销登记。

2. 依法宣告破产。营利法人在其全部资产不足以清偿到期债务的情况下,经法人的法定代表人或其他有权代表人、主管部门以及营利法人的债权人等提出申请,由人民法院宣告法人破产。营利法人被宣告破产后,由清算组负责对法人的财产、债权和债务进行清理,并变卖法人的财产清偿债务。根据《民法典》第 73 条的规定,依法进行破产清算并完成法人注销登记时,营利法人终止。

---

① 参见江平主编:《民法学》(第 2 版),中国政法大学出版社 2007 年版,第 113 页。

3. 法律规定的其他原因。法律上还可能规定在解散和破产之外的法人终止事由。例如,因国家机关机构调整而导致机关法人的终止等。

原则上,法人的终止取决于法人成员的意思自治,但也有例外。例如,《民法典》第 68 条第 2 款规定:“法人终止,法律、行政法规规定须经有关机关批准的,依照其规定。”依据该条规定,如果法律、行政法规规定法人的终止应当经过有关机关的批准,则法人终止应当遵循该规则。

(二)法人清算

1. 法人清算的概念

所谓清算,是指法人在终止前,应当对其财产进行清理,对债权债务关系进行了结。《民法典》第 70 条第 1 款规定:“法人解散的,除合并或者分立的情形外,清算义务人应当及时组成清算组进行清算。”之所以要求法人及时清算,主要是为了保护债权人利益,并使法人能够及时终止、退出市场。实践中,法人在停业后没有进行债权债务清算,也没有进入破产程序,从而成为“僵尸企业”,这既损害了债权人的利益,也损害了交易安全。因此,《民法典》规定清算制度,对于维护交易安全、保护交易秩序、防止法人解散后逃废债务十分必要。

《民法典》第 70 条第 1 款排除了分立和合并的情形,因为在法人分立或合并的情况下,分立后的法人或合并后的法人要对债务承担连带责任,足以保护债权人的利益,不需要进行清算。此处所说的“及时”,是指法律规定了清算期限的,应当在该期限内清算。例如,《公司法》第 183 条规定,公司应当在解散事由出现之日起 15 日内成立清算组,开始清算。如果法律没有规定,则应当尽快组织清算,不能长期拖延。

在法律上,法人的清算有两种形式:一是依破产程序进行的清算,这就是说,法人在宣告破产以后,要由主管机关或人民法院组织有关人员成立清算组织进行清算,依照破产程序进行清算的程序应适用《企业破产法》的规定。二是非依破产程序进行的清算。法人除因宣告破产而被解散外,应按法律规定(如民法、民事诉讼法、公司法、其他商事特别法等有关规定)的其他程序而不按照破产程序进行清算。

清算一般在法人终止时进行,但是在法人负债过重的情况下,经过法人的意思机构或法人的全体成员决定,由法人向有关单位提出申请并被批准后,可以主动清算。

2. 清算期间的法人的性质

清算期间的法人称为清算法人。关于清算法人在法律上的性质,理论上有四种不同的看法。一是清算法人说。此种观点认为,法人因解散而消灭其主体资格,但是由此又会导致财产成为无主财产,因此,法律专为法人的清算目的而设立了一种清算法人,这种法人的能力是特殊的,它不享有原法人的能力。二是拟制存续说。此种观点认为,法人因解散而丧失权利能力,法人不得从事其经营范围所决定的活动,但是法律的拟制使法人在清算的目的范围内享有权利能力,从法人解散至清算完结,在此阶段视为法人仍然存续。德国、日本等国家的民法持这种观点。[①] 三是同一人格说。此种观点认为,清算法人与解散前的法人,在本质上是相同的,不过是权利能力的范围缩小而已。清算法人不得再享有从事生产活动的能力,但是在清算的目的范围内,与解散前的法人一样享有权利能力,而解散前的法人的一切权利能力(包括专属的权利和义务)都要移转给清算法人。四是同一人格兼拟制说。此种观点认为,法人在解散后,其人格仍然存在,但是,法人解散后,内部成员的缺乏致使法人丧失了其存在的基础,因此,清算法人只是由法律所拟制的法人,不是实在的法人。[②]

笔者认为,上述观点都不无道理,但采纳同一人格说较为合理。也就是说,清算前的法人和清算后的法人具有同一人格,因为法人在终止以后,其权利能力并不是完全归于消灭。法人如果因解散而丧失其权利能力,不再具有主体资格,就难以解释清算中的法人仍然可以同他人进行民事活动。所以,《民法典》第 72 条第 1 款规定:"清算期间法人存续,但是不得从事与清算无关的活动。"这就是说,在清算过程中,法人继续存在,只是其权利能力的范围受到了一定限制,即清算中的法人仅在清算范围内享有权利能力,其行为应围绕清算目的的实现而展开。

(三)清算义务人

所谓清算义务人,是指在法人解散后负有对法人进行清算的义务的人。此处所说的清算义务人,是指有义务发起清算、组织清算的人,但这些人并不一定参与具体的清算活动。《民法典》第 70 条第 2 款规定:"法人的董事、理事等执行机构或者决策机构的成员为清算义务人。法律、行政法规另有规定的,依照其规定。"依据这一规定,清算义务人包括:第一,就营利法人而言,主要限于执行机构中的董事。第二,就非营利法人而言,则包括理事及其他决策机构的成员。例如,依据《民办教育促进法》第 20 条第 1 款的规定,"民办学校应当设立学校理事会、董事会或者其他形式的决策机构并建

---

① 例如,《德国民法典》第 42 条第 1 款规定,社团因支付不能程序开始而丧失其权利能力;第 49 条第 2 款规定,清算了结前的社团视为存续,在清算范围内有权利能力。

② 以上几种观点参见郑玉波:《民法总则》,中国政法大学出版社 2003 年版,第 199 页。

立相应的监督机制”,决策机构的成员也可以称为董事。第三,法律、行政法规规定的其他人员。清算义务人只是启动清算程序的主体,其义务是启动清算程序、组成清算组,但其本身并非当然的清算组织的成员。清算义务人应当组成清算组,进行清算。清算组的成员不限于前述清算义务人,如清算义务人可以聘请专业人员参与清算。

清算义务人负有及时清算的义务。《民法典》第70条第3款规定:“清算义务人未及时履行清算义务,造成损害的,应当承担民事责任;主管机关或者利害关系人可以申请人民法院指定有关人员组成清算组进行清算。”依据这一规定,清算义务人要及时履行清算义务,包括组成清算组、开展清算。如果清算义务人迟延履行其清算义务,将引发两方面的后果:一是因此造成他人损害的,应当承担民事责任。例如,因迟迟不清算,导致债权人的债权无法实现,此时,清算义务人要对债权人承担赔偿责任。二是主管机关或者利害关系人可以申请人民法院指定有关人员组成清算组进行清算。这就是说,如果清算义务人不及时组织清算,将启动强制清算程序。此处所说的主管机关,是指法人的主管机关,如教育主管部门就是民办学校的主管机关。所谓利害关系人,是指与清算有利益关系的人,如股东、债权人等。如果清算义务人未及时履行清算义务,这些机构和个人都可以向法院提出申请,请求法院组成清算组进行清算。①

(四)清算组及其职权

1. 清算组及其成立

清算组又称清算人,是指具体负责清算事务的主体,其义务在于依照法定程序进行清算。② 依据《民法典》第70条的规定,清算组可以分为如下两种:一是清算法人自己组成的清算组。在营利法人因解散而终止的情况下,要由法人自己成立清算组,清算组的成员一般应由法人的权力机构或执行机构(如董事会,股东大会等)选举产生,也可以吸收外部成员参加清算组。但法人章程有规定的,应依章程规定。清算人不能胜任清算工作的,可以经利害关系人申请,由人民法院予以撤销并重新指定清算人。二是由人民法院组成的清算组。营利法人因被撤销、被宣告破产而终止的,应当由主管机关或者人民法院组织有关机关和有关人员依法成立清算组。这里所说的“有关机关”包括财政、审计、工商、税收、银行、劳动部门等单位。中外合资

① 参见石宏主编:《中华人民共和国民法总则条文说明、立法理由及相关规定》,北京大学出版社2017年版,第156页。

② 参见李适时主编:《中华人民共和国民法总则释义》,法律出版社2017年版,第205页。

经营企业、中外合作经营企业或外资企业，其清算组的成员中应包括该企业审批部门的代表。这里所说的“有关人员”包括注册会计师、律师、经济师、工程师等人员。任何人非经企业的主管机关或人民法院的许可，不得成为清算组的成员。

2. 清算组的职权

在清算程序启动之后，清算组就应当依据法律规定的程序和清算职权，进行清算。《民法典》第 71 条规定：“法人的清算程序和清算组职权，依照有关法律的规定；没有规定的，参照适用公司法律的有关规定。”我国有关法律对清算程序和清算组职权作出了规定。例如，《公司法》《企业破产法》《慈善法》《民办教育促进法》等都有规定。但是，比较而言，《公司法》的规定最为完备。因此，如果相关法律没有规定，可以参照《公司法》的规定。

清算组的职权是：对内清理财产，处理法人的有关事务；对外代表法人了结债权债务，在法院起诉和应诉。具体来说：一是对内处理法人的事务，如清理财产、整理账目、编制资产负债表和财产目录。任何人未经清算组的同意，不得处分法人的财产。清算组在对内处理法人事务时，还有权调查法人的机关或成员在法人的债务问题上有无违法行为或重大过失，确定他们是否负有责任。二是对外收取债权、清偿债务。清算组应及时通知债权人申报债权，并规定适当的期限，债权人逾期不申报债权的，其债权不列入清算范围。清算组有权召集债权人会议或其他会议，在核实债权以后，应根据法定的顺序清偿。清算组对于法人已经到期的债权应负责收取，对于未到期的债权，也可以经过作价后让与他人。三是变卖财产。清算组应负责变卖法人的财产，但是法律禁止或限制自由买卖的财产，应由政府主管部门或者指定的部门收购处理。四是非依破产程序进行的清算，如果清算法人的财产不足以清偿其债务，清算组应申请宣告破产。

《民法典》第 72 条第 2 款规定：“法人清算后的剩余财产，根据法人章程的规定或者法人权力机构的决议处理。法律另有规定的，依照其规定。”依据这一规定，法人清算之后，如果还有剩余财产，应按如下规则处理：首先，如果法律有特别规定的，依照其规定。例如，《民办教育促进法》第 59 条就民办教育机构的清算作出了规定，须依照其规定。其次，如果法律没有特别规定，则应当适用私法自治，依据法人章程或者法人权力机构的决议处理。例如，法人章程明确了要返还给股东，应当依据章程；如果章程没有规定，而股东会决定返还给股东，应当依据该决定处理。

（五）清算期间内法人存续

法人在清算期间，其人格并不消灭，清算组织就是法人在清算期间的意思机关和执行机构,应当由清算组织代表法人行使职权。《民法典》第 72 条第 1 款规定:“清算期间法人存续,但是不得从事与清算无关的活动。”这就是说,在清算期间,法人资格仍然得以存续,只不过,其权利能力和行为能力受到限制。问题在于,如果法人在清算期间从事了与清算活动无关的活动,则该活动的效力如何？有观点认为,该条规定法人在清算期间不得从事与清算无关的活动,实际上是对法人权利能力和行为能力所进行的限制,法人违反该规定所实施的民事法律行为应当无效。[①] 笔者认为,不宜一概认定处于清算阶段的法人所实施的与清算活动无关的民事法律行为无效,而应当区分交易相对人是否善意(对法人处于清算阶段是否知情)分别认定相关民事法律行为的效力,即如果相对人明知或应知法人已经进入清算阶段而仍然与其交易,则应当认定该民事法律行为无效。但如果相对人因为无法查实等原因而并不知道法人已经进入清算阶段,则为保护交易安全,不应当否定该民事法律行为的效力。

《民法典》第 72 条第 3 款规定:“清算结束并完成法人注销登记时,法人终止;依法不需要办理法人登记的,清算结束时,法人终止。”严格地说,法人解散并不等于法人终止。只有经过清算,并办理了注销登记,法人才终止。该条第 3 款区分了两种情形,一是需要依法办理登记的法人的终止。我国相关的法律法规都规定了事业单位、社会团体、基金会法人在清算结束之后应当办理注销登记,只有在办理注销登记之后,法人才终止。[②] 二是依法不需要办理法人登记的终止。例如,集体经济组织法人目前并没有要求办理登记,如果发生这类组织的终止,则在清算后不需要办理注销登记。此时,只要清算结束,法人就归于终止。

(六)破产清算

所谓破产清算,是指营利法人被宣告破产以后所进行的清算。《民法典》第 73 条规定:“法人被宣告破产的,依法进行破产清算并完成法人注销登记时,法人终止。”我国目前并无适用于所有法律主体的统一的破产制度,只有《企业破产法》对企业破产作出了规定。不过,营利法人的破产清算在《企业破产法》中已有详细规定,因此,破产清算应当依据《企业破产法》的规定,而不应依据《公司法》的规定。

《企业破产法》第 135 条规定:“其他法律规定企业法人以外的组织的

---

① 参见陈甦主编:《民法总则评注》(上册),法律出版社 2017 年版,第 488 页。

② 参见《事业单位登记管理暂行条例》第 13 条、《社会团体登记管理条例》第 21 条、《基金会管理条例》第 18 条。

清算,属于破产清算的,参照适用本法规定的程序。”一旦清算完毕,法人就应当办理注销登记,经注销登记后,法人最终归于消灭。

第五节　法人的法定代表人和机构

一、法人的法定代表人

(一)法定代表人的概念

法人的法定代表人是指依照法律或法人的组织章程的规定,代表法人行使职权的负责人。《民法典》第 61 条第 1 款规定:“依照法律或者法人章程的规定,代表法人从事民事活动的负责人,为法人的法定代表人。”这就在法律上确立了法定代表人制度。关于法定代表人在法律上的地位,依法人的学说不同而存在不同的看法。拟制说认为,法人并非客观存在的实体,不具有行为能力,所以法人的法定代表人只是法人的代理人。而法人实在说认为,法人是客观存在的事实,具有行为能力①,法定代表人就是代表法人行为的人,所以,其行为就是法人自身的行为。我国现行立法采纳法人实在说,承认了法定代表人为法人的机关。法人的法定代表人具有以下特征:

1. 法人的法定代表人是由法律或法人的组织章程规定的自然人。我国有关法律明确规定了营利法人的法定代表人,例如,《公司法》第 13 条第 1 句规定:“公司法定代表人依照公司章程的规定,由董事长、执行董事或者经理担任,并依法登记。”同时,一些营利法人也可以根据其章程的规定,具体确定何人为该营利法人的法定代表人。但如果法律规定和章程的规定不一致的,则应当以章程的规定为准。

2. 法人的法定代表人有权代表法人从事民事活动。法定代表人根据法律和章程的规定,有权代表法人对外行为。法定代表人不需要事先获得法人的特别授权。法定代表人依法代表法人行为时,其执行职务的行为所产生的一切法律后果都应由法人承担。虽然法人的法定代表人与法人的其他工作人员一样,都能够代表法人行为,但是法定代表人是法人的主要负责人,如公司的董事长、总经理等。通常,要由法定代表人代表法人在法院起诉和应诉。

3. 法定代表人以法人名义从事的活动,由法人承担法律后果。《民法典》第 61 条第 2 款规定:“法定代表人以法人名义从事的民事活动,其法律后果由法人承受。”依据这一规定,一方面,法定代表人都是自然人,如果其

---

①　参见史尚宽:《民法总论》,中国政法大学出版社 2000 年版,第 139～140 页。

是以自己的名义从事民事活动,原则上只能视为自己的行为,而不能视为法人的行为。另一方面,只要法定代表人以法人的名义从事的民事活动,都应当由法人承受该民事活动的法律后果。这是因为法人的意志正是通过法定代表人实现的。此处所说的“承受”包括承担和享受两层含义。[①] 具体而言,就义务和责任而言,应当由法人承担;而权利和利益,应当由法人享受。因为该条是法律直接规定的,具有强行法的性质,因而不允许当事人通过约定排除或限制其适用。

(二)法定代表人的责任

正如上述,法人的法定代表人是法人的组成部分,但这并不是说法人的法定代表人的一切行为后果都应由法人承担。《民法典》第 62 条第 1 款规定:“法定代表人因执行职务造成他人损害的,由法人承担民事责任。”依据这一规定,只有法定代表人在执行职务范围内造成他人损害,才应当由法人承担民事责任。在我国侵权责任法中,法人的法定代表人因执行职务侵权,与法人一般工作人员的职务侵权,都采取转承责任,即由用人单位承担侵权责任。单位承担责任后,可以依法向具有故意或重大过失的行为人追偿。[②]

法定代表人造成他人损害,由法人承担责任的,必须是因“执行职务”造成的损害。如何认定“执行职务”?笔者认为,“因执行职务”是指与执行职务有关,对此,可以借鉴用工责任(或称雇主责任)中的外观说或客观说。只要法定代表人的行为外观上可以认定为执行职务的,即为职务行为,构成权利外观。[③] 也就是说,如果从法定代表人的行为来看,社会一般人会将其理解为执行职务的行为,就认为其满足了执行职务的要件。我国司法实践中的用工责任历来也采外观说。因此,在认定法定代表人是否是执行职务时,应当考察其权利外观。不论法定代表人是否与法人签订了正式的劳动合同,也不论其是上班还是下班,只要法定代表人造成了他人的损害,且第三人有合理理由认为其是在执行职务,就可认定为因执行职务而致害。例如,甲在周末驾驶单位的公车带上单位的其他工作人员出去旅游,途中撞伤受害人,是否属于执行职务?笔者认为,从社会一般人的角度来看,可以认为其行为与自己的工作任务之间存在内在联系,且车上乘坐的都是单位的工作人员,因而与执行职务具有关联性。

---

① 参见石宏主编:《中华人民共和国民法总则条文说明、立法理由及相关规定》,北京大学出版社 2017 年版,第 130 页。

② 参见黄薇主编:《中华人民共和国民法典总则编解读》,中国法制出版社 2020 年版,第 185 页。

③ 参见王泽鉴:《雇佣人无过失侵权责任的建立》,载王泽鉴:《民法学说与判例研究》(第 1 册),中国政法大学出版社 1998 年版,第 22 页。

对于法人的法定代表人非因执行职务而产生的行为后果，法人不承担责任。法人的法定代表人有权代表法人对外行使职权，同时其也有义务严格遵守国家的法律、法规，保障企业合法经营。如果其没有很好地履行自己的职责，而从事非法活动，应当由本人依法承担责任。即便营利法人的法定代表人所从事的违法活动是根据法人的集体意志进行的，但因为其实施这些违法行为时，本身也是有过错的，所以在追究法人的法律责任的同时，应根据不同情况追究法人的法定代表人的法律责任。

在法人就法定代表人的行为承担责任后，其也可能向法定代表人追偿。《民法典》第62条第2款规定："法人承担民事责任后，依照法律或者法人章程的规定，可以向有过错的法定代表人追偿。"该条对法人对其法定代表人的追偿权作出了规定。但行使追偿权，应当区分两种关系：一方面，在法人的对外责任承担方面。如果法人的法定代表人实施了越权代表等行为，法人原则上仍然需要承受该行为的法律后果，即需要对相对人承担责任。另一方面，在法人对法定代表人的内部追偿关系方面，法人在对法定代表人的无权代表行为承担责任后，其应当有权依据法律或法人章程的规定向法定代表人追偿。依据该条规定，法人对其法定代表人追偿权的成立应当符合如下两个要件：

一是法定代表人具有故意或者重大过失。《民法典》第1191条第1款第2句规定："用人单位承担侵权责任后，可以向有故意或者重大过失的工作人员追偿。"例如，法定代表人明知对法人不利而仍然实施相关行为，或者不考虑风险控制部门提出的风险提示而订立合同，给法人造成损害，显然是有重大过失的。由此可见，只要法定代表人具有故意或者重大过失，就可以被追偿，这就加重了法定代表人的责任，有利于督促其履职尽责，预防损害的发生。

二是必须有法律或章程的依据。《民法典》第1191条已经为法人的追偿权作出了规定，当然，法人的章程也可以对法人追偿权的行使作出规定。如果章程规定了法定代表人被追偿的条件、减轻或免责的事由，则法人应依章程规定追偿。

（三）对法定代表人代表权的限制

法人章程等可能对法定代表人代表权作出了限制，例如，对于超过一定数额的交易或者担保必须经过董事会决定。法人章程是规范法人的经营活动范围和内部管理制度的规范，但作为法人内部管理的行为规范，不一定为外部人士所知晓。[①]《民法典》第61条第3款规定："法人章程或者法人权

① 参见黄薇主编：《中华人民共和国民法典总则编解读》，中国法制出版社2020年版，第182页。

力机构对法定代表人代表权的限制,不得对抗善意相对人。”这一规定设定了对善意相对人信赖利益保护的规则。适用这一规则必须满足如下要件。

第一,法人章程或者法人权力机构对法定代表人的代表权作出了限制。在法律上,法定代表人的权限也要依法受到限制,并非其任何代表行为都能对法人产生拘束力。当然,如果第三人对这些限制难以知悉,且第三人信赖了法定代表人的行为,若事后法人以内部的限制为由主张代表行为无效,就可能妨碍交易安全。因此,该条规定就是要强化对第三人信赖的保护。也就是说,只要相对人是善意且无过失的,法人章程或权力机构决议的限制,便不应影响法律行为的效力。①

第二,必须是法人章程或者法人权力机构所作出的限制。通常来说,法人章程对法定代表人权限的限制都进行了登记,第三人应当知悉。而法人权力机构的限制往往是通过决议的形式,属于法人的内部治理问题,并不需要登记,因而,对此种限制相对人难以知悉。这就推定了在此情形下相对人是善意的。

第三,相对人是善意的。在具体判断相对人是否善意时,不宜一概认定相对人有查询法人章程的义务,或没有查询公司章程的义务,而应当结合法人的经营范围、交易的性质、相对人的查询能力、查询成本等多种因素综合判断。例如,就公司法定代表人越权担保的情形,除担保公司外,一般的公司并不从事担保活动,此时,如果公司法定代表人对外提供担保,则相对人应当查询公司的章程,以确定该法定代表人是否有对外提供担保的代表权限,否则很难认定其属于善意。相对人为善意时,法人章程或者法人权力机构对法定代表人代表权的限制,不得产生对抗的效力。如果相对人是恶意的,则不能使该法律行为有效。例如,某个相对人已经知道法人内部决议关于不允许超过特定限额进行担保的规定,此时,相对人就是恶意的。法人章程或者法人权力机构对法定代表人代表权的限制便可以对抗恶意相对人。

在相对人为善意的情况下,法定代表人的越权代表行为应当有效,从《民法典》第 61 条第 3 款的规定来看,其使用了“不得对抗善意相对人”这一表述,所谓“善意相对人”,是指对法人章程以及章程对法人的法定代表人代表权的限制,不知情或不应该知情的权利人②。在善意相对人主张法人的

---

① 参见李适时主编:《中华人民共和国民法总则释义》,法律出版社 2017 年版,第 173 页。

② 参见黄薇主编:《中华人民共和国民法典总则编解读》,中国法制出版社 2020 年版,第 183 页。

法定代表人越权代表行为有效时,法人不得主张其无效,但善意相对人能否主张其无效,该条并没有作出规定。按照立法者的观点,在此情形下,该代表行为有效[①],因此,即便相对人是善意的,其也无权主张该越权代表行为无效。

在相对人恶意的情形下,法人的法定代表人越权代表行为的效力如何?《民法典》并没有对此作出规定。学界对此存在不同观点,一种观点认为,在相对人恶意的情形下,越权代表行为应当属于无效行为。[②] 另一种观点认为,在相对人为恶意的情形下,法定代表人的越权代表行为应当属于效力待定的行为。[③] 笔者认为,在相对人为恶意的情形下,应当区分不同情形认定法定代表人越权代表行为的效力:如果相对人不仅知道法定代表人没有相应的代表权限,而且还有与该法定代表人恶意串通损害法人利益的故意,依据《民法典》第 154 条的规定,该越权代表行为应当属于无效行为;如果相对人没有与代表人恶意串通,而只是知道代表人没有相应的代表权限,此时,从鼓励交易出发,不宜一概否定该越权代表行为的效力,而应当交由法人最终确定其效力,如果法人拒绝承认该越权代表行为的效力,则该行为应被认定为无效。因此,将其认定为效力待定的民事法律行为更为妥当。

二、法人的内部机关

(一)不同类型法人的内部机关

法人的机关是指法人的组成部分。我国《民法典》分别针对营利法人与非营利法人规定了不同的机关。就营利法人而言,受分权学说的影响,营利法人应当分别设立意志形成机构、执行和监督机构。就非营利法人而言,法律并没有一律要求其必须设立监督机构,而区分不同类型的非营利法人设立不同机构。例如,除社会团体法人外,其他类型的非营利法人并不设立成员大会。捐助法人需要设立监督机构,但其他类型的非营利法人并没有一概要求设立监督机构。就特别法人而言,从我国《民法典》的规定来看,其并没有对特别法人的内部机关作出明确规定。法人的机关可分为对内机关与对外机关。在《民法典》中将对内机关称为“机构”,如营利法人中的权力机构、执行机构和监督机构。非营利法人、特别法人的类型复杂,难以规定统一的对内机关;有些非营利法人、特别法人可以通过外部监督机制来进行监

---

① 参见李适时主编:《中华人民共和国民法总则释义》,法律出版社 2017 年版,第 173 页。

② 参见崔建远:《合同法总论》(上卷),中国人民大学出版社 2008 年版,第 356 页。

③ 参见曹嘉力:《越权代表行为的法律效力初探——兼评〈合同法〉第 50 条》,载《当代法学》2002 年第 9 期。

督,并不一定要设立内部监督机构。同时,相关立法也已经对各类非营利法人、特别法人的内部组织机构作出了特别规定,《民法典》也无须专门规定各类特别法人的对内机关。法人的对外机关通常是指法定代表人。

(二)机关的行为

法人的对外机关以法人名义作出的行为,应被认为是法人的行为,相关的法律后果也应当由法人承担。例如,法人的法定代表人可以代表法人行为,其所实施的相关行为的后果也应当由法人承受。对法人的法定代表人之外的其他机关而言,其成员也可以代理法人实施相关的行为,我国《民法典》对职务代理规则作出了规定,即在符合职务代理条件时,该职务代理行为的法律后果也应当由法人承担。当然,在认定相关工作人员的行为是否构成职务代理时,需要考虑其职务特点、职权范围等因素,进行具体判断。法人也可以对其成员的职务代理权限进行限制,但法人对其成员代理权限的内部限制不得对抗善意第三人。

法人机关的成员在执行职务的过程中实施侵权行为的,也应当由法人依法承担侵权责任,即只要法人机关的成员实施侵权行为时具有执行职务的外观,法人就应当依法对相关的损害后果承担侵权责任①。

三、法人的分支机构

法人的组织机构也可包括法人的分支机构。《民法典》第 74 条第 1 款规定:“法人可以依法设立分支机构。法律、行政法规规定分支机构应当登记的,依照其规定。”法人的分支机构是根据法人的意志所设立的法人的组成部分。分支机构根据法人章程、决议的授权从事法人的部分经营业务,法人可以依法设立分支机构,这就是说,如果法律法规对于设立分支机构作出了规定,包括条件、程序的(如商业银行的分支机构)规定,则必须依据法律法规的规定设立,不得随意设立。如果法律、行政法规规定分支机构必须办理登记,则应当登记。例如,《公司法》第 14 条规定,设立分公司应当向公司登记机关申请登记。在一般情况下,法人的分支机构只是隶属于法人的机构,不能作为独立的民事权利主体。②

法人的分支机构包括领取了营业执照的和未领取营业执照的两种类型,二者的区别表现在以下几个方面:第一,未领取营业执照的分支机构,不得以自己的名义独立从事民事活动,而只能以法人的名义订约;而领有

① 参见《民法典》第 1191 条第 1 款。

② 参见石宏主编:《中华人民共和国民法总则条文说明、立法理由及相关规定》,北京大学出版社 2017 年版,第 167～168 页。

营业执照的分支机构,可以对外从事法律行为。因为依据我国现行法律,允许领取营业执照的分支机构对外从事经营活动,实际上是允许其对外从事法律行为。第二,在诉讼上有营业执照的分支机构可以成为独立的诉讼主体,以自己的名义起诉、应诉,但无营业执照的分支机构只能以法人的名义起诉、应诉。[①] 第三,在责任承担方面,有营业执照的分支机构可以先以自己的财产承担责任,无营业执照的分支机构应当由其所属法人承担清偿责任。

《民法典》第74条第2款规定:"分支机构以自己的名义从事民事活动,产生的民事责任由法人承担;也可以先以该分支机构管理的财产承担,不足以承担的,由法人承担。"如果法人的分支机构以法人名义实施民事活动,应当由法人承担法律后果,自不待言;但如果法人的分支机构以自己的名义从事民事活动,而且分支机构有自己的财产的,则应当先以自己的财产承担责任,不足部分由法人承担。例如,各商业银行在各地都有分支机构,在发生纠纷以后,通常先由各分支机构以自己经营管理的财产承担责任,但其民事责任最终由总行承担(《商业银行法》第22条)。

《民法典》虽然将法人的分支机构规定在法人一章,但法人分支机构在性质上并不是法人。那么,法人的分支机构是否属于非法人组织?笔者认为,依据《民法典》第102条和第103条的规定,非法人组织是不具有法人资格但可以依法以自己的名义从事民事活动的组织,且其应当依照法律的规定登记。从上述规定来看,如果法人的分支机构已经登记,能够以自己的名义从事民事活动,则其已经符合非法人组织的特征,应当属于非法人组织。

第六节 营利法人

一、营利法人的概念和类型

营利法人是指以取得利润并分配给股东等出资人为目的成立的法人(《民法典》第76条第1款)。我国《民法典》保持了《民法通则》关于企业法人与非企业法人分类的做法,独创了营利法人与非营利法人的分类,改变了大陆法系社团法人和财团法人的分类方法。这种方法也具有较强的包容性,因为营利法人能够涵盖公司以外的其他从事经营活动并以分配利润为目的的组织。而非营利法人能够涵盖社会团体法人、事业单位法

---

① 《民事诉讼法司法解释》第53条规定:"法人非依法设立的分支机构,或者虽依法设立,但没有领取营业执照的分支机构,以设立该分支机构的法人为当事人。"

人以外的其他不以分配利润为目的的组织，因此此种分类有利于健全社会组织法人的治理结构，并有利于加强对这类组织的引导和规范，促进社会治理创新。①

营利法人属于社团法人的一种类型。从《民法典》的相关规定来看，相对于非营利法人而言，营利法人应当属于社团法人。例如，《民法典》第 76 条第 2 款列举了营利法人的类型，包含有限责任公司、股份有限公司等，这些都是以人的集合为基础的法人。因此，营利法人通常都要有成员；而且，为了保障营利法人的正常运行，营利法人的成员需要按照约定出资。法人的成员虽然不都是营利法人的机关，但成员的存在构成了营利法人成立的基础和存续的条件。②

营利法人以取得利润并分配给股东等出资人为目的。营利法人和非营利法人的区别并不在于是否取得利润，而在于是否将利润分配给其成员。③此外，营利法人终止，如果其尚有剩余财产的，则将该财产分配给其成员。而对为公益目的设立的非营利法人而言，依据《民法典》第 95 条的规定，其终止后，不得向出资人、设立人或者会员分配剩余财产。

营利法人的类型主要包括公司法人和非公司企业法人。公司法人中又包括有限责任公司、股份有限公司。这是对公司法人进行的一种细分。非公司法人主要是指全民所有制企业、集体所有制企业以及外商投资企业法人。我国《民法典》之所以规定营利法人制度，并在营利法人制度中大量吸收公司法的规则，旨在扩张公司法的相关制度和规则，将其扩张适用于公司以外的营利法人，从而维护交易安全和制度。

二、营利法人的章程

所谓章程，是指营利法人成员订立的规范法人活动范围、组织结构、议事规则、盈余分配、内部成员之间的权利义务及其他重要事项的法律文件。关于公司章程的性质，存在不同的观点：

一是合同说。合同说主要为英美法系国家学者所主张，按照此种观点，公司是股东订立的一份长期性合同，公司章程的约束力来源于股东之间的

---

① 参见李适时主编：《中华人民共和国民法总则释义》，法律出版社 2017 年版，第 299 页。

② 从比较法上来看，社团法人的成员所享有的权利称为社员权或者成员权，通说认为，其既非单纯的财产权，也不是单纯的人身权，实际上是一种特殊类型的权利。参见郑玉波：《民法总则》，中国政法大学出版社 2003 年版，第 229 页。

③ 参见石宏主编：《中华人民共和国民法总则条文说明、立法理由及相关规定》，北京大学出版社 2017 年版，第 173 页。

自由意思,章程的效力来源于合意。[1] 合同说源于公司合同理论,按照该理论,公司是股东等参与成员所订立的长期性合同,公司法在性质上属于公司合同的"摹本",目的在于填补合同漏洞,公司章程是公司的内部规则,其在性质上也应当属于合同。[2]

二是自治说。此种观点认为,章程是在法律允许的范围内,通过调整社团内部关系达到社团自治的目的。[3] 持自治说的学者认为,公司章程是公司的自治规范,通过公司章程自治是公司自治的一种形式,章程不仅调整公司的内部事务,而且还调整股东之间、公司与股东之间的关系,以及公司对外经营活动等。[4]

三是宪章说。此种观点认为,公司章程既不是自治法,也不是契约,其在性质上是带有宪章性质的法律文件,章程是确立股东和公司行动纲领的公司最基本的运行规则,在公司内部具有最高效力,公司的其他内部规范都不得同公司的章程相抵触,否则都是无效的。[5]

笔者认为,从性质上说,以上三种观点都从不同层面揭示了营利法人章程的性质,正如国家需要制定宪法一样,章程也被称为法人的"小宪法"。《民法典》第 79 条规定:"设立营利法人应当依法制定法人章程。"从该条规定来看,制定章程是设立营利法人的必要条件,事实上,缺少章程,营利法人将无法办理登记,无法有效设立。[6] 章程在性质上是当事人合意的产物,因此也是一种法律行为,且必须以书面形式记载,因而也是要式行为[7]。设置章程是营利法人进行自治的一种工具,法律对营利法人的章程作出规定,实际上是尊重当事人按照自己的意愿管理营利法人内部事务,并规范其对外交往活动。

章程的内容可以分为绝对必要记载事项和任意记载事项。所谓绝对必要记载事项,是指法律规定在章程中必须具备的内容,不记载这些内容,该

---

① 参见朱慈蕴:《公司章程两分法论——公司章程自治与他治理念的融合》,载《当代法学》2006 年第 5 期。

② 参见吴飞飞:《论公司章程的决议属性及其效力认定规则》,载《法制与社会发展》2016 年第 1 期。

③ 参见赵旭东主编:《公司法学》(第 4 版),高等教育出版社 2015 年版,第 170 页。

④ 参见郭奕:《论公司章程自治的界限》,载《浙江社会科学》2008 年第 4 期。

⑤ 参见雷兴虎主编:《公司法新论》,中国法制出版社 2001 年版,第 169 页。

⑥ 参见张新宝:《〈中华人民共和国民法总则〉释义》,中国人民大学出版社 2017 年版,第 147 页。

⑦ 参见郑玉波:《民法总则》,中国政法大学出版社 2003 年版,第 222 页。

章程是无效的,登记机关将不予登记[①]。绝对必要记载事项包括:法人的名称、宗旨、业务范围、住所、资本总额、所有制性质、人员等。所谓任意记载事项,是指不是由法律明文规定不可缺少的事项,这些事项可以规定在章程中,也可以不规定在章程中。

法人的章程对于法人来说至关重大,章程一经登记就具有法律效力,成为法人的行为准则,也是营利法人设置组织机构、开展活动的基本准则。同时,由于章程对营利法人的经营目的、财产状况等作出了记载,其也为交易相对人准确判断营利法人的财产状况、经营活动等提供了一定的依据,从而有利于保护交易安全。[②] 根据我国法律规定,营利法人的章程必须经有关营利法人的主管部门或政府授权部门批准,管理机关方予以登记。营利法人的章程必须合法。登记机关审核某个市场主体是否能够成为法人,要审核该主体的章程,因为要保证企业法人的合法性,首先要保证章程的合法性。

三、营利法人的组织机构

所谓营利法人的组织机构,是指依据法律法规和章程确立的、在营利法人内部设置的机构。营利法人的组织机构也是其治理结构,通常都是由法律法规明确规定的。我国《公司法》对公司的组织机构作出了全面规定,而《民法典》在总结《公司法》立法经验的基础上,对营利法人的组织机构作出了规定,但关于营利法人治理结构规范的性质,存在几种不同观点:一是强制性规范说。此种观点认为,公司法关于股东会、董事会、监事会职权的规定具有专属的性质,只能由公司法所规定的机关行使,因此,此类规范在性质上应当属于强制性规范,公司章程也不得改变上述规则,否则章程的效力可能会受到审查。[③] 二是任意性规范说。此种观点认为,公司法不应当剥夺和过分限制当事人的自治权利,公司法中关于公司组织机构的规则在性质上属于公司内部的规范,其只涉及股东和公司利益,而不涉及公共利益和第三人利益,因此,其在性质上应当属于任意性规范。[④] 三是区分说。此种观点认为,关于营利法人治理结构的法律规范的属性,不应当一概而论,而应

---

① 参见郑玉波:《民法总则》,中国政法大学出版社2003年版,第225页。

② 参见张新宝:《〈中华人民共和国民法总则〉释义》,中国人民大学出版社2017年版,第147页。

③ 参见王保树:《从法条的公司法到实践的公司法(思考大纲)》,载《法学研究》2006年第6期。

④ 参见赵旭东:《有限责任公司的改造与重塑——〈公司法〉相关内容的修改建议》,载《政法论坛》2003年第3期。

当结合具体因素加以判断,如果相关的治理结构规范涉及第三人利益、安全、效率等因素,则应当将其认定为强制性规范,否则不应当一概将其界定为强制性规范。[①] 笔者认为,一概将营利法人组织机构的规则认定为强制性规范或者任意性规范都过于武断,应当根据具体情形判断其规范性质。关于营利法人权力机构、执行机构等,营利法人都应当具备,缺乏这些机构,可能难以称为营利法人。因此,关于营利法人组织机构法律规范的性质应当具体判断,尤其是应结合法律规定本身加以判断。例如,我国《民法典》第80条、第81条对营利法人权力机构、执行机构的设置作出了规定,从这两条规定来看,其在规定营利法人权力机构、执行机构时使用了"应当"这一表述,表明其属于强制性规范,当事人不得通过约定加以变更,但关于营利法人监督机构的设置,《民法典》第82条并没有使用"应当"这一表述,表明该规则并非强制性规范。

从《民法典》的规定来看,其关于营利法人组织机构的规定主要具有如下特点:第一,建立在分权的基础上。营利法人分权制衡的理论基础是分权与制衡理论。营利法人作为组织体,其治理可以参考国家治理的经验。分权制衡是通过对营利法人治理权力进行分割并加以相互制约而实现的。[②] 营利法人的组织机构实行决策、执行、监督机构的相互独立、权责分明、相互制衡的机制。对营利法人进行分权制衡的目的是实现营利法人内部各机构之间相互独立、权责分明、相互制约的关系,从而既保障出资人的利益,又充分保障营利法人的经营自主权。[③] 第二,根据所有者和经营者相分离而形成。按照古典经济学家对企业的定义,所有者与经营者是合二为一的,但随着公司制度的兴起,公司的权力中心逐渐由所有者转向经营者,即由股东大会逐步转向董事会,公司董事会享有很强的决策权和高度的自治权,从而逐步发展成为所有者和经营者相分离的组织机构体系。[④] 由专业的经营者对营利法人进行管理,有利于营利法人自身的发展,但由此也可能产生损害所有者利益的问题,这就需要强化对经营者权力的限制,并强化经营者的信义义务,以更好地保障所有者的利益。第三,从《民法典》关于营利法人组织机构的规定来看,其许多规则都源于《公司法》的规定,如关于营利法人权力机构、执行机构、监督机构职权范围、权力制约等规则,主要是借鉴《公司法》相

---

① 参见陈甦主编:《民法总则评注》(上册),法律出版社2017年版,第554~555页。

② 参见张保红:《论构建公司治理结构的原则》,载《法学杂志》2009年第4期。

③ 参见崔勤之:《对我国公司治理结构的法理分析》,载《法制与社会发展》1999年第2期。

④ 参见关鑫、高闯:《公司治理演进轨迹与问题把脉:基于"两权分离"与"两权偏离"》,载《改革》2014年第12期。

关规定的结果,是对《公司法》立法经验的一种总结。

营利法人的组织机构:一是权力机构,即营利法人意志的产生机构。营利法人是社团法人的一种,以人的集合为基础,为了形成营利法人的共同意志,应当设立权力机构。例如,公司应当设立股东大会,作为其权力机构。《民法典》第80条第1款规定:"营利法人应当设权力机构。"据此,任何营利法人都必须有自己的权力机构,从而形成成员的共同意志。《民法典》第80条第2款规定:"权力机构行使修改法人章程,选举或者更换执行机构、监督机构成员,以及法人章程规定的其他职权。"可见,营利法人的权力机构是其意志的形成机构。二是执行机构,即依据法律法规和章程,执行权力机构的决定,从事日常管理的机构。例如,公司的董事会或执行董事,就是其执行机构;又如,国有企业设立的总经理,也是执行机构。《民法典》第81条第1款规定:"营利法人应当设执行机构。"任何营利法人都要从事经营活动,《民法典》第81条第2款规定:"执行机构行使召集权力机构会议,决定法人的经营计划和投资方案,决定法人内部管理机构的设置,以及法人章程规定的其他职权。"因此,营利法人要由执行机构从事具体的经营活动,并对外代表法人行为。关于执行机构和法定代表人的关系,《民法典》第81条第3款规定:"执行机构为董事会或者执行董事的,董事长、执行董事或者经理按照法人章程的规定担任法定代表人;未设董事会或者执行董事的,法人章程规定的主要负责人为其执行机构和法定代表人。"依据该条规定,如果营利法人设置了董事会或者执行董事,则由董事长、执行董事或者经理担任营利法人的法定代表人。当然,此时究竟应当由董事长、执行董事,还是经理担任营利法人的法定代表人,应当由章程予以明确,相对人在与营利法人进行交易时,应当通过章程判断具体的法定代表人。在营利法人未设置董事会或者执行董事时,则法人章程所规定的主要负责人为该法人的执行机构和法定代表人。例如,如果营利法人没有设置董事会,则章程中可以规定由总经理担任法定代表人。三是监督机构,即营利法人中监督执行机构的组织机构,包括监事会或者监事等。与权力机构和执行机构不同,《民法典》并没有要求所有的营利法人都必须设立监督机构。《民法典》第82条规定:"营利法人设监事会或者监事等监督机构的,监督机构依法行使检查法人财务,监督执行机构成员、高级管理人员执行法人职务的行为,以及法人章程规定的其他职权。"据此,对营利法人而言,监督机构的规模可大可小,对于规模较大的法人,可以设监事会,对于规模较小的法人可以只设一名监事。通常来说,执行机构的人员不能同时在监督机构任职,否则,就无法发挥监督机构的功能。

四、决议的效力瑕疵

营利法人的机构也要依法作出决议，对此，《民法典》第 85 条规定："营利法人的权力机构、执行机构作出决议的会议召集程序、表决方式违反法律、行政法规、法人章程，或者决议内容违反法人章程的，营利法人的出资人可以请求人民法院撤销该决议，但是，营利法人依据该决议与善意相对人形成的民事法律关系不受影响。"营利法人的权力机构和执行机构都可以作出决议，但是，如果决议行为的程序或内容违反了法律或者章程，出资人可以请求撤销该决议行为。从广义上来说，这属于可撤销法律行为的一种类型。

营利法人的出资人可以请求人民法院撤销的决议包括两种情形：一是程序违法或者违反章程的规定。也就是说，如果营利法人的权力机构、执行机构的决议行为在程序上违反法律、行政法规、法人章程，或者决议行为违反法人章程的，则营利法人的出资人可以主张撤销该决议行为。例如，董事会决议违反章程规定的程序。二是内容违反章程规定。如果营利法人的决议内容违反了法人章程，则该决议属于可撤销的行为。虽然《民法典》第 85 条没有对决议行为的内容违反法律、行政法规时的效力作出规定，但其可以适用《民法典》第 153 条关于民事法律行为违反法律、行政法规的强制性规定而无效的规则。因为从《民法典》第 134 条的规定来看，法人、非法人组织的决议行为在性质上属于民事法律行为的范畴，应当可以适用《民法典》民事法律行为的一般规则，当然，如果相关立法对决议行为的效力作出了特别规定，则应当适用该特别规定。

不过，出于维护交易安全的考虑，《民法典》第 85 条特别规定，营利法人依据该决议与善意相对人形成的民事法律关系不受影响。例如，公司董事会超出章程的授权，作出与第三人订立数额巨大的购买合同的决议，如果第三人是善意且无过失的，则即使这一决议嗣后被撤销，该买卖合同仍然应当有效。

五、营利法人的特殊规则

（一）不得滥用出资人权利

《民法典》第 83 条第 1 款规定："营利法人的出资人不得滥用出资人权利损害法人或者其他出资人的利益；滥用出资人权利造成法人或者其他出资人损失的，应当依法承担民事责任。"该条实际上是在总结《公司法》第 20 条规定的经验基础上而形成的规则，其主要针对的是出资人滥用出资人权利损害法人或者其他出资人利益的现象而作出的规范。例如，大股东掏空公司财产并将之移转至新设立的公司，进而损害公司债权人及其他出资人的利益。滥用出资人权利给法人或者其他出资人造成损失的,应当依法承担民事责任。此处所说的民事责任,主要是指侵权责任。原则上,在滥用股东权利的情形下,遭受损害的法人和其他出资人有权向滥用出资人权利的出资人请求承担损害赔偿责任。至于公司债权人如果因此遭受损害,则可以通过法人人格否认制度主张权利,而不宜直接根据该条请求出资人承担损害赔偿责任。①

(二)法人人格否认

《民法典》第83条第2款规定:"营利法人的出资人不得滥用法人独立地位和出资人有限责任损害法人债权人的利益;滥用法人独立地位和出资人有限责任,逃避债务,严重损害法人债权人的利益的,应当对法人债务承担连带责任。"该条是关于法人人格否认或者"揭开法人面纱"的规定。所谓法人人格否认,是指司法审判人员在特殊情况下,对公司的股东特别是董事,在管理公司的事务中从事各种不正当行为严重损害公司债权人的利益时,应当不考虑公司的独立人格,而要求公司的股东与公司对债权人承担连带责任的制度。我国《民法典》规定了法人人格否认制度的构成要件和法律效果。该规则已在《公司法》第20条第3款作出明确规定,《民法典》总结《公司法》的经验,在营利法人中作出规定,这就扩张了其适用范围,从而可以适用于非公司的营利法人。

滥用法人独立地位和出资人有限责任,在实践中表现为如下情形:一是人格混同,即某公司与某成员之间及该公司与其他公司之间没有严格的分别,所谓"一套人马、两块牌子",名为公司实为个人等,都属于人格混同的情况。二是财产混合,即公司的财产不能与该公司的成员及其他公司的财产作清晰的区分,公司的营利与股东的收益之间没有区别,公司的营利可以随意转化为公司成员的个人财产,或者转化为另一个公司的财产,而公司的负债则为公司的债务。三是不正当控制,即一个公司对另一个公司通过控制而实施了不正当的,甚至非法的影响。这表现为母公司对子公司实施了过度控制,子公司完全成了母公司的工具。② 四是滥用出资人有限责任。例如,股东利用公司名义借债,然后借助关联交易的方式逃避债务。

依据《民法典》第83条第2款的规定,滥用法人独立地位的出资人与法人应当对法人债务承担连带责任。所谓连带责任,是指法人和出资人对法人债务负连带的清偿责任。因此,不论法人对债权人的债务是否超出出资

① 参见刘建功:《〈公司法〉第20条的适用空间》,载《法律适用》2008年第Z1期。

② 参见石少侠:《公司人格否认制度的司法适用》,载《当代法学》2006年第5期。

人的出资额,出资人都要负责。在民法上,这种责任可以看成出资人有限责任的例外。这就是说,在营利法人的出资人滥用法人独立地位和出资人有限责任损害法人的债权人利益的情况下,要允许债权人直接向出资人提出请求,排除法人的独立人格这一屏障。法律赋予了法人独立的人格,出资人因此享有有限责任的特权,但出资人享有权利的同时,必须维护法人的合法性。如果出资人从事不正当的行为,严重危害法人的债权人的利益,则法律上承认法人人格独立的目的不复存在,因此,有必要否认法人的人格。

（三）禁止从事不当关联交易

《民法典》第84条规定:“营利法人的控股出资人、实际控制人、董事、监事、高级管理人员不得利用其关联关系损害法人的利益;利用关联关系造成法人损失的,应当承担赔偿责任。”所谓关联交易,是指具有关联关系的企业之间所发生的交易。在市场经济条件下,关联交易本身并不一定都是有害的,也并不当然都会损害债权人利益和交易安全。尽管交易双方存在关联关系,但只要交易价格是正当且公平合理的,这种交易也可能节约大量谈判成本,提高效率①。尤其是在企业集团化的情形下,子公司遇到经营困难时,母公司与其进行关联交易,为其提供资金帮助,使其转危为安,或者帮助其转变经营方式,扩大经营销路,这些都有利于企业的发展。但利用关联交易进行利益输送,损害公司利益和债权人利益,则应当为法律所禁止。因此,该条设置了不当关联交易的禁止规则。《民法典》把《公司法》关于关联交易的规则和禁止滥用出资人权益规则置于营利法人制度之中,其现实意义在于,扩大了其适用对象,由单纯地适用于公司到适用于全部营利法人,这有利于对各种营利法人的活动进行规范。同时,这也表明《民法典》采用民商合一的体制,对于《公司法》没有规定的事项,则可以适用《民法典》的规则,从而起到一种拾遗补阙的作用。

从事不当关联交易的主体主要包括:控股出资人、实际控制人、董事、监事、高级管理人员。利用关联关系从事交易的范围较广,不仅包括订立合同,还包括投资、担保等各种交易行为。不当关联交易都损害了法人的利益。《民法典》第84条并不要求对法人的债权人造成损害,而仅仅要求对法人造成了损害。例如,挪用法人资金、为关联方提供担保、以不合理低价购买商品或服务等,对于没有损害法人利益的关联交易,法律上并不要求予以禁止。

---

①　参见施天涛、杜晶:《我国公司法上关联交易的皈依及其法律规制——一个利益冲突交易法则的中国版本》,载《中国法学》2007年第6期。

《民法典》第84条规定,行为人利用关联关系给法人造成损失的,应当承担赔偿责任。在出现关联交易的情形下,相关主体可以提出两方面的请求:第一,请求确认该关联交易的效力,即请求确认关联交易行为无效,或者请求撤销相关的行为。第二,请求实施关联交易的行为人承担责任。具体而言,相关主体可以提出如下四种请求:一是请求确认合同无效,并请求相关主体承担责任;二是请求确认股东会决议、董事会决议无效,或者请求予以撤销;三是请求相关主体赔偿损失或请求返还关联交易所得;四是请求非关联董事承担职务失职赔偿责任等。[①]

(四)营利法人的社会责任

所谓企业法人的社会责任(corporate social responsibility),是指企业法人不能仅仅以最大限度地为股东营利作为自己的唯一存在目的,还应当努力增进股东利益之外的其他所有社会利益。"公司的社会责任"这个概念最早于1924年由美国学者谢尔顿(Sheldon)提出,并为各国所接受[②]。按照传统观点,营利法人的根本任务是实现出资人利益的最大化,在公司治理领域体现为股东中心主义。[③] 20世纪初,随着公司制度的发展,公司坚持股东利益至上的制度设计暴露了一些问题,学者开始探讨公司的社会责任问题,到了20世纪末期,公司应当负担社会责任已经得到广泛认可。[④] 公司社会责任在性质上并不是公司对特定的企业或者个人所负担的责任,而应当是公司对"一般社会公众"所负担的责任。[⑤]

我国《民法典》第86条规定:"营利法人从事经营活动,应当遵守商业道德,维护交易安全,接受政府和社会的监督,承担社会责任。"这就在法律上明确了法人的社会责任,并且将其适用范围从公司扩张及于所有的营利法人,对于强化营利法人的社会责任具有重要意义。依据该条规定,营利法人应当遵守商业道德、维护交易安全。由于营利法人所从事的经营行为不仅涉及交易安全和社会秩序,还涉及债权人的利益和消费者的合法权益,所以营利法人应当自觉接受政府有关主管部门的监督。例如,在市场经营事

---

① 参见乔欣:《关联交易纠纷诉讼中诉权与诉提起之形态分析》,载《河北法学》2010年第3期。

② 参见汤春来:《美国公司社会责任的流变及其启示》,载《法学论坛》2006年第3期。

③ 参见[英]加文·凯利等编:《利害相关者资本主义》,欧阳英译,重庆出版社2001年版,第179页;谢鸿飞:《营利法人社会责任的法律定性及其实现机制——兼论〈民法总则〉第86条对公司社会责任的发展》,载《法治现代化研究》2017年第2期。

④ 参见刘萍:《公司社会责任的重新界定》,载《法学》2011年第7期。

⑤ 参见刘萍:《公司社会责任的重新界定》,载《法学》2011年第7期。

项上接受市场监督管理部门的监督,在食品安全问题上接受食品安全监管部门的监督,在商品价格上接受物价部门的监督等。此外,营利法人还需要接受全社会的监督。例如,新闻媒体可以对营利法人的经营活动进行舆论监督。

需要指出的是,营利法人从事经营活动未履行社会责任时应承担什么样的后果?对此一直存在不同的观点,不少学者认为,法律规定公司的社会责任是一种倡导性规则,违反该规则并不一定导致法律责任。事实上,现行法律虽未明确规定营利法人不履行社会责任时的法律后果,但是这并不意味着营利法人无须承担任何责任,而应当考量营利法人不履行社会责任的具体类型,令其承担不同的法律责任。例如,营利法人违法用工、损害劳工利益也是一种不履行社会责任的表现,此时该营利法人就有可能承担劳动法上的责任;营利法人违反环保法规,同样是不履行社会责任的表现,此时就需承担环境法、侵权法上的责任。为保障营利法人切实履行其社会责任,法律在明确营利法人的社会责任时,应当将其解释为一项法律义务,而不是一项道德义务。①

第七节　非营利法人

一、非营利法人的概念和分类

依据《民法典》第87条的规定,非营利法人是指为公益目的或者其他非营利目的成立,不向出资人、设立人或者会员分配所取得利润的法人,如事业单位、社会团体、基金会等。

相对于营利法人,非营利法人的特点在于:一是基于公益目的或者其他非营利目的而设立。非营利法人主要包括两大类,即为公益目的所设立的法人与为其他非营利目的所设立的法人,前者主要是指面向社会大众,以满足不特定多数人的利益为目的的法人,如中华慈善总会、中国红十字会等;后者主要是指以互助互益目的而设立的法人,如商会、学会、俱乐部等。② 无论是基于公益目的还是基于其他非公益目的设立的非营利法人,其都不以营利为目的。二是不向出资人、设立人或者会员分配利润。例如,上市公司可以向其股东分红,而非营利法人则不允许进行此种利润分配。三是组织机构具有特殊性,除社会团体法人外,其他类型的非营利法人并不设立成员

---

① 参见谢鸿飞:《营利法人社会责任的法律定性及其实现机制——兼论〈民法总则〉第86条对公司社会责任的发展》,载《法治现代化研究》2017年第2期。

② 参见李适时主编:《中华人民共和国民法总则释义》,法律出版社2017年版,第257页。

大会。有些非营利法人如某些捐助法人，性质上是财产的集合，可能有管理人，但并没有成员。四是终止后剩余财产的分配具有特殊性。与营利法人终止后将其财产分配给成员不同，依据《民法典》第 95 条的规定，为公益目的成立的非营利法人在终止后，不得向出资人、设立人或者会员分配其剩余财产。

非营利法人类型较多，依据《民法典》第 87 条的规定，非营利法人包括事业单位、社会团体、基金会、社会服务机构等。《民法典》第 87 条第 2 款规定："非营利法人包括事业单位、社会团体、基金会、社会服务机构等。"此处使用了"等"字，表明非营利法人主要包括上述几类，但只要实践中出现了符合非营利法人定义的组织，也可以纳入非营利法人的范围。

《民法典》采取营利法人和非营利法人的分类，是对我国《民法通则》中企业法人和非企业法人分类的经验总结，体现了法律的继承性。在传统大陆法系国家，营利法人和非营利法人是对社团法人的再分类，而我国扩大了非营利法人的概念，将其内涵扩大，使其也包含了事业单位法人等类型。这不仅在规则体系上进行了创新，而且从中国实际出发，有利于对各种非营利法人加以规范，维护社会秩序和交易安全。从目的功能的角度进行法人分类，更有利于对社会组织进行规范和管理。①

二、事业单位法人

（一）事业单位法人的概念及特征

所谓事业单位法人，是相对于企业法人而言的，它是指从事非营利性的社会各项公益事业的各类法人。例如，从事新闻、出版、广播、电视、电影、教育、文艺、科研、医疗等事业的法人。"事业"是相对于"企业"而言的。

在我国，事业单位法人种类繁多、类型复杂，但它们都具有如下特点：一是事业单位法人是非营利法人，不以营利为目的，而以实现公共利益为目的。事业活动是为公共利益服务的活动，包括文化、教育、卫生、体育、新闻、出版等事业，这些事业构成社会主义精神文明建设不可缺少的内容。二是事业单位法人大多是财团法人。因为事业单位主要以国家财政拨款为基础设立，不存在出资行为。而且事业单位的工作人员并非事业单位的成员，事业单位本身没有成员，无法设立成员大会。三是事业单位法人主要靠国家的财政拨款进行活动。四是事业单位法人应当依法成立。对此，《民法典》第 88 条规定："具备法人条件，为适应经济社会发展需要，提供公益服务设

---

① 参见李适时主编：《中华人民共和国民法总则释义》，法律出版社 2017 年版，第 257 页。

立的事业单位,经依法登记成立,取得事业单位法人资格;依法不需要办理法人登记的,从成立之日起,具有事业单位法人资格。”例如,银保监会、证监会等参照公务员管理的事业单位,都不需要办理登记。对不需要办理登记的事业单位法人,从其成立之日起即具有事业单位法人资格。这就是说,此类事业单位法人资格的取得不以登记为要件,法人资格取得与否的判断标准是其是否已经成立。

(二)事业单位法人的组织机构和法定代表人

《民法典》第 89 条第 1 句规定:“事业单位法人设理事会的,除法律另有规定外,理事会为其决策机构。”因为事业单位法人并非社团法人,其也没有成员,因此,事业单位法人不可能设立成员大会,而应当设立理事会。依据《民法典》第 89 条的规定,理事会是事业单位法人的决策机构,其享有法律法规和章程规定的权限。一般而言,理事会的权限包括:确定事业单位的发展目标、制定事业单位的章程、制定事业单位的发展规划、决定事业单位重大的事项、推荐或决定事业单位的法定代表人、确定事业单位的内部管理机构等。事业单位的理事会不仅要吸纳事业单位内部的人员参与决策,还要吸纳外部人员参与决策。除理事会外,事业单位还应当明确管理层的权限,制定事业单位的章程,依据章程管理事业单位。

法定代表人是法人的代表机关。事业单位法人作为法人的一种类型,其也需要通过法定代表人来从事活动。法定代表人的行为就是法人的行为,其后果由法人承担。《民法典》第 89 条第 2 句规定:“事业单位法人的法定代表人依照法律、行政法规或者法人章程的规定产生。”因此,事业单位法人的法定代表人的选定要依据法律、行政法规或者法人章程确定,同时,其职权也依照法律、行政法规或者法人章程的规定来确定。

三、社会团体法人

(一)社会团体法人的概念和特征

社会团体法人是指具备法人条件,基于会员共同意愿,为公益目的或者会员共同利益等非营利目的而依法设立的社会团体,如工会、妇女联合会、工商业联合会等。社会团体法人的特点如下:

第一,基于会员的共同意愿设立。依据《民法典》第 90 条的规定,社会团体法人基于会员的共同意愿而设立。该共同意愿主要体现在社会团体设立时所制定的章程草案中,根据《社会团体登记管理条例》,申请成立社会团体,应由发起人向登记管理机关提交章程草案,申请登记。

第二,具有非营利性。依据《民法典》第 90 条的规定,社会团体法人在性质上属于非营利法人。其设立目的,既可以是公益,也可以是追求会员的共同利益。社会团体法人包括从事社会公益、文学艺术、学术研究、宗教等非以营利为目的的各类法人,但其所从事的活动应当符合章程所规定的事业的范围。

第三,具有一定的独立财产。社会团体法人的财产可能源于会员出资或会员缴纳的费用,也可能源于社会捐助。这些财产归社会团体所有,并受法律保护。社会团体法人接受捐赠、资助,必须符合章程规定的宗旨和业务范围,必须根据与捐赠人、资助人约定的期限、方式及合法用途使用。此外,社会团体法人应当向业务主管单位报告接受、使用捐赠、资助的有关情况,并应当将有关情况以适当的方式向社会公布。①

第四,社会团体法人的设立具有特殊性。《社会团体登记管理条例》第3条第1款规定,"成立社会团体,应当经其业务主管单位审查同意,并依照本条例的规定进行登记"。据此,申请成立社会团体还应当取得业务主管单位的同意。依据《民法典》第90条的规定,社会团体法人需要登记的,"经依法登记成立,取得社会团体法人资格;依法不需要办理法人登记的,从成立之日起,具有社会团体法人资格"。据此,社会团体法人既可以办理登记,也可以不办理登记。对于依法需要办理登记的社会团体法人而言,其取得法人资格的时间为依法登记时。对于依法不需要办理登记的社会团体法人而言,其取得法人资格的时间为其成立之日。② 此外,社会团体法人是基于会员共同意愿设立的,因此,设立社会团体法人必须具有章程。章程是社会团体法人的"宪章",具有重要意义。

(二)社会团体法人的组织机构

一是权力机构。《民法典》第91条第2款规定:"社会团体法人应当设会员大会或者会员代表大会等权力机构。"据此,社会团体法人的权力机构可以是会员大会或者会员代表大会。一般而言,社会团体法人的权力机构,可以享有修改法人章程的职权、决定执行机构成员的职权、决定法定代表人的职权以及法人章程规定的其他职权。

二是执行机构。《民法典》第91条第3款第1句规定:"社会团体法人应当设理事会等执行机构。"依据这一规定,社会团体法人可以将理事会作

① 参见《社会团体登记管理条例》第26条。

② 结合《社会团体登记管理条例》第3条第3款的规定,下列团体不需要办理登记,"(一)参加中国人民政治协商会议的人民团体;(二)由国务院机构编制管理机关核定,并经国务院批准免于登记的团体;(三)机关、团体、企业事业单位内部经本单位批准成立、在本单位内部活动的团体"。

为执行机构,也可以将其他机构作为执行机构,具体选择因各社会团体法人的内部治理结构不同而有所不同。也正是因社会团体法人的形式多样,内部治理结构各有不同,故该条在保证引导性的同时也兼具开放性,充分尊重了相关主体的意思自治。[①]

除上述机构外,社会团体法人是否应当设立监督机构,《民法典》没有对此作出规定。笔者认为,社会团体法人应当设立监督机构,在社会团体法人的治理上,应当肯定执行机构在社会团体法人对内管理和对外交往中的重要作用,但如果缺乏监督机构,则可能难以对社会团体法人执行机构的行为进行必要的监督。从比较法上看,有的国家对此类法人也设置了监督机构[②]。因此,为了有效规范执行机构的行为,有必要设置独立的监督机构。

社会团体法人也应当有法定代表人,法定代表人就是代表社会团体法人从事民事活动的人。法定代表人可以依据章程确定,由理事长或者会长等负责人按照法人章程的规定担任。

四、捐助法人

(一)捐助法人概述

所谓捐助法人,是指具备法人条件,为公益目的以捐助财产设立的基金会、社会服务机构等组织。在比较法上,捐助法人通常被称为私法上的财团法人。我国《基金会管理条例》确立了基金会这一法人类型。但是,《民法典》所规定的捐助法人,较之基金会,其范围更为广泛。《民法典》第 92 条第 1 款规定:“具备法人条件,为公益目的以捐助财产设立的基金会、社会服务机构等,经依法登记成立,取得捐助法人资格。”此处列举了基金会和社会服务机构作为捐助法人的典型形态,但该条使用了“等”字,表明其还包括其他形式。该条第 2 款明确规定了宗教活动场所法人在性质上属于捐助法人。《民法典》就捐助法人作出了基本规定,明确了其设立条件、组织机构、捐助人权利等内容,对于规范捐助法人的设立和运行、完善法人的治理结构等具有重要意义。捐助法人具有如下特征:

第一,具有非营利性。一方面,捐助法人设立目的具有公益性。依据《民法典》第 92 条第 1 款的规定,捐助法人的设立必须是为了“公益目的”。捐助法人的设立旨在促进公共利益或满足成员非经济性需求,并非为其发起人或成员谋求经济利益。另一方面,捐助法人也可能从事一定的经营活

---

① 参见李适时主编:《中华人民共和国民法总则释义》,法律出版社 2017 年版,第 273 页。

② 例如,《日本一般法人法》中即规定设置诸如评议员大会的组织,利用这一组织来承担起有关理事和监事的选任、监督职能,从而增加财团法人的社会参与度和公信力。

动(如寺庙可以收取门票),但其不能将利润分配给捐助人。

第二,性质上是财产的集合体。捐助法人属于典型的财团法人,它是以财产的集合为基础而形成的法人。[①] 例如,基金会就是由各类组织以及个人自愿的捐赠所形成的。这些自愿捐赠的资金脱离了捐助人之后,具有独立性,所有权也从原捐助人转移至捐助法人,为该法人所享有。[②] 从捐助者的角度来说,捐助法人一旦成立,便与捐助者脱离关系,捐助者不再对捐助对象享有支配权。捐助法人中的有关人员也应当按照捐助章程来管理、运作财产,这和社团法人是有区别的。

第三,没有成员或会员。捐助法人以财产集合为中心,并没有自己的成员或会员,捐助法人的管理者的变动不应当影响捐助法人的存在。虽然捐助法人是通过捐助人捐助一定的财产形成的,但捐助人并不是捐助法人的成员,而且捐助人也并不当然会成为捐助法人的管理人员,在捐助法人设立后,其将取得法人资格,与捐助人同属独立的民事主体。[③] 同时,捐助法人也没有意思机关,即没有像社团法人那样的权力机构(如股东大会),捐助法人依据法人章程的规定进行运作。

第四,基于捐助行为而设立。所谓捐助行为,是指以设立捐助法人为目的,捐出一定财产的行为。[④] 捐助人可以是一人或者数人。[⑤] 捐助行为在性质上属于民事法律行为,捐助行为是由捐助人以意思表示的形式作出的。[⑥] 由于捐助人在作出捐助行为时,捐助法人尚未成立,因而,捐助行为在性质上应当属于单方民事法律行为。[⑦] 由于捐助人在实施捐助行为时,并不需要相对人受领其捐助的意思表示,因而,捐助人作出的捐助意思表示在性质上属于无相对人的意思表示,捐助行为应当自捐助人完成捐助的意思表示时生效。此外,捐助行为在性质上属于无偿民事法律行为,也就是说,捐助人在作出捐助行为时,并没有要求相关主体对其作出补偿,而且在捐助法人成立后,捐助人也不得向捐助法人请求支付报酬。[⑧]

第五,必须经登记设立。《民法典》第 92 条第 1 款规定:“具备法人条

---

① 参见胡岩:《财团法人之研究》,中国政法大学出版社 2013 年版,第 111 页。

② 参见佟柔主编:《中国民法》,法律出版社 1990 年版,第 128 页。

③ 参见胡岩:《财团法人之研究》,中国政法大学出版社 2013 年版,第 112 页。

④ 参见史尚宽:《民法总论》,中国政法大学出版社 2000 年版,第 231 页。

⑤ 参见史尚宽:《民法总论》,中国政法大学出版社 2000 年版,第 232 页。

⑥ 参见胡岩:《财团法人之研究》,中国政法大学出版社 2013 年版,第 112 ~ 113 页。

⑦ 参见[德]迪特尔·梅迪库斯:《德国民法总论》,邵建东译,法律出版社 2000 年版,第 866 页。

⑧ 参见胡岩:《财团法人之研究》,中国政法大学出版社 2013 年版,第 114 页。

件,为公益目的以捐助财产设立的基金会、社会服务机构等,经依法登记成立,取得捐助法人资格。"据此,捐助法人必须经过登记设立,在这一点上,捐助法人与事业单位法人等非营利法人不同,这是为了规范捐助法人的设立,强化对捐助法人的监督。依据《民法典》第 93 条第 1 款的规定,"设立捐助法人应当依法制定法人章程"。通过制定章程,可以使捐助人的捐助目的得以明确,从而使捐助法人的设立和运行符合捐助人的意愿。

捐助法人和社会团体法人都属于非营利法人,但两者之间存在一定的区别。一方面,两者设立的基础不同。捐助法人在性质上属于财团法人,其以财产的结合为基础,而社会团体法人则以人的联合为基础。另一方面,设立人与组织的关系不同。对社会团体法人而言,一般情况下,设立人在法人成立后即成为该社会团体法人的成员;而捐助法人不同,即捐助法人一旦成立,设立人与法人即脱离关系,其无法成为该捐助法人的成员,也并不当然成为该捐助法人的管理者。

(二)捐助法人的机构

依据《民法典》第 93 条的规定,捐助法人的治理结构包括如下几个方面:

一是决策机构,捐助法人应当设理事会、民主管理组织等决策机构。捐助法人决策机构的权力源于法律法规和章程的规定,其主要负责关系捐助法人发展的重大决策。理事长等决策机构的负责人应当作为捐助法人的法定代表人。《民法典》第 93 条第 2 款第 2 句规定:"理事长等负责人按照法人章程的规定担任法定代表人。"此处强调"按照法人章程的规定",实际上意味着,允许通过法人章程确定法定代表人,从而预留了一定的私法自治空间。

二是执行机构。《民法典》第 93 条第 2 款第 1 句规定:"捐助法人应当设理事会、民主管理组织等决策机构,并设执行机构。"此处所说的"执行机构"是指贯彻执行理事会等的意志的机构,如总经理等。执行机构主要负责执行决策机构所作出的决策,但在执行事务的过程中,其也应当享有一定的决策权,其权限和范围也应当由法律法规以及章程规定。

三是监督机构。为了监督理事会等决策机构和执行机构的行为,贯彻捐助人的意志,捐助法人应当设立监督机构。从《民法典》关于社会团体法人组织机构的规定来看,其并没有要求社会团体法人必须设置监督机构,而依据《民法典》第 93 条第 3 款的规定,监督机构是捐助法人应当设立的机构。可见,法律对捐助法人进行了更为严格的监督,这主要是因为捐助法人没有成员[①]，这也有利于规范捐助财产的使用，保障捐助法人的有序发展。当然，从该条规定来看，《民法典》并没有要求捐助法人必须设置监事会，而是作出了较为弹性的规定，即捐助法人可以设立监事会，也可以设立监事。

（三）捐助人的权利

捐助人就是向捐助法人无偿实施捐助行为的主体。捐助人可以是自然人，也可以是法人。一个人可以实施多次捐助行为。在捐助法人设立之后，捐助法人和捐助人本身是两个不同的主体，但在捐助法人的设立过程中，捐助人可以通过章程表达自己的意志。[②] 为了保证捐助法人的规范运行，使捐助法人能够贯彻捐助人的意志，捐助人应当享有一些权利。《民法典》赋予捐助人如下三项权利。

1. 查询捐助财产的使用、管理情况。《民法典》第 94 条第 1 款规定："捐助人有权向捐助法人查询捐助财产的使用、管理情况……"毕竟捐助法人是捐助人出资设立的，为了避免捐助财产的使用和管理违反捐助人事先确定的目的，捐助人有权了解其捐助财产的使用和管理情况。

2. 提出意见和建议，以使捐助财产的使用更符合捐助人事先确定的目的。即使财产已经捐助，捐助人对财产的使用和管理仍有权提出意见和建议。《慈善法》第 42 条第 2 款规定："慈善组织违反捐赠协议约定的用途，滥用捐赠财产的，捐赠人有权要求其改正……"

3. 请求人民法院撤销捐助法人的违法决定。《民法典》第 94 条第 2 款规定："捐助法人的决策机构、执行机构或者法定代表人作出决定的程序违反法律、行政法规、法人章程，或者决定内容违反法人章程的，捐助人等利害关系人或者主管机关可以请求人民法院撤销该决定。但是，捐助法人依据该决定与善意相对人形成的民事法律关系不受影响。"捐助人行使该项权利，必须符合如下条件：

第一，必须针对的是决策机构、执行机构或者法定代表人作出的决定。此处所说的"决定"，包括的范围比较宽泛，既包括决策机构和执行机构作出的决议，也包括法定代表人作出的决定。[③]

第二，必须针对的是决定的内容和程序违法或违反章程的现象。《民法典》第 94 条第 2 款所采用的概念是"决定"而非"决议"，这是因为前者的范

① 参见李适时主编：《中华人民共和国民法总则释义》，法律出版社 2017 年版，第 289 页。

② 参见胡岩：《财团法人之研究》，中国政法大学出版社 2013 年版，第 112 页。

③ 参见石宏主编：《中华人民共和国民法总则条文说明、立法理由及相关规定》，北京大学出版社 2017 年版，第 221 页。

围更加宽泛，包括了法定代表人所作出的决定，这些决定只要违反法律或章程就可以撤销。[①] 具体来说，一是内容和程序违法。例如，捐助法人没有按照其与捐助人订立的捐助协议使用捐助款项，既违反了法律规定，又违反了捐助协议。二是内容和程序违反法人章程。例如，章程规定，高于一定数额款项的使用必须经过理事会半数以上讨论决定，但法定代表人擅自使用大额款项，即违反了章程的相关规定。

第三，撤销的主体包括捐助人等利害关系人或者主管机关。一是捐助人等利害关系人。利害关系人是指与捐助法人有利害关系的人，包括捐助人、捐助人的继承人、捐助法人的债权人等。二是主管机关，主要指捐助法人的主管机关，因为主管机关负有监管职责，因此其有权对违反法律或章程的决定予以撤销。当然，是否行使该撤销权应由捐助人等利害关系人或主管机关决定。在不行使撤销权的情况下，相关决定有效；在行使撤销权的情况下，相关决定自始无效，不具有拘束力。

依据《民法典》第 94 条第 2 款的规定，在行使撤销权以后，“捐助法人依据该决定与善意相对人形成的民事法律关系不受影响”。作出该规定的目的是保护交易安全和社会秩序。但需要指出的是，该规定本身仍具有值得探讨之处，因为一旦作出的决定被法院撤销，必然会对交易当事人产生影响，而如果撤销后交易依然有效，则撤销的意义便不复存在。当然，在决定撤销后善意相对人可以请求捐助法人赔偿损失。

（四）宗教活动场所法人

1. 宗教活动场所法人的概念和特征

宗教活动场所法人，是指取得捐助法人资格的宗教活动场所。《民法典》第 92 条第 2 款规定：“依法设立的宗教活动场所，具备法人条件的，可以申请法人登记，取得捐助法人资格。法律、行政法规对宗教活动场所有规定的，依照其规定。”这就在法律上确立了宗教活动场所的法人资格。依据《宗教事务条例》第 40 条的规定，信教公民的集体宗教活动，一般应当在经登记的宗教活动场所（寺院、宫观、清真寺、教堂以及其他固定宗教活动处所）内举行。

在《民法典》制定之前，因为没有明确宗教活动场所的法人资格，所以寺院、教堂等不能在银行开设账户，善款往往以个人名义存入银行，房产、地产、机动车等财产的所有权不能登记在宗教活动场所名下，从而导致宗教财

---

① 参见石宏主编：《中华人民共和国民法总则条文说明、立法理由及相关规定》，北京大学出版社 2017 年版，第 221 页。

产权权属关系混乱，宗教财产得不到有效保护和监督管理。[1] 依据《民法典》第92条第2款的规定，宗教活动场所法人具有如下特点：

第一，它是以从事宗教活动为设立目的而设置的捐助法人。一方面，宗教活动场所法人在性质上是捐助法人的一种，应当根据法律关于捐助法人的相关规定完善宗教活动场所法人的治理结构、财产管理等事务。另一方面，此种捐助法人的特殊性在于，它的设立目的是特定的，即它以从事宗教活动为目的。在我国，宗教分为佛教、道教、基督教等，虽然各个宗教活动场所法人的设立目的有差异，但是，都必须是为了从事宗教活动，否则，不得设立为宗教活动场所法人。从这个意义上说，此种法人所提供的是一种国家对宗教事务的治理方式。

第二，它是以宗教场所为基础而形成的法人。宗教活动场所法人不是人的集合，而是财产的集合，是由土地、建筑、庙产等构成的财产综合体，作为财产集合，其性质应为财团法人。作为宗教活动场所法人基础的财产，主要包括其依法使用的土地，依法所有或者管理使用的建筑物、构筑物、各类设施、用品、工艺品、文物、宗教收入、各类捐赠以及从事经营服务活动的合法收益和其他财产。[2]

第三，它在性质上属于非营利法人。宗教活动场所法人也是非营利法人的一种。宗教活动场所法人不能以营利为目的，虽然其可以从事一定的经营活动，如少林寺可以收取门票费用，但是，其获得的收益只能用于宗教活动，而不能分配给其捐助人等。正因为如此，宗教活动场所不得从事承包、经营、上市等以营利为目的的活动，有关部门也不得从事“宗教搭台，经济唱戏”等将宗教活动商业化的行为。

宗教活动场所法人和宗教团体不同，宗教团体在性质上属于社会团体，依法需要在民政部门登记，全国性的宗教团体包括中国佛教协会、中国道教协会、中国伊斯兰教协会、中国天主教爱国会、中国基督教三自爱国运动委员会等。设立宗教活动场所通常要由宗教团体提出申请，与宗教团体相关的制度，宗教活动场所法人也应当遵循。但是，宗教团体与宗教活动场所彼此独立、互不隶属，在宗教活动场所取得独立法人资格后，便可以独立主体身份参与民事活动。

---

① 参见冯玉军：《宗教财产归属与宗教法人资格问题的法律思考》，载《苏州大学学报（法学版）》2016年第1期。

② 参见冯玉军：《宗教财产归属与宗教法人资格问题的法律思考》，载《苏州大学学报（法学版）》2016年第1期。

《民法典》第 92 条第 2 款第 2 句规定:“法律、行政法规对宗教活动场所有规定的,依照其规定。”关于宗教活动场所法人,我国相关法律、行政法规已经有一些规定,因此,该规定设置了引致性规则,将调整宗教活动场所法人的法律适用规范引致到特别法的规定之中。也就是说,如果法律对宗教活动场所法人有特别规定时,则适用该特别规定,在没有特别规定时,则应当适用《民法典》的规定。

2. 宗教活动场所法人的设立

宗教活动场所要成为法人,必须要满足法人的设立条件。依据《民法典》第 92 条第 2 款第 1 句的规定,“依法设立的宗教活动场所,具备法人条件的,可以申请法人登记,取得捐助法人资格”。需要指出的是,宗教活动场所法人的设立登记,还必须遵守特别法的规定。例如,关于宗教活动场所的筹备设立,《宗教事务条例》采行政许可主义。依据该条例第 21 条第 1 款的规定,“筹备设立宗教活动场所,由宗教团体向拟设立的宗教活动场所所在地的县级人民政府宗教事务部门提出申请。县级人民政府宗教事务部门应当自收到申请之日起 30 日内提出审核意见,报设区的市级人民政府宗教事务部门”。有关主管部门批准设立宗教活动场所,必须符合一定的条件。① 在经过批准之后,宗教活动场所还需要办理登记手续。依据该条例第 22 条的规定,对符合条件的予以登记,发给宗教活动场所登记证。

3. 宗教活动场所法人的管理

《民法典》第 92 条第 2 款明确了法律、行政法规对宗教活动场所有规定的,依照其规定。该条设置了引致性条款,将调整宗教场所法人的法律适用规范引致到特别法的规定中。虽然《民法典》对宗教活动场所法人进行了定性,即其属于捐助法人,但考虑宗教活动场所法人的组织、管理等都有特殊性,因而,有关的特别法对此作出了规定。例如,《宗教事务条例》就宗教活动场所法人的管理作出了一些规定,对其的管理应当依据这些规定进行。依据该条例,宗教活动场所应当成立管理组织,实行民主管理。宗教活动场所管理组织的成员,经民主协商推选,并报该场所的登记管理机关备案。宗教活动场所可以按照宗教习惯接受公民的捐献,但不得利用宗教作掩护,欺骗或者诈取信徒财物。非宗教团体、非宗教活动场所不得组织、举行宗教活动,不得接受宗教性的捐献。此外,宗教活动场所法人接受捐赠后,使用捐款也必须符合法律法规的规定,而不得将相关的捐款挪作他用。这些规定作为特别法应优先适用。

---

① 参见《宗教事务条例》第 20 条。

第八节　特 别 法 人

一、特别法人概述

(一)特别法人的概念和特征

特别法人,是我国民法中营利法人和非营利法人之外的一类法人。依据《民法典》第 96 条的规定,特别法人包括机关法人、农村集体经济组织法人、城镇农村的合作经济组织法人、基层群众性自治组织法人。特别法人制度为我国《民法典》所独创,是适应我国国情而构建的法人类型。在法律上确立特别法人制度的意义主要在于:一方面,就营利法人和非营利法人之外的重要法人类型作出规定,明确这些组织的民事主体地位,以便利其从事民事活动。例如,长期以来,居委会和村委会的法律地位没有在法律上得到确认,导致其无法以自己的名义从事民事活动。另一方面,通过特别法人的规定,使民事主体与行政主体、基层自治组织等保持衔接,从而沟通了民法与行政法等法律部门的关系。

特别法人的特征主要表现在:第一,它是营利法人和非营利法人难以包括的其他类型法人。《民法典》采纳了营利法人和非营利法人的分类,但这种分类又不能将一些特殊的法人囊括其中,尤其是不能将机关法人纳入其中。因为营利法人和非营利法人主要是针对传统民法上的私法人而言的,而机关法人传统上属于公法人的范畴。所以,单设特别法人,是我国《民法典》采营利法人和非营利法人分类的必然结果。

第二,它的设立具有特殊性。[①] 就特别法人的各种类型来看,其设立通常都具有特殊性。例如,有些机关法人是直接依据《宪法》设立的,有些机关法人是直接依据法律法规或政府的行政命令设立的。居民委员会、村民委员会、农村集体经济组织、城镇农村的合作经济组织一般也是直接基于法律或者行政命令而设立的。这些组织大多不需要办理登记,因而和一般的营利法人、非营利法人不同,其没有一般的、法定的设立程序,也缺乏明确的设立标准。

第三,它的权利能力和行为能力具有特殊性。特别法人所承担的职责往往具有社会公益性质,因此决定了其权利能力和行为能力的特殊性。例如,依据《民法典》第 97 条的规定,机关法人只能从事“为履行职能所需要的民事活动”。又如,依据该法第 101 条第 1 款的规定,居民委员会和村民

---

① 参见李适时主编:《中华人民共和国民法总则释义》,法律出版社 2017 年版,第 300 页。

委员会也只能从事“为履行职能所需要的民事活动”。这就在很大程度上限制了其权利能力和行为能力的范围，从而避免其过多地进入市场，利用其所享有的公权力损害其他市场主体的权益。

（二）特别法人的类型

《民法典》第96条规定：“本节规定的机关法人、农村集体经济组织法人、城镇农村的合作经济组织法人、基层群众性自治组织法人，为特别法人。”由此可见，特别法人包括四种类型，即机关法人、农村集体经济组织法人、城镇农村的合作经济组织法人以及基层群众性自治组织法人。这四种类型的特别法人与营利法人、非营利法人不同，《民法典》采用封闭式列举的方式，没有使用“等”字。按照立法机关的解释，之所以采用封闭式的列举，主要是考虑到现实社会中的绝大多数法人都可以纳入营利法人和非营利法人的范围，营利法人和非营利法人作为法人的最基础分类是合适的，特别法人的范围很小，未来也不宜扩大，否则就会侵蚀和动摇营利法人和非营利法人这一分类方法的基础性地位。[①] 但是，笔者认为，采用封闭式列举的方式，未必十分妥当。一方面，《民法典》只是封闭性地列举了前述四类特别法人，还有大量的组织体无法纳入其中。事实上，在这四种类型中，机关法人是最典型的法人，其他三类特别法人只是因为难以被包含到营利法人与非营利法人中，所以规定在该条中，按照这种分类方法，将来立法可能需要扩张特别法人的类型，即对于不能被营利法人和非营利法人所包含的法人类型，可能都需要规定在特别法人部分。另一方面，随着经济和社会的发展，一些新类型的法人也可能被纳入特别法人中。所以，特别法人也应当保持其开放性。

二、机关法人

（一）机关法人的概念和特征

所谓机关法人，是指依照法律和行政命令组建的、享有公权力的、以从事国家管理活动为主的各级国家机关。《民法典》第97条规定：“有独立经费的机关和承担行政职能的法定机构从成立之日起，具有机关法人资格，可以从事为履行职能所需要的民事活动。”这就承认了各级国家机关是代表国家从事管理活动的组织，它们在从事民事活动的时候，具有法人的地位。在法律上要赋予国家机关法人地位，使其可以在履行职能所需要的范围内开展民事活动，可以以平等的民事主体身份广泛参与民事法律关系，与其他民

---

① 参见李适时主编：《中华人民共和国民法总则释义》，法律出版社2017年版，第301页。

事主体订立修缮其房屋、购买办公设备等维护其自身正常运行的民事合同，还可以为履行职能而依法订立有关 PPP 协议、BOT 协议、政府采购协议、国有土地使用权出让协议、国有自然资源使用权出让协议等协议，以更好地实现行政管理职能。

机关法人在性质上属于公法人。所谓公法人，主要是指依据公法设立、履行公共职能的法人。之所以在法律上要赋予各级国家机关以机关法人地位，是因为虽然这些机构行使公权力，但是，其也要从事必要的民事活动。而且，其在从事民事活动时，也应当以平等的民事主体的身份出现。在实践中，行政机关的身份具有多重性，在不同的法律关系中，其具有不同的主体地位和身份。行政机关在行使行政职权时，与行政相对人是单向度的行政管理关系，而行政机关在参与民事活动时，与对方当事人则是平等的民事主体关系。例如，政府机关经常需要采购文具等办公用品、建造和修缮房屋、签订用工合同、购买食品等，在这些法律关系中，政府显然不是公权力的执掌者、行政管理者，而是与对方当事人完全平等的民事主体，在当事人就该合同关系发生纠纷时，应当适用合同法的规则予以调整。机关法人的主要特点表现在：

第一，它在设立上具有特殊性。国家机关是依据法律的规定和行政命令而成立的。因此，其不需要借助登记发挥公示的作用。所以，机关法人自其成立之日起就已经设立。在这一点上，它与一般的法人都要办理设立登记是不同的。

第二，它是享有公权力的各类国家机关。行政机关依法享有国家赋予的行政权力，代表国家从事行政管理活动，对政治、经济、文化、教育等事务进行管理。只有在从事民事活动时，例如，购置办公用品、租用国有的房屋等时，它们才以机关法人的身份出现，并且与其他民事主体处于平等的地位。各级国家机关并不是以营利为目的的组织，它们代表国家从事管理活动，由此形成的利益均归于国家。

第三，它的财产来自财政拨款。《民法典》第 97 条规定："有独立经费的机关和承担行政职能的法定机构从成立之日起，具有机关法人资格，可以从事为履行职能所需要的民事活动。"国家机关要成为机关法人必须具有独立的经费。机关法人虽然没有独立经营的财产，但是有独立的经费，这些经费是根据其工作需要，由国家和地方财政拨款形成的。机关法人以法人的名义从事必要的民事活动时所形成的债务，由机关法人以其通过预算拨款所获得的独立经费承担责任。

第四，它的民事行为能力受到更严格的限制。机关法人不能从事经营活动,其在从事民事活动方面的能力是受到严格限制的,而事业单位和社会团体的能力范围通常由其目的、性质和章程决定。机关法人在从事政府管理的职能行为以外,只能从事一些维持自己管理活动所必需的民事活动,如购买办公用品、建筑房屋、签订用工合同等。依据我国《民法典》第255条的规定,“国家机关对其直接支配的不动产和动产,享有占有、使用以及依照法律和国务院的有关规定处分的权利”。机关法人不能从事广泛的经营性活动,例如,《民法典》第683条第1款规定:“机关法人不得为保证人,但是经国务院批准为使用外国政府或者国际经济组织贷款进行转贷的除外。”

(二)机关法人与作为民事主体的国家

国家既可以作为所有人获取收益,也可以作为政权的承担者取得税收,但这并不排斥国家可以作为民事主体以国家所有的财产为基础从事民事活动。国家也可以作为民事主体,从事如发行国库券、国债、对外提供担保等民事活动。“随着文明时代的向前进展,甚至捐税也不够用了。国家就发行期票,借债,即发行公债”。[①] 随着我国市场经济的发展,国家也有必要参与一些民事活动,国家作为一种特殊的民事主体,以国库财产为基础并以国家的名义对外从事民事活动,如以国家名义发行国库券、国债、对外提供担保等。虽然我国《民法典》并没有明确规定国家的特殊民事主体地位,但相关的法条中也认可了国家在特殊情形下,可以以民事主体身份从事民事活动。例如,《民法典》物权编承认了国家所有权,这在一定程度上认可了国家的民事主体地位。国家作为特殊的民事主体从事民事活动,与机关法人以法人名义从事民事活动是有区别的。二者的区别主要体现为:

1. 从事民事活动的名义不同。国家作为民事主体,是以国家的名义对外从事民事活动,而不需要以国家机关的名义从事民事活动;同时,根据国际法和有关的国际惯例,国家对外从事民事活动时可以基于其主权而享有国家豁免权。而机关法人是以自己的名义从事民事活动,其不能以国家的名义从事民事活动,同时,与国家不同,国家机关在从事有关的涉外活动时,也不能依据国际法和国际惯例享有财产豁免权。

2. 从事民事活动的财产基础不同。国家对外从事民事活动是以国库财产为基础的,在需要承担民事责任时,国家也是以国库财产为基础承担责任的。机关法人则以自己的财产为基础对外从事民事活动并承担民事责任,而不是以整个国库的财产为基础,机关法人的财产通常通过财政拨款的方式取得。

---

① 《马克思恩格斯全集》(第21卷),人民出版社1995年版,第195页。

3. 民事权利能力和民事行为能力的范围不同。国家作为特殊的民事主体，其从事民事活动的民事权利能力和民事行为能力是由国家通过立法确定的。例如，《国库券条例》对国家发行国库券的民事权利能力作出了规定。从我国现行立法规定来看，国家依法享有的民事权利能力和民事行为能力不能由其他民事主体享有。对机关法人而言，其民事权利能力和民事行为能力受到一定的限制。例如，依据《民法典》第683条第1款的规定，机关法人原则上不得作为担保人提供担保。又如，依据《民法典》第97条的规定，机关法人只能"从事为履行职能所需要的民事活动"。换言之，只有在从事为履行职能所需要的民事活动时，机关法人才是民事主体，机关法人在该范围之外从事民事活动，如从事经营性活动等，将不再具有合法性。

4. 在涉外民事关系中，国家作为民事主体是以国库的财产为基础，以国家的名义从事民事活动的。我国也一贯坚持国家财产豁免这一公认的国际法原则，任何国家的法院对我国国家财产进行扣押和强制执行，都视为对我国国家主权的不尊重和侵害。但是对于国家机关而言，其从事民事活动时并不享有财产豁免权，国家也不对其债务负担无限责任。①

（三）机关法人的设立与终止

1. 机关法人的设立

如前所述，机关法人不同于一般的法人，其设立原则不是准则主义或许可主义，而是特许主义。②《民法典》第97条规定："有独立经费的机关和承担行政职能的法定机构从成立之日起，具有机关法人资格，可以从事为履行职能所需要的民事活动。"依据这一规定，机关法人的设立不需要经过登记，其从成立之日起，具有机关法人资格。但是，其要取得法人资格，也要具备如下几个条件：

一是有独立经费。机关法人并无独立的财产，其所占有、使用的财产都是国家财产，其只有独立的经费。机关法人的经费是国家和地方财政为了机关法人的运作而拨付的。

二是承担行政职能。机关法人依法享有公权力，代表国家履行公共职能。其行使公权力的行为直接体现的是国家的意志，而不是机关本身的意志，因此所形成的利益也要归于国家。③

---

①　参见黄进：《国家及其财产豁免问题研究》，中国政法大学出版社1987年版，第204、208、294、295页。

②　参见石宏主编：《中华人民共和国民法总则条文说明、立法理由及相关规定》，北京大学出版社2017年版，第227页。

③　参见李适时主编：《中华人民共和国民法总则释义》，法律出版社2017年版，第302页。

三是经过特许成立。机关法人不同于一般的法人，其成立不是采取准则主义或许可主义，而是采取特许主义。在我国，机关法人依据法律法规或行政决定而设立，而营利法人或非营利法人通常则是设立人、出资人自愿成立的，而非依据法律法规或行政决定。[①]

2. 机关法人的终止

《民法典》第98条规定："机关法人被撤销的，法人终止，其民事权利和义务由继任的机关法人享有和承担；没有继任的机关法人的，由作出撤销决定的机关法人享有和承担。"据此，机关法人在终止时，也具有其特殊性。这就是说，第一，机关法人不适用破产程序。[②] 第二，机关法人主要是因为被撤销而终止。例如，因机构调整或机构改革而将某个国家机关（如铁道部）撤销。在撤销以后，就要处理其债权债务，清理有关财产。第三，机关法人被撤销以后，权利义务关系原则上由继任的机关法人享有和承担。所谓继任的机关法人，是指承接被撤销的机关法人的职权的机关法人。例如，原国防科学技术工业委员会被撤销以后，工业和信息化部承接了其职权，因此，工业和信息化部就是继任的机关法人。第四，如果没有继任的机关法人，由作出撤销决定的机关法人享有原机关法人的权利，负担原机关法人的义务。机关法人不得以机构被撤销为由，否定之前签订的合同的效力。

三、农村集体经济组织法人

（一）农村集体经济组织法人的概念和特征

农村集体经济组织法人，是指利用农村集体的土地或其他财产，从事农业经营等活动的组织。经过20世纪80年代农村改革的发展，农村集体经济组织也发生了很大的变化。目前，我国的农村集体经济组织包括三类：乡镇集体、村集体、村民小组，但是一些地方开始推进农村集体经济组织产权制度改革，设立了社区股份合作社等组织，这些组织都可以依法成为独立的农村集体经济组织，并能够以自己的名义对外从事民事活动、承担民事责任，因而可以成为法人。

《民法典》第99条确认农村集体经济组织的法人地位，有利于保护其合法权益，使农村集体经济组织能够按照法人的治理模式运营并受到相应监督与规范，从而使之在市场经济环境下更具活力。还需要指出的是，确认农

---

① 参见石宏主编：《中华人民共和国民法总则条文说明、立法理由及相关规定》，北京大学出版社2017年版，第227页。

② 参见石宏主编：《中华人民共和国民法总则条文说明、立法理由及相关规定》，北京大学出版社2017年版，第229页。

村集体经济组织的法人地位也符合我国农村改革的方向。按照2015年中共中央办公厅和国务院办公厅发布的《深化农村改革综合性实施方案》的要求，我们要"探索社会主义市场经济条件下农村集体所有制经济的有效组织形式"，探索剥离村"两委"对集体资产经营管理的职能，开展实行"政经分开"试验，完善农村基层党组织领导的村民自治组织和集体经济组织运行机制。农村集体经济组织成为法人，符合这些改革要求。

概括而言，农村集体经济组织法人具有如下特征：

第一，财产具有特殊性。农村集体经济组织的财产主要是集体所有的财产。我国《宪法》第10条第2款规定："农村和城市郊区的土地，除由法律规定属于国家所有的以外，属于集体所有；宅基地和自留地、自留山，也属于集体所有。"农村集体经济组织是利用集体的土地从事农业经营活动而形成的各类组织。当然，对于集体所有的土地，农村承包经营户可以享有土地承包经营权，农民还可以享有宅基地使用权。

第二，成员具有身份性。农村集体经济组织成员与土地存在天然的依附关系，成员的加入和退出都和身份密切相关。只有取得了特定的身份，才能成为农村集体经济组织的成员。所以，农村集体经济组织成员的进入和退出是受限制的，与特定的身份是联系在一起的，而营利法人中的成员是自由进入、自由退出的。如果作为土地承包经营权人，家庭中其他的成员并不是该农村集体经济组织的成员，其已经在其他农村集体经济组织或者城镇落户（如承包方的子女大学毕业后在城市就业等）①，此时该家庭的其他成员就不能通过继承取得土地承包经营权，因为其已经不再具备成为该农村集体经济组织成员的资格。

第三，职能具有特定性。农村集体经济组织的职能，在于经营、管理农民集体所有的土地，从事农业生产经营活动。此处所说的农业是广义上的农业，又称大农业，包括农业、林业、牧业、各类副业、渔业等。② 随着市场经济的发展，其职能也不断扩大。当然，农村集体经济组织也要承担一些公益性的职能，如基础设施建设、公益设施建设等。

第四，组织体具有稳定性。因为农村集体经济组织是我国农村集体所有制的组织形式，其履行特殊的职能，所以，农村集体经济组织不能随意地

---

① 参见胡康生主编：《中华人民共和国农村土地承包法释义》，法律出版社2002年版，第86页。

② 参见尹飞：《物权法·用益物权》，中国法制出版社2005年版。

解散、清算,非经法律规定不能消灭。[①]

(二)农村集体经济组织法人的设立

农村集体经济组织法人的设立具有天然的地域性,有些是从人民公社转化而来的,并不需要经过批准、登记而设立。《民法典》第 99 条第 1 款规定:“农村集体经济组织依法取得法人资格。”依据这一规定,农村集体经济组织要取得法人资格,必须符合法律规定的条件和程序。《民法典》将其作为特别法人予以规定,表明其设立程序具有特殊性,一般来说,其应当直接依据法律法规的规定或者行政命令而设立,设立的条件也应当符合法律的规定。

但是,我国现行法对此还缺乏明确的规定。因此,《民法典》第 99 条第 1 款其实是为未来专门就农村集体经济组织进行立法提供依据。使用“依法”的概念具有较大的包容性,也就是说,将来要制定法律法规,对此详细予以规范。《民法典》第 99 条第 2 款规定:“法律、行政法规对农村集体经济组织有规定的,依照其规定。”目前,《农村土地承包法》《农业法》等法律对农村集体经济组织作出了一些规定,有关的行政法规也有规定。因此,凡是已经作出了规定的,就应当适用其规定。同时依据该条规定,法律和行政法规有权对农村集体经济组织的地位作出规定。

需要指出的是,如果集体经济组织的成员或者集体经济组织自身依据《公司法》《合伙企业法》等设立了有关公司或者合伙企业,则这些组织在性质上并不是《民法典》所规定的农村集体经济组织法人,而应当属于营利法人或非法人组织,应依据《民法典》《公司法》《合伙企业法》等确定其权利义务关系。

四、合作经济组织法人

(一)合作经济组织法人的概念和特征

所谓合作经济组织法人,又称为合作社法人,是指劳动者在互助基础上,自筹资金、共同经营、共同劳动并分享收益的经济组织。其成员享有退社自由,对合作社的债务一般承担有限责任,合作社在法律上享有法人资格。[②] 尽管在现代市场经济社会,企业的组织形态主要是公司,但是合作社仍然大量存在。在我国,合作社法人一般采取自愿联合的原则,这种联合是一种劳动者为了共同劳动或获取收益而组成的联合,并非资本的联合,所取

---

① 参见石宏主编:《中华人民共和国民法总则条文说明、立法理由及相关规定》,北京大学出版社 2017 年版,第 232 页。

② 参见佟柔主编:《中国民法》,法律出版社 1990 年版,第 125 页。

得的成果由成员平等享有，而并非根据出资的比例进行分配。但是我国长期以来，合作社逐步向国有企业过渡，受到了国家过多的干预，缺乏独立性和自主性。20 世纪 80 年代以后，随着我国经济体制改革的深入进行，许多农村集体企业逐渐又呈现向合作经济方向发展的趋势，2006 年我国颁布了《农民专业合作社法》（2017 年修订），对农村的专业合作社进行了规范。《民法典》第 100 条第 1 款规定："城镇农村的合作经济组织依法取得法人资格。"这对于明确我国实践中大量存在的合作经济组织（尤其是供销合作社）的法人地位，具有重要意义。另外，这也是我国合作经济的法律化的重要探索。合作经济组织法人应当具有如下特点：

第一，合作经济组织法人本质上是一种劳动者自愿联合的经济组织，合作社的资金来源主要是合作社成员筹集的资金，其形式是由出资者自己出资、自己经营、自己劳动，不接受非合作社成员的投资，更不能向社会广泛募集资金。在股权的流动上，一般合作制企业入股自愿，退股自由，但股份不能转让。《农民专业合作社法》第 2 条规定："本法所称农民专业合作社，是指在农村家庭承包经营基础上，农产品的生产经营者或者农业生产经营服务的提供者、利用者，自愿联合、民主管理的互助性经济组织。"

第二，合作经济组织法人在经营目的上，不以营利为主要目的，而主要以社员之间的互济、互助、互惠、互利为其目的，其基本目标是为社员服务。合作社的生产经营过程就是为其成员带来利益的过程，在这一点上它和公司为投资人谋利的目的不同。

第三，合作经济组织法人在分配制度上主要不是按资分配，而是采取按交易额分配、按劳分配等各种分配方式。这就避免了公司中可能出现的大股东侵害小股东利益的不公平、不合理现象，充分保障成员之间的平等。

第四，在管理方式上，合作经济组织法人事业须由社员共同经营，不得将任何社员排除在合作事业经营之外，而委托非社员经营合作事业。① 所以，对一般的公司而言，采取股份民主；而合作社采取劳动民主，即只要取得合作社社员资格均享有平等的投票权。②

第五，合作经济组织法人的社员要参与经营或劳动。由于职工股东也要参与经营或劳动，不能仅仅凭借出资来分享收益，因而在许多合作社中，劳动的质量和数量成为收益分配的重要依据。当然，还有一些合作社，如供

① 参见郑少华：《法人运动与第二次法律革命》，载《法学》2001 年第 6 期。

② 参见戚建刚：《论股份合作企业立法科学性取向》，载《法律科学（西北政法学院学报）》1998 年第 5 期。

销合作社,主要是按照合作社与社员的交易额来分配的。在我国许多股份合作社中,职工在入股后,也要参与劳动。合作社以按劳动比例为主,限制股金分红为辅。在联合的内容上,合作社一般以劳动的联合为主,非企业员工不可入股。①

就合作经济组织法人的性质,学界历来存在争议。从性质上看,供销合作社等合作经济组织对内具有共益性或者互益性,对外也可以从事经营活动,具有相当的特殊性。② 考虑到此类法人既无法归入营利法人,也无法归入非营利法人,《民法典》将其作为特别法人处理。

(二)合作经济组织法人的设立

《民法典》第 100 条第 1 款规定:“城镇农村的合作经济组织依法取得法人资格。”该条包含两层含义:一是承认其具有法人地位,并强调其设立的条件和程序都必须合法。二是为了规范城镇农村合作经济组织,需要进一步完善相关的法律法规。我国现行立法对此类法人的规定还不完善,因此,“依法”二字实际上为未来立法提供了依据。《民法典》第 100 条第 2 款规定:“法律、行政法规对城镇农村的合作经济组织有规定的,依照其规定。”该条既是引致性规范,同时也授权法律和行政法规对农村集体经济组织的地位作出规定,以落实《民法典》的立法精神。③

合作经济组织法人在成立时应当有自己的章程,合作社章程是合作社成立的基础。例如,《农民专业合作社法》第 12 条规定,设立农民专业合作社,应当“有符合本法规定的章程”。合作经济组织在这一点上具备了典型的法人形态。合作社的机构和公司一样,由社员大会(或代表大会)作为其机关即最高权力机构,理事会(董事会)和监事会各司其职,向社员大会负责,已完全形成了能够代表组织体实现民事权利和承担民事义务的机构。合作经济组织的财产一般来源于社员股金、积累资金和政府贷款,也有少部分其他资金。这些财产构成了其对外独立支配的财产,合作社以这些财产对外独立承担民事责任。另外,一般合作社均要进行登记注册,方可有效成立。

对合作经济组织的权利义务等内容,有关的法律法规也作出了特别规定。例如,《农民专业合作社法》就对农村的专业合作社进行了规范。

---

① 参见许承光:《股份合作企业的法律属性探析》,载《江汉论坛》2000 年第 12 期。

② 参见李适时主编:《中华人民共和国民法总则释义》,法律出版社 2017 年版,第 319 页。

③ 参见石宏主编:《中华人民共和国民法总则条文说明、立法理由及相关规定》,北京大学出版社 2017 年版,第 240 页。

五、基层群众性自治组织法人

(一)居民委员会和村民委员会

依据《城市居民委员会组织法》第2条第1款的规定,"居民委员会是居民自我管理、自我教育、自我服务的基层群众性自治组织"。居民委员会直接行使宪法赋予的自治权和民主管理经济、文化和社会事务的权力。它既是我国城市基层政权的重要基础,也是党和政府联系人民群众的桥梁和纽带之一。所谓村民委员会是指"村民自我管理、自我教育、自我服务的基层群众性自治组织",其"实行民主选举、民主决策、民主管理、民主监督"。[①]现在,我国农村普遍建立了村民委员会,这是我国农村实行村民自治的组织形式。由此可见,居民委员会和村民委员会都是基层群众性自治组织。《民法典》第101条确认其法律地位有利于规范此类群众性自治组织,将其纳入法制轨道,符合建设法治国家的方针,也有利于群众自治组织更加规范、高效地开展各项活动。

虽然我国普遍设立了居民委员会和村民委员会,但是,它们是否具有法人资格并不明确。我国《民法典》确认了居民委员会和村民委员会的民事主体资格,这便利了其从事民事活动,如签订建设社区公益设施的合同等。我国《民法典》第262条规定,对于集体所有的土地和森林、山岭、草原、荒地、滩涂等,属于村农民集体所有的,由村集体经济组织或者村民委员会依法代表集体行使所有权。另外,在我国不少地方,村民委员会还要代行农村集体经济组织的职权,如果不确认其法人资格,就会影响其这一职权的行使。[②] 基于上述原因,《民法典》承认了居民委员会和村民委员会的法人地位。同时,考虑其既不能归入营利法人,又不能归入非营利法人,所以,将其置于特别法人之中。居民委员会和村民委员会法人的特殊性主要在于:

第一,设立具有特殊性。居民委员会和村民委员会都是依据法律法规而直接设立的。我国已经颁布了《城市居民委员会组织法》和《村民委员会组织法》,这些法律都对居民委员会和村民委员会的设立作出了规定。因此,其设立并非基于设立人的意愿,也不需要办理登记。

第二,职能具有特殊性。居民委员会和村民委员会的职能是法律法规

---

① 《村民委员会组织法》第2条。

② 参见石宏主编:《中华人民共和国民法总则条文说明、立法理由及相关规定》,北京大学出版社2017年版,第243页。

直接规定的，其主要从事公益事业、提供公共服务，并依法管理有关财产。[①]因此，其职能不仅具有公益性，而且具有一定的公共职能性，正是因为这一原因，不少人认为，其也履行一定的行政职能。

第三，组织机构具有特殊性。居民委员会和村民委员会的成员都要经过村民或居民的直接选举而产生，且必须按照法律规定设置。例如，《村民委员会组织法》第6条第1款规定："村民委员会由主任、副主任和委员共三至七人组成。"第2款规定："村民委员会成员中，应当有妇女成员，多民族村民居住的村应当有人数较少的民族的成员。"

第四，财产具有特殊性。居民委员会的经费是由政府划拨的。[②] 村民委员会存在经费困难的，政府也要适当提供。依据《民法典》第262条的规定，对于集体所有的土地和森林、山岭、草原、荒地、滩涂等，属于村农民集体所有的，由村集体经济组织或者村民委员会依法代表集体行使所有权。另外，村民委员会办理本村公益事业所需的经费，由村民会议通过筹资筹劳解决。[③]

《民法典》第101条第1款规定："居民委员会、村民委员会具有基层群众性自治组织法人资格，可以从事为履行职能所需要的民事活动。"本条实际上明确了居委会和村委会的民事权利能力和民事行为能力的特殊性，即只能从事"为履行职能所需要的民事活动"。这一规定是为了避免其广泛地进入市场，影响其履行法定职责。

关于村民委员会与集体经济组织的关系，《民法典》总则编分别规定了两者都可以成为法人，但是在法律上如何对二者进行区分，需要予以明确。从实践来看，二者确实存在一定的重合，但在法律上仍然有必要对其进行区分。从功能上说，村民委员会主要承担农村集体自我管理的职能，而集体经

---

① 例如，依据《城市居民委员会组织法》第3条的规定，居民委员会的任务包括："（一）宣传宪法、法律、法规和国家的政策，维护居民的合法权益，教育居民履行依法应尽的义务，爱护公共财产，开展多种形式的社会主义精神文明建设活动；（二）办理本居住地区居民的公共事务和公益事业；（三）调解民间纠纷；（四）协助维护社会治安；（五）协助人民政府或者它的派出机关做好与居民利益有关的公共卫生、计划生育、优抚救济、青少年教育等项工作；（六）向人民政府或者它的派出机关反映居民的意见、要求和提出建议。"

② 《城市居民委员会组织法》第17条第1款规定："居民委员会的工作经费和来源，居民委员会成员的生活补贴费的范围、标准和来源，由不设区的市、市辖区的人民政府或者上级人民政府规定并拨付；经居民会议同意，可以从居民委员会的经济收入中给予适当补助。"

③ 《村民委员会组织法》第37条规定："人民政府对村民委员会协助政府开展工作应当提供必要的条件；人民政府有关部门委托村民委员会开展工作需要经费的，由委托部门承担。村民委员会办理本村公益事业所需的经费，由村民会议通过筹资筹劳解决；经费确有困难的，由地方人民政府给予适当支持。"

济组织主要发挥开展农村集体经营活动的功能。随着我国农村体制改革的深化，农村集体经济组织的职能也随之发生变化，其逐渐从之前的依附于证券组织的状态中分离，而成为自我组织、自我发展、自主经营的组织实体。① 而村民委员会则主要依据《村民委员会组织法》的规定，实行村民自我管理、自我教育、自我服务，性质上是基层群众性自治组织，其主要职责是办理本村的公共事务和公益事业，调解民间纠纷，协助维护社会治安，向人民政府反映村民的意见、要求和提出建议。

（二）未设立村集体经济组织的村民委员会的职能

《民法典》第 101 条第 2 款规定："未设立村集体经济组织的，村民委员会可以依法代行村集体经济组织的职能。"《民法典》第 262 条规定，对于集体所有的土地和森林、山岭、草原、荒地、滩涂等，属于村农民集体所有的，由村集体经济组织或者村民委员会依法代表集体行使所有权。也就是说，如果设立了村集体经济组织就由该组织行使所有权，如果没有设立，则由村委会行使所有权。但从我国实践来看，不少地方都没有设立农村集体经济组织，而主要由村委会代行集体经济组织的职能。正是因为这一原因，《村民委员会组织法》第 8 条第 2 款规定："村民委员会依照法律规定，管理本村属于村农民集体所有的土地和其他财产，引导村民合理利用自然资源，保护和改善生态环境。"但按照 2015 年中共中央办公厅和国务院办公厅发布的《深化农村改革综合性实施方案》的要求，应当逐步剥离村委会对集体资产经营管理的职能，从而实现"政经分开"。但从整体上看，这一改革目前仍然处于探索阶段，与这一客观情况相适应，《民法典》第 101 条第 2 款明确了在未设立村集体经济组织的情况下，村委会可以依法代行村集体经济组织的职能，这一规定也符合我国目前农村改革的现状。

---

①　参见李永军：《集体经济组织法人的历史变迁与法律结构》，载《比较法研究》2017 年第 4 期。

第八章　非法人组织

第一节　非法人组织概述

一、非法人组织的概念和特征

依据《民法典》第 102 条第 1 款的规定，所谓非法人组织，是指不具有法人资格，但是能够依法以自己的名义从事民事活动的组织。从境外立法例视角而言，非法人组织相当于德国民法所说的“无权利能力社团”，日本民法所说的“非法人社团和非法人财团”。[①] 从我国立法的历史沿革来看，《民法通则》并未规定非法人组织，但《民事诉讼法》承认了其他组织的诉讼主体资格，其他相关民事法律中也规定了其他组织。尤其应当看到，我国相关立法也承认了合伙企业、个人独资企业等不具有法人资格的组织的民事主体地位，而且此类组织也广泛参与了民事活动。因此，《民法典》在总结既有立法和司法实践经验的基础上，单设一章规定非法人组织，承认了非法人组织的民事主体地位。《民法典》在自然人、法人之外规定非法人组织，构建了第三类民事主体，丰富了民事主体的类型，这是我国民事主体制度的重要创新，是我国《民法典》的重大亮点。[②]

非法人组织主要具有如下特征：

第一，非法人组织必须依法设立。非法人组织作为独立的民事主体，其必须依法设立，也就是说，非法人组织应当依据法律规定的条件和程序设立。从比较法上来看，有的国家明确规定，所有团体以登记作为取得权利能力的条

---

① 梅仲协：《民法要义》，中国政法大学出版社 1998 年版，第 74 页。

② 参见黄薇主编：《中华人民共和国民法典总则编解读》，中国法制出版社 2020 年版，第 299 页。

件,未登记者,将作为无权利能力社团存在。[①] 依据《民法典》第 103 条的规定,非法人组织的设立原则上都应当登记,如果法律、行政法规规定非法人组织的设立必须经有关机关批准的,则设立非法人组织还应当经过批准。这就使非法人组织和未进行登记的民事合伙、设立中的法人等相区别。在法律上要求非法人组织必须依法设立,有利于加强对非法人组织的监督和管理,维护交易安全。

第二,非法人组织能够以自己的名义从事民事活动。一方面,非法人组织虽然不是法人,但其也是组织体,与单纯的不具有法人资格的财产的集合体,如破产财团等是有区别的。[②] 另一方面,从实践来看,社会组织的种类多种多样,但并非所有的社会组织都属于非法人组织。依据《民法典》第 102 条的规定,非法人组织必须能够以自己的名义从事民事活动,因此,作为一种组织体,其并非松散的民事主体的集合,而是能够以自己的名义对外行为的组织体,非法人组织虽然不具有法人资格,但其在性质上也属于独立的民事主体,具有民事权利能力和民事行为能力,能够以自己的名义从事民事活动。而且,非法人组织作为独立的民事主体,其在从事民事活动时,能够取得相关的权利,负担相应的义务。例如,非法人组织可以作为合同当事人与他人订立合同,可以享有合同权利、负担合同义务。

第三,非法人组织也可能具有自己的财产。《民法典》第 104 条第 1 句规定:"非法人组织的财产不足以清偿债务的,其出资人或者设立人承担无限责任。"这就表明,非法人组织也可能具有自己的财产,如果非法人组织有自己的财产,则首先应当以自己的财产对外承担责任。例如,合伙企业也具有自己的合伙财产,合伙财产尽管在法律上是合伙人的财产,但毕竟与各合伙人的个人财产是有区别的。合伙财产是由合伙人的出资以及以合伙企业的名义取得的收益所构成的。《合伙企业法》第 20 条规定:"合伙人的出资、以合伙企业名义取得的收益和依法取得的其他财产,均为合伙企业的财产。"在承担债务时,首先以合伙企业的财产承担责任,只有在合伙财产不足以承担责任时,才由各合伙人承担无限连带责任。

第四,非法人组织的成员应承担无限责任。虽然非法人组织属于独立的民事主体,可以享有民事权利,负担民事义务,但其与法人不同,不能独立对外承担责任。法人可以独立对外承担民事责任,法人的责任与其成员的

---

① 参见[德]汉斯·布洛克斯、[德]沃尔夫·迪特里希·瓦尔克:《德国民法总论》,张艳译,中国人民大学出版社 2012 年版,第 451 页。

② 参见朱庆育:《民法总论》(第 2 版),北京大学出版社 2016 年版,第 468 页。

责任是严格区分的，在法人的财产不足以清偿其债务时，法人的成员仅以其认缴的出资额为限承担责任，而无须以自己的全部财产对法人债务承担责任。而对非法人组织而言，《民法典》第104条第1句规定："非法人组织的财产不足以清偿债务的，其出资人或者设立人承担无限责任。"也就是说，非法人组织并不能独立承担责任，其出资人或者设立人需要对法人的债务承担无限责任。

非法人组织与《民事诉讼法》中的"其他组织"的概念并不完全相同。应当承认，《民法典》规定非法人组织，在一定程度上有利于协调其与民事诉讼法的关系，因为民事诉讼法规定了其他组织，也承认了其他组织的诉讼主体地位，实体法上对其民事主体地位予以明确，有助于实体法和程序法的衔接，尤其是为民事诉讼法规定其他组织作为诉讼主体提供了实体法依据。但是两者是有区别的：一方面，从目的上看，诉讼法上的其他组织是为了承认相关组织的诉讼主体资格，而《民法典》所规定的非法人组织则是为了确定相关组织的民事主体资格。传统民法认为非法人团体不具有独立的权利能力、责任能力，仅具有诉讼能力。承认非法人团体主要是为了这些组织在诉讼上的方便。[①] 非法人团体原属民事诉讼法上之名词，采纳这一概念主要是为了赋予其当事人资格。[②] 而《民法典》中的非法人组织主要是为了赋予组织体民事主体资格，而不仅仅是诉讼主体资格。另一方面，二者的范围不同。诉讼法上的其他组织在范围上要大于《民法典》中的非法人组织。因为诉讼法中的其他组织并不一定能够以自己的名义从事民事活动，也不一定需要依法办理登记手续。例如，一般的法人分支机构可以成为诉讼主体，但如果其不能以自己的名义对外活动，则其无法成为《民法典》所规定的非法人组织。

二、民法承认非法人组织的主体地位的意义

应当看到，依据《民法典》第102条的规定，非法人组织是不具有法人资格，但是能够依法以自己的名义从事民事活动的组织。该条并没有明确承认非法人组织具有民事权利能力。这在很大程度上也是因为非法人组织虽然能够以自己的名义行为，但与法人不同，其不能够独立承担民事责任，且与法人相比，也不具有健全的组织机构，但这并不应当影响非法人组织成为民事主体。我国《民法典》将非法人组织作为第三类民事主体进行了专门规

---

① 参见曾世雄：《民法总则之现在与未来》，中国政法大学出版社2001年版，第92页。

② 《德国民事诉讼法》第50条规定："有权利能力者，有当事人能力。无权利能力的社团可以被诉；在诉讼中，该社团具有有权利能力的社团的地位。"

定。从比较法上看，各国立法极少采纳非法人团体的概念，关于非法人团体的规范也往往较为简单或不明确以立法规定，而是通过判例和学说充实其内容。例如，《德国民法典》仅以一个条文（第54条）规定非法人团体制度，并通过判例与学说丰富发展其内容。[①] 而我国《民法典》在自然人、法人之外，将非法人组织规定为独立的民事主体，并对其设立、解散和责任承担等问题进行了具体规定。因此可以说，我国《民法典》中规定的非法人组织制度是对民事主体制度的一项重要创新，而这一创新对于国家社会的治理和经济活动的开展具有重要意义。

就宏观层面而言，确立非法人组织制度对于国家治理体系和治理能力现代化具有重要意义。一方面，非法人组织具有一定的自治功能，其本身就是社会治理的重要环节。例如，在合伙企业中，合伙人的合伙协议就是合伙人之间的"章程"，依据该共同行为，可以有效进行自治。将非法人组织的协议、决议行为、章程等纳入民法的调整范围，有利于实现国家治理和行业自治的良性互通。另一方面，非法人组织也可以实现部分国家治理的功能。非法人组织同其他社会组织一样，由多个个体构成，这些个体为形成组织从事一定的民事交往活动，往往会为自身设定一定的行为规范如合伙协议等。这些规范同道德、习惯一样，成为自下而上形成的国家治理手段。此外，非法人组织同其他组织一样往往也需要承担一定的增进人类福祉的社会责任。[②] 尤其是在促进就业、保护环境、防止垄断等问题上，社会组织均扮演着重要角色。[③] 因此，以独资企业、合伙企业和不具有法人资格的专业服务机构为代表的非法人组织，作为活跃在市场经济领域中的基本单位，既是社会治理的对象，也可以有效发挥社会治理职能。《民法典》对于非法人组织的确认，有利于使其积极地参与到经济和社会治理之中，以不断完善社会治理体系。

就微观层面而言，确立非法人组织制度既可以贯彻私法自治原则、调动各个主体的积极性、激发各个主体的活力，也有利于完善对非法人组织的监管。一方面，《民法典》确立非法人组织制度为当事人意思自治的实现提供了有效的制度供给，可以有效促进市场主体类型多样化。将非法人组织作为独立的民事主体类型，可以为组织的设立者提供更为多样的选择。设立

---

① 王泽鉴：《民法总则》，台北，三民书局1979年版，第195页。

② 卢代富：《国外企业社会责任界说述评》，载《现代法学》2001年第3期。

③ 杨春方：《企业社会责任驱动机制研究——理论、实证与对策》，中山大学出版社2015年版，第111～112页。

者可以依据其意思，自行选择设立不同的组织从事民事活动，并依据法律的规定，获得不同的权利和义务。这有利于鼓励当事人依法创设各种类型的企业组织，充分调动市场主体参与民事交往的积极性，激发市场活力。另一方面，《民法典》确认非法人组织的主体地位也有利于对其进行有效监管。例如，《民法典》第103条第1款规定："非法人组织应当依照法律的规定登记。"依据该条规定，非法人组织应当依照法律的规定进行登记，通过登记审查，可以有效实现对各类非法人组织的监管。只有对非法人组织的地位予以明确，才能避免非法人组织性质不明而导致的监管主体模糊、监管依据不足等情况的产生。

三、非法人组织与法人的区别

依据《民法典》第102条的规定，非法人组织是不具有法人资格的组织，法律上之所以设定非法人组织，其实就是赋予法人之外的组织体以主体地位。这就是说，非法人组织虽然能够以自己的名义行为，可以成为民事主体，但其并不属于法人。但也有学者认为，非法人组织也具有权利能力，具有民事主体资格，应当也属于法人，而且从实践来看，非法人组织和法人除了在权利和责任承担上略有差别外，二者并无实质差别，非法人组织在特别法的规定下能够获得与法人同样范围的权利能力。[①] 笔者认为，《民法典》规定的非法人组织，是在法人之外设立独立类型的民事主体，其与法人在成立条件、责任承担方式等方面均存在差别，具体而言，法人与非法人组织的区别主要表现在如下几个方面：

第一，是否具有独立的财产不同。法人具有独立财产，法人的财产完全独立于法人成员的个人财产，这也是法人独立对外承担责任的基础。非法人组织虽然属于独立的民事主体，能够以自己的名义从事民事活动，可能有自身的财产，但这些财产并没有与其成员的财产完全分离。例如，合伙企业的财产由各个合伙人共有。也正是因为这一原因，非法人组织无法独立对外承担责任。例如，在普通合伙企业中，合伙人的个人财产与合伙企业财产并未严格分离，普通合伙人要对合伙企业的债务依法承担无限连带责任。[②]

第二，是否能够独立承担责任不同。法人的责任与其成员的责任是明确区分的，法人能够独立对外承担责任，法人成员一般以其认缴的出资额为

---

① 参见王涌：《解读〈民法总则〉中的"非营利法人"》，载搜狐网2017年7月12日，https://m.sohu.com/a/156174252_481285。

② 参见魏振瀛主编：《民法》（第4版），北京大学出版社、高等教育出版社2010年版，第99页。

限对法人债务承担有限责任。但非法人组织并不能独立对外承担责任,其责任由其成员承担。对此,《民法典》第 104 条第 1 句规定:“非法人组织的财产不足以清偿债务的,其出资人或者设立人承担无限责任。”依据这一规定,非法人组织无法对外独立承担责任,而最终由其成员承担责任。例如,在合伙企业需要对外承担责任时,虽然首先需要用合伙企业的财产对外承担责任,但在该财产无法承担全部责任时,各合伙人仍然需要对外承担责任。

第三,成员与团体的关系不同。对法人而言,法人的成员可能并不直接参与法人的经营、管理活动。例如,在公司内部,股东一般并不直接参与公司的事务。但对非法人组织而言,其成员一般都直接参与非法人组织的经营、管理活动。依据《民法典》第 105 条的规定,非法人组织可以确定人或者数人代表该组织从事民事活动。但如果非法人组织并未确立法定代表人,则其成员一般都可以代表非法人组织从事民事活动。

第四,治理结构的要求不同。对法人(尤其是营利法人)来说,法律上要求其有健全的治理结构,如营利法人要有权力机构、执行机构和监督机构,从而保障法人的正常运行。但是对非法人组织来说,考虑其具体形态的多元性,法律并没有对其治理结构提出要求。例如,即使非法人组织没有设置监督机构,也并非违法。是否设立监督机构,由其设立人或成员自主决定。

非法人组织与法人虽然存在上述区别,但二者均为组织体,具有密切联系,法人的许多规则都可以参照适用于非法人组织。对此,《民法典》第 108 条规定:“非法人组织除适用本章规定外,参照适用本编第三章第一节的有关规定。”也就是说,非法人组织首先应适用《民法典》第四章规定,但在第四章没有规定的情形下,还可参照适用《民法典》第三章第一节即法人组织的一般性规定。具体而言,关于第三章第一节可以参照适用的规定包括如下几个方面:

一是《民法典》第 59 条关于法人的民事权利能力和民事行为能力与法人存续期间一致的规则。因为非法人组织和法人一样,都是组织体,都能够以自己的名义行为,而且二者作为独立的民事主体,具有民事权利能力和民事行为能力,因此,有关非法人组织民事权利能力和民事行为能力存续期间的规则可以参照适用法人的规定。

二是《民法典》第 62 条关于法定代表人因执行职务致他人损害的责任承担的规定。依据《民法典》第 105 条的规定,非法人组织可以确定一人或者数人代表该组织对外活动,但该条并没有对非法人组织的法定代表人因执行职务致他人损害的责任承担规则作出规定,此时,可以参照适用《民法典》关于法人的法定代表人因执行职务致他人损害的相关规则。

三是《民法典》第 63 条关于法人以其主要办事机构所在地为住所的规则，该规则也可以适用于非法人组织。

四是《民法典》第 67 条关于法人合并、分立后的权利义务承担，也可适用于非法人组织。非法人组织合并的，其权利和义务由合并后的组织享有和承担；非法人组织分立的，其权利和义务由分立后的组织享有连带债权、承担连带债务。

五是非法人组织的终止时的清算规则。依据《民法典》第 107 条的规定，非法人组织解散的，应当依法进行清算，但该条并没有对非法人组织清算的具体规则作出规定，此时，可以参照适用《民法典》第 70 条、第 71 条、第 72 条关于法人解散后的清算规则。

六是由于非法人组织也需要登记，因此，《民法典》第 64 条、第 65 条、第 66 条关于法人登记的若干规则，同样可适用于非法人组织。

七是《民法典》第 75 条关于法人设立人的责任，也可适用于非法人组织。

除上述七种情形之外，还有哪些情况需要参照适用法人制度的规则，应当由法官结合具体的案件进行判断。

第二节　非法人组织的分类

非法人组织也可以分为营利性和非营利性两种。例如，律师事务所在性质上应当属于非营利性的非法人组织，而个人独资企业、合伙企业在性质上则属于营利性的非法人组织。关于非法人组织的类型，《民法典》第 102 条第 2 款规定：“非法人组织包括个人独资企业、合伙企业、不具有法人资格的专业服务机构等。”

一、个人独资企业

依据《个人独资企业法》第 2 条的规定，个人独资企业是指“在中国境内设立，由一个自然人投资，财产为投资人个人所有，投资人以其个人财产对企业债务承担无限责任的经营实体”。个人独资企业在民商分立的国家被称为商自然人，可以成为商法上的主体。个人独资企业虽然是由一个自然人投资设立的，但其与自然人不同，属于独立的民事主体，能够以自己的名义对外开展民事活动。当然，虽然个人独资企业以企业的形式存在，但其并不能独立对外承担责任，作为投资人的自然人仍然需要对个人独资企业的债务承担无限责任。个人独资企业的主要特点在于：

第一，仅有一个投资者，且该投资者为自然人。个人独资企业，顾名思义,就是由一个自然人所创办的企业。[①] 个人独资企业与公司的区别在于,除了国有独资公司以外,公司的投资人是两个以上的民事主体。但是个人独资企业仅有一个自然人出资设立。

第二,投资者的财产和企业财产没有分离。依据《个人独资企业法》第17条的规定,个人独资企业的投资人对本企业的财产依法享有所有权,其有关权利可以依法进行转让或继承。因此,独资企业的财产属于投资者个人所有,投资者也有权将其投入企业的财产依法转让。但是,如果投资者以家庭共有财产投资,则企业的财产属于家庭共有。可见,在独资企业中,并没有实现企业财产与投资者财产的分离。

第三,企业的所有权和经营权是合一的。在独资企业中,投资者的财产和企业的财产没有分离,与此相应,企业的所有权和经营权也没有发生分离。依据《个人独资企业法》第19条第1款的规定,"个人独资企业投资人可以自行管理企业事务,也可以委托或者聘用其他具有民事行为能力的人负责企业的事务管理"。

第四,投资者对企业债务承担无限责任。个人独资企业的意志完全体现为投资者个人的意志,其财产与投资者的个人财产发生重合,并没有法律上的独立性,其责任最终也是由投资者个人承担的。因此,依据《个人独资企业法》第31条的规定,"个人独资企业财产不足以清偿债务的,投资人应当以其个人的其他财产予以清偿"。正是因为在个人独资企业中,企业财产和个人财产不分离,所以,投资者要对企业债务承担无限责任。因此,个人独资企业与一人公司不同,因为一人公司在性质上属于法人,而且公司责任与公司投资者的责任是区分开的,投资者原则上仅以认缴的出资额为限对公司债务承担责任。

二、合伙企业

(一)合伙企业的概念和特征

合伙是指两个或两个以上的自然人或法人,根据合伙协议而共同出资、共同经营、共享收益、共担风险的营利性组织,合伙人对外一般承担无限连带责任,或者依法承担有限责任。[②] 合伙作为独立的民事主体,可以以自己的名义对外活动,并享有权利、负担义务。[③] 合伙企业也是现代企业制度的

① 参见朱庆育:《民法总论》(第2版),北京大学出版社2016年版,第473页。

② 我国《合伙企业法》第2条第3款在普通合伙之外,还承认了有限合伙,有限合伙中的有限合伙人对合伙企业的债务承担有限责任。

③ 参见佟柔主编:《中国民法》,法律出版社1990年版,第131页。

组成部分，合伙企业具有如下特征：

第一，合伙具有目的的共同性和风险的共同性。合伙的组织性也使其有别于纯粹的合同关系。合伙通常以一定的组织体的形式存在，以经营共同的事业为目的。[①] 合伙具有组织性，这也要求合伙应当由两个或者两个以上的民事主体组成，各个合伙人成立合伙组织的目的在于经营共同的事业，共享收益、共担负险。合伙企业具有高度的人合性，各个合伙人之间具有很强的人身信任关系，这也是合伙企业存续的重要保证。[②]

第二，合伙是以合伙关系为基础所形成的组织。合伙包含两方面的关系：一是合伙协议关系，它是确定合伙人之间的权利义务关系的协议。合伙协议是调整合伙内部关系的依据。二是合伙组织体的对外关系，即在对外表现形式上，合伙作为一个组织体，可以与第三人发生各种法律关系。[③] 合伙乃是由合伙协议与合伙组织两部分组成的，前者是对合伙人有拘束力的内部关系，后者是由全体合伙人作为整体与第三人产生法律关系的外部形式，合伙大多是这两种关系的结合。尤其是在合伙企业中，合伙人不仅要订立合伙协议，而且要建立合伙组织。

第三，合伙人一般对外承担无限连带责任。合伙企业的财产不足以清偿全部合伙债务时，合伙人要对未清偿完毕的合伙债务不以出资额为限承担责任，并且合伙人之间负有连带责任。依据《合伙企业法》第 2 条的规定，合伙企业是指“自然人、法人和其他组织依照本法在中国境内设立的普通合伙企业和有限合伙企业”。普通合伙企业由普通合伙人组成，只要没有法律的特别规定，则全体普通合伙人应当对合伙企业债务承担无限连带责任。有限合伙企业由普通合伙人和有限合伙人组成，普通合伙人对合伙企业债务承担无限连带责任，有限合伙人以其认缴的出资额为限对合伙企业债务承担责任。

第四，合伙财产与合伙人的财产具有一定程度的分离。《合伙企业法》第 20 条规定：“合伙人的出资、以合伙企业名义取得的收益和依法取得的其他财产，均为合伙企业的财产。”在承担合伙债务时，首先以合伙企业的财产承担责任，只有在合伙财产不足以承担责任时，才由各合伙人承担无限连带责任。

(二)合伙企业和合伙合同

合伙合同，也称合伙协议，依据《民法典》第 967 条的规定，“合伙合同

---

① 参见邱聪智：《新订债法各论》(下)，中国人民大学出版社 2006 年版，第 7 页。

② 参见高富平等：《合伙企业法原理与实务》，中国法制出版社 1997 年版，第 6 页。

③ 参见佟柔主编：《中国民法》，法律出版社 1990 年版，第 131 页。

是两个以上合伙人为了共同的事业目的,订立的共享利益、共担风险的协议”。合伙是一种灵活便利的创业投资方式。[①] 许多合伙特别是商事合伙,是由合伙合同与合伙组织两部分所组成的,前者是对合伙人有拘束力的内部关系,后者是由全体合伙人作为整体与第三人产生法律关系的外部形式,合伙大多是这两种关系的结合。无论合伙是否形成组织,必须有合伙合同存在,合伙合同是合伙产生的基础,并规范合伙人之间的权利义务。即使形成了合伙组织,合伙合同在合伙中也居于十分重要的地位。

在合伙人通过合伙合同设立合伙企业的情形中,合伙合同是合伙企业设立的必要条件,也是合伙人之间共同一致的意思表示。许多合伙合同也旨在建立合伙组织,此类合同也称为组织性合同,其规范合伙组织体的功能主要体现为:

第一,合伙合同规范了合伙人与合伙组织体的关系。如果合伙合同不是单纯的合同,而要设置相应的组织体,则合伙合同不仅是当事人的合意行为,而且通过规定合伙人的出资义务以及盈余分配规则等规范了合伙组织体的关系。而合伙组织体的财产与合伙人的财产并不能完全等同,在一定程度上它们处于相互分离的状态。[②] 在合伙对外承担责任时,首先应以合伙的全部财产对外承担责任,而非以合伙人的个人财产首先承担责任。因此,在合伙人违反合伙合同所约定的出资义务时,可以由其他合伙人或执行事务的合伙人请求其履行该义务,但该出资义务的履行并不是针对某一单个的合伙人,而是对合伙组织体履行该义务。例如,合伙人违反竞业禁止义务,则不仅要对其他合伙人承担违约责任,而且要对合伙组织体承担相应的责任。

第二,许多合伙合同是合伙组织体进行内部管理和对外行为的“章程”。一方面,合伙合同类似于公司的章程,其不仅具有确立权利义务的特点,而且具有设立组织的特性。合伙合同中规定诸如合伙企业的名称、主要经营场所的地点、合伙目的和合伙经营范围、合伙事务的执行、入伙与退伙、争议解决办法、合伙企业的解散与清算等内容,就已经超出了民事合同的范畴,具有组织性规则的特征。当事人之间有关利益分配、入伙退伙、对外事务的执行,都可以依据合伙合同确定。另一方面,许多合伙合同的双重属性在民事合伙中也有所体现。在民事合伙中,合伙合同关于合伙内部议事的规则、

---

① Philippe Merle, Droit commercial, Sociétés commerciales, 11e édition, Dalloz, 2007, p. 162.

② 参见谢鸿飞、朱广新主编:《民法典评注·合同编——典型合同与准合同》(第4册),中国法制出版社2020年版,第471页。

对外代表的规则和对外承担责任的规则,也都不单纯是合伙人之间的权利义务关系。例如,在民事合伙对外行为、产生责任后,即便存在合伙合同的解除事由,也不能简单地根据该解除事由解散合伙,而需要进行合伙的清算,在承担完合伙债务后再进行解散。

第三,合伙合同是确定合伙人个人权利义务的准则。合伙合同的特殊性在于,它是确立各合伙人之间相互关系的依据,也是合伙人在合伙中的基本行为准则。合伙合同是全体合伙人的自治性文件,是全体合伙人的"宪法"。公司章程与合伙合同具有类似的效力。但公司需要适用特别的公司组织法,而合伙在整体上仍然适用民法中债和合同的有关规则。

需要指出的是,许多合伙合同是设立合伙组织体的基础和依据,也是规范合伙组织体的基本规范,但是合伙合同与合伙组织体仍然是不同的概念。因为一方面,合伙合同不一定需要设立组织,个人合伙本身具有临时性与松散性的特点。另一方面,从法律适用依据来看,如果通过合伙合同设立合伙企业,则主要适用《合伙企业法》的规定,而合伙合同主要适用《民法典》合同编合伙合同章的规定。

三、不具有法人资格的专业服务机构

所谓不具有法人资格的专业服务机构,是指专门提供专业服务的非法人组织,如会计师事务所和律师事务所。我国《注册会计师法》和《律师法》分别对会计师事务所和律师事务所作出了规定。《注册会计师法》第 23 条规定:"会计师事务所可以由注册会计师合伙设立。合伙设立的会计师事务所的债务,由合伙人按照出资比例或者协议的约定,以各自的财产承担责任。合伙人对会计师事务所的债务承担连带责任。"《律师法》第 15 条规定:"设立合伙律师事务所,除应当符合本法第十四条规定的条件外,还应当有三名以上合伙人,设立人应当是具有三年以上执业经历的律师。合伙律师事务所可以采用普通合伙或者特殊的普通合伙形式设立。合伙律师事务所的合伙人按照合伙形式对该律师事务所的债务依法承担责任。"不具有法人资格的专业服务机构具有如下特征:

第一,设立的特殊性。从《民法典》第 103 条的规定来看,非法人组织的设立一般仅需要办理登记,而不需要经过批准。但从我国《律师法》《注册会计师法》的规定来看,设立不具有法人资格的专业服务机构一般都需要经过有关部门的批准。这一方面有利于规范此类专业服务机构的经营活动,另一方面也便于主管机关对其进行必要的管理。

第二,业务范围的特殊性。不具有法人资格的专业服务机构以提供专

业服务为内容，因此，这类机构一般不以拥有大型生产设备为要件，而主要是由具备专业知识和专门技能的工作人员为客户提供服务，如律师为当事人代理案件、会计师事务所为企业进行审计等。

第三，责任承担上的特殊性。一般情形下，非法人组织成员要对非法人组织的债务承担无限连带责任，但对不具有法人资格的专业服务机构而言，在特殊情况下，其成员并不需要对非法人组织的债务承担无限连带责任。例如，《律师法》第 54 条规定："律师违法执业或者因过错给当事人造成损失的，由其所在的律师事务所承担赔偿责任。律师事务所赔偿后，可以向有故意或者重大过失行为的律师追偿。"从该条规定来看，律师违法执业或者因过错给当事人造成损失的，由律师事务所承担责任，其他律师并不需要对此承担连带责任。

四、其他类型

关于非法人组织的类型，《民法典》第 102 条第 2 款采用了"等"这一兜底表述，表明非法人组织并不限于该条所明确列举的合伙企业、个人独资企业以及不具有法人资格的专业服务机构，还包括其他类型，最典型的是法人的分支机构。《民法典》在法人的一般规定中特别规定了法人的分支结构（第 74 条），由此可见，其实际上是将法人的分支机构作为法人的组成部分来规定的，而并没有将其规定在非法人组织部分。但笔者认为，法人的分支机构实际上包括两类：一类是可以有自己的财产，已经办理登记，并且能够以自己的名义对外活动的组织，如一些商业银行的分支机构。另一类则是不能以自己的名义对外活动的组织。前者符合非法人组织的特征，应当属于《民法典》所规定的非法人组织，而后者不属于民法意义上的非法人组织。

值得探讨的是，关于业主大会和业主委员会的地位，我国台湾地区判例学说普遍认为，业主大会和业主委员会是非法人团体，也称为无权利能力社团①。业主大会和业主委员会具有自己独立的财产，能够以自己的名义对外签订合同，虽然住房和城乡建设部颁发的《业主大会和业主委员会指导规则》第 33 条规定，业主委员会应当自选举产生之日起 30 日内，在房地产相关行政管理部门进行备案，但并没有强制要求业主大会进行登记，因此其难以成为《民法典》规定的非法人组织。

① 参见陈聪富：《民法总则》，台北，元照出版有限公司 2014 年版，第 97 页。

第三节　非法人组织的设立和代表人

一、非法人组织的设立

非法人组织的设立程序包括设立登记和设立审批两种①,下面分别阐述。

(一)设立登记:非法人组织应当依照法律的规定登记

《民法典》第103条第1款规定:"非法人组织应当依照法律的规定登记。"依据该条规定,非法人组织应当依照法律的规定进行登记,非经登记,不得设立非法人组织。法律之所以作出此种规定,一方面是因为非法人组织的类型较多,登记有利于对各类非法人组织进行更有效率的管理;另一方面,要求非法人组织原则上都进行登记,有助于使不特定第三人了解对方当事人的主体资格和交易能力,进而维护交易安全。例如,《合伙企业法》第9条第1款规定:"申请设立合伙企业,应当向企业登记机关提交登记申请书、合伙协议书、合伙人身份证明等文件。"该条对合伙企业的登记问题作出了规定。又如,《个人独资企业法》第9条第1款规定:"申请设立个人独资企业,应当由投资人或者其委托的代理人向个人独资企业所在地的登记机关提交设立申请书、投资人身份证明、生产经营场所使用证明等文件。委托代理人申请设立登记时,应当出具投资人的委托书和代理人的合法证明。"该条对个人独资企业的登记问题作出了规定。

依据上述规定,非法人组织应当依照法律的规定登记。一方面,对于未进行登记的社会组织,其在性质上就不属于非法人组织意义上的民事主体,而应当属于民事合伙,此类社会组织不享有民事权利能力,不能以自己的名义实施民事法律行为,也不能享有权利,承担义务。此类未经登记的社会组织不受《民法典》民事主体制度的调整,而应当受合同法的调整。另一方面,对于未经登记的社会组织而言,其并不属于民事主体,无法享有民事权利。例如,其不得登记为土地使用权的主体。又如,在债务承担方面,依据《民法典》第104条的规定,非法人组织的债务首先应由非法人组织的财产予以清偿,不足部分才由出资人或者设立人承担责任。而对未登记的社会组织而言,其债务则应当直接由其成员承担。

(二)设立审批:须经有关机关批准的应依法审批

《民法典》第103条第2款规定:"设立非法人组织,法律、行政法规规定

---

① 参见黄薇主编:《中华人民共和国民法典总则编解读》,中国法制出版社2020年版,第304页。

须经有关机关批准的,依照其规定。”对于特殊类型的非法人组织,法律、行政法规可能要求其设立必须经有关机关批准,此时,设立此类非法人组织即应当按照法律、行政法规的规定予以批准。非法人组织的设立需要经有关机关批准的情形主要包括如下两种。

1. 某种类型的非法人组织设立本身需要经过批准。例如,设立律师事务所和会计师事务所即需要经有关机关批准,对此,《律师法》第 18 条规定:“设立律师事务所,应当向设区的市级或者直辖市的区人民政府司法行政部门提出申请,受理申请的部门应当自受理之日起二十日内予以审查,并将审查意见和全部申请材料报送省、自治区、直辖市人民政府司法行政部门。省、自治区、直辖市人民政府司法行政部门应当自收到报送材料之日起十日内予以审核,作出是否准予设立的决定。准予设立的,向申请人颁发律师事务所执业证书;不准予设立的,向申请人书面说明理由。”《注册会计师法》第 25 条第 1 款规定:“设立会计师事务所,由省、自治区、直辖市人民政府财政部门批准。”

2. 某些非法人组织的设立不需要经过批准,但其特定事项(如经营范围)可能需要经过批准。例如,依据《合伙企业法》第 9 条第 2 款的规定,如果合伙企业的经营范围属于法律、行政法规规定应当批准的项目,则该经营范围应当经有关机关批准。又如,《个人独资企业法》第 9 条第 2 款也作出了同样规定,即“个人独资企业不得从事法律、行政法规禁止经营的业务;从事法律、行政法规规定须报经有关部门审批的业务,应当在申请设立登记时提交有关部门的批准文件。”

当然,一般而言,对于应当经批准设立的非法人组织而言,在批准之后,仍然应当办理登记。批准和登记的功能存在一定的区别,批准主要是基于管理的需要,而登记主要起到一种公示的作用,即通过登记公示非法人组织的主体资格状况,从而降低交易相对人的识别成本,维护交易安全。

二、非法人组织的代表人

(一)非法人组织的代表人的概念和特征

非法人组织的代表人,是指由非法人组织的出资人或者设立人确定的对外代表非法人组织、对内组织经营管理的人。因为非法人组织作为一个组织体,对外必须通过法定代表人从事民事活动,非法人组织作为拟制的主体,也应该具有自身的独立意志,而这个意志也需要通过代表人的行为来表达。

允许非法人组织确定代表人具有重要意义:一方面,非法人组织作为独立的民事主体,能够以自己的名义对外活动,为了便于非法人组织参与民事活动,就应当允许非法人组织确定代表人。如果没有法定代表人,则将产生诸多问题,例如,代理人由何人授予其代理权?如何决定其是否越权?紧急情况下,代理人应该向何人请示可以转委托?另一方面,允许非法人组织确定代表人从事民事活动,第三人与非法人组织从事交易时能够明确知道谁能够有权代表非法人组织实施行为,也有利于维护交易安全。此外,规定非法人组织代表人制度也有利于控制非法人组织自身的风险,以防止非法人组织成员实施不当代表非法人组织的行为。例如,依据《合伙企业法》第 26 条第 2 款的规定,按照合伙协议的约定或者经全体合伙人决定,可以委托一个或者数个合伙人对外代表合伙企业,执行合伙事务。此时,如果确定了代表人,则应当由代表人代表非法人组织作出代表行为,其他成员不得代表非法人组织实施行为。

因此,《民法典》第 105 条规定:"非法人组织可以确定一人或者数人代表该组织从事民事活动。"非法人组织的代表人的特点在于:

第一,代表人应该根据非法人组织的章程、协议或经过共同决定而确定。[①] 例如,《合伙企业法》第 26 条第 2 款规定:"按照合伙协议的约定或者经全体合伙人决定,可以委托一个或者数个合伙人对外代表合伙企业,执行合伙事务。"因此,虽然合伙人对执行合伙事务享有同等的权利,但对合伙企业而言,合伙协议的约定或者经全体合伙人决定,可以委托一个或者数个合伙人对外代表合伙企业从事民事活动。

不过,非法人组织的代表人在与相对人从事民事活动时,相对人虽然有义务查明其是否为非法人组织的代表人,但可能很难查明非法人组织内部对其代表权限的限制,因此,《民法典》第 170 条第 2 款规定,非法人组织对执行工作任务的人员职权范围的限制,不得对抗善意相对人。作出此种规定主要是为了保护交易安全,同时减轻交易相对人的查询义务,提高交易效率。由此确定了非法人组织的执行工作任务的人员所从事的职权行为,即使超越内部权限限制,只要产生权利外观,使第三人产生合理信赖,也应该确定为非法人组织的行为。

第二,非法人组织代表人与非法人组织之间并不是代理关系,而应该是代表关系。非法人组织的代表人对外代表非法人组织从事民事活动,由此产生的民事权利和义务都应该由非法人组织承担,[②]不过,如果代表人执行职务时具有过错,如超越权限、滥用职权等造成非法人组织的损失,非法人

① 参见黄薇主编:《中华人民共和国民法典总则编解读》,中国法制出版社 2020 年版,第 309 页。
② 参见黄薇主编:《中华人民共和国民法典总则编解读》,中国法制出版社 2020 年版,第 310 页。

组织在承担责任后，有权向该代表人追偿。《民法典》第108条规定："非法人组织除适用本章规定外，参照适用本编第三章第一节的有关规定。"《民法典》第62条第2款规定："法人承担民事责任后，依照法律或者法人章程的规定，可以向有过错的法定代表人追偿。"上述两条规定为非法人组织行使追偿权提供了法律依据。

非法人组织的代表人不同于其代理人。应当看到，两者之间具有一定的相似性，因为二者的产生在一定情况下都需要授权，例如，非法人组织的决议所产生的代表人，需要有非法人组织的授权，才能代表非法人组织。但二者也存在重要区别：一方面，是否存在法律效果的归属过程不同。非法人组织的代表人从事民事活动，应视为非法人组织自身的行为，其法律效果直接归属于非法人组织。而代理人实施代理行为，其法律效果依据代理的原理归属于被代理人。另一方面，就权限而言，非法人组织的代表人除代表非法人组织从事民事活动外，还从事对内进行各种管理等事实行为，而代理人并不能从事该种行为，只能从事民事法律行为。此外，二者的举证责任不同。在越权代表的情形下，原则上法律行为有效，需要由非法人组织证明对方当事人知道或者应当知道代表人的代表权限。而在无权代理的情形下，相对人要使法律行为有效，必须举证证明自己有理由相信行为人有代理权，从而构成表见代理。

第三，代表人可以是一人，也可以是数人。依据《民法典》第105条的规定，非法人组织"可以"确定代表人，而非必须确定，因此，如果非法人组织确定了代表人，则由该代表人代表非法人组织行为；如果非法人组织未确定代表人，则非法人组织的所有成员都可代表非法人组织作出代表行为。[①] 例如，《合伙企业法》第26条第1款规定："合伙人对执行合伙事务享有同等的权利。"因此，如果合伙企业未确定代表人，则每一位合伙人均可对外代表合伙，其执行合伙事务的行为对合伙人均发生效力。

值得探讨的是，《个人独资企业法》第19条第1款规定："个人独资企业投资人可以自行管理企业事务，也可以委托或者聘用其他具有民事行为能力的人负责企业的事务管理。"此处所规定的投资人委托或者聘用他人管理个人独资企业事务的人，究竟是代表人还是代理人？笔者认为，个人独资企业也应当具有代理人，通常情形下，个人独资企业投资人就应当是其代理人，但投资人也可以委托或者聘用他人管理个人独资企业事务，其所委托或

---

① 参见杨立新：《〈民法总则〉规定的非法人组织的主体地位与规则》，载《求是学刊》2017年第3期。

者聘用管理事务的人,可以是代表人,也可以是代理人。《个人独资企业法》第19条第2款规定:“投资人委托或者聘用他人管理个人独资企业事务,应当与受托人或者被聘用的人签订书面合同,明确委托的具体内容和授予的权利范围。”因此,委托或者聘用他人管理个人独资企业事务,必须通过书面合同明确其权利义务。

(二)非法人组织代表人的义务

非法人组织的代表人虽然有权代表非法人组织对外行为,但其也应当负担一定的义务,这些义务主要包括:

一是勤勉义务。代表人应当在执行事务中遵循诚信原则,尽到充分谨慎的作为义务,不得擅自转委托、怠于执行非法人组织的事务等,并要按照业务判断规则(business judgement rule)的要求,为非法人组织的最大利益从事事务的执行。如果因自己的过错而给非法人组织造成损失,应当对非法人组织承担赔偿责任。①

二是忠实义务。该项义务要求非法人组织的代表人应当对非法人组织负有忠诚的义务,在执行非法人组织的事务时,应当按照非法人组织利益最大化的原则进行,不得借执行非法人组织事务牟取私利,不得侵夺非法人组织的商业机会,不得与第三人恶意串通损害非法人组织的利益,也不得经营与非法人组织事业相竞争的事业。

三是报告义务。非法人组织的代表人在执行非法人组织的事务时,应当及时向非法人组织的其他成员报告事务执行情况、非法人组织的经营状况和财务状况等,以便其他成员对其进行必要的监督。

第四节　非法人组织的财产责任

一、非法人组织的财产责任的一般规则

所谓非法人组织的财产责任,是指非法人组织对非法人组织代表人的行为承担的法律后果。如前所述,非法人组织不同于法人,不能独立承担民事责任,在其财产不足以清偿其债务时,其出资人或者设立人仍然需要对该债务承担责任。对此,《民法典》第104条规定:“非法人组织的财产不足以清偿债务的,其出资人或者设立人承担无限责任。法律另有规定的,依照其规定。”

从比较法来看,关于非法人组织的财产责任具有两种模式:一是补充连

① See Franklin A. Gevurtz, *The Business Judgment Rule: Meaningless Verbiage of Misguided Notion*, Southern California Law Review, Vol. 67, p. 287 – 337(1994);邓峰:《业务判断规则的进化和理性》,载《法学》2008年第2期。

带责任,它是指对非法人组织债务,债权人应首先要求非法人组织作出清偿,当非法人组织的财产不足清偿时,各个出资人或者设立人就不足部分负连带赔偿责任,即非法人组织出资人或者设立人对非法人组织债务仅负补充责任。[①] 二是并存的连带责任,它是指非法人组织债务的债权人既可以请求非法人组织作出清偿,也可以向非法人组织的各个出资人或者设立人要求承担非法人组织债务,还可以要求非法人组织全体成员承担非法人组织债务[②],《民法典》第104条规定:"非法人组织的财产不足以清偿债务的,其出资人或者设立人承担无限责任。法律另有规定的,依照其规定。"从该规定来看,并没有提到"连带"二字,之所以未对此作出规定,是因为非法人组织还包括个人独资企业,而个人独资企业仅有一个投资者和设立者,不存在连带责任,但除此之外,非法人组织都存在连带责任。依据《民法典》第104条的规定,只有在非法人组织的财产不足以清偿债务时,其出资人或者设立人才承担无限责任,这实际上是对非法人组织的出资人或者设立人的责任采取了补充连带责任的立场。

依据《民法典》第104条的规定,非法人组织的偿债规则包含如下两层含义。

第一,首先以非法人组织的财产清偿债务。法律上之所以确认非法人组织作为独立的民事主体,在很大程度上就是要确认其能够以自己的名义承担责任,履行义务。既然非法人组织作为独立的民事主体,并且具有自己相对独立的财产,那么其首先应当以自己的财产对外承担责任。而且法律上一旦确定其为独立的民事主体,其与一般的民事合伙就是不同的。原则上,凡是非法人组织有自己财产的,都应当先以自己的财产承担责任。我国有关的法律法规也对此作出了规定。例如,《合伙企业法》第38条规定:"合伙企业对其债务,应先以其全部财产进行清偿。"《个人独资企业法》第31条规定:"个人独资企业财产不足以清偿债务的,投资人应当以其个人的其他财产予以清偿。"上述规则都确立了首先由作为非法人组织的合伙企业、个人独资企业优先以自己的财产偿还自己的债务的规则。

第二,如果非法人组织的财产不足以清偿债务的,则应由其出资人或者设立人承担无限责任。如前所述,非法人组织不同于法人,其设立人或者出

---

① 参见郑玉波主编:《新编六法参照法令判解全书》,台北,五南图书出版公司1975年版,第161页。

② 参见谢鸿飞、朱广新主编:《民法典评注·合同编——典型合同与准合同》(第4册),中国法制出版社2020年版,第521页。

资人需要对非法人组织的债务承担无限责任。此处所说的无限责任,是指非法人组织的设立人或者出资人需要以其个人的全部财产对非法人组织的债务承担责任。就非法人组织的设立人或者出资人之间的关系而言,其应当对非法人组织的债务承担连带清偿责任,例如,《合伙企业法》第 39 条规定:"合伙企业不能清偿到期债务的,合伙人承担无限连带责任。"每个非法人组织的设立人或者出资人连带对债权人承担清偿责任,债权人可以选择其中一人、数人或者请求其全体承担全部清偿责任。某一设立人或者出资人在清偿全部债务后,其他设立人或者出资人的清偿责任也随之消灭。

《民法典》第 104 条规定的非法人组织的出资人或者设立人承担无限责任的特点在于:第一,它是一种法定责任,即非法人组织的出资人或者设立人不能通过约定免除此种责任,当事人如果作出了此种约定,该约定只能在其内部产生效力,而不能对抗债权人。但如果债权人认可的,也应当对债权人发生效力。第二,无限责任是一种对外的责任。也就是说,非法人组织的出资人或者设立人应该以其个人财产对非法人组织的债务负责,任何人都不能以非法人组织的债务非因个人行为造成的而提出抗辩。但是这并不妨碍某个非法人组织的设立人或者出资人在对外承担责任以后,享有向其他设立人或出资人追偿的权利。第三,有利于保障债权的实现。当非法人组织自身财产不足以清偿债务时,非法人组织的出资人或者设立人承担无限责任,进而扩大了债务承担的责任财产范围,使非法人组织获得更强的偿债能力,也便于法院的执行。[①]

二、非法人组织财产责任承担的例外

《民法典》第 104 条第 2 句规定:"法律另有规定的,依照其规定。"因此,如果有法律特别规定非法人组织的出资人或者设立人无须对非法人组织资不抵债部分债务承担无限连带责任,或者有其他限制的,则依据该具体规定确定出资人、设立人的责任。例如,依据《合伙企业法》第 2 条的规定,有限合伙人以其认缴的出资额为限对合伙企业债务承担责任。因此,在清偿合伙企业的债务时,有限合伙人所认缴的出资额是其责任承担的上限。如果有限合伙人认缴了出资,但尚未实际履行出资义务,则一旦合伙企业财产不足以清偿债务,该有限合伙人应如实履行出资义务。如果其已实际履行了出资义务,则在合伙企业财产不足以清偿债务时,不必再承担额外的清偿责任。不过,若有限合伙人在承担责任前已取回其出资,则在承担责任

① 参见黄薇主编:《中华人民共和国民法典合同编解读》,中国法制出版社 2020 年版,第 1530 页。

时,仍应以其出资的财产为限对合伙企业的债务负责。[①] 例如,《个人独资企业法》第 28 条规定:“个人独资企业解散后,原投资人对个人独资企业存续期间的债务仍应承担偿还责任,但债权人在五年内未向债务人提出偿债请求的,该责任消灭。”

三、非法人组织的出资人或者设立人的追偿权

如果非法人组织的出资人或者设立人承担了超过自己应当承担的清偿数额,有权向其他出资人或者设立人追偿。《民法典》第 519 条第 2 款规定:“实际承担债务超过自己份额的连带债务人,有权就超出部分在其他连带债务人未履行的份额范围内向其追偿……”《合伙企业法》第 40 条规定:“合伙人由于承担无限连带责任,清偿数额超过本法第三十三条第一款规定的其亏损分担比例的,有权向其他合伙人追偿。”通常,如果在非法人组织内部,就各个出资人或者设立人的清偿数额作出了约定,则应当按照约定确定清偿数额,如果没有约定,则应当按照《民法典》第 519 条第 1 款“连带债务人之间的份额难以确定的,视为份额相同”的规定平均分摊清偿数额。因此,非法人组织的出资人或者设立人承担的责任超过了其按照内部关系应当享有的债权数额,则其他债权人有权按照内部关系向该债权人追偿。[②] 但追偿只涉及合伙人的内部关系,不影响其外部连带责任的承担。

第五节　非法人组织的解散

一、非法人组织解散的概念

所谓非法人组织的解散,是指非法人组织章程或者法律规定的事由出现,或者基于出资人、设立人的决议,使非法人组织停止实施民事法律行为,并开始清理相关财产关系的法律程序。非法人组织的解散,即非法人组织根据出资人、投资人的合意或者法律规定的情形而终止民事主体资格。[③] 非法人组织解散具有如下特征:一是解散原因的多样性。从《民法典》第 106 条的规定来看,非法人组织既可以基于法律规定的原因解散,也可以基于章

---

① 参见韩长印主编:《商法教程》,高等教育出版社 2011 年版,第 135 页。

② 例如,在“潘某军、李某坤等与连云港共济化工有限公司、孙某源等追偿权纠纷案”中,法院认为,合伙各方并未约定合伙利润分配和亏损分担的方式,也未达成协议,应当按照出资比例分担亏损,本案中,被上诉人已经垫付了因涉案交通事故产生的合伙债务 2,037,700 元,超过其应当承担的份额,所以其有权向其他合伙人追偿。参见江苏省连云港市民事判决书,(2021)苏 07 民终 232 号。

③ 参见石宏主编:《中华人民共和国民法总则条文说明、立法理由及相关规定》,北京大学出版社 2017 年版,第 252 页。

程规定的事由解散,还可以基于出资人或者设立人的决定解散。二是并不当然导致非法人组织的终止。在非法人组织解散后,还需要进行清算,清算后才能办理相关的注销登记,非法人组织才终止。因此,解散并不导致非法人组织的主体资格立即消灭。三是非法人组织一旦解散,其民事行为能力就受到严格限制,其不得再实施相关的民事法律行为,而只能从事与清算相关的活动,如向债务人主张债权、接受债务人的履行等。

应该指出的是,非法人组织的解散与撤销不同,非法人组织的解散除法律规定的原因外,还可以基于章程规定或者出资人、设立人的决议而解散,其解散一般要体现非法人组织的自主自愿,而非法人组织的撤销一般不由非法人组织自己决定,而是由法律规定或由行政命令决定的。

二、非法人组织解散的原因

《民法典》第 106 条规定:"有下列情形之一的,非法人组织解散:(一)章程规定的存续期间届满或者章程规定的其他解散事由出现;(二)出资人或者设立人决定解散;(三)法律规定的其他情形。"这些解散事由大体上可以分为两类:一是任意解散事由,即基于组织成员(出资人、设立人等)的意愿而解散,包含了"章程规定的存续期间届满或者章程规定的其他解散事由出现"和"出资人或者设立人决定解散"的情形;二是强制解散事由,即非法人组织基于法律规定而被迫解散。具体而言,包括如下几种原因:

第一,章程规定的存续期间届满或者章程规定的其他解散事由出现。此种原因又可以具体分为两种情形:一是章程规定的存续期间届满。也就是说,如果非法人组织的章程规定了组织的存续期间的,该期间届满,非法人组织即可解散。一般来说,章程规定的存续期间届满,表明非法人组织的设立目的已经达到,此时,非法人组织可以基于组织成员的意思而解散。二是章程规定的其他解散事由出现。非法人组织的章程可能对非法人组织的解散事由作出了规定,如规定年盈利低于一定数额时,将解散该非法人组织,在符合该条件时,该非法人组织也应当解散。

第二,出资人或者设立人决定解散。非法人组织一般由出资人、设立人自愿成立,出资人或者设立人既可以决定成立组织,也能决定解散该组织。因此,即便没有出现法律或者章程所规定的事由,该非法人组织的出资人或者设立人也可以通过决定解散该非法人组织,这也是当事人私法自治的体现。对此,我国有关法律也作出了规定,例如,依据《合伙企业法》第 85 条的规定,全体合伙人决定解散的,应当解散。又如,依据《个人独资企业法》第 26 条的规定,投资人决定解散的,应当解散。

在出资人或者设立人通过决定解散该非法人组织时,应当依据章程或者当事人协商确定的程序来作出决定。如果当事人对决定解散非法人组织设定了一定条件,如要求出资人、设立人支持解散达到一定的比例,则出资人或者设立人决定解散非法人组织时应当符合该条件。非法人组织解散的条件和程序与法人解散不同,法人的解散大多由法律进行规定,如《公司法》规制公司解散的相关事宜。还需要指出的是,出资人或者设立人可以在任何时候决定解散该非法人组织。

第三,法律规定的其他情形。除上述情形外,法律还规定了其他非法人组织解散的事由,如果符合法律规定的事由,也将导致非法人组织的解散。例如,《合伙企业法》规定,合伙企业依法被吊销营业执照、责令关闭或者被撤销的,应当解散。

三、非法人组织解散后的清算

《民法典》第 107 条规定:"非法人组织解散的,应当依法进行清算。"非法人组织作为独立的民事主体,可以以自己的名义从事民事活动,享有权利、承担义务。因此,在非法人组织解散后,其必须进行清算,以及时了结相关的权利义务关系,并规范非法人组织的退出行为。如果非法人组织解散后长期不清算,可能导致相关的权利义务关系始终处于不确定状态,这会影响交易安全和交易秩序。

关于非法人组织清算的程序,《民法典》并没有作出统一规定,但相关的立法对个别类型的非法人组织的清算规则作出了规定。例如,《合伙企业法》对合伙企业的清算规则作出了规定,此时,合伙企业的清算应当适用该特殊规则。同时,依据《民法典》第 108 条的规定,非法人组织的清算也可以参照适用法人清算的相关规则。具体而言:在清算开始时,应当确定非法人组织的清算人,从而由其在清算期间代表非法人组织处理与清算相关的事务。一旦清算程序开始启动,非法人组织即应当停止与清算无关的活动。清算人应当及时通知该非法人组织的债权人,以便于债权人进行债权申报,清算人应当登记各债权人的债权。如果清算人未及时通知导致债权人未及时申报债权的,则债权人有权请求清算人承担责任。清算人应当按照债权平等原则,清偿各债权人的债权。清算结束,清算人应当编制清算报告,并向登记机关报送清算报告,申请办理注销登记,此时,非法人组织的主体资格消灭。

第三编

民事权利

第九章　民事权利的基本原理

第一节　民事权利概述

一、民事权利的概念

“权利”一词的拉丁语为*jus*,法语为Droit,德语为Recht,都有“法”的含义。在民法中,权利是指权利人对义务人提出的与自己的利益和意愿有关的、必须作为或不作为的要求。[①] 中国古代虽有民本思想。例如,“民惟邦本,本固邦宁”(《尚书·五子之歌》)、“民为贵,社稷次之,君为轻”(《孟子·尽心章句下》)就是对民本思想的经典表达,但我国始终不存在西方法制中的“权利”概念。直到19世纪中叶,美国学者丁韪良(W. A. P. Martin)和他的中国助手们翻译惠顿(Wheaton)的《万国律例》(Elements of International Law)时,才选择“权利”一词作为英文“rights”一词的对应词语,并说服朝廷接受这一翻译。[②]

民事权利本质上是指法律为了保障民事主体的特定利益而提供法律之力的保护,是法律之力和特定利益的结合,是类型化了的利益。正如德国学者冯·图尔所言:“权利是私法的核心概念,同时也是对法律生活多样性的最后抽象。”[③]民法典之所以被称为“民事权利宣言书”,就是因为民法以确认和保护民事权利为首要任务,民事权利构成了民法的核心内容,整个民法就是以权利为中心而构建的体系。

权利的本质在法理上一直存在争议,主要有如下几种观点。

---

① 参见夏勇:《中国民权哲学》,生活·读书·新知三联书店2004年版,第4页。

② 参见李贵连:《话说“权利”》,载《北大法律评论》第1卷第1辑。

③ 转引自[德]迪特尔·梅迪库斯:《德国民法总论》,邵建东译,法律出版社2000年版,第62页。

1. 意志说。该说又称为意思说，此说以德国历史法学派的萨维尼为代表。他认为，“权利为意志的自由，该意志自由即为人，并只有人是意志天赋的。就此在我们看来，每单个法律关系作为人格人与人格人之间的关系，通过一个法律规则加以确定”①，此种观点主张权利的本质就是意志，是个人意志所支配的范围。按照温德夏特给意志说下的经典定义，“主观的权利是一种意志力，或是法律命令所认可的一种意志支配力”②。因此，享有权利者必须是有意思能力的，无意思能力者就不能享有权利，也就没有权利能力。

意志说主张权利的本质是个人的意志。权利作为法律赋予权利人享有的行为自由，体现了权利人的自由意志。自由意志是权利存在的内在力量，某个主体选择何种权利通常都是基于其自由意志所选择的结果。但是，按照一些著名法学家如凯尔森等人的观点，意志说未能解释意志产生的根源。在民法上，意志仍然不能概括所有权利的本质属性。一方面，就许多民事权利而言，其产生、变更、终止不完全取决于个人的意志，而直接来源于法律规定或其他原因。例如，仅由法律规定而产生优先权，无论是在取得还是在内容上，不完全是个人意志任意选择的结果。另一方面，意志说要求具有意思能力的人才能取得并享有权利。但实际上，在民事权利领域，未成年人虽然不具有完全的意思能力，但仍然可以享有继承权、受遗赠权、物权等。因此，以意志说来解释，不能完全概括权利的本质。

2. 利益说。利益说的代表人物为德国利益法学派的学者耶林。这种学说认为，“权利是受法律保护的利益”③；按照这种观点，凡依法律规定归属个人生活的利益即为权利，权利主体与受益主体同一，“主观权利的真正实质存在于主体的利益，利益的实际效用和享受上”④。任何权利设定的最终目的都是实现权利人的利益。

利益说准确地概括了权利的本质即利益。事实上，权利人对权利的主张和追求，都是为了获得某种利益。利益包括个人利益和社会利益，权利最本质的属性是个人利益，权利只是利益的外在表现形式。利益既是权利主

---

① ［德］罗尔夫·克尼佩尔：《法律与历史——论〈德国民法典〉的形成与变迁》，朱岩译，法律出版社 2003 年版，第 64 页。

② ［法］狄骥：《宪法论》，钱克星译，商务印书馆 1962 年版，第 200 页。

③ 参见［德］耶林：《拿破仑法典以来私法的普通变迁》，徐砥平译，会文堂新记书局 1937 年版，第 18 页。

④ ［德］耶林：《拿破仑法典以来私法的普通变迁》，徐砥平译，会文堂新记书局 1937 年版，第 18 页。

体的初始动机，也是权利的最终归属。[①] 但是利益说也有不足之处。反对利益说的主要理由是：一方面，利益本身只是表现了权利存在的目的和主体享受和行使权利的目的，但并没有指出权利的取得及实现方式，即必须要通过法律的确认才能使民事主体享有权利，并通过国家的强制力排除他人的干涉，使权利人现实地享有某种利益，并于此种利益受到侵害时，获得法律的保护。另一方面，法律对利益的保护不一定通过赋予权利的方式，也可以通过单纯的保护权利之外的利益的方式加以实现，或者以通过保护某种权利而反射性地保护另外一种尚未上升为权利的利益，此种方式被称为法律的反射效力。法律还可以通过限制个人能力的方式来保护个人利益，如为了保护未成年人的利益而设立的行为能力制度。[②] 所以利益说不能概括对利益保护的各种方式。此外，某些权利也并不完全体现为利益，如父母对子女的监督权并非以具有何种利益为前提。[③] 所以温德夏特在批评耶林的观点时指出，权利的实质不是存在于利益之中，而是存在于为保护这种利益由法律命令所作的决定之中。[④]

3. 法力说。该说又被称为法律力量说，由德国学者梅开尔（Merkel）所倡导，在欧洲许多国家，法律力量说正成为通说。这种学说认为，权利的本质表现为法律上之力，权利是由特定的利益和法律上之力两种因素构成的。特定利益为权利的内容，法律上之力为权利的外形。法律为保护或充实个人的特定利益，才给人以特定的法律上之力，使其借以享受特定的利益[⑤]。根据法力说，权利乃是一种法律上之力，其为法律所赋予，此种力量受到法律的支持和保护，依据这种力量，权利人可以支配特定的标的物。当然，不同的权利，其法律上之力也各不相同，但将法律上之力作为所有权利的共同特征是深具意义的。[⑥]

尽管法力说概括了权利所具有的拘束力和权利所实现的方式和途径，但在名称上用此种概括是不妥的，因为权利不能简单地以法律上之力来概括，不过该学说认为权利是由特定的利益和法律上之力构成的，这是值得赞同的。

---

① 参见程燎原、王人博：《赢得神圣——权利及其救济通论》，山东人民出版社 1993 年版，第 29 页。

② 参见［葡］平托：《民法总论》，澳门大学法学院、澳门法律翻译办公室 1999 年版，第 89 页。

③ 参见李模：《民法总则之理论与实用》，台北，1992 年自版发行，第 21 页。

④ 参见［法］狄骥：《宪法论》，钱克星译，商务印书馆 1962 年版，第 200 页。

⑤ 参见申卫星：《溯源求本道“权利”》，载《法制与社会发展》2006 年第 5 期。

⑥ 参见申卫星：《溯源求本道“权利”》，载《法制与社会发展》2006 年第 5 期。

笔者认为,上述各种观点不无道理,可以借鉴法力说和利益说的合理之处来解释权利。民事权利应该是利益和法力的结合,其本质上是指法律为了保障民事主体的特定利益而提供法律上之力的保护,是法律上之力和特定利益的结合,是类型化了的利益。正如一些德国学者指出的,权利是"一种由法律赋予个人的权利力量,其旨在满足人的利益"①。它是利益和力量的结合。利益说和力量说是从不同角度对民事权利所作的说明,单纯从任何一个方面都不能对权利的本质属性作出完全的概括。利益说揭示了民事权利的内容和目的,但没有解释此种内容实现的手段和方式;而法力说则解释了权利所具有的作用,权利赋予主体一定的自由等,但并没有表达出权利的内容和目的,只有将两者结合起来才较为妥当。

二、民事权利的特征

(一)民事权利是由民法所确认的一种权利

民事权利是由民法所确认的权利,这表明民事权利不同于任何个人在公法上的权利。公法上的权利主要是指宪法和行政法所确认的公民所享有的各种权利,如宪法规定的公民所享有的选举权和被选举权、劳动权、休息权等。这里所说的民事权利是指由民法所规定的民事权利,又称为私权。私权与公权之间的区别在于:

第一,法律依据不同。公权一般由公法所规定,而私权则由私法所规定。② 正是因为私权与公权分别由私法和公法所规定,所以二者在内容、行使规则等方面都存在较大差别。例如,就权利行使方式而言,私权遵循"法无禁止即可为",而公权的行使则应遵循"法无授权不可为"。

第二,义务主体不同。私权无论为绝对权还是相对权,其义务主体都只是特定或不特定的民事主体。而大多数公权利从形式上看是一种权利,但实际上是国家规定的一种职责,如公民享有劳动权,则国家应承担为公民提供就业机会的义务。例如,宪法基本权利规范,旨在保障人民免受国家权力滥用的侵害,只是对国家设定义务,关乎国家权力的行使,而一般不对民事主体产生效力。③

第三,权利的内容和目的不同。公民在公法上的权利通常要求公权力

---

① Enneccerus-Nipperdey, Allgemeiner Teil des Bürgerlichen Rechts, 15. Aufl. 1959, p. 429 – 430.

② 参见郑玉波:《民法总则》,中国政法大学出版社 2003 年版,第 65 页。

③ 参见沈岿:《"宪法第一案"司法理论及质疑》,载中国人民大学民商事法律科学研究中心、最高人民法院《人民司法》编辑部主办:《判解研究》2002 年第 1 辑,人民法院出版社 2002 年版,第 45 ~ 65 页。

机关为一定行为或者不为一定行为,它是政治国家的一个范畴。而公民的民事权利是用于对抗他人侵犯的权利。这两种权利的内容是不同的,并分别受到不同法律的保护。[①]

第四,救济途径不同。民事权利是私法上的权利,对该权利的侵害一般通过民事诉讼的方式、适用民事诉讼程序提供救济。私权表明的是两个平等的民事主体之间的地位,国家处于中立的位置,如果双方发生争议,国家要从中解决争议。私权关系本质上就是平等主体之间的关系,可以由当事人处分其权利和利益。公法上权利的行使和保护,涉及国家的存在,规定的是国家的义务和责任。[②] 而针对侵害公法上权利的救济,则一般通过行政复议、行政诉讼的方式进行。

(二)民事权利是由民事主体所享有的利益

民事权利的设定大多体现了主体一定的利益目的,即主体为了追求一定的利益而从事一定的民事活动取得权利。没有利益,民事权利就失去了设定的目的。[③] 同时,民事权利的内容体现了权利人的利益。民事权利分为财产权利和人身权利,分别体现为财产利益和人身利益。权利的本质就在于对个人利益的确认,民事权利本身也体现了主体的一定利益。还应当看到,民事权利的行使也体现了民事主体的利益。当事人行使或不行使权利,以及行使权利的方式等,都与权利人的利益直接相关。

应当指出,主体享有、行使、支配某种权利都是为了满足其特定利益需要。但是权利内容并不完全是一种个人利益的产物。因为权利本身要符合国家意志,权利需要体现一定社会目的和价值,所以国家就有必要协调个人利益和社会利益之间的冲突,从维护社会整体利益出发对民事权利的内容作出某种必要的限制,从而在一定程度上使权利的内容体现社会利益的要求。所以,权利内容本身是个人利益和社会利益的产物。在利益中,不仅包括民事主体的个人利益,而且在特定情况下可能还包括社会公共利益。

利益虽然是权利的主要内容,但并不是说所有的利益都能够表现为权利。我国《民法典》第3条规定:“民事主体的人身权利、财产权利以及其他合法权益受法律保护,任何组织或者个人不得侵犯。”该条规定合法权益也受法律保护,表明在权利之外仍然有一些合法的利益存在,但它们没有被确认为权利。例如,占有的利益、死者的人格利益等。所以,完全以利益来概

---

① 参见申卫星:《构建公权与私权平衡下的中国物权法》,载《当代法学》2008年第4期。

② 参见申卫星:《构建公权与私权平衡下的中国物权法》,载《当代法学》2008年第4期。

③ 参见郑玉波:《民法总则》,中国政法大学出版社2003年版,第65页。

括权利也不十分准确。

（三）民事权利体现为民事主体一定范围内的行为自由

权利的存在为民事主体的行为提供了一定的自由空间。“权利是个人自治权的外显及行为手段”，[①]民事主体可以在权利范围内自由地行为。权利人享有的自由包括：第一，权利人是否行使权利的自由，权利人可以选择行使或不行使权利，权利人不行使权利不应承担法律责任。第二，权利人处分非专属性权利的自由。第三，权利人选择权利行使方式的自由。第四，权利人选择权利救济方式的自由。权利人是否选择救济，选择私力救济还是公力救济，以及选择何种具体的救济手段，都应当由当事人依法自由选择，除涉及公共利益外，国家一般不应予以干涉。

权利中的自由和利益是密切联系在一起的。正因给予了民事主体一定的自由，民事主体才有可能去实现其利益，有时自由本身就意味着一定的利益。例如，只有享有处分的自由，才可能使权利人真正实现其所有权。反之，限制了民事主体的自由，实际上就减损了其利益。例如，在物上设定用益物权或担保物权，则所有权的价值将受到减损。

（四）民事权利都受到国家强制力的保障

权利在性质上是一种法律上之力。权利人依法可以请求义务人为一定行为或不为一定行为，以保证其享有或实现某种利益。但是，单纯从利益角度还不能完全揭示权利的本质。权利人因他人的行为而使其利益受到侵害时，还可以请求有关国家机关采取强制措施予以保护。[②] 例如，民事权利的实现大多需要赋予权利人一种请求权，即请求义务人履行义务。要使权利人的权利得以实现，最有效的手段是赋予其一项相应的请求权。这种请求的权利实际上是法律赋予其一定的力量，所以把利益说和法力说结合起来才能够解释权利的本质。总之，任何民事权利都能够获得民法上的救济，无救济则无权利。反之，某种权利能否获得民法上的救济，也是区分民事权利和公法权利的重要标准。

（五）权利是类型化了的利益

在民法上，并非所有的利益都可以称为权利。权利是考虑到社会的需要，在对利益进行类型化的基础上而形成的。权利是指那些被法律所确认的、类型化了的利益，如所有权、债权等。当然，权利和利益不能等同，并非所有的利益都是权利，从法律上说，权利和利益的位阶不同，义务的指向性

---

① 参见［葡］平托：《民法总论》，澳门大学法学院、澳门法律翻译办公室1999年版，第88页。

② 参见魏振瀛主编：《民法》（第4版），北京大学出版社、高等教育出版社2010年版，第37页。

不同，且对权利和利益的保护也是有区别的。例如，在德国法中，利益的损害只有在“违反保护他人的法律”或“故意以悖于善良风俗的方法”时才构成侵权，其构成显然严于侵害权利①。从我国《民法典》的相关规定来看，对权利的保护程度明显高于利益。

原则上，民事权利应当由成文法所确认，但民事权利本身是一个开放的体系，完全由法律一览无余地予以确认是很困难的。立法者的理性有限，而社会生活变动不居，随着社会的发展，会出现一些新型的民事权益类型，如比较法上出现的采光权、日照权等。而且随着社会的发展，一些民事利益也可能上升为民事权利。例如，从我国立法来看，隐私早期体现为一种民事利益，通过名誉权保护，后来被我国立法确认为独立的隐私权。因此，民事权利是一个动态的、变动的体系。正因如此，我国《民法典》第126条规定，“民事主体享有法律规定的其他民事权利和利益”，从而保持了保护民事权益范围的开放性。

三、《民法典》总则编专设“民事权利”一章规定的特色和意义

《民法典》是全面保障私权的基本法，其立法宗旨就是“保护民事主体的合法权益”，《民法典》总则编专设“民事权利”一章（第五章），表明《民法典》是权利法，是权利保护法，是私权保障的宣言书，其核心功能是确认和保障私权。总则编专设“民事权利”一章规定的特色和意义如下：

第一，构建了民事权益体系。《民法典》总则编专设“民事权利”一章，集中地确认和宣示自然人、法人所享有的各项民事权利，包括人格权益、身份权、财产权（物权、债权、知识产权、继承权、投资性权利等）。从该章规定来看，其不仅包括各项人格权益，而且几乎把所有的各种有形的、无形的财产权益涵盖其中，这为研究民事权益提供了基础性法律的依据。在财产权客体方面，《民法典》适应大数据的发展，将数据、网络虚拟财产纳入财产的保护范围，扩大了财产权保护的范围。《民法典》明确了住宅建设用地使用权自动续期规则，从而建立了财产权保护的长效机制，为人们确立财产权的稳定预期提供了根本保障。

第二，明确了民事权益位阶。总则编第五章在规定民事权益时，对于各项权益的列举的先后顺序实际上明确了权益位阶，旨在解决权益冲突。明确民事权益的位阶，就是对相互冲突的民事权益进行排序。“权益位阶不仅

---

① Vgl. Peifer, Schuldrecht: Gesetzliche Schuldverhältnisse, 6. Aufl., Nomos Verlagsgesellschaft, Baden-Baden 2020, S. 42 – 43.

存在于法律体系本身,也存在于具体的个案当中。”[①]从具体个案来看,在发生权益冲突时,如果法律对权益冲突的平衡和解决没有作出明确规定,就需要借助民事权益的位阶,为法官准确适用法律、解决权益冲突提供价值指引。而要完成这一任务,不仅依赖对《民法典》中相关具体规则的解释,还取决于对《民法典》具体制度背后价值位阶的探究。例如,数据处理者应当充分尊重信息主体的个人信息权益,在数据处理者和信息主体各自行使权益并发生冲突时,如果缺乏法律对解决冲突的明确规定,就有必要依据权益位阶理论,基于人格尊严优先的原则,优先保护信息主体的权利。其理由在于,个人信息所彰显的人格尊严要优先于数据这种财产利益受到保护。

第三,保持了开放性。随着社会经济生活的发展,尤其是随着互联网、高科技、大数据技术的发展,各种新型权益不断产生。例如,数据权益、智能合约、区块链产生的各种合法权益、网络虚拟财产等新型权益都应当纳入民法学的研究范畴之内。《民法典》第 126 条规定:“民事主体享有法律规定的其他民事权利和利益。”依据该条规定,不论是权利还是利益,都受到法律保护。这不仅与保护民事权益的基本原则相对应,而且为将来对新型民事权益的保护预留了空间,保持了私权保护的开放性。权益保护的开放性在人格权编中表现得尤为明显。依据《民法典》第 109 条和第 990 条第 2 款的规定,自然人享有的基于人身自由、人格尊严产生的其他人格利益也受到保护。在这两个条款中,实际上确认了“其他人格权益”的概念,表明一般人格权是一个兜底性条款,可以为各项新型人格利益提供法律保护的依据,这就保持了人格权益类型体系的开放性。[②] 我国《民法典》设立一般人格权的目的就是保持人格权保护的开放性,从而不断适应和满足社会发展对人格权保护提出的新要求和新需要。

第四,规定了民事权利行使的基本规则。《民法典》总则编第五章系统规定了民事权利行使的规则,包括权利的自愿行使规则、义务必须履行规则、禁止滥用权利规则等,为规范民事权利的行使和保障提供了重要依据。以《民法典》第 132 条所规定的禁止滥用权利而言,其可以协调权利冲突,实现利益衡平,维护诚信原则。“自由止于权利”,权利人行使权利的边界是不得介入他人的权利范围。正如功利主义哲学家密尔曾形象地指出,“挥舞拳

---

① 李友根:《权利冲突的解决模式初论》,载浙江大学公法与比较法研究所编:《公法研究》(第 2 辑),商务印书馆 2004 年版,第 287 ~ 319 页。

② 参见杨芳:《德国一般人格权中的隐私保护——信息自由原则下对“自决”观念的限制》,载《东方法学》2016 年第 6 期。

头的自由止于他人的鼻尖”,或者说,一个人的权利主张以不损害其他社会同伴的权利为边界。[①] 由于权利的类型繁多,滥用权利的形态也不一而足,其可以广泛适用于滥用诉权、防卫过当、滥用解除权、滥用财产权(如无正当理由禁止袋地权利人通行)、不当申请专利和注册商标、滥用禁令、滥用股东有限责任或者股东权利、滥用算法等各种情形。这也表明,我国《民法典》虽然全面维护私权,但也规定了行使个人权利时必须履行的社会义务,强调个人权利行使的正当性,这与纯粹强调个人主义的民法典并不相同。

众所周知,现代法治的核心在于“规范公权、保障私权”,法律的功能主要是确认权利、分配权利、保障权利、救济权利,《民法典》全面确认和保护民事权利,使其真正成为“民事权利的宣言书”,并奠定了现代法治的坚实基础。保障私权就是为了更好地保障最广大群众的根本利益,保护人民群众对美好生活的向往。此外,由于私权的保护在一定程度上界定了公权行使的范围,因而也将起到规范公权的作用。

第二节 民事权利的法定类型

一、《民法典》总则编规定的基本民事权利类型

民法本质上是权利法,《民法典》以民事权利为主线,构建了逻辑严谨的制度和规范体系,《民法典》总则编单设“民事权利”一章(第五章),全面规定了基本的民事权利类型,并构建了完整的民事权利体系。

(一)人格权

人格权是指以民事主体固有的人格利益为客体,以维护和实现人格尊严、人身自由为目的的权利,包括生命权、身体权、健康权、姓名权、名称权、肖像权、名誉权、荣誉权、隐私权、婚姻自主权等。我国《民法典》第 109 条、第 110 条、第 111 条对此作出了规定。人格权在类型上包括如下类型:一是一般人格权。一般人格权是相对于具体人格权而言的,它是自然人享有的,以人格尊严、人身自由为内容的,具有高度概括性和权利集合性特点的权利。《民法典》第 109 条规定:“自然人的人身自由、人格尊严受法律保护。”该条在法律上确认了一般人格权,形成了对人格权进行保护的兜底条款,这既保持了人格权体系的开放性,又为新型人格利益保护预留了空间。二是具体人格权,其可以细分为自然人的人格权和法人、非法人组织的人格权。

---

① See John Stuart Mill, On Liberty 13 (Currin v. Shields ed., Liberal Arts Press 1956) (1859), cited in Joseph Elford, *Trafficking in Stolen Information: A "Hierarchy of Rights" Approach to the Private Facts Tort*, 105 Yale Law Journal 727, 728 (1995).

《民法典》第110条第1款规定："自然人享有生命权、身体权、健康权、姓名权、肖像权、名誉权、荣誉权、隐私权、婚姻自主权等权利。"该款对自然人的具体人格权作出了规定。《民法典》第110条第2款规定："法人、非法人组织享有名称权、名誉权和荣誉权。"该款虽然确认了法人、非法人组织的三项具体人格权，但采取了封闭列举的方式。三是个人信息（personal information）。所谓个人信息，是指与特定个人相关联的、反映个体特征的、具有可识别性的符号系统，包括个人身份、工作、家庭、财产、健康等各方面的信息。我国《民法典》只是规定了个人信息应当受到法律保护，而没有使用"个人信息权"这一表述，表明《民法典》并没有将个人信息作为一项具体人格权利，而是作为一种人格利益予以保护的。

（二）身份权

身份权，是指为法律所保护的基于民事主体某种行为、关系所产生的与其身份有关的人身权利。《民法典》第112条规定："自然人因婚姻家庭关系等产生的人身权利受法律保护。"婚姻家庭编全面确认了自然人因婚姻、家庭关系等产生的人身权利。身份权不同于人格权，其并不具有固有性，而且主体所享有的身份权并不完全相同，即便某个人不具备某种身份权，也并不一定会影响其民事主体资格；同时，身份权因其主要是基于亲属法上的身份关系所产生的，因此只能由自然人享有。人格权与身份权共同构成了人身权，二者具有相似性，因而《民法典》第1001条规定："对自然人因婚姻家庭关系等产生的身份权利的保护，适用本法第一编、第五编和其他法律的相关规定；没有规定的，可以根据其性质参照适用本编人格权保护的有关规定。"依据该规定，有关人格权保护的规定也可以参照适用于自然人因婚姻家庭关系等产生的身份权利的保护。

（三）物权

物权是指权利人对特定物所享有的直接支配和排他的权利。物权的主体是特定的权利人，而义务人是不特定的第三人。物权的客体主要是有体物，但在例外的情形，可以为人力所支配的无形的自然能量（如电力、光波、有线电视信号等）也可用物权的保护。依据《民法典》第114条第2款的规定，物权包括所有权、用益物权和担保物权。所有权是指所有人依法享有的对其财产进行占有、使用、收益和处分的权利，它是指所有人在法律规定的范围内，独占性地支配其财产的权利。[①] 他物权又称为定限物权、有期物权，是指根据法律规定和当事人的约定，由非所有人在所有人的财产上享有的

---

① 参见王泽鉴：《民法物权》，中国政法大学出版社2001年版，第50页。

占有、使用、收益权以及在特殊情况下依法享有的一定的处分权。我国《民法典》将他物权进一步区分为用益物权和担保物权,并分别在物权编第三分编、第四分编中作出规定。

关于物权的类型,《民法典》第116条规定:"物权的种类和内容,由法律规定。"该条确立了物权法定原则。物权法定原则,是指物权的种类、内容应由法律明确规定,而不能由法律之外的其他规范性文件确定,或由当事人通过合同任意设定。物权法定是大陆法系各国(地区)物权法所普遍承认的基本原则。它对于准确地界定物权、定分止争、确立物权设立和变动规则、建立物权的秩序都具有十分重要的意义。物权法定原则包括物权种类法定和物权内容法定,前者是指哪些权利属于物权,哪些不是物权,要由物权法和其他法律规定;后者是指物权的内容必须要由法律规定,当事人不得创设与法定物权内容不符的物权,也不得基于其合意自由决定物权的内容,同时,当事人不得作出与物权法关于物权内容的强行性规定不符的约定。

(四)债权

所谓债权,是指特定主体请求特定主体为一定行为或者不为一定行为的权利。《民法典》第118条第1款规定:"民事主体依法享有债权。"该款就宣示了民事主体可以依法享有债权。债主要包括如下几种类型:一是合同之债。合同是债权发生的重要原因,合同债权是基于当事人的意思而产生的债权,属于意定之债的范畴。《民法典》第119条规定:"依法成立的合同,对当事人具有法律约束力。"本条对合同的约束力作出了规定。二是侵权损害赔偿之债。《民法典》第120条规定:"民事权益受到侵害的,被侵权人有权请求侵权人承担侵权责任。"依据该规定,侵权行为是责任承担的前提和依据,凡是实施了侵权行为的行为人,都要承担相应的后果。在我国《民法典》侵权责任编中,侵权责任承担方式主要是损害赔偿,而侵权损害赔偿之债也属于法定的债的类型。三是无因管理之债。无因管理,是指没有法定或约定的义务,而管理他人事务的行为。其中,行为人称为管理人,被管理人称为本人(又称为受益人)。所谓"无因",即无法律上的义务。[①]《民法典》第121条规定:"没有法定的或者约定的义务,为避免他人利益受损失而进行管理的人,有权请求受益人偿还由此支出的必要费用。"该条对无因管理之债作出了规定。四是不当得利之债。不当得利,是指没有法律上的原因而获得利益,并使他人遭受损失的事实。《民法典》第122条规定:"因他人没有法律根据,取得不当利益,受损失的人有权请求其返还不当利益。"

---

① 参见王泽鉴:《债法原理》,中国政法大学出版社2003年版,第416页。

该条对不当得利之债作出了规定。

需要指出的是,我国《民法典》并没有规定独立的债法总则,而是以合同编通则发挥债法总则的功能,侵权责任单独独立成编,而不当得利、无因管理是作为准合同在合同编中作出规定的(参见合同编第三分编)。

(五)知识产权

知识产权,是指权利人对其智力成果和工商业标志享有的权利。《民法典》中虽未对知识产权作出系统规定,但《民法典》第123条第1款规定:"民事主体依法享有知识产权。"该条宣示了知识产权作为一种民事权利应当受到法律保护。《民法典》第123条第2款规定:"知识产权是权利人依法就下列客体享有的专有的权利:(一)作品;(二)发明、实用新型、外观设计;(三)商标;(四)地理标志;(五)商业秘密;(六)集成电路布图设计;(七)植物新品种;(八)法律规定的其他客体。"从该款规定来看,其在规定知识产权的客体时,采用了具体列举与兜底规定相结合的方式,扩大了知识产权的范围,并为将来对新型知识产权保护预留了空间。

(六)继承权

继承权,是指继承人依据法律规定或者遗嘱而取得被继承人财产的权利。继承权并不是财产权,也不是人身权,而是具有综合性的权利。《民法典》第124条第1款规定:"自然人依法享有继承权。"这就在法律上确认了自然人享有的继承权。对继承权的保护主要是通过继承法来实现的。继承法,是指调整因自然人死亡而发生的继承关系的法律规范的总称,换言之,是有关自然人死亡后将其遗留的财产转移给生者的法律制度。[①] 从实质上看,个人的财产继承权不过是其财产所有权在死后的延伸,保护个人的财产继承权是对财产所有权的保护。因此,财产继承制度是民法的重要组成部分。我国《民法典》继承编对财产继承制度作出了全面规定。

(七)股权和其他投资性权利

《民法典》第125条规定:"民事主体依法享有股权和其他投资性权利。"该条规定了两项权利,一是股权,二是其他投资性权利。从广义上讲,股权是指股东可以向公司主张的各种权利;从狭义上讲,股权是指股东因出资而取得的,依法律或者公司章程的规定和程序参与公司事务并在公司中享受财产利益的,具有可转让性的权利。所谓其他投资性权利,主要是指民事主体通过各种投资而取得的权利,如通过购买基金、保险等而取得的权利。

---

① 参见郭明瑞、房绍坤、关涛:《继承法研究》,中国人民大学出版社2003年版,"前言"。

一般而言,股权等投资性权利是由公司法、保险法等特别法规定的,主要受特别法调整,《民法典》第125条对股权等投资性权利作出规定,表明此类权利也受《民法典》的调整和保护,这实际上再次强调了我国实行民商合一的立法体例,各商事特别法是我国民事立法的组成部分,《民法典》对各商事特别法具有统率作用。

(八)数据、网络虚拟财产

我们已经进入到一个互联网、大数据时代,随着数字技术在政治、经济和文化领域的广泛运用和不断发展,作为数字技术核心载体的数据在社会生活中的重要地位已经得到了广泛重视,在以互联网广泛应用和大数据不断挖掘为背景的信息社会中,数据日益成为重要的财富,是经济增长和价值创造的重要源泉,甚至有学者称其为"新石油"(new oil)。① 数据、网络虚拟财产等数字财产以无体的信息内容和数字化载体为主要构成,因此,无形性是数字财产的重要特点。为了适应21世纪互联网、大数据时代的需要,顺应高科技发展的要求,《民法典》第127条规定:"法律对数据、网络虚拟财产的保护有规定的,依照其规定。"该条对数据和网络虚拟财产的保护作出了规定。虽然该条采取了引致性条文的表述,但实际上已在法律上承认了数据、网络虚拟财产可以作为财产等权益予以保护。具体而言:

1. 数据的权利。数据属于民事权益,其包括哪些权利,《民法典》并没有对此作出规定。笔者认为,首先,如果数据具有独创性,则其可以受到著作权法的保护。其次,数据中包含的个人信息应当受到人格权法的保护。数据中包含了复杂的权益类型,各种权益呈现一种网状结构,尤其是数据权益中常常包含个人信息权益,其与个人信息具有不可分割性,难以通过以所有权为基础的权利分离理论来解释,否则会割裂数据与个人信息之间的关联性,弱化对信息权利人的保护。因此,在信息主体的权利与数据权利主体产生冲突时,应当优先保护个人信息权益。最后,即使数据产品不具有独创性,其也可以作为财产受到法律保护。数据产品中也包括署名权、数据完整权、数据利用权、数据携带权、数据复制权等权利,都应受到法律保护,权利人也有权禁止他人发行、传播数据库中的数据。

2. 网络虚拟财产。网络虚拟财产是随着互联网的快速发展而产生的新的财产,如比特币、网游中的装备、账号、网店。它们与一般的财产在本质上有很大的共性,都具有一定的经济价值,甚至可以在一定范围内流通。例

---

① See Samuel Flender, *Data is Not the New Oil*, Towards New Data Sci (Feb. 10, 2015), https://towardsdatascience. com/data-is-not-thenew-oil-bdb31f61bc2d.

如,网店、游戏装备等,可以作为财产出售。在司法实践中,已经出现了电子游戏装备、QQ 号码归属等纠纷。[①] 非同质化代币(non-fungible token,NFT),又称为非同质化通证,是一种新型的网络虚拟财产,一种通过部署在区块链上的智能合约生成的数据产品。一个智能合约可以生成一个或者数个 NFT,而每一个智能合约上的 NFT 都有自己独立的编号(Token ID)。因此,建立在以太坊等公有链(而非私有链或者联盟链)上的 NFT 具有互通性,即不管发行方在哪个交易平台上发行 NFT,只要该 NFT 是部署在以太坊上的,那么 NFT 可以在全网范围内跨平台交易。NFT 数字作品的交易已经时有发生,且价格屡创新高,许多学者预言,此类网络虚拟财产将会成为一种重要的新型财产。[②]《民法典》对网络虚拟财产的保护作出原则性规定,可以为网络虚拟财产的保护提供法律依据。[③] 从《民法典》第 127 条的规定来看,既然承认网络虚拟财产具有财产性质,那么,对其就应当比照财产权的规则进行保护。我国《民法典》对数据和网络虚拟财产的保护作出规定,不仅彰显了时代性,而且表明《民法典》的规定具有前瞻性,因为随着互联网和数字技术等高科技的发展,数据和网络虚拟财产的重要性将日益突出。

网络虚拟财产应当受到财产权保护,而不能作为人格权进行保护,侵害网络虚拟财产也不能适用精神损害赔偿。但网络虚拟财产究竟是物权还是债权,目前仍未达成共识。一般认为,由于网络虚拟财产以当事人之间存在网络服务协议为前提,因而应当属于债权,可适用债权的相关规定对此类财产予以保护。但仅仅通过债权有时难以对此类财产提供保护。例如,黑客攻击篡改邮箱和网络店铺数据、第三人盗走游戏装备,用债权予以保护都比较困难,对平台自身可以通过违约解决,但违约责任对于第三人的侵害难以提供救济。对网络虚拟财产而言,平台和用户之间的关系具有债权特点,但对于第三人具有比较强的物权特点,如果用单一债权来解决,可能不利于保

---

① 例如,在"李某晨诉北极冰公司案"中,游戏玩家李某晨因为游戏道具被盗,遂以游戏运营商侵害其私人财产为由诉至法院。法院认为,"关于丢失装备的价值,虽然虚拟装备是无形的,且存在于特殊的网络游戏环境中,但并不影响虚拟物品作为无形财产的一种,获得法律上的适当评价和救济。玩家参与游戏需支付费用,可获得游戏时间和装备的游戏卡均需以货币购买,这些事实均反映出作为游戏主要产品之一的虚拟装备具有价值含量"。参见北京市第二中级人民法院民事判决书,(2004)二中民终字第 2877 号。

② 参见阮神裕:《区块链数字资产的财产意涵》,载《中国人民大学学报》2023 年第 2 期。

③ 参见北京市朝阳区人民法院民事判决书,(2003)朝民初字第 17848 号。

护此类财产。[①] 因此，也有必要通过物权请求权或请求损害赔偿的方式对受害人提供保护。

（九）其他合法权益

随着经济社会的发展，合法权益的范围是不断变化的，一些新型权益将不断出现，新型民事权益的范围十分广泛，不限于前述数据权利和网络虚拟财产，因此，《民法典》第126条在规定受法律保护的民事权益范围时使用了“其他民事权利和利益”这一兜底条款，这就为将来新型民事权益的保护提供了法律依据，保持了受法律保护的民事权益范围的开放性。例如，随着仿声技术的发展，非法合成、伪造、篡改他人声音的现象时有发生，侵害了他人的声音权益。声音作为一种新型人格权益，迫切需要受到法律保护，因此《民法典》第1023条规定了对声音权益的保护。

《民法典》第126条也有效规范了《民法典》与民事特别法之间的适用关系。从本条规定来看，民事主体享有法律规定的其他民事权利和利益，此处所说的“法律规定”不限于《民法典》的规定，也包括民事单行法的规定，即民事单行法所规定的民事权利和利益，也受到法律保护。例如，《反不正当竞争法》第11条规定：“经营者不得编造、传播虚假信息或者误导性信息，损害竞争对手的商业信誉、商品声誉。”本条对企业信誉的保护作出了规定。《民法典》第126条规定实际上也发挥了引致条款的作用。

上述权利大体上可以分为财产权、人身权和综合性权利。财产权是指以财产利益为直接内容的权利，其主体限于现实地享有或可以取得财产的人，而不像人格权那样可以为一切人普遍地享有。[②] 财产权不具有专属性，可以由主体转让、抛弃，也可以继承。《民法典》第113条规定，“民事主体的财产权利受法律平等保护”，这就确立了财产权的保护原则。财产权利主要包括两大类，即物权和债权。人身权是指以人身所体现的利益为内容的、与权利人的人身不可分的民事权利，它包括人格权和身份权。其中，人格权是指以生命、健康、名誉等人格利益为内容，并排斥他人侵害的权利。它主要包括生命权、健康权、姓名权、名誉权、肖像权、荣誉权、隐私权、婚姻自主权等。综合性权利，是指由财产权和人身权结合所产生的一类权利。这些权利的特点表现在，其内容既包括人身利益又包括财产利益，其专属性并不

---

① 参见熊丙万：《实用主义能走多远？——美国财产法学引领的私法新思维》，载《清华法学》2018年第1期；另见包晓丽、熊丙万：《通讯录数据中的社会关系资本——数据要素产权配置的研究范式》，载《中国法律评论》2020年第2期。

② 参见谢怀栻：《谢怀栻法学文选》，中国法制出版社2002年版，第354页。

十分强烈。[①] 典型的综合性权利主要包括知识产权、股权和其他投资性权利等。

二、民事权利的位阶

(一)民事权利的位阶构成

民事权利的位阶,是指特定民事权利在整个民事权利体系中的位序和层次的区分。我国《民法典》总则编第五章构建了完整的权利体系,构建了私权的基本体系,这既为全面保障私权提供了依据,也为单行法和行政法规保护民事权利提供了民事基本法的依据。但应当看到,整个民事权利体系存在位阶区分,在法律上明确民事权利的位阶区分有利于宣示生命至上、健康至上、人格尊严至上的价值理念,明确发生权利冲突时的保护规则,并有助于判断权利侵害的构成要件。此外,依据权利或利益所处的位阶不同,对其构成侵害所满足的要件也并不相同。一般来说,利益的位阶越高,保护程度越高;而利益的位阶越低,则其保护程度就相对较低。

以民事权利所处的位阶为标准,可以对民事权利体系进行如下区分。

一是物质性人格权。物质性人格权包括生命权、身体权、健康权,其在民事权利体系中处于最高的位阶。各国法律不仅在宪法中将生命健康权确定为公民最基本、最重要的权利,而且通过刑法等法律切实保护公民的生命健康权不受侵害。公民的生命健康权不仅是个人的基本权利,而且涉及公共利益。人格利益,尤其是生命健康的利益,应当高于财产利益。

二是精神性人格权。精神性人格权,是指除物质性人格权之外的其他人格权,包括姓名权、肖像权、名誉权、隐私权等。我国《民法典》总则编第五章在列举民事权利时,最先规定了人格权,之后才规定了身份权、财产权,这体现了精神性人格权优先于身份权、财产权的价值取向。同时,《民法典》第109条规定:"自然人的人身自由、人格尊严受法律保护。"该条是《民法典》总则编第五章的第一个条文,它充分彰显了立法者优先保护人格尊严的价值取向。人格尊严的优越性,必然要求我国《民法典》充分彰显人格尊严的基本理念和精神,人格权独立成编的宗旨就在于维护人格尊严。

三是身份权。此处所说的身份权主要是指基于婚姻家庭的特定身份产生的非财产权利,集中体现在《民法典》婚姻家庭编的规定之中,它是人身权的重要组成部分。人格权较之身份权,更直接地彰显了人格尊严,与人的主体性的联系更为直接,因此,身份权在权益位阶上应当排在人格权之后。但

---

① 参见谢怀栻:《论民事权利体系》,载《法学研究》1996年第2期。

在身份权与财产权发生冲突的情形下，从《民法典》的基本价值和规范解释来看，身份权优先于财产权，因为《民法典》第112条关于身份权保护的规定被置于财产权之前；同时，依据《民法典》第1001条的规定，身份权的保护可以参照适用人格权保护的规定。这也表明，在立法理念上，身份权的保护与人格权类似，在权益位阶上应当优先于财产权。

四是财产权利。财产权是指以财产利益为直接内容的权利，包括物权和债权，其主体限于现实地享有或可以取得财产的人，而不像人格权那样可以为一切人普遍地享有。需要指出的是，此处所说的财产权应当是指单个的权利人对其财产所享有的权利，而不涉及整个财产秩序与安全。从《民法典》关于权益的位序排列来看，财产权在位序上是置于人格权之后的。还要看到，《民法典》的相关规定也体现了人格权优先于财产权的理念。尤其是在人格权与财产权发生冲突时，按照人格尊严优先于财产利益的原则，人格权的保护也优先于财产权。

五是财产利益。在民事权益位阶中，财产利益要置于位阶的最后。根据权利不得减损理论，利益和权利不能等同对待，除了人格利益，其他利益和权利不能等同。法律所没有明确列举的新型财产利益，如果尚未上升到权利，就表明立法者认为其在社会中的地位还有待进一步发展和确定，其是否应当作为权利加以保护暂未形成普遍性的共识。尤其是由于利益的不确定性，社会公开性不足，第三人无从认知并且采取足够的注意措施，因此如果过度保护利益，也可能会影响人们的行为自由。所以，一般而言，法律对权利的保护程度略强，而对利益的保护程度较弱，保护条件也更为严格。

总之，《民法典》确认的民事权益是一个完整的体系，面对各种权利和利益冲突的争议，裁判者需要通过法律解释和利益衡量等方法，探寻立法者的意旨，确定立法者是否已经对权益位阶作出了预设性的规则。上述权益位阶只能适用于通常情形，在具体适用时，应结合个案场景妥当地进行具体考量。

（二）确立民事权益位阶的原则

在确定民事权益的位阶时，应当遵循如下原则。

第一，物质性人格权优先于一般权利。生命健康权作为最高的人权，理应置于权利体系最前部分加以规定。在《民法典》人格权编中，其也是最重要的人格权。现代化的过程是人的全面发展和完善的过程，现代化始终伴随权利的扩张和对权利的充分保护。同样，法律现代化的重要标志也主要表现在对权利的充分确认和保障方面，尤其是对人的生命健康权的优先保护方面。人格尊严、人身价值和人格完整，应该置于比财产权更重要的位置,它们是最高的法益。财产是个人的,但人是属于社会的,因而人身安全、人的尊严等涉及社会利益。[①] 我国《民法典》在立法精神上总体上体现了生命健康权应当优先保护的思想。例如,人格权编在民事权益的列举次序上,把生命健康权置于各种权利之首来进行规定,体现了立法者把生命健康作为最重要的法益予以保护这一以人为本的理念,体现了对人最大的关怀,这就确立了生命健康权应优先于一般人格权的规则。

第二,人格尊严优先于财产利益。各种权利与人格尊严的紧密度决定了权利受保护的顺位,与人格尊严的关联越强,其受到的保护就越优先。例如,我国《民法典》第 1021 条规定:"当事人对肖像许可使用合同中关于肖像使用条款的理解有争议的,应当作出有利于肖像权人的解释。"该条进一步强化了对权利人人格利益的保护,体现了人格权优于财产权保护的立场,也体现了维护个人人格尊严的理念。

第三,权利优先于利益的规则。权利本身体现的就是利益,且二者是相互转化的。[②] 随着社会的发展、纠纷的增多,一些利益也可能"权利化"[③]。在法律上,应当区分对权利的保护和对利益的保护。原因包括两个方面:一方面,权利都是公开的、公示的,且相对于利益而言内容更明确,为人们提供了更强的预期,是人们安排行为的重要标准。因此,应采用一般的侵权责任构成要件(严格责任的情形除外)。但是,利益不是由法律事先明确规定的,也无法明确规定,其往往都是由法官在新型纠纷发生后,根据个案总结提炼出来的利益种类,因此需要有不同的侵权责任构成要件。另一方面,从维护行为自由的角度来看,需要对利益的保护加以适当限制,确立不同于权利侵害的构成要件,因为对利益的过度保护往往会妨碍人们的行为自由。《民法典》采取了权利优先于利益的规则。例如,《民法典》采取了"隐私权"和"个人信息保护"的表达方式。依据《民法典》第 1034 条第 3 款的规定,在两者发生重复的情形下应优先适用隐私权规则。因此,在法律保护上,对隐私权的保护程度要高于个人信息。

---

① 参见欧洲侵权法小组编著:《欧洲侵权法原则——文本与评注》,于敏、谢鸿飞译,法律出版社 2009 年版,第 63 页。

② 参见王胜明主编:《中华人民共和国侵权责任法解读》,中国法制出版社 2010 年版,第 10 页。

③ 扈纪华、石宏:《侵权责任法立法情况介绍》,载《人民司法》2010 年第 3 期。

第三节 民事权利的分类

一、支配权、请求权、抗辩权、形成权

根据权利的作用,民事权利可分为支配权、请求权、抗辩权和形成权。

(一)支配权

1. 支配权的概念和特征

支配权是指直接支配客体,并享受一定的利益的权利。支配权"系对于特定之权利客体得以直接支配之权利作用,故支配权之行使系依其对客体之支配予以现实化而为"[①]。物权是典型的支配权,并且以支配为其主要的功能。除物权以外,知识产权、人格权、身份权在性质上也可以称为支配权。但是身份权只是对身份利益的支配,而不是对他人人身的直接支配。在现代民法中,已经不存在以直接支配他人人身为内容的权利。支配权的特点表现在:

第一,支配权的客体是特定的,即特定化的财产和人身利益。尤其是就财产利益而言,支配权的客体必须特定化,才能对特定的财产产生排他的效力。权利人可以直接支配客体,以满足自己的需要,权利人有权禁止他人妨碍其支配客体。通常在同一权利客体之上不得存在双重的相互冲突的支配权。

第二,支配权的权利主体是特定的,而义务主体是不特定的。[②] 在这一点上,它与请求权是不同的。请求权具有相对性,无论是权利主体还是义务主体都是特定的。

第三,支配权的实现不需要义务人的积极作为,支配权不需要义务人的介入,即可使权利人的权利实现,但义务人不得实施妨碍支配权实现的行为。也就是说,支配权的行使和实现都具有直接性,可以通过权利人的直接行使而实现,不需要外力介入。[③] 但是,义务人必须不得实施妨碍权利人权利行使的行为,才能使支配权得以实现。支配权的行使,在大多数情况下属于事实行为,极少通过法律行为而行使支配权。例如,物权人行使其物权的支配权。

第四,支配权因支配而产生排他性等效力。支配权所产生的各种效力,因支配权的类型不同而有异。例如,物权人对物的支配可以产生排他、优

---

① 杨与龄主编:《民法总则争议问题研究》,台北,五南图书出版公司1998年版,第64页。

② [德]迪特尔·梅迪库斯:《德国民法总论》,邵建东译,法律出版社2000年版,第61页。

③ 参见龙卫球:《民法总论》(第2版),中国法制出版社2002年版,第140页。

先、追及等效力。

支配权常常是确认之诉的对象,支配权的产生和发展也是随着民事权利而发展的。在19世纪,学者大多不承认支配权的概念,而认为支配权就是物权。这是因为在许多国家民法中并没有承认人格权制度,知识产权也是在民法典之外以特别法的形式规定的。支配权概念的发展是人格权和知识产权发展的必然结果,正是因为出现了物权、人格权、知识产权,才有必要抽象出来支配权的概念,从而形成完整的民事权利理论体系。

2. 支配权的分类

根据所支配的客体不同,支配权可以分为如下几种类型。

第一,对物的支配权。物权人能够依据自己的意志依法直接占有、使用其物,或采取其他的支配方式。物权人的支配包括对特定的动产和不动产的实物的支配,也包括对物的价值的支配。当然,实物的支配与价值的支配是不能完全分开的。例如,恢复用益物权人对土地和房产的支配,也就保护了用益物权人对不动产的使用价值的支配;保护担保物权人对实物的支配,实际上也就维护了对交换价值的支配。当然,物权人对物的支配范围不仅受物本身的性质和效用等的限制,而且要受到物权本身的内容的限制。物权人直接支配一定的标的物,必然从支配中享有一定的利益。

第二,对人身利益的支配权。人身利益包括人格利益和身份利益,对人身利益的支配主要是通过人格权和身份权实现的。

第三,对无形财产的支配权。无形财产是与有形财产相对应的概念,一般是指基于创造性的智力成果所获得的权利,以及其他不以有体物为客体的权利。但对于无形财产的概念,仍然存在不同的理解。例如,许多日本学者认为,无形财产主要是指智力创造性成果。而法国学者一般认为,无形财产是指特定的财产权利,是一种非物质财富,主要包括知识产权以及对现代社会的商业信息所享有的权利。① 对于无形财产的支配主要表现为对知识产权、数据和网络虚拟财产等支配的权利。②

(二)请求权

1. 请求权的概念

所谓请求权,即请求他人为一定行为或不为一定行为的权利。请求权人自己不能直接取得作为该权利的内容的利益,必须通过他人的特定行为间接取得。请求权包括债权的请求权、物权的请求权、人格权上的请求权、

---

① 吴汉东、胡开忠:《无形财产权制度研究》,法律出版社2001年版,第37页。

② 徐国建:《德国民法总论》,经济科学出版社1993年版,第22页。

继承法上的请求权、亲属法上的请求权等。请求权的概念最早由德国学说汇纂学派代表人物温德夏特于1856年发表的《从现代法的立场看罗马私法上的诉权》一书中提出,他认为,请求权就是要求他人作为或不作为的权利。此种观点为《德国民法典》所采纳,[①]并为许多大陆法系国家或地区的民法所运用。[②] 请求权的适用领域十分广泛,有学者甚至认为,请求权在权利体系中居于枢纽地位。[③] 请求权的特点是:

第一,具有相对性。请求权都是发生在特定的相对人之间的一种权利,无论是基于债权产生的请求权,还是基于物权或其他绝对权利产生的请求权,都要转化为相对人之间的关系。也就是说,请求权只能向特定的义务人提出,要求其履行义务。请求权作为相对权,产生于具有特定请求内容关系的特定当事人之间。

第二,具有非公示性。由于请求权只是产生在特定当事人之间的关系,所以一般说来只有特定当事人才能了解,第三人并不知道。非公示性是请求权不同于支配权的一个重要特点。

第三,请求权作为独立的实体权利,连接了实体法和程序法的权利。因为民事诉讼可以分为三种,即确认、给付和变更之诉,这三种诉讼中给付之诉是民事诉讼的核心,而给付之诉的基础就是请求权。只有理解了请求权,才能理解给付之诉的基础。请求权不同于诉权,诉权是程序法上的权利,请求权是实体法上的权利。请求权可诉诸法院请求保护,此时,它表现为诉权。

第四,请求权既可以作为独立的权利,也可以作为实体权利的内容。一方面,请求权大多表现为实体权利,如物权请求权、人格权请求权等。正是因为请求权可以采取独立的形态,故权利人可以转让、抵销、准许延迟或免除请求权的具体内容。另一方面,请求权也可以只是某项权利的内容,必须依附于基础权利,从这个意义上说,请求权是由基础权利(如物权、债权)所发生的,如果没有基础权利,则当事人也难以享有请求权。[④] 例如,债权的请求权只是债权的内容,或者说是债权的主要内容。但债权又不限于请求权,债权除请求权以外,还包括“选择、解除、终止等权能,且债权请求权因时效而消灭时,债权虽减损其力量,但仍然存在,债务人仍为履行之给付者,不得

---

① 参见《德国民法典》第194条。

② [日]奥田昌道:《论请求权的概念》,载《东京大学法学论丛》(第82卷),第236页。

③ 王泽鉴:《民法总则》,北京大学出版社2009年版,第101页。

④ 参见郑玉波:《民法总则》,中国政法大学出版社2003年版,第67页。

以不知时效为理由,请求返还"[①]。可见,请求权只是债权的一项权能。

在民法上,研究请求权的意义主要表现在:第一,请求权的概念使民法典中有关债权的规定能够适用到其他非债的请求权上。请求权是作为一种民事权利而存在的,它不仅仅存在于债权法中,在物权法、亲属法、继承法等领域都普遍存在。例如,在所有人的财产遭受他人非法侵占的情况下,所有人可以根据物权请求权要求返还,此种请求权并非债权上的请求权。所以,请求权是与支配权、形成权、抗辩权相对应的权利。债权主要是请求权,而其他的各项权利在受到侵害以后也都转化为请求权;通常,要使某人在民法上的义务得以履行,必须赋予权利人相应的请求权,所以,请求权的产生,保障了权利的行使和义务的履行。第二,请求权概念的产生进一步增进了民法的体系性,民法也进一步形成一个有机的整体。请求权体系理念的发展,为从整体上把握民法,从体系的角度适用民法奠定了基础。例如,根据请求权体系的理论确定各项请求权是否可以并用,以及是否有优先顺序,可以为法官准确适用法律提供理论基础。[②] 第三,请求权概念的产生确立了诉讼时效制度适用的范围,从而使诉讼时效和取得时效之间具有明显的区别。一般认为,诉讼时效适用的对象主要为债权请求权。

2. 请求权的分类

根据产生的基础关系不同,请求权可以分为如下几类。

第一,债权的请求权,包括合同履行的请求权、违约损害赔偿请求权、缔约过失请求权、无因管理请求权、侵权的请求权、不当得利所产生的返还请求权。但是,赔礼道歉、恢复名誉等责任方式,因其在本质上不是一种给付关系,不应当包括在债权的请求权中。

第二,物权请求权,具体包括返还原物请求权、停止侵害请求权、排除妨碍请求权、妨碍预防请求权。

第三,占有保护请求权,它是指在占有受到侵害的情况下,而使占有人享有的占有返还请求权、妨碍排除请求权、消除危险请求权。

第四,人格权和身份权的请求权。人格权的请求权,主要是指在人格权受到侵害的情况下,产生的停止侵害、排除妨碍、消除危险的请求权。身份权的请求权主要包括抚养请求权、赡养请求权等。

第五,知识产权法的请求权,主要是指知识产权受到侵害的情况下,产生的停止侵害、排除妨碍、消除危险请求权等。

---

① 王泽鉴:《民法债编》(第 1 册),台北,1990 年版自版发行,第 17 页。

② 参见金可可:《论温德沙伊德的请求权概念》,载《比较法研究》2005 年第 3 期。

根据请求权的独立性和派生性，请求权可以分为两类：一是作为权利本身的内容而存在的请求权，如债权中的请求权，此种请求权以一定的实体法为依据，其存在不受是否有人提出主张的影响，也不受债权人是否知悉其请求权的影响。[①] 由于这种请求权已经包括在权利之中，是作为权能出现的，所以通常这种请求权一般仅在债法中作为债权权能来考察。二是在权利受到侵害的情况下，权利人针对义务人所提出的一种请求的权利，有学者将之称为"保护请求力"。在权利未受到侵害以前，此种权利是隐而不现的，一旦权利受到侵害，这种权利就表现出其作用，所以，它是实体权利的一种派生的产物，是以权利救济的手段出现的。学说上通常所说的物权请求权、侵权请求权、违约请求权等都属于这种权利，它是民法上请求权研究的主要对象。

3. 请求权与诉权

德国法学家温德夏特创造性地将罗马法上的诉权演化为现代私法的请求权，[②]他从对罗马法上的"诉"的本来面目的确认入手，并从中分离出请求权的概念，其目的在于通过"请求权"的媒介作用，把 actio（罗马法上的诉权）中的实质性内容移入实体法体系，从而摆脱从诉讼的角度把握权利的思维方式。许多学者认为，诉权是请求权在诉讼过程中的体现，请求权在权利与诉权之间起到一个中介作用，同时也在实体法与诉讼法之间起到一个阻断作用。

在我国，请求权与诉权一直没有严格分开，按照我国民事诉讼法学界大多数学者的观点，诉权是指当事人请求人民法院行使审判权以保护其民事权益的权利。严格地说，请求权是产生诉权的基础，只有存在请求权，才能够产生诉权，但从实体法的角度来看，请求权不能等同于诉权。其原因在于：第一，请求权可以作为独立的实体权利的内容存在，这些权利在没有受到侵害和未进入诉讼程序以前，也是客观存在的。第二，请求权具有可诉性，因此在当事人进入诉讼领域之后，请求权确实将派生出诉权，诉权正是请求权在诉讼上的具体表现。但是，在此种情况下，请求权也未必等于诉权。[③] 例如，当事人可能享有实体法上的请求权，但其起诉不符合诉讼法关于起诉条件的要求，其起诉被驳回或不予受理，在此情况下当事人仍然可以

① 参见［德］迪特尔·梅迪库斯：《德国民法总论》，邵建东译，法律出版社 2000 年版，第 69 页。

② 参见朱岩：《论请求权》，载中国人民大学民商事法律科学研究中心主办、王利明主编：《判解研究》2003 年第 4 辑，人民法院出版社 2003 年版，第 67～95 页。

③ 参见［德］康拉德·赫尔维格：《诉权与诉的可能性：当代民事诉讼基本问题研究》，任重译，法律出版社 2018 年版，第 49 页。

基于其请求权向行为人提出请求，所以请求权未必完全等同于诉权。诉权只是当事人向法院提起诉讼的权利，包括起诉权、反诉权和上诉权，但即便当事人抛弃这些权利，也不意味着其请求权就完全消灭。第三，诉权是程序法上的权利，请求权是实体法上的权利。请求权可诉诸法院请求保护，此时它可表现为诉权。请求权必须是向对方提出请求。例如，代位权必须通过提起诉讼才能行使，因此它又是一种特殊的实体法上的权利，不是严格意义上的请求权。

4. 请求权体系

民法上的请求权是由一系列的请求权所组成的体系。这些请求权包括合同上的请求权、侵权上的请求权、不当得利返还请求权、无因管理请求权、缔约过失责任请求权等。这些请求权组成了一个有机的整体，形成一个请求权的完整体系。德国学者梅迪库斯认为，请求权是一个完整的体系，它是由合同上的请求权、缔约过失责任请求权、无因管理请求权、物权请求权、不当得利返还请求权和侵权上的请求权所构成的体系。[①] 各种请求权在同一案件中同时并存或发生冲突时，应该确定各项请求权在行使上的先后顺序，以形成一种体系的观念。他认为，请求权的顺序应当按照上述顺序排列，这种观点是不无道理的。

（三）抗辩权

1. 抗辩权的概念与特点

抗辩权又称为异议权，它是指对抗对方的请求或否认对方的权利主张的权利。[②] 抗辩权是和请求权相对应的概念，如果将请求权比作矛，抗辩权就是盾。抗辩权的功能就是对抗或延缓请求权的行使，或使请求权归于消灭。[③] 所以，抗辩和请求是相辅相成的。例如，合同编规定的同时履行抗辩权、不安抗辩权等都是针对履行请求权而产生的权利。抗辩权具有如下特点。

第一，抗辩权是由法律明确规定的权利。抗辩权必须基于法律规定而产生，如果是约定的抗辩事由，仅产生合同的权利，一方行使基于约定的抗辩事由所产生的权利，仍然是行使合同权利。抗辩权本质上是一种私权，关系当事人自身的利益，而与社会公共利益无关，因而当事人是否行使抗辩权完全由当事人自己决定。如果当事人不主动援引抗辩权，则法院一般不能

---

① Dieter Medicus：Bürgerliches Recht，Carl Heymanns Verlag，1999，S. 5－9.

② 参见郑玉波：《民法总则》，中国政法大学出版社 2003 年版，第 69 页。

③ 参见王泽鉴：《民法总则》，北京大学出版社 2009 年版，第 104 页。

依其职权审查是否存在抗辩事由。当然，在当事人提出抗辩时，法院仍应当审查抗辩事由是否成立。[①] 由于抗辩权是由法律明确规定由一方享有的对抗另一方请求权行使的权利，[②]因此，在具体的法律关系中，只有在符合法律规定的抗辩权产生的条件的情况下，方可行使抗辩权。一般来说，行使抗辩权的效果都是由法律明确规定的。

第二，抗辩权是对抗或否认对方的请求权的权利。抗辩权“乃对抗请求权之权利也，其作用在于防御，而不在于攻击，因而必待他人之请求，始得对之抗辩。又抗辩权主要虽在对抗请求，但并不以此为限，对于其他权利之行使，亦得抗辩”[③]。抗辩权行使的主要目的就是对抗对方所提出的请求权。从抗辩权的效力来看，它可以包括如下两种：一是延缓对方的请求，如债务履行期限未届至的抗辩；二是排除对方请求权的抗辩，如当事人主张合同关系无效，从而排除对方依据合同请求履行的权利。

抗辩权不同于抗辩。抗辩是一个上位概念，抗辩的事由包括一切私法上的抗辩。如保证合同未成立、未生效或已经消灭而产生的抗辩等。抗辩权是抗辩的下位概念，抗辩包括抗辩权，[④]如果是抗辩事由，可不待权利人主张，法官需要依职权主动审查。如果是抗辩权，则其行使通常需要权利人主张，法官不能依职权进行主动审查。

第三，抗辩权的行使必须要以请求权的行使为前提。抗辩权是针对请求权而发挥作用的，只有在一方提出请求之后，另一方才能行使抗辩权。

关于抗辩权是否有一定的期限限制的问题，学理上有两种不同的观点：一是抗辩权有期限说。此种观点认为，除一些法定的权利如所有权等以外，任何民事权利的行使都应当有一定的期限限制，抗辩权也不例外。二是抗辩权无期限说。此种观点认为，抗辩权是一种对他人的请求，旨在提出一种对抗，主张维持既有的消极现状，因此不应当受行使期限的限制，这在学理上也称为抗辩权的永久性理论。[⑤] 笔者赞成第一种观点，抗辩权大多应有期限限制。例如，《民法典》合同编规定的履行抗辩权原则上应当在履行期限内提出。因为请求权是有时效限制的，因而与其相对应的抗辩权也应当有期限限制，否则会使已经形成的法律关系处于不确定状态。该期限可能是法定的，也可能法律并没有作出规定，即使法律未作规定，也要求抗辩权必

---

① 参见王泽鉴：《民法总则》，北京大学出版社 2009 年版，第 95 页。
② 参见[德]迪特尔·施瓦布：《民法导论》，郑冲译，法律出版社 2006 年版，第 163 页。
③ 梅仲协：《民法要义》，中国政法大学出版社 1998 年版，第 38 页。
④ 王泽鉴：《民法总则》，北京大学出版社 2009 年版，第 104 页。
⑤ 刘得宽：《民法诸问题与新展望》，1979 年自版发行，第 478 页。

须在合理的期限内行使,超过了合理期限,权利将有可能丧失。例如,一方提出请求以后,对方在很长时期内没有提出抗辩,应当视为抗辩权已经消灭。

2. 抗辩权的分类

(1)实体法上的抗辩权和程序法上的抗辩权

实体法上的抗辩权就是实体法所规定的抗辩权,如合同编规定的同时履行抗辩权、后履行抗辩权、不安抗辩权,时效制度中规定的时效届满后的抗辩权等。从实体角度来看,抗辩和抗辩权并不是同一概念。抗辩所包括的事由极为广泛,而抗辩权则是由法律明确规定由一方享有的对抗另一方请求权行使的权利。

程序法上的抗辩权是指被告针对原告的诉讼请求从程序上提出异议,如对管辖提出异议、对诉讼请求提出异议等。民事诉讼上的抗辩如果以主张实体法的事项为内容,则应以实体法上的权利为基础,但它又不完全等同于实体法上的抗辩权,因为实体法上的抗辩权毕竟是针对请求权而行使的,它并不限于在诉讼中行使,在诉讼之外也可以行使。

这种分类的实际意义在于,程序法上的抗辩权可以由法官依职权审查,而实体法上的抗辩权由当事人自行决定是否行使,法官不得干预。

(2)消灭的抗辩权和延缓的抗辩权

消灭的抗辩权,是指抗辩具有消灭或否定请求权的效力。如存在合同请求权时,合同履行、代物清偿、提存、抵销、免除、撤销合同、解除合同等构成消灭的抗辩。如果请求权应当在一定的期限行使而不行使,抗辩权人提出抗辩,也将导致请求权消灭。由于此种抗辩权可以使请求权的行使永远被排除,故又称为永久的抗辩权。

延缓的抗辩权,是指抗辩仅能使对方的请求权在一定期限内不能行使,又称为一时的抗辩权。此种抗辩权的行使,只是使请求权的行使发生障碍,一般并不能导致请求权本身消灭。[①] 例如,同时履行抗辩权和不安抗辩权的行使只是使履行的请求权发生障碍,但由于合同本身并没有终止,所以请求权仍然存在,并没有消灭。当请求权的障碍消除或消灭以后,请求权人可以继续行使请求权。

3. 抗辩权行使的效果

抗辩权的行使是正当行使法定权利的表现,抗辩一旦成立将会导致对方的请求权消灭或使其效力延期发生。当然,抗辩权的行使必须严格遵循

---

① 参见施启扬:《民法总则》(修订第八版),中国法制出版社 2010 年版,第 33 页。

法律规定的行使条件和程序,不能违反法律规定而行使权利,或滥用抗辩权,否则,不仅不能发生抗辩的效果,而且行为人还可能承担相应的民事责任。

(四)形成权

1. 形成权的概念与特征

形成权是指当事人一方可以以自己单方的意思表示,使法律关系发生变动的权利。换言之,不需要他方相应地作出某种行为,即可以通过行使此种权利使法律关系发生、变更或者消灭。学理也称之为能为权、变动权等。一般认为,形成权理论最早源于德国学者齐特尔曼(Zitelmann)所提出的"法律上能为的权利"(Recht des rechtlichen konnens)概念,在此之后,德国学者黑尔维希(Hellwig)也认为这种权利与形成判决一样,将单独产生权利变动的效果。[1] 但这些学者尚没有明确提出形成权概念。至1903年,德国学者埃米尔·泽克尔(Emil Seckel)正式提出形成权的概念,他在《民法上的形成权》一书中,以其创造性的文字第一次提出了形成权概念,并系统论述了形成权的发生、变更、让与和消灭等问题,该理论的建立被认为是"法学上的发现"。[2] 形成权的主要特征在于:

(1)它是指权利人根据自己的意思表示,就能够使既存的法律关系发生、变更或消灭的权利。一是使法律关系发生。例如,无权代理中本人的追认使无权代理行为有效。二是使法律关系发生变更。例如,选择之债中的选择权。[3] 三是使法律关系消灭。例如,当事人行使抵销权,使债权债务关系消灭。[4] 在绝大多数情况下,行使形成权并不需要向法院提出请求。但是在特殊情况下,形成权的行使需要以向法院提起诉讼的方式进行。因形成权本身发生争议而提起诉讼,或者基于形成权提起诉讼,此种诉讼称为形成之诉。

(2)它的效力的产生不需要另一方作出某种辅助的行为或共同的行为。按照梅迪库斯的看法,形成权是"法律允许权利主体对某项法律关系采取单方面的行动"[5]。在一般情况下,形成权的实现不需要相对人的介入,只需要他人不妨碍其权利的行使即可。对形成权而言,仅须权利人一方的意思表示,就可以使民事法律关系产生、变更或消灭。因此,为保护当事人的合

---

① 参见申卫星:《形成权基本理论研究》,载梁慧星主编:《民商法论丛》第30卷,法律出版社2004年版,第1~28页。

② 参见王泽鉴:《民法学说与判例研究》(第4册),中国政法大学出版社2000年版,第12页。

③ 参见王泽鉴:《民法总则》,北京大学出版社2009年版,第106页。

④ 参见施启扬:《民法总则》(修订第八版),中国法制出版社2010年版,第33页。

⑤ [德]迪特尔·梅迪库斯:《德国民法总论》,邵建东译,法律出版社2000年版,第68页。

理信赖,维持法律关系的稳定,当事人在行使形成权时不得附条件或者附期限。

(3)它的行使所发生的效力很难因相对人的行为而受到影响。形成权在未行使前,对原来的法律关系没有任何影响。[①] 一旦行使形成权的意思表示发出并到达相对人,就可以使法律关系发生、变更或者消灭。这种特殊的行使方式,使形成权的行使所发生的效力很难因相对人的行为而受到影响。

(4)它不能与其所依附的法律关系相分离。形成权本身是一种独立的权利,但是它大多是依据某种实体的权利(如债权等)而产生的,并可能作为该权利的一项权能而存在。例如,抵销权和撤销权就是作为债权的一项权能而发生的。所以,形成权大多依附于一定的法律关系才能发挥其作用,不得与原权利分割而单独转让。[②] 从这个意义上讲,形成权具有一定的专属性,必须专属于某个特定的权利人。形成权一旦与其基础法律关系相分离,则根本不存在行使的可能。

(5)它通常都具有一定的存续期间。形成权的存续期间在学说上称为除斥期间。权利人应当在该期限内行使权利,超过了该期限,将导致形成权的消灭。而且,除斥期间在性质上属于不变期间,不能发生中止、中断和延长。

形成权和抗辩权都有使法律关系发生变化的作用,但二者存在明显的区别,表现在:一方面,形成权的行使并不针对请求而主张,即使没有一方提出请求,权利人也仍然可以行使,但是抗辩权是针对一方提出的请求而行使的;另一方面,形成权的作用主要在于改变法律关系的效力,而抗辩权的作用则主要在于对抗权利的主张。此外,形成权的行使适用除斥期间,该期间为不变期间,而抗辩权的行使适用诉讼时效,可因一定的事由而中断、中止、延长。

2. 形成权的分类

(1)财产法上的形成权和身份法上的形成权

财产法上的形成权包括以下两种类型:一是债权性形成权。此种形成权主要是依附于债权而产生,并与债权不可分离。其主要包括:撤销权、撤回权、追认权、解除权、选择权、抵销权、免除权、买回权、减价请求权、租金减少请求权等[③]。二是物权性形成权。它是依附于物权并与物权不可分离的权利,其主要包括:撤销权、共有物分割请求权、典物回赎权等。当然,权利

---

① 参见王泽鉴:《民法总则》,北京大学出版社 2009 年版,第 106 页。

② 王泽鉴:《民法总则》,北京大学出版社 2009 年版,第 108 页。

③ 关于租金减少请求权,有学者认为,我国《合同法》(已失效)第 231 条规定的减少租金,并非形成权,而是请求权。也就是说,租金减少需要经过对方当事人同意。但也有学者认为,此处规定的不支付租金属于形成权,而要求减少租金在法律性质上也与此相同,本书赞成此种观点。

的抛弃损害公共利益或者他人合法权益时,则不能发生抛弃的法律后果。

身份法上的形成权,主要是指基于身份关系而产生的形成权。财产法上的形成权一般都是基于法定和约定而产生的,而身份法上的形成权一般都是基于法定而产生的。身份法上的形成权包括两类:一是纯粹身份上的形成权,主要包括婚约撤销权、解除婚约权、婚姻撤销权、婚生子女否认权、子女认领权、监护资格辞去权、遗嘱撤回权等。需要指出的是,有些形成权需要通过诉讼的方式来行使,如撤销收养、终止收养关系之诉等,从广义上来说,也可以认为其性质属于形成权的范畴。二是身份财产上的形成权,主要包括继承人或者受遗赠人对继承权或受遗赠权的抛弃、遗产分割权等,此种形成权尽管是基于身份而产生的,但它与财产有密切的联系。[①]

(2)法定形成权和约定形成权

依据产生原因可将形成权分为法定形成权和约定形成权。所谓法定形成权,即基于法律规定直接产生的形成权,大多数形成权都是法定形成权。所谓约定形成权,即基于当事人双方的约定而产生的形成权,如双方约定在一定条件下,一方当事人享有合同解除权。无论是法定形成权还是约定形成权,其行使的效力都是由法律直接规定的,只不过是在约定的情况下,形成权产生的原因和行使的条件以及行使的期限等是由当事人约定的。

(3)非通过诉讼而行使的形成权和通过诉讼而行使的形成权

根据形成权行使的方式,形成权可以分为非通过诉讼行使的形成权和通过诉讼行使的形成权。所谓非通过诉讼行使的形成权,即通过权利人单方行为而使法律关系发生变动。所谓通过诉讼行使的形成权,即形成权必须要到法院提起诉讼,经过法院的确认才能发生权利变动的法律效果,此类权利也被称为形成诉权。[②] 例如,合同撤销权的行使,必须通过诉讼并经过法院的确认,才能最终使合同撤销。法律之所以规定某些形成权必须通过诉讼的方式行使,主要是为了避免纠纷的产生,因为在特定情形下,形成权行使的条件是否具备,需要交由法院判断。

3. 形成权的行使

形成权必须通过行使才能产生效力。由于形成权对于相对人的影响特别重大,因此只有及时行使,才能使法律关系尽快明确。为此,需要在法律上为其规定除斥期间。形成权在一定的期限内不行使,将导致权利消灭。

---

① 参见林诚二:《论形成权》,载杨与龄主编:《民法总则争议问题研究》,台北,五南图书出版公司1998年版,第74页。

② 参见王泽鉴:《民法总则》,北京大学出版社2009年版,第107页。

法律规定了一定期限的，该期限就是形成权的存续期限；如果法律没有规定行使期间，则权利人应当在合理期限内行使，否则将发生权利消灭的后果。

形成权的行使必须遵循两项重要规则：一是形成权的行使不得附条件或附期限。形成权的行使目的在于迅速地使法律关系确定，“既然形成权相对人必须接受他人行使形成权的事实，那么不应该再让他面临不确定的状态了”[①]。二是形成权的行使不得撤销。因为形成权一旦行使，权利人的意思表示到达相对人，即发生法律关系变动的效果，所以形成权一旦行使，就不能撤销该意思表示。但在到达相对人之前，意思表示并未生效，自然可以撤回。[②] 此外，形成权必须合理行使，民法上关于权利不得滥用的一般原理对于形成权的行使也应当适用。

二、绝对权和相对权

根据义务主体是否特定以及权利的特点，权利可以分为绝对权和相对权。所谓绝对权，即权利人的权利无须通过义务人实施一定的行为，即可以实现，并能对抗不特定人的权利。[③] 绝对权主要包括所有权、人身权、知识产权。因为绝对权对抗的是除权利人以外的任何人，所以绝对权又称为对世权。所谓相对权，即权利人的权利必须通过义务人实施一定的行为才能实现，权利人的权利只能对抗特定的义务人。[④] 最为典型的相对权就是债权。相对权的权利人对抗的是具体确定的义务人，因此，相对权又称对人权。[⑤] 两者的区别主要表现在：

第一，从义务人的范围来看，绝对权也就是绝对法律关系中的权利，在此种关系中，权利人是特定的，但义务人是不特定的，除权利人之外，一切人都负有不得侵害其权利的义务和妨害其行使权利的义务；而在相对权法律关系中，无论是权利人还是义务人，都是特定的。

第二，从权利和义务是否对应来看，在绝对权法律关系中，权利人享有一定的权利，但并不负有相对应的义务；反过来，义务人对权利人承担一定的义务，但并不因此而享有权利。在相对权法律关系中，权利和义务常常具有相对性。权利人在享有权利的同时应当负担相应的义务，而义务人在负

---

① ［德］迪特尔·梅迪库斯：《德国民法总论》，邵建东译，法律出版社 2000 年版，第 79 页。

② 参见王泽鉴：《民法总则》，北京大学出版社 2009 年版，第 108 页。

③ 参见魏振瀛主编：《民法》（第 4 版），北京大学出版社、高等教育出版社 2010 年版，第 39 页。

④ 参见史尚宽：《民法总论》，中国政法大学出版社 2000 年版，第 22 页。

⑤ 参见郑玉波：《民法总则》，中国政法大学出版社 2003 年版，第 70 页。

担相应义务的同时也享有相应的权利。权利人须通过义务人实施一定行为才能实现其权利[①]。

第三,从权利是否具有排他性来看,绝对权具有排他性,这种排他性主要表现在权利是否具有对抗第三人的效力上,在绝对权遭受侵害的时候,权利人可以针对任何第三人提出主张和提起诉讼;但相对权是只能针对特定人产生效力的权利。

第四,从是否具有公开性来看,绝对权大多是公开的。例如,对于物权来说,法律要求当事人必须通过公示的方法向社会公开,使第三人知道,才能够使该权利产生对抗第三人的效力。由于绝对权是公开的,所以它才能对权利人之外的一切人确立一种不得侵害他人权利的义务,从而能够起到行为规则的作用。正是由于这种原因,绝对权应当受到侵权法的保护。而相对权都是一种不公开的权利,它仅在特定当事人之间具有拘束力。例如,合同债权仅对合同当事人具有法律拘束力,对合同当事人以外的人则不具有法律拘束力。

第五,从两种权利遭受侵害的补救来看,绝对权遭受损害后,首先应当考虑恢复原状,尽可能恢复权利人享有权利的状态,在难以恢复原状时才可以根据权利人的特别要求,转换为赔偿损失。[②] 例如,侵害他人之物,首先应当适用排除妨害和恢复原状的补救方式,如不能采用这两种方式,则适用赔偿损失的救济方式。而对相对权的侵害,通常是采用损害赔偿的补救方式,其主要目的在于补偿损失。

当然,对于绝对权与相对权的区分,不能作绝对化的理解。一方面,从义务主体的范围上说,绝对权受到侵犯时,也会出现特定的义务主体,在此情况下,将会发生绝对权向相对权的转化。另一方面,即使是相对权,任何第三人也都不得侵害。所以债权在特殊情况下,也可以成为侵权的对象。[③] 尤其应当看到,随着民法的发展,绝对权和相对权出现了一种相互融合的趋势。例如,租赁权的物权化使债权具有对抗第三人的效力,从而使相对权也具有绝对权的一些效力。

三、主权利和从权利

根据民事权利之间的主从关系,民事权利可以划分为主权利和从权利。主权利是指在相互关联的几项民事权利中,不依赖于其他权利就可以独立

---

① 参见[德]迪特尔·施瓦布:《民法导论》,郑冲译,法律出版社2006年版,第139页。

② 参见李永军:《民法总则》,中国法制出版社2018年版,第500页。

③ 参见郑玉波:《民法总则》,中国政法大学出版社2003年版,第70页。

存在的权利,也称为独存权。从权利则是不能独立存在,而只能从属于主权利的权利,如为担保债权的实现而设立的担保物权,其相对于主债权是一种从权利,而主债权是主权利。由于从权利不能独立存在,而必须依附于主权利才能存在,所以也被称为附属权。[①] 区分主权利和从权利主要具有以下意义。

第一,主权利和从权利是一种相对的法律概念,只有在具有主、从权利的法律关系中,才存在这种划分。换言之,主、从权利关系的确定,必须在具有主、从地位的法律关系中才具有意义。例如,在担保法律关系中可以发生主权利和从权利的区别,但不能笼统地说物权或债权是主权利或从权利。

第二,主权利是从权利的基础和前提,从权利必须要依附于主权利而存在,所以主权利成立和生效,从权利才有可能产生和生效。如果主权利不存在或被宣告无效,那么从权利也相应地不存在或被宣告无效;如果主权利发生转让,那么从权利也应当依法发生转让。权利人不能在转让主权利的情况下单独保留从权利,也不能在抛弃主权利的情况下单独享有从权利。

第三,从主权利和从权利的区别中,相应地区分主权利法律关系和从权利法律关系,有助于确立不同的法律关系中的义务主体及其内容。例如,在担保法律关系中,与主债权人相对应的是主债务人,而在保证合同中,权利人是债权人,义务人是保证人,两种法律关系中权利所指向的对象是不同的,而义务人也可能是不一致的。

四、既得权与期待权

根据权利成立要件是否全部实现,民事权利可分为既得权与期待权。

既得权是指成立要件已全部实现的权利,一般权利都是既得权。期待权是指成立要件尚未全部实现、将来有实现可能的权利。[②] 例如,附条件民事法律行为设定的权利在条件成就前就是期待权。又如,继承开始前,法定继承人享有的继承权,也属于期待权。

期待权是指权利人依据法律或合同的规定,依法对未来的某种权利享有一种期望或期待的利益。期待权的理论是由德国学者齐特尔曼于 1898 年在其出版的一本国际私法的著作中首先提出的,并为后世的德国学者所广泛认同。一般认为,期待权是指权利人依据法律或合同的规定,依法对未来的某种权利享有一种期望或期待的利益。不过,尽管期待权体现为一种未来的利益,但这种利益仍然是可以实际取得的,而不是一种臆想的、不可

① 参见史尚宽:《民法总论》,中国政法大学出版社 2000 年版,第 29 页。

② 参见郑玉波:《民法总则》,中国政法大学出版社 2003 年版,第 72 页。

能实现的利益。[①] 期待权主要包括如下几种类型：一是在所有权保留的买卖中，买受人对标的物的所有权所享有的期待利益。基于此种买卖关系，在当事人约定的条件成就之前，买方并不享有所有权，但对取得所有权享有一种合理的期待利益，对此种期望或期待地位予以法律保护并赋予其权利性质，就产生了期待权。二是在附生效条件和附期限合同中，在条件尚未成就或期限尚未到来之前，尽管合同已经实际成立，但未生效，当事人一方只能就合同所产生的债权享有一种期待的利益，还不能现实地享有合同债权。三是保险合同中受益人的权利。在保险合同中，只有在法定的或者约定的保险事故发生之后，受益人才能实际地取得保险赔付，从而产生受益人的期待权。四是继承人的权利。在遗嘱成立之后，遗嘱人死亡之前，遗嘱继承人对遗嘱继承的财产享有期待权；同时，在遗赠抚养协议成立以后，遗赠人死亡之前，受遗赠人对遗赠的财产也仅享有期待权。

区分既得权和期待权的意义主要表现在：第一，区别权利人是否实际取得某种权利。对既得权而言，权利人已经现实地取得了某种权利；但对期待权而言，权利人不能够现实地取得某种权利，而只是期待将要取得某种权利。第二，在某种法律事实是否实际发生上不同。既得权无须某种法律事实的实际发生就已经存在了，而期待权人必须在某种特定的法律事实实际发生之后才能实际地取得权利，从期待权向既得权的转化必须要求法定事实的发生才能完成。第三，关于权利的可侵害性以及救济的方法上的区别。既得权显然具有可侵害性。但是对于期待权是否可侵害的问题，理论上存在争论。例如，恶意阻碍条件成就时，法律上视为此种条件已经成就，但这并不意味着期待权已经受到侵害。即便承认期待权能够受到侵害，但由于权利人享受的是一种未来的利益，具有不确定性，所以在确定救济方法时与既得权的救济也存在差别。

第四节　民事权利的取得和变动

一、民事权利的取得

（一）概述

民事权利的取得，是指民事主体依据合法的方式或根据获得民事权利。《民法典》第 129 条规定："民事权利可以依据民事法律行为、事实行为、法律规定的事件或者法律规定的其他方式取得。"依据这一规定，民事权利的

---

① 参见申卫星：《期待权研究导论》，载《清华法学》2002 年第 1 卷。

取得可以分为如下几种情形。

第一,依民事法律行为取得。依民事法律行为取得民事权利,主要是指当事人通过买卖合同、赠与合同等方式而取得民事权利。例如,当事人通过合同取得对标的物的所有权。我国《民法典》物权编对基于法律行为的物权变动规则作出了规定,该规则就是依民事法律行为取得物权的规则。从实践来看,依民事法律行为取得民事权利是民事权利最为主要的取得方式。

第二,依事实行为取得。当事人也可以依据事实行为取得民事权利,我国法律也对此种民事权利取得方式作出了规定。例如,《民法典》第231条规定:"因合法建造、拆除房屋等事实行为设立或者消灭物权的,自事实行为成就时发生效力。"该条所规定的因合法建造房屋而取得物权就是依事实行为而取得物权。

第三,依法律规定的事件或法律的其他直接规定取得。事件也可以成为民事主体取得民事权利的重要原因。例如,人的死亡可以使继承人取得继承遗产的权利;又如,基于添附而取得相关的民事权利等。除事件外,法律的直接规定也是民事主体取得民事权利的重要方式。例如,自然人因出生而获得人格权、身份权、财产权等基本的民事权利。

第四,依法院的判决取得。法院的判决也是民事主体取得某些民事权利的重要方式,我国现行立法对此种民事权利取得方式作出了规定。例如,《民法典》第229条规定:"因人民法院、仲裁机构的法律文书或者人民政府的征收决定等,导致物权设立、变更、转让或者消灭的,自法律文书或者征收决定等生效时发生效力。"当然,此种物权变动必须基于人民法院的生效判决或仲裁委员会的生效裁决,且此种判决和裁决必须针对物权变动而作出。

可见,民事主体取得民事权利的方式多种多样,但无论采取何种方式,民事权利的取得都必须合法。

(二)原始取得与继受取得

民事权利的合法取得方式可分为原始取得与继受取得两种。所谓原始取得,即根据法律规定或者民事法律行为,最初取得民事权利或不依赖于原权利人的意志而取得某项民事权利。在物权法领域,原始取得的根据主要包括:劳动生产、天然孳息和法定孳息、添附、没收、无主财产收归国有等。原始取得一般是基于法律规定取得的,当然,在特殊情形下,原始取得也可能基于法律行为取得,如当事人通过加入社团而取得社员权。[①] 继受取得又称传来取得,它是指通过某种法律行为从原权利人那里取得某项民事权利。

---

① 参见朱庆育:《民法总论》(第2版),北京大学出版社2016年版,第490页。

这种方式是以原民事权利人对该项民事权利享有权利作为取得的前提条件的。继受取得的方式主要包括买卖、赠与、继承遗产、接受遗赠、互易等形式。

权利的继受取得还可作如下分类。一是单一继受取得，即对单一的权利的继受取得。如甲将公司的房产卖给乙，则甲必须把该公司所有的土地、房屋转移给乙，并办理登记手续。单一的继受取得可以进一步分为移转的继受取得和创设的继受取得。前者是指一方移转权利而另一方取得权利；后者是指一方移转权利，并在该权利基础上创设了新的权利。二是全部继受取得，即对一系列权利的全部取得。此种取得方式只有在法律允许的情况下，并依照法律的规定才能够进行。财产继承是最常见的，也是最重要的权利全部继受取得的情况。在企业发生整体转让以及分立、合并的情况下，原企业的债权等权利也由新的企业全部继受取得。

原始取得和继受取得主要存在如下区别。

第一，是否基于原权利人的意愿不同。对原始取得而言，权利人取得权利并不是基于原权利人的意愿，其可能是基于自己的劳动，或者从非权利人处取得相关权利。而继受取得则是权利人从原权利人处取得权利，而且权利人是基于原权利人的意志和意愿而取得该权利的。

第二，权利人取得权利的原因不同。对原始取得而言，权利人取得权利主要是基于法律规定，如基于权利人的劳动，或者基于添附等法定原因取得权利。而对继受取得而言，权利人取得权利主要是基于法律行为而取得权利，其通常是基于权利人与原权利人之间的法律行为（如买卖合同、赠与合同等）而取得权利。

第三，权利人取得相关权利是否需要承受该权利之上的负担不同。对原始取得而言，权利人在取得相关的权利之后，并不必然承受该权利之上既有的负担，如抵押权等；而对继受取得而言，权利人仍应当承受该权利之上的权利负担。

民事权利也可以经过法律的直接规定而取得，如法定的优先权就是直接通过法律的规定而取得的权利，此种情况在学理上称为“依法律的规定而直接取得权利”[①]。但绝大多数民事权利是基于法律行为或其他法律事实而取得的，如所有权的取得、债权的取得等。但在依法律行为方式取得的权利中，有一些权利必须要法定化，不能由当事人随意创设，如物权；还有一些权利是直接通过当事人的约定而自由创设的，如合同债权。

---

① 曾世雄：《民法总则之现在与未来》，中国政法大学出版社 2001 年版，第 54 页。

二、民事权利的变更

导致民事权利变更的事实主要有下列法律事实。

1. 根据当事人的约定而变更民事权利，如通过合同对当事人之间的债权债务关系予以变更，或通过达成调解协议而使当事人的权利义务关系发生变更。

2. 基于法律规定的原因而发生的权利变更。如所有权因添附而变更、因设置留置权而受到限制、因当事人部分履行而使其债务范围缩小。基于法律规定的原因而变更的民事权利，可以分为两种类型：一种是基于法律的规定直接发生权利变更的效果；另一种是虽然出现了一定的法律事实，但还要请求法院通过诉讼程序来变更民事权利。

三、民事权利的消灭

民事权利的消灭，其原因可以分为两类：一是绝对消灭，如所有权因标的物的灭失而消灭。二是相对消灭，即权利主体变更，如所有权移转，对原权利人而言即为所有权的消灭。具体来说，民事权利消灭的原因主要包括如下几项。

1. 权利人抛弃权利。按照私法自治原则，民事权利的权利人在行使权利的过程中，只要不损害他人利益和社会公共利益，就可以将其权利予以抛弃。例如，放弃担保物权、免除债务人的债务、抛弃其财产等。

抛弃权利的构成要件是：第一，具有抛弃的意思。以抛弃动产所有权为例，抛弃动产所有权必然包括所有人放弃所有权的意思表示，且该意思表示为无须受领的意思表示。[①] 如果财产为所有人不慎丢失的动产，则因为不具有抛弃的意思，不属于抛弃。第二，必须有放弃占有的行为，也就是说，抛弃必须导致事实上占有的丧失。

2. 转让，即权利人通过与他人订立合同将其权利移转给他人。通过转让使一方丧失了权利，另一方取得了权利。权利的转让虽然也是权利处分的一种类型，但不能完全等同于权利的处分，因为处分包括了转让和设定抵押等行为，转让是处分的一种形态。

3. 权利人死亡。权利是由特定权利人所享有的利益。一旦权利主体死亡，法律上不可能存在无主体的权利，因此权利将发生消灭。当然，财产权可以由权利人的继承人继承。需要指出的是，就一些特殊的权利而言，尽管权利人已经死亡，但利益仍然应当受到保护。例如，著作权在作者死后仍然

---

① MüKoBGB/Oechsler, 8 Aufl. 2020, BGB §959 Rn. 3.

应当受到法律保护。

4. 客体灭失。如果权利的客体因为消费、灭失等原因而不存在,权利失去了客体,该权利在一般情况下将不复存在。不过,在特别情况下,则可能发生物上代位,如抵押权的客体灭失,而获有赔偿金,则抵押权人可就该赔偿金优先受偿。

5. 超过一定的期限不行使权利,导致权利消灭。这主要是指具有除斥期间限制的权利,如撤销权、追认权等形成权。

第五节　民事权利的行使

一、对于民事权利行使进行限制的必要性

民事权利的行使也就是民事权利内容的实现。权利人通过实施行使权利的行为,可以实现权利所体现的利益,以满足自身的需要。权利都是以一定的利益为内容的,权利人为满足自己的需要,要实现该利益,就必须行使自己的权利。行使权利是使权利中包含的行为的可能性成为现实性。当事人所实施的行为无非包括事实行为和民事行为两种,因此,权利行使的方式可以分为事实方式和法律方式两种。事实方式,是指权利人通过实施某种事实行为来行使权利,如所有人通过使用自己的财产来行使所有权。法律方式,是指权利人通过实施某种民事法律行为来行使权利,如所有人通过赠与来行使对自己财产的处分权。

任何权利的实现,不仅关涉权利人的利益,而且关涉义务人的利益以及国家和社会的利益,因此对民事权利的行使要作出必要限制。其理由主要包括以下几个方面:

(一)规范权利行使

权利的行使不得超出其应有的范围,任何一项权利的存在总是以一定的目的为基础的,这实际上也划定了权利行使的界限。法国学者约瑟朗德(Josserand)指出,主观权利是“功能性权利(functional-rights),这些权利存在于将要实现其作用的范围内。超出这一范围,权利人可能超过或滥用了这些权利”。[①] 逾越权利行使的边界导致他人遭受损害,违背了权利存在的正当目的,构成滥用权利。正当行使权利的行为以实现权利的目的为宗旨,同时不会给公共利益或他人利益造成损害;而一旦权利人行使权利的行为超出了权利所保护的目的范围,那么该权利的行使就不再具有正当性,而可

① Josserand De l’esprit des droits et de leur relativité,2e Paris,1869,p. 292.

能构成滥用权利。例如,所有权的行使以满足权利人的占有、使用、收益、处分为目的,但如果所有权人本可以通过正当的所有权行使行为实现上述目的,却采取了以致他人不必要的损害为目的的行使方式,则可以认为其权利行使行为构成滥用权利。换言之,如果权利行使行为逾越权利目的界限,即构成滥用权利。此外,权利意味着主体的意志自由,但这种自由是受限制的。法律并不允许权利人以任何方式随心所欲地行使自己的权利,尤其是不得以加损害于他人为目的的方式行使权利。可见,对民事权利的行使作必要的限制,目的在于将权利的行使限定在实现权利目的的范围之内,以规范权利的正当行使。

(二)协调权利冲突

法定的权利本身就是要赋予权利人一定的行为自由,然而,由于"权利的相互性"的存在,因此,产生了经济学家科斯(Ronald H. Coase)所说的情形,即某人权利的行使就可能意味着他人权利的减损;凡是行使权利,都可能造成权利的冲突。[①] 这就需要民事权利行使制度,这种协调权利冲突的途径表现在:权利人行使权利的边界是不得介入他人的权利范围。功利主义哲学家密尔曾形象地指出,"挥舞拳头的自由止于他人的鼻尖",或者说,一个人的权利主张以不损害其他社会同伴的权利为边界。[②] 无论是行使权利的一方还是遭受侵害的一方,实际上都享有正当的权利,而由于权利的本质在于利益,因此,权利因一方不正当的行使产生另一方利益的损害,这实际上就产生了两种利益的冲突。但是,正当的权利行使行为是行使权利所必须的,因此法律也容忍正当的权利行使行为给相对人带来限制。但同时法律禁止任何人因为不正当行使权利而造成他人损害,并危害社会安全和秩序,否则就构成滥用权利。[③] 如此可以有效协调权利冲突。

(三)维护社会生活的和谐有序

"自由止于权利",法律所规定的民事权利给予了权利人行为的自由,同时也划定了权利人行为自由的界限,任何人行使权利都不得逾越其权利范

---

① 参见[美]R. H. 科斯等:《财产权利与制度变迁——产权学派与新制度学派译文集》,上海三联书店、上海人民出版社 1994 年版,第 3 页以下。

② See John Stuart Mill, On Liberty, cited in Joseph Elford, *Trafficking in Stolen Information: A "Hierarchy of Rights" Approach to the Private Facts Tort*, Yale Law Journal, Vol. 105, p. 727 – 728 (1995).

③ Bork, Allgemeiner Teil des Bürgerlichen Gesetzbuchs, 4 Aufl. 2016, Rn. 343 ff.; Köhler, BGB Allgemeiner Teil 45 Aufl. 2021, § 17 Rn. 36 ff.; Stadler, Allgemeiner Teil des BGB, 20 Aufl. 2020, § 7 Rn. 2.

围而造成他人的损害。民事权利常常涉及各个民事主体之间的利益冲突，任何人在行使权利时，对他人对其行使权利造成的不便，负有适当容忍的义务。人格权的行使与保护就经常与其他利益和价值发生冲突。例如，肖像权的行使与保护往往与舆论监督发生冲突，在新闻报道中使用他人肖像的，通常属于正常舆论监督的范畴，而不构成对肖像权的侵害。又如，个人信息权利的保护与个人信息、数据的利用之间也会发生一定的冲突，行为人在依法收集、利用他人个人信息时，不得非法收集、利用、共享他人的个人信息。

（四）维护诚信原则

比较法上普遍承认禁止滥用权利制度的一个重要目的是保障权利的行使符合诚信原则。例如，在《德国民法典》中，诚信原则被称为“帝王原则”，普遍用于规范各种类型权利的行使，而“禁止权利滥用”属于《德国民法典》第 242 条诚信原则的具体化表现之一。[①] 诚信原则作为一项一般原则同样约束权利人，权利人应该按照诚信原则、交易习惯所要求的方式来行使权利，不得以违反诚信原则的方式来行使权利。[②] 因此，权利人以损害相对人为目的的权利行使行为，基于其他原因违反诚信原则的权利行使行为，都属于《德国民法典》第 242 条的适用范围。[③] 这一观点也为许多国家判例学说所认可。

我国《民法典》第 7 条确认民事主体从事民事活动应当遵循诚信原则，此处所说的“民事活动”当然也包括权利行使的行为。因此，一方面，诚信原则可适用于滥用权利行为，自不待言。对禁止滥用权利制度的解释需要以诚信原则为基础。另一方面，诚信原则作为现代民法中的“帝王规则”，需要通过民法的各项制度予以具体落实，该原则针对的是所有“民事主体从事民事活动”，其作为一项基本原则不仅调整范围广泛而且具有抽象性，需要借助于禁止滥用权利等制度予以实现。否则，诚信原则将如同空中楼阁一般，难以发挥实际作用。在具体的权利行使领域，禁止滥用原则发挥了诚信原则的功能，该制度正是落实诚信原则的重要制度。

（五）节约资源、保护生态环境

良好的生态环境是美好幸福生活的重要组成部分，是最普惠的民生福祉。因此，权利的行使，必须符合《民法典》第 9 条规定的绿色原则。例如，土地使用权人在一定的期限内不使用土地，将造成社会财富的浪费。在此

---

① Staudinger/Looschelders/Olzen(2019) BGB §242 Rn. 213.

② Bork, Allgemeiner Teil des Bürgerlichen Gesetzbuchs, 4 Aufl. 2016, Rn. 348.

③ Staudinger/Looschelders/Olzen (2019) BGB § 242 Rn. 216.

情况下,国家就可以依法收回土地使用权。物权人行使物权,也应负有保护环境、维护生态的义务。

二、民事权利行使的原则

在我国,有关法律、法规对民事权利行使的限制较多,但在民事权利法中不可能对这些限制一一列举,而只能作出一些原则性的概括规定。具体来说,民事权利的行使应当符合如下原则。

(一)自愿原则

权利行使的自愿原则,是指民事主体有权按照自己的意愿行使权利,不受他人的非法干涉。《民法典》第130条规定:"民事主体按照自己的意愿依法行使民事权利,不受干涉。"权利行使的自愿原则是民法自愿原则的具体体现。依据这一规定,民事主体在行使民事权利时,首先,可以选择行使或者不行使某种权利,权利本身就是赋予权利人一种行为自由。"法无禁止皆自由",权利人有权依法从事某种民事活动和不从事某种民事活动。也就是说,在民事领域,除法律另有规定外,权利人是否行使某种权利,或者不行使某种权利,从事某种行为或不行为,完全应当由权利人自主决定。只要是在法律规定的范围内,权利人有权自主决定权利行使的内容、方式等。其次,民事主体依法行使权利的行为不受他人的非法干涉。也就是说,"自由止于权利",权利本身界定了人与人之间行为自由的界限,权利人享有的权利也是他人不得非法逾越的行为边界,任何个人和组织,即便是政府机构,也不得非法干涉他人合法行使权利的行为。

(二)义务必须履行原则

民法本质上虽然是权利法,但我国民法在保障民事权利的同时,也注重义务的履行,从而构建了权利义务一体的法律规则体系。《民法典》第131条规定:"民事主体行使权利时,应当履行法律规定的和当事人约定的义务。"依据这一规定,权利人在行使权利时,必须履行其应尽的义务,包括法定的义务和约定的义务。

一是履行法定的义务。法治是规则之治。法律规则是明确的、普遍的、公开的规范,是人们行为的指引,是行政执法和司法裁判的依据。从效力上看,义务具有法律的拘束力,特别是法律规定的强制性义务必须遵守。在民法上,守法除了要求依法行使权利外,还意味着必须履行法律规定的义务,如果民事主体在从事民事活动时,违反法律规定,将不能产生应有的法律效果,并将承担相应的法律责任。

二是履行当事人约定的义务。契约必须严守是合同法的基本原则,早在罗马法,债即被形象地称为"法锁",其本意是强调合同必须严守。我国古代就有"民有私约如律令"的说法,它不仅包含了严守合同、履行允诺的内涵,还将民间私契在当事人之间的效力与官府律令的效力等同起来,反映了契约神圣性的观念。重允诺、守信用也是我国优秀传统文化的重要内容。《民法典》第119条规定:"依法成立的合同,对当事人具有法律约束力。"当事人应当按照约定履行自己的义务,不得擅自变更或者解除合同。上述规定要求当事人在交易过程中严守合同,并且按照诚信原则履行合同,同时,在一方当事人违反合同约定时,对方当事人有权请求其承担违约责任,这也有利于保障当事人严守合同。《民法典》第131条规定也是我国立法经验的总结。

"权利和义务互依互存的情态最初源于家庭"①,权利与义务的密切联系、互为一体的关系就存在于婚姻家庭之中。《民法典》在调整婚姻家庭关系方面并没有完全采用个人主义的方法论,而更多地采用了团体主义的方法论,即要求家庭成员之间负有更多的义务,如夫妻之间互负忠诚义务,同时要求这些义务与职责不可转让与放弃,如监护职责,这些都是为了实现家庭和睦团结的目标。

(三)禁止权利滥用原则

1. 权利滥用的概念

权利滥用,是指行使权利违背权利设定的目的,损害了他人利益。例如,某人在自己的大门顶上安装摄像监控装置,直接对准邻居的家门口,监视邻居的往来客人等情况,侵害邻居的隐私权,构成权利滥用。我国《宪法》第51条规定:"中华人民共和国公民在行使自由和权利的时候,不得损害国家的、社会的、集体的利益和其他公民的合法的自由和权利。"《民法典》依据《宪法》的规定,于第132条规定:"民事主体不得滥用民事权利损害国家利益、社会公共利益或者他人合法权益。"这就确立了禁止权利滥用的规则。《总则编解释》第3条第2款规定:"行为人以损害国家利益、社会公共利益、他人合法权益为主要目的行使民事权利的,人民法院应当认定构成滥用民事权利。"这就对《民法典》关于权利滥用的概念作出了更为细化的规定。

权利意味着主体的意志自由,但这种自由是有一定的限度的。法律并不允许权利人以任何方式随心所欲地行使自己的权利,民事权利亦不例外。从权利行使角度来看,自由止于权利。任何权利的实现不仅关涉权利人的利益,而且涉及义务人的利益、国家和社会的利益。因此,各国立法无不对

① [英]亨利·萨姆纳·梅因:《古代法》,郭亮译,法律出版社2016年版,第90页。

权利的行使规定了这样或那样的限制。在罗马法中,曾经有“凡行使权利者,无论于何人皆非不法”的规定。但近代以来,各国基本都认可了禁止权利滥用的规则。[①] 这是因为“权利存在于将要实现其作用的范围内,超出这一范围,便可能构成滥用权利。滥用权利的行为是一种与国家制度和精神不相符合的行为”[②]。我国民法一方面鼓励权利人正当行使权利,满足个人利益,另一方面又为权利的行使划定了界限,禁止权利人超出这些界限侵犯他人和社会利益。我国法律、法规不仅通过许多强制性的规范确立了民事权利行使的目的和界限,《民法典》的上述规定也确立了禁止权利滥用的原则。

2. 权利滥用的构成要件与判断

在民法上,关于判断权利滥用的标准,各国立法规定和实践做法也是极不统一的,大致可分为主观说和客观说两种。主观说以权利人行使权利的主观状态为标准,认为行使权利时有故意滥用的意志,就构成权利滥用。客观说以权利行使的客观结果为标准,认为只要行使权利时损害了他人和社会的利益,即为权利滥用。依据《总则编解释》第 3 条第 2 款的规定,实际上主要以主观要件认定是否构成权利滥用,主要从行为人行使权利的状态中判断其是否具有损害国家利益、社会公共利益、他人合法权益的主要目的。依据该规定,权利滥用应当具备如下条件:

第一,权利人行使了其权利。权利滥用以权利的存在为前提,如果权利人并不享有相关权利,且因此造成他人损害,则可能直接构成侵权,而无法构成权利滥用;只有在存在权利的情形下,才能判断权利人行使权利是否超出应有的范围,是否构成权利滥用的问题。我国《民法典》总则编在第五章“民事权利”中的最后一条(第 132 条)规定了权利滥用规则,表明立法者旨在将禁止权利滥用原则作为适用于所有民事权利的一项一般规则,因为超出权利目的行使权利的行为均可能构成权利滥用,而各种类型的权利均具有自身的权利目的,因此也就都有被滥用的可能。

权利滥用以权利人享有并行使其某项权利为前提。从依据权利客体进行的分类来看,人格权、物权、债权的行使均有可能构成权利滥用;而在依据权利作用的效果进行的权利分类中,支配权、请求权、形成权、抗辩权也都存

---

① 例如,《德国民法典》第 226 条规定:“权利的行使不得只以加损害于他人为目的。”《日本民法典》中规定:“私权要遵守公共福利,行使权利和履行义务要遵守信义,忠实执行,不允许滥用权利。”

② André Tunc, International Encyclopedia of Comparative Law, Vol. 4. Torts. Chapter 2, Liability for One's Own Act, J. C. B. Mohr (Paul Siebeck, Tübingen), 1975, p. 11.

在被滥用的可能。例如，享有解除权的一方当事人故意不行使解除权，使合同效力一直存续；某块土地的所有权在行使物权时越界建筑，构成权利滥用。

第二，以加损害于他人为主要目的。判断是否构成权利滥用，关键要从权利行使的行为中看权利人是否有加损害于他人的主要目的，权利人在行使权利时如果是为了实现自己的利益，但因此侵害了他人的利益，则通常不宜认定构成权利滥用。例如，在自己家门口安装摄像头，如果主要是为了监控自己家门口，但意外拍摄到了邻居家门口，则不应当构成权利滥用；但如果摄像头直接对着邻居的家门口，而不是对着自己家门口，则应当认定构成权利滥用。权利的行使虽然是权利人的自由，但权利人应当在法律规定的范围内行使权利，即使对所有权人来说，也只能在法律规定的范围内享有所有权的各项权能。权利的行使必须要有合理的界限，这个界限就是不得损害国家利益、社会公共利益和他人的合法权益。如行使权利以造成他人损害为主要目的，则应构成权利滥用。

所谓"以损害他人为主要目的"就是表明行为人主观上存在恶意。构成权利滥用要求权利人选择一种有害于他人的方式行使权利，即主观上以造成他人利益损害为主要目的。① 权利滥用的最大特征体现在其表面上体现为权利的行使，因而具有合法性；但实际上它是以损害国家利益、社会公共利益和他人合法权益为目的，也正因如此，其才有必要作为一种独立的制度而存在。但是，在权利滥用情形下，是否需要以行为人具有恶意为要件，实际上一直存在争议。在国外的相关案例中，也有法院认为权利滥用的构成并不一定需要故意或恶意，②并认为权利滥用不一定需要故意，因为这对受害人举证造成障碍。一些德国学者认为，权利人主观上无须具有损害他人的意图，根据权利人行使权利的方式，依据客观标准判断权利人具有损害他人的目的即可。③ 从《总则编解释》第 3 条第 2 款所说的行为人以损害国家、社会、他人合法权益为主要目的行使民事权利的规定来看，权利滥用包含了主观上具有故意的要件，因为一方面，《民法典》第 132 条只表明了客观结果，缺乏对主观要件的规定，而《总则编解释》增设第 3 条的目的就是弥补上述规定的不足；另一方面，如果仅仅以客观要件来认定滥用权利的构成，

---

① 参见彭诚信：《论禁止权利滥用原则的法律适用》，载《中国法学》2018 年第 3 期。

② Jean Limpens, International Encyclopedia of Comparative Law, Torts, Liability for One's Own Act, J. C. B. Mohr (Paul Siebeck) Tübingen, 1974, p. 108.

③ Bork, Allgemeiner Teil des Bürgerlichen Gesetzbuchs, 2016, 4 Aufl., Rn. 344; Staudinger/Repgen (2019) BGB § 226, Rn. 20.

就会把大量的本不属于滥用权利的行为纳入滥用权利制度的适用范围中，从而导致权利的正当行使受到妨害。

需要指出的是，由于行为人的主观状态往往难以探知，因此加损害于他人的主观目的在实践中很难准确认定。因此，此种主观目的可以通过客观表现出的行为进行判断。在判断时，要综合考量行使权利的外部行为所体现出来的各种因素，从行为的外观来判断，其权利行使主要是为了追求自身利益还是为了加损害于他人。如果致他人的损害大于获利，就表明权利人过于自私，毫不顾忌他人利益，因而与权利应善意行使原则相悖。[①] 因此，只要能够认定行为人具有置他人损害于不顾的主观状态，就可以认定其具有《总则编解释》第 3 条中的“主要目的”。

第三，行为人的行为侵害了他人的合法权益。从《总则编解释》第 3 条第 2 款的规定来看，该款似乎仅仅只强调了行为人的主观状态，而并没有将行为人侵害他人权益的客观行为包括进去，但是从《民法典》第 132 条的规定来看，滥用权利的判断实际上包括了损害后果。一方面，《总则编解释》第 3 条第 2 款的规定只是为弥补《民法典》相应规定的不足而作出的，因此司法解释的规定只是在《民法典》的规定之外补充了一个要件，既没有也不可能完全替代《民法典》第 132 条的规定，因而《民法典》第 132 条规定的客观要件仍然存在。需要指出的是，《民法典》第 132 条所说的“损害”主要是一种侵害，在《民法总则》制定时，还没有严格区分损害和侵害的概念，直到《民法典》侵权责任编制定的时候才认为损害包含损害后果，而《民法总则》中的损害既可能包含损害后果，也可以仅指一种侵害的事实状态。《民法典》在编纂时将《民法总则》的规定纳入其中，因而在第 132 条中没有严格区分侵害与损害的概念。一旦增加损害要件之后，受害人负有证明损害的负担，而在实践中受害人可能面临损害的举证困难。另一方面，除总则编关于禁止权利滥用的一般规定外，《民法典》第 83 条还对营利法人的出资人不得滥用出资人权利的规则作出了规定，该条第 1 款规定：“营利法人的出资人不得滥用出资人权利损害法人或者其他出资人的利益；滥用出资人权利造成法人或者其他出资人损失的，应当依法承担民事责任。”该条实际上是在总结《公司法》第 20 条规定的经验基础上形成的规则，其主要针对的是出资人滥用出资人权利损害法人或者其他出资人利益的现象而作出的规范。从体系解释上看，该条也以损害他人利益作为认定出资人权利滥用的要件，为了确保法律评价的一致性，应当认为侵害他人合法权益也是权利滥用的

---

① Soergel-Siebert, Kommentar zum Bürgerlichen Gesetzbuch § 242 Rz. 261ff.

构成要件。

当然，仅仅以上述标准判断权利滥用过于简单，由于权利的类型繁多，因此，滥用权利的形态多种多样，简单运用上述标准，可能无法准确判断权利滥用。为此，《总则编解释》第 3 条第 1 款规定："对于民法典第一百三十二条所称的滥用民事权利，人民法院可以根据权利行使的对象、目的、时间、方式、造成当事人之间利益失衡的程度等因素作出认定。"该款在判断权利滥用时采用了动态系统论的方法，此种方法具有合理性，因为禁止权利滥用原则的功能旨在划定权利人与相对人或公共的利益范围，防止权利行使产生的利益冲突；同时，禁止权利滥用原则的这一功能就决定了该制度的适用应当是建立在对权利人与相对人或公共利益进行平衡的基础之上的，而这种界限的划定往往随着具体情况的不同而存在区别。因此，动态系统论在这种情形下具有天然的优势。从动态系统论的观点出发，首先应当确定影响权利人和相对人或公共利益范围确定的各种因素，具体需要从行为的外观的形态、结果，权利行使的时间、方式、对象、目的，造成当事人之间利益失衡的程度等，通过动态系统来进行综合考量，弥补构成要件过于抽象的不足，也可以对法官的自由裁量权作出一定的限制。

综上所述，《总则编解释》第 3 条第 1 款与第 2 款表面上看是分离的，但两者又是密切结合的，这种结合性体现在：先用第 2 款确定的两个标准、三个构成要件来判断，但如果适用该规定作出的判断遇到障碍时，可将动态系统论作为一种补充性、兜底性的方式予以适用。但在涉及滥用权利的具体个案中，法官应当优先衡量《总则编解释》第 3 条第 2 款的具体构成要件是否得到满足；倘若根据司法三段论可以直接解决问题，就不必采用动态系统论的方法。当然，动态系统论的采用确实是一种"法治中的人治"，在法官不得不采用动态系统论的时候，为了限制法官的自由裁量，应当要求法官加强说理论证。

3. 权利滥用与侵权行为的关系

权利滥用和侵权的密切联系表现在：一方面，权利滥用常常是产生侵权的原因之一。另一方面，权利滥用常常要伴随相应的侵害后果。如果没有造成侵害后果，就很难认定权利人超越了自己的权利行使的范围；只有在造成某种侵害后果时，才能认定该权利人突破自己的权利行使范围。据此，权利滥用就与侵权责任之间产生了一定的重合性。另外，在造成侵权责任的情形下，通过侵权责任的责任承担方式来使受害人获得相应的救济，也可以有效阻止权利滥用现象的发生。

虽然滥用权利与侵权紧密联系，但并不意味着二者是等同的法律概念，

或者可以直接将滥用权利归入侵权责任中一并调整。笔者认为,滥用权利和侵权的区别主要表现在以下几个方面:

第一,规范意旨不同。就二者的关系来看,滥用权利与侵权责任并非同一层面的问题。滥用权利行为表明权利人行使权利的行为超出必要限度,有违诚实信用原则,该制度通过对权利人自身施加不利益避免滥用权利行为的发生。而侵权责任则侧重于认定行为人是否因过错造成他人损害,并通过损害赔偿等侵权责任的承担方式使受害人恢复到没有遭受侵害的状态。侵权责任制度旨在弥补受害人遭受的损失,并制裁侵权行为人,纠正其不法行为①。从《民法典》的规定来看,滥用权利规定于总则编第五章"民事权利"之中,而侵权责任制度则是在第七编单独规定的。虽然侵权责任编中也有多个条款涉及权利滥用,但因这两个制度存在区别,由此现行法分别规定了这两个制度。《总则编解释》第 3 条第 3 款的规定实质上是一个引致条款,将其引致到《民法典》侵权责任编的具体规定。在这个意义上,可以说禁止权利滥用制度本身不必解决权利救济的问题,而是将权利救济问题交由《民法典》侵权责任编的具体规定进行评价。正是因为两者规范意旨不同,所以我国《民法典》将滥用权利和侵权作为两个不同的制度分别加以规定。

第二,是否要求造成实际损害后果不同。滥用权利行为并不一定导致侵权法上的损害后果。滥用权利的行为主要是以权利的行使超过实现权利的目的的必要为形态,在这一过程中,并不一定会发生侵权责任法上所规定的损害结果。某些情形下,滥用权利行为只是给相对人造成纯粹经济损失,或者只是给他人造成轻微的不利益,而并不能归入侵权责任法所规定的"损害"的范畴,因而可能不构成侵权。例如,在越界建筑的场合,被越界的一方可能并未受到可以证明的损害,但是这并不影响权利人行使权利构成滥用。因此,如果将滥用权利作为侵权的一种类型,势必导致在没有造成侵权责任所认可的损害时,滥用权利人的行为就不会受到追究,从而不能实现保障权利人正当行使权利的立法目的。

第三,构成要件不同。滥用权利可能以加损害于他人为主要目的,换言之,必须构成故意甚至恶意,才可能构成滥用权利;但是侵权责任的构成所要求的过错不限于此,过失行为当然可构成侵权。在构成要件的证明上,由于滥用权利的成立需要由相对人进行证明,而相对人要证明权利人的主观状态显然存在一定的难度。因此,这一主观要件应当进行一定的客观化,即如果从权利人行使权利的方式来看,这种方式明显具有损害他人的目的,就

---

① 参见彭诚信:《论禁止权利滥用原则的法律适用》,载《中国法学》2018 年第 3 期。

应当认为满足这一要件。另外,在判断滥用权利时,仅仅根据构成要件可能有所不足,在某些特殊情形下,基于构成要件难以准确认定是否构成权利滥用时,法官还应当根据《总则编解释》第 3 条第 1 款的规定采用动态系统论的方法进行实质判断。

第四,法律效果不同。如果滥用权利同时构成侵权行为,行为人当然应当承担侵权责任,但在不构成侵权时,滥用权利与侵权行为的法律效果存在明显区别。一方面,侵权责任的法律效果主要是侵权责任的承担,尤其是损害赔偿;而滥用权利最重要的效果是权利的行使不发生效力,①从而使权利行使者的利益被减损,而侵权责任的法律效果是导致受害人获得各种侵权救济。这就是说,在许多情况下,当法官判断确定了某人行使权利构成权利滥用时,首先是要阻止滥用权利效力的发生,使不发生相应的法律效果。所以滥用权利导致的首要的法律效果是阻止其权利不发生行为人所期待的权利行使的效果。例如,申请注册商标时,如果构成滥用权利,可能会产生撤销注册商标的法律后果。另一方面,侵权责任的法律效果是由侵权责任法明确规定的,但在发生滥用权利的场合,其效果可能包括权利不取得、权利失权、让相对方来取得权利等,其产生的效果需要依据具体的情形分别判断,法律很难完全作出明确规定。

当然,由于滥用权利与侵权是从不同角度对行为人的行为所作出的评价,因此滥用权利的行为可能也同时满足侵权责任的成立要件。此时,滥用权利并不影响侵权责任的适用,只要行为同时满足侵权责任的成立要件,受害人便可以请求加害人承担侵权责任。《总则编解释》第 3 条第 3 款第 2 句规定:"滥用民事权利造成损害的,依照民法典第七编等有关规定处理。"由此表明,滥用权利可能会造成侵权的后果,此时应当依据《民法典》侵权责任编的有关规定进行处理。毕竟滥用权利本身不是独立的请求权基础。从我国《民法典》第 132 条的规定来看,其并没有规定具体的法律效果,适用该规则无法确定其具体的法律效果,因此,其适用标准具有模糊性,较为抽象和原则。滥用权利被规定在《民法典》"民事权利"一章,其作为一种权利的限制性原则,并不是一个独立的请求权基础条款,也不是一个完全性法条,更不是一个具有救济性质的条款,这也决定了法院在裁判时可能难以通过直接援引该条款使当事人获得相应的救济。从《民法典》第 132 条的不完全法条的性质出发,其法律效果也需要借助其他规范来进行填补,在涉及受害人

---

① 参见[日]我妻荣:《我妻荣民法讲义 I ——新订民法总则》,于敏译,中国法制出版社 2008 年版,第 33 页。

救济的时候，法官也要通过侵权责任的相应条款来进行填补。而侵权责任规则是更为具体的、具有可适用性的规则，按照具体规则优先于原则的适用原理，此时应当优先适用侵权规则而非适用禁止权利滥用的原则。

4.滥用权利的法律后果

《总则编解释》第3条第3款规定："构成滥用民事权利的，人民法院应当认定该滥用行为不发生相应的法律效力。滥用民事权利造成损害的，依照民法典第七编等有关规定处理。"依据该规定，滥用权利将产生如下两方面的法律后果：

第一，权利行使超过合理界限的部分不具有法律约束力。这就是说，滥用权利不应当产生行为人追求的后果，依据上述规定，如果构成权利滥用，则超过合理界限的部分不具有法律约束力。换言之，在当事人合理行使权利的范围内，仍然可以产生相应的法律效力，只有超出的部分无法产生法律约束力。例如，在请求权的行使中，滥用请求权不能导致请求权的行使效果，其可以表现为请求不能中断时效，或者相对人不构成迟延履行等。考虑到《民法典》主要采用了效力的表述，因此，该条也采用效力的表述，而没有采用法律约束力的表述。[①]

具体而言，应当依据权利的性质，区分支配权、请求权、形成权与抗辩权，分别认定权利滥用的法律后果。其一，就支配权而言，滥用支配权可导致权利人的积极利用的自由受到限制。例如，在"袋地"情形下，权利人行使支配权禁止袋地权利人通行于其土地，已经构成滥用权利，因此这种禁止他人通行的权利行使不得发生其效力。其二，就请求权而言，在请求权的行使中，滥用请求权不能导致请求权的实现效果。例如，虽然起诉可以导致时效的中断，但滥用诉权行为不能中断时效。其三，就形成权而言，如果形成权的行使构成权利滥用，也难以产生形成权行使的法律效果。形成权的意义在于，权利人行使该权利时，就会产生相应的法律后果；如果构成滥用权利，则该权利行使将不产生相应的法律效果，拒不行使权利则可能发生权利行使的效果。例如，在合同僵局的产生过程中，解除权人本来有权行使解除权，但是其为了损害相对人的利益故意不行使解除权的，就构成形成权的滥用。此时，法官可以依职权终止当事人之间的法律关系，从而使权利滥用的效果不发生。其四，抗辩权滥用的法律效果一般是使抗辩的效果不发生，具体需要区分抗辩的不同类型来认定其法律效果。例如，在债务人提出提前

① 参见贺荣主编：《最高人民法院民法典总则编司法解释理解与适用》，人民法院出版社2022年版，第101页。

还款的情况下，债权人虽然有拒绝受领的抗辩权，但是如果提前履行并不损害其利益，其拒绝受领也可能构成抗辩权的滥用。因而，法官不应当支持该抗辩理由。

当然，不发生权利行使的效果并不意味着，只要行使权利构成滥用，则行使行为全部不发生效力。《总则编解释》第3条第3款第1句规定："构成滥用民事权利的，人民法院应当认定该滥用行为不发生相应的法律效力。"如何理解"相应的"概念？对此，可从两方面理解：一方面，是指权利行使不发生该项权利行使应有的法律效果。法律通常对各项权利的行使设定相应的效果，正当行使权利，就会发生法定的效果，但滥用权利，则不会发生此种效果。另一方面，如果法律效果具有可分性，此时应当根据比例原则，使权利行使的法律效果不发生的范围与滥用权利的程度具有相当性。这就是说，在效力可以被分割的情形下，应当区分权利行使行为超越必要范围的限度；对于限度之内的行使，仍应允许其发生效力。

第二，如果滥用权利造成他人损害的，已经构成侵权的，应承担侵权责任。滥用权利可能产生损害后果，也可能并未产生损害后果，即便造成了损害，是否构成侵权，还需要依据侵权责任编的规定予以判断。如果权利人行使权利的行为也满足了侵权责任的成立要件，那么此时就应当适用侵权责任的规范，受害人可以请求权利人承担侵权责任，其中既包括侵权损害赔偿，也包括其他侵权责任的承担方式。从比较法的发展趋势来看，滥用权利已经成为一种新的侵权行为，并得到立法和判例的承认。由于滥用权利的行为常常以构成他人的损害为后果，因而，滥用权利往往同时也构成侵权。《总则编解释》第3条第3款第2句因此规定："滥用民事权利造成损害的，依照民法典第七编等有关规定处理。"此处特别强调"造成损害"，表明滥用权利行为构成侵权行为的，行为人主要应当承担侵权损害赔偿责任。

此外，滥用权利可能引发其他法律效果。虽然《总则编解释》第3条第3款对滥用权利的法律后果采取了封闭列举的方式，但事实上，此种法律后果是很难列举穷尽的。笔者认为，对滥用权利法律后果的规定应该保持开放性。禁止权利滥用的效果首先是权利行使不产生相应的效力，其包括权利消灭、产生抗辩权以及权利不产生的效果，但如果权利人以违反诚实信用原则滥用权利，也应当产生相应的法律后果。[①] 例如，越界建筑的所有权人可能只是需要补偿邻人，而不需要承担完全赔偿责任，因此对他人进行补偿就是滥用权利产生的后果。又如，依据《民法典》第580条的规定，在符合该

---

① MüKoBGB/Schubert, 8 Aufl. 2019, BGB § 242 Rn. 223.

条规定的条件下,当事人双方享有请求司法解除权,但在一方享有解除权而一直不行使时,此时也可构成不作为方式表现的权利滥用,相对人可以要求法官通过司法终止来进行确认,使其不再享有请求司法解除权。

第六节　民事权利的保护

权利是由法律赋予的,也是受法律保护的。权利的法律保障的重要内容就是法律确认保护权利的种种措施。民事权利的保护措施按其性质可以分为自我保护和国家保护两种形态。法定的民事权利体系需要借助个人为权利而斗争的行为加以实现。1872 年 3 月 11 日,德国法学家鲁道夫·冯·耶林在维也纳法律协会上做了一个名为《为权利而斗争》的演讲,这也是一篇震撼世界的、流传十分广泛的德语法学著作。权利是由法律赋予的,也是受法律保护的,只有借助于法律保护,权利才能实现。

彼得·斯坦指出:"权利的存在和得到保护的程度,只有诉诸民法和刑法的一般规则才能得到保障。"①在民事权利遭受侵害的情况下,通过公权力救济民事权利虽然是必要的,但民事权利主要体现为私人利益,如果当事人不积极主张,公权力往往难以主动介入,这就不利于对权利的保护,因此需要民事主体自身为权利而斗争。权利观念其实就是法律观念,权利意识也往往就是法律意识,充分保障民事权利是构建法治社会的基础,因此,依法为权利而斗争就是为法律的实现而斗争。如果每一个民事主体在权利受到侵害时,都能积极捍卫权利、主张权利,也就更有利于权利乃至法律的实现。

一、民事权利的自我保护

我国法律允许民事主体在其民事权利遭受侵害时进行自我保护,但有严格的限制。

第一,对私力救济的抑制。凡是能够实行公力救济的,都应当进行公力救济,尽量限制私力救济,目的在于防止出现"丛林法则",维护社会正常秩序。民事权利的自我保护,是指权利人自己采取各种合法手段来保护自己的权利不受侵犯。这种保护措施是由当事人自己采取的,因此又称为私力救济或自我救济。采取自我保护手段受到法律的严格限制,权利主体只能以法律许可的方式和在法律允许的限度内保护自己的权利。

第二,私力救济方式的法定性。通常情形下,法律对各种私力救济方式

---

① [英]彼得·斯坦、[英]约翰·香德:《西方社会的法律价值》,王献平译,中国人民公安大学出版社 1990 年版,第 41 页。

作出了明确规定,我国《民法典》第181条规定了正当防卫,第182条规定了紧急避险,第183条规定了对见义勇为的受害人的补偿责任,第184条规定了紧急救助的责任豁免。此外,在侵权责任编中,还规定了合法自助行为,《民法典》第1177条第1款规定:“合法权益受到侵害,情况紧迫且不能及时获得国家机关保护,不立即采取措施将使其合法权益受到难以弥补的损害的,受害人可以在保护自己合法权益的必要范围内采取扣留侵权人的财物等合理措施;但是,应当立即请求有关国家机关处理。”这就在法律上承认自助行为可以作为一种免责事由。规定自助行为可以作为一种免责事由的意义在于:一方面,有利于强化对于财产权的保护,因为自助必须是为保护自己的合法权利。另一方面,有利于规范私力救济,同时也有利于保护一些从事合法行为的当事人。比如,某人在餐馆吃“霸王餐”,吃完饭不给钱,如果不把他的财产暂时扣下来,餐馆的债权就不能得到实现。但是,自助行为不得超过保护请求权所必需的程度。通过扣押某项财产可以达到自助目的的,不得限制他人的人身。因自助超过必要限度,给债务人造成不应有的损害时,行为人应负适当的民事责任。

第三,私力救济方式具有多样性。虽然私力救济需要法律的明确规定,但只要在不违反法律和公序良俗的情形下,当事人可以采取一些方式实现私力救济,其方式具有多样性。民事权利的自我保护还包括当事人通过协商解决争议。一般情况下,由于当事人的根本利益是一致的,没有什么根本性的利害冲突,因而,一旦权利被侵害,出现民事纠纷,当事人可以自行协商解决,或者在有关人员或单位的调解下通过非诉讼程序解决。当然,这并不是说,一切民事纠纷,当事人都要自行解决。在任何时候、任何情况下,权利受到侵害的当事人都有权请求人民法院或其他国家机关依法给予保护。

二、民事权利的国家保护

民事权利的国家保护,是指权利受到侵犯时,由国家机关给予保护。这种保护手段是由国家机关采取的,所以又称为公力救济。公力救济的典型形式是权利人通过诉讼的方式,请求人民法院对权利予以国家保护。

由于民事权利的种类不同,受到侵害的方式不同,因而当事人提起诉讼请求保护的目的和要求也不同。一般来说,当事人提起的民事诉讼请求有如下三种类型。

1. 确认之诉,即请求人民法院确认某种法律关系是否存在的诉讼。请求确认的权利主要是绝对权,包括物权、知识产权、人身权等。至于相对权发生纠纷,如合同债权,一般是通过给付之诉来解决的。确认之诉的对象主要是支配权，因为支配权本质上是对权利人特定的财产利益和人身利益的支配，一旦这种支配受到侵害或者在归属上发生争议，权利人就可以请求法院予以确认。各种权利的确认，常常是其他诉讼的前提，因为只有在权利归属明确以后，才能进一步解决侵权或者其他问题。例如，不能在权利尚未界定时就直接确认某种行为是否构成侵权或应当被宣告无效。

2. 给付之诉，即请求人民法院责令对方履行某种行为，以实现自己的权利。如请求交付财产、偿付违约金和赔偿金等。例如，《民法典》第 577 条规定："当事人一方不履行合同义务或者履行合同义务不符合约定的，应当承担继续履行、采取补救措施或者赔偿损失等违约责任。"这就是对给付之诉的规定。给付之诉主要针对的是请求权，请求权一般都具有可诉性，可以以诉讼方式行使，形成给付之诉。在这种权利中，一方对另一方享有某种请求权，但其权利的实现有赖于另一方作出给付行为。如果另一方没有作出相应的给付行为，权利人可以通过法院请求义务人履行相应的义务，作出给付。给付之诉是保护权利人的给付请求权得以实现的手段，所以其针对的对象主要是请求权。当事人提起给付之诉，必须要以请求权为基础，如不存在合法有效的请求权，就不能提起给付之诉。

3. 形成之诉，即请求人民法院通过判决变更现有的某种民事权利义务、形成某种新的民事权利义务的诉讼。如因请求分割共有财产、终止合同关系、解除收养关系、申请死亡宣告等而提起的诉讼。例如，《民法典》第 148 条规定："一方以欺诈手段，使对方在违背真实意思的情况下实施的民事法律行为，受欺诈方有权请求人民法院或者仲裁机构予以撤销。"这就是对形成之诉的规定。形成之诉，主要针对的是形成权，包括解除权、撤销权。这些权利通过一方的意思表示就可以使法律关系发生、变更和消灭，而义务人并不享有相应的权利，所以只要有形成权存在，通过形成之诉，使形成权实现就可以导致法律关系发生、变更和消灭。

上述各种诉讼形式本来应当属于民事诉讼法的范畴，但由于涉及不同的权利，所以通常也称为民事权利的诉讼保护方式。由于民事法律规范中有很大一部分属于任意性规范，所以在权利人的权利受到侵害以后，是否提起诉讼，可以由权利人依法自行决定。当然，对于一些涉及国家和社会利益的民事争议，国家有关机关应依法进行干预。

第四编

民事法律行为与代理

第十章　民事法律行为制度概述

第一节　民事法律行为的概念和特征

一、民事法律行为的概念

民事法律行为,是指民事主体通过意思表示设立、变更、终止民事法律关系的行为。换言之,民事法律行为是以意思表示为核心、能够产生当事人预期的法律效果的行为。民事法律行为,是产生、变更和终止民事法律关系的最重要的法律事实。法律行为是以发生私法上效果的意思表示为核心的行为,它是实现私法自治的工具。① 作为民法的重要调整手段,法律行为制度通过赋予当事人自由意志以法律效力,使当事人能够自主安排自己的事务,从而实现了民法主要作为任意法的功能。因此,法律行为是民法中的重要制度。

法律行为概念最早产生于18世纪中期德国法学家丹尼尔·内特布拉德的民法理论,此后,经由古斯塔夫·胡果与阿诺德·海泽的发展,在19世纪初的德国,形成了比较成熟的法律行为概念与理论,并为《德国民法典》所采纳。② 德国学者通常从两个角度理解法律行为的概念:一是从法律行为的内涵,即意思表示的角度来概括法律行为的概念。萨维尼曾经在其《当代罗马法体系》中对法律行为作出过一个经典的定义,他认为,"意思表示或法律行为这种法律事实应被如此理解:它不仅是自由行为,并且行为人的意志直接指向法律关系的产生或消灭"③。法律行为以意思表示为核

---

① 参见[德]汉斯·布洛克斯、[德]沃尔夫·迪特里希·瓦尔克:《德国民法总论》,张艳译,中国人民大学出版社2012年版,第64页。

② Vgl. Hans Hattenhauer, Grundbegriffe des Bürgerlichen Rechts, 2 Aufl., C. H. Beck, 2000, S. 69 – 70.

③ Savigny, System des heutigen roemisches Rechts, Bd. 3, S. 98.

心,法律行为的概念是对总则之下民法各编规定中行为的抽象。大多数德国学者都接受了这种观点。二是从法律行为的功能角度来界定法律行为的概念。例如,温德夏特认为:“法律行为是旨在法律效力的创设的私的意思宣告。”弗卢梅认为,法律行为旨在通过个人自治(通过实现私法自治)原则的方式成立、变更或解除一个法律关系。①

我国《民法通则》在规定民事法律行为的概念时,强调其应当具有合法性,该法第54条规定:“民事法律行为是公民或者法人设立、变更、终止民事权利和民事义务的合法行为。”据学者考证,该定义源于苏联学者阿加尔柯夫。阿加尔柯夫认为应当将法律行为界定为合法行为,因为“法律”一词本身就包括了正确、合法、公正的含义。② 但《民法典》并没有采纳这一观点,《民法典》第133条规定:“民事法律行为是民事主体通过意思表示设立、变更、终止民事法律关系的行为。”由该规定可以看出,《民法典》从以下三个方面改变了《民法通则》的规定:一是取消了合法性的要求。一方面,在许多情况下,即使民事主体实施了欺诈等非法行为,但受害人未提出撤销该行为的请求,则该行为也应当有效。另一方面,民事法律行为的成立侧重于从事实层面认定民事法律行为是否存在,至于其合法与否,能否产生当事人追求的法律效果,则涉及对其效力的认定问题,即便该民事法律行为因为违法而被宣告无效,也并不影响该民事法律行为的成立。二是增加了意思表示的概念,即强调民事主体要通过意思表示实施民事法律行为,这就揭示了民事法律行为的本质特征。三是更加强调私法自治的价值理念,有利于鼓励民事主体通过实施民事法律行为从事广泛的社会交往,促进社会经济的发展。

从比较法来看,采纳法律行为制度的国家,都将该制度作为民法的重要内容。德国学者哈滕豪尔认为,人与物是民法的基本概念,但二者相互独立,为了使人与他人之间建立法律关系以及使人能够利用物,需要第三个概念,《德国民法典》称之为“法律行为”。此概念在人与对物的支配之间建立联系。③ 法律行为是私权变动诸原因中最重要的一种,虽然其被规定在总则编中,但可以适用于各分编。债法上的合同、物权法上的合同、各种权利的抛弃、形成权的行使、遗嘱、结婚、协议离婚、收养等,均属于法律行为,须适

① Werner Flume: Allgemeiner Teil des Bürgerlichen Recht, zweiten Band: Das Rechtsgeschäft, 1975, Springer, p. 23.

② 参见龙卫球:《民法总论》,中国法制出版社2001年版,第478页。

③ Vgl. Hans Hattenhauer, Grundbegriffe des Bürgerlichen Rechts, 2 Aufl., C. H. Beck, 2000, S. 68.

用法律行为的规则与理论,所以,法律行为是一根贯彻于德国民法的主线,[①]该制度不仅在整个民法典中居于重要地位,而且成为私法的红线。[②] 例如,票据法上的票据行为以及公司法、合伙企业法等团体法上的权利让与、章程、决议行为皆为法律行为。这就形成了德国私法的一大特色。[③] 我国《民法典》虽然借鉴了德国法总则的“提取公因式”的经验,但没有像《德国民法典》那样以法律行为为中心,而是从总结我国立法和司法实践经验出发,立足于我国市场经济发展需要,确立了以民事权益保护为中心的制度体系。在我国民法中,法律行为的适用范围应当受到一定的限制,其主要适用于合同、遗嘱等情形,并没有扩大适用于整个民法领域中,特别是不能简单地适用于具有人身属性的诸如婚姻、收养等领域。

但应当看到,在我国《民法典》总则编中,民事法律行为制度也具有举足轻重的地位,因为一方面,从逻辑体系上看,行为能力确定的是意思能力,而法律行为确立的是意思表示,没有法律行为的概念,难以解释意思能力。代理是指在本人不能作出意思表示时,由他人代为进行意思表示。如果《民法典》总则编中有代理制度而无法律行为制度,则代理制度也将缺乏基本的前提。如果没有民事法律行为制度,那么民法的各个部分会是散乱的,很难形成具有逻辑性的民法总则,总则部分最多只能包括一个主体制度。[④] 另一方面,作为民法的重要调整手段,民事法律行为制度通过赋予当事人自由意志以法律效力,使当事人能够自主安排自己的事务,从而实现了民法主要作为任意法的功能。“法律行为,是各个人用以依据其愿望改变法律状态的一种手段。”[⑤]因此,民事法律行为制度是民法总则中不可或缺的重要内容。

二、民事法律行为的特征

(一)民事法律行为是民事主体实施的以设立、变更、终止民事法律关系为目的的行为

民事法律行为作为一种法律事实,是由当事人实施的、能够产生一定法律效果的行为。这就是说,首先,民事法律行为必须是由民事主体实施的行为,非民事主体实施的行为,如法院的判决和仲裁机构的裁决虽然也能够发生法律后果,但不是民事法律行为。

---

① 参见杨代雄:《法律行为论》,北京大学出版社 2021 年版,“自序”。

② Leenen, BGB Allgemeiner Teil: Rechtsgeschäftslehre, 2 Aufl. Berlin: De Gruyter, 2015, S. 1.

③ 参见杨代雄:《法律行为论》,北京大学出版社 2021 年版,“自序”。

④ 参见[德]迪特尔·施瓦布:《民法导论》,郑冲译,法律出版社 2006 年版,第 298 页。

⑤ [德]迪特尔·梅迪库斯:《德国民法总论》,邵建东译,法律出版社 2000 年版,第 27 页。

其次，民事法律行为应当产生一定的法律效果，即民事权利义务关系的设立、变更和终止。法律行为不同于戏谑行为之处就在于，行为人具有法效意思，或者说，具有产生法律效果的意思。在萨维尼看来，法律行为不同于其他行为，“尽管一项行为也许不过是其他非法律目的的手段，只要它直接指向法律关系的产生或消灭，这种法律事实就被称为意思表示或法律行为”①。因此，法律行为可以产生一定的法律效果。所谓法律效果，是指法律赋予当事人的意思表示以一定的私法上的效果，发生私法上的权利变动。② 严格地说，法律效果不完全等同于法律后果。因为从广义上看，凡是因行为人的行为导致的法律上的效果以及法律责任等都是法律后果，从这个意义上可以说法律效果包括在法律后果之中。从狭义上理解，法律后果仅指因为某种违法行为所导致的法律上的责任，从这个意义上理解的法律后果与法律效果是存在一定的区别的。主要表现在：一方面，法律效果是指某种行为能否产生某种法律效力，换言之，是指当事人的意志能否获得法律上的承认，并由法律赋予一定的拘束力。而法律后果则是指一种法律上的责任。另一方面，法律效果通常都是当事人所主动追求达到的，而法律后果则不尽然，其有可能悖于当事人主观意志所追求的结果。

应当指出的是，产生法律效果的民事法律行为既可能是合法的，也可能是非法的，其并不限于合法行为，非法的行为也可能发生法律效果。如欺诈行为属于非法行为，其既可能产生民事法律行为被撤销等法律效果，也可能在不损害国家利益的前提下，因当事人自愿接受而使其有效。

（二）民事法律行为是通过意思表示而实施的行为

所谓意思表示，是指表意人将其希望发生某种法律效果的内心意思以一定方式表示于外部的行为。③ 它是旨在达到某种特定法律效果的意思的表达。“意思表示”作为一个法律术语，究竟是谁首次提出一直存在争议。④ 但大多数学者认为，该词为18世纪沃尔夫在《自然法论》（jus Naturae）一书中所创。⑤ 意思表示是德国法律行为理论中最为基础的法律概念和制度构

---

① Savingny, System des heutigen römischen Rechts, Bd. 3, S. 5f.

② 参见王泽鉴：《民法总则》，北京大学出版社2009年版，第201页。

③ 参见梁慧星：《民法总论》（第4版），法律出版社2011年版，第189页。

④ 有学者主张为Thomasius，也有学者主张为Christian Wolff，其首次使用在《普鲁士一般邦法》中。

⑤ 参见沈达明、梁仁洁编著：《德意志法上的法律行为》，对外贸易教育出版社1992年版，第49页。

造,是法律行为制度的精华所在。[①]

民事法律行为都是通过意思表示作出的,即表意人将其内心意思表示于外,为他人所知晓。如果民事法律行为能够产生主体预期的后果,按照当事人的意愿安排他们之间的利益关系,当事人必须能够自主作出意思表示,而且这种意思表示能够依法在当事人之间产生拘束力,这也是法律行为与事实行为的根本区别。在单方的法律行为中(如遗嘱、权利的抛弃等),有一项意思表示即可。在双方的法律行为中,需要两项意思表示形成合意。就合同而言,必须由当事人就合同的主要条款达成合意。这些主要条款是指根据特定合同的性质所必须具备的条款,缺少这些条款合同不能成立。在共同行为中,必须要有多项内容相同的意思表示,并形成合意。[②] 民事法律行为都是通过意思表示作出的,即表意人将其内心意思表示于外,为他人所知晓。由于民事法律行为能够产生主体预期的后果,按照当事人的意愿安排他们之间的利益关系,因而当事人必须能够自主地作出意思表示,而且这种意思表示能够依法在当事人之间产生拘束力。在一些事实行为中,虽然当事人也可能对其行为后果有一定的意思,而且也表达于外,但由于其不符合民事法律行为的本质要求而不能发生相应的法律拘束力,这与民事法律行为中依据当事人的意思而产生相应的法律效果存在本质区别,且事实行为并不以意思表示为要件。

(三)它是能够产生当事人预期的法律效果的行为

民事法律行为能够产生当事人预期的法律效果,其主要包含以下三个方面的含义:第一,民事法律行为作为引起法律关系变动的原因,不仅导致民事法律关系的产生,而且可以成为民事法律关系变更和终止的原因。无论当事人从事民事法律行为旨在达到何种目的,只要当事人实施的民事法律行为依法成立并生效,就会对当事人产生法律效力,当事人也必须依照法律行为的规定享有权利和履行义务。第二,民事法律行为并不是可以产生任何法律上的效果,而仅仅只是可以产生私法上的效果。[③] 我国学者一般认为,应采传统民法中法律行为的定义,为了将民法中的民事法律行为与其他法律领域中法律行为的概念区分开来,才冠以"民事"二字。[④] 所谓私法上的效果,即导致民事法律关系的产生、变更、消灭。第三,民事法律行为不仅

---

① 参见龙卫球:《民法总论》(第 2 版),中国法制出版社 2002 年版,第 502 ~ 503 页。

② 参见龙卫球:《民法总论》(第 2 版),中国法制出版社 2002 年版,第 502 ~ 503 页。

③ 参见郑玉波:《民法总则》,中国政法大学出版社 2003 年版,第 296 页。

④ 参见梁慧星:《民法总论》(第 4 版),法律出版社 2011 年版,第 152 页。

能产生私法上的效果,而且能够产生当事人所预期的法律效果。简言之,民事法律行为即旨在引起法律效果的行为。[①] 民事法律行为能够产生当事人预期的法律效果,这也是民事法律行为与事实行为的重要区别。也正是因为这一原因,民事法律行为成为民事主体私法自治的重要工具。在某些特殊情形下,民事法律行为还可能产生当事人意思之外的一些法律效果。例如,当事人订立了合法有效的合同,除了发生当事人所追求的效果外,还可能产生相关的附随义务。当然,如果民事法律行为违法或违反公序良俗,则可能难以产生当事人所预期的法律效果。

三、民事法律行为是私法自治的工具

私法自治是民法的基本价值理念,民事法律行为是私法自治的工具。私法自治是指在法律允许的范围内,民事主体有权根据自己的意志安排自己的私人事务,不受他人的非法干涉,而民事法律行为是实现私法自治的一种规范工具。私法自治原则强调私人相互间仅涉及私益的,应由当事人的自由意思决定,这实际上是采用了一种负面清单管理模式,只要在法无禁止的范围内,行为人享有广泛的自由。民事法律行为制度充分体现了民法精神或私法精神,承认个人有独立的人格,承认个人为法的主体,承认个人在不违反法律和公序良俗的范围内享有充分自由,国家在法律规定之外也不得随意干预私人生活。[②] 法律行为是以发生私法上效果的意思表示为核心的行为,它是实现私法自治的工具。[③]

具体而言,民事法律行为对于实现私法自治的功能主要体现在以下几个方面。

第一,民事法律行为赋予了民事主体行为自由。梅迪库斯指出:“私法自治给个人提供一种受法律保护的自由,使个人获得自主决定的可能性。”[④]弗卢梅认为:“私法自治原则的使用意味着对个体在法律关系形成过程中‘自己意愿’的认可。”[⑤]我国《民法典》确立的民事法律行为制度采用负面清单管理模式,依据《民法典》第 153 条的规定,在法律禁止的范围之外,民事主体均享有广泛的行为自由,这些行为自由是通过法律行为的方式实

---

① 参见[德]迪特尔·梅迪库斯:《德国民法总论》,邵建东译,法律出版社 2003 年版,第 143 页。

② 参见谢怀栻:《从德国民法百周年说到中国的民法典问题》,载《中外法学》2001 年第 1 期。

③ 参见[德]汉斯·布洛克斯、[德]沃尔夫·迪特里希·瓦尔克:《德国民法总论》,张艳译,中国人民大学出版社 2012 年版,第 64 页。

④ [德]迪特尔·梅迪库斯:《德国民法总论》,邵建东译,法律出版社 2000 年版,第 143 页。

⑤ [德]维尔纳·弗卢梅:《法律行为论》,迟颖译,法律出版社 2000 年版,第 7 页。

现的。

第二,民事法律行为可以实现民事主体追求的法律效果。民事法律行为不同于其他的民事法律事实(如事实行为和事件),其法律效果并非来自法律的规定,而是来自当事人的意思,从而保障民事主体的私法自治。也正因如此,民事法律行为本身就可以为当事人提供请求权基础。例如,合同生效后,当事人可以直接基于合同约定主张给付请求权,而无须另行从法律规定中寻找请求权基础。①

第三,民事法律行为以意思表示为核心,意思表示的内部结构也同样是为私法自治服务的。从民事法律行为的内部构造来看,民事法律行为也是围绕如何赋予其法律效果而展开的。民事法律行为以意思表示为核心,而意思表示的内部主观要素由行为意思、表示意识、效果意思构成。行为意思和表示意识保障了当事人表意的自由,而效果意思则保障了当事人行为内容的自由。因此,承认民事法律行为的效力就保障了当事人通过意思表示旨在追求的效果。

第四,民事法律行为为民事主体设立、变更、消灭民事法律关系提供了法律依据。民事主体要广泛地参与社会生活,就必然涉及对民事法律关系的塑造,而民事主体基于私法自治塑造民事法律关系必须遵从一定的形式,才能产生相应的法律效力。民事法律行为就是通过赋予民事主体依法享有设立、变更、消灭民事法律关系的自由,并赋予当事人依法表达的意思一定的法律效力,来为民事主体从事广泛的民事活动提供法律上的保障。②

第二节　民事法律行为的成立与生效

一、民事法律行为的成立

(一)民事法律行为成立的条件

《民法典》第134条第1款规定:“民事法律行为可以基于双方或者多方的意思表示一致成立,也可以基于单方的意思表示成立。”民事法律行为的成立是指当事人就民事法律关系的产生、变更和消灭作出了一定的意思表示,或意思表示一致。例如,就合同行为而言,民事法律行为的成立是指当事人对合同的主要条款达成合意。如果是在双方当事人之间订立的,合同就是在双方之间达成合意;如果是在多方当事人之间订立的,合同是由所有当事人达成合意。

---

① 参见朱庆育:《民法总论》(第2版),北京大学出版社2016年版,第113页。

② Vgl. Larenz/Wolf, Allgemeiner Teil des Bürglichen Rechts, München 1997, S. 431.

1. 民事法律行为的一般成立要件和特别成立要件

民事法律行为的成立要件可以分为一般成立要件和特别成立要件。一般成立要件是民事法律行为共同的成立要件,包括两个方面。具体而言,一是当事人。双方或共同法律行为必须存在双方或者多方当事人。例如,甲以某公司的名义订立合同,如果并不存在该公司,则可以认为不存在一方当事人,合同不能成立。合同当事人又称为合同主体,他们是实际享有合同权利并承担合同义务的人。[①] 有些合同当事人并未亲自参与合同的订立,但可以成为合同主体(如通过代理人订约),而另一些人可能参与合同的订立却不能成为合同主体(如代理人)。二是意思表示。所谓意思表示,是指表意人将其希望发生某种法律效果的内心意思以一定方式表示于外部的行为。在单方的法律行为(如遗嘱、权利的抛弃等)中,有一项意思表示即可。在共同行为中,必须要有多项内容相同的意思表示,并形成合意。

民事法律行为的特别成立要件是指在法律另有规定或者当事人另有约定时,特定民事法律行为的成立所应当具备的要件,其一般有如下两种情形:一是实践法律行为,即需要当事人实施特定的行为才能使民事法律行为成立的要件。例如,《民法典》第 814 条规定:“客运合同自承运人向旅客出具客票时成立,但是当事人另有约定或者另有交易习惯的除外。”又如,《民法典》第 679 条规定:“自然人之间的借款合同,自贷款人提供借款时成立。”二是要式法律行为,即需要当事人采用特定的形式才能成立的民事法律行为。例如,《民法典》第 668 条第 1 款规定:“借款合同应当采用书面形式,但是自然人之间借款另有约定的除外。”法律对这种合同的形式要件的规定属于成立要件而非生效要件的规定。在此情况下,当事人未根据法律的规定采用一定的形式,则合同不能成立;但有时法律规定的形式要件属于生效要件,当事人不依法采用一定形式,则已成立的合同不能生效。例如,《民法典》第 348 条第 1 款规定:“通过招标、拍卖、协议等出让方式设立建设用地使用权的,当事人应当采用书面形式订立建设用地使用权出让合同。”如果未按照该规定订立书面合同,则合同不能产生法律效力,因此该形式要件属于生效要件。

2. 根据民事法律行为的类型确定其不同的成立要件

民事法律行为的类型不同,其成立条件和成立时间也存在差别。一是对单方法律行为而言,其生效要根据是否需要受领作出区分。对需要受领的单方法律行为而言,自其到达受领方才能生效;但对不需要受领的单方法

---

① 参见苏惠祥主编:《中国当代合同法论》,吉林大学出版社 1992 年版,第 67 页。

律行为而言，只需要当事人作出意思表示即可，其生效不需要对方当事人受领。二是双方法律行为。双方法律行为则需要双方意思表示一致才能成立。例如，合同就是当事人就合同的主要条款达成合意的产物，双方法律行为的成立时间是当事人意思表示一致形成的时间。三是多方法律行为。多方法律行为的成立需要多方当事人意思表示一致。自多方当事人合意达成时，多方法律行为才成立。四是决议行为。《民法典》第 134 条第 2 款规定："法人、非法人组织依照法律或者章程规定的议事方式和表决程序作出决议的，该决议行为成立。"据此，对决议行为而言，其并不当然需要每个当事人都作出意思表示，而只需要依据法律或者章程规定的议事方式和议事程序作出决议即可。

（二）民事法律行为成立后的效力和不成立的法律后果

民事法律行为一旦成立，即对当事人产生拘束力，任何一方当事人都不得单方面否定该民事法律行为的效力。当然，民事法律行为成立只是其生效的前提，只要当事人主体适格、意思表示真实、内容合法，除法律另有规定或者当事人另有约定外，民事法律行为一经成立即生效。《民法典》第 157 条规定了民事法律行为无效、被撤销或者确定不发生效力的法律后果，但对民事法律行为不成立的法律效果并未作出规定。因此，《总则编解释》第 23 条规定："民事法律行为不成立，当事人请求返还财产、折价补偿或者赔偿损失的，参照适用民法典第一百五十七条的规定。"该条对民事法律行为不成立的法律后果作出了规定。事实上，民事法律行为不成立的法律后果与民事法律行为无效、被撤销的后果具有相似之处，在实践中，当事人一方基于对另一方的允诺，交付了一定的财产，或者支付了一定的费用，或者作出了履行合同的准备，在此之后民事法律行为不成立将产生何种效果，存在争议。依据上述规定，民事法律行为不成立的法律后果准用民事法律行为无效或者被撤销的法律规则。

二、民事法律行为的生效

法律行为的生效，是指已经成立的法律行为因符合法定的生效要件，从而能产生法律上的约束力。在绝大多数情况下，民事法律行为一旦依法成立，便会产生效力，因此，《民法典》第 136 条规定："民事法律行为自成立时生效……"

法律行为的成立与生效常常是密切联系在一起的，因为当事人从事某一法律行为，旨在产生一定的法律关系变动的效果。罗马法曾规定了"同时成立原则"（prinaipder simuitanitotod simuedume enrshung），该原则认为法律行为的成立与其效力同时发生。不过,德国或法国在继受罗马法时,已根本改变了这一原则。根据王伯琦先生的解释,作出这种更改的原因在于罗马法十分强调法律行为的方式,而忽视了当事人的意思。一旦法律行为的方式得到遵守,行为自然有效,因此没有必要区分法律行为的成立与生效问题。而自文艺复兴以后,个人主义思潮在欧洲勃兴,意思主义在民法中占据主要地位,法律行为的方式逐渐退居次要地位,这就必须区分法律行为的成立与生效、不成立与无效问题。[①] 尽管如此,仍有许多国家和地区的民法并没有严格区分法律行为的成立与生效问题。

但在某些情况下,法律行为成立并不一定产生一定的法律效力,要产生法律效力,则必须要符合法定的生效要件。因此,有必要区分法律行为的成立与生效,两者的区别主要表现在:

第一,从性质上看,民事法律行为的成立只是一个存在与否的事实问题,不涉及法律的评价;而民事法律行为的生效则意味着法律采取一定标准对当事人的意思表示作出评价或干预。

第二,两者可能处于不同的阶段。一般情况下,民事法律行为的成立是当事人作出了单方意思表示或者意思表示达成合意,而民事法律行为生效则是指民事法律行为对当事人产生实质法律拘束力。从法律评价标准来看,民事法律行为的生效实际上是在成立的基础上所作的价值判断,因此,在某些情形下,民事法律行为生效的时间可能要晚于民事法律行为成立的时间。例如,对某些需要政府审批的合同而言,其成立后需要依法经过政府审批才能生效。当然,一般情况下,只要民事法律行为的内容和形式合法,民事法律行为成立后即生效。

第三,两者的构成要件不同。民事法律行为的成立要件包括当事人、当事人作出意思表示、当事人就意思表示达成合意。而依据《民法典》第143条的规定,民事法律行为的生效则需要具备下列条件:一是行为人具有相应的民事行为能力;二是意思表示真实;三是不违反法律、行政法规的强制性规定,不违背公序良俗。

第四,两者体现的国家干预的程度不同。民事法律行为的成立是当事人作出意思表示或意思表示达成合意。因此,它主要表现了当事人的意思,至于民事法律行为的内容中是否存在欺诈、胁迫和其他违法的因素,则不是民事法律行为的成立制度调整的范围,而是民事法律行为生效制度调整的

---

① 参见王伯琦:《法律行为之无效与成立》,载郑玉波主编:《民法论文选辑——民法债编论文选辑》(中册),台北,五南图书出版公司1984年版,第727~729页。

范围。[①] 而民事法律行为的生效是指国家对已经成立的法律行为予以认可，如果当事人的合意符合国家的意志，将被赋予法律拘束力。如果当事人的合意违背了国家意志，不仅不能产生法律约束力，而且将要承担民事法律行为被撤销或者被宣告无效的责任。由此可见，民事法律行为生效制度体现了国家对法律关系的肯定或否定的评价，反映了国家对民事关系的干预。[②]

第五，从逻辑体系来看，如果区分成立和生效，则将进一步区分民事法律行为的不成立、被撤销和无效，有助于把事实判断和价值判断分开。民事法律行为一旦不成立，即在性质上转化为意思表示的不成立，严格地说，其已经不能再称为民事法律行为。尤其是区分民事法律行为的成立与民事法律行为的生效，有助于在司法实践中正确处理各类纠纷，充分保障当事人的合法权益。

第六，从法律后果上看，民事法律行为的不成立和无效产生的法律后果是不同的。[③] 如果民事法律行为被宣告不成立，那么有过失的一方当事人则应根据缔约过失责任制度，赔偿另一方所遭受的利益的损失，如果当事人已经作出履行，则应当各自向对方返还其已接受的履行。因民事法律行为成立主要涉及当事人的合意问题，所以民事法律行为不成立只产生民事责任而不产生其他法律责任。但对于无效法律行为来说，因为它在性质上违反了国家意志，所以不仅要产生民事责任（如缔约过失责任、返还不当得利责任），而且将可能引起行政责任甚至刑事责任。

第三节　民事法律行为与相关概念

一、民事法律行为与事实行为

事实行为，是指行为人在主观上并没有产生、变更或消灭某一民事法律关系的意识，但由于法律的规定，使其实施的行为同样会引起一定的民事法律后果。事实行为的类型较多，如拾得遗失物、建造房屋、没有法律上的原因管理他人事务等。就是否符合法律规定而言，事实行为可以分为两类：一是合法的事实行为，如拾得遗失物、建造房屋等；二是非法的事实行为，如侵权行为等。[④]

民事法律行为与事实行为具有如下共同特征：一方面，二者都属于行为

① 参见陈安主编：《涉外经济合同的理论与实务》，中国政法大学出版社 1994 年版，第 102 页。
② 参见陈安主编：《涉外经济合同的理论与实务》，中国政法大学出版社 1994 年版，第 103 页。
③ 参见王家福主编：《中国民法学 · 民法债权》，法律出版社 1991 年版，第 315 页。
④ 参见朱庆育：《民法总论》（第 2 版），北京大学出版社 2016 年版，第 83 页。

而非事件，在法律行为和事实行为之中，均有行为人的意思参与其中，可见其不同于事件。另一方面，二者在性质上均属于民事法律事实，即不论是民事法律行为，还是事实行为，都可能导致法律关系的产生、变更与消灭。

当然，民事法律行为与事实行为也存在一定的区别。

第一，二者所体现的价值理念不同。民事法律行为作为私法自治的工具，其遵循了私法自治的基本精神，即在一般情况下，只要当事人的意思表示符合法律规定和公序良俗，就可以按照当事人意思表示的内容依法发生当事人所期望的法律后果。而事实行为虽然也属于民事法律事实，但其所产生的法律效力是由法律规定的，[①]其并不体现私法自治的价值理念。

第二，二者导致法律关系变动的原因不同。民事法律行为与事实行为虽然均可导致法律关系的变动，但二者导致法律关系变动的原因是不同的。对民事法律行为而言，其导致法律关系发生变动是基于当事人之间的意思而发生的，或者说是法律承认当事人意思的结果，而事实行为导致法律的变动则是基于法律的规定。例如，《民法典》第 231 条关于建造、拆除房屋等事实行为发生的物权变动，就是基于法律规定而产生的法律效果，与当事人的意思表示无关。

第三，二者对民事主体民事行为能力的要求不同。对民事法律行为而言，当事人实施民事法律行为时必须作出意思表示，以意思表示为其不可或缺的要素，同时，其要产生相应的法律效果，就要求民事主体必须具有相应的民事行为能力，否则，该民事法律行为的效力即可能具有瑕疵。[②] 而对事实行为而言，由于其所产生的法律效果是由法律规定的，而且行为人实施事实行为并不需要作出意思表示，因此，其并不要求实施事实行为的行为人必须具有民事行为能力。[③] 例如，无因管理中的管理人并不需要具有相应的民事行为能力，无民事行为能力人也可以实施无因管理行为。

二、民事法律行为与准法律行为

准法律行为是指表意人实施的并不旨在引起其所希望的法律效果，而是依法律规定赋予特定效果的表示行为。[④] 准法律行为主要包括如下几类：一是意思通知，即表意人将内心希望表达的意思通知给他人，并依法发生一

---

① Vgl. Reinhard Bork, BGB AT, Tübingen, 2016, Rn. 407.

② 参见王泽鉴：《民法总则》，北京大学出版社 2009 年版，第 238 页。

③ 参见朱庆育：《民法总论》（第 2 版），北京大学出版社 2016 年版，第 83 页。

④ 参见［德］迪特尔·梅迪库斯：《德国民法总论》，邵建东译，法律出版社 2000 年版，第 160 页。

定法律效果的行为。对意思通知而言,其需要对方当事人受领、知悉该通知。例如,当事人向对方发出的解除合同的通知。对意思通知而言,其法律效果并不是行为人追求某种法效意思的结果,而是由法律规定产生的。二是观念通知,即民事主体将一定的事实通知给对方,由他人受领、知悉此种事实,并依法发生法律效果的行为。观念通知与意思通知不同,在观念通知的情形中,当事人通知对方的是已经发生的事实;而在意思通知的情形中,当事人是将其内心的意思通知对方。例如,债权人将债权让与的事实通知债务人。三是情感表示,即行为人感情的表现,并且能够依法产生法律效果。[①] 例如,《民法典》第 1125 条第 2 款规定:"继承人有前款第三项至第五项行为,确有悔改表现,被继承人表示宽恕或者事后在遗嘱中将其列为继承人的,该继承人不丧失继承权。"该款所规定的被继承人的宽恕表示即属于此处的情感表示。

准法律行为与民事法律行为一样,都要有一定的表示行为,由当事人将一定的意思表示出来,而且都能够发生一定的法律效果。因具有意思表达要件和效果,因此不同于事实行为[②]。同时,有关行为人的民事行为能力、意思表示生效规则等,都可能适用于准法律行为。当然,在具体适用中,也需要根据具体的准法律行为的类型而分别对待。[③]

虽然准法律行为与民事法律行为存在上述相似性,但二者属于不同的法律概念,二者的区别主要表现在:

第一,与私法自治的关系不同。民事法律行为将要发生当事人预期的法律效果,因此,民事法律行为也被视为私法自治的工具。而对准法律行为而言,无论当事人意图发生何种法律效果,其法律效果都是由法律规定的,准法律行为的法律效果的实现不取决于行为人的意思,而来自法律的规定,因此,准法律行为并不能实现私法自治的功能与效果。[④]

第二,与意思表示的关系不同。民事法律行为以意思表示为核心内容,而且民事法律行为所产生的法律效果也是当事人所希望、追求的法律效果。对准法律行为而言,其法律效果并不是当事人追求某种法效意思的结果,而是由法律直接规定的。当然,准法律行为也不同于事实行为,其一般也包含当事人意思的表达或者公告目的的通知,但尽管如此,准法律行为的效果仍

① 参见王泽鉴:《民法总则》,北京大学出版社 2009 年版,第 239 页。

② 参见王泽鉴:《民法总则》,北京大学出版社 2009 年版,第 87 页。

③ Vgl. Larenz/Wolf, Allgemeiner Teil des Bürglichen Rechts, München 1997, S. 438.

④ 参见王泽鉴:《民法总则》,北京大学出版社 2009 年版,第 239 页。

然由法律所明确规定,即便行为人的意思并非如此,其意思也不能够排除法律规定的效力。[①] 同时,与民事法律行为不同,准法律行为并没有法效意思,而民事法律行为中的效果意思是民事主体欲依其表示发生特定法律效果的意思[②]。例如,在买卖合同中,一方表示以一定的价格购买对方某项财产所有权的意思即为效果意思。[③] 准法律行为的法律效果并非由当事人决定,而是由法律直接规定的。[④] 例如,在催告之中,催告可以发生何种法律效果并不是由当事人的意思决定,而是由法律规定的。无论当事人是否具有效果意思,均可以发生法律规定的效果。

第三,表示的内容不同。对民事法律行为而言,行为人在实施民事法律行为时,是将其内心所追求的法律效果表示出来;而行为人在实施准法律行为时,其所作出的表示并不是其内心追求某种法律效果的表示,而可能只是将其内心的意思或者一定的事实通知对方。

三、民事法律行为与情谊行为

所谓情谊行为(Gefalligkeit),也称为好意施惠行为或施惠行为,它是指行为人以维护与他人的感情为目的所实施的无偿利他行为。在情谊行为中,当事人主观上并没有受法律拘束的意思。[⑤] 在社会生活中,基于情谊行为所形成的社会关系称为情谊关系,情谊行为与民事法律行为具有一些相似性:一方面,某些情谊行为可能也以合同的形式出现,如订立"君子协定"。又如,一方实施的单方施惠行为,在形式上也与赠与具有相似性。另一方面,在一些情谊行为中,施惠的一方也会对外作出表示,并产生一定的法律效果[⑥]。例如,好意同乘本身虽然是一项情谊行为,但也可以依法在当事人之间产生一定的权利义务关系。但二者之间存在一定的区别。

第一,是否由法律规范不同。民事法律行为是由法律直接规定的,而情谊行为一般并没有法律直接予以规范,其通常被认为是一种纯粹的、未受到法律调整的社会生活关系。单纯情谊行为本身不属于民事法律行为,而是处于法律调整范围之外,对此类社会关系,法律不应当过度介入,否则将不

---

① Vgl. Larenz/Wolf, Allgemeiner Teil des Bürglichen Rechts, München 1997, S. 436.

② 参见[日]我妻荣:《我妻荣民法讲义 I——新订民法总则》,于敏译,中国法制出版社 2008 年版,第 225 页。

③ 参见朱庆育:《民法总论》(第 2 版),北京大学出版社 2016 年版,第 197 页。

④ Vgl. Reinhard Bork, BGB AT, Tübingen, 2016, Rn. 412.

⑤ 参见王雷:《民法学视野中的情谊行为》,北京大学出版社 2014 年版,第 215 页。

⑥ 参见[德]迪特尔·梅迪库斯:《德国民法总论》,邵建东译,法律出版社 2000 年版,第 150 页。

当干预人们的正常生活。[①]

第二,当事人是否有受法律拘束的意思不同。就民事法律行为而言,当事人在实施民事法律行为时,都有受法律拘束的意思,民事法律行为一经成立,即可在当事人之间产生法律约束力。而对情谊行为而言,无论是施惠的一方,还是受惠的一方,当事人在实施相关行为时,均没有受法律拘束的意思。例如,就好意同乘行为而言,当事人在实施该行为时,并没有订立合同的意愿,其主观上并没有受法律拘束的意思,该行为也无法在当事人之间产生其期待的法律效果。[②] 施惠者出于情谊关系或者以施惠为目的而向受惠者提供搭乘便利,当事人并不具有受法律约束的意思,不构成法律上的意思表示。[③]

第三,当事人是否有缔结法律关系的意图不同。对民事法律行为而言,当事人在实施民事法律行为时,通常都有缔结法律关系的意图。而对情谊行为而言,其作为一种单方施惠的生活关系,当事人在实施该行为时并没有缔结法律关系的意图,这也是情谊行为与民事法律行为的本质区别。[④]

第四节 民事法律行为的分类

一、单方法律行为、双方法律行为、共同法律行为

《民法典》第134条第1款规定:"民事法律行为可以基于双方或者多方的意思表示一致成立,也可以基于单方的意思表示成立。"据此,民事法律行为可以分为单方法律行为、双方法律行为、共同法律行为。

所谓单方法律行为,又称一方行为,是指根据一方的意思表示就能够成立的行为,换言之,是指行为人依据其意志而从事的能够发生法律效果的行为。单方法律行为大体上可以分为两种:一是行为人实施的不涉及他人权利的单方行为,而该行为仅仅发生一定的权利变动,如抛弃所有权和其他物权等。二是该行为涉及他人权利的发生、变更或消灭等,如授予代理权,授予处分权,立遗嘱和抛弃继承,委托代理的撤销,以及行使解除合同权、选择权、追认权等。[⑤]

---

① 参见朱庆育:《民法总论》(第2版),北京大学出版社2016年版,第81页。

② 参见王雷:《民法学视野中的情谊行为》,北京大学出版社2014年版,第215页。

③ 参见王雷:《民法学视野中的情谊行为》,北京大学出版社2014年版,第212~216页。

④ 参见王雷:《论情谊行为与民事法律行为的区分》,载《清华法学》2013年第6期。

⑤ 参见[德]卡尔·拉伦茨:《德国民法通论》(上册),王晓晔等译,法律出版社2003年版,第431页。

双方法律行为，是指双方当事人意思表示一致才能成立的法律行为。双方法律行为的典型形式是合同。合同是平等主体的自然人、法人及其他组织之间设立、变更、终止民事权利义务关系的协议。也就是说，合同是一种发生民法上效果的合意。合同的成立必须要有两个以上的当事人，各方当事人须互相作出意思表示。合同当事人各自从追求自身的利益出发而作出意思表示，双方的意思表示是交互的，才能成立合同。

所谓共同法律行为，又称为多方法律行为，是基于两个或两个以上共同的意思表示一致而成立的法律行为，例如，设立公司的章程行为、合伙合同等。我国一些学者认为，法律上有必要区分合同与契约，契约为双方法律行为，而合同为多方法律行为。① 此种观点也旨在区分双方和多方法律行为。多方法律行为和双方法律行为的区别在于：一方面，在实施多方法律行为时，当事人所追求的利益是共同的，其通常要依据法律规定和合同约定共享收益、共担后果。而在双方法律行为中，当事人的利益是相对的。另一方面，在实施共同法律行为时，共同的意思表示的达成有可能需要遵循一定的程序，而双方法律行为一般不适用此种程序。例如，订立章程要遵守一些订立章程的规则、程序，并不完全适用合同编的规定。又如，业主订立管理规约，也要遵守一定的表决程序。

二、一般民事法律行为与决议行为

《民法典》第134条第2款规定："法人、非法人组织依照法律或者章程规定的议事方式和表决程序作出决议的，该决议行为成立。"该条对决议行为作出了规定。决议行为，是指法人、非法人组织依据法律或者章程规定的方式，按照一定的议事方式和表决程序，对相关事项作出表决的行为。决议行为与民事法律行为之间存在一定的联系。一方面，二者都需要主体作出一定的意思表示。无论是民事法律行为，还是决议行为，都需要主体以意思表示的方式作出，因此，有关意思表示的规则，一般也都可以适用于决议行为。② 例如，有关欺诈、胁迫等意思表示瑕疵规则，也可以适用于决议行为。另一方面，决议行为与多方法律行为也存在相似之处，即无论是决议行为，还是多方法律行为，都包含多个意思表示，二者都是多个意思表示一致的结果。《民法典》总则编确认了法人、非法人组织等组织体依据法律和章程规定所作出的决议行为的效力，这就实现了对团体决议行为的民法调整，有利

---

① 参见汪翰章主编：《法律大辞典》，大东书局1934年版。

② 参见石宏主编：《中华人民共和国民法总则条文说明、立法理由及相关规定》，北京大学出版社2017年版，第323页。

于实现国家治理和行业自治的良性互动,不断推进国家治理的现代化,[①]也有利于降低国家治理成本,提高治理效率。

当然,决议行为也不同于一般民事法律行为。《民法典》第 134 条在规定民事法律行为成立要件时,第 1 款规定了单方、双方与多方法律行为,第 2 款规定了决议行为,这本身就表明,决议行为不同于一般的民事法律行为,二者的区别主要表现在:

第一,价值理念不同。民事法律行为强调民事主体意思表示的真实、自愿,以及对每个民事主体真实意愿的尊重与保护。针对双方和多方民事法律行为,还强调各方意思表示的一致。但决议行为除了要求民事主体作出意思表示的自愿外,还强调意思表示作出程序的合法性。同时,决议行为并不当然符合所有作出决议行为的民事主体的意愿,其往往实行多数决,可能需要秉持"少数服从多数"的规则。

第二,主体不同。决议行为是法人、非法人组织及其内部所作出的决议,原则上只适用于法人或者非法人组织的内部决议事项,[②]其并不适用于单个自然人。而民事法律行为的主体既可以是自然人,也可以是法人、非法人组织。

第三,生效条件不同。决议行为是法人、非法人组织依照法律或者章程规定的议事方式和表决程序作出的决议。对决议行为而言,其大多实行多数决规则,只要是按照程序作出了决定,则无论成员是否参与或者同意,该决议对其都是有效的。而对一般的民事法律行为而言,不参与该民事法律行为的主体通常并不受到该民事法律行为的约束。同时,民事主体实施一般的民事法律行为通常也不需要遵循特定的程序。

第四,意思表示的方向不同。对双方民事法律行为而言,当事人意思表示的方向是相对的,而决议行为中各个意思表示是同向的。共同行为要对相对人作出表示,而决议行为不对团体外部作出表示。[③] 例如,合伙合同本身是多方法律行为,而合伙作出的决定则可能构成决议行为。又如,公司章程制定本身是共同行为,而公司根据章程就其内部事务作出决定,则属于决议行为。

三、有偿法律行为与无偿法律行为

根据当事人是否需要进行互为对价的给付,法律行为可以分为有偿法

---

① 参见罗豪才、周强:《软法研究的多维思考》,载《中国法学》2013 年第 5 期。

② 参见李适时主编:《中华人民共和国民法总则释义》,法律出版社 2017 年版,第 420 页。

③ 参见朱庆育:《民法总论》(第 2 版),北京大学出版社 2016 年版,第 137 页。

律行为与无偿法律行为。所谓有偿法律行为，是指一方通过履行法律行为规定的义务而给对方某种利益，对方要获得该利益，就必须为一定给付的法律行为。有偿法律行为是财产交易中最典型的形式。

所谓无偿法律行为，是指一方给付对方某种利益，对方取得该利益时并不需要为对待给付的法律行为。例如，赠与属于典型的无偿法律行为。无偿法律行为并不是反映交易关系的典型形式，它是等价有偿原则在适用中的例外现象。在无偿法律行为中，一方当事人也要承担一定的义务，如借用人无偿借用他人物品，还负有正当使用和按期返还的义务。

有偿法律行为与无偿法律行为的区分意义在于：首先，影响法律行为的定性。某些法律行为如果要由有偿变为无偿，或者相反，则法律关系在性质上就要发生根本的变化。其次，在无偿法律行为中，单纯给予利益的一方原则上只应承担较低的注意义务，如在无偿保管合同中，保管人只在故意或重大过失的情况下，才对保管物的毁损、灭失承担责任；而在有偿法律行为中，当事人所承担的注意义务显然要较无偿法律行为中当事人应承担的注意义务重。再次，主体要求不同。实施有偿法律行为的当事人原则上应具备完全民事行为能力，而限制民事行为能力人非经其法定代理人的同意，不能实施较为重大的有偿法律行为；但对于一些纯获法律上利益的无偿法律行为，限制民事行为能力人和无民事行为能力人即使未取得法定代理人的同意也可以实施。最后，法律的适用不同。仅就合同关系来说，如果当事人订立的合同是非典型合同，而该合同在性质上又是有偿法律行为，则依据《民法典》第 646 条的规定，“法律对其他有偿合同有规定的，依照其规定；没有规定的，参照适用买卖合同的有关规定”。但如果当事人订立的合同是无偿合同，则不适用这一规定。

四、诺成法律行为与实践法律行为

所谓诺成法律行为，是指当事人一方的意思表示一旦经对方同意即能产生法律效果的法律行为，即“一诺即成”的行为。此种法律行为的特点在于当事人双方意思表示一致，法律行为即告成立。所谓实践法律行为，又称要物法律行为，是指除当事人双方意思表示一致以外，尚须交付标的物才能成立的法律行为。在这种行为中，仅凭双方当事人的意思表示一致，法律行为尚不能有效成立，还必须有一方实际交付标的物的行为。例如，《民法典》第 890 条规定：“保管合同自保管物交付时成立……”又如，《民法典》第 679 条规定：“自然人之间的借款合同，自贷款人提供借款时成立。”在合同法领域，由于绝大多数合同都从双方形成合意时成立，因而诺成合同是合同的一般形式；而实践合同则必须要有法律的特别规定，可见，实践合同属于特殊合同。

诺成契约概念起源于罗马法，其出现标志着罗马法承认契约因当事人合意而产生拘束力，[①]诺成与实践法律行为的概念为大陆法系许多国家或地区的民法典所采纳。在当代民法中，要物契约适用范围已大幅缩小，但仍然得以保留，因为其在一定程度上具有促使当事人在交付物之前仔细斟酌、慎重考虑的警示作用。[②] 依据我国《民法典》合同编，一般合同均为诺成法律行为，但在特殊情形下，法律也规定了实践法律行为。

诺成法律行为与实践法律行为的区别并不在于一方是否应交付标的物，就大量的诺成法律行为来说，一方当事人根据合同约定也负有交付标的物的义务，如买卖合同中的出卖人有向买受人交付标的物的义务。诺成法律行为与实践法律行为的主要区别在于，二者的成立与生效时间是不同的。诺成法律行为自双方当事人意思表示一致（达成合意）时起即告成立；而对实践法律行为而言，在当事人达成合意之后，还必须由当事人交付标的物，该法律行为才能成立。诺成法律行为与实践法律行为的确定，通常应根据法律的规定及交易习惯而定。例如，根据传统民法，买卖、租赁、雇佣、承揽、委托等属于诺成法律行为，而自然人之间的借贷、保管等属于实践法律行为。然而，此种分类并非绝对不变。

五、要式法律行为与不要式法律行为

根据法律行为是否应以一定的形式为要件，法律行为可分为要式法律行为与不要式法律行为。所谓要式法律行为，是指应当根据法律规定或当事人约定的方式而实施的法律行为。对于一些重要的交易，法律常常要求当事人必须采取特定的方式实施法律行为。例如，对于中外合资经营企业合同，只有获得批准时，合同方能成立或生效。所谓不要式法律行为，是指当事人实施的法律行为依法并不需要采取特定的形式，当事人可以采取口头形式、书面形式或其他形式。合同除法律、法规有特别规定以外，均为不要式法律行为。

要式法律行为与不要式法律行为的区别在于，是否应以一定的形式作为法律行为成立或生效的条件。对某些特殊法律行为而言，法律为避免纠纷的发生、维护交易的安全与秩序，特别规定书面形式是其成立或生效的要件。例如，保证合同必须采取书面形式。有关书面形式的效力问题，必须要

---

① 朱庆育：《民法总论》（第2版），北京大学出版社2016年版，第141页。

② 王泽鉴：《债法原理》，中国政法大学出版社2003年版，第150页。

根据法律对某类法律行为书面形式的要求,以及在该要求中所体现的效力规定来具体确定。

六、主法律行为与从法律行为

根据法律行为相互间的主从关系,法律行为可以分为主法律行为与从法律行为。所谓主法律行为,是指不需要其他法律行为的存在即可独立存在的法律行为。例如,对于保证合同来说,设立主债务的合同就是主法律行为。所谓从法律行为,是指以其他法律行为的存在为前提的法律行为。例如,保证合同相对于主债务合同而言即为从法律行为。从法律行为又被称为"附属法律行为",其主要特点在于附属性,即它必须以主法律行为的存在为前提。具体表现在:

第一,发生上的依附性。从法律行为是以主法律行为的存在为前提的,只有在主法律行为有效成立以后,才能成立从法律行为。

第二,效力上的从属性。主法律行为不能成立,从法律行为就不能有效成立;主法律行为被宣告无效或被撤销后,从法律行为也将失去效力。

第三,转让上的从属性。这就是说,主法律行为转让,从法律行为也不能单独存在,从法律行为的权利必须依附于主法律行为而转让。

第四,消灭上的从属性。从法律行为除具有自身的消灭原因外,它一般都是为了加强主法律行为的效力而存在的,所以,主法律行为消灭,从法律行为亦应当随之消灭。当然,法律、法规有特别规定时,从法律行为的效力附随于主法律行为的效力的规则也并不适用,如独立保函等。

七、独立法律行为和辅助法律行为

独立法律行为是指具有独立的、实质内容的法律行为,凡是具有完全民事行为能力的人所实施的民事法律行为,都是独立的法律行为。

辅助法律行为,是指行为人的意思表示本身并没有独立的、实质的内容,只是作为其他法律行为效力完成的条件而存在的法律行为。[①] 例如,法定代理人对于限制民事行为能力人的意思表示所作出的同意表示,就属于辅助法律行为。

八、有因行为和无因行为

根据民事法律行为是否以原因的存在为有效要件,民事法律行为可以区分为有因行为和无因行为。所谓无因行为,又称为不要因行为,是指不以原因行为的存在为有效要件的行为。例如,票据行为中汇票的出票,不受买

---

① 参见史尚宽:《民法总论》,中国政法大学出版社 2000 年版,第 314 页。

卖等基础的法律关系效力的影响。所谓有因行为,即以原因之存在为有效要件之行为。绝大多数民事法律行为都是有因行为。所谓原因,即法律行为的目的。例如,在买卖合同中,买方订立合同的原因在于取得标的物所有权,而卖方订立合同的原因在于取得价金。

区分有因行为和无因行为的意义主要在于,从民事法律行为中将无因行为抽象出来,由于无因行为不考虑其交易目的,因而对于保护交易安全具有重要的作用。但有因行为和无因行为的区分,只限于财产法上的行为,身份行为不存在此种区分。①

九、财产行为与身份行为

依据民事法律行为是产生财产上的效果还是身份上的效果,民事法律行为可以区分为财产行为和身份行为。

财产行为是以发生财产上的法律效果为目的的行为,此类行为的后果通常是在当事人之间发生财产关系的变动。例如,当事人之间订立买卖合同、赠与合同、租赁合同等行为,即属于财产行为。身份行为是以发生身份上的法律效果为目的的民事法律行为,此类行为通常在当事人之间发生身份关系的变动。例如,当事人之间订立收养协议的行为,在具备其他法定条件后,将依法在当事人之间产生收养关系,该行为即属于身份行为。

区分财产行为与身份行为,对于准确适用法律规范、准确认定当事人之间的权利义务关系具有重要意义:一方面,从我国《民法典》各分编的规定来看,财产行为主要适用物权编、合同编的规则,而身份行为主要适用婚姻家庭编、继承编的规则。一些专门调整财产关系的规则,尤其是调整交易关系的规则,并不当然能够适用于身份行为。不过,《民法典》第464条第2款规定:“婚姻、收养、监护等有关身份关系的协议,适用有关该身份关系的法律规定;没有规定的,可以根据其性质参照适用本编规定。”另一方面,从我国《民法典》的规定来看,其对财产行为所设置的限制通常较少,而对身份行为而言,法律通常设置了较多的限制性条件。例如,婚姻关系中的一些身份行为,如办理离婚登记、向婚姻登记机关申请发给结婚证等行为,需要当事人亲自实施,而不得由他人代理。此外,财产行为一般都可以委托他人进行代理,而身份行为一般不允许代理。

---

① 参见郑玉波:《民法总则》,中国政法大学出版社2003年版,第223页。

第五节 民事法律行为的形式

一、民事法律行为的形式概述

所谓民事法律行为的形式,又称为民事法律行为的成立方式,即当事人意思表示的外在表现形式。《民法典》第135条规定:"民事法律行为可以采用书面形式、口头形式或者其他形式;法律、行政法规规定或者当事人约定采用特定形式的,应当采用特定形式。"该条对民事法律行为的形式作出了规定。依据该条规定,民事法律行为的形式包括两方面:一是法律规定的形式,如对一些特殊的合同而言,法律规定应该办理登记或审批手续,从而符合法律规定的形式要件的要求。二是当事人约定的形式,如当事人约定采用书面形式达成协议。民事法律行为的形式是当事人意思表示的载体,即当事人意思表示的表现形式。

从比较法上看,各国一般都尊重当事人在选择民事法律行为形式方面的意思自由,原则上允许当事人自由选择民事法律行为形式。例如,关于合同的形式,《欧洲民法典草案》在确立合同自由内容的时候,就规定了当事人有权选择合同的形式,并且在第2-1:106条明确规定合同当事人不受任何形式的约束。从我国《民法典》第135条的规定来看,其也规定了多种形式,而且没有要求当事人必须采用某种特定的形式,这实际上也尊重了当事人选择民事法律行为形式的自由。当然,对特殊类型的民事法律行为而言,如果法律、行政法规对其形式有特别的规定和要求,则当事人实施该种民事法律行为应当符合该形式要求。

依据《民法典》第135条的规定,如果法律、行政法规对民事法律行为的形式作出了要求,当事人应当遵守,但问题在于,如果当事人没有遵守该规定,是否必然导致民事法律行为无效?换言之,相关法律、行政法规关于民事法律行为形式的规定是否属于效力性规定?一般认为,如果法律、行政法规对当事人违反有关民事法律行为形式规定的法律后果作出了规定,则应当依据该规定认定民事法律行为的效力。但如果法律、行政法规没有对违反民事法律行为形式的法律后果作出规定,则从鼓励交易、保护当事人的私法自治出发,不应当轻易否定当事人民事法律行为的效力。[①]《民法典》第490条第2款规定:"法律、行政法规规定或者当事人约定合同应当采用书面形式订立,当事人未采用书面形式但是一方已经履行主要义务,对方接受

---

① 参见石宏主编:《中华人民共和国民法总则条文说明、立法理由及相关规定》,北京大学出版社2017年版,第325页。

时,该合同成立。”

二、民事法律行为的具体形式

(一)书面形式

所谓书面形式,是指以文字等可以再现民事法律行为内容的形式。书面形式主要是指合同书、信件、电报、电传、传真等,还包括微信、QQ等网络通信手段。依据《民法典》第469条第3款的规定,“以电子数据交换、电子邮件等方式能够有形地表现所载内容,并可以随时调取查用的数据电文,视为书面形式”。将数据电文纳入书面形式范畴,符合世界各国商业发展与立法的趋势,可与国际电子商务的立法与实务相衔接,也有利于促进电子商务的发展。书面形式的种类十分广泛,只要能够再现当事人意思表示内容的形式,都有可能成为书面形式。

民事法律行为的书面形式可以分为当事人约定的形式和法定形式。一是约定的书面形式,它是指当事人约定实施民事法律行为必须采用书面形式。在当事人约定采用书面形式实施民事法律行为时,书面形式的达成对于判断民事法律行为的成立具有重要意义。二是法定的书面形式,它是指法律、行政法规规定当事人必须以书面形式实施民事法律行为。例如,《城市房地产管理法》第15条第1款规定:“土地使用权出让,应当签订书面出让合同。”第41条规定:“房地产转让,应当签订书面转让合同,合同中应当载明土地使用权取得的方式。”如果当事人没有按照法律、行政法规的规定采用书面形式,则可能影响民事法律行为的有效成立。书面形式的要求有利于准确界定当事人之间的权利义务关系,从而有效减少纠纷。此外,书面形式还具有防止欺诈、督促当事人谨慎行为的功能。

(二)口头形式

口头形式,是指当事人通过口头对话的方式实施民事法律行为。在社会生活中,口头形式是最普遍采用的合同订立方式,尤其是即时结清的买卖服务和消费合同,大多要采取口头形式订立。例如,通过电话预订房间、购买产品等。口头形式的主要优点在于简便易行、快捷迅速,《民法典》允许当事人采取口头形式实施民事法律行为,既尊重了当事人的合同自由,也有利于鼓励交易。一般来说,凡是当事人没有约定或法律没有规定采用何种形式的民事法律行为,都可以采取口头形式。但口头形式固有的缺点是缺乏文字凭据,一旦发生纠纷,也可能使当事人面临不能就法律关系的存在以及法律关系的内容作出举证的风险。

三、其他形式

《民法典》第135条规定了民事法律行为可以采取书面形式或者口头形

式之外的“其他形式”。依据《总则编解释》第 18 条的规定，“当事人未采用书面形式或者口头形式，但是实施的行为本身表明已经作出相应意思表示，并符合民事法律行为成立条件的，人民法院可以认定为民法典第一百三十五条规定的采用其他形式实施的民事法律行为”。此处所说的“其他形式”，是指以自己的行为默示地作出意思表示，也就是说，当事人以自己的行为默示地作出了意思表示，并使相对人了解了其意思。[①] 例如，房屋租赁合同期满后，出租人继续接受承租人所缴纳的租金，根据这一特定的行为，可以推定当事人有延长租赁合同的意思。又如，某人开车进入收费的停车场，表明其以自己的行为作出了订立停车合同的意思表示。[②]《民法典》第 490 条承认以实际履行方式订约，依据该条规定，当事人采用合同书形式订立合同时，“在签名、盖章或者按指印之前，当事人一方已经履行主要义务，对方接受时，该合同成立”。该条确立了合同不成立的补正规则，从而明确了以实际履行方式订约实际上是书面、口头之外的另一种订约形式。当然，以实际履行方式订约，必须是一方履行了主要义务，另一方必须无条件地接受履行，且并未提出异议。

---

① 参见贺荣主编：《最高人民法院民法典总则编司法解释理解与适用》，人民法院出版社 2022 年版，第 284 页。

② 参见贺荣主编：《最高人民法院民法典总则编司法解释理解与适用》，人民法院出版社 2022 年版，第 282 页。

第十一章 意思表示

第一节 意思表示概述

一、意思表示的概念和特征

民事法律行为是以意思表示为核心的行为,没有意思表示就没有法律行为,意思表示与法律行为是德国民法的两个基本概念。[①] 现代民法理论认为意思表示是法律行为的核心。所谓意思表示,是指向外部表明意欲发生一定私法上效果之意思的行为。胡长清指出:"意思表示者,对于外界表彰法律行为上之意思之行为也。即以具有足以形成法律行为之内容之意思,表示于外部之行为,为意思表示。"[②]"任何法律行为均要求以意思表示为其根本成分。"[③]民事法律行为之所以能够产生当事人追求的私法效果,是因为其作出的意思表示真实、合法,国家有必要赋予该意思表示以法律上的拘束力。正是因为意思表示在民事法律行为中具有重要地位,所以,《民法典》在"民事法律行为"一章中单设"意思表示"一节,对意思表示的规则作出了详细规定。

意思表示中的"意思"是指设立、变更、终止民事法律关系的内心意图。所谓"表示",是指将此种内心意图表示于外部的行为。[④] 意思表示是表意人将希望发生某种私法效果的意思表达于外部的行为,其包括主观要件和客观要件两

---

① Tuhr, Der Allgemeine Teil des Deutschen Burgerlichen Rechts, zweiter Band, erste Halfte, Verlag von Duncker&Humblot: Munchen und Leipzig, 1914, S. 54.

② 胡长清:《中国民法总论》,中国政法大学出版社 1997 年版,第 223 页。

③ Enneccems/Nipperdey, Allgemeiner Teil des Burgedichen Rechts: Ein Lehrbuch, zweiter halbband, 15 Aufl. Mohr Siebeck, 1960, S. 896f.

④ 参见胡长清:《中国民法总论》(上册),商务印书馆 1935 年版,第 223 页。

部分，主观要件是表意人的意思，客观要件是表示行为。[①] 意思表示具有如下特征。

第一，意思表示的表意人具有旨在使法律关系发生变动的意图，该意图不违反法律的强制性规定和公序良俗，因而发生当事人所预期的效力。[②] 从这个意义上说，意思表示是实现意思自治的工具，行为人可以依据自己的主观意志与外界发生法律关系，形成自己所期待的法律效果，促进人格的自身发展，这就形成了民法特殊的调整方法。

第二，意思表示是一个意思由内到外的表示过程。单纯地停留在内心的主观意思是没有法律意义的，该意思必须表示在外，能够为人所知晓。这就是说，意思表示必须要有外在的表示行为。就其本质而言，意思表示是一种表示行为。[③] 当然，该行为表达的意思如何解释，是应符合表意人的内心真意，还是应根据相对人理解的内容来确定？这就涉及意思表示的解释问题了。

第三，依据意思表示是否符合相应的生效要件，法律赋予其不同的效力。符合法定生效要件的意思表示可以发生当事人预期的法律效果，不符合法定生效要件的意思表示尚不能发生法律效力。

除《德国民法典》之外，凡是接受法律行为概念的国家的民法典，都将意思表示作为法律行为的必备要素，其本质是行为人设立法律关系意图的外在表现，其效力须依行为人意思表示的内容而发生。法律行为必须以意思表示为要素，如果某一民事行为不以意思表示为要素，则不属于法律行为。例如，《荷兰民法典》第 33 条规定："法律行为应当具备产生法律效果的意思，该意思应当对外作出表示。"法律行为制度解决当事人意思如何形成、按照社会一般标准如何判断及具备何种效果等问题。我国《民法典》中的民事法律行为制度旨在规范当事人意思的形成及解决具备何种效果等问题。民事法律行为是以意思表示为核心的行为，只要当事人的意思不违反强行法的规定，表意人就可以依据自己的主观意愿而发生法律关系，发生当事人期望实现的目的，这既体现了对个人意思自治的尊重，也赋予了个人广泛的行为自由。[④]

---

① 参见杨代雄：《法律行为论》，北京大学出版社 2021 年版，第 102 页。

② 参见郑玉波：《民法总则》，中国政法大学出版社 2003 年版，第 330 页。

③ 参见[日]我妻荣：《我妻荣民法讲义Ⅰ——新订民法总则》，于敏译，中国法制出版社 2008 年版，第 225 页。

④ 参见黄薇主编：《中华人民共和国民法典总则编解读》，中国法制出版社 2020 年版，第 412 页。

二、意思表示与民事法律行为

萨维尼在其《当代罗马法体系》一书中，首先在法律行为的概念中论述了意思要素，所谓的“意思理论”从此与萨维尼的名字联系在一起。萨维尼将“法律行为”和“意思表示”视为同义语。通过其倾向于意思要素可以得出：萨维尼几乎都使用了“意思表示”的概念。[①] 德国学者大多区分了法律行为与事实行为，但关于意思表示与法律行为的关系，仍然存在争议，主要有如下几种学说。一是要素说，此种观点认为，意思表示是法律行为的构成要素；二是工具说，此说认为，意思表示是法律行为的工具；[②]三是等同说，此说认为，意思表示就是法律行为，[③]意思表示不仅要求将意思表示于外部，还要具有使表意人具有受表示内容约束的含义。[④]

从我国《民法典》的相关规定来看，民事法律行为的核心就是意思表示。一方面，法律行为是以意思表示为核心的行为，只要当事人的意思不违反强行法的规定，就可以发生当事人期望实现的目的，法律行为就是要赋予当事人广泛的行为自由，充分体现民法的意思自治。意思自治与法律行为实际结合在一起，法律行为制度为意思自治原则提供了基本的空间。另一方面，民事法律行为的合法性判断和意思表示的合法性判断应该是一致的。此外，民事法律行为的解释和意思表示的解释也基本上可以作等同理解。尽管意思表示与民事法律行为有密切的联系，但仍然存在明显的区别，主要表现在如下几点。

第一，二者属于不同层次的概念。意思表示是民事法律行为的组成部分，但并非与民事法律行为完全等同。意思表示只能是一方的意思表达，但对双方或者多方民事法律行为而言，可能需要多个意思表示才能成立。这就是说，与意思表示的概念相比，民事法律行为包含的范围更为广泛。民事法律行为可以仅由一个意思表示构成，这通常是指一些单方的行为，如代理权的授予、追认权的行使、设立遗嘱的行为等；也可以由多个意思表示构成，这就是双方或多方的法律行为。[⑤] 例如，合同的成立必须具有两个意思表示，即需要约承诺才能成立，其中任何一项意思表示不能成立则法律行为不

---

① Werner Flume：Allgemeiner Teil des Bürgerlichen Recht，zweiten Band：Das Rechtsgeschäft，1975，Springer，S. 30.

② 参见朱庆育：《民法总论》（第 2 版），北京大学出版社 2016 年版，第 189 页。

③ 参见杨代雄：《法律行为论》，北京大学出版社 2021 年版，第 103 页。

④ 参见杨代雄：《法律行为论》，北京大学出版社 2021 年版，第 136 页。

⑤ Tuhr，Der Allgemeine Teil des Deutschen Burgerlichen Rechts，zweiter Band，erste Halfte，Verlag von Duncker & Humblot：München und Leipzig，1914，S. 54.

能成立。法律行为还可以由多方意思表示构成。例如,订立公司章程行为,它不仅需要各方作出意思表示,还需要遵循有关的表决程序和规则,如按照少数服从多数原则进行表决。

第二,二者的成立要件是不同的。意思表示的成立需要满足意思表示的构成要素,如行为意思、表示意思、目的意思、效果意思和表示行为。而民事法律行为的成立要件是不同的,除当事人的意思表示之外,还可能存在法定的或约定的特殊成立要件,如法律规定必须要以书面形式订立合同或规定以登记、审批形式作为民事法律行为的特别成立要件。

第三,二者的成立时间是不同的。就民事法律行为的成立而言,如果是单方法律行为,原则上以意思表示的作出或到达为成立;如果为双方或多方行为,则以当事人意思表示的达成一致为成立。而且当事人可以自由约定其民事法律行为的成立条件。例如,当事人可以约定以公证为法律行为的成立要件。对于一些特殊的行为,如要物行为,根据法律的规定,不仅需要意思表示的一致,当事人之间还需要完成一定的实际交付行为才能使民事法律行为成立。[①] 因此,对于这些特殊的民事法律行为来说,其成立时间就是完成特殊的成立要件的时间。而意思表示的成立时间通常以意思表示的发出为准。

第四,二者的生效是不同的。对于意思表示而言,我国《民法典》区分了以对话方式作出的意思表示与以非对话方式作出的意思表示,以对话方式作出的意思表示自相对人知道时生效,而以非对话方式作出的意思表示则自到达相对人时生效。依据《民法典》第 143 条的规定,一般情况下,符合下列条件的,民事法律行为生效:一是行为人具有相应的民事行为能力;二是意思表示真实;三是不违反法律、行政法规的强制性规定和公序良俗。

可见,意思表示虽然是民事法律行为的核心要素,但二者存在重要区别,正确区分意思表示与民事法律行为,对于准确理解民事法律行为的内涵、意义都具有十分重要的意义。

三、意思表示的构成要素

按照传统民法理论的观点,意思表示的构成要素可以概括为如下五种:行为意思、表示意思、目的意思、效果意思、表示行为。

第一,行为意思。所谓行为意思,是指行为人自觉地从事某项行为的意

---

① 也有学者认为,要物行为本身难以证成法律行为和意思表示的区分,参见朱庆育:《意思表示与法律行为》,载《比较法研究》2004 年第 1 期。

思。[1] 例如,在路边招呼出租车,行为人的招呼行为表明其具有行为意思。但某人被麻醉而失去知觉,他人将其手指按指纹在文书上,其行为是被人用强力(vis absoluta)所致的,在此情形下,不具有行为意思。[2]

第二,表示意思。所谓表示意思,是指为意思表示之人认识到其行为具有某种法律上的意义。例如,打电话表示订货,对其行为的法律意义具有认知,可认为具有表示意思。表示意思虽然不需要行为人明确知道其行为可引起某一特定的法律效果,但行为人必须知道其行为可能产生一定的法律上的效果,否则即不具备表示意思。[3] 例如,在德国的著名案例"Trierry weinversteigerung"中,一名在T的旅馆住宿的游客,傍晚在乡间小镇散步,发现某酒馆内人声沸腾,便好奇进入,突然发现在酒馆角落有一位久未谋面的好友,便高兴地挥手与其打招呼,却不知道酒店正在进行葡萄酒拍卖,因其举手示意,被认定为出价拍得一桶葡萄酒。[4] 实际上,在该案中,行为人在拍卖场所不知道交易规则而向友人举手示意,因其不具有表示意思而不构成竞买行为。

第三,目的意思。所谓目的意思,又称为基础意思、交易意思和民事法律行为意思,是表明民事法律行为具体内容的意思要素,它是意思表示据以成立的基础。目的意思的内容依其法律性质可分为三类:一是要素,它构成某种意思表示或民事法律行为所必须具备的目的意思内容,如买卖合同中关于标的物、数量的内容;二是常素,它是指行为人从事某种意思表示或民事法律行为通常应含有的意思要素,如承揽合同中承揽物与原材料风险负担的内容;三是偶素,它是依民事法律行为性质并非必须具有,仅依行为人特殊意志而确定的意思要素,如买卖合同中占有改定的约定。不具备目的意思,或者目的意思不完整,或者目的意思本身有矛盾的表示行为,可能导致意思表示或民事法律行为无法成立,此种表示行为即使含有法效意思,实际上也无法履行。[5]

第四,效果意思。所谓效果意思,又称为法效意思、效力意思,是指意思表示人欲使其表示内容引起法律上效力的内在意思要素,[6]是当事人所追求的使其意思表示发生法律拘束力的意图。在英美法中,效果意思又称为设

---

① 参见王泽鉴:《民法总则》,北京大学出版社2009年版,第267页。

② 陈卫佐:《德国民法总论》,法律出版社2007年版,第153页。

③ 陈卫佐:《德国民法总论》,法律出版社2007年版,第153页。

④ MünchKomm/Armbrüster,6 Aufl. 2012, § 119,Rn. 93ff.

⑤ 史尚宽:《债法总论》,中国政法大学出版社2000年版,第16页。

⑥ 董安生:《民事法律行为》,中国人民大学出版社1994年版,第227～231页。

立法律关系的意图。合同法中所称的缔约目的或订立合同的目的，其中也包含了效果意思。它是行为人追求设立、变更、终止民事法律关系的意图，反映了民事法律行为不同于其他行为（如事实行为）的特征。在此需要对效果意思与动机进行区分，动机是指不具有效果意思的主观意思。[①] 例如，承租人甲与出租人乙订立租赁合同，在该法律关系中，承租人甲为了方便读书而想在学校附近寻租房屋的意思，应当属于动机；而甲想通过与乙订立租赁合同而取得房屋的使用权的意思，就应当属于效果意思。

效果意思与目的意思存在一定的区别：一方面，目的意思多指向意思表示的具体内容，即如何确定意思表示中的权利义务关系，在某些国家或地区，理论上将其称为民事法律行为的标的，欠缺目的意思可能使意思表示缺乏目的性，表意人所意欲发生的法律关系变动的效果也因此难以确定。另一方面，目的意思与效果意思不同，前者实质上是对意思表示具体内容的认知，而后者仅要求行为人以追求发生法律上的效果为必要。例如，就要约而言，目的意思即要约中所包含的未来合同中的主要条款，而效果意思则是指当事人意欲订立合同的意思或者说一经承诺即受合同拘束的意思。

第五，表示行为。所谓表示行为，是指表意人将效果意思表现于外部之行为，[②]或者说，表示行为是指行为人将其内在意思以一定方式表现于外部，并足以为外界所客观理解的行为要素。[③] 表意人在将一定的内在主观意思表示于外部时，其可以采取不同的行为方式。这些方式主要包括明示方式和默示方式两种类型。所谓明示的表示行为，是指行为人将内在意思明确地表达于外部的行为；默示的表示行为，指行为人没有作出明确的表示，但是可以根据法律规定进行推知。[④] 如果一方当事人向对方当事人提出订约的要求，对方未用语言或者文字明确表示意见，但其行为表明已接受的，可以认定为默示的表示行为。意思表示只有在特殊情况下才可以默示方式完成。以实施一定的行为，而非以言语形式作出的表示，如点头、举手、起立、拍板等，其是否为表示行为，必须依据交易习惯或社会一般观念予以确定。单纯的沉默，除法律有明确规定或当事人事先有明确约定或符合当事人之间的交易习惯外，一般无法成为意思表示的表示行为。

从总体上看，意思表示可以分为内在意思和外在表示两个方面，也可以

---

① ［日］山本敬三：《民法讲义Ⅰ》，解亘译，北京大学出版社2004年版，第85页。

② 参见郑玉波：《民法总则》，台北，三民书局1959年版，第244页。

③ 参见董安生：《民事法律行为》，中国人民大学出版社1994年版，第233页。

④ 参见陈卫佐：《德国民法总论》，法律出版社2007年版，第157页。

称为主观要件和客观要件:第一,主观要件,主要包括行为意思、表示意思、目的意思和效果意思,民事法律行为必须同时具备上述要素,才能发生当事人所追求的法律效果。因为欠缺行为意思,就无法确立是否为行为人有意识的自觉行为;欠缺表示意思,也无从确定行为人是否意识到其意思能否发生法律上的效果;欠缺目的意思,则无法确定表意人所意欲发生的法律关系变动的内容;而欠缺效果意思,则不能确定当事人是否具有追求法律关系变动后果的意图。第二,客观要件,即表示行为。表示行为包括两方面的内容:一是表示行为必须是表意人有意识的自主行为,它是将目的意思和效果意思表示于外部,其前提就应当是表意人具有目的意思和效果意思,因而其应当是表意人有意识的行为。二是表示行为必须要足以为外界客观上理解。如果仅有表意人的发出行为,但并没有到达相对人,或未能为相对人所了解,则不构成完整的意思表示。

第二节　意思表示的生效

一、意思表示的生效概述

意思表示的生效,是指意思表示一旦符合法律规定的生效要件,就可以产生法律效果。在此应当区分意思表示的生效与意思表示的拘束力。意思表示一旦发出即能产生一定的拘束力。所谓发出,即表意人完成了一切能够使意思表示生效所必需的行为。[①] 意思表示产生的拘束力体现在对表意人和受领人双方的效力。一方面,对表意人来说,如果其发出的意思表示是无相对人的意思表示,则该意思表示完成时即生效,表意人无法撤回该意思表示。如果表意人作出的意思表示是有相对人的意思表示,则在该意思表示到达相对人之前,表意人仍可依法撤回该意思表示。另一方面,对受领人而言,在该意思表示到达受领人之前,对受领人并没有拘束力;在到达受领人之后,该意思表示即生效,受领人仅能针对该意思表示的内容作出相应的意思表示,而不得擅自变更该意思表示的内容,否则可能无法产生相应的法律效果。但意思表示产生拘束力,并不意味着意思表示完全发生当事人预期的法律效力。意思表示要发生能够产生当事人预期的法律效力,通常必须具备其他的法律要件,如要约是否包含合同的基本条款。如果法律要求必须完成一定的形式要件也必须具备这些要件,意思表示才能发生当事人预期的法律效果。

---

① 参见[德]迪特尔·梅迪库斯:《德国民法总论》,邵建东译,法律出版社 2000 年版,第 205 页。

关于意思表示生效的模式,学说上大致有四种观点。一是表意主义,此种观点认为,只要意思决定具备外在形态,就视为表达,无须到达。二是发送主义,此种观点认为,意思表示不仅要在外部上表现出来,而且还必须要发出。三是到达主义,此种观点认为,意思表示应当在到达相对人后生效。意思表示的到达,是指在有相对人的意思表示的情况下,根据一般的交易观念,已经进入相对人可以了解的范围,至于相对人是否了解则在所不问。[①] 到达并不意味着相对人必须亲自收到,只要意思表示已进入受领人的控制领域,并在通常情况下可以期待受领人能够知悉意思表示的内容,就视为已经到达。[②] 四是了解主义,此种观点认为,意思表示不仅要为相对人所受领,而且要为相对人所实际了解。[③] 根据《德国民法典》第 130 条第 1 款的规定,德国法采纳了受领说[④]。一般认为,依据我国《民法典》的规定,对此应区分不同的情况而确定其适用范围。在有特定相对人的意思表示中,意思表示根据对话方式和非对话方式分别采纳了解主义和到达主义。在对话方式中,意思表示必须由相对人了解之后,才发生效力;在非对话方式中,意思表示必须到达相对人,才发生效力。而在无特定相对人的意思表示中,意思表示一旦完成就产生效力,即采表意主义。

二、意思表示生效的不同形态

(一)有相对人的意思表示的生效

所谓有相对人的意思表示,又称为需要受领的意思表示,它是指对相对人发出的意思表示。例如,甲向乙发出要约,就甲所发出的意思表示而言,乙就是该意思表示特定的相对人。所谓意思表示的发出,即当事人向对方当事人作出了意思表示,完成了一切为使意思表示生效所必需的行为。[⑤] 有相对人的意思表示又可以根据相对人是否特定分为对特定人的意思表示和对非特定人的意思表示(如悬赏广告、自动售货机)[⑥]。在实践中,有特定相

---

① 参见[日]四宫和夫:《日本民法总则》,唐晖、钱孟姗译,台北,五南图书出版公司 1995 年版,第 200 页。

② 参见徐国建:《德国民法总论》,经济科学出版社 1993 年版,第 96 页。

③ 参见[德]迪特尔・梅迪库斯:《德国民法总论》,邵建东译,法律出版社 2000 年版,第 209 页。

④ 参见[德]迪特尔・梅迪库斯:《德国民法总论》,邵建东译,法律出版社 2000 年版,第 210 页。

⑤ 参见[德]迪特尔・梅迪库斯:《德国民法总论》,邵建东译,法律出版社 2000 年版,第 205 页。

⑥ 参见龙卫球:《民法总论》(第 2 版),中国法制出版社 2002 年版,第 453 页。

对人的意思表示是最为普遍的形式。例如,订立合同、行使形成权等,大多属于有特定相对人的意思表示。

根据意思表示作出的方式,又可以将有特定相对人的意思表示区分为以对话方式作出的意思表示和以非对话方式作出的意思表示,《民法典》第137条对以对话方式作出的意思表示和以非对话方式作出的意思表示的生效规则分别作出了规定。

1. 以对话方式作出的意思表示的生效

所谓以对话方式作出的意思表示,是指当事人直接以对话的形式发出的意思表示。例如,当事人面对面地订立口头买卖合同,或者通过电话交谈的方式订立合同。关于以对话方式作出的意思表示的生效,《民法典》第137条第1款规定:"以对话方式作出的意思表示,相对人知道其内容时生效。"在以对话方式作出的意思表示中,意思表示的发出和相对人受领意思表示是同步进行的。[①] 依据该条规定,对以对话方式作出的意思表示而言,只有在表意人的意思表示被相对人知悉对话的内容时,意思表示才能生效。如果相对人并不知道意思表示的内容,也无法作出相应的意思表示,此时,应当认定意思表示未生效。从该款规定来看,《民法典》对以对话方式作出的意思表示生效采取了了解主义。

2. 以非对话方式作出的意思表示的生效

所谓以非对话方式作出的意思表示,即当事人以对话以外的形式发出意思表示,如采用邮件、传真等方式订立合同。关于以非对话方式作出的意思表示的生效,《民法典》第137条第2款第1句规定:"以非对话方式作出的意思表示,到达相对人时生效。"依据这一规定,以非对话方式作出的意思表示,到达相对人时生效。可见,关于以非对话方式作出意思表示的生效,《民法典》采用了到达主义,即到达相对人时生效。所谓到达,即根据一般的交易观念,已经进入相对人可以了解的范围。到达并不意味着相对人必须亲自收到,只要表意人的意思表示已进入受领人的控制领域,并在通常情况下可以期待受领人能够知悉意思表示的内容,就视为已经到达。[②] 我国原有立法和司法实践采纳了到达主义,《民法典》延续了这一立法和司法实践经验。[③]

---

① 参见石宏主编:《中华人民共和国民法总则条文说明、立法理由及相关规定》,北京大学出版社2017年版,第328页。

② 参见徐国建:《德国民法总论》,经济科学出版社1993年版,第96页。

③ 参见石宏主编:《中华人民共和国民法总则条文说明、立法理由及相关规定》,北京大学出版社2017年版,第329页。

在互联网时代,采用数据电文形式作出意思表示也是从事民事法律行为的重要方式。依据《民法典》第137条第2款的规定,如果当事人对采用数据电文形式的意思表示的生效时间另有约定的,则按照合同自由原则,首先应当依据当事人的约定确定其生效时间。在当事人没有约定的情形下,其生效分为如下两种情形:一是相对人指定了特定的系统接收数据电文的,此时,该意思表示自该数据电文进入该特定系统时生效;二是相对人未指定特定的系统接收数据电文的,则自相对人知道或者应当知道该数据电文进入其系统时生效。《民法典》第137条改变了《合同法》(已失效)第16条的规则,原规则认为首先进入任何数据系统的时间均视为到达,这显然不利于对受领人的保护,因为表意人可以利用该规则将数据电文发送至受领人并不知晓的地址,并主张意思表示已经到达并生效,这显然对受领人不利。《民法典》第137条第2款对此作出了修改,规定在未指定特定系统的情形下,必须在相对人知道或应当知道该数据电文进入其系统时才能生效。例如,其所用的电子邮箱长期不予使用且相对人明知的,则可以认定其不应当知道。

(二)无相对人的意思表示的生效

所谓无相对人的意思表示,是指没有相对人也不需要受领的意思表示。例如,设立遗嘱就属于无相对人的意思表示。无相对人的意思表示是一种特殊的例外情形,其在有关意思表示的一般规则中并没有太多适用空间。[①]此种意思表示在当事人的意思向外表达完成后即产生效力。而且,此种意思表示并不直接和他人相关,而只是涉及表意人自己的事务(如遗嘱)。

《民法典》第138条规定:“无相对人的意思表示,表示完成时生效。法律另有规定的,依照其规定。”依据该条规定,对无相对人的意思表示而言,除法律另有规定外,意思表示完成之时即其生效之时,因为对于无特定相对人的意思表示,不需要到达相对人,因此,其在发出时即已生效。据此,《民法典》第138条第1句规定:“无相对人的意思表示,表示完成时生效。”当然,依据《民法典》第138条的规定,对无相对人的意思表示而言,如果法律对其生效专门作出了规定,则依据该特别规定认定其效力。《民法典》作出此种规定,也为法律将来就无相对人的意思表示生效规则作出特别规定预留了空间。

(三)以公告方式作出意思表示的生效

所谓以公告方式作出的意思表示,是指对不特定人发布公告所作出的

---

① MüKoBGB/Armbrüster, Vor § 116, Rn. 5.

意思表示。《民法典》第 139 条对以公告的方式作出的意思表示作出了规定。该条规定:“以公告方式作出的意思表示,公告发布时生效。”无特定相对人的意思表示既包括没有相对人的意思表示,也包括虽然有相对人,但相对人不特定的意思表示,前者如遗嘱,后者如以公告方式所作出的意思表示。《民法典》第 138 条与第 139 条分别对无相对人的意思表示与以公告方式作出的意思表示作出了规定。

公告的方式多种多样,其可以以招贴画张贴,也可以在路牌、橱窗、路灯等处张贴,还可以通过报纸、网络、电台等方式发布。例如,在债权转让后,债权人应当将转让的事实通知债务人,通知的方式应尽可能采取个别通知的方式,但如果确实不能或不宜采取个别通知方式的,也可以采取登报声明的方式发出意思表示。以公告方式作出意思表示最为典型的是悬赏广告。所谓悬赏广告,是指悬赏人以广告的形式声明对完成悬赏广告中规定的特定行为的人,给付广告中约定报酬的行为。例如,刊登的各种寻人、寻物启事中提出如帮助找到某人或完成某事,将支付若干报酬。《合同法》(已失效)并未明确规定悬赏广告,但相关司法解释曾对悬赏广告作出了规定。[①]《民法典》合同编在总结司法实践经验的基础上,于第 499 条规定:“悬赏人以公开方式声明对完成特定行为的人支付报酬的,完成该行为的人可以请求其支付。”在性质上,悬赏广告是一种单方法律行为。虽然以公告方式作出的意思表示也有相对人,但与有特定相对人的意思表示不同,以公告方式作出的意思表示没有特定的相对人,难以判断何时到达相对人,因此,《民法典》第 139 条规定,对于以公告的方式作出的意思表示而言,该意思表示自公告发布时生效。

三、意思表示的撤回和撤销

所谓意思表示的撤回,是指意思表示在发出以后、尚未到达意思表示的受领人之前,表意人将其意思表示撤回。《民法典》第 141 条规定:“行为人可以撤回意思表示。撤回意思表示的通知应当在意思表示到达相对人前或者与意思表示同时到达相对人。”只要撤回的通知先于意思表示到达或者与意思表示同时到达,该撤回就是有效的。意思表示的撤回,只有在有相对人的时候才有意义。依据《民法典》第 137 条的规定,以非对话方式作出的意思表示必须到达相对人时才能生效,因此,在其生效之前表意人发出撤回表

---

① 最高人民法院《关于适用〈中华人民共和国合同法〉若干问题的解释(二)》(已失效)第 3 条规定:“悬赏人以公开方式声明对完成一定行为的人支付报酬,完成特定行为的人请求悬赏人支付报酬的,人民法院依法予以支持。但悬赏有合同法第五十二条规定情形的除外。”

示，且撤回表示在原意思表示生效之前到达或同时到达的，原意思表示当然不能生效。行为人要撤回意思表示，其撤回意思表示的通知必须先于意思表示到达相对人，或者与意思表示同时到达相对人。如果行为人撤回意思表示的通知晚于意思表示到达相对人，则不产生撤回意思表示的效力。由此可见，意思表示的撤回主要适用于非以数据电文方式或对话形式作出的意思表示，因为对于以数据电文形式或对话形式作出的意思表示而言，其瞬间到达相对人，行为人撤回意思表示的通知很难先于意思表示到达相对人或者与意思表示同时到达相对人。

所谓意思表示的撤销，是指意思表示在发出并生效以后，表意人又撤销其意思表示。大陆法系国家或地区的民法一般不允许对已经生效的意思表示进行撤销，以免损害相对人的信赖利益。在此需要区分意思表示的撤回与撤销，意思表示的撤回是使意思表示不发生效力，而意思表示的撤销则是使已经生效的意思表示失去效力。我国《民法典》总则编仅规定了意思表示的撤回，而没有规定意思表示的撤销，但在合同编中规定了要约的撤销规则，其也是意思表示撤销制度的组成部分。

第三节　意思表示的形式

一、意思表示可以以明示或者默示方式作出

《民法典》第 140 条第 1 款规定："行为人可以明示或者默示作出意思表示。"该款对意思表示的形式作出了规定，依据该条规定，意思表示可以以明示的方式作出，也可以以默示的方式作出，具体而言，包括如下两种。

第一，以明示的方式作出意思表示。所谓以明示的方式作出意思表示，即行为人将内在意思明确地表达于外部。明示方式是以作为的方式使相对人能够了解意思表示的内容，表意人可以通过口头或者书面表达的方式进行意思表示，尽管表达的方式存在差异，但表意人都明确向对方当事人作出了意思表示。对以明示方式作出的意思表示而言，当事人之间的法律关系易于证明，有利于减少纠纷、降低法律风险。在实践中，多数意思表示都是以明示方式作出的意思表示。

第二，以默示的方式作出意思表示。默示的表示行为是指行为人没有作出明确的表示，但是可以根据法律规定或相关交易习惯进行推知。[①] 如点头、举手、起立、拍板等，都可以依据交易习惯视为默示的意思表示。而且，

---

① 参见陈卫佐：《德国民法总论》，法律出版社 2007 年版，第 157 页。

如果一方当事人向对方当事人提出订约的要求，对方未用语言或者文字明确表示意见，但其实际行为表明已接受的，可以认定为这里的默示。一般而言，法律上对当事人以默示的方式作出意思表示有较为严格的限制。

二、单纯的沉默原则上不得作为意思表示的方式

所谓沉默，即未作出任何意思表示或不行为。从两大法系的规定来看，其基本上都认为，单纯的沉默或不行动（silence or inactivity）本身不构成意思表示。沉默与默示方式的意思表示不同，在默示的意思表示情形下，表意人仍然作出了一定的表意行为，只不过未以口头或者书面形式明确表达意思表示的内容。而在沉默的情形下，当事人并未作出意思表示。例如，甲向乙、丙同时兜售某块手表，价值 100 元，甲问乙、丙是否愿意购买，乙沉默不语，未作任何表示，而丙则点头表示同意。乙的行为属于沉默或不作为，而丙的行为则属于默示地作出承诺。《民法典》第 140 条第 2 款规定："沉默只有在有法律规定、当事人约定或者符合当事人之间的交易习惯时，才可以视为意思表示。"据此，沉默原则上不得作为意思表示的方式。但这并不意味着沉默在任何情况下都不能作为意思表示的方式，依据《民法典》第 140 条第 2 款的规定，在如下三种情形下，沉默可以视为意思表示。

第一，法律的特别规定。在法律有特别规定的情形下，沉默也可以产生意思表示的效果。例如，《民法典》第 1124 条第 1 款规定："继承开始后，继承人放弃继承的，应当在遗产处理前，以书面形式作出放弃继承的表示；没有表示的，视为接受继承。"

第二，当事人的特别约定。例如，当事人双方事先约定，如果一方更改了相关合同条款，对方沉默的，视为同意更改。

第三，当事人之间存在交易习惯。交易习惯是一个宽泛的概念，但在解释"沉默"的含义时，不能运用一般的交易习惯，而只能采用当事人之间的系列交易习惯。如果按照当事人之间特定的交易习惯，沉默可以产生意思表示的效力，则沉默也可以视为意思表示。《德国民法典》第 151 条规定，根据交易惯例，承诺无须向要约人表示，或者要约人预先声明承诺无须表示的，即使没有向要约人表示承诺，可认为有承诺的事实时，合同也认为成立。例如，当事人之间长期进行系列交易，通常一方在另一方发出要约后，一定期限内不作表示，就应作为承诺对待。

第四节　意思表示的解释

一、意思表示的解释的概念和类型

所谓意思表示的解释，即在意思表示不清楚、不明确而发生争议的情况

下,法院或仲裁机构对意思表示进行的解释。这里所说的意思表示的解释是从广义上理解的,它包括对民事法律行为的解释和民事法律行为之外的意思表示的解释。

从意思表示解释理论的发展来看,其经历了从主观解释不断向客观解释转变的过程,主观解释最初来自罗马法,在罗马法中有一个著名的解释规则,即“应考虑者乃当事人本意而非其言辞”(In convertionibus contrahentium voluntatem potius quam verba spectari placuit)。《法国民法典》首次强调合同的解释不必拘泥于合同文字,而以探求文本背后的真意为目的。[①] 该民法典采取的是以主观主义(意思主义)为主、客观主义(表示主义)为辅的方式。《德国民法典》第157条从交易安全考虑,采取了表示主义。而现代民法在意思表示解释方面,兼采主观主义和客观主义两种方式,以兼顾意思自治和交易安全的保障。我国《民法典》第142条对此作出了规定,从其规定来看,实际上也兼顾了主观主义和客观主义的立场。[②] 从《民法典》的相关规定来看,其虽然区分了有相对人的意思表示解释与无相对人的意思表示解释,但前者主要采客观主义的解释方法,而后者则主要采纳了主观主义的解释方法。

意思表示解释的特点在于:第一,意思表示解释的主体是法院和仲裁机构,并不是任何机构都可以对意思表示进行解释,必须是在当事人对意思表示发生争议时,才有必要进行解释。第二,意思表示解释的对象是当事人已经表示出来的意思。也就是说,以当事人已经作出的表示来解释其意思。解释的对象只能是表示出来的、确定的意思,而非深藏于内心的意思,此种意思是无法解释的,因为内在的意思无法作为法律认识的对象。[③] 意思表示解释的对象是意思表示的内容,既包括目的意思,也包括效果意思。第三,意思表示是法院和仲裁机构依据一定的规则进行的解释,而非完全主观的任意解释。也就是说,在意思表示过程中,法院或仲裁机构要遵循法定的规则,运用一定的方法予以解释,否则就会违背当事人的意愿。

法律行为的解释与意思表示解释的概念经常等同,因为前者实际上包括了后者,但两者又有一定的区别。一方面,两者的适用范围不完全相同。

---

① H. TROFIMOFF, Les sources doctrinales de l'ordre de présentation des articles 1156 à 1164 du Code civil sur l'interprétation des contrats, RHDFE, 72 (2) avr. - juin 1994, p. 203 et s.

② 参见石佳友:《我国〈民法总则〉的颁行与民法典合同编的编订——从民事法律行为制度看我国〈合同法〉相关规则的完善》,载《政治与法律》2017年第7期。

③ 参见[德]迪特尔·梅迪库斯:《德国民法总论》,邵建东译,法律出版社2000年版,第232页。

意思表示是表意人实现其法律行为意思的一种手段，它不完全是法律行为，还包括单方的意思表示，如要约等。所以意思表示解释的对象、范围更为宽泛。另一方面，两者的解释规则不完全相同。法律行为的解释规则不一定能够运用到意思表示的解释中去，如根据交易习惯的解释就很难运用到其他意思表示的解释中。但《民法典》第 142 条规定的解释的规则大多可以运用于意思表示的解释。

二、意思表示的解释的分类

（一）有相对人的意思表示的解释和无相对人的意思表示的解释

意思表示的解释通常分为有相对人的意思表示的解释和无相对人的意思表示的解释。所谓有相对人的意思表示的解释，是指对表意人向特定的相对人发出的意思表示进行的解释。例如，要约是一种意思表示，但要约必须要到达受要约人，因为它属于向特定人发出的意思表示。所谓无相对人的意思表示的解释，是指对不需要相对人的意思表示进行的解释。例如，对向不特定人发出的悬赏广告、订立章程和决议进行解释。《民法典》第 142 条第 1 款规定："有相对人的意思表示的解释，应当按照所使用的词句，结合相关条款、行为的性质和目的、习惯以及诚信原则，确定意思表示的含义。"第 2 款规定："无相对人的意思表示的解释，不能完全拘泥于所使用的词句，而应当结合相关条款、行为的性质和目的、习惯以及诚信原则，确定行为人的真实意思。"依据这些规定，区别这两种意思表示的解释的意义在于：

第一，是否需要有意思表示的受领人不同。有相对人的意思表示的解释需要有意思表示的受领人，此种意思表示的有效性以意思表示的受领人能够感知为必要，①而无相对人的意思表示的解释不需要意思表示的受领人。这种区别又产生一个问题，即意思表示是否应当到达相对人或者为相对人知晓。无相对人的意思表示的解释，就不需要考虑此问题。

第二，是否需要考虑受领人理解水平的不同。对有相对人的意思表示进行解释，法官应当考虑一般的受领人的理解水平。但是对无相对人的意思表示进行解释，则不需要考虑受领人的理解水平。②

第三，意思表示所使用词句在意思表示解释中的作用不同。对有相对人的意思表示而言，意思表示需要受领，因此存在相对人信赖利益保护的问题；而在对无相对人的意思表示进行解释时，则无须考虑相对人信赖利益的

---

① 参见陈卫佐：《德国民法总论》，法律出版社 2007 年版，第 161 页。

② 参见[德]卡尔·拉伦茨：《法学方法论》，陈爱娥译，台北，五南图书出版公司 1992 年版，第 202 页。

保护问题。这种区别可能对两类意思表示的解释规则产生一定的影响:对有相对人的意思表示而言,即使行为人表示出来的意思与内心真意不符,在对意思表示进行解释时,也应当考虑相对人的信赖利益保护,而不能完全依据表意人的内心真意来解释,也就是说,应当考虑客观主义(或外观法理)的运用。如果表意人表达有误,使相对人对意思表示作出了不同于表意人所欲表达的理解,那么,表意人必须承认相对人实际所理解的意义是有效的。[①]对无相对人的意思表示而言,由于不涉及相对人的利益,所以对其解释就不必考虑相对人的信赖以及交易安全问题,而应当探求表意人的真实意思。因此,依据《民法典》第142条的规定,在解释无相对人的意思表示时,不能完全拘泥于意思表示所使用的词句,而应当探求当事人的真意。例如,对遗嘱的解释发生争议时,应当探求表意人的内心真意。

(二)阐明性的解释和补充性的解释

所谓阐明性的解释,即在意思表示不明确的情况下,通过对文意的解释使其清楚、明确。例如,合同中规定了"一周后交货",此处所说的一周应该按照通常理解的七天来解释,而不应该按照工作日来理解。所谓补充性的解释,即在意思表示不完整、存在漏洞的情况下,通过意思表示的解释来填补意思表示的漏洞。例如,当事人在合同中对产品交货时间没有作出规定,而当事人又不能事后达成补充协议或者按照交易习惯确定,此时就应该根据《民法典》第511条的规定作出补充解释,即以当事人提出交货的时间加上合理的准备期限来计算交货期间。两者的主要区别在于:

第一,解释的功能和目的不同。阐明性的解释是因为文意模糊或者文意不清楚而作的解释,解释的目的是澄清文意,使当事人不明确的意思表示明晰起来。而补充性的解释是因为意思表示存在漏洞,解释的目的是补充漏洞,使当事人不完整的意思表示完整起来。

第二,解释的依据不同。对于阐明性的解释,一般采用文意解释的方法,但也要通过体系解释来探求当事人真意,还可以根据法律的解释性任意性规范来对当事人的意思表示进行阐明。而补充性的解释可以通过法律上的补充性任意性规范对当事人的意思表示进行漏洞的补充。[②]

第三,对当事人意思表示的介入程度不同。阐明性的解释是在当事人已有的意思表示基础上进行的解释,对当事人意思表示的介入程度较低。

---

① 参见[德]卡尔·拉伦茨:《德国民法通论》(上册),王晓晔等译,法律出版社2003年版,第453~455页。

② 参见王轶:《民法原理与民法学方法》,法律出版社2009年版,第208~220页。

而补充性的解释不是对意思表示所作的“含义的确定”，而是具有“含义的带入”的特点，主要针对合同漏洞而采用。当然，补充的漏洞应是意思表示的常素，而不能是要素和偶素。①

第四，法官在解释过程中的自由裁量程度不同。在阐明性解释中，主要在当事人已有的意思表示基础上进行，法官没有很大的自由裁量权。而在补充性的解释中，法官具有更大的自由裁量权，因此需要对此种解释作出严格的限定。

（三）单方意思表示的解释和双方意思表示的解释

所谓单方意思表示的解释，是指对于一方发出的、不管是否具有受领人的意思表示所作的解释。例如，对于悬赏广告内容的解释。所谓双方意思表示的解释，是指对双方达成的合意进行的解释。此种解释包括对意思表示的成立和效力、意思表示的内容所作出的解释，以及对意思表示的漏洞所作出的填补。这两种解释常常是密切联系在一起的。例如，在合同成立过程中，要约是单方意思表示，如果合同成立以后，承诺方提出其对要约的内容发生了误解，那么对该内容进行的解释既是对合同的解释也是对单方意思表示的解释。又如，对单方错误的意思表示的解释，如果意思表示已经成立，既可以看成是单方意思表示的解释，也可以看成是双方意思表示的解释。但两者仍然是有区别的，表现在：一方面，单方意思表示的解释不考虑意思表示是否已经成立，而对双方意思表示的解释首先要确定意思表示是否成立、生效。如果意思表示没有成立、生效，根本不可能进行意思表示的解释。另一方面，适用于双方意思表示解释的方法，不能完全适用于单方意思表示的解释。例如，对起草者作出不利的解释的方法，可以作为解释双方意思表示的方法，而不宜适用于单方意思表示解释。

三、意思表示解释的规则

如前所述，从意思表示解释理论的发展历史来看，其经历了从主观解释向客观解释转变的过程，在19世纪，法官注重当事人真实意思的维护，倾向于采取主观解释的主场，而随着社会的发展，交易安全和信赖利益的维护受到注重，因此法官更注重客观主义的解释立场。从《民法典》的相关规定来看，其虽然区分了有相对人的意思表示的解释与无相对人的意思表示的解释，但是前者主要是采取了客观主义的解释方法，而后者主要是采取了主观主义的解释方法。《民法典》第142条第1款规定：“有相对人的意思表示的

---

① 参见［德］迪特尔·梅迪库斯：《德国民法总论》，邵建东译，法律出版社2000年版，第258～259页。

解释,应当按照所使用的词句,结合相关条款、行为的性质和目的、习惯以及诚信原则,确定意思表示的含义。”其中所谓“按照所使用的词句,结合相关条款、行为的性质和目的”解释,即要求意思表示的解释应当探求表意人的主观目的和意图,实际上是主观主义解释方法的体现,而按照“习惯以及诚信原则”解释,则体现了客观主义的解释方法。这就要求对用语按照通常的理解进行解释,在对意思表示内容发生争议时,法官应当考虑一个普通人在此情况下对有争议的意思表示用语所能理解的含义后对意思表示进行解释。依据《民法典》第142条,意思表示解释具有如下规则:

(一)对用语应当按照通常的理解进行解释

所谓对用语应当按照通常的理解进行解释,是指在当事人就意思表示的用语发生争议以后,对于有关的用语本身,应按照一个合理人的标准来进行解释。《民法典》第142条第1款规定:“有相对人的意思表示的解释,应当按照所使用的词句,结合相关条款、行为的性质和目的、习惯以及诚信原则,确定意思表示的含义。”该款实际上也就是要求对用语按照通常的理解进行解释。对用语应当按照通常的理解进行解释应当是意思表示解释的首要方法。一个合理的人既可能是社会一般的人,也可能是在一定的地域、行业中从事某种特殊交易的人。如果意思表示当事人本身是后一种类型的人,则法官应当按照在该地域、行业中从事某种特殊交易的合理人的标准来理解该用语的含义。例如,买卖双方对交货的计量标准“车”的含义发生争执,则应当考虑当事人双方是从事何种性质的买卖,并按照从事该种买卖的一般人对“车”的理解来进行解释。

(二)整体解释

所谓整体解释,又称为体系解释(systematische Auslegung),是指将表达当事人意思的各项合同条款、信件、文件等作为一个完整的整体,根据各方面的相互关联性、争议的条款与当事人真实意思表示的关系、在意思表示中所处的地位等因素,来确定所争议的意思表示的含义。[①] 罗马法中就有“误载不害真意”(falsa demonstrio nocet)和“矛盾行为不予尊重”(protestatio declarationi)的意思表示解释规则[②],它实际上强调的是整体解释原则。英美法中确立了这样的规则,即“一项协议应接受下面这样的解释,即其解释是合乎语言习惯的,最能反映当事人意愿的,集中表现整个协议精神的,而

---

① Robert Horn, Einführung in die Rechtswissenschaft und Rechtsphilosophie, 4 Aufl., 2007, Rn. 180 f., S. 123.

② 参见王泽鉴:《债法原理》(第1册),台北,1999年自版发行,第239页。

且对当事人明显意愿或意图的注意要甚于对他们可能用以表达其意图的任何特定词句”①。大陆法系国家或地区也普遍接受了整体解释的原则，如《法国民法典》第 1161 条规定：“契约的全部条款得相互解释之，以确定每一条款在全文整体上获得的意义。”《民法典》第 142 条要求结合相关条款进行解释，可以认为确立了整体解释规则。

整体解释规则具体表现在如下几个方面：首先，整体解释要求意思表示解释不能局限于意思表示的字面含义，也不应当仅仅考虑某个意思表示的资料，更不能将意思表示的只言片语作为当事人的真实意图，断章取义，而应当综合考虑各种意思表示的资料。其次，从整个意思表示的全部内容上理解、分析和说明当事人争议的有关意思表示的内容和含义。例如，如果合同中数个条款相互冲突，应当将这些条款综合在一起，根据合同的性质、订约目的等来考虑当事人的意图，尤其是当事人在合同中所使用的语言文字必须联系起来考察，不能孤立地探究每一句话或者每一个词的意思。如果合同是由信笺、电报，甚至备忘录等构成的，在确定某一条款的意思构成时，应当将这些材料作为一个整体进行解释。最后，当事人使用了多种语言表达同一意思表示的，即使当事人没有特别约定各意思表示文本之间的关系，也可以推定各个文本所使用的词句具有相同的含义。依据我国《民法典》第 466 条第 2 款的规定，“合同文本采用两种以上文字订立并约定具有同等效力的，对各文本使用的词句推定具有相同含义。各文本使用的词句不一致的，应当根据合同的相关条款、性质、目的以及诚信原则等予以解释”。

在适用整体解释规则时，还应当注意一些特殊规则。例如，如果当事人在合同中增加了特别条款，特别条款的效力可以优先于一般条款的效力。在同一份合同书中，如果印刷条款与手写条款并存，且这些条款彼此间相互矛盾，则应当认为手写条款优先。如果特殊列举词语与不能完全列举的一般概括词语连在一起，概括性词语的外延应视作仅包括与特殊列举事物相类同的事物。如果在数量和价格条款中，大写数字与小写数字并存，相互抵触，原则上大写数字的效力应优先于小写数字。如果合同中有多个条款表达同一内容，其中某一条款比另一条款含义更为明确，则含义不够明确的条款可以被删除。

(三) 目的解释

所谓目的解释，是指在对意思表示进行解释时，应当根据当事人从事该

---

① ［英］A. G. 盖斯特：《英国合同法与案例》，张文镇等译，中国大百科全书出版社 1998 年版，第 141 页。

民事行为所追求的目的,对有争议的意思表示进行解释。《民法典》第142条要求结合行为的性质和目的进行解释,这实际上也确立了目的解释规则。按照私法自治原则,民事主体可以在法律规定的范围内,为追求其目的而表达其意思,并通过双方的协议,产生、变更、终止民事法律关系。当事人从事民事行为都要追求一定的目的,意思表示本身也不过是当事人实现其目的的手段。因此,在解释意思表示时,应当充分考虑当事人从事该民事行为的目的。

按照目的解释规则,如果有关的文本中所使用的文字的含义与当事人所明确表达的目的相违背,而当事人双方对该条文又发生了争议,在此情况下,不必完全拘泥于文字,可以按照当事人的目的进行解释。例如,订立合同时,订约的双方都具有订约目的。当然,当事人双方可能具有不同的意思表示目的,一方订约的目的和另一方订约的目的可能不同,但是从意思表示的内容和订约过程能够确定一方在作出意思表示时,应当意识到另一方所具有的订约目的的,则应当按照该目的来解释意思表示。①

如果某一意思表示既可以被解释为有效,也可以被解释为无效,则从原则上应当尽可能按照有效来解释。因为当事人作出意思表示,目的都是使交易成立,使意思表示有效。当事人不可能为了使意思表示无效而作出意思表示。所以,在此情况下,对于意思表示作无效解释,不符合当事人作出意思表示的目的。② 例如,在期房买卖中,出卖人在没有获得期房销售许可的情况下出售期房,买受人购买该期房后,因为房价上涨,出卖人以该意思表示不符合形式要件为由,请求确认意思表示无效。笔者认为,对于在期房买卖中出卖人没有获得出售许可证的,虽然该行为违反法律规定,但从鼓励交易、实现买受人的缔约目的考虑,可以责令出卖人在一定期限内补办,如不能补办,则可以宣告该合同无效。

(四)习惯解释

所谓习惯解释,是指在对意思表示的含义发生争议以后,应当根据当事人所知悉或实践的生活和交易习惯来对意思表示进行解释。《民法典》第142条规定了意思表示的解释应当考虑习惯,这就确立了习惯解释的规则。习惯包括生活习惯和交易习惯两大类,一般来说,在合同中主要采用交易习惯对有争议的合同条款进行解释,不过,运用交易习惯填补合同漏洞时,各种交易习惯的存在以及内容应当由当事人双方举证证明,在当事人未举证

---

① See Farnsworth, *Contracts*, 2nd ed. ,Little,Brownand Company,1990,p.513.

② 参见张广兴等:《意思表示法总则》(下),法律出版社1999年版,第246页。

证明交易习惯的情况下，法官也可以根据自己对交易习惯的理解选择某种习惯来填补意思表示的漏洞。对于一些身份法上的合同以及一些单方法律行为，也可以根据习惯进行解释。但这种习惯主要是生活习惯。例如，在遗赠扶养协议中，对“生老病死”一词发生争议，应当按照当地的生活习惯进行解释。

（五）依据诚实信用原则解释

所谓依据诚实信用原则进行解释，是指在意思表示发生争议以后，应当根据诚实信用原则来填补有关意思表示的漏洞，对有争议的意思表示进行解释。诚实信用原则作为意思表示解释规则的产生是意思表示解释社会化的一种表现，它实际上是要求法官将自己作为一个诚实守信的当事人来判断、理解意思表示的内容和条款的含义。这就将商业道德和公共道德运用到了意思表示的解释之中，并对意思自治施加了必要的限制。诚实信用原则在解释意思表示方面的作用，常常使该原则被称为“解释法”。《民法典》第 142 条规定了意思表示的解释应当按照诚实信用原则进行，因此，依据诚实信用原则解释也是意思表示解释的重要方法。

在解释意思表示方面，诚实信用原则的功能表现在两个方面：一是解释有争议的意思表示。法官在依据诚实信用原则解释意思表示时，需要平衡当事人双方的利益，公平合理地确定意思表示的内容。例如，对于无偿合同应按对债务人义务较轻的含义解释，对有偿合同则应按对双方都较为公平的含义解释。二是填补意思表示的漏洞。在此情形下，法官要考虑一个合理的、诚实守信的人在面对此情形时应如何作出履行，或者说应当如何作出意思表示，以此来填补意思表示的漏洞。诚信原则的解释方法更多地适用于合同漏洞的填补。例如，原告、被告双方在意思表示中对交付货物的计量单位“车”一词没有作出约定，在此情况下法官应当考虑的是，作为一个诚实守信的人在这种情况下对“车”的含义的理解，并依据该标准加以解释。

诚实信用原则虽然重要，但该原则一般是在上述其他规则难以适用的情况下才采用的。其主要原因在于：一方面，诚实信用原则比较抽象，从而在一定程度上给予了法官某种自由裁量权。另一方面，从适用的范围来看，诚实信用原则主要适用于合同存在漏洞的情况。诚实信用原则所确定的义务并不一定完全符合当事人的真实意思，而是使意思表示的解释出现了一种社会化的倾向。在某些情况下，法官依诚实信用原则所确定的意图可能与当事人的真实意图不完全符合，而当事人的意图也不违反法律和社会公共道德。在此情况下，仍然应当尊重当事人的意愿。

第十二章　民事法律行为的效力

第一节　民事法律行为生效的概念和特征

一、民事法律行为生效的概念

所谓民事法律行为的生效，是指已经成立的民事法律行为因符合法定的生效要件，从而能产生法律上的约束力。《民法典》第136条第1款规定："民事法律行为自成立时生效，但是法律另有规定或者当事人另有约定的除外。"该款对民事法律行为的生效规则作出了规定。民事法律行为的成立与民事法律行为的生效不同，民事法律行为的成立只是表明民事法律行为客观上已经存在，而民事法律行为的生效则表明民事法律行为将产生法律规定的效力。因此，有观点主张，民事法律行为的成立主要是从事实层面认定民事法律行为已经存在，而民事法律行为的生效则涉及从价值层面对民事法律行为进行评价，此种观点具有一定的合理性。

民事法律行为的生效是指产生私法上的效力，而不应当包括民事法律行为生效以后所可能引起的公法上的效果。此种效力是指民事法律行为发生了行为人所意欲发生的法律效果，这种效果因民事法律行为形态的不同而有异。就单方法律行为而言，在大多数情况下，主要是对表意人产生法律拘束力。当然，在某些情况下，单方行为也可能对第三人产生法律拘束力，例如，遗嘱行为可能会对继承人产生效力。就双方法律行为而言，合意一旦达成，就对双方当事人产生了拘束力，即双方必须依据合同的规定享有权利、履行义务乃至承担违约责任。

法律行为的生效是指法律行为产生了法律拘束力，这意味着当事人所追求的目的得到实现，并发生了行为人预期的法律效果。在认定民事法律行为生效的效力时，需要对民事法律行为与事实行为进行必要的区分。一般来说,民事法律行为的效力主要是发生了当事人所预期的法律效果,事实行为只是发生了法律规定的效果,而不是当事人所预期的法律效果。[①] 例如,对于侵权行为而言,行为人从事不法侵害他人财产和人身的侵权行为以后,应当承担相应的侵权责任,但这种责任是法律规定的效果,而不是侵权行为人主观上意欲达到的效果。与民事法律行为不同,对事实行为而言,不存在当事人预期的意思的效力的问题,只要行为人的行为(如侵权行为)符合法律规定的要件,即在当事人之间形成规定的权利义务关系。[②] 当然,民事法律行为的效果也是由法律规定的,但其本质上是当事人所追求的法律效果。例如,合同生效对当事人所产生的拘束力,以及违反合同所产生的责任,也要由《民法典》加以确认,但本质上,合同的法律效果是当事人所预期要实现的法律效果。

民事法律行为能够产生法律拘束力,从表面上看是当事人的意思自治的结果,或者说是当事人自愿选择的结果;但从实质上看,民事法律行为的法律约束力或民事法律行为的效力,不仅源于当事人的意志,而且源于法律的赋予。也就是说,当事人的意志符合国家的意志和社会利益,因而国家赋予当事人的意志以拘束力,并且使当事人实施的民事法律行为能够产生其预期的效果。

二、民事法律行为的对内效力和对外效力

民事法律行为的效力可以分为对内效力和对外效力。所谓对内效力,是指民事法律行为对当事人产生的法律拘束力。《民法典》第 136 条第 2 款规定:“行为人非依法律规定或者未经对方同意,不得擅自变更或者解除民事法律行为。”例如,当事人在订立合同后,即应当受到合同的严格拘束,必须严格履行合同,否则应当承担违约责任。所谓对外效力,是指民事法律行为对当事人以外的人产生的法律拘束力。例如,合同一旦生效,也可能会对合同当事人以外的第三人产生效力,其主要表现在为第三人利益的合同、债权保全制度、租赁权物权化、债权不可侵害性等方面。

《民法典》第 136 条第 2 款规定:“行为人非依法律规定或者未经对方同意,不得擅自变更或者解除民事法律行为。”该款强调了民事法律行为的效力。一方面,行为人不得擅自变更民事法律行为。例如,就合同关系而言,从原则上说,合同的变更必须经当事人双方协商一致,并在原合同的基础上达成新的协议。合同的任何内容都是经过双方协商达成的,因此,变更合同

---

① 参见王泽鉴:《民法总则》,北京大学出版社 2009 年版,第 238 页。

② 参见董安生:《民事法律行为》,中国人民大学出版社 1994 年版,第 111 页。

的内容须经过双方协商同意。任何一方未经过对方同意,无正当理由擅自变更合同内容,不仅不能对合同的另一方产生约束力,反而将构成违约行为。由于合同变更必须经过双方协商,所以,在变更协议未达成以前,原合同关系仍然有效。在特殊情况下,依据法律规定可以使一方享有法定变更合同的权利,如在符合情势变更的情况下,当事人享有请求法院或仲裁机构变更合同内容的权利。法院或仲裁机构经过审理,确认了变更的请求,合同才能发生变更。另一方面,行为人不得擅自解除民事法律行为。也就是说,合同一旦成立,任何一方当事人都不得随意解除合同。从我国《民法典》合同编的规定来看,合同的解除要么是基于当事人行使法定解除权实现,要么是基于当事人协议解除或者当事人约定的解除权的行使而实现,除上述原因外,任何一方当事人都不得主张解除合同,否则将构成违约。此外,即便当事人享有解除权,其解除合同的程序也应当符合法律规定,否则无法产生合同解除的效力。

三、《民法典》关于民事法律行为效力规定的体系构成

我国《民法典》关于民事法律行为效力的规定集中体现在两个方面:一是《民法典》总则编第六章第三节关于民事法律行为效力的规定。该编内容原则上适用于各类民事法律行为效力的确定问题。二是《民法典》各分编关于特定类型的民事法律行为效力的规定。例如,合同编第三章关于合同效力的规定,主要适用于合同。又如,《民法典》人格权编关于禁止买卖人体细胞、人体组织、人体器官和遗体的规定,就涉及对此类买卖合同无效规则的规定。

第二节　民事法律行为的生效要件

由于民事法律行为一旦生效,即发生行为人所意欲发生的法律效果,所以,法律要设立一定的标准对民事法律行为的合法性进行考察,这些标准即为民事法律行为的生效要件。已经成立的民事法律行为,必须具备一定的生效要件,才能产生法律拘束力。《民法典》第143条规定:“具备下列条件的民事法律行为有效:(一)行为人具有相应的民事行为能力;(二)意思表示真实;(三)不违反法律、行政法规的强制性规定,不违背公序良俗。”这是法律关于民事法律行为一般生效要件的规定。

一、行为人具有相应的民事行为能力

行为人具有相应的民事行为能力的要件,在学理上又被称为有行为能力原则或主体合格原则。任何民事法律行为都以当事人的意思表示为基

础,并以产生一定的法律效果为目的,所以,行为人必须具备正确理解自己的行为性质和后果、独立地表达自己的意思的能力,也就是说,必须具备与从事某项民事法律行为相适应的民事行为能力。

我国《民法典》将自然人分为三类,即完全民事行为能力人、限制民事行为能力人和无民事行为能力人。除法律有特别规定外(如《民法典》对结婚年龄的规定),完全民事行为能力人可以独立实施所有民事法律行为。

由于限制民事行为能力人具有一定的判断和理解能力,因而,其可以独立实施一定的民事法律行为,但与完全民事行为能力人相比,其民事行为能力又是受到限制的,即只能从事与其年龄、智力、精神健康状况相适应的民事法律行为。《民法典》第 145 条第 1 款规定:“限制民事行为能力人实施的纯获利益的民事法律行为或者与其年龄、智力、精神健康状况相适应的民事法律行为有效;实施的其他民事法律行为经法定代理人同意或者追认后有效。”据此,限制民事行为能力人只能独立从事两种类型的民事法律行为:一是纯获利益的民事法律行为,即仅仅获得法律上的利益,而不会负担法律义务或减损其既有民事权利。二是与其年龄、智力、精神健康状况相适应的民事法律行为。一般而言,需要从行为与本人生活相关联的程度、本人的智力能否理解其行为并预见相应的行为后果,以及行为标的数额等方面认定。

无民事行为能力人不具有独立作出意思表示的能力,因此,其不能独立实施民事法律行为,我国《民法典》第 144 条规定:“无民事行为能力人实施的民事法律行为无效。”无民事行为能力人只能通过其法定代理人代理其实施民事法律行为。值得探讨的是,无民事行为能力人能否独立实施任何民事法律行为?例如,其能否独立实施纯获利益的民事法律行为,我国《民法典》没有对此作出规定。笔者认为,从维护无民事行为能力人的利益出发,其应当可以接受奖励、赠与、报酬等纯获利益的民事法律行为,他人不得以行为人无民事行为能力为由,主张以上行为无效。

《民法典》第 143 条所规定的行为人具有相应的民事行为能力,也包括法人实施民事行为应当具有相应的民事行为能力。当然,要求法人实施一定的民事行为应当具有行为能力,并不意味着营利法人超越其经营范围而行为,该行为便应当被宣告无效。从两大法系立法和判例的发展趋势来看,各国立法在对法人的能力受其目的范围限制方面已呈现不断放宽的趋势。也就是说,法人的能力不断地突破其目的范围的限制,法人的能力也在不断扩张。在我国,对于法人在从事民事行为时是否要求其具有相应的民事行为能力,学理上曾经有不同的看法。我国司法实践也认为,基于保护第三人利益以及鼓励交易的目的,不宜一概否定其效力。但对于违反国家限制经营、特许经营以及法律、行政法规禁止经营的规定而超越经营范围的,则因为不仅关系保护第三人利益和维护交易安全的问题,还涉及国家对经济的法律规制和社会公共秩序,所以作为例外,应当将这种超越经营范围的民事法律行为认定为无效。当然,在以违反国家限制经营、特许经营以及法律、行政法规禁止经营规定为由主张民事法律行为无效时,还可以违反《民法典》第153条“违反法律、行政法规的强制性规定”为由宣告民事法律行为无效。

二、意思表示真实

意思表示是指行为人将其设立、变更、终止民事权利、义务的内在意思表示于外部的行为。所谓意思表示真实,是指表意人的表示行为应当真实地反映其内心的效果意思。也就是说,意思表示真实要求表示行为应当与效果意思相一致。

在大多数情况下,行为人表示于外部的意思同其内心真实意思是一致的。但有时行为人作出的意思表示与其真实意思不相符合,此种情况称为“非真实的意思表示”、“意思缺乏”或“意思表示不真实”。行为人的意思表示不真实包括两个方面:一是行为人的意思表示不自由。行为人因受到欺诈、胁迫等外在原因导致其处于意志不自由的状态,因此其表达的意思不符合其真实意思。这种情况属于典型的意思表示不真实的情况。针对此种情况,我国《民法典》明确规定,欺诈、胁迫、重大误解、显失公平等行为可能导致民事行为被撤销。二是行为人的意思表示不一致,即行为人的外部表达的意思不符合其内心的真实意思。例如,甲为了逃避强制执行,与乙通谋,以赠与为名,将其房产移转给乙。在此情况下,甲、乙之间的赠与行为构成通谋的虚伪表示,应当无效。但是,如果乙将此房产转让给善意第三人丙,则甲、乙不得以其赠与行为无效对抗丙,丙可以依据善意取得制度取得该房产的所有权。又如,某人与他人订了一个名为借用、实为租赁的合同,该行为实际上是以一种行为掩盖了另一种行为。

在意思表示不真实的情况下,首先应当以法律规定作为认定意思表示效力的依据,在法律没有规定的情况下,应依据具体情形认定其效力:一方面,不能仅以行为人表示于外部的意思为根据,而不考虑行为人的内心意思。例如,行为人在受胁迫、受欺诈的情况下作出的意思表示,与其真实意志完全不符。如果不考虑行为人的真实意志,认为其外部的意思表示有效,并认为欺诈、胁迫等法律行为有效,则不利于维护行为人的真实意思,也会纵容一些胁迫、欺诈等违法行为,破坏法律秩序。另一方面,也不能仅以行为人的内心意思为依据，而不考虑行为人的外部表示。因为行为人的内心意思往往难以确定，仅以行为人内心意思作为认定其意思表示法律效力的依据，可能使法律行为的效力随时受到影响，使对方当事人的利益受到损害。因而，在认定意思表示的效力时，应当兼顾当事人的内心意思与外部表示。

《民法典》强调意思表示必须真实才能发生相应的法律效力，主要是为了保障当事人的自主、自愿，充分实现私法自治；同时，否定意思表示不真实情况下民事法律行为的效力，既有利于保护处于弱势地位一方当事人的利益，也有利于维护交易安全。

三、不违反法律、行政法规的强制性规定和公序良俗

（一）不违反法律、行政法规的强制性规定

从法律上看，民事法律行为之所以能产生法律效力，是因为当事人的意思表示符合法律的规定。对合法的民事法律行为，法律赋予其法律上的拘束力，而不合法的民事法律行为显然不能受到法律保护，也不能产生当事人预期的法律效果。民事法律行为不得违反法律、法规的强制性规定，否则可能导致民事法律行为被确认为无效。《民法典》第 143 条规定，民事法律行为不得违反法律、行政法规的强制性规定。对该规定可以从两方面进行理解：

一方面，不得违反法律、行政法规的规定。因为违法概念的范围十分宽泛，可以把各种违反规范性法律文件的行为都纳入违法的范畴，但如此理解过于宽泛。一旦当事人的民事法律行为违反规范性法律文件，该行为就会被认定无效，而这会不当干预当事人的私法自治，过度妨碍当事人的行为自由。所以，有必要将其限定在违反法律、行政法规的强制性规定的范围内。此处所说的法律是指全国人大及其常委会制定的法律，行政法规是指国务院制定的行政法规。违反其他规范性文件，并不当然导致民事法律行为无效。

另一方面，不违反法律、行政法规的强制性规定。法律规范可以分为任意性规范和强行性规范。所谓强行性规范，是指这些规定必须由当事人遵守，不得通过协商加以改变。所谓任意性规范，是指当事人可以通过协议加以改变的规定。任意性规范通常以“可以”做什么来表示，它不要求当事人必须执行，而只是为当事人提供了一种行为标准；而强行性规范通常以“必须”“不得”等词语表示，它要求当事人必须严格遵守，不得通过协商加以改变。依据《民法典》第 143 条的规定，只有在违反法律、行政法规的强制性规

定时，民事法律行为才无效。民事法律行为违反法律、行政法规的任意性规定，并不当然导致该民事法律行为无效。当然，强行性规范又可以分为效力性强制性规范与管理性强制性规范，导致合同无效的民事法律行为主要违反的是效力性强制性规范。

法律行为必须合法，这不仅包括内容合法，而且包括形式合法。我国《民法典》第135条规定："民事法律行为可以采用书面形式、口头形式或者其他形式；法律、行政法规规定或者当事人约定采用特定形式的，应当采用特定形式。"可见，我国法律承认当事人可以依法选择法律行为的方式。但是，如果法律对法律行为的方式作出了特殊规定，当事人就必须遵守法律规定。不过违反法定的形式要件，并不当然导致法律行为的无效。因为法律作出的某些形式要件的要求可能是效力规范，但大量的有关形式要件的规定并不是效力规范。如果当事人没有满足法定形式要件，依据法律规定允许当事人补办的，当事人可以补办。[①] 因此，对于未履行法定形式要件，即当事人尚未办理批准或登记手续的合同，不能一概否认其效力。

(二)不违反公序良俗

民事法律行为不仅应符合法律规定，而且在内容上不得违背公序良俗。公序良俗包括公共秩序与善良风俗，是一个国家经济社会发展所必需的一般道德，其主要是指社会公共利益和社会公共道德。[②] 社会公共利益体现了全体社会成员的最高利益，社会公共道德是指受到社会成员广泛认可、内心确认的道德准则。[③] 这一原则最早起源于罗马法，并为大陆法系国家的立法所借鉴。例如，《法国民法典》第6条规定："个人不得以特别约定违反有关公共秩序和善良风俗的法律。"《德国民法典》第138条规定："违反善良风俗的行为无效。"我国《民法典》第153条第2款规定："违背公序良俗的民事法律行为无效。"据此，公序良俗也是评价民事法律行为效力的重要标准。

我国《民法典》将不违背公序良俗作为民事法律行为的生效要件，极大地弥补了法律规定的不足。因为毕竟法律的规定是有限的，不能通过法律、

---

① 最高人民法院《关于适用〈中华人民共和国合同法〉若干问题的解释(一)》(已失效)第9条规定："依照《合同法》第四十四条第二款的规定，法律、行政法规规定合同应当办理批准手续，或者办理批准、登记等手续才生效，在一审法庭辩论终结前当事人仍未办理批准手续的，或者仍未办理批准、登记等手续的，人民法院应当认定该合同未生效；法律、行政法规规定合同应当办理登记手续，但未规定登记后生效的，当事人未办理登记手续不影响合同的效力，合同标的物所有权及其他物权不能转移。"

② 参见史尚宽：《民法总论》，中国政法大学出版社2000年版，第334～335页。

③ 参见许中缘：《民法强行性规范研究》，法律出版社2010年版，第104～105页。

行政法规的强制性规定涵盖所有的社会公共利益和公共道德,因此,有必要在法律、行政法规的强制性规定之外,通过公序良俗对民事法律行为的效力进行必要的控制。尤其是那些表面上虽未违反现行立法的禁止性规定,但实质上损害了全体人民的共同利益、破坏社会经济生活秩序和善良风俗的行为,都应被认为是无效的,这有利于维护社会公共秩序和社会公共道德。

第三节　无效民事法律行为

一、无效民事法律行为概述

(一)无效民事法律行为的概念和特征

无效民事法律行为,是指虽然已经成立,但因其在内容上违反了法律、行政法规的强制性规定和公序良俗而应当被宣告无效的民事法律行为。例如,无效合同、无效遗嘱等都属于无效的民事法律行为。无效民事法律行为具有如下几个特点:

1. 无效民事法律行为具有违法性。无效民事法律行为种类很多,但都具有违法性。所谓违法性,包括两个方面内容:一是违反了法律和行政法规的强制性规定。判断无效的标准,也应当以法律(全国人大及其常委会制定的法律)和行政法规的规定为依据。在强制性规范中,有必要进一步区分效力性规定与取缔性规定。前者是指法律法规明确规定违反禁止性规定将导致合同无效或不成立的规范。后者是指该规定虽属强行性规定,但违反该规定并不一定导致法律行为无效。二是违反了公序良俗。例如,当事人订立进口"洋垃圾"的合同,即使其内容并未违反现行法律和行政法规的强制性规定,但因其内容违背了公序良俗,所以也是无效的。无效民事行为的违法性表明此类法律行为根本不符合国家意志,因此不能使此类法律行为发生效力。

2. 对无效民事法律行为实行国家干预。由于无效民事法律行为具有违法性,因而对此类民事法律行为应实行国家干预。这种干预主要体现在:法院和仲裁机构不待当事人请求确认民事法律行为无效,便可以依据职权主动审查民事法律行为是否具有无效的因素,如发现民事法律行为属于无效民事法律行为,便应主动地确认民事法律行为无效。正是从这个意义上说,无效民事法律行为是当然无效的。例如,一方当事人主张违约,或要求变更、解除民事法律行为,而法官经过审查,认为民事法律行为具有违法性应当被宣告无效,则法院可以不经当事人请求而主动宣告该民事法律行为无效,并要求恢复原状、赔偿损失,而不必要求当事人另行变更诉讼请求。

在一般情况下,无效民事行为是绝对无效、当然无效的,任何人都不能主张该行为对其有效,法院也可以依职权审查,主动宣告无效。但某些特殊的民事法律行为尽管具有违法性,但只是涉及特定第三人的利益,如果允许任何第三人主张民事行为无效,则未必妥当。例如,在当事人恶意串通损害第三人利益的情形下,并不意味着任何一个人可以在法院提起无效之诉,如果只涉及特定第三人的利益,只有受害的第三人可以在法院提起诉讼,其他人不能据此在法院提起确认合同无效之诉。

3. 无效民事法律行为具有不得履行性。所谓无效民事行为的不得履行性,是指当事人在实施无效民事行为以后,不得依据该行为实际履行(如要求履行合同),也不承担不履行的法律责任。即使当事人在实施民事行为时不知该民事行为的内容违法(如不知法律行为标的物为法律禁止流转的标的物),当事人也不得履行该无效民事行为。若允许履行此类行为,则意味着允许当事人实施不法行为。对于无效民事法律行为而言,尽管当事人不能实际履行无效民事法律行为,但当事人可以依据法律的规定,对民事法律行为予以修正,剔除违法的部分,使法律行为的内容完全合法。如果经过修正使法律行为在内容上符合法律的规定,则该法律行为已转化为有效法律行为。

4. 无效民事法律行为自始无效。由于无效民事行为从本质上违反了法律规定,因此国家不承认此类民事法律行为的法律效力。民事法律行为一旦被确认无效,就将产生溯及力,使该行为自实施之时起就不具有法律效力,以后也不能转化为有效法律行为。对已经履行的,应当通过返还财产、赔偿损失等方式使当事人的财产恢复到法律行为实施之前的状态。当然,之所以确认为无效民事法律行为,是因为当事人一方或双方在实施法律行为时违反了法律的强行性规定或社会公共利益。

(二)无效民事法律行为的部分无效

无效的民事行为可以分为全部无效的民事行为和部分无效的民事行为。所谓全部无效,是指整个民事法律行为的内容应当被宣告无效。所谓部分无效,是指民事法律行为的部分内容应当被宣告无效。《民法典》第156条规定:“民事法律行为部分无效,不影响其他部分效力的,其他部分仍然有效。”依据这一规定,要考虑无效的原因是否及于民事法律行为的全部,如果无效的原因及于全部,则全部无效;如果无效的原因只是及于民事法律行为的部分内容,且不影响其他部分效力的,则该部分民事法律行为无效后,其他部分仍然有效。当然,如果部分无效的民事法律行为会影响其他部分的效力,则其他部分也归于无效。

确认民事法律行为部分无效应当具备如下条件：

第一，行为具有一体性（Festellung der Einheitlichkeit）。所谓"一体性"是指该法律行为在性质上是一个法律行为，而不是两个或者两个以上的行为，正是因为只是一个行为，所以才可能导致部分无效[①]。如何理解《民法典》第156条关于"不影响其他部分效力的"规定？笔者认为，首先要根据当事人的意思判断当事人是否旨在追求行为的一体性。例如，在合同关系中，当事人是否仅订立了一个合同，而并非形成合同的联立。合同联立是指两个或两个以上的合同，紧密结合所形成的多数合同关系；在实践中，为了买卖商品而从银行贷款属于典型的合同联立，其中包括了买卖合同与借款合同两个合同，因此与只有一个合同关系的非典型合同存在显著区别。[②] 在合同联立的情形下，一个合同无效，并不一定导致另一个合同无效。

第二，内容具有可分性。可分性以法律行为整体可分为出发点。[③] 部分无效仅限于法律行为的"部分"，其余部分本身可以作为有效的法律行为继续存在。从比较法上看，有些国家立法也规定，法律行为部分无效适用的前提是法律行为具有可分性。《德国民法典》第139条规定："法律行为部分无效，则法律行为整体无效，除非可认为，除去无效部分法律行为仍可被实施。"《国际商事合同通则》第3.2.13条规定，无效原因仅影响合同个别条款时，无效的效果仅限于这些条款，除非考虑到具体情境，维持其余部分的效力是不合理的。所谓可分性，是指将无效部分分离出来，并不影响其他部分的民事法律行为的效力，且分离后的部分行为可单独履行。[④] 如果标的数量超过国家许可的范围，超过的部分无效，但未超过的部分仍然有效。例如，在借款合同中，当事人约定的利率超过国家规定的利率标准，则超出的部分无效，未超出的部分仍然有效。[⑤] 又如，银行与储户之间订立了理财合同，其中设立了保底条款，该条款因违反法律、行政法规的强制性规定而无效，并不应当导致其他条款无效。

第三，考虑当事人的特别约定。如果当事人明确约定合同某一部分无效，则整体无效的，应尊重当事人的意思，此时，即便该法律行为的内容具有

---

① Medicus, Allgemeiner Teil des BGB, C. F. Müller, 2010, 10. Aufl., Rn. 501.

② 参见潘重阳：《论联立合同的效力关联——以商品房买卖与借款合同联立为例》，载《政治与法律》2021年第11期。

③ 朱庆育：《民法总论》（第2版），北京大学出版社2016年版，第311页。

④ ［德］迪特尔·梅迪库斯：《德国民法总论》，邵建东译，法律出版社2000年版，第384页。

⑤ 黄薇主编：《中华人民共和国民法典总则编解读》，中国法制出版社2020年版，第508页。

可分性，也应当直接认定该法律行为整体无效。[①] 如果当事人没有就具体相关无效约定达成一致，那么合同应整体归于无效。[②]

民事法律行为部分无效，在除去该无效部分后，其他部分仍然有效。例如，合同中的某个格式条款因为剥夺了消费者一方的主要权利而无效，但该格式条款可以与其他条款分开，则该格式条款的无效不影响其他条款的效力。但是，如果无效部分与有效部分有牵连关系，确认部分内容无效将影响有效部分的效力，或者根据行为的目的、交易的习惯以及诚实信用和公平原则，决定剩余的部分有效对于当事人已无意义是公平合理的，则该行为应被全部确认为无效。[③]

（三）合同无效与恶意抗辩

所谓恶意抗辩，是指当事人违反诚信原则，而针对对方的请求提出抗辩。恶意抗辩实际上是一种滥用抗辩权的行为，即一方当事人单独实施或与对方当事人共同实施了某种违法行为后，一旦客观情况出现了对其不利的变化，该当事人便主动以其行为违法为由，要求确认合同无效。[④] 在审判实践中，对于主动承认自己违法并承认自己行为无效的做法是否应当在法律上予以肯定？例如，甲在乙银行贷款，其提供的担保是虚假的，甲在欠款到期以后，拒不向乙银行还本付息。乙银行在法院提起诉讼，要求其还款。甲则声称其在订约时提供了虚假的担保，已构成欺诈，要求法院确认该合同无效，并且甲认为该合同无效后，其不应该承担偿还利息的责任。这种行为实际上就是一种恶意抗辩行为。恶意抗辩本质上是一种违反诚信原则的行为，违背了合同无效制度设立的目的和宗旨，如果认可违法行为人的主张，将会纵容违法行为人的违法行为。[⑤] 恶意抗辩是一种滥用抗辩权的行为，违反了《民法典》第 132 条关于禁止滥用民事权利的规定，如果允许抗辩有效，等于纵容了违法行为人实施的违法行为。我国司法实践也历来禁止此类抗辩。例如，最高人民法院《关于审理建设工程施工合同纠纷案件适用法律问题的解释》（已失效）第 5 条规定："承包人超越资质等级许可的业务范围签订建设工程施工合同，在建设工程竣工前取得相应资质等级，当事人请求按

① 参见陈甦主编：《民法总则评注》（下册），法律出版社 2017 年版，第 1104 页。

② Detlef Leenen, BGB Allgemeiner Teil: Rechtsgeschäftslehre, De Gruyter, 2015, 2. Aufl., Rn. 271.

③ 参见黄薇主编：《中华人民共和国民法典总则编解读》，中国法制出版社 2020 年版，第 508 页。

④ 参见崔建远主编：《合同法》，法律出版社 2000 年版，第 100 页。

⑤ 参见崔建远主编：《合同法》，法律出版社 2000 年版，第 100 页。

照无效合同处理的,不予支持。"

二、无民事行为能力人实施的民事法律行为无效

《民法典》第 144 条规定:"无民事行为能力人实施的民事法律行为无效。"依据该条规定,凡是无民事行为能力人实施的民事法律行为均无效,无民事行为能力人包括 8 周岁以下的未成年人,以及不能辨认自己行为的人。法律作出这种规定,主要是为了保护无民事行为能力人的利益,防止其受到欺诈等,因为无民事行为能力人不能判断自己行为的性质及理解自己行为的后果,很容易遭受他人的欺骗。当然,即便规定无民事行为能力人实施的民事法律行为无效,也不妨碍无民事行为能力人的行为可由其法定代理人代为实施。[①] 自罗马法以降,"未成年人自己实施的法律行为,不应该给他自己带来不利,但是带来好处是可以的",从比较法来看,有些国家和地区的法律也作出了相似规定。[②] 当然,也有国家法律规定,无民事行为能力人实施的民事法律行为无效。例如,依据《德国民法典》第 105 条的规定,无行为能力人的意思表示无效。德国绝大多数学者都严格按照该法条的明确规定,认定无行为能力人实施的纯获利益法律行为无效。

《民法典》第 144 条规定无民事行为能力人实施的民事法律行为无效,主要是为了保护无民事行为能力人的利益,但也有学者认为,对于那些与无民事行为能力人年龄、智力相适应的民事法律行为,以及纯获利益的民事法律行为,不宜一概宣告无效。[③] 笔者认为,对无民事行为能力人纯获利益的法律行为而言,不宜一概认定其无效,主要理由在于:

一方面,如前所述,法律之所以规定无民事行为能力人实施的民事法律行为无效,主要是为了保护无民事行为能力人的利益,即推定无民事行为能力人实施的民事行为都是有害无利的,但对许多纯获利益的行为而言,如接受赠与等,对无民事行为能力人并非有害,而是有利的。相反,如果认定其无效,反而不利于保护无民事行为能力人的利益。在司法实践中,无民事行为能力人接受奖励、赠与、报酬等,一般应被认为是有效的,这实际上是允许无民事行为能力人从事一些民事法律行为,这对于保护无民事行为能力人的利益、维护交易安全也是有利的。除纯获利益的民事法律行为外,对于无民事行为能力人所实施的满足其日常生活需要的行为,如购买文具、零食等

---

① 参见李适时主编:《中华人民共和国民法总则释义》,法律出版社 2017 年版,第 450 页。

② 参见《德国民法典》第 105 条。

③ 参见申卫星:《论无行为能力人纯获利益法律行为的效力》,载《法律科学(西北政法大学学报)》2022 年第 2 期。

行为,由于其价款数额通常较小,是一些细小的行为,也可以认可其效力。

另一方面,按照立法机关的观点,对无民事行为能力人而言,认定其实施的民事法律行为无效,并不会影响其利益保护,因为无民事行为能力人可以通过其法定代理人实施相关的民事法律行为,但事实上,完全借助法定代理人实施民事法律行为,并不当然有利于保护无民事行为能力人的利益,因为对纯获利益的法律行为而言,无民事行为能力人的法定代理人可能出于各种原因而拒绝实施某些纯获利益的民事法律行为。换言之,无民事行为能力人的法定代理人可能并不会从最有利于实现无民事行为能力人利益的角度出发实施相关的民事法律行为。因此,可以考虑在特定情形下承认无民事行为能力人实施的纯获利益的民事法律行为的效力。[①]

三、双方虚伪行为

(一)双方虚伪行为的概念

所谓双方虚伪行为,是指行为人与相对人共同实施了虚伪的意思表示,应当被认定为无效。[②] 对此,《民法典》第 146 条第 1 款规定:"行为人与相对人以虚假的意思表示实施的民事法律行为无效。"该条规定了通谋虚伪行为应被宣告无效。例如,以买卖行为掩盖非法借贷行为,虚构建筑物施工合同中的债权以达到行使法定优先权的目的等。在比较法上,《德国民法典》第 117 条[③]、《日本民法典》第 94 条、《韩国民法典》第 108 条都有类似规定。

在学说上,《民法典》第 146 条所规定的情形一般被称为"通谋虚伪表示"。但是,笔者认为,更为恰当的称谓应当是"双方虚伪表示",而并非"通谋虚伪表示",理由主要包括以下几点:

首先,依据"通谋虚伪表示"这一称谓,法律行为的当事人应当是具有通谋的,即双方当事人具有意思联络。但实际上在《民法典》第 146 条所规定的情形中,当事人之间并不一定达到通谋的程度。依据《民法典》第 146 条的表述,只要行为人与相对人意思表示虚假,即可适用本条的规定,而无须当事人之间具有通谋。在一些情形之中,法律行为的一方当事人可能确实

---

① 参见申卫星:《论无行为能力人纯获利益法律行为的效力》,载《法律科学(西北政法大学学报)》2022 年第 2 期。

② 参见郑玉波:《民法总则》,中国政法大学出版社 2003 年版,第 339 页。

③ 《德国民法典》第 117 条规定:"(1)须以他人为相对人而做出的意思表示,系与相对人通谋而只是虚伪地作出的,无效。(2)另一法律行为被虚伪行为所隐藏的,适用关于被隐藏的法律行为的规定。"

是出于掩盖非法行为或加害他人的故意而做出虚伪表示,但是行为的相对人可能仅仅只是欠缺相应的效果意思,对于掩盖的非法行为或加害他人并无故意。此时,双方当事人并不满足通谋的要件,但仍属于《民法典》第146条规定的范围。

其次,“双方虚伪表示”的称谓足以描述《民法典》第146条的情形,并可以有效区分单方虚伪表示。在单方的虚伪表示中,对于真意保留,因为属于单方虚伪表示,涉及相对人的信赖保护问题,所以《民法典》并未将其规定为无效。而对于双方虚伪行为,因为双方当事人欠缺真实的意思,因而法律给予无效的评价。

最后,延续“通谋虚伪表示”的称谓,将加重主张法律行为无效者的举证负担。如果将通谋作为《民法典》第146条的构成要件,那么主张法律行为无效的当事人需要举证证明双方当事人之间存在通谋,或证明双方具有一定的意思联络,而此种证明是非常困难的。例如,在主债权人与主债务人之间存在双方虚假行为时,保证人可以主张主合同无效所以保证合同无效,以免于承担保证责任。如果使用“通谋虚伪表示”的表述,那么保证人就需要证明主债权人与主债务人之间存在通谋,才能主张主合同无效。但事实上,前已述及,主债权人可能只是不具有真实的意思,而并未到达通谋的程度。此时如果因为保证人未能证明双方的通谋,而要求保证人承担保证责任,将造成明显不公平的效果。

《民法典》第146条之所以要宣告此类行为无效,一方面,是因为此类行为并非当事人的真实意思表示,违反了诚信原则。在虚伪表示的情况下,由于当事人没有受其意思表示拘束的意思,或者说,没有法效意思(Rechtsbindungswille),所以虚伪表示无效。[①] 另一方面,是因为此类行为可能规避了法律的规定,从而违反了某种法律秩序。例如,重要的宏观调控措施是政府有意追求的一种调控秩序,是法律所维护的社会秩序。如果随意被虚假的民事法律行为所规避,那么这些法律所维护的社会秩序就会被破坏殆尽,对此类规避行为如不及时宣告无效,甚至会诱发连锁效应,这将极大地影响交易安全和交易秩序。

(二)双方虚假行为的构成要件

第一,双方作出虚假的意思表示。双方虚假行为不同于单方虚假行为,单方虚假行为可能是欺诈、胁迫等行为所致。对于基于欺诈、胁迫而实施的单方虚假行为,当事人有权依法撤销该行为。通常,一方实施虚假民事法

① MünchKomm/Kramer, § 117, Rn. 1.

律行为后,如果对方毫不知情,则不应当构成《民法典》第 146 条第 1 款所规定的无效民事法律行为。关于双方虚假的认定,通常由主张无效的当事人举证。在实践中,这些行为常常表现为虚构交易、虚构债权、虚假离婚、低价或者无偿转让财产等。[①]《民事诉讼法司法解释》第 109 条规定:"当事人对欺诈、胁迫、恶意串通事实的证明,以及对口头遗嘱或者赠与事实的证明,人民法院确信该待证事实存在的可能性能够排除合理怀疑的,应当认定该事实存在。"这就对双方虚假行为的证明和认定规则作出了规定。

第二,当事人主观上出于故意。在当事人实施双方虚假行为时,其通常不仅明知其所实施的行为是虚假的,而且也意识到其所掩盖的行为可能是不合法的,并且追求此种结果的发生。例如,以买卖行为掩盖非法借贷行为,当事人为了从事非法借贷行为,逃避金融监管,而采取以连环买卖的方式实施此种行为,因此,当事人主观上都具有故意。

双方虚假行为通常存在隐藏行为。虚假行为实际上是以一种行为掩盖当事人意欲达到的另一种行为,前者被称为伪装行为,后者被称为隐藏行为。[②] 在实践中,双方虚假行为通常都是为了隐藏某种真实的行为,例如,为了逃税,当事人订立了"黑白合同",其中的"白合同"就是虚假的意思表示,而"黑合同"就是隐藏的民事法律行为。隐藏的民事法律行为可能是合法的,也可能是非法的,不能一概地认定为无效,必须依据相关法律规定来认定。在"黑白合同"中,"黑合同"是被隐藏的,但是,"黑合同"也可能是合法的。正是因为这一原因,《民法典》第 146 条第 1 款在规定了行为人与相对人以虚假的意思表示实施的民事法律行为无效以后,在第 146 条第 2 款规定:"以虚假的意思表示隐藏的民事法律行为的效力,依照有关法律规定处理。"因此,虚假的意思表示常常要隐藏某个真实的民事法律行为。但从该条规定来看,并没有要求以从事某种隐藏行为为要件,如果一方实施某种虚假民事法律行为后,另一方对此知情,但不表示异议,也可以构成双方虚假行为。此外,即使不存在隐藏行为,但只要双方实施了虚假意思表示,也应当认定该民事法律行为无效。

---

① 例如,在福建金石制油有限公司、中纺粮油(福建)等买卖合同纠纷一案的民事判决书"中,法院认为:"在受让人田源公司明知债务人福建金石公司欠债权人嘉吉公司巨额债务的情况下,其以不合理的低价购买附件金石公司的主要资产,足以证明田源公司与福建金石公司在签订《国有土地使用权及资产买卖合同》时具有主观恶意,属恶意串通,该合同的履行足以损害债权人嘉吉公司的利益。"参见最高人民法院民事判决书,(2012)民四终字第 1 号。

② 参见[德]迪特尔·梅迪库斯:《德国民法总论》,邵建东译,法律出版社 2000 年版,第 446 页。

(三)双方虚假行为不同于真意保留

所谓真意保留,是指在双方作出意思表示时,一方对自己的意思表示有所保留,但对方当事人对此并不知晓,即相对人并不知晓行为人表示的是虚假意思。一般认为,在真意保留的情形下,该意思表示仍然有效,但如果相对人明知该表意人为虚假意思表示,则该意思表示无效。[①] 真意保留(geheimer Vorhalten,Mentalreservation)是指一方有意作出与真意不符的意思表示。《德国民法典》第116条规定:"表意人作出的表示意思非其所愿,却作内心保留者,意思表示不因此无效。若意思表示向对方作出,而对方知悉保留,则意思表示无效。"被保留的内心真意因为未表示于外,无论动机如何,均不能发生效力,亦无从影响表示于外行为的效力。[②] 例如,甲到其朋友乙家中做客,见乙有一珍贵古玩,爱不释手,乙随意表示,"如喜爱可以相赠",在场者都知道,乙的意思表示并非真意,因此,甲不得以乙作出了赠与的意思表示而取走该古玩。[③] 真意保留的法律后果取决于他人是否知道该保留。在对保留不知情的情况下,从不知情人的利益出发,该表示是有效的。表意人须受其表示的拘束,因此其真意保留无法律意义。如果相对人知道真意保留,知道保留的表示受领人无须得到保护,因此,在此种情况下意思表示无效。[④] 在已经证明存在真意保留的情况下,理应认定意思表示因欠缺具备效果意义的表示而不成立。[⑤]

然而,我国《民法典》并没有对真意保留规则作出规定。其理由主要在于真意保留制度在实践中的应用价值很小,且当事人依法是否构成真意保留,其真实意图是什么,局外人很难判断,即便能够确定其真实意图,如果不构成欺诈、胁迫等意思表示不真实的行为,也不能请求撤销。在《总则编解释》的制定中,也曾经就是否应当在该司法解释中规定真意保留,存在争议,但最终该解释中没有采纳该概念。

双方虚假行为不同于真意保留之处主要在于:一方面,双方虚假行为应当被宣告无效。而真意保留主要涉及一方当事人实施民事法律行为的动机,而且在一方当事人真意保留的情形下,即便对方当事人对此明知,但如

---

① 参见王泽鉴:《民法总则》,北京大学出版社2009年版,第336页。

② Werner Flume, Das Rechtsgeschäft, 4. Aufl. m1992, S. 402 f. Rüthers/Stadler, Allgemeiner Teil des BGB, 16. Aufl., 2009, § 25 Rn. 3.

③ 参见郑玉波:《民法总则》,中国政法大学出版社2003年版,第339页。

④ 参见[德]汉斯・布洛克斯、[德]沃尔夫・迪特里希・瓦尔克:《德国民法总论》,张艳译,中国人民大学出版社2012年版,第240页。

⑤ 参见杨代雄:《法律行为论》,北京大学出版社2021年版,第267~268页。

果行为人未对外表示出来，法律上也很难予以确定和保护。另一方面，双方虚假行为属于无效的民事法律行为，而对于真意保留行为，主要是一个意思表示解释的问题，即通过意思表示解释规则即可认定其效力。[①]

（四）双方虚假行为的效力

《民法典》第 146 条第 2 款规定："以虚假的意思表示隐藏的民事法律行为的效力，依照有关法律规定处理。"这是对隐藏的民事法律行为作出的规定。所谓隐藏的民事法律行为，是指被虚假的意思表示所掩盖的民事法律行为。[②] 依据《民法典》第 146 条第 2 款规定，双方虚假的行为并不一定导致被隐藏的行无效，因为隐藏的民事法律行为既可能是合法的，也可能是非法的，不能一概地认定为无效，必须依据相关法律规定来认定。例如，在"黑白合同"中，"黑合同"是被隐藏的，但是，"黑合同"也可能是合法的。所以，对此要依据具体情形判断。如果隐藏行为体现了当事人的真实意图且完全合法，那么它应当整体有效。[③] 但是，若隐藏行为违反法律的禁止性规定或者缺少法定形式要件，则该隐藏行为同样无效。[④]

还需要指出，双方虚假行为不得对抗善意第三人。所谓不得对抗善意第三人，是"指善意第三人固得主张其无效，但亦得主张其为有效；若主张其有效时，表意人不得以无效加以对抗。第三人主张表意人与相对人通谋而为虚伪意思表示者，该第三人应负举证责任"。[⑤] 例如，甲将房屋出卖给乙，但为规避房产税，而名义上将房屋赠与给乙，但如果乙将此房产转让给善意第三人丙，丙对此不知情，则甲、乙不得以其赠与行为无效对抗丙，丙既可以主张合同有效，也可以依据善意取得制度取得该房产的所有权。从比较法上来看，一些国家和地区（如《法国民法典》《日本民法典》）的民法对此作出了规定，[⑥]我国《民法典》并没有对此作出规定，但也有必要借鉴这一经验，从而强化对善意的第三人的保护。因为一方面，确认双方虚伪表示的当事人不得以其无效对抗善意第三人，通过使第三人享有选择权，可有效维护第三人利益；另一方面，有利于维护交易安全。[⑦] 民事法律行为的效力往往还

---

① 参见纪海龙：《真意保留与意思表示解释规则——论真意保留不具有独立的制度价值》，载《法律科学（西北政法大学学报）》2018 年第 3 期。

② 参见郑玉波：《民法总则》，中国政法大学出版社 2003 年版，第 341 页。

③ 参见《德国民法典》第 117 条第 2 款。

④ 参见施启扬：《民法总则》（修订第八版），中国法制出版社 2010 年版，第 245 页。

⑤ 王泽鉴：《民法总则》，北京大学出版社 2009 年版，第 287 页。

⑥ 参见《日本民法典》第 94 条、《韩国民法典》第 108 条。

⑦ 参见梅仲协：《民法要义》，中国政法大学出版社 1998 年版，第 109 页。

关系着后续交易的展开，后续交易往往以前手交易的效力为前提。而在后续交易中，第三人不知也不应知道双方实施了虚假行为，第三人可主张后续交易行为有效。①

四、违反法律、行政法规的强制性规定的民事法律行为

（一）违反强制性规定的民事法律行为的概念和构成

《民法典》第 153 条第 1 款规定："违反法律、行政法规的强制性规定的民事法律行为无效。但是，该强制性规定不导致该民事法律行为无效的除外。"该条规定不仅确立了一种无效民事法律行为的类型，而且确立了判断民事法律行为有效与否的标准。《民法典》第 143 条规定了民事法律行为的有效要件，其中第 3 项规定，民事法律行为不得违反法律、行政法规的强制性规定，不得违背公序良俗。这就从正面对民事法律行为的合法性作出了规定，但是，也需要从反面明确违法的民事法律行为的效力，从而形成逻辑周延的规则体系。依据该规定，因违法而无效的民事法律行为，必须具备如下条件。

第一，必须是违反了法律或行政法规。如前所述，违法性的概念比较宽泛，不仅包括违反法律、行政法规，还包括违反其他规范性法律文件。但是，从民事法律行为的角度来看，违法性的判断应当受到限制，这有利于维护交易安全。对此，《民法典》将其限定为法律和行政法规，具体而言，前者是指全国人大及其常委会制定的法律，后者是指国务院制定的行政法规。只有违反了法律、行政法规的规定，才有可能导致合同的无效。事实上，《合同法》曾把判断合同效力的依据限制在法律和行政法规上，从而严格限制了无效合同的范围。《民法典》正是在总结我国立法和司法实践经验的基础上，作出了上述规定。

第二，必须是违反了法律和行政法规的强制性规定。法律规范大体可分为两种，即任意性规范和强行性规范。所谓任意性规范，是指当事人可以通过约定排除适用的规范，也就是说，任意性规范赋予了当事人一定的意思自治，允许当事人在法律规定的范围内自由作出约定，当事人通过约定对任意性规范加以排除是合法的。不少法律都规定，"当事人另有约定的除外"，这就允许当事人作出不同的约定以排除强制性规定的适用。所谓强行性规范，是指当事人不得约定进行排除的规范。② 因此，依据《民

---

① 参见潘重阳：《论联立合同的效力关联——以商品房买卖与借款合同联立为例》，载《政治与法律》2021 年第 11 期。

② 参见许中缘：《民法强行性规范研究》，法律出版社 2010 年版，第 20～25 页。

法典》总则编的上述规定，如果民事法律行为违反了法律和行政法规的强制性规定，则民事法律行为无效。这里所说的“强制性规定”可以理解为强行性规范。

第三，必须是违反了法律和行政法规的效力性强制性规定。关于是否有必要进一步区分为管理性强制性规定和效力性强制性规定，我国相关司法解释选择了区分管理性强制性规定和效力性强制性规定。[①] 所谓管理性强制性规定，是指该规定对违法者加以制裁，以禁遏其行为，但并不否认实施的行为在私法上的效力。而效力性强制性规定是指违反该规定，会导致法律行为归于无效。从法律的强制性规定来看，有的只是规定违反法律禁止性规定应受处罚，有的则明确规定违反法律的禁止性规定不仅要受到处罚，还将导致法律行为无效。我国司法实践历来要求区分这两种法律规范，其区别主要在于，法官要依据法律的强制性规定认定民事法律行为的效力，只有在违反效力性强制性规范时，才能认定民事法律行为无效，而对违反管理性强制性规范的民事法律行为，则原则上并不因此否定其效力，但此种分类并不妥当，因为效力性强制性规范本质上也应当属于管理性强制性规定。从《民法典》第 153 条第 1 款的立法宗旨来看，其就是在确认以“法律、行政法规的强制性规定”为判断法律行为效力的依据以后，进一步将强制性规定区分为效力性强制性规定和非效力性强制性规定，只不过，此种区分是以“但书”的方式呈现的。这就是说，并非所有强制性规定的立法目的都必须通过否定当事人之间法律行为效力的方式才能实现。大量的非效力性强制性规定通过行政手段即可达到立法目的，如通过行政处罚、行政强制等方式有时可以达到立法者所追求的社会管理目的。对于这些强制性规范而言，没有必要一定使其作用于当事人的合同关系之中，侵入意思自治的领域并否定民事法律行为效力。因此，必须依据强制性规范的立法目的具体判断是否有必要否定民事法律行为的效力。这也就有了对强制性规定进行类型化区分的必要。

应当指出，《民法典》第 153 条在性质上也属于引致性条款，其可以引致到如下规范：第一，私法规范。《民法典》第 153 条首先可以引致到私法中的强制性规范。例如，《民法典》第 1007 条规定：“禁止以任何形式买卖人体细胞、人体组织、人体器官、遗体。违反前款规定的买卖行为无效。”该条就属于典型的效力性强制性规定。第二，公法规范。《民法典》第 153 条为公法

---

① 《最高人民法院关于适用〈中华人民共和国合同法〉若干问题的解释（二）》（已失效）第 14 条规定：“合同法第五十二条第（五）项规定的‘强制性规定’，是指效力性强制性规定。”

规范的适用提供了渠道，也就是说，法官可以依据该条规定选择适用某个公法规范，以认定违反公法规范行为的效力。[①] 但并非所有的公法规范都可以借此进入民事法律行为领域，进而影响民事法律行为的效力。依据《民法典》第 153 条第 1 款的规定，公法规范必须限于“法律、行政法规的强制性规定”，而且“该强制性规定不导致该民事法律行为无效的除外”，法官在具体援引公法规范确定民事法律行为的效力时，仍有必要探求该公法规范究竟是效力性强制性规范还是管理性强制性规范。只有效力性强制性规范才能成为判断无效的标准。

（二）效力性强制性规定和非效力性强制性规定的区分

《民法典》第 153 条第 1 款对强制性规定作出了效力性和非效力性的区分，为司法实践区分这两类规定了提供了一个基础性准则。但是，毕竟该条并没有提出能够明确区分两者的标准，一方面是因为这两类规范的区分从根本上涉及政府对市场的干预及其界限，因此必须结合强制性规定的规范目的加以考量；另一方面是因为两者的区分标准问题很复杂，实践中情形多元，状态各异，客观上也难以为二者的区分设定明确的标准，因此仍然要采取多种路径。尤其是在不同的行业或领域中，法律、行政法规所规定的强制性规定的规范目的究竟为何，可能很难根据某一抽象标准加以清楚界定。笔者认为，在认定某一强制性规范究竟为效力性强制性规范还是管理性强制性规范时，首先需要借助法律解释方法。事实上，有的强制性规范明确界定了强制性规范的性质，即违反该规范是否导致民事法律行为无效，但许多强制性规范本身并没有明确规定其性质，这就有必要结合相关法律规范的文义、立法目的等，具体认定该规范的性质。

在不能通过法律解释方法区分时，需要进行利益平衡。具体而言，在认定“效力性强制性规定”时可以重点考虑以下要素：

一是要考虑强制性规定所保护的法益。《九民会议纪要》第 30 条将维护“金融安全、市场秩序、国家宏观政策等公序良俗”的强制性规定作为效力性强制性规定的识别标准，不无道理。因为涉及公共安全、公共利益的规定，法律所保护的是至关重要的法益，关乎公序良俗。因此，这些规定一般应当被认定为效力性强制性规范；反之，则可能被认定为管理性强制性规范。还应当看到，涉及人身权益保护的规范一般也应当被认定为效力性强制性规定，而如果法律行为所违反的规范保护的仅仅只是财产利益，则可能

---

① 参见申海恩：《〈民法总则〉关于“民事法律行为”规定的释评》，载《法律适用》2017 年第 9 期。

不一定可以据此宣告法律行为无效。

二是要考虑交易的性质、内容和方式。如果法律明确禁止了相关交易，则此类规范应当属于效力性强制性规范。例如，法律关于禁止人体器官、毒品、枪支等买卖的规定，关于特许经营中禁止从事某类行为的规定（如禁止订立期货、证券场外交易合同），应当属于效力性强制性规范。此外，如果交易方式严重违法的，如违反招投标等竞争性缔约方式订立的合同，则该行为可能被认为违反了效力性强制性规范。

三是要考虑违法行为的法律后果。法律法规虽没有明确规定违反禁止性规定将导致合同无效，但违反该规定以后若使合同继续有效将损害国家利益和社会公共利益，则该规范应当被认为属于效力规范。按照比例原则，虽然当事人从事某种交易违法，但宣告无效所造成的对一方的损失以及对交易安全带来的损害，要明显高于确认有效带来的损害后果，则不一定要认定该法律行为无效。只有通过其他方式无法救济受害人，宣告法律行为无效才具有必要性。例如，当事人在缺乏销售许可时签订商品房预售合同，虽然违法，但不一定必须宣告无效，完全可以通过允许合同有效，采取合同的解除、违约责任等向相对人提供救济。且宣告无效后，相对人只能依据主张缔约过失责任主张信赖利益损失赔偿，这可能不利于保护相对人的利益。因此，在判断是否应宣告无效时，也应考虑违法行为所造成的后果。

四是要考虑是否涉及交易安全。如果法律规范的目的是维护交易安全，则此类规范可能被认定为效力性强制性规范。例如，在法律规定的交易场所之外进行期货交易，显然会危及交易安全，违反了效力性强制性规范。法律法规没有明确规定违反禁止性规定将导致合同无效或不成立，且违反该规定以后若使合同继续有效并不损害国家利益和社会公共利益，而只是损害当事人的利益的，在此情况下该规范就不应属于效力性规范，而应属于管理性规范。例如，预售商品房的登记主要关系当事人的利益，法律设立该制度的目的是保护买受人的利益。所以要求办理预售登记的规范，应属于管理性规范而非效力性规范。没有办理登记不应导致合同无效。

五、违反公序良俗的民事法律行为

（一）违反公序良俗的民事法律行为的概念

《民法典》第 153 条第 2 款规定："违背公序良俗的民事法律行为无效。"在比较法上，许多国家都确认了违反公序良俗的民事法律行为无效的原则。《民法典》也借鉴了这一经验。依据上述规定，违反公序良俗的民事法律行为包括两类。

第一，违背公共秩序的民事法律行为。对公共秩序的维护，在法律上大都有明确的规定，危害公共秩序的行为通常也就是违反法律、行政法规的强制性规定的行为。但有时，法律规定并不可能涵盖无余，因此，《民法典》第153条第2款可以发挥兜底性的作用。只要民事法律行为危害了公共秩序，即使没有现行的法律规定，也应当被宣告无效。例如，购买"洋垃圾"、规避课税的合同等，即使现行法律没有明确作出规定，也应当被认为是无效的。可见，有关禁止危害公共秩序的规定，实际上有助于弥补法律的强制性规定的不足。但如果损害公共秩序的行为违反现行法律规定，如以走私军火、买卖枪支和毒品、从事犯罪或帮助犯罪行为作为内容的民事法律行为等，应当以违反了法律或行政法规的强制性规定为由宣告该民事法律行为无效。

第二，违背善良风俗的民事法律行为。善良风俗，也被称为社会公共道德，它是指由社会全体成员所普遍认可、遵循的道德准则。各国立法禁止实施违背善良风俗的行为，因为"人们不得通过法律行为，使不道德的行为变成法律上可强制要求履行的行为"。[①] 从实践来看，违背善良风俗的民事法律行为主要包括如下几种情况：一是危害婚姻法、损害正常的家庭关系秩序的民事法律行为。例如，夫妻双方离婚后约定禁止一方当事人生育，约定断绝亲子关系，约定禁止任何一方在离婚后再婚等。二是违反有关收养关系的民事法律行为。例如，收养人和送养人在达成收养协议时约定送养人收取一定的报酬，或禁止收养的子女的姓氏随送养人。三是违反性道德的民事法律行为，如有偿性服务合同等。四是以赌债偿还为内容的民事法律行为。五是贬损人格尊严和限制人身自由的民事法律行为。例如，双方订立合同，约定一方帮另一方还债以后，另一方以身相许。又如，在雇佣合同中规定不准雇员外出，或规定离开商场、工作场地，需要搜身等。六是限制职业选择自由的民事法律行为。例如，在合同中规定不准另一方选择任何合法的职业。七是违反公平竞争的民事法律行为。例如，在拍卖或招标中的串通行为，[②]数个企业互相约定共同哄抬价格、操纵市场等。八是违反劳动者保护法规的民事法律行为。例如，有的民营企业的雇主在与雇员订立合同时对工伤事故订立所谓生死合同条款，即雇主对发生的工伤事故概不承担责任。这些约定不仅违反了强行法的规定，也是违反公序良俗的。九是

---

① ［德］迪特尔·梅迪库斯：《德国民法总论》，邵建东译，法律出版社2000年版，第511页。

② 参见梁慧星：《市场经济与公序良俗原则》，载梁慧星主编：《民商法论丛》（第1卷），法律出版社1994年版。

诱使债务人违约的民事法律行为。例如,双方在合同中约定,一方违反其与他人之间订立的合同,另一方将为其支付一定的费用作为报酬。十是禁止投诉的民事法律行为。例如,在合同中约定,禁止一方投诉另一方的某种违法行为。

(二)违反公序良俗的民事法律行为与违背道德的行为

公序良俗通常是指公共道德,但如此很容易被误解为,所有有违道德的行为均因违反公序良俗而无效。虽然公序良俗概念表现了一般的伦理观念,即“将道德伦理摄入于法的境界里,而对于其违反行为从法的领域驱逐”,[①]但我们对《民法典》第153条第2款中的公序良俗不应当作出过于宽泛的解释。具体而言,并非所有违背道德的法律行为都是无效的。尤其是在商事交易中,违背一般的商业道德的行为,如缺斤短两、以次充好等,并不一定需要通过法律行为无效的方式予以救济,完全可以通过其他方式提供救济。由于“公序良俗”是一个开放的概念,司法实践中对于某一行为是否违反了公序良俗认定较为困难,但过于宽泛地解释公序良俗也将妨害合同严守原则,损害交易安全。

笔者认为,可以借鉴动态系统论的方法,在认定违背道德的法律行为是否违反公序良俗时,应当在充分考虑各种因素的基础上进行认定。这些因素主要包括:一是法律行为主体。例如,对于由未成年人提供保证的行为,可能导致未成年人背负债务,不利于未成年人的健康成长,因而此种行为可能违反公序良俗。但是对于成年人而言,同样的行为则可能不会违反公序良俗。二是行为所违反的是商业道德还是伦理道德。对于商事交易中违反商业道德的行为,认定其因违反公序良俗而无效应该更为严格。而对于违反伦理道德的行为,其对社会一般价值观念的损害更为严重,因而更可能被认为构成对公序良俗的违反。三是行为的后果。这一要素意味着在判断行为是否构成对公序良俗的违反时,需要考察如果肯定其效力将会带来的法律后果。例如,有偿代孕行为可能造成的后果是对人格尊严的损害,因而应当认为违反公序良俗。但是如果承认相关行为的效力只是造成一般的财产损失,则不能直接据此认定该行为无效。四是行为是有偿的还是无偿的。对于无偿行为而言,对该行为是否违反公序良俗的认定应该更为严格。五是考虑法律行为所损害的对象是特定的第三人利益还是不特定人的利益。对于损害特定第三人利益的行为可以直接适用恶意串通的规则。只有损害的是不特定人的利益,才可能构成对公序良俗的违反。如果损害的是特定

① 参见刘得宽:《民法总则》,台北,五南图书出版公司1996年版,第420页。

第三人的利益，则应当适用《民法典》第 154 条，认定其属于相对无效的民事法律行为，由该受害的第三人主张无效，因为此种情形无关社会公共利益保护，从尊重意思自治原则出发，应由第三人去判断是否主张该民事法律行为无效，这也符合比例原则的要求。①

六、恶意串通损害第三人的行为

（一）概念和特征

恶意串通损害第三人的行为，简称为恶意串通行为，它是指双方当事人非法串通在一起，实施某种民事法律行为，造成他人损害。例如，企业的委托人与托管人恶意串通，借企业托管经营故意损害债权人利益。又如，某个投标人恶意串通、压低投标价格，损害其他投标人的利益。《民法典》第 154 条规定："行为人与相对人恶意串通，损害他人合法权益的民事法律行为无效。"法律上作出此种规定的原因在于，在恶意串通的民事法律行为中，行为人的行为具有明显的不法性。概括而言，此类民事法律行为具有如下特点：

第一，当事人出于恶意。恶意是指当事人明知其所实施的民事法律行为将造成对国家、集体或者第三人的损害而故意为之。所谓"恶意"，在民法上有两种含义：一是明知。也就是说，行为人对其行为的相关客观情况是明知的，至于其主观上是否有加害他人的故意，则不予考虑。二是明知且具有损害他人的意图。此种恶意是指行为人不仅明知相关的客观事实，而且在实施行为时主观上有侵害他人的故意。恶意串通中的恶意应当属于第二种意义上的恶意，即行为人具有加害他人的不良动机，且必须是民事法律行为的当事人主观上具有损害第三人合法权益的故意。双方当事人或一方当事人不知且不应知道其行为的损害后果，不构成恶意。

第二，当事人之间互相串通。所谓互相串通，首先，是指当事人之间存在意思联络，即都希望通过实施某种行为而损害他人的合法权益，且进行了意思的串通。共同的意思联络既可以表现为当事人事先达成一致的协议，也可以是一方作出意思表示，而对方或其他当事人明知实施该行为所达到的目的非法，而以默示的方式表示接受。其次，当事人在客观上互相配合或者共同实施了该非法的民事法律行为。例如，为了逃避侵权责任的承担，侵权责任人与其近亲属签订合同，以极低的价格出售其不动产。

从司法实践来看，受害人要以民事法律行为的当事人双方恶意串通损害其利益为由主张民事法律行为无效，常常会在举证方面遇到很大的障碍。

① 参见王利明主编：《民法》（第 8 版）（上册），中国人民大学出版社 2020 年版，第 149 页。

因为受害人不仅要证明双方主观上都具有加害债权人的意图,而且要证明双方必须有相互串通的行为,这种举证对原告来说是十分困难的。在司法实践中,以恶意串通而被宣告民事法律行为无效的案件较少,其主要原因也在于此。

第三,损害他人合法权益。此处所说的他人合法权益,包括国家、集体或第三人的合法权益。例如,数个投标人恶意串通、压低投标价格,这种行为构成不正当竞争,严重的甚至构成刑事犯罪,但如果当事人恶意串通以后,并没有订立一份损害他人的合同,则这种行为不属于应当宣告民事法律行为无效的恶意串通行为。

需要指出的是,损害第三人利益的情形应当区分为是损害特定的第三人还是不特定的第三人,如果损害的是不特定的第三人的利益,实质上损害的是公共秩序,应当依据《民法典》第153条第2款认定该法律行为绝对无效。而如果损害的是特定的第三人的利益,则应当适用《民法典》第154条,认定其属于相对无效的民事法律行为,只能由该受害的第三人主张无效。

(二)恶意串通不同于双方虚假行为

虽然双方虚假行为与恶意串通损害第三人的行为都是意思表示不真实行为,而且都可能存在共同意思联络,但两者毕竟存在区别,这主要体现为:

第一,行为目的不同。恶意串通是以损害第三人的利益为目的,而通谋虚伪表示往往不是以损害第三人利益为目的。例如,为了规避房屋限购政策而虚假离婚,虽然损害的是一种法律秩序,但不一定损害到某个具体的第三人的利益。而恶意串通则损害了具体第三人的利益。实施此种行为时,当事人有加害他人的主观恶意。而对双方虚假行为而言,其既不以欺诈或损害第三人为必要条件,又不要求当事人主观须为恶意,因而双方虚假行为的效力判断并不包含对其道德上的否定性评价。

第二,举证内容不同。双方虚假行为的重点在于意思表示的虚假,而不在于串通。因此,一方在主张无效时应当证明双方意思表示虚假。而恶意串通的重点在于,双方共同串通从事损害第三人行为。所以在双方虚假行为中,法律并不要求证明当事人之间有通谋存在;而在恶意串通的情形中,第三人必须证明当事人之间有恶意串通存在。[①]

第三,二者的无效基础不同。恶意串通的规范重心并不在于意思表示

---

① 参见石宏主编:《中华人民共和国民法总则条文说明、立法理由及相关规定》,北京大学出版社2017年版,第367页。

瑕疵,而在于行为的违法性与损害结果。[①] 对双方虚假行为而言,其属于意思表示不真实的行为,其无效的基础在于欠缺意思表示的效果意思并没有真实反映双方当事人的内心真意。[②]

第四,是否属于相对无效不同。双方虚假行为属于绝对无效行为。而恶意串通损害他人合法权益的无效必须以损害他人合法权益为要件,因此,此类行为应当属于相对无效行为。对于恶意串通,通常要由第三人主张无效,而不是任何人都可以主张无效。

(三)性质上属于相对无效

民事法律行为的无效可以分为绝对无效和相对无效两类。此种区分是以无效效果的范围为标准所作出的区分。这种区分起源于罗马法,并为后世民法所采纳。法国民法理论同样区分绝对无效和相对无效,其认为合同的绝对无效是因为违反关于公共利益的保护性规范;而相对无效违反的是关于私人利益的保护性规范,相对无效主要是指可撤销合同。[③]《德国民法典》第 135 条、第 136 条规定了所谓相对无效的制度,认为某项法律行为可能仅仅对于某个特定的人才不发生效力,对于其他一切人则是发生效力的。[④] 此类行为一般被称为相对的不生效力(relative unwirksamkeit,与绝对的不生效力相对)。[⑤] 在我国,所谓绝对无效,是指民事法律行为因具有违法性而当然地被宣告无效。此类行为在任何人之间都不发生效力,且任何人都可主张其无效。一般所说的无效民事法律行为主要指绝对无效行为。所谓相对无效,是指只有受到侵害的当事人才能主张无效,而并非所有人都可以主张无效。

《民法典》第 154 条规定:"行为人与相对人恶意串通,损害他人合法权益的民事法律行为无效。"该条究竟规定的是绝对无效还是相对无效,存在两种观点:一是绝对无效说。此种观点认为,在恶意串通的情形下,实际上是双方共同损害他人的合法权益,法律对此种行为规定为确定无效的方式,

---

① 参见冉克平:《"恶意串通"与"合法形式掩盖非法目的"在民法典总则中的构造——兼评〈民法总则〉之规定》,载《现代法学》2017 年第 4 期。

② 参见黄薇主编:《中华人民共和国民法典释义》(上),法律出版社 2020 年版,第 288 页。

③ François Terré, Philippe Simler, Yves Lequette, *Droit civil*, *Les Obligations*, 8e éd., Dalloz, 2002, p. 390.

④ 《德国民法典》第 135 条规定:"如果处分标的物违反了法律为保护特定人所作的禁止出让的规定时,其处分仅对该特定人无效。"第 136 条规定:"法院或其他行政机关在其职权范围内所作的禁止出让的规定,与第 135 条规定的法律上禁止出让的效力相同。"

⑤ 参见[德]迪特尔·梅迪库斯:《德国民法总论》,邵建东译,法律出版社 2000 年版,第 375 页。

能够最大限度地保护第三人的合法权益。[①] 二是相对无效说。此种观点认为,《民法典》第 154 条规定的无效,应当属于相对特定第三人无效,因为该条所保护的"他人合法权益",从体系解释的角度来看,应为特定第三人的利益。[②] 在损害特定第三人利益的情形下,因为无关社会公共利益保护,从尊重意思自治原则出发,应由第三人去判断是否主张该民事法律行为无效,这也符合比例原则的要求。[③]

笔者认为,相对无效说更值得赞同,理由主要有以下几点:

第一,从文义解释来看,《民法典》第 154 条是在《合同法》第 52 条的基础上修改而形成的。《合同法》第 52 条第 2 项规定"恶意串通,损害国家、集体或者第三人利益"的法律行为无效,但《民法典》删除了该项中损害国家、集体或者第三人利益的表述,改为"损害他人合法权益"。这是因为,在损害国家、集体利益的情形中,通常该法律行为也同时违反了强制性法规,因而可以直接适用《民法典》第 153 条的规定确认民事法律行为无效。而且,通过违反强制性法规这一理由确认民事法律行为无效可以有效降低当事人证明的难度,即当事人只需证明某个民事法律行为违反了效力性强制性规范,而无须证明其是否会导致国家或集体利益受损。因此,从文义上看,《民法典》相较于《合同法》所作出的改变,旨在将该条中的"他人"局限于民事主体。而一旦将该条中的"他人"解释为民事主体,那么该法律行为是否损害了该民事主体的利益,以及是否需要被确认为无效,应当由可能遭受损害的民事主体自行决定。其不涉及公共利益的保护问题,因而法院没有主动审查并宣告无效的必要。

第二,从历史解释来看,《合同法》第 52 条将"恶意串通,损害国家、集体或者第三人利益"的行为与"违反法律、行政法规的强制性规定"置于同一条文中进行规定,而《民法典》则将恶意串通的行为与违反强制性规定的行为分设两个条文进行规定。这表明立法者在恶意串通行为中明确排除了违反强制性规定的情形。由此可见,本条不涉及公共利益损害的问题,因此采相对无效说更为合理。

第三,从司法实践来看,某一恶意串通的行为的效力只是影响某特定第三人的利益,如果该第三人愿意接受该行为的不利后果,则法律也并无干涉

① 参见黄薇主编:《中华人民共和国民法典释义》(上),法律出版社 2020 年版,第 306 页。

② 参见王利明主编:《民法》(第 8 版)(上册),中国人民大学出版社 2020 年版,第 149 ~ 150 页。

③ 参见王利明主编:《民法》(第 8 版)(上册),中国人民大学出版社 2020 年版,第 149 页。

的必要。尤其应当看到,恶意串通损害他人合法权益的行为可能在实施行为的行为人主观上具有损害他人利益的意图,但是在行为终结后却不一定会有损害存在。在这种情况下,第三人可能并不希望发生法律行为无效的后果。例如,为了逃避债务,债务人与第三人恶意串通,以低于市场价格出售自己的房屋,这原本损害了债权人的利益。但是,如果此时房价正处于下行趋势之中,在该行为作出后,市场价格可能会逐渐跌落以至于低于债务人出售的价格。此时,低价转让的行为不仅没有对债权人造成损害,反而更有利于债权人。在这种情况下,应当允许债权人不主张无效。由此可见,受害人是自身利益的最佳判断者和维护者,由其主张侵害其利益的合同无效最为合适。①

(四)恶意串通损害第三人的侵权行为

《民法典》第154条规定:"行为人与相对人恶意串通,损害他人合法权益的民事法律行为无效。"该条从民事法律行为效力的角度对恶意串通行为作出了规定,并将行为人基于恶意串通而实施的民事法律行为规定为无效行为。问题在于,在行为人恶意串通的情形下,其所实施的行为是否构成侵权?关于恶意串通的法律行为是否构成侵权,对此,一直存有争议。笔者认为,在恶意串通造成第三人损害的前提下,确实可能产生侵权损害赔偿请求权。如果当事人基于恶意串通而实施民事法律行为、造成他人现实的损害的,应当认定其构成共同侵权,主要理由在于:

第一,行为人主观上存在侵害他人的意思联络且造成他人损害。依据《民法典》第1168条的规定,构成共同侵权行为,要求行为人必须是"共同实施侵权行为",在恶意串通的情形下,行为人恶意串通的目的在于加损害于他人,各个行为人主观上存在意思联络且造成他人损害,符合共同侵权的行为特征。

第二,有利于对受害人的保护。一方面,如果仅仅只是允许第三人主张法律行为无效,那么就需要通过返还财产等方式,使得该第三人的利益状态重新获得恢复。但是在实践中,相关的财产可能已经因毁损灭失或由他人善意取得而无法返还,此时,即便第三人可以主张民事法律行为无效,其利益也难以获得保护。而承认第三人的损害赔偿请求权,可以直接弥补第三人所遭受的损失,对于第三人而言更为有利。另一方面,由于侵权责任的构成要件和主张恶意串通无效的要件可以分别判断,该第三人可以自行选择救济方式。在第三人主张民事法律行为无效后,其可能根本就不会再遭受

---

①　参见王利明主编:《民法》(第8版)(上册),中国人民大学出版社2020年版,第149页。

损失,因而并不满足侵权责任的构成要件,此时单纯主张民事法律行为无效即足以保护第三人。而如果主张无效后,该第三人仍然遭受损失,其有权依法主张侵权损害赔偿请求权。

第三,从我国司法实践来看,相关司法解释也采取了此种立场。例如,最高人民法院《关于审理房屋登记案件若干问题的规定》(法释〔2010〕15 号)第 13 条规定:"房屋登记机构工作人员与第三人恶意串通违法登记,侵犯原告合法权益的,房屋登记机构与第三人承担连带赔偿责任。"虽然该条没有明确规定此种连带赔偿责任的性质,但在解释上应当将其解释为侵权责任。

在恶意串通损害他人合法权益的场合,承认实施恶意串通行为当事人的共同侵权责任,对于第三人利益的保护确有必要。当然,此种损害应当是一种现实的损害,即恶意串通行为造成他人实际损失。[①] 该第三人需要就其遭受的实际损失负举证责任。

第四节 可撤销的民事法律行为

一、可撤销的民事法律行为的概念和特点

所谓可撤销的民事法律行为,是指当事人在从事民事法律行为时,因意思表示不真实,法律允许撤销权人通过行使撤销权而使该已经生效的民事法律行为归于无效。《民法典》从第 147 条至第 152 条确认了可撤销的民事法律行为。可撤销民事法律行为具有以下特点:

第一,可撤销的民事法律行为主要是意思表示不真实的民事法律行为。可撤销民事法律行为主要是因意思表示不真实而产生的。可撤销的对象之所以是意思表示不真实的行为,主要是因为民事法律行为作为实现意思自治的工具,其主要目的是实现当事人的自由意志,从而产生当事人预期的法律效果。如果意思表示有瑕疵,则民事法律行为应当被撤销。尤其应当指出的是,意思表示是否真实往往只有表意人或意思表示受领人才能知道,这就需要由当事人撤销不真实的意思表示。况且,即使意思表示不真实,表意人不愿意撤销,按照私法自治的原则,法律也不应当对此进行干预。因此,将意思表示不真实的法律行为作为可撤销的行为,才能充分体现私法自治的原则。

第二,可撤销法律行为须由撤销权人主动行使撤销权。由于可撤销法

---

① 参见冉克平:《"恶意串通"与"合法形式掩盖非法目的"在民法典总则中的构造——兼评〈民法总则〉之规定》,载《现代法学》2017 年第 4 期。

律行为主要涉及当事人意思表示不真实的问题，而当事人的意思表示是否真实，局外人通常难以判断，即使局外人已得知一方当事人因意思表示不真实而受到损害，如果当事人不主动提出撤销而自愿承担损害的后果，法律也应允许这种行为有效。所以，法律要将是否主张撤销的权利留给撤销权人，由其决定是否撤销该民事法律行为。撤销权人通常系意思表示不真实的表意人本人，如因欺诈、胁迫等而作出意思表示的人。对此类法律行为是否撤销，法院应采取不告不理的态度，如果当事人不主张提出撤销，法院不能主动地撤销该法律行为。这一点也与无效民事行为不同。无效民事行为在内容上具有明显的违法性，因此对无效民事行为的效力的确认，不能由当事人选择，即使当事人不主张该民事行为无效，司法机关和仲裁机构也应当主动干预，宣告该民事行为无效。

撤销权在性质上为一种形成权，权利人通过单方的意思表示行使撤销权，可导致可撤销的法律行为的效力溯及既往地消灭。撤销权也是一种专属的权利，撤销权人通常是意思表示不真实、不自由，意思与表示不一致的一方当事人，或者是可撤销法律行为的受害人。依据法律规定，在许多情况下，当事人必须通过诉讼等特定方式方能行使撤销权，例如，法律关于欺诈、胁迫等合同可撤销的规定。

撤销权作为一种形成权，应当如何行使？在德国法中，由于撤销权是形成权，权利人通过行使此项权利，能够以溯及既往的效力消灭其可撤销的意思表示。[①] 在日本法上，撤销无须以诉讼方式进行，只要表意人能推测出相对人不受该行为的约束这一意思，撤销就可以成立。[②] 在我国，依据《民法典》的规定，撤销权的行使可以采取两种方式：一是撤销权人通过其意思表示直接行使撤销权。例如，无权代理人从事无权代理以后，善意相对人在本人追认前，享有撤销合同的权利。[③] 这就是说，善意相对人只需要向本人作出撤销的意思表示，就可以撤销该合同。如果法律没有明确规定必须通过提起撤销之诉的方式来行使，则权利人也应当可以通过意思表示的方式来行使。二是通过提起撤销之诉行使撤销权，最典型的表现为可撤销合同。严格地说，可撤销合同并不是指享有撤销权的一方可以在符合法律规定的撤销条件的情况下，单方面通过行使撤销权而撤销合同。可撤

---

① 参见［德］迪特尔·梅迪库斯：《德国民法总论》，邵建东译，法律出版社2000年版，第550页。

② 参见［日］四宫和夫：《日本民法总则》，唐晖、钱孟姗译，台北，五南图书出版公司1995年版，第228页。

③ 参见《民法典》第171条第2款。

销合同的含义是指享有撤销权的人必须要通过提起撤销之诉而请求法院撤销合同。

第三,可撤销法律行为在未被撤销以前仍然是有效的。在未被撤销前,此种法律行为既非效力待定,亦非当然无效,可被认为自成立之时起已经生效。这是此类法律行为不同于无效与效力待定法律行为的区别。由于撤销的是已经生效的法律行为,所以它与意思表示的撤回有所不同。因为在撤回的情况下,撤销权人只是对尚未生效的意思表示予以撤回,阻止其效力的发生。如果撤销权人未在规定的期限内行使撤销权,则可撤销法律行为仍然有效,当事人仍应依法律行为规定履行义务,任何一方不得以法律行为具有可撤销的因素为由而拒不履行其义务。但无效民事行为则不同,无效民事行为是当然无效的,对无效民事行为不得要求当事人实际履行。

二、基于重大误解实施的民事法律行为

(一)基于重大误解实施的民事法律行为的概念

《民法典》第 147 条规定:"基于重大误解实施的民事法律行为,行为人有权请求人民法院或者仲裁机构予以撤销。"所谓重大误解的民事法律行为,是指一方因自己的过错而对民事法律行为的内容等发生误解而从事的某种民事法律行为。不过,这里的"对民事法律行为的内容"发生误解主要指因误解的发生直接影响到当事人所应享有的权利和承担的义务,与传统民法理论中所称的"内容错误"并非同一概念。传统民法理论中的"内容错误"为表示错误的一种,指表意人对其表示内容的客观意义有所误解。[1] 我国法中的重大误解概念的范围明显更大。误解既可以是单方面的误解(如出卖人误将某一标的物当作另一物),也可以是双方的误解(如买卖双方误将本为复制品的油画当成真品买卖)。

对于重大误解的撤销,是否应当考虑相对人的过错问题,一直存在争议。从比较法上来看,就重大误解的构成是否应当考虑相对人因素,有以下三种模式。

第一种是大陆法国家采取否定"相对人参与"的模式,此种模式在认定错误时,仅关注错误本身所属类型及其重要性,而不关注相对人是否具有过错或是否知情。法律或学说一般不考虑错误是仅由表意人一方的原

---

① 《德国民法典》第 119 条第 1 款规定:"意思表示之内容有错误或不欲为该内容之表示,如表意人知其情形且依合理之判断,即可认为其不欲为该表示者得撤销之。"第 2 款则规定:"关于人或物质性质交易上认为重要者,其错误视为意思表示内容之错误。"

因造成的,还是由双方当事人共同的原因或相互的原因造成的。[①] 例如,《德国民法典》第 119 条第 1 款规定了表示行为错误("不欲为该内容之表示")与内容错误("意思表示之内容有错误")两种情形,二者均属于"表示错误"这一大类型,可以撤销;该条第 2 款则规定了性质错误。[②]《德国民法典》第 119 条除区分了表示错误与性质错误外(学说上所称"错误二元论"),主要特点在于认定错误时,不考虑相对人原因所致的错误。法国民法也采纳此种做法。

第二种是英美法上的"相对人参与"模式,此种模式在认定错误时侧重相对人的保护。在英美法上,对于单方的错误原则上不允许表意人撤销,因为这可能会使得相对人处于不利的地位。[③] 普通法上的合同撤销以相对人故意不实陈述(Misrepresentation)为前提;衡平法则在 19 世纪发展了一套不要求证明欺诈故意的不实陈述合同撤销制度,但衡平法认为相对人不实陈述本身就是表意人撤销合同的理由。[④] 美国法则趋于宽松,相对人应当知道错误或者错误导致不公平的后果也成了合同撤销的理由。《美国第二次合同法重述》第 152 条与第 153 条分别规定了共同错误(Mutual Mistake)与单方错误(Unilateral Mistake),共同错误在满足实质性因果关系要求时通常可以撤销,而单方错误的撤销则非常严格。根据第 153 条的规定,如果相对人并未过错地造成错误(过失误导)或不应该知道错误的存在,除非有极端利益失衡,否则表意人不能撤销合同。[⑤] 此种模式认为,在认定意思表示错误时,不仅要考虑表意人的错误,也要考量相对人是否与表意人的错误有关,若相对人的行为引起表意人的实质性错误,那么其信赖就不值得保护,应允许表意人撤销该合同。

第三种是混合模式,该模式兼采传统大陆法上的错误类型与英美法上的相对人参与。如 2017 年修改后的《日本民法典》第 95 条,该条区分了"欠缺意思型错误"(表示错误)与"作为法律行为基础的事实认识错误",前者的撤销不关注相对人,后者的撤销则要求该事实作为法律行为基础已经对

---

① 参见朱广新:《意思表示错误之撤销与相对人的信赖保护》,载《法律科学(西北政法学院学报)》2006 年第 4 期。

② MüKoBGB/Armbrüster,9. Aufl. 2021,BGB § 119 Rn. 45,109.

③ See Jack Beatson, Andrew Burrows, John Cartwright, *Anson's Law of Contract*, Oxford University Press,2020,p. 296.

④ See John Cartwright,Misrepresentation,Mistake and Non-Disclosure,Sweet & Maxwell,2017,p. 74 – 75.

⑤ 参见龙俊:《论意思表示错误的理论构造》,载《清华法学》2016 年第 5 期。

外表示,这主要考虑的就是相对人的认识可能性。

《国际商事合同通则》第 3. 2. 2 条、《欧洲合同法原则》第 4:103 条、《欧洲示范民法典草案》第 2 - 7:201 条等示范法为强化对相对人的信赖保护,采纳了英美法模式,并区分了“相对方导致错误”、“相对方明知或应知错误”与“共同错误”三种类型。[①] 我国部分观点也深受这种模式的影响。[②]《总则编解释》第 19 条第 1 款规定:“行为人对行为的性质、对方当事人或者标的物的品种、质量、规格、价格、数量等产生错误认识,按照通常理解如果不发生该错误认识行为人就不会作出相应意思表示的,人民法院可以认定为民法典第一百四十七条规定的重大误解。”可见,该条采纳了传统大陆法的模式,即只要是表意人的错误,无论相对人是否存在过错,表意人都可以撤销。司法解释采纳这一观点的理由主要在于:

第一,这一方案是对我国长期以来司法实践经验的总结。我国从《民法通则》开始,对于重大误解的撤销问题,一直都未考虑相对人的过错问题,而这一模式在司法实践的运行中并未出现明显的不足和缺陷。因此,本着对既有司法实践经验的尊重,应当继续沿用这一方案。

第二,相对人是否具有过错在实践中往往难以确定。应当承认,在重大误解形成中,相对人的原因和影响导致错误发生是客观存在的,例如,因为相对人提供了错误信息,导致表意人发生重大误解。在英美法中,如果相对人应当知道错误的存在,那么错误的一方就可以主张撤销。但是,相对人是否知晓错误的情形是相对人一种主观的状态,这一主观状态往往难以查知。因此,不宜将相对人的过错作为可撤销的条件。

第三,无论相对人是否具有过错都不允许表意人撤销,可能会给发生错误的一方造成重大损害。例如,在网购的场合下,出卖人错误地标注了产品的价格,虽然其单笔成交数额可能较小,但是却可能发生数量巨大的交易,此时如果不允许出卖人撤销,将导致其遭受巨大损失。

依据《总则编解释》第 19 条的规定,重大误解是指行为人对行为的性质,对方当事人,标的物的品种、质量、规格、价格、数量等产生错误认识。但这并不意味着,一旦当事人对上述内容产生错误认识就当然属于重大误解,

---

① 参见[美]E. 艾伦 · 范斯沃思:《美国合同法》,葛云松、丁春艳译,中国政法大学出版社 2004 年版,第 623 ~ 627 页;冉克平:《民法典总则视野下意思表示错误制度的构建》,载《法学》2016 年第 2 期。

② 参见韩世远:《重大误解解释论纲》,载《中外法学》2017 年第 3 期。实务上采此说的观点,参见张勇健:《合同错误及其救济——由(2017)最高法民终 502 号案的分析展开》,载《法律适用》2020 年第 16 期。

误解还必须是重大的,也就是说,该误解在客观上实质性地影响了当事人的权利义务安排。因此,依据上述规定,如果按照通常理解不发生该错误认识,行为人就不会作出相应意思表示的,才可以认定为“重大”,此时,可认为行为人在实施民事法律行为时存在重大误解。这实际上是对重大误解的内容进行了限定,有利于维护民事法律行为的效力。例如,如果当事人对标的物数量的误解不会对其利益产生重大影响,则从鼓励交易、维护交易安全出发,不应当认定其构成重大误解。虽然严格限制撤销可以有利于加强对相对人信赖的保护,但也兼顾了对行为人的意思表示自由的保护。而且,即便在表意人撤销意思表示的情形下,相对人仍然可以基于缔约过失责任获得损害赔偿的救济,这一救济已经可以为相对人提供充分的保护。

（二）因重大误解实施的民事法律行为的成立条件

1. 表意人对民事法律行为的内容等发生了重大误解

《总则编解释》第 19 条第 1 款规定:“行为人对行为的性质、对方当事人或者标的物的品种、质量、规格、价格、数量等产生错误认识,按照通常理解如果不发生该错误认识行为人就不会作出相应意思表示的,人民法院可以认定为民法典第一百四十七条规定的重大误解。”据此,重大误解包括如下几种情况:

第一,对行为的性质发生误解,这主要是指对民事法律行为的性质以及由此产生的法律关系产生了误解,这将导致当事人的权利义务发生重大变化。例如,误将买卖当成赠与,则当事人将承担不同的权利义务,且此种误解也违背了当事人的订约目的。

第二,对对方当事人发生误解。在许多情况下,对对方当事人的选择发生误解不会对合同权利义务内容产生重大影响,只要对方同意订立合同,自愿承担合同的权利义务,就应当依约定履行。但在一些基于当事人的信任关系和注重相对人的特定身份的合同中,当事人的身份对合同的订立和履行具有重要意义,此时对当事人的错误认识也可能构成重大误解。例如,在加工承揽、委托、演出等合同中,当事人都十分注重相对人的技能、信用、资历、身份等情况,如果当事人对此发生误解,则应构成重大误解。

第三,对标的物的品种发生误解。例如,当事人误将二锅头当作茅台酒购买,这实际上是对当事人权利义务的指向对象即标的物本身发生了误解,应属于重大误解的范围。

第四,对标的物质量发生误解。关于标的物质量的误解,许多国家的立法都有限制性的规定。例如,《德国民法典》第 119 条规定,在对质量发生误解的情况下,只有在“交易上认为重要者”才构成重大误解。笔者认为,如果标的物的质量直接影响到当事人订约目的或重大的利益，则对质量发生误解可以构成重大误解。例如，误将赝品当作真迹出售或购买。

第五，对标的物的规格发生误解。标的物规格是指标的物可以用文字、数字、符号来表示的各种指标，其主要包括货物的尺寸、重量、体积、成分、性状等。例如，某公司委托某人购买红杉木，委托书上载明，"红杉木，4m × 14cm 以上，每立方米不超过 4000 元"。但代理人误将一般杉木当成红杉木购买，即属于对标的物的规格发生误解。

第六，对标的物的价格发生误解。对标的物价格的误解通常有两种情况：一是将价格"误写"或在计算机系统上输入错误（如少写或多写了一个0）；[①]二是所谓"计算错误"，即因表意人在价格计算中计算有误，导致重大误解。在传统民法中，有学者认为，前者属于表示错误，可撤销；后者属于"不受关注的动机错误"。[②] 但事实上，上述两种情况仅存在轻微差别，欠缺法效果上区别对待的正当性，因此，按照我国《民法典》的规定，无论是输入错误还是计算错误，均属于对于标的物价格的误解。

第七，对标的物的数量发生误解。例如，买卖双方签订一份购买黄沙 30 车的合同，每吨价 300 元，出卖人认为"车"是指"130"型货车，买受人认为"车"是指"东风牌"大卡车，此时，当事人就交货的数量发生了误解。

《总则编解释》第 19 条第 1 款规定："行为人对行为的性质、对方当事人或者标的物的品种、质量、规格、价格、数量等产生错误认识……"此处采用了"等"字，表明对误解的列举采取开放式列举。

我国民法没有严格区分所谓意思表示形成的错误和表示错误。所谓表示错误，是指表意人在作出意思表示时发生了错误，也就是说，当事人内心并没有发生错误，但在作出外部表示时发生了错误。在实践中误言、误写或误取等都属于表示行为错误，狭义上的重大误解并不包括表示错误。尽管在表示错误的情况下表意人的效果意思没有发生错误，但这种表示行为的错误也会从实质上影响当事人的权利义务关系，因此在表示错误实质性地影响到一方的权利义务或给一方造成重大损害的情况下，表意人应当有权请求撤销合同。

意思表示的误传也是造成误解的一种原因，例如，表意人向其传达使者授意购买 500 股股票，但该使者传达成购买 5000 股，此种情形即构成传达错误。对此，比较法上有两种模式：一是类推适用无权代理。这就是说，表

---

① 参见陕西省高级人民法院民事裁定书，(2020)陕民申 2002 号。

② 参见［德］卡尔·拉伦茨：《德国民法通论》，王晓晔等译，法律出版社 2013 年版，第 505 页。

意人和传达人之间是代理关系，如果使者发生无意的误传，既可以由表意人追认，也可以由善意第三人请求撤销。如果表意人拒绝追认，此时该误传类推适用无权代理，但构成表见代理的除外。① 二是按照重大误解处理。这就是说，传达人仍属于表意人的控制范围，其意思表示错误的风险应由表意人自己承担，若发生误传，应适用重大误解的规定。如果传达人故意更改意思表示内容，并向受领人传达，则应当由传达人负责。②《总则编解释》第 20 条规定："行为人以其意思表示存在第三人转达错误为由请求撤销民事法律行为的，适用本解释第十九条的规定。"由此可见，该条实际上是采取了第二种模式，该模式较之于第一种模式更为妥当。一方面，对相对人而言，误传是典型的表示错误，在误传的情况下，由于传达人或传达机关在传达过程中的意思表示错误的风险应由表意人承担，③此时，应当按照重大误解予以撤销，如此处理更有利于简化当事人之间的法律关系。另一方面，在传达的情形下，传达人通常只是传达表意人已经作出的意思表示，其一般并不独立作出意思表示，在传达错误的情形下，由于传达人是由行为人选择的，传达人应等同于行为人，传达错误应该由行为人负责。而且传达人可能并不具有完全民事行为能力，其与代理具有本质区别，不具有可类推性，因此，传达错误属于意思表示错误的范畴，在误传的情形下可以撤销民事法律行为。还要看到，此种做法与国际通行的规则保持了一致。④ 例如，《国际商事合同通则》第 3.6 条规定："在表述或转达一项声明时发生的错误视为做出声明之人的错误。"此种规定值得借鉴。

2. 误解必须是重大的

在交易中，一方或双方可能因各种原因对合同的内容等发生误解，但这并不是说各种误解都可以导致合同被撤销，否则极不利于合同的严守，也会给非诚实守信的一方借机不履行合同提供借口。我国《民法典》第 147 条规定，只有在发生重大误解的情况下才能撤销合同。

如何理解"重大"？《德国民法典》第 119 条第 2 款规定："交易中认为很重要的有关人的资格或者物的性质的错误，视为意思表示内容的错误。"一般认为，误解以"交易上认为重要者为限"，始可撤销。《德国民法典》第

---

① 参见王泽鉴：《民法总则》，中国政法大学出版社 2001 年版，第 388 页。

② 参见杨代雄：《法律行为论》，北京大学出版社 2021 年版，第 291 页。

③ 参见贺荣主编：《最高人民法院民法典总则编司法解释理解与适用》，人民法院出版社 2022 年版，第 311 页。

④ 参见贺荣主编：《最高人民法院民法典总则编司法解释理解与适用》，人民法院出版社 2022 年版，第 311 页。

119 条第 2 款提到的“交易中认为很重要的有关人的资格或者物的性质”是指,从交易的角度来看,对于达成交易具有重要的影响。但究竟什么因素才是重要的,一般取决于具体交易的经济目的。[①] 也有人认为,交易中认为重要者,指所有在具体法律行为中,在交易上具有决定性分量者,在认识上应采具体客观标准(Konkret-objektiver Massstab)认定。也有人认为,应是在交易上认为足以影响标的物的评价者。[②]《国际商事合同通则》第 3. 2. 2 条认为,在合同订立时,一个通情达理的人处在与错误方相同的情况下,如果已经知道了事实真相,他将根本不可能订立合同,或合同将只会按实质不同的条款订立。在这种情况下,可以认为错误是严重的。[③] 笔者认为,认定误解是否重大,应当从主客观两方面考虑:

第一,从客观上说,误解必须在客观上实质性地影响到当事人的权利义务。一般来说,重大误解是指对民事法律行为的主要内容发生误解,而不是对次要内容发生误解,正是因为这一原因,才直接影响到当事人所应享受的权利和承担的义务。除对上述情况发生误解以外,对标的物的数量、包装、履行方式、履行地点、履行期限等内容的误解,如果未能影响当事人的权利义务或订约目的的实现,则一般不应作为重大误解。实践中,具体确定重大误解,要区分当事人所误解的不同情况,应考虑当事人的状况、活动性质、交易习惯等各方面的因素。由于当事人对民事法律行为的主要内容发生认识的错误,并基于此种错误认识而订约,且订约必然会影响到其所享有的权利和承担的义务,这种错误认知才能被称为重大误解。

在司法实践中,“造成较大损失”有时可能成为判断是否客观上实质性地影响到当事人的权利义务的一个因素。但重大误解未必都会给产生误解一方造成较大损失,也可能仅造成轻微的损失。但只要误解已实质性地影响到当事人的权利义务,或影响到其订约目的的实现,即使这种误解未造成较大的损失,亦可被认为构成重大误解。例如,实践中卖家混淆了买家想购买的纪念品颜色,即使未造成较大的损失,也应当允许撤销。《总则编解释》第 19 条第 1 款不再使用“造成重大损失”的表述,改采“按照通常理解如果不发生该错误认识行为人就不会作出相应意思表示”的表述作为重大误解的条件。这一方面强调了重大误解和从事法律行为之间需要具有因果关系;另一方面也可将客观上可能造成重大损失后果的重大误解纳入这一表

① 参见李先波:《合同有效成立比较研究》,湖南教育出版社 2000 年版,第 229 页。

② 参见黄立:《民法总则》,中国政法大学出版社 2002 年版,第 296 页。

③ 参见张玉卿主编:《国际商事合同通则 2004》,中国商务出版社 2005 年版,第 261 页。

述的范畴。

第二,从主观上说,一个合理的商人处在与错误方相同的情况下,如果已经知道了事实真相,其不可能从事该民事法律行为,则构成重大误解。也就是说,尽管误解在客观上是重大的,但如果一个合理的人在了解到真实情况后,仍然会从事该行为,则不能认为该误解是重大的。[①]《总则编解释》第19条第1款采用“按照通常理解如果不发生该错误认识行为人就不会作出相应意思表示”的表述,实际上也包含了此种含义。[②]

3. 行为人因重大误解实施民事法律行为

构成重大误解,还必须具有因果关系。《总则编解释》第19条第2款规定:“行为人能够证明自己实施民事法律行为时存在重大误解,并请求撤销该民事法律行为的,人民法院依法予以支持;但是,根据交易习惯等认定行为人无权请求撤销的除外。”依据该规定,构成因重大误解而实施的民事法律行为,不仅要求表意人内心出现了重大误解,而且要求表意人因为该误解作出了意思表示。一方面,表意人要将其意思表示表达出来,否则无从判断其是否存在误解。在此需要区分一般误解与表示错误。所谓表示错误,是指表意人因某种原因未能准确地表达其内心意思,或表达出来的意思与其内心意思不相符合。例如,误将100元写成1000元。在表示错误的情况下,当事人的内心意思本身并没有缺陷,只是表示发生错误;而在一般误解的情况下,当事人的外部表示是符合其内心的真实意思的,只是其内心真实意思发生了缺陷。另一方面,表意人作出的意思表示必须是由误解造成的,也就是说,表意人的错误认识与其作出意思表示之间具有因果关系。如果行为人在实施民事法律行为之前存在重大误解,但在实施民事法律行为时,该重大误解已经消除的,则不得主张撤销该民事法律行为。此外,需要指出的是,我国《民法典》并没有对重大误解的主观要件作出规定,即只要行为人能够证明实施民事法律行为时存在重大误解,其原则上就可以依法主张撤销该民事法律行为,而不考虑其主观上是否具有可归责性。

依据《总则编解释》第19条第2款的规定,行为人因重大误解请求撤销民事法律行为,应当就其在实施民事法律行为时具有重大误解进行举证证明。[③]

---

① 参见《国际商事合同通则》第3.2.2条、《德国民法典》第119条。

② 参见贺荣主编:《最高人民法院民法典总则编司法解释理解与适用》,人民法院出版社2022年版,第301页。

③ 参见贺荣主编:《最高人民法院民法典总则编司法解释理解与适用》,人民法院出版社2022年版,第302页。

(三)在特殊情形下不得撤销

1. 根据交易习惯行为人不能撤销。对"重大误解"的情形一律允许撤销,确实也不利于保护相对人的利益,因此,《总则编解释》第19条第2款对撤销权进行了一定的限制,即依据交易习惯,行为人不得主张撤销的,也不得撤销。所谓"根据交易习惯等认定行为人无权请求撤销"是指在实践中,根据交易习惯,即使存在错误也不可撤销,例如,在股票、期货以及古董买卖等交易中,即便发生误解,也不能随意撤销。又如,网店商家在"双11""618"等网络购物促销节时因发生错误而将商品的价格标得过低,此时消费者有充分理由认为这种非常优惠的价格是促销活动所致,对重大误解没有可归责性,就不应当赋予商家撤销权。在上述情形下,即便存在重大误解,行为人也不得主张撤销。

2. 动机错误不得撤销。如前所述,传统德国法与法国法都坚持二元论,认为错误的构成与相对人无关。德国法认为,应当区分意思表达上的错误与意思形成上的错误。这一区分的实益在于,对于意思表达上的错误允许撤销;而对于意思形成上的错误,即动机错误,则仅在更为严格的例外情形下(具有交易重要性的性质错误)允许撤销。① 而法国法上没有这种区分,法国法认为,若主要动机错误或涉及合同标的物的本质错误,可以撤销合同。② 2016年修订前的《法国民法典》第1110条第1款也规定"错误,仅在其涉及给付性质本身时才构成合同无效的原因"。在我国,虽然《总则编解释》第19条第1款对重大误解的履行列举采取开放式列举,但此处所说的误解,不应当包括动机误解。一般认为,之所以动机错误不可撤销,一方面是因为动机错误的撤销会严重妨碍交易安全。因为在交易中,当事人从事某项交易是为了获取盈利,如果交易结果亏本便撤销合同,这不仅会严重违反合同严守规则,还会导致当事人随意寻找借口撤销合同。另一方面是因为动机存在于内心,从外部很难判断,如果此类行为都要撤销,就会给法官极大的自由裁量权利。王泽鉴先生认为,在此种情况下,双方当事人系以一定事实的发生或存在作为法律行为的基础,此项法律行为基础不存在的风险,应由双方共同承担,不能因此影响法律行为的效力,使一方当事人受契约拘束。③

---

① 《德国民法典》第119条第2款规定的错误类型属于动机错误,当其具有"交易重要性"时同样可以撤销。参见[德]迪特尔·梅迪库斯:《德国民法总论》,邵建东译,法律出版社2013年版,第568页。

② 参见李先波:《合同有效成立比较研究》,湖南教育出版社2000年版,第234页。

③ 王泽鉴:《民法总则》,中国政法大学出版社2001年版,第374～375页。

3. 对法律的误解原则上不能作为请求撤销法律行为的理由。这一原则在两大法系中得到了承认,即“任何人不得以不知法律为由进行抗辩”。当然,学者认为仍有对此进行探讨的必要。有学者认为,将错误分为事实的错误和法律的错误并无实益,因为法律本身亦为事实的一种,当法律的错误构成意思表示的内容时,则其与其他事实的错误并无本质区别。[①] 例如,对于法律关于保证责任的规定理解有误,认为不特别标明连带保证即只须承担一般保证责任,因而在保证合同中未特别注明连带保证,致使原先应当承担一般保证责任的却承担了连带保证责任,应构成重大误解。笔者认为,在一般情况下当事人不得以对法律的误解而请求变更或撤销合同,但如果确实因为法律规定本身构成合同的义务,且因对该义务的承担产生了重大误解使自己遭受重大不利,此时当事人应当有权请求变更或者撤销合同。

三、因欺诈实施的民事法律行为

(一)欺诈的概念和构成要件

《民法典》第 148 条规定:“一方以欺诈手段,使对方在违背真实意思的情况下实施的民事法律行为,受欺诈方有权请求人民法院或者仲裁机构予以撤销。”欺诈(dolus, dolo, betrug, fraud, deceit),乃是一种故意违法行为。一般而言,欺诈是指一方当事人故意告知对方虚假情况,或者故意隐瞒真实情况,诱使对方当事人作出错误意思表示的行为。因欺诈而从事的民事法律行为,是在受欺诈人因欺诈行为发生错误而作出意思表示的基础上产生的。它是在意思表示不真实的情况下实施的民事法律行为。

从比较法来看,各国都承认欺诈行为是可撤销(avoidable)的而不是无效的(void)合同。[②]《国际商事合同通则》第 3.11 条第 2 款、《欧洲合同法原则》第 4:111 条第 2 款、《欧洲示范民法典草案》第 2-7:208 条都认可欺诈为可撤销的行为。我国《民法典》第 148 条修改了《合同法》的相关规定,承认欺诈为可撤销的民事法律行为。

可撤销的因欺诈行为而实施的民事法律行为须具备以下条件:

第一,欺诈方具有欺诈的故意。所谓欺诈的故意,是指欺诈的一方明知自己告知虚假情况或隐瞒真实情况会使被欺诈人陷入错误认识,而希望或

---

① 参见史尚宽:《民法总论》,台北,正大印书馆 1979 年版,第 368 页。

② 例如,《德国民法典》第 123 条、《意大利民法典》第 1343 条、《日本民法典》第 96 条。英国《1967 年不实陈述法》(The Misrepresentation Act 1967)也确认当事人可以撤销合同(to rescind the contract)。

放任这种结果的发生。可见,欺诈方实际上是有恶意的。[1] 欺诈方告知虚假情况或隐瞒真实情况,不论是否使自己或第三人牟利,均不妨碍恶意的构成。如果欺诈方意识到自己的欺诈行为会使自己或第三人牟利或使对方当事人遭受损害而恶意为之,则可认为欺诈者具有较大的恶意。

如果一方向他方陈述某种事实时,对于其陈述的事实的真伪不能作出准确的判断,却仍向他人作出陈述,以至于他方因陈述事实的虚假性而陷入错误,行为人主观上是否具有欺诈的故意,值得研究。例如,某人不能确定其出售的商品具有某种功能而向他人吹嘘该产品具有该种功能,此种情况也可认为陈述的一方具有欺诈的故意,因为陈述人不能判定其陈述的事实是否真实,也就不能告诉他人该事实是真实的。在陈述时,陈述人应当知道该事实若属虚假,会使他人陷入错误认识,而陈述人却仍将虚假事实作为真实的事实向他人陈述,这显然可认定陈述人具有欺诈他人的故意。

第二,欺诈方实施欺诈行为。所谓欺诈行为,是指欺诈方故意告知虚假情况或者隐瞒真实情况的行为。《总则编解释》第 21 条规定:"故意告知虚假情况,或者负有告知义务的人故意隐瞒真实情况,致使当事人基于错误认识作出意思表示的,人民法院可以认定为民法典第一百四十八条、第一百四十九条规定的欺诈。"依据该规定,欺诈包括两类行为:一是积极欺诈行为,它是一方故意告知虚假情况,诱使另一方当事人作出错误意思表示的行为。行为人积极实施欺诈行为,要么是捏造根本不存在的事实,要么是对客观事实进行了更改或部分伪造[2]。二是消极欺诈行为,又被称为不作为欺诈行为、沉默欺诈行为,它是指负有告知义务的人故意隐瞒真实情况,即行为人有义务向他方如实告知某种真实的情况而故意不告知。这就是说,行为人如果依照法律规定、诚信原则、交易习惯等负有告知义务而不告知,也构成欺诈。[3] 此种欺诈的特点在于行为人虽未积极实施欺诈行为,但也并未履行其依法应当负有的告知义务。

在判断是否为消极欺诈时要确定行为人是否违反了告知义务。告知义务来自法律规定、诚信原则以及交易习惯等。具体而言:一是法律规定。例如,《消费者权益保护法》第 19 条规定:"经营者发现其提供的商品或者服务存在缺陷,有危及人身、财产安全危险的,应当立即向有关行政部门报告

---

① 德国学者常常认为,欺诈行为旨在促使被欺诈人发出意思表示,因此欺诈人具有恶意。参见[德]迪特尔·梅迪库斯:《德国民法总论》,邵建东译,法律出版社 2000 年版,第 594 页。

② 参见杨代雄:《法律行为论》,北京大学出版社 2021 年版,第 315 页。

③ 参见杨代雄:《法律行为论》,北京大学出版社 2021 年版,第 317 页。

和告知消费者,并采取停止销售、警示、召回、无害化处理、销毁、停止生产或者服务等措施。……”这就是依据法律规定产生的告知义务。二是诚信原则。当事人在从事民事法律行为的过程中,双方都应当负有依据诚信原则使对方了解交易重大情形的相互协作义务,从而使当事人准确了解交易的重大情况,并谨慎作出是否订约的决定。例如,在购买新房时,出卖人应当告知买受人该房屋的基本情况,如该房屋是否被他人居住过、该房屋是否属于凶宅等。三是交易习惯。例如,在旧车买卖交易中,按照交易习惯,出卖人应当如实告知买受人车辆的具体情况,如车辆是否发生过事故,是否存在质量瑕疵等,否则其可能构成消极欺诈。[①] 当然,依据交易习惯产生的告知义务应根据具体交易情形予以判断。需要指出的是,在交易过程中,当事人并不需要告知与交易有关的所有情况,但如果某些因素是影响表意人决定作出意思表示的重要因素,则该方当事人应当负有告知义务。

第三,被欺诈的一方因欺诈而陷入错误。《总则编解释》第 21 条中的“致使当事人基于错误认识”中的“致使”就是指当事人因欺诈而陷入错误,这属于第一重因果关系。一方面,欺诈人告知的虚假情况或隐瞒的真实情况应与民事法律行为的内容有密切关系;如果其与民事法律行为的内容并无联系,则不能认为欺诈行为与认识错误之间有因果联系。另一方面,受害人基于虚假的信息而对合同内容发生了错误认识,如因误信对方的假药宣传而将假药当成了真药,但此种错误并不是由被欺诈人自己的过失造成的,而是受欺诈的结果。如果欺诈人实施欺诈行为以后,受欺诈人未陷入错误或者发生的错误认识并不是由欺诈造成的,则不构成欺诈。

第四,被欺诈人因错误而作出了意思表示。《总则编解释》第 21 条中的“当事人基于错误认识作出意思表示”是指被欺诈人在因欺诈发生了错误认识以后,基于错误的认识作出了意思表示并实施了民事法律行为,这属于第二重因果关系。这就表明欺诈行为与受害人的不真实的意思表示之间具有因果联系。如果被欺诈人虽因欺诈行为陷入错误,但并未作出意思表示,则不能认为构成欺诈。

(二)因第三人欺诈而实施的民事法律行为

所谓因第三人欺诈而实施的民事法律行为,是指因第三人实施欺诈行

---

① 在最高人民法院发布的第 17 号指导案例“张某诉北京合力华通汽车服务有限公司买卖合同纠纷案”中,法院认为,汽车销售者承诺向消费者出售没有使用或维修过的新车,消费者购买后发现系使用或维修过的汽车,销售者不能证明已履行告知义务且得到消费者认可的,构成销售欺诈。参见北京市朝阳区人民法院民事判决书,(2007)朝民初字第 18230 号。

为而使当事人一方在违背真实意思的情况下实施的民事法律行为。例如，生产者从事虚假广告宣传，导致消费者上当受骗，但合同关系是在消费者和销售者之间订立的，而生产者是第三人，因而，此类情形构成第三人欺诈。《民法典》第149条规定："第三人实施欺诈行为，使一方在违背真实意思的情况下实施的民事法律行为，对方知道或者应当知道该欺诈行为的，受欺诈方有权请求人民法院或者仲裁机构予以撤销。"法律作出此种规定，是借鉴比较法的经验的结果，[①]该规定有利于保护受欺诈方，同时，以"对方知道或者应当知道该欺诈行为"作为撤销民事法律行为的条件，也有利于保护善意相对人，维护交易安全。[②]

因第三人欺诈构成可撤销的民事法律行为应当符合如下条件：

第一，必须是第三人实施了欺诈行为。第三人欺诈中的"第三人"应当是当事人以外的第三人，如果是当事人之间实施欺诈行为，则不构成第三人欺诈。当然，如果当事人的代理人、代表人或者当事人选任的人实施了欺诈行为，应当构成当事人一方实施欺诈行为，而不成立第三人欺诈。

第二，受欺诈方因为第三人的欺诈行为而实施民事法律行为。在第三人实施了欺诈行为后，受欺诈方因该欺诈而作出了意思表示。例如，消费者因为相信生产者的虚假广告宣传而选择与销售者订立合同。如果受欺诈方实施民事法律行为与第三人欺诈之间没有因果关系，则当事人不得依据《民法典》第149条规定主张撤销民事法律行为。

第三，相对人知道或者应当知道该欺诈行为。在第三人实施欺诈行为的情形下，为了保护交易安全，不应当一概允许受欺诈方主张撤销民事法律行为。因此，《民法典》第149条将相对人知道或者应当知道该欺诈行为作为受欺诈方撤销民事法律行为的条件。例如，如果销售者对生产者的虚假广告宣传并不知情，也不应当知情，则消费者不得主张撤销合同；如果销售者知道或者应当知道生产者进行了虚假广告宣传，则消费者应当有权撤销合同。

第三人欺诈与恶意串通损害第三人不同。其一，恶意串通要求法律行为当事人之间具有损害他人的恶意。它是当事人之间进行串通，损害当事人以外的人。而在第三人欺诈中，由第三人实施欺诈行为，只有在未受欺诈

---

① 参见《德国民法典》第123条第2款，《瑞士债法典》第28条、第29条，《奥地利民法典》第875条。

② 参见［日］我妻荣：《我妻荣民法讲义——新订民法总则》，于敏译，中国法制出版社2008年版，第291页。

的相对人知道或者应当知道欺诈行为时，受欺诈的一方才可以撤销。其二，恶意串通所评价的是恶意串通的当事人之间的法律行为的效力问题，而在第三人欺诈的情形下，法律评价的是非实施欺诈行为的当事人与相对人之间的法律行为的效力。其三，恶意串通损害第三人涉及违法或违反公序良俗的问题，而第三人欺诈涉及的仍是意思表示不真实的问题。

四、因受胁迫而作出的民事法律行为

《民法典》第150条规定："一方或者第三人以胁迫手段，使对方在违背真实意思的情况下实施的民事法律行为，受胁迫方有权请求人民法院或者仲裁机构予以撤销。"胁迫是以将来要发生的损害或以直接施加损害相威胁，使对方产生恐惧并因此而作出的行为。

依据《民法典》第150条的规定，因受胁迫而作出的民事法律行为包括一方或者第三人实施胁迫，受胁迫方因此所实施的民事法律行为属于可撤销的民事法律行为。自《民法通则》颁行以来，我国相关法律法规仅规定了当事人一方实施胁迫行为，而没有对第三人实施胁迫行为作出规定。所谓第三人胁迫，是指当事人以外的人实施了胁迫行为。例如，出租人要求承租人退租，但一直没有协商成功，后来出租人找到第三人，第三人通过暴力胁迫的方式，强迫承租人退租，此种情形就属于因受第三人胁迫而实施的民事法律行为。比较法上普遍认可了第三人胁迫可以成为民事法律行为的撤销事由。[①] 我国《民法典》借鉴比较法的经验，第一次在法律上对第三人胁迫的规则作出了规定。

因胁迫而实施的民事法律行为，构成可撤销的民事法律行为应当符合如下条件：

第一，胁迫人具有胁迫的故意。胁迫都是基于故意而实施的，所谓胁迫的故意，一是指胁迫者意识到自己的行为将造成受胁迫者心理上的恐惧而故意进行威胁。二是指胁迫者希望通过胁迫行为使受胁迫者作出某种意思表示。一般来说，胁迫的故意并不包括胁迫者希望通过胁迫行为使自己获得某种利益，牟利只是其动机问题。正是因为胁迫人都是基于故意实施的胁迫行为，而且该胁迫行为对表意人的意思自由影响较大，所以，无论是对方当事人实施胁迫行为，还是第三人实施胁迫行为，受胁迫方都有权撤销民事法律行为。

第二，一方或者第三人实施了胁迫行为。《总则编解释》第22条规定：

---

① 参见《法国民法典》第1111条、《国际商事合同通则》第3.2.8条。

“以给自然人及其近亲属等的人身权利、财产权利以及其他合法权益造成损害或者以给法人、非法人组织的名誉、荣誉、财产权益等造成损害为要挟，迫使其基于恐惧心理作出意思表示的，人民法院可以认定为民法典第一百五十条规定的胁迫。”据此，胁迫行为的构成要件为：(1)以将要发生的损害相威胁。所谓将要发生的损害，就自然人而言，是指涉及生命、身体、财产、名誉、自由、健康、信用等方面的损害；就法人或非法人组织而言，不仅包括对法人、非法人组织财产权益的损害，而且包括对法人、非法人组织名誉、荣誉的损害。(2)胁迫者以直接面临的损害相威胁。也就是说，胁迫者通过实施某种不法行为，形成对对方当事人及其亲友人身损害和财产损害的威胁，从而迫使对方作出民事法律行为。如对对方施行暴力(殴打、肉体折磨、拘禁等)、散布谣言、毁损房屋等。当然，将来发生的损害必须是受胁迫者可以相信将要发生的情况，并足以使受胁迫者感到恐惧、害怕。(3)虽然胁迫的对象是相对人，但胁迫的内容既包括对相对人本人的损害，也包括对相对人近亲属等主体的损害。如果一方所实施的将要造成损害的威胁是毫无根据、根本不可能发生的，受胁迫者根本不相信，这也就不会使受胁迫者感到恐惧，从而不构成胁迫。但只要受胁迫者在当时情况下相信损害将要发生，就可以构成胁迫。

第三，受胁迫方因胁迫而实施了民事法律行为。《总则编解释》第22条中的“迫使其基于恐惧心理作出意思表示”是指受胁迫方实施民事法律行为必须与胁迫行为之间具有因果关系。也就是说，表意人因为受到胁迫而产生恐惧心理，并在此种心理状态的支配下实施了民事法律行为。如果行为人的胁迫行为并没有使表意人产生恐惧心理，或者虽然产生了恐惧心理，但并没有因此作出相应的意思表示，则表意人无法依据该规则主张撤销该民事法律行为。

第四，胁迫行为是非法的。胁迫行为给对方施加了一种强制和威胁，此种威胁必须是非法的、没有法律依据的。如果一方有合法的根据对另一方施加某种压力，则不构成胁迫。例如，合同订立以后，一方拒不履行合同，另一方以将要提起诉讼等合法手段向对方施加压力，要求其履行合同，也不构成胁迫。

胁迫并不一定以危害重大为要件。只要一方所表示施加的危害或者正在施加的危害足以使对方感到恐惧，就可以构成胁迫行为。需要指出的是，因胁迫行为是针对特定的当事人实施的，所以确定胁迫行为是否构成，应当以特定的受害人而不是一般人在当时的情况下是否感到恐惧为标准来加以判断。即使一般人不感到恐惧，但受害人感到恐惧，亦可构成胁迫。

需要指出的是,我国《民法典》关于第三人胁迫的规定,与第三人欺诈有所不同。在第三人欺诈的情形下,要求相对人“知道或者应当知道”该欺诈行为,受欺诈人才可以主张撤销。而在第三人胁迫的情形下,无论相对人是否知道胁迫的存在,受胁迫人都可以主张撤销。从比较法上来看,存在统一模式和区分模式。统一模式认为,应当对第三人欺诈和第三人胁迫统一作出规定,一概采取当事人知道或者应当知道标准。[①] 而区分模式认为,这两种情形要分别规定,不必要件一致。[②] 我国《民法典》采取了区分模式。笔者认为,这一做法具有一定的合理性。因为相较于胁迫而言,欺诈的恶性较低,所以要求其证明“对方知道或者应当知道该欺诈行为”是有必要的。但是,在胁迫的情形下,胁迫人的恶意更大,受害人的自由意志受到的侵害更为严重,所以,受害人应当得到更充分的保护。法律上不要求其证明对方当事人知道或者应当知道胁迫行为的存在,这是合理的。

五、显失公平的民事法律行为

(一)显失公平的民事法律行为的概念

所谓显失公平的民事法律行为,是指一方在从事某种民事法律行为时因情况紧迫或缺乏经验而作出了明显对自己有重大不利的行为。《民法典》第 151 条规定:“一方利用对方处于危困状态、缺乏判断能力等情形,致使民事法律行为成立时显失公平的,受损害方有权请求人民法院或者仲裁机构予以撤销。”可见,《民法典》将显失公平的民事法律行为规定为可撤销的民事法律行为,其效力有无取决于当事人主张与否。梅仲协先生认为,对显失公平行为(德国法上称为暴利行为),德国民法认为无效,瑞士债务法准许声明作废并请求返还给付。对经济上弱者之保护,均较仅允许撤销或变更,更加周密。[③] 但笔者认为,我国《民法典》将显失公平规定为可撤销的民事法律行为是妥当的,因为毕竟此类行为是意思表示不真实的,损害的是当事人的私人利益,因此允许当事人自由选择对其更为有利,一旦当事人行使撤销权,其效果与无效并无不同,如受害人愿意接受该行为的后果,则国家没有强行干预的必要。

显失公平主要适用于双务、有偿的民事法律行为,对无偿民事法律行为,因不存在对价问题,所以不存在双方利益的不平衡和显失公平。显失公平规则是民法公平原则的具体体现,法律规定显失公平的民事法律行为可

---

① 参见《欧洲合同法原则》第 4:111 条、《国际商事合同通则》第 3.2.8 条。

② 参见《德国民法典》第 123 条第 2 款、《法国民法典》第 1138 条第 1 款。

③ 参见梅仲协:《民法要义》,中国政法大学出版社 1998 年版,第 120 ~ 121 页。

撤销,有利于保障交易的公平合理,维护正常的交易秩序。

(二)显失公平的民事法律行为的构成要件

依据《民法典》第151条的规定,显失公平的构成要件,应包括客观和主观两个方面。

1. 客观要件

客观要件是指当事人的给付与对待给付之间失衡或造成利益不平衡。依据《民法典》第151条的规定,只有民事法律行为成立时显失公平,表意人才能依据该条规定主张撤销该民事法律行为。具体来说,包括两个方面。

第一,双方当事人的利益明显失衡。也就是说,交易的结果对双方的利益是明显不平衡的。例如,双方订立的合同价款比市场价格高出了数倍,对一方当事人明显不公平。早在罗马法时期,就确立了"短少逾半规则"作为判断利益明显失衡的标准,《法国民法典》第1674条采纳了这一观点。当然,有关利益平衡或不平衡问题,应根据各种交易关系的具体情况加以认定,特别是要通过考虑供求关系、价格的涨落、交易习惯等各种因素而决定。客观上经济利益的不平衡,是以利益能够依一定的价格、收费标准等加以确定为前提的,对于那些特定物、特殊的服务等,因很难计算其实际价值,一般也不适用显失公平制度。需要指出的是,在市场经济条件下,要求各种交易中给付和对待给付都达到完全的对等是不可能的,做生意总会有赔有赚。如果当事人因某个交易不成功,就以显失公平为由要求撤销合同,这显然违背了显失公平制度所设立的目的。但是,如果交易明显不公平,也会影响交易的正常秩序,因此,需要通过显失公平制度对此种极不公平的交易予以纠正。显失公平制度并不是为了消除当事人应承担的交易风险,而是为了禁止或限制一方当事人获得超过法律允许的利益。

第二,必须是民事法律行为成立时显失公平。也就是说,这种利益的失衡发生于民事法律行为成立时,如果在民事法律行为成立时不构成显失公平,而在履行阶段显失公平,则表意人不得依据《民法典》第151条主张撤销民事法律行为。例如,在合同订立以后,因市场行情变化使价格发生涨落等,除非出现了情势变更的情况,否则当事人不能以显失公平为由而要求撤销合同。

2. 主观要件

主观要件是指在订立合同时一方具有利用优势地位或利用对方轻率、无经验等而与其订立显失公平合同的故意。此种主观状态已表明行为人背离了诚实信用原则的要求。法律要求考虑主观条件的目的在于保障交易的公平和公正,维护商业道德,保护处于弱者地位的消费者的利益。具体来说,主观要件分为如下几种情况。

第一,利用危困状态。它是指利用某人因陷入某种暂时性的急迫困境,从而急需金钱或有其他急需的状态。例如,某人家人突患重病,急需交付医药费、住院费等,如果有人利用这种急需要求其低价出售房屋,则有可能构成显失公平。

第二,利用对方缺乏判断能力。所谓缺乏判断能力,主要是指欠缺一般的生活经验或交易经验。例如,金融机构的从业人员向判断能力较弱的老年人高价兜售收益率较低的金融理财产品,即可以认定为利用了老年人缺乏判断能力。[①] 一般认为,欠缺经验仅限于欠缺一般的生活经验或交易经验,而不包括欠缺特殊的经验。也就是说,当事人在进行特殊交易时,应当了解相关的特殊交易经验,而不得以自己缺乏交易经验为由主张撤销相关的民事法律行为。例如,当事人在进行期货交易时,应当了解期货交易的相关规则,事后不得以自己缺乏期货交易经验为由主张撤销合同。

除上述情形外,《民法典》第151条使用了"等"字这一表述,这表明除利用对方处于危困状态、缺乏判断能力等情形外,如果存在其他类似影响当事人意思自由的情形,表意人也应当有权主张撤销民事法律行为。实践中出现了利用优势地位的行为即属于此种情形。所谓利用优势地位,是指一方利用经济上的地位,而使对方难以拒绝对其明显不利的合同条件。例如,大企业利用其经济上的优势地位拟定不公平的格式条款,或者提出苛刻的条件,迫使消费者予以接受。当然,如果受损失的一方仅能证明对方利用供求关系中的优势,从而提出不合理的价格条件,则不构成显失公平的主观要件。因为在竞争的条件下,供求关系本身是不断变化的,此种变化是一种交易风险,很难说是哪一方利用了其优势。

只有符合上述主客观两方面的要件,才能构成显失公平。从该规定来看,我国《民法典》实际上是将《民法通则》中的乘人之危和显失公平合并,确立了新的显失公平制度。我国《民法通则》和《合同法》都采取将这两者分开的模式,即分立模式,[②]而《民法典》采取合并模式。合并模式的合理性主要表现在:一方面,在分立模式下,显失公平不包括主观要件,这就可能为当事人规避交易风险提供了借口,也导致交易安全受到极大威胁。因此,将

---

① 参见李适时主编:《中华人民共和国民法总则释义》,法律出版社2017年版,第474页。

② 参见《关于贯彻执行〈中华人民共和国民法通则〉若干问题的意见(试行)》第70条、第72条,《合同法》第54条。

主客观要件合并,也是为了限制显失公平规则的适用。① 当然,对于利用对方没有经验或轻率的情况,应作严格限定。受害人应当举证证明对方有利用行为,而不能仅证明自己在订约时无经验或轻率。另一方面,从乘人之危来看,其通常都造成了显失公平的客观结果,否则,当事人也不会提起撤销诉讼。所以,乘人之危完全可以被吸纳到显失公平之中。

六、撤销权的行使

(一)撤销权的行使的特点

如前所述,撤销权在性质上是一种形成权,必须通过行使才能发生效力。依照我国《民法典》的规定,撤销权的行使具有如下几个特点。

第一,撤销权的主体。撤销权应当由因意思表示不真实而受损害的一方当事人享有,如重大误解中的误解人、显失公平中遭受重大不利的一方。关于实施欺诈、胁迫等行为的人是否可以主张撤销,虽然学界存在争议,但一般认为,其不能享有撤销权。如果欺诈、胁迫行为人也享有撤销权,可能会鼓励其从事违法行为,也违反诚信原则。

第二,撤销权是一种专属的权利,不得与民事法律行为相分离而单独转让。也就是说,权利人不能在转让合同时保留撤销权,或者在转让撤销权时保留合同债权。当然,撤销权在本质上是一种实体权利,可以由当事人予以放弃,因此一旦撤销权人放弃撤销权,则撤销权也发生消灭。

第三,撤销权的行使必须采取诉讼或仲裁的方式。《民法典》中的多个条款都明确规定,受害人有权请求人民法院和仲裁机构予以撤销。这表明,撤销权的行使应当采取诉讼或仲裁的方式。采纳此种方式的优点在于,其更符合撤销权的本质,撤销权属于形成权,其一旦成立,将消灭相关的法律行为,对当事人的利益关系影响较大,因此,撤销权是否成立,需要法院在诉讼过程中予以判断。撤销权的行使是一种准法律行为,而《民法典》对准法律行为及其效力并未作出一般性的规定,就撤销权的行使方式而言,撤销权要通过诉讼或仲裁的方式行使;就诉讼方式而言,当事人可以通过提起诉讼和反诉的方式行使撤销权。

一般来说,如果撤销权人向对方作出撤销的意思表示,而对方未表示异

---

①　有学者认为,我国法上乘人之危和显失公平乃是德国法上暴利行为一拆为二的结果。故此,《民法典》第 151 条以“利用对方处于危困状态、缺乏判断能力等情形,致使民事法律行为成立时显失公平”将二者一举合并,使其恢复暴利行为规则本来面目。参见申海恩:《〈民法总则〉关于“民事法律行为”规定的释评》,载《法律适用》2017 年第 9 期。其实《民法典》将主客观要件合并,也并非要解决暴利问题,而主要是为了限制显失公平的适用。

议,则可以直接发生撤销民事法律行为的后果;如果双方对撤销问题产生争议,则必须提起诉讼或仲裁,要求人民法院或仲裁机构予以裁决。

第四,撤销权并不包括变更权。依据我国《合同法》第 54 条的规定,在因欺诈、胁迫、重大误解等导致意思表示不真实的情形中,受害人可以主张变更或撤销合同。但《民法典》并没有规定变更权,而只规定了撤销权。立法者认为,在欺诈等情形中,法院或仲裁机构进行变更,并不一定符合当事人的内心意思,尤其是法院如何准确把握变更的标准和幅度,在实践中容易引发争议,形成公权力对私人权利领域的不当干扰,甚至导致自由裁量权的滥用。[①] 因此,可以理解为,《民法典》已经修改了《合同法》的相关规定。在意思表示不真实的情况下,如果要提起撤销之诉,就不能主张变更。

第五,撤销权必须在法定期限内行使。撤销权作为形成权,必须在规定的期限内行使,超过一定的期限,则撤销权归于消灭。因为撤销权是形成权,其应当适用除斥期间。尤其是撤销权的行使会导致民事法律行为被消灭,当事人之间发生恢复原状的后果。如果没有期限限制,可能导致民事法律行为的效力长期处于不稳定状态,这就极不利于维护当事人的利益,也不利于保障交易安全。

(二)撤销权行使期限

依据《民法典》第 152 条的规定,撤销权的行使期限包括如下几种情形。

第一,当事人自知道或者应当知道撤销事由之日起 1 年内,重大误解的当事人自知道或者应当知道撤销事由之日起 90 日内行使撤销权。具体而言,其一,撤销权的行使期限通常为 1 年。该期限在性质上属于除斥期间,属于法定的不变期间,不存在中止、中断、延长的情形。该期限从其知道或应当知道撤销事由(如知道或应当知道其受到欺诈)之日起开始计算。如果超过 1 年不行使权利,或者在知道具有撤销事由后明确表示或者以行为的方式放弃撤销权(如在明知受欺诈以后主动要求欺诈行为人交付货物),撤销权最终归于消灭,则可撤销的民事法律行为确定有效。其二,对于重大误解的当事人而言,自知道或者应当知道撤销事由之日起 90 日内没有行使撤销权,撤销权消灭。该条规定显然是受到《德国民法典》第 121 条第 1 款的影响,[②]这既是考虑到当事人对于误解很可能存在过错,也是为了尽快结束

---

① 参见石宏主编:《中华人民共和国民法总则条文说明、立法理由及相关规定》,北京大学出版社 2017 年版,第 352 页。

② 《德国民法典》第 121 条第 1 款规定:“在第 119 条、第 120 条的情形下,撤销必须在撤销权人知悉原因后,在没有有过错的迟延的情况下(不迟延地)为之……”

法律关系的不确定状态。这就是说,因重大误解而撤销法律行为的,撤销权行使期限较短。因为在重大误解的情形下,撤销权人通常都具有过错,而相对人毫无可归责性,因此,不应当使误解人享有与其他情形下的撤销权人同样的除斥期间。[①]

第二,当事人受胁迫,自胁迫行为终止之日起 1 年内行使撤销权。与欺诈、重大误解等行为不同,胁迫行为具有特殊性,胁迫不终止,被胁迫人不可能自由提起撤销诉讼。因此,受胁迫人只能在胁迫终止后的一定期限内行使撤销权。

第三,当事人知道撤销事由后明确表示或者以自己的行为表明放弃撤销权。撤销权仍然属于私权的范畴,按照私法自治原则,权利人可以放弃其权利。如果撤销权人知道撤销事由存在,但放弃了其权利,法律自然不必干涉。这里所说的明确表示,可以采取书面形式、口头形式或其他形式。另外,放弃撤销权,也可以是以默示的方式,即以自己的行为表明放弃撤销权。

上述期限规定,都采用主观计算方法,即从撤销权人知道或应当知道撤销事由之日起算。此种计算方法的缺点在于,如果撤销权人长期不知道或不应当知道撤销事由,可能导致法律关系长期不确定。因此,还需要借助客观计算方法,限制主观计算方法的适用。据此,《民法典》第 152 条第 2 款规定:"当事人自民事法律行为发生之日起五年内没有行使撤销权的,撤销权消灭。"此种计算方法的优点在于,时间确定、便于计算,有利于法律关系的尽快稳定。该期限的规定实际上也是撤销权保护的最长期间。依据这一规定,自民事法律行为成立之日起,超过 5 年的,撤销权消灭,即使当事人不知道且不应当知道撤销事由,也发生同样的效果。

撤销权一旦行使,经法院确认,将使民事法律行为的效力溯及既往地消灭。民事法律行为一经撤销,发生等同于无效的效果,当事人应当依法相互返还财产、恢复原状。

第五节 效力待定的民事法律行为

一、效力待定的民事法律行为的概念和特征

所谓效力待定的民事法律行为,是指法律行为成立之后,是否能发生效力尚不能确定,有待于其他行为或事实使之确定的民事法律行为。效力待

---

① 参见石宏主编:《中华人民共和国民法总则条文说明、立法理由及相关规定》,北京大学出版社 2017 年版,第 362 页。

定的民事法律行为具有如下特点。

第一,效力待定的民事法律行为已经成立,但行为人因缺乏代理权限或行为能力而使该行为的效力并不齐备。效力待定的民事法律行为本身表明了民事法律行为的成立和生效是有区别的。对一般法律行为来说,只要当事人的合意符合法定的实质要件和形式要件,就当然有效成立。但是对效力待定的民事法律行为而言,民事法律行为成立以后,并不当然发生拘束力。一方面,此类民事法律行为因当事人意思表示一致已经宣告成立,如果在此类民事法律行为中存在意思表示不真实的情况,如欺诈、胁迫等,那么就可能转化为一个可撤销的民事法律行为。另一方面,虽然此类民事法律行为已经成立,但因为主体缺乏缔约能力或代理权限,所以不完全符合民事法律行为的有效条件,其效力是不齐备的。不过,尽管其效力不齐备,也不是当然无效的。

第二,效力待定的民事法律行为的效力既非完全无效也非完全有效,而是处于一种效力不确定的中间状态。其原因有两个方面:一方面,效力待定的民事法律行为即使在被追认之前,对当事人也并非当然无效,而只是处于一种不确定的状态,否则就难以与无效的法律行为相区别。另一方面,在被追认之前该行为并非完全有效,它也不同于可撤销的民事法律行为,因为可撤销的民事法律行为在未被撤销之前是完全有效的。

第三,效力待定的民事法律行为是否已经发生效力尚不能确定,有待于其他行为或事件使之确定。效力待定的民事法律行为本身是一种效力不齐备的民事法律行为,但它并没有违反强行法的规定和公序良俗,因而法律对这种法律行为并不实行国家干预,强行使其无效,而是把选择民事法律行为是否有效的权利赋予当事人和真正权利人,换言之,在法定代理人、被代理人表示追认或拒绝以及善意相对人行使撤销权之前,该行为处于效力待定状态。① 这一点充分体现了民事法律行为自由和私法自治的精神,并贯彻了鼓励交易的原则。例如,未成年人在其房屋漏雨时请人修缮房屋,是符合本人和其法定代理人利益的,对此类民事法律行为的效力应由法定代理人行使追认权予以追认,如果法律规定此类民事法律行为一概无效,则根本违反了未成年人及其法定代理人的利益。

效力待定的民事法律行为不同于无效的民事法律行为。从法律上来看,效力待定和无效是存在严格区别的,主要表现在两个方面:一方面,无效民事法律行为当然无效、自始无效,但效力待定的民事法律行为只是效力处

---

① ［德］迪特尔·梅迪库斯:《德国民法总论》,邵建东译,法律出版社2000年版,第460页。

于不确定的状态。另一方面,对无效民事法律行为来说,法律将确认无效的权力赋予法院和仲裁机构,使其可以主动地审查民事法律行为的效力。但对效力待定的民事法律行为来说,法院没有权力主动审查其效力,确定其有效与否。法律规定这类法律行为的目的就是把法律行为效力的确认权赋予当事人,从而排除法院的干预。由权利人的追认使效力待定的民事法律行为有效,消除了民事法律行为存在的瑕疵,这既尊重了真正权利人的意志和利益,又有利于维护相对人的利益。还要看到,将效力待定从无效中分离出来,也是为了鼓励交易,促成更多的交易,这不仅有利于节省交易费用,还有利于社会财富的增长。

法律行为效力待定与法律行为的可撤销是不同的。二者的不同主要体现于以下两个方面:一方面,法律行为的可撤销主要是因为意思表示不真实,而法律行为效力待定并不是因为意思表示不真实,行为人并没有发生内心意思和外部表示不一致的现象,相反,行为人的内心意思与外部表示是一致的,只是因为行为人欠缺行为能力或处分权而导致法律行为效力不齐备。另一方面,可撤销的法律行为在未被撤销以前,法律行为是有效的,但效力待定的法律行为,其效力能否发生尚未确定,须经权利人予以追认才能生效。

二、效力待定的民事法律行为的类型

(一)限制民事行为能力人依法不能独立实施的行为

由于限制行为能力人毕竟具有一定的认识和判断事物的能力,能够在一定程度上理解其行为的后果,限制行为能力人并非不能从事任何独立的民事行为。较之无行为能力人,限制行为能力人应当具有更大的行为自由,可以单独地、有效地实施一些对其无害的行为。《民法典》第 145 条第 1 款规定:“限制民事行为能力人实施的纯获利益的民事法律行为或者与其年龄、智力、精神健康状况相适应的民事法律行为有效;实施的其他民事法律行为经法定代理人同意或者追认后有效。”依据《民法典》第 19 条、第 22 条的规定,对限制民事行为能力人而言,其可以独立实施如下两类民事法律行为:

第一,纯获利益的行为。限制民事行为能力从事对其有利而无损害的行为(如接受赠与、奖励、被免除义务、成为人身保险合同中的受益人等),法律并无干涉的必要。[1] 对此类行为,他人不得以限制民事行为能力为由主张

---

① 参见贺荣主编:《最高人民法院民法典总则编司法解释理解与适用》,人民法院出版社 2022 年版,第 130 页。

该民事行为无效。从比较法上看,《德国民法典》第 107 条使用的是纯获法律上利益这一表述,其不考虑经济上的利益,要求权利人只能获得权利,而不能负担任何义务。纯获法律上的利益,通常是指限制民事行为能力人不负担义务但取得权利的行为[1],换言之,限制民事行为能力人仅获得权利,而不会因此减损权利或增加义务。[2] 而我国《民法典》第 145 条第 1 款使用的是"纯获利益的民事法律行为"这一表述。笔者认为,对于《民法典》规定的"纯获利益"的行为应当作出有利于保护限制民事行为能力人利益的解释,可以将此处"纯获利益的民事法律行为"解释为在结果上对未成年人有利的行为。一方面,如果限制民事行为能力人仅从某项民事法律行为中纯粹获得利益,则该民事法律行为应当属于纯获利益的民事法律行为。此类民事法律行为类似于比较法上的纯获法律上利益的民事法律行为。另一方面,在某项民事法律行为中,限制民事行为能力人虽然有一定的负担,但该负担明显小于其所获得的利益,则也应当将该民事法律行为认定为纯获利益的民事法律行为。例如,如果未成年人获得的利益远远高于其承受负担所遭受的不利益,那么这种合同也可以认为是纯获利益的合同。这就是说,某些行为虽然要使未成年人承担某种义务,但其所负担的义务与其所获得的利益明显不对等,结果对未成年人是有利的,也应当属于"纯获利益"的行为。例如,限制民事行为能力人在接受大额赠与时,虽然需要负担一定的义务,但如果其所获得的利益明显大于其所负担的义务,二者明显不对等,则也可以将其解释为纯获利益的民事法律行为。

第二,从事与其年龄、智力、精神健康状况相适应的行为。《总则编解释》第 5 条规定:"限制民事行为能力人实施的民事法律行为是否与其年龄、智力、精神健康状况相适应,人民法院可以从行为与本人生活相关联的程度,本人的智力、精神健康状况能否理解其行为并预见相应的后果,以及标的、数量、价款或者报酬等方面认定。"在司法实践中,一般认为,与未成年人年龄、智力及精神健康状况相适应的民事法律行为主要是指如下情形:一是对其自身的财产作出处分的行为。需要探讨的是,关于未成年人网络打赏行为的效力,应当根据未成年人的行为能力(年龄、智力)以及打赏的数额、家庭经济条件以及打赏的环境等综合判断。例如,依据《民法典》第 144 条的规定,如果实施打赏行为的是无民事行为能力人,该打赏行为应当是无效的,但限制民事行为能力人实施该行为就不一定是无效的。此外,还需要考

---

① BeckOK BGB/Wendtland,61 Ed. 1.2.2022,BGB § 107 Rn.8.

② Reinhard Bork,Allgemeiner Teil des Büi^erlichen Gesetzbuchs,3. Aufl. ,2011,Rn.998.

虑未成年人实施打赏行为所使用的财产是否属于未成年人可以支配的财产。例如,如果未成年人实施打赏行为所使用的是其父母给的压岁钱、零花钱,这表明其父母允许其自由支配该财产,且对其使用该财产作出了事先同意,依据《民法典》第19条规定,该行为应当是有效的;但如果未成年人打赏使用的是其父母的积蓄,而且数额巨大,与其年龄、智力等不相适应,其法定代理人不追认的,该网络打赏行为即应当属于无效行为。二是订立劳动合同或请求支付劳动报酬[①]。依据《劳动法》第15条的规定,年满16周岁的未成年人可以参加工作,缔结劳动合同并请求支付劳动报酬。三是日常生活必需的行为。限制行为能力人应当可以从事一些日常生活所必需的交易,否则会不当限制其行为的自由,也会给其生活造成不便。在王泽鉴教授看来,此类行为如理发、购买零食、学生购买文具用品、少女购买脂粉等,固不待言;就现代社会生活而言,它尚应包括看电影、适当玩玩电动玩具、去儿童乐园坐云霄飞车等在内。[②] 但如果行为人购买大宗商品,或者购买的标的物价值较大、数量较多,需要支付的价款高昂,此时,不能认定该行为是与限制民事行为能力人行为能力相适应的行为。对于超出未成年人年龄、智力、精神健康状况的行为,应当由其法定代理人代理,或者在征得其法定代理人的同意后方能实施。

未成年人依法不能独立实施的行为并不是当然无效的行为,而只是一种效力待定的行为。《民法典》第145条第2款规定:"相对人可以催告法定代理人自收到通知之日起三十日内予以追认。法定代理人未作表示的,视为拒绝追认。民事法律行为被追认前,善意相对人有撤销的权利。撤销应当以通知的方式作出。"这就确定了未成年人不能依法独立实施的行为是一种效力待定的行为,这种行为是否有效取决于两个条件:第一,法定代理人是否同意或者追认该行为。《民法典》第145条第1款规定,限制民事行为能力人"实施的其他民事法律行为经法定代理人同意或者追认后有效"。据此可见,《民法典》将此类行为规定为效力待定的民事法律行为,必须要经限制民事行为能力人的法定代理人同意或者追认后才能生效。所谓同意,即事先允许实施。也就是说,限制民事行为能力人的法定代理人可以事先同意或者授权该限制民事行为能力人实施民事法律行为,在此情形下,即便该民事法律行为超出了该限制民事行为能力人的年龄、智力发展状况,其也是

① 参见贺荣主编:《最高人民法院民法典总则编司法解释理解与适用》,人民法院出版社2022年版,第130页。

② 王泽鉴:《民法学说与判例研究》(第4册),中国政法大学出版社1998年版,第40页。

有效的。例如,父母授权子女在300元范围内购买一辆自行车,只要其子女是在300元内购买自行车,就应认为已得到父母的允许。当然,该限制民事行为能力人应当在其法定代理人允许的权限范围内行为。所谓事后追认就是事后表示同意。同意或者追认的行为是一种辅助的法律行为,因此,法定代理人实施同意行为,必须向限制民事行为能力人或其相对人明确做出意思表示。第二,善意相对人是否撤销该行为。《民法典》第145条第2款规定,民事法律行为被追认之前,善意相对人有撤销的权利。

对于缺乏民事行为能力而订立的合同,是否应保护相对人的信赖利益?从民法上来看,法律设置该制度的目的在于保护未成年人和精神病人,对其利益的保护甚至超过了交易安全的保护。换句话说,未成年人的利益是一种位阶较高的利益,保护未成年人利益实际上是保障人权的重要组成部分,在民法上对于未成年人利益的保护甚至要优先于对交易安全利益的维护①。这就是说,对无行为能力人和限制行为能力人的保护不考虑相对人是善意还是恶意,即使相对人不知道或不应当知道对方是无行为能力人或限制行为能力人,也要承担交易被宣告无效或被撤销的不利后果。因此,任何人在与限制行为能力人缔约时,必须意识到这种交易存在的法律风险,即一旦民事法律行为被宣告无效或撤销,将自行承担由此造成的损害后果,而不管其在缔约时是否知道对方具有行为能力。② 当然,无行为能力人和限制行为能力人不赔偿交易中的信赖利益的损失,并不意味着其不承担任何损害赔偿的责任,如果其从事欺诈(此处的"欺诈"不包括前述使人合理相信其有相应的民事行为能力的欺诈)等行为,构成侵权或缔约过失,也应当承担损害赔偿责任。

(二)狭义无权代理行为

《民法典》第171条第1款规定:"行为人没有代理权、超越代理权或者代理权终止后,仍然实施代理行为,未经被代理人追认的,对被代理人不发生效力。"因此,无权代理行为也是效力待定的民事法律行为。只有经过被代理人的追认,该民事行为才能生效。当然,如果无权代理行为构成表见代理,则其为有效的民事法律行为。

狭义无权代理在性质上属于效力待定的行为。因此,无权代理行为只有经过被代理人的追认,才能对被代理人发生效力;未经被代理人追认,对被代理人不发生效力,由行为人负责。这里所谓的"追认",是指被代理人对

---

① 参见王泽鉴:《民法总则》,北京大学出版社2009年版,第301页。

② [德]迪特尔·梅迪库斯:《德国民法总论》,邵建东译,法律出版社2000年版,第417页。

无权代理行为在事后予以承认的一种单方意思表示，一旦作出追认，在性质上视为补授代理权，从而使无权代理具有与有权代理一样的法律效果。追认具有溯及既往的效力。在法律上，被代理人是否作出追认，是被代理人所享有的一种权利，学者通常称其为“追认权”，它在性质上属于形成权的一种。[①] 如果被代理人明确表示拒绝承认，则无权代理行为自始无效，除构成表见代理的情形之外，无权代理行为不能对被代理人产生法律效力。

《民法典》第171条第1款之所以规定狭义无权代理行为是效力待定行为，一方面是因为无权代理行为具有代理的某些特征。由于无权代理行为并不是当然都对被代理人不利，所以法律应当给予本人一种追认权，由本人根据自己的利益和意志考虑来决定是否承认这种行为的效力，经过追认可以消除民事法律行为存在的瑕疵。由此也充分表明了我国法律对当事人利益和意志的尊重。另一方面，因本人的追认而使无权代理行为有效，并不违反法律和社会公共利益，相反，经过追认而有效，既有利于促成更多的交易，也有利于维护本人和相对人的利益。通过本人的追认使效力待定的民事法律行为有效，而不是简单地宣告其为无效民事法律行为，是符合当事人的意志和利益的。

三、效力待定的民事法律行为的效力的确定

（一）法定代理人、被代理人行使追认权

《民法典》第145条第1款和第171条第1款规定，效力待定的民事法律行为必须经过追认才能生效。所谓追认，是指权利人对无缔约能力人、无代理权人与他人从事的有关民事法律行为的事后承认，如法定代理人对限制民事行为能力人订立的合同的追认、本人对无权代理人订立的合同的追认。追认是一种单方意思表示，无须相对人的同意即可发生法律效力。追认的意思表示必须是向相对人做出的，而不是向第三人做出的。追认必须是明确的、肯定的，而不是含糊不清的。追认权属于真正的权利人，权利人的追认与否决定着效力待定的民事法律行为的效力。在权利人尚未追认以前，效力待定的民事法律行为虽然已经成立，但并没有实际生效。所以，当事人双方都不应作出实际履行。

就追认而言，《民法典》第145条第2款和第171条第2款规定了如下规则：一是赋予相对人催告权。也就是说，相对人有权催告法定代理人或者被代理人追认。法定代理人、被代理人通常是收到了相对人的催告

---

① 参见王伯琦：《民法债篇总论》，台北，1962年自版发行，第42页。

作出追认,但法定代理人也可以不待相对人作出催告,便直接向相对人做出追认。二是明确了追认期限。依据上述规定,在相对人催告法定代理人或者被代理人追认时,法定代理人或者被代理人可以在收到催告通知之日起30日内决定是否追认。三是明确了期限届满的效力。依据上述规定,法定代理人或者被代理人未作表示时,视为拒绝追认。法律作出此种规定是合理的,因为如果法定代理人或者被代理人未作表示时视为同意,则无异于强制法定代理人或者被代理人必须作出不予追认的意思,这显然是不合理的。

(二)善意相对人行使撤销权

对效力待定的民事法律行为而言,如果善意相对人享有撤销权,一旦其行使撤销权,则可以使该民事法律行为归于无效。善意相对人是指对对方无相应民事行为能力或者代理权的情况不知情且无重大过失的相对人。在效力待定的民事法律行为中,如果当事人在从事民事法律行为时出于善意,即对对方无相应民事行为能力、代理权的事实处于不知或不应知的状态,那么其在民事法律行为成立以后,依法享有撤销该民事法律行为的权利。一旦其行使撤销权,该民事法律行为归于无效。

《民法典》第145条第2款规定,民事法律行为被追认前,善意相对人有撤销的权利。撤销应当以通知的方式作出。第171条第2款规定,行为人实施的行为被追认前,善意相对人有撤销的权利。撤销应当以通知的方式作出。上述规定完善了善意相对人的撤销权制度。具体而言有三个方面:一是赋予了善意相对人撤销民事法律行为的权利。为保护与限制民事行为能力人、无权代理人进行交易的善意相对人的利益,从而维护交易安全,应当允许其撤销民事法律行为。无论法定代理人、被代理人是否追认,善意相对人都享有撤销该行为的权利。二是明确了相对人行使撤销权的时间。依据上述规定,相对人行使撤销权的时间应在民事法律行为被追认前,如果民事法律行为已经被追认,则属于有效的民事法律行为,相对人不得再主张撤销。从上述规定来看,法律并没有对相对人撤销权的行使时间设置其他限制条件,因此,即便善意的相对人已经对法定代理人或者被代理人作出了催告,其仍然有权主张撤销合同。三是规定了相对人行使撤销权的方式。依据上述规定,相对人撤销权的行使可以通知的方式作出,而不需要以诉讼的方式作出。通知既可以是书面形式,也可以是口头形式。

第六节 无效、被撤销或者确定不发生效力后的法律后果

一、概述

（一）无效的或者被撤销的民事法律行为自始没有法律约束力

《民法典》第155条规定："无效的或者被撤销的民事法律行为自始没有法律约束力。"据此可见，被确认无效和被撤销的民事法律行为自始无效，而不是从确认无效或者被撤销之时起无效。尤其是对无效民事法律行为来说，因其在内容上具有不法性，当事人即使在事后追认，也不能使这些民事法律行为生效。一旦民事法律行为被确认无效和被撤销，原民事法律行为对当事人不再具有任何拘束力，当事人也不得基于原民事法律行为而主张任何权利或享有任何利益。例如，合同被撤销后，当事人不得请求实际履行或要求另一方承担违约责任。

民事法律行为无效、被撤销或者确定不发生效力后，虽不能产生当事人所预期的法律效果，但并不是不产生任何法律后果。无效民事法律行为的违法性，决定了法律不仅要使这些行为无效，还要使当事人承担返还财产、赔偿损失的民事责任，而且因无效民事法律行为侵犯了为法律所保护的社会秩序和社会公共利益，当事人还可能承担其他法律责任。对于可撤销的民事法律行为而言，当事人虽然可能不会承担无效民事法律行为的某些后果（如承担行政责任），但民事法律行为被撤销后，当事人之间也会产生返还财产和赔偿损失的民事责任。

（二）民事法律行为无效、被撤销或者确定不发生效力后应当恢复原状

依据《民法典》第157条的规定，民事法律行为无效、被撤销或者确定不发生效力后，依法应当恢复原状、赔偿损害，具体而言：

第一，民事法律行为无效、被撤销。在民事法律行为无效或者被撤销的情形下，民事法律行为将自始无效，此时，当事人也应当依法负有恢复原状的义务。

第二，民事法律行为确定不发生效力。相对于《合同法》的规定，《民法典》第157条除对民事法律行为无效、被撤销后的法律后果等进行规定外，还增加了关于确定不发生效力的规定。所谓确定不发生效力，主要是指效力待定的法律行为在追认权人拒绝追认或者善意相对人行使撤销权之后，确定不发生效力。

第三，法律行为不成立。《总则编解释》第23条规定了法律行为不成立

参照适用《民法典》关于法律行为无效、被撤销或者确定不发生效力后的财产返还等规则。此处所说的法律行为不成立,不同于法律行为确定不发生效力。对于效力待定的法律行为在权利人没有追认时,法律行为确定不发生效力。但是这一效力形态与法律行为不成立之间存在显著的区别。法律行为不成立主要包括两种情形:一是当事人之间并不存在意思的合致。例如,受到要约的当事人发出了反要约而非进行承诺,在当事人之间,就根本不存在意思表示的一致。二是法律行为不符合法律所规定的成立要件,例如,在要物合同中,标的物尚未交付的,合同就没有成立。[①] 在这种情形下,由于根本并不存在可供评价效力的意思表示一致,因此尚未进入到法律行为效力判断的阶段。而在效力待定的法律行为中,法律行为实际上已经进入了效力的评价阶段。因此,二者之间存在本质上的区别。

二、无效、被撤销或者确定不发生效力后的法律后果

依据《民法典》第 157 条的规定,民事法律行为无效、被撤销或者确定不发生效力后,将产生如下法律后果。

(一)返还财产

《民法典》第 157 条规定,民事法律行为无效、被撤销或者确定不发生效力后,行为人因该行为取得的财产,应当予以返还;不能返还或者没有必要返还的,应当折价补偿。所谓返还财产,是指一方当事人在民事法律行为被确认无效或被撤销以后,对其已交付给对方的财产享有返还请求权,而已经接受对方交付的财产的一方当事人则负有返还对方财产的义务。财产返还涉及如下问题:

第一,从返还财产的目的来看,返还财产旨在使财产关系恢复到民事法律行为成立以前的状态。返还财产适用于已经履行的情况,如果尚没有履行,则不适用此种责任。[②] 也就是说,在民事法律行为被撤销或被确认无效后,当事人应当将其依据民事法律行为所取得的财产返还给对方,从而使当事人之间的利益状态恢复到民事法律行为成立以前的状态。因此,一方返还财产的范围应以对方实际交付的财产数额为标准,如果财产交付以后发

① 参见贺荣主编:《最高人民法院民法典总则编司法解释理解与适用》,人民法院出版社 2022 年版,第 342 页。

② 参见黄薇主编:《中华人民共和国民法典总则编解读》,中国法制出版社 2020 年版,第 511 页。

生毁损灭失,仍然不能免除一方返还财产的责任。[①]

第二,返还财产的对象仅限于原物及原物所产生的孳息。如果当事人接受的财产是实物或货币,原则上应返还原物或货币,不能以货币代替实物或以实物代替货币。如果当事人接受的财产是利益,则应以当时国家规定的价格或市场价格折合成钱款予以返还。如果原物已遭到毁损、灭失,且在客观上已不能返还,应当如何处理呢?所谓不能返还包括事实上不能返还和法律上不能返还两种情况。事实上不能返还主要是指标的物发生变形、毁损等质的变化,导致客观上不能返还。例如,木材已经制成家具,建筑材料已经建成大楼等。法律上不能返还主要是指财产已经转让给善意的第三人,善意第三人已取得该财产的所有权。当出现不能返还的情况时,接受履行的一方应负损害赔偿的责任。如果返还财产虽有可能,但在经济上极不合理(如机器已经被安装,如果要返还则要拆卸,因此将造成极大的损失),则依据《民法典》第157条的规定,当事人可通过折价补偿的方式代替返还财产。

第三,一方行使返还财产的请求权原则上不应当考虑对方是否具有过错。这就是说,如果一方接受了另一方交付的财产,只要该财产仍然存在或能够返还,便应当负有返还责任,而不考虑其在主观上是否具有过错。当然,如果当事人对民事法律行为被撤销有过错,则依据《民法典》第157条的规定,有过错的一方应当赔偿对方由此所受到的损失。

在民事法律行为被撤销后,当事人返还财产的基础是不当得利返还请求权抑或物权请求权?从比较法上来看,在采纳物权行为理论的国家,人们认为返还财产属于不当得利请求权的范畴。[②] 按照物权行为无因性理论,即便合同被宣告无效或者被撤销,物权变动的效力并不受影响,此时,出卖人仅能请求买受人返还不当得利。[③] 事实上,行使不当得利返还请求权,不利于保护出卖人的利益,因为其在性质上属于债权请求权而非物权请求权,不能产生优先效力,无法对抗第三人。如果买受人破产或将标的物低价转让,在此情况下,出卖人仅享有债权请求权,根本不能维护其利益,甚至会使其一无所获。反之,按照债权形式主义,在此情形下,出卖人仍享有标的物所有权,其可以据此产生优先于普通债权或对抗第三人的效力,如此可有力地

---

① 参见黄薇主编:《中华人民共和国民法典总则编解读》,中国法制出版社2020年版,第511页。

② MünchKomm/Baldus, Vor §985, Rn. 27.

③ Hedemann, Schuldrecht, 3. Aufl. 1949, S. 330, 334.

保护出卖人的利益。我国《民法典》物权编并没有采纳物权行为理论，在此情形下，在民事法律行为无效或者被撤销后，基于合同发生的物权变动也丧失了基础，自然发生物权回转的效果。[①] 受领标的物的一方当事人无法取得标的物的所有权，作出履行的一方可以基于物权请求权向对方当事人提出返还原物请求；同时，因为接受履行的一方占有该物，也构成不当得利，从而构成了不当得利返还请求权与物权请求权的竞合。从我国司法实践来看，《九民会议纪要》第 124 条第 2 款规定，在金钱债权执行中，如果案外人提出执行异议之诉依据的生效裁判认定以转移所有权为目的的合同（如买卖合同）无效或应当解除，进而判令向案外人返还执行标的物的，此时案外人享有的是物权性质的返还请求权。可见，我国司法实践一般认为，在合同被宣告无效或者被解除后，出卖人所享有的返还请求权在性质上属于物权性质的请求权，在返还义务人破产时，权利人享有取回权，优先于一般债权人受偿。[②] 从物权变动的层面看，这实际上也承认了合同效力对物权变动效力的影响。

（二）折价补偿

《总则编解释》第 23 条规定："民事法律行为不成立，当事人请求返还财产、折价补偿或者赔偿损失的，参照适用民法典第一百五十七条的规定。"该条将折价补偿作为了一种独立的无效、可撤销后的效果对待，这也是我国司法实践经验的总结。[③] 根据《九民会议纪要》第 33 条的规定，在标的物已经灭失、转售他人或者其他无法返还的情况下，当事人主张返还原物的，人民法院不予支持，但其主张折价补偿的，人民法院依法予以支持。由此可见，折价补偿是对返还财产方法的弥补，主要适用于标的物因为毁损灭失或者被转让后无法返还的情形。不过，受害人也可以主张损害赔偿。但是，较之于损害赔偿，折价补偿也可能更为简便易行。折价时，应当以当事人交易时约定的价款为基础，同时考虑当事人在标的物灭失或者转售时的获益情况综合确定补偿标准。当财产或折价补偿仍不足以弥补受害人所遭受的损失时，受害人仍然可以请求损害赔偿，但在通常情形下，这两种方法已足以弥补受害人损失，特别是在财产价值不断贬值的情形下，此时，应当允许受

---

① 参见贺荣主编：《最高人民法院民法典总则编司法解释理解与适用》，人民法院出版社 2022 年版，第 344 页。

② 参见贺荣主编：《最高人民法院民法典总则编司法解释理解与适用》，人民法院出版社 2022 年版，第 344 页。

③ 参见贺荣主编：《最高人民法院民法典总则编司法解释理解与适用》，人民法院出版社 2022 年版，第 347 页。

害人在各种方法之间进行选择。[①]

（三）赔偿损失

民事法律行为被确认无效或被撤销以后，也将产生损害赔偿的责任。《民法典》第157条规定："民事法律行为无效、被撤销或者确定不发生效力后……有过错的一方应当赔偿对方由此所受到的损失；各方都有过错的，应当各自承担相应的责任。法律另有规定的，依照其规定。"但民事法律行为无效或被撤销后的损害赔偿责任的构成，须具备如下要件：

第一，损害事实的存在。所谓损害事实的存在，是指当事人确因民事法律行为被撤销而遭受了损害。损害必须是实际发生的且可以确定的，而不是当事人主观臆测和设想的。当事人一方要主张损害赔偿，必须要证明损害的实际存在。因民事法律行为被撤销所造成的损失主要是当事人在实施民事法律行为过程中所遭受的损失。

第二，赔偿义务人具有过错。依据《民法典》第157条的规定，民事法律行为无效或者被撤销后，有过错的一方应当赔偿对方因此所受到的损失，各方都有过错的，应当各自承担相应的责任。可见，过错是民事法律行为被撤销后赔偿损失责任的构成要件。过错的表现形式有多种，如违反了法律规定、采取了欺诈和胁迫手段、乘人之危等。依据《民法典》第157条的规定，如果是单方过错，则由有过错的一方向非过错的一方赔偿因其过错而给对方造成的损失。如果各方均有过错，则应当各自承担相应的责任。

第三，过错与损失之间的因果关系。所谓因果关系，是指一方或双方的过错与另一方或双方遭受的损失之间的前因后果联系。如果不存在因果关系，则即使一方具有过错，也不能赔偿另一方的损失。例如，一方违反现行法律规定出售货物给对方，另一方接受货物后因保管不善使货物遭受毁损，尽管该合同被确认无效，但另一方遭受的损失是因其自身保管不善造成的，而非合同无效所致，因此受害人的损失与对方的过错之间没有因果联系。

在民事法律行为被宣告无效、被撤销或者确定不发生效力后，非过错方提出赔偿的请求权的根据是什么？笔者认为，请求权的根据在于其因对方的过错而遭受了信赖利益的损失，也就是说，其因信赖民事法律行为的有效而支付了各种订约和履行费用，而因民事法律行为无效使这些费用未能得到补偿，故其有权要求过错方予以赔偿。其赔偿范围主要限于因信赖民事

① 参见贺荣主编：《最高人民法院民法典总则编司法解释理解与适用》，人民法院出版社2022年版，第350页。

法律行为将有效而支付的各种订约和履行费用,而不应当包括民事法律行为在有效的情况下所能获得的期待利益的损失(如未能获得标的物及利润的损失等)。通过此种赔偿,能够使当事人恢复到民事法律行为成立前的状态。《九民会议纪要》第32条第2款规定,“在确定合同不成立、无效或者被撤销后财产返还或者折价补偿范围时,要根据诚实信用原则的要求,在当事人之间合理分配,不能使不诚信的当事人因合同不成立、无效或者被撤销而获益。合同不成立、无效或者被撤销情况下,当事人所承担的缔约过失责任不应超过合同履行利益”,实际上也采纳了这一观点。

民事法律行为被确认无效或被撤销以后,并非在任何情况下都会产生返还财产、损害赔偿的责任。《民法典》第157条规定,法律另有规定的,依照其规定。因此,如果法律有特别规定,则不一定适用上述责任。例如,对于故意违法的民事法律行为,法律若已明确规定采取没收财产、罚款等方式予以处罚,则要适用法律的规定。①

第七节 附条件和附期限的民事法律行为

一、附条件的民事法律行为

(一)附条件民事法律行为的概念和意义

所谓附条件的民事法律行为,是指当事人在民事法律行为中特别约定一定的条件,以条件的成就与否来决定民事法律行为效力的发生或消灭的民事法律行为。《民法典》第158条规定:“民事法律行为可以附条件,但是根据其性质不得附条件的除外。附生效条件的民事法律行为,自条件成就时生效。附解除条件的民事法律行为,自条件成就时失效。”附条件的民事法律行为能够将当事人的动机表现在民事法律行为中,从而能充分尊重当事人的意志,满足当事人的各种不同需要。但所附条件旨在限定整个民事法律行为的效力,而不是为了限定其中某个条款的效力,因此,其不同于合同中的付款条件、供货条件等。② 附条件法律行为的意义主要在于以下三点:

第一,充分尊重当事人的意思,使法律行为的实施更好地满足当事人的需要。附条件的法律行为通常是通过附条件,把当事人的动机等主观需求反映到法律行为中,使其具有法律的意义。例如,甲乙双方约定,待甲将某项产品试验成功以后,乙即向甲赠送一套设备。在这里产品试验

---

① 黄薇主编:《中华人民共和国民法典总则编解读》,中国法制出版社2020年版,第513页。

② 黄薇主编:《中华人民共和国民法典总则编解读》,中国法制出版社2020年版,第514页。

成功便是乙向甲赠送设备的条件，在该条件实现时，赠送设备的法律行为即产生效力。这里的条件就反映了当事人的动机。一般的法律行为只反映当事人的订约目的（如赠送设备），并不反映当事人的动机（为什么要赠送设备），而附条件的法律行为则能够将当事人的动机等主观需求表现在法律行为中，从而能充分尊重当事人的意志，满足当事人的各种不同需要。

第二，预防未来的风险，有效安排社会交往。当事人在作出法律行为时，基于对现实状况的了解以及对未来的合理预期所做出的判断，认为立即实施某种法律行为还不成熟或不欲使法律行为发生永久的效力，认为未来情况的发展和从事法律行为时的预期可能会发生矛盾，从而可能出现不可预知的风险。而这种不可预知的风险需要通过法律对法律行为效力的限制来控制。[①] 例如，甲向乙供货，担心乙不能支付货款，要求乙于账户上存一定数额的金钱，买卖合同才能生效。这实际上就是通过附条件的方式控制未来的风险。

第三，发挥行为引导的作用。当事人将一定的条件附加到法律行为之中，就可以引导当事人主动实施特定的行为，从而使法律行为发生效力或失去效力。附条件的民事法律行为通过将当事人的动机表现在法律行为中，从而能充分尊重当事人的意志，满足当事人的各种不同需要。

附条件的民事法律行为适用的范围是极为广泛的，可适用于各种类型的民事法律行为，原则上除了法律法规禁止和限制的行为，其他行为都可以设定为附条件的民事法律行为。《民法典》第 158 条规定，民事法律行为可以附条件，但是根据其性质不得附条件的除外。依据该条规定，民事法律行为依其性质不得附条件的，这主要包括两种情形：一是就婚姻、收养、离婚、认领等身份行为而言，在性质上是不得附条件的，如果允许对此类行为附条件，则可能有违公序良俗。[②] 因此，许多身份法上的行为大多不允许附条件。二是一些民事法律行为在性质上要求即时、确定地发生效力，不得使其效力处于不确定状态，此类行为也不得附条件，例如，抵销、解除、追认、撤销等行为。[③] 形成权的行使不得附条件或附期限。附条件的民事法律行为一旦成立，就产生一种形式上的拘束力，任何一方当事人都不得反悔。

---

① 王泽鉴：《民法总则》，北京大学出版社 2009 年版，第 331 页。

② 王泽鉴：《民法总则》，北京大学出版社 2009 年版，第 426 页。

③ 参见石宏主编：《中华人民共和国民法总则条文说明、立法理由及相关规定》，北京大学出版社 2017 年版，第 376 页。

附条件的法律行为一旦成立,就已经产生了一种形式上的拘束力,任何一方当事人都不得反悔。如果是合同行为,则一旦成立,合同即产生形式上的拘束力,只不过该合同不发生履行的效力,其获得实质的拘束力必须等到条件成就。所以,附条件的法律行为一旦成立,行为人就应当受到该法律行为的拘束;对一方和双方来说,因条件可能成就,将使其享受权利。但此时其实质上的拘束力还没有产生。

(二)附条件民事法律行为中的条件

"条件"是指决定民事法律行为的效力产生和消灭的未来不确定的事实。附条件法律行为中的条件,与法律行为中的负担是不同的。负担是指法律行为生效以后所承担的非对待给付的义务,如一方赠与书籍给对方,同时要求对方出借房屋,此为负担。在我国民法学中,这种负担也时常被称为"附条件",但附负担与附条件是不同的。在附负担的民事法律行为中,一方不履行义务,通常将构成违约行为,并且这种法律行为一经成立即发生效力。而在附条件的民事法律行为中,条件只是一种事实而不是义务,条件的成就与否与违反法律行为的规定无关。在附条件的民事法律行为中,条件具有限制法律行为效力的作用。但民事法律行为中所附的条件,必须具备如下要求。

1. 条件必须是将来发生的事实

能够作为附条件的民事法律行为中的条件的,必须是当事人从事民事法律行为时尚未发生的事实,过去的、已经发生的事实不能作为条件。以过去的、已经发生的事实作为条件时,该种条件称为"即成条件"或"即定条件"。例如,乙明知甲的新产品已经试验成功,仍将这一事实作为条件则是毫无意义的。当事人把已知的已经发生的事实作为条件,如果该条件决定着民事法律行为效力的产生,则视为该法律行为未附任何条件。如果该条件决定着法律行为效力的消灭,则视为当事人并不希望从事该法律行为,因而该法律行为应被宣告无效。当事人不知作为条件的事实已经发生,而将这一事实作为条件的,如果当事人知道该事实已经发生后就不会从事法律行为,则该民事法律行为无效;如果当事人知道该事实已经发生后仍希望从事该民事法律行为,则应按已知的情况处理。

2. 条件必须是不确定(Ungewissheit)的事实

条件的本质特征在于,法律行为发生效力所依据的情况具有不确定性,该不确定性同时也是条件区别于期限的原因。[①] 条件必须是不确定的事实。

---

① [德]迪特尔·梅迪库斯:《德国民法总论》,邵建东译,法律出版社2000年版,第627页。

这就是说,条件在将来是否发生,当事人是不能肯定的。如果在法律行为成立时,当事人已经确定作为条件的事实必然发生,则实际上应当解释为当事人在法律行为中附期限,而不是在法律行为中附条件。自然人的死亡不可能是条件,因为人的死亡是确定无疑的;所以,死亡只能构成期限(如居住权人的期限以权利人的有生之年为准),而不是条件。不过,如果约定以某个人在特定时间内死亡或者不死亡为准,即可构成一个条件。①

3. 条件成就必须可能

如果当事人将不可能发生的事实作为民事法律行为失效的条件,视为根本未附条件②。《总则编解释》第 24 条规定:"民事法律行为所附条件不可能发生,当事人约定为生效条件的,人民法院应当认定民事法律行为不发生效力;当事人约定为解除条件的,应当认定未附条件,民事法律行为是否失效,依照民法典和相关法律、行政法规的规定认定。"一是当事人约定以不可能条件为生效条件的,应当解释为当事人根本不希望民事法律行为发生效力,因此该行为不发生效力。例如,当事人在订立某个买卖合同中明确约定,只有出卖方生产的某种有色金属年产量达到 3 万吨时,合同才生效,而按照该矿物的储存量来看,不可能达到该产量,由于当事人所附的条件不可能发生,如果以该条件为民事法律行为生效条件,此时,当事人订立的买卖合同不发生效力。二是当事人约定上述条件为解除条件的,解除条件未成就,民事法律行为视为未附解除条件。例如,双方当事人在合同中约定,如果 6 个月内造不出 9 纳米光刻机,则合同解除。但事实上,出卖人根本不具备制造 9 纳米光刻机的技术条件,由于该条件不可能发生,且以该条件为民事法律行为解除条件,应当认定未附条件,至于该民事法律行为是否失效,则应当依照民法典和相关法律、行政法规的规定予以具体判断。

4. 条件必须是由当事人意定的而不是法定的

附条件民事法律行为中的条件是当事人所附加的条件,也称为"附款",这是当事人的意思表示的一部分。关于条件究竟为意思表示的一部分,还是为另一个意思表示,有两种学说:一是"二元论"。此种观点认为,附条件的民事法律行为有两种意思表示:一种是欲发生法律行为效力的意思表示,另一种是法律所附加的条件。二是"一元论"。此种观点认为附条件的民事法律行为只是一个意思表示,限制法律行为效力的意思表示不过是欲发生法律行为效力的意思表示的一部分。笔者赞同"一元论"观点,即条件不包

---

① [德]迪特尔·梅迪库斯:《德国民法总论》,邵建东译,法律出版社 2000 年版,第 627 页。

② 黄薇主编:《中华人民共和国民法典总则编解读》,中国法制出版社 2020 年版,第 514 页。

括法定的条件,因为法定条件直接源于法秩序的具体要求,条件必须是由当事人协商一致的产物,是其意思表示的组成部分。[①] 作为条件的事实必须是当事人自己选定的,是当事人意思表示一致的结果,而不是法律规定的条件(如法律规定,继承的发生以被继承人的死亡为条件)。如果法律行为中附有法定条件,则视为未附条件。[②]

5. 条件必须合法

附条件民事法律行为中的条件,必须符合法律的规定和公序良俗。以违法或违背公序良俗的事实作为民事法律行为的条件,被称为不法条件。在法律行为附有不法条件的情况下,有学者认为该法律行为应当然无效,也有学者认为,该条件无效,但法律行为仍然有效。笔者认为,原则上说,条件必须合法,附违法条件的民事法律行为一般应当宣告无效。但在特殊情况下,如果单独宣告条件无效,不影响民事法律行为本身的合法性,为了保护相对人的利益,该民事法律行为仍为有效。例如,某雇主与雇员约定,以雇员怀孕为解除条件订立劳动合同,则该条件因违法应当被宣告无效,而该劳动合同仍然有效。

6. 条件不得与民事法律行为的主要内容相矛盾

因附条件而使民事法律行为全体内容陷于矛盾的条件,谓之矛盾条件。[③] 在附条件民事法律行为中,条件是用以限定当事人预期的法律效果发生或不发生的,属于当事人效果意思的一个组成部分,当事人的意思表示的内容不能自相矛盾。因此,与法律行为的主要内容相矛盾的事实不能作为条件。例如,甲向乙表示,“若将此屋卖给丙,则租给丁”。在这里,房屋的出卖条件和出租的内容是互相矛盾的。因为甲将房屋出卖给丙,就不能再出租给丁。对于以与法律行为的主要内容相矛盾的事实作为法律行为条件的,在法律上应如何处理,学者有两种不同的观点。一种观点认为,若“条件”与主要内容相矛盾,则该法律行为本身无效。另一种观点认为,如果该“条件”属于停止条件,决定着法律行为效力的发生,则法律行为无效;如果该“条件”属于解除条件,决定着法律行为效力的消灭,则视为未附条件。笔者认为,条件不得与法律行为的主要内容相矛盾,如果相互矛盾,可以解释为该行为人不欲作出该民事法律行为,不具有真正的效果意思,因而该民事法律行为无效。

---

① Larenz/Wolf, Allgemeiner Teil des Bürgerlichen Rechts, 9. Aufl., 2004, § 50, Rn. 19.

② MünchKomm/Westermann, § 158, Rn. 54.

③ 史尚宽:《债法总论》,中国政法大学出版社 2000 年版,第 484 页。

（三）附条件民事法律行为的分类

在民法上，可以对民事法律行为的条件作出如下区分：

1. 生效条件和解除条件

根据对于民事法律行为本身所起的作用，条件可分为生效条件和解除条件。

生效条件又称停止条件或延缓条件，它是指限制民事法律行为效力发生的条件。《民法典》第158条规定，附生效条件的民事法律行为，自条件成就时生效。在附停止条件的民事法律行为中，民事法律行为虽然已经成立，但暂时停止发生效力。此时，权利人不能行使权利，义务人也不必履行其义务。只有在生效条件成就以后，权利人才可以请求义务人履行义务，义务人也必须履行义务。[①]

解除条件又称消灭条件，它是限制民事法律行为效力消灭的条件。《民法典》第158条规定，附解除条件的民事法律行为，自条件成就时失效。在附解除条件的民事法律行为中，民事法律行为所确定的权利、义务已经发生了效力，在条件成就以后，民事法律行为所确定的权利义务消灭，但在解除条件成就时，民事法律行为不发生溯及既往的效力；而在条件未成就以前，民事法律行为继续有效，如果条件确定不成就，则该民事法律行为一直有效[②]。需要指出的是，附解除条件的民事法律行为不同于附解除权的民事法律行为。《民法典》第562条第2款规定："当事人可以约定一方解除合同的事由。解除合同的事由发生时，解除权人可以解除合同。"两者的区别在于，附解除条件的民事法律行为在条件成就以后，民事法律行为所确定的权利义务消灭。而在附解除权的民事法律行为中，当事人只是约定了一方解除合同的事由，在该事由发生后，只有一方享有解除权，但合同是否可以解除，还必须依解除权人是否行使解除权而定。

2. 积极条件和消极条件

根据条件的成就是否会发生某种事实，条件可分为积极条件和消极条件。

积极条件是指以某种事实的发生为内容的条件。在附积极条件的民事法律行为中，作为条件的事实未发生，视为条件未成就；作为条件的事实已

① 参见［德］迪特尔·梅迪库斯：《德国民法总论》，邵建东译，法律出版社2000年版，第633页。

② 参见［德］迪特尔·梅迪库斯：《德国民法总论》，邵建东译，法律出版社2000年版，第634页。

经发生，则视为条件已成就，民事法律行为生效。

消极条件是指以某种事实的不发生为内容的条件。如甲对乙说："如果明天不下雨，则卖给你雨伞。""明天不下雨"即为消极条件。在附消极条件的民事法律行为中，作为条件的事实不发生，视为条件成就，民事法律行为生效；作为条件的事实已发生，则视为条件未成就，民事法律行为不生效。

3. 偶成条件、随意条件和混合条件

根据条件成就的原因，条件可分为三类：一是偶成条件。它是指条件的成就与当事人的意思无关，纯粹由偶然性的客观事实决定，例如，甲对乙承诺如果明天下雨将赠与乙一把雨伞，是否下雨这一条件就与当事人的意思无关，因而属于偶成条件。二是随意条件。它是指条件的成就由一方当事人的意思决定，例如，甲对其子乙说，如果我明天心情好，将赠给乙 1 万元现金，甲的心情好坏事实上完全取决于甲自己的意思。三是混合条件。它是指条件的成就与否依赖于当事人与第三人的意思。例如，甲对乙说，在你生日当天如果有人送给你礼物，我就送给你一个和他的礼物相同的礼物。在此情形下，条件的成就与否还依赖于第三人是否实施某种行为。

（四）附条件民事法律行为的效力

《民法典》第 158 条规定，附生效条件的民事法律行为，自条件成就时生效。附解除条件的民事法律行为，自条件成就时失效。这里所说的"自条件成就时生效"以及"自条件成就时失效"，是指条件的成就与不成就，决定着民事法律行为的效力发生或消灭。附条件的民事法律行为成立以后，就已经在当事人之间产生了法律拘束力。此种附条件的民事法律行为的拘束力表现在以下三个方面：

1. 民事法律行为已经产生形式上的拘束力。在附条件的民事法律行为成立以后，任何一方当事人都不得单方予以撤回或单方随意变更。例如，对于附条件的合同而言，如果任何一方单方面地终止合同，则构成违约。此外，在附条件的民事法律行为成立以后，即便当事人已经丧失行为能力、丧失对标的物的处分权等，该附条件民事法律行为的效力也不受影响，仍因条件的成就与否决定民事法律行为效力的发生或消灭。

2. 在附条件的民事法律行为成立以后，在条件未成就以前，当事人均不得为了自己的利益，以不正当的行为促成或阻止条件的成就，而只能听任作为条件的事实自然发生。《民法典》第 159 条规定："附条件的民事法律行为，当事人为自己的利益不正当地阻止条件成就的，视为条件已经成就；不正当地促成条件成就的，视为条件不成就。"此处所说的不正当行为是指行为人违反法律、道德和诚实信用的原则，以作为或不作为的方式促成或阻止条件的成就。具体来说,包括如下两种情形:一是当事人不得恶意阻止条件成就。例如,甲、乙双方在租赁合同中规定,如果甲之子从外地回来,乙应搬出另租房屋。该条件属于解除条件。乙不得采取任何不正当的方式阻止甲之子从外地回来。否则,将视为条件已成就。二是当事人不得恶意促成条件成就。当事人不正当地促成条件成就的,则视为条件不成就。例如,甲、乙订立合同时约定,如甲之子从外地回来,甲就将房屋出卖给乙,如果乙恶意诱骗甲之子回来,则属于恶意促成条件成就,依据《民法典》第159条的规定,视为条件不成就。法律作出此种规定的目的在于制裁不法行为人,保护善意当事人的合法权益。

3. 期待权的保护。在条件成就或者不成就之前,附条件的法律行为处于效力不确定的状态。传统民法将此期间称为"未决期间",在未决期间之内,虽然法律行为尚未确定生效,但法律行为对当事人仍然具有一定拘束力。这种因具备取得某种权利之部分要件而受法律保护的期待地位,被称为期待权。[①] 期待权的理论是由德国学者齐特尔曼于1898年在其出版的一本国际私法的著作中首先提出的,并为后世的德国学者所广泛认同。但何为期待权,期待权是否能够成为一种独立的民事权利存在,各国学者看法并不完全相同,主要有物权说、债权说、混合权利说等不同的观点。[②] 笔者认为,将期待权作为一种与既得权相对应的概念,在法律上确有存在的必要。如果将民事权利划分为既得权和期待权,那么期待权就是一种类型的民事权利。在不采用此种分类时,期待权则应依附于物权、债权等基本权利而存在,其性质也应当依据权利人未来取得的权利性质决定。如果未来可取得的权利是物权,其性质就属于物权;如果未来可取得的权利是债权,其性质就属于债权。

期待权可以根据附条件的民事法律行为的类型而分为两种:一是附生效条件的民事法律行为中的期待权。在附生效条件的民事法律行为的情形下,对于一方或双方来说,因条件的成就而可能使其享有权利,或可能获得一定的利益,这种可能的或有希望获得的权利或利益,在不同的附条件民事法律行为中各不一样。在附停止条件的民事法律行为中,一方或双方都希望在条件成就时取得权利,有的学者将这种权利称为"希望权",这种希望权也属于权利的一种,并应受法律的保护。二是附解除条件的民事法律行为中的期待权。在附解除条件的民事法律行为中,因为条件的成就使民事法

---

① 王泽鉴:《民法总则》,北京大学出版社2009年版,第344页。

② 参见申卫星:《期待权基本理论研究》,中国人民大学出版社2006年版,第185页。

律行为失效，权利将复归于原权利人，故学者将其称为“复归权”[①]。由于这两种权利都是对将来的权利或利益的期待，学者又将这两种权利统称为“期待权”[②]。由于这种权利因条件的成就，将从不确定的权利变为确定的权利，并将给当事人带来利益，因而法律保护当事人的“期待权”，禁止他人侵害。

对期待权的侵害，可表现为如下情况：一是附条件民事法律行为的当事人一方对相对人期待权的侵害。其侵害类型可分为通过事实行为侵害和通过民事法律行为侵害。前者指行为人基于过错导致民事法律行为标的物的毁损、灭失。附条件民事法律行为的一方于条件成就前，侵害相对人的期待权，应负损害赔偿的责任。后者指附条件民事法律行为的一方于条件成就前，处分该附条件民事法律行为的标的物而侵害相对人的期待权。该侵害期待权的处分行为应属无效，但不得对抗善意第三人。二是第三人对当事人期待权的侵害。期待权属于侵权责任保护的客体，第三人侵害当事人的期待权，如符合侵权行为的构成要件，应负损害赔偿责任。通说认为，侵害期待权的损害赔偿请求权的行使，必须待条件成就之后，方可主张。但在条件成就之前，权利人可就其侵害行使排除妨害请求权、预防妨害请求权，以保护期待权。

在附条件的民事法律行为中，当事人一方为自己的利益不正当地促成或阻止条件成就的，侵害了另一方的期待权，另一方不能就其期待权遭受侵害单独提起诉讼，而只能视为条件未成就或条件已成就。

二、附期限的民事法律行为

（一）附期限的民事法律行为的概念

所谓期限，是指当事人以将来客观确定到来的事实，作为决定民事法律行为效力的附款。[③] 所谓附期限的民事法律行为，是指当事人在民事法律行为中设定一定的期限，并将期限的到来作为民事法律行为效力发生或消灭根据的民事法律行为。例如，当事人双方在合同中约定自 2015 年 10 月 1 日起，甲方将租赁乙方的房屋，为期 2 年。此类民事法律行为便属于附期限的民事法律行为。《民法典》第 160 条规定：“民事法律行为可以附期限，但是根据其性质不得附期限的除外。附生效期限的民事法律行为，自期限届至时生效。附终止期限的民事法律行为，自期限届满时失效。”这就对附期

---

① 参见申卫星：《期待权基本理论研究》，中国人民大学出版社 2006 年版，第 186 页。

② 陈铣雄：《民法总则新论》，台北，1984 年自版发行，第 605 页。

③ 梁慧星：《民法总论》（第 4 版），法律出版社 2011 年版，第 179 页。

限的民事法律行为作出了规定。

期限具有如下特点：第一，期限是民事法律行为的一种附款。它与民事法律行为的其他内容一起共同构成了附期限的民事法律行为。期限原则上应当由民事法律行为的当事人自由约定。第二，期限是限制民事法律行为效力的附款。如果民事法律行为约定了生效期限和终止期限，则民事法律行为的效力在时间上受到限制。有的期限直接决定着民事法律行为效力的发生，有的期限决定民事法律行为效力的消灭。需要指出的是，期限是对整个民事法律行为效力的限定，因此其不同于某项义务的履行期限。履行期限是对已经生效的民事法律行为所包含的义务的约定，在此情形下，民事法律行为已经生效，只是其义务的履行需要具备一定的条件，而附期限民事法律行为中的期限则是对整个民事法律行为效力的限定。[1] 第三，期限是以将来确定事实的到来为内容的附款。因为期限是必然到来的，所以期限到来时，民事法律行为必然生效或终止。第四，所附期限必须符合法律规定和民事法律行为的性质。如果按照民事法律行为的性质不宜附期限的，则当事人不得在实施民事法律行为时附期限，此种情形主要是指身份法上的行为，如结婚、收养等行为，依法不得附期限。[2]

附期限的法律行为和附条件的法律行为一样，都是为了控制未来的风险而采取的限制法律行为效力的做法。所附的条件和期限实际上都是对法律行为的特别生效要件的约定，都能够直接限制民事法律行为效力的发生或消失，但两者是有区别的。条件与期限的主要区别在于将来的事实是否确定。对此，王泽鉴教授区分了四种情况并分别进行了探讨：一是时期不确定，到来亦不确定，此为条件；二是时期确定，到来不确定，此为条件；三是时期不确定，到来确定，此为期限；四是时期确定，到来亦确定，此为期限。[3] 此种分类确有一定道理，该分类的主要依据在于到来的确定与否。民事法律行为中所附的期限与民事法律行为中所附的条件一样，都是对民事法律行为效力的特别限制，都能够直接限制民事法律行为效力的发生或消失。笔者认为，两者的区别主要表现在两个方面：一方面，作为条件的事实是否发生是不确定的，而期限的到来却具有必然性。条件的成就与不成就是当事人所不可预知的，因此，条件是不确定的事实。而期限的到来是必然发生的，能够为当事人所预知，所以期限是确定的事实。另一方面，当事人在从

① 黄薇主编：《中华人民共和国民法典总则编解读》，中国法制出版社 2020 年版，第 521 页。
② 黄薇主编：《中华人民共和国民法典总则编解读》，中国法制出版社 2020 年版，第 521 页。
③ 王泽鉴：《民法总则》，北京大学出版社 2009 年版，第 332 页。

事民事法律行为时,对于确定的事实只需在民事法律行为中附期限,而不必附条件。期限以一定时间的到来或期间的经过对民事法律行为的效力起限制作用,因此只有尚未到来且必然到来的时间和期间才能作为附期限的民事法律行为中的期限。

附期限的法律行为中的期限与法律行为中的履行期限是不同的。所谓履行期限,是指双方当事人约定的履行法律行为所确定的义务的时间,在履行期限到来之前,当事人双方不需要实际履行义务,债权人也不能请求债务人实际履行债务,否则债务人有权拒绝。例如,合同约定 5 月 1 日交货、10 月 1 日付款、6 月底交付房屋等,都属于有履行期限的法律行为。但履行期限都只是对实际履行义务的规定,并不是对法律行为效力的规定。在履行期限到来之前法律行为已经发生效力,当事人的权利义务已经发生,双方都应当受到法律行为的拘束。然而,在生效期限尚未到来时,法律行为根本没有生效,当事人也不能享有权利并承担义务。换言之,债权债务并没有产生。

(二)民事法律行为所附期限的分类

1. 生效期限与终止期限。生效期限又称延缓期限或始期,是指决定民事法律行为的效力发生的期限。附生效期限的民事法律行为,在期限到来以前,民事法律行为已经成立,但其效力仍然处于停止状态,待期限到来时,效力才发生。这就是《民法典》第 160 条所规定的“自期限届至时生效”。例如,合同中规定,“本合同自某年某月某日生效”,该期限即为始期,至该期限到来后,当事人才能实际享有权利和承担义务。终止期限也称解除期限或终期,是指决定民事法律行为的效力消灭的期限。附终止期限的民事法律行为,在期限到来以前,民事法律行为继续有效,而在期限到来时,民事法律行为效力消灭。这就是我国《民法典》第 160 条所规定的“自期限届满时失效”。例如,当事人在合同中约定,“本合同至某年某月某日终止”,该期限即为终止期限。

2. 确定期限与不确定期限。所谓不确定期限,是指作为期限内容的事实到来时间不完全确定;所谓确定期限,是指作为期限内容的事实能够准确地确定到来。例如,双方约定甲方自 10 月 1 日起租赁乙方的房屋,这种期限就属于确定期限。而双方约定某人死亡之日即为将房屋出售给他方之日。由于人必有一死,但在订约时某人死亡的时间不可能确定,所以这种期限属于不确定期限。

(三)附期限民事法律行为的效力

期限约定的效力,在于使民事法律行为的效力在时间上受到限制。所以,对于附生效期限的民事法律行为而言,当期限到来时,民事法律行为发生效力;对于附终止期限的民事法律行为而言,当期限到来时,民事法律行为丧失效力。在期限到来之前,当事人虽然未实际取得一定的权利或者使一定的权利恢复,但存在取得权利或恢复权利的可能性,因此与附条件的民事法律行为一样,当事人享有期待权,且这种权利也应受到法律保护。[①] 如果期待权受到侵害,受害人享有请求损害赔偿的权利。

---

① 梁慧星:《民法总论》(第4版),法律出版社2011年版,第179页。

第十三章　代理制度概述

第一节　代理概述

一、代理的概念和特征

代理是指代理人以被代理人名义实施的、其法律效果直接归属于被代理人的民事法律行为。《民法典》第161条第1款规定："民事主体可以通过代理人实施民事法律行为。"在代理关系中，被代理人被称为本人，代理他人从事民事法律行为的人被称为代理人，与代理人实施民事法律行为的人被称为相对人。代理规范作为法律效果归属规范，其解决的主要是代理的法律效果由何人承担的归属问题，即代理行为是否对被代理人发生效力的问题。代理行为本身是一种民事法律行为，其成立与生效的判断应当遵循《民法典》总则编第六章的规定。代理的主要法律特征有以下几点：

1. 代理涉及三方法律关系。代理包括三方法律关系：一是被代理人和代理人之间的授权关系。代理权的授权关系与被代理人、代理人之间的基础关系不同，被代理人对代理人的授权既可以根据被代理人的授权产生，又可以基于法律的直接规定产生。二是代理人和相对人之间的关系。即代理人依据代理权实施代理行为，以被代理人的名义向相对人为意思表示或接受意思表示。三是效果承担关系。即代理人在代理权限内，以被代理人的名义同第三人所实施的行为，其法律效果由被代理人承担。[①]

2. 代理人必须以被代理人的名义行为。《民法典》第162条规定："代理人在代理权限内，以被代理人名义实施的

---

① 史尚宽：《民法总论》，中国政法大学出版社2000年版，第514～515页。

民事法律行为，对被代理人发生效力。”可见，我国《民法典》规定的直接代理仅指显名代理，即代理人在对外从事民事活动时必须表明是以被代理人的名义从事一定行为。代理人以被代理人的名义从事的行为，才可能使行为的法律效果归属于被代理人。代理人以自己的名义从事一定的民事法律行为，如果不构成间接代理或者行纪，只能认为是代理人自己的行为，由此产生的法律效果应当由其自己承担。在大陆法系中，代理一般都是指直接代理①，间接代理只是特殊的代理，或者是商法上的代理。根据许多国家的法律，如果代理人所为的意思表示不能被辨明是以他人的名义作出的，则应认为该意思表示是代理人以自己名义所为的意思表示。② 所以，代理人必须以被代理人的名义行为是代理的重要特征。代理人不仅要以被代理人的名义行为，而且其行为不得超过被代理人的授权范围。代理人只有在授权范围内所从事的行为，才符合被代理人的利益，因此，代理人从事法律行为的后果才能由被代理人承受。

3. 代理人在代理权限范围内需要独立作出意思表示。虽然代理人必须在代理权限内行为，但代理人的行为仍然具有一定的相对独立性。代理的事项包括法律行为和准法律行为，代理人不同于传达被代理人意思的使者不同，其需要独立作出意思表示。也就是说，代理人实施代理行为并不是机械地执行被代理人的意志，而是在授权范围内独立作出意思表示。③ 在授权范围内，代理人仍然有选择行为的自由。只有允许代理人在授权范围内独立地进行意思表示，而不是机械地执行被代理人的意志，其才能够充分地维护被代理人的利益，圆满地完成被代理人委托的事项。正是因为这一原因，代理应与传达区分开来。当然，代理人独立进行意思表示并不是为了自身的利益，而仍然是为了被代理人的利益。

4. 代理的法律效果由被代理人承担。代理人以被代理人的名义与相对人从事民事法律行为，由此产生的法律效果完全归属于被代理人。代理人以被代理人的名义与第三人从事民事法律行为，由此产生的法律效果完全归属于被代理人。被代理人和第三人之间的关系，又称“法律效果归属关系”。④ 这就是说，一方面，代理人与第三人发生法律上的交往时，只要代理人是在代理权限内独立发出或接受意思表示，则代理人不应当成为合同当

① 郑自文：《国际代理法研究》，法律出版社 1998 年版，第 3 页。

② 例如，《德国民法典》第 164 条第 2 款。

③ 郑玉波：《民法总则》，中国政法大学出版社 2003 年版，第 401 页。

④ 参见徐海燕：《英美代理法研究》，法律出版社 2000 年版，第 5 页。

事人,而应当由被代理人成为合同当事人。另一方面,法律效果由被代理人承担,不仅意味着代理行为所形成的权利义务应当由被代理人承受,而且意味着由此引起的民事责任也要由被代理人而不是代理人承担。当然,如果代理人从事无权代理而又不构成表见代理,或者代理行为违法的,其所产生的法律后果不应当完全由被代理人承担。

在现代社会,代理既是交易的工具,又是人们从事社会交往所不可缺少的手段。代理的功能主要体现在两方面:一是辅助功能。辅助功能主要体现在法定代理中,这就是说,通过代理能够弥补被代理人行为能力的欠缺,从而保护限制行为能力人或无行为能力人的利益。法定代理的重要目的是代理那些无行为能力人或限制行为能力人以实现他们的利益。这些人不具有以意思表示实现私法自治的能力,法定代理的产生,弥补了被代理人行为能力的欠缺。所以,从这个意义上说,代理制度是私法自治的补充。① 二是延伸功能。在现代社会,由于社会分工的发展,人们不可能事必躬亲,而且有些专业领域的事项,亲自办理并不如请专业人士办理效果佳。所谓人各有异,术有专攻,代理的广泛运用既避免了"事必躬亲"的麻烦,又解决了交易者因社会分工、能力的限制而产生的从事交易的困难,为交易提供了更广阔的天地,因此,代理使被代理人的能力得以延伸。② 事实上,任何人都不可能包办一切事物,需要假手他人,才能取长补短、互助合作。代理可以弥补被代理人在时间、空间和专业技能上的缺陷,鼓励交易,促进经济的发展,也有利于满足人们的各种需要。③

我国《民法通则》将代理和民事法律行为放在一起规定,而《民法典》将代理和民事法律行为加以区别并单独作出规定,改变了传统大陆法系国家将两者合并规定的模式。这主要是考虑到代理本身已经自成体系,形成了完整的自身规则,且在实践中,其适用范围较为广泛,所以,有必要将代理与民事法律行为分开规定。

二、禁止代理的情形

虽然代理的适用范围极为宽泛,但并非所有的法律行为和准法律行为都可以适用代理。《民法典》第 161 条第 2 款规定:"依照法律规定、当事人

---

① 郑玉波:《民法总则》,中国政法大学出版社 2003 年版,第 397 页。

② [德]卡尔·拉伦茨:《德国民法通论》(下册),王晓晔等译,法律出版社 2003 年版,第 815 页。

③ [德]卡尔·拉伦茨:《德国民法通论》(下册),王晓晔等译,法律出版社 2003 年版,第 815 页。

约定或者民事法律行为的性质,应当由本人亲自实施的民事法律行为,不得代理。”依据这一规定,以下几种情形不得代理:

第一,依据法律规定不得代理的情形。代理人从事的行为主要是民事法律行为,代理事项是法律允许代理的行为。基于政策考虑,法律规定了一些行为不允许代理,在此情形下,只能由被代理人亲自实施。例如,《民法典》第1049条规定,要求结婚的男女双方应当亲自到婚姻登记机关申请结婚登记。据此,结婚行为必须亲自实施,而不得由他人代理。

第二,依据约定不得代理的情形。如果当事人基于某种明确约定,必须由被代理人亲自实施某种行为,则该行为也不得代理。例如,在提供服务的合同中,当事人可能明确约定必须由当事人亲自提供服务,此时,债务人就不得委托代理人实施该行为。

第三,按照民事法律行为的性质不得代理的情形。此类行为主要是指一些具有人身性质的民事法律行为,如收养行为,这些情形通常已经有法律作出了规定,但也可能法律尚未明确规定,而依照其性质是不得代理的。

此外,关于违法行为是否可以代理,存在争议。笔者认为,代理事项本身不得违反法律的效力性强制性规定和公序良俗①,否则,该代理行为将因标的违法而被宣告无效。此处所言的违法是指违反了法律的强制性规定,该行为无论何人实施都应当被确认为违法的事项,如委托代理人购买毒品或者其他非法物品。

三、法律对代理行为后果的规定的性质

关于法律对代理行为后果的规定究竟属于效力规范还是效果归属(Zurechnung)规范,存在不同观点。德国法上认为,代理规范属于效果归属规范,旨在解决代理人从事代理行为的效力归属问题。② 在德国,代理规定实际上是效果归属规定(Zurechnungsnorm),将意思表示的效果归属于被代理人。③ 例如,德国学者 Bork 就认为,《德国民法典》第164条就是效果归属规定。④ 但也有学者认为,代理规范实际上应当是关于法律行为效力的规范。

笔者认为,法律对代理行为后果的规定兼具效力规范与效果归属规范

① 参见最高人民法院《关于未取得无船承运业务经营资格的经营者与托运人订立的海上货物运输合同或签发的提单是否有效的请示的复函》(〔2007〕民四他字第19号)。

② 参见[德]维尔纳·弗卢梅:《法律行为论》,迟颖译,法律出版社2013年版,第900页。

③ Bork, Allgemeiner Teil des Bürgerlichen Gesetzbuchs, 2016, S. 522, Rn. 1321 f.; Neuner, Allgemeiner Teil des Bürgerlichen Rechts, 2020, S. 599, 614, § 49, Rn. 2, 70.

④ Bork, Allgemeiner Teil des Bürgerlichen Gesetzbuchs, 2016, S. 523, Rn. 1324.

的特征。一方面,对于被代理人而言,代理规范首先是效力规范,否则就无须讨论能否对被代理人发生效力的问题,所谓的效果归属也就无从谈起。在缺乏代理权的代理人实施无权代理行为时,如果被代理人不予追认,代理行为本身无效,也就不会发生归属的问题。① 而表见代理制度则同样首先解决代理法律行为的效力问题,进而解决效果归属的问题。所以,代理规范作为效力规范是产生法律效果归属的前提,代理规范如果不解决有效性的问题,法律效果归属问题就无所依附。将代理规范作为效果归属规范的观点认为,在代理关系中,效力问题是由法律行为制度规定的,而不是由代理制度规定的,代理只是解决法律行为效果的归属问题。然而,代理制度中规定的无权代理情形下被代理人的追认权问题,事实上就是关于法律行为效力待定的规则。因此仅仅将代理规则作为效果归属规范并不能完全反应代理规则的性质。另一方面,对于代理人而言,法律行为规范也要解决效果的归属问题,即代理行为的法律效果是否需要由被代理人承担的问题。② 如果代理人是在代理权限内实施的代理行为,则应当由被代理人承担法律效果。但如果发生狭义的无权代理,则要先解决合同效力的问题,进而可能适用无权代理人责任的规范。

第二节　代理与相关概念的区别

一、代理与委托合同

代理(特别是委托代理)与委托合同关系十分密切。委托合同又称委任合同,它是指双方当事人约定一方以他方的名义和费用为他方处理事务的合同。在委托合同关系中,委托他人为自己处理事务的人被称为委托人,接受委托的人被称为受托人。委托合同的内容是由受托人用委托人的名义和费用处理或管理委托人的事务。委托合同是一种典型的提供劳务的合同。代理与委托的联系表现在两个方面:一方面,在代理中,代理人在代理权范围内,以被代理人的名义从事行为,由此所产生的法律效果,由被代理人承担。同样,在委托合同中,受托人依委托合同的授权,与第三人之间进行的民事活动,其后果不是由受托人而是由委托人承担。另一方面,在委托代理中,委托合同常常是授权行为的基础。通过委托关系,民事主体以代理、行

① 参见[德]迪特尔·梅迪库斯:《德国民法总论》,邵建东译,法律出版社2000年版,第671页。

② 参见[德]迪特尔·梅迪库斯:《德国民法总论》,邵建东译,法律出版社2000年版,第671页。

纪和居间等法律形式借助他人的帮助进行民事活动。[①] 还要看到,依据《民法典》第173条的规定,被代理人取消委托或者代理人辞去委托,将导致委托代理关系终止。由此可见,两者之间的关系十分密切。但是代理和委托仍然是两种不同的法律关系,其区别在于:

第一,委托仅仅是发生在委托人和受托人之间的内部合同关系,它是双方关系。而代理涉及代理人与第三人和被代理人的关系,它是三方关系。委托合同可构成代理关系发生的基础,但并不等于代理关系,委托关系属于代理关系的基础关系。

第二,代理权的产生基础是多样的,委托合同只是代理权产生的主要的基础关系。代理赖以产生的基础关系,除委托合同之外,还包括职务关系、劳动合同、合伙协议、身份关系等。即使在委托代理中,代理权授予的基础还包括其他的形式(如合伙等)。代理权产生的直接原因是代理权授予行为,而委托合同的成立和生效,仅产生事务处理权,由此使直接产生代理关系的代理权授予行为具有了法律基础,但委托合同本身可能并不当然地产生代理权,只有在委托人作出授予代理权的单方行为后,或者在委托合同中包含了授权条款,受托人才享有代理权。[②]

第三,在代理关系中,代理人必须以被代理人的名义从事活动,否则不能构成直接代理。而委托合同的受托人,既可以以委托人的名义,也可以以受托人自身名义进行活动。受托人是否以委托人名义处理事务,并不影响委托合同的性质。

第四,代理必须要求代理人作出或接受意思表示。代理的事务主要是法律行为和准法律行为,代理人从事的代理行为必须是具有法律意义的意思表示。而委托合同中的受托人既可以根据委托实施民事法律行为,也可以根据委托实施事实行为。例如,代为缴纳各种税费等,就是事实行为。

第五,效力不同。授权行为的效力只是使代理人享有代理权,并不在当事人之间产生债的关系,也就是说,授权行为本身并不是债的发生原因,无法在当事人之间产生债权债务关系。而委托合同作为独立的有名合同类型,将在委托人与受托人之间产生债的关系,委托人有权请求受托人按照合同约定履行义务,而有偿委托合同的受托人也有权请求委托人按照约定支付报酬。

---

① 李开国:《民法基本问题研究》,法律出版社1997年版,第198页。

② 郭明瑞、王轶:《合同法新论·分则》,中国政法大学出版社1997年版,第303页。

二、代理与代表

代理与代表一样，都可能发生行为效果的归属问题。依照《民法典》的规定，所谓代表，是指依照法律或者章程的规定，代表法人或者非法人组织从事民事活动的人。在实践中，有人将一些法定代表人的行为视为代理行为，造成两者混淆。从法律上看，两者之间存在明显的区别，主要表现在：

第一，代理需要被代理人对代理人进行专门的授权。一般认为，代表与被代表人同属一个人格，代表人与第三人的关系属于被代表者与第三人的关系。代理人与被代理人分属两个人格，代理人在代理权限范围内需要独立作出意思表示，只是其后果须由被代理人承担。① 如果构成无权代理，则可能由代理人自己负责。而代表人的行为可直接视为主体自身的行为，不需要发生法律效果的归属过程。例如，在司法实践中，通常认为，公司的法定代表人以公司名义对外签订的合同，就直接视为公司的行为，不需要进行效果的归属和转化。②

第二，代表不需要专门的授权，因为相关的法律或章程已经对代表人的职权作出了规定，只不过，对公司法定代表人而言，需要进行登记。例如，《公司法》第 13 条规定："公司法定代表人依照公司章程的规定，由董事长、执行董事或者经理担任，并依法登记……"而代理则需要专门授权，且代理人一般不需要登记。

第三，无权代理和无权代表分别适用不同的规则。在无权代理的情形下，代理行为原则上对被代理人不发生效力，但在被代理人追认等例外情形下对被代理人发生效力。而在无权代表的情形下，代表人的行为原则上对法人或者非法人组织发生效力，在相对人明知代表人无权代表等例外情形下才对法人或者非法人组织不发生效力。

三、代理和中介

我国《民法典》第 961 条规定："中介合同是中介人向委托人报告订立合同的机会或者提供订立合同的媒介服务，委托人支付报酬的合同"。中介与代理具有一定的相似性：一方面，中介也需要取得委托人的授权；另一方面，中介人与代理人一样并不成为委托人与相对人之间的合同的当事人。在特殊情况下，中介人也可能成为一方甚至双方代理人。例如，中介人接受

---

① 郑玉波：《民法总则》，中国政法大学出版社 2003 年版，第 191 页。

② 参见"北京公达房地产有限责任公司诉北京市祥和三峡房地产开发公司房地产开发合同纠纷案"，最高人民法院民事判决书，(2009)民提字第 76 号。

双方的委托,全权代表双方缔约。但是,代理和中介也存在明显的区别,表现为以下四个方面:

第一,中介人并没有获得代理权,其义务不是代理或独立完成某种民事法律行为,只是为委托人提供某种商业机会供其选择,或者撮合双方当事人订立合同。但代理人要以被代理人的名义从事民事法律行为,必须要获得代理权。

第二,中介人不需要对相对人独立作出意思表示或接受意思表示,其活动仅限于提供信息和媒介。至于委托人与相对人之间能否订立合同,完全由其双方决定,而不能由中介人决定。而代理人需要独立作出意思表示。“居间行为之结果既不使委托人与第三人产生合同关系,也不使居间人与第三人产生合同关系”。[①] 而且,代理人应当有独立的意思决定空间,否则,就不是代理人而成为传达人。

第三,中介人无须完全按照委托人的指示开展工作,而要保持工作上的独立性[②]。代理人必须在代理权限内进行代理活动,超越代理权限,原则上不能发生代理的效果。

第四,中介行为本身并不产生一定的法律效果,至少不能产生使委托人承受的效果。中介人只是提供服务,其不能决定是否与第三人订立合同。因此,中介人不对相对人独立承担合同上的责任,这与代理显然是完全不同的。

四、代理与使者

使者是表示被代理人已决定的意思或转达被代理人的意思表示的人,又被称为传达人。使者和代理人都要接受被代理人的委托,但两者之间存在明显的区别,表现在以下三点:

第一,使者不需要为获得代理权独立进行意思表示,其只需替委托人传送意思表示。由于使者只是转达委托人的意思,所以使者无须具有相应的意思能力。而代理人需要在授权范围内独立发出或接受意思表示,因此代理人需要具有相应的意思能力。[③]

第二,使者本身不需要与第三人发生交易行为,也不需要参与缔约活

---

① 高富平、王连国:《委托合同 · 行纪合同 · 居间合同》,中国法制出版社 1999 年版,第 178 页。

② Philippe Malaurie, Lauren Aynès, Pierre-Yves Gautier, Droit civil, Les Contrats spéciaux, Defrénois, 2003, p. 327 – 328.

③ 郑玉波:《民法总则》,中国政法大学出版社 2003 年版,第 404 页。

动。而代理人要直接与相对人发生关系，直接参与谈判、缔约。

第三，使者有可能因违约而要对委托人承担违约责任，其对相对人一般不负责任。但代理人超越代理权或从事违法代理行为，有可能要向相对人承担责任。

第三节　代理的分类

一、委托代理、法定代理

《民法典》第 163 条第 1 款规定："代理包括委托代理和法定代理。"需要指出的是，《民法通则》第 64 条除规定上述两种代理之外，还规定了指定代理，该条规定，指定代理人按照人民法院或者指定单位的指定行使代理权。但《民法典》没有采纳此种分类，因为按照立法者的观点，指定代理只是法定代理的一种特殊形式，而不属于独立的代理类型，法定代理和指定代理都是基于法律的直接规定而产生的代理权，指定代理的情形只不过多了一个指定程序而已，并不影响其法定代理的性质。[①] 因此，代理仅包括委托代理和法定代理。

（一）委托代理

所谓委托代理，是指基于被代理人的委托授权而发生代理权的代理。在委托代理中，代理人所享有的代理权是由被代理人授予的，因此，此种代理又被称为授权代理。由于委托授权行为是基于被代理人的意志而进行的，被代理人的意思是发生委托代理的前提条件，所以，委托代理又被称为意定代理。[②] 有学者认为，意定代理在《民法典》中被称为委托代理，但委托代理这一用语容易导致与基于委托合同产生的代理相混淆，因此意定代理语义更加精确。[③] 笔者认为，委托代理的概念也有其合理性，因为此种代理主要是基于委托授权而产生的，其揭示了代理权产生的根本原因，使用委托代理的概念更为确切。

委托代理产生的基础在于委托授权，但这并不意味着委托合同是委托代理唯一的基础关系，在实践中，除委托合同之外，基于合伙合同、劳务合同等基础关系也能产生委托代理。

《民法典》第 163 条第 2 款规定，委托代理人按照被代理人的委托行使代理权。依据该条规定，在委托代理中，委托合同是代理权赖以产生的基础

---

① 李适时主编：《中华人民共和国民法总则释义》，法律出版社 2017 年版，第 509 页。

② 柳经纬主编：《民法总论》（三版），厦门大学出版社 2000 年版，第 223 页。

③ 张俊浩主编：《民法学原理》，中国政法大学出版社 1997 年版，第 276 页。

关系。依据上述规定,代理制度虽然是法律规定的,但是,在委托代理的情况下,代理人都是基于授权而取得代理权的,代理人应当依据代理权授予实施代理行为。在实践中,除委托合同之外,还有如下三种基础关系可以产生委托代理:

一是职务关系,即当事人在法人或非法人组织之中承担特定的职务(如副总经理、销售部经理等在职权范围内对外签订销售合同),并可以依据此种职务对外代理法人或非法人组织行为。产生职务代理的关系是基于当事人的意思而发生的,因此,其在性质上也应当属于委托代理的范畴。也正是因为这一原因,《民法典》将职务代理规定在"委托代理"一节中。

二是劳动合同。在当事人之间订立了劳动合同之后,劳动者就有可能被授权从事代理行为,因为在劳动合同中就可能包括了授权条款。

三是劳务合同。例如,自然人与其雇请的家庭保姆之间就存在劳务合同。该保姆可能被授权从事特定的行为(如代理购买家庭用品)。需要指出的是,虽然委托合同是代理权产生的基础,但并非所有的委托合同都能产生代理权,在某些情况下,虽然当事人订立了委托合同,但委托从事的并非法律行为,而是完成一定的工作,此时就不构成代理。

(二)法定代理

法定代理是指依据法律规定而产生代理权的代理。《民法典》第163条第2款规定,法定代理人依照法律的规定行使代理权。依据这一规定,法定代理权的发生不需要依赖于任何授权行为,而直接源于法律的规定。取得法定代理人的资格既不需要当事人作出意思表示,一般也不需要取得被代理人的同意。同时,由于法定代理人是基于法律的规定而享有代理权,而不是根据代理权授予行为而享有代理权,因此,代理人只能在法律规定的权限范围内行使代理权。①

法定代理人的类型包括如下四种情形:

第一,监护人。监护人既可以由法律直接规定,也可以由有权机关指定,还可以基于被监护人的父母通过遗嘱指定。父母是子女第一顺序的监护人,当然享有法定代理权,同时,父母之外的监护人对被监护人也享有法定代理权。无论基于何种原因产生,监护人都是无行为能力人和限制行为能力人的法定代理人。《民法典》第23条明确规定:"无民事行为能力人、限制民事行为能力人的监护人是其法定代理人。"

第二,夫妻之间由于其特殊的人身关系,可以产生特殊的法定代理权。

① 郑玉波:《民法总则》,中国政法大学出版社2003年版,第408页。

此种法定代理权也被称为日常家事代理(Schlüsselgewalt),它是指依据法律规定,夫妻双方在日常家庭事务中,享有相互代理的权利。《民法典》第1060条第1款规定:"夫妻一方因家庭日常生活需要而实施的民事法律行为,对夫妻双方发生效力,但是夫妻一方与相对人另有约定的除外。"这一规定也符合社会生活习惯。日常家事代理具有如下特点:一是日常家事代理权的主体是夫妻双方,该权利来自法律规定,法律设置这一制度,扩张了夫妻双方的意思自治,使夫妻在日常生活中互为代理人从事各种民事活动,满足家庭生活需要,也不必凡事事必躬亲[①]。二是该项权利以夫妻关系的存在为基础,只要夫妻双方存在合法的婚姻关系,双方就都享有此种权利[②]。三是夫妻任何一方在行使该权利时,既可以以自己的名义,也可以以夫妻另一方的名义来进行。四是该项权利的行使范围限定于日常家事。所谓日常家事,指夫妻及未成年子女共同生活所必需的事项,如购买食物、缴纳水电费等。[③] 夫妻双方可以就家庭日常事务互为代理人,但是并不意味着法律对于所有的事务都可以适用家事代理,对特别重大的事项不得适用家事代理,例如,不动产的转让、数额巨大的家庭财产的赠与、对外提供担保等。夫妻双方对家事代理权限的限制不得对抗善意第三人。五是夫妻任何一方行使该项代理权,由此实施的民事法律行为对夫妻双方都发生效力,即该民事法律行为所产生的法律效果应归属于夫妻双方。[④]

第三,失踪人的财产代管人。《民法典》第42条规定:"失踪人的财产由其配偶、成年子女、父母或者其他愿意担任财产代管人的人代管。代管有争议,没有前款规定的人,或者前款规定的人无代管能力的,由人民法院指定的人代管。"因此,对于失踪人,应当设定财产代管人。失踪人的财产代管人可依法代理失踪人实施民事法律行为。

第四,基于紧急状态法律特别授权的代理人。例如,在某种紧急的情况下,船长、承运人、保管人依据法律规定的紧急代理权,可以作为货主的代理人。[⑤] 此种代理权因法律规定而产生,也属于广义上的法定代理。

---

① 参见黄薇主编:《中华人民共和国民法典婚姻家庭编解读》,中国法制出版社2020年版,第89页。

② 参见黄薇主编:《中华人民共和国民法典婚姻家庭编解读》,中国法制出版社2020年版,第90页。

③ 王泽鉴:《民法总则》,北京大学出版社2009年版,第363页。

④ 参见黄薇主编:《中华人民共和国民法典婚姻家庭编解读》,中国法制出版社2020年版,第91页。

⑤ 梁慧星:《民法总论》(第4版),法律出版社2011年版,第221页。

二、直接代理和间接代理

直接代理是指代理人以被代理人的名义在授权范围内从事代理行为，代理的效果直接由被代理人承担。许多学者认为，直接代理就是显名代理，或称显名主义。①

所谓间接代理，是指代理人以自己的名义从事民事法律行为，并符合《民法典》合同编关于间接代理的构成要件，它是与直接代理相对应的。大陆法系国家民法一般将间接代理称为行纪②，但我国《民法典》合同编区分间接代理与行纪。《民法典》第925条和第926条分别规定了两种间接代理形式：一是第三人知道当事人之间存在委托关系。《民法典》第925条规定，受托人以自己的名义，在委托人的授权范围内与第三人订立的合同，第三人在订立合同时知道受托人与委托人之间的代理关系的，该合同直接约束委托人和第三人。二是第三人不知道当事人之间存在委托关系。《民法典》第926条规定，第三人不知道受托人与委托人之间的代理关系的，受托人因第三人的原因对委托人不履行义务，受托人应当向委托人披露第三人，委托人因此可以行使受托人对第三人的权利。在上述两种情形下，代理人并没有以被代理人代理人的身份行为，因而不同于直接代理。

间接代理和直接代理具有一些共同性，主要表现在两个方面：一方面，它们都需要通过委托和授权才能产生，这种委托和授权构成了代理人和被代理人之间的内部关系，而代理人以被代理人的名义或以自己的名义对外发生联系，构成真正的代理关系。但代理人必须在授权的范围内从事代理行为。代理人只有根据委托授权行为，该行为的后果才能对委托人产生拘束力。即使在间接代理的情况下，也要求代理人必须在授权范围内行为，否则，当第三人要求委托人承担责任时，委托人可以以受托人超越了代理权限为由提出抗辩，主张该行为的后果应当由代理人自己承担。另一方面，在直接代理的情况下，代理人是直接以被代理人的名义对外行为的，因而代理直接对被代理人产生效力。也就是说，代理行为所产生的权利和义务，应直接由被代理人享有和承担。而在符合间接代理要件的情况下，如果第三人行使了选择权，或被代理人行使了介入权，则间接代理也会发生和直接代理一样的效力。

尽管直接代理和间接代理有一定的相似性，但二者也存在明显区别，具体表现在以下三点：

---

① 史尚宽：《民法总论》，中国政法大学出版社2000年版，第469～474页。

② 郑玉波：《民法总则》，中国政法大学出版社2003年版，第409页。

第一,从事民事法律行为的名义不同。直接代理是指代理人以被代理人的名义,为了被代理人的利益与第三人为民事法律行为。直接代理也可以被称为显名代理。此处所说的显名不仅要求代理人与第三人发生交易时,要向第三人披露被代理人的姓名并要以被代理人的名义行为,而且还包括代理人在订立合同时,必须以被代理人的名义订约。这就是说,要贯彻完全的公开性原则(the publicity principle)。然而,间接代理则是指代理人以自己的名义但是为被代理人的利益与第三人为民事法律行为。在间接代理中,由于代理人是以自己的名义对外行为的,所以,按照大陆法系国家民法关于代理必须显名的要求,此种代理在性质上不属于真正的代理。对于间接代理,大陆法传统上将其称为行纪,而不称为代理。① 也有学者将其称为类似代理的制度。②

第二,代理的效果是否能直接对被代理人产生效力方面不同。在直接代理的情况下,只要代理人是在授权的范围内行为,或者即使代理人没有代理权或超越代理权,但只要符合表见代理的构成要件,代理行为都会直接对被代理人产生效力,被代理人应当承受合同的权利和义务。然而,在间接代理的情况下,由于代理人是以自己的名义对外行为的,在法律上产生的仍然是代理人和第三人之间发生的合同关系,所以只有在符合《民法典》合同编规定的间接代理的条件时,因被代理人行使介入权和第三人行使选择权,才可能使被代理人承受代理行为的效果。

第三,法律依据不同。我国《民法典》对直接代理的一般规则作出了规定,而间接代理是指符合《民法典》第925条和第926条规定的要件的代理。据此可见,并不是所有受托人以自己的名义从事的行为都属于间接代理,只有那些符合《民法典》第925条和第926条规定的要件的行为才属于间接代理。

无论是直接代理还是间接代理,都构成了我国民法的代理制度的内容。但是,两种代理在代理制度中的地位应该是有区别的。笔者认为,在我国民法中,直接代理制度应当适用于一般情况,而间接代理只适用于一些特殊的情况。从这个意义上说,直接代理规则仍然是一般的规则,而间接代理规则只是一些例外的规定。

三、显名代理和隐名代理

所谓显名代理,是指代理人所进行的代理行为,必须以被代理人的名义

---

① 郑自文:《国际代理法研究》,法律出版社1998年版,第3页。

② 史尚宽:《民法总论》,台北,正大印书馆1980年版,第465页。

进行。所谓隐名代理，即代理人虽未以被代理人之名义为民事法律行为，但实际上有代理的意思，且相对人明知或可得而知的，也发生代理的效果。[①] 换言之，它是指代理人尽管没有以被代理人的名义与第三人订约，但根据交易习惯和客观情况可以合理地认定其是为被代理人的利益而订约的情况。例如，商场的售货员在柜台内向顾客出售物品，虽未明确告知是为谁出售物品，但从订约时的情况可以推定其是作为商场的代理人在从事民事法律行为。[②] 隐名代理也是代理的一种类型，应由法律作出规定，但是，《民法典》合同编（《民法典》第 925 条和第 926 条）仅规定了间接代理，没有规定隐名代理。[③]

隐名代理人和显名代理人都不是以自己的名义为民事法律行为，在这一点上，他们都不同于间接代理人。也有学者将隐名代理和显名代理都称为直接代理。但是，隐名代理和显名代理仍然存在区别。例如，关于是否明示以被代理人的名义为民事法律行为是不同的。显名代理人公开以被代理人的名义作出民事法律行为，这种公开可能是口头形式或书面形式。而隐名代理人往往并未公开以被代理人的名义作出民事法律行为，但交易相对人明知或者可得而知隐名代理人具有代理的意思。显名代理具有较强的公示作用，即代理人明确以被代理人的名义对外从事民事法律行为，第三人知道代理人是为某个特定的被代理人的利益并根据该被代理人的意志从事行为。

在隐名代理与间接代理中，虽然代理人都没有公开以代理人的身份行为，但二者也存在如下区别：

第一，是否有明确的法律依据不同。《民法典》第 925 条和第 926 条对间接代理作出了规定，依据这些规定，受托人以自己的名义从事受托行为，但是第三人知晓委托人存在，或者第三人虽不知晓，但受托人向第三人披露被代理人，可构成间接代理。而我国《民法典》并没有对隐名代理作出规定。

第二，相对人是否知悉被代理人不同。在隐名代理中，虽然代理人以自己的名义与相对人从事交易行为，且代理人没有披露被代理人，但相对人对代理人实施代理行为是知情的，而且相对人知道被代理人。[④] 而在间接代理

① 王泽鉴：《民法总则》，北京大学出版社 2009 年版，第 451 页。

② 王泽鉴：《债法原理》（第 1 册），台北，三民书局 1999 年版，第 307 页。

③ 李适时主编：《中华人民共和国民法总则释义》，法律出版社 2017 年版，第 508 页。

④ 王泽鉴：《民法总则》，北京大学出版社 2009 年版，第 423 页。

中,相对人即便知道代理人是以被代理人的身份行为,也不知道具体的被代理人。

第三,法律效果的归属不同。在间接代理中,代理人行为的法律效果符合《民法典》第 925 条和第 926 条的要件,可以直接归属于被代理人与相对人。而在隐名代理中,《民法典》对其法律效果没有作出明确规定,可以依据交易习惯将其法律效果归属于被代理人和相对人。但在不符合交易习惯的情形下,代理人行为的法律后果应当归属于代理人与相对人,代理人在承受相关的法律效果后,再依据其与被代理人之间的内部关系将相关的法律效果移转给被代理人。

四、单独代理和共同代理

所谓单独代理,是指代理权属于一人的代理。所谓共同代理,是指其他代理权由数人共同行使的代理。法定代理中父母的代理权原则上应由父母共同行使。在委托代理中,如果被代理人选定了数个代理人,其代理权也应当共同行使。可见,一旦代理人为数人且共同行使代理权,便构成共同代理。[①] 如果数人分别行使代理权,也属于单独代理。《民法典》第 166 条规定:“数人为同一代理事项的代理人的,应当共同行使代理权,但是当事人另有约定的除外。”这就在法律上承认了共同代理。

从《民法典》的规定来看,其将共同代理规定在委托代理之中,表明其适用于委托代理。但严格地说,共同代理和单独代理一样,既可以适用于委托代理,也可以适用于法定代理。例如,父母双方作为其子女的法定代理人,即属于共同代理。但共同代理和单独代理存在一些明显的区别,主要表现在以下三点:

第一,在共同代理的情况下,代理权作为一个整体由数人共同享有。[②] 例如,公司授权两个员工,作为代理人采购一台设备。共同代理中,数个代理人享有一个代理权,该权利应当由数人共同行使。如果数个代理人有数个代理权,则属于集合代理,而不是共同代理。[③] 但是,在单独代理的情况下,只存在一个代理人,代理权仅由一人享有。

第二,在共同代理的情形下,必须由数个代理人共同行使代理权。如果仅由一人从事代理行为,将构成无权代理,非经被代理人或其他数个代理人

① 郑玉波:《民法总则》,中国政法大学出版社 2003 年版,第 410 页。

② [日]我妻荣:《新订民法总则》,于敏译,中国法制出版社 2008 年版,第 318 页。

③ 参见石宏主编:《中华人民共和国民法总则条文说明、立法理由及相关规定》,北京大学出版社 2017 年版,第 392 页。

的承认,将不发生代理效果。《总则编解释》第25条规定:“数个委托代理人共同行使代理权,其中一人或者数人未与其他委托代理人协商,擅自行使代理权的,依据民法典第一百七十一条、第一百七十二条等规定处理。”依据该规定,当数个委托代理人共同行使代理权,要防止代理权行使的冲突。如果某个或数个委托代理人未与其他委托代理人协商擅自行使代理权的,属于超越代理权的范围,构成狭义无权代理或者表见代理。当然,上述规定主要是针对积极代理而言的,要求各代理人共同行使代理权。而在消极代理中,相对人对代理人作出意思表示的情形下,任何一个代理人都有权受领。代理人中的一人或者数人未与其他代理人协商,所实施的行为侵害被代理人权益的,由实施行为的代理人承担民事责任。但是,在单独代理的情形下,只由一人行使代理权,不涉及与其他代理人的权利冲突问题。

第三,在共同代理的情况下,某一代理人实施的代理事项违法,其他代理人知道或者应当知道这一情形的,应当及时制止该代理行为,否则应当对其造成的损害后果承担连带责任。而在单独代理的情况下,则不涉及这一问题。

需要指出的是,虽然《民法典》第166条将共同代理规定在委托代理中,但共同代理并不仅仅适用于委托代理,也可以适用于法定代理。当然,法定代理通常采用单独代理的方式,即法定代理人可以单独代理被代理人实施民事法律行为。

五、积极代理和消极代理

根据代理人是作出还是接受意思表示,可以将代理分为积极代理和消极代理。积极代理,也称为能动代理,是指代理人对第三人作出意思表示的代理。消极代理,又称受动代理,是指代理人接受第三人所为意思表示的代理。①

无论是积极代理还是消极代理,代理人都要满足代理的构成要件,而且应当在授权范围内行为。但是,两者也存在一定的区别,主要表现在以下两点:第一,在积极代理的情形下,代理人必须明确地取得可以作出某种意思表示的代理权;而在消极代理的情形下,代理人接受意思表示可能并不需要特别的授权。第二,在共同代理的情形下,积极代理的代理人要共同作出意思表示,而消极代理的代理人中任何一人接受意思表示,都可以对被代理人发生效力。

---

① See Helmut Köhler, BGB Allgemeiner Teil, 34. Auflage, Beck, 2010, S. 143.

第四节　代　理　权

一、代理权的概念

代理权的概念，系由德国学者拉邦德（Laband）所创，他在其论文《代理权授予与其基础关系之区别》中，分析了代理权授予行为与委托合同的区别，提出了代理权的概念，这被誉为法学上的一大发现。[①] 但拉邦德所说的代理权限于意定代理权（Vollmacht）。代理权是实施代理行为的权利，也被称为"就特定的法律行为代理他人作出一些或一切法律行为的法律权限（Rechtsmacht）"[②]。但代理权究竟是一种权利还是法律地位，对此有各种不同的观点。

1. 民事权利说。此种观点认为，代理权是一种独立的民事权利，在性质上与一般的民事权利并无差异。代理权在性质上为民事权利的原因有二：第一，代理权的产生基于当事人意思自治，根据意思自治原则，当事人可以在不违反法律的前提下，根据自己的需要创设权利。第二，代理权的行使不仅在被代理人与代理人之间产生权利义务关系，而且在被代理人与第三人之间产生了权利义务关系，从而形成了一种具有三方民事主体的民事代理关系。[③]

2. 资格说。此种观点认为，代理权是代理人以被代理人的名义为法律行为的资格或地位（Fähigkeit），代理权源于行为能力或者与其同质。[④]"代理权者乃基于法律规定或者被代理人之授予而生之一种资格权也。代理权虽亦名为'权'，但与其他权利不同，盖其他权利皆以利益为依归而代理权对于代理人并无利益可言（效果直接归属被代理人），故代理权仅为一种资格或地位。"[⑤]代理权是一种法律地位，[⑥]它之所以不是权利，是因为代理权的授予并不是为了代理人，而是为了被代理人，而代理人只起着辅助作用。具体说来，就是行为人可以以他人名义独立为意思表示，并使其法律效果归属于

---

① 参见王泽鉴：《民法学说与判例研究》（第 4 册），中国政法大学出版社 1998 年版，第 7 页。

② ［德］卡尔·拉伦茨：《德国民法通论》（上册），王晓晔等译，法律出版社 2003 年版，第 817 页。

③ 参见江帆：《代理法律制度研究》，中国法制出版社 2000 年版，第 73 页。

④ Vgl. Staudinger/Schilken, Vorbemerkung zu § 164 ff., Rn. 16; Wolfram Müller-Freienfels, Die Vertretung beim Rechtsgeschäft, Mohr Siebeck, 1955, S. 34ff.

⑤ 郑玉波：《民法总则》，台北，三民书局 1997 年版，第 292 页。

⑥ Werner Flume: Augemeiner Teil des Bürgerlichen Recht, zweiten Band: Das Rechtsgeschäft, 1975, Springer, ch. 45, sec. 2.

他人的一种法律地位。[①]

3. 权力说。此种观点认为，代理权（Vertretungsmacht）乃是一种法律上之力（Rechtsmacht），[②]通过法律行为将其效果直接归属于被代理人。从内容上看，代理权是被代理人授予代理人所享有的、能够以被代理人名义进行行为的衍生的或者次位的权限（abgeleitete oder sekundäre Zuständigkeit）。[③] 代理权在性质上属于一种因授权行为或法律规定所产生的，可以直接改变被代理人与第三人之间法律关系的权力。其法律效力已超过民法上的其他“权”。[④]

笔者认为，代理权本质上是一种法律地位，即为一种从事代理行为的资格和地位。这种资格和地位是代理人可以以被代理人的名义，而向第三人为意思表示或接受意思表示。[⑤]《民法典》第 163 条第 2 款规定：“委托代理人按照被代理人的委托行使代理权。法定代理人依照法律的规定行使代理权。”虽然此处规定的是代理权，但是，其与一般的民事权利是有区别的。代理权在内容上包括了权利，尤其是在代理人和相对人关系上，代理权体现为代理人可以为一定意思表示或者接受一定意思表示的权利。而从代理人和被代理人的关系角度讲，代理主要体现为被代理人对代理人所授予的代理权限。从民事法律关系变动原因的角度看，代理则属于一项引起法律关系变动的法律制度。

代理权在性质上不是一种权利。一方面，权利在内容上必须体现为一种利益，但代理人行使代理权不是为了代理人的利益，而是为了被代理人的利益。代理行为的效果直接归属于被代理人。对于代理人来说，谈不上利益或不利益的问题。[⑥] 另一方面，代理权在内容上包含了一定的义务，但这种义务和纯粹的民事义务不完全相同，一般更多地称其为一种职责。这种职责主要体现在两个方面：第一，代理人在行使代理权的过程中，必须要履行一定的义务。例如，必须履行诚信、勤勉的义务等。第二，行使代理权本身是一种职责而不是代理人的权利，不能说代理人在任何情况下都可以选

---

① 佟柔主编：《中国民法》，法律出版社 1990 年版，第 199 页。

② Larenz/Wolf, Allgemeiner Teil des Bürgerlichen Rechts, 9 Aufl., 2004, § 46, Rn. 11; Flume, Allgemeiner Teil des Bürgerlichen Rechts, Bd II, Das Rechtsgeschäft, 4 Aufl., 1992, § 45 2 1.

③ Staudinger/Schilken, Vorbemerkung zu § 164 ff, Rn. 17; MünchKomm/Schramm, § 164, Rn. 68.

④ 参见梁慧星：《民法总论》（第 4 版），法律出版社 2011 年版，第 223 页。

⑤ 佟柔主编：《中国民法学・民法总则》，中国人民公安大学出版社 1990 年版，第 278～289 页。

⑥ 参见梁慧星：《民法总论》（第 4 版），法律出版社 2011 年版，第 221 页。

择行使或不行使代理权。例如,在法定代理的情况下,法定代理人不能不行使其代理权。即便是意定代理,代理权的行使也不是任意的行为。因为在基础关系如委托合同、雇佣合同等产生以后,被代理人授予代理人代理权,代理人行使代理权常常有可能成为基础关系中的义务的组成部分,如果代理人不从事代理行为,有可能构成对基础关系中的义务的违反。在许多情况下,行使意定代理权也应当是代理人的义务。正是从这个意义上说,代理权不是一种权利,而是一种资格和地位。

代理权作为资格和地位,具体表现在三个方面:第一,代理人取得代理权以后,实际上就是取得了一种能够从事代理行为的资格,换言之,享有代理权就是取得了代理人的资格。此种资格不是行为能力,而只是赋予其行为的自由。[①] 第二,此种资格是基于授权行为而产生的。代理人从事此种代理行为,具有一定的行为自由,但不得为了自身利益从事代理行为,而应当为了被代理人利益的最大化而从事代理行为。代理权存在的目的是弥补、扩张民事主体的民事行为能力。第三,代理人行使代理权必须负有一定的义务。《民法典》第164条第1款规定:"代理人不履行或者不完全履行职责,造成被代理人损害的,应当承担民事责任。"代理权本身作为一种资格不得擅自转让,也不得继承。在许多情况下,特别是在法定代理和指定代理的情况下,代理人不得抛弃其代理权。尽管代理权是一种资格,且代理权的产生在一定程度上弥补了被代理人行为能力的欠缺,但代理权本身不是民事行为能力的组成部分。

二、代理权产生的根据

由于代理可以分为法定代理、委托代理,所以,代理权产生的根据包括法律的规定和被代理人的授权。有一些学者认为,代理权也可以基于"外表授权"而发生。所谓"外表授权"是指具有授权行为的外表和假象,而无实际授权的事实。如果外部授权特指基于表见代理而产生的授权,则值得讨论。笔者认为,代理权的产生只能是前面所说的两种情况,而不能包括上述外表授权。因为,一方面,表见代理主要是因为法律为了保护善意第三人的信赖利益而特别规定产生类似于有权代理的法律后果,这种法律后果的发生是基于法律的特别规定,但这并不意味着无权代理人从开始时就获得了代理权。另一方面,从我国法律规定来看,表见代理是以无权代理为前提的。如果认为代理人可以基于外表授权而发生,则其又成了有权代理,这种

① 李锡鹤:《民事代理理论的几个问题》,载梁慧星主编:《民商法论丛》(第10卷),法律出版社1999年版。

观点在逻辑上造成了不必要的混乱。此外,在表见代理的情况下,善意相对人享有选择权,其完全可以不基于表见代理而主张合同有效,而按照无权代理主张合同无效,这表明"代理人"从开始时,就没有获得授权;如果主张外表授权,就意味着要否认相对人的选择权。

由于法定代理是基于法律的规定产生的,所以,在代理权产生的时候,代理权限一般较为明确,实践中问题不多。在民事活动中,代理权主要是根据被代理人的授权行为产生的。在委托代理中,授权行为是以发生代理权为目的的单方行为。通过授权,一方使另一方获得代理权,而因代理权的行使才能形成代理法律关系。委托授权的表现形式是多样的,它既可以是书面的,也可以是口头的,通常书面形式主要是代理证书。

代理证书,又称授权委托书,它是证明代理人有代理权的书面文件。代理证书和委托代理合同是不同的。两者的区别表现在以下几点:第一,代理证书是授权行为这一单方法律行为的表现形式,而非合同关系存在的凭证,因此,只需要被代理人签名即可而无须双方的签字。而委托合同是授权行为的基础关系,在性质上是双方法律行为,委托合同书是委托代理合同的凭证,委托合同书需要双方当事人的签字。第二,代理证书一旦颁发,就产生授权的效力,而不需考虑代理人是否同意,如果代理人不愿意接受代理权,应当请求被代理人撤回授权,或明确表示拒绝接受授权,在此之前,代理授权仍然有效。但是,委托代理合同必须要由双方达成合意方能生效。第三,代理证书可以直接证明代理权的存在,从法律上讲,无论是否存在基础关系,如果某人持有代理证书,就可以证明其享有代理权,而对善意第三人而言,只要知道代理人具有代理证书,就可以对代理人具有代理权产生合理的信赖。① 即使在代理人和被代理人之间的内部关系中委托合同已终止、无效或被撤销等,只要代理证书没有被收回,相对人基于对代理证书的信赖,与代理人进行的法律行为仍然应当受到保护。但委托合同的存在并不能证明代理权的存在。

代理证书应当载明代理人的姓名或者名称、代理事项、权限和期间,并由被代理人签名或者盖章。可以根据代理的事项不同将代理区分一般代理和特别代理。一般代理是指对代理权限没有特别限定的代理。这种代理的特点在于,它属于一种概括授权。《民事诉讼法司法解释》第 89 条第 1 款明确规定:"……授权委托书仅写'全权代理'而无具体授权的,诉讼代理人无

---

① 参见"郭景忠诉天泰公司、蓝星公司买卖合同纠纷案",载《最高人民法院公报》2006 年第 4 期。

权代为承认、放弃、变更诉讼请求，进行和解，提起反诉或者上诉。”此处所说的全权代理，实质上就是指一般代理。所谓特殊代理，即代理权限定于某一特定法律行为的代理。[①] 在授予代理权限时应当注明是一般代理还是特别代理，如果是特别代理，应当准确地说明代理的具体事项。如果要代理特定事项，则不得采用“全权代理”“总委托”之类的表述，而应当明确代理的具体事项。在实践中，对于“介绍信”以及盖有被代理人印章的空白合同书应如何对待？笔者认为，其应当属于授权不明；如果符合表见代理的构成要件，可以按照表见代理处理。在代理证书中还必须明确代理的期限，因为代理权限和代理期限有密切的关系，任何代理权不能是无期限的，如果不规定具体的期限，将使代理人的代理权不够明确，并产生交易上的不安全。

应当指出，尽管《民法典》并没有要求授权行为必须采用书面形式，但考虑到口头形式授权极易发生纠纷，因此采用口头授权的，被代理人应承担此种形式所产生的风险。

意定代理都存在代理权的授予行为，此种行为属于法律行为。如果授权行为存在意思表示瑕疵，则可以依法予以撤销。撤销授权行为的根据应当是重大误解、欺诈和胁迫。在代理人尚未实施代理行为的情形下，被代理人撤销其授权行为是被允许的，因为此时不涉及交易相对人的保护问题；而在代理人已经实施代理行为的情形下，因为涉及对第三人的保护，对是否可以撤销授权行为，理论上存在两种观点：一是否定说。此种观点认为代理人实施代理行为以后，如果被代理人撤销授权行为的，则该代理就成为无权代理，交易相对人的利益无法得到保护，所以，不应当允许被代理人撤销其授权行为。[②] 二是肯定说。此种观点认为代理人实施代理行为以后，被代理人仍然可以撤销授权行为，只不过，被代理人要对遭受损害的交易相对人承担损害赔偿责任。[③] 笔者赞同肯定说，此种理论实现了被代理人和交易相对人之间的利益平衡，能够有效兼顾对交易安全的保护。

三、授权行为

(一)授权行为的特点

在委托代理中，代理权的产生主要是根据被代理人的授权行为产生的，

---

① 参见李双元主编：《比较民法学》，武汉大学出版社 1998 年版，第 196 页。

② Brox/Walker, Allgemeiner Teil des BGB, 32 Aufl., Carl Heymanns Verlag, 2008, Rn. 574, S. 226.

③ Werner Flume, Allgemeiner Teil des Bürgerlichen Rechts, Bd II, Das Rechtsgeschäft, 4 Aufl., 1992, § 52 5 c.

授权行为具有如下特点：

1. 单方性

所谓授权行为的单方性，是指只要被代理人作出单方意思表示即可产生授权的法律效力。此种学说源于《德国民法典》第167条，在德国民法中，如果被授权人不愿意作为代理人，可以准用《德国民法典》第333条权利的拒绝来拒绝此项授权，或者直接放弃此项代理权。① 关于授权行为的性质，学界存在争议，笔者认为，应当采取单方行为说，即授权行为在性质上是一种单方法律行为，仅有一方的意思表示就可以成立，不需要代理人和被代理人就代理权的授予达成协议。其主要理由有三：第一，将授权行为视为双方法律行为既不符合授权的性质，又混淆了基础行为和授权行为之间的关系，因为基础关系大多都是合同关系，当事人不可能在基础关系成立以后再订立一个关于授权行为的合同。代理权的产生并不一定要求被授权人作出同意的意思表示。② 第二，授权行为在很大程度上是为了让相对人知晓被代理人的授权，使代理人的代理权能够产生公示效力，代理双方的民事权利义务早已在基础关系中予以明确，因此，授权行为只需有被代理人的单方意思表示即可，无须代理人的同意。第三，如果将授权行为定义为双方行为，则难以解释被代理人对无权代理可单方予以追认，尤其在代理人已为相关代理行为且被代理人已向第三人作出授权意思表示的情况下，根本没有合意的代理双方，也应当承认代理的效力。总之，确定授权行为的单方性对于保证代理关系的稳定性，保护交易安全和善意第三人利益都有相当的意义。

虽然在有些场合，代理权的授予是通过双方签订协议的方式进行的，但这并不意味着代理权的授予就是双方行为，应当区分代理权的授予及其原因行为。③ 授权行为作为单方行为也具有相对人，但该相对人既可以是代理人也可以是其他人。因为授权分为内部授权与外部授权，就内部授权而言，即被代理人向代理人作出授权的意思表示。就外部授权而言，特指被代理人向第三人作出授予某个代理人代理权的意思表示。④ 在法律上区分内部授权和外部授权具有重要意义。一方面，不同授权方式的解释立场不同，在外部授权的情形下，基于交易相对人的合理信赖利益，意思表示采客观解释立场，而在内部授权的情形下，因为不涉及第三人，所以解释上主要采主观

---

① MünchKomm/Schramm, § 167, Rn. 4 ff.; Larenz/Wolf, Allgemeiner Teil des Bürgerlichen Rechts, 9 Aufl., 2004, § 47, Rn. 15ff.

② 参见唐晋伟：《论德国民法中的授权行为》，载《德国研究》2004年第3期。

③ 参见余能斌、马俊驹：《现代民法学》，武汉大学出版社1995年版，第274页。

④ 参见王泽鉴：《民法总则》，台北，新学林出版股份有限公司2014年版，第509～510页。

解释的立场,尊重被代理人的意愿。也就是说,如果外部授权是通过某种形式向社会不特定主体发出意思表示的,则应仅依据客观标准和日常交往的通常意义来理解授权行为表彰的代理权范围。① 另一方面,在不同的授权方式中,授权行为与原因行为的关系不同。② 在代理行为中,被代理人以明示的方法使特定的或者不特定的第三人知悉其对于代理人授予了代理权后,被代理人又撤销了对代理人代理权的授予,那么此时被代理人的撤销行为能否当然对第三人生效? 笔者认为,如果被代理人在作出限制和撤回代理权的意思表示以后,并没有及时收回代理证书及其他授权文件,无权代理人并未停止无权代理行为的,此时代理人具有足以使第三人相信的权利外观,应当产生有权代理的效果。

2. 独立性

原则上,基础关系是授权行为产生的前提和基础,其以委托合同、劳动合同等多种合同为主要表现形式。在代理理论发展中,一直认为授权行为与基础关系是不可分离的,后经德国学者拉邦德长期研究,提出基础关系与授权行为应当分离,从而形成了授权行为的独立性理论。③ 这就意味着,无须依赖基础关系,授权行为可以单独存在。④ 主要有三种情况:第一,仅存在授权行为但没有基础关系。在默示授权的情况下,通常没有基础关系,但发生了代理权的授予。在实践中,有时被代理人和代理人虽然无基础关系,但被代理人向第三人明确告知其已经授予代理人从事某种事务的代理权,而代理人也以被代理人名义从事了该种事务,也可以视为授权,成立有权代理,由被代理人承担相应的法律后果。第二,有基础关系但没有授权行为。这主要表现在,双方订有委托、雇佣合同,但一方并没有向另一方作出明确的授权,也没有向第三人告知其作出某种授权。在有基础关系而没有授权行为的情况下,也可能构成无权代理。⑤ 第三,代理权的补充授予。这主要是指发生基础关系时并无授权行为,其代理权源于被代理人在代理人从事代理行为后的补充授予,或者由被代理人就代理人的代理行为进行追认。从以上情况来看,授权行为和基础关系是可以分离的。

正是因为授权行为可以独立于基础关系而存在,授权行为才具有独立

---

① MünchKomm/Schramm, § 167, Rn. 81.

② 参见杨代雄:《民法总论专题》,清华大学出版社 2012 年版,第 223 页。

③ 参见王泽鉴:《债法原理》(第 2 版),北京大学出版社 2013 年版,第 279 页。

④ MünchKomm/Schramm, § 167, Rn. 3; Larenz/Wolf, Allgemeiner Teil des Bürgerlichen Rechts, 9 Aufl., 2004, § 46, Rn. 136.

⑤ 参见王泽鉴:《债法原理》(第 2 版),北京大学出版社 2013 年版,第 281 页。

性。授权行为与基础法律关系的功能不同,前者旨在赋予代理人一种法律上的权限,而后者则旨在确定被代理人与代理人之间的权利义务关系。[①] 明确授权行为的独立性的意义有二:第一,确定是否产生代理法律关系或是否产生代理后果,要看是否存在授权行为,有则产生代理,无则不产生代理关系。如果没有授权行为,即便存在基础关系,也不能产生代理关系。第二,即使在缺乏基础关系的场合,也不能直接否定有代理权的授予,因为并非所有代理权的授予都伴随基础关系。

3. 无因性

对于授权行为是否应当有因这一法律属性,理论界并没有达成共识。授权行为不仅是独立的而且是无因的。关于授权行为在性质上为有因还是无因,在学理上有两种观点:一是有因说。此种观点认为,授权行为必须基于基础关系而存在,并且与基础关系同其命运。如果基础关系无效、撤销或者终止,则授权行为也将不产生效力。例如,委托合同被宣告无效,授权行为自然不产生任何效力。二是无因说。此种观点认为,授权行为独立于基础法律关系而存在,所以基础法律关系不成立、无效、被撤销或者终止,授权行为的效力不受影响,代理关系可以继续有效[②]。笔者认为,这两种观点各有优劣。有因说可以使法律关系简化,在实务中操作起来简便,但其最大缺陷在于,不利于对善意第三人的保护,不利于维护交易安全。原因在于,第三人对作为内部关系的基础关系往往并不了解[③]。如果因内部关系存在效力瑕疵而被宣告无效或撤销,或因为被代理人和代理人之间的原因而终止了合同,第三人对此情况并不知晓,仍与代理人从事代理行为,最终因为基础关系无效、被撤销或终止导致代理行为无效,善意第三人的利益很难得到保障。[④] 即便第三人在与代理人从事交易行为之前,其也没有办法了解代理人和被代理人之间的内部关系是否具有瑕疵,并无法预料基础关系是否将被终止,善意第三人的利益如果不能受到保护,将使其承担极大的交易风险,会阻碍交易活动的进行。在司法实践中,一些审判人员在确定代理行为的效力时,要求代理人提供其与被代理人的委托合同,一旦委托合同无效,

① 参见江俊彦编著:《民法债编总论》,台北,新学林出版股份有限公司 2011 年版,第 148 页。

② Reinhard Bork, Allgemeiner Teil des Bürgerlichen Gesetzbuchs, 2 Aufl., Rn. 1487, S. 560.

③ 参见王泽鉴:《债法原理》(第 2 版),北京大学出版社 2013 年版,第 281 页。

④ 当然,也有观点认为,在采授权行为有因说的情况下,授权行为虽然会受到基础关系效力的影响,但可以同构权利外观理论保护交易安全。参见江俊彦编著:《民法债编总论》,台北,新学林出版股份有限公司 2011 年版,第 152 页。

便宣告代理行为无效，此种做法显然不妥当。[①]

笔者认为，在外部关系上，原则上应当肯定授权行为具有无因性，主要原因有三：

第一，基于授权行为的独立性。如前述，虽然在一般法律关系中基础关系是代理行为存在的前提，在委托合同中受托人享有的权利源于有效的委托合同，但基础法律关系的变动、效力的有无完全不影响授权行为的效力。例如，在授权证书未收回的情形下，授权行为并不因委托合同的终止而失去效力，此时仍构成有权代理。尤其是实践中存在无基础关系的授权行为，也就是说，在例外情况下，即便当事人之间不存在基础关系，也可以成立授权行为。例如，甲授权乙购买手机，但当事人之间并未订立委托合同，此种情形即属于无基础关系的授权行为。

第二，授权行为的无因性是为了保护善意第三人的利益，如果第三人为非善意的第三人，该第三人的利益不应当受到保护。无因说的优点在于，凡第三人为善意第三人，那么无论被代理人与代理人内部之间关系如何变动，都不会影响善意第三人的利益。这对于保护善意第三人的利益十分重要。[②]

第三，保障代理权正常行使。因为授权行为具有概括性，相对人在与代理人进行交易时任意考察，而以内部性为主要特点的基础关系给交易相对人的考察带来极大难度，采纳无因说能有效减少甚至避免无权代理的出现，反之则无异于给相对人平添交易成本。故此，为降低交易成本，减少社会资源的不必要损耗，应承认授权行为的无因性。

应当指出，在被代理人和代理人的内部关系上，出于保障被代理人意思的实现，仍然应该采取授权行为有因说。采取此种做法的主要原因在于代理制度的功能就是为了保障或者拓展被代理人的能力、实现被代理人的意志。[③] 代理行为有因性主要体现在两个方面：一方面，代理行为的产生需要以被代理人的委托授权、法律规定、法院指定等方式产生。另一方面，当代理行为终止时，代理人应当及时交回代理证书等资料，如果代理人拒绝交回代理证书等资料，被代理人则可以通过发布公告等形式宣布代理关系的终止。此外，为了保护授权人的利益，在当事人之间的基础关系消灭后，在授权人没有其他表示时，则应当推定代理权也归于消灭。[④]

---

① 蓝承烈：《民法专题研究》，黑龙江人民出版社 1999 年版，第 118 页。

② 参见黄立：《民法债编总论》，中国政法大学出版社 2002 年版，第 139 页。

③ [日]我妻荣：《新订民法总则》，于敏译，中国法制出版社 2008 年版，第 302 页。

④ 参见黄立：《民法债编总论》，中国政法大学出版社 2002 年版，第 139 页。

根据无因性规则，如果基础关系无效或不成立，代理人代理行为的效力不受影响，而以无权代理为前提的表见代理制度并无适用空间，因为前述情况中代理人所实施的代理行为乃有权代理。此外，作出授权行为的被代理人，在授予代理人一定程度的代理权后，由于授予范围过大而又对于授权范围进行限缩的，应当以被代理人进行权利限缩的时刻为分界点，在此之前毫无疑问成立有权代理，而在此之后，根据授权行为的无因性，代理人从事的民事法律行为都是越权行为，构成无权代理。

（二）委托授权的表现形式

我国《民法典》第165条规定："委托代理授权采用书面形式的，授权委托书应当载明代理人的姓名或者名称、代理事项、权限和期限，并由被代理人签名或者盖章。"依据这一规定，委托授权的表现形式是多样的，既可以是书面的，也可以是口头的，只要法律、行政法规没有明确要求，代理权的授予可以采取任何方式。[①] 从该条规定来看，委托授权原则上应当采用明示授权的方式，但在特殊情形下，也可以采取默示授权的方式，具体有以下几种：

1. 书面形式

书面形式，也称为授权委托书，它是证明代理人有代理权的书面文件。书面形式是实践中经常采用的方式，尤其是在代理事项较为重要、内容较为复杂的情形中，为了避免纠纷，应当尽可能采用书面形式。需要指出的是，授权委托书和委托代理合同是不同的。两者的区别表现在以下三个方面：第一，授权委托书是授权行为这一单方法律行为的表现形式，而非合同关系存在的凭证，因此，只需要被代理人签名即可而无须双方的签名。第二，授权委托书一旦颁发，就产生授权的效力，而无须考虑代理人是否同意，但是委托代理合同必须要由双方达成合意方能生效。第三，授权委托书可以直接证明代理权的存在，即使在代理人和被代理人之间的内部关系中委托合同已终止、无效或被撤销，只要授权委托书没有被收回，相对人基于对授权委托书的信赖，与代理人进行的法律行为仍然应当受到保护。

根据《民法典》第165条的规定，授权委托书应当包括如下内容：一是代理人的姓名或者名称。如果代理人是自然人，应当记载其姓名；如果代理人是法人或非法人组织，则应当记载其名称。二是代理事项。根据代理的事项不同，可以将代理区分一般代理和特别代理。一般代理是指对代理权限没有特别限定的代理。一般代理在性质上属于概括授权。所谓特别代理，

---

① 李适时主编：《中华人民共和国民法总则释义》，法律出版社2017年版，第516页。

即代理权限定于某一特定民事法律行为的代理。[①] 无论是一般代理，还是特别代理，都应当在授权委托书中写明代理事项。三是代理权限。代理权限是代理权授予的核心内容，代理证书应当载明代理人的姓名或者名称、代理事项、权限和期间，并由被代理人签名或者盖章。在授予代理权限时应当注明是一般代理还是特别代理，如果是特别代理，应当准确地说明代理的具体事项；如果要代理特定事项，则不得采用"全权代理""总委托"之类的表述，而应当明确代理的具体事项。四是期间。此处所说的期间，是指代理权的存续期间。为了保护交易安全，授权委托书应当载明代理期间。如果授权委托书没有载明代理期间，而只是记载了代理事项，则应当解释为，代理期间截至代理事项完成时。五是被代理人签名或者盖章。授权委托书只有被代理人签名或者盖章后，才能正式生效。

2. 口头形式

虽然委托代理授权大多采取书面形式，但这并不意味着法律上要求授权代理都必须采取书面形式。因为口头形式具有简便易行的特点，尤其是对于日常的、小额的交易事项而言，没有必要都采用书面形式。即使是对于重要的交易，在作出书面授权之后，也可能因情况紧急等原因，而进行口头授权。

3. 默示授权

代理权也可以以默示的方式授予。所谓默示的方式，是指根据被代理人的行为，在特殊情况下推定被代理人具有授权的意思，此种情况属于默示授权。默示授权是指从被代理人的行为或其他情况推定被代理人授予权限的行为。例如，某人指定代理人从事某项活动，就可以推知其具有授予代理权的意思。[②] 从比较法上看，各国普遍承认默示授权的方式。例如，《国际商事合同通则》第 2. 2. 2 条规定，被代理人对代理权限的授予，既可以是明示的也可以是默示的。

在默示授权的情况下，通常没有基础关系，但发生了代理权的授予。这是此种代理和其他代理的重要区别。在德国民法上，最典型的例子是保险公司的职员签发保单，可认为是公司默示授权。默示授权不同于表见代理，两者的区别主要表现在两个方面：一方面，在表见代理的情况下，被代理人可能不知道表见代理人从事的无权代理行为；但是在默示授权的情况下，被

---

① 李双元主编：《比较民法学》，武汉大学出版社 1998 年版，第 196 页。

② 张玉卿主编：《国际统一私法协会国际商事合同通则 2016》，中国商务出版社 2019 年版，第 157 页。

代理人知道代理人从事的是无权代理行为。另一方面,在表见代理情况下,无论被代理人是否愿意,均可产生有权代理的后果;但是在默示授权的情况下,被代理人完全知道代理人的行为,其主观上是愿意接受代理人行为的后果的。

与默示授予代理权相类似的概念是容忍授权。所谓容忍授权,是指被代理人没有向代理人明确授予代理权,但是其知道后者以代理人的身份行事,并且听任其作为代理人行事,此时,被代理人基于权利外观的事实就代理人行为对善意的相对人负责(权利外观责任,Rechtsscheinhaftung)。① 容忍授权的特点在于:第一,被代理人并没有明确的授权表示,更没有颁发代理授权证书。第二,代理人以被代理人名义实施代理行为,被代理人知道这种情况,而未作任何否认的意思表示,表明其已经愿意承认某人为其代理人,愿意承受该代理行为所产生的法律后果。当代理人有确凿证据证明被代理人已经知道无权代理人以被代理人名义行为而不作否认表示,则可以认为被代理人已经默认了无权代理行为。或者说,被代理人已经对代理人作出了默认的授权,相对人据此有正当理由相信代理人具有代理权。至于代理人的行为是否为被代理人带来了利益,则不予考虑。

关于默示授权与容忍授权的关系,存在不同观点:一种观点认为,二者属于同一概念。例如,德国学者 Werner Flume 认为,如果被代理人有意识地听任他人在以自己的代理人身份活动,即表明被代理人承认了其为他的代理人,这就属于依法律行为授予的代理权,也就是说,以可推知的行为授予了代理权。② 另一种观点认为,默示授权与容忍授权不同,默示授权不等于缄默不作为,因为在默示授权中,被代理人仍然有一定的行为。③ 还有观点认为,被代理人容忍他人以自己的名义从事代理行为,也是“表见代理权”的一种,或称为“容忍代理权”(Duldungsvollmacht)。④ 笔者认为,默示授权与容忍授权不同,在默示授权的情形下,被代理人虽然没有明确以口头或者书面形式授予代理人代理权,但按照其行为可以认定其已经作出了授权,因此,在默

---

① 参见[德]卡尔·拉伦茨:《德国民法通论》(下册),王晓晔等译,法律出版社 2003 年版,第 887 页。

② Werner Flume, Allgemeiner Teil des Bürgerlichen Rechts, Bd II, Das Rechtsgeschäft, 4 Aufl., 1992, § 49 3, S. 828.

③ [德]迪特尔·梅迪库斯:《德国民法总论》,邵建东译,法律出版社 2000 年版,第 732 页。

④ 从表面上看,《合同法》第 48 条第 2 款与《民法通则》第 66 条第 1 款存在一定冲突。即无权代理发生以后,相对人催告被代理人予以追认的,被代理人沉默未作表示的,按照《民法通则》第 66 条第 1 款第 2 句的规定,本人没有否认表示的,视为同意,但是按照合同法的规定,本人没有表示,视为拒绝追认。因此,笔者认为,《合同法》已经修改了《民法通则》的规定。

示授权的情形下,可以认定被代理人已经作出了授权。而在容忍授权的情形下,被代理人只是消极容忍他人以其代理人身份行为,其可能体现为单纯的缄默,很难据此认定其具有授权的意思,法律科以被代理人承担相应的法律后果,主要是为了保护交易安全,因此,《民法通则》第 66 条第 1 款使用了"视为同意"这一表述,而没有规定被代理人已经作出了授权。

我国《民法典》第 165 条虽然规定了委托授权的书面形式,但其并没有排斥默示授权方式。因为一方面,在职务代理的情况下,当事人可能并不一定都会出具授权委托书,即根据当事人在法人、非法人组织中的职务身份确定其代理权限,在职务代理的情形下,被代理人并不会对代理人进行单独授权,此种授权可以被认定为默示授权。另一方面,《民法典》第 140 条第 1 款规定:"行为人可以明示或者默示作出意思表示。"该条是对意思表示方式一般规则的规定,其也可以适用于代理权授予行为,因此,代理权授予行为也可以采用默示授权的方式。例如,在被代理人进行外部授权的情形下,第三人已经知悉了代理权的授予情形,此时可构成默示授权。又如,被代理人以行为可以推知具有代理权授予的意思时,也可以认定构成代理权的授予。当然,依据《民法典》第 140 条的规定,单纯的沉默原则上不能视为意思表示,只有在法律有规定、当事人有约定或者符合当事人之间的交易习惯时,单纯的沉默才可以视为意思表示,该规则同样适用于代理权的授予行为。

(三)授权不明及其责任

所谓授权不明,是指有关代理的范围、期限、代理人等授权内容不明确。实践中普遍存在的空白授权也应当作为授权不明处理。授权不明具体包括如下情形:一是代理的范围不明确,即代理人所代理的事务或其权限不明确。二是代理期限不明确,即代理人究竟可在多长时间内行使代理权未作出规定。[①] 三是代理人究竟是一人还是多人,职责如何界定,不够明确。在授权不明的情况下,虽然代理人从事代理行为没有充分的合法依据,但毕竟存在授权,所以不同于完全的无权代理行为。另外,授权不明的情形也涉及意思表示的解释,如果通过解释可以明确被代理人的授权,则应当直接适用代理制度的一般规则。[②]

---

① 通常代理权的期限同基础关系的期限保持一致,但是也可能发生基础关系成立后单独授权或在存续中撤回授权的可能。参见施启扬:《民法总则》(修订第八版),中国法制出版社 2010 年版,第 288 页。

② 例如,在授权不明的情况下,应当对本人的意思进行解释。解释时应当考察代理人应当和能够如何理解此项意思表示的含义,以及与授权行为有关的各种情事。如果能够通过解释查明本人的意思,就属于一般的代理。MünchKomm/Schramm, § 167, Rn. 79.

从比较法上看,在授权不明的情形下,代理人仍然可以实施一定的行为。例如,依据《日本民法典》第 103 条的规定,在授权不明的情形下,代理人可实施与代理有关的附属行为,对一些财产可以实施必要的保管。我国《民法典》并未对授权不明问题作出规定,但笔者认为,在授权不明的情形下,虽然代理人的代理权限不明确,但被代理人毕竟有授权的意愿,代理人应当有权实施必要的保管等行为。

空白授权是否属于授权不明,值得探讨。所谓空白授权,是指被代理人向代理人出具了授权委托书,并在授权书中已经签字或盖章,但在授权书中没有填写任何具体的授权内容。对空白授权究竟是全部授权还是完全未授权或者授权不明,在学理上有几种不同的看法。笔者认为,此时应当采用授权不明的认定,因为尽管被代理人在授权书上签字,但并不能认为被代理人的意思就是允许代理人从事任何行为,毕竟被代理人签字可能是因为误解或疏忽等造成的,但在被代理人没有具体填写代理事项或期限等内容时,代理人也有义务要求被代理人予以明确。在仅有空白授权书的情形下,要求被代理人对代理人所从事的任何行为都承担责任,则对被代理人风险过大,对被代理人也是不公平的。《民法典》第 165 条对授权委托书应载以的事项作出了规定,但授权委托书即使不完全符合《民法典》第 165 条的规定,但该规定并非强制性规定,不能认为不符合该规定就导致授权无效。尤其是代理人在授权书上填写了有关内容之后,第三人并不了解是代理人还是被代理人填写的内容,因此第三人是善意的。如果认为此种情况应当导致授权无效,则极不利于对善意第三人利益和交易安全的保护。所以,笔者认为,对空白授权作为授权不明处理,是比较妥当的。

如果被代理人向代理人作出的口头授权是清晰的,而代理人对此发生误解,此种情况是否属于授权不明?笔者认为,出现此种情况应该理解为授权不明,依照授权不明的规则来处理,主要理由有三:第一,代理人和被代理人之间的关系属于一种内部关系,他们之间是否发生误解,第三人是很难知道的,而且也没有理由应当知道,如果因代理人对被代理人的口头授权发生误解,应当由被代理人和代理人负责。但如果将代理人因对授权发生误解所从事的行为认定为越权行为,且不构成表见代理,将导致代理行为无效,这必然会使不知情的交易第三人蒙受损害,其结果是使第三人承担因内部授权的问题而导致的不利后果,这显然有失公允。第二,从责任自负等民法基本原理来看,代理人和被代理人之间发生误解应该由他们自己承担责任,如果此种后果由第三人承担,就会纵容被代理人实施有违诚实守信的行为。

比如,被代理人要代理人购买某种物品,双方都没有发生任何误解。但是当代理人购买了该物品以后,如果被代理人不需要此物品,其就可能会以代理人对授权发生了误解、他需要购买的是彼物而非此物等为借口,使代理人和第三人都处于一种不利的境地。第三,尽管我国民法允许授权行为可以采取口头和书面的形式,但立法鼓励当事人采取书面的形式。如果被代理人一定要采取口头形式进行授权,就必须承担因此而产生的风险。毕竟如果被代理人采取书面的形式授权,也可能不会产生此种误解。因此,应当将此种情形认定为授权不明。

在授权不明的情况下,虽然代理人从事代理行为没有完全的合法依据,但毕竟存在授权,所以不同于完全的无权代理行为。从法律上看,在授权不明的情况下,应当由被代理人承担责任。因为授权行为是一种单方行为,被代理人应当为自己单方的意思表示承担法律后果,如果发生授权不明的情况,说明其本身是有过错的,所以其应当承担相应的责任。[①] 但问题在于,根据《民法通则》第 65 条的规定,在授权不明的情况下,代理人应当与被代理人承担连带责任,此种规定曾引发争议。笔者认为,这种规定未尽妥当:一方面,授权不明的主要原因来自被代理人,相对而言,被代理人的过错程度更重。如果要采用连带责任,最终可能使代理人承担全部责任,这对代理人是不公平的。另一方面,尽管发生了授权不明,但仍然存在授权,在授权不明的情况下实施代理和完全在无权代理行为下实施的行为在性质上是有区别的。如果要代理人承担完全责任,实质上是宣告代理行为无效,根本不符合授权不明行为的性质和特点,也可能妨碍交易的安全和秩序。正因如此,《民法典》删除了关于授权不明情况下代理人与被代理人共同承担责任的规定。

关于授权不明的法律后果,笔者认为,在授权不明的情形下,代理人的代理行为可能构成有权代理、狭义的无权代理或者表见代理。[②] 因此,首先应当确定代理行为的效力,如果构成有权代理或表见代理,则法律效果归属于被代理人;如果构成狭义无权代理,则应当依据《民法典》第 171 条的规定认定当事人的责任。

---

① 参见江帆、孙鹏主编:《交易安全与中国民商法》,中国政法大学出版社 1997 年版,第 147～148 页。

② 王叶刚:《论委托代理授权不明时代理人的责任》,载《法学杂志》2018 年第 4 期。

第五节 职务代理和复代理

一、职务代理

（一）职务代理的概念和特征

所谓职务代理，是指根据代理人所担任的职务而产生的代理，即法人或非法人组织的成员以及主要工作人员在其职权范围内的事项所从事的民事法律行为，无须法人或非法人组织的特别授权，其法律效果应当由法人或非法人组织承担。《民法典》第170条第1款规定："执行法人或者非法人组织工作任务的人员，就其职权范围内的事项，以法人或者非法人组织的名义实施的民事法律行为，对法人或者非法人组织发生效力。"该条规定承认了职务代理。在法律上承认职务代理的意义主要在于：一方面，它使我国法上委托代理的代理权来源多元化。产生委托代理的合同不仅包括委托合同，而且包括劳动合同、合伙协议等。[①] 另一方面，有利于维护交易安全，保护善意第三人的利益。因为法人或者非法人组织需要对外从事各种交易活动，而法人或非法人组织的法定代表人又不可能实施所有这些行为，因而，职务代理在一定程度上弥补了法定代表人制度的不足。当法人或者非法人组织授权、委派某位工作人员对外从事职权范围内的活动（如主管经销的副总经理对外订立合同），足以使第三人相信其有权对外签署经销协议，这就产生有权代理的效果。依据《民法典》第170条的规定，执行法人或非法人组织工作任务的人，在职权范围内行为，都构成有权代理，法律后果应由法人或非法人组织承担；但超越了职权范围实施的行为，则可能构成无权代理。

职务代理的特征主要表现如下：

第一，被代理人必须是法人或非法人组织。这就是说，职务代理只可能是法人或非法人组织的工作人员在其职务范围内实施的行为。被代理人只能是法人或非法人组织，而不可能是自然人。[②]

第二，代理人必须是法人或非法人组织的法定代表人以外的其他工作人员。在职务代理中，代理人实施的行为通常与其执行职务有关，其既包括法人或者非法人组织的工作人员在其职务范围内实施的行为，又包括为执行法人、非法人组织特定工作任务而实施的相关行为。[③] 职务代理与代表行为的区别在于，代表行为是由法定代表人在其职务范围内的行为，而职务代

---

① 尹飞：《体系化视角下的意定代理权来源》，载《法学研究》2016年第6期。

② 黄薇主编：《中华人民共和国民法典总则编解读》，中国法制出版社2020年版，第552页。

③ 黄薇主编：《中华人民共和国民法典总则编解读》，中国法制出版社2020年版，第552页。

理是法定代表人以外的其他工作人员在其职务范围内的行为。在一定程度上,职务代理可以弥补法定代表人制度的不足。因为法人的法定代表人仅为一人,大量的事务需要通过职务代理来实施。

第三,代理权的来源是法人或非法人组织内工作人员的特定职权范围。就职务代理而言,并不需要代理权的授予行为,在这种关系中,代理人是被代理人的工作人员,其担任一定的职务所具有的职权范围就是其获得的代理权。[①] 因此,职务代理人在其职务范围内所为的行为,应视为其所在单位所为的行为,法律后果由法人和非法人组织承担,而且此种代理无须特别授权。该职权范围一般没有期限或特定事项的限制,但可以依据法律和行政法规的规定、交易习惯、相对人知悉的法人章程或合伙协议,以及法人或非法人组织的规定来确定。

第四,相对人对该职权行为具有合理信赖。这就是说,相对人对职权行为在其职权范围内的行为能够产生信赖,且此种信赖是合理的,而不需要进一步审查其职权范围。例如,相对人能够合理相信主管销售的经理能够对外代表公司签订销售合同,但如果其对外代表公司订立借款合同,则相对人就应当进一步审核其职权范围,否则其信赖就不是合理的。尤其是对相关的事项而言,如果法人或者非法人组织的法定代表人通常都无权实施相关的行为,如代表公司对外提供担保,则按照举重以明轻的解释规则,相关的工作人员原则上也无权基于职务代理规则实施相关的行为。换言之,对于法定代表人都需要基于法律或者章程规定实施的行为而言,相关工作人员在进行职务代理时,相对人应当审查其是否有明确的授权,否则无法成立职务代理。

职务代理属于广义上的委托代理。关于职务代理的性质,理论上存在不同看法:一是法定代理说。此种观点认为,职务代理是法定代理的范畴,因为职务代理权主要源于法律的规定。二是特殊类型的代理说。此种观点认为,职务代理是不同于法定代理和委托代理的特殊类型。三是委托代理说。此种观点认为,职务代理属于委托代理的范畴,其本质上是基于被代理人的意志而产生的代理。[②] 我国《民法典》采纳了此种观点,因为在职务代理的情形下,被代理人虽然没有单独授予代理人相关的代理权限,但代理人基于其职务关系,也可以享有相应的代理权,因此,从本质上说,此种代理权也是基于当事人之间的合同关系而产生的,其也属于委托代理的一种类型。

---

① 魏振瀛主编:《民法》(第4版),北京大学出版社、高等教育出版社2010年版,第174页。

② 黄薇主编:《中华人民共和国民法典总则编解读》,中国法制出版社2020年版,第551页。

正因如此,我国《民法典》将职务代理规定在"委托代理"中。当然,如果行为人超越职权范围实施民事法律行为,也构成无权代理。①

(二)职务代理行为不同于法定代表人的代表行为

职务代理者与法定代表人所享有的职权范围是不同的,因此,法定代表人的代表行为与职务代理行为是不同的,不应当将法定代表人的行为纳入职务代理行为中,二者的区别主要还体现为:

第一,相对人的信赖程度不同。对法人和非法人组织而言,其法定代表人的身份通常是由章程明确规定的,其与相对人从事民事法律行为时,相对人自然可以产生相应的信赖。而对职务代理行为而言,实施职务代理行为的行为人是执行法人或者非法人组织工作任务的人员,其身份通常并没有明确公示,相对人信赖程度也相对较低。

第二,相对人的核实义务程度不同。与前述相对人的信赖程度不同相对应,相对人在与法人或者非法人组织的法定代表人交易时,其只需要核实其是否为法定代表人即可,而在职务代理中,相对人既需要核实相对人是否为执行法人或者非法人组织工作任务的人员,还需核实相关事务是否为其职权范围内的事项。

第三,法律效果不同。对代表行为而言,由于法定代表人是法人或者非法人组织的组织机构,其所实施的代表行为视为法人或者非法人组织自己的行为,因此所产生的法律后果也当然应当由法人或者非法人组织承受。而对职务代理行为而言,从我国《民法典》的规定来看,其在性质上属于委托代理,执行法人或者非法人组织工作任务的人员在实施职务代理行为后,还需要通过委托代理制度将相关的法律效果归属于法人或者非法人组织。

(三)职务代理不同于一般的代理

职务代理虽然也属于委托代理的范畴,在其不同于一般的代理,二者的区别主要体现为:

第一,代理权限范围不同。对职务代理而言,代理人虽然不像法定代表人那样,可以实施广泛的代表行为,但在其职权范围内,其也可以实施广泛的代理行为,而不需要法人或者非法人组织专门授权。而对一般的代理行为而言,代理人的代理权限需要被代理人明确授权。相对人在与代理人交易时,也应当查明代理人的代理权。而对职务代理行为而言,代理人的代理权产生于其职务关系,相对人一般只需要审核该工作人员的身份和职权范围即可,并不需要对其享有的具体代理权限进行审核,因此,只要其有相关

---

① 黄薇主编:《中华人民共和国民法典总则编解读》,中国法制出版社2020年版,第552页。

的职权范围证明,相对人对其有代理权的信赖就是合理的。

第二,法律效果不同。对职务代理而言,由于代理人的代理权限因职务而产生,而不需要法人、非法人组织的专门授权,因此,代理人在职务范围内所实施的代理行为的法律效果可以直接归属于法人或者非法人组织,而不需要其追认。而对一般的代理行为而言,如果没有被代理人的专门授权,则代理人所实施的代理行为的法律效果要归属于被代理人,还需要被代理人的追认。

第三,相对人的审核义务不同。对职务代理而言,相对人只需要审查代理人的行为是否在其职权范围内,而不需要审查其是否有法人、非法人组织的专门授权。换言之,对职务代理而言,其在实施职务代理行为时,并不需要提供相关的委托合同,而只需要证明其特定的职务身份及其职权范围即可。例如,对公司的副总经理而言,如果其职权范围是负责公司的基建,则其在订立基建合同时,就不需要提供相关的授权文件。而对一般的代理行为而言,相对人必须审查代理人具体的代理权限范围,否则一旦构成无权代理,则相对人一般不得主张其为善意相对人。

从《民法典》第170条的规定来看,其并没有对实施职务代理行为的主体身份进行限定,这是否意味着,只要是执行法人或者非法人组织工作任务的人员,都可以实施职务代理行为?笔者认为,为了维护交易安全,有必要对实施职务代理行为的工作人员的范围进行必要的限定。因为,一方面,对职务代理而言,相对人的审查义务较低,其通常只需要审查代理人是否具有相关的职务身份即可,如果不对可以实施职务代理行为的工作人员的范围进行必要的限定,则可能导致可以实施职务代理的工作人员的范围过于宽泛,这可能使法人或者非法人组织承担较大的交易风险。另一方面,如果不对可以实施职务代理行为的工作人员的范围进行必要的限定,可能导致职务代理与一般的代理行为相混淆。例如,对于公司的采购员而言,其在与相对人交易时,按照一般代理的规则,相对人通常需要核实其代理权限范围,但如果将其行为认定为职务代理行为,则相对人并不需要核实其代理权限范围,而仅需要核实其身份和职权范围即可,可见,对其行为性质的认定不同,其法律效果也会存在很大差异。笔者认为,应当将可以实施职务代理的工作人员限定为具有相当职务并享有一定职权的工作人员,因为这些人从事职权范围内的活动,才能产生相应的权利外观,相对人在与其交易时也才不需要审查其是否有法人或者非法人组织的特别授权,对于普通工作人员而言,相对人对其信赖程度相对较低,应当将其排除在可以实施职务代理行为的工作人员范围之外,相对人在与其交易时,仍需要审查其是否有法人或者非法人组织的特别授权。

（四）职务代理不得对抗善意相对人

《民法典》第170条第2款规定："法人或者非法人组织对执行其工作任务的人员职权范围的限制，不得对抗善意相对人。"该条从维护交易安全、保护善意第三人利益考虑，明确规定了法人或者非法人组织内部对员工的职权范围限制，不得对抗善意第三人。例如，公司内部对其销售部经理明确规定，不得订立超过10万元以上的销售合同。但对该规定的权限限制第三人并不知道。后来，该销售部经理以公司名义与第三人订立了标的为20万元的合同，虽然超出了内部的权限限制，但是若第三人是善意的，则该合同仍然有效。因为善意第三人可能并不知道法人内部对其工作人员职权范围的限制，如果事后法人或者非法人组织可以以内部存在职权范围限制而不承认工作人员的代理行为，那么第三人的交易安全就得不到保护。当然，如果该销售部经理对外以公司名义提供担保，则第三人必须审查其是否具有符合法定程序的授权，第三人未履行审查义务，就构成恶意。

值得注意的是，该条规定代理权范围的限制不得对抗善意相对人，因而对于善意相对人而言，职务代理人的代理行为事实上仍然属于有权代理，因而并不构成表见代理。

二、复代理

复代理是相对于本代理而言的。所谓本代理，是指由被代理人选任代理人或者直接依据法律规定产生代理人的代理。一般的代理都是本代理。所谓复代理，又称为再代理，是指代理人为了实施其代理权限内的行为，以自己的名义选定他人担任被代理人的代理人的代理。[①] 我国《民法典》第169条对此作出了规定，复代理的特点主要表现在：

第一，代理人以自己的名义为被代理人选定代理人。这就是说，复代理人是直接由代理人选定的，而不是由被代理人选定的，如果是由被代理人直接选定并授予其代理权，则属于本代理。代理人选定复代理人，仍然是为了被代理人的利益，而不是为了代理人的利益。就代理人授予复代理权而言，其可以授予较自己本代理权范围小一些的复代理权，也可以授予与自己本代理权权限范围一致的复代理权，并且可以撤回复代理。[②] 在复代理关系形成以后，代理人并没有完全退出代理关系，但是其代理的主要权限已经转移

---

① 参见［日］我妻荣：《新订民法总则》，于敏译，中国法制出版社2008年版，第231页。

② Helmut Köhler, BGB Allgemeiner Teil, 34. Auflage, Beck, 2010, S. 166.

给复代理人,由复代理人行使,其产生的代理后果直接归属于被代理人。[1]不过,在设定复代理之后,代理人对复代理人的选任应当承担责任,对选任不当要承担责任。另外,代理人要对其向复代理人发出的指示承担责任。也就是说,即便在有了复代理之后,代理人虽然可能不再行使代理权,但是如果其向复代理人作出了指示,则其仍然要对该指示负责。

复代理人和代理人并不是被代理人的共同代理人,因为,一方面,代理人因时间、精力、能力等方面的原因而无法完成被代理人的事项,所以才由代理人委任新的代理人从事该代理行为,由复代理人从事委托事项并直接对被代理人负责。而共同代理,是指被代理人同时委托两个或两个以上的人作为其代理人,并从事共同代理行为,其行为的后果由被代理人负责。因此,复代理与共同代理产生的基础不同。另一方面,在复代理关系产生以后,代理人的代理权限基本移转给了复代理人,其不再从事代理事务,这与共同代理中双方要共同行使代理权是不同的。

第二,复代理人是被代理人的代理人,而不是代理人的代理人。如果复代理人仍然是代理人的代理人,则实际上是一般的代理,而不是复代理。由于复代理人是被代理人的代理人,因而,尽管复代理人是代理人选定的,但其仍然要以被代理人的名义行为。尤其是复代理人也享有一定的代理权限[2]。其本身并不是代理人的辅助人,而是独立的代理人,其在代理的权限范围内仍然可以独立地作出或接受意思表示。复代理人从事代理行为所产生的一切法律效果,也应当由被代理人承担。不过,由于复代理人是因为转代理而取得代理权的,其权限不得超出原代理人的代理权限。

第三,复代理人是代理人基于复任权而选任的。复任权,是指选择他人作为复代理人的权利。复代理人因为代理人行使复任权而成为复代理人,其代理权限直接源于代理人所享有的代理权,因此,复代理人的权利不能超过代理人的权限,尽管代理人因选定复代理人而不再行使代理权,但由于复代理人是代理人选定的,所以代理人对复代理人的行为享有监督的权利,并有权直接解除复代理人的代理权。如果因为选任的过失,造成了被代理人的损害,代理人应当承担选任上的过错责任。

关于复代理权的产生,应当区分法定代理和委托代理。我国《民法典》将复代理规定在“委托代理”部分,表明复代理主要适用于委托代理。但是

---

① 郑玉波:《民法总则》,中国政法大学出版社 2003 年版,第 412 页。

② 参见黄薇主编:《中华人民共和国民法典总则编解读》,中国法制出版社 2020 年版,第 547 页。

在法定代理中,是否可以适用复代理,值得探讨。笔者认为,复代理原则上不适用于法定代理,法定代理基于法律规定而产生,法定代理人的职责也是由法律规定的,其原则上应当亲自履行法定代理职责,而不得为被代理人选择代理人。当然,在法定代理的情形,也可能出现紧急情况,需要委托他人履行代理职责。例如,某个法定代理人因出国或患病等,无法实施代理行为,此时,其可以临时委托他人进行代理,但不能完全免除法定代理人的责任。还应当看到,在复代理中,代理人在为被代理人选择代理人时,其应当有复任权,而在法定代理中,被代理人通常无法对代理人进行授权。因此,复代理一般不适用于法定代理。

三、复代理的生效条件

1. 复代理的产生

在委托代理中,复代理的产生必须符合如下条件:

第一,委托代理人为被代理人的利益需要转托他人代理的,只有在代理人因为种种原因,不能亲自执行代理事务,完成预定代理任务的情况下,为了被代理人的利益,才有必要实行转委托,所以转委托也是完成代理事务的一种特殊方式。

第二,如果为了被代理人的利益确实需要转委托,要取得被代理人的事前同意或事后追认,[①]即使代理人为了被代理人利益考虑,有必要将委托的事务全部或部分地委托他人,也必须要事先取得被代理人的事前同意或事后追认。[②] 但是在征得被代理人同意的情况下,可以由代理人将代理事务转托他人。如果没有经过被代理人的同意,代理人不得擅自转委托。因此,在委托代理中,委托代理人原则上不享有复任权。只是在法律规定的例外情况下,符合法定的条件时,代理人才享有复任权。因此,《民法典》第 169 条第 1 款规定:“代理人需要转委托第三人代理的,应当取得被代理人的同意或者追认”。依据这一规定,代理人要将其代理事项转委托给第三人代理的,应当取得被代理人的事先同意或者事后追认。如果没有取得被代理人的同意,代理人擅自将代理事项委托他人行使,也可以在代理人和第三人之间形成代理关系,但并不是复代理关系。在此情况下,应当由代理人向被代理人承担责任。

第三,出现紧急情况而不需要取得被代理人的同意。复代理人必须要

---

① 王泽鉴:《民法总则》,北京大学出版社 2009 年版,第 425 页。

② 参见黄薇主编:《中华人民共和国民法典总则编解读》,中国法制出版社 2020 年版,第 548 页。

取得被代理人的同意,因为在一般的委托代理中,代理是基于一定的人身信任关系而产生的,而代理权在性质上是一种资格,因此不得由代理人转让给他人行使。但是在征得被代理人同意的情况下,可以由代理人将代理事务转托他人。在委托代理中,委托代理人原则上不享有复任权。只是在法律规定的例外情况下,符合法定的条件时,代理人才享有复任权。但是出现紧急情况则不需要取得被代理人同意。

2. 代理人擅自转委托的责任

《民法典》第 169 条第 3 款规定:"转委托代理未经被代理人同意或者追认的,代理人应当对转委托的第三人的行为承担责任;但是,在紧急情况下代理人为了维护被代理人的利益需要转委托第三人代理的除外。"该条规定了代理人擅自转委托责任的构成要件,具体有两点:

第一,转委托未经被代理人事先同意或事后追认。所谓被代理人事先同意,是指被代理人对代理人转委托行为作出了授权。所谓事后追认,是指被代理人事后对代理人转委托的行为进行了认可,表示同意该转委托行为。只有在代理人既未取得被代理人事先同意,也未取得其事后追认时,才构成擅自转委托。

第二,不存在法定的紧急情况。依据《民法典》第 169 条第 3 款的规定,转委托代理在紧急情况下可以不需要征得被代理人的同意。如何理解紧急情况?《总则编解释》第 26 条规定:"由于急病、通讯联络中断、疫情防控等特殊原因,委托代理人自己不能办理代理事项,又不能与被代理人及时取得联系,如不及时转委托第三人代理,会给被代理人的利益造成损失或者扩大损失的,人民法院应当认定为民法典第一百六十九条规定的紧急情况。"依据该规定,紧急情况主要限于急病、通信联络中断、疫情防控等情形。的确,在出现上述情况之后,委托代理人自己确实不能办理代理事项,又不能与被代理人及时取得联系,如不及时转托他人代理,会给被代理人的利益造成损失或者扩大损失,因而属于法定的"紧急情况"。只有出现了紧急情况,代理人才能选定复代理人,而不需要取得被代理人的同意。①

在代理人擅自转委托的情形下,该转委托行为对被代理人不发生效力,同时,代理人应当对转委托的第三人的行为承担责任,因为在代理人未取得复任权的情形下,其擅自转委托代理的行为违背了被代理人的授权意愿,被代理人也不需要承受该第三人的行为的法律后果,被代理人因此遭受损失

---

① 参见黄薇主编:《中华人民共和国民法典总则编解读》,中国法制出版社 2020 年版,第 549 页。

的,有权请求代理人赔偿。

3. 复代理的法律效果

在复代理关系产生以后,对于原代理人而言,其并没有退出代理关系,作为代理人,其可以基于自己的判断,指示复代理人实施民事法律行为。只要是在代理的权限范围内,原代理人都可以要求复代理人从事一定的行为。正因如此,复代理人既要接受原代理人的指示,又要接受被代理人的指示。当然,在两者的意见不一致时,复代理人仍然应当听从被代理人的指示,因为复代理人是被代理人的代理人。[①] 如果因为复代理人造成被代理人的损害,如何确定原代理人的责任?《民法典》第 169 条第 2 款规定:“转委托代理经被代理人同意或者追认的,被代理人可以就代理事务直接指示转委托的第三人,代理人仅就第三人的选任以及对第三人的指示承担责任。”因此,原代理人在复代理成立的情况下只需要在两种情形下对被代理人承担责任:一是就第三人的选任负责。如果原代理人在第三人的选任方面存在过错,因此导致被代理人的损失的,应当由原代理人负责。二是就其对第三人的指示负责。也就是说,如果原代理人所作出的指示存在错误,复代理人据此行为而导致被代理人损失的,应当由原代理人负责。

对于复代理人而言,一旦转委托代理经过被代理人同意或者追认,复代理关系成立。在此情况下,复代理人成为被代理人的代理人。复代理人可以以被代理人的名义实施法律行为或准法律行为,由此产生的一切法律后果都应当由被代理人承担。《民法典》第 169 条第 2 款之所以这样规定,是因为复代理人已经成为被代理人的代理人,因此,被代理人可以就代理事务直接指示复代理人,复代理人应该严格按照被代理人的指示而不是代理人的指示行为。复代理人在代理权限内所从事的代理行为的效果都应当由被代理人承担,如果因为超越代理权限从事代理行为,则构成无权代理。[②] 如果无权代理行为符合表见代理的构成要件,也应当由被代理人承担责任。但是,如果转委托代理未经被代理人同意或者追认的,则复代理人实施的行为直接构成无权代理。

对于被代理人而言,在复代理关系生效之后,复代理人成为被代理人的代理人,复代理人所实施行为的法律后果直接归属于被代理人。

---

① 李适时主编:《中华人民共和国民法总则释义》,法律出版社 2017 年版,第 526 页。

② 参见黄薇主编:《中华人民共和国民法典总则编解读》,中国法制出版社 2020 年版,第 550 页。

第六节　代理权的行使

一、一般原则

代理权的行使，是指代理人在代理权限内，以被代理人的名义实施的代理行为。代理人在代理权限内所从事的代理行为而产生的法律效果，都应当由被代理人承担。但代理人在行使代理权的过程中，应当遵守一定的原则，这些原则包括四个方面：

(1)代理人必须在代理权限内从事代理行为。这就是说，代理人必须严格按照授权的规定行为，具体包括四点：一是代理人应当在代理权限的范围内行为。代理人只能在代理权规定的代理事由、代理范围内行使代理权。二是代理人未经被代理人的同意，不得擅自扩大和变更代理权限。如果代理人在从事代理活动过程中，发现代理的事务因客观原因的变化应当加以改变，则应及时与被代理人联系，征求被代理人的意见。另外，除非符合法定的转代理的条件，否则，不能擅自从事转代理行为。三是代理期限一旦届满，应当及时告知被代理人，如果被代理人不延长期限，代理人应当停止代理活动。四是如果授权不明，代理人应当及时向被代理人提出，尽快明确授权的范围。

(2)代理人必须亲自从事代理行为。代理关系具有浓厚的人身信赖色彩，被代理人常常是基于对代理人的知识、技能、信用等的信赖而委托代理人的。由于代理基于高度信任关系而产生，因而代理人必须亲自从事代理行为，才符合被代理人的意志和利益。代理人在从事代理活动中，为被代理人的利益需要转托他人代理的，应当事先取得被代理人的同意。只有在紧急情况下，为了保护被代理人的利益才可不经被代理人同意而转托他人代理，因而转委托应当符合法律关于转委托的规定和当事人的约定，并尽可能维护被代理人的利益。代理人在实施代理行为时可以使用辅助人，但不得让他人替代自己实施代理行为。基于代理关系的人身信赖性质，代理权一般不得转让。

(3)代理人必须依据诚信原则从事代理行为。诚信原则是从事任何民事活动所应当遵循的一般原则，代理行为也不例外。代理人依据诚信原则行为主要表现在五个方面：第一，代理人必须努力尽到勤勉和谨慎的义务，充分维护被代理人的利益。如果客观情况发生变化需要改变委托事务，代理人应当及时向被代理人报告。代理人作出的报告应当是真实的，不应当出现虚伪不实等可能使被代理人陷入错误的陈述。第二，代理人在代理活动中,除当事人另有特别约定外,应当对被代理人的财产和各种代理事务尽到善良管理人的注意。例如,对被代理人的财产应当妥善保管,如果确实有必要,也应当从事一些必要的对财产的保存、利用和改良行为。[①] 从事这些行为,应当及时报告被代理人。另外,从事改良行为,应当以不变更物和权利的性质为限。第三,代理人应专为被代理人而非自己、第三人的利益进行代理行为,原则上不得将自己置于使被代理人利益与自己利益相冲突的地位。代理人应当从维护被代理人的利益出发,争取获得对被代理人最有利的结果。第四,代理人在从事代理活动中,应当尽到及时报告的义务,使被代理人及时了解有关情况。第五,在代理关系终止以后,代理人必须要按照诚信原则履行报告、保密、结算等义务,并应当及时交还代理证书及有关资料。

如果依据授权行为和依据诚信原则行为之间发生矛盾,应当如何处理?例如,代理人明知被代理人授权从事某种行为有误,按此实施代理行为对被代理人明显不利,此时是否可以变更授权的规定?笔者认为,依据授权行为是第一原则,依据诚信原则行为是第二原则。代理行为从根本上来讲是要将代理的效果归属于被代理人,某种代理行为产生的特定效果是否有利于被代理人,原则上应当按照被代理人的意思来确定,因为任何人都是自己利益的最佳判断者,即使客观上有利于被代理人的利益,而被代理人也可能认为对其并非有利。所以代理人固然应当按照被代理人利益最大化而从事代理行为,但如果代理事务规定非常明确,代理人不得以谋求被代理人利益最大化为由来改变对代理事务的授权。因此,诚信原则只是为了弥补授权行为的不足而产生的原则。

(4)代理人必须正当行使代理权。《民法典》第164条第1款规定:“代理人不履行或者不完全履行职责,造成被代理人损害的,应当承担民事责任。”代理人在从事代理行为时,应当依据法律规定和诚信原则正当行使其代理权,不得滥用代理权,从事自己代理、双方代理等损害被代理人利益的行为。

二、代理权滥用的禁止

(一)自己代理、双方代理等属于滥用代理权行为的概述

自己代理、双方代理均属于滥用代理权的行为,关于其效力,学理上存在不同观点。

---

① 魏振瀛主编:《民法》(第4版),北京大学出版社、高等教育出版社2010年版,第180页。

一是依据无权代理的规则认定其效力。此种观点认为,自己代理、双方代理均属于滥用代理权的行为,其在性质上属于《民法典》第 171 条所规定的"超越代理权"的情形,应当构成无权代理,依据《民法典》第 171 条的规定,基于自己代理和双方代理所实施的代理行为属于效力待定的民事法律行为。①

二是依据有权代理的规则认定其效力。此种观点认为,无论是自己代理还是双方代理,对代理人而言均属于有权代理,就无权代理而言,其通常指向三方关系,而对自己代理和双方代理而言,其并不存在作为第三人的相对人,②不应适用无权代理的规定,仍属于有权代理的范畴。

笔者认为,上述两种观点都有一定的合理性。如何认定自己代理和双方代理的效力?从比较法上来看,国外法律关于自己代理和双方代理行为效力的规定也不一致。一种模式认为,自己代理和双方代理行为无效。例如,依据荷兰法(《荷兰民法典》第 3:68 条)、瑞士法都规定,构成自己代理和双方代理行为无效,无须考虑利益冲突。另一种模式认为,只有存在利益冲突,才能认定自己代理和双方代理行为无效。如《意大利民法典》第 1394 条、《德国民法典》第 181 条等规定,认定上述代理行为的效力时,则需要考虑是否存在利益冲突。③ 有关的示范法也规定,被代理人解除合同的权利取决于第三方对利益冲突的(潜在)认识④。委托人一旦得知存在利益冲突,就必须采取积极措施,而不能只是坐等交易结果对其有利。如果代理人处于利益冲突中,委托人有权宣布其代理行为无效。⑤ 这两种模式具有一定的相似性。从法律效果来看,尽管存在利益冲突,但如果代理行为对被代理人是有利的,则被代理人可以不宣告相关的代理行为无效,而可以选择追认代理行为的效力。

笔者认为,从我国《民法典》第 168 条的规定来看,并没有明确要求存在利益冲突,立法者认为在自己代理和双方代理的情形下,一般会发生利益冲突,所以直接否定自己代理与双方代理的效力。因此,《民法典》原则上禁止或者不提倡自己代理或者双方代理,以减少纠纷的发生。但一概否认自己代理和

---

① 参见王利明主编:《中国民法典释评总则编》,中国人民大学出版社 2020 年版,第 413 页。

② 参见姚瑞光:《民法总则论》,中国政法大学出版社 2011 年版,第 295 页。

③ Nils Jansen & Reinhard Zimmermann, *Commentaries on European Contract Laws* , Oxford University Press, 2018, p. 1263.

④ PECL 3:205 (1); PICC 2.2.7 (1); DCFR II. -6:109 (1).

⑤ PECL 3:205 (1); PICC 2.2.7 (1); DCFR II. -6:109 (1).

双方代理的效力,也存在一定的问题[①]。因为在某些情形下,即便构成自己代理或双方代理,代理人和被代理人之间也不存在利益冲突,此时不宜一概否定这些代理行为的效力。但在存在利益冲突的情形下,则应当否定这些代理行为的效力。因为,一方面,从立法目的来看,法律对自己代理和双方代理作出规定,目的在于避免出现被代理人和代理人之间的利益冲突。[②] 另一方面,从实践来看,在自己代理和双方代理的情形下,并不是都对被代理人不利,事实上,在某些情形下,自己代理和双方代理更有利于减少交易费用,降低交易成本。且对有些交易关系而言,可以排除相关的风险,如自己代理和双方代理可能是最好的交易安排。但是如果存在利益冲突,此种行为将使代理人明显从中获利,而使被代理人置于利益受到损害的状态时,显然,法律不能承认此种代理行为的效力,而应当否定自己代理和双方代理行为的效力。因此,应当将利益冲突作为认定自己代理和双方代理行为效力的重要标准。

(二)滥用代理权行为的形态

1. 自己代理

所谓自己代理,是指代理人以被代理人的名义与自己从事法律行为。自己代理存在两种情况:一种情况是代理人以自己的名义向被代理人发出要约且代理人以被代理人的名义予以承诺;另一种情况是代理人以被代理人的名义向自己发出要约且以自己的名义进行承诺。法律上之所以禁止自己代理,原因在于:尽管代理人代理被代理人行为时,获得了被代理人的授权,但其应当为被代理人寻找相对人进行交易,但在自己代理的场合,代理人未寻找相对人,却由自己与被代理人发生法律关系,这种行为违反了代理人应当负有的忠实义务。按照忠实义务,代理人必须为被代理人的利益而行为,而不能为了自己的利益而行为,因此,此种行为属于滥用代理权的行为,在法律上应当予以禁止。[③] 此外,在自己代理的情况下,有可能会发生利益冲突,损害被代理人的利益[④]。《民法典》第 168 条第 1 款规定:"代理人不得以被代理人的名义与自己实施民事法律行为,但是被代理人同意或者追认的除外。"这就明确了代理人不得从事自己代理行为。

---

① 参见黄薇主编:《中华人民共和国民法典总则编解读》,中国法制出版社 2020 年版,第 507 页。

② Nils Jansen & Reinhard Zimmermann, *Commentaries on European Contract Laws* , Oxford University Press, 2018, p. 1262.

③ 参见[日]四宫和夫:《日本民法总则》,唐晖、钱孟姗译,台北,五南图书出版公司 1995 年版,第 250 页。

④ Helmut Köhler, BGB Allgemeiner Teil, 34 Auflage, Beck, 2010, S. 169.

关于自己代理的效力，比较法上有如下观点：一是无效说。此种观点认为，在自己代理的情形下，被代理人可宣告该行为无效[①]。二是可撤销的代理行为说。例如，《意大利民法典》第1394条规定："由代理人缔结的、与被代理人利益相冲突的契约，在第三人知道或者可知道的情况下，得根据被代理人的请求而撤销。"从我国《民法典》第168条第1款的规定来看，该条实际上是将自己代理作为无权代理对待。也就是说，在代理人实施自己代理行为时，只有在两种情况下才能发生效力：一是被代理人的事先同意。自己代理经过被代理人的同意也可以有效。如果自己代理对被代理人并无不利，并不发生利益的冲突，则被代理人也会事先同意代理人的行为。法律之所以禁止自己代理，主要是因为在自己代理的情形下，代理人将与被代理人发生利益冲突[②]。二是被代理人的事后追认。这就是说，在代理人实施了自己代理行为之后，被代理人也可以自愿追认这一行为，从而使这一无权代理转化为有权代理。

笔者认为，虽然自己代理和双方代理都需要经被代理人同意和追认才能有效，从这个意义上可以说，其与无权代理似乎并无差异。但实际上，它们和无权代理并不完全相同，表现在两个方面：第一，在无权代理的情况下，代理人并不具有代理权，而在自己代理和双方代理的情形下，代理人是有相关的代理权的，只是其构成了代理权的滥用。第二，对自己代理和双方代理而言，因为其存在利益冲突，会导致对被代理人的损害，如果能够消除相关的利益冲突，则应当肯定其效力。但无权代理不存在此种情形。

需要指出的是，自己代理中的利益冲突必须是代理人与被代理人之间发生的利益冲突，且相对人不知道该利益冲突。例如，在自己代理的情形中，代理人为了谋求自身利益的最大化，可能导致被代理人利益的受损。因此，就自己代理而言，在如下两种情形下，即使没有取得被代理人的同意，自己代理因对被代理人有利也应当认定为有效：一是被代理人纯获利益的行为。例如，父母与未成年子女之间订立房屋赠与合同，对于未成年人子女来说，其纯获利益，所以应当认为是有效的[③]。因为禁止代理权滥用的目的在于防止代理人对被代理人的利益造成损害，对于纯获利益的行为，其不会造成被代理人的损害，也就没有必要宣告此种行为无效[④]。二是专门履行债务

---

① 参见《国际商事合同通则》第2.2.7条。

② 参见黄薇主编：《中华人民共和国民法典总则编解读》，中国法制出版社2020年版，第507页。

③ MünchKomm/Schramm, § 181, Rn. 15; Larenz/Wolf, Allgemeiner Teil des Bürgerlichen Rechts, 9 Aufl., 2004, § 46, Rn. 129f.

④ 参见汪渊智：《代理法论》，北京大学出版社2015年版，第235页。

的行为。如果自己代理在内容上仅仅限于履行对被代理人的债务，对被代理人并无不利，此时并不发生利益的冲突，虽然未经被代理人同意，也应当有效[①]。例如，被代理人甲授权代理人乙，专门解决其与相对人丙之间的债务，而丙则将其债务移转给乙，使乙一方面为被代理人的代理人，另一方面又为其相对人。在此情况下，因为清偿债务的行为不会给被代理人的利益造成损害，应当认为该代理行为有效。同样，如果自己代理在内容上限于代被代理人履行债务，由于不存在利益冲突，也应当被认为有效。[②]

2. 双方代理

双方代理是指代理人同时代理被代理人和相对人为同一法律行为。此种代理因为有可能存在利益冲突、损害被代理人利益，所以法律上对其采取原则上予以禁止的态度。[③] 其特点是：第一，代理人获得了被代理人和相对人的授权，如果仅有一方的授权，不构成双方代理。第二，双方授权的内容是相同的，如果双方都对同一个代理人作出了授权，但授权的内容、代理事项不同，并不构成双方代理。第三，代理人同时代理双方为同一法律行为。即便双方的授权相同，但如果代理人同时代理双方实施的不是同一法律行为，也无法成立双方代理。例如，甲委托丙购买某品牌的产品，而乙委托丙出售同类品牌的产品，如果丙从丁购买了该产品，而没有购买乙的产品，则无法成立双方代理。[④]

《民法典》第168条第2款规定："代理人不得以被代理人的名义与自己同时代理的其他人实施民事法律行为，但是被代理的双方同意或者追认的除外。"由此可见，我国《民法典》原则上禁止双方代理。法律之所以禁止双方代理，主要是基于如下两种理由：一是代理人在实施代理行为时，需要独立作出意思表示，与相对人进行交易，而在双方代理的情形下，很难认定存在双方的意思表示。[⑤] 二是在双方代理的情形下，由于交易双方的利益难免存在冲突，一人操纵包办，不免顾此失彼，并且名为双方协议，实际上却毫无协商余地，因而很容易损害被代理人的利益。此外，同自己代理一样，在双方代理中也没有第三人实际参加进来，与代理关系的概念有所不符，并可能

---

① Larenz/Wolf, Allgemeiner Teil des Bürgerlichen Rechts, 9 Aufl., 2004, § 46, Rn. 124f.

② 当然，如果债务履行行为需要订立代物清偿协议，则应当认定存在一定的利益冲突，需要经被代理人同意或追认。参见王泽鉴：《民法总则》，北京大学出版社2009年版，第442页。

③ Helmut Köhler, BGB Allgemeiner Teil, 34 Aufl, Beck, 2010, S. 169.

④ 黄薇主编：《中华人民共和国民法典总则编解读》，中国法制出版社2020年版，第543页。

⑤ 郑玉波：《民法总则》，中国政法大学出版社2003年版，第418页。

会损害被代理人的利益。[①]

依据《民法典》的上述规定,双方代理属于效力待定的行为,只有在如下情形下才能生效:

一是两个被代理人都事先同意代理人代理其行为。例如,两个被代理人都提出了买进和卖出的标的和价格,那么代理人代理双方从事的交易行为,只要标的、质量完全符合双方的指示,价款也没有超出指定的范围,在此情况下,代理人的双方代理可以认为是双方已经事先授权。既然被代理人明知而未表示反对,这实际上就表明两个被代理人对代理人有高度的信任,尽管代理双方会产生一定的利益冲突,但双方都相信代理人完全能够尽到谨慎、勤勉的义务,能够充分顾及双方的利益。在此情况下也没有必要宣告该行为无效。即便产生了一定的利益冲突,甚至某一方因此受到了损害,这也是当事人所自愿接受的,法律也没有必要加以干预。从现代商法的发展趋势来看,许多国家商法对双方代理行为大多并未禁止,表明这种行为对当事人仍然是有利的。[②]

二是两个被代理人都事后追认。这就是说,两个被代理人都事后认可了代理人从事的双方代理行为。需要指出的是,虽然双方代理类似于无权代理,但是其与无权代理仍然存在一定的区别。无权代理属于没有代理权、超越代理权或者代理权终止后的行为,而在双方代理中,代理人属于滥用代理权,违反了代理人应当履行的忠实、勤勉义务,从而导致可能存在利益冲突,但其通常属于有权代理。

此外,双方代理在如下情况下也可以发生效力,即如果代理人实施双方代理是代理被代理人履行债务的行为,也应当肯定其效力,这包括两种情况:一是代理一方被代理人履行对另一方被代理人的债务;二是代理双方被代理人履行对对方的债务。[③] 例如,甲乙双方都委托丙解决其债务纠纷,甲欠乙的债务,乙也欠甲的债务,代理人代理双方将债务抵销或清偿。这既符合双方的指示,也符合双方的意志,所以代理人从事此种代理应当是合法的。

3. 代理人与相对人恶意串通,损害被代理人的利益

《民法典》第 164 条第 2 款规定:"代理人和相对人恶意串通,损害被代

---

① 佟柔主编:《中国民法》,法律出版社 1990 年版,第 208 页。

② 参见江帆:《代理法律制度研究》,中国法制出版社 2000 年版,第 196 页。

③ 参见杨与龄主编:《民法总则争议问题研究》,台北,五南图书出版公司 1999 年版,第 311 页。

理人合法权益的，代理人和相对人应当承担连带责任。”这一条适用于代理人和相对人恶意串通损害被代理人利益的情形，该条的适用应当满足三项条件。

第一，代理人和相对人恶意串通。例如，代理人和相对人串通，约定为被代理人高价购买一台设备，相对人给代理人一定的回扣。所谓“恶意”，即代理人和相对人故意损害被代理人的利益。恶意串通是指双方当事人非法串通在一起，共同实施某种行为致被代理人受到损害。在互相串通的情形下，当事人在主观上具有共同的意思联络、沟通，都希望通过实施某种行为而损害被代理人的利益。如果仅有一方的损害被代理人利益的行为，而另一方并不知悉，则不能认定为恶意串通。

第二，损害被代理人的合法权益。《民法典》第164条第2款规定的适用，应当以被代理人遭受了实际的损害为前提。因为在互相串通的情况下，代理人与相对人已构成共同侵权，应当负连带责任，赔偿被代理人由此所受的损失。因此，被代理人必须实际遭受了损害，被代理人也应对此负举证责任。

第三，代理人和相对人恶意串通与被代理人所受损害之间存在因果关系。这就是说，被代理人所受损害正是恶意串通的行为所致。①

依据《民法典》第154条的规定，恶意串通损害他人的民事法律行为无效。在代理人与相对人恶意串通损害被代理人利益的情形下，被代理人有权请求代理人与相对人就其损害承担连带责任，此种连带责任在性质上应当属于因共同侵权而承担的连带责任。

第七节　代理行为及其效果

一、代理行为的性质

一是被代理人行为说(Geschäftsherrntheorie)，此种观点为德国学者萨维尼倡导。萨维尼认为，代理人只是一个“法律上器官”(juristisches Organ)，负载着被代理人的意思，因此，代理行为的效力和代理人从事法律行为的要件需要依据被代理人而定。② 由此可见，代理人自己的意思形成并没有任何意义，被代理人才是合同的当事人。③ 代理人表达的意思必须是被代理人的意思，代理人实际上也是在替代被代理人发出或者接受意思表示，所以代理的效果应当由被代理人承担。

---

① 谢鸿飞、朱广新主编：《民法典评注·总则编》，中国法制出版社2020年版，第1164页。

② Staudinger/Schilken, Vorbemerkung zu §§ 164 ff, Rn. 11.

③ Nicole Hofmann, Missbrauch von Formalvollmachten, Diss. Uni. Wien, 2008, S. 12.

二是代理人行为说(Repräsentationstheorie),此种观点为德国学者 Brinz 和 Windscheid 所倡导。该学说认为,代理行为中的意思是代理人的意思,只是该意思的效果仅归属于被代理人身上。代理权是这一意思对他人发生效果的要件,代理行为的要件则依据代理人而定。[①] 代理人在从事代理行为时应当独立作出意思表示。虽然代理行为的效果应当归属于被代理人,但并不意味着就应当将代理人与被代理人混同。[②]

三是折中说(Vermittlungstheorie)。此种观点为德国学者 Mitteis、Dernburg、Coing 等人所主张。该学说认为,代理效果经由代理人和被代理人共同通过代理行为的缔结和委托授权发生。[③] 应当将代理行为看作代理人与被代理人的共同行为,因此行为的要件应当部分以代理人为准、部分以被代理人为准。[④]

笔者认为,从总体上来看,采纳折中说比较合理,既不能将其单纯地看作是代理人的行为,也不能简单地看作是被代理人的行为,更不宜看作是共同行为,因为共同行为是共同行为人独立意思的结合。一方面,代理人都是具有相应民事行为能力的自然人,只要在授权范围内便可以自己的意思独立从事民事法律行为;尤其是授权行为不可能十分具体,而只能由代理人根据具体情况来作出判断。例如,被代理人授权代理人购买某一个标的物,则就该标的物的质量等情况要由代理人根据具体情况判断,并选择一个特定的标的物进行购买。因此,允许代理人独立地进行意思表示,这既符合代理的本质要求,又能够使代理人圆满地完成被代理人委托的事项。另一方面,代理人实施代理行为也要体现被代理人的意志。代理之所以在最终的法律效果上要归属于被代理人,其根本原因在于代理人是基于被代理人的意思从事代理行为。当然,代理人要按照被代理人的意志行为,主要是指代理人应当在授权范围内按照诚信原则的要求从事代理行为,而在具体的民事法律行为中,代理人又应当独立地作出或者接受意思表示。所以,代理人实施行为可以说是代理人和被代理人意志的共同产物。

二、代理行为的生效要件

(一)代理人应当具有相应的行为能力

代理人通常应当具有完全民事行为能力,但是,在委托代理中,被代理

---

① Staudinger/Schilken, Vorbemerkung zu §§ 164 ff, Rn. 11.

② 参见郑玉波:《民法总则》,中国政法大学出版社 2003 年版,第 404 页。

③ Staudinger/Schilken, Vorbemerkung zu §§ 164 ff, Rn. 11.

④ 参见龙卫球:《民法总论》(第 2 版),中国法制出版社 2002 年版,第 64 ~ 66 页。

人以限制民事行为能力人作为其代理人，也是法律允许的。依据《民法典》的规定，限制民事行为能力人可以独立实施与其年龄、智力及精神健康状况相适应的民事法律行为，其当然也可以代理实施此类民事法律行为。由于在委托代理中，代理的法律效果归属于被代理人而非代理人，并不会损害代理人的利益，因此，其应当也可以代理实施此类民事法律行为。

不过，代理人不应当是无民事行为能力人。因为代理人与使者的区别在于代理人需要独立作出或者接受意思表示，因而代理人需要具有意思能力，从而能够独立进行意思表示，无民事行为能力人不具备此种能力。

（二）代理事项应当合法

代理事项即民事法律行为的标的应当是合法的，不能违反法律的强制性规定和公序良俗，否则，该代理行为将因标的违法而被宣告无效。所谓代理事项违法，主要包括两种情况：一是代理事项违法。此处所说的“违法”，既包括代理事项本身违法（如委托代理人购买毒品等行为），又包括代理事项本身不违法但代理人实施的行为构成违法（如委托他人出卖某产品，而代理人贴上假商标，冒充他人的产品）。在这两种情形下，都构成代理事项违法。[①] 如果代理事项并不违法，但代理人实施了违法行为，在此情形下，如果被代理人知道或者应当知道，但其并没有反对的，则二者应当承担连带责任。例如，甲委托乙销售某种产品，乙为了促销而盗用他人的商标，而甲对此知情但并没有予以反对，此时，甲、乙应当对受害人承担连带责任。[②] 二是代理事项本身不违法，但是代理人从事了违法行为。此时，首先需要判断代理人的行为是否因超越了代理权限构成无权代理。如果成立狭义的无权代理，且不构成表见代理不会对被代理人发生效力，那么应当由代理人承担责任。例如，被代理人委托代理人出售自己生产的产品，但代理人却从他人处购得假冒伪劣商品以被代理人的名义出售，此时应当由代理人承担责任。而如果代理人并未超出代理权限，却从事了违法行为，则需要依据代理人的状态分别判断。

依据《民法典》第167条的规定，代理人知道或者应当知道代理事项违法仍然实施代理行为，或者被代理人知道或者应当知道代理人的代理行为违法未作反对表示的，应当承担连带责任。具体而言有以下三点：一是“知道”，它是指代理人和被代理人对代理行为违法是知情的，例如，代理人知道

---

① 李适时主编：《中华人民共和国民法总则释义》，法律出版社2017年版，第519页。

② 参见黄薇主编：《中华人民共和国民法典总则编解读》，中国法制出版社2020年版，第54页。

其代理购买的物品非法(如枪支),但仍然实施代理行为。二是“应当知道”,它是指按照通常情形,代理人和被代理人应当知道代理行为违法,但其因过失而不知道。在此种情形下,应当根据代理人的过错、代理人的行为对损害后果的影响等,具体认定其责任。例如,甲委托乙销售有毒产品,乙对此并不知情,乙将该产品出售给丙之后,造成对丙的损害,在此情形下,甲应当对丙承担责任,而乙是否需要承担责任,则需要考虑其过错等因素予以认定。三是知道代理人的代理行为违法未作反对表示。例如,被代理人授权代理人出售自己生产的保健品,代理人却擅自贴上某个药品字样,被代理人知道代理人的行为违法但未作反对表示。符合上述要件,被代理人和代理人均存在过错,应当承担连带责任。通过该规定,有利于维护合法秩序。

《民法典》第167条虽然规定代理人和被代理人应当承担连带责任,但并没有明确责任的性质。笔者认为,此处所言的连带责任主要包括两种情形:一是侵权责任,如销售假冒伪劣产品所应当承担的产品责任。二是缔约过失责任,即在代理人与相对人之间订立的合同无效时,相对人依据缔约过失请求承担连带责任。承担连带责任的主要依据在于:被代理人和代理人构成了主观上的意思联络,如果致使相对人损失,则相对人有权请求代理人和被代理人承担连带的缔约过失责任或者侵权责任。[①] 在代理行为导致相对人损害时,相对人有权选择代理人或者被代理人共同承担侵权责任或者缔约过失责任,并请求其承担连带责任。例如,被代理人委托代理人出售具有瑕疵的伪劣蓄电池,而代理人明知该瑕疵存在,在蓄电池因质量问题引发火灾导致相对人其他财产遭受损害时,如果相对人主张侵权责任,那么代理人和被代理人应当承担连带责任。而在代理行为因为违法而无效或者被撤销的情形下,相对人可主张代理人和被代理人承担连带的缔约过失责任。

(三)代理人应在代理权限内从事代理行为

代理人从事代理行为必须在代理权限内进行,该行为方能合法、有效。但这并不意味着任何无权代理行为都将导致代理行为无效,如果无权代理行为事后得到被代理人的追认,或者其符合表见代理的构成要件,该行为也是有效的。此外,代理中的授权必须是合法有效的,在法律对授权行为规定一定的形式要件的情况下,该授权行为应当符合法定形式要件的要求。

(四)代理行为不存在效力瑕疵

所谓代理行为不存在效力瑕疵,是指代理人在从事代理行为时,不存在

---

① 参见王利明主编:《中华人民共和国民法总则详解》(下册),中国法制出版社2017年版,第747页。

意思表示瑕疵、违背公序良俗等影响民事法律行为效力的因素。[①] 代理行为不存在效力瑕疵既包括不存在代理行为无效的因素，也包括不存在因欺诈、胁迫等导致代理行为被撤销的因素。由于代理行为主要是代理人代理被代理人从事民事法律行为，因此，应当依据民事法律行为效力瑕疵的规则认定代理行为效力的瑕疵。换言之，虽然代理行为的法律效果归属于被代理人，但如果代理人所实施的代理行为存在效力瑕疵，如存在民事法律行为无效或者可撤销的事由，则代理行为也将因此存在效力瑕疵。

问题在于，在代理行为因存在欺诈、胁迫等事由而可撤销的情形下，应当由何人行使撤销权？这涉及对代理行为性质的认识，即代理行为究竟是何人的行为？对此存在不同观点：一是被代理人行为说。此种观点认为，代理行为是被代理人的行为而非代理人的行为，代理人在实施代理行为时所作出的意思表示是被代理人的意思，只不过是由代理人作出；同时，由于代理行为的效果归属于被代理人，因此，在代理行为存在可撤销事由的情形时，被代理人可以行使撤销权。[②]《德国民法典》采取了此种立场，依据该法典第 166 条第 1 款的规定，代理行为是否存在瑕疵，应当以代理人为标准进行判断，但撤销权应由被代理人行使，即由被代理人决定是否接受因意思表示瑕疵而产生的法律效果。[③] 二是代理人行为说。此种观点认为，在代理法律关系中，只是将代理行为的法律效果归属于被代理人，而在意思表示瑕疵的判断上，则应当依据代理人的标准进行。三是共同行为说。此种观点认为，在代理行为存在效力瑕疵的情形下，该行为体现了代理人和被代理人的共同意志，因此，应当由代理人和被代理人共同行使撤销权。

笔者认为，对于代理行为效力的瑕疵，应当区分如下两种情形，分别予以认定。

第一，代理人实施了欺诈、胁迫以及其他意思表示不真实的行为。在此情形下，相对人依法享有撤销权，由于代理人实施代理行为体现的是被代理人的意志，而且代理行为的法律效果归属于被代理人，因此，代理人从事欺诈、胁迫的，也应当对被代理人发生效力。进一步而言，相对人在通过诉讼行使撤销权时，只能以被代理人为被告，而不能以代理人为被告。当然，如果因为代理人从事了欺诈、胁迫等行为致使代理行为被撤销，因此给被代理

① ［日］四宫和夫：《日本民法总则》，唐晖、钱孟姗译，台北，五南图书出版公司 1995 年版，第 257 页。

② Neuner, Allgemeiner Teil des Bürgerlichen Rechts, 2020, S. 614, § 49, Rn. 71.

③ Bork, Allgemeiner Teil des Bürgerlichen Gesetzbuchs, 2016, S. 540, Rn. 1371.

人造成损失的,被代理人在向相对人承担责任以后,有权基于委托合同等向代理人追偿。

第二,相对人针对代理人实施了欺诈、胁迫等行为。在此情形下,在认定代理行为是否存在瑕疵时,应当以代理人作为判断标准,但由于代理行为的法律效果归属于被代理人而非代理人,因此,应当由被代理人选择是否接受该行为的法律后果,换言之,应当由被代理人依法行使撤销权,代理人无权行使撤销权。

至于代理人与被代理人之间的委托合同等存在欺诈、胁迫等效力瑕疵,则属于代理人与被代理人之间的内部关系,应当依据当事人之间的基础关系(如委托合同)处理。

三、代理行为的法律效果

代理行为的法律效果是指代理人从事代理行为后产生的法律效果。从效果归属上来说,只要授权行为是合法有效的,或者符合表见代理的要件,代理行为的法律效果应当归属于被代理人,具体而言有四个方面:

第一,代理人在代理权限内以被代理人的名义作出或接受意思表示,直接对被代理人发生效力,[①]所以代理的效果应当归属于被代理人。如果在实施无权代理行为后获得被代理人的追认,由此产生的一切权利义务关系也应当由被代理人承担。

第二,如果授权行为合法有效,但代理人代理被代理人与第三人订立的合同不成立、被宣告无效或者被撤销,原则上应当由被代理人向第三人承担责任,因为代理人并非该合同的当事人,但法律规定代理人应当承担责任的情况除外。

第三,如果代理人从事无权代理行为,已构成表见代理,代理的效果应由被代理人承担。

第四,因代理行为违法导致他人损害时,原则上应当根据过错原则来确定被代理人的责任,即应当根据其过错程度确定其应负的责任。

四、代理人的责任

代理人依法从事代理行为,在代理行为完成后,代理人将退出被代理人和相对人之间的法律关系,对于代理行为的法律后果不应承担责任。但是,代理人在接受委托或者从事代理行为过程中,可能会存在过错。在此种情况下,代理人应当依据法律规定或者与被代理人之间的合同约定承担相应

---

① 参见《德国民法典》第164条、《日本民法典》第99条。

的民事责任。代理人的责任包括两种：一是对被代理人的责任，二是对相对人的责任。

(一)代理人对被代理人的责任

《民法典》第164条第1款规定："代理人不履行或者不完全履行职责，造成被代理人损害的，应当承担民事责任。"代理人行使代理权本来是为了被代理人的利益，因此，代理人应当依据法律规定或委托授权的权限从事代理行为，履行应尽的职责。如果代理人应当履行其职责，而没有履行或者没有完全履行，就应当承担责任。例如，本来应当及时购买某产品，却贻误了时机，只能在价格上涨后购买，导致被代理人遭受了损害。此时，代理人就应当对被代理人负责。同时，代理人也不得滥用代理权，从事自己代理、双方代理以及其他有损被代理人利益的行为。此外，代理人不得实施违法行为，损害被代理人利益。例如，代理人本应受托购买某项技术，但未购买该技术，而实施侵害他人知识产权的行为，最终造成被代理人的损害。上述行为都表明，代理人未尽其职责，造成被代理人损害的，应当承担相应的民事责任。

在代理人不履行或者不完全履行职责时，可以依据其与被代理人之间的基础合同关系，来确定代理人应当对被代理人承担的责任。如果被代理人与代理人之间存在委托合同关系，代理人违反该合同约定从事代理行为时，则应当承担委托合同中的违约责任。

(二)代理人对相对人的责任

代理人在从事代理行为时，也应当兼顾相对人利益。如果因代理人的过错导致相对人受到损害的，应当承担民事责任。具体来说，包括如下几种情形：

第一，代理人从事无权代理行为，未获得被代理人追认，而又未构成表见代理的。此时，代理行为不对被代理人发生效力，当然，在此情形下代理人应当依据《民法典》第171条第3款的规定，对相对人承担责任。

第二，代理人明知代理事项违法，而仍然从事代理事务，则在造成第三人损害的情况下，由于代理人和被代理人对代理事项违法存在意思联络，应当由代理人和被代理人共同承担连带责任。

第三，代理人对相对人单独从事侵权行为，应承担相应的法律责任。[①]例如，代理人在从事代理行为过程中故意实施殴打相对人的行为，造成相对人损害，则其应当单独承担损害赔偿责任。但如果符合用工责任的构成要

① 郑玉波：《民法总则》，中国政法大学出版社2003年版，第424页。

件,则被代理人也应当承担相应的责任。所谓相应的责任,是指应当考虑被代理人的过错及其行为对损害结果发生的原因力,而确定其应当承担的责任。

需要讨论的是,代理人对被代理人所承担的责任是否包括违约责任?《民法典》第164条第1款对此的规定并不明确。笔者认为,代理人是否要承担违约责任,要考虑代理人和被代理人之间是否存在合同关系,以及代理人是否违反了合同义务。如果当事人之间存在委托合同或其他合同,代理人行使代理权的行为违反了合同义务,则被代理人应当有权请求代理人承担违约责任。

第八节 代理权的消灭

代理权的消灭,又称为代理权的终止,是指代理人与被代理人之间的代理关系消灭。我国《民法典》对委托代理和法定代理终止的原因都有明确规定。

一、委托代理的终止原因

依据《民法典》第173条的规定,委托代理因下列原因而终止:

(1)代理期限届满或者代理事务完成。代理期间是被代理人授权代理人行使代理权的期间,代理人只能在代理期间内行使代理权。被代理人在授权代理人从事某项事务时,可能没有规定明确的代理期间,此时,在代理事务完成时,委托代理也应随之终止。当然,在实践中,被代理人所授予的代理权的期间可能不明确,或者代理事务范围不清楚,一般认为,在此情况下,被代理人有权随时依其单方意思表示加以确定。①

(2)被代理人取消委托或者代理人辞去委托。取消委托实质上就是被代理人撤回代理权,而辞去委托就是代理人放弃代理权,在性质上都是一种单方行为,只需要以单方意思传达于对方。原则上,被代理人可以任意撤回代理权,②但基础关系或授权行为另有约定的除外。代理关系是基于代理人和被代理人之间的相互信任关系产生的,一旦双方之间的这种信任关系不

---

① 佟柔主编:《中国民法》,法律出版社1990年版,第216页。

② 中国人民银行《关于保险公司是否有权单方终止与保险代理人委托代理关系的答复》(银条法〔1997〕17号)中指出:"根据《中华人民共和国民法通则》第69条的规定,被代理人有权单方取消对委托代理人的授权委托。因此,根据你行请示所述,中国太平洋保险公司重庆分公司在对其授权委托的保险代理人进行资格审查清理中,有权单方面取消对保险代理人的授权委托,终止与保险代理人的委托代理关系。"

复存在，应当允许双方解除委托关系。被代理人取消委托是指完全终止代理，但被代理人仅限制和缩小了代理权限，只能导致代理权的部分消灭。[①]所以，除当事人另有约定外，被代理人有权随时取消委托，代理人也可以随时辞去委托。当然，在被代理人是基于委托合同而授予代理权的情形下，如果被代理人取消委托或者代理人单方辞去委托构成违约，则对方当事人有权请求其承担违约责任。

需要讨论的是，如果被代理人取消了委托，而第三人并不知道，或者不是全部取消委托，而是对代理权限进行了限制，第三人也对此并不知情，在此情形下，第三人是善意、无过失的，此时，代理权的取消或者无效对第三人是否发生效力？一般认为，在此种情形下，代理人的消灭和变更不得对抗善意第三人。[②]

（3）代理人丧失民事行为能力。代理人必须要具有行为能力，因为代理活动主要从事的是一种法律行为，代理人要代理被代理人作出意思表示和接受意思表示。如果代理人本身不具有行为能力，则被代理人的利益根本不能得到保障。代理人在代理权授予时具有行为能力，但后来代理人因各种原因而不具有行为能力的，将导致代理权终止。但依照诚信原则，如果被代理人自愿选择一个限制民事行为能力人作为代理人代理其事务，则被代理人不得主张代理人的代理行为无效。即使被代理人在选择代理人时，并不知道其不具有完全的民事行为能力，也应承担由此造成的后果。当然，如果代理人并非完全丧失民事行为能力，而只是限制民事行为能力人，其欠缺行为能力并不影响其实施代理行为的，则代理关系并不当然因此终止。

（4）代理人或者被代理人死亡。代理关系具有严格的人身属性，因此代理权必须由代理人亲自行使。代理人死亡以后，代理关系自然终止，代理权不能发生继承。同样，被代理人死亡的，通常也会导致代理行为的意义不复存在，因此，代理关系也应当随之终止。当然，如果出现《民法典》第 174 条第 1 款所规定的情形，则即便被代理人已经死亡，代理人所实施的代理行为仍继续有效，具体而言：一是代理人不知道且不应当知道被代理人已经死亡的。为了保障代理人的利益，如果其不知道且不应当知道被代理人已经死亡的，则代理关系不终止。二是被代理人的继承人予以承认。被代理人死亡后，如果被代理人的继承人知道代理人的身份，并对代理人实施代理行为予以承认的，则代理关系也不终止。三是授权中明确代理权在代理事务完

---

① 张俊浩主编：《民法学原理》，中国政法大学出版社 1997 年版，第 287 页。

② 参见郑玉波：《民法总则》，中国政法大学出版社 2003 年版，第 428 页。

成时终止。如果被代理人在授权时没有明确委托代理的期间，而是规定必须完成代理事务，此时，为尊重当事人的意思自治，即便被代理人死亡，委托代理也不终止。[①] 四是被代理人死亡前已经实施，为了被代理人的继承人的利益继续代理。也就是说，在被代理人死亡前，代理人已经实施了一定的行为，如果继续实施代理行为对被代理人的继承人是有利的，则代理关系不终止。当然，即便维持代理关系对被代理人的继承人有利，如果继承人提出异议，也应当允许其终止代理关系。

(5)作为代理人或者被代理人的法人、非法人组织终止。如果法人是被代理人或代理人，法人因各种原因终止的，其民事主体资格不复存在，代理关系因为缺乏一方主体，也不应当继续存在。但是，法人被吊销营业执照，其主体资格并没有消灭，不能认为法人终止。在清算期间，法律允许清算法人从事必要的事务，如果已经成立代理关系，则应当继续有效。[②]

需要指出的是，《民法典》第174条第2款规定："作为被代理人的法人、非法人组织终止的，参照适用前款规定。"依据该条规定，如果作为被代理人的法人或者非法人组织终止，代理人不知道并且不应当知道被代理人终止，被代理人的继受人予以承认，授权中明确代理权在代理事务完成时终止，被代理人死亡前已经实施，为了被代理人的继受人的利益需要继续代理，则代理关系也例外地不终止。

二、法定代理的终止原因

《民法典》第175条规定："有下列情形之一的，法定代理终止：(一)被代理人取得或者恢复完全民事行为能力；(二)代理人丧失民事行为能力；(三)代理人或者被代理人死亡；(四)法律规定的其他情形。"依据这一规定，法定代理因下列原因而终止：

(1)被代理人取得或者恢复完全民事行为能力。法定代理产生的原因是被代理人不具有或不完全具有民事行为能力，但如果被代理人取得或恢复民事行为能力(例如，未成年人年满18周岁，或者精神病人恢复精神健康等)，法定代理和指定代理的原因不复存在，应导致代理终止。

(2)代理人丧失民事行为能力。在法定代理中，如果代理人丧失民事行为能力，则其将难以履行代理职责，法定代理关系应该终止。

(3)代理人或者被代理人死亡。在法定代理中，如果代理人或者被代理

① 参见石宏主编：《中华人民共和国民法总则条文说明、立法理由及相关规定》，北京大学出版社2017年版，第408页。

② 佟柔主编：《中国民法》，法律出版社1990年版，第217页。

人死亡，法定代理关系存在的意义也将不复存在。此处的所说的“死亡”不限于自然死亡，还包括宣告死亡。[①]

(4)法律规定的其他情形。例如，收养关系的解除，收养人和被收养人之间的监护关系消灭，则收养人的代理资格丧失。[②]

三、代理关系终止的效力

在代理关系终止以后，代理权归于消灭，代理人不得再以被代理人的身份从事代理活动，否则构成无权代理。代理关系一旦终止，代理人应当依据诚实信用原则和法律规定履行如下义务：

一是及时报告代理事宜和移交财产的义务。代理人应当及时向被代理人以及其继承人、清算人等就有关代理的事务和财产事宜，及时报告和移交，妥善处理善后事宜。

二是及时交回代理证书的义务。代理证书本来是代理权的证明，如果代理关系终止后其仍然保留在代理人手中，则会危及交易安全，也会损害被代理人和相对人的利益。因此，在代理关系终止后，被代理人有权要求代理人交还证书。[③] 如果代理人在代理权终止以后，仍然保留代理证书，以被代理人的名义继续行为，将构成无权代理。

三是履行忠实、保护等附随义务。代理人应当按照诚实信用原则履行后合同义务，即忠实、保密等义务。代理人不得向他人泄露有关被代理人的秘密，不得利用被代理人的有关文件从事不正当行为等。

代理关系终止以后，第三人可能并不知道代理终止事由的发生，如果代理人继续从事代理行为，善意第三人仍与代理人从事民事行为，且符合表见代理的构成要件，则此种代理行为依然有效。

---

① 郑玉波：《民法总则》，中国政法大学出版社 2003 年版，第 429 页。
② 魏振瀛主编：《民法》（第 4 版），北京大学出版社、高等教育出版社 2010 年版，第 184 页。
③ 郑玉波：《民法总则》，中国政法大学出版社 2003 年版，第 429 页。

第十四章 无权代理和表见代理

第一节 无权代理概述

一、无权代理的概念与类型

所谓无权代理，顾名思义，是指代理人在从事代理行为时不具有代理权。代理权是代理行为发生的基础和前提，代理人只有基于代理权才能从事有效的代理行为。而在没有代理权的情况下所实施的任何行为，都构成无权代理。无权代理就是指代理人没有获得代理权、超越代理权或在代理权终止以后所从事的代理行为。《民法典》第 171 条第 1 款规定："行为人没有代理权、超越代理权或者代理权终止后，仍然实施代理行为，未经被代理人追认的，对被代理人不发生效力。"

具体来说，无权代理从形态上包括四种类型。

第一，代理人根本无代理权。这就是说，代理人在未得到任何授权的情况下，便以被代理人的名义从事代理行为，或者根本不是法定代理人而以法定代理人名义从事代理活动。至于无权代理人利用他人的废、假支票进行诈骗或者伪造他人的公章、营业执照、名章、合同书文本、介绍信等从事欺诈行为，也属于无权代理行为。

第二，超越代理权，即代理人虽享有一定的代理权，但其实施代理行为超越了代理权的范围或对代理权的限制。超越代理权可分为量的超越和质的超越，如超过规定的数量而购买某种产品，称为量的超越，而本应购买某种商品而购买其他商品则属于质的超越，这两种情况都构成超越代理权限制范围而从事代理行为。[①]

第三，代理权终止以后的代理。代理权可能因被代理

---

① 章戈：《表见代理及其适用》，载《法学研究》1987 年第 6 期。

人撤销委托、代理期限届满等原因而终止，在代理权终止以后，代理人明知其无代理权而仍然以被代理人名义从事代理活动，或者因过失而不知道其代理权已丧失而继续进行代理活动，都会发生无权代理。在被代理人向代理人作出限制和撤回授权的通知以后，代理人超越授权的范围而行为，也构成无权代理。

第四，在授权的意思表示未到达代理人时，代理人以被代理人的名义从事了代理行为，也构成无权代理。因为在此情况下，被代理人的授权意思表示根本没有到达代理人，授权的意思表示并未生效，因此该授权行为不能成立，代理人实施的代理行为构成无权代理。

需要指出的是，代理事项违法是否会导致授权行为无效，并进而导致代理人的行为构成无权代理？例如，A 委托 B 为其购买一支手枪，并授予其代理权，该授权行为因违法而无效，但在代理人已经实际从事了代理行为的情况下，该行为应当按照代理行为无效还是无权代理处理？对此存在两种不同的观点：一种观点认为，代理事项违法虽导致代理行为无效，但是，代理权是自始存在的，只是相关当事人要承担法律责任。另一种观点认为，代理事项违法导致授权行为无效，则根本没有代理权，所以应当属于无权代理。笔者认为，在代理事项违法的情形下，虽然代理事项是违法的，但代理人仍具有代理权，只不过授权行为本身是无效的，因此，代理人的行为应构成违法代理而不是无权代理。

尽管无权代理行为不符合被代理人的意志，但该行为并非当然无效，因被代理人的追认可使该行为有效。如果代理人从事无权代理，但善意相对人客观上有理由相信代理人有代理权，法律为了保护交易安全和秩序，仍然承认此种代理发生有权代理的效力，此时无权代理将转化为表见代理。

二、无权代理的分类

无权代理可以分为两类，即狭义的无权代理和表见代理。所谓表见代理，是指行为人没有代理权、超越代理权或者代理权终止后，以被代理人名义订立合同，相对人有理由相信行为人有代理权的，该代理行为有效。从狭义上来说，无权代理则仅指除表见代理以外的无权代理。狭义的无权代理与表见代理具有一定的联系，表现在两方面：一方面，表见代理主要是因为无权代理行为而产生的，它是指行为人没有代理权、超越代理权或者代理权终止后所从事的代理行为，仍然属于广义上的无权代理。因此在实践中，无权代理行为既可能符合表见代理的构成要件，也可能仅属于狭义无权代理的范畴。另一方面，无论是狭义的无权代理，还是表见代理，无权代理人从事的无权代理行为都可能给被代理人造成损害，无权代理人应当向被代理人承担损害赔偿责任，不能因为狭义的无权代理已转化为表见代理而免除无权代理人应承担的损害赔偿责任。

从目的上来说，尽管表见代理属于广义的无权代理范畴，但它和狭义的无权代理在性质上仍然存在明显的差别。我国民法采纳表见代理制度的根本原因在于保护相对人的利益，维护交易安全。然而，狭义的无权代理制度设立的目的主要在于保护被代理人的利益。因为在行为人实施这种行为以后，是否承认这种行为的效力，完全由被代理人决定，在被代理人拒绝承认该行为以后，应当由无权代理人承担责任。

第二节　狭义的无权代理

一、狭义的无权代理的概念

所谓狭义的无权代理，是指行为人既没有被代理人的实际授权，也没有足以使第三人善意误信其有代理权外观的代理。简单地讲，其是指表见代理以外的欠缺代理权的代理。[①] 由于在行为人实施了狭义的无权代理行为以后，该行为将可能损害被代理人或第三人的利益，所以法律有必要设立无权代理制度，确定在狭义的无权代理情况下的行为的效力及无权代理人的责任等问题。狭义的无权代理具有如下特点：

(1)它是指表见代理以外的无权代理。民法上通常将无权代理区分为两类，即狭义的无权代理和表见代理。在这两种情况下，代理人都不具有代理权，就法律效果而言，表见代理和有权代理是相同的。但在狭义的无权代理的情况下，代理人完全不具有代理权，而在其实施代理行为时第三人又不可能相信其具有代理权，因此不能强制被代理人承担责任，只能由被代理人基于自身利益的考虑决定是否承认该行为的效果。可见，表见代理与狭义的无权代理在性质上是根本不同的。

(2)它是指代理人未获得相应的代理权而实施的代理行为。狭义的无权代理与代理事项违法或者滥用代理权不同，后者所涉情形虽然违法，但代理人仍然享有代理权。而狭义的无权代理仅指欠缺代理权，并不包括无权代理人与相对人所实施的行为违反法律、法规的强制性规定以及违背公序良俗的情形，也不包括代理人与相对人的行为涉及欺诈、胁迫等意思表示不真实的因素，其只涉及合同的无效和可撤销问题，而不涉及狭义的无权代理

---

① 江帆：《代理法律制度研究》，中国法制出版社2004年版，第163页。

的效果问题。在无权代理的情况下，代理人通常具有完全的民事行为能力。

(3)它是一种效力待定的行为。所谓效力待定是指这种行为成立以后，并不能发生符合当事人意思表示的效力。其效力能否发生，尚未确定，一般须经有权人表示追认才能生效。我国法律认为狭义的无权代理是一种效力待定的行为。《民法典》第171条第1款规定："行为人没有代理权、超越代理权或者代理权终止后，仍然实施代理行为，未经被代理人追认的，对被代理人不发生效力。"该条对狭义的无权代理作出了规定，依据这一规定，基于狭义的无权代理所实施的民事法律行为属于效力待定的民事法律行为。

二、狭义的无权代理与相关概念的区别

(一)狭义的无权代理与无权代表行为

法人的法定代表人及其他负责人(如董事等)在以法人的名义从事经营活动时，不需要获得法人的特别授权，因为其有资格代表法人行为，其职务行为的后果均应由法人承担。法定代表人依法代表法人行为时，其本身是法人的组成部分，法定代表人的行为就是法人的行为。因此，法定代表人执行职务行为所产生的一切法律后果都应由法人承担。除法定代表人以外，企业的其他负责人，如企业分支机构的负责人、公司的总经理等，也能够代表企业对外订立合同。他们在代表企业从事职务行为时无须专门的授权，其行为的后果也应由企业承担。法定代表人以法人的名义对外行为，必然使第三人产生一种合理的信赖，即相信其具有代表权。即使法人内部对法定代表人的职权作出了限制，法定代表人超越该权限行为，在相对人善意时，该行为所产生的后果应由法人承担。所以，《民法典》第61条第3款规定："法人章程或者法人权力机构对法定代表人代表权的限制，不得对抗善意相对人。"需要指出的是，无权代表的法律规定仅适用于法人或者其他组织的法定代表人、负责人超越代表权限所实施的代表行为，除了这些之外的其他工作人员不能构成无权代表，不适用此处的规定。根据《民法通则》第43条的规定，即"企业法人对它的法定代表人和其他工作人员的经营活动，承担民事责任"。此处所说的其他工作人员承担的民事责任属于无权代理中的责任。

(二)狭义的无权代理与无因管理行为

狭义的无权代理与无因管理行为是不同的。所谓无因管理是指无法定或约定的义务，为避免他人遭受损失而自愿管理他人事务。《民法典》第121条规定："没有法定的或者约定的义务，为避免他人利益受损失而进行管理的人，有权请求受益人偿还由此支出的必要费用。"在《民法典》合同编

中,无因管理被称为“准合同”。无权代理与无因管理行为也可能会发生一定的联系。无论是无权代理还是无因管理,都可以因权利人的事后追认而有效。在某些情况下,两者有可能会形成适用上的交叉。例如,某人发现他人在阳台上搁置了一些名贵的花,大雨即将来临,有可能使这些花遭受损害,因而主动将这些花搬至室内。虽其事先未得到他人的委托授权,而发现他人的事务迫切需要管理,为了维护他人的利益,而主动帮助他人代为管理某些事物或从事一定的法律行为。管理人从事的这些事实行为或法律行为,事先并没有获得被代理人授权,是否构成无权代理呢?此时,若符合无因管理的构成要件,就会构成无因管理,而非无权代理。

虽然无权代理与无因管理行为也可能会发生一定的联系,但两者存在明显区别,表现在:第一,适用范围不同。无因管理的对象主要是事实行为,在例外情况下,也可能是法律行为。而无权代理的对象限于法律行为,包括准法律行为。第二,是否存在授权不同。在无因管理情况下,管理人并未获得被代理人的授权。但是在无权代理的情况下,代理人有可能获得了授权,只不过代理人可能超越了授权范围,或者授权行为因违法而无效。第三,法律对该行为的评价不同。在无因管理情况下,管理人确未获得本人的授权,但其提供的管理行为是为了避免本人的损失。此种行为是有利于本人的,因而无因管理是一种助人为乐的合法行为,法律不仅不会禁止,而且应鼓励公民实施此种行为。而狭义的无权代理行为是一种不合法的代理行为,它在很多情况下都会给被代理人造成损害,因而被代理人拒绝狭义的无权代理行为,无权代理人将向相对人承担民事责任。因此在出现某人未获得被代理人的授权而代理被代理人行为的情况下,也应当注重分析代理人的行为是否符合无因管理的构成要件,如构成无因管理,则因其和狭义的无权代理行为存在性质上的区别,根本不应适用无权代理。

(三)狭义的无权代理与无权处分行为

狭义的无权代理与无权处分行为都是指未获得授权而从事某种行为,都属于效力待定的行为。但两者是有区别的,表现在两个方面:一方面,无权代理是指无权代理人以被代理人的名义实施民事行为,而无权处分则是指无权处分人以自己的名义实施民事行为,例如,甲在未获得授权的情况下,出卖乙的物品给丙,如果甲是以乙的名义出卖的,构成狭义的无权代理;如果甲是以自己的名义出卖的,则构成无权处分。也就是说,无权代理人、无权处分人在与相对人所订立的合同中的地位是不同的。另一方面,相对人的善意对行为的后果所造成的影响是不完全相同的。在无权代理的情况下,如果相对人是善意的,则要进一步考虑是否符合表见代理的构成要件。

如果确已构成表见代理,则此种无权代理行为将直接对被代理人发生效力,但是相对人的善意只是表见代理的一个构成要件,而不是全部的要件。在处分人无权处分他人的动产时,如果受让人取得该动产时出于善意,则可以根据善意取得制度依法取得该动产的权利。在适用善意取得制度时,相对人是否具有善意是决定该制度是否适用的决定性的要件。

三、狭义的无权代理的效力

(一)被代理人的追认权和否认权

如前所述,狭义的无权代理在性质上属于效力待定的行为。《民法典》第 171 条第 1 款规定:“行为人没有代理权、超越代理权或者代理权终止后,仍然实施代理行为,未经被代理人追认的,对被代理人不发生效力。”因此,无权代理行为未经被代理人追认,对被代理人不发生效力。

1. 被代理人的追认权

依据《民法典》第 171 条第 1 款的规定,在狭义的无权代理的情形下,被代理人享有追认权。所谓追认,是指被代理人对无权代理行为在事后予以承认的一种单方意思表示。其特点有四:第一,追认的意思表示应当向相对人作出。如果仅向无权代理人作出此种表示,则必须使相对人知晓才能产生承认的效果。第二,追认是一种单方意思表示,无须相对人的同意即可产生法律效力。第三,被代理人的追认可以采取两种方式作出,即明示的追认和默示的追认。所谓明示的追认,是指明确向相对人表示其愿意以被代理人的身份同相对人订立合同。所谓默示的追认,即被代理人以一定行为的方式进行追认。《民法典》第 503 条规定:“无权代理人以被代理人的名义订立合同,被代理人已经开始履行合同义务或者接受相对人履行的,视为对合同的追认。”依据该条规定,在狭义的无权代理的情形下,虽然被代理人没有明确作出追认,但如果被代理人已经开始履行合同,已经向相对人传达了其愿意接受合同对自己发生效力的意思。这一行为足以表明其愿意接受合同的约束。如果被代理人已经接受了相对人的履行行为,同样可以构成默示的追认。默示的追认也能产生追认的效力。第四,一旦作出追认,在性质上视为补授代理权,从而使无权代理具有与有权代理一样的法律效果。[①] 追认具有溯及既往的效力。如果被代理人明确表示拒绝承认,则无权代理行为对被代理人自始无效,因无权代理所订立的合同不能对被代理人产生法律效力。

---

① 参见[日]我妻荣:《新订民法总则》,于敏译,中国法制出版社 2008 年版,第 353 页。

根据《总则编解释》第29条的规定："法定代理人、被代理人依据民法典第一百四十五条、第一百七十一条的规定向相对人作出追认的意思表示的，人民法院应当依据民法典第一百三十七条的规定确认其追认意思表示的生效时间。"据此，应当区分法定代理人是以对话方式还是以非对话方式作出追认，而分别认定其生效时间。如果以对话方式作出意思表示，则从相对人知道其内容时生效；如果以非对话的方式作出意思表示，则追认的意思表示必须到达相对人才能生效。

2. 被代理人的否认权

在无权代理的情况下，被代理人享有否认权。所谓否认权，是指拒绝承认无权代理行为的效力的权利。虽然《民法典》上述规定没有对该权利予以明确，但是，从该条可以解释出，被代理人享有此种权利。否认的意思必须要向相对人明确表示或者在相对人催告以后未作表示。也就是说，被代理人可以以两种方式行使否认权：一是被代理人发现无权代理人以被代理人名义从事无权代理行为的，在相对人催告之前，便可以直接向相对人表示否认该无权代理行为。如果被代理人仅仅只是向无权代理人作出否认的表示，还不能当然发生使无权代理行为无效的后果。否认的表示必须向相对人作出。二是被代理人在相对人作出催告以后，可以向相对人明确表示拒绝承认无权代理的效果。但在催告后未作表示的，视为拒绝追认，而不是默示承认该无权代理行为。

（二）相对人的催告权和撤销权

《民法典》第171条第2款规定："相对人可以催告被代理人自收到通知之日起三十日内予以追认。被代理人未作表示的，视为拒绝追认。行为人实施的行为被追认前，善意相对人有撤销的权利。撤销应当以通知的方式作出。"由此可见，在无权代理的情况下，相对人应当享有催告权和撤销权。

第一，相对人的催告权。所谓催告，是指相对人催促被代理人自收到通知之日起30日内明确答复是否追认无权代理行为。此处所说的通知，是指催告通知。被代理人是否收到通知以及收到通知的时间，应当由相对人举证。通常情况下，追认权的行使必须以催告权的行使为前提。催告权亦为形成权的一种，其行使应具备如下要件：一是无权代理对相对人是否发生效力尚未确定，才有必要由相对人提出催告。如果被代理人已经承认该行为的效力，或者该行为符合表见代理的构成要件，则没有必要提出催告。二是要求被代理人在30日内作出答复。30日的期限属于除斥期间，如果被代理人在30日内拒不作出答复，则视为拒绝追认。三是催告的意思必须明确地向被代理人作出。

第二,善意相对人的撤销权。法律为保护相对人的利益,除规定相对人享有催告权以外,还应当允许其行使撤销权。所谓撤销权,是指善意的相对人在被代理人未承认无权代理行为之前,可撤销其与无权代理人之间实施的民事法律行为。撤销权的行使必须具备如下要件:一是必须在被代理人没有作出追认之前撤销。如果被代理人已经作出了追认,那么无权代理行为已经发生了有权代理的效力,自然也就不能撤销。二是撤销权只能由善意的相对人行使。如果相对人在订约时主观上是恶意的,即明知对方无代理权,而仍与其订立合同,则表明相对人具有恶意,法律自无必要对其进行保护而允许其享有撤销权,但仍可行使催告权。撤销的生效时间要区分对话与非对话的情形分别判断,如果以对话的方式作出撤销的意思表示,则从相对人知道其内容时生效;如果以非对话的方式作出撤销的意思表示,则从意思表达到达相对人时生效。

(三)无权代理行为因被代理人拒绝追认而对被代理人不发生效力

依据《民法典》第 171 条第 1 款的规定,如果无权代理未经被代理人追认,则"对被代理人不发生效力"。在不适用表见代理,亦无被代理人追认的情况下,无权代理行为对被代理人不产生法律效力;已经履行的,应当负返还财产、恢复原状的义务。如果相对人是善意的(不知道或不应当知道代理人无代理权),无权代理人应对其无权代理行为向善意相对人承担履行债务或赔偿责任。如果相对人知道或者应当知道行为人无权代理的,相对人和行为人按照各自的过错承担责任;如果无权代理人与相对人恶意串通,损害被代理人利益,则应适用《民法典》第 164 条第 2 款规定的恶意串通情况下的责任。

四、善意相对人对无权代理人的请求权

从代理法的发展趋势来看,各国立法对于善意相对人的保护程度呈现逐渐提升的趋势。由于在被代理人没有追认的情况下,仅仅赔偿信赖利益并不足以保护善意相对人,因而普遍认为相对人可以向代理人主张履行利益的损害赔偿。[1] 例如,依据《国际商事合同通则》第 2.2.6 条第 1 款的规定,第三人可以请求无权代理人承担订立合同有效所产生的利润,即履行利益的损害赔偿。[2] 为了强化对善意相对人的保护,我国《民法典》新增了善

① 王泽鉴:《民法总则》,北京大学出版社 2009 年版,第 448 页。

② 《国际商事合同通则》第 2.2.6 条第 1 款规定:"没有代理权或者超越代理权行事的代理人,如未经本人追认,则应对第三方承担将其恢复至如同代理人有代理权或未超越代理权行事时第三方所处同等状况的损害赔偿责任。"

意相对人对代理人的请求权。《民法典》第171条第3款规定："行为人实施的行为未被追认的，善意相对人有权请求行为人履行债务或者就其受到的损害请求行为人赔偿。但是，赔偿的范围不得超过被代理人追认时相对人所能获得的利益。"依据这一规定，代理人实施了无权代理行为之后，如果该行为未被追认的，善意相对人对代理人享有如下两项请求权。

（一）请求行为人履行债务的权利

在无权代理的情形下，代理行为没有得到被代理人的追认，因此不能拘束被代理人。但是，无权代理并非不能拘束代理人。如果未获追认，因无权代理订立的合同虽然对被代理人不发生效力，但依据《民法典》上述规定，相对人有权请求代理人履行债务。这就意味着，在此种情况下，当事人就发生了变化，即由原来被代理人和相对人实施的民事法律行为，转化为代理人和相对人实施的民事法律行为。诚然，代理人实施民事法律行为时，是以被代理人的名义，而并非以代理人自己的名义行为的，法律效果应归属于被代理人。但是，法律从保护善意第三人出发，使第三人在无权代理未获追认时，可以通过请求代理人履行债务的方式保护自己的利益。[①]《民法典》第171条第3款规定主要是借鉴了《德国民法典》第179条第1款的经验。[②] 另外，该规定也是对我国司法实践经验的总结。例如，在"广东省煤炭建设（集团）有限公司与李某某等租赁合同纠纷案"中，法院认为，在无权代理行为未被被代理人追认的情形下，无权代理人应当向相对人支付建筑材料租金。[③]

从私法自治的角度来看，无权代理人只是代理被代理人实施代理行为，被代理人并没有与相对人订立合同的意愿，且相对人也只是有与被代理人订立合同的意愿，而并非希望直接与代理人订立合同，能否直接推定在无权代理人和相对人之间成立合同关系，值得进一步探讨。笔者认为，从代理人作出意思表示的角度加以解释，代理行为不仅体现被代理人的意志，也体现了代理人的意志。在无权代理的情形下，如果被代理人没有追认，则可以推定该行为完全代表代理人自己的意思。因此，法律推定在代理人和相对人之间可以形成合同关系，基于此种关系，善意相对人有权请求无权代理人履行债务，因而，在此种情况下，合同当事人就发生了变化。在法律上可以认定，在无权代理人和相对人之间成立合同关系，善意相对人有权请求无权代

---

① 参见石宏主编：《中华人民共和国民法总则条文说明、立法理由及相关规定》，北京大学出版社2017年版，第403页。

② 《德国民法典》第179条第1款规定："作为代理人订立合同的人不证明其代理人的，有义务依另一方的选择，或者向另一方履行，或者赔偿损害，但以被代理人拒绝追认合同为限。"

③ 广东省广州市中级人民法院民事判决书，（2006）穗中法民二终字第1322号。

理人履行债务。尤其是这种规定有利于保护善意相对人,免除了善意相对人就无权代理所造成的损害的举证负担。[①] 善意相对人请求无权代理人履行债务,也有利于更好地达到善意相对人的订约目的。

值得探讨的是,既然相对人是善意的,有合理的理由相信无权代理人是有权代理的,那么就有可能符合表见代理的构成要件,为什么相对人不依据表见代理的规则请求被代理人履行债务,而选择请求无权代理人履行债务?笔者认为,在此情形下,虽然相对人是善意的,但其并不一定符合表见代理的构成要件。例如,被代理人对无权代理的发生并没有过错,此时,相对人只能请求无权代理人承担责任,而不能请求被代理人承担责任。当然,在符合表见代理的构成要件时,相对人应有权选择依据表见代理或狭义的无权代理的规则提出请求。在相对人选择依据表见代理规则提出请求时,其有权请求被代理人履行债务;在相对人选择依据狭义的无权代理提出请求时,其有权依据《民法典》第 171 条第 3 款的规定请求无权代理人履行债务或者赔偿损失。

(二)损害赔偿请求权

《民法典》第 171 条第 3 款规定:“行为人实施的行为未被追认的,善意相对人有权请求行为人履行债务或者就其受到的损害请求行为人赔偿。但是,赔偿的范围不得超过被代理人追认时相对人所能获得的利益。”依据这一规定,在无权代理的情况下,因无权代理造成的损害,善意相对人可以请求无权代理人赔偿。从《民法典》第 171 条第 3 款的规定来看,其规定了赔偿范围不得超过“被代理人追认时相对人所能获得的利益”,这就明确了无权代理人赔偿范围的上限,但并未明确赔偿的是信赖利益还是履行利益。[②]

关于在无权代理情形下善意相对人损害赔偿请求权的性质,有如下几种观点:

第一,侵权责任说。在 19 世纪中期,萨维尼等人便主张在确定狭义的无权代理人责任时,可以适用关于对恶意(dolus)与过失(culpa)的契约外责任这一古罗马法原则,换言之,即认为无权代理人对于善意相对人所从事的无权代理行为,构成侵权行为,因而对相对人应负基于侵权行为的损害赔偿责任。[③] 然而因侵权行为强调过错责任原则,行为人可以较容易地通过举证证明自己无过错而免责,因此这一理论不能有效保护善意第三人的利益。

---

① 参见迟颖:《〈民法总则〉无权代理法律责任体系研究》,载《清华法学》2017 年第 3 期。

② 李适时主编:《中华人民共和国民法总则释义》,法律出版社 2017 年版,第 536 ~ 537 页。

③ 参见刘春堂:《民商法论集(一)》,台北,辅仁大学出版社 1985 年版,第 43 页。

第二,合同责任说。该说认为,无权代理可以发生合同履行的效果,即当被代理人拒绝追认时,由无权代理人作为合同当事人,履行合同义务或承担合同损害赔偿。此种观点认为,合同责任是一种法定责任,其合理性在于,相对人要求无权代理人履行债务也好、赔偿损失也好,都只是为了充分保护相对人的利益,并不是非要在立法上确认合同在相对人与无权代理人之间有效成立。如果解释为缔约上过失责任,则无权代理人因没有过失,就有可能被免责,这对相对人是极不公平的。①

第三,缔约过失责任说。该说是由德国学者耶林提出缔约过失理论之后发展起来的一种学说,他认为狭义的无权代理行为可适用缔约过失责任,因为无权代理人在与第三人订立合同时便具有某种过失,符合缔约过失责任的构成要件。这一观点曾受到当时许多学者的支持,但也有许多学者认为,缔约过失责任要求无权代理人具有过失,容易导致其免责。②

第四,默示担保契约说。该说由德国学者巴赫等人提出,其认为无权代理人从事代理行为时,除有明示反对的意思表示外,其与相对人之间,存在担保相对人不因此而受到损害的默示契约条款。默示契约是从契约,而无权代理人的责任乃是违反了该从契约的责任。③

第五,法律特别责任说。该说认为,无权代理人对第三人负责的根据是由法律规定而产生的,是一种特别责任,我国学者大都采纳这种观点。

上述各种观点都不无道理,但值得探讨。第一,默示的担保契约虽不无道理,但一方面,此种合同属于法律拟制的产物,不完全符合当事人的真实意志。另一方面,在无权代理行为因被代理人不予追认而被宣告无效后,所谓的默示担保契约作为从契约,也应当随着主契约宣告无效而无效,不可能在主契约被宣告无效后还存在一个独立的从契约。第二,法律特别责任说也未解释此种责任的具体法律根据,因为法律责任的概念仍然十分宽泛,尚需说明究竟属于何种性质的法律责任,因此此种观点也不尽妥当。第三,无权代理责任不是侵权责任,因为无权代理人实施无权代理行为,通常是要与相对人订立合同,而不是单方面实施侵权行为造成相对人的损害,所以在这一点上,显然不符合侵权责任的特点。第四,合同责任说也值得商榷。因为当被代理人拒绝承认无权代理行为以后,无权代理人与相对人订立的合同将被宣告无效,在合同已被宣告无效的情况下,仍然认为无权代理人应负合

① Historisch-kritischer Kommentar zur BGB,Band I, § 179.

② Historisch-kritischer Kommentar zur BGB,Band I, § 179.

③ 刘春堂:《民商法论集(一)》,台北,辅仁大学出版社 1985 年版,第 45 页。

同责任，显然是欠缺充足理由的。

笔者认为，应根据缔约过失责任解释无权代理人对相对人的责任更为合理，这就是说，在善意相对人选择请求无权代理人赔偿损失时，其不再是基于有效的合同请求损害赔偿，而是因为合同未被被代理人追认导致合同无效而遭受的损失，此种损害赔偿的依据是缔约过失责任：一方面，由于被代理人拒绝追认无权代理行为，使无权代理人所订立的合同被宣告无效，而此种无效也是由无权代理人在订约过程中造成的。当然，在订立合同时，无权代理人是以被代理人名义而不是以自身名义出现的，但是，既然被代理人不予追认则表明其实施的行为并不符合被代理人的意志和利益，而只是其自身行为，所以，其应当对其过错行为负责。另一方面，无权代理人在从事无权代理行为时，其知道或者应当知道其无代理权，仍然以被代理人名义从事代理行为，已违背了诚实信用原则所产生的忠实、诚实等附随义务，并已给相对人造成损失，这显然是有过失的，因此应对其过失行为负责。正是因为损害赔偿的依据是缔约过失，因此，就赔偿范围而言，这一赔偿应当属于信赖利益赔偿，即善意相对人因为信赖无权代理人为有权代理而遭受的损害。[①] 所以，这一赔偿的范围不得超过履行利益，即法律行为被追认时相对人所能获得的利益。

关于无权代理人的责任范围，比较法上存在不同的规定，《德国民法典》第 179 条规定应依据行为人是否知道其无权代理而作出不同处理。[②] 我国《民法典》第 171 条第 3 款规定，赔偿的范围不得超过被代理人追认时相对人所能获得的利益。法律作出此种规定的原因在于，善意相对人对因无权代理而遭受损害也有一定的过失，不能因此而多获利益，因此，应当对行为人的赔偿责任适当加以限制。[③] 需要注意的是，在无权代理人向善意第三人承担责任时，也应当考虑无权代理人的主观状态。对于善意无过失的无权代理人，不宜认可相对人的履行债务请求权或履行利益损害赔偿请求权，而仅应当允许其请求信赖利益的损害赔偿。而在无权代理人为恶意时，则相对人可以主张上述两种权利，且可以主张履行利益的损害赔偿。[④]

依据《总则编解释》第 27 条的规定："无权代理行为未被追认，相对人请求行为人履行债务或者赔偿损失的，由行为人就相对人知道或者应当知

---

① 参见迟颖：《〈民法总则〉无权代理法律责任体系研究》，载《清华法学》2017 年第 3 期。

② 参见陈甦主编：《民法总则评注》（下册），法律出版社 2017 年版，第 1219 页。

③ 黄薇主编：《中华人民共和国民法典总则编解读》，中国法制出版社 2020 年版，第 561 页。

④ 参见陈甦主编：《民法总则评注》（下册），法律出版社 2017 年版，第 1219 页。

道行为人无权代理承担举证责任。行为人不能证明的,人民法院依法支持相对人的相应诉讼请求;行为人能够证明的,人民法院应当按照各自的过错认定行为人与相对人的责任。”依据该规定,一方面,无权代理行为如果未被追认,此时构成狭义的无权代理。那么,当相对人请求无权代理人履行债务或者赔偿损失时,应由无权代理人就相对人恶意承担举证责任。另一方面,如果证明相对人具有恶意,则依据《民法典》第 171 条第 4 款的规定,法院应按照双方各自的过错认定行为人与相对人的责任。

(三)相对人有权在履行债务和请求赔偿之间作出选择

依据上述规定,相对人也可在履行债务和请求赔偿之间作出选择,如果请求赔偿,则赔偿范围不得超过履行利益。严格地说,如果允许相对人请求无权代理人履行合同,则相对人应当有权请求无权代理人赔偿履行利益损失,但如果相对人不主张无权代理人履行合同,而主张赔偿损失,此时,该合同应当是无效合同,相对人原则上只能请求信赖利益损失赔偿,而且从《民法典》第 171 条第 3 款的规定来看,“赔偿的范围不得超过被代理人追认时相对人所能获得的利益”,实际上也是将其限定为信赖利益损失赔偿。这就表明,在无权代理没有被追认时,对相对人最为有利的方式是请求无权代理人履行债务,但如果相对人不愿与无权代理人之间订立合同,此时,相对人只能请求损害赔偿,但赔偿的范围不能超过履行利益。

需要指出的是,《民法典》第 171 条的规定注重保护善意相对人的利益,也就是说,只要相对人是善意的,都可以请求无权代理人承担实际履行或损害赔偿责任,这有利于保护交易安全。但该规定可能不利于保护无权代理人的利益,因为在无权代理的情形下,无权代理人可能并没有过错。例如,无权代理是因为授权不明而产生的,或者授权期限已经终止但无权代理人并不知情,此时,一概要求无权代理人承担继续履行或者损害赔偿的责任,则对其过于严苛。在这方面,《德国民法典》第 179 条区分了无权代理人是否有过错而分别确定其责任,依据该条规定,在无权代理的情形下,相对人有权请求无权代理人履行债务,但在代理人不知道其无代理权的情形下,其仅有义务赔偿对方因信赖该代理权而遭受的损害,这一做法有一定的合理性。笔者认为,这一经验值得借鉴,即在认定无权代理的效力时,既要区分相对人的善意与恶意,也应当区分代理人的善意与恶意,以妥当认定其责任。

五、恶意相对人的责任

《民法典》第 171 条第 4 款规定:“相对人知道或者应当知道行为人无权

代理的,相对人和行为人按照各自的过错承担责任。”依据这一规定,相对人知道或者应当知道行为人无权代理,仍然与代理人实施民事法律行为,此时,如果代理行为没有被追认,相对人不能请求代理人履行债务,也不能依据本条第3款的规定请求代理人赔偿。在确定责任范围时,考虑到代理人和相对人对损害的发生都有一定的过错,因而应当按照各自的过错承担责任。依据该款规定,在相对人为恶意的情形下,该合同既不能约束被代理人,也不能约束代理人,而应当属于无效合同,代理人与相对人对损害的分担应当是对因合同无效而给当事人造成损害的分担,属于信赖利益损失的分担问题。与《民法典》第171条第3款的规定相比,法律对恶意相对人的保护相对较弱。

应当指出的是,该条规定不同于代理人和相对人恶意串通的责任,关于该责任,《民法典》第164条第2款规定:“代理人和相对人恶意串通,损害被代理人合法权益的,代理人和相对人应当承担连带责任。”如前所述,代理人和相对人恶意串通,损害被代理人合法权益,已对被代理人构成共同侵权。但在实践中,代理人和相对人恶意串通与《民法典》第171条第4款所规定的情形可能发生混淆,笔者认为,二者属于不同的情形,其区别在于:第一,是否存在串通不同。在第一种情形中,代理人和相对人具有恶意串通损害被代理人的故意,而在第二种情形下,相对人只是知悉代理人缺乏代理权的事实,而并未与代理人恶意串通损害被代理人的利益。第二,代理行为的效力不同。在恶意串通的情形下,依据《民法典》第154条的规定,该代理行为应当属于无效民事法律行为,而在第二种情形下,该无权代理行为应当属于效力待定的民事法律行为,在被代理人追认的情形下,该合同仍然属于有效合同。第三,在代理人和相对人恶意串通的情形下,代理人可能有代理权,其只是滥用了代理权,而对《民法典》第171条第4款所规定的情形而言,代理人并没有代理权,属于无权代理。第四,责任不同。在恶意串通的情形下,依据《民法典》第164条第2款的规定,代理人和相对人需要对被代理人承担连带责任。而在第二种情形下,则应由相对人与无权代理人按照其各自的过错分担损失。

六、狭义的无权代理人的责任

如前所述,在狭义的无权代理人实施狭义的无权代理行为后,如果该行为未获得被代理人的追认,则该行为对被代理人不产生法律效力,当然,被代理人可以基于当事人之间的委托合同等基础关系请求代理人承担责任。如果无权代理行为未获得被代理人追认,依据《民法典》第171条的规定,无权代理人应就其无权代理行为向善意相对人履行债务或承担赔偿责任。当然,在无权代理行为未获得被代理人追认时,如果相对人是恶意的,依据《民法典》第171条第4款的规定,相对人与无权代理人根据其各自的过错承担责任。此外,如果无权代理人与相对人恶意串通,损害被代理人的利益,则应承担恶意串通的责任。

第三节 表见代理

一、表见代理的概念

《民法典》第172条规定:“行为人没有代理权、超越代理权或者代理权终止后,仍然实施代理行为,相对人有理由相信行为人有代理权的,代理行为有效。”这就在法律上确立了表见代理制度。我国民法采纳表见代理制度的根本原因在于维护交易安全。因为要求第三人在任何情况下都必须详细考察被代理人的意思,不仅要花费很高的成本,而且也不可行。只要第三人对权利外观形成了合理信赖,即使与实际情况相反,也应保护这种信赖利益,从而维护交易的安全。①

从广义上说,表见代理属于无权代理的一种。代理权是代理行为发生的基础和前提,代理人只有基于代理权才能从事有效的代理行为。而在没有代理权、逾越代理权限的情况下所实施的任何行为,都构成无权代理。尽管无权代理从根本上违反了被代理人的意志,但该行为并非当然无效。如果相对人具有合理的理由相信无权代理人具有代理权,法律应当对于此种信赖利益予以保护,使表见代理行为有效。② 在此情况下,无论被代理人是否愿意,该无权代理行为所产生的法律效果都要由被代理人承担。

关于表见代理是否可以发生有权代理的效力,或者说在法律上是否应当认可表见代理制度,理论上存在一定的争议。大多数学者赞同承认表见代理制度,但也有学者对此持否定意见。德国著名的民法学家拉伦茨认为,如果被代理人对无权代理的事实并不知情,被代理人并没有形成权利外观,因此,从过错责任原则出发也不应当使被代理人承担责任;如果被代理人确因违反注意义务,而造成代理权存在的权利外观,此种义务的违反最多只能产生损害赔偿的责任,而不应当使被代理人承担表见代理的后果。③ 德国学者 Flume 教授认为,表见代理实际上违反了公认的法原则,依据表见代理理

① [日]我妻荣:《新订民法总则》,于敏译,中国法制出版社2008年版,第339页。

② 史尚宽:《民法总论》,中国政法大学出版社2000年版,第547页。

③ K. Larenz, ALLgemeiner Teil des deutschen Buergerlichen Rechts, 1983, § 33, S. 622.

论，代理效果发生实际上源于被代理人没有履行特定的注意义务，但是，不履行的特定的注意义务并不应导致法律行为有效成立，而仅应导致信赖损害赔偿责任的承担，因此没有必要承认表见代理。[①] 在我国，通说认为，表见代理是应当认可的、可以发生有权代理效果的制度。

我国《合同法》第 49 条在法律上第一次确认了表见代理的概念，《民法典》第 172 条在此基础上对表见代理制度作出了规定。从民法的宗旨来看，其所要保护的就是两种安全：静的安全与动的安全。[②] 所谓静的安全，主要是指所有权人以及他物权人对财产的安全所享有的利益，而动的安全即交易的安全。这两种安全的利益在某些情况下可能会发生一定的冲突。如果单纯注重保护静的安全，第三人在从事任何法律行为时就必须详细了解真正权利人的意思，以确定权利的行使是否符合真正权利人的意愿，然后才能从事交易。如果没有了解真正权利人的意思，则要由第三人承担风险。如此一来，必然会给交易安全造成妨碍，也不利于促进交易的迅速达成。因为要求第三人在任何情况下都必须详细考察真正权利人的意思，不仅要花费很大的成本，而且也是很难做到的。因此，只要第三人对权利外观形成了合理信赖，即使实际情况相反，也应保护这种信赖的利益。表见代理制度的根本目的是维护交易安全与交易秩序等社会公共利益。[③] 因为交易安全和交易秩序较之于个别被代理人利益而言更为重要，所以法律为了强化交易安全的保护，只能在特殊情况下牺牲被代理人利益。

表见代理不同于默示授权，尽管在这两种情形下代理人都没有获得明确的授权，但是两者之间也存在较大的区别，主要表现在：第一，在默示授权中，被代理人有授予代理权的意愿，只不过，此种意愿是通过具体情况推定出来的。[④] 而在表见代理中，被代理人不仅没有授予代理人以代理权，而且没有可推知的授予代理权的意愿。第二，在默示授权中，被代理人知道代理人以自己的名义从事民事法律行为；只要有证据证明被代理人知道他人以被代理人的名义实施民事法律行为而不作否认表示的，都将产生有权代理的后果。而在表见代理中，被代理人通常不知道他人以自己的名义从事民事法律行为，当然，即便其对代理人的无权代理没有过错，依据现行法律规定只要形成权利外观，就要对此行为负责。第三，在默示授权的情形下，被

① Werner Flume, Allgemeiner Teil des Bürgerlichen Rechts, Bd II, Das Rechtsgeschäft, 4 Aufl., 1992, § 49 4, S. 834.

② 参见郑玉波：《民商法问题研究（一）》，台北，三民书局 1991 年版，第 415 页。

③ 李开国：《民法基本问题研究》，法律出版社 1997 年版，第 254 页。

④ MünchKomm/Schramm, § 167, Rn. 37.

代理人对代理行为负责的原因是存在代理权；而在表见代理的情形下，被代理人对表见代理人的行为负责则是基于信赖保护的原理。

二、表见代理与狭义的无权代理

从狭义上来说，无权代理则仅指除表见代理以外的无权代理。狭义的无权代理与表见代理具有一定的联系，表现在：一方面，表见代理主要是因为无权代理行为而产生的，它是指行为人没有代理权、超越代理权或者代理权终止后所从事的代理行为，表见代理仍然属于广义上的无权代理。所以在实践中，许多无权代理行为既可能符合表现代理的构成要件，也可能仅属于狭义的无权代理的范畴。例如，本企业人员利用本单位过去的介绍信、合同专用章和盖有公章的空白合同书等管理不严之机，窃取上述材料，与他人签订合同进行欺诈；窃取他人私章，或者捡到他人遗失的公章拒不归还，并以其与第三人签订合同。[①] 如果相对人在订约时是恶意的，则不能构成表见代理，而属于狭义的无权代理。另一方面，无论是狭义的无权代理还是表见代理，无权代理人从事的无权代理行为都可能给被代理人造成损害，无权代理人应当向被代理人承担损害赔偿责任，不能因为狭义的无权代理已转化为表见代理就免除无权代理人应承担的损害赔偿责任。

从目的上来说，表见代理属于广义的无权代理范畴，它和狭义的无权代理在性质上仍然存在明显的差别。狭义的无权代理制度设立的根本目的不是保护相对人，而是保护被代理人的利益。因为在行为人实施这种行为以后，是否承认这种行为的效力，完全由被代理人决定，也就是说，被代理人如果认为这种行为对被代理人有利，则可以承认这种行为的效力。如果被代理人认为这种行为对被代理人不利，则不必承认该行为。在被代理人拒绝承认该行为以后，应当由无权代理人承担责任。从这个意义上来说，狭义的无权代理制度主要是为了保护被代理人的利益。由于立法目的不同，也决定了无权代理与表见代理还存在如下区别：

第一，构成要件不同。虽然表见代理属于广义的无权代理，但其构成要件不同于狭义的无权代理。狭义的无权代理是指代理人根本无代理权而从事代理行为，且其无权代理行为也不可能使相对人信赖其有代理权。因此，狭义的无权代理也可以称为"纯粹的无权代理"。而在表见代理的情况下，无权代理人所从事的无权代理行为，使善意相对人有正当理由相信其有代理权。

---

① 王玉信：《警惕合同欺诈陷阱》，载《检察日报》2000 年 5 月 2 日。

第二,适用范围不同。狭义的无权代理适用于一般精形,只有在特殊情况下,符合表见代理的构成要件,才适用表见代理规则,因此表见代理是无权代理的特殊规则。我国《民法典》首先规定了狭义的无权代理,然后才规定了表见代理,可见表见代理仅适用于特殊情况。

第三,法律效果不同。在狭义的无权代理的情况下,被代理人享有追认权。狭义的无权代理行为必须经过被代理人追认,才能对被代理人产生效力;如未经被代理人追认,被代理人对该无权代理行为不承担责任。因此,无权代理行为能否发生效力从根本上取决于被代理人是否追认。在被代理人没有正式追认之前,无权代理行为处于一种效力待定的状态。正是在这个意义上,狭义的无权代理行为在性质上属于效力待定的行为。而在表见代理的情况下,一经相对人主张,无权代理行为无须经过被代理人的追认就可以直接对被代理人发生效力。因此,一旦无权代理行为符合表见代理的要件,经相对人主张,则被代理人便不享有追认权,即便该无权代理行为违反了被代理人的意志或利益,被代理人也不能否认该行为对其产生的拘束力,必须对该行为承担责任。因此,表见代理不属于"效力待定的行为"。

在表见代理的情形下,关于相对人是否可以选择主张表见代理,或者主张狭义的无权代理,理论上存在不同的观点。一是否定说。此种观点认为,如果赋予交易相对人选择权,允许其在表见代理和狭义的无权代理之间选择对其最有利的法律效果,那么表见代理中交易相对人会比有权代理权中交易相对人处于更优越的地位,从而逾越了信赖保护的必要限度。[①] 二是肯定说。此种观点认为,表见代理只是保护交易相对人,却并没有否定其基于无权代理应该享有的权利,因此,应当允许交易相对人享有选择权。另外,从诉讼的角度考虑,也应当允许其享有选择权。因为对于交易相对人而言,完全判断是否构成表见代理是很困难的。如果其首先起诉被代理人,则可能因为无法证明权利外观而败诉;如果其首先起诉代理人,则可能因为表见代理存在而败诉。[②]

笔者赞成肯定说,即在表见代理的情况下,应当赋予相对人以选择权,即相对人可以主张狭义的无权代理,也可以主张表见代理。但相对人在主张狭义的无权代理之后,则不能再主张表见代理。因为相对人主张狭义的无权代理,则意味着其在行为开始时即认为代理人没有代理权,在此情形

---

① MünchKomm/Schramm, § 167,Rn. 75.

② Larenz/Wolf,Allgemeiner Teil des Bürgerlichen Rechts,9 Aufl. ,2004, § 48,Rn. 33; Canaris Die Vertrauenshaftung im deutschen Privatrecht,München 1971,S. 518.

下，相对人主观上并不是善意的，法律没有必要予以特殊保护。例如，某人持他人的公章或介绍信订立合同，相对人对其是否有代理权表示怀疑，但并没有向被代理人主张表见代理的效果，而是向其发出催告，要求被代理人答复是否承认代理的效果。如果被代理人并没有作出答复，而相对人仍然与无权代理人从事交易，由此表明，相对人在主观上不是善意的，不能构成表见代理。

如果表见代理成立，将直接对被代理人发生效力，所以相对人只能请求被代理人承担责任，而不应请求无权代理人承担责任。但如果相对人不请求被代理人承担责任，而请求无权代理人承担责任，则可以认为相对人已经放弃表见代理的请求，而愿意主张狭义的无权代理。因为一方面，既然代理已经发生效力，合同已经生效，合同的当事人只能是被代理人和相对人，那么相对人就不能请求代理人承担合同责任。另一方面，即使是就损害赔偿而言，相对人也只能基于合同向被代理人提出请求，在被代理人承担责任以后，由被代理人向无权代理人提出损害赔偿的请求，而不能由相对人向无权代理人提出损害赔偿请求。当然，在相对人行使了撤销权以后，由于无权代理行为已经不发生效力，相对人不能请求被代理人承担合同责任，在此情况下，相对人有权要求无权代理人承担因其过错而造成的损失。

三、表见代理与职务代理

我国《民法典》明确规定了表见代理与职务代理制度。这两项制度之间存在一定的联系：一方面，就法律效果的归属而言，无论是在职务代理还是表见代理中，代理行为的效果都归属于被代理人。另一方面，职务代理与表见代理在适用上存在衔接关系。依据《民法典》第170条第2款的规定，在担任一定的职务能够对外代理法人或者非法人组织行为的工作人员超越授权范围从事法律行为时，如果相对人有对该职务代理人职权范围的限制并不知情，为了保护相对人的信赖，该代理权的限制不能对抗相对人。此时，将会产生表见代理的法律效果，即代理行为的效果由该法人或非法人组织承受。该规定构成了表见代理的一种特殊情形，即如果职务代理人无代理权且相对人为善意，即构成表见代理，而不再需要考虑被代理人是否具有可归责性的问题。①

但是，表见代理与职务代理毕竟是两种不同的制度，在法律上应当分开，两者的区别主要表现在：

---

① 参见王利明主编：《中华人民共和国民法总则详解》（下册），中国法制出版社2017年版，第765页。

第一,代理人是否具有代理权不同。职务代理在性质上是一种有权代理,而表见代理则是广义无权代理的一种。在职务代理中,工作人员从事职权范围内的行为,本身即表明了其作为代理人已经获得了授权,因而属于一般的有权代理行为,一旦构成职务代理,则直接由被代理人承担代理行为的后果。而在表见代理中,行为人行为时没有代理权或者已经超越代理权,出于保护相对人对于代理权外观存在的信赖,法律应赋予其如同代理权已经存在一般的效果。

第二,构成要件不同。在职务代理中,代理人只要是被代理人的工作人员,且是在职权范围内从事法律行为,即可发生职务代理的效果。而在表见代理中,则需要满足代理人欠缺代理权、代理权外观存在、相对人善意、被代理人具有可归责性等要件。相较于职务代理而言,表见代理的要件更为严苛。

第三,证明责任分配不同。在职务代理的情形下,相对人要证明代理人是被代理人的工作人员,且是在职权范围内从事代理行为。而在表见代理中,相对人应当就代理人无代理权以及其具有合理的理由相信行为人具有代理权承担证明责任。同时,根据《总则编解释》第28条的规定,被代理人应当就相对人知道行为人行为时没有代理权或者对其不知情具有过失承担举证责任。

四、表见代理的构成要件

(一)无权代理人并没有获得被代理人的授权

表见代理属于广义的无权代理,因此只能在代理人无代理权且从事代理行为的情形下发生。需要指出的是,因授权不明而实施的代理行为并非无权代理,而是有权代理行为,此种行为不构成表见代理,而应当由被代理人向相对人承担责任。

由于表见代理制度的设立目的旨在保护信赖利益,维护交易秩序,因此,表见代理应当主要适用于社会上通行的典型交易,在这些交易中,相对人难以对无权代理人的代理权进行仔细查验,或者查验成本巨大,因此通过适用表见代理,降低交易相对人审核代理权的经济成本,以牺牲被代理人利益来换取交易秩序的快速便捷安全。对于某些社会上不常见的、本身性质特殊的交易,以及重要又不迫切且需要全面准备的交易,交易相对人本身应尽到更加谨慎的注意,因此相对人应对代理权进行查验,不应当简单适用表见代理制度。[1]

---

[1] MünchKomm/Schramm, § 167, Rn. 69.

构成表见代理，还要求无权代理人与相对人从事的法律行为本身并不具有无效和应被撤销的内容。如果具有上述因素，显然应按无效和可撤销的规定处理。在法律行为具有无效因素的情况下，相对人不能主张该法律行为有效。如果具有可撤销的因素，则应当由撤销权人行使撤销权。

（二）相对人有合理的理由相信——存在代理权的外观

依据我国《民法典》第172条的规定，构成权利外观必须要"相对人有理由相信行为人有代理权"。根据《总则编解释》第28条第1款的规定，同时符合如下条件的，人民法院可以认定为《民法典》第172条规定的相对人有理由相信行为人有代理权：

（1）存在代理权的外观。权利外观是指被代理人的授权行为已经在外部形成了一种表象，即能够使第三人有合理的理由相信无权代理人已经获得了授权。[①] 表见代理是权利外观责任理论（Rechtsscheinhaftung）在代理法中的适用，其目的在于保护善意的相对人。由于构成权利外观情形复杂，必须根据具体安全判断。我国司法实践中通常认为，在表见代理中判断是否存在权利外观，"要考虑合同的缔结时间、以谁的名义签字、是否盖有相关印章及印章真伪、标的物的交付方式与地点、购买的材料、租赁的器材、所借款项的用途、建筑单位是否知道项目经理的行为、是否参与合同履行等各种因素，作出综合分析判断"[②]。如果第三人已经而且应当相信无权代理人具有代理权，就可能构成权利外观。具体判断是否构成权利外观可以从如下几个方面加以考量：

一是特定的场所。这就是说，无权代理行为是在被代理人的场所实施的，从而使他人相信代理人已经获得了被代理人的授权。

二是无权代理人与被代理人的关系。因为特殊关系的存在会使他人相信，无权代理人会获得被代理人的特别授权，或当然具有代理人的身份。例如，如果代理人与被代理人之间存在夫妻关系、父母子女关系、雇佣关系等特定关系，都可以依据具体的交易情况来认定相对人具有正当理由信赖无权代理人具有代理权。

三是无权代理人的行为是否与其职责相关。例如，如果无权代理人是被代理人的高级管理人员，其对外以被代理人的名义与相对人从事了与其职责相关的民事活动，就可能使相对人有理由相信其具有代理权。

四是被代理人对无权代理行为的发生所起的作用。例如，被代理人是

---

① 参见王泽鉴：《债法原理》（第1册），台北，三民书局1999年版，第358页。

② 参见最高人民法院《关于当前形势下审理民商事合同纠纷案件若干问题的指导意见》第14条。

否容忍无权代理人从事的无权代理行为、被代理人是否在代理权终止后收回代理证书。

五是无权代理人在与相对人缔约时宣称其有代理权的根据。一般来说，如果无权代理人持有单位的印章、介绍信、空白合同书等证明材料和文件时，都可能使第三人有理由相信其具有代理权。

（2）相对人有合理的理由相信。《总则编解释》第 28 条第 1 款规定，构成表见代理，要求相对人不知道行为人行为时没有代理权，也就是说，相对人有合理的理由相信行为人行为时具有代理权，具体而言：

第一，必须要确定相对人不知或不应当知道无权代理人未获得授权。所谓不知，是指相对人根本不知道无权代理人未获得授权；所谓不应当知道，是指在当时的情形下，由于权利外观的形成使相对人根本不可能怀疑其未获得授权，如果相对人与无权代理人或者被代理人先前有过接触，了解了他们的实际情况，知道无权代理人不可能获得授权，或者根据一个合理的谨慎的人在当时的情形下，应当知道当时不应信赖无权代理人有代理权，则不构成善意。例如，在代理终止之后被代理人已经发出了公告或者在公章被盗之后已经公告了该公章作废，相对人并没有阅读有关的报刊，则可以推定相对人主观上应当知道代理人不具有代理权。

第二，必须确定相对人不知道行为人行为时没有代理权。相对人必须是在与无权代理人从事交易时有理由相信，而不是从事交易以后才有理由相信。在从事交易时是否有理由相信，需要综合分析判断。[①]

第三，相对人必须有合理的理由相信行为人具有代理权。如果在从事交易时，相对人不会或不应当相信无权代理人具有代理权，则不构成权利外观。对于何为“合理的理由”，我国民法理论通常认为，构成表见代理必须客观上存在使第三人相信无权代理人拥有代理权的理由。[②] 这实际上是指社会一般人在此情形下都具有正当理由相信代理人具有代理权。所谓一般人都会相信其有代理权，通常要根据与代理行为有关的各种事实，依据通常的交易观念来判断其他人处于相同情形也会相信其有代理权。例如，被代理人给予代理人以具有代理权之名称，便能成为肯定正当理由之重要事由。有关是否存在合理理由的问题，应当由相对人举证。

（3）相对人必须是无过失的。从比较法上看，保护第三方的依赖的前提

---

① 贺荣主编：《最高人民法院民法典总则编司法解释理解与适用》，人民法院出版社 2022 年版，第 408 页。

② 参见朱虎：《表见代理中的被代理人可归责性》，载《法学研究》2017 年第 2 期。

是此种信赖必须是“合理和善意的”①。依据《总则编解释》第 28 条第 1 款第 2 项的规定，构成表见代理需要“相对人不知道行为人行为时没有代理权，且无过失”。所谓相对人无过失是指无重大或者一般过失，也就是说，并非因疏忽大意或懈怠造成的。如果只是具有轻微的过失则不应当否定表见代理的构成。如果相对人明知行为人无代理权，或者应当知道行为人无代理权，却因过失而不知，则其对无权代理行为的发生也具有一定的可归责性，此时，就没有必要通过表见代理制度对其进行保护。②

笔者认为，相对人的善意与相对人的无过失在很多情况下是密切联系在一起的。例如，相对人不应当相信代理人具有代理权却产生了误信，这既表明相对人是非善意的，也表明其是有过失的。相对人不知或者不应当知道无权代理人是没有代理权的，由此也表明相对人是没有过失的。相对人有无过失主要涉及相对人对无权代理人的权利外观是否产生误信，以及是否需要核实无权代理人的身份。所谓相对人无过失，实际上是指相对人对于代理人无代理权的不知情并非因其疏忽大意或懈怠所造成，即相对人主观上是没有过错的。一般来说，相对人对代理人的身份及权限并没有必要与被代理人进行核对，但应当对代理人出示的各种证明具有特定代理权的文件进行认真审核。如果不予审核或审核不严，轻率地相信代理人具有代理权，则可以认为相对人有过失。

将相对人无过失作为表见代理的构成要件的主要意义在于，确定相对人在特殊情况下的审核义务。从总体上来说，交易相对人并不负有一般性的审核义务（allgemeine Prüfungsobliegenheit），但在特殊情形下，则应当负有此种义务。③ 笔者认为，在如下情况下，即使形成了权利外观，相对人也应当负有进一步审核的义务：第一，合同标的数额较大或者对被代理人和相对人的利益影响较大。在此情况下，相对人不能简单地、轻率地与代理人缔约。特别是对一些标的额较大的交易，如果相对人仅仅凭借无权代理人手持的空白介绍信、合同书就匆匆与其定约，未免过于草率，由此也表明相对人可能具有某些过失。在当前商业诚信依然缺失的情形下，对一些重大的交易，相对人更应当三思而后行。当然，如果相对人的核实需要支付高昂的费用或者交易额不大时，要求相对人核实代理人的身份也是没有必要的。第二，

---

① PECL 3:201 (3); DCFR II. -6: 103 (3).

② 参见朱虎：《表见代理中的被代理人可归责性》，载《法学研究》2017 年第 2 期。

③ 在德国，有一种观点认为，审核义务只是在例外情形下的义务。审核义务并不是法定义务，只是一种不真正义务。交易相对人可以不履行此种义务，只不过，其不履行此种义务要承受相应的不利后果。MünchKomm/Schramm, § 167, Rn. 70.

从事对外担保特别是连带责任保证,是担保一方单方面承担义务和责任,是公司作为特殊和重大的一类交易,必须要经过单独的授权程序,相对人在接受此种担保时,应当负有审慎的审查义务。未经审查,不能自然形成权利外观、产生合理信赖。所以不能笼统地认为,只要具有权利外观就构成表见代理,而应当根据具体情况分析相对人在特殊的情况下是否有必要核实代理人有无代理权,如确有必要核实,而相对人没有进一步核实,则相对人具有过失。第三,相对人需要交付一定的定金或者预付款。在此情况下,相对人为了防止欺诈,也应当进一步核实代理人的身份与代理权限。第四,相对人进一步审核的成本很低。在现代社会,由于通信工具的发达为当事人的核实提供了方便,对于一些重要的交易要求相对人进一步核实,并没有过分加重其经济上的负担。

最后需要讨论的是,无权代理行为的发生是否需要与被代理人有关?在认定表见代理中,有一种理论称为"被代理人与因"的理论,也有人称为"惹起"理论、"诱因原则"。此种观点认为,权利外观的产生要求被代理人并没有过错,与被代理人不存在关联。[①] 从比较法上看,如果代理权外观是由被代理人引起(如被代理人因对公章保管不善而被他人偷盖在合同上),只要存在这样的因果关系,即可以适用表见代理制度,并未专门要求证明被代理人存在过错,即强调代理权外观是由被代理人引起的。[②] 在德国法中,对归责事由的内容,也有学者认为,只要权利外观因被代理人所形成,被代理人即应当承担责任。这就是关于归责性标准的所谓"诱因原则"。据此,对法律外观的形成造成原因的人应承担责任。[③] 笔者认为,借鉴上述经验,可以采纳"本人与因"说,即只要本人的行为与权利外观的形成具有一定的牵连性,被代理人就应当承受表见代理的后果,[④]反之,如果被代理人的行为与权利外观的形成并不具有牵连性,或者说权利外观的形成与被代理人毫无关系,则被代理人不应当承受表见代理的后果,换言之,在确定是否存在权利外观的情况下,应当考虑该权利外观是否与被代理人有关。[⑤] 在某些情形下(如行为人私刻他人公章),虽然形成了权利外观,且相对人必须有合理的理由相信行为人具有代理权,但被代理人对此毫不知情,也无法事前

① Reinhard Bork, Allgemeiner Teil des Bürgerlichen Gesetzbuchs, 2 Aufl., Rn. 1542, S. 581.

② 参见《国际商事合同通则》第2.2.5条、《欧洲示范民法典草案》第6:103条、《欧洲合同法原则》第3:201条。

③ 王保树主编:《商事法论集》(第3卷),法律出版社1999年版,第466页。

④ MünchKomm/Schramm, § 167, Rn. 63.

⑤ 江平主编:《民法学》(第2版),中国政法大学出版社2007年版,第229页。

防范,令其承担表见代理责任,确实对其很不公平。但《民法典》对权利外观的形成是否与被代理人有关没有作出规定,司法解释回避了这一问题。笔者认为,在判断权利外观时,应当考虑权利外观的形成是否与被代理人有关。只要被代理人的行为与权利外观的形成具有一定的可归责性,被代理人就应当承受表见代理的后果。反之,如果被代理人对权利外观的形成不具有任何可归责性,则不构成表见代理。具体而言,在如下情形下无权代理的发生,与被代理人无关:第一,行为人假冒他人的名义与第三人订约,被代理人对此毫不知情也无法加以防范。第二,第三人盗窃他人的公章以及盖有公章的空白合同书,或者私刻他人的公章签订合同,骗取财物。[①] 在上述情形下,如果被代理人确有证据证明其对权利外观的形成不具有可归责性,则不应当构成表见代理。

五、举证责任

如果无权代理符合表见代理的要件,相对人必须对此举证证明。依据《总则编解释》第28条第2款的规定:"因是否构成表见代埋发生争议的,相对人应当就无权代理符合前款第一项规定的条件承担举证责任;被代理人应当就相对人不符合前款第二项规定的条件承担举证责任。"在符合表见代理的情况下,相对人若使该代理行为对被代理人有拘束力,也必须提出表见代理的主张,并举证证明符合表见代理的构成要件。[②] 如果相对人没有提出确认表见代理的请求,则表见代理不能自动发生效果。

关于举证责任的分配,应当由相对人就存在代理权外观承担举证责任,相对人举证责任完成后,如果被代理人主张即使存在代理权外观但相对人知道或应当知道无权代理人没有获得授权,此时被代理人要对此承担举证责任。通过这种举证责任的分配规则,进一步减轻了相对人的举证负担,有利于保护相对人,而且也符合举证责任便利性原则。

六、表见代理的法律效果

《民法典》第172条规定:"行为人没有代理权、超越代理权或者代理权终止后,仍然实施代理行为,相对人有理由相信行为人有代理权的,代理行

---

① 需要指出,《最高人民法院关于在审理经济纠纷案件中涉及经济犯罪嫌疑若干问题的规定》第5条第1款规定:"行为人盗窃、盗用单位的公章、业务介绍信、盖有公章的空白合同书,或者私刻单位的公章签订经济合同,骗取财物归个人占有、使用、处分或者进行其他犯罪活动构成犯罪的,单位对行为人该犯罪行为所造成的经济损失不承担民事责任。"依据该条规定,被代理人也不应当承担表见代理的责任。

② 黄茂荣:《民商法判解评释》(第2册),台北,1981年自版发行,第427页。

为有效。”因此，在符合表见代理的情形下，该代理行为有效。如何理解该条所规定的“代理行为有效”？笔者认为，它是指表见代理人所从事的代理行为的效果应直接归属于被代理人，即被代理人应受到表见代理人与相对人之间实施的民事法律行为的约束，直接享有权利、承担义务。在这一点上，表见代理与一般的有权代理是完全相同的。被代理人不得以其未授予代理人以代理权、代理行为违背自己的意志和利益等为由，而要求确认表见代理行为无效或拒绝接受表见代理行为的拘束。

有关表见代理的效力问题，有如下几点值得探讨：

(1)在表见代理的情况下，代理人是否也应当向相对人承担责任？毫无疑问，在表见代理情况下代理人通常是有过错的，甚至往往具有欺诈的意图，代理人如无过错，可能很难形成表见代理。不过，虽然表见代理人也有过错，并应对自己的过错负责，但既然表见代理要发生有权代理的效果，表见代理人就不能直接与相对人形成法律关系，而只能与被代理人发生法律关系。因此，表见代理人不能直接对相对人负责，而只能在被代理人向相对人承担责任以后，由被代理人向代理人追偿，代理人应依据其过错向被代理人承担责任。尤其应当看到，设置表见代理制度的主要目的在于维护交易安全，保护善意第三人的利益。要实现这一功能就应当允许第三人直接要求被代理人承担责任，被代理人也应对代理行为的后果负全部责任。

(2)被代理人无权否认表见代理的效果，但被代理人是否应享有追认权？有观点认为，在代理人实施表见代理行为以后，被代理人如果认为该行为对自己有利，可追认该行为的后果。笔者认为，表见代理不同于狭义的无权代理之处在于被代理人不得享有追认权，也就是说，只要相对人已证明表见代理的要件符合、主张表见代理的效力时，根本不考虑被代理人是否追认的问题。被代理人即使不追认，也不影响表见代理的构成。因为一旦认为被代理人享有追认权，就意味着被代理人享有不予追认的权利。这样就必须承认被代理人的否认权，从而否定了表见代理的效力，表见代理与狭义的无权代理也将发生混淆。当然，在相对人主张表见代理之前，被代理人当然可以就无权代理行为进行追认。

(3)相对人是否具有撤销权。应当看到，我国《民法典》第 171 条第 2 款在规定无权代理的责任时也规定了相对人的撤销权，即“相对人可以催告被代理人自收到通知之日起三十日内予以追认。被代理人未作表示的，视为拒绝追认。行为人实施的行为被追认前，善意相对人有撤销的权利。撤销应当以通知的方式作出”。该规定是否适用于表见代理，对此存在几种不同的观点。一种观点认为，如果允许第三人享有撤回权，而第三人主张表见代理后，发现对自己并无利益而对被代理人有利，第三人往往会行使撤回权，发现主张表见代理有利时不行使撤回权，这实际上是将第三人从事交易所应承担的风险全部转嫁给被代理人或代理人，显然不符合表见代理制度所应兼顾交易安全和被代理人利益的功能。[①] 另一种观点认为，应允许相对人享有撤销权，因为在表见代理的情况下，首先是保护第三人，其次才是保护被代理人，在表见代理的效力尚未确定之前，相对人基于狭义的无权代理而行使撤销权，非但免去了被代理人的责任，对代理人也无加重负担之嫌，因为这种责任本来就是应该由代理人最终承担的，即使现在不承担，将来被代理人也可以向其追偿。[②] 笔者赞成后一种观点，因为法律上规定表见代理制度主要是为了保护相对人的信赖利益，这种信赖主要表现在相对人信赖表见代理人具有代理权，并与其订约。所以，为保护相对人的信赖利益，法律承认无权代理人与相对人订立的合同对被代理人具有约束力，但是如果相对人认为合同的成立和生效对其并没有意义，愿意行使撤销权，使该合同不发生效力，表明相对人已经放弃了其信赖利益，法律应当尊重当事人的这种选择。况且这种选择并没有损害被代理人的利益，因为被代理人在根本上是不愿意受该合同效力的拘束的。因此，在相对人主张了表见代理的效果以后，其也可以行使撤销权，放弃表见代理的请求，不再要求被代理人承担合同责任，而只是要求无权代理人承担损害赔偿责任，这种选择也是完全合理的。

如果相对人行使撤销权，此时表见代理将转化为狭义的无权代理。在表见代理的情况下，如果相对人没有行使撤销权，相对人只能请求被代理人承担责任，而不应请求无权代理人承担责任。因为一方面，既然代理已经发生效力，合同已经生效，合同的当事人只能是被代理人和相对人，相对人不能请求代理人承担合同责任。另一方面，即使就损害赔偿而言，相对人也只能基于合同向被代理人提出请求，在被代理人承担责任以后，由被代理人向无权代理人提出损害赔偿的请求，而不能由相对人向无权代理人提出损害赔偿请求。当然，在相对人行使了撤销权以后，由于无权代理行为已经不发生效力，相对人不能请求被代理人承担合同责任，在此情况下，相对人有权要求无权代理人承担因其过错而给相对人造成的损失。

（4）无权代理人应当向被代理人承担责任。尽管表见代理产生了有权

---

① 汪泽：《表见代理若干问题研究》，载梁慧星主编：《民商法论丛》（第 8 卷），法律出版社 1997 年版。

② 孔祥俊：《合同法教程》，中国人民公安大学出版社 1999 年版，第 194 页。

代理的效果,但是这种代理并不完全符合被代理人的意志,而主要是法律为维护相对人的利益和交易的安全而设置的,在一般情况下,被代理人并不愿意与相对人从事交易。由于被代理人应当承担合同责任,所以可能会给被代理人造成损害,因为假如没有无权代理人的行为,就不会发生表见代理的后果,被代理人也就无须向第三人承担合同责任,从而不会蒙受损害。由于这种损害主要是无权代理人的过错造成的,所以被代理人向无权代理人主张赔偿是合理的。

问题在于,这种赔偿的请求权依据是什么?首先,被代理人与无权代理人之间大多并没有合同关系,即使他们先前存在合同关系,无权代理人从事的无权代理行为无论是否构成违约,被代理人都不得要求其承担违约责任。应依据其内部存在的委托合同等关系而确定。其次,该请求权也非缔约过失责任。在无权代理人从事无权代理行为时,被代理人和无权代理人在一般情况下并没有发生缔约上的关系,即使他们先前从事过订立委托代理合同的行为,但是在无权代理人从事无权代理行为时,双方并没有发生缔约行为,更不可能发生一种信赖关系,所以被代理人不得基于缔约过失要求无权代理人赔偿损失。笔者认为,被代理人向无权代理人主张损害赔偿的根据在于:因无权代理人的过错使被代理人遭受损失,无权代理人已经构成侵权,被代理人可以基于侵权责任要求无权代理人赔偿。当然,应当考虑无权代理人的过错程度以及是否存在混合过错的情况,从而确定赔偿责任的范围。例如,无权代理人在从事无权代理行为时,被代理人明知而不表示反对,由此表明被代理人对无权代理的发生也是有过错的,所以被代理人也应当承担相应的责任。

但是就被代理人与无权代理人的关系而言,并不因为表见代理产生有权代理的后果而使无权代理人免除其应当向被代理人承担的责任。在被代理人向相对人承担责任以后,代理人依其过错应向被代理人承担损害赔偿责任。

第五编

民事责任

第十五章　民事责任的基本原理

第一节　民事责任概述

一、民事责任的概念

民事责任，是指当事人不履行民事义务所应承担的民法上的后果。例如，违约责任是违反合同约定而应当承担的责任，侵权责任是侵害他人权益而应当承担的赔偿等责任。民事责任作为保障民事权利和义务实现的措施，是以权利为中心的民法典不可或缺的重要内容。随着市场经济和民主政治的发展，民事责任作为保障民事权利的手段，日益凸显出其在民法中的重要位置。民事责任“乃是现代民法之生命力所在”，民事责任制度越完善，则民事权利便越能获得有效的保护。[①]

关于责任的概念在学说上有一些不同的观点。

(1)制裁说。哈特指出：“当法律规则要求人们作出一定的行为或抑制一定的行为时，(根据另一些规则)违法者因其行为应受到惩罚，或强迫对受害人赔偿。在很多情况下，他既受到惩罚又被迫赔偿。在这种意义上，某人在法律上应对某事(行为或伤害)负责，等于某人因其行为或伤害在法律上应受到惩罚或被迫赔偿。”[②]制裁是由法律秩序所规定以促使实现立法者认为要有的一定的人的行为。[③] 凯尔森也认为，“法律责任是与法律义务相关联的概念。一个人在法律上要对一定行为负责，或者他为此承担法律责任，

---

① 梁慧星：《民法学说判例与立法研究》，中国政法大学出版社 1993 年版，第 255 页。

② 张文显：《法学基本范畴研究》，中国政法大学出版社 1993 年版，第 185 页。

③ ［奥］凯尔森：《法与国家的一般理论》，沈宗灵等译，中国大百科全书出版社 1996 年版，第 54 页。

意思就是他作相反行为时,他应受制裁”。

(2)后果说。此种观点认为,法律责任专指对自己实施的违法行为所承担的责任,[①]换言之,“因违法行为或其他法律规定的事实的出现,一定主体应当承担的不利后果”。[②] 民事责任是指民事主体违反合同义务或法定民事义务而应承担的法律后果。[③] 法律责任之所以是行为人的不利后果,是因为它是行为人所不情愿的,也是与行为人的目的相悖的。

(3)义务说。此种观点认为,法律责任指“因某种行为而产生的受惩罚的义务及对引起的损害予以赔偿或用别的方法予以补偿的义务”。[④] 法律责任是由于故意违反或疏于履行法定的第一性义务而派生出来的第二性义务,是对否定义务的行为的否定,即所谓“责任者,不履行义务在法律上所处之状态也”。[⑤]

《民法典》第176条规定:“民事主体依照法律规定或者按照当事人约定,履行民事义务,承担民事责任。”该条强调了权利、义务和责任的一致性。《民法典》在《民法通则》第六章的基础上,继续规定了民事责任的一般规则,这也是对我国立法和司法经验的总结,该章规定的意义主要在于:一方面,总则中规定一般民事责任的概念可将各类责任抽象出来确定为一般的规则,从而使其普遍适用于各类民事责任,这就确定了民事责任的普遍性。另一方面,《民法典》总则编在规定了法律关系的主体客体以及简单列举了各种民事权利之后规定民事责任,也是顺理成章的。在我国《民法典》中,民事责任具有如下特点:

第一,它是民事主体违反民事义务而承担的不利后果。从性质上看,民事义务是指义务人依据法律规定或当事人约定应当为一定行为或者不为一定行为。大陆法系国家常常用给付义务来概括债务人应承担的义务。诚然,责任以义务的存在为前提,但是责任本身并不是义务,而是义务人违反义务所应承担的后果。可见,责任与义务具有不同的性质。具体来说,义务与责任具有如下区别:一是责任是为确保义务履行而设置的措施,它以义务的存在为前提,以督促义务人履行义务并保障权利人的权利为宗旨。正是因为责任制度的存在,权利才获得了一种“法律上之力”。[⑥] 二是责任是在

---

① 参见孙国华主编:《法理学教程》,中国人民大学出版社1994年版,第509页。

② 公丕祥主编:《法理学》,复旦大学出版社2002年版,第464页。

③ 魏振瀛主编:《民法》(第4版),北京大学出版社、高等教育出版社2010年版,第41页。

④ *Black's Law Dictionary*, 8th ed., West Publishing Company, 2005, p. 41.

⑤ 张文显:《法学基本范畴研究》,中国政法大学出版社1993年版,第188页。

⑥ 梁慧星:《民法学说判例与立法研究》,法律出版社2003年版,第253页。

义务人不履行义务时国家强制义务人履行义务或承担法律责任的表现,即一旦义务人不履行义务,义务在性质上转化为一种强制履行的责任。强制履行已不仅仅是义务人对权利人承担的责任,而且是其对国家应承担的责任。由此可见,责任与义务相比较,包含了一种国家的强制性。[①] 先有民事义务,而后才能产生民事责任。义务在性质上属于法之“当为”,具有法律上的拘束力,因此,违反民事义务将会承担法律上的不利后果,即民事责任。

第二,它在本质上既是对国家的一种责任,也是对当事人的一种补偿责任。一方面,民事责任体现了国家对当事人之间关系的干预,表现了国家的强制力对违法行为的追究。从这个意义上说,承担民事责任是对国家所承担的责任。另一方面,与行政责任和刑事责任不同,民事责任也是违法行为人对受害人所应当承担的责任。民事责任的功能在于对受害人提供补救,使受害人遭受的全部损失得到恢复。在一般情况下,民事责任必须要以受害人实际遭受损害为前提。克雷斯蒂安·冯·巴尔指出,以损害赔偿为特性的“民事责任法是每一个欧洲国家法律制度的一部分;没有一套对在发生损害之前当事人之间没有任何关系之情形的损失予以赔偿的规则,任何人都无法生存”。[②] 行为人应当对受害人遭受的损害承担损害赔偿责任。而行政责任和刑事责任则不完全是对当事人的责任,而主要是对国家的责任。

第三,它具有强制性和一定程度的任意性。法律责任都具有强制性,民事责任也不例外。法律责任的认定和归结是国家权力运行的具体体现,是国家对责任者的财产或人身自由的强制限制或剥夺。[③] 法律责任是对行为人所施加的一种不利后果,它不是行为人愿意承担的,因此责任的承担必然具有强制性。但是民事责任的强制性不同于其他法律责任(如行政责任、刑事责任)的地方在于,民事责任兼具任意性与强制性的特点。民事责任的任意性体现在,受害人免除行为人应承担的民事责任,可以与行为人通过协商的方式确定民事责任的承担。当事人可以在法律规定的范围内,对违约责任作出事先的安排。民事责任在确定以后,受害人可以与行为人达成和解协议处分其权利。但民事责任也具有强制性,这种强制性表现在,民事责任最终必须依赖国家强制力作保障,必须由法院最终确定责任的承担。如果受害人请求责任人承担责任,而责任人拒绝承担,受害人有权请求法院运用

① 崔建远:《合同责任研究》,吉林人民出版社1992年版,第4页。

② [德]克雷斯蒂安·冯·巴尔:《欧洲比较侵权行为法》(上卷),张新宝译,法律出版社2001年版,第1~2页。

③ 张文显:《法学基本范畴研究》,中国政法大学出版社1998年版,第186页。

国家公权力强制执行。同时,为了保障当事人设定的民事责任条款的公平合理,法律也要对当事人之间有关责任的约定予以干预。如果约定不符合法律要求,也将会被宣告无效或撤销,从而适用法定的民事责任。

第四,它主要是财产责任。民事责任曾经历了一个从人身责任向财产责任(主要是损害赔偿责任)的发展过程。现代民法普遍承认,民事责任主要是财产责任,并禁止对违约当事人实行人身强制,由此体现了法律文明的发展。但民事责任也不限于财产责任,如恢复名誉、赔礼道歉、消除影响等就不完全是财产责任。

二、民事责任与其他性质责任的区别

民事责任是不同于行政责任与刑事责任的一种法律责任。民事责任和刑事责任、行政责任相比,具有如下区别:

(1)责任产生的根据不同。民事责任是违反民事义务所产生的法律责任,而行政责任与刑事责任是违反了行政法和刑法上的强制性规定而产生的法律责任。

(2)适用的对象不同。侵害公民和法人的合法权益的行为,只有在情节严重并构成犯罪的情况下,才应受到刑罚的制裁。然而现实中大量的侵权及违约行为是不可能进入刑事责任调整的领域的,这些行为只能由民事责任调整。民事责任作为规定侵权行为及违约行为民事责任的法律,更注重补偿而不是惩罚和制裁。而刑事责任作为规定犯罪和刑罚的法律制度,主要调整罪刑关系。所以,只有那些触犯刑律、具备了刑事责任规定的犯罪要件的行为,才应受刑事责任调整;而对于尚未构成犯罪却造成对他人损害的不法行为,一般应受民事责任调整。行政责任适用的对象是各种行政违法行为,行政违法行为是未构成犯罪的行为,它也以造成个人的实际损失为前提。

(3)适用的目的不同。民事责任制度适用的目的,主要是补偿受害人所受的损害,通过赔偿的办法使已经遭受侵害的财产关系和人身关系得到恢复和补救。而刑事责任的主要目的是惩罚犯罪行为人,并教育和警戒犯罪行为人与社会上可能犯罪的人,以达到预防犯罪的目的。行政责任通过制裁各种行政违法行为,保障行政机关依法行政,从而保护民事主体的合法权益。

(4)责任性质不同。民事责任中的侵权责任具有一定程度的任意性,受害人有权决定是否要求行为人赔偿,赔偿问题可由当事人协商。其中的违约责任具有更强的任意性,允许当事人事先约定免责条款和违约金条款。

而刑事责任和行政责任的规范体现了明显的强制性。刑事责任除少数自诉案件以外,不得由受害人自由免除,刑事责任的承担也不能由受害人决定。行政责任作为公法上的责任,也不允许通过协商确定责任的内容以及免除等问题。

《民法典》规定民事责任的一般概念和原则是必要的。一方面,总则编中规定一般民事责任的概念可将各类责任抽象出来确定为一般的规则,从而使其普遍适用于各类民事责任,确定了民事责任的普遍性。另一方面,总则编在规定了法律关系的主体、客体以及简单列举了各种民事权利之后规定民事责任,也顺理成章。

三、民事责任的优先适用

《民法典》第187条规定:"民事主体因同一行为应当承担民事责任、行政责任和刑事责任的,承担行政责任或者刑事责任不影响承担民事责任;民事主体的财产不足以支付的,优先用于承担民事责任。"该条确立了民事责任优先性的规则。这就是说,在因同一行为而产生了民事责任、行政责任和刑事责任时,行为人的财产应当优先用于承担民事责任。

在法律上确立民事责任优先性的规则,一方面是为了强化对受害人的救济。从法律上看,刑事责任和行政责任是对国家的责任,而民事责任是对受害人的责任,从强化受害人保护的角度考虑,确立民事责任优先性规则是必要的。如果行为人的财产有限,优先执行刑事或行政责任而导致民事责任不能履行,就可能使受害人的损害无法得到救济,甚至陷入困境,不能体现法律对受害人的关怀。① 如果行为人不缴纳罚款、罚金等,并不会使国家发生经济上的困难,而如果行为人不赔偿受害人的损失,则可能使受害人陷入经济上的困境,也不能充分体现民法的人文关怀精神。② 另一方面,考虑到我国保险和社会救助制度的不完善,在受害人遭受损害之后,特别是遭受人身损害之后,难以通过保险或社会救助等制度获得救济,从而也有必要优先承担民事责任。在承担刑事责任和行政责任的情况下,其主要是对国家的责任,虽然对不法行为人具有制裁的作用,但是,如果其财产不足以承担所有的责任,优先赔偿受害人的损失,体现了国家对个人利益的维护。

但在适用优先性规则时,必须符合如下条件:第一,必须符合民事责任的构成要件。如果行为人对受害人无须承担民事责任,则当然不能适用民事责任优先规则。第二,明确责任主体应当是同一主体,即无论是行为主体

---

① 王胜明主编:《〈中华人民共和国侵权责任法〉解读》,中国法制出版社2010年版,第48页。

② 黄薇主编:《中华人民共和国民法典总则编解读》,中国法制出版社2020年版,第615页。

还是责任主体，在确定其责任时，就要考虑其财产是否足以承担所有的责任。如果各类责任的承担主体不同，就不存在该规则适用的前提。例如，被用工者因实施犯罪行为而承担刑事责任，此时，由被用工者承担刑事责任，而民事责任则由用工者承担，由于责任主体不是同一主体，因而不适用民事责任优先性规则。第三，责任主体的财产不足以同时满足民事责任、行政责任和刑事责任。如果责任主体具有充足的财产，能够同时满足民事责任、行政责任与刑事责任，则在客观上不需要适用民事责任优先规则。只有责任人承担了其他的责任，不足以承担民事责任时，才应当优先承担民事责任。[①]

四、民事责任与债务

在罗马法中并没有区分债务和责任的概念，债务和责任都被称为“法锁”(Juris Vinculum)，并用“Obligatio”一词加以表示。[②] 法锁的含义是指债权债务应能对当事人产生拘束力。德国普通法时代也基本上沿袭了罗马法的观念，没有将债务与责任的概念加以区别。一般认为，最早将债务和责任作出区别的学者是德国人布林兹(Brinz)，他于 1874 年根据古罗马时代的各种琐碎资料，提出了债务和责任的区别。他认为，债权需有责任才能产生，更因为存在诉权的责任，才产生了债权的观念。[③] 之后，一些研究日耳曼法的学者在分析日耳曼法时，也提出了债务和责任的区别。这些学者认为，在古日耳曼法中，债务和责任的概念是分开的，债务称为“Schuld”，含有“法的当为”(rechtliches Sollen)，而不具有“法的强制”(rechtliches Müssen)的观念。[④] 这就是说，债务是指债务人应当履行其给付的义务，它丝毫不受他人的强制，而出于债务人的自愿，一旦给付，不得任意请求返还。债权人没有强制债务人给付的权利，若要有此权利，则必须另有责任关系的存在。而在日耳曼法中，责任是指“替代”(ersetzen)的关系，也就是指债务人应当为给付而未为给付或不完全给付时，应服从债权人的强制取得(Zugrifsmacht)的关系。[⑤] 由于此种强制取得的责任关系附加于债务关系之上，债务关系才具有拘束力。因此，为实现债的目的，责任具有担保的作用，这种担保作用只有在债务不履行时才能表现出来。[⑥] 由此可见，债务与

---

① 黄薇主编：《中华人民共和国民法典总则编解读》，中国法制出版社 2020 年版，第 616 页。

② 梁慧星：《民法学说判例与立法研究》，中国政法大学出版社 1993 年版，第 246 页。

③ 林诚二：《民法理论与问题研究》，中国政法大学出版社 2000 年版，第 207 页。

④ 郑玉波：《民法债编总论》，台北，三民书局 1986 年版，第 11 页。

⑤ 林诚二：《民法理论与问题研究》，中国政法大学出版社 2000 年版，第 208 页。

⑥ 参见李宜琛：《日耳曼法概说》，商务印书馆 1943 年版，第 74 页。

责任是可以分离的。

从法律上将债务与责任作出区分是日耳曼法对现代法的重大贡献；不过，日耳曼法并没有揭示出责任以国家强制力为背景的特点。[①] 此外，根据日耳曼法，在债务人不履行债务时，债权人可以把债务人当作奴隶使用或卖与他人；债务人不履行清偿债务的判决，可以被处以人格剥夺(Friedlosigkeit)的重刑，债务人的身体得由他人任意杀害，所有财产除一部分交付给债权人外，也概被没收。[②] 当然，这种野蛮的人身责任在现代社会已被废除。

我国法律对债务与责任的概念作出了严格的区分，《民法通则》对债务和责任问题是分别作出规定的。根据该法第 84 条和第 106 条的规定，债务是按照合同的约定或依照法律的规定而在当事人之间产生的义务；而责任则是指违反民事义务而应承担的民事责任。我国《民法典》继续采纳了此种区分。不过，关于债务与责任的概念，学术界存在不同的看法。一种观点认为，债务和责任在性质上没有区别，“近代民法之民事责任，本质上是一种特殊的债权债务关系”。[③] 另一种观点认为，“债务是法律规定或合同约定的当事人当为的行为，而责任是债务人不履行债务时国家强制债务人继续履行或承担其他负担的表现”。[④]

应当承认，在民法上确有一些责任实际上是债务，如不当得利返还责任实际就是不当得利之债，而无因管理的费用返还责任实际上也是指无因管理之债。另外，学理上也大多将有限责任、无限责任、担保责任、按份责任、连带责任作为民事责任的形式对待，这些责任都是一种债务，在民法上之所以难以区分第一性的义务和因义务的违反而产生的第二性的义务即责任，在很大程度上乃是因为许多责任本身和债务是密不可分的。例如，物上担保责任，虽名为责任但实为义务，担保权人实现其权利无须通过诉讼，而可以将担保物直接拍卖变卖。还有一些债务既可以是债务，也可以是责任，如因当事人的约定而产生的连带债务，实际上是债务，但因为共同侵权产生的连带责任，则在性质上是因为不法行为产生的责任。

不过，这并不意味着债务和责任是不可分离的。从性质上看，债务是法律和合同规定的义务，它是债务人应当履行的行为。责任以债务的存在为

---

① 李宜琛指出：“日耳曼法之所谓责任，既为束缚、保证之意，故无论人物，皆得负担责任。”可见责任并不完全具有国家强制性。

② 参见李宜琛：《日耳曼法概说》，商务印书馆 1943 年版，第 78 页。

③ 梁慧星：《民法总论》，法律出版社 1996 年版，第 79 页。

④ 崔建远：《合同责任研究》，吉林人民出版社 1992 年版，第 3 页。

前提，但责任本身并不是债务，而是债务人违反债务所应承担的后果。具体来说，债务与责任具有如下区别：

第一，责任是为确保债务履行而设置的措施，它以债务的存在为前提，以督促债务人履行债务并保障债权人的债权为宗旨。正是因为责任制度的存在，才使债权获得了一种"法律上之力"。[①] 也就是说，责任制度的存在，使债权人在债务人不为给付时，可以凭借"法律上之力"，强制债务人履行债务或承担其他责任，以确保其权利的实现。

第二，责任是在债务人不履行债务时所应承担的法律上的后果。例如，一旦债务人不履行债务，则债务在性质上转化为一种强制履行的责任。强制履行从表面上看，仍然是继续履行原债务，但实际上已不同于原债务。因为强制履行已不仅是对债权人的责任，而且是对国家应承担的责任。由此可见，责任与债务相比较，包含了一种国家的强制性。[②] 就债务本身而言，虽然也具有一定的拘束力，但是债的效力必需借助于体现了浓厚的国家强制性的责任制度，才能得到实现。单纯的债务本身并不具有责任制度所体现的国家强制力。例如，自然债务因其无责任保障，所以在不履行时，不发生责任问题。

第三，责任是与诉权联系在一起的。民事责任之所以能成为保障民事权利的有效措施，是因为民事责任是与诉权联系在一起的，从而使其成为连结民事权利与国家公权力的中介。[③] 债权本身并没有赋予债权人对债务人的人身、给付行为及给付标的享有直接的支配权，换言之，要通过诉权作为中介和桥梁，才能最终使债务不履行行为转化为责任。从这个意义上说，将债务完全等同于责任，实际上就忽视了公力救济对权利实现的必要性。德国学者 Esser 认为，债务的中心内容是行为的指令，债务必须再加上责任，方可称为一个完整的债务。[④] 其言下之意是，在债务不履行的情况下，债权人必须通过诉讼方式对债务人强制执行，才能使债权人的诉讼请求得到满足。正如我国台湾地区学者林诚二所指出的"各债权人之给付受领权复受责任关系所保护，但责任关系之具体体现，则在于诉权之行使，因是，责任乃债权与诉权之中间桥梁"。[⑤]

第四，债本质上不仅是一种请求关系，而且在于其是以财产给付为内容

---

① 参见梁慧星：《民法学说与立法研究》，中国政法大学出版社 1993 年版，第 253 页。

② 参见崔建远：《合同责任研究》，吉林人民出版社 1992 年版，第 4 页。

③ 参见梁慧星：《民法学说与立法研究》，中国政法大学出版社 1993 年版，第 254 页。

④ 黄茂荣：《债法总论》（第 1 册），中国政法大学出版社 2003 年版，第 62 页。

⑤ 参见林诚二：《论债之本质与责任》，载《中兴法学》2004 年第 19 期。

的请求关系。因为债权本质上是反映交易的法律形式，它要以财产给付为内容，非财产给付的请求不应包括在债的范畴里。由于恢复名誉、停止侵害、赔礼道歉等责任形式在本质上不是以财产给付为内容的，所以不属于债的关系。在侵权行为领域，行为人违反法定义务时，行为人应当承担的就是法律责任，而很难理解为债务。完全以债务来取代责任也不能为一般人所理解。

第五，从存续状态来看，责任的存续和义务的存续不同。义务随着义务人的死亡而消灭，而对责任而言，即便当事人已经死亡，如果其财产被他人继承，继承人也应在其继承的财产范围内承担支付赔偿额等责任。责任的这一特点是与近代以来的财产责任原则相联系的。

第二节　民事责任的分类

一、违约责任和侵权责任

违约责任是指合同当事人违反法律、合同规定的义务而应当承担的责任。侵权责任是指行为人因其过错侵害他人财产、人身所应当承担的责任，以及没有过错，在造成损害以后，依法应当承担的责任。违约责任和侵权责任的分离是因合同法与侵权行为法的分离而产生的，这种分离在早期罗马法中就有体现，晚期更为盖尤斯的《法学阶梯》所明确肯定。从现代各国的立法实践来看，尽管两大法系在合同诉讼与侵权诉讼上存在一些明显的区别，但都在法律上接受了所谓的“盖尤斯分类法”。这两类责任的区别主要表现在：

第一，从两类责任的保护范围来看，两法保护的利益的范围受制于两法自身的性质特征。合同法以保护合同债权为核心，而侵权法以保护合同外的其他民事权利为目的，由此决定了其必然以绝对权为其主要的保护对象。这种模式已为我国《侵权责任法》第 2 条所确认。该条在详细列举其保护的 18 项权利中，有意省去合同债权，表明合同债权主要受合同法保护，而侵权法则保护合同债权之外的其他权利。这就在保护范围上大体界定了两法的关系[①]。我国《民法典》虽然没有保留该规定，但从《民法典》的相关条款来看，可以解释出该法典的侵权责任编主要保护的是绝对权。

第二，从违反义务的性质来看，违约责任是因为违反了合同义务（主要是约定义务）而产生的责任，侵权责任是行为人违反法定义务即侵权行为法

---

① 参见王胜明主编：《中华人民共和国侵权责任法解读》，中国法制出版社 2010 年版，第 11 页。

所设定的任何人不得侵害他人财产和人身的普遍性的义务以及其他法定义务所产生的责任。

第三,从事先是否存在合同关系来看,在一般情况下,当侵权行为发生时,行为人与受害人之间不存在某种法律关系,而只是因为侵权行为的发生,双方才发生了损害赔偿之债的关系;对违约行为来说,当事人双方事先必然存在合同关系,因为违约行为的发生是以当事人之间存在合同权利、义务为前提的。

第四,从是否以过错为要件来看,违约责任原则上适用严格责任,从合同法的发展趋势来看,其正朝着严格责任的方向发展,可以说,严格责任代表了先进的立法经验①。根据我国《民法典》第 577 条规定,“当事人一方不履行合同义务或者履行合同义务不符合约定的,应当承担继续履行、采取补救措施或者赔偿损失等违约责任”。该规定显然是对严格责任的规定,而没有考虑主观过错。但在侵权责任中,虽然采用了多重归责原则,但依据我国《民法典》第 1165 条的规定,过错责任仍然是一般的归责原则。

第五,从侵害的后果来看,违约损害赔偿仅限于财产损失赔偿,而且因为违约造成的损失并非都应当由违约方赔偿,只有那些违约方在订约时能够合理预见到的损失才应由违约方赔偿。而违约造成人身的伤亡和精神损害,一般不应当根据《民法典》提供补救。侵权损害赔偿,则既包括财产损失,也包括人身伤害和精神伤害,只要是因为侵权所造成的各种损失,无论是直接损失还是间接损失,都应当由侵权行为人赔偿。

区分违约责任和侵权责任的主要意义在于:二者在归责原则、举证责任、义务内容、诉讼时效、责任构成要件、免责事由、责任形式、责任范围、对第三人责任以及诉讼管辖等方面都存在重大的区别,正是这些区别决定了受害人选择主张何种责任,对其利益具有重大的影响,因此侵权责任和违约责任的竞合就具有现实意义。

二、过错责任、严格责任、过错推定责任

过错责任,是指在一方违反民事义务并致他人损害时,应以过错作为确定责任的要件和确定责任范围的依据的责任。若当事人没有过错(如加害行为是因不可抗力造成的),则虽有损害发生,行为人也不负责任。

严格责任,是指依据法律的特别规定,无论行为人是否具有过错,如不存在法定的免责事由,都应当承担责任。在严格责任中,行为人承担较一般

---

① 参见[德]克里斯蒂安·冯·巴尔等主编:《欧洲合同法与侵权法及财产法的互动》,吴越等译,法律出版社 2007 年版,第 47 页。

过错责任更重的责任。因为受害人并不需要就加害人的过错举证,法律对行为人的免责事由作出严格的限制。严格责任主要适用于违约责任和法定的特殊侵权责任。一般来说,在严格责任中,行为人是很难被免除责任的,但这并不意味着严格责任不考虑过错。在侵权法中,严格责任"虽然严格,但非绝对。在严格责任下,并非表示加害人就其行为所生之损害,在任何情况下均应承担责任,各国立法例多承认加害人得提出特定抗辩或免责事由"。[①] 例如,我国侵权责任法规定的高度危险作业致人损害的责任、产品责任等都属于严格责任。

过错推定也称过失推定,它是指行为人因过错侵害他人民事权益,依据法律的规定,推定行为人具有过错,如行为人不能证明自己没有过错的,应当承担侵权责任。推定,是指根据已知的事实,对未知的事实进行推断和确定。过错推定,就是要从已知的基础事实出发,依据法律的规定,对行为人有无过错进行推定。《民法典》第 1165 条第 2 款规定:"依照法律规定推定行为人有过错,行为人不能证明自己没有过错的,应当承担侵权责任。"《民法典》侵权责任编在特殊侵权编章中大量采用了过错推定规则。例如,物件致人损害责任、机动车交通事故责任、医疗侵权的部分情形等,大多推定物件所有人或管理人、机动车驾驶人、医生以及医疗机构在特定事实发生后具有过错。过错推定作为一种责任形态是指在出现了法定的基础事实之后,应采取举证责任倒置的方式,由行为人反证自己没有过错,否则应当承担责任。

三、按份责任、连带责任、不真正连带责任

(一)按份责任

所谓按份责任,是指多数当事人按照法律的规定或者合同的约定,各自承担一定份额的责任。如果法律没有规定或者当事人没有明确约定份额时,应当推定责任人承担均等的责任份额。《民法典》第 177 条规定:"二人以上依法承担按份责任,能够确定责任大小的,各自承担相应的责任;难以确定责任大小的,平均承担责任。"该条对按份责任作出了规定。依据这一规定,按份责任具有如下特征:一是按份责任属于多数人责任。按份责任中,债务人必须是二人以上。二是按份责任产生的依据是法律规定或者当事人约定。从该条规定来看,当事人应当"依法"承担按份责任,但事实上,按份责任的产生并不仅仅依据法律规定产生,当事人还可以约定其责任承

---

① 王泽鉴:《民法学说与判例研究》(第 2 册),中国政法大学出版社 1998 年版,第 161 ~ 162 页。

担份额，从而产生按份责任。三是按份责任对外按照一定的份额承担责任。与连带责任不同，对按份责任而言，各债务人并不承担所有的责任，而是按照一定的份额承担责任。在债权人请求债务人承担超过其份额的责任时，债务人有权拒绝。

依据《民法典》第177条的规定，如果难以确定各个债务人的责任份额，则各债务人应当平均承担责任。所谓难以确定责任大小，是指根据过错程度、因果关系等仍然难以判断各个债务人的责任份额。在此情形下，法律实际上是采取了推定的方式，推定每个债务人承担的责任份额相同。[①]

（二）连带责任

所谓连带责任，是指当事人按照法律的规定或者合同的约定，连带地向权利人承担责任。《民法典》第178条第1款规定："二人以上依法承担连带责任的，权利人有权请求部分或者全部连带责任人承担责任。"该条对连带责任作出了规定。连带责任具有如下特点：

一是在主体上属于多数人责任。连带责任的责任人是"二人以上"，即多数人。当然，连带责任主要是指责任人是多数人，并不要求权利人是多数人。

二是依据法律规定或者当事人约定产生。《民法典》第178条第3款规定："连带责任，由法律规定或者当事人约定。"据此，连带责任既可以基于法律规定产生，也可以基于当事人约定产生。与个人责任相比，连带责任在性质上属于一种加重责任，其产生必须有法律的明确规定或者当事人的约定，否则，原则上应当属于按份责任。如果法律明确规定了应当依法承担连带责任的，连带责任人不能通过约定加以排除。[②]

三是权利人有权要求责任人中的任何一个人承担全部的或者部分的责任，每个连带责任人也都负有清偿全部债务的义务，任何一个债务人在全部债务清偿前都不能免除清偿的责任。也就是说，连带债务的各债务人的全部财产担保着债权人的债权，因此，连带债务具有确保债权实现的目的和作用。根据债权人不同的请求，每一个债务人可以清偿全部或部分的债务。就此而言，连带责任不同于补充责任。在补充责任的情形下，各个责任人承担责任具有一定的顺序，只有顺序在先的责任人承担责任后，顺序在后的责

① 参见黄薇主编：《中华人民共和国民法典总则编解读》，中国法制出版社2020年版，第575页。

② 参见黄薇主编：《中华人民共和国民法典总则编解读》，中国法制出版社2020年版，第576页。

任人才承担补充责任。

四是任何一个连带债务人对于债权人作出全部的清偿,都将导致连带责任消灭。也就是说,在连带责任中,每个债务人都负有清偿全部债务的义务,而且一旦某个连带债务人承担了全部责任,则债权人的债权即随之消灭。

《民法典》第178条第2款规定:“连带责任人的责任份额根据各自责任大小确定;难以确定责任大小的,平均承担责任。实际承担责任超过自己责任份额的连带责任人,有权向其他连带责任人追偿。”依据该规定,一方面,连带责任要区分对外责任与对内责任,就对外责任而言,其必须是每个责任人都对债权人承担连带责任。另一方面,虽然各个连带责任人对外负担连带责任,但在各连带责任人内部,其可能有一定的责任份额分担。依据上述规定,各个连带责任人责任份额应当根据各自责任大小予以确定。所谓责任大小,主要是根据各自的过错和原因力,确定其责任份额。如果难以确定各连带责任人的责任大小的,则各责任人应当平均承担责任。[①] 还应当看到,依据《民法典》第178条的规定,如果某一债务人实际承担的责任超过了自己的责任份额,则其有权向其他连带责任人追偿。这是因为,对连带责任而言,各个责任人对债权人均负有全部清偿的义务,这也使某些连带责任人可能承担全部责任,或者承担的责任超出其按照内部关系应当承担的责任份额,此时,基于风险的合理分担,应当承担该部分连带责任人对其他连带责任人的追偿权。

(三)不真正连带责任

所谓不真正连带责任,是指数个责任人基于不同的原因而依法对同一被侵权人承担全部的赔偿责任,某一责任人在承担责任之后,有权向终局责任人要求全部追偿。例如,我国《民法典》第1203条关于产品的生产者和销售者之间的连带责任、第1223条关于医疗领域产品的连带责任等都属于关于不真正连带责任的规定。

不真正连带责任的特点有四:一是此种责任形态中数个责任人基于不同发生原因而依法承担责任;二是每个责任人对被侵权人承担的都是全部赔偿责任;三是被侵权人享有选择权,可以要求任何一个人承担责任;四是在此种责任形态中,非终局责任人在承担全部赔偿责任后有权向终局责任人追偿。

---

① 参见黄薇主编:《中华人民共和国民法典总则编解读》,中国法制出版社2020年版,第578页。

四、财产责任与非财产责任

财产责任是指以一定的财产为内容的责任，其典型的形式就是损害赔偿、支付违约金、返还财产。非财产责任主要是指不法行为人承担的不具有财产内容的责任形式。[①] 例如，消除影响、赔礼道歉。财产责任主要是对受害人的财产上的损害给予的救济，而非财产责任主要是对受害人精神利益上的损害给予救济。财产责任与非财产责任的划分也体现了民法的同质补偿原则。财产责任大多表现为一种债务，如不当得利返还责任、无因管理责任，可以适用债法总则的一般规定，但是，非财产责任则一般不适用债法的规定。

五、单独责任与多数人责任

所谓单独责任，是指单个责任人应当直接对受害人承担责任。多数人责任，是指与单独责任相对应的责任，责任主体具有两个或者两个以上人的责任形态。在多数人责任中，根据责任主体之间依据责任分担方式的不同又分为按份责任、连带责任、不真正连带责任、补充责任等。在这些多数人责任形态中，有的责任形态对责任人限制较大，有的责任形态内部分担比较复杂，所以除按份责任之外，其他的多数人责任形态都应当以法律明确规定为前提。

单独责任和多数人责任的区别主要有两点：一是责任主体数量的不同，单独责任的责任主体仅有一人，而多数人责任的主体则有两个或者两个以上的人。二是是否存在责任的分担不同，单独责任的主体仅有一人，也就不存在责任的分担问题；多数人责任中则存在数个责任主体之间的责任分担问题。

第三节　民事责任承担方式

一、民事责任承担方式概述

（一）民事责任承担方式的概念和特点

所谓民事责任承担方式，是指行为人承担民事责任的具体形式。[②] 换言之，它是指行为人具体承担法律上不利后果的方式，或者说是民事责任的具体体现。责任方式不确定，责任也无法最终实现，受害人也无法获得救济，

---

① 参见魏振瀛主编：《民法》（第4版），北京大学出版社、高等教育出版社2010年版，第43页。

② 张新宝：《侵权责任法》，中国人民大学出版社2006年版，第332页。

故责任方式是落实民事责任的必要前提。《民法典》第 179 条第 1 款规定:“承担民事责任的方式主要有:(一)停止侵害;(二)排除妨碍;(三)消除危险;(四)返还财产;(五)恢复原状;(六)修理、重作、更换;(七)继续履行;(八)赔偿损失;(九)支付违约金;(十)消除影响、恢复名誉;(十一)赔礼道歉。”该条规定了多种民事责任承担方式,其特点有以下三点:

第一,责任承担方式的全面性和多样性。该条所列举的 11 项责任承担方式,基本概括了司法实践中对受害人提供保护的责任承担方式,其既可以适用于违约,又可以适用于侵权。该条对民事责任承担方式作出全面规定,有利于为权利人提供多层次、全方位的保护。此外,《民法典》第 179 条第 3 款规定,“本条规定的承担民事责任的方式,可以单独适用,也可以合并适用”,因此,这些方式既可以单独适用,也可以合并适用,从而强化了对受害人的救济,形成了对受害人的全面保护机制。

第二,功能具有多样性。在上述责任承担方式中,既包括预防性的责任承担方式,也包括损害填补性的责任承担方式,由此也表明,《民法典》在民事权利方面既注重对受害人权利遭受侵害后的事后救济,也注重对损害发生的事先预防,其功能具有多样性。

第三,尊重当事人的选择。依据私法自治原则,这些方式可以由受害人作出选择,从而有利于受害人基于利益最大化选择对其最有利的方式,从而更好地保护自身的权利。

(二)民事责任承担方式的基本分类

《民法典》第 179 条所规定的民事责任承担方式可以分为救济性的责任方式、预防性的责任方式和惩罚性的责任方式。所谓救济性的责任方式,是指以救济受害人为目的的侵权责任方式。最典型的责任方式是赔偿损失,其也是适用最为广泛的责任方式。所谓预防性的责任方式,是指以预防损害的实际发生为目的的民事责任方式,如停止侵害、排除妨碍、消除危险等。当然,这些责任方式也具有一定的救济功能,但是其仍然以预防性为主。所谓惩罚性的责任方式,是指以惩罚侵权人为目的的民事责任方式。依据《民法典》第 179 条的规定,如果法律规定了惩罚性赔偿的,则依照其规定认定行为人的责任。例如,《民法典》第 1185 条所规定的故意侵害他人知识产权的惩罚性赔偿,就属于惩罚性的责任方式。上述三种责任方式的区别主要表现在以下四点:

第一,功能不同。救济性的责任方式是为了实现对受害人的完全赔偿,使其恢复到如同损害没有发生的状态。预防性的责任方式是为了预防损害的实际发生。而惩罚性的责任方式是为了惩罚侵权人,尤其是那些具有故意的行为人。

第二,适用范围不同。救济性的责任方式适用范围广泛,几乎适用于所有的民事案件。预防性的责任方式适用于行为人危及他人人身、财产安全的情形。惩罚性的责任方式仅适用于法律有特别规定的例外情形。

第三,构成要件不同。对于预防性的责任承担方式而言,如停止侵害、排除妨碍、消除危险等责任承担方式,其适用并不要求行为人具有过错,也不要求损害结果实际发生。而救济性的责任方式一般要求损害结果发生,如适用过错责任,则一般要求行为人具有过错。

第四,具体内容不同。救济性的责任方式包括恢复原状、赔偿损失、赔礼道歉、消除影响、恢复名誉。预防性的责任方式包括停止侵害、排除妨碍、消除危险等。而惩罚性的责任方式主要是指惩罚性赔偿。

二、民事责任的具体承担方式

(一)停止侵害

如果行为人实施的侵害他人财产和人身的行为仍在继续进行中,受害人可依法请求法院责令侵害人停止其侵害行为。任何正在实施侵权行为的不法行为人都应立即停止其侵害行为,所以,停止侵害的责任方式可适用于各种侵权行为。对此种请求权,《民法典》物权编没有作出规定,但是《民法典》总则编第 179 条在承担民事责任的方式中对停止侵害作出了规定,并将其列为首要的责任形式,表明《民法典》注重预防和防范损害的扩大。此种责任方式的主要作用在于能够及时制止侵害行为,防止侵害后果扩大。尤其是在互联网时代,网络侵权具有侵权成本低、损害后果严重等特点,因此,停止侵害这一预防性责任承担方式的适用,将有助于防止侵害后果扩大。当然,停止侵害这一责任方式的适用应当以侵权行为正在进行或仍在延续中为适用条件,对尚未发生的或业已终止的侵权行为则不能适用。

(二)排除妨碍

不法行为人实施的侵害行为使受害人无法行使或不能正常行使自己的财产权利、人身权利的,受害人有权请求排除妨碍。例如,在通道上施工、设置障碍影响路人通行的,应将障碍除去。若不法行为人自己不排除妨碍,受害人可请求人民法院责令不法行为人排除妨碍。受害人在请求排除妨碍时,应符合如下要件。

(1)妨碍行为必须是不正当的,妨害人主观上是否预见到妨害后果,均不影响受害人提出请求。但如果妨碍行为是合法的,如正当行使权利的行为,或在权利人应容忍的合理限度内,则被请求人可拒绝受害人的请求。

(2)受害人请求排除的妨碍,必须是已经存在或确实存在某种危险,而不是主观臆想、猜测的。妨碍既可以是实际存在的,也可以是将来可能出现的。受害人不仅可以对已经发生的妨碍要求排除,对尚未发生但又确有可能发生的妨碍也有权请求排除。

(3)妨碍是权利人行使权利的障碍。只要不法行为妨碍他人行使物权、人身权和知识产权,受害人就可请求排除妨碍。在妨碍物权行使时,不但所有人,而且对被妨碍的财产享有合法占有权的人(如用益物权人等)亦有权请求排除妨碍。排除妨碍的费用一般由侵害人负担。

(三)消除危险

如果行为人的行为对他人人身和财产安全造成威胁,或存在侵害他人人身或财产的可能,他人有权要求行为人采取有效措施消除危险。例如,房屋的所有人或管理人不修缮房屋,致使房屋处于随时倒塌、危及他人人身和财产安全状态时,应负消除危险的民事责任。适用消除危险的责任方式必须是损害尚未实际发生,也没有妨碍他人的民事权利的行使,但行为人的行为又确有可能造成损害的后果,对他人造成威胁。适用此种责任方式,能有效地防止损害的发生,充分保护民事主体的民事权利。

(四)返还财产

返还财产实际上包括三种情况:一是返还不当得利。我国《民法典》第122条规定:"因他人没有法律根据,取得不当利益,受损失的人有权请求其返还不当利益。"不当得利是债的发生原因,而返还不当得利也成为一种重要的民事责任。不当得利在许多国家已经成为合同、侵权之外的第三大领域。[①] 二是在民事行为被确认无效或撤销后返还财产。依据《民法典》第157条的规定,在民事法律行为无效、被撤销或者确定不发生效力后,当事人基于因民事法律行为所取得的财产也应当返还给对方当事人。我国司法实践一般认为,此种返还请求权在性质上属于物权性质的请求权,在返还义务人破产时,权利人享有取回权,优先于一般债权人受偿。[②] 三是不法侵占他人财产的,权利人可基于物权请求权,请求占有人返还原物。《民法典》第235条规定:"无权占有不动产或者动产的,权利人可以请求返还原物。"返还财产的目的在于使权利人恢复对原财产的占有和支配,因此也是一种充分救济受害人的方式。

---

① 肖永平等:《英美债法的第三支柱:返还请求权法探析》,载《比较法研究》2006年第3期。

② 参见贺荣主编:《最高人民法院民法典总则编司法解释理解与适用》,人民法院出版社2022年版,第344页。

《民法典》第 179 条规定的返还财产，既可以适用于有形财产，也可以适用于无形财产（如股权或数据、网络虚拟财产等无形财产也可以返还）。《民法典》第 179 条之所以采用“财产”的表述，表明其包括了有体物，但又不限于有体物。这就与《民法典》第 235 条规定的返还原物请求权不同，后者主要针对的是有体物的侵害，即在所有人的动产和不动产遭受侵害的情形下所采取的一种权利人的救济方式。《民法典》第 179 条规定的返还财产是一个上位概念，而《民法典》第 235 条规定的作为物权请求权形态的返还原物是一个下位概念。对于有体物之外的无形财产的返还应当适用《民法典》第 179 条的返还财产的规定。

（五）恢复原状

恢复原状包括广义和狭义两种含义，狭义的恢复原状，是指物权请求权中的恢复原状，作为物权请求权的恢复原状主要是为了恢复对物的圆满支配状态，其是基于对有体物的保护而产生的，通常以恢复对有体物的支配为内容。我国《民法典》物权编第 237 条规定了作为物权请求权的恢复原状。第 237 条特别强调了“依法”行使恢复原状请求权，表明该请求权不完全等同于物权请求权，而有可能要适用合同编、侵权责任编等相关规定，从而确定该请求权的构成要件和法律效果。

广义的恢复原状，是指在财产权益遭受侵害的情形下，无论基于何种法律关系、通过何种具体措施，以使财产恢复到原有状态的一种责任形式。《民法典》第 179 条所规定的恢复原状是一个广义的概念，它包括如下内容：一是物权编中的恢复原状。例如，《民法典》第 237 条规定，造成不动产或者动产毁损的，权利人可以依法请求恢复原状，这是典型的作为物权请求权的恢复原状。又如，《民法典》第 286 条第 2 款规定：“业主大会或者业主委员会，对任意弃置垃圾、排放污染物或者噪声、违反规定饲养动物、违章搭建、侵占通道、拒付物业费等损害他人合法权益的行为，有权依照法律、法规以及管理规约，请求行为人停止侵害、排除妨碍、消除危险、恢复原状、赔偿损失。”二是合同编中的恢复原状。我国《民法典》第 566 条规定的是合同编中的恢复原状，“合同解除后，尚未履行的，终止履行；已经履行的，根据履行情况和合同性质，当事人可以请求恢复原状或者采取其他补救措施，并有权请求赔偿损失”。此外，《民法典》第 715 条第 2 款也属于此类恢复原状请求权：“承租人未经出租人同意，对租赁物进行改善或者增设他物的，出租人可以请求承租人恢复原状或者赔偿损失。”三是侵权责任编中的恢复原状。我国原《侵权责任法》第 15 条规定了 8 种责任形式，其中包括“恢复原状”。《民法典》第 1167 条规定“侵权行为危及他人人身、财产安全的，被侵权人有权请求侵权人承担停止侵害、排除妨碍、消除危险等侵权责任”，此处虽然没有规定“恢复原状”，但可以解释认为“恢复原状”包含在此处的“等”字中。许多学者也认为，恢复原状可以适用于物之侵害的情形。[①] 不过，需要指出的是，《民法典》第 1167 条不应扩张适用于人身侵害的情形。

区分狭义和广义的恢复原状请求权，有助于构建恢复原状的完整体系。《民法典》总则编第 179 条规定的广义的恢复原状，对各编具体的恢复原状规定的内容具有指导和兜底作用，总则编和各分编形成了一般法与特别法的关系，在各分编有具体规定时，直接适用各分编的规定；在各分编没有具体规定时，如果满足发生的要件，可以直接适用总则编的规定请求恢复原状。

（六）修理、重作、更换

第一，修理。所谓修理，是指因行为人交付的标的物有瑕疵或者造成他人财产毁损灭失，如果该瑕疵能够修理且修理瑕疵在经济上也是合理的，可以通过修理的方式来予以补救。修理可以采取由行为人修理的方式，也可以委托他人修理，而由行为人承担修理费用。

第二，重作。所谓重作，是指行为人交付的标的物有瑕疵，或者造成他人财产毁损灭失，权利人有权要求行为人按照原物的质量重新制作，并向权利人交付标的物，从而使权利人获得与原物质量相符合的物。例如，如果承揽方交付定作物或完成工作不符合合同规定的质量而定作人不同意受领的，应由承揽方负责修理或重作，若经过修理或重作以后，仍不符合合同规定的，定作方有权拒收，并可援用同时履行抗辩权而拒绝支付价款或报酬。

第三，更换。所谓更换，是指行为人造成他人财产毁损，或交付的标的物不合格，则权利人有权要求行为人另行交付同等质量、同等数量的标的物。在违约责任中，非违约方在不解除合同的情况下要求违约方修理、重作、更换，确实具有继续履行合同义务的特点，采取这些补救措施，也有利于实现非违约方的订约目的。在侵权的情形下，上述责任承担方式也有利于使遭受侵害的财产恢复原有的状态。

（七）继续履行

继续履行也称为实际履行，它是指在一方违反合同时，另一方有权要求其依据合同的规定继续履行。我国《民法典》第 577 条对继续履行这一责任承担方式作出了规定，同时，该法第 579 条与第 580 条分别对金钱债务的继续履行与非金钱债务的继续履行作出了规定。

---

① 参见丁宇翔：《返还原物请求权研究》，法律出版社 2019 年版，第 246 页。

继续履行在性质上属于违约责任承担方式，也就是说，在一方违反合同后，另一方有权要求违约方继续履行合同，也有权要求其承担支付违约金和损害赔偿等责任。是否请求实际履行是非违约方的一项权利。继续履行责任方式的适用因债务性质不同而有所区别：金钱债务原则上都应当继续履行，但对非金钱债务而言，其虽然一般也需要继续履行，但依据《民法典》第580条的规定，在例外情形下并不需要继续履行。

（八）赔偿损失

赔偿损失，是指行为人因违反合同或侵权行为而给他人造成损害的，应以其财产赔偿受害人所受的损害的一种责任方式。赔偿损失是适用最为广泛的一种责任方式，它既可以适用于违约责任，也可以适用于侵权责任。损害赔偿是民事责任中最基本的责任方式。[①] 法律允许权利人向行为人提出赔偿请求，对于有效地保护受害人的利益、维护社会秩序、消除违法行为的后果并预防损害的发生，具有极为重要的意义。

赔偿损失主要具有如下特点：

第一，以损害的发生为前提。所谓有损害才有赔偿，损害是赔偿的基础和前提。尤其是就财产损害赔偿而言，救济应当以现实的损害为前提，对未来发生的损害，应当以其他方式加以救济，而无法适用赔偿损失。[②] 可见，赔偿损失与停止侵害、排除妨害等责任方式不同，因为后者的承担未必以损害后果的实际发生为前提。赔偿损失责任方式所救济的损害既可以是财产损害也可以是精神损害。

第二，赔偿损失主要具有补偿性，而一般不具有惩罚性。赔偿损失的目的是使受害人所遭受的实际损害能够得到全部的弥补和恢复，赔偿损失贯彻完全赔偿原则，是以弥补权利人因他人的不法行为而遭受的损失为目的的。在一般情况下，赔偿损失的范围以实际发生的损害为计算标准，而主要不是以当事人的主观过错程度作为确定赔偿的标准，因为赔偿损失一般不是为了处罚过错行为，而是补偿受害人的损失。赔偿损失也不同于惩罚性赔偿，惩罚性赔偿属于例外情形，其以法律有明确规定为适用前提，而且其适用特定的构成要件。

第三，赔偿损失以赔偿权利人实际遭受的全部损害为原则。在赔偿财产损失时，应当坚持完全赔偿原则。所谓完全赔偿（restitutio ad integrum），是指对于权利人所遭受的全部财产损害都应当赔偿。完全赔偿的效果是使

---

① 王泽鉴：《损害赔偿》，台北，三民书局2017年版，第49页。

② 程啸：《侵权行为法总论》，中国人民大学出版社2008年版，第416页。

权利人处于如同损害没有发生时的状态,并使行为人承担全部的不利后果。赔偿损失虽然坚持完全赔偿,但也要求权利人所获得的赔偿不应当超出其所遭受的损失范围。大陆法系国家普遍采纳了这一原则。①

(九)支付违约金

所谓违约金,是指由当事人通过协商预先确定的、在违约发生后作出的独立于履行行为以外的给付。《民法典》第585条第1款规定:"当事人可以约定一方违约时应当根据违约情况向对方支付一定数额的违约金,也可以约定因违约产生的损失赔偿额的计算方法。"该条对支付违约金责任作出了一般规定,支付违约金在性质上属于违约责任承担方式,它是当事人通过协商预先确定的责任。一旦发生争议,违约金可以免除受害人证明损害的负担,迅速地解决违约纠纷。

违约金的支付是独立于履行行为之外的给付。除法律另有规定或者当事人另有约定外,支付违约金不能替代履行合同,当事人不得因支付违约金而免除履行主债务的义务,即违约金并没有给予债务人一种违约的权利。尽管合同规定了违约金条款,但不妨碍主债务的履行。我国法律和司法实践也不允许以支付违约金替代实际履行。当然,如果约定的违约金低于造成的损失的,人民法院或者仲裁机构可以根据当事人的请求予以增加;约定的违约金过分高于造成的损失的,人民法院或者仲裁机构可以根据当事人的请求予以适当减少(《民法典》第585条第2款)。

(十)消除影响、恢复名誉

消除影响,是指行为人因其侵害了民事主体的人格权所应承担的在影响所及的范围内消除不良后果的一种责任方式;恢复名誉是指行为人因其行为侵害了民事主体的名誉应在影响所及的范围内将受害人的名誉恢复至未受侵害时的状态的一种责任方式。消除影响、恢复名誉是侵害民事主体的人身权所承担的责任方式。依据《民法典》第1000条第1款的规定,行为人因侵害人格权承担消除影响、恢复名誉等责任时,应当与行为方式和造成影响的范围相当。一般来说,在什么范围内造成损害,就应当在什么范围内消除影响。在适用消除影响、恢复名誉的责任方式时,应明确消除影响、恢复名誉的范围(如在某地区、某学校等消除影响)及方式(采取口头或书面以及其他形式)。

---

① [德]U. 马格努斯主编:《侵权法的统一:损害与损害赔偿》,谢鸿飞译,法律出版社2009年版,第43页。

（十一）赔礼道歉

赔礼道歉，是指责令违法行为人向受害人公开认错、表示歉意，主要适用于侵害人身权的情况。赔礼道歉既可由加害人向受害人口头表示承认错误，也可以由加害人以写道歉书的书面形式进行。行为人拒绝道歉的，人民法院可以判决按照确定的方式道歉。[①] 当事人在诉讼中以赔礼道歉的方式承担了民事责任的，应当在判决书中叙明。

赔礼道歉作为一种承担民事责任的方式，与一般道义上的赔礼道歉不同，它是依靠国家的强制力保障实施的。单纯的赔礼道歉虽不会给侵害人的财产带来什么影响，但反映了国家、社会对该人的不法行为的强烈谴责。这种责任方式的适用，可以缓和矛盾，促进当事人之间的和睦团结。

（十二）惩罚性赔偿

《民法典》第 179 条第 2 款规定："法律规定惩罚性赔偿的，依照其规定。"该规定将惩罚性赔偿规定为民事责任的承担方式。惩罚性赔偿也称为惩戒性的赔偿或报复性的赔偿，它是指法院作出决定的赔偿数额超出实际损害数额的赔偿。[②] 我国《民法典》第 179 条第 2 款对惩罚性赔偿作出了规定，并实现了《民法典》与其他单行法规则之间的有效衔接，该制度对于弥补损害赔偿的不足、预防损害的发生，具有重要的意义。惩罚性赔偿的特点主要在于：

第一，功能具有多样性。惩罚性赔偿是集补偿、惩罚、遏制等功能为一身的一项制度，[③]其具有补偿受害人遭受的损失、惩罚和遏制不法行为等多重功能。惩罚性赔偿具有"准刑事罚"的性质，其功能包括损害赔偿、吓阻、报复、私人执行法律等，惩罚性赔偿也具有损害填补功能，主要是针对精神上的损害与加重的损害（aggravated damages）等无法以金钱计算的损失进行填补，[④]但主要功能是报复和惩罚。[⑤]

第二，惩罚性赔偿仅适用于法律有特别规定的情形。与《侵权责任法》相比较，《民法典》侵权责任编扩张了惩罚性赔偿的适用范围，强化了惩罚性赔偿的制度功能。一是《民法典》运用三个条款规定了惩罚性赔偿规则，

---

① 参见黄薇主编：《中华人民共和国民法典总则编解读》，中国法制出版社 2020 年版，第 545 页。

② *Exemplary Damages in the Law of Torts*, 70 Harv. L Rev. ,517（1957）.

③ Malzof v. United States,112 S. Ct. 711,715（1992）.

④ 陈聪富：《侵权归责原则与损害赔偿》，台北，元照出版有限公司 2004 年版，第 267 页。

⑤ 陈聪富等：《美国惩罚性赔偿金判决之承认及执行》，台北，学林文化事业有限公司 2004 年版，第 69 页。

《民法典》第1185条规定了故意侵害知识产权的惩罚性赔偿。《民法典》第1207条规定了明知产品存在缺陷而生产、销售的惩罚性赔偿。《民法典》第1232条关于故意违规污染环境、破坏生态的惩罚性赔偿。二是《民法典》将惩罚性赔偿从仅适用于产品责任扩张到侵害知识产权和破坏生态的责任。三是《民法典》有关惩罚性赔偿的规则有效地衔接了与单行法的关系，并形成对单行法的兜底适用。例如，就侵害知识产权的情形，在单行法缺乏规定的情形下，就可以适用《民法典》关于侵害知识产权惩罚性赔偿的规则。当然，惩罚性赔偿原则上仅适用于法律明确规定的情形，在法律没有明确规定时，不得适用。

第三，惩罚性赔偿的具体数额由法官综合考量行为人的过错程度、损害后果的严重性、行为人实施侵害行为的情节等各种因素，予以具体确定。

三、民事责任承担方式的适用

《民法典》第179条第3款规定："本条规定的承担民事责任的方式，可以单独适用，也可以合并适用。"上述各种民事责任方式可以单独适用，也可以合并适用。法律上确立各种责任方式都是对受害人进行全面救济和保护的措施，侵权或违约行为发生后，按照私法自治原则，只要受害人作出的选择不违背民法的诚实信用和公序良俗原则，就可以选择以何种方式向行为人提出请求，而且，只有在受害人提出请求的基础上才能确定责任的承担方式。例如，受害人只有提出了赔礼道歉的请求，法官才能考虑是否作出此种判决，受害人没有提出，法官不能直接判决。同时，法官只能在受害人提出请求的范围内确定最终的责任承担方式。如果受害人提出了多种请求，法官可以在其中选择或采用多种责任方式，但不能在此之外作出选择。法官应当尊重当事人的处分权，受害人放弃某种请求时，法院也应当予以尊重。如果受害人坚持提出某项请求，只要该请求权合法、正当，没有给行为人强加不适当的责任，就应当予以支持。[①]

第四节　侵害英雄烈士等人格利益的民事责任

一、侵害英雄烈士等人格利益的民事责任概述

英雄、烈士是我们民族的脊梁，也是激励我们前行的力量。英雄烈士是一个国家和民族精神的重要体现，是引领社会风尚的标杆，是人们行为的榜

① 全国人大常委会法制工作委员会民法室编：《中华人民共和国侵权责任法条文说明、立法理由及相关规定》，北京大学出版社2010年版，第56页。

样。因此,强化对英烈人格利益的保护,有利于弘扬烈士精神,培养公民的爱国主义精神,增强中华民族的凝聚力,也有利于激发实现中华民族伟大复兴中国梦的强大精神力量。[①] 在《民法典》颁行前,我国司法实践中出现了一些侵害英雄烈士人格利益的纠纷,如"邱少云案"[②]"狼牙山五壮士案",[③] 此种行为不仅损害了广大人民群众的民族情感,也不利于凝聚民族精神。[④] 为了有效规范此类行为,保护英雄烈士等的人格利益,《民法典》第 185 条规定:"侵害英雄烈士等的姓名、肖像、名誉、荣誉,损害社会公共利益的,应当承担民事责任。"该条对侵害英雄烈士等人格利益的民事责任作出了规定,具有重要的现实意义。

《民法典》第 185 条确认英烈人格利益的保护条款,其主要原因在于:一方面,英烈人格利益的保护具有特殊性。英烈人格利益的保护不同于一般民事主体所享有的人格权益,也不同于死者人格利益保护的一般规则,因为一般民事主体所享有的人格权益与死者人格利益保护与社会公共利益之间并不存在直接关联,而侵害英雄烈士等人格利益则可能造成社会公共利益的损害。另一方面,保护目的具有特殊性。英烈人格利益的保护与社会公共利益存在密切关联,行为人侵害英雄、烈士的人格利益,不仅会造成英雄、烈士近亲属的损害,也可能损害社会公共利益,也就是说,英烈人格利益的保护兼具私益保护与公益保护的特点。[⑤]《民法典》对侵害英烈人格利益的民事责任作出规定,对于强化对英雄、烈士姓名、名誉、荣誉等的法律保护,维护民族精神、弘扬社会公共道德、有效保护英雄烈士人格利益、弘扬社会主义核心价值观,具有重要意义。[⑥]

二、侵害英雄烈士等人格利益民事责任的构成要件

(一)侵害了英雄烈士等的利益

依据《民法典》第 185 条的规定,行为人承担民事责任必须是侵害了英雄烈士等的人格利益。关于烈士的范围,我国专门颁行了《烈士褒扬条例》和《军人抚恤优待条例》,分别对公民被评定为烈士的条件和现役军人被批

---

① 张新宝:《〈中华人民共和国民法总则〉释义》,中国人民大学出版社 2017 年版,第 401 页。

② 参见北京市大兴区人民法院民事判决书,(2015)大民初字第 10012 号。

③ 北京市第二中级人民法院民事判决书,(2016)京 02 民终 6272 号。

④ 参见陈甦主编:《民法总则评注》(下册),法律出版社 2017 年版,第 1324 页。

⑤ 黄薇主编:《中华人民共和国民法典释义》(上),法律出版社 2020 年版,第 367 页。

⑥ 参见石宏主编:《中华人民共和国民法总则条文说明、立法理由及相关规定》,北京大学出版社 2017 年版,第 440 页。

准为烈士的条件作出了规定。[1] 但关于本条中“英雄”的内涵，学界存在一定的争议：一种观点认为，此处的“英雄”在性质上属于形容词，应当将该条的“英雄烈士”解释为“具有英雄品质的烈士”[2]。另一种观点认为，该条中的“英雄”属于名词，其属于与烈士并列的人，而且此处所说的“英雄”应当指已经去世的英雄人物。[3] 笔者认为，本条中的“英雄”应当属于名词，即属于与“烈士”并列的人，当然，从该条规定来看，其并没有要求“英雄”必须已经牺牲，因此，其既可以是已经牺牲的英雄，又可以是未牺牲的英雄。所以该条并不限于保护已经故去的英雄、烈士，还包括仍然健在的英雄等主体。

关于保护范围，该条使用了“英雄烈士等”的表述，这就表明其不仅保护英雄烈士的人格利益，还应包括与英雄烈士相类似的人的人格利益。但关于本条中“等”字的理解，存在争议。有观点认为，本条中的“等”字有特定的指向，即指“在我国近现代历史上，为争取民族独立和人民自由幸福、国家繁荣富强作出了突出贡献的楷模”，“只要是能够作为民族精神的代表、民族文化的旗帜的人”，都属于本条中“等”字的范畴。[4] 笔者认为，该条使用“英雄烈士等”这一表述，表明本条的保护范围不限于英雄、烈士，也包括其他人格利益，但按照同类解释（Eiusdem Generis）规则，[5]其他人也应当是与英雄烈士类似的人，如为了人民利益英勇斗争牺牲、堪称楷模的人，以及在保卫国家和国家建设中做出巨大贡献、建立卓越功勋的已经故去的人。[6] 因此，该条并不包括一般的死者人格利益。

需要指出的是，《英雄烈士保护法》在规定英雄烈士人格利益保护时，并没有继续使用《民法典》第 185 条的“英雄烈士等”这一表述，表明其保护范围限于英雄烈士，而不包括一般的死者人格利益。可见，《民法典》在保护范围上要大于《英雄烈士保护法》，因此，在行为人侵害英雄烈士以外的人的人格利益并损害社会公共利益的，相关主体仍可依据《民法典》第 185 条的规定向行为人提出请求。

---

① 参见《烈士褒扬条例》第 8 条、《军人抚恤优待条例》第 8 条。

② 张新宝：《〈中华人民共和国民法总则〉释义》，中国人民大学出版社 2017 年版，第 400 页。

③ 杨立新：《英烈与其他死者人格利益的平等保护》，载法治网，http://www.legaldaily.com.cn/fxjy/content/2017－03/16/content_7056376.htm? node＝70948. 2017－04－15。

④ 张新宝：《〈中华人民共和国民法总则〉释义》，中国人民大学出版社 2017 年版，第 402 页。

⑤ 同类解释规则是指如果法律上列举了具体的人或物，然后将其归属于“一般性的类别”，那么这个一般性的类别就应当与具体列举的人或物属于同一类型。

⑥ 李适时主编：《中华人民共和国民法总则释义》，法律出版社 2017 年版，第 580 页。

（二）侵害了姓名、肖像、名誉、荣誉四项人格利益

从《民法典》第185条和《英雄烈士保护法》第25条、第26条的规定来看，其所保护的英雄烈士等的人格利益范围限于姓名、肖像、名誉、荣誉。《英雄烈士保护法》第22条第1款、第2款规定："禁止歪曲、丑化、亵渎、否定英雄烈士事迹和精神。英雄烈士的姓名、肖像、名誉、荣誉受法律保护。任何组织和个人不得在公共场所、互联网或者利用广播电视、电影、出版物等，以侮辱、诽谤或者其他方式侵害英雄烈士的姓名、肖像、名誉、荣誉。任何组织和个人不得将英雄烈士的姓名、肖像用于或者变相用于商标、商业广告，损害英雄烈士的名誉、荣誉。"

上述规则在规定英雄烈士等的人格利益保护范围时，采取了具体列举的模式，即仅限于姓名、肖像、名誉、荣誉这几种人格利益。从实践来看，侵害英雄烈士等人格权益的行为主要也是侵害姓名、肖像、名誉、荣誉的行为。当然，该条采用封闭式列举的方式确定所保护的人格权益的范围，也存在需要澄清之处，因为除上述人格权益外，行为人侵害英雄烈士等的其他人格权益，同样可能损害社会公共利益，如侵害英雄、烈士等的隐私等，关于如何规范此类行为，存在三种观点：第一种观点认为，应当类推适用《民法典》第185条的规定规范此类行为，追究行为人的民事责任。第二种观点认为，应当适用《民法典》第126条关于民事权益保护的规则规范上述行为。第三种观点认为，应当适用《民法典》第109条关于一般人格权保护的规定规范上述行为。笔者认为，由于《民法典》第185条涉及社会公共利益问题，而个人信息、隐私等一般不涉及社会公共利益，因此立法者将其排除在外，类推适用《民法典》第185条的规定并不妥当。但其毕竟属于一种人格利益，因此应当受到法律保护。至于究竟应当适用《民法典》第109条还是第126条的规定，笔者认为，《民法典》第126条的保护范围十分宽泛，其适用于所有的人格权益的保护，与《民法典》第126条的规定相比，《民法典》第109条关于一般人格权的规定更具有针对性，因此，应当适用《民法典》第109条的规定规范侵害英雄烈士等隐私、个人信息的行为。

（三）损害社会公共利益

依据《民法典》第185条的规定，行为人在依据本条规定承担民事责任时，其行为必须损害了社会公共利益。社会公共利益其实是一种反射利益，也就是说，是因为侵害了英雄烈士等姓名、肖像、名誉、荣誉而引发的一种间接损害。由于英雄烈士的人格利益常常会与社会公共利益联系在一起，因此需要特别保护。例如，在"叶挺后人诉'暴走漫画'案"中，法院认为，西安摩摩公司制作的该视频篡改了《囚歌》内容，亵渎了叶挺烈士的大无畏革命

精神，损害了叶挺烈士的名誉，不仅给叶挺烈士亲属造成精神痛苦，也伤害了社会公众的民族和历史感情，损害了社会公共利益，故被告西安摩摩公司上述行为已构成名誉侵权，因此判决被告应当赔礼道歉，并赔偿人民币10万元。[①]《英雄烈士保护法》第1条也明确规定："为了加强对英雄烈士的保护，维护社会公共利益，传承和弘扬英雄烈士精神、爱国主义精神，培育和践行社会主义核心价值观，激发实现中华民族伟大复兴中国梦的强大精神力量，根据宪法，制定本法。"英烈成为社会公众追随的榜样，其与我国的社会共识和主流价值观密切关联，在某种程度上已经成为中华民族共同记忆和民族感情的重要组成部分，正是从这个意义上说，侵害英雄烈士等的人格利益，同时也会伤害社会公众的民族感情，损害社会公共利益。因此，侵害英雄烈士等人格利益的案件也可以作为公益诉讼案件，在受害人及其近亲属未提起诉讼的情形下，检察机关以及有关公益组织也应有权提起诉讼，请求行为人承担相应的民事责任。

三、侵害英雄烈士等人格利益的民事责任

（一）请求权主体

在侵害英雄烈士等人格利益的情形下哪些主体有权请求行为人承担责任，《民法典》第185条并没有对此作出明确规定。依据《英雄烈士保护法》第25条的规定，在行为人侵害英雄烈士人格利益的情形下，英雄烈士的近亲属可以依法向人民法院提起诉讼，如果英雄烈士没有近亲属或者近亲属不提起诉讼的，检察机关依法对侵害英雄烈士的姓名、肖像、名誉、荣誉，损害社会公共利益的行为向人民法院提起诉讼。关于侵害英雄烈士人格利益的请求权主体，《英雄烈士保护法》第25条确立了如下规则：

首先，由英雄烈士的近亲属提出请求。从该条规定来看，在英雄烈士人格利益遭受侵害时，由英雄烈士的近亲属提出请求，只有在英雄烈士没有近亲属或者近亲属不提起诉讼时，才由检察机关提出请求，这实际上是将英雄烈士的近亲属作为第一顺位的请求权主体。此种规定具有一定的合理性，因为在英雄烈士人格利益遭受侵害的情形下，遭受损害的主要是英雄烈士的近亲属，首先由其提出请求，符合民法的私法自治原则。因此，在此种利益遭受侵害时，应当首先尊重权利人及其近亲属的选择。从《英雄烈士保护法》第25条的规定来看，英雄烈士近亲属在向行为人提出请求时，并不以侵害英雄烈士人格利益的行为损害社会公共利益为条件，也就是说，英雄烈士

① 《叶挺后人诉"暴走漫画"案宣判：公开致歉赔10万元》，载《法制晚报》2018年9月28日。

的近亲属提出请求主要是为了救济其自身损害，而非维护社会公共利益，应当由其自主选择是否提出请求。

其次，在英雄烈士没有近亲属或者近亲属不提起诉讼时，由检察机关就公共利益部分的损害提出请求。保护英雄烈士人格利益不仅在于保护私益，而且体现了对公共利益的保护，因此，其可以适用公益诉讼。[①] 从《英雄烈士保护法》第25条的规定来看，检察机关的请求权具有次位性，如果英雄烈士的近亲属提出了请求，则检察机关无权再向行为人提出请求。当然，从该条规定来看，只有侵害英雄烈士人格利益的行为同时损害社会公共利益时，检察机关才能向行为人提出请求，因此，与近亲属的请求权不同，检察机关提出请求的目的在于维护社会公共利益。应当看到，英雄烈士的人格利益并非纯粹的私人利益，在一定程度上也涉及社会公共利益，侵害英雄烈士等人格利益，可能影响社会道德风尚，影响公共秩序，因此，在侵害英雄烈士人格利益并损害社会公共利益时，如果英雄烈士近亲属不提出请求，检察机关应当有权提出请求，以维护社会公共利益。

（二）责任形式

从《民法典》第185条和《英雄烈士保护法》第25条、第26条的规定来看，其只是规定了在英雄烈士人格利益遭受侵害的情形下，行为人应当承担民事责任，但行为人究竟应当承担何种民事责任，并不明确。笔者认为，对于法律规定的各种民事责任形式而言，在符合法律规定的条件下，只要是有利于预防不法侵害行为，有利于填补受害人的损害，相关的责任形式即可以适用。例如，行为人的不法侵害行为正在进行的情形下，相关主体有权请求行为人停止侵害；在加害行为导致英雄烈士近亲属精神损害的情形下，则英雄烈士的近亲属应有权请求行为人承担精神损害赔偿责任。但需要指出的是，在检察机关针对侵害英雄烈士人格利益的行为提起公益诉讼的情形下，由于此种诉讼旨在维护社会公共利益，并不符合精神损害赔偿责任的适用条件，因此，检察机关无权主张精神损害赔偿责任。

关于侵害英雄烈士等人格利益的责任方式，请求权人既可以依据《民法典》人格权编所规定的人格权请求权向行为人提出请求，也可以依据侵权责任编的规定请求行为人承担侵权责任。

第五节　违约责任和侵权责任的竞合

所谓民事责任竞合，是指同一事实符合数个责任的构成要件，同时产生

---

① 黄薇主编：《中华人民共和国民法典释义》（上），法律出版社2020年版，第367页。

数个责任。从请求权的角度来看,它也称为请求权竞合,即同一法律事实出现后可能发生多项请求权。什么是竞合?从词义上说,竞者,争也;合者,符合、该当也。竞合就是指争相符合,或同时该当之意。[①] 从民法上看,竞合是指由于某种法律事实的出现而导致两种或两种以上的请求权产生,并使这些权利之间发生并存、冲突的现象。责任竞合作为法律上竞合的一种类型,它既可能发生在同一法律部门内部(如民法中违约责任和侵权责任的竞合),亦可发生在不同的法律部门之间(如侵权责任与刑事责任、行政责任的竞合)。在民法上,请求权竞合现象时有发生。从权利人行使权利的角度观察,它被称为请求权竞合;从义务人承担责任的角度观察,它被称为责任竞合。所以,请求权竞合和责任竞合是同一问题的两个不同的方面。

所谓违约责任和侵权责任的竞合,是指当事人实施的违法行为,既符合违约责任的构成要件又符合侵权责任的构成要件,受害人可以选择主张违约责任或侵权责任。从权利人(受害人)的角度来看,因不法行为人的行为的多种性,使其具有因多种性质的违法行为而产生的多重请求权,此种现象称为请求权竞合,当事人可以选择一项请求权行使。[②]《民法典》第 186 条规定:“因当事人一方的违约行为,损害对方人身权益、财产权益的,受损害方有权选择请求其承担违约责任或者侵权责任。”这就在法律上确认了违约责任与侵权责任的竞合。违约责任与侵权责任的竞合成为我国司法实践中责任竞合的主要形态,此种责任竞合具有如下特点:

第一,行为人违反了合同约定,同时也侵害了他人的合法权益。行为人的某一行为既违反了合同的约定,同时也构成对他人权益的侵害,这是产生违约责任与侵权责任竞合的前提。如果行为人的某一行为虽然构成违约,但并不构成侵权行为,而是违反了其他管理性的规定,则行为人可能同时承担违约责任与其他责任,而不构成违约责任与侵权责任的竞合。此时,就不能按照违约责任与侵权责任的竞合处理。

第二,行为人的行为同时符合违约责任和侵权责任的构成要件。这就是说,行为人虽然仅实施了一种行为,但该行为同时违反了数个法律规定,并符合法律关于数个责任构成要件的规定,由此产生使行为人承担一种责任还是数种责任的问题,需要在法律上确定。从司法实践来看,一种行为符合数个责任构成要件,既可能是因为行为本身的复杂性所致,亦可能是因为法律规定本身的交叉所引起的,无论出于何种原因,此种现象完全不同于行

---

① 陈兴良等:《法条竞合论》,复旦大学出版社 1993 年版,第 22 页。

② 王泽鉴:《民法思维》,北京大学出版社 2009 年版,第 131 页。

为人实施数个行为而造成不同损害的情况。

第三,数个责任之间相互冲突。这里所说的相互冲突,一方面,是指行为人承担不同的法律责任,在后果上是不同的;另一方面,相互冲突意味着数个责任既不能相互吸收,也不应同时并存。所谓相互吸收,是指一种责任可以包容另一种责任,例如,在某些情况下,适用补偿性违约金可以包容损害赔偿责任。所谓同时并存,是指行为人在依法承担某种责任方式(如返还原物)之后,不足以弥补受害人的损失的,还应要求不法行为人承担损害赔偿责任。若数种责任是可以相互包容或同时并存,则行为人所应承担的责任已经确定,不发生责任竞合的问题。

第四,受害人依法只能选择一项请求权行使。在违约责任与侵权责任发生竞合的情形下,受害人仅能选择行使一项请求权,而不能同时主张两种请求权。由于违约责任与侵权责任在成立要件、救济范围、当事人的举证责任等方面存在区别,当事人需要结合自身举证能力、权利主张等因素,选择妥当的请求权依据。

《民法典》第 186 条允许权利人在竞合的情况下,就违约责任和侵权责任中的一种作出选择,其意义有三:一是充分体现了私法自治和合同自由的本质精神,有利于充分保护受害人利益。因为在绝大多数情况下,受害人选择一种对其最为有利的方式提起诉讼,是能够使其损失得到充分的补救的。而由法官代替当事人作出选择,在许多情况下确实不一定能够真正实现当事人的利益。二是因为违约责任和侵权责任在适用中常常具有较大的差异,适用哪一种责任将会对当事人产生不同的影响。违约责任与侵权责任在归责原则、举证责任、义务内容、诉讼时效、构成要件和免责条件、责任形式、责任范围、诉讼管辖及对第三人责任等多方面有着明显的不同。[①] 每一方面的差别都将对当事人的权益的保护造成不同程度的影响。在涉及当事人如此重大利益时,只有当事人本人才是其自身利益的最好判断者,任何越俎代庖的行为都可能对当事人的利益造成损害。因此,应当允许当事人自己作出选择。三是允许当事人自由选择请求权能有效解决长期以来司法实践中不尊重当事人的选择权,完全由法官决定法律适用而产生的问题,有利于公平、公正地处理责任竞合案件。

---

① 参见王利明:《违约责任论》,中国政法大学出版社 1996 年版,第七章“违约责任与侵权责任的竞合”。

第六节　免 责 事 由

一、民事责任的免责事由概述

免责事由是指减轻或免除行为人责任的理由,也称为抗辩事由。免责事由可以有广义和狭义两种含义。从广义上来说,免责事由既包括免除行为人责任的事由,也包括减轻行为人责任的事由。但从狭义上理解,免责事由仅限于免除责任的事由。我国《民法典》第180～184条所规定的免责事由既包括免除责任的事由,也包括减轻责任的事由。《民法典》总则编所规定的免责事由具有普遍适用性,有利于法官在实践中准确认定行为人的民事责任。同时,免责事由的适用也有利于为人们的行为提供指引,从而保障个人的行为,预防损害的发生。

免责事由主要具有以下特点:

第一,免责事由是免除或减轻责任的事由。免责是指符合了民事责任构成要件,但又具备了法定的免责事由,从而导致责任被免除。免责事由决定着责任的成立问题,也就是说,一旦免责事由成立,责任人就不应当承担责任。但《民法典》规定的免责事由不一定都导致免责,如正当防卫超过必要限度的,行为人仍然需要承担适当的责任,因此,其也可能只是导致责任的减轻。

第二,免责事由主要由法律规定。免责事由可分为法定的和约定的免责事由。在合同中,当事人也可以约定免责条款,但此处所说的免责事由是由法律规定的事由,具有法定性。法律规定的免责事由具有法定的适用条件,必须符合该法定条件,才能依法免除或者减轻行为人的责任。

第三,免责事由一旦成立,就导致责任人的责任免除或减轻。免责事由既可以由被告提出,也可以由法院依职权调查确定。只要能够确定免责事由的存在,就可以发生相应的法律效果,即导致责任的免除。免责事由是否存在是事实问题,但因为其一旦成立就产生相应的法律效果,因而其也是法律问题。

二、不可抗力

所谓不可抗力,是指独立于人的行为之外,并且不受当事人的意志所支配的现象,它包括某些自然现象(如地震、台风、洪水、海啸等)和某些社会现象(如战争等)。依据我国《民法典》第180条第2款的规定,“不可抗力是不能预见、不能避免且不能克服的客观情况”。该条对不可抗力作出了规定。在法律上,不可抗力通常属于法定的免责事由,将导致行为人被免责。不可抗力具有如下特征:

第一,不可抗力是不可预见的客观情况。它一般是指根据现有的技术水平，一般人对某种事件的发生不可预见。[①] 预见性往往因人而异，某人可以预见，而他人却可能无法预见，反之亦然。因此，必须以一般人的预见能力而不是特定当事人的预见能力为标准，来判断对某种现象是否可以预见。例如，突如其来的台风造成损害，对当地的一般人而言是不可预见的，但某人在获得台风预报消息后仍然冒险出航而遭到损害，就不能认为台风是不可预见的。

第二，不可抗力是不可避免并不能克服的情况。也就是说，在发生不可抗力的情况下，当事人已尽到最大努力和采取一切可以采取的措施，仍然不能避免某种事件的发生并克服事件造成的损害后果。不可避免和不能克服表明事件的发生和事件造成损害具有必然性，超出了当事人的控制能力范围。应当指出的是，某个事件是否不可避免并不能克服，也要依据具体情况来决定。需要讨论的是，战争、暴乱、罢工等是否可以作为不可预见并不能克服的情况，对此存在不同的观点。我国有关法律实际上承认了它们可以作为不可抗力。[②]

第三，不可抗力是一种客观情况。这就是说，不可抗力具有外在于人的行为的特点。不可抗力作为独立于人的行为之外的事件，不包括单个人的行为。例如，第三人的行为对被告来说是不可预见并不能避免的，但第三人的行为并不具有外在于人的行为的客观性的特点，因此，第三人的行为不能作为不可抗力对待。当然，现代民法的发展趋势表明，不可抗力的抗辩已逐渐具有弹性。[③] 因此，不可抗力虽具有客观性，但也要依据具体案情来判定，它因时间、地点、环境的变化而有所区别。

关于不可抗力的效力，《民法典》第 180 条第 1 款规定："因不可抗力不能履行民事义务的，不承担民事责任。法律另有规定的，依照其规定。"依据该条规定，除法律另有规定外，原则上，不可抗力都可以作为免责事由。但是，如果法律有特别规定，即使发生不可抗力，也不能完全免责，而应当依据法律规定认定当事人的责任。例如，《民法典》第 1238 条规定："民用航空器造成他人损害的，民用航空器的经营者应当承担侵权责任；但是，能够证明损害是因受害人故意造成的，不承担责任。"由于特殊侵权的免责事由具有法定性，依据上述规定，民用航空器造成他人损害的，免责事由仅限于受害

---

① Pierre Catala and John Antony Weir, *Delict and Torts*: *A Study in Parallel*, Tolane Law Rev., June, 1963, p. 776.

② 参见《海洋环境保护法》第 91 条。

③ Pierre Catala and John Antony Weir, *Delict and Torts*: *A Study in Parallel*, Tolane Law Rev., June, 1963, p. 777.

人故意,而不包括不可抗力,因此,不可抗力不应作为民用航空器事故责任的免责事由。

当然,因不可抗力造成损害,当事人一般不承担民事责任,但不可抗力导致免责,不可抗力必须是损害发生的唯一原因。换言之,当事人的行为对损害的发生和扩大不能产生任何作用。因此,在发生不可抗力的时候,应当查清不可抗力与造成的损害后果之间的关系,并确定当事人的活动在发生不可抗力的条件下对与其所造成的损害后果所起的作用。如果当事人对损害的发生也有过错(例如,洪水来到时,未及时将堆放于低处的货物转移而造成货物毁损),或者在不可抗力造成损害以后,因当事人的过错致使损害扩大,则不能完全免除当事人的民事责任。

三、正当防卫

(一)正当防卫的概念

正当防卫是指当公共利益、他人或本人的人身或其他利益受到不法侵害时,行为人所采取的一种防卫措施。我国《民法典》第 181 条规定:“因正当防卫造成损害的,不承担民事责任。正当防卫超过必要的限度,造成不应有的损害的,正当防卫人应当承担适当的民事责任。”依据该条规定,因正当防卫造成他人损害的,可导致正当防卫人被免除或减轻责任,这是因为,正当防卫是一种合法的、受法律鼓励的行为,它在性质上虽然不是履行某种公务,但属于行使法律赋予的自卫权利,以维护其合法权益不受侵害。《总则编解释》第 31 条第 2 款规定:经审理,正当防卫没有超过必要限度的,人民法院应当认定正当防卫人不承担责任。确认正当防卫作为免责事由,明确正当防卫没有超过必要限度的,人民法院应当认定正当防卫人不承担责任。从价值导向的角度来看,有利于鼓励实施正当防卫行为,有效制止侵害行为,形成惩恶扬善的良好风尚。①

(二)正当防卫的构成要件

依据《总则编解释》第 30 条的规定:“为了使国家利益、社会公共利益、本人或者他人的人身权利、财产权利以及其他合法权益免受正在进行的不法侵害,而针对实施侵害行为的人采取的制止不法侵害的行为,应当认定为民法典第一百八十一条规定的正当防卫。”据此,正当防卫的成立必须符合如下条件。

第一,须为防卫自己和他人权利或公共利益。也就是说,只有在不法侵

① 参见贺荣主编:《最高人民法院民法典总则编司法解释理解与适用》,人民法院出版社 2022 年版,第 450 页。

害国家利益、社会公共利益、本人或者他人的人身权利、财产权利以及其他合法权益的情形下，才能实施正当防卫，因而正当防卫必须具有防卫目的。不法侵害既可能是对财产的侵害，也可能是对人身的侵害。

正当防卫具有保护合法权益的目的性，即防卫意识。这就意味着防卫人不仅应意识到不法侵害的现实存在，而且应意识到其防卫行为是为了保护本人或他人的合法权益以及社会利益，[①]而不能以侵害他人合法权益为目的。对于故意以语言、行为等挑动对方侵害自己再予以反击的防卫挑拨，不应认定为防卫行为。[②] 防卫的目的性是正当防卫作为民法上的免责事由的根据，也是正当防卫权利存在的基础。

第二，不法侵害正在进行。即只有针对正在进行的不法侵害，才能进行正当防卫。不过，侵害必须是实际存在的，而不是尚未发生或已经结束的。在不法侵害已经完毕以后实行的防卫，性质上属于报复侵害，构成侵权行为。一般而言，正当防卫针对的是正在进行的不法侵害，但在特殊情形下，即便侵害行为尚未开始，或者已经结束，但结合正当防卫人所处的特定环境，按照一般人的认知来看，如果仍有实施防卫行为的必要，行为人因此实施防卫行为的，也可以认定其构成正当防卫。[③] 防卫行为不能针对合法行为实施。

第三，防卫具有必要性和紧迫性。防卫必须是针对非法的、非进行防卫而不能排除的侵害行为实施的。防卫行为不能针对合法行为实施，而且防卫是不得已的，也就是说，对有条件和有能力通过非防卫的合法方式而制止的侵害行为，不得实施正当防卫。

第四，正当防卫必须针对不法侵害者本人实行。正当防卫的目的在于排除和制止不法侵害，故只能针对不法行为人本人进行，不能针对第三人实行。

第五，防卫不得超过必要限度。如果防卫行为超过必要限度，将构成防卫过当，防卫过当人也需要依法承担民事责任。

（三）正当防卫不得超过必要限度

依据《民法典》第 181 条第 2 款的规定，“正当防卫超过必要的限度，造成不应有的损害的，正当防卫人应当承担适当的民事责任”。正当防卫不得超过必要限度，实际上是禁止滥用权利原则的具体体现。[④] 所谓必要的限

---

① 参见陈兴良：《正当防卫论》，中国人民大学出版社 1987 年版，第 121 页。

② 《关于依法适用正当防卫制度的指导意见》第 8 条。

③ 2020 年 9 月 3 日，最高人民法院、最高人民检察院以及公安部 3 部门公布《关于依法适用正当防卫制度的指导意见》。

④ 参见［德］迪特尔·梅迪库斯：《德国民法总论》，邵建东译，法律出版社 2000 年版，第 127 页。

度,也称为必需限度,是指为了制止不法侵害,正当防卫必须具有足以有效制止侵害行为的应有强度。只要是为了制止侵害所必需的,就不能认为是超过了正当防卫的必要限度。如果正当防卫超过了必要限度,本身已构成侵权行为,因此,防卫人应当承担适当的责任。确定适当的民事责任,意味着损害赔偿既要与过当的损害后果相一致,同时也要根据案件的具体情况,如防卫人当时所处的境遇、意志状态、行为的合理性、保护的利益和侵害的利益之间的比例性、损害的严重程度等,来确定防卫行为是否过当。例如,在"王某某与林某某防卫过当损害责任纠纷案"中,原告林某某殴打被告王某某,后被告从原告手中夺过斧头后抡砍原告头部,将原告打倒在地,又用脚踩原告头、面部,致使原告当场昏迷、神志不清。法院认为,被告的行为构成防卫过当,应当承担民事责任。[①]

关于正当防卫不得超过必要限度的判断,《总则编解释》第 31 条作出了如下规定:

第一,应依据动态系统论确定是否超过必要限度。依据《总则编解释》第 31 条第 1 款规定:"对于正当防卫是否超过必要的限度,人民法院应当综合不法侵害的性质、手段、强度、危害程度和防卫的时机、手段、强度、损害后果等因素判断。"在实践中,如何判断正当防卫行为是否超过必要限度,情况较为复杂,因此,该条规定采取了动态系统论的方法,对必要限度的判断标准作出了规定。在进行综合考量时,一方面,不能要求不法侵害必须达到一定的严重程度才能允许防卫人作出正当防卫,这实际上就会不正当地剥夺公民维护自身合法权益的权利。另一方面,要考虑在防卫过程中侵害人和防卫人双方力量的强弱,尤其是考量防卫人防卫时所处的环境,不仅要考虑不法侵害的性质、所采用的手段、强度等因素,还要考虑造成损害的紧迫性和现实可能性。[②] 综合考量上述因素,按照社会一般人的观念予以判断。总之,该条通过动态系统论的规定,赋予法官一定的自由裁量权,由其依据法定的因素考量,结合具体情形以得出最终结论。

第二,不能仅以正当防卫人采取的反击方式和强度与不法侵害不相当为由主张防卫过当。依据《总则编解释》第 31 条第 3 款规定:"实施侵害行为的人不能证明防卫行为造成不应有的损害,仅以正当防卫人采取的反击方式和强度与不法侵害不相当为由主张防卫过当的,人民法院不予支持。"依据该规定,防卫过当的判断虽然也要考虑防卫人实施防卫行为的方式,但主要应当从

---

① 参见新疆生产建设兵团第十师中级人民法院民事判决书,(2014)兵十民终字第 42 号。

② 参见陈璇:《正当防卫:理念、学说与制度适用》,中国检察出版社 2020 年版,第 241 页。

损害后果的角度予以判断，即防卫是否过当，以是否造成不必要的损害为判断标准，而不能仅从防卫方式的角度进行判断。《关于依法适用正当防卫制度的指导意见》第12条规定："防卫是否'明显超过必要限度'，应当综合不法侵害的性质、手段、强度、危害程度和防卫的时机、手段、强度、损害后果等情节，考虑双方力量对比，立足防卫人防卫时所处情境，结合社会公众的一般认知作出判断。"由于正当防卫是基于"法不能向不法让步"的公理，因此在防卫中，不能要求防卫人所作出的防卫的强度必须与不法侵害的强度大小完全一致。[①] 在认定是否构成防卫过当时，不能仅以正当防卫人采取的反击方式和强度与不法侵害不相当为由主张防卫过当，例如，受害人遭受行为人的棍棒攻击后采用刀具防卫，不能当然认定该行为构成防卫过当。

尤其需要指出的是，在刑法上存在"无限正当防卫"的概念，它是指对正在进行行凶、杀人、抢劫、强奸、绑架以及其他严重危及人身安全的暴力犯罪，而采取防卫行为，造成不法侵害人伤亡的，不属于防卫过当，仍然属于正当防卫，不负刑事责任。[②] 该概念也可以借鉴到民法中，即在面临上述严重暴力犯罪的情形下，受害人即便采取了与侵害行为不相当的防卫方式，造成了行为人的损害，也不应当认定其构成防卫过当。该司法解释作出此种规定，有利于遏制上述侵权行为，保护受害人的利益，惩恶扬善，弘扬社会主义核心价值观。当然，通过综合考量，对于防卫行为与不法侵害相差悬殊、明显过激的，应当认定防卫明显超过必要限度。

第三，正当防卫人只在造成"不应有的损害"范围内承担赔偿责任。依据《总则编解释》第31条第2款的规定，正当防卫超过必要限度的，人民法院应当认定正当防卫人在造成不应有的损害范围内承担部分责任；该条实际上是对《民法典》第181条第2款因防卫过当，"正当防卫人应当承担适当的民事责任"的细化规定。具体而言：一是要确定"不应有的损害"，它是指防卫明显超过必要限度，或者防卫行为已经终了后造成的损害。例如，甲殴打乙，乙已经将甲打倒在地，不能起来，但乙又持械将甲打昏，后一种行为就造成了"不应有的损害"，防卫人应当在造成的不应有的损害的范围内承担责任[③]。二是依据《总则编解释》第31条第2款的规定，实施侵害行为的人请求正当防卫人承担全部责任的，人民法院不予支持。这就是说，即便正当

① 参见陈璇：《正当防卫：理念、学说与制度适用》，中国检察出版社2020年版，第241页。

② 参见陈兴良：《论无过当之防卫》，载《法学》1998年第6期。

③ 参见贺荣主编：《最高人民法院民法典总则编司法解释理解与适用》，人民法院出版社2022年版，第455页。

防卫人构成防卫过当，也不意味着其需要对不应有的损害承担全部赔偿责任，依据上述规定，其仅需要对不应有的损害承担部分责任。

四、紧急避险

（一）紧急避险的概念

紧急避险，是指为了使公共利益、本人或他人的合法权益免受现实和紧急的危险损害，不得已而采取的致他人和本人损害的行为。我国《民法典》第 182 条规定："因紧急避险造成损害的，由引起险情发生的人承担民事责任。危险由自然原因引起的，紧急避险人不承担民事责任，可以给予适当补偿。紧急避险采取措施不当或者超过必要的限度，造成不应有的损害的，紧急避险人应当承担适当的民事责任。"该条对紧急避险作出了规定。

紧急避险和正当防卫一样，都可以作为免责事由，而且都是排除损害的合法行为。但两者之间存在一定的区别，表现在两个方面：一方面，在正当防卫的情况下，危害源于人的行为，而在紧急避险的情况下，危险既可能源于人的行为，也可能来源自然原因；另一方面，正当防卫只能针对实施不法侵害的行为人实施，而不能针对未从事侵害行为的人实施，但紧急避险行为一般只是对第三者或紧急避险人造成损害，而不会损害非法侵害者本人。例如，为了避免迎面开来的大型货车，某人跳入路边小商贩的货摊，造成小商贩的财产损失。此外，紧急避险与正当防卫相比，行为人"容于思考的时间往往较长些，危险也稍轻"，[①]但紧急避险人是为了使公共利益、本人或他人的人身或其他合法权利免受正在发生的危险，不得已而采取的一种损害行为。因此，在比较法上，紧急避险人一般要比正当防卫人承担更重的责任。

（二）紧急避险的构成要件

《总则编解释》第 32 条规定："为了使国家利益、社会公共利益、本人或者他人的人身权利、财产权利以及其他合法权益免受正在发生的急迫危险，不得已而采取紧急措施的，应当认定为民法典第一百八十二条规定的紧急避险。"紧急避险的构成必须符合一定的条件，具体而言有以下四点：

第一，必须具有避险目的，即紧急避险必须是为了使国家利益、社会公共利益、本人或者他人的人身权利、财产权利以及其他合法权益免受正在发生的急迫危险。由此可见，避险要保护的范围较为宽泛，其不仅包括权利，还包括合法的利益。行为人必须有避险的目的，如果行为人假借避险恶意侵害他人，则不构成紧急避险。

---

① Jean Limpens, International Encyclopedia of Comparative Law, Torts. Vol. XI Chapter 2. Liability for One's Act. International Association of Legal Science(1983), p. 92.

第二,必须是合法权益面临正在发生的急迫危险。只有存在现实的紧急危险时,才能实施紧急避险行为,如果危险已经消除或尚未发生,或者已经发生但并不会造成对合法利益的侵害,则不得采取紧急避险。如果基于对危险状况的误解、臆想或错误判断而采取避险措施,并致他人损害,应向他人负赔偿责任。

第三,必须是在不得已的情况下采取避险措施。所谓不得已的情况,是指不采取避险措施,就不能保全更大的法益。不得已是指必须采取避险措施,而不是说避险人只能采取某一种而不能采取另一种避险措施。如果紧急避险人能够立即得到公权力提供的救济,从而消除危险,也不能采取紧急避险。①

第四,避险行为不得超过必要的限度。所谓不超过必要的限度,是指在面临紧急危险时,避险人应采取适当的措施,以尽可能小的损害保全较大的法益,也就是说,紧急避险行为所引起的损害应轻于所避免的损害。若避险行为不仅没有减少损害,反而使造成的损害大于或等于可能发生的损害,那么,避险行为就超过了必要的限度。

(三)紧急避险的法律效力

依据《民法典》第182条的规定,紧急避险将产生如下法律效力。

第一,由引起险情的人承担责任。这就是说,在紧急避险的情况下,首先要确定险情发生的原因,险情由谁引起,原则上就应当由谁负责。所谓引起险情的发生,是指因实施一定的行为危及公共利益或他人利益。引起险情发生的人可以是避险人、受益人、受害人,也可以是其他人,其在主观上既可能出于过失,也可能出于故意。至于某个所有人或管理人因故意或过失致使其所有的或管理的动物、物件构成危险,亦应视为所有人或管理人引起险情的发生。

第二,如果危险是因自然原因引起的,紧急避险人不承担民事责任,但可以给予适当补偿。所谓自然原因引起的,是指该危险不是因人的行为而引起的,而是由非人力所能控制的自然原因引起,不存在应当承担责任的行为人。例如,台风来临,行为人为了尽快躲避台风,骑摩托车穿过某公司的足球场,造成该公司足球场的损坏。在此情况下,法律规定要产生两种效果:一是免责。因为在某些情况下,如果危险的发生非常紧急,可能给行为人带来极大的危险,而行为人选择了以给他人造成较小损失的方式来避险。

---

① 欧洲侵权法小组编著:《欧洲侵权法原则:文本与评注》,于敏、谢鸿飞译,法律出版社2009年版,第178页。

此时,行为人就不承担责任。二是适当补偿。这就是说,避险人为了自己的利益而避险,毕竟给他人造成了损害,可以进行适当补偿。适当补偿在性质上属于公平责任,法院在衡量补偿数额时所应考虑的因素主要包括避险人和受害人的经济状况、受害人所蒙受的损失等。在某些情况下,紧急避险人实施避险行为,可能会使受害人受益,如果受害人也从中有所获益,则其应当承担相应的损失,从而符合损益相抵的公平原则。

依据《总则编解释》第 33 条第 2 款第 1 句规定:“经审理,紧急避险采取措施并无不当且没有超过必要限度的,人民法院应当认定紧急避险人不承担责任。”因此,无论是因人为原因引起的险情,还是因自然原因引起的险情,只要避险人采取措施并无不当且没有超过必要限度,其都无须承担责任。

(四)紧急避险采取措施不当或超过必要限度的责任

依据《民法典》第 182 条第 3 款的规定,紧急避险采取措施不当或者超过必要限度、造成不应有的损害的,紧急避险人应当承担适当的民事责任。所谓采取措施不当,主要是指在当时的情况下能够采取其他可能减少或避免损害的措施而未采取,或所采取的措施并非为排除险情所必需。所谓“超过必要限度”,是指因紧急避险所造成的损害大于被保全的利益。未采取适当的措施避险,表明避险人没有像一个合理、谨慎的人那样行为,因而是有过错的。因此,依据《民法典》上述规定,紧急避险人应当承担适当的责任,此处的适当的责任是指紧急避险人所承担的责任应当与其过错程度相适应。

关于紧急避险超过必要限度的判断,《总则编解释》第 33 条第 1 款规定:“对于紧急避险是否采取措施不当或者超过必要的限度,人民法院应当综合危险的性质、急迫程度、避险行为所保护的权益以及造成的损害后果等因素判断。”该条实际上确立了依据动态系统论来确定紧急避险是否超过必要限度。由于在实践中,紧急避险产生的情形非常复杂,很难采用单一标准进行衡量,因此,该解释列举了法官确定避险过当时需要考量的各种因素,具体而言,一是避险起因,这就是说要考虑危险产生的原因,紧急避险中的危险有的是行为人实施的行为引发危险,有的是因自然原因引发的危险,还有的是因第三人的行为所致。同时,要考虑所产生的危险造成损害后果的可能性以及造成损害的范围。① 二是急迫程度。紧急避险本身是在不得已的情况下采取避险措施,紧急情况越急迫,给避险人考虑的时间就越短,这

① 参见贺荣主编:《最高人民法院民法典总则编司法解释理解与适用》,人民法院出版社 2022 年版,第 461 页。

对避险人过错的认定以及避险是否超过必要限度的认定等,都会产生一定的影响。三是避险目的,即行为所保护的权益。[①]《总则编解释》第 33 条第 1 款采用了“权益”而不是权利的提法,表明要考虑权益位阶。民事权益本身存在一定的位阶,避险人不能为保护低位阶的权益而损害高位阶的权益,否则即超过了必要的限度。例如,避险人为避免造成他人损害而实施避险行为,如果因此造成了他人严重的人身损害,即超过了避险的必要限度。四是损害后果。这就是说,如果造成损害后果严重,而保护的利益较小,二者极不相称,即构成避险过当。五是其他因素。例如,避险人是否从中获益,如果避险人从中获益较多,也可能成为判断是否构成避险过当的参考因素。因此,判断是否构成避险过当,应当结合实施避险行为的环境,按照社会一般人的观念综合予以判断,得出最终的结论。

五、因见义勇为遭受损害的补偿责任

(一)因见义勇为遭受损害的补偿责任的概念

《民法典》第 183 条规定:“因保护他人民事权益使自己受到损害的,由侵权人承担民事责任,受益人可以给予适当补偿。没有侵权人、侵权人逃逸或者无力承担民事责任,受害人请求补偿的,受益人应当给予适当补偿。”该条对见义勇为情形下受益人的补偿义务作出了规定,该条规定是对我国立法和司法经验的总结。例如,在“樊某某等与马某等身体权、生命权、健康权纠纷案”中,受害人因为帮助被告清理地下室积水而触电身亡,法院认为,实际受益人应对原告进行适当补偿。[②] 通过规定补偿义务,有利于鼓励人们实施见义勇为的行为,这对于淳化道德风尚具有重要意义,客观上有助于弘扬正气,发扬中华民族扶危济困的良好道德风尚。

见义勇为与紧急避险都是为了避免合法权益遭受损害而采取的救助措施,但紧急避险可保护自己的利益不遭受损害,而见义勇为保护的是他人的利益不受损害。[③] 尤其是紧急避险不存在对避险人自身的补偿,而见义勇为因为保护他人利益遭受损害,应当对受害人给予补偿。受益人补偿责任的构成要件包括如下几项:

第一,受害人必须实施了防止、制止他人民事权益被侵害的行为。依据

---

① 参见贺荣主编:《最高人民法院民法典总则编司法解释理解与适用》,人民法院出版社 2022 年版,第 461 页。

② 参见山西省高级人民法院民事裁定书,(2014)晋民申字第 964 号。

③ 参见贺荣主编:《最高人民法院民法典总则编司法解释理解与适用》,人民法院出版社 2022 年版,第 479 页。

《民法典》第 183 条的规定,受益人的补偿义务履行的前提是被侵权人实施了保护他人民事权益的行为,此种行为大多是“见义勇为”的行为。此处所说的他人,不仅指自然人,也包括法人;不仅指个人,还包括国家、集体。任何人从事的维护国家、集体或者他人的合法权益的行为,都是法律上应当鼓励的见义勇为行为。如果行为人实施某种行为时,主观上并没有为他人谋利的意思,但客观上有利于他人,也可以适用该规定。

第二,必须是被侵权人因保护他人民事权益而使自己遭受了损害。这就是说,一方面,受害人必须实施了保护他人民事权益的行为;另一方面,受害人必须因此种行为而使自己遭受了损害,实施见义勇为行为和受害人遭受损害之间应当具有因果联系。如果受害人虽然从事了某种见义勇为的行为,但损害并非因此种见义勇为的行为所致,而是其他原因造成的,或者完全是因自身的过错造成的,也不能请求受益人予以补偿。

第三,没有侵权人、侵权人逃逸或者无力承担责任。这就是说,对被侵权人遭受的损害而言,首先应当由侵权人承担赔偿责任,毕竟侵害人是直接不法行为人,因此,从责任承担的顺序来看,受害人应当首先向侵权人请求赔偿。但如果出现了下述情况,则受害人无法请求侵权人赔偿:一是没有侵权人。没有侵权人主要是指因自然原因等导致受益人处于危险状况,受害人因见义勇为而遭受损害。例如,因刮台风使受益人的房屋处于危险状况,受害人为加固该房屋而被倒塌的房屋砸伤,此种情况就属于没有侵权人的情形。二是侵权人逃逸。这就是说,侵权人在实施侵权行为以后,无法找到行为人。所谓逃逸,是指侵权人为躲避责任而逃离,不知去向。在某些情况下,也可能是不能确定侵权人。例如,为制止针对他人的犯罪遭受伤害,未能找到犯罪行为人。三是侵权人无力承担民事责任。这就是说,侵权人虽然能够找到,但是,其没有足够的赔偿能力或者完全没有能力赔偿。在以上情形下,受害人有权请求受益人在受益范围内对受害人的损害予以适当补偿。侵权人逃逸或者无力承担责任的举证责任,应当由被侵权人负担。总之,只有受害人在不能向侵权人请求赔偿时,才能要求受益人给予适当补偿。

第四,受害人向受益人请求补偿。受益人承担补偿责任的前提是,被侵权人向其提出了请求,因为在发生补偿责任的情况下,受益人本身是第二位的责任人。被侵权人遭受了损害以后,其首先应当向侵权人请求损害赔偿。只有在侵权人逃逸或者无力赔偿时,才能请求受益人补偿。当然,即使在被侵权人没有向受益人请求补偿的前提下,受益人自愿给予补偿,法律也并不禁止。

（二）因见义勇为遭受损害的补偿责任的效力

依据《民法典》第183条，在因见义勇为使自己遭受损害的情形下，受益人应当给予适当补偿，其在性质上属于公平责任。这就是说，该条给予了法官一定的自由裁量权，允许其根据具体案情来确定补偿的数额。《总则编解释》第34条规定："因保护他人民事权益使自己受到损害，受害人依据民法典第一百八十三条的规定请求受益人适当补偿的，人民法院可以根据受害人所受损失和已获赔偿的情况、受益人受益的多少及其经济条件等因素确定受益人承担的补偿数额。"该条对见义勇为受益人的补偿应当考虑的因素作出了规定，具体而言有以下三点：

一是受害人遭受的损失。虽然在见义勇为的情形下，是一种补偿责任，不能以损害大小作为确定补偿范围的条件，但是，如果受害人损失过重而补偿过低，也不利于对受害人的保护。通常，受害人遭受的损失主要是指财产损失，不应当包括精神损害。[①]

二是已获赔偿的情况。这就是说，如果侵权人已经对受害人作出了一定的赔偿，这就需要相应地减少受益人的补偿数额，侵权人的赔偿数额越高，受益人的补偿数额就应当越低。受害人补偿既然是公平责任，其实际上是对损失的分担，那么，原则上要考虑此种侵权对被侵权人造成损失的大小。被侵权人的损失越大，就越应当增加补偿的数额。在特殊情况下，即使受益人受益不多，但是受害人遭受的损害很大，也应当在受益的范围内适当增加补偿数额。

三是受益人受益的多少以及经济状况。一般来说，受益人获得的利益越多，其应给予的补偿也应相应增加。由于此种补偿责任在性质上具有公平补偿责任的性质，因此，应当考虑受益人的经济状况，如果其经济状况较好，就应当给予更多的补偿。总之，补偿多少是"适当"，要根据个案来判断。

依据《民法典》第183条规定，在因保护他人民事权益使自己受到损害的，由侵权人承担民事责任，受益人可以给予适当补偿。该规则因表述为"可以"，因而实践中常常理解为任意性规定，法院可以要求受益人补偿，受益人也可以不补偿，这就不利于保护见义勇为人的利益，也不利于鼓励见义勇为行为，为了平衡各方面利益，鼓励见义勇为、助人为乐的行为，因而有必要在法律上规定，由受益人给予适当补偿。依据司法解释的上述规定，如果受害人请求受益人适当补偿，则要根据受害人所受损失和已获赔偿的情况、受益人受益的多少及其经济条件等因素，来考量适当补偿的数额。

---

① 贺荣主编：《最高人民法院民法典总则编司法解释理解与适用》，人民法院出版社2022年版，第480页。

六、紧急救助造成损害的责任豁免

《民法典》第184条规定："因自愿实施紧急救助行为造成受助人损害的，救助人不承担民事责任。"该条确认了紧急救助可以作为免责事由，该条也称为"好人条款"，也就是说，在自愿实施紧急救助行为的情形下，即便造成了受助人损害，救助人也无须承担民事责任，因此，紧急救助行为人享有责任豁免权。法律作出此种规定的目的在于鼓励自愿的救助行为。当前，我国正处于社会转型阶段，这一社会转型过程既增加了人与人之间的距离，也增加了人们相互间的不信任感，主要表现在对他人事务的冷漠。因此，《民法典》规定紧急救助人的豁免权，这对于鼓励人们见义勇为、弘扬社会主义核心价值观具有重要意义。

从《民法典》第184条的规定来看，救济救助作为免责事由应当具备如下条件。

第一，救助人实施了紧急救助行为。救助他人的行为必须是在紧急情况下实施的，因为在紧急情况下，救助人可能来不及考虑采用致害最小的救助措施。因此，在紧急救助的情形下，即便因救助行为造成被救助人损害，救助人也无须承担民事责任。

第二，救助人必须是自愿实施救助行为。为鼓励见义勇为行为，因此，该条所规定的施救者，必须是自愿施救者，如果救助人负有法定或者约定的救助义务，则不享有本条所规定的豁免权。

第三，救助人实施了无偿救助行为。如果救助人在实施救助行为之前明确提出支付报酬的要求，则已经不再属于见义勇为，如果对此类行为也适用豁免权，则将违反本条的规范目的。因此，本条所规定的救助行为应当是无偿救助行为。

需要指出的是，从《民法典》第184条来看，只要行为人主观上有自愿实施救助的意愿，且客观上实施了救助行为即可，但问题在于，虽然行为人主观上有自愿救助的意愿，但该救助行为并没有达到救助效果，而且可能导致被救助人损害，此时，能否适用该条规定？笔者认为，该条所规定的自愿救助行为并没有要求必须达到防止或减少被救助人人身、财产损害的效果。即使未达到救助效果，亦可适用该规定。

当然，在紧急救助的情形下，《民法典》第184条的规定一概免除紧急救助人的赔偿责任，可能不利于防止过度救助造成明显不必要的损害的行为。法谚有云，"法爱平衡"，从比较法上来看，各国都不主张实施救助过度行为，过度行为都是要承担责任的。因此，救助人在进行紧急救助时，也不能任意而为，在救助过程中，也应当尽到必要的注意义务。

第六编

时效与期间

第十六章　时效制度概述

第一节　时效的概念和功能

一、时效制度的概念

顾名思义,时效就是时间经过所产生的法律效果。[①] 所谓“时”,就是指时间的经过;所谓“效”,即为法律效果,它源于法律的规定。[②] 时效是指一定的事实状态在法定期间内持续存在,从而产生与该事实状态相适应的法律效力的法律制度。[③] 大千世界,星移斗转,而时间的经过也会产生一定的法律效果。时效就是对一定的时间经过所产生的法律效力的确认,是各国所普遍承认的法律制度。一般而言,时效制度分为取得时效和消灭时效。我国立法未采纳消灭时效而采纳诉讼时效的概念。虽然取得时效和诉讼时效制度在构成要件、法律效果方面均存在明显的区别。但它们均具有如下几个特点:

第一,时效是以一定的事实状态的存在和持续为前提的。法律之所以赋予时效以一定的法律效果,是因为一定的事实状态持续进行,无论其与真实权利关系是否一致,民事主体都已经习惯在这种社会状态下正常生活,并且具有一定的社会稳定性。因此,需要在法律上对这种事实状态予以一定的规制,从而产生了时效制度。[④] 在时效制度中,占有他人的财产的事实状态持续相当的时间,占有人可以

---

① 据有学者考证,我国民法上的“时效”概念源于日本民法,而日本民法的“时效”(ji-ko)又源于法国民法(effet du temps),参见朱岩:《消灭时效制度中的基本问题——比较法上的分析—兼评我国时效立法》,载《中外法学》2005年第2期。

② 冯恺:《诉讼时效制度研究》,山东人民出版社2007年版,第9页。

③ 梁慧星:《民法总论》(第4版),法律出版社2011年版,第244页。

④ 洪逊欣:《中国民法总则》,台北,三民书局1992年版,第554页。

被视为真实权利人,这就是取得时效所产生的法律后果;如果不行使权利的事实状态持续相当的时间,可以认为未予行使的某种权利已经消灭,这就是消灭时效产生的法律效果。[①]

第二,时效系以一定期间之经过为要素。时间是影响法律关系产生、消灭、变更的一个重要因素。任何法律关系都可能受到时间的影响,而时效是时间对法律关系产生影响的最直接的体现。在取得时效中,一定时间的经过,将使无权占有人取得一定的法律上的权利。在消灭时效中,一定时间的经过,将使权利人丧失一定的法律上的权利。时效是以经过一定的期间为构成要素的法律事实,通常是指在一定期间始终存在某种影响权利的产生、变更和终止的事实状态。它的效果必须是导致某一权利发生、变更或消灭。

第三,时效为法律事实。时效究竟属于事件还是属于自然事实中的状态,学者对此有不同的看法。有学者认为,时效是自然事实中的状态,[②]也有学者认为,"时效之效果,为因一定事实状态在一定期间之继续而当然发生,不以当事人之精神作用为要素,故为事件"。[③] 笔者认为,时效的构成要件属于事实状态,与当事人的有意志的行为在性质上是不同的,不能将其归入行为的范畴,应当将其归入行为之外的法律事实。时效的要件是权利不行使的状态持续一段时间,因而不属于事件,而应属于一种事实状态。

一定的事实状态的经过固然可以导致取得某种权利或者丧失某种权利的法律效果,但时效的完成并不能导致起诉权的消灭。起诉权(向法院提出请求的权利)是在任何时候都不会丧失的,因为任何人都可以请求法院保护其被侵犯的权利,这种诉权是不能被剥夺的。[④] 在时效届满以后,有关当事人可以到法院提起诉讼,法院仍然应当受理,法院不得以时效届满为由驳回起诉。但对方当事人可以以时效利益主张权利或提出抗辩,即主张依取得时效而取得一定权利,或主张因诉讼时效届满而享有抗辩权。

二、时效制度的功能

严格地说,取得时效和诉讼时效的功能是有一定区别的,但是,它们作为时效制度的组成部分具有一些共同的功能。如果权利人在相当长的时间

---

① [日]四宫和夫:《日本民法总则》,唐晖等译,台北,五南图书出版公司1995年版,第299页。

② 梁慧星:《民法总论》(第4版),法律出版社2011年版,第244页。

③ 史尚宽:《民法总论》,中国政法大学出版社2000年版,第623页。

④ [苏]诺维茨基:《法律行为、诉讼时效》,康宝田译,中国人民大学出版社1956年版,第155页。

内不行使权利,财产的占有人就可能因为长时间的占有而形成某种事实上的财产秩序,并获得某种利益。义务人有可能因为权利人不主张请求权而使其给付义务长时间处于停止状态,从而获得某种利益。一定的事实状态持续相当时期,便使他人产生信赖利益。所以,从维护交易安全、稳定正常的财产秩序和生活秩序出发,需要对此种事实状态予以保护。时效制度的功能主要体现在如下三个方面:

第一,督促权利人及时行使权利。时效制度的一个重要内容就是:如果权利人享有权利但不积极地行使权利,将产生权利消灭或效力减损的法律后果。时效本身就体现了"法律保护勤勉者,不保护懒惰者"的原则。财产的权利人虽然享有权利,但其长期"睡眠于权利之上",不主动行使权利,则不利于物尽其用。无论是诉讼时效还是取得时效都具有促使权利人积极行使权利,从而提高物的使用效率的功能。法律并不保护"睡眠于权利之上者",而只保护积极行使权利的人,这就是时效制度的立法宗旨之所在。[①]

第二,维护法律秩序的稳定。在社会生活中,一定事实状态的继续必然会产生相应的法律秩序。例如,占有人占有某项财产经过了一定时间,占有人已在该财产上形成了租赁、买卖等,设定各种法律关系和权利,从而形成一定的财产秩序。在交易中,如果请求权人长期不向义务人主张权利,义务人也认为权利人已经放弃其请求权,当事人已习惯在这种法律关系状态下生活,这就在社会中形成一定的秩序。所以法律要通过时效制度来维护既定的财产秩序和交易秩序,如果经过相当长的时间,权利人行使权利将推翻既定的社会秩序,则不利于法律秩序的稳定。[②]

第三,有利于证据的收集和判断,并及时解决纠纷。"时效法欲保护的应该是被告免受由很久以前的事件引起的陈年旧账般的权利主张的困扰"。[③] 因为民事案件证据的收集通常较为复杂,年代越久,诉累越重,如无时间的限制,对原权利人举证负担沉重,现在的权利人也会不堪其扰,法院也会增加审判的负担。如果要求当事人举证和法官查证,则往往在花费了大量的人力物力以后,未必能够找到具有一定证明价值的证据。因而,法律规定诉讼时效制度,有利于证据的收集和判断,并及时解决纠纷。[④]

在上述三种功能中,诉讼时效制度最主要的功能是维持既定的社会秩

---

① 王泽鉴:《民法总则》,北京大学出版社 2009 年版,第 492 页。

② 参见[日]山本敬三:《民法讲义 I——总则》,解亘译,北京大学出版社 2004 年版,第 347 页。

③ David Oughton, John Lowery, Robert Merkin, *Limitation of Actions*, LLP. 1998, p. 4.

④ 王泽鉴:《民法总则》,北京大学出版社 2009 年版,第 492 页。

序，维护社会公共利益。请求权人长期不行使权利，会呈现一种该权利不存在的状态，这就会使不特定第三人产生一种信赖，而此种信赖成为民事交往的基础和前提，又是社会公共利益的重要体现。①

第二节　时效的类型

时效分为两种类型，即取得时效和诉讼时效。取得时效，又称为占有时效，是指占有他人的动产、不动产或者其他财产权的事实状态经过一定的期限以后，将取得该动产和不动产的所有权和其他财产权。诉讼时效，是指权利人在法定期间内不行使权利即导致义务人有权提出拒绝履行的抗辩权的法律制度。

一般认为，完整的时效制度包括取得时效和诉讼时效两部分。各国对时效制度的立法体例存在两种模式：一是统一主义，即将取得时效与消灭时效统一规定。中世纪的注释法学家着眼于取得时效与消灭时效共同的法律本质，主张两者为统一的法律制度。18 世纪制定《法国民法典》时，法国学者波蒂埃等人就主张此种观点，其认为时间流转可使得取得权利或丧失权利，因此应当将两种时效统一规定。该观点被《法国民法典》所采纳。②《日本民法典》也采取了此种主张。二是分别主义，即将两种时效分别规定。以德国历史法学派创始人萨维尼为代表的学者主张取得时效与消灭时效是两种不同的法律制度。③ 两者在适用条件、法律效果等方面存在很大区别，因此应当在民法典的不同编章中分别规定。《德国民法典》采取了此种主张，在总则中设立消灭时效，而在第三编物权中规定取得时效。我国《民法典》已经确认了诉讼时效，相当于国外立法中的消灭时效，但并没有规定取得时效。

诉讼时效与取得时效虽然同为时效制度，都是指一定的事实状态、持续一定的期间，均要产生一定的法律后果，但二者是两种不同的制度，其原因有以下四点：

第一，二者的法律后果不同。诉讼时效期间届满后，将导致抗辩权的发

---

① 王轶：《民法原理与民法学方法》，法律出版社 2009 年版，第 71 ~ 72 页。

② 朱岩：《消灭时效制度中的基本问题——比较法上的分析—兼评我国时效立法》，载《中外法学》2005 年第 2 期。事实上，当代法国民法学者已经不再支持法国民法典中统一规定消灭时效和取得时效的做法。

③ Savigny, System des heutigen römischen Rechts, Bd. 5, Berlin, 1841, SS. 273ff.; Zimmermann, *Comparative Foundations of a European Law of Set-off and Prescription*, Cambridge University Press, 2002, p. 69.

生,权利人仍然享有权利,但如果其请求法院强制义务人履行义务,债务人有权基于诉讼时效期间届满的事实而提出抗辩。义务人虽然可以拒绝履行抗辩,但却不能因此而获得该项实体权利。如果财物已经由债务人占有,法院也不能以诉讼时效届满为由,确认债务人对该财物享有所有权,所以诉讼时效并不具有确认产权归属的功能,甚至其与权利取得本身并无直接的关系。而依取得时效制度,占有人长期、合法、善意并且不中断地占有他人之物,经过一定的期间,可以取得所有权或其他物权。

第二,二者的制度功能不同。诉讼时效制度设计的功能主要在于督促权利人及时行使权利。取得时效虽然也有督促权利人及时行使权利的功能,但其功能更多地在于对权利归属的确认,并维护交易安全和秩序。在取得时效届满后,基于占有人长期、合法、善意并且不中断地占有他人之物的事实已使第三人产生信赖,且因第三人信赖该占有而形成一定的财产秩序,因此法律为稳定社会关系,需要确认取得时效制度。[①] 取得时效的设定,解决了诉讼时效未能解决的财产归属的不确定性问题,消除了在诉讼时效届满后出现的财产权利与其具体权能相分离的状态。

第三,二者的适用对象不同。诉讼时效主要适用于请求权,具体包括基于合同债权的请求权、基于侵权行为的请求权、基于无因管理的请求权、基于不当得利的请求权以及其他债权请求权。[②] 依据《民法典》第 196 条的规定,停止侵害、排除妨碍、消除危险等请求权不适用诉讼时效,而对于返还请求权,只有未登记的动产物权权利人的请求返还财产的权利适用诉讼时效。而取得时效的适用对象主要是物权。一般认为,人格权、知识产权等权利不适用取得时效。

第四,二者适用的条件不同。诉讼时效是指权利人在一定期限内不行使权利,致使其权利的效力减弱,其适用的条件是权利人不积极行使权利并经过了法定期限。而取得时效是指以自己所有的意思,公开、和平、持续地占有他人的动产或不动产,达到一定的期限,从而可以依法取得所有权或他物权。

当然,取得时效与诉讼时效之间也存在如何协调的问题。诉讼时效期间届满后,如果义务人提出抗辩,则其并不负有返还的义务,但义务人也不能取得该动产物权,该动产的物权仍归属于原权利人,只是在权利人主张权

---

① 朱岩:《消灭时效制度中的基本问题——比较法上的分析—兼评我国时效立法》,载《中外法学》2005 年第 2 期。

② 王泽鉴:《民法总则》,北京大学出版社 2009 年版,第 411 页。

利时占有人(义务人)享有抗辩权而已。《民法典》第 196 条规定:“下列请求权不适用诉讼时效的规定:(一)请求停止侵害、排除妨碍、消除危险;(二)不动产物权和登记的动产物权的权利人请求返还财产;(三)请求支付抚养费、赡养费或者扶养费;(四)依法不适用诉讼时效的其他请求权。”从该条规定来看,采反面解释方法,不动产物权和登记的动产物权的权利人请求返还财产不适用诉讼时效,但对于未登记的动产物权而言,应当理解为可以适用诉讼时效。由于我国尚未规定取得时效制度,承认未登记的动产物权适用诉讼时效,可能会产生一定的问题。例如,在某人无权占有他人的古玩字画的情形中,经过 3 年后,时效已经届满,所有权人对无权占有人享有的原物返还请求权,就应当受到诉讼时效的限制。问题在于,在诉讼时效经过后,如果义务人提出时效抗辩,则其将无须返还该动产,但由于我国并未规定取得时效制度,义务人又无法取得该动产的物权,这样就会使相关的财产秩序长期处于不确定的状态。因此,《民法典》的上述规定实际提出了相关的财产保护问题,需要取得时效制度加以解决。

我国《民法典》不采纳取得时效制定,一方面是因为在现代社会,权利公示制度越来越发达,导致取得时效适用范围越来越狭窄,通过取得时效解决财物归属的必要性并不凸显。另一方面,许多动产脱离占有以后,即使经过很长时间,也不能由占有人取得所有权,否则可能损害公共利益。例如,文物不宜适用取得时效。当然,由于没有规定取得时效,确实存在诉讼时效届满以后,财产的归属如何确定的难题,有待于进一步探讨。

除《民法典》之外,我国民商事立法在《海商法》《保险法》等法律中也分别规定了特别诉讼时效,此外,最高人民法院关于诉讼时效问题颁布了一些司法解释,从而构建了我国完整的诉讼时效制度。

第十七章　诉讼时效

第一节　诉讼时效概述

一、诉讼时效的概念

所谓诉讼时效，是指权利人在法定期间内不行使权利即导致义务人有权提出拒绝履行的抗辩权的法律制度。从比较法上看，各国的立法例各不相同。瑞士、俄罗斯、埃塞俄比亚等国采取的是诉讼时效的概念；德国、日本、意大利等国采取的是消灭时效的概念。① 在我国民法中，究竟应该采纳诉讼时效还是消灭时效的概念，存在不同的观点。我国《民法通则》采纳了诉讼时效的概念。《民法典》沿用了《民法通则》的经验，采纳的是“诉讼时效”的概念。

笔者认为，采纳消灭时效的概念虽有一定的道理，但也有弊病，主要原因在于该概念有可能会使人误以为，消灭时效届满将导致实体权利消灭，但依多数国家通例，时效届满并不发生请求权的消灭，而只是使义务人获得时效抗辩权。消灭时效强调消灭某种权利，但这和时效的本质不完全吻合。梅仲协先生指出，“Verjahrung”在德国法上原指“时效”，用以指称法定期间经过后，义务人取得抗辩权，但“消灭时效之完成，仅促使义务人取得时效抗辩权，得拒绝其应为之给付，而同时权利人之请求权即减损其力量……定为‘消灭时效’，殊属未妥”。② 应当承认，诉讼时效的概念也有其缺陷，因为时效并不仅仅在诉讼中采用，在仲裁和执行程序中也采用。但比较而言，笔者认为，采纳诉讼时效的概念更为妥当，理由有两个方面：一方面，虽然仲裁、诉讼外的

---

① 对德国民法上的“Verjahrung”一词，学者间有不同的译法，郑冲、贾红梅译《德国民法典》时译之为“时效”，邵建东译《德国民法总论》时译之为“消灭时效”。

② 梅仲协：《民法要义》，中国政法大学出版社 1998 年版，第 154 页。

请求都可以适用诉讼时效制度,但国家通过法院保护权利人请求权的实现是现代社会纠纷解决的常态。民法上许多规定虽主要针对诉讼活动而设立,但也可适用于仲裁,诉讼时效也不例外。因此,将其称为诉讼时效是恰当的。[①] 另一方面,消灭时效概念有可能会使人误以为时效届满将导致实体权利消灭,而在我国立法中,时效届满并不发生请求权的消灭,只是使义务人获得时效抗辩权。此外,就我国的立法实践而言,一直采用的是诉讼时效的概念,就法的延续性而言,仍然应该继续采用这一概念,从而保持法律的稳定性和民众对法律的一贯理解。

诉讼时效制度是民法总则的一项重要制度。它可适用于各种类型的债权请求权,我国《民法典》总则编以专章(第九章)的形式对"诉讼时效"制度作出了规定,其包括诉讼时效的适用范围、诉讼时效届满的法律后果、法院应否主动援引诉讼时效的规定以及诉讼时效的中止、中断、延长等问题。

二、诉讼时效期间的特征

诉讼时效是关于权利行使期限的规定,它直接表现为一定的期间。在民法上,期限类型很多,因为民事法律关系的产生、变更和消灭,常常和期限联系在一起,诉讼时效不过是期限的一种类型。但和其他的期限相比较,诉讼时效期间具有如下特征。

1.具有法定性。诉讼时效期间是权利人请求人民法院保护其民事权利的法定期限。超过该期限以后,当事人的民事权利的效力就会受到一定的影响。[②] 诉讼时效期间不是当事人约定的期限,而是由法律直接规定的期限。依据此规定,不行使权利的事实,经过该法定的期限,将产生时效届满的后果。当然,与除斥期间以及其他期限相比较,诉讼时效的期限并不是固定不变的,在符合法律规定的条件下,可以中止、中断和延长。

2.具有强制性。诉讼时效的强制性包括四个方面的内容:第一,禁止当事人通过约定排斥时效规范的适用。强行性规范本身的含义是指当事人不能通过约定排除其适用。而法律关于诉讼时效的规定,是不能由当事人通过约定予以排斥适用的。[③] 第二,禁止当事人违反时效的规定,约定延长或缩短诉讼时效期间。[④] 在比较法上,有些国家和地区允许当事人通过约定延

---

① 佟柔主编:《中国民法学·民法总则》,中国人民公安大学出版社 1990 年版,第 314 页。

② 当然,各国对于超过诉讼时效期间的法律效果有不同的规定,有抗辩权发生说、实体权消灭说、胜诉权消灭说等各种立法例。

③ 佟柔主编:《中国民法学·民法总则》,中国人民公安大学出版社 1990 年版,第 600 页。

④ 参见湖北省宜昌市中级人民法院民事判决书,(2010)宜中民一终字第 487 号。

长或缩短诉讼时效期间；也有些国家和地区禁止当事人作出此种约定。[①]《民法典》第197条对诉讼时效的强制性作出了规定，明确禁止当事人通过约定延长或缩短诉讼时效期间。第三，禁止当事人就诉讼时效的计算方法作出约定。此处所说的计算方法，主要是指诉讼时效自何时开始起算。如果允许当事人就诉讼时效的计算方法进行约定，实际上等同于允许其延长或缩短诉讼时效期间。第四，禁止当事人就诉讼时效中止、中断的事由作出约定。诉讼时效中止或中断的事由必须由法律规定，因为它们对于时效期间的确定具有重要意义，如果允许当事人任意约定，时效的强制性就受到很大的影响。尤其应当看到，强调诉讼时效期间等规则的强制性也有利于维护诉讼时效规则的统一性，因为如果允许当事人约定诉讼时效期间等规则，可能需要法官对每项约定是否合理作出具体判断，可能影响司法裁判的统一性，也不合理地增加了司法成本。

诉讼时效期限之所以具有强制性，主要是因为一方面，诉讼时效期限关系到法律秩序的稳定，其规范目的具有社会公益性质。[②] 虽然诉讼时效期间届满与否表面上只是关系到当事人的私益，但诉讼时效制度具有维护法律秩序的稳定和交易安全的功能，从这个意义上讲，其关系到社会公共利益，不能将时效仅视为私法自治的领域。如果允许当事人通过约定排除或限制诉讼时效的规则，则会背离该制度的公益性质。例如，如果当事人约定延长诉讼时效期间，则不利于督促权利人及时行使权利；如果允许当事人约定缩短诉讼时效期间，则权利人可能没有充足的时间行使权利。[③] 另一方面，诉讼时效的强制性也有利于保护义务人。因为义务人有可能处于弱势地位，如果不规定时效的强制性，权利人就有可能要求义务人事先放弃或限制其时效利益，通过强化时效的强制性，有利于避免义务人的时效利益被剥夺或限制。[④]

3. 体现了义务人的时效利益。所谓时效利益，是指诉讼时效期间届满以后，权利人丧失了请求法院依诉讼程序强制义务人履行义务的权利，义务人因此可以不履行义务。在时效期间届满以后，义务人所享有的时效利益

---

① 史尚宽：《民法总论》，中国政法大学出版社2000年版，第625页。

② 参见最高人民法院民事审判第二庭编著：《最高人民法院关于民事案件诉讼时效司法解释理解与适用》（第2版），人民法院出版社2015年版，第60页。

③ 参见石宏主编：《中华人民共和国民法总则条文说明、立法理由及相关规定》，北京大学出版社2017年版，第474页。

④ 参见最高人民法院民二庭编：《最高人民法院关于民事案件诉讼时效司法解释理解与适用》（第2版），人民法院出版社2015年版，第62页。

受到法律的保护。当然,诉讼时效期间届满后,义务人所享有的时效利益本质上是当事人的私益,其有权予以抛弃。但是,考虑到债务人利益的保护,《民法典》第197条第2款禁止诉讼时效利益的预先抛弃。

三、当事人不得约定改变诉讼时效的强制性规定

诉讼时效期间的强制性首先体现为当事人不得通过约定改变诉讼时效的强制性规定,对此,《民法典》第197条第1款规定:“诉讼时效的期间、计算方法以及中止、中断的事由由法律规定,当事人约定无效。”诉讼时效是权利主体遭受损害后在法定期间内向司法机关寻求救济的制度,无论是时效期间的长短、计算方法,还是时效期间中止、中断的事由都是由法律强制规定,任何单位或个人都不得通过约定排除或限制其适用。具体而言有以下三点:

第一,当事人不得通过约定改变法律规定的诉讼时效的期间。诉讼时效期间的强制性主要是指当事人不得通过约定缩短或者延长诉讼时效期间。关于当事人能否通过约定缩短或延长诉讼时效期间,理论和立法上存在不同的立场。一是肯定说。此种观点认为,应当允许当事人通过约定延长或缩短诉讼时效期间。[①] 当然,持此种观点的学者往往认为,对于诉讼时效的延长或缩短应当有一定的限制。例如,对于时效的延长设置一个上限,从而保证诉讼时效不会沦为具文。二是否定说。此种观点认为,时效规范属于强行法,不允许当事人通过协议延长或缩短时效期间。[②] 从《民法典》第197条的规定来看,其采否定说的立场,强调了诉讼时效的期间具有强制性,当事人约定无效,这就意味着,当事人不得通过约定缩短或者延长诉讼时效期间。

第二,当事人不得约定改变诉讼时效期间的计算方法。依据《民法典》第197条的规定,诉讼时效期间的计算方法也具有强制性,当事人不得通过约定予以改变。诉讼时效期间计算方法的强制性是诉讼时效期限强制性的当然要求,如果不规定诉讼时效计算方法的强制性,则当事人可能通过约定诉讼时效计算方法的方式变相改变诉讼时效期限,这可能使时效期限的强制性规则沦为具文。

第三,当事人不得约定改变诉讼时效中止、中断的事由。依据《民法典》第197条的规定,诉讼时效中止、中断的事由具有法定性,当事人不得通过约定加以改变。法律明确规定诉讼时效中止、中断的事由,主要是为了维持

---

① Larenz/Wolf, Allgemeiner Teil des Bürgerlichen Rechts, 9 Aufl., 2004, § 17, Rn. 9.

② 参见魏振瀛主编:《民法》,北京大学出版社、高等教育出版社2000年版,第196页。

诉讼时效期间的确定性,允许当事人约定诉讼时效期间中止、中断的事由,可能使诉讼时效期间失去其确定性。[①] 如果允许当事人通过约定增加诉讼时效中止、中断的事由,等于是变相允许当事人通过约定延长诉讼时效期间。反之,如果允许当事人通过约定排除某些诉讼时效中止、中断事由的适用,则可能导致诉讼时效期间被变相缩短。因此,诉讼时效中止、中断的事由应当具有法定性,不允许当事人通过约定予以变更。

在此需要讨论的是,当事人能否对诉讼时效中止、中断的效力作出约定?《民法典》第 197 条只是规定了当事人不得通过约定改变诉讼时效中止、中断的事由,但并没有规定当事人能否通过约定改变诉讼时效中止、中断的效力。因为诉讼时效中止、中断的效力,涉及时效期间长短的确定,如果允许当事人任意约定,则可能导致当事人通过约定变相缩短或者延长诉讼时效期限。[②] 结合《民法典》第 197 条的立法目的,可以通过目的性扩张的方式明确,当事人不得通过约定改变诉讼时效中止、中断的法律效力。

四、诉讼时效与仲裁时效

诉讼与仲裁均为纠纷的解决方式。仲裁时效与诉讼时效对应,它是指权利人向仲裁机构请求保护其权利的期限。[③] 从我国立法来看,有的法律对仲裁的时效问题作出了特别规定,例如,《民法典》第 594 条规定:"因国际货物买卖合同和技术进出口合同争议提起诉讼或者申请仲裁的时效期间为四年。"

严格地说,诉讼时效和仲裁时效在性质上是有区别的,但两者又有一定的联系,因此,《仲裁法》第 74 条规定:"法律对仲裁时效有规定的,适用该规定。法律对仲裁时效没有规定的,适用诉讼时效的规定。"《民法典》借鉴了该规则,于第 198 条规定:"法律对仲裁时效有规定的,依照其规定;没有规定的,适用诉讼时效的规定。"依据该条规定,如果法律对仲裁的时效作出了特别规定(如《劳动争议调解仲裁法》《农村土地承包经营纠纷调解仲裁法》),则适用该特别规定。例如,《农村土地承包经营纠纷调解仲裁法》第 18 条规定,农村土地承包经营纠纷申请仲裁的时效期间为 2 年,因此,此类纠纷的仲裁就应当适用这一规定,而不能适用《民法典》规定的 3 年时效期间。如果法律未对仲裁时效作出规定,则适用《民法典》关于诉讼时效的规

---

① 参见石宏主编:《中华人民共和国民法总则条文说明、立法理由及相关规定》,北京大学出版社 2017 年版,第 474 页。

② 参见陈甦主编:《民法总则评注》(下册),法律出版社 2017 年版,第 1427 页。

③ 常英主编:《仲裁法学》,中国政法大学出版社 2013 年版,第 108 页。

则。例如,《农村土地承包经营纠纷调解仲裁法》没有对仲裁员是否可以主动援引时效规则作出规定,此时就应当适用《民法典》第 193 条的规定,仲裁员不得主动适用仲裁时效的规定。

第二节　诉讼时效的适用范围

一、诉讼时效的适用范围概述

诉讼时效的适用范围也称诉讼时效的客体。在德国法中,消灭时效的适用对象仅限于请求权,消灭时效是在德国法学家温德夏特创设了请求权的概念之后,经由德国民法发展而形成的。[①] 消灭时效又称为请求权的消灭时效。[②] 在我国,《民法典》第 188 条第 1 款规定:"向人民法院请求保护民事权利的诉讼时效期间为三年。法律另有规定的,依照其规定。"该条对诉讼时效作出了规定,但其只是使用了"民事权利"这一表述,而没有对诉讼时效的适用范围作出明确界定。而《民法典》第 196 条关于不适用诉讼时效的请求权的情形,主要针对的是物权请求权和人格权请求权。从体系解释来看,诉讼时效应当主要适用于债权请求权。另外,《诉讼时效司法解释》第 1 条规定,当事人可以对债权请求权提出诉讼时效抗辩。该条实际上明确了诉讼时效的适用范围原则上限于债权请求权。

债权请求权是特定的债权人请求债务人为一定的行为或不为一定行为的权利。从原则上说,债权的请求权都可以适用诉讼时效。如合同之债、侵权之债、无因管理之债、不当得利之债等,均可以适用诉讼时效。[③] 诉讼时效之所以适用于债权请求权,原因在于:一方面,债权请求权在内容上是请求他人为一定的行为或不为一定的行为的权利,此种请求权的实现有赖于义务人履行一定的给付义务,但这种给付义务实际上对义务人来说是一种负担,此种负担应当在一定的期限内存在,而不能无期限地持续下去。否则,义务人长期负担某项给付义务,不利于社会经济关系的稳定。这也决定了请求权不同于支配权,它不能无期限地长期存在下去,也就是说,它一定受到诉讼时效期限的限制。另一方面,债权请求权虽有赖于义务人履行义务才能实现,不过,如果义务人不履行义务,权利人有权请求法院保护其权利的实现。但这种请求保护的权利,也要有时间的限制,否则可能因年代久远

---

① 王泽鉴:《民法总则》,北京大学出版社 2009 年版,第 491 页。

② 蔡章麟:《简介德国民法消灭时效制度》,载郑玉波主编《民法总则论文选辑(下)》,台北,五南图书出版公司 1984 年版,第 786 页。

③ 王泽鉴:《民法总则》,北京大学出版社 2009 年版,第 522 页。

而出现举证困难等问题，使当事人的合法权益难以受到法院的保护。[①] 所以，从诉讼保护的需要出发，也应使请求权受到诉讼时效的限制。还要看到，时效发生的效果就是产生抗辩权，抗辩权正是与请求权相对应的、针对请求权进行防御的权利。从这个角度而言，时效抗辩权只能针对债权请求权适用。

二、不适用诉讼时效的请求权

并不是所有的请求权都可以适用诉讼时效，《民法典》第196条规定："下列请求权不适用诉讼时效的规定：（一）请求停止侵害、排除妨碍、消除危险；（二）不动产物权和登记的动产物权的权利人请求返还财产；（三）请求支付抚养费、赡养费或者扶养费；（四）依法不适用诉讼时效的其他请求权。"据此可见，以下几种请求权并不适用诉讼时效。

（一）请求停止侵害、排除妨碍、消除危险

这三种情形都是绝对权受侵害或有受侵害之虞的情形，不应当适用诉讼时效，主要理由在于上述三种请求都涉及绝对权的保护问题。如前所述，物权请求权一般不适用诉讼时效。[②] 例如，某人在他人的房屋旁边挖洞，影响他人房屋安全，行为人一直未将该危险消除，此时，受害人请求消除危险，不能认为诉讼时效已经届满。此外，在请求停止侵害、排除妨碍、消除危险的情形下，由于行为人的侵权行为一直处于持续状态，诉讼时效无法确定起算点，因而不应当适用诉讼时效。需要指出的是，无论是侵害物权，还是侵害人格权（参见《民法典》第995条），都可以适用停止侵害等绝对权请求权，一般不适用诉讼时效。

绝对权请求权一般不适用诉讼时效。具体而言有以下几点：

第一，人格权请求权不适用诉讼时效。《民法典》第995条规定：受害人的停止侵害、排除妨碍、消除危险、消除影响、恢复名誉、赔礼道歉请求权，不适用诉讼时效的规定。该条实际上对人格权请求权不适用诉讼时效的规则作出了规定，法律作出该规定的主要理由在于：一方面，人格权请求权作为一种绝对权请求权属性的权利，本身不应受到诉讼时效的限制。在人格权受到妨害或者可能受到妨害的情形下，权利人有权随时提出请求，以恢复权利人对其人格利益的圆满支配状态，因此该请求权不应当受到诉讼时效的限制。[③] 由于人格权请求权的功能在于保护民事主体对其人格利益的圆满

---

① 王泽鉴：《民法总则》，北京大学出版社2009年版，第410页。

② 王泽鉴：《民法总则》，北京大学出版社2009年版，第497页。

③ 王泽鉴：《人格权法》，北京大学出版社2013年版，第387页。

支配，只要该圆满支配的状态受到不当影响，权利人即有权主张人格权请求权。因此，人格权请求权原则上不应当适用诉讼时效。如果对人格权的侵害和妨碍仍处于持续状态，则权利人即应当享有人格权请求权，以消除相应的不利影响。另一方面，在人格权受到侵害或者妨害的情形下，由于行为人的行为一直处于持续状态，诉讼时效无法确定起算点，因此，不应当适用诉讼时效。以生命权、健康权为例，只要侵害或者妨碍生命权、健康权的行为一直持续，则权利人即应当有权主张人格权请求权。从保护权利人的角度出发，只要其能举证证明其人格权处于受到妨害或者可能受到妨害的状态，则其就应当享有人格权请求权，该权利不应当受诉讼时效的限制。

第二，物权请求权不适用诉讼时效。从《诉讼时效司法解释》第 1 条的规定来看，物权请求权不适用诉讼时效。所谓物权请求权，是指基于物权而产生的请求权，也就是说，物权人在其物被侵害或有可能遭受侵害时，有权请求恢复物权的圆满状态或排除妨害。物权请求权是基于物权而产生的与物权不可分离的一种独立的请求权，原则上不适用诉讼时效的规定，主要理由在于：一方面，物权请求权是物权效力的具体体现，是包含在物权权能之中的，只要物权存在，物权请求权就应该存在。由于物权本身作为支配权，不适用诉讼时效的规定，因而作为物权的一部分的物权请求权，也不应当因时效届满而消灭。另一方面，物权请求权的主要功能是保证对物的圆满支配状态，它是保护物权的一种特有方法，如果物权请求权因时效届满而消灭，但是物权继续存在，将使物权成为一种空洞的权利。① 此外，对停止侵害、排除妨害、消除危险等物权请求权而言，还存在如何确定诉讼时效的起算点的困难。因为物权请求权通常适用于各种继续性的侵害行为。所谓继续性的侵害行为是指这类侵害和妨害行为通常是持续不断进行的，例如，在他人的房屋边挖洞，只要该洞继续存在就会威胁到他人房屋的安全。在此情况下，如何确定诉讼时效的起算点，也比较困难。

根据《民法典》第 462 条第 2 款的规定，“占有人返还原物的请求权，自侵占发生之日起一年内未行使的，该请求权消灭”。这就是说，在侵害占有的情况下，占有人行使占有返还请求权也不适用诉讼时效制度，而应适用《民法典》的上述规定。但如果权利人基于侵权行为而主张权利，则仍然可以作为债权请求权，适用普通诉讼时效。

---

① 史尚宽：《民法总论》，中国政法大学出版社 2000 年版，第 569 页；黄立：《民法总则》，中国政法大学出版社 2002 年版，第 463 页。

（二）不动产物权和登记的动产物权的权利人请求返还财产

依据《民法典》第196条的规定，不动产物权和登记的动产物权的权利人请求返还财产的权利不适用诉讼时效的规定，具体而言：

一是不动产物权。我国对不动产物权变动采用登记要件主义，不动产物权的设立、变更、消灭都要办理登记，登记簿本身能够产生一定的公信力。只要登记记载中显示出了不动产的权属状态，第三人就应当相信登记记载的权利人是真实的权利人。交易第三人因信赖登记簿而进行交易的，相关的交易关系也受到法律保护。[①] 因此，就已经登记的不动产物权而言，因为不动产登记簿本身是由国家公权力机关制作的，表明了不动产的权属关系，在此情况下，单纯占有不动产本身并不能使第三人产生信赖，也不必通过时效制度来保护此种信赖，且在第三人进行不动产交易时，其也负有查询登记簿的义务。

由于不动产物权的保护不应当受到诉讼时效的限制，权利人可以随时请求返还财产。在不动产已经登记的情形下，如果已登记的不动产仍然适用诉讼时效，就意味着虽然不动产物权已登记，但超过一定期限后，权利人就不能请求占有人返还财产，这就会导致登记制度和时效制度产生冲突和矛盾。[②] 当然，该条并没有要求必须是已经登记的不动产，因此，对不动产物权而言，即便没有登记，也不能适用诉讼时效。例如，针对农村的房屋目前尚未完全建立统一的不动产登记查询系统，如果某个农民外出打工，其房屋被他人占有，不能认为经过3年，就不能请求返还。

二是登记的动产物权。登记的动产物权是指依据我国法律规定进行登记的动产。例如，《民法典》第225条规定："船舶、航空器和机动车等的物权的设立、变更、转让和消灭，未经登记，不得对抗善意第三人。"虽然我国物权法对特殊动产的物权变动采登记对抗主义，但对特殊动产的登记，和不动产登记一样，也会产生一定的公信力，第三人信赖该登记而与其发生交易，该信赖应当受到法律保护。[③] 对已经登记的动产物权而言，无论经过多长时间，第三人非法侵占或侵害标的物，物权人要求停止侵害、返还财产、排除妨害的，第三人不享有时效届满的抗辩。

需要指出的是，《民法典》第196条规定，未登记的动产物权应适用诉讼

---

① 杜万华主编：《最高人民法院物权法司法解释（一）理解与适用》，人民法院出版社2016年版，第378页。

② 李适时主编：《中华人民共和国民法总则释义》，法律出版社2017年版，第624页。

③ 参见石宏主编：《中华人民共和国民法总则条文说明、立法理由及相关规定》，北京大学出版社2017年版，第473页。

时效的规定。立法者作出此种规定的主要原因在于，一般动产价值小、流动性大、易损耗，如果不适用诉讼时效的规定，则权利人在多年后提起诉讼的，可能会因为年代久远无法举证而增加讼累，不利于纠纷矛盾的解决。[①] 此种规定不无道理。应当看到，确有一些未登记的动产被他人占有之后，如果适用诉讼时效，可能不利于保护权利人。例如，甲外出打工数年，其家传的某件古董被他人侵占，依据《民法典》第 196 条第 2 项的规定，其返还请求权可能会受到诉讼时效的限制，这显然是不合理的，也不符合社会一般人的观念。如前所述，诉讼时效与取得时效的功能与效力不同，即便诉讼时效期间届满，也不能产生与取得时效相同的效力，因为诉讼时效届满只是使义务人产生抗辩权，权利人的权利并不因此消灭，而取得时效则能够产生消灭权利的效力，由新的权利人取得权利。因此，二者不可相互替代。笔者认为，依据《民法典》第 196 条第 2 款的规定，虽然未登记的动产物权可以适用诉讼时效，但在诉讼时效期间届满后，义务人也不能取得该动产物权，该动产的物权仍归属于原权利人，只不过在权利人主张权利时占有人享有抗辩权而已。

（三）请求支付抚养费、赡养费或者扶养费

依据《民法典》第 196 条第 3 项的规定，请求支付抚养费、赡养费或者扶养费的权利不受诉讼时效的限制。所谓抚养费，是指义务人因抚养义务而应当支付的费用；所谓赡养费，是指义务人因赡养义务而应当支付的费用；所谓扶养费，是指义务人因扶养义务而应当支付的费用。[②] 其中，长辈对晚辈支付的费用称为抚养费；晚辈对长辈支付的费用称为赡养费，相同辈分的人之间支付的费用称为扶养费。

法律之所以作出此种规定，是因为一方面，支付抚养费、赡养费或者扶养费的权利关系到权利人的基本生活保障，如果受到诉讼时效的限制，则可能影响权利人的基本生活。要构建和谐的家庭关系，对于家庭生活中的弱者不能完全按照交易规则处理，而必须对其进行倾斜性保护。为了维护家庭的和谐，提升家庭的凝聚力，尤其应鼓励义务人支付此种费用。如果适用诉讼时效，反而与这一立法目的相背离。另一方面，从诉讼时效的功能来看，其旨在维护相关的财产秩序的稳定、保护当事人对相关财产秩序的合理信赖，但就支付抚养费、赡养费或者扶养费的权利而言，其并不涉及维持财产秩序、保护交易当事人合理信赖的问题。因此，上述请求权不应当受到诉

---

① 黄薇主编：《中华人民共和国民法典总则编解读》，中国法制出版社 2020 年版，第 659 页。

② 李适时主编：《中华人民共和国民法总则释义》，法律出版社 2017 年版，第 625～626 页。

讼时效的限制。此外,法律上规定此种请求权不适用诉讼时效,也是基于特殊的法律政策考虑,尤其是基于对弘扬社会主义核心价值观的考量而作出的规定。

(四)依法不适用诉讼时效的其他请求权

依据《民法典》第196条的规定,如果法律规定某种请求权不适用诉讼时效,则适用该规定。依据《诉讼时效司法解释》第1条的规定,不适用诉讼时效的请求权包括如下几种:

1. 支付存款本金及利息请求权。支付存款本金及利息请求权不适用诉讼时效,因为一方面,居民存款是为了将钱款进行储备,以备以后使用,并不一定在短期内行使这种债权。个人基于对银行的信赖,将其货币存在银行,即使经过三年没有支取,银行也不能以时效届满为由而不再返还本金和利益,否则,会严重侵害个人的财产权。另一方面,个人将钱款储蓄在银行,存款行为本身是行使其所有权的表现。此外,相对于银行而言,储户属于弱者,基于对储户特殊保护的要求,不应将支付存款本金及利息请求权纳入诉讼时效的适用范围。从比较法上看,许多国家法律规定,基于储蓄关系发生的请求权,不适用诉讼时效,以保护储户的特殊利益。[①] 我国《诉讼时效司法解释》也采纳了这一观点。

2. 兑付国债、金融债券以及向不特定对象发行的企业债券本息请求权。国债即国家债券,它是国家为筹措资金而向投资者出具的、承诺在一定的时期内按期支付利息和到期归还本金的借款凭证。国债是以国家的信誉作担保的,投资者对此种债权的清偿有高度的信赖。诉讼时效的根本目的在于防止权利人怠于行使权利,而如果经过很长时间后再行使权利,会给债务人的既有安排带来重大干扰。就国债而言,发行机关作为专司金融活动的机构,偿还债务是一项正常业务活动,不会因为债权人超过特定时间行使权利而受到影响。因此,没有适用诉讼时效之必要。所谓金融债券,是指银行及非银行金融机构依照法定程序发行并约定在一定期限内还本付息的有价证券。所谓企业债券,通常又称为公司债券,是指企业依照法定程序发行,约定在一定期限内还本付息的债券。对于金融债券和向不特定对象发行的企业债券来说,法律为了保护投资者的利益,对于其本息的请求权给予了特别保护,而不应当适用诉讼时效制度。

3. 基于投资关系产生的缴付出资请求权。基于投资关系产生的请求权

---

① 例如,《俄罗斯联邦民法典》第208条明确规定:"存款人要银行支付存款的请求不适用诉讼时效。"

也不应适用时效规定。其原因在于投资关系与储蓄关系一样,形成的都是继续性的法律关系,只要这种关系存续,其派生的请求权也应继续存续,不应受时效限制。换言之,只要公司存在,公司就可以向其请求,而不能开始诉讼时效期间的起算。投资人将其财产投资某种企业,从事经营活动,而经营活动是长期存在的,那么投资人的利益也应当相应存在。如果投资的请求权受到诉讼时效的限制,则不利于保护长期投资。不过,尽管股东的利益分配请求权是基于投资人的地位而享有的,固然不应适用时效规定,但公司的利益分配方案一经股东大会议决后,公司和股东之间就形成了关于股息、红利等的债权债务关系,这种债权也受时效限制。因为前者是股权,而后者是股东的债权性权利,两者在性质上有所区别。

4. 其他依法不适用诉讼时效规定的情形。除上述请求权之外,如果法律对不适用诉讼时效的情形有特别规定的,则应当适用该特别规定,排除诉讼时效规定的适用。其他不适用诉讼时效的情形,较为典型的是形成权和抗辩权。具体而言:第一,由于形成权可以权利人单方的意志或单方行为,而使法律关系产生、变更和消灭,不需要对方当事人的配合。由于在权利人行使其权利之前,当事人之间的法律关系的内容始终处于不确定状态,所以,形成权的行使要及时确定,不能如诉讼时效那样可以中止、中断和延长,否则将使法律关系不稳定。正是因为这一原因,法律规定了一个固定不变的期限,即除斥期间,此期限相对于诉讼时效期限而言,一般较短。第二,抗辩权是对抗请求权的权利,与请求权相伴而生,当对方行使请求权时,权利人即可以以抗辩权相对抗,而当对方不行使请求权时,权利人自然无须行使抗辩权。① 因此,法律无须特别规定诉讼时效来规范抗辩权的行使。正如史尚宽先生所指出的,抗辩权(催告权、检索抗辩权及同时履行抗辩权)附随于请求权,于请求权存续之期间,不因时效而消灭。② 当然,如果一方已经向另一方提出了请求,另一方行使抗辩权应当有期限限制,不能长时间地不主张抗辩权。总之,诉讼时效真正适用的对象是请求权。

第三节 诉讼时效期间的分类

诉讼时效期间,又称时效期间,是指权利人请求人民法院保护其民事权利的法定期间。其通常可以分为如下三种。

---

① 参见[德]迪特尔·梅迪库斯:《德国民法总论》,邵建东译,法律出版社 2000 年版,第 90 页。

② 史尚宽:《民法总论》,中国政法大学出版社 2000 年版,第 633 页。

一、普通诉讼时效期间

所谓普通诉讼时效期间，是指由民事基本法规定的普遍适用于应当适用时效的各种法律关系的时效期间。《民法典》第188条第1款规定："向人民法院请求保护民事权利的诉讼时效期间为三年。法律另有规定的，依照其规定。"依据该条规定，普通诉讼时效期间为3年，该条改变了原《民法通则》所规定的2年普通诉讼时效，更有利于保护权利人的利益。

从当代民法的发展来看，存在一种逐渐缩短消灭时效期间的趋势，正如胡长清先生曾指出的，"现代立法趋势，消灭时效颇有短缩之倾向"。① 时效期间的历史就是时效期间不断缩短的历史。② 例如，在罗马法中，普通时效期间（包括消灭时效和取得时效）为30年，《法国民法典》继受了罗马法中的普通时效期间（参见该法第2262条），确定为30年。在2002年《德国债法现代化》颁布之前，《德国民法典》规定普通时效期间也是30年，而仅仅对一些特殊的请求权规定为2年或4年的期间。③ 其他大陆法国家都相应地缩短了普通诉讼时效期间。由此可见，从比较法上看，各国法律所规定的诉讼时效期间本来较长，因此有必要予以缩短。④ 而我国《民法通则》规定的2年普通诉讼时效期间确实过短，虽然这种规定有利于促进民事流转和交易的迅速发展，促使当事人尽快行使权利，但确实对权利人的保护是不利的，且不符合社会一般人关于债务必须履行的观念，因此，《民法典》将普通诉讼时效的期间延长为3年。

《总则编解释》第35条规定："民法典第一百八十八条第一款规定的三年诉讼时效期间，可以适用民法典有关诉讼时效中止、中断的规定，不适用延长的规定。该条第二款规定的二十年期间不适用中止、中断的规定。"据此，我国《民法典》所规定的中止、中断规则，主要适用于普通诉讼时效期间。但关于普通诉讼时效期间能否延长，一直存在争议。一种观点认为，《民法典》第188条第2款规定的诉讼时效延长主要适用于普通诉讼时效期间，因为普通诉讼时效期间3年过短，如果不予以延长，不利于保护权利人的利

---

① 胡长清：《中国民法总论》（上册），商务印书馆1939年版，第356页。

② Frank Peters/Reinhard Zimmermann, Verjährungsfristen. Der Einfluß von Fristen auf Schuldverhältnisse. Möglichkeiten der Vereinheitlichung von Verjährungsfristen, in Bundesminister der Justiz(Hrsg.), Gutachten und Vorschläge zur Überarbeitung des Schuldrechts, Bd. I. 1981, S. 115ff.

③ 参见《德国民法典》第195条、第196条、第197条，但2002年的《德国债法现代化法》在诉讼时效上进行了重大改革，该法第195条将普通诉讼时效期间规定为3年。

④ ［德］克里斯蒂安·冯·巴尔、［英］埃里克·克莱夫主编：《欧洲私法的原则、定义与示范规则：欧洲示范民法典草案》，高圣平等译，法律出版社2014年版，第1003页。

益,而法律规定的最长诉讼时效期间目的在于为权利行使设定固定期限,如果允许该期限延长,将会使最长期限变更可变期限,反而使法律设定最长期限的目的不复存在。而另一种观点认为,《民法典》第188条规定的最长诉讼时效期间可适用延长规定,而普通诉讼时效因存在中止、中断的规定,所以不发生延长的问题。《民法典》第188条的规定确定并不十分清晰,因此,司法解释专门就此作出回应,明确规定了普通诉讼时效期间不能适用延长规定,但可以适用有关诉讼时效中止和中断的规定。

二、特别诉讼时效期间

所谓特别诉讼时效期间,是指由民事基本法或特别法针对某些民事法律关系规定的特别时效期间。按照特别法优先于普通法的一般规则,如果符合特别诉讼时效规定的情况,应当适用特别诉讼时效,而不应当适用普通诉讼时效。在我国现行民事立法中,有关特别诉讼时效的规定散见于《民法典》和民事单行法,主要包括如下几种:

(一)《民法典》的相关规定

考虑到国际货物买卖的特殊性,法律上规定了特殊的诉讼时效期间。《民法典》第594条规定:“因国际货物买卖合同和技术进出口合同争议提起诉讼或者申请仲裁的时效期间为四年。”由此可见,国际货物买卖合同和技术进出口合同的诉讼时效要比一般合同的普通诉讼时效期间更长。

(二)《民法典》之外的其他法律规定

在《民法典》之外,《海商法》《票据法》《保险法》等也都规定了特殊的诉讼时效。这些特殊时效有的比一般诉讼时效期间要短。例如,《海商法》第257条第1款规定:“就海上货物运输向承运人要求赔偿的请求权,时效期间为一年,自承运人交付或者应当交付货物之日起计算;在时效期间内或者时效期间届满后,被认定为负有责任的人向第三人提起追偿请求的,时效期间为九十日,自追偿请求人解决原赔偿请求之日起或者收到受理对其本人提起诉讼的法院的起诉状副本之日起计算。”法律设定特别诉讼时效的目的,主要是根据不同纠纷的法律特点来适用不同的诉讼时效。如果证据比较清楚,法律关系比较单一,则一般适用普通诉讼时效,要求当事人尽快地行使权利。但是对于纠纷比较复杂,且在相当长的一段时间内,证据不会丢失的,则应当适用更长一些的诉讼时效。由于《民法典》颁布时,没有就特殊时效作出规定,依据《民法典》第11条的规定,特别法的规定应当优先适用,因而,特别法上的特殊时效规则仍然应当优先予以适用。

三、最长诉讼时效期间

所谓最长诉讼时效期间,学说上又称绝对时效期间,是指诉讼时效存续的最长期间。《民法典》第188条第2款规定,自权利受到损害之日起超过20年的,人民法院不予保护,有特殊情况的,人民法院可以根据权利人的申请决定延长。该条规定有利于保护在特殊情形下受害人的利益。因为随着现代科技的发展,许多损害潜伏期很长,需要经过很长时间才能发现。例如,在某个案件中,被告某血站于1994年因过失致原告感染丙肝病毒,丙肝潜伏期较长且不易发现,直到2014年,原告才被确认为丙型肝炎并持续治疗,于2016年起诉。① 还有一些环境生态破坏的案件,损害结果也需要很长时间才能发现,因此,只有通过最长诉讼时效期间才能有效保护受害人。

需要指出的是,《民法典》第188条第2款规定所说的"人民法院不予保护",并不是说权利人的实体权利消灭,而只是使义务上产生抗辩权,因此该条规定20年最长期限,在性质上仍然是诉讼时效。据此,该期限可以被称为最长诉讼时效期间。从该条规定来看,最长诉讼时效期间具有如下特点。

第一,具有固定性。最长诉讼时效设立的宗旨就是要对民事权利的保护设立一个最长的固定期限,超过该最长的期限,则对该民事权利不予保护。依据《总则编解释》第35条第2句规定:"该条第二款规定的二十年期间不适用中止、中断的规定。"这就是说,最长诉讼时效期限不适用诉讼时效中止、中断的规定。例如,在某个案件中,债权人行使债权,持续向债务人提出请求,而债务人也因为不断认诺,使普通时效持续中断,已超过20年,那么,债权人权利是否受20年最长诉讼时效的限制?依据《总则编解释》上述规定,20年最长诉讼时效没有中止中断的问题。因为一方面,中止仅适用于当事人已经知道或者应当知道其权利受到侵害,诉讼时效起算以后且届满前6个月发生了法定事由,才能导致时效中止,但20年最长时效期间仅适用于当事人不知道或者不应当知道其权利受侵害的情形,既然当事人不知道或者不应当知道,则诉讼时效无法起算,因此,不能适用中止规定。② 另一方面,与中止情形一样,中断仅适用于知道或者应当知道其权利受侵害的情况,而最长时效适用于当事人不知道或者不应当知道其权利受侵害的情形,不可能出现因为义务人请求等原因而发生中断的现象。③ 因此,中止、中断的规定仍然要适用20年最长诉讼时效的限制。此外,如果可以

---

① 参见三门峡市中级人民法院民事判决书,(2017)豫12民终1265号。

② 参见贺荣主编:《最高人民法院民法典总则编司法解释理解与适用》,人民法院出版社2022年版,第496页。

③ 参见贺荣主编:《最高人民法院民法典总则编司法解释理解与适用》,人民法院出版社2022年版,第497页。

适用诉讼时效中止、中断的规定，最长诉讼时效就成为可变期间，与一般的普通诉讼时效没有实质性的差别，这也会使设立 20 年时效期间的立法目的难以实现。①

第二，从权利受损害之日起计算。也就是说，最长诉讼时效的计算不采用主观主义的计算方法，即不是从权利人知道或者应当知道权利遭受侵害以及义务人之日起计算，而是从权利受到侵害之日起计算。既然最长诉讼时效设立的目的就是对权利的保护设立一个最长期限，因此就应当对其起算点设定一个统一固定的标准，只有这样，20 年的期限才能得以固定。另外，最长诉讼时效期间的设立本身就是为了避免因时效起算中主观标准的适用而导致时效期间过长，所以，其只能以客观标准进行起算。

第三，适用诉讼时效延长的规定。从文义解释来看，《民法典》第 188 条第 2 款将诉讼时效延长的规则规定在最长诉讼时效期间之后，而且明确规定“有特殊情况的，人民法院可以根据权利人的申请决定延长”，这也就意味着，最长诉讼时效期间可以适用诉讼时效延长的规则。当然，最长诉讼时效期间的延长必须基于当事人的申请，人民法院不能依职权决定延长。在权利人认为有延长必要并提出申请时，法院还需要判断延长的必要性，对是否应当延长进行审查。②

问题在于，依据《民法典》第 188 条第 2 款的规定，“自权利受到损害之日起超过二十年的，人民法院不予保护”，此处所说的“人民法院不予保护”应当如何理解？笔者认为，20 年的最长的诉讼时效期间在性质上仍然属于诉讼时效，而非除斥期间，因此，此处所说的“人民法院不予保护”并不是说权利人的实体权利消灭，而只是使义务人产生抗辩权，因此，20 年期间届满后，如果义务人自愿作出履行，则权利人仍有权保有该给付利益，而不构成不当得利。

第四节　诉讼时效期间的起算

一、诉讼时效期间起算采纳主观标准

所谓诉讼时效期间的起算，是指诉讼时效期间开始计算的时点，换言之，是从何时开始计算诉讼时效期间。目前关于诉讼时效期间的起算，各国主要采纳了两种标准：

一是主观标准，即从受害人知道其权利受侵害的时间开始起算。在比

---

① 李适时主编：《中华人民共和国民法总则释义》，法律出版社 2017 年版，第 594 页。

② 黄薇主编：《中华人民共和国民法典总则编解读》，中国法制出版社 2020 年版，第 625 页。

较法上，不少国家的方法，如《葡萄牙民法典》《德国民法典》等，采取了主观标准。采用主观标准实际上就是按照权利人的主观感受来确立起算点，这对权利人是有利的。在权利人既不知道其权利遭受侵害，也不知道自己享有请求权时，甚至连权利所对应的义务人都不知道时，时效就开始计算，无法实现督促权利人及时行使权利的制度目的。

二是客观标准，即从权利受侵害时或请求权发生之时开始计算。[①]《日本民法典》《意大利民法典》等，采取了此种做法。就客观标准而言，在实际操作中较为简单，举证相对容易，但权利人的权利受到侵害时，权利人本身可能并不知道。如果因权利人不知道权利遭受侵害而使诉讼时效经过，显然违背了诉讼时效制度所具有的督促权利人尽快行使权利，防止其"在权利上睡眠"的立法宗旨。

这两种标准各有利弊。就客观说而言，在实际操作中较为简单，举证相对容易，但存在的主要的问题在于：权利人的权利受到侵害时，权利人本身可能并不知道。如果因权利人不知道其权利遭受侵害而使诉讼时效经过，显然违背了诉讼时效制度的设立宗旨，即督促权利人尽快行使权利，防止"在权利上睡眠"。比较而言，主观标准更有利于对权利人的保护，更具有合理性。

我国《民法典》第 188 条第 2 款规定："诉讼时效期间自权利人知道或者应当知道权利受到损害以及义务人之日起计算。法律另有规定的，依照其规定。但是自权利受到损害之日起超过二十年的，人民法院不予保护，有特殊情况的，人民法院可以根据权利人的申请决定延长。"该条对诉讼时效期间起算的一般规则作出了规定，即诉讼时效期间自权利人知道或者应当知道权利受到损害及义务人之日起计算。该条主要采纳了主观标准，主要原因在于：

第一，更有利于对权利人的保护。因为权利人只有知道其权利遭受损害，其才能向义务人主张权利，或提起诉讼。例如，就合同债权而言，只有债权人的债权受到侵害（如迟延履行），债权人才能向其主张权利。因此采用主观标准实际上就是按照权利人的主观感受来确立起算点，这对权利人是有利的。在权利人还不知道其权利遭受侵害，也不知道自己享有请求权时，时效就开始起算，则无法实现督促权利人及时行使权利的制度目的。

第二，更符合诉讼时效制度的功能。诉讼时效制度的重要功能在于督促权利人及时行使权利，防止权利人"躺在权利上睡觉"，而按照客观标准，

① 杨巍：《民事权利时间限制研究》，武汉大学出版社 2011 年版，第 378 页。

在权利遭受侵害后,无论权利人对此是否知情,均开始起算诉讼时效,将难以起到督促权利人及时行使权利的目的,主观标准显然更符合这一目的。

第三,主观标准更为公平。因为我国幅员辽阔,在权利遭受侵害后,权利人可能对其权利遭受侵害以及义务人并不知情,此时开始起算诉讼时效,对权利人而言也并不公平。①

然而,主观标准在适用中也存在一定困难,主要表现为,如何证明权利人已经知道或应当知道。由于主客观标准各有利弊,所以各国立法大多采用综合的方式,即以主观标准为主,以客观标准为辅,或以客观标准为主,以主观标准为辅。② 正是在这个意义上,世界各国立法都采纳了综合说,即综合运用主观标准和客观标准,以平衡债务人和债权人的利益。③ 我国《民法典》采纳主观标准,强调权利人知道或应当知道权利受损害的事实的同时,也在一定程度上兼顾了客观标准。具体而言,必须满足如下三项条件,诉讼时效才开始起算。

第一,必须是权利在客观上遭受侵害。在确定起算点时,法官应当确认权利是否遭受侵害的事实,权利遭受侵害是诉讼时效适用的前提。权利遭受侵害的时间应当区分不同情形分别予以认定。以合同为例,在当事人明确约定了合同履行期限时,该期限届满,债务人未履行债务,即可认定债权人的债权遭受了侵害;但在未约定履行期限的合同中,需要债权人请求后经过一段时间,债务人才应履行义务,因此,只有在该期限经过后,才可认定债权人的权利遭受了侵害。

第二,权利人知道或应当知道其权利遭受侵害。这是一种主观主义的计算方法。所谓知道,是指权利人已经事实上了解其权利遭受侵害的事实。所谓应当知道,是指按照一个合理的人的标准来判断,权利人作为一个合理的人在当时的情况下应当知道其权利受到侵害的事实。④ 例如,当事人在合同中明确规定了债务履行期限,期限届满之后,债权人就应当主张权利,在时效届满以后,即使债权人表明其不知道时效已经开始,但是,履行期限本

---

① 黄薇主编:《中华人民共和国民法典总则编解读》,中国法制出版社 2020 年版,第 623 ~ 624 页。

② 如原《德国民法典》第 198 条规定:“时效自请求权产生之日起开始计算……”(另见《日本民法典》第 166 条),而其原第 852 条第 1 款规定:“因侵权行为所生损害的赔偿请求权,自受害人知悉损害事实或者赔偿义务人之时起,因 3 年内不行使而消灭,在不知的情况下,自加害行为发生之时起 30 年内不行使而消灭”,另见《日本民法典》第 724 条。

③ 朱岩:《消灭时效制度中的基本问题——比较法上的分析—兼评我国时效立法》,载《中外法学》2005 年第 2 期。

④ 李适时主编:《中华人民共和国民法总则释义》,法律出版社 2017 年版,第 593 页。

身表明,其应当知道权利遭受了侵害。一方在履行期到来后不履行,就应当视为另一方知道其已经违约。在诉讼中,义务人应当就权利人知道或者应当知道其权利受到侵害的时间点进行举证。

第三,权利人知道或应当知道具体的义务人。法谚云:时效于无法行动者不得经过(contra non valentem agere non currit prescriptio)。比较法上也大多要求权利人知道或应当知道具体的义务人。例如,《德国民法典》第199条第1款要求债权人必须知道债务人本人。又如,《欧洲示范民法典草案》第Ⅲ-7:301条也规定权利人必须知道具体的债务人。所谓知道或者应当知道,并不限于知道权利受到侵害的事实,还应包括知道具体的义务人。也就是说,不仅知道权利的存在,而且知道何人侵害了其权利。[①] 如果权利人知道权利被侵害,但不知明确的侵害人,则因为权利人不能提出请求,时效也不能开始计算。如果仅知道被告,但不知被告的下落,则可以通过向法院提起诉讼的方式而导致时效的中断。该条规定权利人必须知道义务人才能开始计算诉讼时效,实际上是确立了主观主义的诉讼时效起算方式,即从权利人能够主张权利时起开始计算诉讼时效。要求权利人必须知道具体的义务人才开始计算诉讼时效,这也有利于保护权利人的权利,因为在权利遭受侵害后,权利人对其权利遭受侵害的事实是知情的,但如果其不知道具体的义务人,则无法行使请求权,此时,如果开始计算诉讼时效期间,显然无法充分保护权利人的利益。

二、普通诉讼时效起算的各种特殊情形

《民法典》第188条第2款对诉讼时效期间起算的一般规则作出了规定。在实践中,诉讼时效起算的各种情形非常复杂,法律很难作出一般性的规定。但是,在某些情况下,对于权利人是否知道其权利遭受损害,义务人很难举证,或者因为特定事由的存在,权利人需要受到特殊保护,因此,法律需要对各种特殊情形的时效起算作出规定。因此,《民法典》专门规定了若干特殊情况下诉讼时效的起算,以便于法官的操作。同时,该条明确了"法律另有规定的,依照其规定"。也就是说,如果法律对诉讼时效的起算另有规定,则依照其规定。

(一)分期履行债务中的诉讼时效的起算

在同一债务分期履行的情形,诉讼时效如何起算?对此,学界一直存在两种不同的观点:一种观点认为,分期履行的情形下,整个债务是一体的,因

---

① [德]克里斯蒂安·冯·巴尔、[英]埃里克·克莱夫主编:《欧洲私法的原则、定义与示范规则:欧洲示范民法典草案》,高圣平等译,法律出版社2014年版,第1017页。

此主张合同的权利是对整体合同主张。因而,必须从整体债务的履行期间届满后提出主张,并从主张之时计算诉讼时效。另一种观点认为,在分期履行之债的情形下,各个债务是分离的。因此,债务人的每一次违约都可以导致诉讼时效的开始计算。[①]《欧洲民法典示范草案》第 14:203 条针对持续性债务(a continuing obligation to do)规定,持续性债之关系下的债务人负有为或不为义务的,普通时效期间始于每次违反债之关系之时。这显然是采取了第二种观点。

我国《民法典》第 189 条规定:“当事人约定同一债务分期履行的,诉讼时效期间自最后一期履行期限届满之日起计算。”例如,双方签订了分期付款买卖合同,购买一台冰箱,价值 3000 元,分 3 期支付,在订立合同时交付一次,每月交付一次,则该债务的诉讼时效应当自最后一期债务履行期限届满时起算。所谓同一债务分期履行,是指在同一债务项下,债务是分数次履行的,且数次履行并不影响该债务的同一性。通常,判断是同一债务还是数个债务,应当先看合同是否约定了债务的总数,如果当事人约定了借款 100 万元,分三次支付,或者约定三年租金总计 30 万元,每年支付 10 万元,这都属于同一债务的分期履行。分期支付债务自最后一期履行期限届满之日起计算的原因有以下三点:

第一,该规则由同一债务的特殊性所决定。该条强调的“同一债务”,是分期、分批履行债务中的概念,其与定期履行的债务不同,定期履行的债务如定期支付租金、工资等,其本质上属于多个债务,而分期履行债务本质上属于一个债务,只是在履行方式上分多次履行。[②] 例如,实践中的分期付款、金钱借款中的分期履行等,当事人之间仅存在一个债务,只是在履行方式上分为多次。对分期履行债务而言,虽然每期债务都有一定的独立性,其履行时间和地点可能都不相同,但其本质上都是同一债务的组成部分。因此,作为具有整体性的同一债务,其诉讼时效期间应当自最后一期履行期限届满之日起计算。

第二,有利于保护债权人的权利。一方面,有利于简化诉讼时效的计算规则,便于债权人主张权利。如果对此类债务分别起算会割裂合同的整体性,并损害债权人利益。[③] 例如,甲向乙借款 1000 万元,分 3 期履行,虽然第一次交付 200 万元已经迟延,但是,其后两笔都按照约定如期、足额支付。

① 参见刘贵祥:《诉讼时效若干理论与实务问题研究》,载《法律适用》2004 年第 2 期。
② 李适时主编:《中华人民共和国民法总则释义》,法律出版社 2017 年版,第 595 页。
③ 冯恺:《诉讼时效制度研究》,山东人民出版社 2007 年版,第 160 页。

如果将每笔履行行为分别计算,可能会影响当事人之间的信赖关系,也会增加权利实现的成本。此时,诉讼时效期间应当从最后一笔债务到期之日起算。另一方面,从最后一笔债务履行期届满开始起算诉讼时效期间,也可以从整体上推迟每一期债务的诉讼时效起算时间,更有利于保护债权人的权利。

第三,有利于减少纠纷。对分期履行的同一债务而言,如果每一期履行的债务都单独计算,可能导致法律关系过于复杂。因此,对分期履行的同一债务而言,不应当单独计算每期履行的债务。

需要注意的是,同一债务的分期履行不同于定期重复给付的债务。所谓定期重复给付的债务,是指基于同一债权原因,经常发生重复给付的债务。[①] 例如,当事人订立长期供货合同,当事人的每次给付都具有相对独立性。对定期重复给付的债务而言,每次给付都具有相对独立性,其诉讼时效应当分别地独立计算,不应当适用《民法典》第 189 条的规定;而对同一债务的分期履行而言,虽然债务人的履行行为有多次,但其本质上属于同一债务,因此,诉讼时效应当在最后一次履行期届满时开始起算。例如,在"秦皇岛华侨大酒店与秦皇岛市海港区工商行政管理局租赁合同纠纷案"中,最高人民法院认为:"如果租赁合同双方当事人约定分期支付租金的,那么各期租金的支付具备一定的独立性,但该独立性不足以否认租金债务的整体性。如果诉讼时效从每一期租金债务履行期限届满之日分别计算,将会割裂同一租赁合同的整体性,还将导致债权人频繁地主张权利,动摇双方之间的互信。因此,为充分保护债权人,维护双方之间的互信,存在长期房屋租赁合同关系的双方当事人因租金支付发生纠纷的,诉讼时效应从最后一期租金履行期限届满之日起开始计算。"[②]在该案中,当事人负担的分期支付租金的债务在性质上应属于同一债务的分期履行,其诉讼时效期间应从最后一期租金履行期限届满之日起开始起算。

(二)无民事行为能力人或者限制民事行为能力人

1. 无民事行为能力或限制民事行为能力人的权利受到他人损害

《总则编解释》第 36 条规定:"无民事行为能力人或者限制民事行为能力人的权利受到损害的,诉讼时效期间自其法定代理人知道或者应当知道权利受到损害以及义务人之日起计算,但是法律另有规定的除外。"关于无民事行为能力人或者限制民事行为能力人的权利受到损害的时效起算期间

---

① 朱晓喆:《诉讼时效制度的价值基础与规范表达——〈民法总则〉第九章评释》,载《中外法学》2017 年第 3 期。

② 参见最高人民法院民事判决书,(2011)民提字第 304 号。

如何计算,《民法典》并没有作出具体规定,司法实践对此理解不一。因此,《总则编解释》第 36 条规定,诉讼时效期间自无民事行为能力人或限制民事行为能力人的法定代理人知道或者应当知道权利受到损害以及义务人之日起计算,这就是说,如果无行为能力人或限制民事行为能力人遭受他人侵害而受到损害的,必须从法定代理人知道或者应当知道之日起开始起算诉讼时效,而不是自受害人自己知道或应当知道时起算,这一规则与《民法典》第 34 条关于监护人职责的规定是一致的,既然监护人的职责就是保护被监护人的人身权利、财产权益以及其他合法权益,因此,在被监护人遭受侵害的情形下,应当自法定代理人知道或者应当知道开始起算更为合理。①

2. 无民事行为能力人或者限制民事行为能力人受到原法定代理人的侵害

《民法典》第 190 条规定:"无民事行为能力人或者限制民事行为能力人对其法定代理人的请求权的诉讼时效期间,自该法定代理终止之日起计算。"该条借鉴了国外的有益经验。② 法律之所以作出此种规定,主要是为了保护无民事行为能力人和限制民事行为能力人的利益。因为一方面,无民事行为能力人、限制民事行为能力人的法定代理关系通常是基于亲属关系产生的。在代理期间,若法定代理人滥用代理权侵害作为被代理人的无民事行为能力人或限制民事行为能力人利益,则被代理人由于民事行为能力的欠缺,难以判断其利益是否受到了侵害。另一方面,法定代理人和被代理人之间存在照管关系和信赖关系,被代理人即使知道其权利遭受了侵害,在该法定代理关系终止前,其也难以主张权利。此外,无民事行为能力人或者限制民事行为能力人与其法定代理人之间具有密切的感情关联,如果其通过诉讼主张权利,则可能会损害其与法定代理人之间的信赖或者情感关系,导致当事人之间的关系处于紧张状态,法定代理人更不会认真履行职责,其结果反而不利于保护被代理人。③

《民法典》第 190 条的适用应当具备如下条件:一是请求权主体是无民事行为能力人或限制民事行为能力人。由于该条是针对法定代理人所提出

---

① 参见贺荣主编:《最高人民法院民法典总则编司法解释理解与适用》,人民法院出版社 2022 年版,第 503 页。

② 参见《法国民法典》第 2252 条,《德国民法典》第 207 条,《日本民法典》第 158 条第 2 款。不过,我国的规定与比较法上的规定并非完全一致。例如,依据《德国民法典》第 207 条的规定,就子女与其父母之间的请求权以及类似的请求权而言,诉讼时效发生停止。

③ 参见石宏主编:《中华人民共和国民法总则条文说明、立法理由及相关规定》,北京大学出版社 2017 年版,第 512 页。

的请求权，因而，请求权主体仅限于无民事行为能力人和限制民事行为能力人。二是针对法定代理人提出请求。该规则适用于无民事行为能力人或者限制民事行为能力人针对法定代理人依法享有请求权的情形，例如，法定代理人不履行代理职责，甚至滥用代理权导致被代理人利益受损，被代理人有权请求代理人承担赔偿责任。

《总则编解释》第37条规定："无民事行为能力人、限制民事行为能力人的权利受到原法定代理人损害，且在取得、恢复完全民事行为能力或者在原法定代理终止并确定新的法定代理人后，相应民事主体才知道或者应当知道权利受到损害的，有关请求权诉讼时效期间的计算适用民法典第一百八十八条第二款、本解释第三十六条的规定。"该条实际上补充了《民法典》第190条对法定代理人诉讼时效期间的规定，依据《民法典》第190条的规定，无民事行为能力人、限制民事行为能力人在遭受法定代理人侵害的情形下，其请求权的诉讼时效期间应当自法定代理终止之日起计算，但如果作为被监护人的无民事行为能力人、限制民事行为能力人可能对其权利遭受法定代理人侵害并不知情，自法定代理终止之日开始起算诉讼时效显然不利于保护被代理人的利益。因此，《总则编解释》第37条规定，即使原法定代理关系已经终止，诉讼时效期间也不开始起算，而明确规定适用《民法典》第188条第2款规定，即自权利人或新的法定代理人知道或应当知道权利受到损害以及义务人之日起计算，该规定考虑到了权利人权利救济的上述困境，更有利于保护被监护人的利益。[①]

（三）未成年人遭受性侵害的损害赔偿请求权

《民法典》第191条规定："未成年人遭受性侵害的损害赔偿请求权的诉讼时效期间，自受害人年满十八周岁之日起计算。"该条是针对未成年人的特别保护规则，设立的宗旨主要是为了保护未成年受害人的利益。因为一方面，在受害人成年前，难以判断其损害的具体程度，甚至不知道自己遭受了侵害；或者受害人虽然知道自己遭受侵害，但在成年之前，其不愿或者不敢站出来主张权利，因此，通过该条规定，进一步加强了对未成年人的保护。另一方面，该条规定与《民法典》第128条关于对未成年人特别保护的规则也是一致的。[②]

《民法典》第191条借鉴了《德国民法典》第208条的规定，后者规定：

---

① 参见贺荣主编：《最高人民法院民法典总则编司法解释理解与适用》，人民法院出版社2022年版，第510页。

② 黄薇主编：《中华人民共和国民法典总则编解读》，中国法制出版社2020年版，第634页。

"到债权人满21岁时为止，因侵害性的自主决定而发生的请求权的消灭时效停止……"但我国《民法典》与《德国民法典》的上述规定也存在一定差别，《德国民法典》规定的是受害人成年前诉讼时效不完成[①]，而我国《民法典》规定此种请求权的诉讼时效在受害人年满18周岁前不开始起算，而自其成年时起算。依据该条规定，就赔偿范围而言，受害人不仅有权请求行为人承担财产损害赔偿责任，在符合精神损害赔偿条件时，无论行为人的行为属于治安违法行为，还是犯罪行为，受害人均应当有权请求行为人承担精神损害赔偿责任。[②] 同时，在受害人成年前，应当由其法定代理人代为行使请求权，如果受害人在年满18周岁以后，对法定代理人的处理不满意，可以再次主张其请求权。[③] 因此，该条规定此种请求权的诉讼时效期间自受害人年满18周岁时起算。如果符合中止、中断的情形的，也可以发生中止、中断的效力。

（四）未约定履行期限的合同债权诉讼时效的起算

关于未约定履行期限的合同债权诉讼时效的起算，《诉讼时效司法解释》第4条规定："未约定履行期限的合同，依照民法典第五百一十条、第五百一十一条的规定，可以确定履行期限的，诉讼时效期间从履行期限届满之日起计算；不能确定履行期限的，诉讼时效期间从债权人要求债务人履行义务的宽限期届满之日起计算，但债务人在债权人第一次向其主张权利之时明确表示不履行义务的，诉讼时效期间从债务人明确表示不履行义务之日起计算。"依据该条规定，首先，对未约定履行期限的合同而言，需要依据《民法典》第510条、第511条明确其履行期限，如果可以确定履行期限，则该合同债权的诉讼时效自履行期限届满之日起算。其次，如果无法确定履行期限，则债权人可以随时请求债务人履行债务，但并不意味着一经请求，债权人的债权立刻就得以实现，基于诚信原则，通常需要给债务人一定的宽限期，自该宽限期届满之日起，开始起算该合同债权的诉讼时效。当然，在债权人向债务人提出请求后，如果债务人明确拒绝履行，此时即可从债务人拒绝履行之日起计算该合同债权的诉讼时效。

---

① ［德］本德·吕特斯、［德］阿斯特丽德·施塔德勒：《德国民法总论》，于馨淼、张姝译，法律出版社2017年版，第82页。

② 杨丽珍：《〈民法总则〉第191条之解释论》，载《西北大学学报（哲学社会科学版）》2017年第4期。

③ 参见石宏主编：《中华人民共和国民法总则条文说明、立法理由及相关规定》，北京大学出版社2017年版，第455页。

（五）合同被撤销后返还财产、赔偿损失请求权诉讼时效的起算

《诉讼时效司法解释》第5条第2款规定："合同被撤销，返还财产、赔偿损失请求权的诉讼时效期间从合同被撤销之日起计算。"该条对合同被撤销后返还财产、赔偿损失请求权的诉讼时效起算规则作出了规定，依据《民法典》第157条的规定，在合同被撤销后，当事人即应当依法负担返还财产、赔偿损失的义务，如果义务人未依法履行该义务，则可认定权利人知道或者应当知道其权利受到损害，且权利人已知道义务人，此时即可起算诉讼时效。

（六）不当得利返还请求权诉讼时效的起算

《诉讼时效司法解释》第6条规定："返还不当得利请求权的诉讼时效期间，从当事人一方知道或者应当知道不当得利事实及对方当事人之日起计算。"该条对不当得利返还请求权的诉讼时效起算规则作出了规定，依据该规定，不当得利返还请求权诉讼时效的起算需要具备两个要件：一是当事人知道或者应当知道不当得利的事实；二是当事人一方知道对方当事人。不当得利的发生，可能基于受损人行为，或者基于受益人行为，或者基于第三人行为，或者基于事件，而这里的"对方当事人"，并非引起不当得利发生的当事人，而是指受损人返还请求权所指向的对方，即受益人。[①]

（七）无因管理请求权诉讼时效的起算

在无因管理中，管理人对本人依法享有请求给付必要费用、赔偿损失的请求权，而本人也依法对管理人享有赔偿损失的权利，二者的诉讼时效起算规则存在一定的区别，依据《诉讼时效司法解释》第7条第1款的规定，管理人对本人所享有的给付必要管理费用、赔偿损失请求权的诉讼时效期间，自无因管理行为结束并且管理人知道或者应当知道本人之日起计算。因为只有无因管理行为结束，管理人才能确定其必要费用以及损失的具体程度与数额，只有管理人知道或者应当知道本人，管理人才能行使其请求权，自此才可起算其请求权的诉讼时效。该条第2款规定："本人因不当无因管理行为产生的赔偿损失请求权的诉讼时效期间，从其知道或者应当知道管理人及损害事实之日起计算。"依据该规定，本人对管理人赔偿损失请求权的起算既需要本人知道或者应当知道管理人，又需要本人知道损害事实，这实际上也是《民法典》第188条关于诉讼时效起算一般规则的具体化。

三、最长诉讼时效的起算

《民法典》第188条第2款规定的20年的最长诉讼时效以"权利受到损

---

① 朱庆育：《民法总论》（第2版），北京大学出版社2016年版，第555页。

害之日”作为起算时点。这一时点采取了客观的起算时点标准,因而与采取主观标准的一般诉讼时效起算方式存在显著的区别。依据这一规定,最长诉讼时效自侵权、违约、缔约过失、不当得利、无因管理等请求权发生事由导致权利人的权利遭受损害时开始计算。①

立法之所以在此采取了客观的计算标准,主要是出于以下理由:一方面,防止最长诉讼时效制度被滥用。虽然一般诉讼时效以主观方式确定起算时点,但是对于最长诉讼时效而言,如果仍然采取主观标准,由于“知道或应当知道标准”具有不确定性,因而可能被滥用,从而使得20年的期限再获得不当的延长,而这也与最长诉讼时效制度的立法目的相违背。另一方面,有利于保持权利的确定性、安定性和可预期性。《民法典》之所以设置最长诉讼时效,主要是考虑到有一些损害可能会持续潜伏,在短期内无法确定是否会发生损害,而只能在相当长一段时间后才能确定。如果对于最长诉讼时效制度仍然采取主观标准起算,就与尽快实现权利和法律关系的确定性和安定性相矛盾,也与一般诉讼时效制度的功能存在重叠。② 此外,有利于限制法官自由裁量权。由于最长诉讼时效为20年,已经是一段相当长的时间,在此期间可能发生诸多情况的变化,举证也会变得非常困难。如果仍然将“知道或应当知道”作为起算标准,法官对于“知道或应当”的认定中的自由裁量权过大,可能不利于裁判的统一。

第五节　诉讼时效期间的中断、中止和延长

一、诉讼时效期间的中断

(一)诉讼时效期间中断的概念

所谓诉讼时效期间的中断,是指诉讼时效期间进行中因法定事由的发生,推翻了诉讼时效存在的基础,因此使已进行的期间全部归于无效,诉讼时效重新起算。③《民法典》第195条规定:“有下列情形之一的,诉讼时效中断,从中断、有关程序终结时起,诉讼时效期间重新计算:(一)权利人向义务人提出履行请求;(二)义务人同意履行义务;(三)权利人提起诉讼或者申请仲裁;(四)与提起诉讼或者申请仲裁具有同等效力的其他情形。”该条对诉讼时效期间的中断作出了规定。诉讼时效的中断具有如下特点:第一,

---

① 参见陈甦主编:《民法总则评注》(下册),法律出版社2017年版,第1358页。

② 参见黄薇主编:《中华人民共和国民法典总则编解读》,中国法制出版社2020年版,第582页。

③ 王泽鉴:《民法总则》,北京大学出版社2009年版,第533页。

时效的中断发生在时效的进行之中,如果时效期间尚未开始计算,或时效已经届满,则不适用诉讼时效中断。第二,发生了一定的法定事由导致时效存在的基础被推翻。诉讼时效设立的根本目的是使怠于行使权利的权利人受到不利益,但如果出现了权利人行使权利的事实,仍然使权利人的权利继续受到时效的约束,这就与诉讼时效的目的相违背。[①] 第三,时效的中断在效力上使已经进行的归于无效,从中断或有关程序终结时起,诉讼时效时间重新计算。

（二）诉讼时效期间中断的事由

导致时效期间中断的事由是由法律明确规定的,且是在时效期间进行过程中发生的。法律规定这些事由的依据在于,这些事由都表明权利人在积极地行使权利,从而导致诉讼时效适用的基础丧失。由于时效中断会阻碍时效期间的完成,对于当事人的利益影响甚大,所以,必须由法律作出明确规定。这就意味着当事人不能约定诉讼时效中断的事由。无论是权利人提出履行义务的请求,还是义务人的认诺,都应当以意思表示的方式作出,其主要具有如下特征:一是意思也应当明确,即权利人主张义务人履行义务的意思和义务人认诺的意思应当明确。[②] 除权利人主张权利和义务人认诺外,权利人在提起诉讼或者申请仲裁时,其主张权利的意思也应当明确,否则无法依法产生诉讼时效中断的效力。二是当事人必须将其内心意思表示于外,如果当事人虽然有相关的内心意思,但如果只是藏于内心,而没有表示出来,则无法产生主张权利或者认诺的效力。三是相关的意思必须到达相对人,即不论是权利人请求义务人履行义务的意思表示,还是义务人同意履行义务的意思表示,都必须到达相对人,才能产生主张权利或者认诺的效力。当然,按照意思表示生效的规则,在意思表示到达相对人后,相对人是否受领,并不影响该意思表示的生效。[③] 四是权利人主张权利与义务人认诺的效力具有即时性,即相关的意思表示一旦生效,即可依法产生诉讼时效中断的效力。在实践中,权利人必须举证证明中断事由的存在,法院不能主动援引法律关于中断的规定而使时效中断。[④] 依据《民法典》第 195 条的规定,中断的事由包括如下几种。

---

① 施启扬:《民法总则》(修订第八版),中国法制出版社 2010 年版,第 354 页。

② Vgl. Helmut Grothe, Kommentar zum §212, in: Münchener Kommentar zum BGB, 9 Aufl., München: C. H. Beck, 2021, Rn. 6.

③ 参见杨巍:《中国民法典评注・规范集注第 1 辑:诉讼时效・期间计算》,中国民主法制出版社 2022 年版,第 198 页。

④ 参见陈甦主编:《民法总则评注》(下册),法律出版社 2017 年版,第 1405 页。

1. 权利人向义务人提出履行请求

权利人向义务人提出履行请求,实际上就是权利人主动行使权利。权利人既可以向义务人主张权利,也可以向其代理人主张权利。一旦提出“履行请求”,就表明权利人积极行使了权利,从而应当导致时效的中断。①《民法典》第195条所说的“提出履行请求”的认定,必须满足两个条件。

(1)必须向义务人提出请求。请求可以采取书面、口头等各种形式,请求的内容必须是要求义务人履行义务。请求既可以向义务人作出,也可以向义务人的代理人、财产代管人和遗产管理人等提出,但请求不能向第三人提出。《总则编解释》第38条第2款规定:“权利人向义务人的代理人、财产代管人或者遗产管理人等提出履行请求的,可以认定为民法典第一百九十五条规定的诉讼时效中断。”依据该规定,权利人向义务人提出请求并不当然需要向义务人本人提出,其向义务人的代理人、财产代管人或者遗产管理人等提出履行义务的请求的,表明权利人也在积极主张权利,此时也应当产生诉讼时效中断的效力。

此外,依据《诉讼时效司法解释》第8条规定,在如下情形下,也应当认定权利人向义务人提出了请求:一是当事人一方直接向对方当事人送交主张权利文书,对方当事人在文书上签名、盖章、按指印或者虽未签名、盖章、按指印但能够以其他方式证明该文书到达对方当事人的。权利人向义务人送交主张权利的文书,表明权利人在积极主张权利,此时应当产生诉讼时效中断的效力。同时,依据该条规定,在权利人向义务人送交主张权利文书的情形下,如果义务人为法人或者其他组织,则签收人可以是其法定代表人、主要负责人、负责收发信件的部门或者其他被授权主体;如果义务人是自然人,则签收人可以是义务人本人,或者是与义务人同住的具有完全行为能力的亲属或者其他被授权主体。二是当事人一方以发送信件或者数据电文方式主张权利,信件或者数据电文到达或者应当到达对方当事人的。如果权利人向义务人发送信件或者数据电文,并通过该方式主张权利,则表明权利人在积极主张权利,一旦到达义务人,应当产生诉讼时效中断的效力。三是当事人一方为金融机构,依照法律规定或者当事人约定从对方当事人账户中扣收欠款本息的。金融机构按照法律规定或者当事人约定从义务人账户中扣收欠款本息的,表明作为权利人的金融机构已在积极主张权利,因此可以产生诉讼时效中断的效力。四是当事人一方下落不明,对方当事人在国家级或者下落不明的当事人一方住所地的省级有影响的媒体上刊登具有主

---

① 郑玉波:《民法总则》,中国政法大学出版社2003年版,第508页。

张权利内容的公告的,产生诉讼时效中断的效力。但法律和司法解释另有特别规定的,适用其规定。在义务人下落不明时,权利人客观上难以主张权利,此时,如果其依法在相关公告中载明主张权利的内容,也表明其在积极主张权利,因此可以产生诉讼时效中断的效力。

(2)权利人请求的意思表示必须到达义务人。依据我国《民法典》的规定,非以对话方式作出的意思表示的生效通常采到达主义,也就是说,意思表示必须到达相对人,才能生效。因此,在权利人向义务人提出请求后,其意思表示也必须到达义务人,否则不发生时效中断的效力。同时,只要权利人主张权利的请求到达义务人,即可发生法律效力,至于权利人的请求是否有充足的理由,并不影响其中断诉讼时效的效力。中断应该从请求到达义务人之日起计算。

2. 义务人同意履行义务

比较法上普遍规定,义务人的认诺就足以构成诉讼时效的中断。所谓"认诺",是指义务人对权利人表示承认其权利的存在,只要承认义务的存在,无须义务人同意履行即可导致时效中断。[①] 但我国《民法典》第195条规定,义务人必须同意履行义务才能导致时效中断,这与比较法上的做法有所不同。之所以作出如此规定,是因为义务人可能承认义务的存在,但拒绝履行义务,如此还不足以导致时效的中断。

依据《民法典》第195条规定,义务人认诺也将导致诉讼时效中断,义务人的认诺应当符合如下条件:

一是必须针对某项特定的义务。换言之,如果义务人对权利人负担多项义务,而其仅同意履行某项特定的义务,则对其他的义务无法产生诉讼时效中断的效力。例如,债务人对债权人负担1000万元的债务,但其仅同意履行500万元债务,此时,仅针对该500万元债务的履行产生诉讼时效中断的效力。

二是必须同意履行债务。依据《民法典》第195条规定,义务人必须同意履行义务才能产生诉讼时效中断的效力,如义务人不仅承认债务存在,而且向权利人表示同意作出履行,或者向权利人寄送信函,表示同意偿还借款,才能导致诉讼时效中断。法律作出此种规定的理由在于,义务人同意履行义务,即意味着双方的权利义务关系已经处于确定状态,权利人和义务人之间的权利义务关系才能重新明确、稳定下来,此时,已经进行的诉讼时效

---

① 杨巍:《民法时效制度的理论反思与案例研究》,北京大学出版社2015年版,第367页。

期间也就没有继续维持的必要，即产生诉讼时效中断的效力。[①] 但此处所说的“同意履行债务”，只需要义务人承认债务的存在并且未明确表明不履行债务，即为同意履行债务。这与《民法典》第 192 条第 2 款中的同意履行不同。毕竟一个是时效中断，另一个是时效届满后的放弃抗辩，两者规定的情形不同。

三是义务人同意履行义务。此种同意既可以是明示的，也可以是默示的。[②] 按照《诉讼时效司法解释》第 14 条的规定，“义务人作出分期履行、部分履行、提供担保、请求延期履行、制定清偿债务计划等承诺或者行为的”，都可以认定为义务人同意履行义务。因为这些行为都表明义务人对权利人的权利存在予以认可，从而使双方的法律关系重新趋于稳定，在此情况下，时效适用的理由不复存在，因此应当导致时效的中断。学理上常常将此种情况称为“与起诉具有同一效力的事项”。[③]

3. 权利人提起诉讼或者申请仲裁

第一，权利人提起诉讼。它是指权利人在人民法院提起诉讼，请求法院强制义务人履行义务。此处所说的诉讼，是指民事诉讼，无论是本诉、反诉还是刑事附带民事的诉讼，均为行使权利的行为。一旦提起诉讼，即导致时效中断。一般认为，申请仲裁、申请送达支付令、申请调解等事项也可以导致时效中断。《诉讼时效司法解释》第 10 条规定：“当事人一方向人民法院提交起诉状或者口头起诉的，诉讼时效从提交起诉状或者口头起诉之日起中断。”据此可见，一旦提起诉讼，便发生时效的中断，但由于诉讼本身有一个过程，时效中断以后，诉讼过程都应当视为权利人行使权利的持续状态。因此，因起诉引起时效中断，新的时效期间应从该诉讼过程结束时起再重新计算。[④]

依据《诉讼时效司法解释》第 10 条的规定，起诉不符合条件未予受理或被驳回，虽然不构成法律上的起诉，但未必就不能导致时效的中断。因为权利人提起诉讼表明其已经主张了权利，或者说已经有确凿的证据证明其已经向义务人主张了权利。起诉本身就表明权利人已经在积极行使权利，至于是否受理只是表明权利行使的方式是否正确的问题，因此，即使起诉不符

---

① 参见黄薇：《中华人民共和国民法典总则编解读》，中国法制出版社 2020 年版，第 653 页。中国审判理论研究会民事审判理论专业委员会编著：《民法典总则编条文理解与司法适用》，法律出版社 2020 年版，第 363 页。

② 王泽鉴：《民法总则》，北京大学出版社 2009 年版，第 508 页。

③ 王泽鉴：《民法总则》，北京大学出版社 2009 年版，第 534 页。

④ 魏振瀛主编：《民法》（第 4 版），北京大学出版社、高等教育出版社 2010 年版，第 209 页。

合条件未予受理或被驳回,仍然可以构成时效中断的理由。

需要讨论的是,如果权利人起诉以后又撤诉,是否导致诉讼时效的中断?在"广西融海房地产开发有限公司与广西壮族自治区德保县糖厂借款担保合同纠纷案"中,最高人民法院认为,撤诉也可以导致诉讼时效的中断。[①] 笔者认为,当事人起诉后又撤诉的,不应导致诉讼时效中断,但如果起诉状已经送达义务人,可以解释为因为"权利人向义务人提出履行请求"而导致时效中断。[②]

第二,申请仲裁。它是指权利人在仲裁机构申请就争议进行仲裁。只要权利人的仲裁申请符合法律规定,就可以发生时效中断的效力。因为仲裁与诉讼类似,都是权利人行使其权利的重要途径,权利人申请仲裁也表明其积极地行使了权利。

4. 与提起诉讼或者申请仲裁具有同等效力的其他情形

如果出现了与提起诉讼或者申请仲裁具有同等效力的其他情形(例如,权利人向有关机关提出保护自己权利的请求),也足以表明权利人已经积极行使了其权利,理应导致诉讼时效的中断。严格地说,引起诉讼时效中断的事由并非仅限于权利人的起诉。实际上,除了起诉之外,提起调解、仲裁及其他司法程序也同样应引起时效中断。[③] 对《民法典》第 195 条中"与提起诉讼或者申请仲裁具有同等效力的其他情形"的含义,可以结合《诉讼时效司法解释》的规定进行理解,其主要包括三种情况。

第一,权利人从事申请支付令等主张权利的行为。在司法实践中,除提起诉讼外,权利人主张权利还有其他一些方式,如申请支付令的行为,权利人从事此类行为表明其已经主张权利,应当产生诉讼时效中断的效力。依据《诉讼时效司法解释》第 11 条的规定,在如下几种情形下,也应当认定权利人已经主张了权利,并导致诉讼时效中断:一是申请支付令。依据《民事诉讼法》第 221 条至第 224 条的规定,所谓申请支付令,是指由债权人向法院提出请求,并由法院发布以给付金钱、有价证券为内容的支付令的一种督促程序。二是申请破产和申报破产债权。申请破产、申报破产债权旨在启动破产程序,当事人从事此种行为,也是为了使可能丧失清偿能力的债务人向自己清偿债务,应当认定债权人已经主张了权利。三是申请宣告义务人

---

① 《民事审判指导与参考》2011 年第 3 期。

② [日]我妻荣:《新订民法总则》,于敏译,中国法制出版社 2008 年版,第 428 页。

③ 朱岩:《消灭时效制度中的基本问题——比较法上的分析—兼评我国时效立法》,载《中外法学》2005 年第 2 期。

失踪或死亡。债权人申请宣告债务人失踪或者宣告死亡，目的在于终结权利的不确定状态，从而实现自己的债权。四是申请诉前财产保全和诉前临时禁令等诉前措施。债权人实施此类行为的目的在于防止债务人转移财产，从而确保自己的债权能够得到清偿，其也可以产生主张债权的效力，从而导致诉讼时效中断。五是申请强制执行。申请强制执行旨在启动执行程序，以实现债权，债权人申请强制执行的，表明其已经主张债权，将因此导致诉讼时效中断。六是申请追加当事人或者被通知参加诉讼、在诉讼中主张抵销等。债权人申请追加当事人，或者被通知参加诉讼并在诉讼中主张权利的，表明权利人已经在请求人民法院、仲裁机构等保护其民事权益，应当可以产生诉讼时效中断的效力。

第二，权利人向人民调解委员会以及其他依法有权解决相关民事纠纷的机构提出请求。《诉讼时效司法解释》第12条规定："权利人向人民调解委员会以及其他依法有权解决相关民事纠纷的国家机关、事业单位、社会团体等社会组织提出保护相应民事权利的请求，诉讼时效从提出请求之日起中断。"依据该条规定，权利人向人民调解委员会以及其他依法有权解决相关民事纠纷的机构提出请求也可以导致诉讼时效中断，如果经调处达不成协议，诉讼时效期间即重新起算；如果调处达成协议，义务人未按协议所约定的期限履行义务的，诉讼时效期间应从该期限届满时重新起算。

第三，权利人向公安机关、人民检察院、人民法院报案或者控告。《诉讼时效司法解释》第13条规定："权利人向公安机关、人民检察院、人民法院报案或者控告，请求保护其民事权利的，诉讼时效从其报案或者控告之日起中断。上述机关决定不立案、撤销案件、不起诉的，诉讼时效期间从权利人知道或者应当知道不立案、撤销案件或者不起诉之日起重新计算；刑事案件进入审理阶段，诉讼时效期间从刑事裁判文书生效之日起重新计算。"依据该条规定，只要权利人向公安机关、人民检察院、人民法院报案或者控告，无论上述机关是否立案、是否撤销案件或者决定不起诉，都将产生诉讼时效中断的效果。

（三）诉讼时效中断的特殊规定

1. 连带之债中的时效中断

所谓连带之债，包括连带债权和连带债务，前者是指债权人或者债务人一方为二人以上，依照法律的规定或者当事人的约定，享有连带债权的每个债权人，都有权要求债务人履行义务；后者是指负有连带债务的每个债务人，都负有清偿全部债务的义务。《诉讼时效司法解释》第15条第1款规定："对于连带债权人中的一人发生诉讼时效中断效力的事由，应当认定对其他连带债权人也发生诉讼时效中断的效力。”这就明确了时效中断事由属于绝对效力事项。在连带债权中，每个债权人都有权请求各个债务人履行全部的义务，也可以向全部债务人请求履行全部债务。这种请求权可以针对一个债务人行使，也可以针对全部债务人行使。如果债务已被全部清偿，无论为债务人中一人或数人清偿，还是为债务人全体清偿，各债务人的债务都已消灭，均不再对债权人负清偿义务。如果连带债权人中的一人提起诉讼、主张权利等，也会对其他债权人发生时效中断的效果。例如，在甲、乙两人共同继承房屋一套，但尚未分割，邻居丙改造房屋时造成该房屋的损害，因此，甲、乙都对丙享有债权。甲、乙中任何一人起诉丙，都会导致诉讼时效中断。

在连带债务中，出于保护债权人利益考虑，对于连带债务人一人发生中断的事由，也应当导致对其他债务人的时效中断。《诉讼时效司法解释》第15条第2款规定：“对于连带债务人中的一人发生诉讼时效中断效力的事由，应当认定对其他连带债务人也发生诉讼时效中断的效力。”例如，甲、乙二人共同将丙打伤，甲和丙达成和解协议，这同时也导致甲和乙之间债权的诉讼时效中断。

2. 代位权诉讼中的时效中断

所谓债权人的代位权是指因债务人怠于行使其到期债权，对债权人造成损害的，债权人可以向人民法院请求以自己的名义代位行使债务人的债权。在代位权诉讼的情况下，债权人虽然是代替债务人向次债务人主张权利，但是，因提起代位诉讼的事实已经表明，债权人向债务人已积极行使权利，因此，就债权人所享有的债权而言，其应当发生诉讼时效中断的效果。另外，债权人一旦行使代位权，也将在债权人和次债务人之间发生代位诉讼关系，次债务人应作为被告参与诉讼，不得以其与债权人之间无合同关系为由，拒绝参与诉讼或以此为由提出抗辩。这就意味着，债务人所享有的债权也已经被积极地行使，就债务人所享有的对次债务人的债权而言，也应当导致诉讼时效的中断。基于上述原因，《诉讼时效司法解释》第16条规定：“债权人提起代位权诉讼的，应当认定对债权人的债权和债务人的债权均发生诉讼时效中断的效力。”这就明确了代位权诉讼中诉讼时效中断的特殊规则。

3. 债权移转中的时效中断

债权移转包括债权让与和债务承担。按照《诉讼时效司法解释》第17条第1款的规定：“债权转让的，应当认定诉讼时效从债权转让通知到达债务人之日起中断。”因为按照我国现行的法律规定，债权的转让是债权人对自己权利的处分，是权利人行使自己权利的行为，而且债权转让以通知债务人为要件，通知债务人本身意味着当事人在对债务人行使自己的债权，包含了请求的意思，可以引起时效的中断。

按照《诉讼时效司法解释》第17条第2款的规定："债务承担情形下，构成原债务人对债务承认的，应当认定诉讼时效从债务承担意思表示到达债权人之日起中断。"该条作出此种规定的原因在于：在债务承担的情况下，债务的移转本身即包含了请求的意思，也可以引起诉讼时效的中断。因为债务的移转必须征得债权人的同意，而如果债权人表示同意，其实也是表明债权人在行使自己的权利，因此债务的承担也应该引起诉讼时效的中断。当然，该时效中断应当从债务承担的意思表示到达债权人之日起算。

4. 权利人就部分债权主张权利的时效中断

通常来说，权利人主张权利，都是就同一债权的全部主张权利。但是，在例外情况下，权利人可能仅就该债权中的部分主张权利。按照《诉讼时效司法解释》第9条的规定："权利人对同一债权中的部分债权主张权利，诉讼时效中断的效力及于剩余债权，但权利人明确表示放弃剩余债权的情形除外。"依据这一规定，一方面，权利人对同一债权中的部分债权主张权利，诉讼时效中断的效力及于剩余债权。权利人对同一债权中部分债权主张权利的情形在实践中也时有发生，例如，在合同履行中，债权人仅主张了部分履行，或者仅主张了部分价款的支付。无论权利人主张的范围大小，只要权利人主张了权利，就推定其就整个债权行使权利，因此，应当导致诉讼时效的中断。另一方面，权利人明确表示放弃剩余债权的，该部分债权因抛弃而丧失，因此，其不应再适用诉讼时效，也不可能发生诉讼时效的中断。

（四）诉讼时效中断的效果

诉讼时效一旦中断，将发生如下效果。

第一，已经经过的时效统归无效。已经计算的时效只要尚未届满都可以因为中断事由的出现而失去效力。例如，在诉讼时效因权利人提出请求而中断时，则在权利人请求的通知到达义务人时，诉讼时效开始中断。[①] 原来的时效经过不会产生任何的法律效力。

第二，中断事由消除以后，时效期间重新计算。诉讼时效中断后，已经经过的诉讼时效将归于无效，诉讼时效期间将重新计算。诉讼时效中断后，重新计算的时效期间究竟应当有多长？笔者认为，既然法律根据不同的情况适用普通时效和特别时效，那么在中断以后仍然应当适用原来的时效期间重新计算。这就是说，原来是普通时效的，中断后仍然适用普通时效的期

---

① 郑玉波：《民法总则》，中国政法大学出版社2003年版，第520页。

间;原来是特别时效的,中断后应当按照特别时效期间重新计算。

第三,在时效中断以后,可能会发生时效再次中断的效果。依据《总则编解释》第 38 条第 1 款的规定:“诉讼时效依据民法典第一百九十五条的规定中断后,在新的诉讼时效期间内,再次出现第一百九十五条规定的中断事由,可以认定为诉讼时效再次中断。”诉讼时效发生中断后,在新的诉讼时效期间内,如果再次出现诉讼时效中断的事由,则诉讼时效可以再次中断。同时,根据该条第 2 款的规定,权利人向义务人的代理人、财产代管人或者遗产管理人主张权利的,可以认定诉讼时效中断。因此,诉讼时效中断后,如果再次出现诉讼时效中断的事由,仍然可以发生诉讼时效中断的效力,法律上并没有限制中断的次数。

二、诉讼时效期间的中止

(一)诉讼时效期间中止的概念

所谓诉讼时效期间的中止,是指在诉讼时效期间进行中,因发生一定的法定事由使权利人不能行使请求权,从而暂时停止计算诉讼时效期间。广义的中止还包括时效的不完成,即在时效即将完成之际,因一定事由的存在,而使已应完成的时效于该事由消灭后的法定期间内,暂缓完成。我国现行民法仅仅承认时效的中止,而未承认时效的不完成。[①]《民法典》第 194 条第 1 款规定:“在诉讼时效期间的最后六个月内,因下列障碍,不能行使请求权的,诉讼时效中止:(一)不可抗力;(二)无民事行为能力人或者限制民事行为能力人没有法定代理人,或者法定代理人死亡、丧失民事行为能力、丧失代理权;(三)继承开始后未确定继承人或者遗产管理人;(四)权利人被义务人或者其他人控制;(五)其他导致权利人不能行使请求权的障碍。”该条对诉讼时效的中止作出了规定。

法律之所以规定诉讼时效中止,主要是为了保证权利人具有积极行使其权利的足够时间,不至于因为权利人不可控制的原因而发生诉讼时效届满的效果,因此,在出现特定事由的情形下,为保护权利人利益,阻止诉讼时效在最后阶段继续进行,避免在阻碍事由存续期间内完成时效。[②] 同时,规定诉讼时效中止制度也符合设立诉讼时效制度的宗旨。诉讼时效制度主要是通过使权利人失去一定利益以敦促权利人及时行使其权利,避免权利人“睡眠于权利之上”,但在因不可抗力等客观原因造成权利人不能行使请求权的情形时,权利人主观上并没有行使权利的懈怠,如果令其承担时效届满

---

① 也有学者认为,《民法典》第 194 条在性质上属于诉讼时效的不完成。

② 施启扬:《民法总则》(修订第八版),中国法制出版社 2010 年版,第 366 页。

的后果,则违背了时效制度设定的宗旨。

诉讼时效中止不同于诉讼时效中断,二者的区别主要表现在:第一,发生的时间不同。时效中止发生在时效期限届满前6个月,而时效中断可以发生在时效进行中的任何一个阶段。第二,发生的事由不同。中止的法律事由通常是当事人主观意志所不能控制的事由,如不可抗力。而中断的法定事由一般都是当事人主观意志所能够左右的。例如,提出请求或提起诉讼,都是当事人主观上能控制的。导致诉讼时效中止的事由一般是自然事件,而导致诉讼时效中断的事由一般是人的行为。第三,法律效果不同。中止的法律效果在于使中止事由发生的时间不计入时效期间,或者说将该期限从时效期间内排除,中止事由发生前经过的时效期间仍然有效,诉讼时效期间中止的事由消除后,诉讼时效期间仍有6个月才届满。而诉讼时效中断的法律效果是在中断事由发生以后,已经经过的时效期间全部归于无效,重新开始计算时效期间。[①]

(二)诉讼时效期间中止的条件

依据《民法典》第194条的规定,诉讼时效中止的前提是因各种原因导致权利人不能行使请求权,如何理解权利人"不能行使请求权"?对此可以区分为请求权行使的绝对障碍与相对障碍两种情形。一是绝对障碍,它是指出现了特大洪水、海难事故,或者出现了突发疾病急需抢救等特殊情形,导致权利人通信中断,无法对外联系。二是相对障碍,它是指相关事由的发生虽然导致权利人请求权的行使遇到障碍,但请求权的行使并非绝对不可能。例如,在新冠肺炎疫情期间,权利人因为涉及疫情管控而被隔离,但其仍然可以通过电话与外界联系,此种情形即为请求权行使的相对障碍。诉讼时效中止的条件是权利人不能行使请求权,即按照一般人的观点,请求权的行使颇为困难,而非通信中断等原因导致请求权绝对不能行使,如果仅仅限于绝对障碍的情形,将导致诉讼时效中止的条件变得过于苛刻,不利于对权利人的保护。因此,无论是绝对障碍,还是相对障碍,都应当属于诉讼时效中止的事由。具体而言:

1. 出现了诉讼时效中止的法定事由

《民法典》第194条规定了诉讼时效中止的法定事由,总体而言,这些中止事由具有以下几个方面的特征:一是具有客观性。导致诉讼时效中止的事由应当是不以权利人主观意志为转移、权利人无法控制的情事。权利人只有因为客观原因导致在一定的期限行使权利遇到障碍的,才能够符合中

① 王泽鉴:《民法总则》,北京大学出版社2009年版,第540页。

止的条件。[①] 例如,疫情就是权利人主观上无法控制的事由。二是具有完全障碍性。这就意味着中止事由的发生必须是完全阻止了权利人行使权利的可能。在诸如权利人被依法采取强制措施或服刑、羁押等场合,不能认为具有权利行使的完全障碍,因为权利人仍然可以委托他人代为行使请求权。[②] 因此,不能认为上述情形构成中止事由。与此相似,义务人下落不明也不能完全阻止请求权的行使,债权人可以通过向义务人提起诉讼等方式行使权利。[③] 三是具有持续性。中止事由应当具有持续地阻碍权利行使的状态,而如果只是在某一时间点或较为短暂的时间段内不能行使权利,则不应当认为发生中止的效果。[④] 基于这一原因,《民法典》第 194 条虽然规定了继承开始后,没有确定继承人或遗产管理人时可以适用诉讼时效中止,但是在解释上,应当对其限缩,如果在较短的时间内可以确定继承人或遗产管理人,则不一定要发生诉讼时效中止的法律效果。

依据《民法典》第 194 条的规定,诉讼时效期间中止的事由有如下几种。

(1)不可抗力。不可抗力是不能预见、不能避免且不能克服的客观情况,[⑤]如战争、地震等。不可抗力是导致时效中止的主要事由,在发生不可抗力的情形下,权利人因为其意志以外的原因而无法主张权利,如果时效不中止,将导致不公平的后果。当然,不可抗力也并不当然产生诉讼时效中止的效力,也就是说,即使有不可抗力事由的发生,如果并没有影响到权利人行使权利的,也不能产生时效中止的效果。[⑥]

(2)无民事行为能力人或者限制民事行为能力人没有法定代理人,或者法定代理人死亡、丧失民事行为能力、丧失代理权。该项规定属于欠缺法定代理人时的时效中止。[⑦] 在诉讼时效期间的最后 6 个月内,如果权利人是无行为能力人或限制行为能力人,但没有法定代理人,或者法定代理人死亡、丧失代理权,或者法定代理人本人丧失行为能力的,则其在客观上将无法主张权利,依据《民法典》第 194 条的规定,诉讼时效将中止,从而为权利人预留必要的权利行使期间,以更好地保护无行为能力人和限制行为能力人的

---

① 参见杨代雄主编:《袖珍民法典评注》,中国民主法制出版社 2022 年版,第 178 页。

② 参见史尚宽:《民法总论》,中国政法大学出版社 2000 年版,第 690 页。

③ 参见陈甦主编:《民法总则评注》(下册),法律出版社 2017 年版,第 1397 页。

④ 参见杨巍:《〈民法典〉第 194 条(诉讼时效中止)评注》,载《南京大学学报(哲学·人文科学·社会科学)》2020 年第 6 期。

⑤ 参见《民法典》第 180 条第 2 款。

⑥ 李适时主编:《中华人民共和国民法总则释义》,法律出版社 2017 年版,第 615 页。

⑦ 参见陈甦主编:《民法总则评注》(下册),法律出版社 2017 年版,第 1398 页。

权利,使其利益不会因时效期间届满而受损。[①]

(3)继承开始后未确定继承人或者遗产管理人。在继承开始后,如果继承人尚未确定,则权利人在客观上无法有效地对被继承人的债务人主张权利,且其也无法对被继承人的遗产主张权利。如果没有确定遗产管理人,也会导致被继承人的遗产无法分割,这都会阻碍权利的行使。[②] 如果上述情况正好发生在诉讼时效期间的最后 6 个月内,也将导致继承人或遗产管理人不能行使权利。如果时效仍然继续计算,对于继承人或遗产管理人是不公平的。

(4)权利人被义务人或者其他人控制。如果权利人被义务人或者其他人控制,也将导致权利人客观上无法行使权利。此处所说的"控制",一般理解为权利人被限制人身自由。例如,权利人因被义务人扣押、拘禁而丧失行为自由,客观上无法主张权利。此时,也可以导致诉讼时效的中止。

(5)其他导致权利人不能行使请求权的障碍。依据《民法典》第 194 条的规定,如果出现了其他导致权利人不能行使请求权的障碍,也将产生诉讼时效中止的效力。该规定实际上是对诉讼时效中止的事由作出了兜底规定,法律上设置这一兜底条款是必要的。因为一方面,权利行使障碍的事由比较复杂,在发生权利人无法行使权利的障碍时,应当允许人民法院根据实际情况裁定时效的中止。毕竟中止不同于中断,中断将导致已进行的期间归于无效,而中止只是使时效期间不进行,即便设置兜底条款也不会导致时效期间的不确定。另一方面,如果中止事由中没有兜底条款,则会对权利的行使限制得过窄,从而不利于对权利人的权利进行保障。尤其应当看到,在实践中,出现了大量其他导致请求权行使的障碍事由,同样符合上述特征。例如,母公司作为子公司的债务人,但是由于子公司高管都由母公司任命而不向母公司主张债权,在短时间内,更换子公司高管存在难度,此时也应当认为构成诉讼时效中断的事由。在此,立法有必要对中止事由保持开放性,以应对复杂的实践需求。

2. 诉讼时效中止的事由发生在诉讼时效期间的最后 6 个月

依据《民法典》第 194 条的规定,诉讼时效中止的事由应当发生在诉讼时效期间的最后 6 个月。关于诉讼时效何时发生中止,有三种立法例:一是认为时效期间中止只能发生在时效期限完成的最后阶段。二是认为在时效期间,中止可以发生在时效进行中的任何时间,只要有法定事由存在,就应

---

① 黄薇主编:《中华人民共和国民法典总则编解读》,中国法制出版社 2020 年版,第 649 页。

② 黄薇主编:《中华人民共和国民法典总则编解读》,中国法制出版社 2020 年版,第 649 页。

中止时效期间。三是认为应当区分不同的情况,分别规定时效期限的停止和时效期间的不完成。[①]《民法典》第194条第1款规定:“在诉讼时效期间的最后六个月内,因下列障碍,不能行使请求权的,诉讼时效中止……”由此可见,该规定采纳了第一种主张,即诉讼时效的期间只能在最后6个月内发生中止。

(三)诉讼时效期间中止的效果

各国立法一般都承认在中止事由发生以后,对中止事由发生前的时效期间仍然有效。因中止事由的发生而使时效期间的计算暂时停止,等到中止事由消灭以后,时效期间继续计算。但对中止事由消灭后的时效期间如何计算,各国立法各不相同。一种规定是在中止事由消除以后,时效期间继续计算。另一种规定是中止事由消除以后的时效期间由法律特别规定。例如,《俄罗斯民法典》规定,剩余期限如果不足6个月,则延长至6个月。依据《民法典》第194条的规定,诉讼时效期间中止将产生如下效力。

1. 诉讼时效期间停止计算

依据《民法典》第194条第1款的规定,一旦出现诉讼时效中止的事由,诉讼时效期间即停止计算,中止事由消除之前的期间将不计入诉讼时效期间。

2. 中止事由发生前的时效期间仍然有效

诉讼时效中止不同于诉讼时效中断,诉讼时效期间一旦中断,其已经经过的时效期间将归于无效,诉讼时效期间重新起算。而在诉讼时效中止的情形下,已经经过的时效期间仍然有效。各国立法一般都承认在中止事由发生以后,中止事由发生前的时效期间仍然有效。

3. 中止事由消除后诉讼时效期间再计算6个月

中止的事由一旦消除,诉讼时效期间将再计算6个月。依据《民法典》第194条第2款的规定,“自中止时效的原因消除之日起满六个月,诉讼时效期间届满”。这就是说,无论诉讼时效期间中止前诉讼时效期间还剩余多少,在中止事由消灭后,剩余的诉讼时效期间统一为6个月。从比较法上来看,该条规定实际上是借鉴了比较法上的诉讼时效不完成制度,改造了我国诉讼时效中止制度。所谓诉讼时效不完成,是指在诉讼时效期间将近终止之时,因出现了请求权无法或者不便行使的事由,使应当完成的诉讼时效在该事由终止后的一定期间内暂缓完成,从而使权利人可以在该期间内行使

---

① 史尚宽:《民法总论》,中国政法大学出版社2000年版,第685~686页。

权利的制度。[①] 我国《民法典》虽然借鉴了比较法上的诉讼时效不完成制度，但又不完全等同于时效的不完成，两者的区别主要表现在三个方面：一是发生时间不同。诉讼时效不完成可以发生在诉讼时效期间的任何阶段，而诉讼时效的中止则发生在诉讼时效期间届满前的6个月内。二是事由不同。从比较法上看，诉讼时效不完成包括的事由是多种类型的，但诉讼时效中止的事由一般是当事人因客观原因无法主张权利。三是效果不同。诉讼时效中止的效果是诉讼时效暂停计算，待诉讼时效期间中止的事由消除后，再计算6个月。因此，我国法上的时效中止虽然具有特殊性，但仍然属于时效中止。而诉讼时效不完成的效果是在特定事由消除前诉讼时效不完成。例如，在甲的请求权的诉讼时效期间还剩余2个月的情形下发生了诉讼时效期间中止的事由，则在中止事由消除之日起满6个月，其请求权的诉讼时效期间才届满。法律作出此种规定，有利于在诉讼时效期间中止的情形下简化诉讼时效期间的计算方法，从而减少相关的纠纷。

三、诉讼时效期间的延长

所谓诉讼时效的延长，是指在诉讼时效期间届满以后，权利人基于某种正当理由，而要求人民法院根据具体情况延长时效期间，由人民法院依职权决定延长的制度。依据《民法典》第188条第2款规定，有特殊情况的，人民法院可以根据权利人的申请决定延长。该规定仅适用于最长诉讼时效期间，依据这一规定，最长诉讼时效期间的延长应当具备如下条件：一是依据《总则编解释》第35条的规定，诉讼时效期间的延长仅适用于最长诉讼时效期间，而不适用于普通诉讼时效期间；二是出现法律规定的特殊情况；三是当事人提出延长诉讼时效期间的申请，也就是说，即便出现了法律规定的特殊情况，法院也不能依据职权决定延长诉讼时效期间，其必须由权利人提出申请；四是由人民法院决定，即诉讼时效期间是否延长，延长多久等，均应当由人民法院决定。

第六节 诉讼时效期间届满的后果

一、关于诉讼时效期间届满的后果的立法主义

诉讼时效期间届满的后果，是指在诉讼时效经过以后，在法律上发生何种后果。关于诉讼时效的效力，主要有四种不同的观点：

1. 实体权消灭主义。此种观点认为，时效期间一旦完成将直接消灭权

---

① 王泽鉴：《民法总则》，北京大学出版社2009年版，第510页。

利人的实体权利。该种观点最初由德国学者温德夏特所主张,《法国民法典》将时效届满作为债的消灭的一个原因加以规定,表明时效届满将导致债权消灭,当代法国学者也一般都采此种看法。[①] 日本采纳了此种主张,如《日本民法典》第 167 条规定,债权因 10 年间不行使而消灭;债权或所有权以外的财产权,因 20 年间不行使而消灭。

2. 诉权消灭主义。此种观点认为,诉讼时效完成后,实体权利本身仍然存在,仅诉权归于消灭。实体权利因而转为自然权利。此种观点最初为德国学者萨维尼所主张,[②]《法国民法典》采纳了这一观点。如《法国民法典》第 2262 条规定,一切物权或债权的诉权,均经 30 年的时效而消灭。

3. 抗辩权发生主义。此种观点认为,时效完成后,只是发生抗辩权产生的效果,即义务人仅取得拒绝履行的抗辩权,权利人的实体权利与诉权均不消灭。此种观点为德国学者欧特曼(Oertmann)所主张。德国学者拉伦茨指出,"请求权的时效完成后,义务人有权拒绝给付,但时效并不是请求权消灭的原因,只是给义务人提供了抗辩权"。[③]《德国民法典》采纳了这一观点。如《德国民法典》第 214 条第 1 款规定,消灭时效完成后,义务人有权拒绝给付。

4. 胜诉权消灭主义。此种观点认为,时效完成后,只是发生胜诉权消灭的效果。胜诉权概念源于苏联法学家顾尔维奇的二元诉权论,该理论将诉权分为程序意义上的诉权,即"起诉权"和实体意义上的诉权,即"胜诉权"。据此,诉权可以分为实体意义上的诉权和程序意义上的诉权,实体意义上的诉权就是胜诉权。胜诉权的消灭并不导致实体权利本身的消灭,只是使权利人请求人民法院保护的权利丧失。正如诺维茨基所指出的,"因诉讼时效而消灭的是要求权,即指程序意义上的诉权,而不是要求权所由产生并借以为根据的实体(实质上的)民事权利本身"。[④]

长期以来,我国民法理论受苏联影响较大,尤其在诉讼时效领域,不仅诉讼时效的概念来自苏联,而且在时效届满的效果方面也采纳了苏联的民

---

① Zimmermann, *Comparative Foundations of a European Law of Set-off and Prescription*, Cambridge University Press, 2002, p. 72.

② Savigny, System des heutigen Römischen Rechts, Bd. 5, Berlin, 1841, SS. 265ff.

③ [德]卡尔·拉伦茨:《德国民法通论》(上册),王晓晔等译,法律出版社 2003 年版,第 345 ~ 347 页。

④ [苏]诺维茨基:《法律行为·诉讼时效》,康宝田译,中国人民大学出版社 1956 年版,第 249 页。

法理论,认为时效届满后权利人的权利本身并不消灭,而只是丧失了胜诉权。[①] 这就是说,一方面,在时效届满以后,权利人享有胜诉权。胜诉权是实体法范畴的权利,而不是程序法上的诉权,在时效届满以后,权利人仍然有权提起诉讼。另一方面,此种权利也不能等同于权利人自身享有的权利。时效届满后,权利人的权利本身并不消灭。我国《民法通则》第 138 条规定,超过诉讼时效,当事人自愿履行的,不受诉讼时效限制。尽管该条没有明确表明时效届满后的法律后果,而只是将诉讼时效届满的后果表述为“向人民法院请求保护民事权利”的权利因诉讼时效届满而消灭,但按照一般的解释,其所采纳的是胜诉权消灭主义。

应当承认,胜诉权概念有助于解释诉讼时效届满不能导致权利本身消灭,尤其是不能导致诉权消灭的后果的现象,但此种观点存在明显的缺陷。主要表现在:第一,在逻辑上,胜诉权产生于诉讼行为之前,但胜诉权的有无必须在诉讼程序开始以后,在审理过程中方能真正查明。[②] 然而,在诉讼阶段如何将诉权区分为实体法上的诉权和程序法上的诉权在实践中也很难把握[③]。第二,“胜诉权”并不是一个严谨的法学概念。因为胜诉与否是审判活动的结果,很难说它是一项制度上的权利。胜诉本身是诉讼过程中司法裁决的一个后果,胜诉的原因也是比较复杂的,不仅仅是一个时效的问题。第三,在非诉和执行中都存在诉讼时效的问题,胜诉权的概念不能解释执行程序中以及非诉案件中也存在诉讼时效的适用问题。即便没有提起诉讼,如果时效届满,权利人向义务人提出请求,义务人也有权拒绝。第四,如果诉讼时效制度采胜诉权消灭理论,则胜诉权消灭意味着实体意义上的诉权消失,在诉讼中法院对此情形应当依职权查明,这样一来,就与时效不得由法院主动援引的精神相背离。

《民法典》颁行以前,我国民法理论长期以来采纳胜诉权消灭说,但我国司法实践逐渐转向抗辩权发生主义。针对上述缺陷,《诉讼时效司法解释》第 3 条规定,当事人未提出诉讼时效抗辩,人民法院不应对诉讼时效问题进行释明,也不应主动适用诉讼时效的规定进行裁判。根据该规定,诉讼时效届满之后,义务人必须援引诉讼时效提出抗辩,法官不能主动适用诉讼时效,这实际上已经采取了抗辩权发生说。

《民法典》第 192 条第 1 款延续了《诉讼时效司法解释》的立场,采纳了

---

① 参见寇志新:《民法总论》,中国政法大学出版社 2000 年版,第 270 页。
② 参见柴发邦:《中国民事诉讼法学》,中国人民公安大学出版社 1992 年版,第 280 页。
③ 参见顾培东:《法学与经济学的探索》,中国人民公安大学出版社 1994 年版,第 227 页。

抗辩权发生主义的立场,该规定是借鉴比较法的有益经验、总结我国司法实践经验的结果,其既符合诉讼时效制度的目的,又体现了私法自治的精神。明确义务人享有抗辩权的主要理由有三:一是符合诉讼时效制度的目的。时效制度设立的目的主要是督促当事人及时行使权利,惩罚权利的"睡眠者",因此,只需要阻止权利的实现即可达成,而无须将权利从根本上加以消灭。所以诉讼时效完成,只是使义务人获得抗辩权。[①] 二是体现了私法自治的精神。抗辩权的行使必须由抗辩权人针对权利人的请求提出,而不能由他人代替行使。尤其是对法院而言,必须在义务人针对权利人的请求提出抗辩以后,才能对诉讼时效是否届满的事实进行审查,并认定诉讼时效是否届满。时效利益不涉及第三人权益,不关涉社会公益,属于当事人自治的范畴,法院没有理由越俎代庖。三是对于诉讼时效届满以后义务人自愿履行债务的行为进行了合理的解释。[②] 诉讼时效届满之后,权利人的请求权并没有消失,只是使义务人享有了抗辩权。抗辩权本质上仍然是一种民事权利,体现的是义务人的特定利益。在诉讼时效期间届满之后,义务人如果行使时效的抗辩权,则可以拒绝履行其义务;义务人如果不行使抗辩权,则可以理解为是其抛弃了时效利益。

二、诉讼时效届满的效果

关于时效届满的效果应当区分时效发生的直接效果和时效抗辩援引后的效果:前者称为直接效果,后者称为本体效果。[③]

(一)对当事人的效力

《民法典》第 192 条第 1 款规定:"诉讼时效期间届满的,义务人可以提出不履行义务的抗辩。"这就是说,时效届满的主要效果是使义务人产生拒绝履行的抗辩权。具体来说,包括两个方面。

1. 义务人享有抗辩权

从义务人的角度来说,在时效届满之后,其享有拒绝履行的抗辩权。也就是说,如果权利人提出请求,义务人有权拒绝,法院也不得强制义务人必须履行其义务。但义务人仅取得拒绝履行的抗辩权,权利人的实体权利与诉权均不消灭。对于义务人来说,其援引时效抗辩权,将导致其义务转化为

---

① 参见[德]卡尔·拉伦茨:《德国民法通论》(上册),王晓晔等译,法律出版社 2003 年版,第 345 页。

② 黄薇主编:《中华人民共和国民法典总则编解读》,中国法制出版社 2020 年版,第 639 页。

③ 参见[日]四宫和夫:《日本民法总则》,唐晖等译,台北,五南图书出版公司 1995 年版,第 332 页以下。

自然债务,从而产生时效利益,这种利益本质上也是一种民事权益,应当依据私法自治原则由当事人自愿行使。

《诉讼时效司法解释》第3条第1款规定:"当事人在一审期间未提出诉讼时效抗辩,在二审期间提出的,人民法院不予支持,但其基于新的证据能够证明对方当事人的请求权已过诉讼时效期间的情形除外。"该条第2款规定:"当事人未按照前款规定提出诉讼时效抗辩,以诉讼时效期间届满为由申请再审或者提出再审抗辩的,人民法院不予支持。"据此,当事人提出时效利益的抗辩,原则上限于一审程序。如果当事人在一审期间没有提出,在二审和再审期间就不得提出时效的抗辩。当然,在二审期间基于新的证据能够证明对方当事人的请求权已过诉讼时效期间的情形除外。这就是说,除非当事人在二审期间发现了新的证据,且该证据足以证明诉讼时效届满,否则,其不得在二审期间提出时效的抗辩。

需要指出的是,在保证债务的情况下,基于保证人权益保障的需要,保证人也享有主债务人的诉讼时效抗辩权。按照《诉讼时效司法解释》第18条第1款的规定,"主债务诉讼时效期间届满,保证人享有主债务人的诉讼时效抗辩权"。如果保证人没有主张主债务人的时效抗辩,其应当承担不利的法律后果。按照《诉讼时效司法解释》第18条第2款的规定,"保证人未主张前述诉讼时效抗辩权,承担保证责任后向主债务人行使追偿权的,人民法院不予支持,但主债务人同意给付的情形除外"。

2. 对权利人的效果

对于权利人来说,时效届满以后,权利人的实体权利和诉权均不发生消灭。具体来说,对权利人而言,时效届满的法律效果包括两个方面:一是时效期间届满并不导致权利本身的消灭,其实体权利仍然存在,只是会使其权利的效力减弱,权利人的权利已经转化为一种自然权利,即只要义务人援引时效抗辩权,债权人的权利将难以实现。当然,在时效届满以后,债权的受领权能并没有减弱。因此,债权人仍然可以受领债务人的给付,债务人不得以债权人构成不当得利为由请求返还。二是时效届满不导致诉权的消灭。权利人仍然可以基于其程序意义上的诉权向法院提起诉讼,只要符合起诉的条件,法院就应当受理,而不得直接以时效期间届满为由驳回起诉或不予受理。因为诉权本身作为一种国家赋予当事人为保护其合法权利向法院提起诉讼的权利,是一种公权利,不能因时效届满而丧失。

(二)义务人同意履行和自愿履行的效果

《民法典》第192条第2款规定:"诉讼时效期间届满后,义务人同意履行的,不得以诉讼时效期间届满为由抗辩;义务人已经自愿履行的,不得请求返还。”该规定区分了同意履行和自愿履行两种情形，这两种情形的区别主要体现在：

一方面，二者的法律效果不同。依据《民法典》第192条第2款的规定，同意履行和自愿履行将产生不同的法律效果。同意履行在性质上属于对抗辩权的放弃，意味着债权人放弃了诉讼时效的抗辩，即诉讼时效届满后，义务人已经同意履行的，不得再提出抗辩。同时，同意履行也会导致诉讼时效中断的法律效果。而对于自愿履行而言，其并不是抗辩权放弃的问题，而是产生不得请求返还的效果。[①] 此时义务人不得请求返还的原因在于，权利人的受领权并没有受到减损，义务人自愿履行，将发生清偿的效果。所以，义务人不能请求返还。[②] 从某种意义上说，义务人的自愿履行也可以认定为默示地抛弃了其时效利益。

另一方面，二者的构成要件不同。同意履行不一定要求实际已经履行，债务人同意履行的方式是多样的，无论是以口头或书面的形式，也无论是在诉讼中还是诉讼外，只要有同意的意思表示即可。但无论如何，必须证明债务人具有同意履行的意思，否则不会产生放弃抗辩权的效果。例如，在实践中，一方当事人发送催款通知，另一方在通知上签字，该签字的行为只能表明债务人已经收到通知，此时可以发生诉讼时效中断的效果。但是签字的行为并不能表明债务人同意履行，不能因此导致抗辩权的丧失。而自愿履行，除了有自愿履行的表示外，尚需要完成履行。如果仅有债务人愿意履行的意思表示，而债权人拒绝受领或因为其他原因没有受领，此时并不构成自愿履行。从这个意义上说，自愿履行可以理解为债务的清偿，在债务人将已过诉讼时效的债务与自身享有的债权主张抵销时也可以构成自愿履行。换言之，义务人以其时效未届满的债权抵销对方时效已届满的债权，也可以被认为构成自愿履行。[③]

（三）诉讼时效届满对法院的效力

1. 法院不得主动援引诉讼时效的规定

诉讼时效届满以后，尽管义务人享有时效利益，但是该利益的实现应由当事人主动提出，还是应由法官依职权主动审查？在司法实践中，就此问题有两种观点：一是职权主义说。此种观点认为，诉讼时效届满的事实应由法

---

① 参见黄薇主编：《中华人民共和国民法典总则编解读》，中国法制出版社2020年版，第598页。

② 参见朱晓喆：《诉讼时效完成后债权效力的体系重构——以最高人民法院〈诉讼时效若干规定〉第22条为切入点》，载《中国法学》2010年第6期。

③ 参见《九民会议纪要》第43条。

院依职权审查,一旦发现时效完成即应依职权驳回原告的诉讼请求。我国民法中有关时效的规定,无论当事人自己是否主张,人民法院或仲裁机构均可主动予以适用。[①] 由于民法上关于诉讼时效的规定属于强制性规范,因此应当允许人民法院或仲裁机构主动予以适用。对诉讼时效"不告不理",则有违公平原则。二是当事人主义说。此种观点认为,时效利益是否抛弃,纯属义务人的利益,按照意思自治的原则,完全应由义务人自行决断。时效完成只是使义务人获得抗辩权,至于是否提出抗辩属于当事人私法自治的范围,人民法院主动援用诉讼时效,是对当事人处分权的过分干涉。[②] 该观点为大陆法系国家所普遍采纳,体现了私法自治精神,应为我国立法所采纳。[③]

据此,《民法典》第193条规定:"人民法院不得主动适用诉讼时效的规定。"这一规定明确采纳了当事人主义,这就是说,时效利益纯属义务人的利益,按照意思自治的原则,完全应由义务人自行决断是否抛弃。[④] 这一规定与前述时效届满后果方面的抗辩权发生主义具有内在的一致性。依据《民法典》第193条的规定,时效期间届满以后,法院不应当主动依据职权审查时效期间是否已经届满,无论是在起诉阶段,还是在诉讼过程中,法院都不能主动援引时效规定。一旦义务人提出时效的抗辩,无论是在正式答辩中提出,还是在法庭辩论中提出,法院都有义务审查时效期间届满的情况。如果当事人没有提出诉讼时效的抗辩,应当认为其抛弃了时效利益。[⑤] 也就是说,诉讼时效届满之后并不当然导致权利的减损,还需要以相对人援引诉讼时效提出抗辩作为前提,这实际上已经采取了抗辩权发生说。

2. 法院不应对诉讼时效问题进行释明

关于法院是否有必要释明,存在不同的观点。一种观点认为,法官有义务进行释明。此种观点认为,法院虽然不得主动援引诉讼时效的规定,但应当对诉讼时效问题进行释明,这既有利于发现事实,也有利于保护当事人的实体权利,尤其是考虑到我国许多当事人诉讼经验不足,并不一定都能聘请律师出庭应诉,因而,有必要要求法院予以释明[⑥]。另一种观点认为,法官的

---

① 李显冬:《民法概要》,山西人民出版社2001年版,第193页。
② 夏利民:《民法基本问题研究》,中国人民公安大学出版社2001年版,第257页。
③ 梁慧星:《民法总论》(第4版),法律出版社2011年版,第270页。
④ 王宇华:《法官不应主动审查诉讼时效》,载《人民法院报》2002年3月6日,第3版。
⑤ 洪逊欣:《中国民法总则》,台北,三民书局1992年版,第367页。
⑥ 黄薇主编:《中华人民共和国民法典总则编解读》,中国法制出版社2020年版,第644页。

释明将使法官有失偏颇。[①] 法院主动释明有违法院居中裁判的地位,且会助长债务人逃债。《民法典》虽然没有明确法官能否释明,但是,从该法第 193 条中"不得主动适用"的规定可见,法官不得主动释明。依据《诉讼时效司法解释》第 2 条的规定,"当事人未提出诉讼时效抗辩,人民法院不应对诉讼时效问题进行释明"。因此,当事人未提出诉讼时效抗辩,人民法院不应对诉讼时效问题进行释明。此种规定值得赞同,因为如果允许法院主动释明,将使法院丧失其独立和中立地位,意味着法院本身将主动维护一方的利益,其结果可能损害另一方的利益。[②]

第七节 诉讼时效利益的抛弃

一、诉讼时效利益不得预先抛弃

所谓诉讼时效利益的预先抛弃,是指在诉讼时效期间届满之前,权利人抛弃其时效利益。抛弃诉讼时效利益可分为时效届满前的预先抛弃和时效届满后的时效利益抛弃,针对前一种情况,《民法典》第 197 条第 2 款规定:"当事人对诉讼时效利益的预先放弃无效。"因此,该法禁止当事人预先放弃诉讼时效利益。法律上作出此种规定的原因在于:一方面,如果允许当事人预先抛弃诉讼时效利益,权利人就可能利用其优势地位,强迫义务人抛弃其诉讼时效利益,[③]从而损害实质公平。另一方面,如果当事人预先抛弃诉讼时效利益,则不利于社会公共秩序和交易安全的维护。虽然诉讼时效利益是一种私益,但它也确实关涉社会公共利益。按照私法自治原则,义务人可以事后放弃其诉讼时效利益,但不得预先放弃其诉讼时效利益。另外,时效规则具有强制性,如果允许当事人可以预先放弃诉讼时效利益,就可能使法律上的时效规则形同虚设。从比较法上看,域外立法例也大多采用了此种做法。[④]

依据《民法典》第 197 条第 2 款的规定,当事人预先放弃诉讼时效利益的,无论其采取单方民事法律行为的形式,还是采取双方民事法律行为(如合同)的形式,都应当认定为无效。

---

① 参见[德]迪特尔·梅迪库斯:《德国民法总论》,邵建东译,法律出版社 2000 年版,第 102 页。

② 王宇华:《法官不应主动审查诉讼时效》,载《人民法院报》2002 年 3 月 6 日,第 3 版。

③ 李适时主编:《中华人民共和国民法总则释义》,法律出版社 2017 年版,第 628 页。

④ 如《瑞士债法典》第 141 条第 1 款规定:"一方当事人不能事先放弃诉讼时效的规定。"《法国民法典》第 2220 条规定:"任何人均不得提前抛弃时效;但可以抛弃已取得的时效。"《法国民法典》,罗结珍译,中国法制出版社 1999 年版,第 514 页。

二、诉讼时效届满后时效利益的抛弃

所谓诉讼时效期间届满后时效利益的抛弃，是指义务人在诉讼时效期间届满以后，以明示或默示的方式，放弃其诉讼时效利益。从民法上说，法律关于时效的规定属于强制性规范，当事人不能通过约定变更法定的时效期限，也不得预先抛弃未来所享有的时效利益。但是在时效期间届满后，债务人可以诉讼时效期间届满为由对抗债权人的请求权，此时，债务人的时效利益主要体现为债务人个人的财产利益，按照民法的自愿原则，法律对任何当事人处分其个人利益且不妨害社会公共利益的行为，均应承认其有效。既然诉讼时效期间届满后，债务人享有的时效利益是一种财产利益，且已经为债务人所取得，因此也可以抛弃。诉讼时效利益的抛弃有如下特征。

第一，抛弃的对象是义务人因诉讼时效届满而享有的时效利益，而不是实际占有的财产。也正因如此，义务人必须知道诉讼时效已经届满，其享有时效利益。

第二，抛弃时效利益是一种事后处分的行为。所谓事后处分，是指义务人获得时效利益以后，才对其进行的处分。法律并不禁止当事人事后抛弃诉讼时效利益，毕竟此种利益仅属于当事人的私人利益。这就是说，在时效期间届满后，当事人可以就已经取得的时效利益加以处分。

第三，时效利益抛弃属于单方处分行为，应适用意思表示的一般规定，因此，抛弃者须有行为能力和处分能力。时效利益的抛弃在性质上属于单方法律行为，只要符合单方法律行为的生效要件，即可发生效力。时效利益的抛弃属于有相对人的单方法律行为，该行为应当在到达相对人时生效。[①]当然，按照私法自治原则，当事人也可以事后通过合同约定的方式抛弃其诉讼时效利益。

第四，时效利益抛弃的方式是多样的，义务人可以单方的意思表示，也可以以协议的方式抛弃时效利益。如时效届满后，双方达成协议同意履行债务，即构成义务人对时效利益的抛弃。

三、诉讼时效期间届满后诉讼时效利益抛弃的方式

抛弃诉讼时效利益有如下两种表现方式：

（一）义务人实际履行债务

诉讼时效期间届满后，义务人的债务变为自然债务，但义务人实际履行了债务，则债权人仍有权受领，因为权利人接受义务人的履行所获利益并非

---

① 马特主编：《民法总则讨论教学教程》，对外经济贸易大学出版社2006年版，第447页。

不当得利，应受法律保护。《民法典》第192条第2款规定：义务人已经自愿履行的，不得请求返还。因为诉讼时效期间届满以后，债务已转化为自然债务，虽然该债权在性质上是效力不齐备的债权，但是，债权人仍然有权受领并保有权利，一旦受领履行，债务人不能请求对方返还不当得利。即使义务人因错误而不知道时效期间届满并作出了履行，也不能以“重大误解”为由主张撤销。从法律上看，义务人自愿履行，可以认为是以默示的方式抛弃了时效利益。

（二）债务人同意履行债务

《民法典》第192条第2款规定：诉讼时效期间届满后，义务人同意履行的，不得以诉讼时效期间届满为由抗辩。依据这一规定，义务人一旦同意履行，就不能再主张时效利益。义务人出尔反尔，不但违反了时效制度，而且也违反了诚信原则。义务人同意履行包括两种情形。

1. 双方达成履行债务的协议

时效期间届满后，如果双方达成了履行债务的协议，也可以视为义务人放弃了时效利益。《诉讼时效司法解释》第19条第1款规定：“诉讼时效期间届满，当事人一方向对方当事人作出同意履行义务的意思表示或者自愿履行义务后，又以诉讼时效期间届满为由进行抗辩的，人民法院不予支持。”这里所说的债务人作出“同意履行义务的意思表示”，实际上可以解释为包括了双方达成履行债务的协议。义务人可以单方的意思表示，也可以以协议的方式抛弃时效利益。例如，在实践中，一方以书面的形式向另一方催收还款，另一方在催收还款通知上签字，如果催收函有主张权利的意思，被催收人签字且有还款意思，则可以认为是对时效利益的放弃，时效重新起算。当然，如果被催收人仅仅是签字，但没有还款意思，则仅仅表明其收到了催收函，不能认为是对时效利益的放弃。

《诉讼时效司法解释》第19条第2款规定：“当事人双方就原债务达成新的协议，债权人主张义务人放弃诉讼时效抗辩权的，人民法院应予支持。”这就是说，如果时效期间届满后，双方达成协议同意履行债务，这种诉讼时效期间届满后达成的履行义务的协议的效力应为有效，即构成义务人对时效利益的抛弃。从法律上看，双方达成新的协议实际上是一项和解协议，形成了一个新的合同。该和解协议是在纠纷发生以后，双方当事人通过协商，互相让步，以达成和解，终止争执。虽然时效期间届满以后，原债务已转化为自然债务，但不能否认债务纠纷的存在。通过双方达成协议，由债务人继续承担全部或一部分债务，此项债务已非自然债务，乃是一种新债务。既然该协议属于另外一个合同，则与其他合同一样发生法律约束力，如果债务人不履行其债务,法院可以强制执行。

2. 单方允诺履行债务

在诉讼时效期间届满以后,双方未达成和解协议,债务人单方承诺愿意承担全部或部分债务,亦可导致时效利益抛弃。例如,在3年时效期间届满以后,债权人向债务人发出拖欠债务的本金、利息的通知,债务人在该通知上盖章,表示承认该债务。再如,在时效期间届满后,债权人向债务人催告清偿,债务人明确表示在一定期限内清偿债务,但事后发现时效期间已经届满,是否可以否认自己先前作出的清偿允诺?因为民法上的权益放弃都可以采用单方行为作出,故时效利益的放弃也可以单方允诺的方式作出。《民法典》第192条第2款规定:诉讼时效期间届满后,义务人同意履行的,不得以诉讼时效期间届满为由抗辩。该条所说的“同意履行”就当然包括了以单方允诺的形式表示同意履行。既然法律允许时效利益可事后抛弃,则债务人当然可以通过单方允诺的方式抛弃时效利益。

从实践来看,我国法院的一些判决也认可债务人单方允诺抛弃时效利益会对其本身产生相应的拘束力。[①]《诉讼时效司法解释》第19条第3款规定:“超过诉讼时效期间,贷款人向借款人发出催收到期贷款通知单,债务人在通知单上签字或者盖章,能够认定借款人同意履行诉讼时效期间已经届满的义务的,对于贷款人关于借款人放弃诉讼时效抗辩权的主张,人民法院应予支持。”该规定实际上认可了时效利益可以通过单方允诺而抛弃。

四、义务人抛弃时效利益的法律效果

义务人抛弃其时效利益以后,将使其负有的义务又恢复了原有的效力,尤其是恢复了可以申请法院强制执行的效力。此时,义务人并没有负担新的义务,而只是使原有义务的效力恢复原有状态。因此,一旦抛弃诉讼时效利益,则民事义务的时效期间应当重新计算。确切地说,从抛弃之日起,诉讼时效期间便已重新计算。[②]

---

① 参见重庆市奉节县人民法院民事判决书,(2011)奉法民初字第1806号。

② 王泽鉴:《民法总则》,北京大学出版社2009年版,第432页。

第十八章　期间与期日

第一节　期间的概念和分类

一、期间的概念

期间是民法上的一个特定概念，它是指具有一定法律意义的一段时间。宇宙是由时间和空间构成的，在民法上，期间的运用十分广泛，并可能产生多种法律效果。因此，一方面，期间是指一段时间，它应当有起始和终了的时间，即所谓始期和终期。期间通常都是由法律规定或由当事人约定的一段时间。当然，在特殊情况下，法律可能没有规定一段时间，而只是规定了合理期间，此时，如果就期限问题发生争议，法官应根据具体情况加以判断。另一方面，一定的时间经过产生一定的法律后果。也就是说，一定期限的经过将导致某种民事法律关系的产生、变更和消灭，所以，期间经过也可以成为民法上的法律事实。“时间之流逝，乃自然现象，分类上归入自然状态。民法上，以时间之经过为要素，而定私法法律关系之变动者，有始期、终期、除斥期间、时效期间、指定期间、约定期间。”①期间在民法上的意义表现为如下几个方面：

1. 期间对主体权利能力的存续产生一定的影响。例如，失踪人下落不明满 4 年的，可以推定其死亡。在宣告死亡的期间内，被宣告死亡的人既有的人身、财产关系将归于消灭。

2. 期间可以引起民事法律关系的产生、变更或消灭。一是导致民事法律关系的产生。例如，附始期的合同在期限届满以后产生效力。二是导致民事法律关系的变更。例

---

① 曾世雄：《民法总则之现在与未来》，中国政法大学出版社 2001 年版，第 210 页。

如，诉讼时效的届满，导致抗辩权的发生，使债务转化为自然债务。三是导致民事法律关系的消灭。例如，附终期的合同，当期限届满，则合同消灭。

3. 期间可以作为民事权利的存续期限。在民法上，有一些权利是不受期限限制的，如所有权是长期存在的。但绝大多数民事权利都有一定的权利存续期限，权利人必须在该期限内行使权利，经过一定的期间，权利将不存在，或失去效力，或效力减弱。这是法定的期间对权利的影响。

4. 期间可以作为一定的权利、义务实际行使或履行的期限。例如，合同中规定的履行期限。① 以合同为例，即使合同已经成立并生效，但在履行期限未到来之前，当事人仍然不能实际行使权利和履行义务。

期间在不同的法律关系中具有不同的法律效果，很难一一列举，许多期间的法律效果可以由当事人自己约定，所以确定期间的效果时，还应当考虑当事人的真实意思。因此，期间除法定之外，还可以通过意定产生。

从广义上讲，时效是期间的组成部分。因为无论是时效还是期间，都是指民事法律关系产生、变更和终止的时间。从狭义上讲，期间是一个特定的概念，它是指时效之外的期间，即权利人行使权利或履行义务的期间，例如，保证期间、抵押权存续期间、撤销权行使期间以及其他期间。笔者认为，我国法律采用了广义的期间概念，将时效视为一种特定的期间。

二、期间的分类

（一）可变期间和不变期间

民法上的期间种类繁多，但可以依据期间是否发生变化而分为可变期间和不变期间。所谓可变期间，是指期间的长短可以发生变化。诉讼时效期间一般属于可变期间。而所谓不变期间，是指通过法定或约定的方式确定的一个不可变更的期间。除斥期间一般属于不变期间。两者区分的意义在于，是否可以适用中止、中断的规定，而使期间发生变更。当然，就法定的期限而言，无论是除斥期间还是诉讼时效，一般不允许当事人通过合同加以改变。从这个意义上说，它们都是不变期间。但是某些法定期限也是可以通过当事人的约定而改变的。例如，法律规定的检验标的物的期限，依其性质可以允许当事人通过合同加以改变。

（二）法定期间、意定期间和指定期间

期间可以分为法定期间、意定期间和指定期间三种类型。

所谓法定期间，是指由法律直接规定的期间。法定期间大多为强制性

---

①　魏振瀛主编：《民法》（第4版），北京大学出版社、高等教育出版社2010年版，第203页。

规定,例如,关于撤销权的规定,一般不允许当事人随意变更,即使是就诉讼时效而言,虽可以发生中止、中断或延长,也不允许当事人通过约定加以改变。不过,法定的期限可以在特殊情况下,由当事人通过约定加以变更。

所谓意定期间,是指当事人通过一定的意思表示而设定的期间。意定期间包括两种情况:一是通过单方意思表示所确定的期间,如要约中对受要约人所规定的承诺期限;二是通过双方当事人的约定确定的期限,如合同中规定的质量保证期。

所谓指定期间,是指由法院或其他机关在法律允许的范围内指定的期间。在许多情况下,权利的行使并没有固定的期限,如果确有必要,法院也可以指定期限。比如,在发生违约责任和侵权责任的情况下,受害人选择请求权的期限可以由法院予以指定。

还应当看到,许多权利的行使,法律只是规定了合理的期间,但是多长时间较为合理,在发生纠纷以后,就要由法院来判定。例如,《民法典》第621条第2款规定,"当事人没有约定检验期限的,买受人应当在发现或者应当发现标的物的数量或者质量不符合约定的合理期限内通知出卖人。买受人在合理期限内未通知或者自收到标的物之日起二年内未通知出卖人的,视为标的物的数量或者质量符合约定;但是,对标的物有质量保证期的,适用质量保证期,不适用该二年的规定"。该条规定的合理期限究竟应为多长,应当由法院从交易的性质、标的物的情况等各种因素出发来考虑决定。该期限一旦确定,就应当成为判定当事人之间权利义务的依据。此种情况可以认为是法定期间和指定期间的结合。

(三)除斥期间和非除斥期间

根据所适用的范围,期间又可以分为除斥期间和非除斥期间。除斥期间是指法律直接规定或当事人依法确定的某些形成权的预定存续期间,因该期间经过,该权利当然消灭。[①] 它主要适用于形成权。非除斥期间包括时效期间以及法定、约定的除斥期间以外的期间。两者区分的主要意义在于:除斥期间是不变期间,是权利存续的固定不变的期限;而其他期间大多是可变的,主要适用于请求权和其他权利。

第二节　除斥期间

一、除斥期间的概念和特征

所谓除斥期间,也称不变期间。《民法典》第199条规定:"法律规定或

---

① 史尚宽:《民法总论》,中国政法大学出版社2000年版,第562页。

者当事人约定的撤销权、解除权等权利的存续期间，除法律另有规定外，自权利人知道或者应当知道权利产生之日起计算，不适用有关诉讼时效中止、中断和延长的规定。存续期间届满，撤销权、解除权等权利消灭。”该条规定确立了除斥期间的基本规则，对除斥期间的起算规则、除斥期间届满后的法律效果作出了规定，确立了撤销权、解除权等形成权的行使规则。除斥期间的主要特点如下：

第一，性质上主要是撤销权、解除权等形成权的存续期间。除斥期间与诉讼时效不同，它是权利的存续期间，在该期限内权利才能存在。法律设立除斥期间有利于督促权利人尽快行使权利。除斥期间主要是关于撤销权、解除权等形成权的存续期间，撤销权是当事人请求撤销民事法律行为的权利；解除权是当事人主张解除民事法律关系的权利。从性质上看，撤销权、解除权等权利都是形成权，按照同类解释规则，该条中的“等权利”应当指的是形成权，因而除斥期间的适用对象主要为形成权。因为形成权将会根据一方的意志而产生法律关系发生、变更和消灭的效果，期限的限制与他人的权利和社会公共利益都有一定的关联。[①] 为了避免法律关系的长期不稳定性，需要通过除斥期间制度尽快将法律关系确定下来。

第二，可以由法律规定或者当事人约定。一方面，除斥期间可以由法律规定。例如，依据我国《民法典》第 152 条的规定，当事人自知道或者应当知道撤销事由之日起 1 年内，重大误解的当事人自知道或者应当知道撤销事由之日起 90 日内没有行使撤销权的，撤销权消灭。另一方面，与诉讼时效期间不同的是，除斥期间还可以由当事人约定。例如，当事人可以在合同中约定合同的解除权行使期限，该期间经过，约定解除权消灭。

第三，一般自权利人知道或者应当知道权利产生之日起计算。所谓知道，是指有明确的证据表明当事人知晓了权利产生。所谓应当知道，是指虽然没有明确证据证明，但是根据社会的一般常识，可以推定当事人知悉，或者当事人有义务知悉。例如，依据《民法典》第 152 条的规定，在重大误解的情形下，撤销权期限为当事人知道或应当知道撤销事由之日起 90 日。

第四，不发生中止、中断和延长。除斥期间在性质上属于权利的存续期间，所以一旦该期限经过，就会使权利人的权利发生变化，并使一定的民事法律关系产生、变更和消灭，因而，除斥期间不适用有关诉讼时效中止、中断和延长的规定。从规范目的来看，法律设定该制度的目的是督促当事人及时地行使自己的权利，维护自身的利益；同时，也有利于维护法律关系的稳

① 芮沐：《民法法律行为理论之全部》，台北，三民书局 2002 年版，第 162 页。

定性。由于形成权的行使仅依一方当事人的意思就可以使法律关系产生、变更、消灭，如果允许除斥期间中断、中止、延长，可能会使法律关系长期处于不确定状态，从而难以实现除斥期间法律制度的目的。因此，一旦除斥期间届满，撤销权、解除权等形成权即消灭。[①]

当然，依据《民法典》第 199 条的规定，如果法律对除斥期间的计算规则作出了特别规定，则应当适用该特别规定。

由于除斥期间作为形成权的存续期间，其完成的法律效果就是使形成权绝对、当然、确定地消灭，所以在一方主张形成权以后，无论另一方是否就此种权利的存在提出抗辩，法院都应当依职权加以审查，这就必然涉及该权利是否因除斥期间届满而消灭的问题。从这个意义上说，除斥期间的法律效果的产生不需要当事人主张。另外，由于除斥期间经过的利益不是当事人主动选择的结果，因而当事人只能被动承受，而不能抛弃。

虽然除斥期间的适用对象主要是形成权，但是为了维护社会经济秩序，需要扩大除斥期间的适用范围。因此，除斥期间的适用对象不仅仅限于形成权，还可能包括其他一些为法律所规定的权利。

二、除斥期间的适用范围

关于除斥期间的适用范围，目前有两种不同的观点：一是形成权说。此种观点认为，因为形成权的行使可以依据一方当事人的意思产生、变更或者消灭相关的民事法律关系，如果形成权人长期不行使权利，相对人的法律地位就难以确定，因此，对形成权的行使期间必须进行明确的限制，因为除斥期间是固定期限，因此仅适用于形成权。[②] 二是各项权利说。此种观点认为，应当将形成权的适用范围扩大到所有类型的民事权利，而不应当限于形成权。[③] 从我国《民法典》第 199 条的规定来看，其采用了“撤销权、解除权等权利的存续期间”的表达。对此存在不同解释。有学者认为，因为该条所列举的权利仅有撤销权、解除权，因此，该条中的“等权利”应当解释为形成权。也有学者认为，该条中“等权利”应当采取开放式的解释，不应当限于与“撤销权、解除权”相同类型的权利。笔者认为，从该条的本意来看，该条在规定除斥期间的适用范围时，明确列举了撤销权、解除权这两项形成权，虽然采用了“等权利的存续期间”的表达，但按照同类解释规则，应当将除斥期间的适用对象主要限定为形成权。

---

① 李适时主编：《中华人民共和国民法总则释义》，法律出版社 2017 年版，第 633 页。

② 参见朱庆育：《民法总论》，北京大学出版社 2013 年版，第 533 页。

③ 参见耿林：《论除斥期间》，载《中外法学》2016 年第 3 期。

但是,由于形成权本身适用的情形有限,因此,如果除斥期间的适用对象主要是形成权,可能不利于发挥除斥期间的作用,规范民事权利的行使。因此,有必要适当扩大除斥期间的适用范围,主要理由在于:

一方面,适当扩大除斥期间的适用范围,有利于维护社会经济秩序。除斥期间的适用对象主要是形成权,还应包括其他一些为法律所规定的权利。例如,担保法规定的保证期间,一般认为该期限为除斥期间。法律规定除斥期间的目的在于维持法的安定性(Rechtssicherheit)。[①] 在法律上,除所有权等无期限限制的权利以外,许多权利都不可能永久存续,而只能在特定期间内存在,扩大除斥期间的适用范围,有利于实现法的安定性,维护社会经济秩序。

另一方面,适当扩大除斥期间的适用对象也有现行法的依据。从我国现行立法规定来看,除形成权外,我国立法也规定了除斥期间可以适用于其他权利。例如,《个人独资企业法》第 28 条规定:“个人独资企业解散以后,原投资人对个人独资企业存续期间的债务仍应承担偿还责任,但债权人在五年内未向债务人提出偿债请求的,该责任消灭。”依据该条规定,债权人的请求权如果未在法定期间内行使的,将产生权利消灭的效果,这与诉讼时效期间届满使债务人产生时效抗辩权存在明显区别,应当将其解释为除斥期间。再如,一些绝对权也可能适用除斥期间。例如,《民法典》第 419 条规定:“抵押权人应当在主债权诉讼时效期间行使抵押权;未行使的,人民法院不予保护。”依据该条规定,抵押权人应当在主债权诉讼时效期间内行使权利,否则人民法院不予保护,关于如何理解“人民法院不予保护”的含义,存在抵押权消灭说与抵押人享有抗辩权说等不同立场。笔者认为,从该条规定来看,如果抵押权人未在该期间内行使权利,则不论抵押人是否提出抗辩,抵押权都不再受法律保护,这显然不同于时效抗辩,而应当将该期间界定为抵押权的存续期间。《最高人民法院关于适用〈中华人民共和国民法典〉有关担保制度的解释》第 44 条第 1 款也规定:“主债权诉讼时效期间届满后,抵押权人主张行使抵押权的,人民法院不予支持;抵押人以主债权诉讼时效期间届满为由,主张不承担担保责任的,人民法院应予支持……”这实际上也采取了此种立场。因此,也可以将抵押权的行使权利的期间解释为除斥期间。

关于抗辩权能否适用除斥期间的问题,一直存在争议。抗辩权是针对请求权而存在的一项权利,通常其与请求权不可分离,只要请求权没有丧

---

① Larenz/Wolf, Allgemeiner Teil des Bürgerlichen Rechts, 9 Aufl., 2004, § 16, Rn. 42.

失,那么抗辩权也应当存续,其不应当受到除斥期间的限制。据此,许多学者认为,抗辩权不适用期间制度。[①] 但是如果权利人长期不行使抗辩权,则可能使相对人产生抗辩权人已经放弃抗辩权的信赖,此时如果仍然不对抗辩权的行使进行限制,将会使法律关系长期处于不稳定的状态。笔者认为,在这一问题上,可以借鉴德国法的失权制度加以解决,而不必适用除斥期间制度。失权在德国法上称为"Verwirkung",亦由学者译为权利失效。[②] 它是指如果权利人能够行使权利但长时间没有行使权利,义务人根据权利人的行为有理由相信权利人未来也不会行使权利,那么,权利人再行使权利就构成权利滥用。[③] 此时,权利人即丧失该权利,而不得再主张权利。[④] 除斥期间主要是针对形成权而言,旨在避免依据单方意思就可变动法律关系所带来的不确定性,而失权制度是诚实信用原则的要求,在抗辩权人长期不行使使相对人产生抗辩权人不会行使抗辩权的信赖时,通过失权制度予以解决更为合理。

三、除斥期间与诉讼时效

除斥期间和诉讼时效都是对权利行使的一种时间限制,都具有督促权利人及时行使权利、保持社会关系稳定的作用,并且诉讼时效与除斥期间都是民事法律事实,因一定时间的经过而使法律关系发生变动,但二者具有显著区别,主要体现为:

第一,适用对象不同。诉讼时效主要适用于债权的请求权;除斥期间主要适用于撤销权、解除权等形成权。适用对象的差别也决定了二者的具体规则与法律效果存在一定的差别。由于诉讼时效适用于债权请求权,可以在《民法典》总则编中对其进行抽象规定。而除斥期间适用于形成权,由于形成权种类繁杂、发生原因多样,彼此间差异较大,因而很难进行统一规范,应当根据所限制的形成权的具体内容而分别进行具体规定。

第二,起算方法不同。由于时效制度设立的目的就是针对权利不行使的状况所采取的惩罚措施,因此,诉讼时效应当自权利可行使之日起算。而除斥期间是形成权等权利的存续期间,因此,其起算并不考虑权利是否行使的问题,其一般自权利成立之日起算。[⑤] 当然,法律也可能对除斥期间的起

---

① 参见刘得宽:《民法诸问题与新展望》,台北,三民书局 1979 年版,第 539 页。

② 王泽鉴:《民法学说与判例研究》(第 1 册),中国政法大学出版社 2003 年版,第 377 页。

③ Köhler, BGB Allgemeiner Teil 45 Aufl. ,2021, § 17, Rn. 42.

④ Staudinger/Looschelders/Olzen (2019) BGB § 242, Rn. 300.

⑤ 徐开墅主编:《民商法辞典》,上海人民出版社 1997 年版,第 560 页。

算方法作出特别规定。例如,《民法典》第 621 条第 2 款规定,“当事人没有约定检验期限的,买受人应当在发现或者应当发现标的物的数量或者质量不符合约定的合理期限内通知出卖人。买受人在合理期限内未通知或者自收到标的物之日起二年内未通知出卖人的,视为标的物的数量或者质量符合约定”,该规定是对“合理期限”计算方法作出的特别规定。

第三,能否由当事人约定不同。如前所述,法律关于诉讼时效期间的规定属于强制性规定,不得由当事人通过约定加以改变。而从《民法典》第 199 条的规定来看,除斥期间既可以由法律规定,也可以由当事人约定。

第四,期间是否可以中止、中断、延长不同。诉讼时效在性质上是可变期间,可因法定事由而中止、中断,例外情形下还可以延长。而除斥期间旨在排除形成权行使所导致的法律关系的不稳定性,因此,依据《民法典》第 199 条的规定,除斥期间一般不得中断、中止、延长。当然关于此问题,学理上一直存在争论,早在 19 世纪,德国学者就存在两种不同的观点。以德国学者葛莱维为代表的学者认为,时效与权利以无时间限制为前提。不过因为外部的原因而导致诉权的消灭,而除斥期间在性质上为预定的权利期限,其期限是不变的,因此不适用中止中断的规定。而以罗森博格为代表的学者则否认时效与除斥期间之间存在性质上的差异,认为除斥期间亦可适用中止中断的规定。[①] 但现代民法学者大多认为,除斥期间为不变期间。[②] 除斥期间不可适用中止、中断和延长的规定。只是在例外情况下,除斥期间才可能出现中止的情况。如根据《德国民法典》第 124 条中规定撤销权可以准用诉讼时效中止的规定。

笔者认为,除斥期间从其性质来说,是不能适用中止中断的。因为引起中断的事实是权利人行使权利的行为。一方面,除斥期间主要针对的是形成权,而形成权一旦行使,权利也就相应地产生和消灭,也就没有必要重新计算权利的存续期间。可见除斥期间是不能发生中断的。另一方面,中止的发生大都是由于存在阻碍权利行使的事实,如出现不可抗力、无行为能力人暂时无法确定法定代理人等情形。在时效进行中,权利人因为中止事由的发生而导致事实上不能行使权利,此种情形并非权利人的过错,如果法律强行计算时效,则不利于对权利人的保护,因此,时效中止制度的设计,是对权利人的一种保护措施,不适用除斥期间。

---

① 杨家树:《消灭时效与除斥期间》,载郑玉波主编:《民法总则论文选集》(下),台北,五南图书出版公司 1984 年版,第 754 页。

② 参见黄立:《民法总则》,台北,三民书局 1994 年版,第 500 页。

第五，届满后的法律效果不同。诉讼时效期间届满，相关的请求权并不因此消灭，而只是使义务人享有相关的抗辩权。因此，从某种意义上说，诉讼时效期间届满后，债权人的债权已经蜕变成一种“自然债”。而除斥期间在性质上属于形成权的存续期间，《民法典》第199条规定：存续期间届满，撤销权、解除权等权利消灭。也就是说，一旦除斥期限届满，则权利本身直接消灭。正是因为存在上述区别，时效期限届满以后，义务人抛弃时效利益，自愿作出履行的，权利人仍有权保有该履行的利益，而不构成不当得利。①

第六，是否允许法院主动援引不同。如前所述，诉讼时效期间届满只是使义务人产生一定的抗辩权，是否主张该抗辩权，应当由义务人自主选择，法院不得依职权进行审查。而除斥期间届满后，将使权利人的权利消灭，权利人不得再行使该权利，因此，法院有权依职权进行审查。

四、除斥期间届满的法律效果

除斥期间届满以后，将发生权利消灭的后果，但法院应当依据法律的具体规定来确定该期间届满的效果。由于除斥期间作为形成权的存续期间，其完成的法律后果就是使形成权绝对、当然、确定地消灭。所以在一方主张形成权以后，无论另一方是否就此种权利的存在提出了抗辩，法院都应当对该权利存在与否加以审查，这就必然涉及该权利是否因除斥期间届满而消灭的问题。从这个意义上说，除斥期间的法律效果的产生不需要当事人主张。另外，由于除斥期间经过的利益不是当事人主动选择的结果，因此当事人只能被动承受，而不能抛弃。

第三节　期间的计算

一、期间的计算概述

期间计算方法对于准确界定当事人之间的权利义务关系具有重要意义。关于期间的计算方法，《民法典》第204条规定：“期间的计算方法依照本法的规定，但是法律另有规定或者当事人另有约定的除外。”依据该条规定，期间的计算方法具有法定性。也就是说，期间的开始时间、截止时间等，都是由法律规定的，这有利于简化当事人之间的交易过程，也有利于减少当事人因期间计算而引发的纠纷。但需要指出的是，尽管期间的计算是法定的，但法律关于期限的规定属于任意性规定，允许当事人通过约定加以改

---

① 魏振瀛主编：《民法》（第4版），北京大学出版社、高等教育出版社2010年版，第193页。

变。例如,依据《民法典》第 203 条第 1 款的规定,“期间的最后一日是法定休假日的,以法定休假日结束的次日为期间的最后一日”,但当事人可以约定,该法定休假日结束的当天为最后一日。

如果当事人就期间的计算能够达成一致约定,则可以依照当事人的约定来计算期间。例如,当事人可以约定采用“周”作为计算期间的方法。①

一般而言,民法上期间的确定方法主要有如下几种:一是规定日历上的一定时间,如 2003 年 8 月 6 日。二是规定一定的期间,如 6 个月、1 年等。三是规定某一法律事实出现的特定时刻,如某人结婚之时。这种规定常常与附期限的民事法律行为相联系。四是规定以某人提出请求的时间为准。这种期限并没有具体确定一定的期间或期日,而是由一方当事人来决定。例如,债务履行期限以一方当事人的请求为准。

二、期间的具体计算方法

期间的计算方法主要有两种:一是历法计算法。历法计算法就是以日历所定的日、星期、月、年为依据。二是自然计算法,此种方法是以实际时间精确地进行计算的方法,即以时、分、秒开始起算的方法,例如,从 2003 年 9 月 1 日 5 时至 12 时。历法计算法比较简便,符合人们的期间计算观念,但与自然计算法相比,又不够精确。② 所以,《民法典》第 200 条规定:“民法所称的期间按照公历年、月、日、小时计算。”从该规定来看,《民法典》兼采上述两种计算方法:一方面,该条规定期间的计算按照公历的年、月、日计算;另一方面,该条又规定按照小时计算,这实际上同时采用了历法计算法和自然计算法两种方法。此种规定更符合社会实践的需要,因为在一些交易中,当事人可能约定具体在某天的某个时刻进行交易,或者将交易的截止时间确定在某个时刻,此时就需要运用自然计算法。

三、期间的开始和截止

为准确界定当事人之间的权利义务关系,法律需要对期间的开始和截止作出规定。《民法典》分别对历法计算法和自然计算法两种期间计算方法中期间的开始和截止计算方法作出了规定。

1. 期间的开始

关于期间的开始,《民法典》第 201 条第 1 款规定:“按照年、月、日计算

---

① 参见石宏主编:《中华人民共和国民法总则条文说明、立法理由及相关规定》,北京大学出版社 2017 年版,第 485 页。

② 王泽鉴:《民法总则》,北京大学出版社 2009 年版,第 487 页。

期间的，开始的当日不计入，自下一日开始计算。按照小时计算期间的，自法律规定或者当事人约定的时间开始计算。”该条对历法计算法和自然计算法中期间开始的时间作出了规定，该条确立了两项规则：一是历法计算法中期间开始的规则。在历法计算法中，开始的当日不计入期间，而是从下一日开始起算期间。例如，双方约定，甲方于 2017 年 5 月 10 日向乙方借款 10 万元，借期 1 年，则还款日期应当为 2018 年 5 月 10 日。当然，如果当事人对期间开始的时间作出了特别约定，按照私法自治原则，应当按照当事人的约定确定期间的开始时间。例如，如果当事人约定开始的当日计入期间，则该约定有效。二是自然计算法中期间的开始规则，即自法律规定或者当事人约定的时间开始计算。例如，当事人约定 48 小时内还款，那么就应当从当事人约定的时间开始计算 48 小时。

2. 期间的截止

关于期间的截止，我国《民法典》也分别对历法计算法和自然计算法的截止期间的确定规则作出了规定。对历法计算法而言，依据《民法典》第 202 条的规定，以到期月的对应日为期间的最后一日，如果没有对应日，则以月末日为期间的最后一日。例如，当事人在 3 月 31 日约定，将在一个月后履行合同，由于 4 月没有 31 日，则应当以 4 月 30 日为截止日期。从实践来看，当事人之间约定的期间截止日期可能是法定休假日，对此种情形，依据《民法典》第 203 条第 1 款的规定，“期间的最后一日是法定休假日的，以法定休假日结束的次日为期间的最后一日”。此处所说的“法定休假日”包括法定的节假日以及双休日。例如，双方约定 3 月底还款，如果 3 月的最后一天是星期六、星期日或者其他法定休假日的，则以休假日的次日为期间的最后一日。

关于自然计算法中期间的截止，《民法典》第 203 条第 2 款规定：“期间的最后一日的截止时间为二十四时；有业务时间的，停止业务活动的时间为截止时间。”例如，双方当事人约定的还款期限为本月的最后一天，则最终的还款时间应当是本月最后一天的 24 时。但对一些有确定营业时间的主体，如某银行的业务时间为上午 9 时至下午 5 时，则应当将截止时间定为当天的下午 5 时。

主要参考书目

1. 黄薇主编:《中华人民共和国民法典总则编解读》,中国法制出版社 2020 年版。

2. 黄薇主编:《中华人民共和国民法典总则编释义》,法律出版社 2020 年版。

3. 最高人民法院民法典贯彻实施工作领导小组主编:《中华人民共和国民法典总则编理解与适用》,人民法院出版社 2020 年版。

4. 贺荣主编:《最高人民法院民法典总则编司法解释理解与适用》,人民法院出版社 2022 年版。

5. 谢鸿飞、朱广新主编:《民法典评注 · 总则编》,中国法制出版社 2020 年版。

6. 茆荣华主编:《〈民法典〉适用与司法实务》,法律出版社 2020 年版。

7. 石宏主编:《中华人民共和国民法总则条文说明、立法理由及相关规定》,北京大学出版社 2017 年版。

8. 李适时主编:《中华人民共和国民法总则释义》,法律出版社 2017 年版。

9. 朱庆育:《民法总论》(第 2 版),北京大学出版社 2016 年版。

10. 徐国栋:《民法总论》(第 2 版),高等教育出版社 2019 年版。

11. 侯水平主编:《中国民法总论》,中国社会科学出版社 2018 年版。

12. 崔建远等:《民法总论》,清华大学出版社 2013 年版。

13. 韩松:《民法总论》,法律出版社 2006 年版。

14. 佟柔主编:《中国民法学·民法总则》,中国人民公安大学出版社1990年版。

15. 魏振瀛主编:《民法》,北京大学出版社、高等教育出版社2000年版。

16. 龙卫球:《民法总论》(第2版),中国法制出版社2002年版。

17. 李双元、温世扬主编:《比较民法学》,武汉大学出版社1998年版。

18. 郭明瑞等:《民商法原理(一)》,中国人民大学出版社1999年版。

19. 梁慧星:《民法总论》(第4版),法律出版社2011年版。

20. 郑云瑞:《民法总论》,北京大学出版社2004年版。

21. 杨代雄:《法律行为论》,北京大学出版社2021年版。

22. 李永军:《民法总则》,中国法制出版社2018年版。

23. 竺效主编:《绿色原则规范解释实案释法》,中国人民大学出版社2022年版。

24. 张晋藩主编:《中国民法通史》,福建人民出版社2003年版。

25. 史尚宽:《民法总论》,中国政法大学出版社2000年版。

26. 郑玉波:《民法总则》,中国政法大学出版社2003年版。

27. 王泽鉴:《民法实例研习(民法总则)》,台北,三民书局1996年版。

28. 王泽鉴:《民法总则》,北京大学出版社2009年版。

29. 黄立:《民法总则》,中国政法大学出版社2002年版。

30. 杨与龄主编:《民法总则争议问题研究》,台北,五南图书出版公司1999年版。

31. 李宜琛:《民法总则》,台北,正中书局1994年版。

32. 陈钪雄:《民法总则新论》,台北,1984年自版发行。

33. 洪逊欣:《中国民法总则》,台北,三民书局1992年版。

34. 李模:《民法总则之理论与适用》,台北,1992年自版发行。

35. 施启扬:《民法总则》,台北,三民书局1996年版。

36. 刘得宽:《民法总则》,台北,五南图书出版公司1996年版。

37. 曾世雄:《民法总则之现在与未来》,中国政法大学出版社2001年版。

38. 林诚二:《民法总则讲义》,台北,瑞兴图书股份有限公司1995年版。

39. 施启扬:《民法总则》(修订第八版),中国法制出版社2010年版。

40. [德]迪特尔·梅迪库斯:《德国民法总论》,邵建东译,法律出版社2000年版。

41. [德]汉斯·布洛克斯、[德]沃尔夫·迪特里希·瓦尔克:《德国民法总论》,张艳译,中国人民大学出版社2012年版。

42. [日]我妻荣:《新订民法总则》,于敏译,中国法制出版社2008年版。

后　记

本书是在《民法典》颁行后，根据笔者参与《民法典》编纂和相关司法解释的制订，以及在民法总则教学和研究中的一些心得，经整理而成。本书在写作过程中得到了中国人民大学法学院朱虎教授、中央财经大学王叶刚副教授、中国人民大学潘重阳等人大量帮助，法律出版社孙东育等同志为本书的出版提供了大量帮助。在此一并致谢！由于时间仓促，笔者水平有限，敬请广大读者批评指正。

天
Borderless
下

天下，在乎正义和你

法学新经典·书目

《侵权损害赔偿》（第六版） 杨立新
《我国民法典重大疑难问题之研究》（第二版） 王利明
《法律解释学导论：以民法为视角》（第三版） 王利明
《法的价值论》（第三版） 卓泽渊
《法政治学研究》（第三版） 卓泽渊
《法治国家论》（第四版） 卓泽渊
《刑事诉讼的中国模式》（第三版） 陈瑞华
《刑事证据法的理论问题》（第二版） 陈瑞华
《民法典总则之理论与立法研究》（第二版） 尹　田
《中国物权法总论》（第四版） 孙宪忠
《人格权重大疑难问题研究》 王利明
《实证研究：中国法学的范式转型》 左卫民
《中国法律的传统与近代转型》（第四版） 张晋藩
《行政法基本原则研究》（第二版） 周佑勇
《国际刑法学》（第二版） 贾　宇
《刑法客观主义与方法论》（第二版） 周光权
《诈骗犯罪论》 张明楷
《国际私法本体论》（第二版） 蒋新苗
《民法解释学》（第五版） 梁慧星
《当代刑法的理论与课题》 黎　宏
《量刑的个别化原理》 石经海
《中国传统法理法哲学论》 张中秋
《民法总则新论》 王利明

法学新青年·书目

《物权法的展开与反思》（第二版）	常鹏翱
《基本权利的规范建构》（增订版）	张　翔
《传媒监督的法治》	陈柏峰
《国家利益维护：国际法的力量》	何志鹏
《不动产登记法研究》（第二版）	程　啸
《证据法的理论面孔》	吴洪淇
《刑法归责原理的规范化展开》	陈　璇
《刑法与现代社会治理》	何荣功
《舆图换稿：明清之际的中国法哲学》	屠　凯
《中国特色行政复议制度的嬗变与演进》	曹　鎏
《行政诉讼类型构造论》	章志远
《侵权责任利益保护的解释论》	方新军
《刑事诉讼法的解释图景》	董　坤

法学原论·书目

《合同法总论》（第四版）	韩世远
《现代公司法》（第三版）	刘俊海
《侵权责任法》（第四版）	杨立新
《国家监察学原理》	李晓明　芮国强
《物权法原论》（第二版）	高富平

博观·书目

《社会契约论》	卢　梭
《法律的概念》（第三版）	哈　特

《普通法的精神》（中文修订版）	庞　德
《诉权与诉的可能性：当代民事诉讼基本问题研究》	赫尔维格
《民主与不信任：司法审查的一个理论》	约翰·哈特·伊利
《法律与革命》（第一卷）	伯尔曼
《法律与革命》（第二卷）	伯尔曼
《法律推理与法律理论》	麦考密克
《古代法》	梅　因
《旧制度与大革命》	托克维尔
《为权利而斗争》	耶　林
《法律制度：对法律理论的一种解说》	麦考密克
《政治哲学史》（第三版 上下册）	列奥·施特劳斯　约瑟夫·克罗波西
《论法的精神》	孟德斯鸠
《民事诉讼法重点讲义》（导读版）	高桥宏志
《纯粹法学说》（第二版）	凯尔森
《普通法》	霍姆斯
《论犯罪与刑罚》	贝卡里亚
《宪法设计与理性选择：公法经济分析基础》	罗伯特·D.库特
《法律的权威》（第二版）	约瑟夫·拉兹
《正确法：法伦理学基础》	卡尔·拉伦茨
《法律篇》	柏拉图
《论法律》	西塞罗

思想与人文·书目

《西窗法雨》（精装修订版）	刘　星
《法槌十七声：西方名案沉思录》（第二版）	萧　瀚
《文明与法治：寻找一条通往未来的路》	刘哲昕
《精英与平民：中国人的民主生活》	刘哲昕
《法治东西》	於兴中

《博登海默法理学》	博登海默
《法窗夜话》	穗积陈重
《正义之源泉：自然法研究》	吴经熊
《现代法政的起源：1900—1919》	董彦斌
《被误解的民主》	包刚升
《风骨：新旧时代的政法学人》	陈夏红
《斑马线上的中国》（第三版）	邓子滨
《生活在民法中》（第四版）	梁慧星
《乌合之众：大众心理研究》	古斯塔夫·勒庞
《我们律师》（修订精装版）	张思之
《我的辩词与梦想》（精装收藏版）	张思之
《法门穿行》	孙笑侠
《现代法治：沈家本的改革梦》	李贵连
《阿Q之死的标本意义》	张建伟
《续法窗夜话》	穗积陈重
《从传统到现代》	金耀基
《耶鲁精神：感受耶鲁大学及其法学院》（第二版）	冯建姝
《法律帝国的铸就：大英帝国法律史（1800-1850）》	劳伦·本顿　利萨·福特
《英国法的塑造者》	威廉·塞尔·霍尔斯沃思
《美国法律史》	劳伦斯·弗里德曼
《尊严：历史和意义》	迈克尔·罗森
《法官因何错判》	秋山贤三
《修行：生命的证悟》	泰戈尔
《看得见的正义》（第三版）	陈瑞华
《大地家族》	盖瑞·施耐德
《法律后面的故事》	梁治平
《生命与超越：一个命运共同体的理想》	刘哲昕

《霸权的黄昏：大国的衰退和收缩》 麦克唐纳 培伦特
《罪与罚：关于公正的19场激辩》 布鲁斯·N.沃勒
《民法的人文精神》（第二版） 徐国栋
《西口闲笔》 徐国栋
《明清法律与社会变迁》 邱澎生 何志辉
《案例、故事与明清时期的司法文化》（修订版） 徐忠明
《明清时期的民事审判与民间契约》 王亚新 梁治平 赵 晶
《儒家的世界》 董彦斌
《面包香里读哲学》 胡文·欧江
《大众装饰》 齐格弗里德·克拉考

理论与方法·书目

《通往法治的道路：社会的多元化与权威体系》 季卫东
《法治、财税与国家治理》 熊 伟
《论法学研究方法》 陈瑞华
《民法总则：条文背后的故事与难题》 杨立新
《法学学位论文写作方法》（第三版） 梁慧星
《裁判的方法》（第四版） 梁慧星
《理论法学的迷雾：以轰动案例为素材》（增订版） 桑本谦
《司法体制改革导论》 陈瑞华
《辩无不胜》 盖瑞·斯宾塞
《侵权责任法：条文背后的故事与难题》（第二版） 杨立新
《司法改革的知与行》 蒋惠岭
《律师的客户管理术》 亚历山大·Y.本尼科夫

《中西法律文化比较研究》（第五版）	张中秋
《真实世界的法律思维：出乎意料的61堂法律微课》	黄文伟
《并购之道：赢家的65个商业逻辑与实战 》	张伟华
《中国民法典新规则要点》（修订版）	杨立新
《刑事审判原理论》（第三版）	陈瑞华
《实质法治：寻求行政判决的合法性》（第二版）	何海波
《行政诉讼法》（第三版）	何海波
《企业合规基本理论》（第二版）	陈瑞华
《如何讲个好故事：律师的必修课》	菲利普·N. 迈耶
《法总工作手册：公司法律合规的三十六计》	沈悦志
《人工智能时代的算法治理：机制与方案》	张　欣